Wolfgang Emmerich

KLEINE LITERATURGESCHICHTE DER DDR

Erweiterte Neuausgabe

Gustav Kiepenheuer Verlag

ISBN 3-378-01000-2

2. Auflage 1997

Umschlaggestaltung Bert Hülpüsch
Satz LVD GmbH, Berlin
Schrift Times
Druck und Binden Kösel GmbH, Kempten
Printed in Germany

Inhalt

Vorbemerkung

Die erste Fassung dieses Buches erschien 1981 (bis 1987 in vier Auflagen), eine zweite, stark erweiterte und bis an den Herbst 1988 heranreichende Ausgabe im Frühjahr 1989. Beide Bücher waren nur einem Publikum in den westlichen Ländern zugänglich. Für die DDR-Bevölkerung, so meinte der damalige Bücher- und Zensurminister Klaus Höpcke in einer öffentlichen Diskussion in Bremen, reiche das eine Exemplar aus, das sich in der Deutschen Bücherei in Leipzig befinde. Die jetzt vorliegende dritte Fassung hat ihre potentielle Leserschaft also zum ersten Mal in ganz Deutschland. Doch nicht nur der Publikumsbezug hat sich entscheidend gewandelt, sondern auch das Buch selbst. Sechs Jahre nach dem Zusammenbruch der DDR und fünf Jahre nach der Wiederherstellung der staatlichen Einheit Deutschlands hat sich mein Blick auf 40 und mehr Jahre DDR und DDR-Literatur nicht unbeträchtlich verändert. Im Vorwort zu seinem verdienstvollen Kompendium »Kultur und Politik in der DDR 1945 bis 1990« (Ausgabe 1994) hat Manfred Jäger nicht ohne Stolz geschrieben: »Es besteht kein Grund, sie [diese Darstellung, W. E.] ›aus heutiger Sicht‹, wie es so schön heißt, zu korrigieren.« Meine Lage ist eine andere. Ich habe Anlaß zu einer ganzen Reihe von Korrekturen. Obwohl ich kein Freund der DDR war und sie bereits 1958 als »Republikflüchtling« verlassen hatte (wie übrigens Jäger auch), habe ich späterhin, bei aller Kritik, dem Staat DDR und seinen offiziellen kulturellen Hervorbringungen immerhin einigen Kredit eingeräumt. Die Loyalitätsfalle Antifaschismus und die Sehnsucht nach einem »wahren Sozialismus« (zu beiden auch für die DDR-Literatur bedeutsamen Phänomenen später) waren wohl die entscheidenden Gründe dafür. Sigmund Freud umreißt den therapeutischen Prozeß der Psychoanalyse bekanntlich mit dem Dreischritt »Erinnern, Wiederholen und Durcharbeiten«, und dazu gehören, wie man weiß, auch Mühen und Schmerzen. Die neuerliche Überarbeitung meines Buches im Abstand von sechs, sieben Jahren hatte einiges mit diesem so quälenden wie befreienden Prozeß zu tun. Sie war keine reine Freude, gelinde gesagt. Doch der Schritt von der Mythologisierung zur Historisierung der DDR-Literatur scheint mir unausweichlich.

Nun also sind die »Irrtümer verbraucht« und Korrekturen aus *meiner* ›heutigen Sicht‹ unumgänglich. Übrigens sind es viel seltener Korrekturen meines ästhetischen als meines politischen Urteils. Nähere

Erläuterungen dazu finden sich im folgenden Einleitungskapitel, das auch auf den sogenannten deutsch-deutschen Literaturstreit eingeht und fragt, was uns nach dem so erfreulichen Ende der DDR noch an der DDR-Literatur interessieren könne. Ein neues Schlußkapitel unternimmt es, die schon vor 1989 vielsträngige Entwicklung der Literatur aus der DDR bis an die Gegenwart heran zu skizzieren. Denn, das sei hier schon behauptet, kulturelle Prozesse und Eigenarten hören nicht schlagartig an einem bestimmten Datum wie z.B. dem Ende eines Staates auf. – Auch die *Zeittafeln* und das *Literaturverzeichnis* sind noch einmal bewußt ausführlich bis an die Gegenwart herangeführt worden.

Ausdrücklich Dank sagen will ich meinem Lektor Thorsten Ahrend, der dieses Projekt mit viel Geduld und Sachverstand begleitet hat (für mich war er der erste wirkliche Lektor seit Günther Busch vor 25 Jahren), und – statt einzelne mit Namen zu nennen – allen Freunden und Kollegen des Bremer »Instituts für kulturwissenschaftliche Deutschlandstudien« sowie denen aus dem Internationalen Arbeitskreis »Literatur und Politik in Deutschland« in Bonn, dessen Tagungen und Diskussionen zur DDR-Literatur mich über die Jahre hin vielleicht etwas klüger gemacht haben.

Bremen, im Dezember 1995 *Wolfgang Emmerich*

Einleitung: Was heißt und zu welchem Ende studiert man die Geschichte der DDR-Literatur?

Bücher haben bekanntlich ihre Schicksale. Aber nicht nur einzelne Bücher, so muß man ergänzen, sondern auch ganze Literaturen sind Kursschwankungen in der Gunst der Kritik wie des gemeinen Lesers ausgesetzt. Dafür gibt es kein schlagenderes Beispiel als das Schicksal der DDR-Literatur seit der Wende. Daß deren Reputationsverfall gewöhnlich in Bildern aus dem Reich der Ökonomie (Kurssturz, Konjunkturtief) oder der Meteorologie (Hoch – Tief) gefaßt wird, weist darauf hin, daß es sich um ein Phänomen handelt, das weder mit den Gesetzen der reinen Logik, noch mit innerliterarischen Maßstäben allein zu fassen ist, sondern eher mit sehr menschlichen Dingen zu tun hat. In und seit der Wende 1989/90 haben sich nicht nur politische Systeme umgewälzt, sondern auch die Menschen in ihnen haben ihre Maßstäbe und Perspektiven geändert, unter ihnen auch Kunstrichter und Leser. Das ist normal, und das ist gut so. Zu fragen ist, warum es so geschah, wie es geschah.

Der Status von DDR-Literatur in der *Bundesrepublik* war in den vierzig Jahren ihrer Existenz nie gleich und nie einheitlich. In den 50er Jahren behauptete die konservative Literaturkritik ohne Einschränkung die Einheit der deutschen Literatur, und damit war die freie Literatur des Westens gemeint, der man allenfalls einige kritische und niveauvolle Schriftsteller aus der DDR wie Peter Huchel zugesellte. Nicht einmal Bertolt Brecht, Anna Seghers und Arnold Zweig waren anerkannt. Erst im Lauf der 60er Jahre wurde in zögernden Schritten wahrgenommen, daß in Ostdeutschland eine ›andere‹ Literatur entstand, die zweierlei Interesse beanspruchen konnte: Sie übermittelte Nachrichten aus einem zumal seit dem Mauerbau 1961 fremd und fremder gewordenen Land, das doch auch deutsch war, und immer häufiger handelte es sich zudem um Texte, die auch ästhetisch interessant waren. Das begann mit Uwe Johnsons »Mutmaßungen über Jakob« (1959) und setzte sich mit der Lyrik, später auch der Prosa von Johannes Bobrowski fort. Hinzu kamen Romane von Christa Wolf, Erwin Strittmatter, Hermann Kant, Günter de Bruyn und Fritz Rudolf Fries, Gedichte von Günter Kunert, Karl Mickel oder Wolf Biermann sowie Theatertexte von Peter Hacks, Heiner Müller, Hartmut Lange und Volker Braun. Zu Ende der 60er Jahre war ›die DDR-Literatur‹ für aufmerksame Leser im Westen klar konturiert, gewiß mit erheblichen Einschränkungen, Ausblendungen und Bevorzugungen, aber doch als ein umrissenes eigenes Corpus. – Ein folgenreiches, nicht genuin literarisches (drittes) Interesse kam in diesen Jahren hinzu: Kritische, aber in ihrem Selbstverständnis nie anders als sozialistische Literatur aus der DDR – an der Spitze Biermann, Braun, Christa Wolf und Heiner Müller – wurde im Zuge der 68er Bewegung von der Neuen Linken als Spiel-Raum, als Projektionsfläche für eigene (utopische) Entwürfe einer nichtkapitalistischen Gesellschaft gelesen. Die reformsozialistische DDR-Literatur wurde zum Statthalter eines sonst nicht existenten »wahren Sozialismus« als Widerpart des »real existierenden Sozialismus«. Im Laufe der 70er Jahre gesellte sich ein viertes Element zur jetzt schon stabilen Interessenkonstellation an DDR-Literatur hinzu: die Sympathie für die DDR-Literatur als ein Medium vehementer Zivilisationskritik. Da auch die DDR ein Industriestaat war, der Arbeitsproduktivität (erfolglos) zum Fetisch erhob, die natürlichen Ressourcen zerstörte und tief in die gewachsenen Lebenswelten eingriff, wurde das ansonsten so exotische deutsche Nachbarland für westdeutsche Leser zur »zugänglichen Fremde« (H. Mohr), das dem eigenen Land in mancher Hinsicht zum Verwechseln ähnlich war – so ähnlich, daß viele Leser z.B. Christoph Heins »Drachenblut« (»Der fremde Freund«) 1983 gar nicht als DDR-Literatur identifizierten und weibliche Leser die Literatur von Frauen aus der DDR ganz als die ihre rezipierten. Da viele DDR-Autoren, zusammen mit anderen Künstlern, bei und nach der Biermann-Ausbürgerung 1976 politischen Mut bewiesen – nicht wenige bis an den Punkt, daß sie Strafverfolgung und mehr oder weniger erzwungene Auswanderung auf sich nahmen –, wuchs der nun auch moralische Nimbus der DDR-Literatur weiter an. Gerade in den späten 70er Jahren, als die demokratische Bürgerbewegung in der DDR noch ganz in den Anfängen steckte, schien die künstlerische Intelligenz zeitweise die einzige Bastion von Regimekritik und Zivilcourage zu sein. Zwar war die DDR-Literatur zu Ende der 80er Jahre weniger einheitlich denn je, ja geradezu zerklüftet in politischer, ästhetischer und nun auch geographischer Hinsicht, aber ihr moralischer und ästhetischer Rang wurde nicht grundsätzlich bestritten. Daß Christa Wolf Jahr für Jahr als Kandidatin für den Literatur-Nobelpreis gehandelt wurde, steht beispielhaft dafür. Die dem Augenschein nach politische Verweigerung praktizierende Literatur der jungen Wilden vom Prenzlauer Berg in Ost-Berlin trug sozusagen in letzter Minute ebenfalls dazu bei, den Nimbus von Literatur aus der DDR zu vermehren.

Selbstverständlich war die Bedeutung der landeseigenen Literatur für die Bewohner der *DDR* eine viel größere als für westliche Leser. Schon dadurch, daß die SED der Literatur zentrale sozialpädagogische Aufgaben übertrug, die von der Mehrzahl der Autoren zunächst emphatisch angenommen wurden, gewann die schöne Literatur einen herausgehobenen Status. Literaturpropaganda vielerlei Art, ein ideologisch hoch besetzter schulischer Deutschunterricht, geförderte Theaterbesuche, niedrige Buchpreise und manches andere führten nicht nur zu einem hohen Stellenwert von Literatur und Lesen im allgemeinen, sondern auch der eigenen Gegenwartsliteratur im besonderen. Hinzu kommen zwei weitere Gründe für die große Popularität von Literatur. Diese sah sich im »Kulturschutzgebiet« DDR einer von Staats wegen »künstlich geschwächten Medienkonkurrenz« gegenüber, die es ermöglichte, daß »eine seltsame Spätform des medialen Buchmonopols« weitgehend intakt blieb (J. Hörisch). Eine zweite, gleichfalls nicht im engeren Sinne literarische, sondern politisch-kompensatorische Funktion speziell der landeseigenen Belletristik war noch wichtiger: Sie sprach, wie immer eingeschränkt und zensiert, von Mißständen, ja zunehmend auch Grundübeln im Staate DDR, von denen sonst nicht öffentlich gesprochen werden konnte. Kritische DDR-Literatur schuf und vollzog eine Ersatzöffentlichkeit anstelle einer nicht zugelassenen Presse- und Medienöffentlichkeit, wie sie für demokratisch verfaßte Gesellschaften konstitutiv ist. Ihr daraus erwachsender Nimbus kann kaum überschätzt werden. – Aber natürlich lasen ostdeutsche Leser die Literatur der DDR zum Teil aus ähnlichen Gründen wie westliche Leser. Das gilt zumal für den zivilisationskritischen Impetus gerade der neueren Literatur, vor allem aber für ihr utopisch-sozialistisches Potential. Der von den sozialistischen Idealen erfaßte Teil der DDR-Bevölkerung war von Anfang an erheblich (es gab ja auch gute Gründe, sich ihnen zu verschreiben), und auch als der »reale Sozialismus« längst desavouiert war, glaubten viele DDR-Bürger an die sozialistische Alternative. In der reformsozialistischen Literatur der Heym, Fühmann, Wolf, Müller, Braun, Hein und mancher anderer fanden sie sowohl ihre Kritik am mißlungenen realsozialistischen Modell wie auch ihre eigene utopische Sehnsucht nach dem ›eigentlichen‹ Sozialismus verkörpert. Nicht zuletzt dieses Moment machte ihnen die kritische Belletristik ihres Landes lebenswichtig, ja, zu einer Herzensangelegenheit.

Seit der Wende hat der Konsens über den hohen Stellenwert der DDR-Literatur im allgemeinen und ihres reformsozialistischen Segments im besonderen zu bestehen aufgehört, wobei zweifellos die aus der Alt-Bundesrepublik kommende politische und literarische Kritik den führenden Part beim Abbau dieser Popularität spielte. Was ist geschehen? Erinnern wir uns: War es bis zur Wende 1989/90 üblich, der Literatur aus der DDR einen großzügigen Bonus einzuräumen, sofern sie auch nur Spurenlemente der Kritik und des Widerspruchs erkennen ließ, so ist seither das geistige Klima gekippt. »Gesinnungsästhetik«, ja: »Gesinnungskitsch«, »Stillhalteliteratur« und Literatur als »Sedativ« hießen z.B. die Stichwörter der Anklage. Die Autoren seien »Staatsdichter« gewesen und hätten ihr Verwachsensein mit den autoritären Strukturen nicht einmal mehr gemerkt, so wurde behauptet. Sie seien an einem utopischen Konzept klebengeblieben und hätten dessen totalitäre Voraussetzungen nur allzu gern übersehen. Die Dichter hätten gelogen, aber dies auf hohem Niveau – so lautete Reiner Kunzes maliziöser Vorwurf. Milder, aber kaum weniger maliziös heißt es bei Monika Maron, oft habe »eine halbe Wahrheit« genügt, »um ihrem Verkünder in einer Umgebung dummer und dreister Verlogenheit den Ruf des Propheten zu verleihen.« Hans Joachim Schädlich, wie Monika Maron als ehemaliger DDR-Bürger ein gebranntes Kind, mutmaßte, die sogenannten kritischen DDR-Autoren, die man veröffentlichen ließ, hätten vielleicht an einer »Verbesserung der Haftbedingungen« mitgewirkt, nicht aber die Haft selbst in Frage gestellt. Zwar ging man bei der Literatur nicht so weit wie bei der Malerei und bildenden Kunst aus der DDR, nämlich ihr die Existenz *als Literatur* abzusprechen – mit der Begründung, in totalitären Regimes könne prinzipiell keine Kunst entstehen. Dennoch, das Fazit fiel eindeutig und vernichtend aus: Die DDR-Literatur sei nicht Geburtshelfer der Wende gewesen, sondern – wie auch immer indirekt und wider besseres Wollen – Erfüllungsgehilfe einer häßlichen Diktatur. Bemerkenswerterweise traf dieses Verdikt allenfalls in zweiter Linie einen Hermann Kant, einen Erik Neutsch oder einen Günter Görlich, sondern – immer wieder an erster Stelle – Christa Wolf, sodann Heiner Müller, Stephan Hermlin, Stefan Heym, Volker Braun und selbst Christoph Hein. Gerechterweise muß man festhalten, daß einzelne Kritiker sich bereits Jahre vor der Wende gegen eine moralisch engagierte, aber ästhetisch für fragwürdig gehaltene Literatur wandten, »deren Funktion vor allem in einer ganz bestimmten, metaphorisch zwar verstellten, aber immer sofort erkennbaren Form der säkularisierten Erbauung liegt«, wie es Karl Heinz Bohrer 1987 im Blick nicht nur auf die DDR-Literatur formuliert hatte.

Wurde diese erste Phase des Literaturstreits im Frühsommer 1990 vom Erscheinen von Christa Wolfs Prosatext »Was bleibt« ausgelöst, so die zweite im Herbst 1991 von der Entdeckung der »Stasi«-Verstrickungen einiger junger Autoren aus der Prenzlauer-Berg-Szene, allen voran Sascha Anderson und Rainer Schedlinski. Was schockierte, war, daß einige von jenen sich nachweislich lange und tief auf das Unterdrückungs- und Überwachungssystem der DDR eingelassen hatten, die sich gerade damit gebrüstet hatten (und zwar glaubwürdig), in dieses System niemals auch nur ansatzweise eingestiegen zu sein. Die schöne Fiktion vollkommener lebensweltlicher Autonomie und Souveränität der alternativen Kunstszene der DDR war damit zerstört. – Doch es sollte etwa ein Jahr später, zur Jahreswende 1992/93, noch schlimmer kommen: Jetzt traf der Vorwurf der »Stasi«-Verstrickung nicht mehr nur ein paar Paradiesvögel aus der Szene der jungen Wilden (wie eben Anderson oder Schedlinski) oder, noch leichter zu ignorieren, ältere parteinahe oder gar Parteidichter wie Hermann Kant oder Paul Wiens – nein, jetzt ging es – anschließend an die erste Phase des Literaturstreits – um den ›Kernbestand‹ der DDR-Literatur – um Christa Wolf, um Heiner Müller und am Rande sogar um Günter de Bruyn. Als im Jahre 1995 bekannt wurde, daß selbst eine Monika Maron für kurze Zeit mit dem Staatssicherheitsdienst kollaboriert hatte – wie immer störrisch und die Erwartungen der »Stasi« unterminierend –, war auch noch der Bereich authentischer Dissidentenliteratur in Mitleidenschaft gezogen. Mußte man nun nicht endgültig Karl Corinos Urteil vom Jahresende 1991 anerkennen (also noch vor den Fällen Wolf und Müller gesprochen), die DDR-Literatur habe als gesamte Schaden genommen und an Glaubwürdigkeit verloren? Reichte es aus, wie Uwe Wittstock es tat, Oscar Wilde zu zitieren, nämlich den schönen Satz: »Ob jemand Wechsel fälscht, sagt nichts über sein Geigenspiel«?

Auch wenn entschieden daran festzuhalten ist, daß Literatur und Moral in einem engen Zusammmenhang stehen und die Ausschaltung letzterer auf die Dauer auch die Literatur selbst zerstört – und deshalb ein Teil der DDR-Literatur tatsächlich in Mitleidenschaft gezogen ist –, tut man gut daran, das »Stasi«-Syndrom zunächst nicht ins Zentrum der Erörterungen zu stellen. Von weitaus größerer Bedeutung ist der generelle Funktionsverlust, den gerade die ›bessere‹ DDR-Literatur seit der Wende erlitten hat, und damit die tiefe Sinnkrise, in die viele Autoren geraten sind. Zunächst, in den späten 40er und 50er Jahren, hatten sie im Zuge ihrer affirmativen Selbstbindung an das sozialistische Projekt in der Regel freiwillig-emphatisch die Rolle übernommen, Volkserzieher und Sozialpädagogen mit den Mitteln der Literatur zu sein. Später, seit den mittleren 60er Jahren, bauten sie diese Autorrolle schrittweise um, aber doch nicht ganz und gar. Sie wurden einerseits zu scharfen Kritikern, Aufklärern und Tabubrechern im Verhältnis zum realsozialistischen System und übernahmen die schon genannte Aufgabe der Ersatzöffentlichkeit, andererseits bewahrten sie sich damit ihre gesellschaftliche Schlüsselfunktion und blieben Volkserzieher, wenn auch in einem anderen Verstande. Allerdings waren sich die Autoren zumeist nicht genügend darüber im klaren, in welchem Ausmaß diese hervorgehobene Rolle den repressiven, antiaufklärerischen Allgemeinverhältnissen geschuldet war. Folglich glaubten sie an diese ihre eminente politische Aufgabe. »Am Ende genossen die Künstler ihre gesellschaftliche Levitation«, schreibt Rolf Schneider treffend über dieses »monströse Mißverständnis«, »und das Publikum nahm an solchem Mißverständnis teil, indem es durch seine massenhafte Anhänglichkeit das quantitative Argument nachschob.« Man hat mit einigem Recht das vorbehaltlose Ernst-genommen-Werden der Kunst in der DDR als ihr »Hauptprivileg« (E. Beaucamp) bezeichnet (d.h., vor den Priviliegien, über Devisen zu verfügen, reisen zu können usw.). Nun hörte dieses Privileg plötzlich auf zu bestehen. Die Autoren verloren ihre Mission, »Sprecher der vielen zum Schweigen Verurteilten zu sein« (G. de Bruyn), »Freiräume der Information, des Denkens, des Zu-sich-selbst-Findens« anzubieten (G. Kunert), mit einem Schlag. Die »Ersatzfunktion der Literatur« war, so erkannte Antonia Grunenberg, zu Ende, im Guten wie im Bösen. Der Autor war jetzt nur noch ein Autor, ja: ein »Mensch ohne Zugehörigkeit«, wie 1985 Volker Braun abfällig im Blick auf den individualistischen Westler formuliert hatte. Er mußte, ob er wollte oder nicht, »der Erfinder seines eigenen Lebens sein«. Ohne Fesseln war er nun, aber auch ohne Bindung, ohne Auftrag. Das ist, so merkten viele DDR-Autoren, schwer zu ertragen – eine nicht geringe narzißtische Kränkung. Sie wurde noch ärger, wenn die Autoren sich sagen lassen mußten, ihre Literatur hätte als »seelische Hilfe« die Wirkung eines »innenpolitischen Beruhigungsmittels« gehabt (W. Fuld), die Leser im Ausharren bestärkt und damit die Repression verlängert – eine schwerwiegende und im Kern falsche Insinuation. Doch wie sehr die nichtaffirmative Autorenschaft der DDR auch intern zu differenzieren ist, geeint wurde sie im Untergang der DDR durch den Verlust einer privilegierten Autorfunktion (nicht zu verwechseln mit einem repressions- und sorgenfreien Leben!). Das war der eine Grund, der sie in einen anhaltenden *furor melancholicus* versetzte. Der andere war das Verschwinden jenes politischen Ortes DDR, auf den hin die Sehnsucht nach einem »wahren Sozialismus« immer wieder und wider besseres Wissen projiziert worden war. Und obwohl solche Projektionen nun endgültig imaginär geworden waren, trennten viele sich immer noch nicht von ihnen. Spätestens die Ereignisse seit dem Sommer 1989 zeigten, daß der Traum von einer autochthonen sozialistischen Gesellschaftsordnung eine »Epochenillusion« (H. Domdey) gewesen war. Im Wendeprozeß setzte sich nicht, wie erhofft, die Versöhnung von Geist und Macht im Zeichen eines nun endlich echten Sozialismus triumphal durch, vielmehr offenbarte der Gang der Dinge »das Desaster der interpretierenden Klasse« (W. Lepenies). Jetzt stand die künstlerische Intelligenz der DDR, der vielleicht wichtigste Teil dieser ›interpretierenden Klasse‹, plötzlich mit ihrem Objekt der Begierde namens »wahrer Sozialismus« mehr oder weniger allein da.

Doch nicht ganz allein. An dieser Stelle ist es ratsam, jene bemerkenswerte Nähe zwischen den reformsozialistischen DDR-Autoren und vielen linken Intellektuellen in Ost und vor allem West, unter ihnen nicht wenige Liebhaber und Exegeten der DDR-Literatur, in den Blick zu nehmen. Wie die Autoren hatten auch sie Verluste zu beklagen. »Was ich niemals besaß wird mir entrissen. / Was ich nicht lebte, werd ich ewig missen«, heißt es in Volker Brauns signifikantem Text »DAS EIGENTUM« vom Anfang der Wendezeit. Auch viele Interpreten der DDR-Literatur hatten dieselbe, ähnlich Braun und anderen Autoren, als Ersatz und utopiehaltiges Versprechen an jene leere Stelle gerückt, die ein mißratener wirklicher Sozialismus nie glaubwürdig hatte einnehmen können. Indem diese Literatur beinahe von heute auf morgen bezugslos wurde und damit auch die Interpreten die quasiontologische Begründung ihres Tuns verloren, gerieten vor allem Literaturwissenschaftler aus der DDR in eine »hermeneutische Zwangssituation, [...] eine aufgenötigte Sinnsuche aus dem neuartigen Bewußtsein einer durchaus fragwürdig gewordenen Vergangenheit« (K. Städtke). Doch auch westliche Literaturwissenschaftler von links, wie kritisch immer sie den »realen Sozialismus« beurteilt hatten, mußten zur Kenntnis nehmen, daß ihr bisheriges Objekt der Begierde sich ihnen zu entziehen drohte. Der Verfasser dieser Literaturgeschichte weiß, wovon er spricht. Es war nicht das Problem des nunmehr »abgeschlossenen Sammelgebiets«, wie oft behauptet wurde. Es kann als wissenschaftliche Normalität gelten, daß in der Zeit angesiedelte wissenschaftliche Objekte an ein Ende kommen und historisch werden. Hier ging es um mehr. Mit dem nichts als begrüßenswerten Untergang des SED-Regimes in der DDR verloren auch utopisch-teleologische Projektionen auf das im Lande entstandene literarische Corpus ihren Bezug, und das mußte die Projizierenden verwirren und schmerzen. »Und unverständlich wird mein ganzer Text«, heißt es in Brauns schon zitiertem Gedicht. Das galt jetzt auch für viele Interpreten und die von ihnen veranstalteten Entwürfe der Geschichtsschreibung zur DDR-Literatur. Was zu tun war und noch ist, das ist ein skeptisches, kritisches *rereading* dieser Entwürfe und Konstrukte. Im folgenden wird ein solcher (in vieler Hinsicht notwendig selbstbezüglicher) Versuch unternommen.

Der vielleicht entscheidende Pferdefuß der DDR-Literatur-Forschung war ihre umfassende und allseitige *Politisierung*. Schon 1983 hatte Bernhard Greiner (nicht zu verwechseln mit Ulrich Greiner) moniert, dies sei in einem Maße der Fall, »wie dies von der faschistischen Germanistik noch in unseliger Erinnerung« sei. Selbst wenn man diesen Vergleich unangemessen findet, wird man Greiner darin folgen müssen, daß diese »Verquickung von Germanistik und Politik die Forschung über DDR-Literatur« massiv »engeengt« hat. »Methodische Erweiterungen (Hinwendungen zur Literatursoziologie, zur psychoanalytischen und zur strukturalistischen Literaturbetrachtung) und theoretischen Neubesinnung (z.B. über den Literaturbegriff, über Fiktionalität, über Hermeneutik), die in andere Forschungsbereiche der Germanistik längst Eingang gefunden haben«, blieben nach Greiner in der DDR-Literatur-Forschung »mit einer Hartnäckigkeit ausgeblendet, die man nicht mehr auf individuelles Versagen zurückführen kann, sondern kollektiven Fehlleistungen zurechnen muß.« Der letzte Hinweis Greiners ist besonders wichtig. Er unterstellt, daß fast alle, die als Germanisten DDR-Literatur-Forschung betrieben, eine zu große Nähe zum Gegenstand hatten, die in einer politischen Bindung oder aber zumindest in einer politischen (Konträr-)Faszination begründet lag. Interesse an der

DDR-Literatur war häufig weit *mehr aus dem Interesse am Experiment Sozialismus als an der Literatur* an sich geboren. Natürlich war dieses Interesse allemal legitim und bleibt es auch. Folgenschwer war die *Verwechslung* der beiden Interessen, oder doch zumindest ihre permanente *Vermischung*. Literarische Texte wurden so nur selten als *Texte* untersucht und weit häufiger als Widerspiegelung gesellschaftlich-politischer Verhältnisse – oder umgekehrt (was methodisch wenig ändert): als Protest gegen sie.

Auch die beiden Vorgänger der hier vorgelegten »Kleinen Literaturgeschichte der DDR« von 1981 und 1989 standen diesem Ansatz allzu nahe. Ich postulierte damals (DDR-)Literatur als »in mehrfacher Weise prozessierenden Teil der gesellschaftlich-geschichtlichen Bewegung im Ganzen« und schrieb ihr drei Grundeigenschaften zu: »Dokument, ›Zeuge‹ des historischen Prozesses«, »Bewußtsein [der und] gegen die Geschichte« und schließlich »wirkender Faktor« im Geschichtsprozeß zu sein. Nun, dieser Auffassung bin ich auch heute noch – und sie liegt weiterhin meiner Darstellung zugrunde –, aber ich beharre heute nicht mehr so unbedingt wie damals auf dem Verhaktsein der Literatur mit Geschichte und Gesellschaft. Denn eine solche, gar absolute Setzung führt leicht dazu, andere als gesellschafts- und geschichtsbezogene Wahrnehmungen von Literatur auszuschließen oder doch minderzubewerten. Deren Bestes, höchst Subjektives, ihre ästhetische Anmutung, die dem Gesellschaftlichen gerade nicht kommensurabel ist und sie erst als Literatur aus anderen Diskursen heraushebt, droht bei dieser Setzung verlorenzugehen. Von solchen Verlusten der Wahrnehmung aufgrund des *soziologischen Bias* war fast die gesamte DDR-Literatur-Forschung gezeichnet. Durch ihre Fixierung auf den »Zusammenhang zwischen Kunst und materiellem Sein« erhielten, so noch einmal Bernhard Greiner, »solche Werke besonderes Gewicht, die viel zwischenmenschliches Handeln, hier also Reglementierungen und Reaktionen von Autoren und Lesern, hervorgebracht haben. Zum Problem wird dies durch die Tendenz, das Ausmaß solcher Handlung zum Maß der ästhetischen Qualität eines Werkes zu machen.« Das hatte natürlich problematische Folgen für die Kanonbildung, die zu überdenken sind. Seit der Wende, im sogenannten deutsch-deutschen Literaturstreit, hat sich eine spezielle Variante dieses Umgangs mit literarischen Texten entwickelt, nämlich die »vulgärpolitische Lesart poetischer Texte« (M. Braun), die dieselben nur nach versteckten Zeichen politischen Widerstands oder, umgekehrt, nach deren Ausbleiben absucht und anschließend ein Urteil fällt, das sich als Kunsturteil geriert. Diese Leseweise absolut zu setzen, ist so anmaßend wie kunstfeindlich. Weite Teile der Weltliteratur hielten ihr nicht stand.

Eine weitere Konsequenz aus der Primatsetzung des Gesellschaftlich-Politischen gegenüber dem Ästhetischen, die gerade in der Literaturgeschichtsschreibung eine Rolle spielte, war, daß regelmäßig der *Kulturpolitik die Schlüsselstellung* zugewiesen wurde, um den Zusammenhang von gesellschaftlichem System und Literatur zu erweisen. Allerdings, so erkannte wiederum Bernhard Greiner, erreichten die so angelegten Gesamtdarstellungen – gleich welcher politischen Provenienz – »ihr methodisches Ziel nicht, den Vermittlungszuammenhang von gesellschaftlicher Entwicklung, Kulturpolitik und literarischem Schaffen aufzuzeigen und aus ihm ein angemessenes Verständnis der Literatur zu erarbeiten. Statt Aufweis eines Zusammenhangs finden wir unverbundenes Nebeneinander.« Nun sollte die Literatur in der DDR gewiß von Staats wegen als »gesamtgesellschaftliches Organ mit einer einheitlichen Funktion« wirken, und folglich war und ist auch die Darstellung des engen Verzahntseins von Gesamtsystem Gesellschaft und Teilsystem Literatur eine wichtige Aufgabe der Literaturwissenschaft – eine Arbeitsgruppe an der Humboldt-Universität zu Berlin hat z.B. 1993 ein solches Projekt unter dem Arbeitstitel »Kanon und Norm. Zur literarischen/kulturellen Kommunikation in der SBZ/DDR« in Angriff genommen. Aber zumindest bis zur Wende folgten die meisten Gesamtdarstellungen der DDR-Literatur einem allzu simplen Schema: erst das gesellschaftlich-politische System im Wandel, dann die Kulturpolitik in Gestalt der Verlautbarungen von Parteitagen, ZK-Plenen und Schriftstellerkongressen, dann schließlich die Literatur selber in Gattungs- oder thematischen Längsschnitten. Auch meine eigene Darstellung folgte in ihren früheren Fassungen weitgehend diesem Modell – ja, und auch diese neue tut es partiell noch. Freilich versucht sie, so hoffe ich, sensibler als vorher, die wichtigen literarischen Texte als individuelle Produktionen mit ästhetischen Mitteln vorzustellen, die gerade nicht als Ausfluß irgendwelcher kulturpolitischer Direktiven zu begreifen und ihrer ›Endstellung‹ im Darstellungsprozeß zum Trotz nicht als Nebensache anzusehen sind.

Dennoch agiert ein jeder, der sich näher auf die Literatur der DDR einläßt, in einer nahezu aporetischen Situation. Die Literatur dieses Landes war von der SED entschieden als nichtautonome Literatur definiert, und selbst dort, wo sich – wie von etwa 1965 bis 1989 immer häufiger – die Autoren dieser Definitionsmacht zu entziehen versuchten, blieben sie mit ihren Texten als widersprechenden, sich mühsam an ihr abarbeitenden zumindest partiell im Banne dieser Definitionsmacht. Folglich wäre eine Literaturgeschichtsschreibung, die diese machtvolle Systemvorgabe einfach ignorierte und sich auf Text- und Formgeschichte beschränkte, historisch verfehlt. Umgekehrt ist ein literarhistorischer Ansatz, der ausschließlich das literarische/kommunikative System zum Fluchtpunkt macht, in der nicht kleinen Gefahr, die literarischen Werke – also das, was den Leser allein wirklich interessiert – geringzuschätzen und damit das Wichtigste zu verfehlen. Der Verfasser der vorliegenden Literaturgeschichte, die *für Leser* geschrieben wurde, sah für sich keine andere Möglichkeit, als an der »dilemmatischen Verbindung von Prozeßdarstellung und Werkinterpretation« (R. Rosenberg) festzuhalten. Eine reine Untersuchung des ›Systems Literatur‹ und seiner Institutionen und Regulative oder des zur Abstraktion gebrachten literarischen Prozesses *ohne* die Werke und ihre Autoren hätte ihn auch nicht interessiert.

Ein Beispiel für die skizzierte dilemmatische Situation zwischen den Polen Kulturpolitik/institutionalisiertes System und der Reihe der literarischen Texte ist die *Periodisierungsfrage*. Einerseits folgt die literarische Entwicklung über den Transmissionsriemen der Kulturpolitik explizit politischen Daten, wie sie mit den Jahreszahlen 1945 (Kriegsende), 1949 (Staatsgründung), 1951 (Formalismuskampagne), 1953 (Arbeiteraufstand), 1956 (XX. Parteitag der KPdSU; Ungarnaufstand), 1959 (Bitterfelder Weg), 1961 (Mauerbau), 1965 (Kulturplenum des ZK der SED), 1971 (Machtwechsel Ulbricht/Honecker), 1976 (Biermann-Ausbürgerung) oder 1985 (Machtwechsel zu Gorbatschow) gesetzt sind. Andererseits tut sie das nicht schematisch, und schon gar nicht in einer solchen kurzen Schrittfolge. So könnte man z.B. ein großräumiges Periodisierungsmodell entwerfen, das von einer Phase der Konstituierung der DDR-Literatur bis etwa 1961, einer anschließenden Stabilisierungsphase bis 1976 und schließlich einer Auflösungsphase von etwa 1976 bis 1990 ausgeht. Aus einer anderen Perspektive, die nach dem Verhältnis der DDR-Literatur zur ästhetischen Moderne fragt, gelangte man wiederum zu einer anderen Periodisierung. Danach wäre von Schüben der ästhetischen Modernisierung der DDR-Literatur auszugehen, deren wichtigster sich im Lauf der 60er Jahre vollzieht.

Diese Hinweise auf notwendig wechselnde Perspektiven und Beleuchtungen der Geschichte der DDR-Literatur gehen von einigen wissenschaftstheoretischen Voraussetzungen aus, die zumal vor 1989 alles andere als Gemeingut ihrer Interpreten waren. Deren erste und entscheidende ist, daß Geschichte grundsätzlich nicht »im Besitz der Wahrheit« (Heiner Müller) geschrieben werden kann. Eine andere, damit eng verwandte ist die bewußte Preisgabe substantialistischer und deterministischer, speziell: teleologischer Modellvorstellungen, an denen entlang geschichtliche Prozesse beschrieben werden. Dies tat zumal die DDR-Literaturwissenschaft in forcierter Weise. Sie suggerierte, am massivsten im 11. Band der repräsentativen »Geschichte der deutschen Literatur«, daß die literarische Entwicklung gesetzmäßig als (zunächst) »Herausbildung« und (hernach) »Entfaltung einer sozialistischen Nationalliteratur« abgelaufen sei. Durch den bevorzugten Gebrauch von Metaphern wie »Abschied«, »Ankunft« und »Anwesendsein« oder »Aufbau«, »Suche«, »Übergang« und »Reife« erfährt man viel über die geschichtsphilosophischen Wunschbilder der realsozialistischen Ideologie und um so weniger über die wirkliche Geschichte der Literatur. Hier wurde, mit Walter Benjamin zu sprechen, Geschichte zum »Gegenstand einer Konstruktion« nach Maßgabe eines Fortschrittsbegriffs, der sich nicht an die Wirklichkeit hält, sondern einem dogmatischen Anspruch folgt. Man setzte die geschichtliche Zeit als eine »homogene und leere Zeit durchlaufenden Fortgangs«, in die hinein die passenden Phänomene der Literatur, vorab ideologisch selektiert, mehr oder weniger willkürlich eingefügt wurden.

Nun ist es beim Geschäft einer ja auch erzählenden Literaturgeschichtsschreibung beinahe unmöglich, ganz ohne einen roten Faden oder doch wenigstens eine überschaubare, stets reduktive Zahl von wenigen kräftigeren Leit-Fäden auszukommen. Keine Literaturgeschichte läßt sich ohne eine, »wie auch immer implizit bleibende, Makrothese über den Verlauf literarhistorischer Prozesse« (J. Fohrmann), ohne eine »idealtypische Konstruktion« (S. Scherer) schreiben. Dies gilt auch für die vorliegende, deren »Makrothese« lautet, daß ein erheblicher Teil der Literatur aus der DDR im Lauf von vier Jahrzehnten eine Emanzipationsbewegung vollzieht, die (so schon die Fassung von 1988) »sich aus der angestammten Haltung des Verdrängens und Verschweigens wie aus dem didaktischen Gestus der ersten fünfzehn Jahre [...] löst und [...] zu Haltungen des erkennenden Experimentierens, zum ästhetischen Text als Differenz zur Wirklichkeit, nicht als deren planes Abbild« findet. Dieser Prozeß ging gewiß nicht stetig vonstatten, und er war auch von beträchtlichen Widersprüchen, ja Aporien gezeichnet, die heute klarer als vor sechs oder zehn Jahren zu sehen sind. Dementsprechend bemüht sich die vorliegende neue Fassung auch um eine differenzierte und insgesamt skeptischere Darstellung gerade des Unstimmigen an diesem Prozeß. Der Verfasser hat sich, immer in den Grenzen seiner Möglichkeiten, bemüht, nicht den »drei alten erkenntnistheoretischen Illusionen« der Einfachheit, Ganzheit und Substantialität (U. Japp) zu verfallen, ihm naheliegende »sinnhafte Identifikationen« (N. Luhmann) immer wieder in Frage zu stellen und der Vielheit und Uneindeutigkeit der (literar-)historischen Prozesse Rechnung zu tragen. Inwieweit ihm das gelungen ist, müssen nun andere entscheiden.

Wer an Multiperspektivität interessiert ist und die genannten erkenntnistheoretischen Illusionen vermeiden will, wird auch den *Begriff DDR-Literatur* nicht künstlich eindeutig machen, sondern beharrlich offenhalten. Der Begriff war, sofern man nicht an die Linie der SED gebunden war, nie klar umrissen. Einerseits bindet er, vergleichbar anderen Epochenbegriffen wie »Literatur der Weimarer Republik« oder »Literatur im Dritten Reich«, die Literatur unmittelbar an einen geschichtlich bzw. politisch definierten Zeitabschnitt – eben die vier Jahrzehnte des Bestehens der DDR von 1949 bis 1990. Gleichzeitig ist in ihm ein räumlicher, territorialer Bezug gegeben im Sinne von: Literatur *aus* der DDR. Hinweise auf einen ästhetischen Epochenstil enthält der Begriff nicht – trotz der lange geltenden Doktrin des »sozialistischen Realismus«. Auch von einer politischen Warte aus kann man zu unterschiedlichen, ja, diametral entgegengesetzten Begriffen von DDR-Literatur kommen. Man kann als ›eigentliche‹ DDR-Literatur diejenige bezeichnen, die den »realen Sozialismus« affirmativ vertreten und manifestiert hat (also die von Johannes R. Becher, Helmut Sakowski, Hermann Kant und vielen schlechteren Autoren) – und man kann, ebenfalls politisch motiviert, umgekehrt die Literatur der Dissidenten von Uwe Johnson über Hans Joachim Schädlich bis zu Jürgen Fuchs und Lutz Rathenow, geschrieben aus dem Geist des Protests und pochend auf die absolute Souveränität der Literatur, als *die* eigentliche DDR-Literatur definieren. Vielleicht aber ist am charakteristischsten für den kontrastreichen Gesamtfundus namens DDR-Literatur gerade jene, die *zwischen* den beiden Polen der blinden Affirmation einerseits und der radikalen Dissidenz andererseits angesiedelt war und stets das Unmögliche versuchte (bis zum endgültigen Scheitern dieses Projekts in der Wende): nämlich Literatur aus dem blochschen »Geist der Utopie« – nüchterner gesagt: aus dem Geist reformsozialistischer Hoffnungen und Illusionen – zu schaffen; eine Literatur – es ist die der bekannten und vieldiskutierten Namen –, die zunehmend auf die Eigengesetzlichkeit der Kunst pochte, andererseits aber doch (darin, häufig unbewußt, Avantgardeimpulsen verpflichtet) die Kunst ins sozialistisch gedachte Leben zurückholen wollte. Die vorliegende Literaturgeschichte ist darum bemüht, sich für *alle* genannten Perspektiven und Strömungen aus dem Gesamtfundus DDR-Literatur offenzuhalten. Dennoch ist nicht zu übersehen, daß ihr Verfasser – wenn auch nicht mehr im Sinne von Identifikation – der *Literatur der sogenannten Reformsozialisten* den meisten Platz und die hartnäckigste Reflexion eingeräumt hat. Das war schon 1981 so. Bereits damals vertrat ich die Auffassung, daß es sich hier um eine Literatur handle, die nicht nur Dokument und Zeuge des historischen Prozesses sei, sondern auch – trotz unbestreitbarer Verdrängungen und Deformationen, die zumal an den Texten der frühen Jahrzehnte abzulesen sind – der Fundus eines »Bewußtsein[s] gegen die Geschichte als Unterdrückungszusammenhang, als Abfolge von Akten der verdeckten und offenen Gewalt«. Diese Literatur nimmt, so schrieb ich vor fünfzehn Jahren, »Geschichte nicht nur, wie gerade in der DDR verkündet wird, als unaufhaltsamen Fortschritt wahr, sondern auch als Rücknahme, Verfall der offiziell als unausweichlich hingestellten Emanzipationsbewegung, als Ineinander von Kultur und Barbarei, mit Walter Benjamin zu sprechen. Sie betreibt Anamnese im doppelten Sinn des Wortes: Sie schreibt die Vor-Geschichte der (gesellschaftlichen) Krankheit, die am gegenwärtigen Zustand diagnostiziert wird, und sie erinnert neuerlich an die Ziele, unter denen die neue Gesellschaftsordnung einst angetreten war. Sie leistet Wieder-Erinnerungsarbeit gegen das allgemein grassierende Verdrängen und Vergessen und ist damit ›ein lebenswichtiges Organ der Gesellschaft‹ (Franz Fühmann). [...] Wo die literarische Subjektivität sich selbst so versteht und so ›arbeitet‹, kehrt sich das weiter oben genannte äußerliche Verhältnis von Kulturpolitik und Literatur geradezu um. Indem Literatur die bestehenden Verhältnisse kritisiert, Tabus bricht, auf Veränderung drängt, fordert sie Reaktionen der Kulturpolitik heraus: ob sie nun die Verwirklichung neuer Bedürfnisse durchsetzen hilft oder selbst Objekt von kulturpolitischen Restriktionen wie Druck- oder Aufführungsverboten wird. Sie ist nicht mehr nur Zeuge des gesellschaftlich-geschichtlichen Prozesses, sondern auch *wirkender Faktor in ihm*: arbeitend im Bewußtsein ihrer Leser, arbeitend auch an den ihr durch Kulturpolitik äußerlich gesetzten Bedingungen ihrer Existenz.«

Aus meiner heutigen Sicht läßt sich der emphatische Ton dieser vor fünfzehn Jahren geschriebenen Sätze nicht mehr aufrechterhalten. Das heißt nicht – so meine ich weiter –, daß ihr Inhalt ganz und gar falsch wäre. Was nottut, ist die Ergänzung und damit Relativierung der Eigenperspektive der reformsozialistischen Autoren durch eine zweite, die deren politische Theorie und literarische Praxis auch mit Zweifeln bedenkt. Neben ihren Impulsen gegen den autoritären Oktroy des »realen Sozialismus« ist immer auch ihr »eigene[r] Anteil an der Verdunkelung der Wahrheit« (Heinz Czechowski) zu reflektieren. Politische Haltung und literarische Texte von Dissidenten wie Hans Joachim Schädlich oder Wolfgang Hilbig dürfen, ja müssen ihnen als Korrektiv an die Seite gestellt werden. Das kommunistisch-utopische Denken muß stets in seiner Ambivalenz reflektiert werden, die es fast immer hatte: einerseits Motor radikaler und mutiger Kritik an der schlechten Wirklichkeit des SED-Regimes zu sein (darauf beharrt z.B. mit Heinrich Mohr ein unverdächtiger Zeuge) – und andererseits fragwürdig totaler Alles-oder-nichts-Entwurf, der seine Vertreter die liberal-demokratische bürgerliche Gesellschaft immer nur als Feind wahrnehmen ließ und sie am Ende wieder hilflos an den Felsen »realer Sozialismus« festschmiedete. Kein anderer als Heiner Müller hat darauf hingewiesen, daß »im Namen von Utopien die schlimmsten Terrorstrukturen entstanden sind«. Zum Glück hat die DDR, so darf man hinzufügen, allenfalls die zweitschlimmsten praktiziert, aber die waren schlimm genug. Allerdings soll betont werden, daß die zum Teil gravierenden politischen Irrtümer der Autorindividuen nicht im geringsten ihr Werk (wenn es denn für sich haltbar ist) zunichte machen. Nüchterne Urteile über die politischen Fehlleistungen und ideologischen Verbohrtheiten vieler Autoren sind unvermeidlich – sie können nicht identisch sein mit den Urteilen und Bewertungen, die den literarischen Texten gelten. Um noch einmal Heiner Müller mit einem Lichtenberg entlehnten Satz zu zitieren: »Der Autor ist klüger als die

Allegorie. Die Metapher ist klüger als der Autor.« In der Tat sind viele poetische Werke von DDR-Autoren dreimal klüger als ihre in Reden, offenen Briefen oder Interviews verkündeten »Gesammelten Irrtümer« (H. Müller). Freilich dokumentieren auch diese Werke einen literaturgeschichtlich bemerkenswerten Prozeß. Am Anfang, in den 50er Jahren, steht tatsächlich häufig *Gesinnungsliteratur*, gläubig und mit den besten Absichten geschrieben, aber ästhetisch dürftig. Die zweite Etappe markieren Texte der (utopisch-sozialistischen) *Sinngebung*, die mehr und mehr von solchen abgelöst werden, die aus einer fortschreitenden und am Ende verzweifelten *Sinnkrise* resultieren. Wer diesen Wandel wahrnimmt, wird eine umstandslose Abbuchung von DDR-Literatur unter der Rubrik »Gesinnungsästhetik« (Ulrich Greiner) nicht akzeptieren können, vielmehr für sträflich ahistorisch halten müssen.

Nun hat Uwe Japp in seinem gescheiten Buch »Beziehungssinn. Ein Konzept der Literaturgeschichte« die Kategorie *»Sinnkrise«* als eine mögliche leitende genannt, mit deren Hilfe sich vielleicht mehr historische Erkenntnis gewinnen lasse, als wenn man sich immer wieder auf Vorgänge der Sinnkonstitution konzentriert oder, so ergänze ich für die DDR, pauschal ›Gesinnungsliteratur‹ unterstellt. »Die Sinnkrise ist also kein Störfaktor der Ordnung«, schreibt Japp, »sie ist im Gegenteil ein erkenntnisleitendes Prinzip der Akte des Ordnens.« Sie hilft, auf der Existenz von »Lücken, Leerstellen, Brüchen, Sprüngen und Rissen« im historischen Prozeß zu insistieren, die diesen dann weniger als »Strom«, sondern häufig eher als »Strudel« erscheinen lassen. Gerade die große, publikumswirksame und auch ästhetisch wie geschichtsphilosophisch interessante ›Strömung‹ der reformsozialistischen DDR-Literatur ist – auf ihrem langen Weg von der gläubigen Gesinnung über die Sinnsuche und -vermittlung bis zu deren Scheitern – vom Ansatz der »Sinnkrise« her gut zu erfassen. Und doch ist sofort zuzugestehen, daß dieser hier betonte Ansatz nur einer unter vielen möglichen einer Geschichte der DDR-Literatur ist.

Mit und seit der Wende ist eine weitere, bisher eher akademische Kontroverse um den Status der DDR-Literatur in Gang gekommen. Überraschend schnell und umstandslos wurde behauptet, daß man nach dem Untergang der DDR deren Literatur nun nicht mehr für sich darstellen dürfe, sondern sie in den Zusammenhang deutschsprachiger Literatur zurückführen müsse. Anders gesagt: Die Frage von Einheit und Vielheit der deutschsprachigen Literatur(en) stand plötzlich wieder auf der Tagesordnung. So befand z.B. der aus der DDR stammende Rainer Rosenberg: »Als eine eigenständige deutschsprachige Literatur neben der westdeutschen oder österreichischen wird man das, was in den Grenzen dieses Staates geschrieben wurde, in Zukunft wohl kaum noch verhandeln.« Und auch seine Kollegin Ursula Heukenkamp begann ihre Überlegungen zum Thema mit der Feststellung, das »Paradigma von der Existenz der zwei deutschen Literaturen in den beiden deutschen Staaten« habe »ausgedient«. Sei es »unter den Bedingungen der Zweistaatlichkeit« bislang »nützlich« gewesen, indem es »übersichtliche Einteilungen« ermöglicht habe und zudem »auf je wechselnde Art auch politisch vernünftig«gewesen sei, so sei es »als Folge staatspolitischer Ereignisse [...] hinfällig« geworden. Jetzt müsse nach Heukenkamp – »denn das steht wohl fest« – die Geschichte der DDR-Literatur »integriert werden«. – Solche apodiktischen Feststellungen überraschen, und fast scheint es so, als werde DDR-Literatur als ein »Erdenrest / zu tragen peinlich« (und zudem »nicht reinlich«) empfunden, dessen man sich möglichst rasch entledigen müsse. Aber entweder war die separate Darstellung von deutschsprachigen Teilliteraturen schon vor dem Untergang der DDR falsch, oder sie muß immer noch legitim sein, sofern man dafür gute Gründe geltend machen kann. Das Ableben eines Staates kann kein Anlaß sein, eine auf dessen Geschichte gerichtete Beschreibungs- und Analyseperspektive für alle Zukunft aufzugeben. Dann dürfte man auch keine separate Geschichte der Literatur im Dritten Reich mehr schreiben, um nur ein besonders offensichtliches Parallelbeispiel zu nennen. Ursula Heukenkamp bleibt denn auch in ihrem wichtigen Aufsatz »Eine Geschichte oder viele Geschichten der deutschen Literatur seit 1945?« von 1995 zum Glück nicht bei dieser eingeengten Sichtweise, sondern führt mehrere »Gründe und Gegengründe« (so der Untertitel) für die eine oder die andere Perspektive auf die DDR-Literatur ins Feld. Da das Problem in diesem Buch (wie schon in der zweiten Fassung von 1988) ohnehin eingehend reflektiert wird und Vorschläge zur Kontextuierung der verschiedenen Segmente der DDR-Literatur gemacht werden (vgl. das Schlußkapitel 8, S. 517ff.), mag es an dieser Stelle genügen, Skepsis gegenüber einer umstandslosen ›Integration‹ dieses literarischen Corpus in das Gesamt deutschsprachiger Literatur seit 1945 anzumelden. Geboten ist auch hier wiederum eine doppelte Perspektive: eine, die die Besonderheiten dieses literarischen Feldes zu fassen versucht und diese auch gesondert darstellt – und eine zweite, die beharrlich nach Gemeinsamem oder wenigstens Vergleichbarem der beiden Literaturen Ost und West fragt und sich damit auf eine integrative (das kann nie heißen: vereinnahmende) Darstellung in synchroner und diachroner Perspektive schrittweise zubewegt. Wesentliche Aspekte, bei denen Gemeinsames wie Trennendes herauszuarbeiten wäre, sind z.B. das Literatursystem/ der Typus von (Nicht-)Öffentlichkeit; die den Autoren zugemessene Rolle und ihr (möglicherweise abweichendes) Selbstverständnis von dem ihnen anvertrauten symbolischen Kapital namens Literatur; »Gründungsmythen« (F. Schirrmacher) der Literatur Ost und West nach 1945 und ihre Folgen; eine Typologie von Autorengenerationen und ihr Wirken im Lauf von fünfzig Jahren; charakteristische, strukturbildende kulturelle und literarische Traditionsbezüge und die Herausbildung spezifischer »literarischer Reihen« (auch dazu das Schlußkapitel, S. 519ff.).

Daß dies ein weiter Weg ist, der nicht von heute auf morgen erfolgreich begangen werden kann, zeigen die beiden derzeit vorliegenden Geschichten zur deutschsprachigen Literatur seit 1945, die den Anspruch stellen, »die Literatur des Westens (Österreich und die deutschsprachige Schweiz einschließend) und die der DDR nicht separat – wie zumeist –, sondern in möglichst engem Zusammenhang darzustellen«. Gemeint sind die von Wilfried Barner herausgegebene »Geschichte der deutschen Literatur von 1945 bis zur Gegenwart« (1994; das Zitat stammt von Barner) und Ralf Schnells »Geschichte der deutschsprachigen Literatur seit 1945« (1993). Beide Bücher haben ihre Meriten. Zumal Barners Sammelwerk enthält so ausführliche wie vorzügliche Gattungslängsschnitte zur DDR-Literatur aus der Feder von Anne Hartmann, Lothar Köhn und Jürgen Schröder. Aber die ostdeutsche und die westdeutsche Literatur werden in beiden Büchern »getrennt voneinander behandelt, wie gehabt« (so Heukenkamp treffend zu Schnells Band); von »engem Zusammenhang« der Darstellung kann keine Rede sein. Insofern sieht der Verfasser der vorliegenden »Kleinen Literaturgeschichte der DDR« sich auch nicht von denen, die die ›Integration‹ postuliert, aber bislang nicht in die Tat umgesetzt haben, überholt. Vielleicht können die hier im Schlußkapitel gemachten Vorschläge, wie künftig Einheit und Vielheit der jüngeren deutschsprachigen Literatur beschrieben und begriffen werden könnten, einen Beitrag zur Einlösung solcher Postulate leisten.

Über allem gewiß Bedenkenswerten sollte eines nicht vergessen werden: Auch die (bessere) DDR-Literatur ist, wie alle ernstzunehmende schöne Literatur, durch ihre *ästhetische Eigenart* bestimmt. Zwar ist die vorliegende Literaturgeschichte durchaus nicht auf die bewußt ästhetisch formierte Literatur eingeengt, vielmehr folgt sie einem weiten Literaturbegriff, wie er in der Klassischen Philologie oder der Mediävistik schon immer Geltung hatte. Aber sie macht doch immer wieder die Kategorie des Ästhetischen zum Fluchtpunkt der Auswahl und Bewertung. Denn es ist ja vor allem die schrittweise ästhetische Emanzipation eines Teils der in der DDR entstandenen Literatur, die ihre Qualität, ihre Würde, ihren Schutz vor Vereinnahmung und Instrumentalisierung ausmacht. Die interessante DDR-Literatur bleibt gerade nicht »eine Literatur des geschlossenen Regelkreises, geschrieben von Bürgern der DDR für Bürger der DDR«, wie Karl Robert Mandelkow behauptet hat. Vielleicht bleibt sie es noch allzusehr, weil auch Autoren wie Wolf oder Braun, vielleicht sogar Müller illusionär an ihre sozialpädagogische Aufgabe auf dem Terrain der DDR glaubten. Aber sie geht, zum Glück, auch darüber hinaus, wird, als eine, die wieder an die internationale Moderne Anschluß findet, immer stärker autonom und souverän, ja subversiv gegenüber dem Offizialdiskurs der SED und der ihr abgeforderten politischen Funktion. Daß sie es in den meisten Fällen nie ganz wurde, ist ihr Dilemma, vielleicht darf man auch sagen: ihre Tragik. Dieser Umstand macht sie wiederum auf eigentümliche Weise interessant, weil anders als die westdeutsche Literatur. Die vorliegende Darstellung versucht dieser Konstellation Rechnung zu tragen und die Wahrnehmung von DDR-Literatur *als Literatur* zu befördern. Auch wenn große Textmengen aus dem Fundus der DDR-Literatur diesem emphatischen Literaturbegriff mit Sicherheit nicht gerecht werden, bleibt ein erheblicher Rest. Gäbe es ihn nicht und wäre DDR-Literatur immer nur Substitut für fehlende Öffentlichkeit oder Legitimationstext einer gescheiterten Staatsmacht gewesen, würde unser Interesse an ihr noch rascher erlahmen, als mancher ihrer Verächter es sich erträumt.

Andere Schwerpunktsetzungen einer Literaturgeschichte der DDR sind gewiß legitim. Nachdem sich die Archive – vom Schriftstellerverband, der Akademie der Künste und dem PEN bis hin zu denen der Hauptverwaltung Verlage und Buchhandel, der SED und des Ministeriums für Staatssicherheit – für die Forschung geöffnet haben, ist es möglich und ergiebig, das Literatursystem DDR, seine Kanon, Norm und Zwang setzenden Kräfte seriös zu untersuchen. Hier wird Literaturgeschichte als eine solche der literarischen Kommunikation und ihrer Verhinderung allererst möglich, und natürlich spielt das auch in der vorliegenden Darstellung eine große Rolle. Ebenso muß das inhaltsanalytische Interesse an der DDR-Literatur weiterhin zu seinem Recht kommen. »Auch Bücher haben ihr Erlebtes«, heißt es bei Goethe, und dies gilt allzumal für die ostdeutsche Literatur. »Der Aufenthalt in der DDR war zuallererst der Aufenthalt in einem Material«, schrieb Heiner Müller, und der in nicht wenigen Fällen produktive Umgang mit diesem Material ließ Literatur entstehen. Aber gerade weil in der DDR eine unbehinderte empirische Kultur- und Sozialforschung ebenso wie eine freie Medienöffentlichkeit fast völlig fehlte, ist und bleibt die DDR-Literatur ein unersetzbares Auskunftsmittel dazu, »wie es eigentlich gewesen ist«. Sie behält ihren Wert als Dokumentensammlung zur historischen Landeskunde des »Materials« DDR, als Archiv verschrifteter Erfahrungen über einen Teil der deutschen Nation.

Schließlich bleibt die DDR-Literatur und zumal ihre Autorenschaft noch aus einem weiteren Grund interessant. Es ist derjenige, der im Kern den deutsch-deutschen Literaturstreit seit 1990 ausmachte, auch wenn dieser Kern im Streit der Meinungen oft genug verfehlt und Gesinnung und Verhalten eines Autors umstandslos mit seinem Werk gleichgesetzt wurde. Vierzig Jahre DDR-Literatur: Das ist nicht zuletzt ein Lehrstück über das prekäre *Verhältnis von Geist und Macht*, über die Möglichkeiten und das Scheitern, die Irrungen und Wirrungen, die Verheißungen und Versuchungen künstlerischer und intellektueller Arbeit in einer sozialistischen Diktatur; einer Diktatur, die sich vom Nationalsozialismus unter anderm dadurch unterschied, daß sie, zumindest auf dem Papier und scheinbar legitimiert durch einhundert Jahre Arbeiterbewegung, antinazistischen Widerstand und Exil, eine bessere und gerechtere Gesellschaft für alle Erniedrigten und Beleidigten forderte – ohne rassistische oder sonstige Einschränkungen. An der Verwirklichung dieses Projekts mitzuarbeiten war, zumal nach dem Desaster des Dritten Reiches, eine große Verlockung für Angehörige einer Intelligenz, die als soziale Gruppe schon seit Jahrzehnten dem »metaphysischen Leiden an dem Mangel eines hohen Sinnes in der Welt« ausgesetzt war und »an ihrem Vertriebensein aus der religiösen Sphäre« litt (so Siegfried Kracauer 1922). Der Aufbau des Sozialismus als ein gleichsam menschheitliches Projekt versprach, diesen verlorenen heilsgeschichtlichen Sinn wieder einzuholen, und die Rolle der künstlerischen Intelligenz bei der Verwirklichung dieses Vorhabens neuer Sinnstiftung sollte groß sein. Nachdem mit dem unwiderruflichen Untergang der DDR »die Irrtümer verbraucht« sind, mit Brecht zu sprechen, läßt sich das besagte Lehrstück einer entschieden zu engen Berührung zwischen Geist und Macht nüchtern analysieren. Freilich sind solche Untersuchungen – da ist Kurt Drawert zuzustimmen – manchmal »hochnotpeinlich« im wahrsten Sinne des Wortes.

Die hier vorgelegte Literaturgeschichte der DDR ist das Werk eines einzelnen. Ihre Grenzen werden nicht nur durch den Stand des Wissens und der Wissenschaft zu diesem Thema gezogen, sondern auch »durch die kulturelle Situation in der Gesellschaft, der er selbst angehört« (A. J. Gurjewitsch), sowie durch die individuellen Prägungen des Verfassers. Insofern ist die unternommene *Rekonstruktion* von Geschichte notwendig auch ein *subjektives Konstrukt*, das unter dem Irrtumsvorbehalt steht. Andere mögen andere Konstrukte vorlegen. Ohnehin, so wissen wir mit Goethe, schreibt jede Generation die Geschichte neu.

1
Mythos Antifaschismus und befohlener Sozialismus: die DDR als »Gründung«

DDR-Literatur ist, von wenigen Ausnahmen abgesehen, zu keiner Zeit ort- und zeitlos gewesen. Sie bezog sich, in der Regel gewollt und häufig gezwungenermaßen, auf die politischen und gesellschaftlichen Verhältnisse, denen sie, wiederum: gewollt oder auch nicht, entsprungen ist. Deshalb muß man die Geschichte und Gesellschaftsstruktur der DDR in ihren Grundzügen kennen, will man die Literatur dieses Vierjahrzehnte-Landes geschichtlich verstehen, analysieren und vielleicht auch bewerten können. DDR-Geschichte wiederum ist nicht isoliert darstellbar. Sie steht immer in einem doppelten polemischen und zugleich legitimatorischen Kontext: Die DDR ruht auf einem Gründungsmythos auf, der sich zum einen gegen das NS-Regime (im offiziellen Sprachgebrauch: gegen den »deutschen Faschismus«) als zu überwindenden Tiefpunkt der deutschen Geschichte stellt und zum andern gegen den kapitalistisch-imperialistischen Westen, den der amtliche Marxismus in der Tradition der Kommunistischen Internationale (trotz gewisser Korrekturen 1935) unbeirrbar als Hort von Ausbeutung, Unterdrückung, Kriegsvorbereitung und neuen »Faschismen« sah. Dem korrespondierte ein Selbstverständnis, nach dem – über die Zwischenetappe der »antifaschistisch-demokratischen Neuordnung« – allein der Aufbau einer sozialistischen (später kommunistischen) Gesellschaftsordnung eine angemessene historische und ideologische Antwort auf den gerade überwundenen Nationalsozialismus und den fortbestehenden Kapitalismus sein könne. ›Antifaschismus‹, ›demokratische Neuordnung‹ und schließlich ›Aufbau des Sozialismus‹ wurden zu den zentralen, quasimythischen Sinnkonstrukten und Rechtfertigungsmustern der DDR, die auch die Literatur dieses Landes zunächst internalisierte und sodann propagierte. Selbst wenn man sich darum bemüht, der Literatur der DDR (oder anderer Länder des »realen Sozialismus«) *als Literatur* gerecht zu werden, wird man, zumal in den ersten beiden Jahrzehnten, immer wieder auf diese konstitutionelle Nähe von Literatur und Politik/Ideologie zurückverwiesen, die folglich auch nicht ignoriert werden darf.

Freilich: am 8. Mai, dem Tag der bedingungslosen Kapitulation des Deutschen Reiches vor den Siegermächten, war Deutschland erst einmal nichts anderes als ein weitgehend zerstörtes Land, das in seinem gesellschaftlichen Reichtum um Jahrzehnte zurückgeworfen war und ca. acht Millionen Kriegstote zu beklagen hatte. Keine Stadt, keine Familie, keine Fabrik, kein Theater war mehr intakt. Millionen Vertriebene aus den bisherigen deutschen Ostgebieten harrten ihrer Eingliederung zu einem Zeitpunkt, als alte Solidarstrukturen gerade endgültig zusammenbrachen und sich eine Robinson-Mentalität breitmachte. »Die Masse der Bevölkerung reagierte auf den äußeren Notstand mit dem Zusammenschluß nach innen: Heim, Familie und Nachbarschaft.« (K. Scherpe) Zwölf Jahre NS-Regime und Krieg waren nicht in eine innerdeutsche Befreiungsbewegung eingemündet, sondern hatten zu einer allgemeinen Verrohung, Demoralisierung und Preisgabe humaner Normen geführt, die einen Neuanfang in jeder Hinsicht notwendig – und doch gleichzeitig fast unmöglich machten. »In weniger als sechs Jahren«, so schrieb Hannah Arendt 1950 nach einem Besuch in Deutschland, »zerstörte Deutschland das moralische Gefüge der westlichen Welt, und zwar durch Verbrechen, die niemand für möglich gehalten hätte.« Über den Opfern begann, mit dem letzten Satz von Heiner Müllers Stück »Die Schlacht« zu sprechen, »der Kampf der Überlebenden um das Brot«. Die Überlebenden: das waren in der Regel gerade nicht die Widerständler, die Integren, sondern all jene, die, ob Zivilisten oder Soldaten, den Nazismus gläubig, opportunistisch, vielleicht auch innerlich widerstrebend mitgetragen oder doch zumindest hingenommen hatten und sich jetzt, häufig mehr larmoyant als wirklich verstört, voller innerer Abwehr und ohne das Bedürfnis nach Einsicht, der reinen Gegenwartsbewältigung zuwandten. Dieser *gewöhnliche Faschismus*, das *Nazitum in den Subjekten* war eine Hypothek, die mit dem Jahr 1945 nicht abgetragen war, sondern weiterlebte und wirkte.

Mit welchen menschlichen und materiellen Ressourcen, so lautete im Mai 1945 die verzweifelte Frage, sollte also eigentlich ein Neuanfang gemacht werden? Im Versuch, diese Frage zu beantworten, wurden bereits von diesem Datum an (vorbereitet durch entsprechende Beschlüsse der Alliierten lange vorher) in den drei Westzonen einerseits, in der sowjetischen Besatzungszone andererseits gegensätzliche Wege eingeschlagen. Das als politisches Subjekt handlungsunfähige deutsche Volk wurde zum Objekt einer anhaltenden Kontroverse zwischen dem westlichen und dem sozialistischen Lager, deren vorläufiger Schlußpunkt die Gründung zweier deutscher Staaten im Jahre 1949 war: Die beiden Rumpfdeutschland wurden in die festgefügten, im »kalten Krieg« befindlichen Machtblöcke integriert.

Die westlichen Alliierten (und die von ihnen herangezogenen deutschen Politiker) verfolgten von Beginn an eine Politik, die einerseits das westliche Demokratiemodell installieren und gleichzeitig eine kapitalistische Marktwirtschaft in Fahrt bringen sollte, letzteres vor allem mittels des massiven amerikanischen Kapitalimports im Zuge des Marshallplans. Mit der Währungsreform in den drei Westzonen vom 20. Juni 1948 wurde ein »Nullpunkt« für die Wirtschaft gesetzt, der den staatlichen Neuanfang 1949, die Gründung der Bundesrepublik, beträchtlich präformierte. Staats- und Verwaltungsapparat waren, einschließlich der Bereiche Kultur und Erziehung, im Zuge einer großzügig gehandhabten Entnazifizierungskampagne nur oberflächlich von Nazis gesäubert worden. Ihre Grundlage war jenes *Reeducation*-Programm der USA, das einerseits von einer »Kollektivschuld« (einer Art Massenwahn) des ganzen deutschen Volkes ausging, andererseits keine geeigneten Mittel fand, diese ›Krankheit‹ zu heilen. Die tieferen Ursachen des Massenerfolgs der NS-Bewegung und deren Fortleben in vielen einzelnen blieben ausgeblendet. Die ökonomische Ungleichheit war neuerlich sanktioniert. Sozialistische Vorstellungen prägten zwar die Programme nicht nur von SPD und KPD, sondern auch das der CDU, aber sie hatten keine Chance, in die Tat umgesetzt zu werden. Freilich empfing die spätere Bundesrepublik mit der Einführung der parlamentarischen Demokratie durch die Westalliierten eine Morgengabe, deren immense Bedeutung erst mit ihrer schrittweisen Füllung – der Verwirklichung demokratischer Lebens- und Umgangsformen – im Lauf von Jahrzehnten erkannt und angenommen wurde. Die Gewährleistung der Menschen- und Bürgerrechte, ein Mehrparteiensystem in Verbindung mit geheimen und freien Wahlen und eine vom Grundgesetz garantierte Gewaltenteilung (also auch die Unabhängigkeit der Justiz) erwiesen sich – bei allen Schwächen im einzelnen – über die Jahrzehnte hin als das entscheidende politische Kapital der Bundesrepublik, durch das sie sich (wie natürlich auch durch eine sozialer werdende Marktwirtschaft) fundamental von der Gegengründung DDR unterschied.

Auf dem Territorium der SBZ, deren Industriepotential und wirtschaftliche Infrastruktur etwa zur Hälfte (und damit weit mehr als in den Westzonen) zerstört war, wurden sehr rasch soziopolitische Strukturveränderungen durchgesetzt, die diesem Landesteil quasi über Nacht ein von den Westzonen verschiedenes Gesicht gaben. Träger dieser Umwälzung und der Macht im ganzen waren in den ersten Jahren die Rote Armee, die Sowjetische Militäradministration in Deutschland (SMAD) und die in der KPD, ab 1946 in der SED organisierten deutschen Kommunisten, die größtenteils aus dem sowjetischen Exil in die SBZ zurückgekehrt waren. Auf Geheiß der SMAD (oder mit deren nachträglicher Sanktionierung) wurden im einzelnen folgende Maßnahmen durchgeführt:

1. Enteignung der Betriebe von Kriegsverbrechern und aktiven Nationalsozialisten. Dadurch gingen 8% der Industriebetriebe, die 39% der industriellen Bruttoproduktion erzeugten, in Staatseigentum über; 22% der Industrieproduktion wurden Eigentum der UdSSR (in Form der »Sowjetischen Aktiengesellschaften«, der SAG) aufgrund der Reparationsansprüche dieses von der deutschen Wehrmacht verwüsteten Landes, das ca. 20 Millionen Kriegstote zu beklagen hatte.

2. Enteignung allen landwirtschaftlichen Privatbesitzes über 100 Hektar sowie des Grundbesitzes von führenden Nationalsozialisten; zwei Drittel des Landes wurden an etwa 520 000 landlose Bauern, Landarbeiter und Pächter verteilt (sog. Bodenreform).

3. Überführung der Bodenschätze und Bergwerksbetriebe in Staatseigentum (dies erst 1947).

4. Entfernung von nationalsozialistischem Personal aus dem Erziehungs- und Kulturbereich sowie von entsprechendem »Kulturgut« (vor allem von nazistischen und militaristischen Büchern aus öffentlichen Bibliotheken).

Wie schwierig diese einschneidenden Maßnahmen, die dann auch Stoff der neuen Literatur wurden, im einzelnen zu beurteilen sind, zeigt exemplarisch die Bodenreform. Einerseits schuf sie für etwa eine halbe Million eigentumsloser »Bodenempfänger« – unter ihnen ca. 80 000 Umsiedlerfamilien – eine Existenzgrundlage. Andererseits bedeuteten die Enteignungen unter der Parole »Junkerland in Bauernhand« nicht nur die Beseitigung gravierender Ungleichheit. So waren unter den ca. 11 000 Enteigneten über 4 000, die weniger als 100 Hektar besessen hatten und auch gewiß keine Junker waren. Zumeist waren die zugewiesenen Bodenflächen für eine Familie zu klein bemessen, und Zwangswirtschaft und Ablieferungssoll trübten die Freude am neuen Besitz. Zudem währte er nicht lange: 1952 begann die Zwangskollektivierung, durch die – abgeschlossen 1960 – den Neubauern die Verfügung über ihr Eigentum wieder entzogen wurde.

Insgesamt gilt, daß in Ostdeutschland schon zu SBZ-Zeiten politische Strukturen installiert wurden, die dem Modell westlicher Demokratie diametral entgegengesetzt waren. Walter Ulbrichts Parole vom Mai 1945, die Wolfgang Leonhard überliefert hat, lautete unmißverständlich: »Es muß demokratisch aussehen, aber wir müssen alles in der Hand haben.« Und sie wies tatsächlich den Weg schon in der Phase der »antifaschistisch-demokratischen Neuordnung« und dann erst recht im »realen Sozialismus«. Zwar hatten die in der SBZ gebildeten »Volkskomitees« und »Antifa-Ausschüsse« auch bemerkenswerte basisdemokratische Züge; zwar war z.B. die Volksabstimmung in Sachsen über die Enteignung der Betriebe von Nazi- und Kriegsverbrechern vom Juni 1946, die 77% Ja-Stimmen erbrachte, ein überwiegend demokratischer Akt, und dennoch bildeten insgesamt antidemokratische, diktatorische Maßnahmen im Zusammenspiel von SMAD und KPD/SED die politische Dominante der SBZ. Besonders verheerend war, daß es von Anfang an keine wirklich unabhängige Dritte Gewalt der Rechtsprechung gab und die »Entnazifizierung« größtenteils jenseits rechtsstaatlicher Kriterien vollzogen wurde. So verschwanden zwischen 1945 und 1950 viele Tausend Menschen in sowjetischen Straflagern wie Buchenwald oder Sachsenhausen (allein im ehemaligen KZ Buchenwald starben noch einmal 13 000). So ›sowjetisierte‹ der SMAD-Befehl Nr. 201 vom 16. August 1947 das Strafverfahren im Sinne eines Abbaus von Individualrechten. So ermöglichte Artikel 6 der ersten, bis 1958 gültigen DDR-Verfassung – als eine Art rechtsstaatswidrige Generalklausel – die strafrechtliche Verfolgung von Oppositionellen und Regimegegnern unter dem Deckmantel von Prozessen gegen »NS-Täter«, wie vor allem in den sog. Waldheim-Prozessen von 1950, in denen die junge DDR bewies, daß auch sie über »furchtbare Juristen« verfügte, die Dutzende von Todesurteilen fällten. Diese wenigen Beispiele stehen hier für eine Vielzahl von Willkür- und Terrorakten der ostdeutschen und sowjetischen Machthaber im ersten Nachkriegsjahrzehnt, die von Schwärmern für die »sozialistische Alternative auf deutschem Boden« gern übersehen wurden und teilweise immer noch ignoriert werden.

Entscheidend ist, daß es schon bald kein wirkliches Mehrparteiensystem mehr gab, das sich in freien Wahlen hätte artikulieren können. Ein bedeutsamer Akt war natürlich die am 22. April 1946 vollzogene Gründung der SED, die – nach heutigem Urteil der Historiker – gleichzeitig als von den Kommunisten durchgesetzte »Zwangsvereinigung« von KPD und SPD und als »einverständliche Unterwerfung« der ostdeutschen SPD-Führung unter die der KPD zu werten ist (so M. Wilke / P. Erler). Dabei verstanden es die KPD-Führer geschickt, das von ihnen propagierte Einigungsgebot der beiden Arbeiterparteien als Lehre aus der Geschichte hinzustellen, hatte doch in der Tat die feindliche Fixierung von KPD und SPD aufeinander 1933 die Machtübernahme der Nazis entschieden erleichtert. Die ostdeutschen SPD-Führer, allen voran Otto Grotewohl, überschätzten sich selbst in dem in Gang gesetzten Einigungsprozeß maßlos aus Wunschvorstellungen und Illusionen heraus und unterschätzten ebenso den rigorosen Machtwillen der KP-Führung. Kurt Schumacher, der Vorsitzende der Sozialdemokraten in den Westzonen, hatte schon 1945 festgestellt: »Entweder die neue deutsche Demokratie wird sozialistisch sein oder gar nicht sein. Und entweder ist der Sozialismus demokratisch, oder er ist kein Sozialismus.« Während sich der erste dieser beiden Sätze als fragwürdig erwies (die spätere Bundesrepublik wurde demokratisch, ohne sozialistisch zu sein), bewahrheitete sich der zweite Satz in der SBZ und DDR in besonderer Weise. Sie wurde antidemokratisch-totalitär und diskreditierte damit Zug um Zug auch das, was sich demokratische Sozialisten einmal als ›wahren Sozialismus‹ erträumt hatten. Das zeigt sich übrigens auch an der Verfassungsentwicklung der DDR. Die erste Verfassung vom 7. Oktober 1949 knüpfte, ausgehend von dem Anspruch, eine künftig gesamtdeutsche Verfassung zu sein, stark an die Deutsche Reichsverfassung von 1919 an und wies noch deutliche Strukturelemente der parlamentarischen Demokratie mit föderalistischen und rechtsstaatlichen Zügen auf. Spätere Veränderungen, vor allem die (die Länder liquidierende) Verwaltungsneugliederung von

1952 und die im gleichen Jahr beschlossene »Schaffung der Grundlagen des Sozialismus«, bauten diese Elemente ab zugunsten des in der Verfassung von 1968 in Artikel 47 festgeschriebenen »demokratischen Zentralismus« als »tragende[m] Prinzip des Staatsaufbaus«, was im Klartext nichts anderes hieß als: Alleinherrschaft einer Partei, der SED. Die Bevölkerung Ostdeutschlands war in Etappen einer »Revolution« hin zum autoritären Sozialismus unterworfen worden, die, als Oktroy, den Namen Revolution am Ende nicht verdient. Über ein halbes Jahrhundert hin wurde auf diese Weise mehreren Generationen von (Ost-)Deutschen (d.h. allen nach ca. 1925 Geborenen) bis 1989 nur Diktaturerfahrung zuteil, was übrigens einschließt: Erfahrung (der möglichen Rollen) von Literatur nur in Diktaturverhältnissen.

Manche – nicht gerade viele! – marxistische Intellektuelle, die an der Phase der »antifaschistisch-demokratischen Neuordnung« im Übergang zum »Aufbau des Sozialismus« als teilnehmende Beobachter mitwirkten, betrachteten mit Sorge, was beim Aufeinandertreffen einer noch autoritär disponierten, dem »sozialistischen Neuen« gegenüber fremden ostdeutschen Bevölkerung und dem nicht minder autoritären Oktroy sozialistischer Verhältnisse – noch dazu vom despotischen sowjetischen Typ – herauskam. So notierte Bertolt Brecht am 9. Dezember 1948 in seinem »Arbeitsjournal«: »allenthalben macht sich [...] die neue deutsche misere bemerkbar, daß nichts erledigt ist, wenn schon fast alles kaputt ist [...] die deutschen rebellieren gegen den befehl, gegen den nazismus zu rebellieren; nur wenige stehen auf dem Standpunkt, daß ein befohlener sozialismus besser ist als gar keiner. die übernahme der produktion durch das proletariat erfolgt in dem zeitpunkt (und scheint vielen also zu erfolgen zu dem zweck) der auslieferung der produkte an den sieger.« Brecht entschied für sich selbst, daß ein »befohlener« Sozialismus immerhin besser sei als gar keiner. 40 Jahre DDR-Geschichte haben ihn widerlegt. Die DDR wurde kein Land der »freien Assoziation« ihrer Bewohner, wie die Begründer des Sozialismus ihn einst entworfen hatten. Vielmehr verkam der ein Jahrhundert alte Entwurf – von Stalin, aber auch schon von Lenin längst in diesem Sinne instrumentalisiert – zur Rechtfertigungsideologie einer monströsen Partei- und Staatsmaschine – nun auch in der SBZ/DDR.

Wie tief eine dergestalt verstaatete, das Recht des Individuums verdrängende Auffassung von Sozialismus selbst alten Marxisten in Fleisch und Blut übergegangen war und damit aus kritischen Intellektuellen gehorsame Diener des Parteiapparats gemacht hatte, diese »unheimliche Entdeckung« hat Stephan Hermlin 1979 in seinem autobiographischen Buch »Abendlicht« mitgeteilt: »Unter den Sätzen [aus dem ›Kommunistischen Manifest‹. W. E.], die für mich seit langem selbstverständlich geworden waren, befand sich einer, der folgendermaßen lautete: ›An die Stelle der alten bürgerlichen Gesellschaft mit ihren Klassen und Klassengegensätzen tritt eine Assoziation, worin die freie Entwicklung aller die Bedingung für die freie Entwicklung eines jeden ist.‹ Ich weiß nicht, wann ich begonnen hatte, den Satz so zu lesen, wie er hier steht. Ich las ihn so, er lautete für mich so, weil er meinem damaligen Weltverständnis auf diese Weise entsprach. Wie groß war mein Erstaunen, ja mein Entsetzen, als ich nach vielen Jahren fand, daß der Satz in Wirklichkeit gerade das Gegenteil besagte: ›... worin die freie Entwicklung eines jeden die Bedingung für die freie Entwicklung aller ist.‹« An diesen Punkt der Einsicht, daß in seinem Bewußtsein »eine Erkenntnis, eine Prophetie auf dem Kopf stand« (Hermlin), gelangte einer der sensibelsten Künstler und gebildetsten Intellektuellen der DDR, nachdem er schon 50 Jahre Sozialist war und seit mehr als 30 Jahren im Land des »realen Sozialismus« lebte. So wird man sich eine Vorstellung davon machen können, daß die Jüngeren, die in die DDR Hineingeborenen kaum Gründe fanden, den Sozialismus als *ihre* Gesellschaftsordnung (die »die freie Entwicklung eines jeden« ermöglichen soll) zu begreifen und zu ergreifen, wo sie die tägliche Erfahrung eines übermächtigen Staats- und Funktionärsapparats aushalten mußten. Heiner Müller hat diesen Widerspruch 1977 mit Schärfe fixiert: »Die Generation der heute Dreißigjährigen in der DDR hat den Sozialismus nicht als Hoffnung auf das Andere erfahren, sondern als deformierte Realität. Nicht das Drama des Zweiten Weltkriegs, sondern die Farce der Stellvertreterkriege (gegen Jazz und Lyrik, Haare und Bärte, Jeans und Beat, Ringelsokken und Guevara-Poster, Brecht und Dialektik). Nicht die wirklichen Klassenkämpfe, sondern ihr Pathos, durch die Zwänge der Leistungsgesellschaft zunehmend ausgehöhlt. Nicht die große Literatur des Sozialismus, sondern die Grimasse seiner Kulturpolitik: den verzweifelten Rückgriff unqualifizierter Funktionäre auf das 19. Jahrhundert, als der Gegner noch ›gesund‹ war, die andere zählebige Kinderkrankheit der sozialistischen Frühgeburt. (Ein Staat, der sich als revolutionär versteht, muß zu seinem ersten Bedürfnis die Kritik der Bedürfnisse machen. Aber solange die Leitung vorwiegend von oben nach unten Strom führt, wird das Verdikt immer wieder gerade auf neue Bedürfnisse fallen.)«

Das Zitat Müllers trifft das Monströse, bis zur Lächerlichkeit Mißratene des Sozialismus in der DDR genau; aber es gibt – verdeckt – auch Gründe dafür an, warum so viele ältere Schriftsteller und andere Angehörige der Intelligenz diesem Staat DDR so unendlich lange die Treue hielten. Das Projekt Sozialismus wurde nach dem »Drama des Zweiten Weltkriegs« von jungen Leuten vor allem deshalb erst einmal angenommen, weil es das absolute Gegenteil von »Faschismus« zu sein versprach und damit gleichsam einen Anfang aus dem Nichts, eine weihnachtliche Neugeburt setzte. Der Nationalsozialismus –

von den Kommunisten mit Vorliebe »Faschismus« genannt* –: das war das Menschenfeindliche, Böse schlechthin. Folglich promovierte der »Antifaschismus«, und auf seinem Rücken der Sozialismus gleich mit, automatisch zum Menschenfreundlichen, Guten schlechthin, das zudem – nachdem die eine, die nazistische, gerade in sich zusammengestürzt war – eine neue heilsgeschichtliche Perspektive auf Erden eröffnete. Daß man damals einem dergestalt dualistischen, prinzipalistischen Vorstellen und Denken verhaftet war, ist historisch plausibel. Gegenüber dem NS-Regime gab es wirklich nur zwei Grundmöglichkeiten des Verhaltens, Anpassung und Unterwerfung oder Verweigerung und Widerstand. Die von den neuen Machthabern, den *founding fathers* der DDR, eröffnete Falle bestand darin, daß sie diesen Dualismus als unausweichlich andauernd dekretierten. Wer nicht »antifaschistisch« und für den Aufbau des Sozialismus war, wurde rasch dem unterstellten Gegenteil, dem »Faschismus« (später gemildert zu »feindlich-negativer Einstellung«) zugeordnet. »Politische Traditionslinien jenseits der Entgegensetzung von Faschismus und seinem behaupteten Gegenteil treten damit erst gar nicht in den Blick.« (D. Diner) Das Angebot an alle ehemaligen Mitläufer, ja sogar an die ›kleinen Täter‹ aus dem Dritten Reich, jetzt ins breite antifaschistische Bündnis eintreten zu dürfen und damit zu den »Siegern der Geschichte« zu gehören, war verlockend und beruhigend zugleich, sofern jemandem das schlechte Gewissen schlug. Zugleich aber erwies es sich als »Loyalitätsfalle« (A. Simon), der schwer wieder zu entkommen war. Denn wer das DDR-Regime unbeschönigt beschreiben wollte (z.B. als Schriftsteller), wie es wirklich war, oder gar entsprechend seinen kritischen Einsichten handeln wollte, der verließ automatisch den antifaschistischen Grundkonsens, nach dem Antifaschist-Sein und Ein-guter-DDR-Bürger-Sein miteinander identisch waren und umgekehrt.

Im Lauf von 40 Jahren DDR, aber auch in der westlichen Linken hat diese »kontraphobische Engführung des Politischen« (D. Diner) eine verhängnisvolle Rolle gespielt. Sie hat überdies verhüllen helfen, daß der verordnete DDR-Antifaschismus in mehrfacher Hinsicht verstümmelt war. Die entscheidende Verstümmelung lag im weitgehenden Aus-

* Im Lauf der (Begriffs-)Geschichte ist »das Wort Faschismus zu einer Synekdoche« geworden, »zu einem Wort, das sich für unterschiedliche totalitäre Bewegungen verwenden ließ«, hat Umberto Eco treffend festgestellt. Zumal die kommunistische Bewegung hat dazu beigetragen und so die gravierenden Unterschiede zwischen rechtstotalitären Regimen/Systemen verschwimmen lassen. Aber: »Es gab nur einen Nazismus«, sagt Eco zu Recht, nämlich den deutschen Nationalsozialismus, der in einmaliger Weise einen Genocid vollzogen hat. Insofern spreche ich in diesem Buch von »Nationalsozialismus« oder »Nazismus«, wenn es um das Regime 1933–45 in Deutschland geht, und nur dann von »Faschismus«, wenn ich andere Sichtweisen, die mit diesem Allgemeinbegriff arbeiten, referiere.

sparen des nazistischen Kernereignisses, dem Massenmord an den Juden. Da dogmatische Marxisten den Nationalsozialismus/ Faschismus grundsätzlich als ein abgeleitetes Phänomen, nämlich als gleichsam einen Superlativ von Kapitalismus und Imperialismus mit besonders verwerflichen Eigenschaften, ansahen, setzten sie sich mit der »Endlösung« jenseits ökonomischer Deutungsmuster nicht weiter auseinander. Sie mußten sich dies wohl auch versagen, weil ein angemessenes Ernstnehmen des Holocaust ihr ungebrochenes Fortschrittsdenken endgültig desavouiert hätte. Wer die geschichtliche Zeit als eine »homogene und leere Zeit durchlaufenden Fortgangs« (W. Benjamin) weiter mit optimistischen Abstraktionen füllen wollte, der mußte Auschwitz abwehren. – Hinzu kommen weitere Selbstbeschneidungen des DDR-Antifaschismus: So heroisierten die Kommunisten ihren eigenen Anteil am antinazistischen Widerstand in unangemessener Weise, was vor allem das Beispiel der den kommunistischen Häftlingen zugeschriebenen Rolle im KZ Buchenwald belegt (Lutz Niethammer spricht in dem Zusammenhang vom »gesäuberten Antifaschismus« – dazu später am literarischen Beispiel Bruno Apitz). Und sie verschwiegen ihr in vielen Fällen deprimierend feiges, denunziatorisches Agieren im sowjetischen Exil angesichts des stalinistischen Terrors von 1936 ff. (vgl. dazu das Kapitel »Die halbierte Einbürgerung der Exilliteratur«). Sie schwiegen überhaupt von den stalinschen Verbrechen und übten sich gegenüber der ostdeutschen Nachkriegsbevölkerung in einem hemmungslosen Philosowjetismus, der – hätte man dessen Bodenlosigkeit damals in vollem Umfang durchschauen können – ihren Antifaschismus von vornherein unglaubwürdig gemacht hätte.

Jorge Sempruns (Horkheimers berühmtes Kapitalismus-Faschismus-Diktum abwandelndes) Wort: »Wer vom Stalinismus nicht reden will, soll auch vom Faschismus schweigen« markiert das zentrale Tabu des verordneten *DDR-Antifaschismus als Staatsdoktrin und Lebenslüge zugleich.* Kaum einer hat das schon so (relativ) früh und so treffend durchschaut wie Uwe Johnson in seinem »Versuch eine Mentalität zu erklären« von 1970. »Der Fall war«, konstatiert Johnson, »daß hier mit der Vergangenheit gebrochen werden sollte« – was kein Wohlmeinender verweigern konnte. Und auch der »Annahme, daß nach dem abgetanen System der Faschisten diese neue Autorität von Haus aus die bessere war, weil anti-faschistisch«, war kaum zu entgehen: »Die moralische Eindeutigkeit war verführerisch. Das saß.« So konnte sich die DDR »als Lehrerin, so streng und wunderlich sie auftrat, [...] lange Zeit fast unbedenklich verlassen auf die beiden moralischen Wurzeln, die antifaschistische und die der sozialen Proportion [...]. Denn die Einladung zum neueren Leben, die Gebärde der weit geöffneten Arme, sie war zum Mißverstehen gewesen« – so erkannte Johnson, und damit meinte er die Älteren, von Krieg und Nazismus Gebrannten, wie die Jüngeren, zu denen er selbst gehörte.

Noch nach der Wende ist auch von klugen Leuten die Auffassung vertreten worden, die Anwesenheit der Widerständler und Exilierten in der Sowjetischen Besatzungszone und nachfolgend in der DDR habe derselben einen – auch moralischen – »Erfahrungsvorsprung« gegenüber den Westzonen resp. der Bundesrepublik verschafft. Man muß fragen, ob damit nicht die altvertraute mythologische Geschichtsschreibung der DDR gleichsam versehentlich fortgeschrieben wird. Zum einen haben auch in der Bundesrepublik Widerständler und Exilierte gewirkt, vor allem poltisch – von Adenauer und Schumacher bis zu Heinemann und Brandt. Zum anderen dürfen die (Selbst-) Verstümmelungen des DDR-Antifaschismus wie auch die skizzierten Beschädigungen der Exilierten aus der Sowjetunion nicht geringgeschätzt werden. Gewiß, der antifaschistische Gründungsmythos als einer von enormer moralischer Wucht und bemerkenswerter Langlebigkeit ist unbedingt weiterhin ernstzunehmen – so, wie zentrale gesellschaftsformende Mythen generell ernstzunehmen sind. Als ein geschlossenes, damit per Definition ausgrenzendes Interpretations- und Bewertungssystem, das über 45 Jahre rituell wiederholt wurde, taugte er nie und taugt er erst recht heute nicht für eine Identifikationsperspektive, mittels derer die Geschichte und Literatur der DDR beurteilt werden könnte, auch wenn diese selbst zu großen Teilen aus ihr erwachsen sind. Die Preisgabe der »zwanghaften Alternative« (L. Winckler) von »Faschismus / Wiederkehr von 1933« einerseits und »wahrem Sozialismus« andrerseits heißt dabei für den Historiker keineswegs, den Widerstandshandlungen und Leiderfahrungen aus der Zeit des NS-Regimes den gebührenden Respekt zu verweigern. Im Gegenteil, sie können wohl erst jenseits von Heroisierung, Mythisierung und Verfälschung mit der angemessenen Trauer erinnert werden. – Übrigens wird vielleicht auch erst jetzt richtig deutlich, welchen »Erfahrungsvorsprung« die DDR (und mit ihr viele westliche Linke) dadurch verschenkt hat, daß sie die kommunistischen »Renegaten« verbot oder ignorierte. Bei Arthur Koestler und Ignazio Silone, bei Manès Sperber und Stephen Spender, bei Alfred Kantorowicz und Wolfgang Leonhard, bei Susanne Leonhard und Margarete Buber-Neumann – und manchem anderen mehr – hätten sich möglicherweise jenseits der dichotomischen Weltanschauung Antifaschismus versus Faschismus Perspektiven politischen Denkens, Handelns und vielleicht auch Schreibens gewinnen lassen, die dem politischen wie dem literarischen Diskurs der DDR weitgehend fehlen, zumindest bis in die 70er Jahre hinein. Stattdessen verschrieb man sich bedingungslos der mit dem Antifaschismus gleichsam huckepack eingeführten Zukunftsperspektive Sozialismus, ohne dessen bisherige von Terror gezeichnete Realgeschichte auch nur ansatzweise zur Kenntnis zu nehmen. Die Sehnsucht, nach dem zerstörten Sinnkonstrukt Nationalsozialismus einer neuen, scheinbar unbefleckten

Glücksverheißung zu folgen, erstickte alle möglichen kritischen Vorbehalte schon im Keim.

Antifaschismus als Legitimationsbonus des Staates DDR (als des dadurch »besseren Deutschland«), als zentrales Sinnkonstrukt und Loyalitätsfalle zugleich: dies sind langlebige, Bindung aufrechterhaltende Merkmale dieses Landes und seiner Bevölkerung gewesen. Gewiß entzogen im Lauf von vier Jahrzehnten mehrere Millionen dem SED-Regime ihre Loyalität: die streikenden und demonstrierenden Arbeiter am 17. Juni 1953, viele Angehörige des alten Bürgertums und der Intelligenzberufe sowie die entrechteten Bauern (und natürlich auch andere) durch ihre Flucht in den Westen bis zum Mauerbau 1961, schließlich alle die Menschen, die im Sommer und Herbst 1989 durch ihr Weggehen wie ihr bewußtes Dableiben und Protestieren das System delegitimierten. Und gewiß bildete die DDR auch neue Loyalitäten jenseits des Antifaschismus aus, vor allem bei den Menschen, denen sie – durch den Sturz oder die Flucht der alten Eliten – sozialen Aufstieg bot. Und dennoch: Gerade für die Literatur als Zeugen des historischen Prozesses ist kein Muster der Sinnfindung und -deutung so wichtig wie das des (nachgeholten bzw. imaginierten) Antifaschismus.

2
Literatur in einer geschlossenen Gesellschaft

Die Rücknahme der autonomen Kunst

Geprägt durch offene, liberale Gesellschaften westlichen Typs hat man zunächst Schwierigkeiten, das literarische Leben in vierzig Jahren DDR angemessen zu verstehen. Im Westen lebend, ist man an eine weitgehend uneingeschränkte literarische Öffentlichkeit als eigengesetzliche gesellschaftliche Wertsphäre gewöhnt, so wie unsere moderne Gesellschaft im Sinne Max Webers durchweg aus für sich autonomen Wertsphären des Staates, der Wirtschaft, des Rechts, der Verwaltung, der Religion, der Wissenschaft usw. besteht. Nicht so in der DDR. Gewiß hatte auch dieser Staat Grundzüge von Modernität – zumal in seiner industriegesellschaftlichen Ausrichtung –, aber es handelte sich alles in allem um eine »blockierte«, »gebremste«, »partielle« oder »halbierte« Modernisierung, wie die Soziologen sagen. Mit Kategorien der Systemtheorie kommt man zu einem ähnlichen Befund: Das System Literatur war in der DDR als Subsystem des gesellschaftlichen Ganzen nie so beschaffen, daß es sich autopoietisch-selbstreferentiell auszudifferenzieren und einen stabilen Eigenzustand herzustellen vermochte. Es blieb unter dem Primat des Politischen, es war in Permanenz *overmanaged* durch restriktive Vorgaben von Staat und Partei.

Die DDR war, auf der Basis ihrer eingangs beschriebenen antifaschistischen und sozialistischen Gründungsmythen, eine *Erziehungsdiktatur* mit festen, auf den ersten Blick sympathischen Leitbildern: Sie wollte das Bildungsprivileg als soziales Privileg abbauen und die Bildungsgüter der Nation den Angehörigen aller Volksschichten gleicherweise zugänglich machen – so auch die Literatur. Nach einer Idee des führenden Literaturpolitikers und ersten Kulturministers der DDR, Johannes R. Becher, subsumierte man das literarische Leben unter dem Begriff der »Literaturgesellschaft«. Die Formel zielte auf das ideale Leitbild einer umfassenden »Demokratisierung« (natürlich unter sozialistisch-autoritärem Vorzeichen) und Vergesellschaftung der Literatur auf allen Ebenen – der Autorschaft, der materiellen Herstellung, der Distribution, der Aufnahme/des Lesens, konkret: auf eine größere Verbreitung und somit gesellschaftlich-politische Wirkung einer Literatur, die man sich automatisch »demokratisch« und fortschrittlich vorstellte. Nach Bechers Vorstellung hatte das Gesamt der literarischen Produktion in sich assoziativen oder auch »Ensemblecharakter«. Die einzelnen Autoren, Gattungen, Werke, Motive und ästhetischen Mittel stünden schon immer, über die Zeiten und Grenzen hinweg, in einem »gesellschaftlichen«, einander befruchtenden, kommunikativen Austausch, funktionierten, bildlich gesprochen, wie eine Gesellschaft. Da Literatur von sich aus gesellschaftlichen Charakter habe, so trieb Becher den Gedanken weiter, sei sie auch besonders geeignet, das Sich-Assoziieren, Gesellschaftlichwerden in einer sozialistischen Übergangsgesellschaft zu befördern. Einerseits griff Becher damit auf geläufige Auffassungen der marxistischen Klassiker, wie z.B. Rosa Luxemburg, zurück, die Kunst generell als »eine wichtige geschichtliche Form des gesellschaftlichen Verkehrs der Menschen untereinander« definiert hatte. Andererseits gab er seinen Gedanken eine aufklärerisch-utopische Spitze, indem er die Literatur dafür prädestiniert sah, die Vervollkommnung eines Volkes und des Gattungswesens Mensch herbeizuführen. Literatur galt ihm – eine merkwürdige neue Version des romantischen Volksgeistdenkens – als »das höchstentwickelte Organ eines Volkes zu seiner Selbstverständigung und Bewußtwerdung. In den Werken der Literatur verfügt ein Volk über seine feinsten Fühl- und Tastorgane, mit denen es sich in sich selbst einfühlt und sich bis in das Tiefste seines Wesens abtastet, daß ihm die geringsten Unregelmäßigkeiten seiner Herztöne offenbar werden und es tastend alle Möglichkeiten vorzufühlen vermag, die ihm zum Guten oder zum Schlechten dienen.«

Die SED hat in ihren kulturpolitischen Direktiven über die Jahrzehnte hin gern auf Bechers Formel von der Literatur als Organ der Selbstverständigung und Bewußtwerdung des (DDR-)Volkes zurückgegriffen, ohne sich um den dieser Formel inhärenten Idealismus zu scheren. Ihr Modell »Literaturgesellschaft« wandte sich einmal gegen die nicht zu bestreitende Ghettoisierung der Hochliteratur in nichtsozialistischen Gesellschaften, zum zweiten gegen die »Poesiefeindlichkeit des Kapitalismus« (Karl Marx), d.h. gegen die durchgängige Vermarktung der Literatur in den westlichen Ländern, die damalige Bundesrepublik inbegriffen. Schließlich waren diesem Erziehungskonzept mittels Literatur inhaltliche Werte und ästhetische Normen vorgegeben, die man aus der als »fortschrittlich« deklarierten bürgerlichen Tradition – dem sogenannten Kulturerbe von Lessing und Goethe bis zu Thomas und Heinrich Mann – sowie der jungen sozialistischen Literaturtradition von Gorki bis Becher bezog. Literatur (und so auch die neue, eigene der DDR) hatte Humanität zu bewahren und neue sozialistische Tugenden wie Arbeitsethos und kollektives Verhalten zu befördern, und dies in einem fixierten Kanon ästhetischer Normen, der durch moderne (man sagte: »modernistische«) Formexperimente nie verbessert, sondern nur zerstört werden konnte.

Indem der Literatur in der DDR eine dergestalt zentrale, begründende, normative Funktion beim Aufbau und bei der Ausgestaltung des »realen Sozialismus« zugewiesen wurde, geriet sie in eine prekäre Lage. Ihr Stellenwert in der Gesellschaft war enorm (aus westlicher Sicht beneidenswert) wichtig – und zugleich war sie – vor allem ihre Rezeption – abhängig vom Willen der Partei, fremdbestimmt wie zuletzt in der feudalabsolutistischen Gesellschaft 250 Jahre zuvor. Sie hatte beträchtliche Möglichkeiten, auf Menschen zu wirken – und gleichzeitig waren diese Möglichkeiten kanalisiert, beschränkt, beschnitten durch die Zensur und andere repressive Maßnahmen, später sogar durch umfassende geheimdienstliche Überwachung. Der marxistische Komponist und Autor Hanns Eisler, einer der kreativsten und kritischsten Köpfe im Lande, hat die so entstandene Lage schon 1962 in Gesprächen mit Hans Bunge präzise formuliert: »[…] die Säkularisierung, die Emanzipation der Kunst vom Religiösen, vom Mythos, ist ihre Verbürgerlichung oder ihre Modernisierung! – Das heißt, in dem Moment, wo die Kunst sich von ihrem praktischen Gebrauch abtrennt – der Ritus ist ja praktischer Gebrauch –, wird sie erst das, was wir modern als Kunst bezeichnen […] Nun ging anscheinend ein Teil auch der Kunst der revolutionären Arbeiterklasse wieder auf die Urfunktion der Kunst zurück […] So müssen wir sagen, daß wir doch in diesen Zeiten – auch der Bitterfelder Konferenz – zurückgehen, ich sage es ganz grausam, auf die Höhlenzeichnungen. – Wir brauchen Kartoffeln, also – eine Kartoffelkantate! – Wir brauchen bestimme Produktionssteigerungen, also – Komponisten und Dichter, schreibt Lieder, Gesänge und Kantaten, um unsere Produktion zu steigern! […] – Aber ist es nicht philosophisch gesprochen – eine ungeheure Zurücknahme der Säkularisierung?«

Diese Dominanz des praktischen und rituellen Gebrauchs der Literatur, die Zurücknahme der Säkularisierung hat, so lautet das Fazit, fast alle Ansätze eines lebendigen, freien literarischen Lebens zerstört, indem sie allen am literarischen Stoffwechsel beteiligten Gruppen das Selbstbestimmungsrecht entzog. Den Autoren machte man Vorschriften, was und wie sie schreiben sollten; den Verlegern und Lektoren, was sie zu veröffentlichen hatten; den Buchhändlern, was sie verkaufen sollten; und den Lesern schließlich, was sie lesen durften und was nicht. Auch wenn einzelne in allen Sphären diese Vorschriften mehr oder weniger offen zu unterlaufen versuchten, führte doch die autoritäre Praxis von Lenkung und Zensur der Literatur sowie der Bespitzelung ihrer Autoren die Parole der »Demokratisierung« *ad absurdum* und machte die Idealkonstruktion »Literaturgesellschaft« zur Farce.

Der Autor als Erzieher – der Leser als Mündel

Freilich trifft die Vorstellung, die Schriftsteller in der DDR hätten ihre sozialpädagogisch-erzieherische Mission nur unter dem Zwang des vormundschaftlichen Staates übernommen, nur die halbe Wahrheit. Immerhin waren viele von ihnen durch Kampfjahre der Weimarer Republik, Exil und Widerstand hindurchgegangene Parteikommunisten, die den sozialistischen Erziehungsauftrag bereits verinnerlicht hatten. Lenins Maxime von 1905, daß »die literarische Tätigkeit [...] zu einem Teil der allgemeinen proletarischen Sache, zu einem ›Rädchen und Schräubchen‹ des einheitlichen großen sozialdemokratischen Mechanismus werden« müsse, war ihnen längst vertraut, und auch Stalins gleichfalls instrumentell-mechanistische Idee vom Schriftsteller als »Ingenieur der menschlichen Seele« befremdete die meisten von ihnen nicht. Frappanter ist schon, daß auch die Mehrzahl der jüngeren Autoren ohne kommunistische Vergangenheit »Dichter im Dienst« (L. Balluseck) sein wollten. Dies liegt in dem begründet, was eingangs als das antifaschistische Syndrom, als die gleichsam konstitutionelle Systemnähe der meisten in den 20er Jahren geborenen Autoren beschrieben wurde, die sich nur zu leicht für die DDR als emphatische Gegengründung zum verbrecherischen Dritten Reich entschieden und ohne große Umstände bereit waren, ihren alten Naziglauben durch einen neuen Glauben, ein neues geschlossenes Weltbild zu ersetzen. Dies erklärt auch die lange nicht irritierbare Bereitschaft der meisten Autoren, »Rädchen und Schräubchen« im großen realsozialistischen Mechanismus zu sein. Höhepunkt dieser freiwilligen Loyalität und Dienstbarkeit der DDR-Autoren war die Akzeptanz des »Bitterfelder Weges« im Jahre 1959, durch den die Geistesarbeiter darauf verpflichtet wurden, in die Industriebetriebe zu gehen, Hand- und Kopfarbeit wieder zusammenzuführen und damit endlich unverfälscht mit ›Volkes Stimme‹ zu sprechen. Die zeitweise angestrebte Verwechselbarkeit von Hand- und Kopfarbeitern zeigt überdeutlich, daß das ›System Literatur‹ restlos integrierter Bestandteil eines Gesamtsystems DDR-Sozialismus sein sollte, und keine autonome Wertsphäre, geprägt von Autoren, deren individuelle Freiheit unantastbar war.

Das strikte gesellschaftliche und politische Eingebundensein des DDR-Autors ist vor allem auf der Ebene der Institutionen offenkundig. In der Regel Mitglied des monopolistischen *Schriftstellerverbandes*, war der Autor durch dessen Statut verpflichtet, mittels seiner »schöpferischen Arbeit aktive[r] Mitgestalter der entwickelten sozialistischen Gesellschaft« zu sein. Weiter heißt es in der Fassung des Statuts vom November 1973, das bis zum Ende des Verbandes im Zuge seiner Vereinigung mit dem Verband der Schriftsteller (VS) galt: »Die Mitglieder des Schriftstellerverbandes der DDR anerkennen die führende Rolle der Arbeiterklasse und ihrer Partei in der Kulturpolitik. Sie bekennen sich zur Schaffensmethode des sozialistischen Realismus. Sie treten entschieden gegen alle Formen der ideologischen Koexistenz und das Eindringen reaktionärer und revisionistischer Auffassungen in die Bereiche der Literatur auf.« Damit hatten alle im Schriftstellerverband organisierten Autoren (1987 waren es 834 Mitglieder) einen gesellschaftlichen Auftrag: auf ihre Weise – als Künstler – den Aufbau des Sozialismus vorantreiben zu helfen. Am Rande sei darauf hingewiesen, daß der zitierte Passus u.a. als Begründung herhielt, als Reiner Kunze am 29.10. 1976 aus dem DDR-Schriftstellerverband ausgeschlossen wurde. – Der Individualist in der Dachstube (oder, wie später häufiger, im Souterrain) war verpönt; an seine Stelle sollte der »Sozialliterat« (M. Jäger) treten. Besonders Eifrige wie Erik Neutsch oder Max Walter Schulz forderten sogar von den Kollegen, doch endlich den »Stubengeruch der individuellen Heimarbeit« abzulegen und durch die Arbeit im sozialistischen Literaturkollektiv zu ersetzen. Für überzeugte Parteimitglieder lag darin kein Problem. Alle anderen jedoch, die eigentlich nur Mitglieder eines Berufsverbandes sein wollten, wurden damit zur anhaltenden Heuchelei gezwungen. Ein offener Berufsverband aber war der Schriftstellerverband von Anfang an nicht gewesen. Zunächst am 4. Juni 1950 als Deutscher Schriftstellerverband im Kulturbund zur demokratischen Erneuerung Deutschlands gegründet, wurde er am 22. Mai 1952 eine selbständige Organisation (DSV). Im November 1973 erfolgte die Umbenennung in Schriftstellerverband der DDR (SV). Er unterstand direkt der Abteilung Kultur beim Zentralkomitee der SED, die über lange Jahre von Ursula Ragwitz geleitet wurde. Sie wiederum befand sich in ständigem Kontakt mit dem zuständigen Politbüromitglied Kurt Hager. Passend dazu saßen im Präsidium und Vorstand des SV (zusammen etwa 100 Personen) fast nur Parteimitglieder und -funktionäre (darunter kaum je bedeutende Autoren), wie überhaupt die Parteigruppen im SV die maßgebliche Rolle spielten – auch bei den Abstrafungen aufmüpfiger Autoren wie z.B. nach der Biermann-Ausbürgerung und bei den Schriftstellerausschlüssen 1979. Viele der jungen Autoren aus der literarischen Subkultur der 80er Jahre vermieden schließlich das Dilemma, einem Verband angehören zu sollen, der nichts als die Stimme seines Herrn namens SED war, indem sie ihrerseits die Verbandsmitgliedschaft nicht mehr anstrebten. – Andere literarische Institutionen wie der PEN oder die Akademie der Künste, die ihre neuen Mitglieder selbst kooptierten, hatten vergleichsweise einen souveräneren, weniger parteinahen Status. Doch auch sie waren keine Versammlungsorte freier literarischer Öffentlichkeit nach westlichem Muster. Das seit der Spaltung 1951 selbständige »Deutsche PEN-Zentrum Ost und West« (so nannte es sich zunächst, seit 1967 »PEN-Zentrum Deutsche Demokratische Republik«) ist in keiner Phase seiner Geschichte den erklärten Aufgaben des 1921 gegründeten internationalen PEN gerecht geworden, sich für den ungehinderten Austausch von Gedanken in Wort und Schrift, für Pressefreiheit und Meinungsvielfalt einzusetzen. Wie sollte dies auch möglich sein, wenn ihm ab 1979 mit Heinz Kamnitzer ein Parteimann vorstand, der zugleich Informeller Mitarbeiter der »Staatssicherheit« war. Immerhin waren im PEN – dies ist zuzugestehen – die Proportionen anders als im Schriftstellerverband: mehr enstzunehmende Literaten und weniger Apparatschiks. Auch die 1950 wiedergegründete Akademie der Künste, die sich so viel auf ihr Anknüpfen an die demokratischen Traditionen der Akademie in der Weimarer Republik zugute hielt, war nur bedingt ein Hort der politischen und ästhetischen Vielfalt. Allzuoft schwieg sie – als Institution –, wenn die Partei ihre unangepaßten Mitglieder (und andere) maßregelte, allzu viele unfähige Funktionärs-Schriftsteller und -Künstler nahm sie in ihre Reihen auf, wie die Partei es befahl. Es ist also gut erklärlich, daß nicht nur der Schriftstellerverband, sondern auch der DDR-PEN und die Akademie der Künste nach der Wende unter Beschuß gerieten (vgl. dazu Kapitel 8; S. 450ff.).

Der den Autoren zugemessene hohe Status des Volkserziehers war, Wohlverhalten vorausgesetzt, mit einer Fülle individueller Fördermaßnahmen und Privilegien verknüpft. Die den Schriftstellerstatus begründende und allein sichernde Mitgliedschaft im Verband vernetzte den Autor auf viele Arten und Weisen vorteilhaft mit der Gesellschaft. Vor allem bot sie ihm vielfältige Möglichkeiten der finanziellen Absicherung seiner Arbeitsvorhaben, so durch die Vermittlung von Stipendien oder zeitlich limitierten Tätigkeiten als Dramaturg, Verlagslektor oder wissenschaftlicher Mitarbeiter. Lyriker, die auch in der DDR zu den Schlechterverdienenden gehörten, wurden zudem aus den Kulturfonds der DDR gefördert; sie lebten von Übersetzungen (Nachdichtungen) von Lyrik aus fremden Sprachen, die sie nach von Fachübersetzern angefertigten Interlinearversionen herstellten. Renommierte Schriftsteller waren zudem dadurch abgesichert, daß sie als Mitglieder der Akademie der Künste ein Honorar erhielten. Erwähnenswert ist auch, daß die DDR-Verlage für belletristische Manuskripte Autorenhonorare in Höhe von 12–15% des Ladenpreises zahlten, somit also mehr, als der westdeutsche Autor in der Regel von seinem Verleger bezog. Schließlich sorgte die DDR mit einem ausgedehnten System von Literaturpreisen für das finanzielle Auskommen der Autoren. Die begehrtesten der insgesamt 12 staatlichen und 38 nichtstaatlichen Preise (von Parteien, Massenorganisationen, Akademien, Städten usw. verliehen) waren der Nationalpreis, der Heinrich-Mann-Preis, der Heinrich-Heine-Preis und der Lessing-Preis. Auch die Berufsausbildung des Schriftstellers wurde nicht dem Zufall überlassen. Seit 1955 gab es in Leipzig das Institut für Literatur (ab 1958 »J. R. Becher«), das nach dem Vorbild des Gorki-Instituts in Moskau geplant und nacheinander von Alfred Kurella, Max Zimmering, M.W. Schulz, Hans Pfeiffer, Helmut Richter und Peter Gosse geleitet wurde. Dort konnte der Anfänger-Schriftsteller im Wege der »künstlerischen Aspirantur« ein zweijähriges Studium absolvieren, um Literaturgeschichte und -theorie, Marxismus-Leninismus und nicht zuletzt: Schreiben zu lernen. Bis 1969 hatten bereits 113 angehende Schriftsteller das Institut absolviert und ein Diplom erworben, unter ihnen Erich Loest, Erich Köhler, Adolf Endler, Karl-Heinz Jakobs, Kurt Bartsch, Rainer und Sarah Kirsch. Auch Ralph Giordano aus Hamburg und der Österreicher Fred Wander gehörten zu den Studenten der ersten Stunde. Seine Blüte unter kulturpolitischem Aspekt hatte das Institut um 1960, als es als Pflanzstätte eines neuen Typus von Arbeiterschriftstellern im Sinne des Bitteifer Weges fungierte. Seine literarische Bedeutung – so wird man heute nüchtern sagen müssen – ist auf die frühen 60er Jahre beschränkt, als hier der Lyriker Georg Maurer als großer Lehrer und eine Gruppe hochbegabter junger Gedichtemacher aufeinandertrafen. Zum Glück führten in der DDR immer auch andere, individuelle Wege zum Schriftstellerberuf. Aber auch noch in den 80er Jahren haben bemerkenswerte Autoren an dem Institut studiert, z.B. Kurt Drawert, Kerstin Hensel, Barbara Köhler, Angela Krauß, Katja Lange-Müller und Thomas Rosenlöcher, und auf dem Wege des Direkt- oder Fernstudiums ein Diplom erworben. Immerhin sahen nach der Wende die sächsischen Kulturpolitiker im Leipziger Literaturinstitut mehrheitlich ein Versprechen auf die Zukunft und beschlossen seine – natürlich von Parteiauftrag und Namenspatron befreite – Weiterführung, die Bernd Jentzsch anvertraut wurde.

Wünschte die Partei sich die Autoren als sozialistische Erzieher und Lenker der DDR-Bevölkerung, so war das ›lesende Volk‹ damit korrespondierend als ein durchaus noch unmündiges, gleichsam dauerhaft minderjähriges konzipiert, das man auch beim Lesen nie sich selbst und seinen geheimen Bedürfnissen überlassen durfte. Der *DDR-Leser* als ein schwererziehbares Mündel war permanent von Gebots- und Verbotstafeln umstellt, die ihm sagten, was er zu lesen habe und was nicht. Das begann schon im *Deutschunterricht*, der in der schulischen Erziehung eine zentrale Rolle spielte und das Leseverhalten der künftigen Erwachsenen frühzeitig disponierte. Auf der Grundlage eines umfassenden Lehrplanwerks wurde dem literarischen Aspekt des Deutschunterrichts, der proportional umfangreicher war als in der Bundesrepublik, eine doppelte Aufgabe zugewiesen: über die Auseinandersetzung mit sozialistischer bzw. humanistischer Literatur ein neues – sozialistisches – Menschenbild zu vermitteln und (in der Regel im Wege der Identifikation mit den vorbildhaften literarischen Helden) ein parteiliches Denken, Fühlen und Handeln einzuüben; zum zweiten über die Aneignung von Sprachkunstwerken die individuelle ästhetische Genußfähigkeit zu erweitern. Der dafür ausgewählte Lektürekanon hatte ein recht anderes Gesicht als der der bundesdeutschen

Lehrpläne. Er favorisierte einerseits die neuere sozialistische Literatur (Gorki, N. Ostrowski, Seghers, Bredel, H. Kant usw.), zum andern die bürgerlich-humanistische Literatur (Lessing, Goethe, Schiller, Heine, H. und T. Mann usw.). Insgesamt mußte daraus für die Schüler der Eindruck entstehen, als ob Literatur sich fast ausschließlich bejahend-optimistisch zur gegebenen Wirklichkeit verhalte. Einen Text von Franz Kafka mußte man z.B. im DDR-Deutschunterricht vergeblich suchen. Generell war in der Praxis des Unterrichts (vom starren Formaltraining des Sprachunterrichts einmal abgesehen) eine klischeehafte, Widersprüche zudeckende, nicht zum selbständigen Denken anleitende Art der Interpretation zu Hause, die an der Wirkabsicht vieler Texte vorbeiging.

Immerhin erreichte es die Kulturpolitik der DDR, daß in diesem Staat die Distanz zwischen Publikum und Belletristik geringer war als in der alten Bundesrepublik, in der die Hochliteratur nach statistischen Angaben von 1961 nur mit einem Leseranteil von 1–2% der Gesamtbevölkerung rechnen durfte. So konnte Erwin Strittmatter mit erkennbarem Stolz sagen: »Wir haben neben den Lesern in der Sowjetunion die besten Leser der Welt. [...] Ich muß unsere Leser loben, und ich sehe in diesem Lesedrang und in dieser Leselust einen geistigen Erfolg, der nicht zuletzt unserer Kulturpolitik zuzuschreiben ist.« Zwar war die Arbeiterschaft – dem Parteianspruch nach die herrschende Klasse – an Buchbesitz und Lektüre nicht ihrer wirklichen Zahl entsprechend beteiligt, doch immerhin besaßen mehr als 95% der Arbeiterhaushalte Bücher, und zwar zumeist zehn oder bedeutend mehr. Titel wie Heinrich Heines »Deutschland. Ein Wintermärchen« oder Anna Seghers' »Das siebte Kreuz« erreichten Millionenauflagen.

Freilich sollte man solche Zahlen nicht überschätzen und von ihnen her die DDR nostalgisch zur »gebildeten Nation« verklären. Auch in der DDR hatte der von Becher entworfene Prozeß der »Selbstverständigung und Bewußtwerdung« durch Lesen Grenzen, die nicht nur von einer rigiden Kulturpolitik gesteckt wurden. Auch in der DDR gab es zwischen 30 und 50% dauernde Nichtleser, wie Erhebungen zeigten. Auch in der DDR bevorzugten Arbeiter und Angestellte Reisebeschreibungen, Abenteuer- und Kriminalromane, historische Romane und Biographien – und erst an vierter Stelle, mit weitem Abstand, belletristische Werke im engeren Sinn, die eigene DDR-Literatur inbegriffen. Auch in der DDR behinderte die ungleiche Bildung und der nachfolgende ungleiche Standort im System der vertikalen und horizontalen Arbeitsteilung die kulturelle Chancengleichheit. Auch in der DDR wuchsen, wie in der alten Bundesrepublik, Generationen heran, denen die konzentrierte, von eigener Initiative und Reflexion geprägte Auseinandersetzung mit kulturellen Produkten (wie sie die Lektüre anspruchsvoller Literatur erfordert) immer schwieriger und fremder wurde, weil die gängigen Rezeptionsweisen des Fernsehens und Tonkonserven-Hörens sie nicht üben, sondern abgewöhnen. Dazu paßt, daß der Anteil massenhaft verbreiteter *Unterhaltungsliteratur* von trivialem Gehalt (Science-fiction, der »sozialistische Krimi«, anspruchslose Romane über Alltagsprobleme usw.) in der Gesamtproduktion von DDR-Literatur eine wachsende Rolle spielte. Zur »Literaturgesellschaft« DDR gehörte auch der große Sektor der spannend-entspannenden Trivialliteratur. Selbst orthodoxe Literaturkritiker der DDR wie Hermann Kähler bemängelten an ihr, daß sie »mit oberflächlichem Optimismus, mit erhobenem Zeigefinger, mit Scheinfiguren, Scheinkonflikten, Scheingefühlen« arbeite und somit nicht gerade zur Ausbildung der »sozialistischen Persönlichkeit« beitrage. Freilich verkannte Kähler, daß diese geschmähte Literatur durchaus ›echte‹ Gefühle und nicht nur »Scheingefühle« auf sich zog. Der monotone Arbeitsalltag, frustrierende Mängel im Warenangebot, versagte Reisemöglichkeiten und politische Gängelung waren Schlüsselerfahrungen von DDR-Bürgern, die viele Leser in die schönen, heilen, aktionsgeladenen und vor allem: fernen Welten der Unterhaltungsliteratur flüchten ließen, wo sie ihre ewige Mündelrolle vergessen konnten. Seitdem speziell die kritische DDR-Belletristik in den Wendejahren 1989/90 ihre Ersatzfunktion für fehlende politische Öffentlichkeit einerseits und ein allgemeines Sinndefizit andrerseits verloren hat, ist der Mythos vom »Leseland« endgültig ins Wanken geraten. Die vielgerühmte belletristische Lesekultur in der DDR hat sich nur als begrenzt haltbar erwiesen. Dazu trägt freilich auch manches bei, was mit dem Ableben des »realen Sozialismus« nicht direkt zu tun hat – so vor allem die fortschreitende audiovisuelle Mediatisierung unserer Lebenswelt und die Durchsetzung digitaler Informationssysteme, die das Medium Buch an eine Systemgrenze stoßen lassen.

Institutionen der gelenkten Literatur. Zensur und Selbstzensur

Die Literatur der DDR war »Planungsliteratur« (R. Darnton) *par excellence*. Das heißt, daß ausnahmslos alle Etappen im Leben eines Literaturwerks gelenkt und kontrolliert wurden (oder werden sollten): Entstehung, Drucklegung und Veröffentlichung, Vertrieb, Literaturkritik, endlich Lektüre und also Wirkung. Für diesen Zweck wurde eine lückenlose Kette von Institutionen geschaffen, deren Kernstück zweifellos das sogenannte »Druckgenehmigungsverfahren« war.

Natürlich gab es in der DDR auch *Verlage* mit je unterschiedlichem Profil – insgesamt 78 –, aber sie unterschieden sich von westlichen Verlagen schon allein dadurch, daß sie in ihrer Mehrzahl (zu 75%) »volkseigen« (d.h. Staatsverlage) oder »organisationseigen« (d.h. in Besitz von Parteien und Massenorganisationen) waren. Damit waren sie von vornherein dem Lenkungs- und Kontrollverlangen der SED ausgeliefert. So gehörte z.B. der Dietz Verlag der SED, der Union Verlag der CDU, der Verlag der Nation der NDPD, der Buchverlag Der Morgen der LDPD, der Verlag Tribüne dem FDGB, Neues Leben der FDJ, Volk und Welt der Gesellschaft für Deutsch-Sowjetische Freundschaft und der Aufbau-Verlag, der wichtigste belletristische Verlag, dem Kulturbund. Aber auch ein Privatverlag mit staatlicher Beteiligung wie Reclam (Leipzig) war in kaum abgeschwächter Form dem Leitungs- und Kontrollverlangen unterworfen. Früher waren all diese Verlage in einer »Vereinigung Volkseigener Betriebe« (VVB Verlage) zusammengeschlossen, später in die »Hauptverwaltung Verlage und Buchhandel« integriert. Die Buchproduktion gehorchte erklärtermaßen nicht dem Prinzip der »freien Marktwirtschaft«, in der privatwirtschaftlich organisierte, auf Gewinn angewiesene Verlage miteinander konkurrieren, sondern einer von vorgeordneten Lenkungsinstanzen vorgegebenen Programmatik sowie einer ebenfalls von oben vorgegebenen Einteilung dessen, was inhaltlich produziert werden sollte (gemäß jährlichen »Themenschwerpunktplänen«). Die Verlage brachten in den letzten Jahren regelmäßig über 6000 Titel in einer Gesamtauflage von ca. 150 Millionen Büchern heraus. Auf das einzelne Buch entfiel also eine Durchschnittsauflage von beinah 25 000 Exemplaren. Zwischen 1945 und 1990 hatte die DDR eine Gesamtproduktion von 215 000 Titeln und 4 Milliarden Exemplaren – eine enorme Bilanz für ein Land von nur 17 bis 16 Millionen Einwohnern. Damit stand die DDR, was die Pro-Kopf-Produktion von Büchern angeht, neben der Sowjetunion und Japan an der Spitze in der ganzen Welt: Auf jeden DDR-Bürger kamen pro Jahr, statistisch gesehen, zwischen sechs und neun Bücher.

Natürlich verlegten nicht alle Verlagshäuser der DDR schöne Literatur. Nur sechzehn von ihnen konzentrierten sich nahezu ausschließlich auf Belletristik, von denen der Aufbau-Verlag mit jährlich etwa 450 Titeln der mit Abstand größte war und auch das am weitesten gespannte »Profil« – vom klassischen Erbe bis zur eigenen Gegenwartsliteratur – hatte. Alle anderen belletristischen Verlage widmeten sich einem umgrenzten Sektor. So konzentrierten sich der Verlag Neues Leben und der Kinderbuch Verlag auf Kinder- und Jugendliteratur oder der Hinstorff Verlag in Rostock auf niederdeutsche und skandinavische Literatur. Gegenwartsliteratur der DDR erschien vor allem, außer im Aufbau-Verlag, im Mitteldeutschen Verlag Halle/Leipzig, bei Hinstorff und bei Reclam in Leipzig. Doch auch der Verlag Volk und Welt, der Union Verlag und der Buchverlag Der Morgen hatten bemerkenswerte literarische Programme, die manchmal (politisch) ›schwierigen‹ Autoren Unterschlupf boten. – Verlage mit den Namen Reclam, Dietz, Niemeyer, Brockhaus, Kiepenheuer, Insel, Paul List, Bibliographisches Institut u.a.m. gab es seinerzeit in beiden deutschen Staaten. Ihre Privateigentümer waren in der Regel aufgrund staatlicher Schikanen in die Bundesrepublik gegangen, aber die DDR wollte die guten, Renommee ausstrahlenden Verlagsnamen nicht aufgeben. Es ist einleuchtend, daß – nach immer schon voraufgegangenem Rechtsstreit – nach der Wende 1989/90 Konflikte zwischen den namensgleichen Verlagshäusern Ost und West ausbrachen, die in den meisten Fällen immerhin zum Erhalt einer gestutzten Verlagsniederlassung an einem ostdeutschen Ort geführt haben (vgl. dazu Kapitel 8). Die DDR-Verlage waren eindeutig hierarchisch aufgebaut. Verlagsleiter und Cheflektor steuerten – im Einklang mit Direktiven von oben (unter Einschluß von Zensurbehörde und Staatssicherheitsdienst) – Programm und Produktion. Ihnen arbeitete ein Lektoratsapparat zu, der bedeutend größer war als in vergleichbaren Verlagen der Bundesrepublik. So waren z.B. im Rostocker Hinstorff Verlag dreizehn Lektoren tätig, die – ein allgemeines Prinzip in der DDR – je zehn bis zwölf Autoren fest betreuten. Über ihr Universitätsfachstudium hinaus besorgte das Leipziger Institut für Verlagswesen die Ausbildung (in einem einjährigen Fernstudium) und fortlaufende Weiterbildung der Lektoren. Umgekehrt waren die Marketingabteilungen der Verlage (wenn der Ausdruck überhaupt trifft) nur schwach besetzt: Ging es doch der DDR-»Literaturgesellschaft« weniger um Werbung für das Buch als Ware, deren Verkauf Gewinn bringen mußte, sondern um »Literaturpropaganda« (so eine selbstgewählte Formel), die dem Leser ideologisch und ästhetisch für vorrangig gehaltene Bücher nahebringen sollte. Übrigens lag es nicht nur an der in vierzig Jahren DDR nie abgeschafften Papierkontingentierung sowie begrenzten Druck- und Bindekapazitäten, wenn die Bücher oft mit beträchtlicher Verspätung herauskamen: Sie rührte auch daher, daß die DDR-Lektorate langsamer, weil gründlicher, arbeiteten – ein Zeichen dafür, daß der Herstellung des Produkts Buch eine Bedeutung beigemessen wurde, die sich nicht in seiner ökonomischen Realisierung auf dem Markt, dem Profit, erschöpfen sollte.

Derselben Struktur – sozialistische Eigentumsverhältnisse einerseits, hierarchische Lenkung und Kontrolle andererseits – gehorchte auch der *Vertrieb*. Ein zentrales Auslieferungslager in Leipzig, der traditionellen Buchstadt, belieferte das Einzelsortiment direkt; d.h., es waren keine freien Handelsvertreter wie in der Bundesrepublik dazwischengeschaltet, die das Buch als Ware unter Marktgesichtspunkten anbieten. Zwar gab es noch den privaten Buchhandel bzw. private Händler mit staatlicher Beteiligung. Aber der staatseigene *Volksbuchhandel* hatte eindeutig die führende Stellung inne. Er verkaufte in ca. 700 Buchhandlungen ca. 85 % aller Bücher. Buchaustellungen, -basare, »Wochen des Buches«, Literaturfestivals und Kulturwettbewerbe von Produktionsbrigaden dienten der Werbung für das Buch und zielten auf eine vermehrte Lektüre in allen Bevölkerungsschichten. Daneben bemühte man sich um die Weiterentwicklung einer Vertriebsform, die an zwei historische Vorbilder anknüpfte: den sozialdemokratischen Literaturkolporteur aus der Zeit vor 1914 und den Literaturobmann der KPD aus der Weimarer Republik, die beide vor allem in Industriebetrieben politische und belletristische Schriften an die Arbeiter verkauften. Seit den 50er Jahren gab es ehrenamtliche Vertriebsmitarbeiter in Fabriken und öffentlichen Einrichtungen, die direkt am Arbeitsplatz Bücher verkauften und 10% vom Erlös erhielten. Ähnliches gilt für ein Netz von Buchverkaufsstellen auf dem traditionell unterversorgten Lande, die meistens an Landwirtschaftliche Produktionsgenossenschaften (LPG) angeschlossen waren. – Aber natürlich wurden Bücher nicht nur verkauft, sondern auch verliehen. In der DDR gab es ca. 32000 staatliche und Gewerkschafts- bzw. Betriebsbibliotheken mit insgesamt ca. 110 Millionen Bänden, wobei die Bestände der wissenschaftlichen Bibliotheken mitgezählt sind. Etwa drei Viertel der lesefähigen Kinder liehen sich Bücher aus; von der erwachsenen Bevölkerung war ein Viertel Bibliotheksbenutzer.

Auf die Rolle des Erziehers und ideologischen Wächters über normierte Leseprozesse in der Bevölkerung war auch die *Literaturkritik* von vornherein festgelegt. Freilich standen in der DDR nur wenige Zeitschriften – »Neue deutsche Literatur«, »Sinn und Form«, »Weimarer Beiträge« – oder Wochen- und Tageszeitungen – »Sonntag«, »Neues Deutschland« – zur Verfügung, die regelmäßig Buchbesprechungen abdruckten. Insgesamt war die Literaturkritik in der DDR nur selten eine kritische, produktive Lesehilfe, dafür um so häufiger Erfüllungsgehilfe einer schwarzen Literaturpädagogik. Der individuelle Rezensent und sein politisches wie ästhetisches Urteilsvermögen verschwanden in der Regel in einem sich objektiv-dauerhaft gebenden ideologischen Kategorienapparat, der auf das je individuelle Kunstwerk angewandt wurde – und es schließlich in der gleichen Weise ›objektivierte‹ (sprich: nivellierte, uninteressant machte), wie sich vorher der Rezensent schon seiner subjektiven Interessantheit entledigt hatte. So wurde deklariert statt reflektiert, »auf bereitstehende Begriffe gebracht« (K. Batt) statt am individuellen Gegenstand analysiert. Wohlbemerkt, hier ist nicht von den eher seltenen Fällen die Rede, in denen vernichtende Verdikte ausgesprochen wurden, also die Kritik die schäbige Rolle der Nachzensur übernahm (wie z.B. bei C. Wolfs »Nachdenken über Christa T.« oder V. Brauns »Hinze-Kunze-Roman«). Gemeint ist das Gros der eher freundlichen, nichtssagenden ›Kritik‹, die weder Autor noch Leser hilft. »Aus dem gegenseitigen Hofieren endlich herauskommen, einander die Meinung sagen, auch öffentlich einander ernst nehmen«, heißt es bei Franz Fühmann schon 1973, und in einem Fazit desselben Autors, noch nicht frei von Hoffnung: Die Kritik »könnte in der sozialistischen Gesellschaft wieder zu einer moralischen Institution werden, doch wir haben nicht einmal Ansätze zu beiden, zur Kritik nicht und nicht zur Öffentlichkeit«. Dominant war und blieb die scholastische Kritik der Hans Koch und Werner Neubert, der Hermann Kähler und Anneliese Löffler (Volker Braun hat sie in seinem »Hinze-Kunze-Roman« als Frau Prof. Beckmesserle schön karikiert), die zudem, verdeckt – als zensurierende oder gar »Stasi«-Gutachter – und öffentlich, die Vorreiterrolle für Verbote übernahmen. Immerhin wehrten sich einige Kritiker gegen die ihnen zugemutete Rolle eines »Amtmanns für gesellschaftliche Literaturresonanz« (B. Leistner), aber es blieben allzu wenige – wie eben Bernd Leistner, Friedrich Dieckmann, Jürgen Grambow, Ursula Heukenkamp, Karin Hirdina oder Dieter Schlenstedt.

Welche zum Teil eindrucksvollen Erfolge die »Literaturgesellschaft« DDR gerade im Bereich der Leseförderung von Belletristik auch vorzuweisen hat – all dieses und manches andere Positive wurde doch dadurch konterkariert, ja, regelrecht wieder zerstört, daß das literarische Leben des Landes von einem durch und durch autoritären, repressiven *Kontrollapparat* durchdrungen war. An seiner Spitze stand ein Amt mit dem ominösen, eher harmlos klingenden Namen »Hauptverwaltung Verlage und Buchhandel« (früher: »Amt für Literatur und Verlagswesen« 1951–1956 sowie »Staatliche Kommission für Kunstangelegenheiten« 1951–1954), das die erklärten Aufgaben hatte, »die Verlage zu lizensieren, die unterstellten Verlage anzuleiten und für eine zweckentsprechende Arbeitsteilung zwischen den Verlagen Sorge zu tragen; die thematische Jahres- und Perspektivplanung der Verlage anzuleiten, zu koordinieren und ihre Erfüllung zu kontrollieren; die Manuskripte der Buchverlage und die Erzeugnisse der nichtlizensierten Verlage zu begutachten und Druckgenehmigungen zu erteilen«.

Von diesen Funktionen war die letztgenannte die mit Abstand wichtigste, denn »Druckgenehmigungsverfahren« bedeutete auf gut deutsch nichts anderes als: *Zensur*. In der Verfassung der DDR von 1968/1974 kommt das Wort nicht vor (vgl. Artikel 27, Absatz 1, der das Recht auf freie und öffentliche Meinungsäußerung garantiert), und sowohl Walter Ulbricht als auch später Erich Honecker haben die Existenz von Zensur im Sinne der Überprüfung von Druckfahnen immer wieder bestritten. »Wir hatten ja keine Zensur. [...] Bei uns gibt es sie nur kraft des Bewußtseins«, ließ Honecker noch nach der Wende verlauten. Dennoch fand genau das statt: Jeglicher für den Druck vorgesehene literarische Text mußte der »Hauptverwaltung Verlage und Buchhandel« – seit 1973 geführt von »Bücherminister« Klaus Höpcke – vorgelegt, also einer *Vorzensur* ausgeliefert werden. Dabei arbeitete dieses Amt in allen kritischen Fällen mit der Kulturabteilung beim Zentralkommitee der SED oder auch dem für Kultur zuständigen Politbüromitglied Kurt Hager zusammen. Kein Drucker durfte einen Auftrag annehmen, dem nicht eine Druckgenehmigung beigefügt war. Zwei Praktiker der Zensur aus besagtem Amt schätzten im Juni 1990 rückblickend, daß durchschnittlich ein halbes Dutzend der 200–250 jährlich vorgelegten Manuskripte im Bereich der zeitgenössischen DDR-Literatur eliminiert wurde. Nicht eben viel, könnte man meinen. Freilich ist zu berücksichtigen, daß die von den Parteiinstanzen initiierten »Literaturentwicklungsprozesse«, wie man das euphemistisch nannte, auf Kooperation (nüchtern gesagt: Kollaboration) der Autoren abzielten und sie in sehr vielen, ja: den meisten Fällen auch erreichten. »Die Zensur verlangte [...] die Zustimmung des Autors zu ihren Eingriffen, also zu den geforderten Auslassungen, Streichungen und Umformulierungen. Am Ende lief alles auf Selbstzensur hinaus, denn der Urheber des Textes mußte billigen oder billigend in Kauf nehmen, was ihm mit sanftem oder kräftigem Druck vorgeschlagen wurde.« (M. Jäger). Wer das tatsächliche Ausmaß der verhinderten Literatur im Lande DDR wissen will, wird sich vielmehr um diesen Komplex der nie aktenkundig oder gar öffentlich gewordenen Unterdrückung und Selbstunterdrückung schöpferischer Produktion kümmern müssen und nicht nur um den relativ kleinen Bereich von literarischen Texten, die öffentliche Zensurfälle geworden sind (dazu später). Zwar wurde zuweilen behauptet, daß die Zensur kreativ gemacht und ›stilbildend‹ gewirkt habe, aber wichtiger ist doch die von ihr in Gang gesetzte Verstörung und Demütigung der Autorpersonen. In den Worten von Christa Wolf (1984): »Immer, wenn mich ein besonders starker, besonders hartnäckiger und zugleich diffuser Widerstand daran hindert, zu einem bestimmten Thema ›etwas zu Papier zu bringen‹ – immer dann ist Angst am Werke, meist die Angst vor zu weitgehenden Einsichten oder/und die Angst vor der Verletzung von Tabus.« In diesem Bekenntnis Wolfs schwingt noch ein wichtiges Moment mit, das die in der DDR vorwiegend praktizierte Form der Zensur als Selbstzensur oder stillschweigende Kollaboration begünstigte: die schwer irritierbare Treue zur »Sache« des Sozialismus bei allen jenen, die in der Loyalitätsfalle des Antifaschismus gefangen waren.

Das bei der »Hauptverwaltung Verlage und Buchhandel« zentrierte Druckgenehmigungsverfahren wurde ergänzt durch folgenreiche Entscheidungen über die großzügige Zuteilung, Kontingentierung oder auch gänzliche Verweigerung von Papier- und Druckkapazitäten, die am Ende gleichfalls Zensurwirkung hatten. Doch damit nicht genug. Sollte ein Autor auf die Idee kommen, sein in der DDR nicht genehmes Buch in einem westlichen Land zum Druck zu befördern, dann mußte er sein Manuskript seit Einführung der Vorlagepflicht 1965 dem »Büro für Urheberrechte« vorlegen, dem es oblag, die Vergabe von Abdruckrechten durch Autoren bzw. Verlage der DDR ins Ausland zu prüfen und gegebenenfalls abzulehnen. Jedes Manuskript, das ein Autor im Ausland (also z.B. der Bundesrepublik Deutschland) veröffentlichen wollte, mußte zunächst einem DDR-Verlag angeboten und dessen Entscheidung dem Büro für Urheberrechte mitgeteilt werden. Diese umfassenden Zensurmaßnahmen wurden durch gesetzliche Sanktionsmöglichkeiten abgesichert, die in den letzten DDR-Jahren erheblich verschärft wurden. Ein Autor konnte seit 1973 mit einer Geldstrafe von bis zu 10000 Mark belegt werden (vorher waren es 300 Mark), wenn er von ausländischen Verlagen Honorare annahm, ohne sie über das Büro für Urheberrechte transferieren zu lassen – wozu er immer dann gezwungen war, wenn er vorher keine Druckgenehmigung erhielt. Hinzu kamen Neuregelungen des politischen Strafrechts im 3. Strafrechtsänderungsgesetz vom 1. August 1979, das es möglich machte, die freie Meinungsäußerung auch in dichterischer Form als »staatsfeindliche Hetze«, »ungesetzliche Verbindungsaufnahme« oder »öffentliche Herabwürdigung« mit hohen Gefängnisstrafen zu belegen, wobei sowohl das »Herstellen« als auch das »Übergeben« und »Verbreiten« entsprechender Schriften als strafwürdig galt. Diese gesetzlichen Verschärfungen wurden zwar nur selten angewandt, aber sie wirkten zweifellos als schwer berechenbare Drohung auf die Autoren.

Dieses umfassende Instrumentarium der Einschüchterung und Repression von Schriftstellern konnte freilich nicht verhindern, daß sich die bessere, kritische DDR-Literatur zunehmend in den 70er und 80er Jahren auf *zwei literarischen Märkten* präsentierte, nämlich außer auf dem der DDR auf dem der Bundesrepublik. Das hatte es bis Mitte der 60er Jahre noch kaum gegeben. Bis dahin galten DDR-Autoren als ästhetisch degoutant – einfach weil sie Kommunisten waren; ein Verdikt, das bekanntlich nicht einmal vor Bertolt Brecht oder Anna Seghers haltmachte. Mit Johnson »Mutmaßungen über Jakob« (1959), Wolfs »Der geteilte Himmel« (1963), Strittmatters »Ole Bienkopp« (1964), Kants »Die Aula« (1965), F. R. Fries' »Der Weg noch Oobliadooh« (1966) sowie mit Lyrikbänden von Peter Huchel, Johannes Bobrowski, Günter Kunert, Wolf Biermann und Volker Braun – um nur einige zu nennen – etablierten sich Autoren und Titel auf dem westdeutschen Markt, die es nun nicht mehr ohne weiteres möglich machten, aus der DDR kommende Literatur als *quantité négligeable* zu betrachten. Doch immer häufiger erschienen nun auch Bücher von DDR-Autoren in einem westlichen Verlag, zu denen es, aus Zensurgründen, *kein* Pendant in einem DDR-Verlag (wie sonst üblich) gab. Es entstand – so wohl zuerst bei Huchel, Biermann und Fries – die Paradoxie, daß immer mehr Autoren weiter resp. noch in der DDR lebten und schrieben, aber *als Autoren* nur in westlichen Ländern wirkten. Letzteres wurde seit den 70er Jahren dadurch begünstigt, daß westliche Leser die von Autoren wie Christa Wolf, Christoph Hein oder Irmtraud Morgner dargestellte Welt als »zugängliche Fremde« (H. Mohr) empfanden, stigmatisiert von vergleichbaren Zivilisationsschäden und Entfremdungserscheinungen in der selbsterfahrenen westlichen Welt. Freilich wurde auch manchem literarisch nicht unbedingt haltbaren

Text aus der DDR als dort verbotenem ein Dissidenten-Bonus eingeräumt, der, zumal im Verlauf der 80er Jahre, bisher gültige Bewertungsmaßstäbe erheblich verrückte. Doch wie auch immer, entscheidend ist der Befund, daß das System des »realen Sozialismus« eine immer weiter anwachsende Fülle systemkritischer, trotz mancher Zugeständnisse nicht mehr integrierbarer Literatur produzierte, die nur im Westen eine ungehinderte literarische Öffentlichkeit finden konnte. Schließlich folgten in den letzten ca. zwölf DDR-Jahren immer mehr Autoren ihren bereits ausgewanderten Werken nach und ließen sich, von der »Staatssicherheit« permanent überwacht, als Dissidenten abgestempelt, ausgebürgert oder hinausgeekelt, in der Bundesrepublik nieder.

Üblicherweise wird das Verhältnis von Staat und Partei zur Literatur in der DDR als ein Auf und Ab zwischen Repression und Liberalisierung beschrieben, und das ist auch gewiß richtig. Freilich sollte nie vergessen werden, daß auch in Liberalisierungsphasen wie (kurzzeitig) 1953 und 1956 oder 1971ff. die Grenzen der Freiheit und Öffentlichkeit für die Literatur sehr rasch wieder enger gezogen oder ganz geschlossen wurden, wenn die SED ihre eigne Herrschaft, ihr autoritäres System in Gefahr wähnte. Nicht erst seit dem Untergang der DDR kann man wissen, daß eine DDR, die den Künsten und Künstlern uneingeschränkte Freiheiten eingeräumt hätte (worauf manche Illusionisten immer wieder hofften), eben nicht mehr ›die DDR‹ gewesen wäre. Die Beschneidung der Meinungs- und Publikationsfreiheit begann spätestens mit dem Jahr 1948 und hatte ihre ersten Höhepunkte in der Formalismuskampagne 1951/52 und nach dem Ungarnaufstand im Spätherbst 1956. Die Verdrängung Peter Huchels vom Posten des Chefredakteurs bei der Akademiezeitschrift »Sinn und Form« um die Jahreswende 1962/63 und das 11. (sogenannte Kunst-) Plenum des ZK der SED im Dezember 1965 waren die nächsten tiefen Einschnitte einer repressiven Literaturpolitik, deren wirksamste Instrumente mit zunehmender Tendenz *Zensur und Verbot* einzelner Texte hießen. Diese trafen übrigens sogar kommunistische oder kanonisierte bürgerliche Autoren. So nahmen schon in den 50er Jahren Parteiautoren wie Ludwig Renn, Willi Bredel, Bodo Uhse, Hans Marchwitza, Ludwig Turek und F. C. Weiskopf, ja selbst Arnold Zweig Eingriffe in ihren Prosatexten hin, die politisch tabuierte Themen wie die Person Trotzkis, die Rolle der sowjetischen KP im Spanischen Bürgerkrieg, den Hitler-Stalin-Pakt oder die Stalinschen »Säuberungen« betrafen. In ›freiwilliger Selbstkontrolle‹ strich ein auch politisch mächtiger Autor wie Johannes R. Becher ganze Phasen aus seinem Werk, nämlich sowohl die frühe expressionistische wie die anschließende proletarisch-revolutionäre. Selbst ein Mann wie Brecht fand sich bereit, sein älteres Werk der politischen Selbstzensur zu unterwerfen und z.B. das frühe Stück »Trommeln in der Nacht« eher zu verschlimmbessern. Aber auch ein Roman wie Lion Feuchtwangers »Erfolg. Drei Jahre

Geschichte einer Provinz« von 1930 wurde in den 50er Jahren, übrigens mit Zustimmung des in den USA lebenden Autors, von der Zensur ›korrigiert‹, weil er kein heroisches Bild der jungen Sowjetunion gemalt und den Marxismus skeptisch als noch unreife Lehre dargestellt hatte (1948 hatte man den Text noch unzensuriert erscheinen lassen). Die Literatur sollte der DDR-Bevölkerung eine Lesart von Geschichte präsentieren, die sich in völliger Übereinstimmung mit den parteiamtlichen Darstellungen befand. Johannes R. Becher nannte das verharmlosend »Korrektur-Ideologie«.

Auf eine kritische Gegenwartsliteratur, die aktuelle Mißstände und Verirrungen des DDR-Sozialismus ganz ohne »menschliches Antlitz« ins Visier nahm, reagierten die Zensurbehörden der DDR natürlich entschieden rigoroser und oft genug vernichtend. Dies sei wenigstens an einem literarisch bemerkenswerten und mittlerweile auch gut dokumentierten Beispiel demonstriert: an Christa Wolfs Roman »Nachdenken über Christa T.«. Er ist einer der härtesten Zensurfälle, zumal wenn man bedenkt, daß die Autorin damals nicht irgendein Parteimitglied, sondern kurz zuvor noch Kandidatin des Zentralkomitees der SED gewesen war.

Am 1.3.1967 hatte die Autorin ihren neuen Roman abgeschlossen – ahnend, daß er kaum publizierbar sein würde in der DDR. Im Juni des Jahres lagen dem Mitteldeutschen Verlag Halle zwei Gutachten vor, die für die Erteilung der Druckgenehmigung nötig waren. Eines, im ganzen wohlwollend, erkannte im Buch die »Gefahr ideologischer Desorientierung«, das zweite warnte vor einer Veröffentlichung. Der Cheflektor des Verlages versuchte die Autorin daraufhin zu massiven Änderungen zu bewegen, was sie ablehnte. Allerdings fügte sie ein neues Kapitel (19) hinzu, das freilich den Tenor des Buches nicht änderte. Nach einem weiteren »Außengutachten« wurde am 2. Mai 1968 trotz großer Bedenken die Druckgenehmigung erteilt und die Auslieferung des Buches zum 31.3.1969 mit einer Auflage von 15 000 Exemplaren anvisiert. Im Dezember 1968 wurde die Herstellung des Buches unterbrochen, nachdem SED-Funktionäre, wohl verschreckt durch die Prager Spätsommerereignisse, heftig gegen seine Publikation polemisiert hatten. Trotzdem wurde im Frühjahr 1969 eine kleine Teilauflage des Buches ausgeliefert. Eine lobende Rezension Marcel Reich-Ranickis in der »Zeit« vom 23.5.1969 (»Nachdenken über Christa T.« war inzwischen bei Luchterhand, Darmstadt, veröffentlicht worden), die die Autorin als Fast-Dissidentin erscheinen ließ, führte zum Stopp der weiteren Auslieferung des Buches in der DDR. Nur zwei systemkonforme, die Autorin maßregelnde Rezensionen durften in »Sinn und Form« und der »Neuen Deutschen Literatur« erscheinen – ansonsten wurde das immerhin existente Buch totgeschwiegen, bis man 1972 dann doch eine zweite Auflage (rückdatiert auf 1968) und hernach noch mehrere erscheinen ließ.

Das Beispiel des Zensurfalls »Nachdenken über Christa T.« zeigt, wie schon angedeutet, daß ›Zensur‹ vieles bedeuten konnte, genauer: daß in der Regel mehrere externe und interne Kontrollmechanismen ineinandergriffen. Der Autor Wolfgang Schreyer (geb. 1927), ein erfolgreicher Romancier sowie Funk-, Film- und Fernsehautor ohne dissidentische Neigungen, hat diese Mechanismen 1978 anschaulich zusammengefaßt: »Es hat bei uns schon immer eine tief, nämlich dreifach gestaffelte Kontrolle literarischer Äußerungen gegeben: die Selbstzensur der Autoren, von vielen verinnerlicht, verdrängt; die Vorprüfung der Verlagslektorate; und schließlich – dies beides ständig aktivierend – die Kompetenz der Hauptverwaltung, Druckgenehmigungen zu erteilen oder nicht. Das ist zusammengenommen ein recht massiver Apparat, geeignet, neue Gedanken so lange zu filtern, bis sie so neu nicht mehr sind. Das Ganze funktioniert von Fall zu Fall nur durch (manchmal zweifelhafte) Kompromisse, durch eine gewisse Nachgiebigkeit der Beteiligten. Nun greift aus dem Dunkel höherer Sphären, außerhalb der Normalität, drastisch ein vierter Zensor ein, um bemerkenswerte, publikumswirksame Bücher im vollen Lauf zu stoppen.« Mit dem ›vierten Zensor‹ sind direkte Interventionen der Parteispitze als letzte Nothilfe gegen unruhestiftende Literatur gemeint. Im Sinne dieser gestaffelten Kontrolle läßt sich nachträglich eine Typologie der Zensureingriffe entwerfen, die freilich häufig zusammen Auftretendes künstlich trennt. Auf die in die Formierung der Texte schon fast immer eingehende Selbstzensur folgte als erster amtlicher Eingriff die Forderung (und meistens Durchsetzung) von Veränderungen oder Weglassungen (oder beidem) in den bei den Verlagen oder Theatern eingereichten Texten. Hierfür ließen sich, nachdem die Archive offenliegen, zahllose Beispiele geben. Bekannte Fälle sind Brechts Umschrift des Opernlibrettos »Das Verhör des Lukullus« in »Die Verurteilung des Lukullus« (schon 1951), Fries' Roman »Verlegung eines mittleren Reiches« (1984), der, schon viele Jahre alt, zunächst »Verlegung des Reichs der Mitte« heißen sollte, Christa Wolfs »Kassandra«-Vorlesungen (1983), aus denen sieben brisante Stellen gekürzt wurden (die Autorin konnte immerhin den Zusatz »Gekürzte Fassung« und die Markierung der Auslassungen durch jeweils drei Punkte durchsetzen) und Günter de Bruyns Roman »Neue Herrlichkeit« (DDR 1985; hier handelte die Zensurbehörde dem Autor u.a. ab, den Funktionärsvater des Helden Kösling niedriger in der Parteihierarchei anzusiedeln). Uwe Kolbe markierte die Eingriffe der Zensur in seinen Gedichtband »Bornholm« schon im Titel, indem er das 1986 endlich zugelassene beschnittene Buch »Bornholm II« nannte. – Wurden eingereichte Texte von der Zensurbehörde eigentlich nicht gewollt, so gab es mehrere Verfahrensmöglichkeiten. Am häufigsten legte man die Texte auf Eis, so daß sich die Veröffentlichung um ein, zwei, drei oder noch mehr Jahre verzögerte. So erschienen Stefan Heyms »Lassalle«-Roman

1969 mit fünfjähriger, »Der König David Bericht« 1971 mit zweijähriger und »Ahasver« 1981 mit siebenjähriger Verspätung. Auch Erwin Strittmatters »Der Wundertäter« (Band 3) brauchte sieben Jahre bis zur Druckgenehmigung 1980. Der Autor hat in seinem Tagebuch »Die Lage in den Lüften« (1990 veröffentlicht) über die mit diesem Warten verbundenen Qualen Rechenschaft abgelegt. Volker Brauns »Hinze-Kunze-Roman« (1985) und der Gedichtband »Langsamer knirschender Morgen« (1987) brauchten jeweils mehrere Jahre bis zur Publikation, das Stück »Lenins Tod« (geschrieben 1970) sogar achtzehn Jahre bis zur Uraufführung 1988. Ähnliches gilt für viele Dramen Heiner Müllers oder Heins »Lassalle«-Stück und viele weitere Theatertexte. Auch Heins Prosatexte mußten zumeist länger auf die Druckgenehmigung warten. Als extremes Beispiel sei noch de Bruyns Roman »Neue Herrlichkeit« genannt. Er wurde (nach bereits vollzogenen Eingriffen) 1983 zunächst genehmigt, die Genehmigung ein Jahr später nach der Publikation und brisanten Kritiken in der Bundesrepublik widerrufen; an die 20 000 ausgedruckte Bücher wurden makuliert. 1985 wurde der Roman dann doch noch genehmigt und veröffentlicht. Ein anderer Weg, Texte erscheinen und doch nicht populär werden zu lassen, war ihr Abdruck an entlegener Stelle. So konnte Brauns »Unvollendete Geschichte« 1975 nur in der Akademie-Zeitschrift »Sinn und Form« erscheinen (erst 1988 als Buch), und Erich Loests Roman »Es geht seinen Gang« wurde, nachdem man die erste Auflage im Mitteldeutschen Verlag nachträglich als ›Fehler‹ erkannte, an den kleinen Greifenverlag Rudolstadt abgeschoben (Genaueres vgl. S.304f. und in Loests Dokumentationen »Harte Gangart« und »Der Zorn des Schafes. Aus meinem Tagewerk«). Überhaupt war die Auflagenpolitik – die (Nicht-)Gewährung von Nachauflagen und deren Höhe – ein wichtiges Instrument verdeckter Zensur. So wurde z.B. Werner Heiduczeks Roman »Tod am Meer« (1977) nach der Erstauflage für eine Zweitauflage verboten. – Der, bezogen auf das eigene Land, härteste Zensureingriff war zweifellos die Nichterteilung der Druckgenehmigung, was ein vollständiges Verbot eines Buches für die DDR bedeutete. Die Liste der berüchtigten Fälle ist lang, hier nur einige Beispiele in zeitlicher Folge: Hanns Eislers »Johann Faustus«-Libretto (1953), Uwe Johnsons »Ingrid Babendererde. Reifeprüfung 1953« (vorgelegt und abgelehnt 1956; posthum 1985 in der Bundesrepublik erschienen), Stefan Heyms »5 Tage im Juni« (1959 als »Tag X« fertiggestellt; 1974 in der Bundesrepublik erschienen), F. R. Fries' »Der Weg nach Oobliadooh« (Bundesrepublik 1966), Günter Kunerts Lyrikband »Tagträume« (1964) und Roman »Im Namen der Hüte« (1967 – beide nur in der Bundesrepublik; der Roman 1976 auch in der DDR), Reiner Kunzes Lyrikband »Sensible Wege« (1969 nur in der Bundesrepublik) und die Prosaskizzen »Die wunderbaren Jahre« (1976 nur in der Bundesrepublik). Seit Mitte der 70er Jahre häuften sich die Verbote. Betroffen waren u.a. Jurek Becker (»Schlaflose Tage«), Thomas Brasch (»Vor den Vätern sterben die Söhne«; Theaterstücke), Hans Joachim Schädlich (»Versuchte Nähe«), Gabriele Eckart (»So sehe ick die Sache« – als vollständiges Buch nur in der Bundesrepublik), Adolf Endler (»Schichtenflotz«), Stefan Heym (»Collin«, »Schwarzenberg«), Wolfgang Hilbig (mehrere Prosabände), Gert Neumann (alle Texte), Klaus Poche (»Atemnot«), Uwe Saeger (»Aus einem Herbst jagdbaren Wildes«) und Klaus Schlesinger (»Leben im Winter«). Alle diese Bücher – und viele andere – konnten nur in westlichen Verlagen erscheinen.

Zum Bild gehört natürlich auch, daß im Westen veröffentlichte Werke übergesiedelter oder ausgebürgerter Autoren in der DDR nicht erscheinen konnten, so z.B. die neuen Romane und die Autobiographie von Loest, Lyrikbände Kunzes, die Romane Jakobs' oder die Gedichte und Lieder Wolf Biermanns. Auch der Dramatiker und Romancier Stefan Schütz wurde zum Un-Autor in seinem Herkunftsland. Anderen ehemaligen DDR-Autoren gegenüber zeigte man begrenzte Kulanz: Manche handverlesene Texte von Rolf Schneider oder Jurek Becker, Sarah Kirsch oder Günter Kunert erschienen im Lauf der 80er Jahre wieder in der DDR; Thomas Brasch konnte wieder gespielt und gedruckt werden.

Am härtesten traf die Zensur wohl jene jüngeren Autoren, die nicht einmal ihr erstes Buch zum Druck befördern, also gar nicht zu öffentlichen Autoren werden konnten. Während mancher von ihnen wenigstens hin und wieder einmal in Zeitschriften und Anthologien publizieren konnte (z.B. Wolfgang Hilbig, der mit Franz Fühmanns Unterstützung auch einen Gedichtband in der DDR herausbrachte; Stefan Döring, Jan Faktor, Bert Papenfuß-Gorek, Lutz Rathenow – ein besonders gebeutelter, zeitweise inhaftierter Autor, der 1988 wenigstens ein Kinderbuch veröffentlichen durfte), wurden andere begabte Autoren der mittleren und jungen Generation nur im Westen gedruckt, z.B. Hans Joachim Schädlich (»Versuchte Nähe«), Monika Maron (»Flugasche«, »Die Überläuferin«), Wolfgang Hegewald oder Katja Lange-Müller, die alle vier – ihren Büchern nach – in den Westen übersiedelten.

Im privilegierteren (in den letzten DDR-Jahren häufigeren) Fall gewährt man den ›Urlaub auf Zeit‹ vom Staat DDR in Form eines längerfristigen Visums für die Bundesrepublik oder ein anderes westliches Land. Dabei war die Visapraxis sehr unterschiedlich: Die Dauer konnte ein, zwei, drei oder mehr Jahre betragen, und die Rück-Einreise in die DDR konnte mehrmalig oder aber auch nur einmalig erfolgen, was, im zweiten Fall, die Autoren vor die Entscheidung stellte, endgültig in der Bundesrepublik zu bleiben oder, dann möglicherweise definitiv, in die DDR zurückzukehren. Es lag nahe, daß sich im Lauf der 80er Jahre vielen DDR-Autoren theoretisch und endlich auch lebenspraktisch die Frage aufdrängte, in welchem deutschen Staat denn der Schriftsteller eher existieren, wirken und seine Identität wahren könne. Jurek Becker beispielsweise ließ die Antwort 1978 noch offen: »Wie bei uns in der DDR die wenigen Werke der Dichter so traurig oft auf der Strecke bleiben«, sagte er damals, »weil der Staat so ängstlich ist und im Zweifelsfall immer den Notgroschen Verbot aus der Tasche zieht, so zerschellen sie anderswo an den vielen tauben Ohren. Dabei muß bedacht werden, daß fast ein jeder mit intakten Ohren zur Welt kommt. – Die fraglose westliche Annehmlichkeit, bei Ablehnung eines Manuskripts zu einem anderen Verlag gehen zu können und nicht gleich den Staat wechseln zu müssen, ist nicht eben billig erkauft. Sie hat zur Bedingung, daß Geschriebenes nichts ausrichtet oder fast nichts, jedenfalls viel zu wenig. Und wenn Literatur nicht ausschließlich als ein Akt der Selbstbefreiung des jeweiligen Autors verstanden wird, und nicht nur als ein Ding, das hin und wieder einen Fachmann mit der Zunge schnalzen läßt, dann ist die Frage nach ihrem günstigsten Standort nicht so leicht beantwortet, wie mancher meint. – Nur an die nackte Existenz sollte es den Dichtern nicht gehen.«

Beckers letzter Satz – als Bitte, vielleicht auch Warnung eines der DDR immer noch Wohlwollenden zu verstehen – erfuhr gerade in den letzten zwölf Jahren der Existenz dieses Staates eine bestürzende Antwort: Es ging vielen Schriftstellern an die nackte Existenz. Die Erziehungsdiktatur der DDR gegenüber ihren Literaten beschränkte sich auch in den 70er und 80er Jahren nicht auf Zensur, sie ließ die Autoren selbst nicht ungeschoren. Nachdem der Machtwechsel von Ulbricht zu Honecker und der nachfolgende VIII. Parteitag der SED im Juni 1971 hatten hoffen lassen, daß nun wirklich die Literatur »ohne Tabus« (so Honecker) aufblühen dürfe, brach das mühsam austarierte Gleichgewicht zwischen Tabulockerung und Aufrechterhaltung der staatlichen Ordnung auf literarischem Gebiet in sich zusammen wie ein Kartenhaus. Die DDR bürgerte im November 1976 Wolf Biermann aus und setzte damit eine Kette von Reaktionen der ungeliebten Literaten und staatlichen Sanktionen gegen sie in Gang, die am Ende wohl auch zum Untergang der DDR beigetragen haben.

Mittel der Einschüchterung und Sanktionierung von Schriftstellern, die damals nach Belieben eingesetzt oder auch als wirksame Drohung zurückgehalten werden konnten, waren die bereits erwähnten neuen bzw. verschärften Strafgesetze. Seit 1979 wurde in einzelnen Fällen vom Gesetz gegen Devisenvergehen auch im Umgang mit Schriftstellern Gebrauch gemacht, und zwar gegebenenfalls dann, wenn sie Werke in einem westlichen Verlag erscheinen ließen, ohne daß ihnen das Büro für Urheberrechte dazu die Erlaubnis gegeben hatte. Die ersten von diesem Devisengesetz Betroffenen waren Robert Havemann und Stefan Heym wegen seines »Collin«-Romans. Als einige Schriftsteller – unter ihnen Stefan Heym selbst, Klaus Schlesinger und Rolf

Schneider – dadurch veranlaßt einen Protestbrief an Honecker schrieben, wurden neun von ihnen (K. Bartsch, A. Endler, S. Heym, K.-H. Jakobs, K. Poche, K. Schlesinger, R. Schneider, D. Schubert, J. Seyppel) am 7. Juni 1979 von ihren eigenen Kollegen auf einem inszenierten Tribunal aus dem Berufsverband ausgeschlossen. Insgesamt verlor der Schriftstellerverband zwischen 1976 und 1989 über dreißig Autoren durch Ausschluß oder Austritt. Nichtetablierte, überwiegend jüngere Autoren traf es noch härter: Man steckte sie, wie Jürgen Fuchs und Gerulf Pannach, Frank Schöne und Ulrich Schacht, Lutz Rathenow und Frank-Wolf Matthies, Detlev Opitz und Stefan Krawczyk, einfach ins Gefängnis.

Das »neue Denken« in der Sowjetunion – Gorbatschows »Glasnost« und »Perestroika« – führte dazu, daß sich auch in der DDR Mitte der 80er Jahre die Konflikte neuerlich zuspitzten, und das nicht zuletzt innerhalb der »Literaturgesellschaft«. Auf dem 10. Schriftstellerkongreß des Jahres 1987 geschah etwas Unerhörtes: Zwei renommierte Autoren, Günter de Bruyn und Christoph Hein, griffen das »Druckgenehmigungsverfahren« frontal an und benannten es als das, was es war: als Zensur. Dies hatte in all den Jahren davor nur Stephan Hermlin gewagt, freilich nur in einem persönlichen »Aide-Mémoire« von 1972 an seinen Duzfreund Erich Honecker. Darin hatte Hermlin »eine jedes Maß übersteigende Zensur (die natürlich um keinen Preis Zensur genannt werden will)« gegeißelt und gefordert, »Manipulationen jeder Art« an der landeseigenen Literatur strikt aufzugeben, weil sie »in Wirklichkeit der Gleichgültigkeit, der Verbitterung, dem Zynismus Vorschub geleistet« hätten. »Jeder begabte Autor unseres Landes«, so hatte Hermlin damals kurz nach Honeckers Amtsübernahme festgestellt, »ist in den letzten Jahren von der Zensur behindert worden. Das Ergebnis ist ein Austrocknungsprozeß, ein Ausweichen in Harmlosigkeit und Konformismus oder auch in Schweigen.« Fünfzehn Jahre später setzten nun wenigstens zwei von etwa eintausend DDR-Autoren der stillschweigenden Duldung einer ›Zusammenarbeit‹ von Zensoren und Schriftstellern ein programmatisches und öffentliches Ende. Heins Rede schloß mit den Sätzen: »Die Zensur ist volksfeindlich. Sie ist ein Vergehen an der so oft genannten und gerühmten Weisheit des Volkes. Die Leser unserer Bücher sind souverän genug, selbst urteilen zu können. Die Vorstellung, ein Beamter könne darüber entscheiden, was einem Volk zumutbar und was ihm unbekömmlich sei, verrät nur die Anmaßung, den Übermut der Ämter. Die Zensur ist ungesetzlich, denn sie ist verfassungswidrig. Sie ist mit der gültigen Verfassung der DDR nicht vereinbar, steht im Gegensatz zu mehreren ihrer Artikel. Und die Zensur ist strafbar, denn sie schädigt im hohen Grad das Ansehen der DDR und kommt einer ›öffentlichen Herabwürdigung‹ gleich. Das Genehmigungsverfahren, die Zensur muß schnellstens und ersatzlos verschwinden, um weiteren Schaden von unserer Kultur abzuwenden, um nicht unsere Öffentlichkeit und unsere Würde, unsere Gesellschaft und unseren Staat weiter zu schädigen.« Zwar relativierte die SED das zentrale Druckgenehmigungsverfahren tatsächlich noch kurz vor der Wende, indem sie es an die Verlage delegierte. Aber die »Literaturgesellschaft« DDR war damit nicht mehr zu retten. Die Zensur hatte die Bücher verstümmelt, die Leser unmündig gehalten und die Autoren, via Selbstzensur, deformiert. Die Utopie einer idealen Literatenrepublik als pädagogischer Provinz hatte sich als untauglich erwiesen, weil sie von Beginn an eine sträfliche Liaison mit der Unterdrückung elementarer Menschen- und Bürgerrechte eingegangen war.

Literarische Intelligenz und »Staatssicherheit«

Fremder noch als die Institution Zensur ist einer offenen Gesellschaft die Vorstellung, daß die Literatur und ihre Urheber systematisch bespitzelt und ausgeforscht werden. J.R. Bechers Vision einer grenzenlos kommunikativen »Literaturgesellschaft« wurde in dieser Hinsicht von der SED in geradezu gespenstischer Weise verwirklicht. Auch Hermann Kants (alias IM »Martin«) Parole »Literatur ist weitersagen« fand im von der »Stasi« installierten umfassenden Bespitzelungssystem eine perverse Entsprechung. Zugleich ist die im Lauf der letzten dreißig Jahre DDR permanent zunehmende und seit 1977 allgegenwärtige geheimdienstliche Überwachung der kritischen DDR-Literatur ein Indiz für den wachsenden Stellenwert ebendieser Literatur – dafür, daß die Mächtigen sie als zunehmend bedrohlich wahrnahmen. Die immer aufwendigere und perfektere Bespitzelung der Schriftsteller ist die Kehrseite der gegebenen politischen Nicht-Öffentlichkeit im Lande, einer repressiven Konstellation, in der sich der Hunger nach wirklicher Information wie nach der expliziten Artikulation von Menschen- und Freiheitsrechten (häufig im Gewand des Einklagens eines ›echten‹ Sozialismus) Um- und Seitenwege suchen mußte. Der wichtigste Umweg war zumindest für lange Zeit die Literatur als im Prinzip lizenzierte Ersatzöffentlichkeit. Mehr und mehr sah sich die SED in dem Dilemma, daß sie einerseits den »Kunstvorbehalt« auf Freiheit im Medium des Ästhetischen nicht völlig abschaffen konnte, aber andererseits die Kontrolle über das unzuverlässige Künstlervölkchen wie auch den Anschein eines eigenen ungebrochenen Informationsmonopols nicht völlig preisgeben durfte. Also ergriff die Partei vielfältige verdeckt-repressive Maßnahmen – in dem Maße zunehmend, wie ihre Autorität verfiel und ihr die ursprünglich ziemlich effektive ideologische Kontrolle entglitt. Gewiß sind auch in der Bundesrepublik Schriftsteller und andere Intellektuelle gelegentlich und zeitweise auch massiv ein Objekt geheimdienstlicher Begierde gewesen – man denke nur an Heinrich Böll, Günter Grass oder Martin Walser. Und die traurige Tatsache der weitreichenden Bespitzelung namhafter deutscher Exilschriftsteller von Brecht, Feuchtwanger und Zuckmayer bis zur ganzen großen Mann-Familie durch die »Special Agents« des Edgar Hoover seit 1940 (Alexander Stephan hat sie in seinem Buch »Im Visier des FBI« umfassend dokumentiert) schützt vor der Illusion, sich demokratisch verfaßte Gesellschaften als grundsätzlich frei von Überwachung und Schikane vorzustellen. Dennoch ist der Fall der untergegangenen DDR einmalig, was Extensität und Intensität geheimdienstlicher Maßnahmen angeht – auch im internen Ostblock-Vergleich.

Die Schriftsteller und ihre Werke waren kein Objekt des 1950 gegründeten Ministeriums für Staatssicherheit (MfS) von Anfang an. Auch nachdem 1954 (als Konsequenz des 17. Juni 1953) eine Hauptabteilung V (HA V), zuständig für die Überwachung im eigenen Staat, gegründet wurde, stand die Literatur noch lange nicht im Brennpunkt des geheimdienstlichen Interesses. Eine gewisse Veränderung trat im Gefolge der vom Ungarnaufstand im Oktober 1956 ausgelösten Prozesse gegen Intelligenzangehörige und Schriftsteller wie Walter Janka, Wolfgang Harich und Erich Loest ein (vgl. dazu S. 126f.). Jetzt wurden der Aufbau-Verlag, der Schriftstellerverband und bald auch das Literaturinstitut »Johannes R. Becher« in Leipzig – die Nachwuchsschmiede der DDR-Literatur – zu »Operativen Vorgängen« des MfS. Nach dem Mauerbau 1961 wuchs die Zahl der »Operativen Vorgänge« (OV) und »Operativen Personenkontrollen« (OPK) deutlich an. 1964 wurde die HA V in die HA XX umgewandelt, »das Kernstück des nach innen gerichteten Repressionsapparats« (C. Vollnhals) mit damals schon ca. 1300 festen Mitarbeitern, dessen Unterabteilung 1 sich auf den Kulturbetrieb konzentrierte. 1969 ist das folgenreiche Gründungsjahr der HA XX/7 mit einem eigenen, nur für den Kulturbetrieb zuständigen Apparat von ca. 40 festen und 350 bis 500 Inoffiziellen Mitarbeitern (IM), wobei zunächst Presse, Rundfunk und Medien als weitaus wichtiger erschienen als die Literatur. Unverkennbar haben hierfür die verstörenden Erfahrungen mit dem Prager Frühling 1967/68 die Initialzündung gegeben. Spätestens jetzt witterten SED und MfS speziell in den Ideen und Texten von Literaten ein »feindlich-negatives« Potential, das es zu kontrollieren und erfolgreich zu bekämpfen galt. So entstehen schon in diesen Jahren zentrale »Operative Vorgänge« über Stefan Heym (OV »Diversant«), Wolf Biermann (OV »Lyriker«) und Reiner Kunze (OV »Lyrik«). Erst nach der Biermann-Ausbürgerung (November 1976) wird in der HA XX/7 ein eigenes Referat nur für das Verlagswesen und die Berliner Sektion des Schriftstellerverbandes als besonderem Unruheherd eingerichtet. Um die »Linie Schriftsteller« effektiver überwachen zu können, wurden feste wie Inoffizielle Mitarbeiter in allen wichtigen

Ämtern und Einrichtungen plaziert: in der Hauptverwaltung Verlage und Buchhandel, im Büro für Urheberrechte, im Schriftstellerverband, in den Verlagen sowie in den Redaktionen der Kultur- und Literaturzeitschriften. Ironischerweise stieg der Bedarf an geheimdienstlicher Lenkung und Kontrolle des Kulturlebens in der DDR mit der Entspannungspolitik der 70er Jahre. Mit der Ratifizierung der Schlußakte der KSZE-Konferenz von Helsinki im August 1975 willigte die DDR – Preis ihres Bemühens um völkerrechtliche Anerkennung – in ein Mindestmaß an Liberalisierung ein, das durch umso mehr verdeckte Kontrolle und Gängelung der Aufmüpfigen im Lande kompensiert werden mußte. Je mehr man die Zügel lockerte (lockern mußte) – so die alarmierende Erfahrung der DDR-Mächtigen –, desto mehr »politisch-ideologische Diversion« (PID) und »politische Untergrundtätigkeit« (PUT) wurden festgestellt. Im literarisch-künstlerischen Bereich ist das Datum der Biermann-Ausbürgerung vom November 1976 der entscheidende Einschnitt. Wie die Quellen zeigen, war das MfS überrascht von den massenhaften Protesten der Angehörigen der Intelligenz im eigenen Land. Es reagierte mit einschneidenden Maßnahmen unterschiedlicher Art. So nimmt, abgesehen von den Verhaftungen und über »Genossen« von der SED selbst verhängten Strafen, die Zahl der »Operativen Vorgänge« seit diesem Datum enorm zu. Vor allem aber wird der künstlerische Nachwuchs jetzt entschieden schärfer als bisher observiert.

Oft ist der Vorwurf erhoben worden, die DDR-Autoren hätten das vielleicht größte Übel des »realen Sozialismus«, die »Stasi«, literarisch versäumt. Das ist falsch. Einschlägiges findet sich – um nur Prosabeispiele zu nennen – in Uwe Johnsons »Mutmaßungen über Jakob«, Volker Brauns »Unvollendete Geschichte«, Christa Wolfs »Kindheitsmuster« (eine Traumstelle), Reiner Kunzes »Die wunderbaren Jahre«, Thomas Braschs »Vor den Vätern sterben die Söhne«, Hans Joachim Schädlichs »Versuchte Nähe« und später »Tallhover«, Rolf Schneiders »November«, Stefan Heyms »Collin« und Christoph Heins »Tangospieler«. Nach der Wende folgten u.a. Christa Wolfs »Was bleibt« (leider zu spät veröffentlicht) und Wolfgang Hilbigs »›Ich‹«. Freilich hat dieser Befund einen Haken: Fast alle diese Texte, soweit sie vor 1989 entstanden, konnten nicht in der DDR erscheinen – oder nur, wie Brauns Erzählung, an entlegenem Druckort (bzw. mit fast 15jähriger Verspätung als Buch). Einzig Christoph Heins Roman kam, nach langen Querelen und sozusagen in letzter Minute, in der DDR heraus. Dem heimischen Publikum war offenbar nur Hermann Kants Quasi-Rieck-Figur aus »Die Aula« (der gute Agent im bösen Westen) oder Helmut Baierls lyrisierte »Ansprache an die Genossen der Staatssicherheit« zumutbar, in der es u.a. heißt:

[...] Als Kundschafter im Dreck
sauber zu bleiben,
vom Gift unvergiftet,
das ist [...]
Heldentum
stille Offenbarung!

Wer sich nicht, wie Baierl, vor den »Kosmonaut[en] der stillen Erkundung« verbeugen, sondern das Teufelswerk der »Stasi« vor einem landeseigenen Publikum zur Sprache bringen wollte, war auf Umwege angewiesen, z.B. den der geschichtlichen Camouflage. Beispielhaft ist Joachim Walther diesen Weg gegangen, der in seinem historischen Roman »Bewerbung bei Hofe« (1984), konzentriert um die Bemühungen des Barocklyrikers Johann Christian Günther, als zweiter Hofpoet am Dresdener Hof Augusts des Starken unterzukommen, einen gewissen Délateur (er ist als Spitzel auf Günther angesetzt) den Traum von der totalen Überwachung träumen läßt: »[...] die Zukunft wird uns Großes bringen! Wir überwachen alles und jeden und haben eine Stelle, wo die Fäden zusammenlaufen, daraus dann der Strick gedreht wird für die Überführten! Eine Kartei mit Akten über jeden, man geht hinein, nimmt einen numerierten Aktendeckel, schlägt nach und hat den Übeltäter mit allen seinen Daten! In jedem Haus eine Lauscheinrichtung. Keiner wird sodann entkommen! Jeder wird gefaßt! Alle abgeurteilt! Die Ordnung hat gesiegt! Freilich ist der Überwachungsapparat riesengroß, eine Geheim-Armee, straff organisiert. Zuschlagend, doch unschlagbar. Sehend, doch unsichtbar. Eine kolossale Macht!« Diese Vision mündet in die Utopie ein, daß am Ende ein institutionalisierter Geheimdienst unnötig werde, weil »alle Landeskinder« sich freiwillig gegenseitig observieren: »Die Kanzlei ist überflüssig, sie löst sich einfach auf. Utopia!«

Gewiß hat die DDR dieses Utopia der allumfassenden Bespitzelung nicht ganz erreicht, aber sie tat im Lauf der 70er und 80er Jahre große Schritte in diese Richtung. Das hatte schwerwiegende menschliche wie literarische Folgen. Von beiden ist hier wenigstens kurz zu sprechen, denn es hat die »Literaturgesellschaft« DDR tief geprägt. – Auch wenn die gewählten Maßnahmen in den letzten beiden Jahrzehnten zurückhaltender geworden waren, blieben die zugefügten Beschädigungen gravierend. Kollegen, Nachbarn, nahe Freunde, ja selbst Verwandte wurden als Spitzel auf die zu observierenden »Objekte« (also Menschen) »angesetzt« – so drückte man sich aus, als ob es um Blutegel ginge. So wurde z.B. Hans Joachim Schädlich von seinem Bruder bespitzelt, das Ehepaar Wolf, Franz Fühmann und Reiner Kunze von Leuten, die sich als enge Freunde gerierten. Fachleute aus den Verlagen und anderen literarischen Einrichtungen, die sich als vertrauenswürdige, ehrliche Makler, ja Freunde anboten, spielten ein doppeltes

Spiel, indem sie vertrauliche Autorengespräche regelmäßig in IM-Berichte umsetzten – so z.B. die Verlagsleiter von Hinstorff in Rostock und Reclam in Leipzig, Konrad Reich und Hans Marquardt, oder der Akademie-Kollege Günther Rücker, die alle miteinander der »Stasi« über Franz Fühmann, den OV »Filou«, berichteten. Beschränkte sich die »Stasi« in solchen Fällen auf Schnüffelei (die auch vor der privaten und privatesten Sphäre nicht haltmachte – man lese z.B. Erich Loests »Der Zorn des Schafes« oder Biermanns »Spiegel«-Bericht »Tiefer als unter die Haut«), so zielte sie in anderen Fällen weiter: auf die »Zersetzung der Seele« (J. Fuchs) derer, die als unrettbar »feindlich-negativ« galten. Man säte Mißtrauen, machte Angst, schikanierte und schüchterte ein. Man trieb junge Menschen – auch Autoren – in verzweifelte Lagen, die sie gefügig machen sollten und manchmal auch machten. Man organisierte berufliche Mißerfolge, erkundete die menschlichen Schwächen der »Objekte« und suchte nach Ansatzpunkten, wo sie möglicherweise erpreßbar waren. All das und anderes mehr wurde selbst noch gegen »Staatsfeinde« eingesetzt, die inzwischen die DDR verlassen hatten, namentlich gegen viele der literarischen Dissidenten. Jürgen Fuchs hat exemplarisch beschrieben, wie er und seine Familie noch in West-Berlin systematisch schikaniert wurden. Der Arm des MfS reichte weit über die Landesgrenzen hinaus. So wurden z.B. auch Verlage und andere kulturelle Einrichtungen in der Bundesrepublik mit Hilfe von Informellen Mitarbeitern ausgeforscht.

Was die »Staatssicherheit« vor allem in den letzten fünfzehn, zwanzig Jahren DDR menschlich und im sozialen Beziehungsgefüge »zersetzte«, das prägte auch die Literatur selbst. Es ist – banal genug, aber wichtig festzuhalten – ein Unterschied, ob Künstler unter dem immerwährenden Druck möglicher oder wirklicher Bespitzelung und Schikanierung arbeiten müssen oder ob sie davon freisein können. Es ist ein Unterschied, ob man unbeschwert und ohne Mißtrauen seinen Nachbarn und Kollegen, von den Freunden und Verwandten ganz zu schweigen, begegnen kann oder nicht. Zu wissen, daß nahezu alle Beziehungen in dieser Weise fremdbestimmte, deformierte sein konnten, hat viele Künstler sich in ein »Austerndasein« (G. Kunert) zurückziehen lassen. Derzeit weiß man durch Forschungen in der Gauck-Behörde in Berlin, die für die Aufbewahrung und Auswertung der MfS-Unterlagen nach dem Stasi-Unterlagen-Gesetz (StUG) vom 29. Dezember 1991 zuständig ist, daß mehr als 150 Schriftsteller aus der DDR in »Operativen Vorgängen« (OV) oder »Operativen Personenkontrollen« (OPK) überwacht wurden. Einige wenige seien hier, neben den bereits erwähnten Biermann (er wurde im Lauf der Jahre von insgesamt 70 »leibeigenen Spitzeln« observiert), Fühmann, Heym und Kunze, stellvertretend genannt: Stefan Döring (OPK »Ring«), Elke Erb (OV »Spinne«, OV »Hydra«), Günter de Bruyn (OV »Roman«),

Jan Faktor (OPK »Ausländer« im OV »Doppelzüngler« – das ist der OV von Christa und Gerhard Wolf, deren Schwiegersohn Faktor ist), Siegmar Faust (OPK »Mephisto«), Jürgen Fuchs (OV Pegasus«, OV »Opponent«, OV »Reinecke«), Uwe Grüning (OV »Skarus II«), Werner Heiduczek (OPK »Literat«), Stephan Hermlin (OV »Leder« – das war Hermlins bürgerlicher Name), Wolfgang Hilbig (OV »Buch II«), Karl-Heinz Jakobs (OV »Besserwisser«), Bernd Jentzsch (OV »Prosa«), Gabriele Kachold (OV »Toxin«, OPK »Medium«), Sarah Kirsch (OV »Milan«), Uwe Kolbe (OV »Poet«), Günter Kunert (OV »Zyniker«), Erich Loest (OV »Buch II«), Gert Neumann (OV »Anthologie II«), Bert Papenfuß-Gorek (OPK »Fuß«), Ulrich Plenzdorf (OV »Dramatiker«), Lutz Rathenow (OV »Pegasus«, OV »Assistent«), Ulrich Schacht (OV »Hose«), Hans Joachim Schädlich (OV »Schädling«), Klaus Schlesinger (OV »Schreiberling« – darin auch Bettina Wegner), Rolf Schneider (OV »Germanist«), Helga Schütz (OV »Jette«), Dieter Schulze (OV »Bummelant«), Joachim Walther (OV »Lektor«, OV »Verleger«). Natürlich ist die (vollständige) Liste der observierten Autoren eine Ehrenliste im moralischen (nicht zwingend im literarischen) Verstand; daß man umgekehrt manchen kritischen Autor auf ihr vermißt, darf nicht zu falschen Umkehrschlüssen führen, und solche sind hier auch keineswegs beabsichtigt.

Doch war dies ja nur die eine Seite der Medaille. Die andere war die Bereitschaft von allzu vielen Autoren, Lektoren, Literaturwissenschaftlern und anderen aus dem Metier, sich der »Stasi« als Informelle Mitarbeiter zur Verfügung zu stellen. Daß alte Kommunisten, »Parteisoldaten« wie Heinz Kamnitzer (seit 1970 Präsident des PEN-Zentrums der DDR) dies ohne weitere Umstände taten, ist aus ihrer Parteiloyalität heraus verständlich. Wer der SED mit voller Kraft dienen wollte, mußte sich auch der »Stasi«, ihrem »Schild und Schwert«, zur Verfügung stellen. Dies gilt wohl auch für Autoren der zweiten Generation wie Paul Wiens (IM »Dichter« – er sollte vor allem den PEN und andere »Objekte« im »feindlichen Ausland« ausforschen), Günther Rücker, Gerhard Holtz-Baumert, Günter Görlich, Hermann Kant, Erich Köhler und die junge Christa Wolf (IM »Margarete« von 1959–62), die freilich nicht an dieser Jugendsünde aus Gläubigkeit gemessen werden sollte, sondern an ihrer späteren tapferen Widerständigkeit, die sie zu einem bevorzugten »Objekt« des MfS machte. Bei einem Autor wie Heinz Kahlau kommen dann schon andere Momente ins Spiel: Erpressung seitens des MfS und die Verlockung einer »zweiten Wichtigkeit« (M. Jäger) durch den Status eines heimlich Wissenden, der das Ohr der Mächtigen hat. Selbst bei den Stasi-Kontakten von Heiner Müller oder Monika Maron mag dieses Motiv eine Rolle spielen, auch wenn diese Autoren persönlichen Mut bewiesen und niemanden verraten haben (vgl. dazu und zum folgenden auch die Einleitung und Kapitel 8). Vollends widersprüchlich erscheinen die Stasi-Dienste der jüngeren Autoren, allen voran Sascha Anderson (IM »David Menzer«, IM »Fritz Müller«) und Rainer Schedlinski (IM »Gerhard«). »In ihren Biographien«, so schreibt Manfred Jäger, »fehlen sowohl die gläubige Zuwendung wie die spätere Desillusionierung. Damit begründen sie, frei für den Verrat gewesen zu sein, der für sie ein Verrat an nichts ist.« Dennoch haben auch und gerade sie – »Wichtigtuer mit schwacher Widerstandskraft« (Jäger) – ihren Freunden und Kollegen wie der Glaubwürdigkeit der Literatur aus ihrer postsozialistischen Generation insgesamt beträchtlichen Schaden zugefügt. Spätestens jetzt war die »Stasi« nicht mehr nur eine Krake, die von außen ihre Fangarme ausstreckte, sondern ein Krebsgeschwür, das von innen her wucherte. Freilich zeigen autobiographische Berichte von jungen Autoren, die einmal für das MfS arbeiteten, wie Leonhard Lorek (später OPK »Feder« in Berlin), Fritz Hendrik Melle (später OV »Feder« in Karl-Marx-Stadt), Gabriele Eckart (zuerst IM »Hölderlin«, später OV »Ecke« und OPK »Kontra«), ja selbst von Rainer Schedlinski und Sascha Anderson, daß moralischer Rigorismus allein nicht weit führt. Ungünstige Prägungen in Kindheit und Jugend, ausweglos erscheinende individuelle Lebenslagen, übelster Druck seitens der »Stasi«, narzißtische Phantasien und manches andere konnten in unterschiedlichen Mischungen aufeinandertreffen und eine Verstrickung in die Netze des Geheimdienstes zeitigen, aus der sich wieder zu lösen immens schwierig war. Vor dem Auge des Forschers liegen »Landschaften der Lüge« (J. Fuchs) – aber doch nicht nur der Lüge, sondern auch der Integrität und Tapferkeit –, die trotz aller Bemühungen der letzten Jahre erst noch gründlich zu kartographieren sind. Dies ist in der Abteilung »Bildung und Forschung« bei der Berliner Gauck-Behörde im Gange, harrt aber durchaus noch der Fortsetzung.

Ein Blick zurück auf vierzig Jahre »Literaturgesellschaft« DDR gibt, zumal mit dem seit der Wende eminent vermehrten Wissen über die Repressionsmechanismen im Literaturbetrieb ausgestattet, wenig Anlaß zur Verklärung – allen Lobliedern auf »Leseland«, Theatereldorado und großzügige Autorenförderung zum Trotz. Die SED exekutierte die ganze Zeit hindurch ein autoritäres und oft genug diktatorisches Regiment über alle am literarischen Stoffwechsel Beteiligten. Gleichwohl ist dieses Literatursystem DDR über die vier Jahrzehnte hin nicht in allen Aspekten gleich geblieben, vielmehr muß man betonen, daß es starke Veränderungen gegeben hat. Die Partei versuchte, im Kontext innerstaatlicher und internationaler Problemlagen, in zunehmendem Maße einen Spagat, der – das war erkennbar – auf die Dauer nicht auszuhalten war. Sie gewährte der Literatur zähneknirschend mehr Freiheitsräume (so wäre z.B. eine Veröffentlichung von Christoph Heins »Tangospieler«, eine Aufführung von Brauns »Übergangsgesellschaft« oder ein partielles Gewährenlassen der jungen Künstler am Prenzlauer Berg in den 50er und 60er Jahren völlig undenkbar gewesen) – und gleichzeitig sah sie sich genötigt, ihre Maßnahmen der Lenkung, Kontrolle und Einschüchterung der Literatur und ihrer Urheber immer weiter zu forcieren und umfassender anzuwenden. Am Ende scheiterte sie damit doch – aus Gründen, die weit über das Reich der Literatur hinausreichen. So wie, systemtheoretisch gesprochen, das Gesamtsystem DDR sich nicht mehr autopoietisch zu regenerieren vermochte, brach auch das Teilsystem Kultur/Literatur zusammen. – Aber auch die Literatur selbst scheiterte in gewisser Weise. Sie hatte kompensatorisch Funktionen der Lebenshilfe übernommen, die der Literatur in modernen, liberalen Gesellschaften nur im Ausnahmefall aufgebürdet werden. Die aktuelle DDR-Literatur der kritischen Autoren mußte eine politische und Medienöffentlichkeit ersetzen, die der autoritäre Staat seinen Bürgern vorenthielt. Und sie machte zum andern (utopische) Sinnangebote, die das unübersehbare Wert- und Sinndefizit des »realen Sozialismus« ausgleichen halfen. In dem Augenblick, als das realsozialistische Modell auf den Ebenen von Staat und Gesellschaft sein Leben aushauchte, entfielen – mit Verzögerungseffekten – auch diese Funktionen der landeseigenen Literatur.

3
Kein »Nullpunkt«: Traditionsbildung und Neubeginn im Zeichen des Antifaschismus (1945–49)

Das Programm der antifaschistisch-demokratischen Erneuerung

Die Situation der Deutschen nach dem 8. Mai 1945 – der Gesellschaft wie der einzelnen – ist von Intellektuellen und Literaten aus den drei Westzonen häufig als »Nullpunkt« im Sinne von Tiefpunkt, Stunde Null, Nichts – aber auch Ausgangspunkt für Neues – bezeichnet worden. Andere »Metaphern für eine Stimmung« (Heinrich Vormweg) waren »Kahlschlag« (Wolfgang Weyrauch), »tabula rasa« (Alfred Andersch, H. E. Holthusen), »verlorene Generation« und, speziell für den literarischen Bereich, »Trümmerliteratur« (Heinrich Böll). Im Gegensatz zu den Wörtern »Zusammenbruch« oder »Niederlage«, die von weiten Teilen der Bevölkerung auf die nun eingetretene Situation des Kriegsendes angewendet wurden, enthalten diese Metaphern und Formeln immerhin den emphatischen Aufruf zur Ablösung vom Nationalsozialismus, zur existentiellen Umkehr. Freilich: Die Situation als »Befreiung« von einem Terrorregime und damit als Chance zu einer durchgreifenden politischen Umwälzung zu begreifen, vermochten nur sehr wenige Intellektuelle. An erster Stelle sind hier die Initiatoren der Zeitschrift »Der Ruf. Unabhängige Blätter der jungen Generation« zu nennen, Alfred Andersch und Hans Werner Richter, die unerbittlich die Frage nach dem eigenen Verstricktsein in die nationalsozialistische Herrschafts- und Kriegsmaschinerie stellten, mit großem Ernst über eine sozialpolitisch radikale Neuformierung Deutschlands nachdachten und dabei Orientierung am ehesten in der französischen Widerstandsbewegung und ihrer (so sah man es) Philosophie, dem Existentialismus Sartres und Camus', fanden. In der Regel bedeutete die Proklamation des »Nullpunktes« in den Westzonen jedoch genaugenommen die Verweigerung einer Auseinandersetzung mit der Nazivergangenheit (und dem eignen Verhalten in ihr), einen »hilflosen Antifaschismus«, der vielen Intellektuellen schon in den Jahren vor und um 1933 eigentümlich gewesen war. So wie sie sich damals den entscheidenden historischen Erfahrungen verweigert hatten, taten sie es auch jetzt wieder. Das Gesellschaftsmodell, mit dem man jetzt konfrontiert wurde, war die westliche Demokratie (ein lange auch von der Linken unterschätztes Privileg) im Verbund mit kapitalistischer Marktwirtschaft plus »American Way of Life«. All dem stand, sublim und fremd, als Dominante eine »vernebelnde Entrückungsliteratur« der Älteren Bergengruen, Carossa, R. A. Schröder wie der Jüngeren Hermann Kasack (er wechselte 1947 in die Westzonen) oder Erhart Kästner gegenüber, die »Kultur inszenierte«, um die noch immer anwesende »Wirklichkeit des Faschismus an die Wand zu spielen« (J. Manthey).

Die Konstellation in der sowjetisch besetzten Zone (damals zumeist kurz Ostzone genannt) war entschieden anders. Übrigens ist es immer noch schwer, diesen Anfangsjahren im Osten (literar)historisch gerecht zu werden, und zwar aus mindestens zwei Gründen. Zum einen erliegt man leicht der Versuchung, schon all das, was sich vor der Staatsgründung der DDR (und mit ihr der endgültigen Durchsetzung der Einparteienherrschaft der SED) auf ostdeutschem Territorium entwickelt hat, nur als Vorläufer von 40 Jahren DDR (-Literatur) zu sehen, gewissermaßen als logische Verlängerung nach rückwärts – und darüber vergißt man, daß es sich in den ersten vier Nachkriegsjahren noch um ein Stück zumindest in Teilbereichen *offener Geschichte* handelt. – Die zweite Schwierigkeit (sie bleibt dem Historiker von DDR-Verhältnissen auch späterhin erhalten) liegt in dem im Wortsinn *monströsen Wesen der DDR*. Sie war ein Monstrum, eine ungeheuerliche Mißbildung in dem Sinne, daß die menschenverachtende Diktatur der SED zumal in ihren Anfängen der späten 40er Jahre mit einem schier grenzenlosen Idealismus von weiten Teilen der Bevölkerung, Teile der SED-Mitgliedschaft und selbst des Apparats eingeschlossen, unterfüttert war. Das Paradoxon einer in den folgenden vier Jahrzehnten nie ganz außer Kraft gesetzten Dauerspannung zwischen totalitärer (und gerade in den Anfängen terroristischer) Politik und einem im eignen Verständnis zutiefst moralischen, humanistischen Engagement vor allem der Angehörigen der Intelligenzberufe, bei vielen verbunden mit einer nahezu unbegrenzten Bereitschaft zur Selbstillusionierung, hat die DDR dauerhaft geprägt. Daß dies so gut – und so lange! – funktionierte, liegt zuallererst im »antifaschistischen Syndrom« begründet, wie bereits in Kapitel 1 gezeigt wurde. Der Wunsch und Wille, unter die eignen Verstrickungen im Nationalsozialismus und in einem mörderischen Krieg einen Schlußstrich zu ziehen, sich in die »antifaschistische Front« einzureihen und damit zu den »Siegern der Geschichte« zu gehören, war groß. Daß der heroische Mythos von den Kommunisten als den besten Antifaschisten höchst fragwürdig war und die SED zudem den Massenmord an den Juden als zivilisationsvernichtendes Kernereignis des Nationalsozialismus weitgehend ausblendete, daß der »die Macht adelnde Antifaschismus« (Günter de Bruyn) somit bestenfalls ein halbierter war, wurde zumindest in der Öffentlichkeit nicht thematisiert. Der antifaschistische Gründungsmythos der DDR, initiiert und kulturell ausgestaltet in den Jahren 1945 bis 1949, prägte auch späterhin das Land und mit ihm das politische, moralische und ästhetische Selbstverständnis nahezu aller Künstler in zugleich sympathischer und prekärer Weise.

Als die Führungsgruppe der KPD, die Moskauer »Gruppe Ulbricht«, am 29. April 1945 nach Berlin zurückkehrte und unter Schutz und

Kontrolle der Sowjetischen Militäradministration in Deutschland (SMAD) auch auf kulturpolitischem Gebiet aktiv wurde, knüpfte sie an die Traditionen des antifaschistischen Kampfes seit dem Jahr 1935, das heißt konkret: an die *Politik der Volksfront*, an. Zugespitzt läßt sich sagen, daß das jetzt proklamierte Konzept der »antifaschistisch-demokratischen Erneuerung« nichts anderes war als die Anpassung eben jener Volksfrontpolitik aus den mittleren 30er Jahren an die neuen post-nationalsozialistischen Verhältnisse, wobei der Terminus »demokratisch« bekanntlich sehr eigenwillig gefüllt wurde. Die KPD hatte noch bis über das Datum der nationalsozialistischen Machtergreifung, den 30. Januar 1933, hinaus die Gefahr des (deutschen) Faschismus sträflich unterschätzt und die »sozialfaschistische« SPD zum Hauptfeind der Arbeiterklasse erklärt. Ja, sie verkündete noch im Mai 1933 das unmittelbare Bevorstehen der proletarischen Revolution in Deutschland. Auf dem VII. Weltkongreß der Kommunistischen Internationale und auf zwei Parteikonferenzen der KPD im sowjetischen Exil 1935 und 1939 wurde diese Linie nicht zuletzt auf Geheiß Stalins grundlegend revidiert. Jetzt wurde eine »antifaschistische Einheitsfront« der Arbeiterschaft auch von oben her (also über die Führungen von KPD und SPD) proklamiert, ja sogar das umfassende Bündnis einer Volksfront gegen den Faschismus, das auch kleinbürgerliche Schichten, Bauern und die bürgerliche Intelligenz einschließen sollte – wenn sie nur der Gesinnung nach »antifaschistisch« waren. Es ist wichtig zu sehen, daß es eine antifaschistische deutsche Volksfront als politisch entscheidende Kraft (trotz kulturpolitischer Aktivitäten wie der Kongresse von Paris und Madrid 1935/36) weder im innerdeutschen Widerstand noch im Exil wirklich gegeben hat. Die Schauprozesse und »Säuberungen« unter Stalin, der nie preisgegebene Führungsanspruch der KPD innerhalb der Volksfront, schließlich die Schwäche der exilierten deutschen Linken insgesamt ließen die neue Strategie praktisch scheitern. Gleichwohl ist das zwischen 1935 und 1945 entwickelte Volksfrontkonzept von höchster Bedeutung, insofern es die Weichen für die Gesamtpolitik der SBZ bzw. der DDR letztlich bis zum Ende dieses Staates gestellt hat.

Entscheidendes Merkmal der kulturpolitischen Strategie aus dem Geist der Volksfront ist ihre Orientierung an den »fortschrittlichen« nationalen Kulturtraditionen. »Antifaschistisch-demokratische Erneuerung« hieß also kaum je, daß moralische und ästhetische Phantasie für wirklich Neues, für Experimente und Entwürfe *jenseits* gutbürgerlich-humanistischer Überlieferungen mobilisiert wurde. Nein, in der SBZ fand zwischen 1945 und 1949 alles andere als eine Kulturrevolution statt. Vielmehr besann man sich einstweilen auf die vom Hitlerregime nur scheinbar zerstörte nationale Identität und erklärte dasselbe zur geschichtlichen Episode. Der kulturpolitische »Kahlschlag« kommunistischer Provenienz fand erst Jahre später statt: in der *Formalis-*

muskampagne von 1951. Zunächst waren sich die SMAD und die deutschen Genossen völlig einig in ihrer kulturkonservativen Strategie, die sich im literarischen Bereich umfassend durchsetzte. Das bedeutete konkret (wie in den folgenden Abschnitten dargestellt), daß die Nachkriegsjahre in Ostdeutschland weitgehend von älteren und alten Autoren des Exils und der inneren Emigration dominiert wurden und der Nachwuchs kaum zum Zuge kam. Doch, so muß man fragen, konnte diese Strategie von Erfolg gekrönt sein? Ließ sich eine von Terror und Krieg versehrte Nation dadurch wieder einigen, aufrichten und zum Guten erziehen, daß man ihre vergangene Kultur sammelte, verteidigte und feierte – dabei übersehend, daß alle diese Kulturgüter Überschußprodukte einer an sich barbarischen Gesellschaft waren, wie Walter Benjamin treffend bemerkt hatte? Konnte oder durfte man sich durchs gelungene Kunstschöne – eine Oper von Mozart, ein Drama von Schiller, ein Gedicht von Goethe – über die reale Barbarei des Nationalsozialismus ästhetisch hinwegtrösten? Und: war es statthaft, jetzt auf seiten der Linken fast genausoviel von Nation, Volk und Vaterland zu sprechen wie die Nazis und diese damit nationalistisch zu übertrumpfen? Lauter Fragen, die als Antwort eher ein skeptisches Nein als ein Ja nahelegen.

Die Entscheidung gegen eine »volksdemokratische« Lösung, wie sie in den anderen osteuropäischen Ländern praktiziert wurde, und für die antifaschistisch-demokratische, die als Vollendung der bürgerlichen Revolution verstanden werden sollte, ging wohl letztlich von der sowjetischen Führung aus. Sie mußte in den ersten Jahren nach 1945 durchaus unsicher sein, was einmal aus der von ihr besetzten Zone Deutschlands werden würde; ja, man darf wohl tatsächlich unterstellen, daß die Sowjetunion in diesen Jahren noch eine Wiedervereinigung Deutschlands im Visier hatte und folglich eine Politik vermeiden mußte, der man das Etikett Sowjetisierung hätte anhängen können. Als sich in den Jahren 1948/49 abzeichnete, daß die deutsche Frage nicht länger offenzuhalten war, wurde denn auch folgerichtig das Konzept der antifaschistisch-demokratischen Erneuerung durch ein volksdemokratisch-sozialistisches ersetzt.

Oberste kulturpolitische Instanz in den Jahren 1945 bis 1949 war die Abteilung für Information bei der SMAD unter dem Obersten (später General) Sergej Tjulpanow, der zehn Abteilungen (u.a. eine für Literatur unter dem Literaturwissenschaftler Alexander Dymschitz) unterstanden und die auch einen eigenen Verlag der Sowjetischen Militäradministration (SWA-Verlag) ins Leben rief, in dem vor allem Werke der Sowjetliteratur (Gorki, Scholochow, Majakowski u.a.) in preiswerten Ausgaben erschienen, von deren Vorbildfunktion noch die Rede sein wird. Bedenkt man, daß in der Sowjetunion selbst in diesen Jahren unter dem Diktat Stalins und Andrej Shdanows bereits eine wüste Kampagne gegen »Formalismus«, »Modernismus«

und »Dekadenz« in Kunst und Literatur im Gange war, dann ist die Kulturpolitik der SMAD zwischen 1945 und 1948 als bemerkenswert zurückhaltend, bewahrend und liberal zu bezeichnen. Erst ab 1948 holte die SBZ zeitlich gerafft »den Prozeß einer Vereinheitlichung und Dogmatisierung des literarischen Lebens nach, wie er in der UdSSR seit den dreißiger Jahren mit einer kurzen Unterbrechung während des Krieges zu beobachten war.« (A. Hartmann / W. Eggeling) Das gilt für die Ebene der kulturellen Institutionen ebenso wie für den »sozialen Auftrag«, dem die neue ostdeutsche Literatur jetzt (wie in der Sowjetunion schon seit dem ersten Fünfjahresplan 1929) unterstellt wurde. Die entscheidende Tat der frühen sowjetischen Literaturpolitik in der SBZ war – dies darf nicht vergessen werden – die rigorose Beseitigung als nazistisch eingestufter Bücher in den öffentlichen Bibliotheken. Der Index vom 1.4. 1946 wies eine Liste von 31 650 Titeln aus, wohingegen die vergleichbare Liste der amerikanischen Besatzungszone nur ca. 1000 Titel umfaßte.

Was die deutsche Beteiligung an einer Kulturarbeit der »Defaschisierung und Demokratisierung« (Tjulpanow) anbelangt, war die zentrale Rolle dem zunächst interzonalen und überparteilichen *Kulturbund zur demokratischen Erneuerung Deutschlands* zugedacht. Ein gewisses Vorbild hatte diese Einrichtung in der »Free German League of Culture in Great Britain«, die von 1938 bis nach Kriegsende antifaschistische Kulturarbeit im Sinne der Volksfront in England betrieb (Theateraufführungen, Revuen, Lesungen, später vor allem auch in Kriegsgefangenenlagern). Ihr gehörten bürgerliche Wissenschaftler und Künstler (z. B. Albert Einstein, Stefan Zweig, Oskar Kokoschka) ebenso wie Kommunisten (John Heartfield, Jürgen Kuczynski u.a.) an, während Sozialdemokraten damals schon von ihrer Partei die Mitgliedschaft in einem Verband dieser Prägung untersagt war. – Am 4. Juli 1945 trat nun der Kulturbund (der Name war geschickt gewählt) in Berlin mit seinem Gründungsmanifest an die Öffentlichkeit. Das Manifest, in der Diktion eindeutig von Johannes R. Becher geprägt, enthielt in komprimierter Form alle Komponenten der Kulturpolitik der Volksfront – Antifaschismus, Antimilitarismus, breite Bündniskonzeption, Orientierung am bürgerlich-humanistischen Kulturerbe –, und damit auch alle Vagheiten, Widersprüche und Konservativismen einer antinazistischen Kulturpolitik aus dem Geist des ›kleinsten gemeinsamen Nenners‹. Es bekundete den Willen, »die große deutsche Kultur, den Stolz unseres Vaterlandes, wieder[zu]erwecken und ein neues deutsches Geistesleben [zu] begründen«, nachdem »der Nazismus […] die wahren deutschen Kulturwerte, wie sie mit den Namen von Goethe, Schiller, Lessing und zahlreicher Philosophen, Künstler und Wissenschaftler verbunden sind, verschüttet oder durch seine menschenfeindlichen Zweck- und Nutzlehren aufs schändlichste verfälscht« hat. Angesichts dieser »nationalen Totalkatastrophe«, an der man auch die deutsche Intelligenz nicht nur erduldend, sondern gutenteils führend beteiligt sah (sie »hat die geschichtliche Prüfung nicht bestanden«), wurde ein »grundsätzlicher Umbruch« gefordert, damit »Deutschland wieder erstehen« und seine »nationale Ehre« zurückgewinnen könne. Das Fazit lautete:«Der ›Kulturbund zur demokratischen Erneuerung Deutschlands‹ setzt sich die Aufgabe, die heute einer der höchsten nationalen Aufgaben der Intelligenz ist: alle deutschen Männer und Frauen zu vereinen, die des ehrlichen, unbeugsamen Willens sind, zur geistigen, kulturellen Erneuerung Deutschlands mit Einsatz ihrer ganzen Kraft beizutragen. Die besten Deutschen aller Berufe und Schichten gilt es in dieser schweren Notzeit deutscher Geschichte zu sammeln, um eine deutsche Erneuerungsbewegung zu schaffen, die auf allen Lebens- und Wissensgebieten die Überreste des Faschismus und der Reaktion zu vernichten gewillt ist und dadurch auch auf geistig-kulturellem Gebiet ein neues, sauberes, anständiges Leben aufbaut.« Noch höher, und zugleich ins endgültig Vage, zielte der vorletzte Programmpunkt, wenn er forderte: »Verbreitung der Wahrheit. Wiedergewinnung objektiver Maße und Werte.« Belesenen war klar, daß damit auf Thomas Manns Exilzeitschrift »Maß und Wert« angespielt wurde. Das in diesen Sätzen aufscheinende politische Selbstverständnis des Kulturbundes ist von vertrackter Ambivalenz – und damit charakteristisch für die Strategie der antifaschistisch-demokratischen Erneuerung überhaupt. Einerseits waren die hier versammelten »Kulturschaffenden« von dem ehrlichen Gefühl getragen, einer historischen Pflicht jenseits persönlicher Egoismen zu genügen. Doch unterderhand legten sich die Initiatoren dieses Manifests eine symbolische Macht als um die wahre Moral wissende Erzieher und Präzeptoren der (Kultur-)Nation zu, die bis zum späten Ende der DDR und über dieses hinaus zum unangreifbaren Selbstverständnis der literarischen Intelligenz gehören sollte. Umgekehrt wurde das lesende Publikum, das gerade zwölf Jahre Drittes Reich durchlebt und hingenommen hatte, nicht als kritisches Regulativ, sondern als unmündiges, zu erziehendes Etwas aufgefaßt, demgegenüber nichts angemessener schien als moralisch getönte ›Mahnungen‹ und ›Warnungen‹ in Permanenz. Sich ästhetisch autonom verstehende Literatur ohne ›Auftrag‹ wäre angesichts dieser Konstellation geradezu als frivol erschienen.

Unter dem weiten Mantel des Antifaschismus, des Antimilitarismus und einer zutiefst traditionellen Vorstellung von Kultur konnten sich im Kulturbund stark divergierende weltanschauliche Kräfte sammeln, und sie taten es auch: vaterländisch und christlich konservative Männer wie der Pädagoge Eduard Spranger oder der CDU-Politiker Ernst Lemmer, eine Altliberale wie Ricarda Huch (Ehrenvorsitzende in Thüringen) oder ein unpolitischer ›Dichterfürst‹ wie Gerhart Hauptmann (er übernahm die Ehrenpräsidentschaft in Berlin, lebte aber bis zu seinem Tod am 6. Juni 1946 im schlesischen Agnetendorf) waren führende Mitglieder des Kulturbundes ebenso wie sozialistische und kommunistische Intellektuelle und Schriftsteller. Bezeichnend für die Strategie der Kommunisten im und mit dem Kulturbund ist, daß J.R. Becher zunächst den (parteilosen) greisen Bernhard Kellermann – Autor des Zukunftsroman-Bestsellers »Der Tunnel« von 1913 – als Präsidenten vorschlug. Denn – so Manfred Jäger treffend – »in vielen Bereichen hielten die Kommunisten es für politisch zweckmäßig, die repräsentativen Funktionen zunächst mit ›bürgerlichen‹ Persönlichkeiten zu besetzen, während sie selbst die organisatorischen Schaltstellen des Apparats bedienten.« Freilich, Bechers ernstgemeinter Plan ging nicht auf, er wurde dann doch einstimmig selbst zum Präsidenten des Kulturbunds gewählt. Unverändert, und mit beträchtlichem Erfolg, hielt Becher aber an seiner Politik fest, »diejenigen an uns zu binden, zu sammeln, die schwankend waren«, eingedenk der psychologischen Erkenntnis, daß in Freunde verwandelte Feinde »besonders Tüchtige und meist hervorragend Verläßliche« sind. Daß der Kulturbund auch ein Ort der »inneren Emigration bestimmter Bevölkerungskreise« (H. Kunze), vor allem von Bildungsbürgern, sein und somit eine gewisse Ventilfunktion haben würde, nahm man bewußt in Kauf.

Im Sinne seines Gründungsaufrufs zielten sämtliche Initiativen des Kulturbundes auf eine Auseinandersetzung mit der Nazi-Vergangenheit und eine Umerziehung der ehedem Überzeugten, der Mitläufer und Gleichgültigen zu »antifaschistisch-demokratischer Gesinnung«. In Versammlungen, Feiern und im Rundfunk versuchte man, der antifaschistischen Literatur neue Wirkungsmöglichkeiten zu erschließen. Im August 1945 wurde der dem Kulturbund gehörende Aufbau-Verlag gegründet, der die Programme und Lizenzen wichtiger Exilverlage übernahm und in dem neben älteren Werken des »kulturellen Erbes« u.a. A. Seghers' »Das siebte Kreuz«, T. Pliviers »Stalingrad« und H. Manns »Der Untertan« als auflagenstarke Titel erschienen. Einen Monat später erschien als Organ des Kulturbundes die kulturpolitische Zeitschrift »Aufbau«, deren Chefredakteur ab Mai 1946 Klaus Gysi, der spätere Kulturminister, war. Hier schrieben nicht nur Marxisten und andere Exilierte, sondern auch und gerade die »inneren Emigranten« Ernst Wiechert, Elisabeth Langgässer, Rudolf Hagelstange, Hans Fallada, Erik Reger, Kasimir Edschmid, Herbert Ihering, Manfred Hausmann und Wolfgang Weyrauch – gemäß dem merkwürdigen Diktum von Alexander Abusch (nach Becher zweiter Kulturminister der DDR), es gehe »nun um ein Sich-Aussprechen, um ein nahes Sich-Kennen-Lernen, um ein allmähliches Zusammenwachsen, das die völlige Verschmelzung der beiden Literaturen (der äußeren und der inneren Emigration) in gegenseitiger Befruchtung erstrebt«. Daß nicht wenige der inneren Emigranten, z.B. Gerhart Hauptmann, Fallada und Ihering – ihren Kotau vor den Nazis gemacht hatten, schien plötzlich nicht mehr des Erinnerns wert. – 1946 hatte der Kulturbund dann auch seine Wochenzeitung »Sonntag«, in dem damals u.a. Texte von Ernest Hemingway, Jean Cocteau, Erich Kästner und Ernst Wiechert abgedruckt wurden. Er erschien bis über das Ende der DDR hinaus und heißt heute »Freitag«. Hatte der Bund Ende 1945 22 000 Mitglieder, so waren es zwei Jahre später bereits 120 000 (in den 50er und 60er Jahren stieg die Mitgliederzahl noch weiter an, ohne daß dem eine weiter erhöhte Bedeutung des Kulturbundes entsprochen hätte).

Es ist freilich unverkennbar, daß die zahlenmäßig dominierende Gruppe der kommunistischen Intellektuellen und Schriftsteller ihren Einfluß im Lauf der ersten zwei bis drei Jahre entsprechend den Vorstellungen ihrer Partei immer weiter ausdehnte. Als es der Kulturbund dann versäumte, einen rechtlich notwendigen Antrag auf Weiterzulassung in den drei Westsektoren Berlins zu stellen, verfiel seine Lizenz, so daß er vom November 1947 an dort nicht mehr existierte. Von kommunistischer Seite knüpfte sich daran die propagandistische Legende vom »Verbot« des Kulturbundes. Dies geschah zu einem Zeitpunkt, als z.B. E. Spranger, R. Huch und E. Lemmer, aber auch der ehedem sozialistische Autor Theodor Plivier (»Des Kaisers Kuli«, 1929) schon in den Westen abgewandert waren und auch der 1. Deutsche Schriftstellerkongreß vom Oktober 1947 gezeigt hatte, wie weit Westzonen und SBZ sich bereits auseinanderentwickelt hatten. Auch an anderen Orten des kulturellen und literarischen Lebens, z.B. an Universitäten wie Leipzig, wo Hans-Georg Gadamer Rektor war und Theodor Litt oder Hermann-August Korff lehrten, hielt sich in den späten 40er Jahren noch eine »Gegenkultur aus bildungsbürgerlichem Geist« (G. Wirth). Doch all das war ungesichert – alle Bekenntnisse der Macht »zur Freiheit der Kunst und Wissenschaft standen unter dem Zeitvorbehalt« (M. Jäger).

Die halbierte Einbürgerung der Exilliteratur

Die Gewaltherrschaft des Nationalsozialismus hat viele Kontinuitäten zerbrochen – auch die der Literatur. Einige der besten Schriftsteller wurden von den Nazis ermordet (u.a. Erich Mühsam und Carl v. Ossietzky), viele in Konzentrationslager und Zuchthäuser verbracht, erschreckend viele begingen aus Gründen, die mehr oder weniger eng mit dem Nationalsozialismus zusammenhingen, Selbstmord (Kurt Tucholsky, Walter Hasenclever, Ernst Toller, Walter Benjamin, Stefan Zweig). Die überwiegende Zahl der demokratischen und sozialistischen Autoren ging, sofern sie sich nicht am innerdeutschen politischen Widerstand beteiligten, ins Exil. Bevorzugten die vertriebenen und verfolgten Autoren in den ersten Jahren der Naziherrschaft zumeist Deutschland benachbarte Länder als Zufluchtsort – Österreich, die Tschechoslowakei, die Schweiz, Holland, Frankreich und die skandinavischen Länder –, so waren sie nach dem »Anschluß« Österreichs, der Zerschlagung der Tschechoslowakei und vor allem seit der Entfesselung des Weltkriegs durch die Nazis gezwungen, sich in immer weiter entfernte Länder und Erdteile zu flüchten: in die Sowjetunion, in die USA, nach Mexiko und Südamerika sowie nach Palästina, um hier nur die wichtigsten Exilländer zu nennen. Von diesen Exilierten kehrte die weitaus größere Zahl dann direkt 1945 oder einige Zeit später in die SBZ zurück.

Die für die spätere DDR wichtigste Autorengruppe ist dabei zweifellos die der Kommunisten, die in der Sowjetunion Schutz suchten und zunächst auch fanden. In der Regel zwischen ca. 1890 und 1905 geboren, waren sie in den Kämpfen der Weimarer Republik erprobte Genossen. Die Sowjetunion war für sie das gelobte Land. Spätestens ab 1936 mußten sie erfahren, daß das Exil in Stalins Sowjetunion als einem totalen Terrorsystem für sie nicht Sicherheit, sondern einen (in manchen Fällen verzweifelten) »Kampf ums Überleben« bedeutete, der bei vielen zur »Regression auf den blanken Sozialdarwinismus« führte (Leo Löwenthal). Das zeigt z.B. in erschreckender Weise das 1991 veröffentlichte vollständige Stenogramm von vier prozeßartigen Nachtsitzungen, die als »geschlossene Parteiversammlung« der deutschen Parteigruppe des Sowjetschriftstellerverbandes vom 4. bis 9. September 1936 (also noch vor dem öffentlichen Teil des ersten Moskauer Schauprozesses!) in Moskau stattfanden und an denen u.a. Johannes R. Becher, Willi Bredel, Hans Günther, Hugo Huppert, Alfred Kurella, Georg Lukács, Gustav Regler und Friedrich Wolf teilnahmen. Dieser Geheimprozeß unter den Exilierten, der das offizielle Ziel hatte, »Abweichler«, »Parteifeinde« und »Opportunisten« ausfindig zu machen und nachfolgend zu »liquidieren« (G. Lukács z.B. forderte die »Liquidation der Schädlinge« – was allgemein »Unschädlichmachen«, aber im Zweifelsfall auch »Umbringen« meinte), exerzierte zum ersten Mal jene auf ›Reinigung‹ (russisch »Tschistka«) zielenden Unterwerfungs- und Bestrafungsrituale unter Angehörigen der literarischen Intelligenz, die auch Muster für die spätere DDR abgaben – man denke an die Formalismuskampagne 1951, das 11. ZK-Plenum 1965 oder die Folgen der Biermann-Ausbürgerung 1976. Deutsche Schriftsteller und Künstler übten sich im Lavieren und speziell Denunzieren (so z.B. Gustav von Wangenheim, der die Brecht-Schauspielerin Carola Neher anschwärzte, Hans Rodenberg oder Alfred Kurella), oder sie wurden selbst zu Opfern eines durch und durch willkürlichen Terrors. Zirka 70% der in der Sowjetunion exilierten deutschen Kommunisten (in Zahlen: ca. 1 100) wurden seit 1936 verhaftet, viele von ihnen für Jahre und Jahrzehnte in Lager verbracht und (oder) umgebracht, unter ihnen auch Künstler und Intellektuelle wie der Faschismustheoretiker Hans Günther (gest. 1938), der große Expressionist Herwarth Walden (gest. 1941), Kreszentia (Zensl) Mühsam, die Witwe des anarchistischen Poeten Erich Mühsam (von 1937 bis 1953 im GULAG), der Drehbuch-Mitautor von Brechts Film »Kuhle Wampe« und BPRS-Funktionär Ernst Ottwalt (gest. 1943), der Regisseur (und Ehemann von Asja Lacis) Bernhard Reich und die Schauspieler Carola Neher (gest. 1942) und Alexander Granach (der – als einstiger Tischgast von Stalin – mit Glück wieder freikam), sowie Erich Wendt, der spätere erste Leiter des Aufbau-Verlags (bis 1951). Auch auf den Maler Heinrich Vogeler ist hier hinzuweisen, der von Moskau nach Kasachstan zwangsevakuiert wurde und dort 1942 regelrecht verhungerte. Wer das sowjetische Exil angepaßt oder immer noch naiv gläubig überlebt hatte und nach 1945 in den Ostteil Deutschlands zurückkehrte, brachte ein fragwürdiges geistiges und moralisches Kapital in die künftige DDR ein, wie vielleicht am deutlichsten das Beispiel Johannes R. Becher zeigt. Die ausschließliche Beurteilung des literarischen Lebens in den Kategorien von Machterhaltung einerseits und der reinen Lehre andrerseits sowie die anhaltende Verdrängung und Tabuierung der eignen Vorgeschichte in der Stalinära werden zu Merkmalen des künftigen Wirkens dieser Autorengruppe in SBZ und DDR.

Die Parallelität und Kollektivität von Lebensschicksalen zeigt sich in anderer Weise bei der Gruppe der proletarisch-revolutionären Schriftsteller. Sie waren einmal Arbeiter gewesen, hatten aktiv an den politischen Kämpfen der Weimarer Republik teilgenommen und sich in der KPD und im Bund proletarisch-revolutionärer Schriftsteller (BPRS) organisiert. Nach 1933 wurden ihre Bücher verboten und verbrannt, viele von ihnen wurden verhaftet. Willi Bredel, Otto Gotsche, Karl Grünberg, Bruno Apitz, Eduard Claudius, Hans Lorbeer, Paul Körner-Schrader, Kurt Huhn, Fritz Selbmann, Wilhelm Tkaczyk u.a. kamen in Konzentrationslager, zum Teil wurden sie später wieder freigelassen. Viele blieben in Deutschland und waren aktive Widerständler, andere gingen ins Exil und kämpften – wie Bredel, Claudius, Marchwitza – im Spanischen Bürgerkrieg. Danach unterstützten sie den Kampf gegen die Nazis von ihrem jeweiligen Exilland aus. Nach 1945 übernahmen sie häufig gänzlich unliterarische Aufgaben, für die ihre Partei sie dringend brauchte, weil der Terror der Jahre seit 1933 so große Lücken in die Arbeiterbewegung geschlagen hatte: Gotsche wurde zunächst Landrat, Bredel Politinstrukteur, Grünberg Gerichtsdirektor, Lorbeer Bürgermeister; Claudius war bis 1947 Pressechef im Bayerischen Ministerium für Entnazifizierung; dann siedelte er in die SBZ über. Freilich mußte gerade diese Autorengruppe die für sie bittere Erfahrung machen, daß die von Becher und anderen betriebene Literaturpolitik der Volksfront ihnen, den klassenbewußten Parteischriftstellern, das Wasser abgrub. So beschwerte sich Hans Lorbeer schon im Dezember 1945: »Die Herren nehmen ihre Plätze schon ein.

Sie werden den Ton angeben, den Text bestimmen. Ich würde mich nicht wundern, wenn auch die Herren Pohl, Barthel, Binding, von der Vring und ähnliche sich einfänden. Herr Fallada ist ja schon da. Herr Heinrich Mann, der der ›demokratischen‹ Gummiknüppelpolizei im schönen Preußenland damals so hochherzige Worte zu sagen wußte, Herr Hauptmann und wie sie alle heißen.« Eine 1946 gegründete »Arbeitsgemeinschaft sozialistischer Schriftsteller«, die explizit an die Traditionen des BPRS anknüpfen wollte, hatte denn auch keine Zukunft. Mit der Gründung des Schriftstellerverbandes hörte sie auf zu bestehen.

Auch die meisten anderen antifaschistischen Schriftsteller wählten ihren Wohnsitz auf dem Territorium der späteren DDR. Aus dem sowjetischen Exil kamen neben Bredel u.a. Johannes R. Becher, Erich Weinert, Friedrich Wolf, Adam Scharrer und Theodor Plivier; aus Mexiko – einem zweiten wichtigen Exilzentrum – Anna Seghers, Ludwig Renn, Bodo Uhse und Alexander Abusch. Aus den USA kehrten – in der Regel erst um die Jahre 1947 bis 53 – Hans Marchwitza, Bertolt Brecht, Ernst Bloch, Franz Carl Weiskopf, Wieland Herzfelde, Stefan Heym (zunächst amerikanischer Besatzungsoffizier in Bayern; eigentlich wollte er nicht in die DDR, sondern nach Prag) u.a.m. zurück. Aus noch anderen Ländern kamen Arnold Zweig (1948) und Louis Fürnberg (Palästina), Rudolf Leonhard (Frankreich, 1950), Jan Petersen (England, 1946), Stephan Hermlin (Schweiz bzw. Westdeutschland, 1947) und Erich Arendt (Kolumbien, 1950). Damit sind auch die wesentlichen Repräsentanten der ostdeutschen Literatur der späten 40er und frühen 50er Jahre genannt. Nur zögernd gesellten sich ihnen Vertreter jüngerer Generationen hinzu (Erwin Strittmatter, geb. 1912; Franz Fühmann, geb. 1922; Paul Wiens, geb. 1922; Günter Kunert, geb. 1929). Denn die jungen Autoren hatten es nicht leicht, waren sie doch »in dieser symbolischen Ordnung [der antifaschistischen Moralhierarchie, W. E.] die Repräsentanten der verführten Generation, die sich als unschuldig Schuldige fühlen mußten.« (U. Heukenkamp) Und weil sich so viele Schriftsteller auf dem Territorium der SBZ versammelten, die gemeinsame antifaschistische Kampferfahrungen hatten, die *eine* Moral hatten und *eines* Sinnes waren, ist auch die Literatur der Jahre 1945–49 durch eine seltene politische und auch ästhetische Homogenität gekennzeichnet. Was Anna Seghers als Begründung ihrer Entscheidung für die SBZ/DDR angab, hätten alle anderen hier Genannten so sagen können: »Weil ich hier ausdrücken kann, wozu ich gelebt habe.« Dabei waren die ehemaligen Exilschriftsteller keineswegs naiv optimistisch, was den Zustand des Landes anging, in das sie freiwillig zurückkehrten. In Willi Bredels Roman »Ein neues Kapitel« (1960) wird die (gewiß einseitig parteiliche) Klarsicht der Rückkehrer einmal treffend gekennzeichnet: »Ich habe [...] etwas Angst angesichts der Aufgabe, die vor uns steht und die wir lösen müssen. Die sozialistische Revolution in Deutschland ist ausgeblieben; die Befreiung vom Faschismus ist den deutschen Arbeitern, dem ganzen deutschen Volk, durch den Kampfsieg der Roten Armee [...] geschenkt worden. [...] Was das Klassenbewußtsein und die Moral der Arbeiter in Deutschland betrifft, so ist schließlich bekannt, daß ein Jahrzehnt faschistischer Demagogie, nicht ohne Spuren zu hinterlassen, vorüber ist. In den Köpfen vieler, auch vieler deutscher Arbeiter, sieht es nicht anders aus als in unseren Städten und Dörfern.«

Aber gerade weil die Exilierten sich dieser Situation stellten und sich nicht in einen Elfenbeinturm zurückzogen, erfuhren sie auch kaum getrübte ideelle und materielle Unterstützung durch die sowjetischen und deutschen Behörden der SBZ. Im Verlag der Sowjetischen Militäradministration, dann im Aufbau-Verlag erschienen ihre Bücher. Die Zeitschriften »Aufbau«, »Ost und West«, »Heute und Morgen« u.a.m. standen ihnen offen, man unterstützte sie bei Wohnungsbeschaffung und Lebensmittelversorgung.

Einbürgerung der antifaschistischen Exilliteratur bedeutet aber noch mehr. Die maßgeblichen Literaturpolitiker der SBZ förderten nämlich das Werk einiger Exilierter, die *nicht* ihren Wohnsitz in Ostdeutschland nahmen, mit der gleichen Intensität wie das der Rückkehrer. Das gilt insbesondere für das Œuvre Heinrich Manns (der freilich beabsichtigte, sich in der DDR niederzulassen, aber kurz vor seiner Abreise aus den USA im März 1950 starb), Lion Feuchtwangers (der 1953 mit einem Nationalpreis 1. Klasse ausgezeichnet wurde; er starb 1958 in den USA), Leonhard Franks (er kehrte 1950 aus den USA in die Bundesrepublik zurück) und Thomas Manns (der im Goethejahr 1949 in beiden Teilen Deutschlands Festreden hielt, je einen Goethepreis erhielt und 1952 schließlich aus den USA in die Schweiz übersiedelte), in geringerem Maße auch für das Werk Oskar Maria Grafs (gest. 1967 in New York). Keiner dieser Autoren war Marxist und Anhänger des »sozialistischen Realismus«, vielmehr wurden alle Genannten entsprechend dem Volksfrontgedanken und den Exildebatten über die ›richtige‹ Theorie und Praxis des Realismus in der Literatur als bürgerliche Humanisten und »kritische Realisten« gewürdigt und, gerade in den ersten Jahren nach 1945, über eine Vielzahl konsequent sozialistischer Autoren gestellt. Diese Rangzuweisung und beträchtliche Förderung der kritischen Realisten ging einher mit scharfer Kritik an Autoren, die in der westlichen Hemisphäre als »Klassiker der Moderne« galten oder später zu solchen wurden: Joyce, Proust, Kafka, Faulkner, Beckett, Gide, Sartre, Camus. Sie und einige andere wurden sehr bald als Vertreter spätbürgerlicher Dekadenz kritisiert, die weder in der antifaschistisch-demokratischen Neuordnung noch beim Aufbau des Sozialismus einen Platz haben konnten. Auch darf nicht übersehen werden, daß die Einbürgerung der Exilliteratur höchst unvollständig war: Hermann Broch und Robert Musil, Joseph Roth, Ödön von Horvath und Ernst Weiss, Hans Henny Jahnn, Walter Mehring, Klaus Mann und Irmgard Keun und selbst Walter Benjamin, ganz zu schweigen von Theodor W. Adorno und den »Renegaten« Arthur Koestler und Gustav Regler, wurden lange nicht oder sogar nie in den kommenden 40 Jahren DDR gedruckt.

Der Literaturhistoriker Hans Mayer (er war selbst ein Wanderer zwischen den Welten: bis 1945 im Exil, 1945–47 Frankfurt/M., 1947–63 Leipzig, seit 1963 Bundesrepublik) hat einmal polemisch bemerkt, die SBZ bzw. DDR habe sich mit Autoren wie Heinrich Mann, Feuchtwanger, Arnold Zweig »Ersatzklassiker«, eine »Ersatzhierarchie« für die nicht akzeptierten Joyce, Kafka, Beckett usw. geschaffen. Damit habe sich die ostdeutsche Literatur von Beginn an von weltliterarischen Entwicklungen isoliert, insofern eine bestimmte Weise traditionellen (›objektiven‹, ungebrochenen, allwissenden) Erzählens kanonisiert worden sei. Solche Einwände sind jedenfalls berechtigt. Sie gelten nicht nur für die Kanonisierung bestimmter vormoderner Darstellungsmittel in der erzählenden Literatur, sondern auch für die Aussperrung der westeuropäisch-amerikanischen Avantgarden in der Lyrikrezeption. Hier stand ein an Autoren wie Mallarmé, Apollinaire, Éluard oder auch Georg Heym geschulter Lyriker wie Stephan Hermlin zunächst gänzlich allein da. Und noch Jahrzehnte später stellt ein Lyriker der damals jüngsten Generation, Günter Kunert, mit Bedauern fest, daß ihm (und andern jungen Kollegen wohl noch mehr) lange Jahre die Literatur der Moderne, vor allem ihre Lyrik, aufgrund der eingeengten Möglichkeiten, sie überhaupt zur Kenntnis zu nehmen, fremd geblieben sei. In der Tat, die bereits festgestellte ästhetische und politische Homogenität der frühen ostdeutschen Literatur warf weitreichende Schatten. Literarhistorisch bildete sich eine eindimensionale Kontinuität nach rückwärts heraus (eben zur linksbürgerlichen und sozialistischen Literatur der Weimarer Republik und des Exils, nicht aber zur »proletarisch-revolutionären« Literatur der Jahre bis 1933), die die Möglichkeiten ästhetischen Wahrnehmens und Lernens seitens der jungen Autoren in hohem Maße einschränkte, wo nicht unterband. Einzig Anna Seghers in der Prosa (man denke an Christa Wolf), Johannes R. Becher in der Lyrik (als äußerst fragwürdiger Lehrmeister) und der später hinzukommende Bertolt Brecht – die große, produktive Ausnahme – haben für die jüngere DDR-Literatur schulebildend gewirkt. Ansonsten fiel die Mentorenrolle neben den genannten deutschen Autoren aus Exil und Widerstand vor allem der jüngeren sowjetischen Literatur zu. Hinzu kam, daß den ältergewordenen, zumeist für zwölf Jahre und länger von der Erfahrung deutscher Verhältnisse abgeschnittenen Heroen der antifaschistischen Literatur (Renn, Seghers, Arnold Zweig, Friedrich Wolf, Weinert, Becher) nach 1945 kaum noch wegweisende, epochemachende Werke gelangen, die stimulierend gewirkt hätten. Sie waren die respekteinflößenden Repräsentanten einer nachfaschistischen deutschen Literatur (aus der ab 1949 die DDR-Literatur wurde)

– und hatten doch ihre schöpferischen Zeiten zumeist schon hinter sich. So war es paradoxerweise gerade die Einbürgerung der antinazistischen Exilliteratur, die ästhetisch als ein retardierendes Moment in die entstehende DDR-Literatur hineinwirkte.

Mit diesen Feststellungen soll nicht die literaturpolitische Leistung der SBZ/DDR geleugnet werden, die darin lag, daß bedeutende literarische Werke des Exils an ein Publikum vermittelt wurden, das zwölf Jahre nazistischen Schwulst hatte lesen müssen. Westdeutsche Kulturpolitiker, Verleger und Literaturkritiker dieser Jahre können dagegen kaum für sich in Anspruch nehmen, diese Literatur gefördert oder gar eingebürgert zu haben. Sie setzten sich in aller Regel für eine ortlose, desorientierte, unpolitische Literatur ein, die existentielle Grundbefindlichkeiten zur Sprache brachte oder an einer Restauration der vornazistischen, ästhetizistischen Kunst mitwirkte. Beide Tendenzen waren wenig geeignet, zur notwendigen demokratischen Sensibilisierung und Aufklärung der Bevölkerung beizutragen.

An den gegensätzlichen Tendenzen des Umgangs mit der Exilliteratur (und ihren verschiedenen Richtungen) in Ost und West wird noch einmal deutlich, daß es in keinem der beiden sich voneinander fortbewegenden Teile Deutschlands einen wirklichen »Nullpunkt« gab. Die reale Kehrseite der »Nullpunkt«-Phrase in den Westzonen war die heikle Kontinuität restaurativen Denkens und Schreibens von ca. 1930 bis 1960, für die das Jahr 1945 *keine* entscheidende Zäsur darstellte. Demgegenüber bildete sich in der SBZ eine ideologische und ästhetische Kontinuität heraus, die im Verhältnis zu der in den Westzonen komplementär war – und eben auch einseitig, Verdrängungen Vorschub leistend. Eine Traditions- und Kanonbildung fand statt, die die SBZ literarisch schon lange von Westdeutschland unterschied, noch ehe die beiden deutschen Staaten gegründet wurden. Zur Zeit des 1. (noch gesamt-)deutschen Schriftstellerkongresses im Herbst 1947 zeigte sich beides, die Einheit noch – und schon die Spaltung. Einerseits gelang es noch, ein gemeinsames antinazistisches Manifest der Schriftsteller aus Ost und West zu verabschieden, andrerseits begannen einige Vertreter der »inneren Emigration« die ›äußere‹ Emigration (vor allem Thomas Mann) herabzusetzen und das ›Daheimbleiben‹ im Dritten Reich moralisch höher zu werten. Außerdem artikulierte sich auf diesem Kongreß mit dem amerikanischen Journalisten Melvin Lasky erstmals eine Stimme, die die sowjetische »Diktatur« für genauso gefährlich erklärte wie die nazionalsozialistische – und damit bei den meisten SBZ-Autoren helle Empörung auslöste (Lasky gründete dann 1948 von West-Berlin aus die antikommunistische Zeitschrift »Der Monat« und initiierte 1951 den »Kongreß zur Verteidigung der Kultur«). Der 2. deutsche Schriftstellerkongreß im Mai 1948 in Frankfurt am Main wurde schon eine fast rein westzonale Angelegenheit. Die Spaltung der deutschen Literatur wurde absehbar.

Die Wendung zum klassischen Erbe

Bei der Erörterung der kulturpolitischen Strategie der Volksfront und ihrer Verlängerung ins Programm der antifaschistisch-demokratischen Erneuerung hinein war bereits vom zentralen Stellenwert des kulturellen Erbes die Rede. Damit ist im engeren Sinn, um den es hier geht, die Literatur der bürgerlichen Epoche seit der sog. frühbürgerlichen Revolution im 16. Jahrhundert, vor allem aber die der Aufklärung, der Weimarer Klassik, des Vormärz und schließlich des bürgerlichen Realismus im 19. Jahrhundert gemeint. Ihr wurde im Prozeß der Umerziehung der Bevölkerung eine kardinale Rolle zugemessen, letztlich sogar noch vor der Sowjetliteratur und der im Exil entstandenen antifaschistischen Literatur. Die Fragwürdigkeit solcher Rückwärtsorientierung im zugleich sondernden und aneignenden Sinn war auch manchen kommunistischen Intellektuellen (allen voran Bertolt Brecht) bewußt. Aber man hatte Angst, »den Anschluß zu verpassen«, wie Ulbricht sich einmal ausdrückte, und favorisierte deshalb einen widerspruchsfreien, verklärenden Traditionsbezug. So erklärte man denn die antifaschistisch-demokratische Ordnung, später die Arbeiterklasse höchstselbst, zum »Vollstrecker« der Ziele und Ideale der deutschen Klassik. Daß die so verstandene Idee des Erbens sich kaum von Marx herleiten ließ, sondern eher auf die Prägung der Wortführer der deutschen Arbeiterbewegung – allen voran August Bebel und Wilhelm Liebknecht – durch die Bildungsideale des deutschen Bürgertums zurückzuführen ist, wurde weder damals in der SBZ noch später in der DDR problematisiert.

Ebenso auffällig ist, wie naiv und selbstsicher von Anfang an bis zum Ende der DDR mit dem Begriff des Erbens und allen ihm semantisch benachbarten Termini umgegangen wurde. Geistig-literarische Produktionen der Vergangenheit wurden als »Güter« oder »Schätze« wahrgenommen, die man sich »aneignen«, von denen man »Besitz ergreifen« müsse. Die »Pflege«, die »Erhaltung« eines Erbes, das vor den Verfälschungen, Beschädigungen, Verstümmelungen, ja der »Zerstörung« durch den imperialistischen Gegner zu schützen war, stand auf dem Spiel. Auch Wörter wie »Testamentsvollstrecker«, »Treuhänderschaft«, »Nachlaßverwalter«, »Erbmasse«, die dem bürgerlichen Rechtsdenken entstammen, fehlten nicht, wenn vom Umgang des Volkes mit der literarischen Überlieferung die Rede war. Immer ging es um Akte des Sichbemächtigens, die mit dem Possessivpronomen »uns/unser« verknüpft wurden (man denke auch an Ulbrichts im Blick auf Heinrich Mann gesprochenes Wort »er ist unser«). Alternative zum »teilweise oder restlos Beibehalten und Verwenden« war das »völlige Verwerfen«, wie noch das »Kulturpolitische Wörterbuch« von 1970 lehrt – als ob es sich bei den kulturellen Traditionen um einen Topf mit guten und schlechten Erbsen handelte, aus dem man sich Passendes herausnehmen und anderes auf den Müll werfen könnte. Statt sich in der Herstellung des eigenen gegenwärtigen Lebens mit der Überlieferung *auseinanderzusetzen*, mit ihr in einen tätigen Stoffwechsel einzutreten, wurde, in der Kontinuität bürgerlichen Besitzdenkens und seiner Rechtstitel, angeeignet und geerbt – nicht eingedenk des tiefsinnigen deutschen Sprichworts: Man erbt niemand bei lebendem Leib.

Praktische Bedeutung gewann die Erbeaneignung vor allem in den *Lehrplänen* der Schulen und den *Spielplänen* der Theater. Man beschloß, für die Bühnen »das humanistische Menschenbild der Klassik« zum »Rückgrat für einen progressiven Spielplan« zu machen. Der durchschnittliche Anteil von Stücken der deutschen und internationalen Klassik lag im Nachkriegsrepertoire bei 40 bis 50%. Das meistgespielte Stück war Lessings »Nathan der Weise«; es folgten Goethes »Iphigenie« und »Egmont« sowie Schillers »Wilhelm Tell« (die letzten beiden sollten vor allem zur Kräftigung des deutschen Nationalbewußtseins beitragen). Aber auch Hebbel oder Hauptmann wurde eine solche »Rückgrat«-Funktion beigemessen. An verschiedenen Orten wurden, bis weit in die 50er Jahre hinein, »Festspiele des klassischen Erbes« durchgeführt. So entstand sowohl in der Spielplanstruktur wie auch durch die Art der Inszenierungen ein konventioneller bürgerlicher Theaterbetrieb, dessen Publikum kaum eine Chance erhielt, seine gewohnten Rezeptionshaltungen zu verändern (von einzelnen Kontroversen wie der um verschiedene Neufassungen und Inszenierungen des »Faust« [-stoffes] wird später zu berichten sein). Die Masse der Arbeiter fühlte sich so kaum veranlaßt, Theater oder Oper zu besuchen. – Im öffentlichen Kulturleben spielten zudem die *Jubiläen* einiger Geistesheroen eine entscheidende Rolle. So gab es 1949 ein Goethe-Jahr, 1950 ein Bach-Jahr, 1952 war Beethoven und 1955 Schiller geweiht. Diese kulturpolitische Strategie ist bis zum Ende der DDR beibehalten worden – man denke an das Dürer-Jahr 1978 oder das Luther-Jubiläum von 1983 (unter der persönlichen Schirmherrschaft von Erich Honecker).

In die gleiche Richtung zielte und zielt der schulische *Deutschunterricht*. Insgesamt war ihm in der DDR eine doppelte Aufgabe zugewiesen: zum einen über die Auseinandersetzung mit Literatur ein neues (am Anfang antifaschistisches, später sozialistisches) Menschenbild zu vermitteln und (in der Regel im Wege der Identifikation mit dem vorbildlichen literarischen Helden) ein parteiliches Denken, Fühlen und Handeln einzuüben; zum zweiten – sinnvoll genug – über die Auseinandersetzung mit Sprachkunstwerken (aber auch hier heißt es meistens »Aneignung« statt »Auseinandersetzung«) die individuelle ästhetische Genußfähigkeit zu erweitern. Neben der neueren sozialistischen Literatur (Gorki, Nikolai Ostrowski, Seghers, Bredel) wurde dabei eindeutig die bürgerlich-humanistische Literatur favorisiert (von Lessing, Goethe und Schiller über Heine und Keller bis zu Thomas und Heinrich Mann), wobei für die Schüler der Eindruck entstehen mußte, als ob Literatur sich fast ausschließlich optimistisch-bejahend zur gegebenen Wirklichkeit verhalte. Die spezifische Aufgabe des Deutschlehrers war es, anhand der großen bürgerlichen Dichter »das Ringen um die Wahrung und Entfaltung der Humanität« darzustellen und ihre eigene »Ergriffenheit auf die Kinder überströmen« zu lassen.

Es ist frappant, wie ungebrochen sich der Erbebezug in der Literaturpolitik und -praxis der DDR durchgehalten hat. Gewiß, es gab und gibt Diskussionen: ob die »Vollstrecker-Theorie« in ihrer frühen simplen Version richtig sei; inwieweit in der »sozialistischen Menschengemeinschaft« bzw. in der »entwickelten sozialistischen Gesellschaft« für die Werktätigen qualitativ neue (bessere) Bedingungen der Erbeaneignung gegeben seien; ob nicht die streitbare Hinterlassenschaft der Arbeiterkulturbewegung der DDR näherstünde, weil in ihrem Menschenbild »das Kämpferische« dominiere usw. Doch wirklich ketzerische Stimmen waren selten. Kaum einer wagte so offen kritisch zu sprechen wie Fritz Mierau, der es 1972 für ein »fatales Verfahren« erklärte, »die Gegenwart jeweils nur als eine verlängerte Vergangenheit anzusehen und damit die neuen Probleme auf die alten zu beschränken. Die neue Größe erschließt sich nicht aus der bloßen Verlängerung alter Menschheitsträume, sondern nur aus deren dialektischem Kampfbezug – zur diskontinuierlichen Komponente – dem Bruch, dem Unerwarteten, dem Nichtvergleichbaren.« Erst zu Beginn der 70er Jahre setzte jener polemische Bezug auf die gängige Wendung zum Erbe ein, den bezeichnenderweise nicht die Kulturpolitiker und Germanisten herstellten, sondern die Schriftsteller selbst. Auf ihn wird zurückzukommen sein.

Die politischen Folgen solcher forcierten Erbepflege waren gerade in den ersten Jahren nach 1945 paradox. Die Arbeiterklasse, die eigentlich zum neuen Kulturträger werden sollte, verhielt sich eher kleinbürgerlich. Man las lieber Karl May statt Willi Bredel und kaufte sich allenfalls eine schöne Goethe-Ausgabe, ohne sie je zu lesen. Und wenn man schon in ein Theater ging, dann am ehesten in die Operette. Die bürgerliche Intelligenz aber, die man durch diese Kulturpolitik aus ihrem eigenen Geist gewinnen wollte, blieb skeptisch und öffnete sich dem »proletarischen Humanismus« als inauguriertem Sachwalter und Fortsetzer des bürgerlichen Erbes nur vereinzelt.

Dokumentarischer Realismus und Epochenbilanz in der Prosa

Im Jahre 1947 kehrte Anna Seghers aus dem mexikanischen Exil nach Deutschland zurück. Ihr Weg führte über Frankreich und ihre zerstörte Vaterstadt Mainz quer durch die Westzonen in die sowjetische Besatzungszone. Ihre Empfindungen dabei hat sie wie folgt beschrieben: »Als ich aus der Emigration zurückkam, fuhr ich vom Westen her quer durch Deutschland. Die Städte waren zertrümmert, und die Menschen waren im Innern genauso zertrümmert. Damals bot Deutschland eine ›Einheit‹ von Ruinen, Verzweiflung und Hunger. Aber es gab auch Menschen, die nicht vom Elend betäubt waren und zum erstenmal Fragen aussprachen, die auch alle drückten: Was ist geschehen? Wodurch geschah es? – Daraus ergab sich die nächste Frage: Was muß geschehen, damit das Grauen nie mehr wiederkommt?« Für sie selbst und für viele ihrer exilierten Kollegen war die Antwort auf diese Frage klar: »Das war der Augenblick, in dem die deutschen Schriftsteller auf den Plan treten mußten, um so klar und vernehmlich wie möglich Rede und Antwort zu stehen. Durch die Mittel ihres Berufes mußten sie helfen, ihr Volk zum Begreifen seiner selbstverschuldeten Lage zu bringen und in ihm die Kraft zu einem anderen, einem neuen friedvollen Leben zu erwecken.«

Damit war die Erkenntnis formuliert, daß man nicht einfach so tun konnte, als ob nichts geschehen wäre; daß man die Vergangenheit durchleuchten und begreifen lernen mußte, einschließlich auch der Versäumnisse derer, die den Nationalsozialismus schon immer verabscheut, ja sogar aktiv bekämpft hatten. Das meinte auch Johannes R. Becher, wenn er 1947 sagte: »Wir wissen es aus allen Erfahrungen der Geschichte und insbesondere aus der Erfahrung des Ersten Weltkrieges, daß man einen Krieg zusätzlich noch ein zweites Mal verlieren kann, wenn man nicht imstande ist, den tiefen Sinn einer Niederlage zu begreifen und die daraus notwendigen Folgerungen zu verwirklichen.«

Der Nationalsozialismus hatte Mord, Gewalt und Zerstörung in einem Ausmaß in die Welt gebracht, das bislang unbekannt gewesen war – womit sich die Frage stellte, ob diese Version eines grenzenlosen Unrechts- und Menschenvernichtungsregimes überhaupt literarisch, mit ästhetischen Mitteln darstellbar sei. Brecht hat diesen Sachverhalt reflektiert und, zumindest was die literarische Abbildung der unmittelbaren Gewaltpraxis der Nazis angeht, eine verneinende Antwort gegeben: »Die Vorgänge in Auschwitz, im Warschauer Ghetto, in Buchenwald vertrügen zweifellos keine Beschreibung in literarischer Form. Die Literatur war nicht vorbereitet auf und hat keine Mittel entwickelt für solche Vorgänge.« Freilich waren es erstaunlich wenige Autoren, die es überhaupt als Dilemma wahrnahmen, wie denn Kunst auf den permanenten Zivilisationsbruch, den fabrikmäßig organisierten Massenmord an den Juden reagieren solle. Schon 1933 hatte Karl Kraus, »der Beredte« (Brecht), befunden: »Kein Wort, das traf; / […] / Das Wort entschlief, als jene Welt erwachte«, und Ernst Bloch hatte 1938 die »Unsäglichkeit« des Nazismus reflektiert. Aber gerade jetzt, nach dem Holocaust, waren solche skeptischen Stimmen selten, zumal unter Kommunisten, die sich lieber in Ignoranz übten als ihr fortschrittsgläubiges Weltbild antasten zu lassen. Auch Brecht ließ in seinen seit 1945 entstandenen Texten kaum je ahnen, daß in der Unermeßlichkeit des Holocaust das wohl größte Hemmnis für eine authentische postnazistische Literatur lag. Vielmehr stellte er die besorgte Frage, ob denn die deutsche Arbeiterschaft auch die Verankerung des NS-Regimes im kapitalistischen System erkannt habe: »Große Teile der Bevölkerung sind noch tief in kapitalistischen Vorstellungen befangen. Dies trifft sogar für Teile der Arbeiterschaft zu. Bei der Zertrümmerung dieser Vorstellungen muß auch die Kunst mithelfen. Wir haben allzufrüh der Vergangenheit den Rücken zugekehrt, begierig, uns der Zukunft zuzuwenden. Die Zukunft wird aber abhängen von der Erledigung der Vergangenheit. Wo sind die Kunstwerke, die die ungeheure Niederlage der deutschen Arbeiterschaft von 1933 schildern, von der sie sich nur langsam erholt?«

Mit solchen grundsätzlichen Feststellungen war freilich die Frage noch nicht beantwortet, wie die Literatur konkret den Prozeß der »Entfaschisierung« (Brecht, Seghers) der Köpfe und Herzen begleiten oder gar vorantreiben könne. Die antifaschistische Literatur des Exils, die nach 1945 Gegenwartsliteratur wurde, weil sie jetzt erst gelesen werden konnte, weist großartige Werke aus humanistischem Geist auf. Allein leisten nur wenige Texte eine »Aufdeckung des Kausalkomplexes« im Sinne Brechts. Vor allem war die Entstehung und das Funktionieren der kleinbürgerlich-proletaroiden Massenbasis der NS-Bewegung literarisch (wie politisch) viel zu wenig erforscht worden. Frühe Beispiele wie Lion Feuchtwangers bayrischer Anti-Provinzroman »Erfolg« (1930), Thomas Manns Novelle »Mario und der Zauberer« (1930) oder Ödön von Horvaths Volksstück »Italienische Nacht« (1931) wurden später kaum übertroffen, auch wenn es wichtige Ausnahmen gibt (so die Romane von O. M. Graf oder Anna Seghers). Was der antifaschistischen Exilliteratur außerdem fehlte, das war jene Volkstümlichkeit, die Brecht 1938 postuliert hatte: eine Literatur, die »den breiten Massen verständlich, ihre Ausdrucksform aufnehmend, befestigend, korrigierend, […] anknüpfend an die Traditionen, sie weiterführend« war. Eine solche Literatur war um so nötiger, als die Nazis sich auf ihre Art sehr gut auf die ›Volkstümlichkeit‹ verstanden und jene »Hohlräume der Gefühle für sich benutzt« hatten, die die Linke unbesetzt gelassen hatte. Gerade darauf aber kam es an, wie Anna Seghers immer wieder beharrlich forderte: »Der Künstler von heute muß die Angriffspunkte ersinnen, von denen aus er die Mentalität der faschistischen Jugend von ungeheurem Wahn, von lügenhaften Vorstellungen, von totenstarrhafter Verkrampftheit in Herrschsucht und mechanischem Gehorsam befreien kann. […]« Die Literatur müsse »den einzelnen Menschen wieder einsetzen mit seinen Gefühlen und Leidenschaften, mit seinen persönlichen Bindungen in der Liebe, der Freundschaft, der Familie«. – In ähnlicher Weise waren Volk, Heimat,

Vaterland und Landschaft (als die den Menschen unmittelbar umgebende, von ihm gestaltete Natur) literarisch wiederzuentdecken als emotionale Orte, an denen sich gerade die vom Nationalsozialismus betrogenen sozialen Schichten der Kleinbürger und Bauern windschief angesiedelt hatten – bis hin zu der Bereitschaft allzu vieler, den Raubkrieg der Nazis und ihre Massenmorde zu exekutieren. Daß eine solche Besetzung von »Hohlräumen«, die bisher reaktionär genutzt waren, immer heikel war, hat bereits ein Blick auf die Volksfrontstrategie und deren Tendenz zur nationalistischen Übertrumpfung gezeigt.

Die zwischen 1945 und 1949 erstmals veröffentlichte erzählende Prosa – zum einen Teil noch in den verschiedenen Exilländern entstanden, zum anderen Teil im gerade befreiten Deutschland – knüpft ganz überwiegend an Formen und Tendenzen der Exilliteratur an und hat fast durchweg die nationalsozialistische Vergangenheit zum Thema. Da gibt es zunächst jene wichtige Gruppe von Büchern aufklärerisch-dokumentarischen Charakters, die, in Berichten und Chroniken aus den Konzentrationslagern, aus Widerstand und Krieg das »Kräutlein Faktum« (Ernst Bloch) verbreiten wollen und die, wo sie gelingen, der brechtschen Einsicht eingedenk sind, daß die faschistischen Schrekken nicht eigentlich literarisch sagbar sind. Sie legen nur Zeugnis ab: nüchtern, schmucklos, ohne jede ästhetische Ambition. Aus ihnen ragen Theodor Pliviers bereits 1945 erschienener Reportageroman »Stalingrad« und Günther Weisenborns Haftbericht »Memorial« (1947) heraus. *Plivier* (1892–1955) hatte, in Moskau lebend, gute Gelegenheit gehabt, das Schicksal der 6. deutschen Armee bei Stalingrad zu recherchieren. So schildert er, immer im Blick auf die Menschen im Kessel, den 75tägigen Weg in den Untergang, der vom 19.11. 1942 bis zum 2. 2. 1943 dauerte. Die militärische Katastrophe wird ihm dabei, freilich mehr behauptet als ästhetisch vermittelt, zum Symbol für das Desaster des Dritten Reiches überhaupt. Pliviers Stärke, mit der er in der Tradition von Remarques »Im Westen nichts Neues« von 1927 steht, ist ein detailgesättigter dokumentarischer Realismus, der sich vor emotionaler Anteilnahme und moralischen Urteilen nicht scheut. Diese Mischung – und natürlich das Thema selbst – mag dazu beigetragen haben, daß »Stalingrad« zu einem der auflagenstärksten Bücher nach 1945 wurde. – *Weisenborns* (1902–1969) Erinnerungsbuch ist vergleichsweise komplex angelegt. Der Autor, der drei Jahre (von 1942 bis 45) in Nazi-Zuchthäusern zugebracht hat, schreibt im Angesicht des Todesurteils einerseits von seinen furchtbaren Hafterfahrungen und Verhören, unterbricht diese Perspektive aber durch Rückblenden in eine vornazistische menschlichere Zeit, in der Liebesgeschichten und Abenteuerreisen nach Argentinien oder Nordamerika ebenso wie Phantasien ihren Platz hatten, die sich jetzt dem zum Tode Verurteilten als Wunschbilder und Tagträume vermitteln. Hinzu kommen Kommentare aus der Zeit nach der Befreiung durch die Rote Armee, die aber eher von Enttäuschung geprägt sind. Das Fazit dieses nüchternen, unsentimentalen, eindrucksvoll montierten Erzähltextes ist die durchaus moralische Botschaft, daß sich »die Schönheit menschlicher Größe«, »die Bruderschaft des noblen Elends« niemals wahrhaftiger gezeigt habe als in den Zeiten ihrer stärksten Gefährdung und Herausforderung durch ein Terrorregime. Diese Botschaft verbindet Weisenborns zu Unrecht fast vergessenen Text mit Ernst Wiecherts Buchenwald-Bericht »Der Totenwald« von 1947 (auch im Aufbau-Verlag erschienen und viel gelesen), der freilich in Komposition, Sprache und Selbstverständnis des Dichteramtes sehr viel konventioneller ist. Schließlich gehört auch Hans Falladas (1893–1947) merkwürdiger nachgelassener Roman »Jeder stirbt für sich allein« (1947), der im Widerspruch zu seinem sonstigen Œuvre steht, hierher. Er schildert, nach Gestapoakten, die einen ähnlichen Fall festhielten, den ohnmächtigen Widerstand eines Arbeiterehepaares (der Mann schreibt antifaschistische Losungen auf Karten und legt diese mit Hilfe seiner Frau in Treppenhäusern und Briefkästen ab) und die schließliche Verhaftung und Hinrichtung der beiden. Eine Perspektive, wie der Nationalsozialismus anders als durch heroische Einzelaktionen zu bekämpfen sei, ist in dem Roman allenfalls angedeutet. Andere Bücher wollen in dieser Hinsicht weitergehen, indem sie in Chroniken aus Widerstand und Krieg auch Figuren zeichnen, die den Status des Mitläufertums oder des passiven Widerstandes überwinden und für den Leser einsichtige Lernprozesse durchlaufen, die sie zu aktiven Nazigegnern machen. Damit waren Gestalten geschaffen, die ideologischen Vorbildcharakter für alle jene Unentschiedenen hatten, die für die antifaschistisch-demokratische Neuordnung gewonnen werden sollten. Bodo Uhses »Leutnant Bertram« (bereits 1944), Harald Hausers »Wo Deutschland lag …« (1947), Elfriede Brünings »… damit du weiterlebst« (1949), Wolfgang Johos »Die Hirtenflöte« (1948), worin das Motiv der Desertion vom deutschen Heer gestaltet wird, gehören hierher.

Gerade die älteren und bedeutenderen Prosaautoren erkannten jedoch, daß eine Beschränkung auf den Nationalsozialismus als literarisches Sujet zu kurz griff. Die ganze deutsche Nationalgeschichte, insbesondere die historische Epoche des Imperialismus und beider Weltkriege, mußte zur Debatte gestellt werden, wenn der »tiefe Sinn« (J. R. Becher) der Niederlage von 1945 begreifbar werden sollte. Im weiteren Sinne sind hier sechs Autoren zu nennen, die zwischen 1945 und 1949 Epochenbilanzen in Romanform vorlegten bzw. schon Jahre oder Jahrzehnte daran arbeiteten. *Arnold Zweig* (1887–1968) war der erste, der seit den frühen 20er Jahren den Plan verfolgte, die Anatomie der imperialistischen Gesellschaft in epischer Breite bloßzulegen und den Raubkrieg als dieser Gesellschaft ›gemäße‹ Einrichtung erkennbar zu machen. Von seinem monumentalen, vielbändigen Zyklus

»Der große Krieg der weißen Männer«, der die Zeit von 1913/14–18 in ihren wichtigsten historischen Etappen aufrollt, erschienen nach 1945 noch die Romane »Die Feuerpause« (1954), die umgearbeitete Urfassung von »Erziehung vor Verdun«, »Die Zeit ist reif« (1957) und »Traum ist teuer« (1962). Auch auf Zweigs psychologisch stimmige Analyse des Verhaltens von Kleinbürgern und Intellektuellen unterm Nationalsozialismus in »Das Beil von Wandsbek« (Iwrith 1943, deutsch 1947) ist hier hinzuweisen. – Drei weitere Autoren aus der proletarisch-revolutionären Literaturbewegung – Scharrer, Marchwitza und Bredel – hatten in der Exilzeit zu weiträumigen Epochenromanen angesetzt, die sie zum Teil in den Jahren nach 1945 zu Ende führten. Adam Scharrer (1889–1948) hat zwischen 1931 und 1948 die Romane »Der große Betrug« (1931) über die Zeit der Inflation, »Maulwürfe« (1933) und »Familie Schuhmann« (1939) über die Jahre zwischen Ende der Weimarer Republik und Nationalsozialismus und schließlich eine Fülle von Geschichten über die Verhältnisse auf dem Lande in diesen Jahrzehnten geschrieben (hierher gehört »Maulwürfe« und »Dorfgeschichten einmal anders«, 1948), die gleichfalls in ihrer Gesamtheit eine Epochenbilanz aus der Perspektive ›von unten‹, von den kleinen Leuten her, darstellen. Hans Marchwitzas (1890–1965) Hauptwerk ist die »Kumiak«-Trilogie (»Die Kumiaks«, 1934; »Die Heimkehr der Kumiaks«, 1952; »Die Kumiaks und ihre Kinder«, 1959), die episodenreich den politischen Entwicklungsweg eines Bergarbeiters (Marchwitza selbst war ein solcher) und seiner Familie von den 20er Jahren bis in die Aufbaujahre der DDR hinüber verfolgt. Gleicherweise episch breit, handlungsreich und erfahrungsgesättigt, Marchwitzas Werk jedoch in der kompositorischen Folgerichtigkeit überlegen, ist Willi Bredels (1901–1964) Romantrilogie »Verwandte und Bekannte« (»Die Väter«, geschrieben 1941; »Die Söhne«, 1949; »Die Enkel«, 1953). Sie verfolgt, das Gewand des proletarischen Familienromans (anstatt des geläufigen bürgerlichen) entdeckend und geschickt nutzend, den Werdegang einer Hamburger Arbeiterfamilie von den Anfängen der Sozialdemokratie um 1870 bis zum Ende des Zweiten Weltkriegs.

Das erste für die spätere DDR-Literatur typische Beispiel eines weltanschaulichen Wandlungsromans in erzieherischer Absicht stammt von *Johannes R. Becher* (1892–1958). Sein bereits 1940 in Moskau veröffentlichter Roman »Abschied. Einer deutschen Tragödie erster Teil 1900–1914« erschien noch 1945 als eines der ersten Bücher im neugegründeten Aufbau-Verlag und erreichte hohe Auflagen. Es zeichnet, stark autobiographisch, die Entwicklungsgeschichte des Bürgersohns Hans Peter Gastl in der Endphase des Kaiserreichs von der Jahrhundertwende bis zum Kriegsbeginn 1914 nach. Gastl ist ein Suchender, Ringender, der den (Becher lebenslang eigentümlichen) »Traum vom Anderswerden« träumt und endlich auch verwirklicht.

Der Rebellion gegen die Bürgerwelt in Gestalt der Eltern folgt die Verweigerung gegenüber dem chauvinistischen Kriegstaumel von 1914. Gastl nimmt »Abschied« vom Bürgertum und verbindet sich mit denen, die die neue »große Kraft« der Liebe, Freundschaft und Wahrheit bilden: dem Proletariat. Die Fortsetzung des Romans (1960 unter dem Titel »Wiederanders« veröffentlicht) ist Fragment geblieben. Jedenfalls hatte Becher das Modell geliefert, nach dem in den 50er und 60er Jahren unzählige Wandlungsromane geschrieben wurden, die in didaktischer Absicht Wege des »Abschieds« vom ›falschen‹ hin zur »Ankunft« beim ›richtigen‹ Klassenstandpunkt verfolgten.

Die später am höchsten geschätzte, dabei freilich gerade in ästhetischer Hinsicht angreifbare Epochenbilanz in Romanform ist *Anna Seghers'* (1900–83) *»Die Toten bleiben jung«* (1949). Seiner in der DDR kanonischen Bedeutung wegen verdient das Werk eine ausführlichere Darstellung. Der Roman entstand 1945–48, also teilweise noch im mexikanischen Exil, teilweise schon nach der Rückkehr in die SBZ. 1969 wurde er nach einem Drehbuch von Christa Wolf und Joachim Kunert verfilmt. In der DDR galt das Buch als »entscheidender Vorstoß« zum »sozialistischen Realismus«, der ja (auch nach Auffassung seiner Verfechter) sich in Deutschland bzw. der DDR nur zögernd ausbildete. Seghers' Roman entspricht am klarsten der von ihr selbst genannten operativen Zielsetzung der postnazistischen Literatur: in den Köpfen der Menschen, insbesondere der Jugend, Klarheit zu schaffen über die nationale – und da hinein verwoben: die individuelle – Vergangenheit. Anders als im Exilroman »Das siebte Kreuz«, in dem ein vielsträngiges Geschehen um ein einzelnes Motiv – die Flucht von sieben KZ-Häftlingen – gruppiert war und im Verlauf von nur sieben Tagen abrollte, hat Anna Seghers in diesem zweiten Deutschlandroman eine umfassende historische Chronik, eine großflächige Epochenbilanz geschaffen, die von Kriegsende und Novemberrevolution 1918/19 bis zum Kriegsende 1945 reicht. Auch hier gibt es eine »unerhörte Begebenheit« wie die Flucht Georg Heislers in »Das siebte Kreuz«: Der Soldat und Spartakuskämpfer Erwin wird von einem Trio reaktionärer Offiziere erschossen, aber seine Freundin Maria bringt ein Kind zur Welt, das später als Erwachsener das politische Vermächtnis des Vaters übernimmt. Dieser junge Mann, Hans, wird am Ende des Zweiten Weltkriegs in ähnlicher Weise liquidiert wie einst sein Vater; aber auch seine Freundin erwartet wiederum ein Kind: Die Toten bleiben jung – der im Titel angesprochene Prozeß des Sterbens und Geborenwerdens symbolisiert das Ineinander von Tragödie und Perspektive, durch das die Autorin den antifaschistisch-sozialistischen Befreiungskampf in diesen drei Jahrzehnten geprägt sieht. Die Opfer dieses Kampfes sind unübersehbar und nicht durch platten Optimismus wegzudiskutieren – gleichwohl (so sieht es die Autorin) wachsen Menschen nach, die die Fahne wieder aufnehmen werden. Allerdings darf man zweifeln, ob das (auch in der völkischen und konservativen Literatur, z.B. bei Ina Seidel, beliebte) Symbol einer besseren Zukunft in Gestalt des keimenden Lebens im Leib der Arbeiterfrau sich von seiner trivialsentimentalen Bedeutungsaura abzulösen vermag. – In diesem Erzählrahmen ist ein handlungs- und figurenreiches Geschehen angesiedelt, wobei die Schilderung der konterrevolutionär-reaktionären Seite überwiegt. Die Gründe dafür sind einleuchtend. Es mußte Anna Seghers' Absicht sein, die wirkliche Dominanz der reaktionären Kräfte im damaligen Deutschland darzustellen – nicht ein Wunschbild, in dem solche Kräfte nur Randerscheinungen waren und der Widerstand triumphierte. Die drei Mörder Erwins, der Industrielle von Klemm, der lettische Junkerssohn und spätere SS-Mann von Lieven und der Berufsoffizier von Wenzlow – repräsentieren drei Quellen bzw. Träger des Nationalsozialismus, wobei es der Autorin gelingt, diese drei mit einem historisch und lebensgeschichtlich fundierten ›Gesicht‹ auszustatten. Dadurch wird das Entstehen und Wachsen des Faschismus verständlich, nachvollziehbar und zugleich kritisierbar. Dabei ist ihr besonders in der Gestalt des Ernst von Lieven eine überzeugende Darstellung des Zusammenhangs von elitärem Ästhetizismus und Bereitschaft zur Barbarei gelungen. Aber auch der Erklärung der nationalsozialistischen Massenbasis hat Seghers durch die Darstellung der Kleinbauernfamilie Nadler einigen Raum gegeben. So ist ein Buch entstanden, das in seiner Preußenkritik Theodor Fontane, in seiner Militarismuskritik Arnold Zweig fortsetzt, ohne jedoch das selbstgesteckte Ziel, die Gewißheit der sozialistischen Perspektive, überzeugend gestalten zu können. Dazu sind die Arbeiter im Roman zu sehr Wunschfiguren, Projektionen des uneingelösten Geschichtsbildes der Autorin geblieben.

Schließlich gehört auch Thomas Manns zwischen 1943 und 1947 geschriebener Roman »Doktor Faustus. Das Leben des deutschen Tonsetzers Adrian Leverkühn, erzählt von einem Freunde« in den Zusammenhang der Epochenbilanzen, wenngleich es mit der vorab skizzierten Traditionslinie außer dem grundsätzlichen Interesse der deutschen Geschichtserforschung in antifaschistischer Absicht wenig gemein hat und, wenn auch 1955 im Rahmen der Gesamtausgabe im Aufbau-Verlag erschienen und weit verbreitet, natürlich nicht zur DDR-Literatur gehört.

Die ostdeutsche Nachkriegsgesellschaft konnte sich freilich nicht damit begnügen, nur den Blick nach rückwärts zu wenden und sich in Vergangenheitsanalyse zu üben. Es war nicht nur aus dem Wunsch nach Verdrängung gezeugt, wenn sich 1948/49 die Stimmen aus Staats- und Parteiführung mehrten, die das Kleben an Emigrationsproblemen und Hinterherhinken hinter den gegenwärtigen Aufgaben kritisierten und forderten, doch endlich ›das Neue‹ zu gestalten. ›Das Neue‹: damit war der Wiederaufbau des zerstörten Landes in der Stadt und auf dem Dorf im Zeichen der Zerschlagung des Großkapitals und des Großgrundbesitzes gemeint. Vor allem wurde erwartet, daß die Bodenreform zum Kardinalthema der neuen, nach vornblickenden Literatur würde. Vorbild sollte die sowjetische Aufbauliteratur der 30er und 40er Jahre sein, die jetzt von den SMAD-Kulturoffizieren zum Druck gebracht wurde und auch tatsächlich eine gewisse Breitenwirkung erzielte. So erschienen Nikolai Ostrowskis »Wie der Stahl gehärtet wurde« (1947), Michail Scholochows »Neuland unterm Pflug« (1946) und »Der stille Don« (1947), Alexander Fadejews »Die Neunzehn« (1948) und Fjodor Gladkows »Zement« (1949). Vor allem »Neuland unterm Pflug« (Auflage 530 000 bis zum Frühjahr 1964) avancierte dabei regelrecht zum Handbuch für die sozialistische Umgestaltung des Bauernlebens in der SBZ/DDR. Damit »importierte man gleichsam den sowjetischen Sturm und Drang. Das Pathos der Revolution, der Heroismus der Bürgerkriegsjahre und der Stolz des entbehrungsreichen Aufbaus borgten ihren Glanz einem durch den Krieg verwüsteten und ideologisch zusammengebrochenen Land.« (A. Hartmann / W. Eggeling) Gleichzeitig wurde der pädagogisch-operative Literaturtypus als beispielhafte Vorgabe einer künftigen DDR-Literatur etabliert, von dem sich diese späterhin nur mühsam wieder lösen konnte. Eine »Konkulturalität« zwischen SBZ/DDR und Sowjetunion bahnte sich an, die gleichzeitig eine kulturelle Kluft zwischen Ost- und Westdeutschland begründete und nach und nach befestigte. Freilich blieb der Roman »Tiefe Furchen« (1949) des ehemaligen Arbeiterschriftstellers Otto Gotsche (1904–85) das einzige umfangreichere Prosawerk, das vor der Staatsgründung der DDR diesem Literaturtypus gehorchte und die geforderte neue Thematik behandelte. In ihm ist reportagehaft geschildert, wie die Bodenreform in einem mitteldeutschen Dorf durchgeführt wird. Nur unter großen Mühen gelingt es den sozialistisch eingestellten Bauern und Landarbeitern, den vorherrschenden Untertanengeist, das Hängen an der »patriarchalischen Idylle« bei der sonstigen Landbevölkerung durch Aufklärung zu überwinden.

Ein gerechtes Fazit der ostdeutschen Prosaliteratur bis zum Jahr 1949 ist nicht einfach. Bedrängender ist weniger das, was in diesen Jahren erschien, als vielmehr, was nicht erschien. Was publiziert wurde, war fast durchweg Literatur über den Nationalsozialismus aus der Feder der Älteren, der Exilierten, die freilich selten die Dimensionen seiner Verbrechen und deren Wurzeln vermitteln konnten und statt dessen allzu häufig in der pathetischen Geste des »Nie wieder!« steckenblieben. Die Angehörigen der mittleren und jüngeren Generation arbeiteten sich im Gegensatz dazu so wenig literarisch an der nationalsozialistischen Vergangenheit ab, wie es auch allgemein unterblieb. Hier sollte man die tiefreichenden Gemeinsamkeiten zwischen den Deutschen in Ost und West in den ersten Nachkriegsjahren nicht übersehen: Fast alle lebten damals in einem Vakuum, einem Niemandsland der sozialen und moralischen Desorganisation. Fast alle befanden sich im »Gefühlsstau« (um ein populär gewordenes Wort des Psychotherapeuten Joachim Maaz zu verwenden), waren schockiert und wie gelähmt angesichts der Nazigreuel, deren Wirklichkeit sie nun nicht mehr leugnen konnten. Und fast alle hatten mit der Bewältigung der alltäglichen Gegenwart so viel zu tun, daß für die der Vergangenheit keine Energie mehr übrigblieb. In der SBZ im besonderen wurde eine tiefergehende psychologische und moralische Analyse und Abrechnung – wirkliche *Trauerarbeit* – abgeschnitten zugunsten einer aktivistischen, blind nach vorn blickenden Aufbauhaltung. Sie war gewiß diktiert von den Notwendigkeiten des bedürftigen Alltags in einem ausgepowerten deutschen Landesteil, aber doch auch von oben verordnet: Man erklärte sich, angesichts der neugeschaffenen antifaschistisch-demokratischen Ordnung, zum »Sieger der Geschichte« und das nazistische Erbe im eignen Land, das bald DDR heißen sollte, für endgültig überwunden. So erklärt es sich, daß die rückhaltlose (literarische) Auseinandersetzung mit dem Nationalsozialismus aus der Sicht der Beteiligten erst sehr verspätet – in den 60er, ja teilweise erst in den 70er Jahren – in Gang kam und selbst dann noch blinde Flecken blieben.

Theater der Kleinen Pädagogik

F. C. Weiskopf (1900–1955) hat die zur Zeit der Naziherrschaft exilierten Theaterschaffenden einmal die »Sorgenkinder« der Emigration genannt. Damit meinte er, daß ein Schriftsteller wohl für ein Volk schreiben könne, ohne mit ihm zusammenzuleben; aber lebendiges Theater konnte in solcher Isolierung vom Publikum nicht entstehen. Zudem waren die Theaterleute im Exil ihrer Produktionsmittel (Bühne, Bühnenbilder, Technik usw.) in einem viel krasseren Maße beraubt als die Schriftsteller, die ›nur‹ Bücher schrieben. Bertolt Brecht hatte schon 1938 festgestellt, daß man sich in der sozialistischen Kunst von einer »idyllischen Vorstellung des organischen Blühens« lösen müsse: Auch diese Kunst war, zumal in ihrer Wirkung, in extremer Weise von ihren materiellen Bedingungen abhängig. So war es unausweichlich, daß gerade die Theatermacher, deren Stücke kaum Chancen hatten, in absehbarer Zeit aufgeführt zu werden, das Exil als eine tätigkeitshemmende »inzwischenzeit« (Brecht) erlebten und den Blick nach vorn richteten auf die Zeit nach dem Ende des NS-Regimes – eine, wie viele hofften, sozialistische Ära. Man machte sich darüber Gedanken, mit welchem Gepäck man in das zerstörte Deutschland zurückkäme, was von den Manuskripten aus der Schublade brauchbar wäre für das Theater der Nachkriegszeit. So kommt es, daß – mehr noch als bei der Prosa – ein guter Teil der im Exil entstandenen Theaterstücke jetzt Gegenwartsdramatik wurde.

Die sowjetische Besatzungsmacht bemühte sich nach der Niederschlagung des Naziregimes energisch darum, ein Theaterleben mit vielfältigem Repertoire in Gang zu setzen. Bereits 1946 waren wieder 75 Bühnen ständig bespielt. Brecht hat 1948 rückblickend ein entsprechend achtungsvolles Fazit gezogen: »der mit solcher mühe niedergerungene feind wurde in die theater eingeladen. die ersten maßnahmen des Siegers sind brotversorgung, wasserinstallation und öffnung der theater! [...] es ist sicher: mit der großen umwälzung beginnt eine große zeit für die künste, wie groß werden sie sein?«

Mit dem skeptischen Schlußsatz ist angedeutet, daß eine freigiebige materielle Ausstattung der Theater allein noch keine Größe der Theaterkunst garantieren konnte. Entscheidend war, wieviel politischer und ästhetischer Fortschritt durchsetzbar war. Die ersten drei bis vier Jahre des Nachkriegstheaters in der SBZ (als Brecht noch im Exil lebte) waren eindeutig geprägt von einer Stückauswahl und Dramaturgie/Regie, die von Brechts Konzept des episch-dialektischen Theaters, aber auch von der proletarisch-revolutionären Tradition des Theaters insgesamt ziemlich weit entfernt waren. In der Stückauswahl dominierten, kaum anders als in den Westzonen, die Klassiker und das moderne westliche Repertoire im weiten Sinn, also Stücke von Jean Anouilh, Jean Giraudoux, Jean-Paul Sartre, Noël Coward, T.S. Eliot, Thornton Wilder, Tennessee Williams und Eugene O'Neill, was Friedrich Wolf einmal abschätzig von der Bevorzugung des »anglo-französischen Snobismus« sprechen ließ. In der Regie- und Schauspielkunst folgten die führenden Leute der ersten Jahre (Maxim Vallentin, Gustav von Wangenheim) Methoden des sowjetischen Theatermachers K. S. Stanislawski, dessen höchstes Ziel auf dem Theater die »Wahrheit der Empfindung«, die Präsentation einer »neuen Wahrhaftigkeit« in der Schauspielkunst war. Diese psycho-physische Technik der Darstellung von Emotionen, Leidenschaften, Konflikten und Taten auf der Bühne sollte, angewendet auf die besten Stücke der Klassiker (z. B. Shakespeares »Hamlet«), nicht nur individuelle, sondern auch gesellschaftliche Wahrheit offenbar machen und damit erzieherisch wirken. Ob damit die dem jetzt geforderten Aufbau einer demokratisch-sozialistischen Ordnung angemessene Theaterform gefunden war, hat am deutlichsten Brecht in Zweifel gezogen. Er vermerkte 1947 über das »Deutsche Stanislawski-Buch« von Ottofritz Gaillard: »unter den exerzitien (vorgestellter situationen) habe ich bisher noch kein einziges beispiel aus den klassenkämpfen gefunden [...] der realismus ist merkwürdig. es wird ein elaborierter kult mit ›realität‹ getrieben. hauptsächlich handelt es sich um die realität von subjektiven empfindungen [...] autosuggestion [...] nirgends sind beobachtungen anempfohlen, es sei denn selbstbeobachtungen. die außenwelt spiegelt sich ausschließlich in einem sensorium.«

Sicherlich, die Theater widmeten sich nicht nur dem kulturellen

Erbe im Geiste der psychologisierenden Stanislawski-Schule. Antifaschistische Zeitstücke und Geschichtsdramen wurden gefordert und, sofern sie entstanden, auch gespielt. Zunächst war man jedoch gezwungen, auf die bedeutenden Stücke des Exils zu diesem Thema zurückzugreifen, ja, sie dem ostdeutschen Publikum allererst einmal bekanntzumachen. So wurden Georg Kaisers »Die Spieldose« und »Der Soldat Tanaka« (äußerlich ein Stück gegen den japanischen Militarismus, aber eigentlich eine Parabel auch auf die menschenfeindlichen Verhältnisse unter dem Nationalsozialismus) aufgeführt, ebenso Ferdinand Bruckners wichtiges Stück »Die Rassen« (geschrieben bereits 1933; SBZ-Aufführung 1948 im Theater am Schiffbauerdamm), das Aufschluß über den Wirkungsmechanismus antisemitischer Nazipropaganda gibt. Mit besonderem Erfolg wurde Friedrich Wolfs »Professor Mamlock« (auch bereits 1933 entstanden) gespielt, das die Geschichte eines jüdischen Chirurgen nachzeichnet, der nach der Machtübernahme der Nazis die Haltlosigkeit seiner nationalkonservativen, nach wie vor auf eine Symbiose von Deutschtum und Judentum zielenden Position erkennen muß. 1948 kam Wolfs Stück »Wie Tiere des Waldes« hinzu, das die letzten Kriegstage eines desertierten Panzerjägers der Wehrmacht darstellt und zeigt, wie dieser Mann und seine Freundin, von fanatischen Nazis gehetzt »wie Tiere des Waldes«, schließlich zur Strecke gebracht werden. Brechts umfängliches Exilwerk spielte dagegen noch kaum eine Rolle auf den Bühnen der Ostzone, weil er es noch nicht für Aufführungen in Deutschland freigegeben hatte. Allein »Die Gewehre der Frau Carrar« (1946) und die Szenenfolge »Furcht und Elend des Dritten Reiches« (deutsche Erstaufführung am 30. Januar 1948 im Deutschen Theater Berlin; bald auf vielen Bühnen der SBZ nachgespielt) wurden dem ostdeutschen Publikum bekannt.

Den beiden Erfolgsstücken der Westzonen, Zuckmayers »Des Teufels General« (1946) und Borcherts »Draußen vor der Tür« (1947), verwehrte man sich in Ostdeutschland. Sie galten als bürgerlich-apologetische, in Ausweglosigkeit einmündende Scheinbewältigung des Vergangenheitsstoffes. Einen Borchert vergleichbaren Erfolg eines jungen Autors gab es in der SBZ nicht. Gewiß wurden einige Stücke geschrieben und auch in Ost-Berlin und der Provinz gespielt, so z.B. Fred Dengers »Wir heißen euch hoffen« (1946), das sich mit der Jugendkriminalität in der Nachkriegssituation auseinandersetzte. Aber solche Stücke fanden keinen großen Widerhall. Heute sind sie, wohl zu Recht, ausnahmslos vergessen. Im Anschluß an die erste Ost-Berliner Inszenierung von Brechts »Furcht und Elend des Dritten Reiches« (von Wolfgang Langhoff besorgt) befand der Kritiker Paul Rilla treffend: »Wie notwendig wäre es, die neuen Dramen Brechts zu sehen, die vielleicht den jungen Autoren (die wir nicht kennen) weiterhelfen und Mut zu sich selber machen würden. Wo sollen sie anknüpfen? Sie kommen aus der Leere und stoßen in die Leere. Sie brauchen Muster und Meister.«

Allein Günther Weisenborns Stück »Die Illegalen« (die Niederschrift wurde 1938 begonnen, die Aufführung war 1946) hatte mit fünfzehn Inszenierungen in der SBZ (aber nur vier in den Westzonen) bemerkenswerten und berechtigten Erfolg. Der Autor, der freilich auch schon zur mittleren Generation gehörte – von seinem Prosatext »Memorial« war schon die Rede –, hatte selbst aktiv am antinazistischen Widerstandskampf teilgenommen (in der Schulze-Boysen-Harnack-Gruppe, genannt »Rote Kapelle«) und war drei Jahre im Zuchthaus gewesen. Sein Stück zeichnet die Träger des Widerstandes als leuchtende Repräsentanten des moralisch Guten, die ihren individuellen Glücksanspruch zugunsten des notwendigen Kampfes zurückstellen. Freilich verzichtet das Stück auf falsche Heroisierung und optimistische Ausblicke, was den Parteikritikern natürlich mißfiel.

Es ist auffällig, daß in den ersten fünf, sechs Jahren nach Kriegsende kein einziger Theaterautor der jüngeren Generation ein Stück vorgelegt hat, das das Theaterleben entscheidend beeinflußt hätte. Das Theater mußte, im zweifachen Sinn, aus der Vergangenheit leben; das Neue schien noch nicht theatralisch darstellbar. Lehrer, bei denen jüngere Autoren hätten lernen können, wurden nur eingeschränkt akzeptiert oder konnten (noch) nicht wirken, weil sie sich (noch) nicht in der SBZ/DDR niedergelassen hatten. So ist die merkwürdige Situation zu verzeichnen, daß sich das Theater in der Phase der antifaschistisch-demokratischen Umwälzung überwiegend ohne oder sogar gegen seine beiden wichtigsten sozialistischen Lehrmeister, die die Szene der 20er und frühen 30er Jahre geprägt hatten, Friedrich Wolf und Bertolt Brecht, entwickelte und die sozialistische Traditionslinie bis 1957 eine untergeordnete Rolle spielte.

Friedrich Wolf (1888–1953) war bereits im Herbst 1945 aus dem sowjetischen Exil nach Ost-Berlin zurückgekehrt. Er war der hervorragende Repräsentant des Agitproptheaters aus der Weimarer Republik, der bereits damals mit »Cyankali« und »Die Matrosen von Cattaro« gut spielbare, politisch effektvolle Stücke geschrieben hatte. Aus seiner reichen Exilproduktion ragten »Professor Mamlock« und »Beaumarchais«, ein Stück über die Französische Revolution von 1789, hervor. Allein, Wolf mußte in den Jahren von 1945 bis zu seinem Tod die bittere Erfahrung machen, daß beim jetzigen Aufbau im Geist der Volksfront die proletarisch-revolutionäre Tradition des politischen Kampftheaters kaum gefragt war. Außer im Fall des »Professor Mamlock« konnte Wolf nicht an die Aufführungserfolge der 20er und 30er Jahre anknüpfen. Dabei stand der Autor der damals vorherrschenden Theorie der dichterischen Unmittelbarkeit, die mit psychologischen Mitteln herbeizuführen sei, durchaus nahe, wie noch ein Streitgespräch zwischen ihm und Brecht aus dem Jahre 1949 belegt. Wolf war ein entschiedener Vertreter jenes aristotelischen Theaters, das die geschlossene, werkhafte Form des Dramas anstrebte und in der Katharsis ein unveräußerliches Element sah. Katharsis, die Reinigung der Affekte, sollte »eines der wichtigsten Formelemente im großen Prozeß Schuld und Sühne« sein, wie ihn der kommunistische Moralist Wolf auch in den jüngeren und jüngsten gesellschaftlichen Vorgängen walten sah. So teilte er auch Brechts Skepsis gegen das »Mittelpunktsindividuum« nur bedingt und ging weiterhin von der Spieler-Gegenspieler-Konzeption als dem Fundament jeglicher dramatischen Wirkung aus. Gleichwohl: Wolf war kein öder Traditionalist. Mit Brecht und anderen marxistischen Theaterkünstlern war er sich darin einig, daß die Bühnen der neuen Gesellschaft keine »Billettkonsumvereine« sein durften, sondern »Kampfbühnen der Werktätigen«; daß in diesem Sinne auf dem Theater auch kein Platz für platte Musicals oder spätbürgerlich-resignative Stücke à la Anouilh sein könne. Und so ist es auch nicht überraschend, daß Wolf als einer der ersten in seinem Stück »Bürgermeister Anna« (1949/50) einen Konfliktstoff der neuen Gesellschaftsordnung aufgriff. – Das Stück erzählt die Geschichte der jungen Arbeiterfrau Anna Drews, Vertreterin des kämpferischen Menschentypus, wie Wolf ihn zeitlebens in seinen Dramen bevorzugte. Als Dorfbürgermeisterin setzt sie gemeinsam mit anderen Frauen den Neubau einer Schule durch und läßt sich davon auch nicht durch reaktionäre und bürokratische Kräfte abbringen. Traditionelle Komödienelemente (Ehestreit, Verwechslungssituationen usw.) und das Lachen darüber sollen es dem Zuschauer erleichtern, die im Stück propagierte neue Ordnung zu akzeptieren. Die ›Lösung‹ ist allzu glatt: Der Großbauer und Brandstifter Lehmkuhl wird verhaftet. Aber vor allem die uneingeschränkt positive Darstellung der Frauen/der Mütterlichkeit als wesentlicher gesellschaftlicher Produktivkraft macht das Stück wichtig und läßt es als historischen Vorläufer einer gegenwärtigen Literatur erscheinen, die die gesellschaftliche Produktivität der Frauen hervorhebt.

Aus dem historischen Abstand erscheint *Bertolt Brecht* (1898–1956) eindeutig als die überragende Figur des ostdeutschen Theaterlebens schon in seinen Anfängen, auch wenn er erst seit dem Herbst 1948 in Ost-Berlin lebte und wirkte – und auch dann nicht nur Förderung erfuhr. Sein Stück »Furcht und Elend des Dritten Reiches« wurde offenbar nur deshalb begünstigt, weil es von den einflußreichen Kritikern (Lukács, Erpenbeck) als eine Kette naturalistischer Einakter verstanden wurde – und damit als von Brecht selbst getätigte Widerlegung bzw. Preisgabe des epischen Theaters. Daß diese Annahme den Autor gründlich mißverstand, belegt Brechts Theaterarbeit seines letzten Lebensjahrzehnts.

Brecht hatte die Zeit bis zum Herbst 1947 noch in den USA verbracht und an der Realisierung des »Galileo Galilei« gearbeitet. Die antikommunistische Hetze der McCarthy-Administration beschleunigte seine ohnehin geplante Beendigung des Exils. Einen Tag nach der Vernehmung vor dem »Committee of Unamerican Activities« bestieg Brecht ein Flugzeug nach Paris und ließ sich dann in Zürich nieder, um erst einmal ein Jahr lang für Berlin »vorzustudieren«, wie er es nannte. In dieser Zeit realisierte Brecht seine Fassung der »Antigone« von Sophokles an einem kleinen Schweizer Theater in Chur. Durchaus mit Vorbehalten, aber doch eindeutig entschieden, reiste Brecht im Oktober 1948 nach Ost-Berlin. Brecht beschrieb Berlin, das Grauenvolle seines Zustandes in den Jahren nach 1945 genau treffend, als »eine radierung churchills nach einer idee hitlers«. Und dennoch war er fest entschlossen, in dieser Stadt Theater zu machen, die einmal Hochburg der Arbeiterkulturbewegung gewesen war und von der jetzt der Aufbau einer antifaschistisch-demokratischen Kultur seinen Ausgang nehmen sollte. Brecht machte sich keine Illusionen über die Theaterverhältnisse in Deutschland. Noch wurde häufig genug von der »glänzenden« Technik der Göring-Theater gesprochen, »als wäre solch eine Technik übernehmbar, gleichgültig, auf was da ihr Glanz nun gefallen war«. 1951 stellte Brecht rückblickend fest: »Als wir nach der Beendigung des Hitler-Krieges wieder darangingen, Theater zu machen, Theater im Geist des Fortschritts und der Versuche, gerichtet auf die Veränderung der Gesellschaft, die so sehr dringend war, waren die Kunstmittel des Theaters, welche so lange Zeit zu ihrer Ausbildung brauchen, so gut wie zerstört durch den Geist des Rückschritts und der Abenteuer. Das Poetische war ins Deklamatorische entartet, das Artistische ins Künstliche, Trumpf war Äußerlichkeit und falsche Innigkeit. Anstatt des Beispielhaften gab es das Repräsentative, anstatt der Leidenschaft das Temperament. Eine ganze Generation von Schauspielern war ausgewählt nach falschen Gesichtspunkten, ausgebildet nach falschen Doktrinen.«

Es mußte in jeder Hinsicht ein neuer Anfang gemacht werden, denn auch einen Rückgriff auf seine eigene Schreib- und Spielweise der Jahre vor 1933 erkannte Brecht als verfehlt. Damals gab es – zumindest in den großen Städten – ein breites, klassenbewußtes Arbeiterpublikum, eine proletarische Gegenöffentlichkeit, mit der Brecht und andere bereits die Aufhebung des Gegeneinanders von Theaterproduzenten und -konsumenten, die »Verschüttung der Orchestra« (Benjamin) geprobt hatte: in den Lehrstücken, die der Autor später auch einmal »die Große Pädagogik« nannte, insofern sie das System Spieler versus Zuschauer aufhoben und es nur mehr Spieler gab, die zugleich Studierende waren. Brecht war bereits im Exil klargeworden, daß aufgrund der Machtübernahme der Nazis 1933 und ihren Folgen wieder auf »die Kleine Pädagogik« des Schaustücks zurückgegangen werden mußte, daß die überlieferte Kommunikationsstruktur des Theaters nicht von heute auf morgen zu brechen war. Erst einmal ging es, und das schien auch Brecht Fortschritt genug, um die »demokratisierung des theaters«.

Das heißt keineswegs, daß Brecht nach 1945 das Konzept des epischen Theaters, die Idee, das Publikum produktiv zu machen, preisgegeben hätte. Nur wandelte er jetzt das Konzept den Umständen entsprechend ab. Mehr als in den theoretischen Texten der 20er und 30er Jahre stellte er jetzt die Eigenschaft des Theaters heraus, »ästhetisches Unternehmen« zu sein und Spaß, Genuß, Vergnügen zu bereiten. Diese Tendenz kommt programmatisch im 1947/48 entstandenen und 1949 in der DDR erschienenen *»Kleinen Organon für das Theater«* zum Ausdruck. Die Schrift formuliert erneut und ohne Abstriche die Grundlinien des nichtaristotelischen Theaters: Es wendet sich gegen ein Theater, das als ein »Zweig des bourgeoisen Rauschgifthandels« fungiert; gegen die Einfühlung, gar Identifikation des Zuschauers mit dem Dargestellten und propagiert die kritische, historisierende, den Verhältnissen ihre scheinbare Natürlichkeit raubende Darstellung mittels der Verfremdungstechnik (V-Effekt). Statt gefühlig-falscher Abbildungen des gesellschaftlichen Lebens sollen wissenschaftlich exakte gegeben werden. Dadurch will das Theater zum Lernen, Erkennen und schließlich zum parteilichen Verhalten anleiten. Andererseits nimmt Brecht das Vorhaben zurück, »aus dem Reich des Wohlgefälligen zu emigrieren«, und bekundet die Absicht, sich »in diesem Reich niederzulassen. Behandeln wir das Theater als eine Stätte der Unterhaltung, wie es sich in einer Ästhetik gehört, und untersuchen wir, welche Art der Unterhaltung uns zusagt!« Auch wenn Brecht in diesem Zusammenhang sogar das Wort »Widerruf« gebraucht, kann von einer Revision seiner Theorie keine Rede sein. Nur wird jetzt die Seite des Erkenntnisaktes im Theaterbesucher, die sich auf sinnlich wahrgenommene Vorgänge bezieht und ›schön‹, poetisch erlebt werden kann, schärfer herausgestellt. Brecht sieht jetzt deutlicher als bisher die Möglichkeit des Erkenntnisgewinns, die in der sinnlich-schönen, genußvollen Darstellung gesellschaftlicher Prozesse auf der Bühne liegt. Das *Schauen* wird, gegenüber der Großen Pädagogik der Lehrstücke, rehabilitiert. In der Kunst erscheint das Wirkliche – und dies ist nicht abwertend gemeint – »ganz und gar als ein Spiel«. Sie ist die »leichteste Weise der Existenz«. Auffällig ist auch, daß Brecht in diesem Text den Abbildbegriff (eine zentrale Kategorie der Widerspiegelungstheorie) positiv verwendet, freilich immer wieder darauf beharrend, daß theatralische Abbilder »wirkungsvoll, praktikabel« und nicht nur »getreu« zu sein hätten. Ebenso zählt zu den von Brecht vertretenen Modifikationen seine Aufwertung der Fabel, die jetzt als das »Herzstück der theatralischen Veranstaltung« gilt. Trotzdem hatte Brecht offenbar Veranlassung, sein »Kleines Organon« zu rechtfertigen. Nach wie vor sah man die Spielweise als zu »kühl« und wirkungsschwach an und leitete daraus den Vorwurf der Nähe des Autors zur bürgerlichen Dekadenz her. »Für das Proletariat wird starke Kost gefordert, das ›blutvolle‹, unmittelbar ergreifende Drama, in dem die

Gegensätze krachend aufeinanderplatzen und so weiter und so weiter.« Brecht hatte darauf eine treffende Antwort parat: »In meiner Jugend galt freilich bei den armen Leuten der Vorstadt, in der ich aufwuchs, der Salzhering für eine kräftige Nahrung.«

Im Sinne dieses theoretischen Programms ging Brecht nun auch an die praktische Theaterarbeit in Berlin heran. Die Behörden hatten ihm am von Wolfgang Langhoff geleiteten Deutschen Theater Gastrecht eingeräumt, da ›sein‹ altes Theater am Schiffbauerdamm, das einst die Uraufführung der »Dreigroschenoper« erlebt hatte, noch durch die Volksbühne besetzt war. Im Juli 1949 konnten Brecht und seine Frau, die Schauspielerin Helene Weigel, endlich in dieses Theater einziehen, konnte das heute noch bestehende »Berliner Ensemble« seine Arbeit aufnehmen.

Noch vor der Gründung des »Berliner Ensembles«, um die Jahreswende 1948/49, studierten Brecht und seine Mitarbeiter *»Mutter Courage und ihre Kinder«* ein (Uraufführung Zürich 1941), ein Exilstück, das ganz und gar im Sinne der Kleinen Pädagogik geschrieben war. Es ist die Geschichte einer Marketenderin aus dem Dreißigjährigen Krieg (schon bei Grimmelshausen gibt es die Figur der »Erzbetrügerin und Landstörzerin Courasche«), die durch ihren geschickten Handel sich und ihre drei Kinder Eilif, Schweizerkas und die stumme Katrin sicher durch den Krieg bringen will – und am Ende doch alle drei verloren hat, weil sie immer nur als Händlerin denkt und handelt. Unbelehrt, ohne Einsicht in das Wesen des Krieges und ihre eigene Rolle beim Verlust ihrer Kinder geht die Courage aus dem Geschehen hervor. – Von der Züricher Aufführung her wußte Brecht, daß das Publikum bei nicht genügend epischer Spielweise mit Erschütterung und Mitleid auf die Leiden der Courage und ihrer Kinder reagierte. Gerade das galt es zu verhindern. Es sollte gezeigt werden, »daß die kleinen Leute vom Krieg nichts erhoffen können (im Gegensatz zu den Mächtigen). [...] Daß der Krieg, der eine Fortführung der Geschäfte mit andern Mitteln ist, die menschlichen Tugenden tödlich macht, auch für ihre Besitzer.« Das einfache Publikum (z. B. Stahlarbeiter aus Hennigsdorf) verstand das Stück sehr gut, wie Brecht feststellte, folgend seiner Empfehlung: »Wenn jedoch die Courage weiter nichts lernt – das Publikum kann [...] dennoch etwas lernen, sie betrachtend.« Anders die professionelle bzw. parteioffizielle Kritik: Entweder sie mißverstand, selbst erschüttert, Mutter Courage als »humanistische Heilige« und »Schmerzensmutter« – oder sie warf Brecht vor, daß die Courage im Stück nichts lerne, also von Brecht das Nichtlernenkönnen, die Ohnmacht, ja die Kapitulation vor dem Kapitalismus gepredigt werde. Folglich gehöre der Autor der antirealistischen Dekadenzliteratur zu. Brecht mußten so tiefgreifende Mißverständnisse beunruhigen. Sie konnten ihn jedoch nicht von seinem Grundsatz abbringen, der lautete: »Ich aber rede so lange von Krankheit und nur von Krankheit, bis ich die genaue Ursache der Erkrankung kenne und die genauen Mittel weiß, um sie wirksam zu bekämpfen, und die ersten Anzeichen der Besserung sich zeigen. Dann erst rede ich vielleicht auch von Heilung.«

Die zwiespältige Aufnahme der »Mutter Courage« in Berlin zeigte Brecht deutlich genug die Grenzen innovativer Theaterarbeit – Grenzen beim Publikum, Grenzen aber auch, die von den kulturpolitischen Instanzen gezogen wurden. Sie hatten ihn vorher schon einmal böse vom »stinkenden atem der provinz« mitten in Berlin sprechen lassen. Neben einer Serie von modellhaften Inszenierungen seiner Exilstücke – sie wurde im Herbst 1949 mit »Herr Puntila und sein Knecht Matti« als Eröffnungsstück des Berliner Ensembles fortgesetzt – ging es ihm vor allem um die Produktion von Stücken, die unmittelbar mit der Lage Deutschlands nach der Befreiung vom Nationalsozialismus und der Chance sozialistisch-revolutionärer Umgestaltung zu tun hatten. So schrieb er im Frühjahr 1949 das Stück »Die Tage der Commune«, das die Erfahrungen der ersten proletarischen Revolution überhaupt (1871) für die aktuelle Situation zum Vergleich verfügbar machen sollte. Es ging Brecht um die Frage, wie die Arbeiter die Macht nicht nur erobern, sondern auch sichern könnten und welche Rolle die Gewalt dabei spiele; aber auch darum, wie im Prozeß der proletarischen Emanzipation bereits Elemente der neuen Gesellschaft aufscheinen könnten: Solidarität, Produktivität, Heiterkeit. Doch das Publikum des Jahres 1949 war an einer solchen historisch-politischen Auseinandersetzung nicht interessiert, wie Brecht selbst feststellen mußte: »DIE TAGE DER COMMUNE muß zurückgestellt werden, schon weil die volksbühne, etwa 60 000 mitglieder zählend und die hauptmasse unseres publikums ausmachend, nur etwa 0,3% arbeiter enthält.« Das Stück, das nicht ins Konzept der antifaschistisch-demokratischen Umwälzung paßte, wurde schließlich erst nach Brechts Tod Ende des Jahres 1956 aufgeführt. Die »mühen der ebenen« – so bezeichnete Brecht einmal metaphorisch den Gesellschaftsprozeß der nachfaschistischen Ära – erwiesen sich als kaum weniger anstrengend als die vorherigen Mühen der Gebirge. Freilich wird man auch fragen müssen, ob die Erwartungen und Visionen Brechts von den Schönheiten der proletarischen Revolution, wie sie sich im »Commune«-Stück manifestieren, nicht von vornherein illusionär, ja: doktrinär waren.

Lyrik nach finsteren Zeiten

Auch die Lyrik mußte erst einmal jene Hinterlassenschaft bewältigen, die zwölf Jahre nationalsozialistischer Herrschaft auf ihrem Terrain angehäuft hatte. Da gab es die dem Regime beifallklatschenden Lieder und Balladen der völkischen Barden. Es gab den sterilen Klassizismus der Joseph Weinheber und Rudolf Alexander Schröder, schließlich die

Naturlyrik derer, die sich als »innere Emigration« begriffen. Sie versprachlichte Natur als magischen Raum eigener Gesetzlichkeit, zu dem – darin lag der vermeintliche Triumph – die Barbarei der menschlich-geschichtlichen Seinsweise keinen Zugang habe. Das Naturgedicht sollte Protest sein – und war doch Flucht; sollte Opposition sein und drückte doch elementare Hilflosigkeit aus. Gemeint als Geste moralischer Verweigerung, war es nur ein unverbindliches »Spiel mit sechserlei Bällen«, »anakreontisches Tändeln mit Blumen und Blümchen über dem scheußlichen, weit geöffneten, aber eben mit diesen Blümchen überdeckten Abgrund der Massengräber«, wie Elisabeth Langgässer selbstkritisch feststellte. Und das Urteil, das Stephan Hermlin auf dem 1. deutschen Schriftstellerkongreß 1947 in Berlin über diese Lyrik fällte (deren Urheber durchweg in den Westzonen lebten), gilt unverändert: »Unsere zeitgenössische nichtfaschistische Literatur, unsere lyrische Dichtung im besonderen, trägt dagegen den Stempel des Troglodytenhaften, sie ist eine Dichtung von Höhlenbewohnern, wie ein junger Dichter bezeichnenderweise eines seiner Gedichte nannte. Daraus ergibt sich formal der Zug zum Konservativen, zum Statischen, zum Rückwärtsgewandten. Was den geistigen Gehalt angeht, scheut man das Direkte, das Konkrete, man flüchtet in die Metaphysik und nennt die Totschläger am liebsten Dämonen. Aus Widerwillen vor dem Marschieren stelzt man. Es ist an der Zeit, gehen zu lernen.«

Wie aber sollte man ästhetisch »gehen lernen«, so fragte Hermlin, wenn »die wichtigsten Phänomene dieser Zeit, die Auseinandersetzung mit dem Faschismus etwa, nicht einmal rational bewältigt worden waren?« Damit war ein Zusammenhang angedeutet, dessen Wichtigkeit schon für die Prosa konstatiert wurde: Der nationalsozialistische Terror mit dem Massenmord an den europäischen Juden als Gipfelpunkt stellte die Dichtung und mit ihr die Lyrik vor die bisher unerhörte Frage, ob diesen Geschehnissen mit ästhetischen Mitteln überhaupt begegnet werden könne. Schon 1933, also Jahre vor dem Holocaust, hatte Brecht, Karl Kraus' Schweigen verteidigend, geschrieben:

> Wenn die Greuel ein bestimmtes Maß erreicht haben
> Gehen die Beispiele aus. Die Untaten vermehren sich
> Und die Weherufe verstummen.
> Die Verbrechen gehen frech auf die Straße
> Und spotten laut der Beschreibung.

Damit war freilich nicht mehr gewonnen als die treffende Formulierung des Paradoxons ›sprechendes Schweigen‹. Theodor W. Adorno (nach Frankfurt/M. zurückgekehrt) ging 1949 weiter, wenn er »nach Auschwitz ein Gedicht zu schreiben« grundsätzlich für »barbarisch« erklärte. Solche Stimmen gab es in der SBZ bemerkenswerterweise nicht, aber immerhin Hermlins ernüchternden Befund, daß die »derzeitige junge Dichtung« (womit er vor allem die jungen Kollegen aus Westdeutschland meinte) nur »epigonale Züge«, die »zwischen Plagiat und Parodie oszillierende Nachahmung des Unnachahmlichen« aufweise, die aus den Schwierigkeiten einer Lyrik nach Auschwitz nicht heraushalfen. Will man heute Lyrik von jungen Autoren der Nachkriegszeit wiederentdecken, so muß man in Anthologien blättern, in denen man z.B. auf Gedichte von Hanns Cibulka (geb. 1920) oder Heinar Kipphardt (1922–82) stößt. Das nachstehende, 1946 entstandene Gedicht Kipphardts ist für seine Generation der Kriegsteilnehmer typisch in dem Versuch, die Absage an das Alte, Verbrauchte, am Ende Verbrecherische mit dem Willen zum ›kleinen‹, alltäglichen Neuanfang jenseits der Phrasen und Parolen zu verbinden:

Verbraucht sind die Todeskulte
verbraucht sind die Helden jedweder Art
man hat uns zu lange betrogen
man hat uns zu lange genarrt

Wir kennen den Nutzwert der Helden
wir kennen den Nutzwert des Bluts
der Fahnen verbrauchte Gesänge
dumpf in der Furche des Grabs
dumpf in des Schlafs Katakomben
der Schlachtfelder schwarze Bilanz

Ich kenne den Mann auf der Straße
ich kenne die Frau meines Stadtteils
sie benötigen keine Helden
sie benötigen keine Fahnen
doch Essen und Zärtlichkeit.

Auch den großen Autoren des Exils fiel die Umstellung auf die neuen Aufgaben schwer. Zunächst war es wichtig, daß ihre Gedichte überhaupt zugänglich wurden. Das geschah mit der Veröffentlichung einiger wichtiger Anthologien in West und Ost wie z.B. »Das Wort der Verfolgten«, »Lyrik der Verbrannten und Verbannten« oder »verboten und verbrannt. Deutsche Literatur – 12 Jahre unterdrückt«, das eine enorm hohe Auflage hatte. René Schwachhofers Sammlung »Vom Schweigen befreit« (1947) griff noch weiter, in die 10er, 20er und 30er Jahre, zurück, um aus »dem Chaos der vergangenen Zeit die Kleinodien zu bergen«. – Die Jahre der Verbannung waren »finstere Zeiten«, und zudem noch »schlechte Zeit für Lyrik« gewesen, wie Brecht mehrfach notiert hatte. Angesichts der Schwere der Kämpfe und der »Differenziertheit der Probleme« war die Kargheit der Empfindungen und die Preisgabe der »Differenziertheit des Ausdrucks« am Platze gewesen. Gar über die Schönheiten der Natur – einen blühenden Apfelbaum, den vor der Tür liegenden Sund in Dänemark – zu schreiben, war Brecht und vielen anderen als »fast ein Verbrechen« erschienen, »weil es ein Schweigen über so viele Untaten einschließt«. Wie sollte jetzt, nach so langer erzwungener Askese, der Reichtum der Empfindungen und des Ausdrucks wiedergewonnen werden?

Vor ganz anderen Schwierigkeiten stand ein Autor wie Erich Weinert (1890–1953), einst führender Vertreter einer kämpferischen, agitatorischen, operativen Poesie im Rahmen der proletarisch-revolutionären Literaturbewegung, dessen scharfe Satiren und militante Aktionslyrik nicht so recht zum Konzept der eher defensiven antifaschistisch-demokratischen Neuordnung passen wollten. Das politische Kommunikationssystem der alten Arbeiterbewegung, in das Weinerts Texte wie die Hans Lorbeers, Wilhelm Tkaczyks u.a. hineingehört hatten, bestand nicht mehr.

Der dominante Lyriker dieser Jahre war ohne Zweifel *Johannes R. Becher* (1891–1958). Gegenüber einer ›modernen‹ Lyrik, wie sie sein alter, nun in West-Berlin lebender Antipode Gottfried Benn in seinem Bekenntnis zu »Ästhetizismus, Isolationismus und Esoterismus« umrissen hatte (»Berliner Brief, Juli 1948«), vertrat Becher eine Position der Wirklichkeits- und zugleich Traditionszugewandtheit. Sein großes Thema der 40er Jahre war die Lage Deutschlands und des deutschen Volkes in der »Zeitenwende«, die Notwendigkeit des »Anderswerdens« am Ende der nazistischen Terrorherrschaft. Dabei hat kein anderer Autor so stark wie Becher gehofft, den Fortschritt, »das Andere«, aus einem unmittelbaren Anknüpfen an das humanistische Kulturerbe gewinnen zu können. Nicht das kritische Aufarbeiten der Widersprüche in der eigenen Nationalgeschichte war seine Sache, sondern die traumhafte, sich identifizierende Erinnerung an ein Deutschland und seine Kultur, deren barbarische Elemente systematisch ausgespart wurden. Eine Stelle aus einem Brief an seine Frau vom 11. 6. 1945 charakterisiert Bechers zutiefst emotionale, auf erneute Identifikation drängende Haltung gegenüber Deutschland: »Berlin ist Berlin. Man kehrt trotz allem *nicht* in die Fremde zurück. Kinder singen deutsch, Mütter sprechen deutsch – und die Bäume in den Straßen, auf den Balkonen das Grün – ich bin überglücklich.« – Das ästhetische Gebilde Gedicht schien Becher der geeignetste Weg, zum »Traumbesitz« des verschütteten Erbes zu gelangen, wobei er sich gleicherweise um »klassische« Stilgebung (zumal in der »bändigenden«, durch seine Strenge schützenden Form des Sonetts) und volkstümliche Schlichtheit (vierzeilige Liedstrophe) bemühte. Topoi wie Volk, Heimat, Befreiung verwandte Becher nahezu naiv, ungebrochen; ja, er benützte sogar christlich-religiöse Motive und Vokabeln (Gebet, Kreuz, Gericht, Erlösung, heilig, ewig), weil sie ihm als geeignet erschienen, unter bürgerlichen Lesern Interesse, Hoffnung, Mut zu wecken.

Eine Wertung von Bechers Lyrik fällt auch aus dem Abstand von fünfzig Jahren noch schwer. Einerseits enthalten die beiden Bände »Heimkehr« (1946) und »Volk im Dunkel wandelnd« (1948) schöne Gedichte – schön, »weil die Empfindungen des Dichters tief und von edler Art sind, weil er seine Heimat liebt mit Trauer, wenn das Böse in ihr herrscht, und mit Fröhlichkeit, wenn das Gute zur Macht kommt« (Brecht); schön, weil er Bilder und Rhythmen findet, die die Kargheit der Empfindungen aufbrechen. Das gilt z.B. für jene vier Zeilen aus dem Lied »Deutschland«, auf das sich auch Brechts Wertung bezieht:

Heimat, meine Trauer,
Land im Dämmerschein,
Himmel, du mein blauer,
du mein Fröhlichsein.

Jedoch, Bechers inflationäre und die schrecklichen Widersprüche der deutschen Geschichte falsch versöhnende Poetisierung des »versäumten Vaterländischen« (eine Wendung von Hölderlin, die Becher häufig sich rechtfertigend zitierte) macht die Deutschland-Lyrik dieser Jahre fragwürdig. Becher selbst akzeptierte – wenn auch nicht öffentlich, sondern nur in einem Tagebuch – Hermlins scharfe Kritik, der von »neo-klassizistischer Glätte und konventioneller Verseschmiederei« gesprochen hatte. Und am Ende bleibt Brechts bereits im Exil ausgesprochene Warnung »An einen befreundeten Dichter« wohl wahr:

Seh ich dich so in vielerlei Gedichten
Zu längst zerstörten Häusern Steine schichten
Und mühsam neu baun abgetragene Örter
Dann fürcht ich, du vergißt, daß deine Hand
Nach einem Bild greift, nicht nach einem Land
Dein Fuß nicht Boden da betritt, nur Wörter.

Der neben Becher wohl wirksamste Lyriker der älteren Generation war *Louis Fürnberg* (1909–57), der, als tschechischer Staatsbürger, nach seiner Rückkehr aus dem palästinensischen Exil von 1946–49 in Prag gelebt hatte, ehe er nach Berlin und später nach Weimar übersiedelte, wo er bis zu seinem Tod als stellvertretender Direktor der Nationalen Forschungs- und Gedenkstätten tätig war. Seine Gedichte, ursprünglich von Rilke beeinflußt, variieren viele Töne und Formen: Lied, Pamphlet, Hymne, Poem – häufig in Volksliedton, nicht selten lehrhaft, immer kämpferisch-parteilich. Manche seiner Lieder wurden jedem Schüler geläufige Massengesänge (z.B. »Du hast ja ein Ziel vor den Augen«). Fürnbergs Leben und Werk ist ein anschauliches Beispiel für den häufigen Auseinanderfall von zeitgenössischer Hochschätzung und aktuellem Einfluß eines DDR-Autors (Fürnberg war insbesondere ein unermüdlicher Förderer junger ostdeutscher Autoren, z.B. von Christa Wolf) – und dem, was historische Wirkung und literarischen Bestand hat. Heute wird man in Fürnberg eher den wohlmeinenden, aber mittelmäßigen Schriftsteller sehen müssen, der denn auch auf die bedeutende jüngere Lyrikergeneration, die in den 60er Jahren hervortrat, ohne Einfluß blieb.

Inzwischen hat sich die Erkenntnis durchgesetzt, daß dem Lyriker *Bertolt Brecht* ähnliches Gewicht zukommt wie dem Stückeschreiber. Das Jahr 1945 bedeutete in seiner Gedichtproduktion keine Zäsur, hielt doch die Exilsituation auch noch bis 1947/48 an. Brecht schrieb weiterhin vornehmlich Satiren und Warngedichte gegen den Nationalsozialismus. Im Sinne des Epilogs zu »Furcht und Elend des Dritten Reiches« mahnte er unablässig: »Der Schoß ist fruchtbar noch, aus dem das kroch.« Eine von ihm in solchen Gedichten bevorzugte Technik war die der Verwendung von Pejorationseffekten, also gezieltes ›Runtermachen‹, indem er z. B. negativ eingestufte geschichtliche Ereignisse oder Figuren mit ekelerregenden Sinneswahrnehmungen (Gestank, Fäulnis, Fäkalien) verband und so einer nicht nur rationalen, sondern auch emotional-sinnlichen Ablehnung auslieferte. – Schrittweise wandte sich Brecht vom Nazismus als dem bisherigen politischen Hauptgegner ab und richtete seine bis ins Groteske gesteigerten Satiren jetzt auch gegen den seit langem als profitorientiert und korrupt taxierten liberal-demokratischen Kapitalismus – als das System, das den Nationalsozialismus überlebt hatte und nun in (West-) Deutschland an dessen Stelle trat. In großen allegorischen Bildern hat Brecht diese Auffassung in dem nach P. B. Shelleys Ballade »Der Maskenzug der Anarchie« geformten Gedicht »Der anachronistische Zug oder Freiheit und Democracy« ins Werk gesetzt: in seiner Schilderung der sechs Plagen Unterdrückung, Aussatz, Betrug, Dummheit, Mord und Raub, die in geschickter Maskerade eine zwölfjährige Vergangenheit bemänteln und ganz *up to date* sind:

> Doch dem Kreuz dort auf dem Laken
> Fehlen heute ein paar Haken
> Da man mit den Zeiten lebt
> Sind die Haken überklebt.
> […]
> Alle nun verlangen sie
> Freiheit und Democracy.

Aber einige der neuen Gedichte weisen auch nach vorn: Sie richten den Blick auf die Zeitenwende als eine große Chance und proklamieren Selbstbestimmung und Selbsttätigkeit als Maßgaben der neuen Gesellschaftsordnung, so im »Aufbaulied« (1948):

Besser als gerührt sein, ist: sich rühren
Denn kein Führer führt aus dem Salat!
Selber werden wir uns endlich führen:
Weg der alte, her der neue Staat!

(Dabei war die Hereinnahme der Wendung »her der neue *Staat*!« für Brecht, den überzeugten Kommunisten, nur eine unumgängliche Konzession, wie die Eintragung vom 21. Dezember 1948 im »Arbeitsjournal« lehrt.) – Andere wichtige Lieder, wie »An meine Landsleute« (1949), wiederholen unermüdlich die Warnung vor einem neuen, dritten Weltkrieg und rufen dazu auf, endlich »mit sich selbst Erbarmen« zu haben und den Frieden zu befestigen.

Von der mittleren Generation, die auf die Älteren Becher, Brecht, Weinert und Fürnberg folgte, haben nur wenige die Lyrik des ersten Jahrfünfts ostdeutscher Literatur prägen können. Es sind dies vor allem Peter Huchel und René Schwachhofer (1904–70), Stephan Hermlin und Kurt Barthel (der sich Kuba nannte, um nicht mit dem zu den Nazis übergelaufenen »Arbeiterdichter« Max Barthel verwechselt zu werden), während die noch Älteren Erich Arendt und Georg Maurer aus unterschiedlichen Gründen erst in den 50er Jahren hervortraten und, noch einmal mit Verspätung, erst in den 60er Jahren wirkten.

Peter Huchel (1903–81) hatte bereits in den 20er Jahren Gedichte geschrieben und gehörte mit Günter Eich, mit dem er eng befreundet war, Horst Lange, Martin Raschke und Eberhard Meckel zu den Trägern der Zeitschrift »Die Kolonne. Zeitung der Jungen Gruppe Dresden«, die ab Dezember 1929 erschien und das Sprachrohr einer neuen, diesseitig-nüchternen, aber gleichwohl unpolitischen Lyrik wurde. Huchel, der gebürtige Berliner, hatte fast seine ganze Kindheit auf dem Hof des Großvaters im märkischen Alt-Langerwisch verbracht. Diesem Umstand ist es zu verdanken, daß sein Verhältnis zum bäuerlichen Leben und der Natur von Beginn an ›unbürgerlich‹ war. Der Alltag der Knechte und Mägde, Hirten und Kutscher ist für Huchel nie nostalgisch verklärte Folklore, sondern mitvollzogene Lebenswirklichkeit. So ist es auch erklärlich, daß er, der schon vor 1933 Bloch, Kantorowicz und anderen Marxisten freundschaftlich verbunden war, 1945, nach fünf Soldatenjahren, andere Wege einschlug als seine ehemaligen Mitstreiter von der Dresdner »Kolonne«. Huchels Erfahrungen als Soldat der Nazi-Wehrmacht führten ihn, der in Ost-Berlin zuerst Mitarbeiter, dann künstlerischer Direktor des sowjetisch lizenzierten Berliner Rundfunks wurde, zu einem neuen, folgenreichen Gebrauch des vermeintlich zeitlosen Genres Naturgedicht. Hermlin hatte im Blick auf die Naturlyrik vor und nach 1945 kritisch von einer »Welt blinder, vegetativer Kräfte, [...] in der Larven, Lurche, Sporen, Pollen und Staubfäden ihre blinde, beharrliche Existenz führten«, gesprochen; in Westdeutschland wurde gerade dieser Gedichttypus durch

Wilhelm Lehmann, Elisabeth Langgässer, F. G. Jünger, Georg Britting und ihre jüngeren Adepten ungemein populär. Huchel dagegen mochte nicht mehr an das reine »Glück des anschauenden Fühlens«, die »stille Gesetzlichkeit« des Naturgedichts, die Lehmann ihm abforderte, glauben. Gegen das meditative »Chlorophyllgedicht« (G. Benn) setzte er einen neuen Typus der nun nicht mehr menschenlosen Naturlyrik, indem er die Natur als Schauplatz der Geschichte aufsuchte und Naturbilder als Gleichnisse für menschliche und gesellschaftliche Zustände verwandte. Am deutlichsten ist dies in seinen chronikartigen Nachkriegsgedichten. Dominieren hier, wie im berühmten Zyklus »Der Rückzug«, zunächst barocke Bilder von Tod und Vergänglichkeit, so gibt es für Huchel jetzt auch den Kontrapunkt des hoffnungsvollen Neubeginns wie im Gedicht »Heimkehr«, das den 1948 erschienenen Band *»Gedichte«* (der erste dieses Autors überhaupt!) abschließt. Der durch den Krieg tödlich gewordene Stoffwechsel zwischen Mensch und Natur beginnt wieder lebensstiftend zu werden. Statt »des Todes Säbelkorb«, »Pferds Gerippe«, »schwarzem Geäst« und »aschigem Stroh« erscheint die wendische »Mutter der Frühe«, »die Mutter der Völker« auf dem Plan: »Hämmernd schlug sie den Rost vom Pflug«.

Huchels Erweiterung des Naturgedichts »mit Stalingrad und dem Schweigen der Toten«, wie Wilhelm Lehmann abfällig feststellte, markiert eine der wesentlichen Differenzen zwischen der ostdeutschen und der westdeutschen Literatur der ersten Jahre. Für die DDR-Lyrik hatte sie kaum zu überschätzende Folgen: für Johannes Bobrowski zumal, aber auch für die jüngeren »Landschafter« Wulf Kirsten, Heinz Czechowski, Uwe Grüning und manche andere, die erkennbar im Banne Huchels begannen. Freilich: Huchel selbst, ab 1949 Chefredakteur von »Sinn und Form« und bis Ende 1962, dem Datum seiner erpreßten Kündigung, im ständigen, zermürbenden Clinch mit den Literaturbürokraten vom Schlage Abuschs und Kurellas, wollte ein Hineinholen der konkreten Utopie ins Gedicht schon bald nicht mehr glücken. Bereits sein vergebliches Ringen um ein anspruchsvolles Poem zur Bodenreform, betitelt »Das Gesetz«, zeigt das (vgl. dazu das Lyrikkapitel zum Zeitabschnitt 1949–61).

Stephan Hermlins (geb. 1915) erstes lyrisches Werk waren die 1944 entstandenen »Zwölf Balladen von den großen Städten«. Manche seiner Gedichte wurden zuerst ins Französische übertragen und wirkten in der Résistance, der Hermlin nahestand, noch bevor sein erstes Buch in deutscher Sprache (»Wir verstummen nicht«, 1945) erschien. Hermlins zumeist fünf- bis achtzeiligen strophischen Gedichte nehmen ihren Ausgang von der traditionellen Ballade, aber sie durchbrechen sie regelmäßig, indem sie nicht nur, wie gewöhnlich in der Ballade, ein handlungsreiches und meistens tragisches Geschehen aus Mythos und Geschichte erzählen, sondern heroische Visionen eines Individuums artikulieren, das sich in der Zeitenwende zwischen schrecklicher, kriegerischer Vorgeschichte und der jetzt beginnenden »eigentlichen Geschichte«, dem Sozialismus, mit den in Bewegung geratenen Massen vereinigen will. Das Grundthema ist der Kampf zwischen Faschismus und antifaschistischem Widerstand und die Geburtsstunde einer neuen Welt, die der Autor in apokalyptischen Bildsymbolen einfängt, die deutlich vom Expressionismus (Dunkel, Brand, Morgenröte), vor allem Georg Heyms, und Surrealismus (der in Frankreich, wo Hermlin lange gelebt hatte, ja ein durchaus politisches Selbstverständnis hatte) geprägt sind. Später kommen Einflüsse der Romantik, Rilkes, auch der deutschen Barocklyrik hinzu. Indem Hermlin sich dergestalt mit der lyrischen Tradition der verschiedenen westeuropäischen Avantgarden und der deutschen Dichtungsgeschichte auseinandersetzte und manche dieser wichtigen Quellen überhaupt erst durch die Veröffentlichung seiner Gedichte ins Gespräch kamen, hat er für die DDR-Literatur eine wichtige, zu dieser Zeit von niemandem sonst wahrgenommene Funktion erfüllt. Damit ist freilich wenig über das Gelingen seines Projekts einer »humanistisch-heroischen Dichtung« (so er selbst) gesagt. Auch aus dem Abstand von Jahrzehnten wird man Hermlins Hang zum Erlesenen und Preziösen, die merkwürdige »Ausgesuchtheit und Gepflegtheit der Metaphern und Bilder, ein[en] Stilisierungszwang des ›gehobenen Wortes‹, der sich kaum einer Bildungsreminiszenz, kaum einem Gewürz- und Reizwort der Sprache verweigert« (Laschen), kritisieren müssen. Vermutlich ist denn auch Hermlin als Lyriker nicht nur deshalb verstummt (sein letztes bekanntgewordenes Gedicht, auf den Tod Johannes R. Bechers, stammt von 1958), weil man seinem Lied unter den dogmatischer werdenden Verhältnissen »auf die Kehle trat«, um mit Majakowski zu sprechen, sondern weil seine Art und Weise des lyrischen Sprechens in eine Sackgasse geraten war. – Ein bemerkenswerter, freilich immer wieder getadelter Versuch Hermlins in einem neuen Genre war sein »Mansfelder Oratorium« von 1950, das die Geschichte der thüringischen Kupferbergarbeiter vom 13. Jahrhundert bis in die DDR-Gegenwart hinein darstellt.

Der in Westdeutschland in der Adenauer-Ära meistgeschmähte ostdeutsche Schriftsteller war zweifelsohne der aus dem englischen Exil zurückgekehrte *Kuba* (1914–67). Dabei stellt man aus der Distanz fest, daß sein lyrisches Werk, beeinflußt vor allem von Walt Whitman und dem sowjetischen Revolutionsdichter Wladimir Majakowski, mehr politisches und ästhetisches Interesse beanspruchen kann als eine Fülle konventioneller, nur verbal sozialistischer Lyrikproduktion jener Jahre. Vor allem Kubas »Gedicht vom Menschen« (1948) wirkte stark und war bald in einer Auflage von 50 000 Exemplaren verkauft. In ihm war in Form eines großen Mosaiks, das formal hymnische, balladeske, liedhafte, satirische und spruchhafte Elemente enthielt, die Geschichte des Menschen, der sich aus seinen Fesseln befreit, dargestellt: wie »aus dem Sklaven Spartakus der Insurgent« wurde, wie die

Naziherrschaft überwunden wurde und die Zeitenwende anbrach. Auch andere Gedichte Kubas halten hartnäckig an der agitatorisch-operativen Möglichkeit der Lyrik fest, ohne daß er Abstraktion und Klischee entgangen wäre. Das gilt vor allem für die Vielzahl seiner Gedichte, die der Sowjetunion und Stalin (»Kantate auf Stalin«, 1949) gewidmet sind und in der Regel unerträgliche, aller Vernunft widerstreitende Lobhudeleien darstellen. Kuba hat die Linie weinertscher Aktionslyrik als erster nach 1945 fortgesetzt, die andere erst im Lauf der 50er Jahre wieder aufnahmen. Er hat später, zumal um den 17. Juni 1953 herum, eine schlimme Rolle als Literaturfunktionär der SED gespielt, die Kantorowicz' böses Wort, er sei der »neue Horst Wessel«, erklärt.

Überblickt man die Gedichtproduktion der ersten Nachkriegsjahre in (bzw. für) Ostdeutschland, dann läßt sich eine Grundspannung bemerken, die auch für die spätere DDR-Lyrik konstitutiv ist und so unterschiedliche Lyriker wie Brecht und Becher, Fürnberg und Huchel, Kuba und Hermlin verbindet. Die neue Lyrik will sich den Aufgaben des Tages nicht verweigern, ja häufig sogar operativ sein – und andrerseits strebt sie nach Schönheit, nicht selten nach Erhabenheit und Klassizität. Von dieser Spannung wird noch, bei allen Unterschieden, die Lyrik der Biermann- und Braun-Generation geprägt sein.

4
Literatur des sozialistischen Aufbaus (1949–61)

Kultur und Literatur als Planfaktor

Das Bemühen um die »antifaschistisch-demokratische Neuordnung« in den Jahren 1945–49 war gleichzeitig ein gewaltiger ökonomischer Kampf, darauf gerichtet, eine massiv kriegsbeschädigte Industrie und Landwirtschaft wieder in Gang zu setzen. Auf dem Lande hatte man mit der Bodenreform zunächst den Schritt zur ausschließlichen Privatisierung durch Verteilung des Großgrundbesitzes an Neubauern getan, während die industriellen Produktionsmittel bis 1950 zu 60% verstaatlicht wurden. Auf dieser widersprüchlichen Eigentumsgrundlage wurde eine Wirtschaft angekurbelt, die erst einmal hauptsächlich Mängel zu verwalten hatte. Die wesentlichen Defizite lagen im Bereich der Grundstoffindustrie (Energiewirtschaft, Eisenerzeugung, Chemie) und des Schwermaschinenbaus – also auf Sektoren, die schwerpunktmäßig in den Westzonen angesiedelt waren. Hinzu kamen kaum meßbare Demontageschäden. Es liegt auf der Hand, daß eine derartige Nach-Kriegs-Wirtschaft mit einem noch dazu strukturell schwachen Fundament und ohne fremde Kapitalhilfe der Bevölkerung weitgehenden Konsumverzicht abverlangen und zu einer hochgradigen Steigerung der Arbeitsproduktivität aufrufen mußte. Das geschah auch bereits 1947, als vom II. Parteitag der SED die Parole ausgegeben wurde: »Mehr produzieren, gerechter verteilen, besser leben!« Nach dem Vorbild der sowjetischen Stachanow-Bewegung wurde eine ausgedehnte Aktivisten- und Wettbewerbsbewegung stimuliert, für die im Herbst 1948 der Bergwerkshauer Adolf Hennecke das Signal gegeben hatte, als er seine Schichtnorm um 387% übererfüllte.

Die stetig fortschreitende Verstaatlichung von Betrieben und deren Konzentration in Großbetrieben resp. Kombinaten erleichterte die geforderte zentralisierte Wirtschaftsplanung nach sowjetischem Modell. Für 1949/50 wurde ein Zweijahresplan, für 1951–55 ein Fünfjahresplan vorgegeben, womit umfassende und strikte Leitlinien für die gesamte landwirtschaftliche und industrielle Produktion gezogen waren. Die Proklamation des Separatstaates DDR am 7. Oktober 1949 – ursprünglich kein »Planprodukt« (D. Staritz), sondern Antwort auf die Gründung der Bundesrepublik wenige Monate vorher – befestigte den einmal eingeschlagenen politisch-ökonomischen Weg der Abgrenzung vom kapitalistischen Westen und der Anlehnung an die Volksdemokratien des Ostens in einem (knappen) halben Land, auch wenn die nationale Agitation und Rhetorik kaum eingeschränkt fortgesetzt wurde und das Ziel, zumindest verbal, ein »einheitliches, friedliebendes, demokratisches Deutschland« blieb. Auf der 2. Parteikonferenz im Juli 1952 wurde dann beschlossen, was in der industriellen Wirtschaft (die Landwirtschaft wurde erst in den Jahren zwischen 1952 und 1960 kollektiviert) schon lange praktiziert, ideologisch bis jetzt aber noch weitgehend verbrämt worden war: der »Aufbau des Sozialismus« als »grundlegende Aufgabe«. Freilich war es ein ganz bestimmter Typus von Sozialismus, der hier aufgebaut wurde. Seine Realisierung wurde angeleitet von einer Partei, der SED, die spätestens bis 1948 zu einer Kaderpartei des stalinschen Typs umgebaut worden war. Der Grundsatz der paritätischen Führungsbeteiligung von ehemaligen Kommunisten und Sozialdemokraten war abgeschafft, das Organisationsprinzip des »demokratischen Zentralismus« voll durchgesetzt, Fraktionsbildung als schlimmstes Sakrileg verboten. Sich dennoch bildende Oppositionsgruppen wurden erstmals 1949/50 und später immer wieder aus der Partei ›hinausgesäubert‹. Oberstes Vorbild, an dem die SED ihre Politik ausrichtete, war die KPdSU; theoretische Entwürfe (so von dem Kommunisten Anton Ackermann), einen besonderen deutschen Weg zum Sozialismus einzuschlagen, wurden als »nationalistisch« und »antisowjetisch« gebrandmarkt. Die DDR wurde, wie ihre östlichen Nachbarn schon vor ihr, zur »Volksdemokratie«. Hermann Weber hat den Vorgang treffend als »Stalinisierung der DDR« bezeichnet.

Das gleiche Prinzip der zentralisierten Planung und Leitung wurde, nach sowjetischem Modell, auch immer straffer im Produktionsbereich angewendet – mit der Folge, daß die Arbeiter in den Betrieben das Was, Wann und Wie der Produktion immer weniger bestimmen konnten und ihre Mitsprache auf Betriebsprobleme im engeren Sinne eingeschränkt war. Die Gewerkschaften, zentral organisiert im »Freien Deutschen Gewerkschaftsbund (FDGB)«, waren keine selbständigen Interessenvertretungen, sondern loyalitätssichernder »Transmissionsriemen« zwischen Partei und Arbeiterschaft. Kurz, die »Avantgarde« formulierte, von oben her, die gesellschaftlichen Gesamtinteressen, nicht die proletarische Basis, von unten her, ihre eigenen. Staats- und Parteimacht, ihren Verlautbarungen nach sozialistisch, wuchsen immer weiter, ohne mit Arbeitermacht und -interesse identisch zu sein. Die vielzitierte »Arbeiterklasse« war in der Tat die entscheidende Größe jener Jahre und jener Politik: aber als ökonomischer Planfaktor im Systemvergleich, nicht als sich selbst bestimmendes Subjekt der Geschichte, wie der marxistische Entwurf es wollte.

Bertolt Brecht hat einmal den Sozialismus als »die große Produktion« definiert. Damit meinte er weniger, daß im Sozialismus mehr und Besseres produziert würde als im Kapitalismus. Vielmehr ging es ihm um die produktive, selbstbestimmte Aneignung der eigenen menschlichen Natur und die schrittweise Überwindung des ihr Fremden.

Oder in den Worten von Heiner Müller (1966), die noch in der gleichen Weise der utopischen Vorstellung eines schöpferische Potenzen freisetzenden Sozialismus huldigen: »Wenn bei uns etwas gebaut wird, ein Kraftwerk oder ein Wohnblock, dann wird mehr gebaut als nur ein Kraftwerk oder ein Wohnblock; jede Arbeit bei uns produziert auch Produktivität bei denen, die sie tun, und das Thema wäre die Freisetzung von Produktivität und der Lust an der Produktivität bei Leuten, die hier arbeiten.«

Müller sprach damals noch in der Wirklichkeitsform von der DDR als dem Land, in dem diese Art der »großen Produktion« praktiziert werde. Die politische und kulturell-literarische Entwicklung der DDR-Gesellschaft seit 1949 ist gekennzeichnet von der manchmal offenen und häufiger verdeckten Auseinandersetzung zwischen einem solchen utopisch-schöpferischen Konzept von Sozialismus, vertreten von Bertolt Brecht, Hanns Eisler, Hans Mayer, Erich Arendt, Peter Huchel oder Heinar Kipphardt, und einer mehr oder minder rigiden Parteilinie, der ein durch und durch instrumentelles Sozialismusverständnis zugrunde lag. Genuin außersozialistische, »bürgerliche« Literatur hatte (vom älteren »Erbe« abgesehen) schon bald keine Chance mehr. Die Falle der manichäischen Entgegensetzung von Antifaschismus/Sozialismus/ Kultur einerseits und allem dem nicht Subsumierbaren als Barbarei und Unkultur andrerseits schnappte zu. Treffend schreibt Roland Links, zu DDR-Zeiten Lektor und Verlagsleiter, 1994 im Rückblick auf die damalige Situation: »Mit der Gründung der NATO am 4. April 1949, der wenig später erfolgten Gründung der Bundesrepublik Deutschland und dann im Gegenzug mit der Gründung der Deutschen Demokratischen Republik hatten wir plötzlich ausgeträumt. Goethes ›Forderung des Tages‹ wurde nun als Bekenntnis zum neuen Staat ausgerufen; bald war der Aufbau des Sozialismus die ›sittliche Botschaft‹, und die ›Scheidung von Kultur und Barbarei‹ wurde zur Scheidung von Ost und West. Wechselseitig nahm jede Seite die Kultur für sich in Anspruch und unterschob die Barbarei jeweils dem Gegner.«

Schon früh wurden Kultur und Literatur wesentliche Aufgaben im Rahmen einer sozialistischen Transformation der Gesellschaft zugeteilt, so daß es fragwürdig ist, die durch die Staatsgründung 1949 gesetzte Zäsur absolut zu setzen. Bereits 1948 hielt Alexander Abusch (1902–82) eine Rede mit dem Titel »Der Schriftsteller und der Plan«, und ein Jahr später heißt es in einer Entschließung der 1. Parteikonferenz der SED: »Kulturarbeit im Dienste des Zweijahresplans leisten, das bedeutet in erster Linie die Entfaltung des Arbeitsenthusiasmus aller […] Schichten des Volkes.« Die Tendenz war deutlich: Literatur und andere kulturelle Aktivitäten sollten nicht die menschliche Produktivität im allgemeinen befördern und das Bewußtsein erweitern, sondern sehr konkret die Bereitschaft zur materiellen Arbeit stimulieren, um dem Sozialismus im Systemvergleich zum Sieg zu verhelfen.

Schließlich wurden sogar die Maßstäbe der materiellen Produktion – Normerfüllung und -übererfüllung – unvermittelt auf die literarische Produktion übertragen, so, wenn z.B. der sonst, zumal in seinen privaten Tagebüchern, eher zurückhaltende Johannes R. Becher die Gewissensfrage an die Dichter stellte: »Was haben wir bis auf wenige Ausnahmen den Erfolgen der Aktivistenbewegung entgegenzustellen?« In einer SED-Entschließung vom Jahresende 1950 wird die Kultur wiederum explizit in die staatliche Planung einbezogen: »Auf kulturellem Gebiet ist im ersten Jahr des Fünfjahresplans [...] die Kunst in allen ihren Zweigen an die Probleme der Gegenwart heranzuführen.« Zwar gab es z.B. schon seit 1946 einen »Kulturellen Beirat« mit der Aufgabe der Manuskriptüberprüfung (er wurde 1948 unabhängig von der SMAD), und die private Verlagsproduktion wurde schon früh von den sowjetischen Stellen kleingehalten und kontrolliert. Doch zu einer umfassenden Verplanung und Lenkung kultureller Aktivitäten in rein deutscher Regie kommt es erst jetzt. 1951 werden das »Amt für Literatur und Verlagswesen« und die »Staatliche Kommission für Kunstangelegenheiten« eingerichtet. 1950 war, zunächst im Schoß des Kulturbundes, der Deutsche Schriftstellerverband mit Bodo Uhse als Vorsitzendem gegründet worden. Auf dem 3. Schriftstellerkongreß im Mai 1952 wurde er selbständig und, als quasi monopolistischer Berufsverband, gleichzeitig eng an die SED angebundenes Vehikel mehr oder weniger dogmatischer Literaturpolitik. Seine monatlich erscheinende Zeitschrift war die »Neue Deutsche Literatur« (sie besteht noch heute), neben der offeneren, auf höherem Niveau angesiedelten Akademiezeitschrift »Sinn und Form« die einzige aktueller Literatur gewidmete Zeitschrift der DDR überhaupt. Unter ihren ersten Chefredakteuren Willi Bredel und F. C. Weiskopf gelang es ihr kaum je, sich von dem oktroyierten instrumentellen Literaturverständnis der Partei freizumachen.

Nun waren es gerade die Marxisten unter den Schriftstellern, die schon früher auf der gesellschaftlichen Funktion der Literatur, auf der Operationalität von Texten bestanden hatten. Allein, die hier in Gang gesetzte Funktionalisierung erlebten auch viele von ihnen als einengend, lähmend, der Produktivität feindlich. So stellte der gleiche Becher, der alle Schriftsteller zu Aktivisten hatte machen wollen, wenig später sarkastisch fest: »Ich versuche mich in Agitationsreimereien – ein bekannter Agitationsreimer erwies sich aber mir in dem Genre bei weitem überlegen.« Und an anderer Stelle: »Der Dichter ist kein Schaufensterdekorateur. Aber das Kunstgewerbe blüht.« Aus solcher Skepsis gegenüber dem naiven Glauben an die Plan- und Machbarkeit einer qualitativ neuen, sozialistischen Kultur von oben verspottete Becher auch jenes seit 1950 geplante »Literaturerziehungsinstitut« in Leipzig, das nach seinem Tod seinen Namen tragen sollte, als »hyperformalistisches Retortenexperiment«.

Das Engstirnige eines sozialistischen Funktionalismus, dem eine stürmische Produktivkraftentwicklung alles bedeutete, zeigte sich vor allem dort, wo dieses Konzept als kulturpolitisches unmittelbar auf die literarische Produktion angewendet wurde. Es wurde angeregt, daß die Schriftsteller sich direkt an der gesellschaftlichen Basis umtun, Erfahrungen sammeln und diese literarisch gestalten sollten. So berichtete z.B. das »Neue Deutschland« 1952 von einer Schriftstellerinitiative, die sich bemühte, Ulbrichts Forderung nach Gestaltung des »neuen Menschen, des Aktivisten, des Helden des sozialistischen Aufbaus« in die Tat umzusetzen: »Die in Aussicht genommenen Themen unterteilten sich in folgende drei Hauptabschnitte: 1. Das neue Leben auf dem Land, 2. Aufbau unserer industriellen Schwerpunkte, 3. Wiederaufbau Berlins [...] Der junge Lyriker Paul Wiens hat sich entschlossen, Probleme des Wiederaufbaus von Berlin lyrisch zu gestalten. [...] Fred Reichwald arbeitet bereits an einem Schauspiel, das die Produktionssteigerung in Zusammenhang mit der Demokratisierung des Dorfes behandelt. Heinz Kahlau hat bei seiner vertraglichen Kulturarbeit im Betrieb einen Karrieristen kennengelernt, beobachtet und studiert, der im Betrieb den Fortschrittlichen mimt, seine Kinder aber reaktionär erzieht. Wie sich diese Kinder durch ihre Erlebnisse im Ferienlager und durch die Hilfe der Jungen Pioniere von den Einflüssen ihres doppelgesichtigen Vaters befreien, soll den Inhalt seines Romanes ausmachen. [...] Bernhard Seeger hat sich zum Ziel gesetzt, die Einführung der genossenschaftlichen Arbeitsmethoden in einem umfangreichen, mehrfach gegliederten Poem zu behandeln. Er hat bereits mehrere zarte und doch kämpferische Gedichte in der Presse veröffentlicht. [...] Hans Lorbeer beabsichtigt, am Beispiel des Stickstoffwerkes Piesteritz und eines landwirtschaftlichen Betriebs die Verbundenheit der Industrie mit der Landwirtschaft in einer Romanhandlung zu gestalten. [...]«

Der Bericht belegt – und zahllose andere könnten hier statt seiner stehen –, daß für diese Art von funktionalistisch geplanter Literaturpolitik schon immer im vorhinein feststand, wohin ein Stück Literatur führen solle, welche Botschaft es zu vermitteln habe. Bertolt Brecht, selbst durchaus ein Freund planvoller Lern- und Erkenntnisprozesse auch in der Kunst, hat 1953 derlei naiv-dogmatische Plangläubigkeit brüsk verworfen: »Die Kunst ist nicht dazu befähigt, die Kunstvorstellungen von Büros in Kunstwerke umzusetzen. Nur Stiefel kann man nach Maß anfertigen. Außerdem ist der Geschmack vieler politisch geschulter Leute verbildet und also unmaßgeblich.« – Und an anderer Stelle: »Es mag für administrative Zwecke und mit Rücksicht auf die Beamten, die für Administration zur Verfügung stehen, einfacher sein, ganz bestimmte Schemata für Kunstwerke aufzustellen. Dann haben die Künstler ›lediglich‹ ihre Gedanken (oder die der Administration?) in die gegebene Form zu bringen, damit alles ›in Ordnung‹ ist. Aber der Schrei nach Lebendigem ist dann ein Schrei nach Lebendigem für Särge.«

Der Blick auf die seit 1949–53 betriebene Wirtschaftspolitik einerseits und die Kulturpolitik andererseits ergibt eine beklemmende Parallelität: nämlich den Versuch einer umfassenden Funktionalisierung durch ein allmächtiges Machtzentrum. Daß die Arbeiterschaft sich gegen eine derartige Funktionalisierung zur Wehr setzte, hat am deutlichsten der Aufstand vom 17. Juni 1953 gezeigt. Zunächst war eine 10%ige Normerhöhung bei teilweise gleichzeitiger Lohnsenkung verfügt worden, ohne daß das »Subjekt der Geschichte«, genannt »Arbeiterklasse«, gefragt worden wäre. Auch die bald beschlossene Rücknahme dieser Normerhöhung konnte die im Kern politischen Streiks und den Aufstand nicht mehr verhindern. Wiederum belegt eine Äußerung von Brecht, daß kritische Marxisten wie er die Vereinnahmung der Arbeiter wie der Kunst (und letztlich aller anderen gesellschaftlichen Wertsphären) aus einem Grund entspringen sahen: aus dem Anspruch von doktrinärer Macht, sich alles Lebendige, Produktive zu unterwerfen: »Vor dem 17. Juni und in den Volksdemokratien nach dem XX. Parteitag [der KPdSU 1956] erleben wir Unzufriedenheit bei vielen Arbeitern und zugleich hauptsächlich bei den Künstlern. Diese Stimmungen kamen aus einer und derselben Quelle. Die Arbeiter drängte man, die Produktion zu steigern, die Künstler, dies schmackhaft zu machen. Man gewährte den Künstlern einen hohen Lebensstandard und versprach ihn den Arbeitern. Die Produktion der Künstler wie die der Arbeiter hatte den Charakter eines Mittels zum Zweck und wurde in sich selbst nicht als erfreulich oder frei angesehen. Vom Standpunkt des Sozialismus aus müssen wir, meiner Meinung nach, diese Aufteilung, *Mittel und Zweck, Produzieren und Lebensstandard,* aufheben. Wir müssen das Produzieren zum eigentlichen Lebensinhalt machen und es so gestalten, es mit so viel Freiheit und Freiheiten ausstatten, daß es an sich verlockend ist.«

Wenn auch nach den Juniereignissen von 1953 die restriktive Kulturpolitik gelockert wurde, so gilt doch, daß das einmal in den Jahren zuvor installierte Instrumentarium einer zentralistisch geplanten, hierarchischen, funktionalistischen Kulturpraxis seither bestimmend blieb – bis es in den späten 70er und 80er Jahren Zug um Zug seine Kraft verlor.

Sozialistischer Realismus contra Formalismus

Im März 1951 sah sich das Zentralkomitee der SED auf seiner 5. Tagung veranlaßt, die kulturelle Entwicklung der jungen DDR zum Hauptthema zu machen und deutliche Warnungen und Gebote auszusprechen. Die Partei startete jetzt explizit den Kampf gegen den sog. Formalismus in Kunst und Literatur. Formalismus wurde definiert als »Zersetzung und Zerstörung der Kunst selbst. Die Formalisten leugnen, daß die entscheidende Bedeutung im Inhalt, in der Idee, im Gedanken des Werkes liegt. Nach ihrer Auffassung besteht die Bedeutung eines Kunstwerks nicht in seinem Inhalt, sondern in seiner Form. Überall, wo die Frage der Form selbständige Bedeutung gewinnt, verliert die Kunst ihren humanistischen und demokratischen Charakter.« Die Ursachen solcher Tendenzen wurden in der Gesellschaftsformation geortet, der der Kampf der neuen sozialistischen Ordnung galt: im Kapitalismus und Imperialismus, denn: »Die kapitalistische Produktion ist bestimmten geistigen Produktionszweigen, wie der Kunst und Poesie, feindlich. [...] in der imperialistischen Epoche zerstört der Kapitalismus die wahre Kunst.« Oder in der Veranschaulichung von Stephan Hermlin (der doch selber die Kunst und Literatur Westeuropas hochschätzte und sich zur gleichen Zeit für Picasso oder Kafka einsetzte): »Der Formalismus ist also der malerische, musikalische, literarische Ausdruck des imperialistischen Kannibalismus, er ist die ästhetische Begleitung der amerikanischen Götterdämmerung.«

Die Partei zielte mit dem Formalismusverdikt nicht nur, was man hätte begreifen können, auf gewaltverherrlichende Massenliteratur und -filme. Vielmehr wurden unter den wechselnden Etiketten »Dekadenz«, »Kosmopolitismus«, »Naturalismus«, »Modernismus« und eben immer wieder »Formalismus« bedeutende Autoren der modernen Weltliteratur (Kafka, Joyce, Proust u. a.) und vor allem künstlerische Tendenzen im eigenen Land angegriffen, die ästhetisch innovativ waren. So wurde Paul Dessaus Musik zu Brechts Opernlibretto »Das Verhör des Lukullus« scharf angegriffen (auch der Text wurde kritisiert, woraufhin Brecht ihn umschrieb – aus »Verhör« wurde »Verurteilung«); eine Ernst-Barlach-Ausstellung in Dresden 1952 mußte vorzeitig schließen, weil die Partei dem »rückwärts gewandten Künstler« Barlach (1870–1938) vorwarf, seine Figuren hätten »einen düsteren, bedrükkenden, pessimistischen Charakter« – und eben das galt per se als dekadent, formalistisch, antisozialistisch. Seit 1951 war eine ganze Kette von Veröffentlichungsverboten zu registrieren, Bücher wurden eingestampft, Theateraufführungen abgesetzt und Wandbilder übermalt. An die öffentlichen Bibliotheken erging »der nicht öffentlich gemachte, aber genau überwachte Befehl« – so rückblickend der ehemalige Bibliothekar Günter de Bruyn –, »alle pazifistische, kosmopolitische und dekadente Literatur auszusondern und in die Papiermühlen zu bringen, eilig – unbürokratisch und rücksichtslos.« Das war häufig genug Literatur, die die Nazijahre »nur durch Zufall oder lebensgefährdendes Verantwortungsbewußtsein« der Bibliothekare überstanden hatte: Freud, Kafka, Döblin oder Berta von Suttner.

Parallel zum Programm des sozialistischen Aufbaus in Ökonomie und Politik wurde die künstlerische Strategie des »sozialistischen Realismus« verpflichtend. Der *sozialistische Realismus* als maßgebliche künstlerische Leitlinie wurde erstmals 1932 in der Sowjetunion (u.a. von Stalin), verbindlich dann 1934 von Andrej Shdanow und im August 1946 ein weiteres Mal (in Form von Erlassen der KPdSU) formuliert. Nach dieser Doktrin soll der Künstler »das Leben kennen, es nicht scholastisch, nicht tot, nicht als ›objektive Wirklichkeit‹, sondern als die objektive Wirklichkeit in ihrer revolutionären Entwicklung darstellen. Dabei muß die wahrheitsgetreue und historisch konkrete künstlerische Darstellung mit der Aufgabe verbunden werden, die werktätigen Menschen im Geiste des Sozialismus ideologisch umzuformen und zu erziehen«. Bevorzugtes Sujet sollte die sozialistische Produktion sein. Im Zentrum des literarischen Werkes hatte ein positiver, vorbildhafter Held zu stehen, der als zur Nachahmung einladendes Identifikationsangebot an den Leser gemeint war. Es liegt nahe, daß diese Literaturdoktrin bereits in ihrem Ursprungsland, der Sowjetunion, seit 1950, deutlicher dann seit der »Tauwetter«-Periode ab 1956 der Kritik unterworfen und Texten, die ihr buchstabengetreu folgten, Schematismus, Schönfärberei und Konfliktlosigkeit vorgeworfen wurde. In der DDR jedoch war, zeitverschoben, zumindest in den frühen 50er Jahren der »sozialistische Realismus« sakrosankt ohne jeden Abstrich, und die Werke der Sowjetliteratur – von Gorki, Scholochow, Nikolai Ostrowski usw. – galten als unvergleichliche, uneinholbare Muster.

Seine volle Wirkung entfaltete dieses Programm des »sozialistischen Realismus« in der DDR jedoch erst in seiner unmittelbaren Kombination mit der Literaturtheorie von *Georg Lukács* (1885–1971), der – wie später kritisch einbekannt wurde – bis 1956 eine »Monopolstellung« (Abusch) auf diesem Sektor einnahm. Lukács' bereits in den 30er Jahren vollständig ausgearbeitete Realismusauffassung knüpfte theoretisch an Hegel, ästhetisch an den Normen der Klassik und des bürgerlichen Realismus an. Maßstäbe bürgerlicher Kunstproduktion aus dem 18. und 19. Jahrhundert wurden so als quasi überzeitlich gültig gesetzt: Das Kunstwerk sollte »alle wesentlichen objektiven Bestimmungen, die das gestaltete Stück Leben objektiv determinieren, in richtigem, proportioniertem Zusammenhang widerspiegeln«, so daß es selbst »als eine Totalität des Lebens« erscheint. Auf dem Wege der Typisierung der Erscheinungen sollte das »Allgemeine«, das Wesen, die »Gesetzlichkeit« der Wirklichkeit unter der Form der »Besonderheit« widergespiegelt werden. Formalästhetisch hatte das Kunstwerk, da es ja selbst »eine Totalität des Lebens« in sich sein sollte, organisch und geschlossen zu sein. Ein Abgehen von diesen Prinzipien galt mit und seit Lukács als Sakrileg, eben als Formalismus. Damit waren vorzüglich alle jene ästhetischen Techniken gemeint, die solchen Totalitäts-, Typus-, Organismus- und Geschlossenheitspostulaten zuwiderlaufen: Formen der Montage, der Verfremdung, der Fabelunterbrechung, der parabolischen Gestaltung usw.

Zugespitzt läßt sich sagen, daß die DDR-Version des »sozialistischen Realismus« als Doktrin eine merkwürdige, ja monströse Mixtur darstellte: Ihrem ideologischen Gehalt nach folgte sie der (schematisierten) materialistischen Geschichtsauffassung; ästhetisch aber sanktionierte sie den Formenkanon einer bestimmten Entwicklungsetappe bürgerlicher Kunst als überhistorisch gültig. Künstler und Theoretiker, die diese Kombination ablehnten, gerieten in die Defensive und mußten sich ständig legitimieren (Brecht, Eisler, Dessau, später z.B. H. Müller, Kunert u. a.). Seit 1956, als Lukács' Monopolstellung abrupt endete (er war Mitglied der ungarischen Regierung Imre Nagy, die nach dem Oktoberaufstand kurz amtierte), hat der »sozialistische Realismus« schrittweise den Charakter eines geschlossenen Systems verloren und wurde im letzten DDR-Jahrzehnt flexibel als »sich dynamisch entwickelndes und vervollkommnendes System« von künstlerischen Verfahrensweisen beschrieben. Die Künstler selbst nahmen ihn in dieser Phase als Doktrin nicht mehr ernst. Unterschwellig jedoch ist, wie später noch zu zeigen sein wird, die lukácssche Realismustheorie sehr einflußreich geblieben.

Obwohl die Doktrin des »sozialistischen Realismus« sich in den frühen und mittleren 50er Jahren der DDR vor allem in Werken der Produktions- und Bauernliteratur manifestiert, sich also nach sowjetischem Vorbild der postulierten neuen Arbeiter- und Arbeitskultur zuwendet (dazu gleich), frappiert in der Frontstellung von »sozialistischem Realismus« contra »Formalismus« doch vor allem die starke Anlehnung des ersteren an das bürgerlich-humanistische Kulturerbe. Als »wichtigstes« Merkmal des Formalismus wurde nicht etwa seine möglicherweise arbeiterferne Tendenz gebrandmarkt, sondern »das Bestreben, [...] den völligen Bruch mit dem klassischen Kulturerbe zu vollziehen. Das führt zur Entwurzelung der nationalen Kultur, zur Zerstörung des Nationalbewußtseins, fördert den Kosmopolitismus und bedeutet damit eine direkte Unterstützung der Kriegspolitik des amerikanischen Imperialismus«. Realistische Kunst war zu entwikkeln »durch Anknüpfen an die großen Meister der Klassik«. Nachdem die Revolution in des Wortes ursprünglicher Bedeutung aufgegeben war (als Sprachformel gleichwohl noch im Gebrauch), hatten auch Sprünge und Brüche in der gesellschaftlichen Entwicklung grundsätzlich keinen Platz mehr. Bürgerlicher Humanismus konnte problemlos in proletarischen Humanismus übergehen. Zur Proklamation der bereits erreichten »sozialistischen Menschengemeinschaft« jenseits der Klassen in den 60er Jahren war es eigentlich nur noch ein Schritt. Die Notwendigkeit, neue künstlerische Formen zu entwikkeln, entfiel im Rahmen dieser Logik: Sie waren schon da, abrufbereit bei Lessing, Goethe, Schiller, Heine, Keller oder Tolstoi. Wer die Ästhetik dieser Autoren für historische Muster hielt, die nicht einfach in die Gegenwart transferierbar waren, galt als »neuerungssüchtig«, eben: formalistisch.

Gründe für die immense Hochschätzung des bürgerlichen Kulturerbes wurden bereits genannt, vor allem die Absicht, darüber nichtproletarische Schichten für ein breites antifaschistisches Bündnis in der Tradition der Volksfront zu gewinnen. Jetzt trat ein neues wesentliches Motiv hinzu. Die bürgerliche Kultur von der Renaissance über die deutsche Klassik bis ins 19. Jahrhundert hinein schien geprägt vom Geist der unermüdlichen Tätigkeit, des Fleißes, der Industriosität. Insbesondere Goethe wurde, seit dem Jubiläumsjahr 1949, als »das Vorbild eines stets arbeitenden Menschen« hervorgehoben, dessen Wesen »von einem tätigen Humanismus erfüllt« gewesen sei. Seine Faustgestalt galt als Prototyp des sich »gesellschaftlich und tätig bewährenden Menschen«. Somit konnte eine geistige Aneignung der bürgerlich-klassischen Ideale nach Auffassung der SED durchaus dazu beitragen, den Arbeitsenthusiasmus zu entfalten und die Produktion zu steigern. Hervorstechende Ereignisse der »Erbepflege« sind in den 50er Jahren das Schiller-Jahr 1955 mit Thomas Manns Festrede in Weimar und, ebenfalls 1955, die Etablierung der »Weimarer Beiträge«, einer kultur- und literaturwissenschaftlichen Fachzeitschrift, die, neben einer Vielzahl offiziöser Beiträge, auch seriöse Forschungsbeiträge veröffentlichte und bis zum Ende der DDR (und über dieses hinaus) Bestand hatte.

Beispielhaft zeigt sich das skizzierte Verhältnis zum Erbe an den Kontroversen um *Hanns Eislers* Opernlibretto *»Johann Faustus«* von 1953. Im Mai 1953 erschien eine Artikelserie im »Neuen Deutschland«, die hart mit Eisler – einem alten Kommunisten – ins Gericht ging: »Nicht zu einem beliebigen Zeitpunkt wurde dieser Operntext verfaßt, sondern 1952, dem Jahr also, in dem beschlossen wurde, in der DDR die Grundlagen für den Aufbau des Sozialismus zu schaffen. Kommt es nicht gerade jetzt [...] darauf an, die neuen Kunstwerke im Geiste des sozialistischen Realismus zu gestalten, alle Überreste des Proletkultes auszumerzen und das klassische Erbe zum Gemeingut aller unserer Werktätigen zu machen?« Im weiteren empörte sich die Zeitung sehr konkret, daß »solche erbärmlichen Schufte [wie Faustus] [...] als typische Repräsentanten für die Intelligenz unserer Epoche, der Stalinschen Epoche, [...] hingestellt« werden. – Was hatte Eisler getan? Er hatte das alte Volksbuch neu und anders als Goethe gelesen. Er siedelte die Faustgeschichte nicht in der revolutionären Aufschwungsphase des Bürgertums (Reformation) an, sondern in den Jahren danach, als die Bauern geschlagen wurden und die reaktionären Territorialfürsten wieder unangefochten regierten. Fausts Konflikt mit der orthodoxen Wissenschaft und sein bürgerlich-fortschrittlicher Erkenntnisdrang spielten, anders als bei Goethe, keine Rolle. Er ist der ehemalige Bauernsohn, aufgestiegene Intellektuelle und Humanist, der zunächst für Luther, dann für Thomas Münzer – also die fortgeschrittenste Position im Bauernkrieg – Partei ergreift, schließlich sich aber von den rebellischen Bauern abkehrt, als sie ihre Sache mit Waffengewalt durchzusetzen versuchen. Erst durch den Pakt mit dem Teufel gelingt es

Faustus, diesen Verrat restlos zu vollziehen und – so Mephistos Forderung – auf die Liebe zu den Menschen, zum Vaterland und zur Wissenschaft zu verzichten. Als er später auf das Volk schießen lassen soll, erwachen die Erinnerungen an seine früheren Vorsätze und Ideale wieder. In der Erkenntnis seines Irrwegs bricht er zusammen. Der geschlossene Pakt ist abgelaufen – Faustus wird vom Teufel geholt.

Der Kontrast zu Goethes Faustbild ist beträchtlich. Eisler, der Marxist, stellt in den Mittelpunkt die Kämpfe der gesellschaftlichen Klassen als das eigentliche Movens der Geschichte; der einzelne (Intellektuelle) dagegen ist kein »Mittelpunktsindividuum« (Brecht), spielt eine sehr eingeschränkte historische Rolle. Eisler teilt nicht Goethes Scheu vor der Politik und löst sich von dessen Verfahren, die wirklichen sozialen Konflikte in Mythen, Symbolen und Allegorien zu spiegeln. Vor allem aber: Der Autor ist voller Skepsis gegenüber dem (auch von den Nazis hochgehaltenen) Topos vom »faustischen Streben« als einem überzeitlichen Prinzip, auch und gerade, wenn die SED es propagierte. Für die offiziöse Kulturpolitik war der »Faust« das »Drama der Menschengattung« (Lukács), von Goethe in die endgültige künstlerische Form gebracht; ein Nonplusultra, an dem zu rütteln unbotmäßig war. Zudem wurde Eisler vorgeworfen, er habe Faust als eine »Zentralgestalt der deutschen Misere«, den »deutschen Humanisten als Renegat« dargestellt, die fortschrittlichen Kräfte in der »schwarzen Nacht der Misere« untergehen lassen und damit einen gefährlichen Beitrag zu einer Auffassung geliefert, die die deutsche Geschichte grundsätzlich als Weg durch eine Sackgasse, als Kette von gescheiterten Revolutionen und Niederlagen schildere (Miseretheorie). Eisler (und ihn unterstützend Brecht) widersprach diesem Vorwurf, wandte sich gegen eine klischeehafte Zuordnung seines Faustus und betonte das gerade Typische dieser Figur für die besondere gesellschaftliche Stellung der Intelligenz und die damalige unentschiedene Haltung des Stadtbürgertums. Aber auf den Widersprüchen beharrende Analysen waren nicht gefragt. Faust als Vorbild des neuen Menschen im Sozialismus, als Leitfigur für den Intelligenzler, der im »Kampf um die Entwicklung der Wissenschaft, der Technik usw.« dringend gebraucht wurde, durfte nicht preisgegeben werden. Die SED ließ nicht zu, daß Goethe »formalistisch verunstaltet wird, daß man die großen Ideen in Goethes ›Faust‹ zu einer Karikatur macht, wie das in einigen Werken, auch in der DDR, geschehen ist, zum Beispiel in dem sogenannten Faust von Eisler und in der Inszenierung des ›Urfaust‹.« (Walter Ulbricht)

Mit letzterem war auf Brechts Bearbeitung von Goethes allererster Faustfassung und deren Inszenierung am Berliner Ensemble 1952 angespielt, in der Brecht die Faustfigur als sowohl revolutionär-fortschrittlich wie auch parasitär-bürgerlich zu zeigen versuchte und die noch offene, unklassische Form des Dramas voll zur Geltung brachte. Brecht und Eisler – in den frühen 50er Jahren eher Einzelkämpfer als

Anführer einer breiteren intellektuellen Opposition – nahmen den Sozialismus und mit ihm auch das Verhältnis zur Vergangenheit ernster, radikaler als ihre maßgeblichen Kontrahenten. Ihr Fazit lautete: »Die alten Ideale reichen bei weitem nicht aus, das heißt, wir müssen mit dem Kleinbürger in uns Schluß machen. [...] Wir müssen einen großen Ballast von erhabenen Gefühlen abwerfen, welche nur die Gefühle der Erhabenen waren, und uns den niedrigen Beweggründen zuwenden, welche die Beweggründe der Niedrigen waren.«

Die SED-Literaturfunktionäre machten sich dagegen den Umgang mit Goethe und seinem »Faust« immer einfacher. War gerade Goethe in der deutschen Arbeiterbewegung als »Fürstenknecht« höchst umstritten gewesen – ein Johannes R. Becher hatte ihn noch in der Weimarer Republik als »Inbegriff der deutschen Spießigkeit« gebrandmarkt –, so wurde er jetzt zumal über seine Faustfigur (wahlweise Prometheus) als widerspruchsfreie Inkarnation rastlos tätiger Humanität inthronisiert, die für die sozialistische Produktion als vorbildlich galt. Das zeigt beispielhaft der Umgang mit der Schlußvision Fausts am Ende des Zweiten Teils der Tragödie, die, eine einseitige Deutung von Georg Lukács noch einmal vereinseitigend, zum Vorschein des vollendeten Sozialismus in der DDR verklärt wurde. »Solch ein Gewimmel möcht ich sehn, / Auf freiem Grund mit freiem Volke stehn! / Zum Augenblicke dürft' ich sagen: / Verweile doch, du bist so schön!« – dieser weltgeschichtliche Augenblick schien den SED-Oberen jetzt gekommen zu sein. Daß das Klappern der Spaten in dieser Szene nicht die Gewinnung von Neuland bedeutet, sondern das Graben von Fausts Grab durch die Lemuren, ignorierten die Funktionäre gleich dem blinden, schuldbeladenen Faust – und proklamierten so, gemäß der sog. Vollstreckertheorie, die DDR zum nicht mehr mit Tinte geschriebenen, sondern zum mit Arbeiter- und Bauernhänden geschaffenen »dritten Teil des ›Faust‹« (so Walter Ulbricht 1962). Die in den späten 40er Jahren noch halbwegs offene Erbepflege war im »sozialistischen Realismus« zur Farce geworden. Die auf Fülle, Reichtum, Offenheit und Kreativität angelegte klassische Idee vom Menschen verengte sich zum »sozialistischen Menschenbild«, einer Mixtur aus hausbackenen Bürgertugenden und Produktionsmaschine.

Tauwetter, Terror und Kulturrevolution.
Der Weg nach Bitterfeld

Mit den bislang skizzierten Vorgängen und Maßstäben der Literaturpolitik – Literatur als unmittelbarer Planfaktor, »sozialistischer Realismus« als verbindliche Doktrin, »Formalismus« als ideologisch-ästhetischer Widerpart, das bürgerliche Erbe als Vorbild und Fluchtpunkt – sind die Vorgaben genannt, die auch nach 1953/54 bestehenblieben und grundsätzliche Veränderungen ausschlossen. Die Schriftsteller und Intellektuellen blieben eingezwängt in die Scheinalternative zwischen noch zunehmender Kontrolle durch Partei und Staat und einem Teilgewinn an Autonomie, genannt »Liberalisierung«. Eine Fiktion war diese geglaubte Alternative deshalb, weil sie unterstellte, Freiheit für die Intelligenz ließe sich erreichen, ohne daß sich an der sonstigen Verfassung der Gesellschaft Grundlegendes änderte. *Daß* die meisten Autoren sich auf diese Alternative fixierten, zeigt das ganze Dilemma des »realen« Sozialismus. Allerdings kam es zum Ende der 50er Jahre schon zu Ernüchterungen und in deren Folge zu Entscheidungen von Intellektuellen gegen die DDR. 1957 verließ Alfred Kantorowicz, gebildeter Altkommunist, Literaturprofessor und verzweifelt für den Erhalt eines einheitlichen Deutschland engagiert, die DDR; im gleichen Jahr floh Gerhard Zwerenz, und der Hamburger Ralph Giordano, gerade in der Ausbildung am Leipziger Literaturinstitut, sagte sich ebenfalls 1957 vom Kommunismus los. 1959 schließlich gingen zwei der Wichtigsten: Heinar Kipphardt und Uwe Johnson. Mit dem Tod Brechts am 14. August 1956 und ihrem Weggang war die DDR-Literatur entschieden ärmer geworden. Freilich, auch Bewegung in die andere Richtung war noch zu verzeichnen. Mitte der 50er Jahre siedelten u.a. Wolf Biermann, Peter Hacks und Adolf Endler – alle drei noch voller Zukunftshoffnung – in die DDR über.

Der »Neue Kurs« des Jahres 1953 und das Ereignis 17. Juni führten, wie schon erwähnt, keine kulturpolitische Wende herbei, auch wenn Stalins Tod am 5. März 1953, also kurz vorher, psychologisch spürbar entlastend wirkte. Zwar verlautbarte die SED, daß »die Möglichkeit einer freien schöpferischen Tätigkeit gesichert werden« müsse und die Auffassungen der Partei den Künstlern »in keinem Fall administrativ aufgezwungen werden« dürften. Aber die Grundlagen der bisherigen Kulturpolitik wurden damit nicht erschüttert. Neue historische Forschungen betonen mit Recht, daß die Niederschlagung des 17. Juni-Aufstands und die Rückkehr zur vorübergehend irritierten Stalinisierungspolitik mit dem IV. Parteitag 1954 so etwas wie eine erste »innere Staatsgründung« der DDR bedeuteten (der Mauerbau von 1961 wäre dann die zweite). Die Anerkennung der Spaltung Deutschlands und damit der SED-Herrschaft in der DDR festigte sich, wurde zur für nicht mehr umkehrbar gehaltenen Selbstverständlichkeit, der – bis 1961 – nur durch die Flucht in den Westen zu entgehen war.

Bemerkenswert ist, daß die seit 1948 entstandene Aufbau- und Produktionsliteratur (insbesondere der Betriebsroman) ziemlich rasch in die Krise geriet, weil sie – befohlenermaßen funktionalistisch, unmittelbar operativ auf die Steigerung der Arbeitsproduktivität hin orientiert – über Schematismus, Schönfärberei und Verkleisterung der Widersprüche nicht hinauskam. Bereits 1956 war ihr (vorläufiges) Ende gekommen.

Vor allem der 4. Schriftstellerkongreß vom Januar 1956 demonstrierte, daß der Vorwurf der administrativen Bevormundung und Doktrinarisierung der Literatur inzwischen ziemlich allgemein erhoben wurde und die Aufbauliteratur gescheitert war. Nicht nur Intellektuelle wie Hans Mayer wandten sich gegen die »Panpolitisierung« und beklagten die mangelnde »Opulenz« der landeseigenen Literatur (dies erst 1957, nach dem XX. Parteitag der KPDSU); auch dezidiert sozialistische Schriftsteller wie die Seghers, Claudius, Heym, Uhse und Bredel kritisierten heftig das »öde, kleinbürgerliche Niveau« (Claudius), die »hölzerne Primitivität« (Heym) der Gegenwartsliteratur. Selbst Alexander Abusch sagte »der Scholastik und dem Dogmatismus in der Ästhetik den Kampf« an. Der wenig später, im Februar 1956 stattfindende XX. Parteitag der KPDSU, auf dem der stalinsche Personenkult attackiert wurde, verstärkte solche Tendenzen freimütiger Kritik noch und schien eine regelrechte Periode des »Tauwetters« einzuleiten. Doch die in westlichen Darstellungen meist als »Liberalisierungsphase« bezeichnete Etappe 1953–56 wurde abrupt beendet. Nach den Aufständen in Polen und Ungarn (Oktober 1956) wurden die vorherigen Zugeständnisse an die Autonomiebedürfnisse der Intellektuellen weitgehend zurückgenommen und sogar Auffassungen, die die SED vorher selbst propagiert hatte, als revisionistisch gebrandmarkt. Das galt insbesondere für die jetzt obligate Kritik an Georg Lukács, der durch sein Ministeramt in der »Regierung der Konterrevolution« endgültig desavouiert war.

Doch es ging in diesen kritischen Monaten des Spätherbstes 1956 und Winters 1956/57 nicht nur um ›richtige‹ und ›falsche‹ ästhetische Doktrinen. Mit der Exkommunizierung von Lukács verbinden sich Terrorprozesse gegen einige kommunistische Intellektuelle und Autoren, die es gewagt hatten, über eine Reformierung des stalinistischen Sozialismus in der DDR nachzudenken und jetzt wegen »konspirativer Tätigkeit« und »Boykotthetze« angeklagt wurden. So wurde der Leiter des Aufbau-Verlags Walter Janka (1914–94), ehedem Spanienkämpfer und wie Anna Seghers aus dem mexikanischen Exil zurückgekehrt, 1957 zu fünf Jahren Zuchthaus verurteilt, u.a. deshalb, weil er im Oktober 1956 Georg Lukács, das »Oberhaupt der Konterrevolution«, aus Ungarn habe in die DDR bringen wollen. In der Tat planten J. R. Becher, Seghers und Janka zeitweise eine solche ›Rettungsaktion‹. Janka selbst hat, quasi zeitgleich mit dem Ende der DDR, in seinem autobiographischen Bericht »Schwierigkeiten mit der Wahrheit« eindrucksvoll von seinem Prozeß berichtet, nachdem er schon am 28. Oktober und am 5. November 1989 im Deutschen Theater Berlin (Ost) daraus vorgelesen hatte. Es war ein denkwürdiger Schauprozeß, in dem man den geladenen Repräsentanten der literarischen Intelligenz gewissermaßen die Instrumente der kommunistischen Inquisition zeigte. Janka hat dem damaligen Kulturminister J. R. Becher und vor allem Anna Seghers (die Janka neben den Brüdern Mann, Feuchtwanger, Arnold Zweig u.v.a. bei Aufbau verlegt hatte) schwere Vorwürfe gemacht, daß sie damals nicht ihre Stimme für ihn, den Angeklagten, erhoben hätten. Diese Vorwürfe sind verständlich, verkennen freilich, daß selbst bei einem Hilfeversuch dieser beiden für Janka die Willkürjustiz der DDR sich nicht von ihrem Vorhaben der massiven Abschreckung hätte abbringen lassen. Ähnliches gilt für Jankas Vorwürfe an den (damals) jungen Philosophen Wolfgang Harich (1923–95), er habe sich zum Kronzeugen gegen ihn hergegeben. Harichs Prozeß war dem Jankas voraufgegangen. Er wurde zu zehn Jahren Haft verurteilt, von denen er acht absitzen mußte. Zur gleichen Zeit wurden, neben anderen, auch der junge Autor Erich Loest (geb. 1926) und der stellvertretende Chefredakteur des »Sonntag« Gustav Just – im gleichen Prozeß wie Janka – zu hohen Freiheitsstrafen verurteilt (Loest verbrachte volle sieben Jahre im Zuchthaus Bautzen). Einigen der Hochgefährdeten wie z.B. dem Ernst-Bloch-Schüler Gerhard Zwerenz gelang die Flucht in die Bundesrepublik. Neben den unwiederbringlich verlorenen Lebensjahren der willkürlich Verurteilten war noch anderes zu beklagen: das Versagen einiger renommierter marxistischer Intellektuellen und Künstler, die vor der Parteiführung kuschten oder sogar mit ihr kollaborierten – ganz in der furchtbaren Tradition des Moskauer Exils 1936–45. Wieder war ein Stück moralisches Renommee der kommunistischen Intelligenz verspielt – am meisten zum Schaden der eigenen Genossen.

Übrigens erschien im Frühjahr 1990 im Aufbau-Verlag eine 1957/58 niedergeschriebene und im Nachlaß ›überraschend‹ gefundene Novelle von Anna Seghers mit dem Titel »Der gerechte Richter«, die als eine Art verschlüsselte Darstellung des Janka-Prozesses gelesen werden kann (und ihr Veröffentlichungsdatum ist wohl als Replik auf Jankas im November 1989 öffentlich gewordene Vorwürfe an die Autorin zu verstehen). Der in Fabel und Personendarstellung eher schematische und auch sonst ästhetisch unerhebliche Text erzählt, ohne nähere Orts- und Zeitangaben, von dem willkürlich angeklagten und verurteilten Viktor Gasco (d.i. kaum verfremdet Walter Janka) und dem »gerechten Richter« Jan, der eine Beteiligung an dem geforderten Scheinprozeß verweigert hat und nun Gasco im Straflager wiedertrifft (auch für diesen aufrechten Richter soll es ein Vorbild in der Wirklichkeit gegeben haben). Bei aller kritischen Darstellung realsozialistischer Willkürjustiz überzeugt die Erzählung, die – nach der späteren Freilassung der beiden Protagonisten – in eine verhalten-optimistische Perspektive einmündet, nicht. Zuallerletzt taugt sie, von der Autorin mit dem Vermerk »überarbeiten« versehen und in der Schublade versenkt, dazu, Anna Seghers, von Christa Wolf später treffend als »Legendenperson« bezeichnet, jene ihr zugeschriebene Courage zurückzugeben, die Walter Janka ihr nach seinen Prozeßerfahrungen abgesprochen hat.

Die Kritik am Literaturtheoretiker Lukács, auf die nun zurückzukommen ist, konzentrierte sich weder auf seine Traditionsauffassung noch auf seine normative Ästhetik, die beide noch lange unterschwellig in Geltung blieben. Vielmehr wurde seine »überhebliche Haltung eines geistigen Aristokratismus« gegenüber der »jungen sozialistischen Literatur«, deren »ganz neue historische Qualität« er verkannt habe, moniert. Solche Kritik war zentraler Bestandteil einer 1957 eingeleiteten Kampagne, die die »zweite sozialistische Etappe der Kulturrevolution« einleiten und endgültig zu entschiedener Parteilichkeit auch der Literatur (im Gegensatz zum »Nur-Kunst-Standpunkt«) hinführen sollte. Schließlich wurde ein uraltes, völlig aus dem Blick geratenes marxistisches Projekt diskutiert, das sogar den Terminus »Kulturrevolution« angemessen erscheinen ließ, nämlich die Aufhebung des Widerspruchs zwischen Hand- und Kopfarbeit, und speziell für die Künste: die Beseitigung der Kluft zwischen Berufs- und Laienkunst.

Initiativen und Versuche, die geschichtlich längst verfestigte Trennung von Kunst und Leben aufzuheben und die Arbeitsteilung zwischen Produktionsarbeitern und Kulturschaffenden zu überwinden, hatte es bereits im Lauf der 50er Jahre gegeben. Doch sie blieben vereinzelt und wurden niemals maßgeblich. So hatten z.B. 1955 die Kumpel des Braunkohlenwerks Nachterstedt – freilich nicht, wie von der SED behauptet, spontan, sondern dazu angehalten – einen offenen Brief an die Schriftsteller ihres Landes geschrieben (er wurde als »Nachterstedter Brief« geläufig), in dem sie mehr Volksverbundenheit der Kunst und Literatur forderten: »Wir möchten mehr Bücher über den gewaltigen Aufbau, der sich auf allen Gebieten der Deutschen Demokratischen Republik vollzieht, über das Schaffen und Leben der Werktätigen. Schreiben Sie und gestalten Sie den werktätigen Menschen so, wie er ist, von Fleisch und Blut, wie er arbeitet, liebt und kämpft, zeigen Sie ihn, den Enthusiasmus, unsere Leidenschaft und das große Verantwortungsbewußtsein, das die Arbeiter im Kampf um das Neue beseelt.«

Der Brief war einmal ein schon fast unzeitgemäßes Plädoyer für die im Rückgang befindliche sog. Aufbauliteratur, andererseits – und das interessiert an dieser Stelle – eine dringliche Aufforderung an die Berufsschriftsteller, ihre verbreitete Isolation vom Alltag der Produktionsarbeiter aufzugeben, kurz: die Kunst dem Leben anzunähern. 1957 forderte Walter Ulbricht dann auf einem ZK-Plenum, die Künstler sollten nicht mehr »seltene Ausflügler« in den Produktionsbetrieben in Stadt und Land sein, sondern »sich dort wie zu Hause fühlen, daß sie ihr Leben und ihre Interessen mit denen des Volkes verbinden«. Schließlich stellte der V. Parteitag der SED im Juli 1958 – bis dato der Parteitag, der kulturellen Fragen die meiste Aufmerksamkeit schenkte und Höhepunkt der ideologischen Offensive überhaupt war – programmatisch das Ziel auf, »die Trennung zwischen Kunst und Leben, die Entfremdung zwischen Künstler und Volk, die in der bürgerlichen Gesellschaft so katastrophale Ausmaße erreicht haben, zu überwinden«. Denn, so Ulbricht, »in Staat und Wirtschaft ist die Arbeiterklasse der DDR bereits Herr. Jetzt muß sie auch die Höhen der Kultur stürmen und von ihnen Besitz ergreifen«.

Die nun in Gang gesetzten kulturpolitischen Maßnahmen korrespondierten mit sozialpolitischen Initiativen, so der Einrichtung von »Brigaden der sozialistischen Arbeit« in den Betrieben (mit dem Hauptziel der erneuten Produktivitätssteigerung), der forcierten Kollektivierung der Landwirtschaft und der Einführung des polytechnischen Unterrichts an allen Schulen, was die Vereinigung von Erziehung und Produktion bewerkstelligen sollte. Gemeinsames Motto aller Maßnahmen war der vom V. Parteitag aufgestellte Satz: »Sozialistisch arbeiten, lernen und leben«.

Für die Literatur war entscheidend die im April 1959 durchgeführte *Bitterfelder Konferenz*. Der Mitteldeutsche Verlag in Halle an der Saale hatte zunächst die Arbeiter der Chemiekombinate in seiner Umgebung dazu aufgefordert, die Entwicklung des sozialistischen Aufbaus und das qualitativ Neue an diesem Prozeß »literarisch zu gestalten« und damit die vom V. Parteitag gesteckten (Produktions-)Ziele zu unterstützen. Auf Anregung der SED (Hauptinitiator war Otto Gotsche) erweiterte der Verlag das Vorhaben zu einer umfassenden Kulturkonferenz, an der neben ca. 150 Berufsschriftstellern fast 300 schreibende Arbeiter und Volkskorrespondenten teilnahmen. Von zwei Seiten her sollte die sozialistische Kulturrevolution im literarischen Bereich angegangen werden: Zum ersten sollten die Schriftsteller, die Kopfarbeiter, in die Betriebe gehen, mit Brigaden zusammenarbeiten und die Arbeitsbedingungen an Ort und Stelle studieren. Und zum zweiten sollten die »Kumpel«, die Handarbeiter, »zur Feder greifen«, um dadurch einerseits die alltäglichen Kämpfe und Fortschritte im Produktionsbereich zu dokumentieren und sich andererseits durch die eigene Schreibtätigkeit, die literarische Produktivität zu den »Höhen der Kultur« emporzuarbeiten.

Beide Aspekte wurden durch die mottogebenden Worte eines Arbeiterkorrespondenten zusammengefaßt: »Heute ist der Kampf des freien Arbeiters in der sozialistischen Produktion die Grundlage unserer gesamten gesellschaftlichen Entwicklung. Dabei kann nur der Schriftsteller Erfolg haben, der den Menschen in der Produktion kennt, mit ihm fühlt und mit ihm lebt. Ja, die größte Unterstützung bekommt unsere literarische Entwicklung durch den Arbeiter selbst, wenn er zum Autor wird. Kumpel, greif zur Feder, die sozialistische Nationalkultur braucht dich!«

Die Realisierung dieses Programms erwies sich von Anfang an als schwierig, was insbesondere für den ersten Aspekt galt. Denn es fanden sich nur wenige professionelle Schriftsteller, die bereit waren, für längere Zeit die Kopfarbeit mit der Handarbeit zu vertauschen bzw. zu verknüpfen. Es gab zahlreiche »Blitzbesuche« von Autoren und »Patenschaften« zwischen Schriftstellern und Betrieben (der Ausdruck bestätigt das weiterhin hierarchische Verhältnis), ansonsten polemische Urteile wie das von Rolf Schneider, der sich gegen »die Produktionspropaganda und gegen die Ästhetisierung der nackten Technologie auf dem Theater« wandte. Von einer allgemeinen Bewegung in den Bereich der Produktion hinein, die alle Schriftsteller erfaßt hätte, kann nicht die Rede sein. Die Erfolge der »Greif zur Feder, Kumpel!«-Bewegung waren dagegen in den ersten Monaten und Jahren recht eindrucksvoll. In der Tradition der Arbeiterkorrespondenten aus der Weimarer Republik und in Parallele zu den sog. Volkskorrespondenten bei den Zeitungen, von denen es 1959 schon rund 9 500 gab, entstanden Hunderte von *Zirkeln schreibender Arbeiter* auf Betriebs-, später auch Stadtteilebene, in denen hauptsächlich Arbeiter, später auch mehr und mehr Angestellte, Lehrer, Schüler usw. mitarbeiteten. Sie überschritten tatsächlich die passive Konsumhaltung gegenüber der Kultur, indem sie selbst – kollektiv, nicht als Schriftstellerindividuen – Texte produzierten, die aus ihren Interessen entsprangen und für ihre Interessen wirken sollten. Das gilt insbesondere für das neue Genre *Brigadetagebuch*, das über alltägliche Vorkommnisse im Produktionsprozeß geführt wurde, aber thematisch oft weit darüber hinausgriff, indem es die Beziehungen der Menschen untereinander, von einer Brigade zur anderen usw. darstellte und sich dazu vielfältiger Formen wie Bericht, Notiz, Stellungnahme, Glosse, Satire, Gedicht, Porträt usw. bediente. Sehr bald jedoch wurden dem Brigadetagebuch Aufgaben aufgebürdet, die es eindeutig überforderten: nämlich zur »Persönlichkeitsentwicklung« beizutragen, »Keimzelle der deutschen Nationalliteratur« zu werden und sich immer enger an die »künstlerische Meisterschaft« heranzuarbeiten; letzteres eine Forderung, die im ganzen immer stärker an die literarische Produktion der Zirkel schreibender Arbeiter gerichtet wurde.

In den Jahren 1960 bis 1963/64 vollzog sich dann ein Prozeß zunächst kaum merklicher kulturpolitischer Revision, der die beiden Hauptziele des V. Parteitags und der Bewegung von Bitterfeld – Aufhebung der Trennung von Kunst und Leben und prinzipielle Annäherung der Hand- und Kopfarbeiter – wieder zurücknahm. Das »Laienschaffen«, die Literatur aus den Arbeiterschreibzirkeln (von denen nach wie vor Hunderte bestanden), wurde jetzt als »große Schule für die Herausbildung der künstlerischen Fähigkeiten und Talente der Arbeiter, Bauern und der Intelligenz« betrachtet, schreibende Arbeiter als Nachwuchsreservoir quasi für die literarischen Profis, die sich nach Bedarf und unter Berücksichtigung bereitstehender Geschmackskriterien aus diesem Reservoir im Wege der Zuwahl regenerierten. Eine heute exotisch anmutende massenkulturelle Initiative versandete wieder. Trotz vieler Modernisierungsrückstände erwies sich selbst in der DDR die Ausdifferenzierung der Gesellschaft in einzelne, tendenziell eigengesetzliche Wertsphären als unhintergehbar. ›Kunst‹ und

›Leben‹, die schon die ästhetischen Avantgardebewegungen um 1910/20 hatten verschmelzen wollen – ohne dauerhaften Erfolg –, ließen sich auch unter sozialistischem Vorzeichen nicht wiedervereinigen.

Prosa über Nazismus und Krieg

Der Zweite Weltkrieg und das Leben im Dritten Reich begannen im Lauf der 50er Jahre in einen geschichtlichen Horizont zu rücken, und dies um so mehr, als der sozialistische Aufbau als ›das ganz Andere‹, dem Nazismus diametral Entgegengesetzte deklariert wurde. Doch als Vorwurf der Literatur blieben Nazismus und Weltkrieg in doppelter Weise notwendig: Dies war der biographische Rohstoff, von dem die meisten Autoren sich nicht lösen konnten (die männlichen unter ihnen waren ja zumeist Soldaten gewesen). Und zum zweiten waren die nazistischen Verbrechen das zu Betrauernde und zu Erinnernde, eine bis dato unerhörte Grenzüberschreitung – die hemmungslose Entmenschlichung des Menschen –, die künstlerisch zu erfassen eine beispiellose Herausforderung darstellte. Von Theodor W. Adorno stammt das Wort: »Die authentischen Künstler der Gegenwart sind die, in deren Werken das äußerste Grauen [der Naziverbrechen, W. E.] nachzittert.« Es fragt sich, ob auch nur ein literarischer Text aus der DDR namhaft zu machen ist, der diesem hohen Anspruch gerecht würde (wie z.B. die Gedichte von Paul Celan oder Nelly Sachs). Vermutlich stand dem vor allem der antifaschistische Gründungsmythos der DDR im Wege, dem ideologische Erwartungen an die ›richtige‹ antifaschistische Literatur von vornherein inhärent waren. Wie im ersten Kapitel skizziert, war der offizielle »Antifaschismus« Staatsdoktrin und Vehikel kollektiver Sinn- und Identitätsstiftung in einem. Wer ihn für sich deklarierte resp. sich ihm anschloß, stand jetzt plötzlich auf der Seite der »Sieger der Geschichte«, des »Fortschritts«, und das heißt auch: auf der Seite der realen Macht. Dies war nicht unbedingt die beste Voraussetzung dafür, sich schutzlos und ohne Deutungsgewißheit den unermeßlichen Leiderfahrungen, um die es hier ging, zu öffnen. So entsteht in der frühen DDR Literatur über Nazismus und Weltkrieg vor allem in zwei Perspektiven – und beide sind pädagogischer Natur: Zum einen wird der Widerstand gegen das NS-Regime, zumal der kommunistische, idealisiert und heroisiert. Und zum zweiten werden »Wandlungen« einstiger Nazis und Mitläufer vorgeführt, durch die die Protagonisten gleichsam dazu reif werden, den Sozialismus als das ganz Andere ins Werk zu setzen. Beide literarischen Muster laden zur imaginären Identifikation ein, wollen als Vorbilder wirken.

Vor allem waren einige Bücher von sozialistischen Autoren aus der älteren und mittleren Generation dem heroischen Widerstandskampf der Antifaschisten gewidmet. Dazu zählen Bodo Uhses Roman »Die

Patrioten« (1954), Otto Gotsches Roman »Zwischen Nacht und Morgen« (1955), der auch schon die ersten Friedensmonate in die Handlung einbezog, und verschiedene Prosaveröffentlichungen Stephan Hermlins (u.a. »Die erste Reihe«, ein Band von Porträts junger antinazistischer Widerständler, 1951; »Die Zeit der Gemeinsamkeit«, eine Erzählung über den Aufstand im Warschauer Ghetto, 1950). Immer geht es um die moralisch, häufig auch ideologisch motivierte Auflehnung gegen das Terrorsystem des Nationalsozialismus, das nicht unbedingt zu besiegen, dem aber doch, einzeln oder in kleinen solidarischen Kollektiven, zu widerstehen ist. Heimliches (und nie erreichtes) Vorbild all dieser Bücher ist Anna Seghers' »Das siebte Kreuz«. Auch Ludwig Renns autobiographischer Bericht »Der spanische Krieg« (1955) über den Kampf der Interbrigaden gegen die faschistischen Franco-Truppen und einige andere Spanienkriegsbücher gehören hierher. – Wichtig ist in jedem Fall, daß die moralische und ideologische Überlegenheit des proletarischen (bzw. kommunistischen) Widerstands im Verhältnis zu anderen Widerstandsfraktionen sich manifestiert. So gibt es z.B. nur ein einziges, stark kritisches Buch aus dieser Zeit über die Widerständler des 20. Juli 1944, Wolfgang Schreyers »Das Attentat« (1957).

Aber konnten solche Bücher, erzählt aus der Perspektive der längst überzeugten Antifaschisten und Widerstandskämpfer, die Gleichgültigen und Schwankenden, die ehemals Naiven und Mitläufer gewinnen? Lag in ihren positiven Helden ein Identifikationsangebot, das für die Angehörigen dieser Zielgruppe glaubwürdig und annehmbar war, da sie doch zwölf Jahre als Realität nur den schönen Schein ästhetisierter Politik und dann die scheinbar ursachelosen Schrecken des Krieges wahrgenommen hatten? An dem Erfolg der gewollten pädagogischen Wirkung muß man zweifeln. Die junge Christa Wolf (geb. 1929) war es, die damals, 1957, auf die bedenkliche Scheu ihrer älteren Kollegen hinwies, »den tiefen Konflikt eines von der faschistischen Ideologie betörten jungen Menschen« zum zentralen literarischen Thema zu machen. Entschieden schärfer hat mehr als 20 Jahre später Erich Loest, damals selbst Verfasser eines bemerkenswerten Kriegsromans (»Jungen, die übrigblieben«, 1950), das seinerzeit verordnete und verinnerlichte Selbstverständnis der »fortschrittlichen« Schriftsteller beurteilt, das auch – daran erinnert sein letzter Satz – aufs Verfassen »vorwärtsweisender« Literatur über den Faschismus anzuwenden war: »[...] flink war er [dieser Schriftsteller, W. E.] mit dem Urteilen und Verurteilen bei der Hand, er fühlte einen glattgeschliffenen Stein in der Tasche, den Stein des Weisen, denn er wußte alles über den sozialistischen Realismus und sein Kern- und Glanzstück, den positiven Helden. Er hatte gelernt, was das Typische war, zitierte Engels und Shdanow, und als das Typische galt ihm das Vorwärtsdrängende, Herausragende im Sinne des historischen Fortschritts. Also konnte, meinte er, niemals ein Hitlerjugendführer der Held seines Romans sein, sondern in der Hitlerära immer und immer nur ein Widerständler, ein kommunistischer am besten.«

Eine wirkliche Ausnahme inmitten solcher Kriegsliteratur der frühen und mittleren 50er Jahre machte eigentlich nur *Franz Fühmanns* (1922–1984) vielgelesene und später verfilmte Novelle *»Kameraden«*, die 1955 erschien. Der Autor war selbst jahrelang Soldat der Nazi-Wehrmacht gewesen und erst in sowjetischer Kriegsgefangenschaft (bis 1949) entschiedener Kriegsgegner und Antifaschist geworden. Noch 1973, in seinem poetischen Tagebuch »22 Tage oder die Hälfte des Lebens«, hat er von sich gesagt: »Ich bin gleich Tausenden andren meiner Generation zum Sozialismus nicht über den proletarischen Klassenkampf oder von der marxistischen Theorie her, ich bin über Auschwitz in die andre Gesellschaftsordnung gekommen. Das unterscheidet meine Generation von denen vor ihr und nach ihr, und eben dieser Unterschied bedingt unsre Aufgaben in der Literatur [...] Ich werde der Vergangenheit nicht mehr entrinnen, nicht einmal in der Utopie. [...]« Damit waren von seinem biographischen Erfahrungsfundus her günstige Voraussetzungen gegeben, jene wichtige ›Zielgruppe‹ von Lesern zu erreichen, die ähnlich wie er aufgewachsen waren und empfunden hatten.

»Kameraden« erzählt die Geschichte dreier Soldaten im Baltikum, damals deutsch-sowjetisches Grenzgebiet. Bei der Jagd auf einen Reiher haben sie in unübersichtlichem Gelände die Tochter ihres Bataillonskommandeurs erschossen. Sie versprechen einander, die Wahrheit zu verschweigen. Die »unerhörte Begebenheit« (statt des »Falken« bei Boccaccio, dem klassischen Modell der Novelle, hier ein Reiher) hat Folgen: Nach Beginn des Krieges zwischen Deutschland und der UdSSR behauptet der einflußreiche Vater von einem der drei »Kameraden«, »russische Untermenschen« hätten das Mädchen ermordet und geschändet. Zwei der drei Kameraden stehen zu der einmal beschlossenen »Kameradschaft« und schweigen weiter, auch noch, als zwei junge litauische Frauen zur Vergeltung liquidiert werden sollen. Der dritte, Thomas, bricht jetzt aus der Kameradschaft aus. Er deckt den wahren Sachverhalt auf, ohne daß man ihm glaubt oder glauben will: Schließlich ist die Lüge von den bolschewistischen Mördern den Nazis nützlich. Thomas flieht, von Schüssen verfolgt. »Litauische Bauern fanden ihn«, heißt es am Schluß knapp und ohne daß dem Leser eine Lösung suggeriert würde. Nazi-Kameradschaft ist als Lüge, ja als Verbrechen und Preisgabe aller humanen moralischen Maßstäbe entlarvt, aber mehr auch nicht. Thomas, der durch den Schritt der Desertion mit dem NS-Regime bricht, hat sich damit aus dieser einst fraglos akzeptierten Welt handelnd befreit. Aber die Erzählung legt keineswegs nahe, ihr Held sei bewußter Nazigegner oder gar Kommunist geworden. Diese Beschränkung aufs psychologisch Nachvollziehbare und

Glaubwürdige trägt wesentlich zum gelungenen Charakter der Novelle bei. – Mit späteren Erzählungsbänden zu ähnlichen Themen (»Stürzende Schatten«, 1959; »Das Judenauto« – mit der bekannten Titelerzählung, 1962) hat Fühmann den einmal eingeschlagenen Weg überzeugend fortgesetzt.

Eine Reihe anderer Autoren, die auch Soldaten der Wehrmacht gewesen waren, hat in der zweiten Hälfte der 50er Jahre Prosatexte über den Zweiten Weltkrieg veröffentlicht. Ähnlich wie nach dem Ersten Weltkrieg hatte es offenbar des Abstandes von ca. einem Jahrzehnt bedurft, bis die eigenen Kriegserfahrungen der literarischen Verarbeitung zugänglich wurden (man denke an die zwischen 1927 und 1932 erschienenen kritischen Kriegsbücher von A. Zweig, Renn, Remarque, Glaeser, Köppen, von der Vring, Scharrer u.a.). Hierher gehören Karl Mundstocks Erzählung »Bis zum letzten Mann« (1956) und Harry Thürks Roman »Die Stunde der toten Augen« (1957; die erste Auflage wurde bald nach Erscheinen zurückgezogen und eingestampft), auch Joachim Kupsch, Egon Günther, Rudolf Bartsch, Horst Beseler, Hans Pfeiffer u.a.m. Dominantes Motiv ihrer Texte ist, wie bei Fühmann, der Frontwechsel, die Desertion, das Überlaufen auf die andere Seite, woraus eine Vielzahl einander ähnlicher, immer wieder um eine Entscheidungssituation zentrierter Erzählfabeln hervorgeht. Und häufig findet die Läuterung – nachdem vorher die auch moralische Überlegenheit der Roten Armee gebührend hervorgehoben wurde – dann in der sowjetischen Kriegsgefangenschaft statt, wie z.B. in Herbert Ottos populärem Roman »Die Lüge« (1956). Doch die maßgeblichen, parteioffiziösen Literaturkritiker fanden wenig Gefallen an dieser Literatur, schalten sie veristisch oder objektivistisch und mißbilligten, daß sie über »naturalistische Reproduktionen« der Grausamkeiten des Krieges nicht hinauskomme. Der »harten Schreibweise« dieser Autoren fehle die epische Distanz zum schwierigen Thema; kurz: sie seien eben ›nur‹ »kritische Realisten« (keine sozialistischen) oder »Kriegsnaturalisten«, wie sie von nun an hießen. Zweifellos war diese Kritik im Kern treffend. Die naturalistische Antikriegsliteratur (in der zumeist ungewollten Tradition von E. M. Remarques »Im Westen nichts Neues«, 1927) erzeugte eher skeptische und fatalistische Stimmungen und führte nicht geradewegs in die sozialistische Parteilichkeit.

Erst mit dreizehnjährigem Abstand zum Kriegsende, 1958, erschien der nach Anna Seghers' »Das siebte Kreuz« (1939/42) populärste deutschsprachige KZ-Roman, *»Nackt unter Wölfen«* von *Bruno Apitz* (1900–1979). Sein Handlungsort war – wie der von Ernst Wiecherts romanhaft-autobiographischem Bericht »Der Totenwald« von 1947 – das KZ Buchenwald. Der Autor kam aus einer einfachen Arbeiterfamilie, hatte Stempelschneider gelernt und war später u.a. als Schauspieler tätig. 1927 schloß er sich der KPD an und bald darauf auch dem BPRS. Fast die gesamte Nazizeit verbrachte er in NS-Zuchthäusern und -Lagern, die Jahre 1937–45 in Buchenwald. Dort hatte er 1944 heimlich die Erzählung »Esther« (über die Liebe zwischen einer KZ-Insassin und einem Kapo) niedergeschrieben – eines der seltenen Beispiele von in den Konzentrationslagern entstandener Literatur.

»Nackt unter Wölfen« erzählt, novellistisch angelegt, die Geschichte eines dreijährigen jüdischen Kindes, das von einem Polen in einem alten Koffer nach der Evakuierung des Vernichtungslagers Auschwitz in Buchenwald eingeschmuggelt wurde. Eine Reihe von Häftlingen nimmt sich des Kindes an. Sie verstecken es in der Effektenkammer, im Abfalleimer der Krankenbaracke, im Schweinestall. Die SS terrorisiert und foltert sie dafür. In dieses spannende Geschehen ist eine zweite Handlung eingeflochten, und aus der Kollision beider entstehen die brisanten Konflikte. Im Lager wirkt eine kommunistische illegale Lagerleitung, die – so will es der Roman – den bewaffneten Aufstand gegen die KZ-Bewacher vorbereitet. Ihr Plan wird dadurch gefährdet, daß einige der führenden Genossen in die Rettungsaktion für das Kind verstrickt sind. Sie geraten in einen heftigen Konflikt zwischen Kalkül und Gefühl, Disziplin und Spontaneität. Apitz läßt Gefühl und Spontaneität zu ihrem Recht kommen: Das Kind wird nicht ausgeliefert, es überlebt. Am Tag der Befreiung schreit es zum erstenmal nach monatelanger vorheriger Stummheit. Und dennoch gelingt im Roman der Aufstand der Häftlinge, kurz bevor und während die amerikanische Armee das Lager befreit. Die Symbolik des Titels wird (ähnlich wie in Anna Seghers' »Das siebte Kreuz«) perspektivisch positiv aufgelöst: Der Mensch ist stärker als der (faschistische) Wolf. – In der DDR galt das bereits in den ersten zwei Jahren über 400 000 mal verkaufte Buch (nach anfänglichen Irritationen in der SED) als Inbegriff des »sozialistischen Realismus« und Humanismus, das bereits vorgreifend »sozialistische Haltungen« dargestellt habe. Die Kritik in der Bundesrepublik reagierte seinerzeit stark polemisch. Ein renommierter Kritiker verwarf den Roman als »rührselige Geschichte mit Lesebuch-Didaktik«, dessen »Motiv von offensichtlicher Sentimentalität« strotze und dessen Konflikt »so lebensfremd wie unaufrichtig« sei. Die Verfilmung von 1963 konnte in der Bundesrepublik bis 1968 nur in geschlossenen Vorstellungen gezeigt werden. International wurde »Nackt unter Wölfen« ein bemerkenswerter Erfolg. Anfang der 70er Jahre war es bereits in ca. zwei Millionen Exemplaren in 28 Ländern verbreitet und in 25 Sprachen übersetzt. Die zweifellos antikommunistische westdeutsche Kritik an Apitz' Roman hat sich inzwischen als nicht unberechtigt erwiesen. Zwar beruht der Handlungsstrang seines Romans, der um die Rettung des Kindes gelagert ist, auf Tatsachen – um so weniger authentisch und vielmehr entschieden legendenhaft ist die Darstellung der politischen Verhältnisse im KZ Buchenwald. Die Befreiung dieses KZs am 11. April 1945 war ein Werk der Amerikaner – und keine »Selbstbefreiung«. Auch sieht die Wahrheit über die illegale (kommunistische) Lagerleitung in Buchenwald völlig anders aus, als es uns Apitz – guten Glaubens? – weismachen will. Nach dem Motto »Wir müssen überleben!« kollaborierte die (selbsternannte) kommunistische Häftlingselite – die »roten Kapos« – über viele Jahre hin mit der SS – mit dem zweifelhaften Erfolg, daß von etwa 50 000 Buchenwald-Opfern bis zur Befreiung nur 72 deutsche Kommunisten waren. Um nicht mißverstanden zu werden: Selbstverständlich sind auch diese 72 Toten 72 Opfer zuviel (übrigens handelt es sich um Zahlenangaben der SED, niedergelegt in der neuerdings publizierten »SED-Geheimakte Buchenwald«). Aber die Zahlenverhältnisse belegen, daß die Kommunisten ein verdächtig erfolgreiches »Überlebenskollektiv« waren. Bruno Apitz' »Nackt unter Wölfen« ist somit nicht nur die handlungsstarke Romanfassung des kommunistischen Widerstands gegen die Nazis, wie ihn die Partei gern kolportiert sah, sondern zugleich ein hervorragendes Dokument über charakteristische Legendenbildungen, sprich: Fälschungen eben dieses problematischen Widerstands zu einem »gesäuberten Antifaschismus« (L. Niethammer).

Vom Aufbauroman zur Ankunftsliteratur

Einer offiziellen DDR-Darstellung von 1971 zufolge hat die Literatur der 50er Jahre in ihrem Gehalt eine qualitativ neue Stufe erreicht. Ihr Thema sei die »freie Arbeit«, seien die »neuen menschlichen Beziehungen«, die »ständige Entfaltung des realhumanistischen Wesens der neuen Gesellschaft« jenseits der antagonistischen Widersprüche. Folglich seien auch die »literarischen Konfliktstrukturen« gravierend verändert; der »subjektive Faktor« spiele nunmehr eine entscheidende Rolle. Dieser optimistischen Sicht wurde schon zu DDR-Zeiten widersprochen. So vermerkte der Leipziger Experte für sozialistische Literatur Alfred Klein retrospektiv eine fragwürdige »Zuversicht in die schnelle Entwicklungsfähigkeit des Gesellschaftsganzen und die Wandlungs- und Entfaltungsmöglichkeiten des einzelnen«, die »nicht selten geradezu wie naiver Kinderglaube« anmute. Man wähnte, so Klein, »in einer heute kaum noch begreiflichen Euphorie«, daß »›unsere poetische Neunte‹ bereits im Werden begriffen« und »eine neue deutsche Kunstperiode« – diesmal als *sozialistische Klassik* – nicht mehr fern sei. Je mehr die Spaltung Deutschlands sich vertiefte, desto mehr habe sich die »große heroische Illusion« festgesetzt, die eigne neue Literatur, begriffen als »sozialistische Nationalliteratur«, könne zum Modell für eine künftige wiedervereinigte deutsche Literatur werden. In der Tat war die DDR-Literatur der 50er Jahre mit ihrem zweifachen Pathos – dem des sozialistischen Aufbaus und dem der sozialistischen Nation – von den Realitäten des Landes, von seinen Lesern und vor allem: von gelungener Kunst ziemlich weit entfernt. Auf ein westdeutsches Publikum mußte sie fremdartig wirken. Heute erscheint sie vollends exotisch, wohl selbst schon jüngeren Lesern aus der früheren DDR.

Die literarische Auseinandersetzung mit dem Thema der neuen, sozialistischen Produktion »in diesem besseren Land« (wie es Heinz Czechowski später nannte) kam nur schwerfällig in Gang und wurde über Jahre hin auch kaum, wie programmatisch gefordert, von den »Werktätigen« selbst geführt. Eine gezielte Fortsetzung der proletarisch-revolutionären Literaturtradition aus den letzten Jahren der Weimarer Republik fand nicht statt. Dem widersprach schon die unbeirrte Favorisierung des »kulturellen Erbes«. Otto Gotsches Roman über die Bodenreform »Tiefe Furchen« (1949), das erste Gegenwartsbuch eines älteren kommunistischen Arbeiterschriftstellers, stand längere Zeit allein. So war im August 1949 in der Zeitschrift »Aufbau« (deren Titel ja ein Programm signalisierte) der Brief eines Arbeiters zu lesen, in dem es heißt: »Bei der Lektüre des ›Aufbau‹ ist mir eine Lücke aufgefallen. Ohne Umschweife, ich fand bisher nur Beiträge von Geistesschaffenden.«

Erst 1951/52 wurden Reportagen und Erzählungen aus den Betrieben zu einem Element der aktuellen Literatur. Doch sie kamen nicht von den Baustellen und Fabriken selbst, sondern waren erlebt und niedergeschrieben aus der Sicht von Schriftstellern und Journalisten, also Angehörigen der Intelligenz, die sich dort umgetan hatten und denen die »proletarische Perspektive« häufig durchaus nicht (mehr) selbstverständlich war, auch wenn sie aus einer Arbeiterfamilie stammten. Das zeigte vor allem Willi Bredels Reportagensammlung »Fünfzig Tage« (1950) über den Wiederaufbau eines DDR-Dorfes, das 1950 bei einer Unwetterkatastrophe zerstört worden war. Die in dieser Situation geforderte Arbeitsdisziplin, Askese und rigide Leistungsmoral werden idealistisch überhöht und geschönt dargestellt: »alle die guten und ehrlichen und uneigennützigen Menschen, die nicht nur sich sehen und an sich denken, sondern für alle Gutes und Schönes schaffen wollen«, begeben sich – klassenübergreifend, ganz im Sinne der Volksfront – ans Werk und bauen das Neue auf, dessen Gelingen niemals ernsthaft in Frage steht. Eine realistische Schilderung der wirklichen Verhältnisse – und wie sie ›von unten‹ erlebt wurden – war damit nicht gegeben. Andere Betriebsreportagen und -erzählungen (z.B. von Stephan Hermlin, Karl Mundstock, Paul Wiens, Peter Nell, Dieter Noll, J. C. Schwarz/Helmut Hauptmann) waren zum Teil realistischer.

Die beiden am meisten diskutierten Prosatexte der Aufbauliteratur stammen von *Eduard Claudius* (eig. E. Schmidt). Der Autor (1911 bis 1976) hatte Maurer gelernt und war schon in jungen Jahren als Arbeiterkorrespondent für die KPD-Presse tätig. Während der Nazizeit war er zuerst in Haft, später im Exil; 1936–38 kämpfte Claudius als Soldat der Internationalen Brigaden im Spanischen Bürgerkrieg, 1945 in der

Partisanenbrigade »Garibaldi« in Oberitalien. Schon seine ersten literarischen Arbeiten aus der Exilzeit (so der Spanienkriegsroman »Grüne Oliven und nackte Berge«, 1945) hatten Aufsehen erregt. Jetzt nahm Claudius als einer der ersten das Thema des sozialistischen Aufbaus in Angriff. Anders als die genannten Betriebsreportagen, deren Sujet gar nicht gewaltig genug sein konnte (die größten Kombinate und Baustellen der Republik waren ihre bevorzugten Schauplätze), setzte Claudius an vergleichsweise kleinen, alltäglichen Problemen an. Er hatte bei einer Versammlung den Maurer Hans Garbe kennengelernt, den er in seiner Autobiographie »Ruhelose Jahre« (1968) als »einfachen Menschen« und »unruhigen Charakter« mit »schmalem Hungergesicht« beschrieben hat; der also schon vom Erscheinungsbild her kein positiver Held war, wie ihn die Doktrin des »sozialistischen Realismus« forderte. Von solcher Literatur hielt Claudius wenig, da sie das Leben, so seine Meinung, »auf eine Bilderbogenweisheit« zurückführe. Hans Garbe war ein Aktivist, dem es gelungen war, mit einer Maurerkolonne einen ringförmigen Brennofen in einem Berliner Großbetrieb neu zu mauern, ohne daß der bei 1 000 °C arbeitende Ofen gelöscht werden mußte. Claudius, der gelernte Maurer, der zu der Zeit selbst wieder einige Monate seinen Beruf ausübte, schrieb über diesen Vorgang zunächst keine strahlende Aktivistengeschichte, sondern einen Text, der sich gerade auf die Konflikte in den neuen Produktionsverhältnissen konzentrierte, ohne die Zuversicht und den Willen zum Gelingen des großen Werks in Frage zu stellen.

Die erste Niederschrift zum Stoff, die novellistische Reportage *»Vom schweren Anfang«* (1950), ist in dieser Tendenz sehr klar. Garbe wird als kantiger, zäher, verbissener Arbeiter gezeigt, der seine Kollegen zunächst nicht zu überzeugen vermag. Von seiner Überbietung der Normen nehmen sie nur wahr, daß sie ihnen den Lohn verdirbt. Als er den brennenden Ofen neu mauern will, halten sie ihn für einen Phantasten. Erst als es Garbe gelungen ist, eine Maurerbrigade zusammenzubekommen, die wie er an das gesteckte Ziel glaubt, setzt er sich durch – dem weiteren Widerstand der anderen Arbeiter und führender Parteivertreter zum Trotz. Der Konflikt wird noch dadurch verschärft, daß Claudius eine Sabotagehandlung in die Fabel eingebaut hat, wie sie damals in der Literatur gehäuft vorkamen. Am Ende ist der Ofen in einem Bruchteil der bisher üblichen Zeit neu gemauert, eine Stillegung des Werks und mit ihr monatelanger Produktionsausfall verhindert.

Die Novellenfassung hatte diesen Vorgang knapp und in groben Blöcken, in einer harten, kargen, teilweise aber auch emphatischen Sprache dargestellt, die an die frühe sowjetische Aufbauliteratur erinnert. Fjodor Gladkows in der Sowjetunion ungeheuer populärer Roman »Zement« (1926; deutsch bereits 1927) war erkennbar Claudius' – nicht erreichtes – Vorbild. Die Romanfassung *»Menschen an unserer Seite«* (1951) ist psychologisch differenzierter und auch insofern der Wirklichkeit näher, als die Sabotagestory stark reduziert ist. Außerhalb der Fabrik angesiedelte Probleme (Ähres – so heißt Garbe jetzt – Konflikte mit seiner Frau, der ihr Hausfrauendasein nicht genügt; Republikflucht, sexuelle Normen u.a.) sind jetzt hinzugekommen. Mehr noch als in der ersten Fassung steht, wie gefordert, »der Mensch im Mittelpunkt« – der einzelne wie auch das Kollektiv. Die Darstellung der technischen Verbesserung der Produktion spielt nur noch eine entfernte Rolle. Andererseits hat der Roman realistische Elemente der Novelle preisgegeben, wenn er z.B. eine als zu »turbulent« monierte Betriebsgruppensitzung der Partei wegläßt und die Vertreter der SED und ihre Eingriffe ›von oben‹ positiver akzentuiert. Auch hat sich Claudius jetzt der für den »sozialistischen Realismus« typischen Schematisierung der Figurendarstellung unterworfen, nach der positive Helden mit klaren, hellen Augen in die Welt schauen, während ›die Bösen‹ sofort identifizierbar sind, weil sie verschlagen blicken und feiste Gesichter haben (vgl. A. Hartmann/W. Eggeling). – Claudius' Roman wurde zum entscheidenden Impuls der Aufbauliteratur bis hin zum Bitterfelder Weg. Dabei hatte sein ursprünglicher Verlag das Buch als »parteifeindlich« und unsozialistisch gerügt (womit vor allem Claudius' relativ freizügige Darstellung erotischer Beziehungen gemeint war) und gefordert, der Autor müsse schreiben, »wie wir wollen!« (vgl. seine Autobiographie »Ruhelose Jahre«). Claudius sträubte sich erfolgreich und brachte das Manuskript in einem anderen Verlag unverändert heraus.

Claudius' Roman leitete eine ganze Serie von Aufbauromanen ein, die zwischen 1952 und 1956 erschienen. Viele Autoren widmeten sich den neuen Verhältnissen auf dem Lande (so der Sorbe Jurij Brězan, Werner Reinowski, Benno Voelkner, Kuba in seinem Filmszenarium »Schlösser und Katen«), mehr Aufsehen erregten jedoch die sog. Betriebs- oder Produktionsromane (Maria Langner, »Stahl«, 1952; Karl Mundstock, »Helle Nächte«, 1952; August Hild, »Die aus dem Schatten treten«, 1952; Hans Lorbeer, »Die Sieben ist eine gute Zahl«, 1953; Wolfgang Neuhaus, »Wetterleuchten um Wadrina«, 1954; Hans Marchwitza, »Roheisen«, 1955; Rudolf Fischer, »Martin Hoop IV«, 1955; Harry Thürk, »Die Herren des Salzes«, 1956). Marchwitza und Lorbeer (1901–73) hatten einst zu Begründern der proletarisch-revolutionären Literatur gehört, die anderen Autoren zählten in der Regel zur Generation der um 1910–20 Geborenen. Der literarische Stellenwert dieser Romane ist äußerst fragwürdig. Sie waren belastet von dem, was Claudius einmal die lästige »Anwendung des Verpflichtungswesens auf die Literatur« nannte. Einige glaubten, so Claudius, »der Schriftsteller sei einem Computer ähnlich, in den man die Programmierungskarte hineinstecken könne, und blitzschnell, ehe man sich's versehe, komme der fertige, nach Wunsch geschneiderte Roman heraus: ein Teil positiver Held in strahlend heller Sonne, zur notwendigen Kontrastierung ein wenig gewölkt, ein Teilchen wohldosierter Liebe, wie sie halt üblich ist, natürlich ein Gegenspieler, dieser aber schwach, schlecht und zuletzt unterliegend.«

Ein anderer, der seine eigene leidige Erfahrung mit dem Betriebsroman gemacht hat, bestätigt Claudius' (Selbst-)Kritik: Joachim Chaim Schwarz (geb. 1909), der, 1950 aus Palästina zurückgekommen und von Louis Fürnberg gefördert, seit 1955 Reportageromane und -erzählungen aus der Produktionswelt, aber auch z.B. über den Judenmörder Eichmann (»Die sechste Kolonne«, 1963) geschrieben hat. Unter dem Pseudonym Karl Jakob Danziger hat Schwarz 1976 in der Bundesrepublik seinen »autobiographischen Roman« »Die Partei hat immer recht« veröffentlicht, in dem er u.a. erzählt, wie er seine Texte bis zu sechsmal umschrieb (umschreiben mußte) – bis so ein Buch schließlich keinen mehr interessierte, weil ihm die Wirklichkeit vollständig abhanden gekommen war: »Bei jeder Umarbeitung machte ein Stück des Wesentlichen einem Stück der Verpackung Platz, mit anderen Worten: das Buch entfernte sich von Umarbeitung zu Umarbeitung immer weiter von dem ursprünglichen Erlebnis und der ursprünglichen Absicht des Verfassers, es enthielt am Ende nichts mehr, das zum Lachen und Weinen Anlaß bot. [...] Ein Quatschbuch entstand, es wurde von keinem ernstzunehmenden Menschen ernst genommen.« So wurde schon in der Frühzeit der DDR gemäß der grauen Theorie, daß es im Sozialismus nur noch »nichtantagonistische Widersprüche« gebe – also solche, die sich im Rahmen des bestehenden Systems ohne weiteres lösen ließen –, eine Literatur der Konfliktlosigkeit propagiert, die im krassen Gegensatz zur sozialen und politischen Wirklichkeit im Lande stand.

Bestes Beispiel dafür ist der Arbeiteraufstand am 17. Juni 1953. Dieses Ereignis, das sehr viel mit der »neuen Produktion« im Sozialismus zu tun hatte, insofern sein Auslöser einschneidende Normerhöhungen für die Arbeiter waren, hat im Gedächtnis der älteren DDR-Bewohner tiefe Spuren hinterlassen, nicht aber in der (gedruckten) Literatur. Der einzige tiefer schürfende, den Aufstand als *Arbeiteraktion* ernstnehmende literarische Text war Stefan Heyms Roman »5 Tage im Juni«, übrigens durchaus eine Art »Betriebsroman«. Er konnte damals (noch unter dem Titel »Tag X«) nicht in der DDR erscheinen. 1974 wurde er in der Bundesrepublik veröffentlicht, 1989, kurz vor dem Ende, dann auch noch in der DDR. Hans Marchwitzas »Roheisen«, großenteils schon 1953 entstanden, aber erst 1955 erschienen, zeichnete sich gerade dadurch aus, daß es die Ereignisse von 1953 ignorierte. In Werner Reinowskis »Die Versuchung« (1956), in Claudius' »Von der Liebe soll man nicht nur sprechen« (1957) oder, verspätet, in Anna Seghers' »Das Vertrauen« (1968) klingt das Thema 17. Juni an, aber doch immer so, daß dieses Datum schuldhaft den Ewiggestrigen (also den Immer-noch-Nazis) und/oder dem ›bösen Westen‹ zugeschrieben wird.

In besonders peinlicher, sein Niveau unterschreitender Weise geschieht das in Stephan Hermlins Erzählung »Die Kommandeuse« (1954). Hermlin erzählt die Geschichte einer ehemaligen SS-Bewacherin aus dem KZ Ravensbrück, die am 17. Juni von reaktionären Drahtziehern aus dem Gefängnis befreit wird. Nachdem sie eine demagogische Rede gehalten hat, wird sie von der Volkspolizei verhaftet, von einem Gericht »nach wenige[n] Minuten« zum Tode verurteilt und hingerichtet. Die Erzählerfunktion (einen direkten Erzähler gibt es nicht) heißt dieses Vorgehen offenbar uneingeschränkt gut. Indem man so den Arbeiteraufstand (in den gewiß auch andere Interessen eingingen) zum »faschistischen Putsch« umdeutete, hielt man sich die wirklichen Probleme mit der »herrschenden Klasse« vom Leibe.

Auch der »Neue Kurs« (bereits am 1.6. 1953 installiert) und einige Lockerungen im Gefolge des 17. Juni brachten keine grundsätzlichen Änderungen – auch nicht für die Literatur, die weiterhin Planfaktor blieb. Bis 1956 stand das Genre Betriebsroman noch halbwegs in Blüte, dann brach seine Produktion ziemlich unvermittelt ab. Wahrscheinlich hat dazu auch die Verweigerungshaltung der klügeren marxistischen Intellektuellen und Künstler beigetragen, die vor allem im Januar 1956 auf dem 4. Schriftstellerkongreß zum Ausdruck kam. Hier war es z.B. der Philosoph Ernst Bloch, der sich gegen den »kurzfristigen Praktizismus« wandte, »die Poesie in die jeweiligen Abschnitte des geltenden Fünfjahrplanes [zu] tranchieren[d]«. Dabei wollte Bloch nicht als Gegner der Produktionsliteratur mißverstanden werden: »Gerade die Arbeit auf dem täglichen Bauplatz unserer Republik, als der des werdenden Sozialismus, verlangt vordringlich Darstellung. Doch gerade wieder die Arbeit auf solchem Bauplatz hat implicite, wenn sie recht geschieht und geschehen soll, moralische Hintergründe, solche vor allem, die in die Phantasie greifen müssen. Und die rote Moral wie die rote Phantasie ertragen bei der Darstellung keinen Schematismus bloßer Unmittelbarkeit, oder sie werden beide poetisch-praktisch unterernährt. Hier fehlen schädlicherweise die Kraft des geschulten Träumens, das Salz der konkreten Antizipation, die Fülle exakter Phantasie.«

Der 1959 proklamierte Bitterfelder Weg (hier bereits skizziert) schien eine Einlösung der von Blochs »roter Phantasie« gesteckten Ziele in greifbare Nähe zu rücken. War er doch gerichtet auf eine Verschmelzung des bislang Getrennten: von Kunst und Leben, Kopfarbeit und Handarbeit, materiellen Bedürfnissen und moralischen Maximen. Doch der Impuls dieser Literatur versandete, noch ehe sie die erstrebte kulturrevolutionäre, massenhafte Qualität erreicht hatte. Eine »Nivellierung von Berufs- und Laienkunst« wollte die Partei jedenfalls vermeiden. Der Weg vom anderen Ende herkommend, hin zur Aufhebung der Trennung von Kunst und Leben, der Weg des Dichters in die Produktion, wurde auch nur zögernd beschritten. Autoren der mittleren und jüngeren Generation wie Regina Hastedt (geb. 1921), Franz Fühmann, Christa Wolf, Herbert Nachbar (1930–80), Brigitte Reimann (1933–73) gingen ihn, nicht jedoch das Gros der Schriftsteller.

Ein Werk, das auf einen solchen Versuch »teilnehmender Beobachtung« zurückgeht, ist *Fühmanns* Reportage *»Kabelkran und Blauer Peter«* (1961). Der Autor kommt mit dem schlechten Gewissen des Nur-Schreibtischarbeiters, kaserniert »im Gehäuse der Theorien und dem Schattenreich der eigenen Vergangenheit«, für ein paar Monate auf eine Rostocker Werft, um mitzuarbeiten und über seine Erfahrungen zu berichten. Am Anfang steht »Scheu, ja Angst vor dieser eisernen Welt mit ihren unverständlichen Maschinen und ihrem bedrohlichen Hasten und Tosen«. Die Kräne erscheinen Fühmann als Ungetüme, die Furcht-, aber auch Lustgefühle auslösen. Schrittweise überwindet der Autor seine Fremdheit gegenüber der Großtechnik der Schiffbauer, indem er sie in großartigen Naturmetaphern und mythologischen Bildern bannt und damit seinem Vorsatz untreu wird, bei der Begegnung mit der Arbeitswelt auf alle Poetisierung zu verzichten. 1964, also fünf Jahre nach Bitterfeld, hat Fühmann dann eingesehen, daß das hochgesteckte (kommunistische) Ziel der aufgehobenen Arbeitsteilung nicht zu erreichen ist und die Literatur sich folglich auch vor solchen Suggestionen hüten müsse: »Was zum Beispiel empfindet ein Mensch, der weiß, daß er ein Leben lang so ziemlich dieselbe Arbeit für so ziemlich dasselbe Geld verrichten wird, als beglückend und was als bedrückend an eben dieser Arbeit; wo bringt sie ihm Reize, wo Freude, wo Leid, in welchen Bildern, auf welche Weise erscheint sie in seinem Denken und Fühlen usw? Ich weiß es nicht und kann es nicht nachempfinden, und der Arbeiter spricht, obwohl er mein Freund ist, nicht darüber, weil es für ihn die allerselbstverständlichsten Dinge sind, so selbstverständlich, daß man die Frage danach nicht versteht, weil man die Antwort eben in Fleisch und Blut hat, nicht im Mund.« Damit war in wünschenswerter Klarheit gesagt (und die Zukunft bestätigte diesen Befund), daß für eine ganz andere, nichtbürgerliche Literatur in der DDR das Terrain nicht bereitet war und wohl auch nicht bereitet werden konnte. Auch die DDR war, trotz aller gewollten und ungewollten gegenläufigen Tendenzen, ein Land der zivilisatorischen Moderne, das nicht hinter die Trennung von Hand- und Kopfarbeit zurückgehen konnte. Es ist deshalb nicht verwunderlich, daß die – insgesamt recht uneinheitliche – Prosaliteratur Ende der 50er/Anfang der 60er Jahre, von der Bewegung schreibender Arbeiter abgesehen, noch und wieder eine »Literatur der Individuen« (H. Mohr) ist: geschrieben von Individuen, um von Individuen für sich gelesen zu werden. Und nicht zufällig wurde dabei ein altvertrautes Modell der bürgerlichen Literatur wiederentdeckt: *der Bildungs- und Entwicklungsroman.*

Die Prosaliteratur dieser Jahre läßt sich am besten nach der Generationszugehörigkeit ihrer Autoren differenzieren. Mit Spannung hatte man auf eine Auseinandersetzung von *Anna Seghers* mit der deutschen Nachkriegszeit gewartet. 1959 erschien ihr Roman *»Die Entscheidung«*, dessen vielsträngige Handlung in den Jahren 1947–51 angesiedelt ist. Seine Absicht war, wie die Autorin sagte, »zu zeigen, wie in unserer Zeit der Bruch, der die Welt in zwei Lager spaltet, auf alle, selbst die privatesten, selbst die intimsten Teile unseres Lebens einwirkt.« So konfrontiert sie Vertreter der herrschenden Schichten im Westen mit den – so ihre Sicht – Repräsentanten der neuen herrschenden Klasse in der SBZ/DDR: den Arbeitern, wobei sie zum Teil auf das Personal ihres Romans »Die Toten bleiben jung« zurückgreift. Handlungsort ist das volkseigene Stahlwerk Kossin in der DDR, dem die Welt der Bentheims im Westen (der ehemaligen Fabrikbesitzer) negativ kontrastiert wird. Damit erweiterte Anna Seghers den engen Produktionsroman der frühen 50er Jahre zu einem großräumigen Geschichtsroman, also wiederum zu einer Epochenbilanz. Das Ergebnis dieses Ansatzes und seiner Durchführung ist freilich äußerst fragwürdig. Marcel Reich-Ranicki ist so weit gegangen, das Buch zu einem »erschütternden Dokument der Kapitulation des Intellekts, des Zusammenbruchs eines Talents, der Zerstörung einer Persönlichkeit« zu erklären. Und gewiß gilt für »Die Entscheidung«, was die Seghers selbst 1956 auf dem 4. Schriftstellerkongreß als Kritik an anderen formuliert hatte: »Die scholastische Schreibart ist Gift, wie marxistisch sie sich auch gebärdet. [...] Denn sie bewirkt Erstarrung statt Bewegung, sie bewirkt Faulheit statt Initiative. Keine Erregung erschüttert den Leser solcher Bücher. Mit Nachdenken braucht er sich gar nicht erst anzustrengen. Er kennt ja das Thema, nach dem das Buch montiert ist, so gut wie der Autor.« Anna Seghers' einst so sinnliche, facettenreiche, lebendige Prosa ist schemenhaft, trocken, rhetorisch und lehrhaft geraten. Die Autorin wurde ein Opfer der angenommenen Rolle, ein *praeceptor* der DDR zu sein. Der 1968 erschienene Roman *»Das Vertrauen«* hat dieses Urteil bestätigt. Hier stellt sie, wie schon erwähnt, den 17. Juni 1953 dar, und zwar als Bewährungssituation für Arbeiter und Intellektuelle in der DDR. Leider liegen auch hier die Ursachenerklärungen und Bewertungsmaßstäbe dieses historischen Ereignisses von vornherein so fest, daß der Roman sich übers Klischee, wiederum auch sprachlich, kaum erhebt.

Hatte Anna Seghers den Epochenroman mit einer Vielzahl von Helden und Antihelden bevölkert, so zentrieren die Schriftsteller der mittleren Generation (die um 1908–16 Geborenen) das Romangeschehen wieder eindeutig um ein einzelnes, suchendes und lernendes Individuum. Sie schreiben Entwicklungsromane, die ihren Bezug auf die bürgerlich-deutsche Literaturtradition nicht verleugnen können und sich ohne weiteres mit Hegels berühmter Charakteristik dieses Romantyps und seines Helden aus der »Ästhetik« beschreiben lassen: Auch diese Helden durchlaufen »Lehrjahre«, deren Ende darin besteht, »daß sich das Subjekt die Hörner abläuft, mit seinem Wünschen und Meinen sich in die bestehenden Verhältnisse und die Vernünftigkeit derselben hineinbildet, in die Verkettung der Welt eintritt und in ihr sich einen angemessenen Standpunkt erwirbt«. Der kleine Unterschied zu Hegels Vorstellungsraum liegt darin, daß die »Welt« hier DDR heißt und ihr »Vernünftigkeit« Sozialismus, was die Anwendung von Hegels Charakteristik zynisch erscheinen lassen mag. Doch damals bestand bei diesen Autoren noch Konsens über dieses Ziel der (noch einmal Hegel) »Erziehung des Individuums an der vorhandenen Wirklichkeit«. Hierher gehörte in gewisser Weise schon Eduard Claudius' »Menschen an unserer Seite«, das gleichsam den proletarischen Bildungsroman in deutscher Sprache kreierte. Hierher gehört dann vor allem – nach *Erwin Strittmatters* (1912–93) Roman »Der Ochsenkutscher« (1950/51), der die Geschichte eines Dorfjungen bis 1933 erzählt, und »Tinko« (1953), einem Roman um einen Zwölfjährigen aus der Bodenreformzeit, seine Trilogie »Der Wundertäter« (Bd. 1 1957, Bd. 2 1973, Bd. 3 1980 erschienen), der im Gewand des Schelmenromans den Lebensweg des plebejischen Stanislaus Büdner von den Anfängen des Jahrhunderts bis in die junge DDR hinein verfolgt und dabei ein anschauliches Gesellschaftspanorama entwirft (zum letzten Band später). Hierher stellen sich auch, in der Anlage vergleichbar, aber in der Realisierung entschieden schwächer, Wolfgang Johos Roman »Die Wendemarke«(1957), Jurij Brĕzans Felix-Hanusch-Trilogie (»Der Gymnasiast«, 1958; »Semester der verlorenen Zeit«, 1960; »Mannesjahre«, 1964) und Herbert Jobsts aus den Teilen »Der Findling« (1957), »Der Zögling« (1959), »Der Vagabund« (1963) und »Der Glückssucher« (1974) bestehende Romantetralogie. – Heute fast vergessen sind die beiden autobiographischen Romane des ehemaligen Land- und Gelegenheitsarbeiters Theo Harych (1903–58) »Hinter den schwarzen Wäldern« (1951) und »Im Geiseltal« (1952). Harych, der erst 1950 ›entdeckt‹ wurde, war ein begabter Erzähler, nicht unähnlich Adam Scharrer oder Ludwig Turek. In seinem ersten Buch vergegenwärtigte er in anschaulicher Weise die Nöte und Entbehrungen einer armen Häuslerfamilie vor dem und im Ersten Weltkrieg.

Lebhafte Diskussionen löste seinerzeit das Erscheinen des zweibändigen Romans (ursprünglich als Trilogie geplant) *»Die Abenteuer des Werner Holt«* (1960/63) von *Dieter Noll* aus. Der Autor, 1927 als Sohn eines Apothekers geboren, war mit 15 Jahren Luftwaffenhelfer, dann Soldat geworden und später in amerikanische Kriegsgefangenschaft geraten. Sein Roman stellt den Versuch dar, das alte Gefäß des autobiographisch geprägten bürgerlichen Entwicklungsromans politisch verbindlich, antifaschistisch zu füllen. Der Autor läßt seinen Helden alle Schrecken des Krieges und des Naziterrors mit eigenen Augen erleben, zu Kriegsende zum orientierungslosen Heimkehrer werden und von da an – wie es sich für diese Romanform gehört – nach

Lebenssinn und Selbstverwirklichung suchen. Gesinnung und didaktische Absicht des Romans mögen – aus der Entstehungszeit heraus gedacht – zunächst Wohlwollen wecken. Doch die literarischen Mittel des Autors sind unzureichend: Wirklichkeitsmächtigkeit und Impulse zur Nachahmung beim Leser sollen ausgehen von einer stark naturalistischen, emotional suggestiven Darstellungsweise, die – antibürgerlich gemeint – doch im Konventionellen steckenbleibt. Im Kontext der vergleichbaren zeitgenössischen Literatur wirkte Nolls Roman jedoch belebend, zumal er sich vom Dogma des von vornherein schon positiven antifaschistischen Helden löste.

Biographisch schlägt Dieter Noll bereits eine Brücke zu den um 1930 geborenen, jungen DDR-Autoren, die zu Ende der 50er Jahre zu publizieren beginnen und eine DDR-Literatur von eigener Prägung begründen, deren Vorspiel die allerdings überwiegend von »Veteranen« der sozialistischen Literaturbewegung getragene Produktionsliteratur der frühen 50er Jahre war. Sie hatte mehr Verbindungen nach rückwärts, zur Literaturproduktion des Bundes proletarisch-revolutionärer Schriftsteller (BPRS) um 1930, während jetzt Autoren schrieben, die ihre Kindheit und Jugend im Dritten Reich verbracht hatten, aber erst in der DDR erwachsen wurden. Ihr Entwicklungsweg und die daraus hervorgehende Literatur läßt sich als eine Art Gegenentwurf zu Wolfgang Borcherts »Draußen vor der Tür« von 1947 verstehen: Sie wurden hereingeholt bzw. sie holten sich selber herein in die neue Wohnung »Sozialismus«, dem sie vertrauten und in dem sie sich wiedererkannten. Daß die vertrauensvolle politische Identifikation von großen Teilen dieser Generation mit der jungen DDR und ihren antifaschistisch-sozialistischen Gründungsmythen fatale, ja, auf Scheitern angelegte Züge hatte, ist in Kapitel 1 dargelegt worden. Gleichwohl, zu reden ist nun von der (zunächst treffend) so genannten *»Ankunftsliteratur«*.

Der Begriff wurde nach *Brigitte Reimanns* Buch *»Ankunft im Alltag«* (1961) geprägt. Es erzählt von drei Abiturienten, zwei Männern und einer Frau, die vor ihrem Studium ein Jahr praktischer Arbeit absolvieren und, konfrontiert mit einem ihnen bisher fremden Praxisfeld, neue Konflikte durchzustehen und Entscheidungen zu treffen haben. Neben dem Liebeskonflikt in der altbekannten Dreierkonstellation geht es vor allem um die alltägliche Bewährung in der gesellschaftlichen Arbeit, ums Realistischwerden gegenüber den eigenen idealistischen Erwartungen, um die pragmatische Einrichtung im »realen« Sozialismus. Es ist typisch für die Ankunftsliteratur, daß dieses Sicheinrichten durchweg gelingt, der real-sozialistische Umerziehungsprozeß erfolgreich ist und auch die kaum lösbar scheinenden Probleme in den erotischen Beziehungen ins Happy-End einmünden. Die skizzierte Handlungsstruktur findet sich auch, mehr oder weniger variiert, bei den anderen Autoren, die diesem literarischen Typus zuzurechnen sind: bei

Christa Wolf, Karl-Heinz Jakobs, Herbert Nachbar, Werner Bräunig, Joachim Knappe, Erik Neutsch, Joachim Wohlgemuth und selbst beim jungen Günter de Bruyn. Immer wieder begegnet man literarischen Helden, die sich über »verschiedene Stationen bis an die Wende zu sozialistischem Bewußtsein durchgearbeitet haben«, wie es bei dem DDR-Literaturwissenschaftler Dieter Schlenstedt heißt, und dabei gleichzeitig »realistisch« im Sinne von realitätstüchtig geworden sind; mit Hegel gesprochen: sich die Hörner am (sozialistischen) Alltag abgewetzt haben. »Vergangenheitsbearbeitung« heißt nicht mehr (oder nicht mehr nur) Auseinandersetzung mit der Nazizeit, sondern zielt jetzt auf die kaum vergangene Geschichte und die Gegenwart. Das Erfahrungsfeld dieser Autoren (hier wirkt das Programm des Bitterfelder Weges entschieden auf die »Ankunftsliteratur« ein) ist der Bereich der materiellen Produktion, in der sie sich zu bewähren haben. Den suchenden Helden wird dabei weit mehr Handlungs- und Entfaltungsspielraum zugestanden, als das in den vorhergehenden Betriebsromanen der Fall war. Freilich ist auch unverkennbar, daß den Versuchen dieser Subjekte, mündig zu werden, enge Grenzen gezogen sind: nicht nur von den kulturpolitischen Instanzen, die eine bestimmte Figurengestaltung forderten, sondern auch durch die verinnerlichte Version genormten, stereotypen, die ›wirkliche Wirklichkeit‹ ausblendenden Wahrnehmens und Denkens. Das DDR-Trauma der 50er Jahre, die autoritär-stalinistische Formierung des entstehenden Sozialismus, die in der sog. Entstalinisierung seit 1956 öffentlich nur halbherzig kritisiert und letztlich nicht zurückgenommen wurde, bleibt auch in der »Ankunftsliteratur«, ja noch in den an sie anschließenden wichtigen Romanen der frühen und mittleren 60er Jahre von Christa Wolf, Kant, Neutsch und Strittmatter wie umschleiert. Daher kommt es, daß mittlerweile (selbst-)kritisch gewordene Autoren wie Christa Wolf oder Günter de Bruyn ihre Erstlingswerke aus dieser Zeit als unerträglich fremd, ja »tot« (de Bruyn) erleben: so Christa Wolf ihre »Moskauer Novelle« von 1961 als Traktatliteratur – »Traktat im Sinne der Verbreitung frommer Ansichten« – und Günter de Bruyn seinen Roman »Hohlweg« (1963) als »Holzweg«. Nachdem jetzt de Bruyns Autobiographie seiner Jugend »Zwischenbilanz« (1992) vorliegt, die die gleiche Ereigniszeit wie der frühe Roman (also bis 1945) subtil und unprätentiös ausleuchtet, ist es möglich, die ideologische Präformierung von »Der Hohlweg« genauer als bisher zu erfassen.

Auch die »Ankunftsliteratur« der Jüngeren greift, zumindest partiell, auf die Tradition des Bildungs- und Entwicklungsromans zurück. Gewiß hat dabei eine Modifikation stattgefunden, insofern der Prozeß der Individuierung als von den alten und neuen gesellschaftlichen Verhältnissen geprägter dargestellt wird, nicht mehr als organische Ausfaltung einer vorgegebenen Entelechie. Ziel ist jetzt die Eroberung und Sicherung eines der werdenden sozialistischen Gesellschaft nützlichen Standorts. Dennoch ist irritierend, daß die Literatur einer Gesellschaft, die den Aufbau des Sozialismus proklamiert hat, sich dominant dem Entwicklungsgang singulärer Individuen widmet, jedoch wenig von der Entstehung von sozialistischen Kollektiven zu berichten weiß. Der Schluß liegt nahe, daß, wer halbwegs realistisch schreiben wollte, dieses letztere Thema nicht bearbeiten konnte, weil es in der Wirklichkeit kaum vorkam. Als Rettungsanker bot sich wiederum, und immer stärker, jenes fatale Mittelpunktsindividuum an, dessen historischer Ort nach der marxistischen Geschichtsauffassung vorsozialistisch war. Doch das ist bereits das zentrale Problem der Literatur der 60er und 70er Jahre.

Wie ein Fremdkörper wirkt auf den ersten Blick *Uwe Johnsons* (1934 bis 1984) frühes erzählerisches Werk im Kontext der gleichzeitig entstandenen Prosaliteratur. Es markiert – wenn auch für die Leser seines Landes damals nicht nachvollziehbar – einsam und unüberhörbar den Beginn der Moderne in der Erzählliteratur der DDR. Dieses Erstgeburtsrecht muß Johnson nachdrücklich zugesprochen werden – in diesem Sinn ist das Jahr 1959 nicht nur für die Bundesrepublik (mit Grass' »Blechtrommel«), sondern auch für die DDR ein wichtiger Einschnitt, ohne damit die Bedeutung anderer innovativ moderner DDR-Erzähler (Bobrowski, C. Wolf, F. R. Fries, H. Kant auf seine Weise) aus den 60er Jahren schmälern zu wollen. Freilich: Johnsons radikaler Bruch mit den eingeschliffenen Schreibweisen und Leseerwartungen einer »außengelenkten Ästhetik« (H. Küntzel) konnte keine unmittelbaren Folgen zeitigen, eben weil seine Bücher dem DDR-Publikum vorenthalten blieben. »›Mutmaßungen‹ sind das authentische DDR-Buch geblieben«, aber es »hat seine eigentlichen Leser nie erreicht« – mit diesem unaufgelösten Paradox hat Jens Reich (der den Roman schon 1960 lesen konnte) Johnsons erstes Hauptwerk im Mai 1994 charakterisiert. Umgekehrt wird man heute, aus dem Abstand von fast 30 Jahren, auch aus westlicher Perspektive eher bereit sein, die überraschend engen Zusammenhänge zwischen »Mutmaßungen über Jakob« und der Aufbau- bzw. Ankunftsliteratur der 50er Jahre anzuerkennen. Johnsons erstes veröffentlichtes Buch ist *auch* eine Auseinandersetzung mit dem Thema der »neuen Produktion« im Marxschen Sinne (die Produktion des »neuen Menschen« inbegriffen), und es ist *auch* ein Beitrag zum Problem des »Ankommens im Sozialismus« – nur daß dieser Beitrag, noch bevor das affirmative Genre eigentlich geboren war, dasselbe nicht bestätigte, sondern falsifizierte.

Als Uwe Johnson am 10. Juli 1959 nach »Rückgabe einer Staatsangehörigkeit an die DDR nach nur zehnjähriger Benutzung und Umzug« (nicht Flucht, so sah er es selbst) in West-Berlin eintraf und bald darauf seine »Mutmaßungen« im Suhrkamp Verlag erschienen, da waren die Formeln rasch zur Hand, mit denen dieser junge Autor ›erkannt‹ und dingfest gemacht wurde. Daß ihm Hermann Kant 1962 im

»Neuen Deutschland« eine »falsch[e] und böse« Aussage seiner Bücher nachsagte und ihn Peter Hacks der »Dummheit« zieh, war nicht anders zu erwarten. Aber auch die meisten westlichen Leser waren höchst irritiert. Viele hielten Johnson, so z.B. Hermann Kesten, für einen Abgesandten der Stasi, weil er sich strikt weigerte, sein Herkunftsland zum Reich des Bösen zu erklären. Und wenn ihn Günther Blöcker zum Dichter »der beiden Deutschland« erklärte, so hatte das viel für sich, gerann jedoch allzubald zum Klischee. Hier schrieb ein Mann und äußerte sich öffentlich, der gerade nicht auf eine »einfache Wahrheit« festzulegen war, sondern sich der Welt gegenüber zweifelnd, abwägend, »mutmaßend« verhielt. Diese Haltung, die schließlich zum ästhetischen Credo, zum Stil wurde, hat bei Johnson mit Neuerungssucht an sich nichts zu tun, vielmehr gründet sie in seiner Lebenserfahrung. In einer kleinen Rede »Ich über mich« hat er 1977 einmal ironisch aufgezählt, mit welchen Definitionen man ihn im Lauf seines Lebens belegt hat: Pommer, Mecklenburger, Flüchtling, Umsiedler, Bürgerlicher, Arbeiterkind, wiederum Flüchtling, Dichter der deutschen Teilung, Dichter des anderen Deutschland, Westberliner, Kommunistenschwein und bloody German. Den Wahn des eindeutigen Benennens und Ausgrenzens, bis hin zum Holocaust, hatte das Kind Johnson im Dritten Reich kennengelernt. Das Bild Hitlers im Klassenzimmer, von dem er in seiner autobiographischen Poetik »Begleitumstände« (1980) spricht, steht für dieses Diktat der Macht. Es wurde 1945 abgelöst von einem zweiten Bild, dem Stalins. Ohne daß Johnson Rot und Braun je gleichsetzen wollte, wurde doch eine Erfahrung immer stärker: daß auch das neue System des Sozialismus im Zeichen Stalins gleichbedeutend war mit Macht, mit Willkür und einem Gebrauch der Sprache »mit dem Vorsatz zu betrügen«. »Wenn das ein Verein war«, so stellte er 1979 rückblickend fest, »wollte er da austreten«. Er tat es.

Johnsons zuerst geschriebenes Buch, *»Ingrid Babendererde. Reifeprüfung 1953«*, entstanden 1953 bis 1956 in seiner Rostocker und Leipziger Studienzeit, ist gleichzeitig das zuletzt, 1985 aus dem Nachlaß veröffentlichte (das Manuskript galt bis zu Johnsons Tod als verschollen). Der Autor hatte dessen vierte und letzte Fassung, ermutigt von den Anstößen des XX. Parteitags der KPdSU, bei vier renommierten DDR-Verlagen eingereicht und war jedesmal mehr oder weniger strikt abgewiesen worden. Auch der schon legendär gewordene Versuch, das Buch bei Suhrkamp in Frankfurt herauszubringen, scheiterte schließlich, obwohl Peter Suhrkamp die Begabung des 22jährigen Autors sofort erkannte. Heute kann nur noch spekuliert werden, wie nachhaltig das Buch seinerzeit, wäre es zumal in der DDR erschienen, die literarische Landschaft verändert hätte. Daß es mitten in die DDR der 50er Jahre gehört, zeigt schon sein Stoff. Es geht um den (historischen) Konflikt zwischen der christlichen Jungen Gemeinde und der Partei bzw. der FDJ, zugespitzt im Vorfeld des Juni 1953, den Johnson freilich aus dem Rostocker Universitätsmilieu, in dem er ihn miterlebt hatte, in die Abitursklasse eines mecklenburgischen Städtchens (hinter dem sich sein ehemaliger Schulort Güstrow verbirgt) verlegt hat. Die scheinbar heile Welt der Schule und des Segelns, des Flirtens und der ersten Liebe im kleinstädtischen Milieu zerbricht am Ende – Ingrid Babendererde und Klaus Niebuhr entscheiden sich, vor eine zweite, schwierigere »Reifeprüfung« gestellt, für die Flucht in den Westen. – Schon für dieses Buch hatte der Autor ein hochkomplexes Erzählverfahren gewählt, das er freilich 1979 selbst treffend in Frage stellte: »Die Phasen der so erzählten Geschichte waren zu oft zerstückelt, umgestellt, verlangsamt, beschleunigt, überhaupt bearbeitet worden. [...] Nun mochte die Geschichte funktionieren, aber sie hatte das Leben verloren.«

Johnsons offizieller Erstling *»Mutmaßungen über Jakob«* erschien also 1959 in der Bundesrepublik. Diesmal hatte sein Autor gar nicht erst versucht, das Manuskript bei einem DDR-Verlag herauszubringen. Dabei war ihm klar, daß er das Land werde verlassen müssen, sobald sein Buch im Westen erscheinen würde. Ebendas war aber nicht sein Wunsch: »Er zog das Land DDR vor. Schreibend meinte er es endgültig erworben zu haben wie ein Eigentum. Er glaubte, es werde sich verändern, er wollte anwesend sein bei Veränderungen« (»Begleitumstände«, 1980). Gewiß sind dergleichen retrospektive Selbstauskünfte skeptisch zu lesen. Immerhin, sie legen zwei Annahmen nahe. Zum ersten: Uwe Johnson hat von sich aus seine Zugehörigkeit zur DDR und zu ihrer Literatur nicht aufgeben wollen, und zweitens: Der ›Ausgang‹ seines Mutmaßungsromans muß nicht zwingend, wie es die DDR-Sicht bis heute hin ist, so gelesen werden, daß sich hier die Ohnmacht des Individuums gegenüber der Geschichte erweise.

»Mutmaßungen über Jakob« liegt eine analytische Fabel zugrunde. Das Erzählen fängt, mit Walter Benjamin zu sprechen, an, wenn die Geschichte zu Ende ist. Der 35jährige Streckendispatcher bei der Deutschen Reichsbahn in Dresden Jakob Abs ist, als er quer über die Gleise gegangen ist, zu Tode gekommen. »Aber«, so lautet der erste Satz des Romans, »Jakob ist immer quer über die Gleise gegangen«. Wie konnte er, der erfahrene Mann, dann von einem Zug überrascht werden? Wer war dieser Mann eigentlich, der so geendet ist (oder hat)? Ein Tod voller Unstimmigkeiten setzt, in der Rückerinnerung, eine Geschichte voller Unstimmigkeiten und Widerhaken in Gang. Der Roman wird zur aufdeckenden, zur Detektivgeschichte. Der Erzählvorgang wird mosaikartig zusammengesetzt. Einige der Figuren, Freunde von Jakob, verständigen sich in Dialogen über ihn, sein Leben und seinen Tod, einige kehren ihre inneren Monologe nach außen, dazwischen schiebt sich der Erzählerbericht, der das Vorwissen der Monologe ergänzt, Stichwörter gibt, durch die die Geschichte assoziativ weitergeknüpft wird. Allmählich entstehen konturierte, lebendige Figuren: Jakobs Freundin Gesine Cresspahl, die nach dem 17. Juni 1953 im Westen geblieben ist und bei der NATO in Frankfurt dolmetscht; ihr Vater Heinrich Cresspahl und Jakobs Mutter Marie Abs, die, durch die Nachkriegswirren zueinander verschlagen, gemeinsam im mecklenburgischen Jerichow leben; der Universitätsassistent Jonas Blach, zeitweise der Geliebte Gesines und jetzt, im Oktober 1956, nachdenkend über die Rolle des Intellektuellen nach dem XX. Parteitag; schließlich Hauptmann Rohlfs vom Staatssicherheitsdienst, ein überzeugter Kommunist, der den Auftrag hat, Gesine als Ostagentin anzuwerben. Das Romangeschehen, das synchron zum Ungarnaufstand des Oktobers/Novembers 1956 abläuft, ist auf die Streitfrage hin zugespitzt, die sich dann nach Jakobs Tod retrospektiv wiederholt: Welcher ist der »wahre Jakob«? (B. Neumann). Wird er ganz zu Gesine in den Westen gehen, nachdem er sie einmal besucht hat? Wird er, als Streckendispatcher, der er ist, den Weg für sowjetische Militärtransporte nach Budapest freigeben? Er tut das letztere (wohl wissend, daß es sonst ein anderer täte) und unterläßt das erste. Nachdem Jakob nach Dresden zurückgekehrt ist, kommt er unter den Zügen zu Tode. Der »wahre Jakob«: das wäre jener gewesen, der seine (marxsche, blochsche) Utopie der Arbeit als wirklicher Lebenstätigkeit, als Selbstbestimmung ohne Entfremdung hätte durchsetzen, der sein Leben, beispielhaft und doch ohne Pathos, als »das vernünftige, verantwortbare, praktische Leben« (Johnson) hätte führen können. Die Verhältnisse – der kalte Krieg zwischen West und 0st, die produktivitätsfeindliche Diktatur des »realen« Sozialismus – lassen solcherart Selbstverwirklichung verkümmern, endlich absterben. Der, in Anlehnung an den biblischen Mythos, verheißungsvoll als Jakob angetreten war, endet gewaltsam als Absalom. (B. Neumann hat gezeigt, wie in der Struktur des Romans und seiner Hauptfigur in faszinierender Weise ›zeitlose‹ Grundmuster des Mythos und hochaktuelle politische Fragen miteinander verknüpft sind.) Am Ende bekommt keine der Hauptfiguren recht: nicht Gesine, die endgültig im Westen bleibt (und uns später in den »Jahrestagen« wiederbegegnet); nicht Jonas Blach, der zweifelnde Kopfarbeiter, der am Ende verhaftet wird; nicht Hauptmann Rohlfs, der freilich von seinem Autor auch nicht als Bösewicht dargestellt wird: Er, der an den Sozialismus glaubt und Jakob nicht nur als Spitzel, sondern auch als Freund gewinnen will, wird vom Autor als Gesprächspartner ernstgenommen. Das war für westdeutsche Leser natürlich eine Provokation ersten Ranges – so wie umgekehrt die Einbeziehung der Bundesrepublik, die im offiziellen DDR-Bewußtsein nur als Feindbild vorkommen durfte, und eines sympathischen Republikflüchtlings (Gesine) ins Romangeschehen in der DDR als eminenter Tabubruch verstanden werden mußte, von der expliziten Darstellung von Stasi-Aktivitäten ganz zu schweigen. Ein Tabubruch war aber vor allem, auch für westliche Leser, die Schreibweise des Romans, die von jedermann, positiv oder negativ, als »ungeheure Zumutung« (M. Reich-Ranicki) erlebt werden mußte. Hier schrieb ein junger Autor, dem, im Sinne von Robert Musils »Mann ohne Eigenschaften« namens Ulrich, das »primitiv Epische« abhanden gekommen war und der sich genötigt sah, die Vielfalt des Wirklichen als »unendlich verwobene Fläche« (Musil) auszubreiten. Mit Recht stellte die Kritik Bezüge zu Flaubert (die Technik der Lücke, der Leerstelle und der nichtkausalen Situationsfolge), zu Joyce (innerer Monolog), zu Brecht (Verfremdungstechnik), zum Nouveau roman und vor allem zu William Faulkner (polyphone Erzählweise, mythologische Bezüge) her.

Betont sei: Johnsons Recherche nach der Ursache eines widersinnigen Todes bricht nicht aus Koketterie mit Maßgaben traditionellen Erzählens (Fabel, Zeitkontinuum, allwissender Erzähler usw.), sondern weil die schwierige, die ganze Wahrheit nicht einfacher zu haben war. Am Anfang des Romans hatte ja ein »treuherziger« Schreibversuch »in traditioneller Manier« gestanden, der sich dann als nicht haltbar erwies und dem Erzähltext als »Vexierrätsel« (Johnson) weichen mußte. Damit hatte Johnson in einer Ära der fast ungebrochenen Gültigkeit des Widerspiegelungsprinzips und der Totalitätsforderung an den Roman (im Sinne von Georg Lukács) ein Stück »Scherbenliteratur« (so H. Kant polemisch 1961 gegen die westdeutsche Prosaliteratur) geschaffen, das sich gänzlich ungleichzeitig zu den vormodernen Orientierungen des Erzählens in der DDR verhielt. Während auf der einen Seite die alten Exilautoren, die Arbeiterschriftsteller aus dem BPRS und die jüngeren Aufbau-Realisten versammelt waren, ergänzt um wenige noch zaghafte Neutöner wie Strittmatter oder Fühmann, stand auf der anderen Seite eines nichtaristotelischen Erzählens ein einziger: Uwe Johnson. Ein enger Freund Johnsons aus DDR-Zeiten, der Linguist Manfred Bierwisch, hat jüngst behauptet: »Der – wider Willen – Dichter der deutschen Teilung [U. Johnson, W. E.], er darf und kann nicht nachträglich als der eigentliche Autor der DDR mißdeutet werden. Er war so wenig Dichter gegen diesen Staat, wie er Dichter für diesen Staat war. Er ist nicht durch Themen der DDR definierbar, sondern durch Personen und Umstände, deren Wirklichkeit auch durch diesen Staat geprägt oder geschädigt wurde. [...] Uwe Johnson hat jedenfalls nicht dazugehören können und wollen.« So richtig der letzte Satz ist – dem anderen soll hier widersprochen werden. Bierwisch hätte nur dann recht, wenn DDR-Autor nur genannt werden dürfte, wer mit Leib und Seele im Staat DDR aufgegangen ist. Das gilt für Johnson gewiß nicht. Aber kein anderes literarisches Werk manifestiert die Widersprüche und Weglosigkeiten des Landes DDR in solch komplexer Genauigkeit wie das seine. So ist er tatsächlich »der eigentliche Autor der DDR« – so, wie Musil der eigentliche Autor Kakaniens oder Faulkner der der amerikanischen Südstaaten ist.

Die beiden ersten Romane von Johnson machen bereits die von den repressiven Zuständen im Lande erzwungene Flucht in den Westen zum Thema der Literatur. Dies geschah auch in Brigitte Reimanns »Die Geschwister« (1963) und, populär geworden, in Christa Wolfs »Der geteilte Himmel« (1963). Doch wurde dort und in einigen anderen Büchern dieser Jahre immer die ›richtige‹ politische und moralische Bewertung der »Republikflucht« mitgeliefert. Aus dem Abstand von Jahrzehnten sollte man heute in diesem Zusammenhang ein Buch würdigen, das ein wichtiges Stück DDR-Literatur ausmacht und Authentisches zum Thema »Republikflucht« versammelt. Gemeint ist Erika von Hornsteins Buch »Die deutsche Not« von 1960, ein Sammelband mit 43 Erlebnisberichten ehemaliger DDR-Bürger, die unmittelbar und detailliert, lebendig und spannend erzählen (so übrigens auch Johnsons Urteil) von ihren Konflikten und den Praktiken der Repression, z.B. gegen Bauern, die sich gegen die Kollektivierung sperrten. Erika von Hornsteins Buch galt lange als Zeugnis des Kalten Krieges. Heute, mehrfach wieder aufgelegt (u.a. in Enzensbergers »Die andere Bibliothek«), kann es gerechter, nämlich als aussagekräftiges Dokument über die Lebensverhältnisse der DDR der 50er Jahre und gleichzeitig als frühes Beispiel des Genres Interviewliteratur, beurteilt werden.

Die »neue Produktion« auf dem Theater

Die Theaterliteratur des Zeitraums 1949–61 ist von zwei Merkmalen geprägt. In der Dramaturgie und Schreibweise folgt sie, bis auf die Stücke des affirmativen Gebrauchstheaters, Bertolt *Brecht* oder ist doch zumindest von ihm inspiriert. Ihren Stoff entnimmt sie zumeist unmittelbar den neuen Produktionsverhältnissen in Stadt und Land, wobei das Thema »sozialistisches Landleben« eindeutig favorisiert ist: Fast jeder wichtigere Theaterautor hat in dieser Zeit sein »Agrodrama« (D. Bathrick) geschrieben.

Brecht, inzwischen fest in Ost-Berlin niedergelassen, beschäftigte sich in dreierlei Richtung mit dem Theater: Er realisierte mit dem Berliner Ensemble verschiedene eigene ältere Stücke, er bearbeitete Vorlagen anderer, insbesondere klassischer Autoren und führte sie mit seinem Ensemble auf, und schließlich brachte er einige wenige Stücke zeitgenössischer Autoren heraus (Bechers »Winterschlacht«, ein 1942 entstandenes Stück über den nazistischen Krieg in der Sowjetunion, Strittmatters »Katzgraben«, Synges »The Playboy of the Western World«). Ein eigenes neues Stück führte er nur in einem einzigen Fall zu Ende. Es ist das Lustspiel *»Turandot oder Der Kongreß der Weißwäscher«*, geschrieben im Sommer 1953.

»Turandot« ist eins der schwierigsten, komplexesten Stücke, die Brecht verfaßt hat, und steht nach seinem eigenen Urteil »recht außerhalb der deutschen Literatur«. Auf der Basis eines im Stück kaum wiederzuerkennenden, sehr grausamen orientalischen Märchens, das von der erst verweigerten, schließlich glücklichen Liebe der chinesischen Prinzessin Turandot zu einem um sie werbenden Prinzen erzählt (wir kennen es als Stück Carlo Gozzis in der Übersetzung von Schiller), hat Brecht seine seit Jahrzehnten anstehende satirische Abrechnung mit den Kollegen Intellektuellen ausgebreitet und in Theater umgesetzt. Schon im Exil war eins seiner Lieblingsprojekte ein »Tui-Roman«, d.h. eine Analyse und Kritik jener »Tellekt-Uell-Ins«, die das Denken und Meinen als Handel, als der kapitalistischen Warengesellschaft durchaus angepaßtes Geschäft betreiben; die die jeweils Herrschenden von allen Verfehlungen »weißwaschen«, mit welchen Argumenten auch immer, und sich solchermaßen von ihrem Kopf ernähren lassen. Im ehedem Frankfurter Institut für Sozialforschung, das in den späten 30er Jahren im USA-Exil neu erstand (Horkheimer, Adorno, Pollock u.a.) glaubte der Autor seinerzeit ein Modell des Tuismus in der Wirklichkeit gefunden zu haben, das die Satire schon fast überflüssig machte. Und da er, wohl zu Recht, überzeugt war, daß der Tuismus mit der Gründung der DDR nicht verschwunden war, hielt er seinen Stoff immer noch für aktuell. Doch vermutlich erkannten die SED-Funktionäre ebenfalls, daß Opportunismus als Versuchung für die Angehörigen der Intelligenz auch in der DDR aktuell geblieben war. So wurde das Stück erst 1969 in Zürich uraufgeführt.

Es fällt auf, daß Brecht, der kaum je Zeitstücke im engeren Sinne geschrieben hatte, sondern statt dessen seine ästhetische Provinz in der Geschichte und parabolischen Räumen errichtete, sich zwischen 1945 und 1956 noch mehr auf diesem Terrain ansiedelte. Mit seiner unmittelbaren DDR-Gegenwart hat er sich nur in drei Arbeiten beschäftigt, die freilich nicht auf ausgearbeitete Theaterstücke hinzielten (»Herrnburger Bericht«, »Katzgraben«-Notate) oder, nicht grundlos, Fragment blieben wie der »Büsching«-Entwurf (dazu weiter unten im Zusammenhang mit H. Müller, »Der Lohndrücker«). Das Chorwerk »Herrnburger Bericht« (1951), das in neun Gedichten und Zwischentexten den authentischen Fall einer Schikanierung westdeutscher Jugendlicher durch die bundesdeutsche Polizei behandelt (weil diese an einem FDJ-Treffen in Ost-Berlin teilgenommen hatten), schließt an die Agitpropkunst-Tradition proletarischer Spielgruppen aus der Weimarer Republik an, wurde aber charakteristischerweise in einer Repräsentationsveranstaltung vorgeführt. – Nein, der Schwerpunkt von Brechts Produktivität lag eindeutig in der Bearbeitung älterer Vorlagen Shakespeares »Coriolan« (1951), Goethes »Urfaust« (1952), Molières »Don Juan« (1954) u. a. m. Was es mit Brechts Hinwendung zur Geschichte auf sich hat, zeigt am deutlichsten seine Bearbeitung von J. M. R. Lenz' *»Der Hofmeister«* (1950).

Lenz' Komödie (in der ersten Fassung noch »Lust- und Trauerspiel« tituliert) ist – das charakterisiert schon Brechts Interesse – kein

Werk des *klassischen* Kulturerbes, ebensowenig wie der »Urfaust«. Es gehört zur Sturm-und-Drang-Periode. Die Fabel vom Hofmeister Läuffer, der sich selbst entmannt (ihr liegt ein wahres Ereignis zugrunde), steht gleichnishaft für die Selbstentmannung der Intellektuellen im feudalabsolutistischen Deutschland des 18. Jahrhunderts, die eher noch Hand an sich selbst legten als an ihre Unterdrücker. Brecht fand in dieser Fabel »die früheste – und sehr scharfe – zeichnung der deutschen misere«. Aber er brachte sie nicht neu aufs Theater, um wiederum, wie Läuffer, der »flennt und murrt und lästert«, resignativ in der Misere zu versinken, sondern um gerade die Botschaft des alten Stücks zu verkehren. Brechts Sprachrohr ist nicht mehr der aufgeklärte Geheime Rat von Berg, vielmehr wird dieser der Lächerlichkeit preisgegeben. Und Läuffer »erntet unser Mitgefühl, da er sehr unterdrückt wird«, aber auch »unsere Verachtung, da er sich so sehr unterdrücken läßt«. Er gehört in die lange Reihe brechtscher Helden, die nichts lernen, aber den Zuschauer eben daraus lernen lassen (die Courage, Don Juan, Lukullus, Coriolan u.a.).

Angesichts einer solchen pointierten Deutung der Historie erweist sich Brechts »Hofmeister«-Bearbeitung – gleiches gilt für die anderen Adaptionen – als gar nicht so gegenwartsfremd, wie es zunächst den Anschein hat. Der Autor bringt in ihr seine Skepsis gegenüber der offiziösen harmonisierenden Geschichtsauffassung zum Ausdruck und rät indirekt zu einer Wiederentdeckung und -aneignung gerade der unklassischen, unbürgerlichen, plebejischen Elemente der deutschen Geschichte. Sein Rückgang auf die Historie ist Rückzug vor den ideologischen Gegebenheiten, des »realen« Sozialismus, aber doch auch ein Versuch, die eigene kontroverse Position, historisch argumentierend, zu behaupten.

Ein einziges Mal hat sich Brecht bei seiner Theaterarbeit in der DDR auf Gegenwartsprobleme eingelassen, in der Inszenierung und theatertheoretischen Reflexion von *Strittmatters* Bauernkomödie *»Katzgraben«* (1952/53). Strittmatter war ein Autor landproletarischer Herkunft, der, nach mehr als 15 Jahren als Landarbeiter, Bäcker und Tierwärter, 1945 im Zuge der Bodenreform ein Stück Bauernland zugeteilt bekam, später Bürgermeister, Volkskorrespondent und schließlich freier Schriftsteller wurde – nicht *aus* dem Proletariat aufgestiegen, sondern *mit* ihm, wie Brecht optimistisch formulierte. »Katzgraben« war, so Mentor Brecht, »das erste Stück, das den modernen Klassenkampf auf dem Dorf auf die deutsche Bühne« brachte. Großbauer, Mittelbauer, Kleinbauer und Parteisekretär, alle mit symbolischen Namen ausgestattet, werden beim Austragen von Konflikten gezeigt, die ausbrechen, als die Partei auf den Bau einer Straße zwischen dem Dorf Katzgraben und der Stadt drängt. Es ist ein langwieriger, von Rückschlägen unterbrochener Prozeß, bis die Kleinbauern endlich ihre Interessen wahrnehmen und sich, inzwischen von der Partei mit Zugvieh und Traktoren versorgt und damit vom Großbauern unabhängig, gegen diesen durchsetzen. Strittmatter hat aus dieser spröden Fabel ein durchaus sinnliches Theaterstück gemacht und dabei aus »so ›prosaischen‹ Dingen wie Kartoffeln, Straßen, Traktoren [...] poetische Dinge« werden lassen (Brecht). Dazu trägt vor allem die Versifizierung in freien, nicht immer fünffüßigen Jamben bei, womit Strittmatter den ehedem herrschenden Klassen ein ästhetisches Privileg entreißen wollte. Das interessierte den zunächst skeptischen Brecht, aber mehr noch faszinierten ihn »die neuen Menschen« und ihre »neuen Tugenden«. »Katzgraben« war für ihn kein »Tendenzstück«, sondern eine »historische Komödie«, die ein »neues, ansteckendes Lebensgefühl« demonstriere.

Im Lauf der gründlichen Regiearbeit – von »Katzgraben« entstanden sieben Fassungen – hat er dann die *»Katzgraben-Notate«* verfaßt, seine letzte zusammenhängende Ausarbeitung zur Theatertheorie. Nach dem »Kleinen Organon« von 1948 bezeichnen sie einen weiteren pragmatischen Schritt an die Realität des Publikums heran, denn Brecht hatte erkannt: »Das Theater ist wie ein Schwimmer, der nur so schnell schwimmen kann, wie es ihm die Strömung und seine Kräfte erlauben.« Die »Strömung« war dem »echten, radikal epischen Theater« nicht günstig, die Kräfte des Publikums, aus ihm zu lernen, begrenzt. So war es folgerichtig, daß Brecht sich auf ein Stück als Probe aufs Exempel einließ, dessen Fabelanlage durchaus epische Züge aufwies, aber eben nicht zu viele. In der Form schließen die »Notate« an frühere theoretische Texte wie den »Messingkauf« an, indem Theorie in dialogischer Weise (in Gesprächen, Interviews, lockeren Zwischentexten) ausgebreitet wird. Grundziel des Brechtschen Theaters bleibt, daß er »einem proletarischen Publikum Lust machen [will], die Welt zu verändern«, »durch unsere künstlerischen Abbildungen der Wirklichkeit auf dem Dorf Impulse [zu] verleihen, und zwar sozialistische«. Wie sollte das geschehen? Brechts »Notate« sind eine Art exemplarisches Regiebuch (gegenüber der klassischen Verallgemeinerung des »Organon«), das am konkreten Modellfall alle Fragen der bildkräftigen Versinnlichung von gesellschaftlicher Dialektik auf dem Theater durchspielt: Konstruktion der Fabel, der Szenen, Figurengestaltung, Gruppenarrangements, Dialogführung, Gestik usw. Seine zentrale Hypothese ist, daß dialektisches Theater (diesen Ausdruck zieht er in seinen letzten Lebensjahren der Bezeichnung »episch« vor) »die Erscheinungen in ihre Krise« bringen müsse, »um sie fassen zu können«. Nur aus dem Erfahren und Begreifen von Krisen, Widersprüchen, Konflikten lerne man: »Die Besten werden durch Probleme angezogen, nicht durch Lösungen.« Daraus folgt auch, daß Brecht der Konzeption des makellos positiven Helden nichts abgewinnen konnte, auch wenn er jetzt bereit war, »wenn auch in bescheidenstem Maß, etwas Vorbildliches zu geben«. Er blieb lebenslang skeptisch gegenüber der Dramaturgie der Einfühlung (hier: in den positiven Helden), die seiner Meinung nach zwar den Wunsch zur Nachahmung wecken konnte, nicht aber die Fähigkeit dazu.

Mit Friedrich Wolfs schon erwähntem Stück »Bürgermeister Anna« (1950) und Strittmatters »Katzgraben« waren für das Genre des Landstücks einerseits ideologische und andrerseits ästhetische Maßstäbe gesetzt. Die Frage stellt sich, warum sich nun auch in den späteren 50er und den 60er Jahren Stücke zum Thema der »neuen Produktion« auf dem Lande so großer Beliebtheit erfreuten, wo doch die DDR durchaus keine agrarische Struktur hatte. Ein Grund dafür ist sicherlich, daß das Thema quasi ein sowjetisches Vermächtnis war, insofern die Oktoberrevolution 1917 die Umwälzung eines durch und durch bäuerlichen Landes einleitete. Zwar gab es kein sowjetisches Theaterstück über die Revolution auf dem Lande von kanonischer Geltung, aber doch Michail Scholochows Roman »Neuland unterm Pflug«, dessen erster Teil schon 1946 in der Sowjetischen Besatzungszone übersetzt vorlag. Hinzu kommt, daß die Umwälzung auf dem Land in den Stufen Bodenreform – partiell freiwillige Kollektivierung – erzwungene Kollektivierung (abgeschlossen 1960; allein im Jahr 1959 wurden 50% des Grund und Bodens in Staats- oder Genossenschaftseigentum überführt) für den Betrachter einfacher überschaubar und damit auch literarisch leichter abbildbar war als der Wandel im industriellen Bereich. Die – vermeintlichen oder wirklichen – Junker und Großbauern konnten leichter als Personen von Fleisch und Blut dargestellt werden. In der Bauernstube oder im Dorfwirtshaus ließ sich gewissermaßen noch einmal eine in sich geschlossene gesellschaftliche Totalität vormoderner Prägung einfangen, mit einem für jedermann augenfälligen Klassenkonflikt. Doch den meisten Autoren, die Stücke zu dem Genre beitrugen (u.a. Helmut Sakowski, Paul Freyer, Fred Reichwald, Hedda Zinner, Helmut Baierl), gelang es nicht annähernd ästhetisch so überzeugend wie Strittmatter, Fabeln zu entwerfen, die die neuen Lösungen plausibel erscheinen ließen. Vielmehr schrieben sie moralisch argumentierende, appellative Tendenzstücke.

Das gilt auch für *Helmut Baierls* (geb. 1926) Landstücke »Die Feststellung« (1958) und *»Frau Flinz«* (1961). Baierl versteht sich als Brecht-Schüler und -Fortsetzer. Während der erste Text auf die Form des Lehrstücks rekurriert, soll die Komödie »Frau Flinz« als zeitgemäße Fortsetzung der »Mutter Courage« verstanden werden. Frau Flinz ›verliert‹ in den Jahren nach 1945 ihre fünf Söhne, einen nach dem andern, an den neuen Staat, die DDR, was sie als Niederlage erlebt. Im Gegensatz zur Courage ›entwickelt‹ sie sich aber mit Hilfe der Partei und wird schließlich Vorsitzende einer LPG. Das Komische dieses Vorgangs liegt Baierl zufolge in Frau Flinzens »groteskem Kampf gegen ihre eigenen Interessen, ihre verzweifelten Anstrengungen gegen eine Ordnung, die eigentlich die ihre ist«. Laut Baierl sind die Fehler der Frau Flinz gleichzeitig ihre Vorzüge, die das Neue und Gute hervortreiben. Die einst von Hegel und Marx entwickelte Methode einer dialektischen Geschichtserklärung hat damit eine Verengung und Banalisierung erfahren, die freilich nicht nur Baierls Stücken eigen ist, sondern einer ganzen Flut von literarischen Texten.

Baierls Stücke gehören, trotz seines eigenen hohen Anspruchs, zu jener affirmativen Dramatik, die einen Helden-mit-kleinen-Fehlern in einen scheinhaften Konflikt stellte und diesen dann scheindialektisch auflöste. Zwieschlächtiger ist da schon die dramatische Produktion des 1928 geborenen *Peter Hacks*, der 1955 aus München in die DDR übersiedelte. Hacks' frühe Stücke waren allesamt historischen Stoffen gewidmet (»Die Schlacht bei Lobositz«, 1956, worin eine Episode des Ulrich-Bräker-Stoffes behandelt wurde; das gegen die Fridericus-Rex-Legende gerichtete Lustspiel »Der Müller von Sanssouci«, 1957, u.a.m.), wobei sich der Autor hier noch ganz einig wußte mit der Tendenz von Brechts Bearbeitungen: die bisher nur ›von oben‹ geschriebene Geschichte ideologiekritisch umzudeuten. Gegen Ende der 50er Jahre wandte er sich dann zeitweise aktuelleren Stoffen zu, darunter auch dem Thema Bodenreform in der Komödie *»Moritz Tassow«* (1961). Tassow, der Schweinehirt, eine Mixtur aus Goethes Torquato Tasso und Wilhelm Buschs bösem Buben Moritz gewissermaßen, ist ein schwärmerischer, utopischer, seinen spontanen Bedürfnissen frönender und an den jeweiligen praktischen Erfordernissen vorbeizielender ›Linksradikaler‹, der zu einem Zeitpunkt – 1945/46 – die Kollektivierung der Landwirtschaft durchsetzen will, als nach Auffassung der Partei nur die Landverteilung auf der Tagesordnung steht. Erst als der Parteisekretär Mattukat von außen her autoritär in den lokalen Konflikt eingreift, löst sich der Widerspruch zwischen der »objektiven Notwendigkeit« und ihrem ungleichzeitigen Helden im ironischen Happy-End auf: Nachdem Mattukat »die Revolution [...] fertig angeordnet« hat, wie Tassow böse bemerkt, und diesen absetzt, entschließt der sich, Schriftsteller zu werden und damit den einzig möglichen Stand zu wählen, »In dem ich nicht verpflichtet bin, kapiert / Zu werden oder Anhänger zu haben«. Auf der Bühne bleibt als einziger und letzter Protagonist der angepaßte, »hundertfünfzigprozentige« Blasche zurück, der das Stück mit den Worten beschließt: »Der neue Mensch bleibt auf dem Plane. Ich.« Die Uraufführung des brisanten Stücks 1965 in Ost-Berlin war ein weiterer Eklat für Hacks, nachdem er schon 1962 durch sein Stück »Die Sorgen und die Macht« ins Kreuzfeuer der Kritik geraten war (dazu später). Sie gab den wohl entscheidenden Anstoß zur Wandlung des Peter Hacks zum angepaßten realsozialistischen Klassiker der späten 60er, 70er und 80er Jahre.

Das Landstück, das sich der verharmlosenden Scheindialektik à la Baierl wohl am konsequentesten verweigerte, stammt von *Heiner Müller* (1929–95). Auch er hatte sein Stück »Die Umsiedlerin oder Das Leben auf dem Lande« (geschrieben 1956–61 nach einer Erzählung von A.Seghers; neue Version *»Die Bauern«*, 1964; Uraufführung der Neufassung 1976) eine »Komödie« genannt. Müller verbindet eine nüchtern realistische Darstellung der Mühen und Qualen der »neuen Produktion« auf dem Lande mit einem Aufweis ihrer historischen Herkunft: Der Aufbau des Sozialismus in der SBZ/DDR ist von einer kaum abzutragenden Hypothek belastet, von der nazistischen wie von der preußischen Vergangenheit: »So sah sie aus, die neue / Zeit: nackt, wie Neugeborene immer, naß / Von Mutterblut – Beschissen auch.« Im Gang der Fabel gelingt der Kollektivierungsprozeß (und darin liegt aus Müllers Sicht das optimistische Moment des Stücks, das die Genrebezeichnung »Komödie« rechtfertigt), aber die von Müller beleuchteten Widersprüche und ihre Geschichte sind damit nicht aufgehoben, vielmehr wirken und hemmen sie weiter. Es verwundert nicht, daß auch dieses Stück – nach einer einzigen Aufführung durch eine studentische Laienbühne 1961 abgesetzt – nicht auf den großen Bühnen gespielt wurde. Für zwölf lange Jahre, bis zur Uraufführung von »Zement«, wurde Müller in der DDR zum Dramatiker ohne Bühne.

Wie Baierl, Hacks und später Hartmut Lange sah Heiner Müller lange Zeit und wohl mit dem größten Recht von allen, in Brecht seinen entscheidenden Lehrer. Und wie er für das Genre des Agrodramas für sich in Anspruch nehmen kann, das differenzierteste Stück geschrieben zu haben, so gilt das gleichermaßen für seine Theatergeschichten aus der industriellen Produktion. Es gab in den 50erJahren eine ganze Serie von Produktionsstücken, wie z.B. Harald Hausers (geb. 1912) »Am Ende der Nacht« (1955), das in einem SAG-Betrieb im Jahre 1953 spielte. Das Stück war dramatisch spannend, voller Klischees, mit einem positiven Schluß versehen – und erfolgreich: Bis 1972 erlebte es in 39 Inszenierungen fast 1000 Aufführungen. Solche Erfolge waren den alle falsche Harmonisierung verweigernden Stücken Heiner Müllers zum Thema (dazu gehören noch »Die Korrektur« von 1957 und »Der Bau« von 1964) nie beschieden.

Dem vielleicht wichtigsten dieser Stücke, *»Der Lohndrücker«* von 1956, lag ein authentischer historischer Vorgang aus der Zeit 1948/49 zugrunde, der bereits Eduard Claudius (vgl. S. 138f. zu »Vom schweren Anfang« / »Menschen an unserer Seite«) und Brecht zu literarischen Umsetzungen animiert hatte. Brecht interessierte an der Geschichte des Ringofenmaurers Hans Garbe der Widerspruch zwischen Handeln und Wissen, denn er hatte den Aktivisten in drei langen Gesprächen als einen erlebt, der tat, was notwendig war, ohne doch politisch zu wissen, was er tat; der den Sozialismus aufbauen half, ohne doch zureichend seine »individuellen Arbeitskräfte selbstbewußt als gesellschaftliche Arbeitskraft [zu] verausgaben« (Marx). Chöre sollten, als im Verhältnis zu Büsching (wie Hans Garbe in Brechts Fragment heißt) Mehrwissende, die Vorgänge didaktisch kommentieren. Noch nach dem 17. Juni 1953 (an dem der wirkliche Garbe mit allen seinen

Orden auf dem Arbeitskittel unter den Bauarbeitern der Stalinallee mitmarschiert war!) plante Brecht ein »Büsching«-Stück – »mit einem vollen akt über den 17. Juni«. Doch 1954 gab er das Projekt dann auf, wohl ahnend, daß die von ihm gewählte Helden- und Stückkonzeption das nicht zeitgemäße Lehrstück forderte und zudem politisch inopportun war.

Müllers Interesse am Stoff war entschieden anders. Ihm ging es nicht um einen Widerspruch in der Person Garbes (der bei ihm Balke heißt). Er entfernt sich so weit von Garbes empirischer Vita, daß er im Prolog korrekt sagen kann: »die Personen und ihre Geschichten sind erfunden«. Müller interessiert ein Allgemeines und doch sehr Konkretes: der »Kampf zwischen Altem und Neuem«, genauer: wie sich das Handeln von Balke auswirkt innerhalb sozialistischer Produktionsverhältnisse, die alltäglich realisiert werden von Arbeitern mit zumeist nicht sozialistischem, sondern kapitalistischem, ja zuweilen nazistischem Bewußtsein. Müller fragt weiter danach, wie sich die Normen des neuen Systems (»Normen« im wörtlichen und im übertragenen Sinn) auf die Menschen auswirken – und deckt auf, daß zwischen individuellen Ansprüchen und dem für gesellschaftlich notwendig Erklärten ein massiver Widerspruch besteht. So ist die Reparatur des nicht stillgelegten Ringofens, die Balke und seine Brigade erzwingen, keine Heldentat eines harmonischen Kollektivs klassenbewußter Sozialisten, sondern – sehr nüchtern – eine Kooperation von weiter einander Widerstreitenden unter dem Zwang der ökonomischen Notwendigkeit. Die Arbeiter beginnen teilweise, eine neue Einstellung zur Arbeit auszubilden, aber die Widersprüche sind nicht aufgehoben, größtenteils nur vertagt. Müller weiß, daß er als »Stückeschreiber [...] den Kampf zwischen Altem und Neuem [...] nicht entscheiden kann«; folglich weigert er sich auch, diesen Kampf »als mit dem Sieg des Neuen vor dem letzten Vorhang abgeschlossen darzustellen«. Vielmehr versucht er, »ihn in das neue Publikum zu tragen, das ihn entscheidet« (Prolog). Ein Stück der offenen Form, mit epischer Grundstruktur also, wie auch alle Formelemente belegen: Die neunzehn zum Teil sehr kurzen Szenenbilder zerreißen bewußt die Kontinuität des Handlungsablaufs. Eine Hierarchisierung der Rollen ist vermieden; Balke, von Müller mit einer halbnazistischen Vergangenheit ausgestattet, durchaus kein positiver Held. Vielmehr wird der individuelle Held in Gestalt des vorbildlichen Einzelkämpfers als Typus demontiert, das Mittelpunktsindividuum aus dem Zentrum herausgenommen. Die Sprache ist präzis gestisch, d.h., die Sprechweise des jeweils Agierenden zeigt, führt vor das für ihn Charakteristische.

Müllers Stück »Der Lohndrücker« hat sich, aus geschichtlichem Abstand, als das beste Stück über die ersten Aufbaujahre des Sozialismus erwiesen. Das belegt nicht zuletzt des Autors eigene Ost-Berliner Inszenierung von 1987 nachdrücklich. Es hält unbestechlich fest, daß der Weg zum Sozialismus unter den gegebenen historischen Bedingungen ein schwieriger, schmerzlicher, die Individuen kaum je beglükkender Prozeß war, in den die Menschen zunächst nichts von sich außer ihrer Arbeitskraft einbringen konnten, also gerade das ihnen am meisten Äußerliche, Abstrakte. Mit Hegel und Marx ortete Müller in der Negation das geschichtsbildende und bewegende Moment. – In der Bundesrepublik stieß das Stück auf Verständnislosigkeit und Gehässigkeit – noch bei einer Aufführung im Jahre 1974. Freilich muß einer westlichen Gesellschaft ein Theaterstück fremd, ja exotisch vorkommen, das industrielle Arbeitsbedingungen, Klassenverhältnisse und schließlich eine Klassenkampfkonstellation artikuliert, die hierzulande längst anachronistisch sind. Der Kontrast zwischen einer Gesellschaft, in der sich die Arbeiter dagegen wehren (müssen), immer noch mehr Arbeit aufgepackt zu bekommen, und der heutigen, in der die Arbeitnehmer vor allem darum kämpfen (müssen), ihre Arbeit zu behalten, ist riesengroß.

Wenig später als die beiden ersten Produktionsstücke von Müller entstand *»Die Sorgen und die Macht«,* Peter Hacks' bis heute einziges Stück, das einen Gegenwartsstoff aufgreift. Hier geht es um die Konflikte einer Brikettfabrik, die, am quantitativen Plansoll orientiert, laufend schlechte Ware liefert, und einer Glasfabrik, die von eben diesen Briketts abhängig ist. Der Konflikt ist personifiziert im konkurrierenden, dann liebenden Verhältnis des ›noch nicht‹ sozialistischen Brikettarbeiters Fidorra und der Glasarbeiterin Hede Stoll. Doch alles, was Hacks an Erkenntnis von massiven Widersprüchen in der neuen, realsozialistischen Produktion sowohl in der Stückanlage wie auch teilweise in ihrer Durchführung und der Zeichnung der Figuren untergebracht hat, wird zunichte gemacht durch die nur scheindialektische Auflösung der Geschichte in einem forcierten glücklichen Ende: Die beiden Fabriken arrangieren sich, und Fidorra ›kommt im Sozialismus an‹, was das Stück zu einem Pendant der gleichzeitigen Ankunftsliteratur in der Prosa macht. – Von heute aus erscheint es verwunderlich, welche Schwierigkeiten das Stück seinerzeit in der DDR hatte. Schon 1959 fertiggestellt, konnte es erst 1960 an einer Provinzbühne, 1962 dann in Berlin aufgeführt werden, nachdem der Autor wiederholt zu Korrekturen veranlaßt worden war. Aber auch dann noch bemängelte man die schiefe Darstellung der Arbeiterklasse (sie erscheine im Stück als hauptsächlich an Geld, Sexualität, Essen und Trinken interessiert, sei allzu selten klassenbewußt) und ihrer Partei, sowie die »Glückstheorie« des Autors, der im Stück den Kommunismus definieren lasse als das »Gegenteil« von dem, »was jetzt ist«. Trotz der harmonischen Aufhebung der Widersprüche enthielt das Stück also noch genügend realistische Beobachtungen, die das legitimatorische Gesellschaftsbild der SED aus seinem empfindlichen Gleichgewicht brachten. Wolfgang Langhoff, der das Stück selbst am Deutschen Theater in Berlin inszeniert hatte, mußte es vom Spielplan absetzen und zerknirscht Selbstkritik üben.

Neben Peter Hacks wurde auf dem 4. Schriftstellerkongreß 1956 ein Bühnenautor als besonderes Talent genannt (später sogar als »lenzisch« apostrophiert), der zu Lebzeiten weitgehend ungespielt blieb, aber nach seinem Tod eine gewisse Renaissance erfahren hat: *Alfred Matusche* (1909–73). Von ihm stammen etwa zehn sperrige Stücke, deren eher lose geknüpfte Fabeln an wichtigen Umschlagpunkten der jüngeren deutschen Geschichte angesiedelt sind: am Tag der nationalsozialistischen Machtübernahme 1933, am Tag des Überfalls auf die Sowjetunion 1941 oder in der Endphase des Zweiten Weltkriegs. An solchen historischen Augenblicken zentriert Matusche dramatische Handlungen um Mittelpunktsfiguren, bei denen in radikaler Unbedingtheit nach dem richtigen und falschen Verhalten gefragt wird. Ohne sich um das Regelwerk des »sozialistischen Realismus« zu scheren, hat er so balladeske, über weite Strecken sprachmächtige Stücke geschaffen, wie z.B. »Die Dorfstraße« (1955 uraufgeführt), das die Beziehungen zwischen Deutschen und Polen in einem Dorf an der späteren Oder-Neiße-Grenze zum Thema hat. Noch immer uninszeniert ist das Drama »Welche, von den Frauen« (entstanden 1952/53), das vom Neubeginn 1945 handelt und als (optimistischer) Gegenentwurf zu Borcherts »Draußen vor der Tür« gelesen werden kann.

Es sind nicht viel mehr Autoren und Theaterstücke der Zeit bis 1961, von denen zu berichten sich lohnte, weil sie Geschichte oder doch wenigstens Literaturgeschichte gemacht hätten. Eine vielgespielte witzige Komödie von Heinar Kipphardt (1922–82; bis 1959 in der DDR, danach in der Bundesrepublik), die in der Bühnenfigur des Autors Monhaupt den wirklichen Autor Harald Hauser aufs Korn nahm, traf bereits mit ihrem Titel die Situation aufs beste: »Shakespeare dringend gesucht« (1952/53). – Wohl nur in Heiner Müller hatte das Theater der DDR einen Nachfolger Brechts gefunden, der von ihm lernte (mehr und mehr *per negationem*), ohne ihn je zu kopieren.

Lyrik der Kriegsgeneration

Die Lyrik der Jahre 1946–61 bietet kein einheitliches Bild. Es wäre verfehlt, etwa von »Produktionslyrik« als Dominante des lyrischen Schaffens zu sprechen, wie es für Prosa und Theater, wie dargetan, naheliegt (auch wenn es die vielbelächelte »Traktorenlyrik« wirklich gegeben hat). Es entstehen, entsprechend den offiziellen Erwartungen, Weltanschauungsdichtungen in Großform, also sozialistische Poeme, Kantaten und Oratorien, ebenso wie politische Lieder, die zum Teil beträchtliche Popularität erlangen. Aber es entsteht auch Lyrik, die mit der geforderten Operativität nicht zurechtkommt bzw. sich ihr mehr und mehr verweigert. Die bereits erwähnte Grundspannung zwischen Operativität und Klassizität, zwischen Nützlichkeit und Schönheit verschärft sich. Ein Grund für die komplexe Vielfalt im Gedicht liegt darin, daß während der 50er und frühen 60er Jahre drei bis vier Generationen von Lyrikern mit sehr unterschiedlichen Lebenserfahrungen nebeneinander schreiben und veröffentlichen: die vor oder um die Jahrhundertwende Geborenen (Becher, Brecht, Fürnberg, Arendt, Huchel, Maurer u.a.), die relativ wenigen Angehörigen einer Zwischengeneration (Kuba, Hermlin, Bobrowski u.a.) und die in den 20er Jahren Geborenen, eine in sich sehr inhomogene Gruppe (Cibulka, Fühmann, Wiens, Werner, Berger, Armin Müller, Jens Gerlach; dazu die akklamierenden Sänger des »realen Sozialismus« wie Günther Deicke und Helmut Preißler; schließlich ein von Anfang an durch Ton und Begabung für sich stehender Mann wie Günter Kunert). Außerdem melden sich einige noch Jüngere wie Heinz Kahlau (geb. 1931) oder Reiner Kunze (geb. 1933; sein erster, sehr harmloser Gedichtband »Vögel über dem Tau« erschien 1959) zu Wort. Freilich sind einige der wichtigsten Lyriker der ersten drei Generationen – Huchel, Maurer, Bobrowski, Fühmann, Cibulka – wiederum durch eine entscheidende Lebenserfahrung miteinander verbunden: Soldaten der deutschen Wehrmacht und anschließend Kriegsgefangene (mit Ausnahme von Cibulka alle in der Sowjetunion) gewesen zu sein. Deshalb kann mit einem gewissen Recht von der Lyrik der Kriegsgeneration als Dominante dieser Jahre gesprochen werden. Für die Jüngeren besteht das Gemeinsame eher in einem Negativen, das Günter Kunert damals treffend benannt hat: »Die Tragik der jungen Schriftsteller oder Dichter ist es, daß sie zuviel geglaubt und zuwenig gewußt, zuviel gefühlt und zuwenig gedacht haben«. Das galt gleicherweise für die jüngeren Kriegsteilnehmer wie die nachfolgende Flakhelfer- und Hitlerjungen-Generation.

Entscheidend für die trotzdem starke Differenzierung der Lyrik ist, daß das Gedicht, bislang beispielhaft Medium bürgerlich-individualistischer Selbstaussprache, auch jetzt nicht strikt mit dieser Tradition bricht, sondern weiterhin bevorzugte Literaturform subjektiv geprägter Wirklichkeitserfahrung bleibt; weshalb auch die politisch-ideologischen Ungleichzeitigkeiten der Autoren direkter in sie eingingen als z.B. in die Prosa. Daß ›Gesellschaftlichkeit‹ in der Literatur stets individuell erfahrene und ausgedrückte ist, war in der DDR für die Lyrik schon viel früher unbestritten als für die Prosa. Das heißt freilich nicht, daß die Lyrik dem nun in ihrer ganzen Breite entsprochen hätte. Die erste Hälfte der 50er Jahre ist, das ist nicht zu vergessen, die Zeit der Kulthymnik auf Stalin und Ulbricht, an der sich auch Becher, Brecht und Hermlin beteiligten. Selbst Peter Huchel hat eine fragwürdige Lenin-Eloge beigesteuert (»Lenin in Rasliw«, 1954). Es ist die Zeit, in der viele Lyriker der »großen Gefahr des bloßen Versifizierens der neuen

Inhalte« nicht entgingen und »das Ganze [der Lyrik] [...] einen braven Eindruck« machte. In allzu vielen Gedichten gerade der Jüngeren erschien der Weg zum Sozialismus als ein »Spaziergang unter ewig blauem Himmel auf eine schwächlich gezimmerte Gartenlaube hin [...], auf die man ein im säuselnden Zephir flatterndes rotes Fähnchen gesteckt hat« (G. Maurer, 1956). Das lag freilich auch daran, daß es, gerade was die Lyrik betrifft, allzu viele Leute gab, »deren Amt es war, die Kunst in eine Art Kasernenhof zu verwandeln« (S. Hermlin). Doch es ist nicht zu verkennen: Viel von dieser panegyrischen Lyrik wurde gleichsam spontan geschrieben, wie z.B. ein damals sehr erfolgreicher Band, Armin Müllers »Hallo, Bruder in Krakau« (1950), der in seinem naiven Pathos, seinem deklarativen Aktivismus symptomatisch ist für das Lebensgefühl einer Jugend, die sich endgültig jenseits des Faschismus fühlte (Müller war damals kaum über 20 Jahre alt). Man versuchte, wie Günther Deicke jüngst mit treffender Selbstkritik festgestellt hat, den »großdeutschen Volksliedton« der Naziverführer von ehedem durch sozialistische »Lieder im Volkston« zu ersetzen, was zumeist schiefging. Die Tendenz zum Idyllischen, Konfliktlosen, gepaart mit ästhetischem Dilettantismus und einer Übernahme der »neuen Mundart« des »Kaderwelsch« (so Brechts böses Wort), obsiegte. Wie sehr die jungen Autoren die Lyrik ›von oben‹ gegängelt sahen, bezeugt eine Anfrage des begabten 21jährigen Uwe Greßmann beim Aufbau-Verlag aus dem Jahre 1954. Er wollte wissen, »ob augenblicklich Gedichte gebraucht« würden. »Wenn ja, dann möchte ich die begehrte Art erfahren.« Auch bei manchen der älteren Lyriker kann man den Eindruck haben, daß sie nur noch nach der »begehrten Art« schrieben. So stagnierte Johannes R. Becher in seinem Spätwerk (»Neue deutsche Volkslieder«, 1950; »Deutsche Sonette«, 1952; »Schritt der Jahrhundertmitte«, 1958), und wo er Einfluß auf junge Lyriker hatte, war es kein fruchtbarer. Gleiches gilt für Louis Fürnberg.

Eine ganz eigene Tragik offenbart das lyrische Werk *Peter Huchels* aus den 50er Jahren, und im besonderen das Scheitern des Poems *»Das Gesetz«*. Huchel, der die Bodenreform auf dem Lande ohne Vorbehalt bejahte, hatte wohl schon vor 1950 begonnen, einen großangelegten lyrischen Text zu konzipieren, der die alte und die neue Zeit in bedeutungsträchtigen Bildern kontrastierte: dort Bilder von Winter, Dunkel, Nacht und Tod, von Zerstörung, Schwärze und Dürre – und von einer Greisin, die wie eine Norne mit weißem Garn zum letzten Mal tödliches Schicksal »näht«; hier Bilder von Frühling, Licht, Morgenröte und Leben, von wärmendem Feuer, aufgehender Saat und lebendigem Vieh – und von einem zukunftverheißendem Kind, »nahe dem Tag«. Einen Höhepunkt hat der 1950 als Fragment veröffentlichte Text in der Anrufung des »Gesetzes«:

O Gesetz,
mit dem Pflug in den Acker geschrieben,
mit dem Beil in die Bäume gekerbt!
Gesetz, das das Siegel der Herren zerbrochen,
zerrissen ihr Testament!

O erste Stunde des ersten Tags,
der die Tore der Finsternis sprengt!
O Licht, das den Halm aus der Wurzel treibt!
O Feuer ohne Rauch!
Zwischen Acker und Stern,
o Volk, die ganze Tiefe ist dein!
[...]
So leg den neuen Grund!
Volk der Chausseen,
zertrümmerter Trecks!
Reiß um den Grenzstein des Guts!
[...]

Es handelt sich um eine Erweckung, eine Wiederauferstehung in geradezu mythischen, religiösen Dimensionen, die Huchel hier – mit eindeutigem Bezug auf die Bodenreform – suggeriert. Noch 1953 kommentierte der Autor seinen eigenen Text quasi christologisch: »Mit dem Gesetz hebt der wahre Tag an. Aus der Gruft einer verfaulten Epoche fährt es als lebendiges Wort. Es meint nichts anderes als den Menschen. Es nimmt Gestalt an in dem Geknechteten, der frei wird, in den Landlosen und Umhergetriebenen, die Hof und Heimat finden [...] Es ist der tragende Grund für alles, was geschieht, indem es den Traum von Jahrhunderten wirklich macht.« – Doch dann gab Huchel den Text und seine Buchveröffentlichung, die ihm erst so am Herzen lag, auf. Er zweifelte und verzweifelte im Lauf dieses Jahrzehnts ebenso an dem Widerruf der Bodenreform durch die erzwungene Kollektivierung wie an einer immer rigideren Kulturpolitik, die ihn im Jahre 1962 endgültig einholte, indem sie ihm sein Lebenswerk »Sinn und Form« raubte. Ein eigener Gedichtband Huchels (nach der Sammlung »Gedichte« von 1948) sollte in der DDR nie mehr erscheinen. Erst aus »Chausseen, Chausseen«, 1963 in der Bundesrepublik erschienen, erfuhren westdeutsche Leser, was bei diesem Autor über nunmehr fünfzehn Jahre gewachsen war.

Bertolt Brechts Lyrik erreichte in den 50er Jahren noch einmal eine faszinierende Höhe und unterscheidet sich auch beträchtlich von der des Exils und der Nachkriegszeit, die fast immer direkt politisch nützlich sein wollte und in asketischer und skrupulöser Zurückhaltung gegenüber dem Reichtum menschlicher und natürlicher Wirklichkeit verharrte. In den Gedichten der letzten fünf, sechs Lebensjahre Brechts tritt das Nützlichkeitskalkül immer weiter zurück, die Kategorie der Schönheit dagegen, die den Dichter 1938 noch »verlegen« gemacht hatte, spielt eine immer größere Rolle. Worte wie edel, zart, leicht, anmutig als Synonyme von »schön« verwendet Brecht jetzt ohne Skrupel, wenn er Kunstwerke beifällig kommentiert. Seine Unsicherheit, ob die ästhetische Erziehung im Kontext antifaschistisch-demokratischer und sozialistischer Umerziehung gerechtfertigt sei, schwindet. Damit geht eine Wendung seiner Dichtung einher »von der gesellschaftlichen Opposition zur gesellschaften Repräsentation«, wie er es selbst einmal – problematisch genug! – genannt hat. Jetzt schreibt er kein Warngedicht mehr über Deutschland, die »bleiche Mutter« (so 1933), sondern wirbt für ein »gutes Deutschland«, das er in der DDR, trotz aller Vorbehalte, wachsen sieht. Brecht verfaßt in dieser Zeit auch ein Produktionsgedicht, ein Agropoem, nämlich »Die Erziehung der Hirse« (1950), ein Loblied auf die befreite Arbeit, dessen Stoff sowjetischen Verhältnissen entnommen ist. Wichtiger ist freilich, daß er seine Wahrnehmungsfähigkeit für die ganze Wirklichkeit einschließlich gerade ihrer unpolitischen Bereiche zurückgewinnt. So entsteht eine neue, sinnliche, heitere Natur und Liebeslyrik; Gedichte zu Themen also, denen Brecht in der Zeit des Exils fast gänzlich entfremdet war. Neben meist gereimten Liedern und, nach wie vor, parabolischen Gedichten entdeckt der Autor jetzt vor allem lyrische Kurzformen für sich. Er hatte sich eingehend mit altchinesischer Lyrik und der asiatischen Ideogramm- und Haikutradition beschäftigt und gefunden, daß hier beispielhaft »Kunst als eine Methode, Belehrung zu vermitteln« vorgegeben war. Diese Tradition (in ähnlicher Weise die antike, vor allem Horaz) trug entscheidend zur Ausprägung von Brechts lyrischem Altersstil bei, der gekennzeichnet ist durch Prägnanz, Knappheit, Verschränkung der syntaktischen Strukturen und überraschende Abbreviaturen – sprachliche Mittel, die zu einer dialektischen Analyse der Wirklichkeit verhelfen sollen, ohne daß das ästhetische Vergnügen Einbuße leidet.

Ist der Zyklus »Neue Kinderlieder« (1950) noch ein Werk des Übergangs, so sind endgültig die *»Buckower Elegien«* – 24 im Sommer des Jahres 1953, nach dem 17. Juni, entstandene Gedichte (1980 wurden zwei bisher unbekannte Elegien aus dem Nachlaß veröffentlicht) – ein Beispiel der neuen Schreibart. Dabei handelt es sich weder, wie vom den Entstehungsort nennenden Attribut her zu vermuten, um reine Naturgedichte aus der märkischen Landschaft (Brechts Familie bewohnte zu Zeiten ein Landhaus in Buckow), noch um Elegien im traditionellen Sinn von Klagegedichten. Vielmehr reflektiert Brecht, von seinem subjektiven Standort, seinen Bedürfnissen her, die erreichten wie auch die noch nicht erreichten Veränderungen in seinem Land, besonders aktuell nach dem 17. Juni 1953 (hier findet sich auch das berühmte Gedicht »Die Lösung«). Die Natur spielt in den Gedichten eine entscheidende Rolle – nicht jedoch als Gegenstand für sich oder als Kulisse, sondern durchweg als vermenschlichte Natur, als Ort menschlicher Beziehungen für Menschen gemacht (wie gleichzeitig und später bei Georg Maurer). – Gedichte der letzten Jahre behandeln vermehrt das Motiv des (eigenen) Todes und des Nachruhms – und immer wieder: die wachsenden Chancen von Glückserfüllung und »Freundlichsein« im Sozialismus; am schönsten vielleicht in dem Gedicht »Vergnügungen« (1954), das – rein äußerlich – an die Worte reihende, Sprachpartikel zitierende, experimentelle Lyrik des Westens erinnert, seinem Gehalt nach aber auf etwas ganz anderes zielt, nämlich aufs vergnügliche Bewußtmachen menschlicher Glücksmöglichkeiten:

Der erste Blick aus dem Fenster am Morgen
Das wiedergefundene alte Buch
Begeisterte Gesichter
Schnee, der Wechsel der Jahreszeiten
Die Zeitung
Der Hund
Die Dialektik
Duschen, Schwimmen
Alte Musik
Bequeme Schuhe
Begreifen
Neue Musik
Schreiben, Pflanzen
Reisen
Singen
Freundlich sein.

Neben Becher, Brecht, Weinert, der schon 1953 starb, Louis Fürnberg und Peter Huchel (ausschließlich über verstreute Zeitschriftenveröffentlichungen) sowie den auch bereits genannten Hermlin und Kuba schoben sich im Lauf der 50er Jahre vor allem zwei ältere Lyriker in den Vordergrund, die aus ganz verschiedenen Gründen erst so spät zur Geltung kamen: Erich Arendt und Georg Maurer.

Erich Arendt (1903–84) hatte zuerst 1926 in Herwarth Waldens Zeitschrift »Sturm« veröffentlicht. Im selben Jahr trat er, von Beruf Zeichenlehrer, der KPD, später auch dem BPRS bei. 1933 emigriert, nahm er 1936/39 am Spanischen Bürgerkrieg teil und wanderte schließlich nach Kolumbien aus. Erst 1950 kehrte er in die DDR zurück. – Seine vor 1933 entstandenen Gedichte erinnern stark an die aufs Wesentliche verknappten, gestischen, kurzzeiligen Gedichte des Expressionisten August Stramm. Die ersten in der DDR erscheinenden selbständigen Lyrikbände des schon fast 50jährigen enthalten durchweg noch im Exil entstandene Gedichte, in denen sich die Erfahrungen des Spanienkrieges (»Bergwindballade«, 1952) und des exotischen Exillandes Kolumbien (»Trug doch die Nacht den Albatros«, 1951; »Tolú«, 1956) spiegeln. Ihnen ist durchweg ein antifaschistisch-humanistischer Grundgestus eigen, der sich noch in an die Vormoderne anknüpfende, dem Leser zugängliche Formen kleidet. Erst danach radikalisiert sich Arendts lyrisches Sprechen zunehmend, das schon vorher Elemente Hölderlins, des Expressionismus und vor allem der französischen (Rimbaud), spanischen (Lorca, Aleixandre) und südamerikanischen Dichtung (Neruda) in sich aufgenommen hatte. Eine für seine Lyrik entscheidende Wende haben die Griechenlandaufenthalte zu Beginn der 60er Jahre herbeigeführt, wie an dem Band *»Ägäis«* (1967) abzulesen ist. Freilich war es weniger das klassische Land der Griechen – Arkadien – von »edler Einfalt und stiller Größe«, das Arendt suchte und fand, sondern ein gleichsam vorklassisch-archaisches Griechenland, das er als seinem Dichten entsprechend erlebte: »Konzentration auf Klang, Rhythmus, Dichte und Spannkraft des Wortes, vielleicht auch mitbeschworen von der absoluten Nacktheit der griechischen Inselwelt von Fels und Wasser und Himmel, die im variablen Zusammenhang selbst Poesie ist, die sich den Nervenenden der Haut, nicht nur dem Gehirn mitteilt [...], jedes Wort in Bezug setzt zum nächsten als dynamische Potenz [...]« (Arendt). Aber es sind nicht nur diese Erfahrungen, die Arendts Lyrik im Alter noch einmal verändert haben. Am ehesten Celan vergleichbar, erlebt er offenbar zunehmend, mit Bitterkeit und Trauer, das Zerstörerische und Selbstzerstörerische an der von Menschen gemachten Geschichte. Auch das drängt ihn zu einer aufs äußerste verknappten, oft auf Einzelworte oder isolierte Metaphern reduzierten Sprache, die dem ungeübten Leser als hermetisch erscheinen mag. Es liegt auf der Hand, daß eine solche »Poetik des Total-Worts« (G. Laschen) in der DDR auf wenig Gegenliebe stieß. Man warf Arendt vor, bei »mystifizierender Ideologie« und »außerrationaler Sprache« gelandet zu sein und damit die junge Lyrikergeneration negativ beeinflußt zu haben.

Die Lyrik des um vier Jahre jüngeren *Georg Maurer* (1907–71) hat einen recht anderen Charakter. Der Autor stammt aus bildungsbürgerlichen Verhältnissen der Siebenbürger Sachsen in Rumänien, wo er auch Kindheit und Jugend verbrachte. Das Studium in Deutschland und ein brotloses Intellektuellenleben bis an den Zweiten Weltkrieg heran bildeten und befestigten Maurers unpolitische, idealistische, von Rilke, Nietzsche und Hölderlin geprägte Weltanschauung. Erst der Krieg und das Kennenlernen des Marxismus in der Gefangenschaft leiteten bei Maurer, inzwischen fast 40 Jahre alt, einen radikalen Neuanfang ein, auch in der Lyrik. Sein großes Thema wurde der produktive, der produzierende Mensch – die Kategorie Produktion in einem Brecht ähnlichen, weiten Sinne verstanden. So gestaltete Maurer nicht nur die Arbeit als »die große Selbstbegegnung des Menschen«, sondern auch die Liebe als wesentliche Tätigkeit, Humanität zu produzieren. Wie Arendt von Klopstock, Hölderlin und der Antike beeinflußt, aber doch fern aller Hermetik, schrieb der Autor freie Rhythmen, Reimgedichte, u.a. Sonette, lange Poeme u.a.m. Sein volkstümlichstes Buch wurde der bereits 1950/51 entstandene, 1961 veröffentlichte »Dreistrophenkalender«, eine Sammlung heiterer, stark sensualistischer Reimgedichte zum Verhältnis Mensch – Natur, die Maurers eigenes Postulat in die Tat umsetzen: »Nicht Gefühle über Dinge sagen, sondern die Dinge so sagen, daß sie gefühlt werden können. Nicht eine Sache interessant machen wollen, sondern das Interessante der Sache entdecken. Nicht die eigene Begeisterung hinausposaunen, sondern das Hinreißende der Sache zur Sprache bringen.« – Aus diesem Geist versuchte Maurer dann auch als Dozent, später Professor am Leipziger Institut für Literatur »Johannes R. Becher« zu lehren – mit enormem Erfolg, wie seine zahlreichen Schüler (u.a. Volker Braun, Adolf Endler, Heinz Czechowski, Sarah und Rainer Kirsch, Karl Mickel) und deren Texte bezeugen.

Auf das gemeinsame Generationserlebnis vieler (männlicher) Autoren, die bis ca. 1927 geboren sind, wurde schon hingewiesen: Sie waren zumeist in sehr jungen Jahren Soldaten geworden und kannten ihr kurzes Leben lang im Grunde noch nichts anderes als Nationalsozialismus und Krieg – bis dann der Krieg zu Ende war. Danach waren viele von ihnen in Kriegsgefangenschaft, meistens in der Sowjetunion, wo sie über den Nazismus und die Wurzeln des Zweiten Weltkriegs eindringlich belehrt wurden. Diese einschneidenden Erfahrungen, diese häufig langwierigen Lernprozesse prägen nun die Lyrik sowohl vieler schwächerer Begabungen, als auch – und hartnäckig – die Gedichte einiger der Besten: Johannes Bobrowski, Franz Fühmann, Hanns Cibulka. Wenigstens zwei von ihnen seien hier näher charakterisiert.

Von *Franz Fühmann* erschien zunächst der Gedichtband »Die Nelke Nikos« (1953), dessen Restauflage er später beim Verlag einstampfen ließ. Zu fremd und unglaubwürdig waren ihm diese Anfänge geworden, als er noch stark unter dem Einfluß der »poetischen Großmacht« (Fühmann) Johannes R. Becher stand. Diesen Einfluß merkt man auch seinem gleichfalls 1953 erschienenen Poem »Die Fahrt nach Stalingrad« auf jeder Seite an. Es ist Deutschland-Dichtung auf den Spuren Bechers, in der der Autor, angesichts der Schuld seines Volkes und seiner Person, der eigenen verunsicherten nationalen und individuellen Identität nachfragt. Zum drittenmal begegnet er der Stadt an der Wolga wieder, wo er bereits als Soldat der Wehrmacht und als Kriegsgefangener war: jetzt als Freund, der sich dennoch schuldig fühlt. In seiner Formensprache ist auch dieser teils erzählende, teils lyrische Zyklus, dessen bevorzugtes Element die jambische Langzeile ist, nicht selbständig und überzeugend. Aber noch heute kann »Die Fahrt nach Stalingrad« als wichtiges Dokument einer rückhaltlosen Auseinandersetzung mit der (eigenen) nazistischen Vergangenheit im Gedicht gelten. – Fühmanns nächster Gedichtband »Aber die Schöpfung soll dauern« (1957) gab, darin Maurer vergleichbar, der Hoffnung Ausdruck, daß die gelebte Gegenwart zu einer neuen Menschenheimat werden könne, in der lustvolle Arbeit und schöpferisches Spiel regieren. Es blieb für Fühmann bis zu seinem Tode charakteristisch, daß er in alten Mythen und Märchen gleichsam zeitlose Muster für das, was er auf der Tagesordnung stehen sah, fand und gestaltete.

Johannes Bobrowski stammte aus Tilsit in Ostpreußen und wuchs im nahen Königsberg, der Stadt Immanuel Kants, auf. Nach einigen Semestern Kunstgeschichtsstudium in Berlin wurde er für lange Jahre Soldat. 1945 kam er in sowjetische Gefangenschaft, war als Bergarbeiter im Donezbecken und kehrte erst 1949 nach Berlin zurück. Hier arbeitete er als Verlagslektor, seit 1959 in dem der CDU gehörenden Union Verlag. – 1952 schrieb er seine große »Pruzzische Elegie« (1955 gedruckt); 1960 erschien der Gedichtband *»Sarmatische Zeit«* (zuerst in der Bundesrepublik, wenig später in der DDR), 1962 *»Schattenland Ströme«*, 1966 der Nachlaßband »Wetterzeichen«. Bobrowski ist zunächst einmal als Fortsetzer einer von Brecht und Huchel begründeten Tradition des erweiterten Naturgedichts zu sehen, das dessen vermeintlich wesenhafte, statische Menschen- und Geschichtslosigkeit transzendiert. Einem Interviewer hat Bobrowski bekannt, daß er, durch die Lektüre von Huchels Gedichten noch in der Kriegsgefangenschaft angeregt, von ihm den spezifischen Blick übernommen habe, »Menschen in der Landschaft zu sehen, so sehr, daß ich bis heute eine unbelebte Landschaft nicht mag. Daß mich also das Elementare der Landschaft gar nicht reizt, sondern die Landschaft erst im Zusammenhang und als Wirkungsfeld des Menschen.« Doch Bobrowskis Interesse ist, innerhalb des so bezeichneten Kontextes, noch eigentümlicher: In der Lyrik wie in der Prosa (dazu später) ging es ihm von Anfang an um das Thema »die Deutschen und der europäische Osten«. Nach der Erfahrung von Nationalsozialismus, Judenverfolgung und Krieg will der Autor die Sprache seines Gedichts gegen das Vergessen und Verschweigen richten, das der »Blutspur« der Geschichte nicht eingedenk ist:

Es kommt
Babel, Isaak.
Er sagt: bei dem Pogrom,
als ich Kind war,
meiner Taube
riß man den Kopf ab.

Häuser in hölzerner Straße,
mit Zäunen, darüber Holunder.

Weiß gescheuert die Schwelle,
die kleine Treppe hinab –
Damals, du weißt,
die Blutspur.

Leute, ihr redet: Vergessen –
Es kommen die jungen Menschen,
ihr Lachen wie Büsche Holunders.
Leute, es möcht der Holunder
sterben an eurer Vergeßlichkeit.

Mit solchen Versen wie hier im Gedicht »Holunderblüte« will Bobrowski »etwas tun [...], mühevoll und entsagungsvoll [...], wozu ich durch Abstammung und Herkunft, durch Erziehung und Erfahrung fähig geworden zu sein glaube. [...] Dazu muß alles herhalten: Landschaft, Lebensart, Vorstellungsweise, Lieder, Märchen, Sagen, Mythologisches, Geschichte, die großen Repräsentanten in Kunst und Dichtung und Historie. Es muß aber sichtbar werden am meisten: die Rolle, die mein Volk dort bei den Völkern gespielt hat.« Als Christ, der er ist, liegt ihm das Motiv von Schuld und Sühne nahe; doch es übersteigt bei ihm seine individuelle Begrenzung, »erlangt [...] seine gesellschaftliche und historische Verantwortlichkeit« (G. Wolf). Bobrowski verwendet für sein Thema wieder und wieder eine geographische Chiffre: Sarmatien, sarmatische Zeit, – Welt. So bezeichneten die alten römischen Geschichtsschreiber den Siedlungsraum der Slawen, und damit steht Sarmatien als Chiffre für das historisch wechselnde, jedoch fast stets aggressive Verhältnis der Deutschen zu ihren östlichen Nachbarvölkern (Polen, Litauern, Russen – und immer wieder den Juden). Um dieses sehr konkrete westöstliche Problem ging es Bobrowski so stark und ausschließlich, daß er ursprünglich sogar einen »Sarmatischen Divan« (in gewisser Anlehnung an Goethe) plante.

Bobrowskis Gedichtsprache ist unverwechselbar. Er verwendet schwierige Bilder und komplexe Wort- und Satzinversionen, folgt teilweise schwer nachvollziehbaren Assoziationen, läßt verschiedene Zeit-, Bedeutungs- und Motivebenen einander durchdringen – und gerät doch kaum je in die Gefahr der Kunst als Selbstzweck, des *L'art pour l'art*. Vielmehr spiegelt sein Verfahren die verschobenen, verworfenen Sedimentierungen der Geschichte in unserer Erinnerung, die mühselig forschend abgetragen werden müssen, um sie – jenseits der üblichen Routine – bewältigen zu können. Von daher ist es auch unsinnig, bei Bobrowski von »Naturlyrik« oder »Gedichten über ein historisches Ostpreußen« zu sprechen, wo es um einen »Kampf um die Erinnerung« (A. Mitscherlich) geht, methodisch vergleichbar dem Verfahren, das Christa Wolf als Prosaistin in »Kindheitsmuster« (1976) anwendet. – Noch mehr als für Arendt oder Maurer gilt für Bobrowski, daß er bei

Klopstock und Hölderlin gelernt hat. Jedoch hat er die antiken Versmaße und Strophenformen als normative gänzlich hinter sich gelassen und fast durchweg in freien Rhythmen, meist auch ohne vorgegebene Strophenformen, geschrieben. Neue lyrische Gesetzmäßigkeiten entstammen bei ihm den rhythmischen, klanglichen oder bildlichen Beziehungen, die innerhalb eines Gedichts gegeben sind. Bobrowskis Lyrik ist ein Zeugnis dafür, wie vorab unvorstellbar und nicht festlegbar weit und vielfältig der vielfach beschworene »Realismus« in der Literatur sein kann, wenn er sich nur von der Wirklichkeit selber und nicht irgendeiner normativen Ästhetik herleitet.

In den 50er Jahren war es für die Jüngeren gewiß vergleichsweise viel schwieriger als in den 60ern, die wichtigsten Veränderungen der modernen Lyrik kennenzulernen, sich die Tradition produktiv zu erarbeiten, ohne in ihr, oder eher noch: in einem beengten Teilgebiet von ihr, als Epigonen unterzugehen. Zu wenig war noch aus dem »Museum der modernen Poesie« (mit Enzensberger zu sprechen) bekannt, zu wenig machte man sich ernsthaft poetologische Gedanken (ohne gleich bei dem griffbereiten J. R. Becher klebenzubleiben). Und dann gab es da auch noch die, wie Heinar Kipphardt es einmal genannt hat, »schülerfressende Autorität Brecht«. Die Lyriker dieser nach ca. 1925 geborenen Generation hatten also große Schwierigkeiten, aus Eklektizismus und dem bloßen enthusiasmierten Jasagen herauszukommen, wie vor allem die zahllosen Fest- und Feiergedichte zeigen, die Tag für Tag in den Zeitungen der DDR abgedruckt wurden. Georg Maurer stellte dazu bereits 1956 lakonisch fest: »Offenbar bedichten viele junge Lyriker und Lyrikerinnen nicht mehr *ihre* neue Liebe, *ihr* neues Leben, *ihr* Glücksgefühl, *ihr* Ringen, sondern reimen die entsprechenden *Losungen*, die ein neues Leben, ein neues Glück, eine neue Liebe, einen neuen Dichtertypus fordern.« Die überzeugendsten jüngeren Lyriker sind, aus dem Abstand von heute, Paul Wiens (1922–82), Heinz Kahlau (geb. 1931) und unzweifelhaft *Günter Kunert.*

Der 1929 in Berlin geborene Kunert begann sein Leben mit einer, wie er selbst es nannte, »staatlich verpfuschten Kindheit«. Seine Mutter war Jüdin, und dementsprechend wurde er (wie übrigens auch Wiens) schon in jungen Jahren diskriminiert. Nach 1945 studierte er an der Berliner Hochschule für Angewandte Kunst. 1950 erschien sein erstes, von Becher gefördertes Bändchen *»Wegschilder und Mauerinschriften«*, das, inmitten der damaligen Akklamationslyrik, einer Sensation gleichkam. Hier schrieb einer, der, wie er selber sagt, an Heine, Tucholsky, Ringelnatz und der amerikanischen Gegenwartslyrik (Edgar Lee Masters, Carl Sandburg) geschult war, ohne sich im mindesten um die Doktrin des »sozialistischen Realismus« zu bekümmern. Schon diese frühen Gedichte (wie dann auch die nächsten Bände »Unter diesem Himmel«, 1955; »Tagwerke«, 1960; »Das kreuzbrave Liederbuch«, 1961, unverkennbar von Brecht beeinflußt) sind pointiert ironisch, satirisch und aggressiv. Sie lieben das Paradox und haben meistens eine Tendenz zur lakonischen Kürze. Kunerts Gedichte (auch die längeren Balladen) wollen Gebrauchsgegenstände sein, mahnen, warnen, Orientierungshilfe geben, kurz, sie folgen dem didaktischen Gestus der Unterweisung. »Das dialektische Fußgelenk knackt noch«, konstatierte Maurer 1956, die ersten beiden Bändchen betreffend. Doch überzeugen schon viele dieser frühen Gedichte durch ihren einprägsamen Lapidarstil:

Über einige Davongekommene

Als der Mensch
unter den Trümmern
seines
bombardierten Hauses
hervorgezogen wurde,
schüttelte er sich und sagte: Nie wieder.

Jedenfalls nicht gleich.

In den späteren Bänden Kunerts tritt immer deutlicher hervor, daß er sein Denken und sein Gedicht auf den »Alleinseligmachenden / den Widerspruch« baut. Zunehmend reflektiert er Sprache als ein Instrument, das – eingespannt in bestimmte gesellschaftliche Zwecke und Zwänge – auch Wahrheit verhüllen, ja lügen kann:

Diese
von Erstellern entstellte die von Betreuern
veruntreute von Durchführern früh schon
verführte die
mehr zur Lüge taugt denn zur Wahrheit
ach welche
unter der erstarrten Syntax sich regt
wie unter Abfall wie unter Schutt wie
unter Tonnen von Schlacke.

Sprache
die mehr scheinen will als sein
aufgebläht von sang- und klanglosen tingelnden
dinglosen Dingwörtern;
schwabbelnde Gallerte
quillt sie aus den öffentlichen Mündern
und Mündungen tropft von
den Lippen aus Liebenden
trieft aus Radios
triumphiert.

Nichtssagend und blutleer
und kraftlos ein Kind des Landes finde ich sie
darniederliegend.

Und hebe sie auf
und nehme sie an mich: Die beste mir
der nichts besseres hat
und ein Vermögen dem der durch nichts sonst
zu leben vermag als durch sie.

Kunert bleibt Lehrender, Aufklärer in seinem Gedicht, aber immer deutlicher wird, wie wenig er davon hält, plane, sog. positive, »fortschrittliche« Lehren zu erteilen, wo die Wirklichkeit nicht danach ist. »Lehrgedichte heute«, sagt er in einem Brief von 1965, »müßten *schwarze* Lehrgedichte sein, die mit schlechtem Beispiel vorangehen, das Negative (was ist das?) als Ziel zeigen – auf eine Art aber, die aus dieser ›Lehre‹ eine Gegenlehre ziehen läßt. Kurzer Sinn dieser Umständlichkeit: Alles direkte Vermitteln ist unmöglich geworden. Das klassische Lehrgedicht, wie es noch Brecht gemacht hat, immerhin schon mit einem Augenzwinkern, ist heute unmöglich.« Wobei Kunert unter Realismus nicht die getreue Abbildung des vorgefundenen Details versteht, sondern ihn »im Gleichnis« findet, »in der Gesamtmetapher, im Gestus – nicht unbedingt in dem, was da auf dem Papier steht«.

In Bobrowski und Kunert hat die DDR-Lyrik der 50er und frühen 60er Jahre fraglos ihre – sehr unterschiedlichen – Höhepunkte erreicht. Das hohe ästhetische und reflexive Niveau ihrer Gedichte wie ihrer (großenteils den lyrischen Texten immanenten) Poetik schuf, neben der Fortwirkung der Brecht, Huchel und Arendt sowie der Vermittlungstätigkeit Georg Maurers, die Voraussetzungen dafür, daß zu Beginn der 60er Jahre eine hochbegabte, selbstbewußte junge Generation von Lyrikern vor die Öffentlichkeit treten konnte.

5
Unterwegs zum Widerspruch gegen Entmündigung und instrumentelle Vernunft (1961–71)

Die Literatur der DDR erfährt im Lauf der 60er Jahre beträchtliche Veränderungen. Sie entwickelt sich zu einer stärkeren Betonung der Subjektivität und einem häufig schon souveränen Umgang mit vielfältigen ästhetischen Mitteln hin, bleibt aber gleichzeitig ihrem Land und seiner Gesellschaftsordnung in der Regel noch emphatisch verbunden, auch wenn die Spannung zwischen dem schreibenden Individuum mit seinen Bedürfnissen und den politischen Normen, unter denen es lebt, oft schon riesengroß ist. Einschneidende Veränderungen, die den Charakter der Literatur nicht nur äußerlich, sondern strukturell geformt haben, sind zum ersten die 1960 abgeschlossene Kollektivierung der Landwirtschaft – das komplette Ende wirtschaftlicher Selbständigkeit in einem zentralen Bereich –, zum zweiten die, wie man es in der DDR sah, »praktische Lösung der nationalen Frage« (D. Schlenstedt) durch die »Schließung der offenen Grenze« (gemeint ist die Mauer in Berlin) und zum dritten die Einführung des »Neuen Ökonomischen Systems der Planung und Leitung« – also Daten, die zwischen den Jahren 1960 und 1963 liegen.

Auch den literarischen Befunden entsprechend wäre es korrekter, einen literaturhistorischen Einschnitt gleichsam stufenweise vom Beginn bis zur Mitte der 60er Jahre hin anzusetzen. Der gar nicht erst offiziell in die DDR-Literatur eingetretene Erzähler Uwe Johnson (westdeutsches Debüt 1959), der Lyriker Johannes Bobrowski (Einzeldrucke seit 1955, erste Gedichtbände 1960/62) und der Dramatiker Heiner Müller (besonders wichtig »Die Umsiedlerin« von 1961) eilen einer breiteren Entwicklung zu mehr Subjektivität, Radikalität im Umgang mit deutscher Zeitgeschichte und ästhetischer Modernität voraus, die, Ende 1962 vom bravourösen Aufbruch der neuen Lyrikergeneration initiiert, zwischen 1965 und 1968 bereits einen Höhepunkt erreicht. In diesen Jahren entstehen und erscheinen (oder auch nicht) irritierende Prosatexte von Bobrowski, Morgner, Kant, Fries, Kunert, C. Wolf, Braun, Bekker, de Bruyn und Plenzdorf. Erste Gedichtbände von Endler, Biermann (nur in der Bundesrepublik), Braun, Mickel, den Kirschs sowie Bobrowskis Lyrik (verspätet), Arendts »Ägäis« und Kunerts »Der ungebetene Gast« werden veröffentlicht. Müllers »Der Bau« und »Philoktet«, Hacks' »Moritz Tassow« und Brauns »Kipper Paul Bauch« bewegen, aufgeführt oder nicht, die Gemüter. Übrigens sind dies zum Teil literarische Werke, die den Zorn der SED-Mächtigen auf dem

11. Plenum des ZK der SED im Dezember 1965 hervorriefen und nachfolgend verboten wurden. Damit ist auch etwas über die jetzt erreichte neue Qualität künstlerischer Autonomie gesagt. Die DDR-Literatur erlangt also bereits Jahre vor der amtlichen Lockerung der Tabus des »sozialistischen Realismus« (1971) ein erhebliches Maß an Unabhängigkeit und Selbstbewußtsein *als Literatur* – jenseits der bloßen Diskulturalität ohne literarischen Wert, die Traktorenlyrik und Betriebsromane der 50er Jahre kennzeichnen. Trotzdem wird hier an den Zäsuren 1961 und 1971 festgehalten, sind es doch (kultur-)politische und allgemeingesellschaftliche Daten, die den literarischen Prozeß bewegt und lizenziert – oder auch gebremst haben.

Bemerkenswert ist die wachsende Popularität von Teilen der neuen DDR-Literatur in der Bundesrepublik im Lauf der mittleren 60er Jahre. Nach den sozialistischen Klassikern Brecht und Seghers (seit 1962 wieder im Luchterhand Verlag aufgelegt) war es zunächst Johannes Bobrowski, der schnell als Lyriker, dann auch als Prosaautor hohe Anerkennung fand. 1962 las er beim Treffen der Gruppe 47 und erhielt auf Anhieb deren Preis. Doch ist dies eher als Einzelerscheinung innerhalb einer engeren literarischen Öffentlichkeit zu sehen. Wichtiger und von längerer Dauer war die Entdeckung einer jungen DDR-Literatur, die nicht ohne politische Motive zu denken ist. Zum einen entwickelte sich tatsächlich ein genuines Interesse an den Lebensverhältnissen im anderen deutschen Staat, das sich nicht mehr mit den abwehrenden Sprachregelungen aus dem Fundus der Adenauer-Ära zufrieden gab. So erlangten Prosaautoren wie Erwin Strittmatter (dessen Roman »Der Wundertäter«, Band 1, vielleicht schon einen Durchbruch gebracht hätte, wäre er nicht wegen der positiven Haltung des Autors zum Mauerbau 1961 vom S. Fischer Verlag makuliert worden) und Hermann Kant, vor allem aber Christa Wolf eine für DDR-Literatur neue Qualität von Leseraufmerksamkeit. Zum zweiten waren im Zuge eines Erstarkens der Linken und des Anwachsens des Studentenprotests zu einer wirklichen Bewegung junge Intellektuelle auf der Suche nach Konzepten politisch engagierter, gar operativer Literatur aus »antifaschistischem Geist« und ideal-sozialistischer Gesinnung. Die fanden sie bei Wolf Biermann und Volker Braun, aber auch bei Christa Wolf und Heiner Müller. Die Entfremdung gegenüber dem eigenen politischen Gemeinwesen – es ist die Zeit freundlicher Beziehungen der Bundesrepublik zu verschiedenen Rechtsdiktaturen sowie des Vietnamkriegs, schließlich der Vorbereitung der Notstandsgesetze – erleichterte die Akzeptanz einer sozialistischen Literatur, die das SED-Regime durchaus nicht verwarf, sondern für reformierbar erklärte.

Nach dem 13. August 1961: die eingemauerte »sozialistische Nation«

Am 13. August 1961 ließ die Regierung der DDR eine Sperrmauer zwischen Berlin/Ost und Berlin/West errichten, die mit einem Schlag die bislang halbwegs offene Grenze zwischen den beiden Teilen der Stadt beseitigte und im Lauf der Jahre den zweifelhaften Nimbus erworben hat, eine der bestgesicherten Grenzen der Welt zu sein. Sprachen Westler in der Regel schlicht ablehnend von »der Mauer«, so rechtfertigte die DDR den Bau dieser undurchlässigen Absperrung, indem sie ihr die wohltönende Bezeichnung »antifaschistischer Schutzwall« gab. Sicherlich, die Berliner Mauer sollte (ergänzt um die weiter befestigte ehemalige Zonengrenze, jetzt Staatsgrenze zur Bundesrepublik) westlich-kapitalistische Einflüsse von der Bevölkerung der DDR fernhalten – und darauf spielte der genannte Terminus an –; entscheidend für ihren Bau war jedoch das Bestreben, dem Massenexodus aus der DDR (von 1949 bis 1961 mehr als zweieinhalb Millionen Menschen), der die DDR-Wirtschaft in größte Schwierigkeiten stürzte, Einhalt zu gebieten. Daß die Schließung der Grenze aus DDR-Sicht erfolgreich war, zeigt der Rückgang der Zahl »Republikflüchtiger« auf insgesamt 156 000 im Zeitraum 1961–74.

Kultur und Literatur der 60er Jahre haben mehr mit dem Faktum der Grenzschließung zu tun, als es auf den ersten Blick scheint. Durch die vollzogene Einmauerung wurde das Augenmerk aller DDR-Bürger – einschließlich der Schriftsteller – notgedrungen stärker auf ihre eigenen, örtlichen, sehr konkreten Lebensumstände und Verhältnisse gelenkt. Ein Abschweifen des Denkens und Vorstellens nach draußen wurde zwecklos, jedermann war gezwungen, sich mit den Alltagsproblemen und Widersprüchen an Ort und Stelle auseinanderzusetzen oder wenigstens zu arrangieren und in der DDR ›anzukommen‹. Insofern ist es ein passender (wie immer zynischer) Zufall, daß die ersten beiden Exempel der seither so genannten »Ankunftsliteratur« – Karl-Heinz Jakobs' »Beschreibung eines Sommers« und Brigitte Reimanns »Ankunft im Alltag« – gerade im Jahr des Mauerbaus erschienen. Nicht wenige Angehörige der künstlerischen Intelligenz erlebten die Situation nach dem Mauerbau einerseits als »eine Niederlage, [...] von der man sich vielleicht noch erholen kann« – und andererseits als Signal für »Aufbruchstimmung«, den ›echten‹ Sozialismus jetzt erst recht in die Tat umzusetzen (so der Filmregisseur Frank Beyer in einer Rückerinnerung von 1991). Das konnte gerade in der Literatur nicht zu einem weniger kritischen Verhältnis der DDR-Bewohner zu ihrem Land beitragen, im Gegenteil. Wo die amtliche Politik verkündete, es gäbe nur noch »Auseinandersetzungen zwischen gut und besser«, fanden eigensinnige Autoren heraus, daß es Epochenwidersprüche von »zäherem, mächtigerem Gang« gebe, »als daß sie sich mit einem

Schritt überholen ließen« (V. Braun). So ist die DDR-Literatur der 60er Jahre geprägt von einem Anwachsen kritischer Tendenzen, oder zumindest der Fundus aller geschriebenen Texte ist davon geprägt: Denn immer häufiger wurden Manuskripte nicht gedruckt (zumindest nicht in der DDR) und Theaterstücke nicht aufgeführt. Und je mehr die DDR-Literatur im Gefolge des 13. August 1961 ihr eigenes Land als Ort der Literatur annahm und die Bundesrepublik wesentlich seltener Schauplatz literarischer Vorgänge wurde, desto häufiger wurden DDR-Texte nicht in der DDR, sondern nur in der Bundesrepublik gedruckt (z.B. Bieler, Biermann, Kunert, Kunze, Heym, Müller). Jenes bis zum Ende der DDR geltende gespaltene Literatendasein begann, daß ein Autor in dem einen Land, über das eine Land, für das eine Land schrieb – aber nur in dem anderen Land (der Bundesrepublik) veröffentlichen konnte und folglich (fast) nur dort gelesen wurde.

Mit dem 13. August 1961 ist auch das endgültige Signal für die Absage an eine einheitliche deutsche Kultur gegeben. So stellte Alexander Abusch, mittlerweile drei Jahre Kulturminister, im Dezember 1961 apodiktisch fest: »Gehen wir davon aus, daß unser Arbeiter-und-Bauern-Staat, der einzige rechtmäßige und humanistische deutsche Staat, die deutsche Republik des Friedens und des Sozialismus ist, dann darf man auch nicht mehr verschwommen und verwaschen von der deutschen Kultur im allgemeinen sprechen; eine solche deutsche einheitliche Kultur kann in beiden deutschen Staaten mit entgegengesetzter Entwicklung gegenwärtig nicht existieren.« Sprach Abusch noch allgemein von der DDR-Kultur als »humanistischer Kultur«, so hieß es in den nächsten Jahren deutlicher und nunmehr regelmäßig: »sozialistische deutsche Nationalkultur«. Damit war erstmals auch der Nationbegriff in einer Weise mit Beschlag belegt, die der Tendenz nach alles, was sich kulturell auf dem Territorium der Bundesrepublik tat, ausschloß.

In bezug auf die allgemeine Behandlung der »nationalen Frage« war dies ein Vorgriff. Noch im Dezember 1960 hatte Ulbricht die Ansicht als »falsche Perspektive« bezeichnet, daß zwei deutsche Nationen entstehen könnten; »trotz vorübergehender Spaltung« sei »die Wiederherstellung der Einheit der Nation unvermeidlich«. 1963 verabschiedete die SED auf ihrem VI. Parteitag ein Programm, in dem versichert wurde, die Partei halte »unverrückbar an ihrem Ziel, der Wiederherstellung der nationalen Einheit Deutschlands« fest, und auch die Verfassung der DDR von 1968 ging noch von der Existenz einer deutschen Nation in zwei Staaten aus (Präambel, Art. 1 und 8). Erst Anfang 1970 änderte die DDR ihren Kurs entscheidend, und dies wohl vor allem deshalb, weil die Bundesregierung Brandt/Scheel genau jene Maxime vertrat, die die DDR bislang proklamiert hatte: zwei Staaten – eine Nation. Auf dem VIII. Parteitag der SED 1971 wurde festgestellt, daß die Geschichte die nationale Frage auf deutschem

Boden endgültig »entschieden« habe, und in der revidierten DDR-Verfassung von 1974 ist nicht mehr vom »sozialistischen Staat deutscher Nation«, sondern nur noch vom »sozialistischen Staat der Arbeiter und Bauern« die Rede. Hatte sich die SED bis 1970 (trotz schon früher erfolgter verbaler Abgrenzung) auf Stalins Begriffsbestimmung von Nation aus dem Jahre 1914 gestützt, so mobilisierte sie jetzt allen erdenklichen Scharfsinn, um von dieser Definition weg zu einer ›genuin marxistischen‹ zu gelangen. Bei Stalin hatte es geheißen: »Eine Nation ist eine historisch entstandene stabile Gemeinschaft von Menschen, entstanden auf der Grundlage der Gemeinschaft der Sprache, des Territoriums, des Wirtschaftslebens und der sich in der Gemeinschaft der Kultur offenbarenden psychischen Wesensart. [...] Fehlt nur eines dieser Merkmale, so hört die Nation auf, eine Nation zu sein. [...] Nur das Vorhandensein aller Merkmale zusammen ergibt eine Nation.« Insbesondere von dem Philosophen Alfred Kosing (erstmals 1962, ausgearbeitet 1974) wurde diese Definition als idealistisch verworfen und ihr eine andere entgegengestellt, die den Nationbegriff eindeutig und primär an die gesellschaftliche Produktionsweise, den Klassencharakter einer sozialen Einheit anbindet. Gestützt auf Marx und Lenin, die in der Tat von »zwei [Klassen-]Nationen in einer Nation« sprachen, wird die DDR, der Arbeiter-und-Bauern-Staat mit sozialistischer Produktionsweise, als *sozialistische Nation* proklamiert, der die BRD als *kapitalistische Nation* mit kapitalistischer Produktionsweise diametral entgegengesetzt sei. Natürlich übersehen die DDR Programmatiker nicht die weiter existierenden Gemeinsamkeiten der Sprache, historischer Kulturbestände usw. Dafür setzen sie Wörter wie »Ethnos«, »Ethnikos« oder »Nationalität« (in Anlehnung an Engels) ein, so daß gesagt werden kann, Deutsche in Ost und West hätten wohl die gleiche Nationalität, seien aber Angehörige verschiedener Nationen.

Diese Position unterschätzt einerseits die »materielle Gewalt« solcher Faktoren wie gemeinsame Sprache, Geschichte, Traditionen, familiäre Bindungen, »psychische Wesensart«, die die wirtschaftliche Basis von Gesellschaften nicht nur ideal überhöhen, sondern – sedimentiert und verinnerlicht – zur Lebensweise selbst gehören. Andererseits haben die sechs Jahre seit dem Zusammenbruch der DDR auch gezeigt, daß sich in den zwei deutschen Staaten über die Jahrzehnte tatsächlich gravierende lebensweltliche und mentale Unterschiede herausgebildet und befestigt haben, die, wenngleich sie nicht dauerhaft zwei Nationen geschaffen haben, doch sehr ernst zu nehmen sind – auch von der Literaturgeschichtsschreibung. In diesem Sinne ist der Mauerbau 1961 das Datum einer gleichsam dritten ›inneren Gründung‹ der DDR (D. Staritz spricht vom »Gründungstag der DDR«) – nach der Staatsgründung 1949 und der Niederschlagung des Aufstands am 17. Juni 1953. Themen, Stoffe, ästhetische Verfahren, und wichtiger noch als diese: eine bestimmte Autormoral und Darstellungsperspektive, werden nicht abstrakt gewählt, sondern erwachsen – auch im Fall der Dissidenz – aus den Erfahrungen in und mit einem bestimmten sozialen, politischen und kulturellen Kontext. Im Blick auf die DDR-Literatur als ganze gilt dies vielleicht am stärksten für die der 60er und frühen 70er Jahre, als sich das Projekt Sozialismus noch »in aufsteigender Linie« zu bewegen schien. Dazu paßt auch, daß fast alle namhaften Autoren der DDR dem Bau der Mauer ihre »uneingeschränkte ernste Zustimmung« (S. Hermlin) gaben. Erwin Strittmatter sah die Mauer als »notwendig« an, »um einen Kriegskeim zu ersticken«, und Franz Fühmann rechtfertigte die »Unbequemlichkeit« Mauer als Grenzbefestigung gegen »die Schröders und Globkes und Brandts [!] und Strauß'«. Einzig Ernst Bloch kehrte von einer Westreise während des Mauerbaus nicht zurück und sagte sich von der DDR los. Wenige Monate vorher – im Mai 1961 – hatte man immerhin noch Peter Bamm und Günter Grass auf dem 5. Schriftstellerkongreß der DDR frei reden und, im Falle Grass, sogar die Zensur in der DDR kritisieren lassen. Damit war es nun vorbei. Das Tischtuch zwischen den DDR-Autoren und denen der Bundesrepublik, die wie Böll, Enzensberger, Grass und Schnurre den Mauerbau öffentlich anprangerten, war für lange Zeit zerschnitten.

Die seit 1961 zielstrebig verfolgte Politik der staatlichen und kulturellen Abschließung gegenüber dem kapitalistischen Westen, vor allem aber gegenüber der Bundesrepublik und West-Berlin, wirkte sich für Kultur und Literatur zwiespältig aus. Der durch die allseits geschlossene Grenze erreichte Status relativer Unangreifbarkeit ließ es zeitweise als ungefährlich erscheinen, daß westliche Stimmen in DDR-Medien zu Wort kamen, die mit dem Konzept des »realen Sozialismus« durchaus nicht in Einklang zu bringen waren. Freilich wurden solche Konzessionen immer dann rasch und kategorisch zurückgezogen, wenn die SED ihre Auswirkungen aus dem Griff zu verlieren drohte. Und man konnte in als gefährlich eingestuften Fällen von Tabuverletzung durch landeseigene Autoren jetzt rigoroser vorgehen als vor dem Mauerbau, als den Betroffenen die Flucht in den Westen immer noch als letzte Möglichkeit offenstand.

Eine knappe Chronik der einschlägigen Ereignisse zwischen 1961 und 1970 belegt den kalkuliert autoritären Umgang mit den Schriftstellern im eingemauerten Land. Bereits sechs Wochen nach dem Mauerbau wurden dem noch nicht etablierten Dramatiker Heiner Müller die Instrumente der realsozialistischen Inquisition gezeigt. Seine Komödie »Die Umsiedlerin oder Das Leben auf dem Lande« wurde noch in der Nacht der Uraufführung in der Regie von B.K. Tragelehn verboten, obwohl es sich nur um eine Einstudierung am Studententheater der Hochschule für Ökonomie in Karlshorst handelte. Müller wurde aus dem Schriftstellerverband ausgeschlossen, Tragelehn »zur Bewährung in die Produktion« geschickt; alle Studenten wurden drei

Tage lang verhört, einer sogar ins Gefängnis gesteckt. Müller erinnert sich in seiner Autobiographie »Krieg ohne Schlacht. Leben in zwei Diktaturen« (1992) an die merkwürdige Hoffnung von damals: »Die Mauer als Schutz gegen das Ausbluten, und nun konnte man im Lande kritisch und realistisch mit allem umgehen.« Diese Illusion wurde ihm wie den anderen Beteiligten gründlich ausgetrieben. Bis 1969 erlebte keins seiner Stücke eine Inszenierung in der DDR, und selbst dann wurden zunächst nur Nebenarbeiten aufgeführt. Nicht besser erging es dem von Wolf Biermann und anderen 1961/62 aufgebauten »Berliner Arbeiter- und Studententheater« (b.a.t.), das schon vor seiner Eröffnung wieder geschlossen wurde. Eine der ersten Inszenierungen hatte Biermanns eigener theatralischer Versuch »Berliner Brautgang« – eine nach dem Leben geschriebene Liebesgeschichte zwischen einem Arbeiter und einer Arzttochter in der geteilten Stadt – werden sollen. Biermann erhielt zum ersten Mal ein eingeschränktes Auftrittsverbot (bis zum Juni 1963) und wurde – ebenfalls 1963 – aus der SED ausgeschlossen. – In diese Zeit fällt auch die von Stephan Hermlin initiierte Lesung junger Lyriker in der Akademie der Künste am 11. Dezember 1962, bei der u.a. Biermann, Sarah Kirsch und Volker Braun zum ersten Mal vor einer größeren Öffentlichkeit ihre Texte präsentierten. Vor allem wegen der anschließenden »offenen Aussprache« mußte sich Hermlin von seinen stalinistischen Genossen regelrecht verhören lassen und einen schweren Rüffel einstecken. In der Folge verlor er seine Stelle als stellvertretender Akademie-Sekretär.

Um die Jahreswende 1962/63 liegt dann auch das Ende von Peter Huchels Chefredaktion bei der renommierten Akademie-Zeitschrift »Sinn und Form«. Dieser hatte gerade in den letzten Jahren vor seiner schimpflichen Entlassung häufig westliche Autoren, z.B. Jean-Paul Sartre, Hans Henny Jahnn, Ilse Aichinger oder Günter Eich, gedruckt; 1962 erschien u.a. Ernst Fischers Aufsatz »Entfremdung, Dekadenz, Realismus«, ein vehementes Plädoyer für die Klassiker der Moderne Joyce, Proust und vor allem Kafka. In der gleichen Zeit konnten zwei kluge, differenzierende Bücher über Kafka in der DDR erscheinen (nach 1965 erschienen vereinzelt die Werke Kafkas selbst). Diese relativ souveräne und offene Einstellung gegenüber der nichtsozialistischen Moderne wurde Ende 1962 jäh in Frage gestellt. Peter Huchel wurde zum ersten Leidtragenden dieses Sinneswandels nicht zuletzt deshalb, weil seine eigenwillige, vornehme Persönlichkeit den Funktionären vom Schlage Abusch, Gotsche und Kurella mißfiel. Aber er mußte auch aus ›objektiven‹ Gründen gehen: weil er gesamtdeutsch, ja, europäisch dachte und nichts von »sozialistischem Realismus« und Bitterfelder Weg hielt. So wurde er, von Willi Bredel als »Wanderer zwischen zwei Welten« tituliert, zum Jahresende 1962 in unwürdiger Weise als Chefredakteur von »Sinn und Form« entlassen und zunächst durch Bodo Uhse (der bald darauf starb), dann durch Wilhelm Girnus ersetzt. Huchels listiges Abschiedsheft (Nr. 5/6, 1962) verdeutlichte noch einmal, was unter seiner Ägide möglich gewesen war. In ihm erschienen u.a. Sartres Rede »Die Abrüstung der Kultur«, Brechts noch unveröffentlichter Essay »Rede über die Widerstandskraft der Vernunft« von 1936 (die, wer wollte, auch auf die Vernunftwidrigkeiten im »realen Sozialismus« beziehen konnte), eine Erzählung von Isaak Babel sowie Gedichte von Eich, Celan und Huchel selbst. In der Folge druckte die Zeitschrift erst einmal keine Texte westlicher Provenienz.

Im Januar 1963 sah sich Ulbricht veranlaßt, gegen die Vertreter des »sogenannten Modernismus« zu wettern, die die »Auseinandersetzungen mit den Folgen des Personenkults zum Kampf gegen den sozialistischen Realismus auszunutzen« versuchten, und vom März 1963 stammt schließlich jene Anti-Tauwetterrede Ulbrichts, die in aller Schärfe mit dem Konzept der kulturell-ideologischen Koexistenz zwischen Ost und West abrechnete. Eine internationale Kafka-Konferenz von Autoren und Wissenschaftlern, die im Mai 1963 anläßlich Kafkas 80. Geburtstag in Liblice bei Prag abgehalten worden war, verhärtete den Kurs noch. Auf ihr hatten es einige sich marxistisch verstehende Teilnehmer wie z.B. Ernst Fischer und Roger Garaudy gewagt, die kafkaschen Entfremdungsparabeln auch noch in realsozialistischen Ländern für aktuell zu halten, d.h. konkret: den Begriff der Entfremdung auf Verhältnisse wie die in der DDR anzuwenden. Die Teilnahme Hans Mayers an dieser Konferenz hatten die DDR-Behörden hintertrieben; von einer Westreise im Sommer desselben Jahres kehrte er dann nicht mehr in die DDR zurück.

Nachdem die 2. Bitterfelder Konferenz vom April 1964 die Prinzipien einer sozialistischen Arbeiterkultur und -literatur noch einmal gegen alle westlich-modernistischen Versuchungen festzuzurren versucht hatte, brachte das Jahr 1965 den Höhepunkt der Kampagne gegen alle literarischen und intellektuellen Tendenzen, die am System des »realen Sozialismus« grundsätzliche Zweifel anmeldeten. Auf dem 11. Plenum des Zentralkomitees der SED im Dezember 1965 wurde ein Scherbengericht über alle »modernistischen«, »skeptizistischen«, »anarchistischen«, »nihilistischen«, »liberalistischen« und »pornographischen« Strömungen in der aktuellen DDR-Literatur wie übrigens auch im Film und in der Jugendkultur, deren Verwestlichung im Zeichen von Beat(les), langen Haaren und offenem Tanzen die SED besonders beunruhigte, abgehalten. Namentlich wurden die Autoren Wolf Biermann (geb. 1936; er hatte 1964 noch eine Tournee durchführen können), Manfred Bieler (geb. 1934), Werner Bräunig (1934–76), Peter Hacks, Günter Kunert, Heiner Müller, Volker Braun und Stefan Heym sowie der Naturwissenschaftler und Philosoph Havemann (1910–82), der bereits 1964 als Professor entpflichtet und aus der SED ausgeschlossen worden war, an den Pranger gestellt. Ihnen wurde von dem Berichterstatter Honecker entgegengehalten: »Unsere DDR ist ein sauberer Staat. In ihr gibt es unverrückbare Maßstäbe der Ethik und Moral, für Anstand und gute Sitte.« Und im weiteren wurden »spießbürgerlicher Skeptizismus ohne Ufer«, »Verabsolutierung der Widersprüche, der Mißachtung der Dialektik der Entwicklung, konstruierte Konfliktsituationen, die in einen ausgedachten Rahmen gepreßt sind«, schließlich der »schlecht getarnte spießbürgerlich-anarchistische Sozialismus [...] mit stark pornographischen Zügen« eines Wolf Biermann moniert. Das Pochen auf »Sauberkeit« und »gute Sitte«, der Horror vor Erotik mit etwas weniger Tabus (»Pornographie«) und Spontaneität (»Anarchie«) ist besonders auffällig – Zeichen einer durchaus noch unbefreiten, viktorianischen Moral, die sich lieber am Althergebrachten, dem Kulturerbe, als an widerspruchsvollen zeitgenössischen Erscheinungen orientierte. Eine wichtige Rolle spielte auch – immer noch im Bann der Kafka-Konferenz von 1963 – das Stichwort »Entfremdung«, dessen Anwendung auf DDR-Verhältnisse rundweg abgelehnt wurde. All dem widersprach als einzige in diesem geschlossenen Funktionärszirkel Christa Wolf, die damals Kandidatin des ZK der SED war. Nach der Wende sind sowohl die vollständigen Protokolle als auch – noch sprechender – der Originalton dieses ZK-Plenums zugänglich geworden. Es erweist sich als ein beispielloses Dokument von repressiver Nichtöffentlichkeit, männerbündischer Kumpelei, Einschüchterung und Gängelei – gleichsam gelebter Unkultur. Um so mehr sticht Wolfs lange, improvisierte Rede dagegen ab. Sie ist ein bemerkenswertes Manifest: der auch 1965 noch ungebrochenen Bindung vieler DDR-Schriftsteller an den Staat DDR einerseits – *und* einer beginnenden Abkehr von der menschenfeindlichen Praxis dieses Systems. Wolf verteidigt Kollegen wie Werner Bräunig (dessen »Rummelplatz« auf den Index kam) und Peter Weiss im fernen Schweden aus einer quasi protestantischen Haltung heraus (Begriffe wie »Gewissen«, »Glauben« und »Ehrlichkeit« prägen ihre Rede signifikant); sie mahnt, daß das »freie Verhältnis zum Stoff« nicht wieder verlorengehen dürfe – und im gleichen Atemzug »bekennt« sie sich zur DDR als dem einzigen Ort, an dem sich das Leben und Schreiben lohne. Was sich auf dem 11. Plenum durchsetzte, war freilich nicht diese Haltung, sondern die repressive kunstfeindliche Machtpolitik von Ulbricht und seinem Politbüro.

Komplementär zur Verketzerung aller »modernistische Abweichungen« (die so modern zumeist gar nicht waren) wurde konsequent eine undifferenzierte Verklärung des »fortschrittlichen Kulturerbes« fortgeführt, was z. B. Volker Braun 1968 zu der aggressiven Äußerung veranlaßte: »Sie [die Goethepächter, W. E.] haben aus Goethes Werk einen Werkhof gemacht für die schwer erziehbare Nation. Sie schalten darin wie Gouvernanten. Wie wenig Liebe zum Heutigen spür ich in ihrem Gehabe. – Sie haben sein Erbe gepachtet und bleiben darin sitzen. Sie haben seine Schwellen gebohnert – aber wagen sich nicht mehr darüber. Sie leben mit seinen Büchern so, als würden die Bücher schon leben. Sie haben so mit ihnen zu tun, als hätten sie nichts mit sich zu tun. Während wir, auf den Wiesen der öffentlichen Landschaft, mit ihm unsre Späße treiben. Sie sind neue Aristokraten; wir sind seine alten Freunde.«

Die Jahre 1965–71 sind insgesamt von einer Verhärtung des hier skizzierten Kurses geprägt. Seit 1966 erschienen auch in der »Neuen Deutschen Literatur«, die bis dahin u.a. Martin Walser, Peter Weiss und Heinrich Böll gedruckt hatte, keine westlichen Texte mehr – Zeichen der verstärkten Abschließung einer DDR-Kultur, die sich selbst genug sein sollte, ohne es doch wirklich zu sein. Nach einer im Sommer 1966 in der FDJ-Zeitschrift »Forum« geführten spannenden Debatte um Sinn und Funktion der Lyrik »in diesem besseren Land« (dazu weiter unten) brachten vor allem die Vorgänge in der ČSSR im August 1968 neuen Zündstoff. Das 9. Plenum des ZK der SED im darauffolgenden Oktober warnte ausdrücklich vor dortigen künstlerischen Tendenzen des »Modernismus«, die als Wegbereiter der »konterrevolutionären Entwicklung« gebrandmarkt wurden. In den gleichen Kontext gehört auch die Berührungsangst gegenüber der Neuen Linken in den westlichen Ländern, insbesondere in der Bundesrepublik. Wie stark der Prager Frühling und seine militärische Niederschlagung Ende August 1968 die DDR und vor allem ihre damals junge Generation verändert haben, ist noch wenig aufgeklärt. Ins Auge fallen zunächst die veröffentlichten Treuebekenntnisse allzu vieler renommierter Schriftsteller und Künstler (wie immer eingeschränkt und ›differenziert‹, z.B. bei C. Wolf) und die Aussagen einiger weniger Autoren wie Franz Fühmann und der Jüngeren Thomas Brasch oder Jürgen Fuchs, die durch Prag ihr politisches »Damaskus« erlebten. Jedenfalls gingen die repressiven Maßnahmen gegen die eigene Literatur auch 1969/70 unvermindert weiter, wie am deutlichsten der Zensurfall von Christa Wolfs »Nachdenken über Christa T.« zeigt (vgl. dazu S. 56).

Offiziöse Verlautbarungen der Partei erweckten fast durchweg den Eindruck, daß – trotz der geschlossenen Grenze – Tendenzen der Ab- und Aufweichung von außen, aus den kulturell amerikanisierten, imperialistischen Ländern in die DDR getragen würden. Damit wurde mehr oder weniger bewußt ignoriert, daß die DDR ihre massiven Widersprüche und Konflikte selbst produzierte und reproduzierte. Das gilt vor allem von jenem 1963 installierten »Neuen Ökonomischen System«, das dem Sozialismus zur Wirklichkeit verhelfen sollte, ihn aber eher noch tiefer in seine Aporien hineintrieb.

Neues Ökonomisches System, Wissenschaftlich-Technische Revolution und die Literatur

Auf dem VI. Parteitag der SED 1963 wurde eine weitreichende Kursänderung der Wirtschaftspolitik beschlossen, die den Namen »Neues Ökonomisches System (der Planung und Leitung)« kurz: NÖS oder NÖSPL, erhielt. Von diesem Neuen Ökonomischen System sollten im Lauf der folgenden Jahre wichtige Impulse auf alle anderen gesellschaftlichen Bereiche einschließlich der Wissenschaften und Künste ausgehen, freilich in einer Weise, die Bewohnern der westlichen Hemisphäre kurios erscheinen mag.

Hauptziel des NÖS war eine Modernisierung und Rationalisierung des Wirtschaftssystems zum Zweck einer Effektivierung der Volkswirtschaft, weshalb das NÖS auch stets in enger Verbindung mit dem Projekt einer »Wissenschaftlich-Technischen Revolution« (WTR) gesehen werden muß. Auf der Grundlage eines wissenschaftlich fundierten Systems der Steuerung und Leitung (Operationsforschung, Netzwerkplanung u.a.m.) sollte eine qualitativ neue Stufe technisch-ökonomischer Effizienz und Produktivität erreicht werden. Die an der Leitung des Wirtschaftsprozesses Beteiligten (Techniker, Wissenschaftler, Ökonomen) wurden unter das Gebot permanenter Weiterqualifizierung gestellt, weil davon ausgegangen wurde, daß der Beitrag der Planer und Leiter entscheidend für das Fortschreiten der Arbeitsproduktivität sei. Gleichzeitig wurde dem Wirtschaftsprozeß erstmals die Fähigkeit einer gewissen Selbstregulierung zugeschrieben, wobei – wiederum erstmals – bestimmten monetären Leitungsinstrumenten (Zins, Prämien, dynamische Preisregulierung) eine neue Rolle zugeordnet wurde. Administrative Einzelanweisungen von oben sollten ersetzt werden durch ein in sich geschlossenes selbstregulatives »System Ökonomischer Hebel« (Gewinn, Kosten, Preise, Umsatz, Rentabilität usw.). Entscheidung und Verantwortung für wirtschaftliche Vorgänge sollten dezentralisiert und damit auch in einem gewissen Sinne demokratisiert werden: Aus den vordem von den vorgeordneten Ministerien und Planziffern gänzlich abhängigen »Vereinigungen Volkseigener Betriebe« (VVB) sollten »Ökonomische Führungsorgane« werden, d.h. finanziell relativ selbständige, weitgehend eigenverantwortliche »sozialistische Konzerne« (W. Ulbricht). Nachdem durch die weitgehende Überführung der Produktionsmittel in Staatseigentum (einschließlich der Kollektivierung der Landwirtschaft) etwa 87% der DDR-Bürger quasi zu Staatsbediensteten geworden waren, zielte das NÖS in gewisser Weise auf eine Umkehr des Trends zur umfassenden Subalternität: auf die Reautonomisierung der Wirtschaftssubjekte.

Vom Jahr 1967 an sprach die SED statt vom NÖS nunmehr vom »Ökonomischen System des Sozialismus« (ÖSS), oder allgemeiner: vom »Entwickelten gesellschaftlichen System des Sozialismus« (ESS).

Die neuen Termini und die mit ihnen verbundenen Maßnahmen signalisieren zweierlei: Zum einen sollte der Auffassung entgegengewirkt werden, daß im Rahmen des neuen Wirtschaftskonzepts nur ökonomisch-technische Effizienz, quasi wertfrei und gleichgültig gegenüber der Zielvorstellung Sozialismus, angestrebt werde (einzelne VVBs hatten solche Tendenzen entwickelt). Durch eine verstärkte Führungsrolle der Partei sollte sichtbar gemacht werden, daß gerade dieses System wesensmäßiger Ausdruck sozialistischer Ideologie sei. Zum zweiten wurde durch den Terminus ESS die Interpretation verbindlich gemacht, daß es sich bei der DDR-Gesellschaft der 60er Jahre bereits um eine tatsächlich *sozialistische* handle. Diese legitimatorische Behauptung schien um so dringlicher, als gerade Kritiker inner- und außerhalb der DDR die skeptische Frage an das NÖSPL richteten, ob nicht durch diese Konzeption eine erneute Annäherung an das System kapitalistischen Wirtschaftens vollzogen werde. Demgegenüber vertrat die SED-Führung die Ansicht, Kategorien wie Warenproduktion, Wertgesetz, Preis, Gewinn usw. hätten in einem sozialistischen Land wie der DDR eine andere Qualität als im Kapitalismus. Diese Deutung rechtfertigte die entstandene Kompromißgestalt eines »realen Sozialismus«, der sich nun nicht mehr (wie in der älteren marxistischen Theorie) als rasch zu durchschreitende Übergangsphase in der Entwicklung der menschlichen Gesellschaft darstellte, sondern als »eine relativ eigenständige sozioökonomische Formation in der historischen Epoche des Übergangs vom Kapitalismus zum Kommunismus im Weltmaßstab«. In der zweiten Hälfte der 60er Jahre wuchs die Tendenz noch an, die vorhandenen Widersprüche zu verkleinern und auf die Stabilität und Harmonie dieser »relativ eigenständigen« Formation zu pochen – kulminierend in Ulbrichts (bald geflügeltem und 1968 in der Verfassung festgeschriebenem) Wort von der neuen *sozialistischen Menschengemeinschaft* der DDR. Schon 1962 hatte Bernd K. Tragelehn in seinem Stückfragment »Der Bau« eine »FDJodlerin« prophetisch sagen lassen: »[...] in unsrer schönen Menschen-/Gemeinschaft, freiklarwahrschönrein.« Jetzt war sie nach dem Willen der Partei endgültig ans Licht getreten.

Der in den Konzepten NÖS/ESS/ÖSS regelmäßig auftauchende *Systembegriff* ist im Blick auf Kultur und Literatur von besonderem Interesse. Er ist hergeleitet aus der neuen Wissenschaft Kybernetik, die in der DDR von ihrem einflußreichsten Vertreter Georg Klaus definiert wurde als wissenschaftliche Theorie der »dynamischen Systeme« – gleichgültig, ob es sich um biologische, physikalische oder gesellschaftliche Systeme handle. Unter ›System‹ wird dabei ein wechselseitiger, komplexer und geregelter Prozeß dynamischer Beziehungen verschiedener Elemente verstanden, der durch Rückkoppelung in Regelkreisen seine Stabilität gewinnt. Im Gegensatz zum Systembegriff der klassischen Physik geht es hier also nicht mehr (nur) um eine Herrschaft linearer Kausalketten, sondern das Wechselspiel von Notwendigkeit und Zufall, von System und Individuum ist mitberücksichtigt. Es läßt sich denken, daß dieser Theorie mit ihrem Anspruch auf gesellschaftliche Anwendbarkeit in der DDR teilweise mit Skepsis begegnet wurde – entstammte sie doch erst einmal dem Arsenal jener ›wertfreien‹ Wissenschaften des philosophischen Neopositivismus, der symbolischen Logik usw., die bis weit in die 50er Jahre hinein als bourgeois und proimperialistisch verdammt worden waren. So beeilten sich die führenden Kybernetiker der DDR denn auch einzuschränken, daß es sich bei der Kybernetik um eine »Hilfswissenschaft für den historischen Materialismus« (Klaus) handle, die von diesem bzw. den sozialistischen Individuen und Institutionen ihre Zielvorstellungen vorgegeben bekomme, wodurch sie ihre scheinbare Systemneutralität verliere.

Die programmatischen Dokumente des VI. und VII. Parteitags der SED (1963/67) und andere der Jahre danach belegen, daß der Systembegriff der Kybernetik mit allen seinen Weiterungen von der Partei voll akzeptiert und auch auf die Kultur- und Literaturpolitik angewendet wurde. So sagte Alexander Abusch 1968: »[...] wir Marxisten [sprechen] von den Teilsystemen unserer Gesellschaft, die sich gegenseitig befruchten und aktivieren müssen, wenn das Ganze nicht behindert werden soll. Auch die Kultur mit ihren wesenseigenen Entwicklungsprozessen, besonders mit den Problemen ihrer gesellschaftlichen Planung und Leitung, mit ihren materiellen und sogar vielfach mathematisch erfaßbaren Faktoren kann man als ein solches Teilsystem im gesamtgesellschaftlichen System des Sozialismus bezeichnen«, das auf das »Gesamtsystem« der Gesellschaft vor allem dann zurückzuwirken vermöge, wenn es »noch unmittelbarer mit der wissenschaftlich-technischen Revolution« verbunden werde und so »den Geist der Produktivität aller Mitglieder der Gesellschaft« fördere.

Bereits auf der 2. Bitterfelder Konferenz von 1964, die ja zugleich ein schlecht verhülltes Begräbnis der Bitterfelder Bewegung von 1959 darstellte, war beschlossen worden, die Prinzipien des NÖSPL auf den kulturellen Bereich als »Subsystem« zu übertragen. Und auf dem 9. Plenum des ZK der SED im April 1965 umriß Ulbricht programmatisch die neuen Aufgaben sozialistischer Kulturpolitik:

»Das Neue in der sozialistischen Kulturpolitik besteht also darin, daß die Kulturentwicklung immer mehr als Komplex gefördert wird, was aber auch bestimmte Maßnahmen verlangt:

1. Die Prognostik der Kulturentwicklung, vordringlich auf den Gebieten der Künste, der ideologischen Massenkommunikation wie Fernsehen, Dokumentarfilm, populärwissenschaftliche Literatur, Presse, Funk u.a.m., der Produktionskultur, der Freizeitbedürfnisse, der Bewußtseinsentwicklung, des ideologischen Kampfes, der kulturellen Massenarbeit usw.

2. Die Analyse des Kulturniveaus sowie des Bewußtseinsstandes

der Werktätigen und seine tendenzielle Veränderung im Zusammenhang mit der Meisterung der technischen Revolution und der Gestaltung des sozialistischen Lebens.

3. Die kontinuierliche Beobachtung von Entwicklungstendenzen in der Welt, Prüfung neuer Zusammenhänge, Formulierung neuer Aufgaben, Steuerung der Ausbildung und des Einsatzes leitender Kader auf kulturellem Gebiet.«

Ein Novum war auch das jetzt durchgesetzte »Prinzip der materiellen Interessiertheit« für die Kultur, das besonders deutlich zeigte, wie ökonomische Hebel und Regulative sehr direkt auf die Künste angewandt wurden. Es besagte, daß für kulturelle Einrichtungen (Theater, Kulturhäuser, Verlage usw.) »das automatische Zufließen von Geldern [...] durch Elemente der wirtschaftlichen Rechnungsführung in Form einer leistungsabhängigen Finanzierung« zu ersetzen sei.

Diese schwer genießbaren Ulbricht-Zitate werden dem Leser an dieser Stelle nicht erspart, weil sie auf eine gewichtige Zumutung verweisen, unter die die Literatur der 60er Jahre in der DDR gestellt wurde. Hatte die SED zu Ende der 50er Jahre mit dem Bitterfelder Weg versucht, die Trennung in Hand- und Kopfarbeit als das Ergebnis eines langen Zivilisationsprozesses zu unterlaufen, so versuchte sie nun, in den 60er Jahren, die für das 20. Jahrhundert typische Aufspaltung einer einheitlichen Kultur in zwei Kulturen (C. P. Snows »two cultures«) rückgängig zu machen. Künste und Geisteswissenschaften sollten im Zeichen eines rechenhaften Sozialismus in kybernetischem Gewande ›versachlicht‹ und ›vernützlicht‹ werden. Und tatsächlich erfährt der kulturelle Bereich in diesen Jahren eine noch stärkere Instrumentalisierung, ja regelrechte Ökonomisierung als vorher. Ziel ist das ›ökonomische‹ Kunstwerk, d.h. ein solches, dessen bewußtseinsbildende Leistung in einem adäquaten Verhältnis zu den aufgewandten Mitteln steht. Der Schriftsteller soll nicht schlechthin »sozialistische Persönlichkeiten« im Kontext der »sozialistischen Menschengemeinschaft« darstellen, sondern – selbst eine Funktion der ökonomischen Hebeltheorie – vorzüglich Planer und Leiter, die den generellen Prozeß der Produktivitätssteigerung beispielhaft voranbringen. Dabei soll er sich wissenschaftlich ausgewiesener, »prognostischer« Methoden bedienen, oder andersherum: aller Poesie, die auf dem Privileg »vernunftlosen Träumens« (Hermlin) besteht, entsagen.

Während die westliche Literatur um die Mitte der 60er Jahre bereits ihre Abgesänge auf eine uneingeschränkte Bejahung der wissenschaftlich-technischen Rationalität hinter sich hatte (Frischs »Homo Faber«, 1957; Dürrenmatts »Physiker«, 1961; Kipphardts »In der Sache J. Robert Oppenheimer«, 1964), war die WTR-Euphorie unter den DDR-Autoren in den 60er Jahren – und bei manchen bis in die 70er hinein – erheblich. Wie Brecht es 1936 projektiert hatte, wollte man jetzt die alte Kunst durch eine neue ablösen, so wie die Chemie erfolgreich die

Alchemie abgelöst hatte. Ältere sowjetische Beispiele einer techniknahen Kunst im rasenden Tempo der neuen Zeit wie der Telegrammstil in der Lyrik und der Kurzroman (Powest) boten sich als Modelle an, ohne sich jedoch durchsetzen zu können. Wichtig schien vor allem zu sein, die je neuesten wissenschaftlichen und technischen Erkenntnisse thematisch, aber auch in Menschengestaltung und Darstellungsweise in den eigenen Texten ohne Zeitverzug zur Geltung kommen zu lassen – keine leichte Aufgabe, so befand Erik Neutsch 1970, angesichts »des Exponentialgesetzes [...], wonach sich der Zuwachs wissenschaftlicher Erkenntnisse in immer kürzeren Zeiträumen verdoppelt«. Unter ökonomischen Aspekten erschien es ohnehin zunehmend fragwürdig, sich noch einer so nutzlosen Liebhaberei wie z.B. der Lyrik zu widmen. So heißt es in Peter Gosses (geb. 1938) »Inventur Sylvester 64« selbstkritisch:

> Drei Jahre, zwei Pfund Lyrik,
> während mein Staat schuftet und schwitzt.
> Schluß mit der Kindheit.
> Ich werde exportreife Radars mitbauen,
> werde Mehrprodukt machen,
> werde mitmischen.

Was heute nur noch komisch klingt, war damals bierernst gemeint, auch, wenn z.B. Prosaautoren die Psyche ihrer Protagonisten nach den neuesten wissenschaftlichen Erkenntnissen zu formen versuchten. So sprach Benito Wogatzki (geb. 1932) von dem für ihn verbindlichen »prognostischen Modell vom Menschen«, und Karl-Heinz Jakobs läßt, wenn auch 1973 dann schon mit spürbarer Skepsis und Ironie, seinen »Operationsforscher« Radek (im Roman »Die Interviewer«) sich darum bemühen, das »meßbar zu machen, was unmeßbar erscheint«. Im weiteren verrät Radek, daß er und seinesgleichen »seelische Vorgänge mit mathematischen Methoden erforschen. Mathematik ist unser Dienstmädchen für alles, warum also nicht auch im Bereich der Psyche.« – Zum Glück blieb das meiste an solchen literarischen Projektionen reine Rhetorik. Immerhin bestätigte die sozialistisch-gläubige Literatur damit einen Vorwurf, den Hans Jonas dem Marxismus im ganzen gemacht hat. Nach ihm ist »der technologische Impuls in das Grundwesen des Marxismus eingebaut«, und ihm zu widerstehen wird um so schwieriger, »als er sich dort mit dem Standpunkt des extremsten Anthropozentrismus verbindet, dem die ganze Natur, (sogar die menschliche) nichts anderes als ein Mittel für die Selbstverfertigung des selbst noch nicht fertigen Menschen ist«. Auch die frühe Prosa einer Christa Wolf oder der erste Gedichtband eines Volker Braun »Provokation für mich« (1965) – um nur diese beiden Beispiele zu nennen – projektiert in dieser Weise die Erfahrung der modernen, technisch hochentwickelten Industrieproduktion (in Wolfs »Der geteilte Himmel« ist es der sowjetische bemannte Flugkörper) als Ort der Nichtentfremdung, der sinnlichen und intellektuellen Erfüllung des Menschen. Das sollte sich dann recht bald ändern.

Nicht alle DDR-Schriftsteller sahen sich in der Lage, die neue verbindliche Interpretation von Wirtschaft, Gesellschaft und Kultur aus dem Geist der kybernetisch »Neuen Sachlichkeit« widerspruchslos zu übernehmen. Wie schon erwähnt, ging schon von der internationalen Kafka-Konferenz in Liblice/ČSSR 1963 der Impuls aus, auch den Sozialismus in der DDR auf Symptome der Entfremdung hin zu untersuchen. Daß solche Überlegungen nach Einführung des NÖS nicht nachließen, sondern anwuchsen, belegt z.B. eine polemische Äußerung Erik Neutschs von 1966: »Die Krise des Menschen in der westlichen, der kapitalistischen Welt, scheint mir, besteht darin, daß er sich wohl seiner Schöpferkraft beraubt sieht, nicht aber die gesellschaftlichen Ursachen dafür erkennt, und deshalb zu dem lähmenden Trugschluß gelangt, das Schöpferische im Menschen habe an sich aufgehört zu existieren. Marx nennt das Entfremdung, und einige blinde Anhänger Kafkas wollen uns gar weismachen, dieselbe gefügige Hilfskraft beherrsche nun auch den Menschen im Sozialismus.« Und Alfred Kurella (1895–1975) ließ 1968 den Essay »Das Eigene und das Fremde« erscheinen, der endliche und endgültige Klärung darüber bringen sollte, daß die Anwendung des Entfremdungsbegriffs auf die DDR unsinnig und schädlich sei.

Daß sich hinter den Kürzeln NÖS und WTR eine gefährliche Fetischisierung von Rationalismus und Technik verbarg, erkannten zunächst nur wenige Schriftsteller. Als die FDJ-Zeitschrift »Forum« 1966 mit der Frage »Dämon Technik – bei uns eine Gefahr?« eine Debatte anstoßen wollte, fühlten sich die Literaturproduzenten kaum angesprochen. Auch die in der nachfolgenden Debatte von der Redaktion gestellte Frage, ob »die neue Stellung des Menschen in der sozialistischen Gesellschaft, wie sie insbesondere durch die technische Revolution herbeigeführt wird, zu inhaltlichen und strukturellen Veränderungen der Lyrik« geführt habe, interessierte kaum jemanden. So stand Günter Kunert 1966 noch ziemlich allein, als er vor der »Versachlichung« des Menschen im Sozialismus warnte und auf die Gefahren forcierter Wissenschafts- und Technikgläubigkeit hinwies: »Am Anfang des technischen Zeitalters steht Auschwitz, steht Hiroshima, die ich nur in bezug auf gesellschaftlich organisiert verwendete Technik hier in einem Atemzug nenne. Ich glaube, nur noch große Naivität setzt Technik mit gesellschaftlich-humanitärem Fortschreiten gleich.« Wenige Jahre später trat diese Skepsis gegen das Diktat der instrumentellen Vernunft in sozialistischem Gewand bereits aus einer ganzen Reihe von Texten hervor, wofür vor allem Christa Wolfs Roman »Nachdenken über Christa T.« und Kunerts Gedicht- und Prosabände einstehen.

Interessante Folgen hatte die Legalisierung von Wissenschaften wie Kybernetik, System- und Informationstheorie, auf denen das NÖS beruhte, auch für die *Literaturwissenschaft*. Einerseits brachte die partielle Integration von Formalismus, Strukturalismus und Semiotik in die Textanalyse eine gewisse Entpolitisierung mit sich. Andererseits führte vor allem der von Horst Redeker aus der Kybernetik übernommene Modellbegriff zu einer Erweiterung der bisher in der Regel recht platten Widerspiegelungs- bzw. Abbildtheorie. Für Redeker u.a. ist Widerspiegelung nicht mehr bloß stoffliche Mimesis, sondern (ästhetische) Wiederholung strukturaler Prozesse der Wirklichkeit (vgl. »Abbild und Aktion«, 1966). Dem erkennenden, selektierenden, gestaltenden Autorsubjekt wird damit eine sehr wesentliche, aktive Rolle zugeschrieben; aber nicht nur ihm, sondern auch dem lesenden Rezipienten, in dessen Aufnahme und Verarbeitung sich das Kunstwerk erst – je subjektiv – vollendet. Indem diese Erkenntnis zugelassen wurde, war der bis dato herrschende mechanisch-materialistische Objektivismus der DDR-Literaturwissenschaft, der ganz aufs »objektive Abbild« der Wirklichkeit im Kunstwerk fixiert war, erschüttert. Fragen nach der kommunikativ-aktivierenden Seite, nach dem Gebrauchswert von Kunst (dem »praktikablen Abbild«, wie einst bei Brecht) hielten Einzug in die Realismustheorie. Andererseits entwickelten sich Ansätze einer Übertragung der Kybernetik auf die Literaturwissenschaft, die in bedenklicher Weise von deutscher Gründlichkeit geprägt sind. Das gilt vor allem für Günther K. Lehmanns Versuche, das spekulative Element in ästhetischen Analysen zu überwinden und zu »durchweg wissenschaftlich begründeten, d.h. jederzeit objektiv nachprüfbaren Kriterien der ästhetischen Bewertung« zu gelangen. Er suchte das Heil, ganz der Sprache der Kybernetik folgend, in einer Untersuchung der Kodierung, der Regler und der Wirkungsmechanismen der künstlerischen Kommunikate im Gesamt des gesellschaftlichen Informationszyklus und versprach sich davon eine verbesserte Steuerbarkeit von Kunst und Publikum. Indem sich die Literaturwissenschaft auf das Niveau einer sozialtechnischen Hilfswissenschaft begab, hatte sie das »Neue Ökonomische System« tatsächlich eingeholt.

Prosa der uneingepaßten Subjektivität

Die systemkonforme DDR-Literaturwissenschaft ging davon aus, daß die Literatur ihres Landes im Lauf der 60er Jahre eine neue, klar sozialistische Qualität erreicht habe. In der Prosa sieht sie den sozialistischen Menschen in der sozialistischen Gesellschaft als dominierendes Thema; die Schreibweise sei der weiter vervollkommnete »sozialistische Realismus«. Wird die Zeit 1962–67 noch als Phase des Übergangs begriffen, so sei 1968 (mit Anna Seghers' Roman »Das Vertrauen«) endgültig ein neues Niveau der sozialistischen Literaturentfaltung erreicht. Unter ästhetischem Aspekt habe sich ein vielfältiges, reiches, harmonisches Ensemble literarischer Genres und Schreibweisen ausgebildet. Kurz: Man behauptete eine Literaturblüte, die im engen Zusammenhang mit der unterstellten Blüte und Reife des sozialistischen Gesellschaftssystems in der DDR gesehen wurde. – Ganz anders der bundesdeutsche Literaturkritiker Fritz J. Raddatz: Er beobachtete einen »Rückzug vor der Welt«, zumindest in der ernstzunehmenden Literatur aus der DDR; sie spiele »sich nicht, auftragsgemäß, am Hochofen und im Elektrokombinat ab, sondern im soziologischen Kleinstorganismus«, übe die Emigration ins Individuum. – Was stimmt? Es ist davon auszugehen, daß das wirkliche Bild der DDR-Literatur dieser Jahre konfliktreicher, widersprüchlicher ist und gerade nicht auf *eine* Tendenz – heiße sie nun sozialistische Literaturblüte oder »innere Emigration« – festzulegen.

Dominierendes Thema der Prosaliteratur ist jetzt, nach dem Mauerbau, das eigene Land, die DDR. Aber doch nicht nur: Der Vergangenheitsstoff – Deutschland unterm Nationalsozialismus – meldet sich hartnäckig, wieder und wieder, zu Wort, bis hin zu drei begabten Autoren vom Jahrgang 1937: Jurek Becker, Helga Schütz, Klaus Schlesinger. Ein Spektrum von farbigen autobiographischen Epochenbilanzen bekannter kommunistischer Autoren, die immer auch die vornazistische Zeit einbeziehen (Eduard Claudius, »Ruhelose Jahre«, 1968; Fritz Selbmann, »Alternative, Bilanz, Credo. Versuch einer Selbstdarstellung«, 1969), Erzählungssammlungen (Franz Fühmann, »Das Judenauto«, 1962; Anna Seghers, »Die Kraft der Schwachen«, 1965; Helga Schütz, »Vorgeschichten oder Schöne Gegend Probstein«, 1970; Fred Wander, »Der siebente Brunnen«, 1971) und vor allem Romane (Noll, Bobrowski, Becker, Schlesinger und wiederum Fühmann, »König Ödipus«, 1966) ist hier zu verzeichnen.

Die bedeutendste Prosa der 60er Jahre zum Vergangenheitsstoff stammt von *Johannes Bobrowski.* Wie in der früher entstandenen und publizierten Lyrik (vgl. S. 169f.) hat der Autor auch als Prosaist hartnäckig nur sein eines Thema, »die Deutschen und der europäische Osten«, umkreist. Auf den ersten Blick mag Bobrowskis Schreibweise – verglichen etwa mit der Dieter Nolls – altmodisch, umständlich, naiv, weniger ›fortschrittlich‹ erscheinen. Doch dieser erste Blick trügt. Bobrowski hat eine so souveräne, Trauer, Vergnügen und Erkenntnis zugleich stiftende Schreibweise gefunden, daß seine Texte trotz ihrer thematischen Beschränktheit alles andere als provinziell sind. Davon zeugen die Erzählungsbände »Boehlendorff und Mäusefest« (1965) und »Der Mahner« (postum 1967) ebenso wie die Romane *en miniature* »Levins Mühle« (1964) und »Litauische Claviere« (postum 1966). Die Erzählungsbände enthalten u.a. Autobiographisches, Volks- und Heimaterzählungen, Stücke aus dem Berliner Milieu und einen Text über den baltischen Dichter, Hölderlin-Zeitgenossen und -Freund Kasimir Anton Ulrich Boehlendorff, der an den Verhältnissen seiner Zeit ähnlich Hölderlin litt. »Litauische Claviere« handelt (ohne eigentliche Fabel) vom Verlauf zweier Tage im Sommer 1936 im litauischen Tilsit und einer Oper, die der deutsche Professor Voigt in sympathetischer Haltung über den litauischen Dichter, Klavierbauer und volksnahen Theologen, kurz: Humanisten, Donelaitis, zu schreiben beabsichtigt. Bobrowski schildert den damaligen alltäglichen Zusammenprall zweier Nationalismen: des litauischen und des mächtigeren, gewalttätigeren deutschen – und konfrontiert beide in Gestalt Voigts und seiner Freunde leise, nichtaggressiv mit der Möglichkeit von Verständnis und der Versöhnung zweier ›Volkstümer‹, deren Poesie, Sitte und Brauch nicht mehr kriegerisch-chauvinistisch gegeneinander gewendet werden, sondern einander ergänzen.

Bobrowskis meistgerühmter Prosatext ist der Roman *»Levins Mühle. 34 Sätze über meinen Großvater«*, der 1964 erschien. Er offenbart besonders deutlich die vom Autor erkannte Notwendigkeit, neben Gedichten auch Prosa zu schreiben: »Das mehr summierende oder mehr grundsätzliche Gedicht, wie ich es auffasse, kann ganz bestimmte Sachverhalte nicht vermitteln. Dazu bedarf es des Details, dazu bedarf es der deutlichen Charakterisierung der Personen.« Prosa allein kann die gesellschaftlichen und individuellen Beweggründe aufhellen, fertige Resultate (wie z.B. nationale und rassische Chauvinismen) aus vorangegangenen Prozessen erklären – und Bobrowski tut ebendas. Wie in seinen anderen Prosaarbeiten mutet das Sujet zunächst antiquarisch, geographisch beengt und nicht gerade ›weltbewegend‹ an. Der Roman spielt in einem Weichseldorf im ehemaligen Westpreußen in den frühen 1870er Jahren und handelt von einem Rechtsfall, ist eine Kriminalgeschichte, und damit in bewährter literarischer Tradition (man denke an Kleists »Michael Kohlhaas« und »Der zerbrochene Krug«, an Arnold Zweigs »Grischa«-Roman oder an Peter Weiss' »Die Ermittlung«). Des Erzählers Großvater Johann, Mühlen- und Hofbesitzer von monarchistisch-deutscher Denkungsart und baptistischem Glauben, einer der Reichen und Mächtigen der Gegend, hat dem zugewanderten armen Juden Levin die gerade errichtete Mühle weggeschwemmt, indem er ein Stauwehr öffnete. Jeder weiß es, wenn auch anscheinend keiner Augenzeuge war. Der von Levin angestrengte Prozeß fordert die deutsch-christliche Obrigkeit heraus: Alle solcherart Gesinnten schließen sich über kleinere Zwistigkeiten hinweg zusammen gegen das, was sie als polnisch-jüdische Herausforderung erleben. Doch die armen und kleinen Leute, die die falsche Nationalität und den falschen Glauben haben, stecken nicht auf. Levins Freunde, der Zigeunergeiger Habedank und der vagabundierende Weismantel, Levins Geliebte Marie und schließlich auch die (deutsche) Tante Huse helfen ihm. Eine von ihnen veranstaltete Zirkusvorführung vor der

Dorfbevölkerung wird zum Tribunal: In Form einer geheimnisvollen und zugleich entlarvenden Ballade wird die Wahrheit über die Zerstörung von Levins Mühle verbreitet. Doch vor Gericht bleibt Levin erfolglos und wandert nach Kongreß-Polen aus, nachdem ihm der Großvater auch noch sein Häuschen angesteckt hat. Dieser zieht schließlich als Rentner in die Kreisstadt – einigermaßen verstört zwar, aber unbelehrt. – Bobrowskis große Kunst ist es, durch die Miniatur, die Darstellung der Verhältnisse im Kleinen und Alltäglichen auch die Verfehltheit der gesellschaftlichen Struktur im Großen, eben einer Gesellschaft von Herren und Knechten, sichtbar zu machen. Dabei will er nicht verurteilen, Schuld zusprechen; nicht »deutsch reden«, sondern »lieber schon friedlich«. Dies geschieht nicht in wenigen markigen Hauptsätzen, sondern in einer Fülle von verzögernden, bedenklichen, nachfragenden Nebensätzen, die viele Kritiker allzu betulich und altfränkisch anmuteten, aber doch nur belegen, daß »die einfache Wahrheit nicht genügt« (V. Braun). Der Erzähler mischt sich immer wieder in die Fabel ein, unterbricht sie und sich, redet mit dem Leser und den Figuren seiner Geschichte und bewältigt auf diese Weise souverän die Schwierigkeit, seinen umstrittenen, durchaus politischen Stoff gerecht zu erzählen, ohne der Fiktion der Überparteilichkeit zu verfallen. Obendrein ist Bobrowski mit diesem Buch ein Stück alternativer, antireaktionärer Heimatliteratur gelungen im Sinne von Anna Seghers und Oskar Maria Graf: eine lebendige Darstellung des Volkslebens und einer Landschaft ohne Romantizismen und falsche Idyllisierung; Heimat, Provinz als Ort von (alltäglichen) Konflikten, die perspektivisch gesehen von weltgeschichtlicher Bedeutung sind.

Erst dem gegenüber Bobrowski zwanzig Jahre jüngeren *Jurek Becker* (geb. 1937) gelang mit *»Jakob der Lügner«* (1968; als Filmdrehbuch bereits 1965 fertig) ein Prosawerk über den Vergangenheitsstoff von vergleichbarer Eindringlichkeit und künstlerischer Souveränität, diesmal über die nazistische Schreckenszeit selbst. Becker war im Ghetto aufgewachsen und hatte einen Teil seiner Kindheit in den KZs Ravensbrück und Sachsenhausen verbracht. Sein erster Roman »Jakob der Lügner« ist stark von eigenen Erlebnissen geprägt. Im Zentrum steht die Gestalt des jüdischen Eismannes und Kartoffelpufferbäckers Jakob Heym, der aus Menschlichkeit lügt. Nachdem Jakob im von den deutschen Nazis besetzten Ghetto einmal die Nachricht verbreitet hat, die Rote Armee sei im Vormarsch begriffen und werde die Stadt bald befreien, muß er immer neue positive Nachrichten erfinden, als deren Quelle er ein Radio angibt, das gar nicht existiert. Jakob weckt Mut, Lebenswillen, Hoffnung – ohne sie jedoch letztlich einlösen zu können. Am Ende steht die Fahrt ins Todeslager, von der der Erzähler als ein Überlebender berichtet: heiter, ironisch, witzig, Distanz schaffend und Pathos unterdrückend, psychologisch genau und ohne falsche Heroisierung; eine Erzählweise, die vielleicht am besten nazistische Barbarei aufzudecken geeignet ist. Bertolt Brecht hatte einst bestritten, daß es literarische Mittel geben könne, den Nationalsozialismus als Terrorsystem darzustellen. Und ob der Massenmord an den Juden literarisches Sujet sein könne, ist und bleibt umstritten. Es scheint, daß es Becker – als einem von sehr wenigen – gleichsam auf Umwegen gelungen ist, genuin ästhetische Mittel für diesen Zweck zu entwickeln. Bemerkenswert ist, daß Becker eine ›wahre Geschichte‹ von einem Mann aus dem Ghetto, der ein Radio besaß, schon lange von seinem Vater kannte. Als literarischer Vorwurf schien sie ihm aber erst dann geeignet, als ihm die Idee kam, Jakob als den Mann *ohne Radio*, als (sympathischen) *Lügner* darzustellen.

Es ist an sich nur eine Selbstverständlichkeit, daß die Bearbeitung von Gegenwartsthemen gegenüber der des Vergangenheitsstoffes quantitativ dominiert. Doch dieser Sachverhalt bedeutete in den 60er Jahren mehr und auch Neues. Forciert durch die strikte staatliche und kulturelle Abschließung nach dem Mauerbau 1961 entstand gerade in der Prosa nunmehr eine DDR-Literatur im ganz wörtlichen Sinne. Vorbei war die »Abschieds«- und bald auch die »Ankunftsliteratur«; an ihre Stelle traten Texte, deren Kern die jeweilige Autorerfahrung des Hier und Jetzt der unmittelbaren DDR-Gegenwart war. Das bedeutete nicht nur, wie man vermuten könnte, eine Verarmung der Literatur, vielmehr entstand gerade zum Ende der 60er Jahre hin eine große Vielfalt der Sujets und Schreibweisen, analog zu dem Ernst und der Hartnäkkigkeit, mit der sich einige Autoren auf die ungelösten Probleme und Konflikte in ihrem Land einließen. Dieses Sicheinlassen führte zunehmend dazu, daß die idealistische Programmatik der »Ankunftsliteratur« – die Vorstellung von der immer gelingenden Ankunft im »realen Sozialismus« – durchbrochen wurde und die literarischen Beispiele des *Nichtankommens* der Helden sich häuften – oder unter »Ankunft« etwas ganz anderes verstanden wurde: nämlich das Zu-sich-selbst-Kommen, die Selbstverwirklichung eines Individuums über eine Integration in die Gesellschaft hinaus oder sogar jenseits von ihr. Kehrseite einer Literatur, der die Belange des Individuums immer wichtiger wurden, war eine kaum verhüllte Absage an die forcierte kulturrevolutionäre Konzeption des Bitterfelder Weges von 1959. Die einstige Forderung nach Aufhebung der Trennung von Hand- und Kopfarbeit schien jetzt eher peinlich. Von ihr blieb übrig die vage Zielsetzung, »Schriftstellern den Zugang zum Leben der Arbeiter zu sichern«.

Aber wo war eigentlich die literarische Gestaltung des Arbeiters – dieser »politische Dauerauftrag für den sozialistischen Künstler« (G. Albus) – geblieben? Es ist unbestreitbar, daß, verglichen mit der Literatur der 50er Jahre, Figuren von Produktionsarbeitern in der Literatur immer seltener wurden und an ihre Stelle – analog zur Durchsetzung des »Neuen Ökonomischen Systems« und der dazugehörigen Kulturpolitik – immer mehr Planer, Leiter, Intelligenzler, also Menschen, die sich aus der Arbeiterschaft ›herausqualifiziert‹ hatten, traten. Doch als Fritz Selbmann darauf in einem bilanzierenden Beitrag auf dem 6. Schriftstellerkongreß von 1969 hinwies, hatte das keinerlei Folgen. Die Merkwürdigkeit blieb, daß die Gestalt des Produktionsarbeiters in der proletarisch-revolutionären Literatur der Weimarer Republik und im Nachkriegswerk dieser Autoren der älteren Generation eine viel größere Rolle spielte als in der eigentlichen DDR-Literatur seit den 60er Jahren.

Beispielhaft zeigt sich diese Tendenz auch in der neueren Reportageliteratur. Ihr Interesse gilt, anders als z.B. noch in Fühmanns »Kabelkran und Blauer Peter« (1961), bevorzugt den Problemen der Wissenschaftlich-Technischen Revolution und ihren »Kadern«. So hat Helmut Hauptmann (geb. 1928), der schon in den 50er Jahren Reportagen geschrieben hatte, in »Das komplexe Abenteuer Schwedt« (1964) den Aufbau eines petrolchemischen Kombinats beschrieben und gleichzeitig – allzu optimistisch – die Möglichkeiten für eine zukünftige Organisation menschlichen Zusammenlebens reflektiert, die für ihn aus den neuen Wissenschaften und Technologien resultieren. Zwei andere Reportagen waren dem neuen, als sozialistisch proklamierten Fertigteil-Wohnungsbau gewidmet und akzentuierten ebenfalls die Auswirkungen der neuen Technologie auf das gesellschaftliche Zusammenleben: Werner Bräunig/Peter Gosse/Jan Koplowitz/Hans-Jürgen Steinmann, »Städte machen Leute« (1969) und Jan Koplowitz, »die Taktstraße« (1969). Die verheerenden Auswirkungen dieser »Kahlschlag-Moderne« (C. Wege) auf die Menschen, die sie, dort wohnend, täglich aushalten mußten, reflektierte man nicht. – Der vielleicht interessanteste Versuch im Reportage-Genre stammt von Rainer Kirsch (geb. 1934). Er hat in drei »Kopien nach Originalen« (niedergeschrieben 1968/70; veröffentlicht 1974) Bilder dreier wissenschaftlich-technischer bzw. kultureller Leitungspersönlichkeiten entworfen, deren Qualifikationen, Energien, Moral- und Zielvorstellungen als wesentlicher Stoff verstanden werden, von dem der sozialistische Fortschritt lebt. Diese Porträts eines Chirurgen, eines Schweißtechnikers und eines Philosophen (zusammengesetzt aus Lebensläufen, Interview-Elementen, dokumentarischen Passagen) werden für den Autor zum Anlaß, selbst heute utopisch erscheinende Modelle aus- und weiterzudenken, wie eine menschengemäße Verbindung hochentwickelter Produktivkräfte und ebensolcher Produktionsverhältnisse einmal aussehen könnte. Gleichzeitig hat Kirsch damit ein bemerkenswertes Modell antinaturalistischer Dokumentarliteratur gegeben.

Generell standen die Prosaautoren der 60er Jahre vor der Schwierigkeit, daß sie die Produktionsliteratur der 50erJahre weder fortsetzen konnten noch wollten. Zum einen hatte sich die Produktionswirklichkeit entscheidend verändert, zum zweiten waren die Direktiven von oben andere geworden, und zum dritten bot diese ältere Literatur selbst zu wenig Nachahmenswertes, wie es Eva Strittmatter 1962 formulierte: »Wenn wir von Claudius' Ähre, der viel mehr der Garbe der Wirklichkeit als der selbständige Held des Buches war, absehen, findet sich nicht eine literarische Gestalt in allen diesen Büchern, die für unsere Entwicklung Bedeutung erlangt hätte.« Die Wirklichkeit in dieser Literatur wirkte gestellt, stilisiert, scheinhaft, und die immergleiche – positive – Entscheidung für den Sozialismus mutete langweilig oder gewaltsam an (so H. Hauptmann, 1961). Sicherlich gab es eine beträchtliche Anzahl von Büchern, in deren Zentrum die dem Postulat nach sozialistische Arbeit stand (so Romane älterer Autoren wie Seghers und Selbmann und jüngerer wie Joachim Knappe, Martin Viertel oder Herbert Otto). Aber wenn einmal ein Autor, wie *Werner Bräunig*, einen Prosatext veröffentlichte, der jenseits der optimistischen Klischees und Heldenstilisierung die rohe, gewalttätige Arbeits- und Alltagswirklichkeit zwischen Sexualität und Suff auch noch im Sozialismus schilderte (so in seinem 1965 in der »Neuen Deutschen Literatur« vorabgedruckten Romankapitel »Rummelplatz«, das im Uranbergbaugebiet des Westerzgebirges, dem ›Wilden Westen‹ der DDR, angesiedelt war), folgten Disziplinierung und Verbot. Das kulturpolitische Klima der 60er Jahre war nicht dazu angetan, Autoren schwächerer Begabung und geringer Durchsetzungskraft zu ermutigen und die Gestaltung literarischer Figuren zu befördern, die gerade keine »generationslosen Einheitsmenschen« (Christa Wolf) waren.

Die Verbindungen zur Produktionsliteratur reißen aber gerade in mehreren erheblichen neuen Texten der 60er Jahre nicht ab. Der Bereich der (Industrie-)Arbeit bleibt noch oft genug der Ort, an dem sich die Menschen mit ihrer Umwelt auseinandersetzen. Aber es sind jetzt andere Helden mit einer veränderten Wahrnehmung von veränderter Wirklichkeit. Die »poetisierte Industrielandschaft als pädagogische Provinz« (D. Schlenstedt) gibt es noch: von den Werken des Übergangs wie Christa Wolfs »Der geteilte Himmel« und Karl-Heinz Jakobs' »Beschreibung eines Sommers« über Erik Neutschs »Spur der Steine« bis hin zu einigen erst in den 70er Jahren erschienenen Texten, deren Entstehung oder Konzipierung teilweise schon viel früher lag, wie Volker Brauns »Der Schlamm« (geschrieben 1959, veröffentlicht 1972 in »Das ungezwungene Leben Kasts«) oder Brigitte Reimanns »Franziska Linkerhand« (begonnen 1963, veröffentlicht 1974). Aber die Autoren und Protagonisten dieser Bücher polemisieren mehr oder weniger bewußt gegen das bisherige Modell von Produktionsliteratur, die »menschliche Beziehungen gleichsam als Sekundärmaterial der Produktionssphäre« erscheinen ließ und »genau betrachtet, in sozialistischer Verhüllung für technokratische Verhaltensmuster« votierte (K. Batt).

Forderte das »Neue Ökonomische System«, als die zweite Phase der wirtschaftlichen Rekonstruktion in der DDR, die Konzentration auf die Planer- und Leiterebene auch in der Literatur, so bildet sich jetzt schrittweise eine Prosa heraus (dasselbe geschieht auf dem Theater, vor allem bei Volker Braun), die sich weigert, die technisch-ökonomische Rationalität als einziges Bewegungsgesetz der Gesellschaft anzuerkennen, oder die dieses Gesetz sogar, wie Christa Wolf, vollständig in Frage stellt, weil es das Subjekt zum Objekt zu machen droht. Die literarischen Figuren werden aus vorgegebenen teleologischen Schemata, die den Gang eines Romans und die Modelung der Wirklichkeit in ihm bislang schon immer vorherbestimmten, herausgenommen und, ohne pädagogische Anleitung, gewissermaßen sich selbst überlassen. In den Worten Volker Brauns: »Es geht um die arbeitenden, planenden, genießenden Leute in ihrem umfänglichen Kampf mit der Natur, vor allem ihrer eigenen, der sozialistischen Gesellschaft. Denen braucht man nicht mit Parolen kommen, denen braucht man überhaupt nicht kommen.« Freilich offenbart ein solcher Satz, der auf Mündigkeit und Selbsttätigkeit der Menschen pocht, auch die schönen Illusionen, aus denen sich die oppositionellen Energien der jungen Autoren speisten.

Ulrich Plenzdorf hat die noch lange geforderte und geförderte Heldenfigur, deren erfolgreicher, positiver Lernprozeß nie in Frage steht, im nachhinein in seiner Erzählung »Die neuen Leiden des jungen W.« (1973) ironisch charakterisiert: »Es ging um so einen Typ, der aus dem Bau kam und jetzt ein neues Leben anfangen wollte. Bis dahin hatte er wohl ziemlich quer gelegen, ich meine politisch. [...] Gleich nach dem Bau kam er ins Krankenhaus [...], auf seinem Zimmer lag so ein Agitator oder was das sein sollte. Jedenfalls redete er so. Als ich das sah, wußte ich sofort, was kam. Der Mann würde so lange auf ihn losreden, bis er alles einsah, und dann würden sie ihn hervorragend einreihen. Und so kam es dann auch. Er kam in eine prachtvolle Brigade mit einem prachtvollen Brigadier, lernte eine prachtvolle Studentin kennen, deren Eltern waren zwar zuerst dagegen, wurden dann aber noch ganz prachtvoll, als sie sahen, was für ein prachtvoller Junge er doch geworden war, und zuletzt durfte er dann auch noch zur Fahne.« Der wirkliche Held der Geschichte kann einer solchen Figur (wie sie sich der von Plenzdorf spöttisch gezeichnete Szenarist des Films vorstellte) nichts abgewinnen: »Ich sagte ihm, daß ein Film, in dem die Leute in einer Tour lernen und gebessert werden, nur öde sein kann.«

Hier wird nun vollends deutlich, daß sich das neue Subjekt vehement gegen alle Pädagogisierung und eine von außen oder oben vorgegebene Teleologie sperrt; daß es die Regel- und Rechenhaftigkeit einer in der materiellen Arbeit auf- und untergehenden Gesellschaft ablehnt und sich seine eigenen Zwecke setzt. Das beginnt bei den (von der offiziellen Kritik entsprechend verurteilten) anarchischen Selbsthelfern vom Schlage Ole Bienkopps oder des Brigadiers Balla bei Neutsch und setzt sich auf psychologisch differenziertere Weise fort bei Christa Wolfs Gestalt Christa T., Alfred Wellms Lehrer Wanzka oder Fritz Rudolf Fries' Arlecq und bestimmt noch die in den 70er Jahren erscheinende Literatur: von Plenzdorfs Edgar Wibeau bis zu Brauns Karin aus der »Unvollendeten Geschichte«. – Und noch in einer zweiten wichtigen Variante begegnet die *neue Subjektivität*: als verunsicherte, sich selbst fragwürdige. Es sind die bislang an den »realen Sozialismus« gut Angepaßten, die Aufgestiegenen und Integrierten, aber zugleich Sensiblen und Begabten, die eines Tages »aus den Gewöhnungen herausfallen«, wie Dieter Schlenstedt den Vorgang treffend benannt hat. Sie finden sich in Günter de Bruyns Romanen und noch in den neueren Arbeiten von Klaus Schlesinger oder Jurek Becker. Auch Christa T. gehört mit einem Teil ihrer Person hierher. Es fragt sich, ob dieses hartnäckige Sich-Wehren (teils ein Sich-Behaupten, teils ein Zugrundegehen) der Subjekte gegen die vorgegebenen Zwecke der »entwickelten sozialistischen Gesellschaft« im Zeichen von NÖS und WTR auf die Wirksamkeit von auch im Sozialismus nicht (und vielleicht nie) ›lösbaren‹ Widersprüchen hinweist – oder Ausdruck einer »entfalteteren Phase des Sozialismus« ist, wie Schlenstedt es sehen wollte. Mir scheint, daß die lange Kette wichtiger Prosawerke aus den 60er und 70er Jahren gleichsam einen zusammenhängenden Text ergibt, aus dem sich die Fortsetzung und forcierte Entfaltung solcher Widersprüche ablesen läßt, nicht aber die des Sozialismus.

Was bislang als Veränderung des Sujets beschrieben wurde, läßt sich auch auf der Ebene des Erzählens selbst beobachten. Die neue Subjektivität schafft sich auch eine neue, subjektive Erzählstruktur. Indem von Individuen die Rede ist, deren Leben sich nicht mehr nur im Rahmen fixierter Koordinaten abspielt, sondern diese Individuen sich selbst und die von ihnen durchlebte (DDR-)Geschichte befragen und reflektieren, um daraufhin ihre Identität herzustellen (jetzt häufiger in der Ichform), müssen die Autoren zwangsläufig andere Erzählmittel einsetzen. Kein auktorialer Erzähler kommentiert das Geschehen ›objektiv‹, statt dessen werden mehrere – oder sogar nur eine – subjektive Sichtweisen angeboten. Dem Leser bleibt es überlassen, welche Schlüsse er, vom pädagogischen Gängelband befreit, daraus zieht, mit wem er sich identifiziert, von wem er sich distanziert. – Neu für die DDR-Literatur ist auch das (der modernen Erzählliteratur längst geläufige) Mittel der Zeitenschichtung. Hermann Kant hat seinem Roman »Die Aula« ein Motto von Heinrich Heine vorangestellt, das die Unausweichlichkeit dieses erzählerischen Verfahrens inhaltlich begründet: »Der heutige Tag ist ein Resultat des gestrigen. Was dieser gewollt hat, müssen wir erforschen, wenn wir zu wissen wünschen, was jener will.« Wenn gegenwärtige Identität und Zwecksetzung der Individuen nur aus der Auseinandersetzung mit der in ihnen sedimentierten Vergangenheit gewonnen werden kann, dann ist eine zeitlich mehrdimensionale Erzählweise, die das gelebte mit dem zu lebenden Leben assoziativ-reflexiv verknüpft, nicht nur erlaubt, sondern notwendig. Strittmatter, Kant, Christa Wolf, de Bruyn, Plenzdorf und viele andere sind dementsprechend verfahren und haben damit der DDR-Literatur ein Darstellungsmittel zurückerobert, das zu Zeiten einer verhärteten Doktrin vom »sozialistischen Realismus« tabuiert war.

Eine neue Rolle der Literatur in der DDR zeichnet sich seit Beginn der 60er Jahre ab: Sie ist kulturell innovativ. Das heißt, sie stellt bestimmte Fragen zuerst, sie unternimmt als erste bestimmte Analysen (auf ihre poetische Weise), sie kritisiert als erste festgefahrene Normen und gibt den neuen Empfindungen sehr vieler Menschen Ausdruck, die durch die gesellschaftlich-politischen Veränderungen (Mauerbau, forcierte Technologie, Apparatedominanz) ausgelöst wurden – lange bevor die Presse, die Wissenschaften oder andere Institutionen als öffentliche Diskussionsforen für diese Fragen denkbar waren. Die Literatur der DDR wird (was sie in den 50er Jahren nur vereinzelt war) Seismograph gesellschaftlicher Beben, häufig auch in die Gesellschaft eingreifender Faktor, indem sie ihren Lesern Impulse gibt, sich ihre eigene Lage bewußtzumachen – nicht mehr gemäß dem Vorbild dieses oder jenes literarischen Helden, aber gemäß dem Modell, wie in der Literatur Selbst- und Wirklichkeitsbefragung stattfindet.

Diese neue Qualität von Literatur macht sich in der Prosa zunächst deutlich an vier Autoren fest, ohne deren Romane (trotz vieler Rücksichtnahmen und Inkonsequenzen, die sie noch kennzeichnen) das spätere radikal kritische Literaturverständnis vieler jüngerer Kollegen nicht denkbar wäre. Diese vier sind Erwin Strittmatter, Erik Neutsch, Hermann Kant und Christa Wolf. Bei ihnen ist erstmals der Anspruch formuliert, daß im Sozialismus nicht nur die Gesellschaft etwas vom einzelnen verlangen dürfe, sondern auch der einzelne von der Gesellschaft. Auftretende Widersprüche werden nicht mehr stereotyp im Happy-End aufgelöst. Am Ende kann auch die bleibende Dissonanz, ein Scheitern oder eben Nicht-Ankommen im »realen Sozialismus« stehen. Und während die DDR-Literaturkritik auf der Basis ihrer »Handlungsraum«-Theorie stets neu postulierte, daß nur der Sozialismus dem Individuum immer neue Handlungsräume eröffne, gibt gerade die Prosa dieser vier Autoren Anlaß zu der Frage, wie denn eigentlich ein Sozialismus beschaffen sei, der manche der besten – Ole Bienkopp, Kants Trullesand, Balla oder Christa T. – scheitern oder zugrunde gehen läßt.

Erwin Strittmatter gilt in der DDR als Meister einer neuartigen Dorf- und Bauernprosa, deren zentrales Thema die Umwälzung der Verhältnisse auf dem Lande ist. Sein erstes Werk war 1950 der Roman »Ochsenkutscher« gewesen, der die Geschichte eines Kutscherjungen vom Kaiserreich bis in den Nationalsozialismus hinein verfolgte. 1953 war das Theaterstück »Katzgraben« gefolgt (vgl. S. 154ff.), 1954 »Tinko«, eine Kindergeschichte aus dem bäuerlichen Milieu der ostdeutschen Nachkriegszeit. 1957 erschien der erste Band von Strittmatters bedeutendem Roman »Der Wundertäter«, von dem schon die Rede war. Sein wichtigstes Buch aber ist zweifellos der 1963 erschienene Roman *»Ole Bienkopp«*. Die Haupthandlung des Romans ist in den DDR-Jahren 1952–59 angesiedelt und dem fragwürdigen Umbruch der Besitz- und Arbeitsverhältnisse dieser Periode, die der Autor bejaht, gewidmet. Des Autors leitende Frage war: »Wie bringen wir in unserer Gesellschaft den Neuerer, den Vorwärtsdränger, gut unter, so daß wir ihm nicht seinen Tatendrang beschneiden, aber auch so, daß wir ihn nicht nach der anarchischen Seite ausscheren lassen.« In der Gestalt des Bauern Ole Hansen, Waldarbeitersohn, ehedem Soldat und Bienenzüchter, genannt Bienkopp, gewinnt diese Frage Leben. Bis in die Nachkriegsjahre hinein war Ole eher unpolitisch und unentschieden geblieben (seine frühere Lebensgeschichte ist, im Gegensatz zu Strittmatters ersten Romanen, nur relativ kurz eingeblendet). Die Offensive der alten Kräfte in seinem Dorf, gipfelnd in dem Mord an seinem alten Freund, dem Parteisekretär Anton Dürr, weckt seinen Tatendrang und macht ihn zum »Wegsucher« und »Spurmacher«. Er setzt die Gründung einer LPG, der »neuen Bauerngemeinschaft«, durch, um gegen die »neue Ungleichheit« im Lande anzugehen. Doch neue, wesentliche Widersprüche tun sich auf: im dörflichen Kollektiv, zwischen Ole und einzelnen Parteifunktionären, wie auch zum Parteiapparat insgesamt und den Planvorgaben von oben; vor allem aber geraten Ole, der »schuftet und rennt«, und ›die Massen‹, die ›noch nicht so weit sind‹, immer wieder in Konflikt miteinander. Am Ende stirbt Ole Bienkopp, als er, völlig allein, mit einer Schaufel in der Hand, in Tag- und Nachtarbeit im Uferschilf am See den fruchtbaren Mergel freilegen will, den die LPG braucht. Der lange angeforderte Bagger, der diese Arbeit tun sollte, trifft am Tag nach Oles Tod ein.

Die Gestalt des Ole, des leidenschaftlich-schöpferischen Menschen, der die Kraft zur Befreiung seiner selbst – und des menschlichen Gattungswesens in sich – spürt und probt und dabei an den widerspenstigen Verhältnissen *und* an seinem Eigensinn zugleich zugrunde geht, wirkte seinerzeit auf Leser wie Kritiker faszinierend. Man spürte die Provokation, die in der Darstellung des uneingeschränkten Anspruchs auf schöpferische Arbeit und Selbstverwirklichung lag – verlebendigt in einer Gestalt, der jeglicher Eigennutz und »Sinn des Habens« fremd war, ja, die gerade auch an einem Unmaß an Gleichgültigkeit sich selbst gegenüber, an Selbstentäußerung zerbrach. In Ole Bienkopp verkörperte sich die Utopie des »Beackerers der Zukunft«, des »Suchers nach vorwärts«, des »zähen Träumers«, dem ein Sozialismus nicht genügt, der durch seinen grenzenlosen Pragmatismus das Reich der Träume zerstört. Kein Wunder, daß sich die großen Zeitungen der DDR über Monate hin mit dem Roman beschäftigten und es einige Mühe kostete, das gewaltsame Ende des Helden plausibel zu machen. Hinter den Kulissen hatte sich Strittmatter gleichzeitig heftiger Angriffe zu erwehren. Die westliche Kritik war in der Regel negativ, sprach von »Courths-Mahler im Dorfmilieu«, »primitiver Bilderbogenmanier« und kanzelte – so Raddatz – den Roman als Ausdruck »affirmativer Kritik« ab. In der Tat hat das Buch Schwächen. Die bewußt holzgeschnitzte Darstellung von Figuren und Konflikten geht häufig in falsche Vereinfachung und Klischierung über – so, wenn die beiden ›Frauen um Ole‹, die ›böse‹ Anngret und die ›gute‹ Märtke, im Wege altmodischer Stereotypisierung einander konfrontiert werden. Die Symbolik ist zuweilen aufdringlich, die Satire grobschlächtig, der Witz nicht immer schlagend und die ideologische Generalperspektive vom unausweichlichen Gang der Landwirtschaft in die paradiesische Kollektivierung mehr als fragwürdig. Gleichwohl hat Strittmatter einen sozialistischen Heimat- und Bauernroman gegen die dominante reaktionäre Tradition geschrieben, der die Linie von Adam Scharrer, Anna Seghers und Oskar Maria Graf fortsetzte. – Nach »Ole Bienkopp« hat Strittmatter erst einmal einige Bände mit kleiner Prosa veröffentlicht (»Schulzenhofer Kramkalender«, 1966; »Ein Dienstag im September«, 1970), mit der er sich gerade von dem Verfahren der Holzschnitzerei abgekehrt hat und sich in Gestalt von Kalendergeschichten, Anekdoten, Parabeln, Miniaturen, Impressionen detailfreudig der Wirklichkeit annimmt, hintergründig-humorig bis melancholisch und die literarische Großform Roman – wie auch die Erwartungen der amtlichen Kulturpolitik an sie – bewußt konterkarierend.

Ist Strittmatters »Bienkopp« der Bauernroman der DDR-Literatur überhaupt, so läßt sich *Erik Neutschs* Roman *»Spur der Steine«* (1964) mit gleichem Recht als der DDR-Roman schlechthin über die neue Produktion im industriellen Bereich bezeichnen. Neutsch (geb. 1931) hatte zunächst als Journalist gearbeitet und war dann mit kleinerer Prosa hervorgetreten, die sich vor allem mit Entstehung und Alltag sozialistischer Brigaden beschäftigte (»Regengeschichte«, 1960; »Bitterfelder Geschichten«, 1961).

»Spur der Steine« ist ein Roman, der in epischer Breite von Leben und Arbeit auf einer der Großbaustellen der DDR – sie trägt den fiktiven Namen Schkona II – erzählt und gleichzeitig das NÖS-Literaturprogramm in die Tat umsetzt, indem in seinem Zentrum Planer- und Leiterfiguren stehen. Eigentlicher Held ist der Zimmermannsbrigadier Hannes Balla – »König der Baustelle«, Einzelkämpfer, Glückssucher auf eigene Faust, der zwar nicht gegen den Sozialismus ist, aber nicht gerade selbstlos seine hohen Arbeitsleistungen erbringt. Als die Baustelle auf »komplexe industrielle Bauweise« und in deren Gefolge auf Schichtarbeit umgestellt wird und der Parteisekretär Horrath strikte Leitungsmethoden anwendet, kommt es zu Konflikten zwischen ›oben‹ und ›unten‹. Doch der Roman erzählt im weiteren, wie aus dem individualistischen Rebellen Balla ein verantwortungsbewußter, aufs Kollektiv orientierter Sozialist wird. Horrath hingegen, der bewährte Genosse, versagt in einem privaten Konflikt. Als die Ingenieurin Katrin Klee ein Kind von dem verheirateten Mann erwartet, bekennt er sich nicht zu ihr und macht ihrem Verhältnis mit phrasenhaften Ausflüchten ein Ende. Die Auflösung der dargestellten beträchtlichen Widersprüche ist also nicht nur affirmativ. Und wenn es im Roman gegen Ende heißt: »Das Leben in der Hauptstadt der Chemie, in Schkona, fand zu seiner Ordnung zurück. Bald war es wieder intakt, lief brav und gleichmäßig wie eine Maschine nach der Generalüberholung. Nur ein paar Teile waren ausgewechselt«, dann drückt sich darin kein Zynismus aus, sondern Trauer darüber, daß – bei intaktem System – einige Individuen, konkrete Menschen mit ihren Glücksansprüchen, auf der Strecke geblieben sind. Ein westdeutscher Literarhistoriker der älteren Generation, Wilhelm Emrich, hat schon 1965 treffend festgestellt, daß dieser Roman eines »trotz aller scharfen Kritik eindeutig kommunistisch[en]« Autors ungewollt eine weitreichende Infragestellung des Systems »realer Sozialismus« enthalte, insofern Neutsch die »absolute individuelle Moralität« zum Bewertungskriterium aller Personen und ihrer Handlungen mache.

Mit »Ole Bienkopp« teilt Neutschs Roman den Ansatz, daß er der unterstellten neuen Qualität sozialistischer Arbeit nachspürt, wobei in beiden Fällen dieses qualitativ Neue, menschlich Erhebende der Arbeit nur behauptet wird und zumindest für westliche Leser nicht nachvollziehbar ist. Dennoch, »Spur der Steine« ist ein interessanter sozialer Roman – und übrigens wiederum ein DDR-Heimatroman, insofern er einen emphatisch neuen, sozialistischen Heimatbegriff entwickelt: ›Heimat‹ ist nach Neutsch, was man sich – als Mitinhaber der Produktionsmittel – arbeitend angeeignet hat – ob in Rostock, Schwedt oder Schkona. Neutschs Roman hat rasch hohe Auflagen erzielt und auch den Vorwurf für Heiner Müllers Stück »Der Bau« abgegeben (dazu weiter unten). Die bemerkenswerte Verfilmung von Frank Beyer (1966) wurde nach wenigen Aufführungen verboten und erst nach der Wende einer breiten Öffentlichkeit zugänglich.

In den Romanen von Strittmatter und Neutsch ist die erzählte Zeit nahezu identisch mit der Zeit des Erzählers, d.h., es handelt sich um Gegenwartsromane im engeren Sinne. Anders *Hermann Kants* vielgelesener und -diskutierter Roman *»Die Aula«* (Vorabdruck 1964 in der Zeitschrift »Forum«, 1965 als Buch), für den die DDR bereits ein auch geschichtliches Thema ist, das es zu bilanzieren gilt. Kant (geb. 1926) hatte 1962 seine erste Arbeit, den Prosaband »Ein bißchen Südsee«, veröffentlicht, der bereits durch erzählerische Raffinesse aufgefallen war. »Die Aula« nun ist ein Roman, der eigentlich keinen individuellen Helden mehr hat, sondern ein Kollektiv oder eine gesellschaftliche Institution an dessen Stelle setzt. Es geht um die in der Aufbauphase der DDR eingerichteten Arbeiter-und-Bauern-Fakultäten (ABF), an denen junge Arbeiter zur Universitätsreife geführt wurden, um später einmal die neuen Führungskräfte ihres Landes zu stellen. Erzählanlaß ist die Aufforderung an den ehemaligen ABF-Studenten und jetzigen (d.h. 1962) Journalisten Robert Iswall, anläßlich der Schließung seiner alten ABF eine feierliche Rede zu halten. Die Rede wird nie gehalten, statt ihrer kommt der Roman zustande. Gemäß dem schon zitierten Motto von Heine, nach dem der gestrige Tag erforscht werden müsse, um den heutigen zu begreifen, breitet Kant ein üppiges und zugleich subtiles Geflecht aus Episoden, Anekdoten, Assoziationen und Reflexionen aus dem und über das Heldenzeitalter der DDR aus, womit er »Geschichtsbewußtsein [...] wecken und wachhalten will«.

Wird DDR-Wirklichkeit auch teilweise entmythologisiert und hinterfragt, so dominiert doch letztlich klar das Lob, die selbstbewußte Haltung des »Es ist erreicht!« Anhand der Lebensläufe des ABF-Kollektivs »Roter Oktober« läßt sich zeigen, wie die Arbeiterklasse zur gebildeten wie zur herrschenden Klasse geworden ist. Der Elektriker Iswall, der jetzt ein führender Journalist und Kritiker ist (biographisch dem Autor sehr ähnlich); die Schneiderin Vera Bilfert, die Augenärztin, der Zimmermann Trullesand und die Landarbeiterin Rose Paal, die Sinologen geworden sind, und der Waldarbeiter Jakob Filter, der zum Hauptabteilungsleiter im Forstministerium avanciert ist. Sicherlich kennt auch der Westen das Thema des Aufsteigers, des Nichtmehr-Arbeiters – man denke an Karin Strucks »Klassenliebe« oder Gerhard Zwerenz' »Geschichte eines Arbeiters, der unter die Intellektuellen gefallen ist« (zwei Geschichten allerdings, die auch in der DDR begannen). Aber es ist in der DDR zweifellos ein anderes Thema, handelt es sich doch, zumindest in der Programmatik, um den Aufstieg einer ganzen Klasse, der sich darin manifestiert. Und insofern steht »Die Aula« (wie schon ihr Titel, der die proletarische Enteignung eines bürgerlichen Bildungssymbols signalisiert) in der Tat für die politische Grundsatzentscheidung und Entwicklung des Landes DDR, ist – vom Sujet her – der DDR-Roman schlechthin. Wie weit bereits, bei aller Detailkritik, die lebensgeschichtliche und -praktische Identifikation mit der DDR reicht, verdeutlicht eine Reise des Erzählers Iswall (man darf auch sagen: Hermann Kant) in seine Geburtsstadt Hamburg: Die Bundesrepublik erlebt er als »absurde Fremde«, die ihm nichts mehr zu sagen hat. – Kants Roman zeichnet sich durch den routinierten Gebrauch moderner Erzählmittel aus, was die DDR-Kritik letztlich freudig verzeichnet hat, war doch damit der »Anschluß ans Weltniveau« auch auf diesem Gebiet erreicht. Zeitenschichtung, Rückblenden, Perspektivenwechsel, innerer Monolog, ironische Brechung – dies und anderes mehr steht dem Erzähler mühelos zu Gebote und gibt dem Roman – in starkem Kontrast zu seinem Inhalt – formal einen geradezu westlichen Touch. Doch die Frage stellt sich, was eigentlich damit erreicht ist. Nicht nur antikommunistische Rezensenten haben die Frage nach Kants Wirklichkeitsmächtigkeit und Wahrhaftigkeit gestellt und schließlich verneint. Seine Erinnerungs- und Reflexionsgänge brechen, nach verheißungsvollen Anfängen, regelmäßig dort ab, wo ein wirkliches Tabu gebrochen, eine festsitzende Verdrängung aufgehoben werden müßte – trotz der passageren Behandlung solcher heißer Eisen wie Republikflucht, Aufsteigerverhalten, Anpassung und moralischem Versagen des einzelnen. Kant hat einmal seine Verwunderung darüber geäußert, daß sein Buch (in der DDR) nur »freundliche Echos« hatte; immerhin sei er doch »auch etwas[!] kritisch gewesen«. Damit hatte er ungewollt den Nagel auf den Kopf getroffen: Kant »weitet die Grenzen, in denen Kritik möglich ist, aus, doch sprengt er sie nirgends« (J. Manthey). Kant, der kluge Arrangeur, schreibt gescheit – aber glatt, souverän – aber routiniert: realsozialistischen Realismus. Ist man mittlerweile aus Karl Corinos Dokumentation »Die Akte Kant« (1995) genauer informiert über die folgenreichen Denunziationen des Greifswalder ABF-Studenten Hermann Kant, deren eines Opfer für vier Jahre im Strafarbeitslager Workuta am sowjetischen Eismeer verschwand, dann wird man diesen Realismus mit beschränkter Haftung noch skeptischer betrachten.

Kants zweiter, 1972 erschienener Roman *»Das Impressum«* ist seinem ersten in Erzählstruktur und Stil frappierend ähnlich. Die Aufforderung an den Chefredakteur David Groth, er solle Minister werden, ist für diesen Anlaß, eine Recherche nach sich selbst, seinem Land und der Geschichte beider zu unternehmen, die bis 1945 zurückreicht und wiederum einen zeitlich geschichteten Erzählvorgang entstehen läßt. Längst geht es nicht mehr um die ›Ankunft‹ im Sozialismus, vielmehr um Bilanz und Aufbruch zu neuen Ufern. Die Fragwürdigkeiten dieses Autors treten hier noch deutlicher als im ersten Roman zutage: seine Art, die Widersprüche schick aufzurauhen, um sie anschließend um so zuverlässiger wieder zu glätten; sein cleverer, intellektuell durchaus anspruchsvoller und dennoch leicht konsumierbarer Erzählstil.

Auch *Christa Wolfs* Debüt als Prosaautorin liegt zu Beginn der 60er Jahre. Kein anderer DDR-Schriftsteller hat so stark wie sie aus der individuellen Erfahrung »subjektiv authentisch« zu schreiben versucht und einbekannt, daß ihm die Realität nicht mehr etwas Selbstverständliches, Fertiges, ohne Umschweife Darstellbares ist. Dennoch erreichen ihre Prosatexte ein hohes Maß an Prägnanz in ihren Aussagen über die DDR-Gesellschaft. Sie entziehen sich auch von vornherein bisher verwendeten vergröbernden Etiketten wie Agroroman, Produktionsroman oder ABF-Roman, weil sie vom eigenen Anspruch her wie in der Umsetzung entschieden komplexer sind. Vor allem in den seit 1967 veröffentlichten Texten von Christa Wolf gelangt das große Thema des Verhältnisses von Individuum und Gesellschaft auf ein neues Niveau.

Die 1929 in Landsberg/Warthe geborene Autorin gehört zu jener Generation, die Nationalsozialismus und Krieg nur halbbewußt miterlebt hat und – so schien es zumindest – unbetroffen und ungebrochen den Aufbau des Sozialismus in Angriff nehmen konnte. Christa Wolfs Lebenslauf ist äußerlich gesehen zunächst sehr geradlinig. Mit 20 Jahren tritt sie in die SED ein, danach studiert sie Germanistik in Jena und Leipzig (u.a. bei Hans Mayer) und legt mit einer Arbeit über Hans Fallada ihr Diplom ab. Ab 1953 ist sie wissenschaftliche Mitarbeiterin des DDR-Schriftstellerverbandes, danach Cheflektorin des Verlags Neues Leben, ab 1958 Redakteurin der Zeitschrift »Neue Deutsche Literatur«. In all diesen Jahren ist ihr Denken und Tun das einer tief gläubigen, oft genug dogmatischen Sozialistin – zuweilen so weitgehend, daß selbst in der Wolle gefärbte Altkommunisten wie Ehm Welk vor Christa Wolfs ›parteilicher‹ Kritik nicht sicher sind. Zwischen 1951 und 1961 hat sie etwa dreißig längere Literaturkritiken und Aufsätze zu ›Prinzipienfragen‹ der sozialistischen Literatur geschrieben, die sich allesamt durch drei Merkmale auszeichnen: Sie folgen ohne Abweichung, manchmal geradezu eifernd der Literaturdoktrin des »sozialistischen Realismus« in der Version von Georg Lukács, also einer außengelenkten, antimodernen Ästhetik; sie sind, zweitens, ganz auf der Parteilinie, daß Literatur volkserzieherisch zu wirken habe; und drittens ist diesen Kritiken und Aufsätzen schon jener ernste, tief moralische Grundzug eingeschrieben, der die Autorin später zunehmend in Konflikte mit ihrer eigenen Partei und deren Regime stürzt. Die späte Enthüllung, daß Christa Wolf von 1959 bis 62 als »IM Margarete« der Staatssicherheit zu Diensten war, konnte im Kontext dieses lange konformen Lebenslaufs eigentlich nicht überraschen. Das heißt aber zugleich auch, daß sie nicht geeignet ist, Empörung auszulösen. – 1961 veröffentlicht sie dann ihr erstes Buch »Moskauer Novelle«. Es ist die Liebesgeschichte zwischen der DDR-Ärztin Vera und dem ehemaligen sowjetischen Offizier Pawel, die durch dunkle Vorgänge aus der Zeit nach Kriegsende vorbelastet ist und, da sie die Gesetze sozialistischer Disziplin und Moral verletzt, folgerichtig in Entsagung enden muß. Die Autorin hat (sich) später selbst gefragt, wie sie »etwas derart Traktathaftes« habe schreiben können. Ihr zweites Prosawerk »Der geteilte Himmel« darf denn auch schon mehr Interesse beanspruchen.

»Der geteilte Himmel« war zuerst als Vorabdruck im »Forum«, 1963 dann als Buch erschienen und erregte sofort enormes Aufsehen. Binnen einem Jahr war das Buch in 160 000 Exemplaren gedruckt; es wurde in mehrere Sprachen übersetzt und 1964 von Christa Wolfs Namensvetter, dem Friedrich-Wolf-Sohn Konrad Wolf, erfolgreich verfilmt. Mit einem Schlag war die Autorin berühmt. – Wiederum geht es um eine Liebesgeschichte, diesmal zwischen einem 19jährigen Mädchen vom Lande, Rita Seidel, und einem Chemiker namens Manfred Herrfurth. Rita folgt dem Freund in die Großstadt Halle/Saale, wo sie Pädagogik studiert, absolviert ein Praktikum in der Brigade eines Waggonwerks und verliert Manfred schließlich, der nach dem 13. August

1961 (die Handlung ist in den beiden Jahren davor angesiedelt) in West-Berlin bleibt. Sie besucht Manfred noch einmal, entscheidet sich jedoch gegen das westliche Gesellschaftssystem und damit auch gegen Manfred. Erzählt wird diese Geschichte aus der Perspektive Ritas, die im Herbst 1961 nach einem Selbstmordversuch ihr Leben neu zu ordnen versucht.

Vordergründig, und dies scheint ja auch der Titel zu signalisieren, geht es um eine Geschichte über Mauerbau und geteiltes Deutschland. Aber eben nur vordergründig, wie die Autorin 1974 in einem Interview bekräftigt hat. Ihr »Grundthema« sei »nicht die Teilung Deutschlands« gewesen, »sondern die Frage: Wie kommt es, daß Menschen auseinandergehen müssen?« Christa Wolfs Interesse gilt den Möglichkeiten des einzelnen, sich in der DDR-Gesellschaft selbst zu finden und zu verwirklichen – und den Hindernissen, die in der Gesellschaft dagegen aufgerichtet sind. Noch ist die optimistische Perspektive nicht wirklich gebrochen: Rita erscheint als die Person, die sich für eine gegenüber der Gesellschaft verantwortliche, am Kollektiv orientierte Lebenspraxis in der DDR entscheidet und die in Gestalt Manfreds dargestellte Alternative – die Flucht in das ökonomisch und technisch effizientere System des Westens, die gleichzeitig Flucht in Individualismus und Zynismus bedeutet – verwirft. Dabei fällt auf, daß Manfred, der schließlich republikflüchtige Bürgersohn, durchaus als ›gemischter Charakter‹ mit sympathischen Zügen dargestellt ist, nicht mehr als ›gekauftes Subjekt des BRD-Imperialismus‹, wie bislang in vergleichbaren Erzählfabeln üblich. Überhaupt ist der von Christa Wolf demonstrierte Umgang mit Wirklichkeit differenziert und sensibel. Die Schwächen des Textes sind freilich noch beträchtlich: häufig gebrauchte Naturbilder, insbesondere Wetterverhältnisse, und bedeutungsschwere Träume werden von der Autorin regelmäßig überfordert, wenn sie bestimmte Handlungsumschwünge und Entscheidungen der handelnden Personen motivieren und gleichzeitig den Leser mitbewegen sollen, wo Bewußtsein erhellende Analysen am Platze wären. Ebenso ist der inflationäre Gebrauch von Symbolen dem Kunstcharakter eher abträglich. Und es ist auch nicht zu übersehen, daß im Verlauf der Erzählung und an ihrem Ende in dem ehemaligen Meister des Waggonwerks, Rolf Meternagel, eine eher zweifelhafte Identifikationsfigur für Rita und den Leser aufgebaut wird: ein Mann, der sich ein Leben lang in Gefühlsaskese geübt hat und dessen Fixierung auf die Arbeit geradezu masochistisch ist – zum Schaden seiner Frau und seiner selbst. Interessanterweise geriet das Buch in der DDR nicht als Werk der Literatur, sondern als Politikum ins Kreuzfeuer. Zwar war das Thema Republikflucht schon von Anna Seghers (»Die Entscheidung«) und Brigitte Reimann (»Die Geschwister«) behandelt worden, nicht jedoch in jener unorthodoxen Weise wie bei Christa Wolf, die es zu allem Überfluß noch mit einem (in der DDR) Un-

Thema wie dem Selbstmordversuch der positiven Heldin kombinierte. So wurde ihr der Vorwurf gemacht, sie habe den »Faden dekadenter Lebensauffassung in unsere sozialistische Entwicklung gesponnen«. Immer wieder wurde von dogmatischen Kritikern die Frage gestellt, ob denn die Autorin die nationale Frage, wie notwendig, als Klassenfrage dargestellt habe und wo vor allem die führende Rolle der Partei und ihrer Kader geblieben sei. Kenner nahmen überdies (stillschweigend, versteht sich) wahr, daß sich Christa Wolf offenbar mit Uwe Johnsons verfemtem Eisenbahnerroman »Mutmaßungen über Jakob« (1959) beschäftigt hatte, dessen Hauptfigur ja auch der Versuchung der Republikflucht widerstanden hatte und später unter die Züge geraten war. Unüberhörbar hat die Autorin dann wenige Jahre später Johnson ihre Reverenz erwiesen, wenn sie in »Neue Lebensansichten eines Katers« (1970) (selbst-)ironisch von den erzählerischen »Tricks« der »neueren Autoren« wie »›Mutmaßungen‹, ›Nachdenken‹ und die Äußerung von ›Ansichten‹« spricht – und damit einen eigenen Romantitel zwischen zwei von Johnson stellt.

1969 erschien Christa Wolfs Roman *»Nachdenken über Christa T.«*, und damit wiederum ein Buch, das eminentes Aufsehen erregte, wenn auch in der DDR vehement behindert. Viele Kritiker sahen in ihm einen Sprung, oder mehr noch: einen Bruch gegenüber dem bisherigen Werk, das – bei aller Kritik – die Grundlage des Modells DDR wie auch die in diesem Land sanktionierten ästhetischen Verfahrensweisen nicht in Frage gestellt hatte. Nun steht der Roman einerseits durchaus in einem Kontinuum mit den älteren Prosaarbeiten, insofern auch ihn die Sehnsucht nach Authentizität und Selbstverwirklichung, nach dem wirklich gelebten Leben beherrscht. Doch andererseits geschieht das jetzt mit einer neuen Rigorosität und in deren Gefolge auch ästhetischen Radikalität, die im Werk der Autorin eine neue Qualität markiert. Inzwischen – es geht um die Jahre seit dem 11. Plenum des ZK 1965 – hatte sich die Persönlichkeit der Autorin offenbar gewandelt. Sie hatte gelernt, die Gewohnheit und den Zwang zu bekämpfen, »Personen anzubeten oder sich doch ihrer Autorität zu unterwerfen«, dem »Hang zur Realitätsverleugnung und eifervoller Intoleranz« nachzugeben – also eine Autorkonstitution zu überwinden, der wohl noch die meisten inhaltlichen Kompromisse und ästhetischen Fragwürdigkeiten des »Geteilten Himmel« anzulasten sind.

»Nachdenken über Christa T.« stellt, pointiert gesagt, die Frage nach der spezifischen historischen Form von Individualität, die die neue Produktions- und Lebensweise in der DDR hat entstehen lassen. Einen Stoff, eine Fabel, einen Inhalt im wörtlichen Sinne gibt es nicht. Erzählanlaß war der frühe Tod eines Menschen, der Freundin Christa T., die der Autorerzählerin nahestand und über die sie nun, nach deren Tod, nachdenkt. Trauerarbeit also ist der Inhalt des Buches, weniger aber im Sinne einer Elegie, eines hilflosen Klagegesangs (wie es viele westliche Kritiker sehen wollten), sondern vielmehr Lernen, In-Gang-Setzen von Erkenntnis über einen sehr bewußt und im besten Sinn anspruchsvoll lebenden Menschen und die Gesellschaft, in der sich dieses individuelle Leben vollzog. Christa T., Schulkameradin und Mitstudentin der Erzählerin, später Frau eines Tierarztes auf dem Lande und Mutter zweier Kinder, die schließlich mit noch nicht 40 Jahren an Leukämie stirbt. Das ist die eher banale Biographie, die sich freilich gerade darin nicht erschöpft, sondern wesentlich der Lebenslauf einer Frau ist, die, in der Absicht der Übereinstimmung mit der sie umgebenden Gesellschaft, voller Ungeduld, Wahrheitshunger und Vollkommenheitsanspruch eine neue Identität entwickeln will und Schritt für Schritt entdecken muß, daß die real existierende Gesellschaft auf ein solches Individuum keinen Wert legt, sondern wohlangepaßte, ›lebenstüchtige‹, schräubchengleich funktionierende und phantasielose »Tatsachenmenschen«, »Hopp-Hopp-Menschen« benötigt. Sicherlich ist das zunächst höchst intime bewegende Interesse der Autorin dasjenige für die verstorbene Freundin, die dezidiert als »nicht beispielhaft«, »kein Vor-Bild« bezeichnet wird, aus deren Leben und Sterben kein pragmatisches Fazit gezogen werden kann. Und dennoch macht sie unter der Hand mit ihrer Trauerarbeit einer Gesellschaftsordnung den Prozeß, die sich die Entfaltung des Menschen zum Menschen auf die Fahnen geschrieben hat, in der die Menschen jedoch täglich-alltäglich zu Vehikeln einer abstrakten Produktivkraftsteigerung und ›Systementfaltung‹ im Sinne von NÖS und ESS gemacht werden; in der die Wissenschaftlich-Technische Revolution zum Fetisch geworden und das sich selbst bestimmende Individuum auf der Strecke geblieben ist. So steht am Ende dieser Nicht-Fabel unter dem Becherschen Motto: »Was ist das: dieses Zu-sich-selber-Kommen des Menschen?« ein Nicht-Ankommen, eine zwar nicht vorbildhaft gemeinte, aber gleichwohl programmatische Verweigerung der Anpassungszwänge im »realen Sozialismus«.

Erzählt ist dies alles in einer äußerst komplizierten, jedoch nie modisch, gewollt anmutenden Darstellungsweise, die Rückblenden, Vorgriffe, Träume, gegenwärtige Reflexionen u.a.m. dem Erzählinteresse des mehrdeutigen Nachdenkens entsprechend auf- und ineinander schichtet. Dabei ist für den Leser immer wieder das nie ganz aufgeklärte, nie fixierte Verhältnis zwischen Christa T., der nachdenkenden Erzählerin und der Autorin Christa Wolf irritierend; Verhältnisse, die zwischen Identifikation und Distanz schwanken. Was sich über diese Irritationen hinweg durchhält, ist eine absolut gesetzte Subjektmoral, die »zur unbefragten Instanz gegenüber einer wiederum nur moralisch differenzierten ›Welt‹ wird« – und das Buch denn doch, gewiß gegen seine Intention, der »ideologischen Verramschung« (Frauke Meyer-Gosau) ausliefert. Die westdeutsche Rezeption ist der beste Beleg dafür. Die Begeisterung der Kritiker war nahezu einhellig. »Nachdenken über Christa T.« wurde nach Inhalt (Ich-Problematik) und Form (Erzählen im Widerspruch zur Widerspiegelungsästhetik) für die Moderne reklamiert, die Autorin zur Dichterin erhöht. Die DDR-Rezeption verlief entschieden schwieriger. Zwar sollte das Buch im Frühjahr 1969 in einer Startauflage von 15 000 Exemplaren erscheinen; es wurde jedoch nur eine kleine Teilauflage ausgeliefert. Die dann wirklich ausgelieferte zweite Auflage folgte erst drei Jahre später (vgl. dazu genauer S. 56f.). Rezensionen erschienen – anders als beim »Geteilten Himmel« – kaum. Mehr oder weniger intern wurde jedoch der Autorin vorgeworfen, ein weder sozialistisches noch realistisches Buch geschrieben, sondern »Innenweltschau« ohne »Perspektivebewußtsein« (Max Walter Schulz) betrieben zu haben. Auch wenn diese Polemik an dem Buch vorbeiging: In der Tat war aus der treuherzigen Adeptin des Abziehbildrealismus, die ja auch zeitweise zur Kandidatin des ZK der SED aufgestiegen war, innerhalb weniger Jahre eine im Wortsinn freie, souveräne Schriftstellerin geworden, die ihrer eigenen Maxime folgte, »über das Abweichende [zu] schreiben« und ein »freies Verhältnis zum Stoff« zu behaupten.

Christa Wolfs Werk ist, über sich selbst hinaus, von besonderer literaturgeschichtlicher Relevanz, insofern es Zeichen gesetzt, Bewegung ermutigt hat und gleichzeitig selbst neue Tendenzen am deutlichsten markiert hat. Dies gilt thematisch, aber auch für die Erzählweise und die poetologische Reflexion darüber. Ihre 1967 erschienene Erzählung »Juninachmittag« (entstanden 1965) und »Nachdenken über Christa T.« sind – immer natürlich von Uwe Johnson abgesehen – erste und zugleich deutlichste Beispiele einer kompromißlosen Abkehr vom Konzept des auktorialen, olympischen, allwissenden Erzählers – ohne daß Christa Wolf das Recht des Erzählers auf Einmischung, Kommentar, Reflexion je preisgegeben hätte. Der »Tod der Literatur« (»Kursbuch« Nr. 15) und die »Exekution des Erzählers« (Kurt Batt über die Literatur der Bundesrepublik) ist ihre Sache nie gewesen. Ihr ging es gerade umgekehrt immer um die Verwirklichung der »subjektiven Authentizität« als der vierten, für sie realen Dimension des Kunstwerks. Ihre langjährige Beschäftigung mit Anna Seghers, später z.B. auch mit Ingeborg Bachmann, ihr »Selbstinterview« von 1968, vor allem aber der große Essay *»Lesen und Schreiben«* (1968) demonstrieren ihre hartnäckig bohrende, produktive literaturtheoretische Arbeit, die in einer programmatischen Bestimmung zeitgemäßer Prosa gipfelt: »Prosa schafft Menschen, im doppelten Sinn. Sie baut tödliche Vereinfachungen ab, indem sie die Möglichkeiten vorführt, auf menschliche Weise zu existieren. Sie dient als Erfahrungsspeicher und beurteilt die Strukturen menschlichen Zusammenlebens unter dem Gesichtspunkt der Produktivität. Sie kann Zeit raffen und Zeit sparen, indem sie die Experimente, vor denen die Menschheit steht, auf dem Papier durchspielt: Da trifft sie sich mit den Maßstäben der sozialistischen

Gesellschaft. Die Zukunft wird wissen, wie wichtig es ist, den Spielraum für die Menschen zu vergrößern. Prosa kann die Grenzen unseres Wissens über uns selbst weiter hinausschieben. Sie hält die Erinnerung an eine Zukunft in uns wach, von der wir uns bei Strafe unseres Untergangs nicht lossagen dürfen.

Sie unterstützt das Subjektwerden des Menschen.

Sie ist revolutionär und realistisch: Sie verführt und ermutigt zum Unmöglichen.«

So, wie es in »Christa T.« darum ging, »neue Sinne für den Sinn einer neuen Sache« zu entfalten, geht es auch hier um das Noch-nicht-Gewordene in der Gesellschaft, die Dimension der offenen Zukunft – »Geist der Utopie« und »Prinzip Hoffnung« im Sinne des ehedem Leipziger Philosophen Ernst Bloch, von dessen Denken Christa Wolf seinerzeit allerdings noch nicht direkt beeinflußt war (wie oft behauptet wird). In vergleichbarer Weise beschäftigen sich Essays und Tagebücher aus den späten 60er und frühen 70er Jahren von Stephan Hermlin, Franz Fühmann, Günter Kunert, Volker Braun u.a. mit der Aufgabe künstlerischer Rechenschaft und Selbstverständigung. Sie dokumentieren einen – seit Brecht und Becher eher ins Stocken geratenen – Prozeß neuerlichen Ernstnehmens der eigenen und fremden künstlerischen Subjektivität, in den übrigens auch zunehmend die Auseinandersetzung mit älteren Schriftstellerern, die nicht unbedingt in der obersten Schublade des »Kulturerbes« aufbewahrt waren (Jean Paul, Kleist, Büchner – und immer wieder Hölderlin), einbezogen wurde. Hier wurden Gedanken vorgedacht, die erst nach dem VIII. Parteitag 1971 in der Breite Wirkung tun konnten.

Christa Wolfs Figur Christa T. steht am deutlichsten für eine neue Haltung des Subjekts, die Dieter Schlenstedt als »Herausfallen aus den Gewöhnungen« bezeichnet hat. Auch andere Autoren haben solche Figuren gestaltet, die sich die Frage stellen, wie der Mensch, als moralisches Wesen, leben solle. Eine auf der subjektiven Ebene angesiedelte Problematik steht also auch hier im Zentrum einer Literatur, deren mittlerweile weiter Abstand zur Programmatik des Bitterfelder Weges, aber auch zum geforderten Planer- und Leitersujet augenfällig ist. Das gilt auch für einen Autor wie *Karl-Heinz Jakobs*, der in »Eine Pyramide für mich« (1971) und »Die Interviewer« (1973) Gestalten der naturwissenschaftlich-technischen Intelligenz zwar mit erkennbarer Faszination, aber auch mit Skepsis und Ironie darstellt. – Es ist symptomatisch, daß sich jetzt auch literarische Helden einen Platz in der DDR-Literatur erobern, die man für überlebt, dem 19. Jahrhundert zugehörig gehalten hatte: so *Alfred Wellms* alter Dorflehrer Wanzka aus »Pause für Wanzka oder Die Reise nach Descansar« (1968), der sich mit seinen fast an Raabe erinnernden Vorstellungen von der Poesie des Lebens (man denke auch an Christa T.s Vorliebe für Theodor Storm) gegen die doktrinären, subjektfeindlichen Verhältnisse an seiner Schule und die daran angepaßten Kollegen zur Wehr setzt – mit eher zweifelhaftem Erfolg.

Die wichtigsten Beiträge zum Thema vom sensiblen Einzelnen, dem eines Tages die ›Normalität‹ seines bis dahin unbewußt gelebten Lebens fragwürdig wird, stammen von *Günter de Bruyn*. Der Autor (geb. 1926) war zunächst Soldat, Landarbeiter, Neulehrer, Bibliothekar und Bibliothekswissenschaftler, ehe er sich 1961 zur freien Schriftstellerei entschloß. Sein 1961erschienener Roman »Hohlweg«, der die unterschiedliche Entwicklung zweier Freunde von den letzten Kriegstagen in die ersten Nachkriegsjahre hinein schilderte, hatte noch all die Kinderkrankheiten eines Erstlings unter dem Primat des »sozialistischen Realismus«. De Bruyn hat ihn 1995 (nachdem er den gleichen Lebensstoff im ersten Teil seiner Autobiographie »Zwischenbilanz« noch einmal bearbeitet hatte) rückblickend treffend kommentiert: »Ich glaubte, auch schlechten Beratern und dem Einfluß Georg Lukács' folgend, über mich hinausgehen und mehr als mein individuelles Erleben geben zu müssen, und ich übernahm mich dabei. Wie andere über ihre Verhältnisse leben, schrieb ich über meine Verhältnisse.« 1968 erschien dann der »Liebes-, Frauen-, Ehe-, Moral-, Bibliothekars-, Sitten-, Gegenwarts-, Gesellschafts- und Berlinbericht« *»Buridans Esel«*, der, unter Verwendung der gängigen Dreiecksgeschichte, eine brillante Desmaskierung all der Anpassungsmechanismen, Lügen und Inkonsequenzen vornahm, die sich in der DDR-Gesellschaft breitgemacht hatten. Der arrivierte, eingepaßte Bibliotheksdirektor Karl Erp, »Meister der Selbstrechtfertigung«, und sein männliches Selbstbewußtsein sind den Umwälzungen nicht gewachsen, die erforderlich wären, um seine Liebe zur emanzipierten, klugen Kollegin »Fräulein Broder« auf Dauer zu realisieren. Feige kehrt er in die scheinbare Familienidylle zurück; eine ›Entscheidung‹, die von de Bruyn gerade nicht als Triumph sozialistischer Moral ausgegeben wird, sondern als das ganze Gegenteil davon. Das wird in einer an Jean Paul und Fontane geschulten, psychologisch genauen, detailfreudigen und höchst amüsanten Erzählweise geschildert, die dann auch in de Bruyns drittem Roman *»Preisverleihung«* (1972) Anwendung gefunden hat. Dieses Opus ist der Untersuchung einer »vorbildlichen Ehe«, eines »beispielhaften Paares« – des Germanisten Theo Overbeck und seiner Frau – gewidmet, deren Fragwürdigkeit sich in einer Krisensituation offenbart: Overbeck hat die Laudatio auf ein Buch zu halten, das er für nicht preiswürdig, weil bar aller Wirklichkeit und der sozialistisch-realistischen Orthodoxie verpflichtet, hält – und das obendrein vom früheren Geliebten seiner Frau und seinem ehemaligen Freund und Schützling Paul Schuster stammt. Auch hier geht es um Anpassungsbereitschaft, Unwahrhaftigkeit, Leben als Schein und Ritual (speziell auf dem Feld des realsozialistischen Literaturbetriebs!); auch hier verweigert sich der Autor billigen Lösungen schwerwiegender Konflikte.

Schließlich ist auf eines der bedeutendsten Bücher der 60er Jahre hinzuweisen, das allerdings zunächst nur nach seinem Entstehungsort DDR-Literatur war, weil es nur in der Bundesrepublik publiziert wurde: *Fritz Rudolf Fries' »Der Weg nach Oobliadooh«*. Der Suhrkamp Verlag brachte es, auf die Vermittlung von Fries' ehemaligem Leipziger Studienkollegen Uwe Johnson hin, 1966 heraus, nachdem es in der DDR nicht erscheinen konnte. 1989 wurde es auch in der DDR veröffentlicht – freilich selbst dann noch mit einigen dem Autor verschwiegenen Zensureingriffen. – Fries' Roman wirkt auch aus dem Abstand von Jahrzehnten fremdartig, geradezu exotisch inmitten der gleichzeitig in der DDR entstandenen Literatur. Kein anderes Prosawerk der Zeit, vom Vorreiter Johnson einmal abgesehen, ist so unbekümmert um die immer noch geltenden Normen des »sozialistischen Realismus« und seine Anforderungen an den Helden, keines so souverän in der Handhabung erzählerischer Mittel. Fries' Roman, der um 1957/58 an verschiedenen Orten der DDR und in West-Berlin spielt, hat gewissermaßen gleich zwei fragwürdige, ja negative Helden: die beiden Freunde Paasch, den Zahnarzt, und Arlecq, den Schriftsteller (eine stark autobiographische Figur). Beide sind weder willens noch fähig, die in ihrer Gesellschaft für sie vorgesehenen Plätze einzunehmen und ein entsprechend genormtes, langweiliges Leben zu führen. Sie – beider Leidenschaft ist der Jazz – zieht es vielmehr in das »land of Oobliadooh« und zu seiner »wonderful princess«, wovon die Jazzkomposition Dizzie Gillespies spricht. »Oobliadooh« ist in diesem Buch Chiffre des erträumten, aber auch im andern deutschen Staat nicht realisierbaren Lebens: Aus West-Berlin kehren beide ernüchtert in die DDR zurück, freilich nicht, um nun endlich zielstrebig am Aufbau des Sozialismus mitzuarbeiten. Paasch landet in einer psychiatrischen Anstalt, Arlecq, zunächst ebenfalls dort, verläßt die Anstalt wieder »und trägt die Folgen«, was immer das heißen mag. Kein anderer DDR-Autor hat sich je so hartnäckig dem Schema des Bildungs- und Entwicklungsromans verweigert wie Fries in »Der Weg nach Oobliadooh«. Vielmehr handelt es sich hier um sein Gegenmodell, den *Schelmenroman*, worauf schon der Name Arlecq (= Harlekin) verweist. Offenbar schien Fries, der die spanische Tradition dieses Romantyps bestens kennt und aus ihr übersetzt hat (er hat von seiner Geburt 1935 bis 1942 in Spanien gelebt), der pikarische Held, der nicht zum normgerechten Verhalten verpflichtet ist, nicht Partei zu ergreifen und nichts zu lernen braucht, am ehesten geeignet, das Verhältnis von Individuum und DDR-Gesellschaft literarisch zu pointieren.

Auch ein zweiter bemerkenswerter Schelmenroman blieb den DDR-Lesern in diesen Jahren vorenthalten: *Günter Kunerts »Im Namen der Hüte«*, der 1967 zunächst nur in der Bundesrepublik und erst 1976 in der DDR erschien. Neben den Lyriker Kunert war im Lauf der 60er Jahre der Prosaist getreten – freilich durchweg nur für ein bundesdeutsches Publikum. 1964 erschienen im Hanser Verlag seine »Tagträume« – »Kürzestprosa« mit einer Länge von zwei Sätzen bis zu zwei Seiten in der Tradition dessen, was man seit Bloch, Benjamin und Brecht in den 20er Jahren »Denkbilder« oder »Philosophie in Revueform« nannte. Es sind Texte der Erfahrung vom Fremdwerden der eigenen Lebenswelt und des Erschreckens vor dem Alltäglichen, gleichgültig in welchem politischen System. Sie münden ein in Pointen von »hinterlistiger Paradoxie« (H. Heißenbüttel). Die Kurzgeschichten des Bandes »Die Beerdigung findet in aller Stille statt« (1968) sind vergleichsweise konventioneller, aber auch in ihnen erweist sich ihr Autor als ein manchmal Wolfgang Hildesheimer naher Liebhaber des Skurrilen und Grotesken. Der genannte Roman »Im Namen der Hüte« steigt in die verschüttete Vorgeschichte der DDR zurück: in die unmittelbare Nachkriegszeit. Sein simplizianischer Antiheld (so muß man ihn nennen) Henry durchstreift, gerade erst dem Krieg entronnen, die Trümmerwüste von »Kaputtigrad« Berlin und stößt dabei inmitten der Ruinen des Reichstags auf seinen erschlagenen Vater. Er erweist sich als ein wider Willen allwissendes Medium, insofern er den verschiedensten Kopfbedeckungen seiner Mitmenschen entnehmen kann, was sie alles denken und meinen. Dieser dem Phantastischen in allen möglichen Spielarten verpflichtete Roman der Stunde Null, der unter den realsozialistischen Deckerinnerungen von den »Siegern der Geschichte« ganz andere, unbequeme Kriegs- und Nachkriegserinnerungen aus »trojanischen Schichten« ins Bewußtsein holte, konnte den Verfechtern eines schematischen »sozialistischen Realismus« nicht geheuer sein.

Fries hat in einem Gespräch einmal sein Erzähldebüt »Der Weg nach Oobliadooh« eine Entgegnung auf *Uwe Johnsons* sieben Jahre früher erschienenen Roman »Mutmaßungen über Jakob« genannt, und ähnliches gilt ja auch für Wolfs »Der geteilte Himmel«. Johnsons Bücher der 60er Jahre, die vom Sujet her ohnehin immer noch zur DDR-Literatur gehören, kommunizieren über vielfältige verborgene Röhren weiter mit den Problemen seines Herkunftslandes, auch wenn ihr Autor, inzwischen in West-Berlin, Italien oder den USA lebend, in der DDR zur Unperson geworden und an eine Veröffentlichung dort nicht zu denken war. Auch Johnsons zweiter Roman, *»Das dritte Buch über Achim«* (1961), die »Beschreibung einer Beschreibung« (so lautete der ursprüngliche Titel), stellte seine Leser vor Rätsel, obwohl es diesmal eine leichter faßbare Fabel gab. Der Hamburger Journalist Karsch fährt in die DDR und versucht dort, eine Biographie des ungemein populären Radrennfahrers Achim zu schreiben (sein reales Vorbild ist das Radsportidol Gustav Adolf – genannt »Täve« – Schur). Zwei Bücher über Achim gibt es schon (wie in der Wirklichkeit über »Täve«), das dritte soll zeigen, wer dieser Mann wirklich, d.h., für sich selbst, jenseits der Legenden, Rollen und Masken, ist. Karsch stößt darauf, daß Achim, der inzwischen eine steile, auch politische Karriere gemacht hat und dessen Namen Arbeiterbrigaden tragen, am 17. Juni 1953 an einer Arbeiterdemonstration teilgenommen hat. Davon, wie von vielem anderen (z.B. seiner Mitgliedschaft in der Hitlerjugend), will Achim heute nichts mehr wissen. Er führt nur noch das Leben eines berühmten Stellvertreters seiner selbst, wobei auch sein Privatleben auf der Strecke bleibt. Karsch gibt auf und kehrt nach Hamburg zurück: Das dritte Buch über Achim läßt sich nicht schreiben. – Wiederum, wie schon in den »Mutmaßungen«, hatte Johnson in faszinierender Weise Westöstliches verknüpft. Es ging einerseits um die (längst fällige) Kritik an Heldenverehrung und Personenkult – immerhin fünf Jahre nach dem XX. Parteitag –, also ein spezifisches DDR-Problem, andererseits aber auch um die Schwierigkeit, das Subjekt als ein eindeutiges, festes zu begreifen und zu beschreiben – und das war ein Problem auch und vorrangig der westlichen Kultur und Literatur (man denke nur an Max Frisch), das notwendig mit modernen Erzählmitteln (Multiperspektivität, innerer Monolog usw.) darzustellen war.

Johnsons ersten beiden Romanen gegenüber wirkte *»Zwei Ansichten«* (1965) fast wie eine (viele enttäuschende) Rücknahme der bisher geübten hochkomplexen Erzählverfahren. In diesem Buch erzählte der Autor die Liebesgeschichte der jungen Krankenschwester D. aus Potsdam und des Pressefotografen B. aus Holstein, die sich im wesentlichen »in den Städten Berlin« (Johnson) kurz vor und nach dem Bau der Mauer abspielt. D.s Flucht in den Westen glückt, das nicht mehr durch eine Familien-, sondern durch eine Staatsfehde getrennte Paar vereinigt sich, aber dadurch wird weder das Paar noch der Leser sehr erhoben: zu fremd sind einander die »zwei Ansichten«, die zwei »Informationssysteme« Ost und West, die hier aufeinanderprallen (vom Autor Zug um Zug gegeneinandergestellt), so daß sich am Ende beim Leser mehr Ernüchterung als die Erleichterung über den guten Ausgang einstellt. Ohne Zweifel hatte Johnson mit diesem Roman neuerlich einen wichtigen literarischen Beitrag zum Thema von deutscher Teilung und »Republikflucht« geleistet, nachdem kurz vorher Wolfs »Der geteilte Himmel«, Kants »Die Aula« (mit der Quasi-Riek-Episode) und Claus Hammels Stück »Um neun an der Achterbahn« (1964) erschienen waren.

Theater ohne Brecht: Geschichten aus der Produktion und Parabelstücke

Die Theaterliteratur tritt, aufs Ganze gesehen, in den 60er Jahren deutlich hinter der Prosa zurück, womit zunächst nichts über ihre Qualität, einiges aber über ihre gesellschaftliche Wirksamkeit und ihre Rolle im öffentlichen Bewußtsein gesagt ist. Entscheidend – und kennzeichnend für die Kulturpolitik der SED – war sicherlich, daß die wichtigsten, erregendsten Stücke dieser Jahre – Hacks' »Die Sorgen und die Macht« und »Moritz Tassow«, Müllers »Die Umsiedlerin«, »Der Bau« und »Philoktet« und Brauns »Kipper Paul Bauch« – entweder gar nicht oder unter weitgehendem Ausschluß der Öffentlichkeit aufgeführt wurden und damit ihre breite Rezeption notwendig ausblieb. Zwar ist festzuhalten, daß sich Gegenwartsstücke auf den Theatern der DDR mehr und mehr durchsetzten (1956 waren DDR-Autoren zu 20%, zeitgenössische Themen zu noch nicht 40% vertreten; 1960 waren es schon mehr als ein Drittel DDR-Autoren und fast zwei Drittel zeitgenössische Themen); aber diejenigen Stücke, die tatsächlich gespielt wurden, zeichneten nur ein begrenzt realistisches Bild von den gegebenen Verhältnissen. Die folgenden Tendenzen sind kennzeichnend für die Entwicklung der Theaterliteratur in den 60er Jahren:

– Die bis dahin unangefochtene Autorität Brechts lockert sich, gerade bei seinen interessantesten Schülern (ein Prozeß, der sich in den 70er Jahren forciert fortsetzt).

– Die Produktionsthematik spielt weiterhin eine beträchtliche Rolle, freilich verändert durch die Strukturen, die vom »Neuen Ökonomischen Systems« gesetzt sind.

– Bei einigen Autoren ist eine starke Tendenz zum Parabelstück bzw. zur mythologischen Vorlage zu verzeichnen – wobei die gewählten Parabeln und Mythen immer auch die bedrängende Gegenwart mitmeinen.

– In einer nach wie vor sehr eingeschränkten, reglementierten Öffentlichkeit, in der die publizistischen und audiovisuellen Medien häufiger der Verhinderung als der Verbreitung von Nachrichten dienen, nimmt das Theater nicht selten die Funktion einer Ersatzöffentlichkeit wahr. Ein sehr waches, im Verstehen von Anspielungen zunehmend geübtes Publikum bildet sich.

– Eine größere Zahl anspruchsvoller Stücke, ob direkt auf Zeitstoffe bezogen oder im historischen bzw. mythologischen Gewand, erreicht das Publikum nicht oder nur um Jahre verzögert. Sie bleiben »Schubladenstücke« (O. F. Riewoldt). Das gilt vor allem für mehrere Texte Heiner Müllers und (später) Volker Brauns.

– In der Breite entsteht eine umfangreiche Gebrauchsdramatik, was inhaltlich heißt: eine Vielzahl von in der Regel leicht konsumierbaren, nur dem Schein nach dialektischen sozialistischen Bejahungsstücken.

– Seit Beginn des Jahrzehnts, verstärkt seit ca. 1965, tritt das Fernsehspiel in den Vordergrund und verdrängt teilweise das Theater. Die Zuschauerzahlen der Theater gehen zurück bzw. stagnieren zumindest. Viele Theaterautoren laufen gleichsam zum Fernsehen über, oder sie bedienen als »Doppelverwerter« beide Medien.

Mit den letzten beiden Punkten ist ein Typus von Stücken angesprochen, der im Westen weitestgehend unbekannt und auch literarisch ohne Belang ist. Gemeint sind die ›Zeitstücke‹ der Helmut Sakowski, Claus Hammel, Armin Stolper, Rainer Kerndl, Horst Kleineidam, Horst Salomon (»Katzengold«) sowie die Fernsehspiele teilweise der gleichen Autoren, zu denen u.a. noch Bernhard Seeger, Benito Wogatzki, Karl Georg Egel (»Dr. Schlüter«), Gerhard Bengsch (»Krupp und Krause«) und der entschieden anspruchsvollere Rolf Schneider hinzukommen. Mag das eine oder andere Stück im Detail zu Wahrhaftigkeit und Authentizität vorstoßen und auch ästhetisch interessant sein: insgesamt sind sie der Tendenz nach unkritisch, affirmativ – was Klaus Völker bissig von »vielleicht ehrlich gemeinter Verlogenheit« und »proletarischer Gartenlaube« hat sprechen lassen. Ihre Dramaturgie ist in der Regel höchst konventionell; ein qualitativ neues Sehen, Hören, Mit- und Selbstproduzieren wird dem Publikum nicht abverlangt, die passive Rezipientenhaltung verfestigt. Bezeichnenderweise enthalten Abhandlungen über die Fernsehdramatik der DDR kaum tiefgreifende Analysen über die bewußtseins- und verhaltenssteuernde Wirkung des Massenmediums Fernsehen, sondern sorgen sich nur um die schrittweise »Eingliederung« des neuen Genres in das »Ensemble der Künste«.

Die meisten Produktionsstücke, die im Zeichen des NÖS und parallel zu ihm entstanden sind, teilen diese harmonisierende Tendenz. Das neue Wirtschaftssystem und die Tendenzen zu einer immer stärkeren Anbetung der instrumentellen Vernunft – die Mutation des Sozialismus zu einem quasi technologischen Problem – stellen sie nie grundsätzlich in Frage. Das belegt in einer raffinierteren Variante Helmut Baierls »Johanna von Döbeln«, in einer eher schlichten Version Erik Neutschs »Haut oder Hemd«. *Baierls* Komödie (geschrieben seit 1963; uraufgeführt 1969, in einer Neufassung 1976) ist der Versuch, eine »Jungfrau von Orleans« mit den realsozialistischen Problemen der 60er und im Rückblick auch der 50er Jahre zu konfrontieren. Hannchen Deicke, wahrheitsliebend, aufrecht, parteigetreu und naiv, stellt in einer Landmaschinenfabrik anhand eines konkreten Falles die Frage nach richtiger und falscher, am Menschen oder am technokratischen Plan orientierter Leitungstätigkeit. Alle üben Selbstkritik, alles versöhnt sich – das Theorem von den nichtantagonistischen Widersprüchen ist theatralisch ›bewiesen‹. Nicht mehr um ›gut‹ oder ›schlecht‹ geht es, sondern nur mehr um ›gut‹ und ›besser‹. – *Neutschs* »Haut oder Hemd« (1966 begonnen, 1971 uraufgeführt) ist ein sehr direkter Versuch, den kulturpolitischen Auftrag der SED einzulösen, auch in der Kunst »die Sicht des Planers und Leiters« durchzusetzen. Ein Ingenieur, ein Bergwerksdirektor, ein Chemieprofessor und ein Parteisekretär ringen darum, welche Planungsvariante für die zukünftige Struktur einer Stadt und ihre Energiegewinnung durchgesetzt und realisiert wird. Es geht um Haut oder Hemd: Gegenwart oder Zukunft. Die einzig ›sachliche‹, ›wissenschaftliche‹ Variante setzt sich schließlich durch und versöhnt alle – ohne daß die vielbeschworene Arbeiterklasse hätte Einfluß nehmen können.

Über die Jahre hin hat das Werk von vier Autoren – Peter Hacks, Heiner Müller, Hartmut Lange, Volker Braun – literarhistorisches Interesse bewahrt und neues, aktuelles Interesse hinzugewonnen. Dabei ist einer der vier, *Hartmut Lange* (geb. 1937), nur in sehr begrenztem Sinne DDR-Autor. Lange hat die Babelsberger Filmhochschule besucht und war Dramaturg. 1964 verließ er die DDR und lebte danach in West-Berlin. Bis dahin hatte er zwei seiner wichtigsten Stücke geschrieben, die jedoch beide in der DDR weder aufgeführt noch gedruckt wurden. Sein Erstling »Senftenberger Erzählungen« (1960) ist ein Produktionsstück, in dem die Handlung jedoch weder von Personen noch von Einsichten bewegt wird, sondern in einem sehr direkten Sinn von den materiellen Verhältnissen: Die Arbeiter folgen den »Fleischbüchsen« und sind – je nachdem, wer sie anbietet – willige Lohnsklaven oder Anhänger des Sozialismus. – »Marski« (1962/63) ist ein, im Gegensatz zum episch offenen Erstling, klassisch gebautes, in Versen geschriebenes Drama um einen Großbauern (Brechts Puntila hat erkennbar Pate gestanden), dem die Felle wegschwimmen und die Freunde davonlaufen und der am Ende, im Sprung, seine alte Existenz kategorisch negiert; ein DDR-Stück, das auch (Heiner Müller vergleichbar) philosophisch-parabolische Züge trägt.

Die Entwicklung von *Peter Hacks*, der einst auch bei Brecht begonnen hatte, verläuft in den 60er Jahren auf einem Weg, der immer deutlicher vom Realismus weg – und zum unverbindlichen Klassizismus hin (von Hacks selbst als »Klassik« verstanden) führt. Die Stücke »Die Sorgen und die Macht« und »Moritz Tassow« hatten durchscheinen lassen, daß die DDR noch ein Ort der Notwendigkeit war, die das Glück des einzelnen und seine freie Entfaltung hemmte, wo nicht verhinderte. Diese Sichtweise kam Hacks im Lauf der Jahre unter dem Druck der kulturpolitischen Instanzen abhanden, so daß er schließlich 1972 Grundsätze einer »postrevolutionären Dramaturgie« veröffentlichen konnte. In ihnen heißt es: »Der Mensch ist, bereits im gegenwärtigen Zustand des Sozialismus, in so hinlänglichem Maße Herr der Geschichte, daß der dramatische Urheber anfangen kann, seinem Stoff als Herr gegenüberzutreten; er vermag ihn den Gesetzen der Gattung entsprechend zu gestalten und zur Gänze, wie Poesie muß, in Form zu verwandeln.« Das »Neue Drama« habe vom »rein auf den Menschen bezogenen Wesen der Kunst« auszugehen und sich von »überflüssiger Stoff-Fülle und unverdaut Zufälligem« zu befreien; von Erscheinungen also, die für die »schlechteste Dramenform«, die »episch-soziologische«, kennzeichnend seien. Das ehemalige Vorbild Brecht ist verworfen, was seinen praktischen Niederschlag bereits in den Stücken der 60er Jahre gefunden hat, denen der Kollege Volker Braun eine »perfekte klassizistische Dramaturgie« und »klassizistische Figurensicht« bescheinigt hat. Stofflich wich Hacks immer mehr in Historie und Mythologie aus (»Der Frieden« nach Aristophanes, 1962; »Die Schöne Helena«, 1964; »Amphitryon«, 1968; »Margarethe von Aix«, 1969; »Omphale«, 1970; »Adam und Eva«, 1973) – ohne daß seinen Historien und Parabeln eine sozialistische Intention eingeschrieben wäre, wie es bei Heiner Müller der Fall ist. Hacks wurde zum Theaterdichter des Allgemeinmenschlichen, des bereits versöhnten Gattungswesens im »postrevolutionären« Zeitalter, was ihn in den 70er Jahren zum meistgespielten Gegenwartsautor auf deutschen Bühnen in Ost *und* West machte.

Während für Hacks die Diskrepanz zwischen den Glücksansprüchen der Individuen und den realen Arbeits- und Lebensbedingungen in der DDR nur mehr unbeträchtlich, ja vernachlässigenswert geworden war (weil er offenbar an das schöne Märchen von der »sozialistischen Menschengemeinschaft« glauben wollte), gab es für *Heiner Müller* schon damals kein irgend Positives, das bereits im Hintergrund wartete. Für ihn war und blieb das Wesen der Dialektik: Negation der Negation. Das heißt konkret: Die kapitalistische Entfremdung ist nach seiner Vorstellung in den ersten Phasen des Sozialismus zunächst nur ersetzt durch andere Formen der Entfremdung; ein plötzlicher ›Ausbruch‹ von Produktivität, Glück und humanem Verhalten ist nicht zu erwarten. Diese Auffassung von realer Dialektik demonstriert am deutlichsten Müllers drittes, bedeutendes Produktionsstück *»Der Bau«* (geschrieben 1963/1964; Erstdruck 1965 in »Sinn und Form«; ungedruckte Neufassung nach der Kritik des 11. ZK-Plenums 1965; Uraufführung in Ost-Berlin 1980).

Auch »Der Bau« – geschrieben nach Motiven aus Erik Neutschs Roman »Spur der Steine« – ist ein Stück Literatur, das auf das »Neue Ökonomische System« reagiert. Das Stück stellt den Übergang von der zentral gelenkten Planwirtschaft der 50er Jahre zum NÖSPL dar, und damit gleichzeitig den Übergang von der bürokratisch geprägten Form der Entfremdung zur technologisch geprägten. Eine eigentliche Fabel, Charaktere, ›Entwicklung‹ und ›Wandlung‹ gibt es nicht (was die orthodoxe Kritik sehr irritiert hat) – statt dessen sind bestimmte Vorgänge, Konflikte, Widerspruchssituationen um den Stoff: das Leben und Arbeiten auf einer DDR-Großbaustelle, gruppiert. Darin ähnelt das Stück einem erst 1994 gedruckten Theaterfragment von B. K. Tragelehn aus den Jahren 1960–62, dessen Titel »Der Bau« damals kein anderer als Müller vorgeschlagen hatte. Im Zentrum von Müllers Stück steht die anarchische, teilweise illegale Arbeitsweise der Brigade Barka, mit der diese die bürokratische wie später die aus der neuen Technologie erwachsende Fremdbestimmung zu unterlaufen versucht. Barka und seine Brigade kooperieren schließlich mit dem dynamischen und die Produktivarbeiter respektierenden neuen Leiter, dem Parteisekretär Donat. In Barka wird das von Müller genannte Thema: »Freisetzung von Produktivität und Lust an der Produktivität«, wenn auch nur in kargen Ansätzen, zur Anschauung gebracht. Ist die geschilderte Phase des »realen Sozialismus« noch eine der »Vereisung«, so kann sich Barka doch immerhin als Brückenbauer zur neuen Zeit, als »Ponton zwischen Eiszeit und Kommune« begreifen. Donat dagegen versagt (wie Horrath bei Neutsch), baut weiter auf Taktieren und Lüge. Um den erreichten Produktionsfortschritt nicht zu gefährden, meint er, gegenüber der Parteileitung eine bevorstehende uneheliche Vaterschaft verleugnen zu müssen. Seine positive Funktion bezogen auf die Produktion ist erkauft durch einen Verlust seiner individuellen Glaubwürdigkeit. – »Der Bau« ist ein realistisches, aber auch bereits stark stilisiertes und parabolisches Stück. Einige Metaphern – »Beton« (für Produktion), »Papier« (für Planung und Bürokratie), »Fleisch« (für Menschlichkeit, Individualität) – sind von zentraler Bedeutung und helfen, die grundlegenden Konflikte des Stoffes sinnbildlich zu machen. Gleiches gilt für den Titel: »Der Bau« meint eine ganz konkrete DDR-Großbaustelle, steht aber auch als Metapher für den widerspruchsvollen Prozeß des Produzierens auf dem Weg vom Kapitalismus zum Kommunismus. Nach den Erfahrungen von und seit 1989 muß die Botschaft des Stückes und ähnlicher anderer zutiefst illusionär wirken (exotisch waren sie schon immer für westliche Leser und Zuschauer). Das ändert nichts daran, daß »Der Bau« mit seiner verdichteten Bildsprache ein bedeutendes Stück Theaterliteratur bleibt.

»Der Bau« ist bis in die 80er Jahre hinein Müllers letztes Stück, das sich direkt und ohne Schwierigkeiten erkennbar mit der DDR-Realität auseinandersetzt. In der zweiten Hälfte der 60er Jahre ging Müller, zunächst eher überraschend, von den Produktionsstücken zu antiken, mythologischen Stoffen über. Damit stand er nicht allein. Viele Stücke von Peter Hacks, aber auch z.B. Karl Mickels »Nausikaa« (1968), nahmen Themen gerade aus dem griechischen Mythos auf. Doch bei keinem Autor ist die Reihe der Adaptionen so umfangreich und gewichtig, beginnend mit dem »Philoktet«, dem »Herakles 5« (1966; gemeint ist die 5. Episode, die Reinigung des Augiasstalles), »Ödipus Tyrann« (1967; nach Sophokles/Hölderlin) und eine Übersetzung des »Prometheus« von Aischylos (1967/68) nachfolgten. Auch das Lehrstück »Der Horatier« (1968/69), das ein Thema der römischen Geschichte verwendet, ist hier zu nennen. Hatte sich Müller damit vom Marxismus abgekehrt? War er auf dem Rückzug von der Politik? War es jetzt – endlich, wie manche meinten – möglich, diesen begabten Autor existentialistisch (und nicht mehr materialistisch) zu deuten, als Beckett der DDR sozusagen? Eine Analyse des *»Philoktet«*, des bedeutendsten der Antikenstücke, widerlegt solche Spekulationen, zumindest, was Müllers Produktion der 60er Jahre angeht.

Das Stück (geschrieben 1958–64; 1968 in der Bundesrepublik, 1974 von einer Leipziger Studiobühne, 1977 schließlich DDR-offiziell aufgeführt) wandelt die Fabel des Sophokles in entscheidenden Punkten ab. Die Griechen Odysseus und Neoptolemos, der Sohn des Achills, fahren zur Insel Lemnos, um den dort vor Jahren wegen seines verletzten, stinkenden Fußes ausgesetzten Philoktet zurückzuholen. Philoktet und sein Bogen werden gebraucht, denn ohne sie bzw. die Philoktet gehorchende Mannschaft kann Troja nicht erobert werden. Mit List und Lüge bemächtigen sie sich des Exilierten. Anders als bei Sophokles (bei dem Herakles als *deus ex machina* die Heimkehr Philoktets bewirkt) stirbt hier Philoktet von der Hand des Neoptolemos. Odysseus ist zur eigentlichen Hauptfigur geworden. – Nach Müller ist die Handlung – in einer kompakten, von verknappten Metaphern geprägten Verssprache geschrieben – als »Modell, nicht Historie« zu lesen. Sie zeige und zitiere »Haltungen, [...] nicht Bedeutungen«. Sie sei »in der Vorgeschichte der Menschheit« angesiedelt, »die in großen Teilen der Welt noch geschieht, wo die Qualitäten der Figuren für sie tödlich sind«. Erst wenn das System in Frage gestellt sei, verliere der Ablauf seine Zwangsläufigkeit. Damit wäre die Intention des Verfassers aufgehellt – wenn klar wäre, wieweit für ihn die »Vorgeschichte der Menschheit« reicht. Während westliche Kritiker in »Philoktet« eine allgemeinmenschliche Parabel auf das auf Lüge, Betrug und Gewalttätigkeit gegründete Gattungswesen Mensch sahen (oder das Stück ausschließlich als camouflierte Polemik gegen die DDR verstanden), versuchte die DDR-Kritik, das Stück zu retten, indem sie es als Aufklärung über die Veränderung menschlichen Verhaltens durch imperialistische Raubkriege interpretierte und ihm eine »Antikriegstendenz« (Werner Mittenzwei) unterstellte. Die wesentliche Intention des Stücks wird damit allemal verkannt. Denn es ist im Kern eine Parabel über den dialektischen Widerspruch zwischen Allgemeinem, Notwendigem, der Staatsraison (in Gestalt des machiavellistischen Realpolitikers Odysseus) und Besonderem, Individuellem, Sich-selbst-Bestimmendem, das Notwendige Verweigerndem (in Gestalt des außerhalb der Gesellschaft angesiedelten Philoktet), der über Neoptolemos (der Philoktet zunächst täuscht, dann mit ihm leidet und ihn schließlich als »schneller Schüler« des Odysseus bzw. der Notwendigkeit umbringt) als Medium ausgetragen wird. Und Odysseus, vom rationalen Kalkül (in seiner pointierten Gestalt: der List, der Lüge) beherrscht, vom absoluten Verzicht auf individuelle Moral und Mitleidensfähigkeit geprägt, ist gleichzeitig eine Chiffre für den Untergang des Individuums, des Humanismus und der Subjektmoral in Taktik und Terror der kommunistischen Realgeschichte seit mehr als einem halben Jahrhundert, kulminierend in der Person Stalin und im Stalinismus (einer Problematik, die Müller in dem Stück »Mauser« von 1970 historisch konkret weitergeführt hat). Wohlbemerkt: Indem das Parabelstück »Philoktet« auch diese gleichnishafte Dimension hat, wird es in der Sicht des Autors doch nicht zum antikommunistischen Verdikt. Vielmehr verharrt es an dem Punkt, die Dialektik von (kommunistischem) Humanismus und (kommunistischer) Realpolitik allgemein, parabolisch zu entfalten. Mit diesem neuen ästhetischen Verfahren stellt der Autor freilich auch Ansprüche an seine Rezipienten, denen diese sich kaum gewachsen zeigten – weder in Ost noch in West.

Neben Hacks und Müller steht gegen Ende der 60er Jahre *Volker Braun* als Dramatiker, nachdem er zuerst als Lyriker an die Öffentlichkeit getreten war. Braun (geb. 1939) hatte nach dem Abitur im Tiefbau des Kombinats »Schwarze Pumpe« und als Maschinist im Braunkohlentagebau gearbeitet, später studiert und 1965/66 eine Dramaturgenstelle am Berliner Ensemble versehen. Damit ist die ›Schule‹ bezeichnet, aus der er kam: Auch Braun hat wesentlich von Brecht gelernt – und gehört doch schon einer Generation an, die Brecht als Person nicht mehr kannte. Laut Braun habe Brechts Dramaturgie zum letztenmal mit den Klassenkämpfen zu tun gehabt; etwas Neues in dieser Richtung sei nicht zu leisten. Jetzt gehe es um neue, nicht mehr antagonistische Widersprüche: »Der aufwühlendste Widerspruch zwischen den Leuten, die in die sozialistischen Revolutionen verwickelt sind, ist der neuartige zwischen den politisch Führenden (die bewußt die Umgestaltung der Gesellschaft organisieren oder bewußt oder unbewußt hemmen) und den Geführten (die bewußt oder unbewußt die Pläne realisieren oder kritisieren). Auf beiden Seiten Aktivität und Trägheit, Hoffnung und Resignation. Auf beiden Seiten Entbehrung und Wohlleben, Anerkennung und Verlust. Es unterscheidet sie nicht der Charakter, kaum der Besitz, aber sehr die Mittel ihrer Macht. Dabei sind die Leute nicht in Klassen auf eine Seite genagelt, sie werfen sich selber hin und her.« – Die neue Dramaturgie stelle demnach nicht mehr dar »aus der Sicht einer Klasse. Die Helden sind Freunde. Sie haben, entsprechend ihrer politischen und sozialen Stellung, unterschiedliche Interessen. Der Kampf muß nicht tödlich sein. Alle sollen menschlicher leben. Es gibt keine ›Lösung‹. Sie muß dem Publikum mit überlassen werden. Es bedarf umfassenden Wissens über den Bau der Gesellschaft.«

Damit nimmt Braun bereits in seiner Theatertheorie erkennbar eine Mittelstellung zwischen Hacks und Müller ein, wie er es selbst formuliert hat. Der »glänzende Hacks« greife so weit vor, daß ihm »die Realität nicht mehr dazwischen kommt«, hebe sich »aus der prosaischen Wirklichkeit hinaus [...] in die poetische Zukunft«. Der »großartige Müller« hingegen greife zurück »in die schneidenden Fesseln der Vorgeschichte«, in der er überwiegend die Realität sehe. Braun will keinem von beiden in seiner Ausschließlichkeit folgen – und auch nicht jenen vielgespielten Bejahungsstücken, die er so charakterisiert: »Die [...] Geschichten kleinlich und läppisch, die Konflikte eigentlich durch Besinnung und Administration beigelegt, die Landschaft provinziell, die Zeit nur der Augenblick.« Ihn reizt – und damit steht er denn doch Müller nahe – der »große Widerspruch [...] zwischen den neuen Produktionsverhältnissen, die die Entfaltung aller Kräfte und Organe fordern – und der Fesselung der Arbeiter an die überkommene kapitalistische Produktion, die sie gar nicht als ganze Menschen braucht«.

Dieser Widerspruch ist das Thema von Brauns erstem Stück *»Die Kipper«*. In einer ersten unveröffentlichten Fassung, an der der Autor seit 1962 schrieb, hieß es »Der totale Mensch«, im Erstdruck 1967 »Kipper Paul Bauch«, in der dritten, 1972 gedruckten und aufgeführten Fassung schließlich »Die Kipper«. Im wesentlichen geht es um das Verhältnis das Individuums zum Kollektiv unter den neuen Produktionsverhältnissen, um eine beispielhafte menschliche Unternehmung, »die die Lebensweise der Gesellschaft ganz ändert«. Trotz beseitigter Ausbeutung (die Rede ist von der Zeit Ende der 50er Jahre) ist die entfremdete Arbeit durchaus noch nicht abgeschafft: Die Kipper müssen den beim Braunkohlentagebau entstehenden Abraum unter größter körperlicher Anstrengung, doch unter weitgehendem Ausschluß ihrer sonstigen, geistigen Gaben abfahren und kippen, ›Dreckarbeit‹ verrichten. Paul Bauch, unqualifizierter Arbeiter wie alle anderen, findet sich damit nicht ab. Er versucht, seinen Enthusiasmus, seine Produktivität in den Arbeitsprozeß einzubringen, den grauen Alltag schön und lebendig zu machen, sprich: den Kommunismus hier und jetzt, ohne Rücksicht auf die materiellen und technologischen Gegebenheiten, einzuführen. Er treibt, jetzt Brigadier, seine Brigade zu höchster Leistungssteigerung und Normübererfüllung und richtet enormen Schaden an: Werte werden zerstört, ein junger Mann verliert durch einen Unfall aufgrund der Arbeitshetze ein Bein. Bauch kommt ins Gefängnis – und muß nachher feststellen, daß seine Brigade sich von ihm, ihrem ›Emanzipator‹, gelöst, das Kollektiv sich vom antreibenden Individuum emanzipiert hat. Es ist durch ihn gewachsen, hat sein Erbe aufgenommen – und ihn, den großen einzelnen, den sozialen Abenteurer, doch hinter sich gelassen (die letzte Fassung verstärkt diese Wendung – die Überlegenheit des Kollektivs – noch einmal beträchtlich). Brauns »Kipper« irritieren heute – wie Müllers »Bau« – durch ihre geschichtsphilosophische, beinahe eschatologische Emphase, mit der hier von einer neuen Sozialordnung geträumt wird.

Wie Hacks mit Moritz Tassow und Herakles (in »Omphale«), wie Müller mit Bremer (»Korrektur«), Balke (»Lohndrücker«), Barka (»Bau«) und ebenfalls Herakles (»Herakles 5«) hat Braun einen gigantischen Helden gewählt, der ein Arbeiter, ein Schöpfer, freilich auch ein »Baal« unter sozialistischen Verhältnissen ist; durch dessen menschliche Produktivkraft der Sozialismus als die »große Produktion« wächst, indem er gegen das Nur-Pragmatische, Nur-Realistische vorgeht; der andererseits die »große Produktion« als ein kollektives Unternehmen behindert, weil er noch kaum anders denn als Individuum denken und handeln kann. Ebenso ist aber Brauns »Kipper«-Stück (wie z.B. Christa Wolfs Prosa) Beleg dafür, daß auch eine sich sozialistisch verstehende Literatur nicht darum herumkommt, sich auf das Individuum einzulassen.

Auch Brauns zweites Stück ist eines aus der Produktion. In seiner ersten, 1968 aufgeführten Fassung hieß es »Hans Faust«, in der stark veränderten Fassung von 1973 *»Hinze und Kunze«* – auch hier also eine Titelveränderung von der Hervorhebung des einzelnen hin zu zwei gleich wichtigen Partnern. Und um eben dieses Problem geht es auch. Der Bauarbeiter Hinze (ursprünglich Hans Faust), wiederum einer vom Typ des Selbsthelfers, der nicht Veränderung Schritt um Schritt will, sondern alles auf einmal, läßt sich auf den Pakt mit dem Parteisekretär Kunze (der verwandelten Mephistogestalt) ein, denn die neuen Verhältnisse haben, so die Autorperspektive, ein neues Sich-gegenseitig-Brauchen erzeugt: Den Sozialismus kann nicht einer allein machen. Gemeinsam, wenn auch im Konflikt miteinander (zu dem eine Entfremdung zwischen Hinze und seiner Frau, der Ingenieurin Marlies – dem zeitgemäßen Gretchen –, hinzukommt), gehen sie »die rauhe Strecke zwischen Schutt und Zukunft«. Das in der DDR propagandistisch vereinnahmte Faust-Motiv wird damit polemisch angegangen: Den Augenblick, zu dem man sagen könnte »verweile doch, du bist so schön«, gibt es noch nicht. Die Bücher leben noch nicht – weil die Menschen noch nicht unentfremdet leben. – Wie in seinem ersten Stück war Brauns Ziel keineswegs vordergründiger Realismus. Auch seine Texte haben wie die Müllers die Tendenz zur Parabel. Das zeigt die Handlungsstruktur so gut wie die stark stilisierte, antinaturalistische, metaphern- und sentenzenreiche Sprache, die es besonders liebt, Redensarten sozialistisch umzukehren, Wortspiele gleichsam materialistisch zu wenden. – Ein weiteres Mal hat Braun den Stoff übrigens zu Beginn der 80er Jahre aufgenommen: im »Hinze-Kunze-Roman« (erschienen 1985), der sich auf die Herr-Knecht-Problematik konzentriert (vgl. S. 308f.).

Von Interesse sind auch die beiden thematisch zusammengehörigen ›Frauenstücke‹ »Schmitten« (entstanden 1969–78) und »Tinka« (entstanden 1972/73). *»Schmitten«* untersucht wiederum den Charakter der Arbeit, der – nach Brecht – »in Verruf« geratenen »durch lange Jahrhunderte«: Welche Beschaffenheit hat sie im »realen Sozialismus«, wie wirkt sie sich auf das Verhalten der Individuen zu sich selbst aus? so lauten Brauns Fragen. Angesiedelt ist das Stück in der »neusten Zeit« der frühen 60er Jahre, »die nicht über Leichen, aber über Leben geht« und deren Planer und Leiter Wesen für ideal halten (nämlich Automaten), die »an nichts« denken »als an das Programm«, mit dem man sie gefüttert hat. Jutta Schmitten ist eine einfache Arbeiterin in einem großen Industriekombinat, die qualifiziert werden soll, ohne es eigentlich zu wollen. Sie fühlt sich überfordert. Als abstraktes Schräubchen im »Neuen Ökonomischen System« wird sie zur ›Leiterin‹ herangezogen, aber die konkrete Person Schmitten bleibt auf der

Strecke: »Von mir war nicht die Rede«, sagt sie. Zur Debatte steht in dem Stück, ob, »was allen nützt«, auch für das einzelne Subjekt gut ist. Mit dieser Problematik ist eine Liebesgeschichte verflochten, die Beziehung zwischen der Arbeiterin Schmitten und dem Diplombauleiter Kolb, der sich (wie Horrath bei Neutsch und Donat bei Heiner Müller) nicht zur Vaterschaft des Kindes bekennen mag, das Schmitten in ihrem Bauch trägt. Das Ende ist blutig: Schmitten und ihre Kolleginnen verstümmeln Kolbs Geschlecht (eine nach der Wirklichkeit geschriebene Szene). Schmitten, bisher gehätscheltes Vorbild, kommt ins Gefängnis. – Man kann sich vorstellen, daß dieses Stück der DDR-Öffentlichkeit lange vorenthalten wurde. Es bringt zu viel ungeschminkte gesellschaftliche Wirklichkeit ans Licht über die »herrschende Klasse« als »schweigende Mehrheit«, wie es bei Braun heißt. Die zeitweise Unterschlagung des Stücks ist besonders bedauerlich, ist es doch vielleicht Brauns kräftigstes, am wenigsten rhetorisches und spekulatives Stück.

Das aus diesem Stoff heraus entwickelte Schauspiel *»Tinka«* hat demgegenüber viel mehr eine Neigung zum Ideendrama, sprachlich zum oft überzogenen Wortspiel und zur Sentenz. Hier wird das Problem umgekehrt. Aus der Arbeiterin Tinka ist auf Geheiß des Betriebs die hochqualifizierte Ingenieurin Tinka geworden. Aber inzwischen sind die Pläne geändert, die vorgesehene automatisierte Produktion, in der Tinka eingesetzt werden sollte, fallengelassen worden. Tinka scheitert, nicht nur in der Arbeit, sondern auch in der Liebe und in allen andern menschlichen Beziehungen, nicht an der Überforderung durch die Gesellschaft (wie Schmitten), sondern an Unterforderung seitens stehengebliebener, spießiger, opportunistischer Mitmenschen (ihren Geliebten Brenner inbegriffen), die allesamt gar nicht mehr wissen, wer sie selbst sind. Wiederum liegt die thematische Ähnlichkeit zur Prosa dieser Jahre auf der Hand.

Der Aufbruch der jungen Lyriker – die Skepsis der Älteren

In den 60er Jahren wurde die Lyrik zum Gegenstand erregter öffentlicher (und auch nichtöffentlicher) Debatten wie nie zuvor in der DDR. Die Ursache war der anspruchsvolle, fordernde Auftritt der Generation der damals 20- bis 30jährigen, also derer, die zwischen 1933 und 1940 geboren waren: »Jung, nicht von Kriegen entstellt, Herrn ihres meßbaren Tags« (R. Kirsch). Auf die Lesung vom Dezember 1962 in der Berliner Akademie der Künste, bei der Stephan Hermlin einige dieser jungen Lyriker vorstellte, wurde schon hingewiesen. Andere wichtige Ereignisse waren die 1961 erschienene Anthologie »Bekanntschaft mit uns selbst« und die 1964 von Gerhard Wolf herausgegebene Sammlung »Sonnenpferde und Astronauten«, die die neuen

Autoren einer breiten Öffentlichkeit bekanntmachten. Weitere Anthologien erschienen in einer Atmosphäre, die man trotz aller kulturpolitischen Maßregelungen doch als aufgeschlossen für merkwürdige neue Sprechweisen bezeichnen kann. Im Sommer 1966 fand eine heftige Lyrikdiskussion in der FDJ-Zeitschrift »Forum« statt, die durch das Erscheinen der Lyrikanthologie »In diesem besseren Land« (herausgegeben von Adolf Endler und Karl Mickel) ausgelöst wurde. Die Position der Orthodoxie vertrat übrigens damals kein andrer als der stellvertretende Chefredakteur der Zeitschrift Rudolf Bahro, der später zum radikalsten Kritiker des despotischen Sozialismus und schließlich zum Dissidenten wurde. Vor allem vorher ungedruckte Gedichte von Volker Braun, Heinz Czechowski, Karl Mickel, Sarah und Rainer Kirsch erregten Anstoß.

Damit sind schon die Namen einiger Lyriker genannt, die zu Beginn der 60er Jahre als Gruppe an die Öffentlichkeit traten und auch tatsächlich eine solche wurden. Dieses Gruppenphänomen, eine durchgehaltene »Teamwork-Attitüde« (S. Kirsch), hatte es vorher, in der Lyrik der bis ca. 1932 Geborenen, überhaupt nicht gegeben. Jetzt plötzlich wird eine kollektive »Vorhut unserer Lyrik« (A. Endler) sichtbar, der in der Bundesrepublik nichts Vergleichbares entgegensteht (außer verstreuten Individuen natürlich): die Dresdner Mickel (geb. 1935), Braun (geb. 1939), Czechowski (geb. 1935) und B. K. Tragelehn (geb. 1936), der Chemnitzer Richard Leising (geb. 1934), der Döbelner Rainer Kirsch (geb. 1934), der Oelsnitzer Reiner Kunze (geb. 1933), der Plauener Bernd Jentzsch (geb. 1940) und der aus der Nähe von Meißen gebürtige Wulf Kirsten (geb. 1934) – also alles Sachsen, was Adolf Endler von einer »Sächsischen Dichterschule« hat sprechen lassen –, schließlich noch drei Berliner oder dort Ansässige (Uwe Greßmann, 1933–69; Wolf Biermann, geb. 1936; Kurt Bartsch, geb. 1937) und, nicht zu vergessen, die »Potessa dieses Kreises« (Endler), die aus dem Harz gebürtige Sarah Kirsch. Am ehesten dem Göttinger Hainbund vergleichbar, lebte man in diesem losen Kollektiv, das Sarah Kirsch immer »unsere Truppe« nannte (sie dachte nicht ans Militär, sondern eher an Akrobaten, Zirkuskünstler), locker freundschaftlich beieinander, las sich vor und kritisierte sich, wobei als Mentor der einige Jahre ältere *Adolf Endler* (geb. 1930) eine wichtige Rolle spielte. Nirgends in der neueren deutschsprachigen Literatur gibt es so viele Gedichte, in denen Kollegen an Kollegen sich wenden, sich gegenseitig zitieren, erinnern, ermahnen oder ein Porträt zeichnen usw. Da schreibt Rainer Kirsch an Czechowski (und mahnt ihn, doch endlich den versprochenen Karpfen zu bereiten), Mickel an Leising (das Gedicht bildet die Form des Halswirbelbruchs nach, den Leising erlitten hatte), Endler eine »düstere Legende« über Mickel, Sarah Kirsch über Endler und Elke Erb und, noch 1977, Braun ein Gedicht »Der Müggelsee« (nach Klopstocks berühmter Freundschaftsode »Der Zürcher See«), in dem er den verlorengegangenen Freunden Wolf Biermann, Reiner Kunze, Bernd Jentzsch und Sarah Kirsch nachtrauert. Ein vertrauliches, amüsantes, demokratisches Dichtergespräch ist da im Gange – vielleicht etwas von dem, was sich Johannes R. Becher einmal unter der zukünftigen »Literaturgesellschaft« vorgestellt hatte.

Rainer Kirsch hat 1976 in einem glänzenden Essay über Karl Mikkel als »gemeinsame Methode« all dieser so unterschiedlichen Lyriker »Genauigkeit in der Behandlung des Gegenstands – das Charakteristische regiert das Ästhetische –, scharfes, am Marxismus geschultes Reflektieren der Epoche und das bewußte Weiterarbeiten klassischer poetischer Techniken« bezeichnet. Damit ist tatsächlich Wesentliches getroffen, freilich eher, was aus den lyrischen Anfängen der jungen Autoren im Lauf von zehn, fünfzehn Jahren einmal wurde. Am Anfang steht »Vorläufiges«, mit Volker Braun zu sprechen, der Anspruch auf die eigene Sprache und Mitsprache in einem (noch) als sozialistisch verstandenen Land. Diese Aufbruchsstimmung des »Hier wird Neuland gegraben und Neuhimmel angeschnitten« hat wohl am besten Brauns Gedicht »Anspruch«, veröffentlicht 1966 in »Vorläufiges«, festgehalten.

Kommt uns nicht mit Fertigem. Wir brauchen Halbfabrikate.
Weg mit dem Rehbraten – her mit dem Wald und dem Messer.
Hier herrscht das Experiment und keine steife Routine.
Hier schreit eure Wünsche aus: Empfang beim Leben.

Zwischen die Kontinente, zu allen Ufern
Spannt seine Muskeln das Meer unserer Erwartungen
An alle Küsten trommeln seine Finger die Brandung
Über die Uferklinge läßt es die Wogen springen und aufschlagen
Immer erneut hält es die Flut hoch und gibt es sie auf.

Für uns sind die Rezepte nicht ausgeschrieben, mein Herr.
Das Leben ist kein Bilderbuch mehr, Mister, und keine peinliche
  Partitur, Fräulein
Hier wird ab sofort Denken verlangt.
Raus aus den Sesseln, Jungs. Feldbett – meinetwegen.
Nicht so feierlich, Genossen, das Denken will heitere Stirnen.
Wer sehnt sich hier nach wilhelminischem Schulterputz?
Unsere Schultern tragen einen Himmel voll Sternen.
[...]

Unübersehbar wendet sich hier ein Autor *seinem* Staat, *seiner* gesellschaftlichen Wirklichkeit zu als einer veränderungswürdigen und veränderbaren – aber ebenso unüberhörbar pocht das Subjekt auf seine Rechte: sich selbst produktiv zu erweitern. Um die Rolle dieses Ichs, der Subjektivität, ging es grundsätzlich in der Lyrik jener Jahre. Georg Maurer, bei dem viele der Jüngeren gelernt hatten, reklamierte in mehreren Essays das in der modernen westlichen Lyrik abhandengekommene Ich gerade für den Sozialismus; den einzelnen Menschen, »der als einziges Wesen sich selbst zum Gegenstand machen, sich also frei gegenüber sich selbst verhalten kann, der weiß, was er tut«. Ein als befremdend erlebtes Problem lag gerade darin, daß – so Elke Erb – die DDR-Lyrik bis dahin überwiegend ichlos-affirmativ war, »eine lehrhaft arrangierte Identität von (nicht gegenständlich und konkret faßbarem) Individuum und historischem oder gesellschaftlichem Subjekt« hinstellte und folglich das »individuelle Subjekt [...] strukturlos und poetisch inaktiv« machte. Kurz: für ernstgemeinte Ansprüche einzelner Subjekte zeigte diese Lyrik keinen Platz. Nun begann eine Generation zu schreiben, die diesen Platz einforderte für das »gescholtene, geschmähte, denunzierte Ich« (so Günter Wünsche in dem Gedicht »Rehabilitierung des Ich«) und im Einzelnen einen »kleinen Kosmos« voller Schöpferkraft, gewissermaßen die legitime Fortsetzung des außer Kraft gesetzten »lieben Gottes« sah (U. Greßmann). Elke Erb prägte für den neuen Status der Lyrik den vieldiskutierten Begriff »zweite Verarbeitungsstufe«, womit sie meinte, daß die »erste Verarbeitungsstufe« der schlichten »verbal ausgedrückten Beglückung, ebenso Entlarvung« nicht mehr ausreiche, die parteiliche,«arbeitende Subjektivität« (D. Schlenstedt) sich auf einer historisch höheren Ebene der Produktivität in den als revolutionär verstandenen Gesellschaftsprozeß einzubringen habe. Wo die Älteren schon Erreichtes und Fortschritt, »realen Sozialismus« sahen, meldeten die Jüngeren ihre Skepsis an, witterten Mißstand, Unvollkommenheit – und in der Zuspitzung: Fremdbestimmung, Entfremdung, die an keinem ›literarischen Gegenstand‹ so anschaulich wurde wie eben am Individuum.

Folgerichtig wandelten sich auch die Haltungen der Lyrik: personales Sprechen – eines Ich, eines Wir, der Ansprache eines Du – wird häufig. Ein fortschreitender Verzicht auf belehrende Wirkung stellt sich ein, übrigens auch bei dem ehemaligen Didaktiker Günter Kunert, der 1970 programmatisch formulierte: »Daß Lyriker die Frage nach ihrer Wirksamkeit stellen, rührt daher, daß sie sich dem unbezweifelten Kodex der Kausalität unterwerfen, demzufolge jedes Unternehmen, und sei es das des Gedichteschreibens, ein konkretes, mögliches, meßbares Ergebnis zeitigen müsse.« Damit hatte Kunert sich auf eine altbekannte Position der klassischen Moderne begeben: die der Kunstautonomie, eines »Bewußtseins des Gedichts«, »das mit vielen anderen Bewußtseinsweisen zwar in unterirdischer Verbindung steht, doch nie in völliger Koinzidenz zu ihnen sich befindet«. Dagegen hielten die Jüngeren durchaus am »operativen« Charakter des Gedichts fest, so Volker Braun, der dem Gedicht abforderte, »Erkennen, Bereitschaft, Lust« zu wecken. Jedoch gemeinsam ist diesen und vielen vergleichbaren Positionen, daß sie sich sperrten gegen eine unmittelbare gesellschaftliche Nützlichkeit, wie sie von der Kulturpolitik des NÖS gefordert wurde. Schon den Bitterfelder Weg in der Lyrik – ein »Volk ans Sonett« (H. Müller) – hatte es nur vereinzelt gegeben. Und auch jetzt verboten sich Gedichte »aus der Sicht des Planers und Leiters« fast von selbst – es sei denn, man verstand das sich befragende, sich entdekkende Ich als die »Königsebene« (Werner Bräunig), als den »Planer und Leiter« im Gedicht. Andrerseits ging das NÖS durchaus nicht folgenlos an der Lyrik vorbei. Kybernetisch-technisches Vokabular und entsprechende Metaphorik tauchen in einer Vielzahl von Gedichten auf (so z.B. bei Peter Gosse oder dem Sorben Kito Lorenc in »Struga – Bilder einer Landschaft«, 1967), bei den besseren Lyrikern jedoch selten naiv-affirmativ, sondern eher provokativ und spielerisch.

Nicht alle genannten Lyriker der damals jungen Generation können hier in der gebührenden Ausführlichkeit dargestellt werden. Es muß genügen, die fünf unter ihnen vorzustellen, die in den 60er Jahren herausragten und auch in den 70er und 80er Jahren – nachdem die Sächsische Dichterschule längst zerfallen war – weiter zu den wichtigen Lyrikern deutscher Sprache zählten: Wolf Biermann, Karl Mickel, Sarah Kirsch, Volker Braun und Reiner Kunze.

Reiner Kunze schien zunächst der Idealfall des proletarischen Dichters zu sein, der mit seiner Klasse aufsteigt (wie Brecht einst von Strittmatter gesagt hatte) und dichtend ihren Standpunkt vertritt. Der Bergarbeitersohn hatte Publizistik studiert, kurz vor der Promotion die Universität verlassen müssen und war 1959 freier Schriftsteller geworden. Zunächst schrieb er akklamatorische Verse und Reimsprüche (z.B. darüber, wie schön das Soldatsein im Sozialismus ist), die sich in nichts von der verbreiteten Bejahungslyrik unterscheiden. Er selbst hat sie rückschauend als »eine zum Teil peinlich-billige Illustration« vorgegebener Ideen charakterisiert. 1963 erschien der Gedichtband »Widmungen« (in einem westdeutschen Verlag), der in der DDR noch als lyrisches Ereignis von Rang vermerkt wurde. Doch als dann 1969 »Sensible Wege« (wiederum nur in der Bundesrepublik) erschien und einige Gedichte enthielt, die die DDR-Behörden nicht lizenziert hatten, war das Band zwischen dem Autor und seinem Staat zerschnitten. Max Walter Schulz warf dem Autor auf dem 6. Schriftstellerkongreß (1969) vor, daß aus seiner »zwischen Innenweltschau und Antikommunismus« angesiedelten Lyrik »der nackte, vergnatzte, bei aller Sensibilität aktionslüsterne Individualismus« herausschaue und »schon mit dem Antikommunismus, mit der böswilligen Verzerrung des DDR-Bildes« kollaboriere. Die Folge war ein (Übersetzertätigkeit zunächst ausschließendes) Veröffentlichungsverbot für den Autor. – »Sensible Wege« vereinigt Gedichte, die bis 1960 zurückreichen und zeigen, daß Kunze damals schon sein blindes Vertrauen in den Staat DDR verloren hatte (»das ende der fabeln«, »das ende der kunst«).

Zunehmend spricht aus seinen Versen (viele sind während des sog. Prager Frühlings 1967/68 in oder über die ČSSR geschrieben, zu der Kunze über seine tschechische Frau eine besonders enge Beziehung hatte) Einsamkeit, Skepsis, Verzweiflung. Sein Ton wird bitter, ja scharf. Er, dessen entscheidender Lehrer auch Brecht gewesen war, schreibt jetzt – 1967 –

Einladung zu einer Tasse Jasmintee

treten Sie ein, legen Sie ihre
traurigkeit ab, hier
dürfen Sie schweigen

und vergleicht sich an andrer Stelle einem Fisch: »Überwintern, das / maul am grund« (auch Kunert hatte in der Ballade »Wie ich ein Fisch wurde« von den zu Fischen gewordenen Menschen gesprochen – und der Schwierigkeit, wieder ein Mensch zu werden, »weil das Menschsein sich zu leicht vergißt«). Immer dünner wird die Kommunikation, immer seltener kommen die ausgesandten Rufe an (nicht zufällig gibt es in dem Band auch »einundzwanzig variationen über das thema ›die post‹«).

Dabei wäre es ein Irrtum, zu glauben, Kunze sei schon damals ein stiller Liebhaber westlicher Verhältnisse gewesen. Das Gedicht »düsseldorfer impromptu« endet lapidar: »Der mensch / ist dem menschen / ein ellenbogen.« Die DDR hingegen bleibt für ihn unangefochten das Land, »das ich wieder und wieder wählen würde«. Was er in ihm vermißt und was ihn später, 1977, denn doch aus diesem Land vertrieben hat, sagt in der für die späteren Gedichte typischen epigrammatischen Kürze und Metaphernlosigkeit die Strophe »Ethik« aus dem Gedicht »Kurzer Lehrgang«:

Im mittelpunkt steht
der mensch
Nicht
der einzelne.

Kunzes spätere Lyrik – ob vor oder nach seinem Weggang aus der DDR 1977 erschienen – (»Zimmerlautstärke«, Frankfurt/Main 1972; »Auf eigene Hoffnung«, 1981; »eines jeden einziges leben«, 1986) bleibt unbeirrbar von der in diesem Gedicht ausgedrückten, allem abstrakten Systemdenken abholden Überzeugung geprägt. Auch ästhetisch wahrt Kunze Kontinuität: Seine Gedichte bleiben beharrlich und leise, der Hang zur spruchhaften Verknappung nimmt eher noch zu. Darin liegt seine Stärke, aber auch seine Grenze.

Wie anders die von Vitalität und Angriffslust geradezu berstenden

Verse von *Wolf Biermann*. Der Sohn eines Hamburger Hafenarbeiters, den die Nazis im KZ Auschwitz ermordeten, schien anfangs durchaus nicht dafür prädestiniert, einst zum wirksamsten (sozialistischen) Kritiker der DDR zu werden. 1953 war er aus Hamburg in die DDR übergesiedelt, hatte Philosophie studiert, war Regieassistent gewesen und begann nun, gegen Ende der 50er Jahre, eigene Lieder zur Gitarre zu singen. Jener erwähnte Lyrikabend in der Akademie der Künste im Dezember 1962 machte dann seinen Konflikt mit Partei- und Staatsführung offenbar. 1964 durfte er noch eine Tournee durch die Bundesrepublik unternehmen und als Gast im Ostberliner Kabarett »Die Distel« auftreten, aber ab 1965 – seit Erscheinen seines ersten Gedichtbandes in der Bundesrepublik – trifft ihn ein vollständiges Auftritts- und Ausreiseverbot. Von nun an wurde nur noch stereotyp das Verdikt des 11. Plenums wiederholt: »prinzipielle Gegnerschaft zum realen Sozialismus«, »Sensualismus«, »Genußstreben«, »anarchistischer Individualismus«. In der Tat: Hier stießen nicht nur abweichende Meinungen und Gesinnungen aufeinander, sondern unterschiedliche Haltungen, Verkehrsformen und Ziele. An die Adresse der alten Kommunisten seines Landes gerichtet, schrieb Biermann:

Die Gegenwart, euch
Süßes Ziel all jener bittren Jahre
Ist mir der bittre Anfang nur, schreit
Nach Veränderung […]

Der Autor kehrte sich von all jenen menschenverachtenden Dogmen, Ritualen und Autoritäten ab, die er als lebensgefährlich für den ersehnten »wahren Sozialismus« ansah und zudem für zutiefst unmoralisch hielt. Und da er diese Kritik laut und öffentlich und mit enormem Kunstverstand (nur von Ignoranten wie Peter Hacks als »Kleinkunst« abqualifiziert) vortrug, wurde er zum öffentlichen Ärgernis, oder besser: zu einem Ärgernis für die Parteiführung.

Von Biermann erschienen zunächst drei Bändchen mit Balladen, Gedichten und Liedern – »Die Drahtharfe« (1965), »Mit Marx- und Engelszungen« (1968), »Für meine Genossen« (1972) –, und zwar alle drei nur in der Bundesrepublik. In der DDR ist nie ein Buch des Autors gedruckt worden. (Wenig bekannt ist, daß zwischen 1962 und 1965 immerhin in sechs DDR-Anthologien Gedichte des Autors erschienen sind.) – Diese seine »Hetzlieder gegen den Krieg«, Liebeslieder, »Beschwichtigungen und Revisionen«, Balladen über Alltagskonflikte in der DDR und sozialistischen »Ermutigungen« verleugnen ihre Lehrmeister nicht: François Villon, Heinrich Heine und Bertolt Brecht. Sie stiften zum Lernen der Dialektik an – aber vergnüglich; sie vermitteln Erkenntnisse – aber ungetrennt von Emotionen. Grobe Effekte und überraschende Zartheiten, gebrüllte Vulgarismen und leise Zärtlichkeiten, schöne Metaphern und ungeschminkte Direktheit, Wut und Trauer, Furcht und Hoffnung, Verzweiflung und Begeisterung stoßen in ein und demselben Lied hart aneinander (und das verbindet diese Gedichte mit der Wirklichkeit). Hier mischt sich einer ein, hier will einer sich und seine Zuhörer/Leser aktivieren, verändern (»Warte nicht auf bessere Zeiten«, »An die Genossen«, »Ach verzagt nicht, Freunde«) – und verzichtet doch gerade nicht auf jene Sinnlichkeit, jenes Genießen, das der, der (sich) verändern will, beim Lesen und zum Leben braucht. In Biermann erreicht das operative Gedicht und Lied eine neue Qualität. – Bereits 1965, zu Beginn seiner unfreiwilligen »Inneren Emigration«, war Biermann klar, was auf ihn zukäme: die Gefahr, sich »mit der Dornenkrone des Märtyrers zu schmücken, die »Pose des ›pomphaft weinerlichen Sozialismus‹ [...] in mir [...] Die Reaktionäre Deutschlands wissen schon, wohin sie ihre unverbesserlichen Verbesserer verbannen: in die unergiebige Position der Verbitterung und der verzweifelt bornierten Revolution im Salon.« Elf Jahre später (die Zeit der Salonverbannung hatte Biermann in der Tat nicht unbeschädigt gelassen) erfolgte die Ausbürgerung aus der DDR. Eine Zeit neuer, produktiver Verwandlungen des Künstler-Politikers Wolf Biermann begann.

Auch *Sarah Kirsch* gehörte zunächst einmal über Jahre hin zu den wohlgelittenen, geförderten Nachwuchsschriftstellern. Über Abitur, Arbeit in einer Zuckerfabrik und Biologiestudium war sie ans Leipziger Literaturinstitut »Johannes R. Becher« gekommen. Seit 1953 veröffentlichte sie, zunächst Texte für Kinder, und, gemeinsam mit ihrem Mann Rainer Kirsch, Gedichte (»Gespräch mit dem Saurier«, 1965). 1966 zeichnete sie als Mitherausgeberin der Anthologie »Vietnam in dieser Stunde«. 1967 erschien ihr erster bedeutender Gedichtband »Landaufenthalt«, über den Volker Braun schrieb, die Autorin nehme »im Vegetabilen ihre Zuflucht, das immerhin noch unbekümmert lebt, und weiß doch und läßt uns spüren, daß sie sich die Flucht nicht gelingen läßt. [...] Und sie würde sich lieber an Menschen hängen; aber nicht, wie es nur möglich scheint, als Zierpflanze.« Damit ist schon gesagt, daß die ›Orte‹ der meisten von Sarah Kirschs Gedichten – die Natur und Liebesbeziehungen – alles andere als unpolitisch, Fluchtareal sind. »Hätte ich keine politischen Interessen, könnte ich keinen Vers schreiben«, hat die Autorin einmal bekannt. Wenn sie Einsamkeit, Verlassenheit, Anwandlungen von Passivität als Verfassungen des Individuums im Gedicht gestaltet (Verfassungen, die auch in nachkapitalistischer Zeit noch möglich sind), dann ist gerade das Ausdruck der Sehnsucht, eine Gesellschaft zu schaffen, die solche Zustände überwinden hilft. Doch diesen Zusammenhang jeweils zu entschlüsseln, das ist nach Sarah Kirschs Forderung »die Arbeit des Lesers«. Ihre Gedichte – und das gilt verstärkt für den zweiten Band *»Zaubersprüche«* (1973) – haben oft den Anschein des Spontanen, Naiven oder auch Idyllischen. Erst mehrfaches Lesen läßt entdecken, welch mühsamer Arbeitsprozeß und welche Konfliktdimension in jedem einzelnen Gedicht steckt, so z.B. in »Ich wollte meinen König töten« oder »Schwarze Bohnen«, das am Ende das erst freudige, dann vergebliche Warten auf den Geliebten in diesen Versen einfängt:

> Nachmittags mahle ich Kaffee
> Nachmittags setze ich den zermahlenen Kaffee
> Rückwärts zusammen schöne
> Schwarze Bohnen
> Nachmittags ziehe ich mich aus mich an
> Erst schminke dann wasche ich mich
> Singe bin stumm

Ähnlich wie bei Christa Wolf (wenn auch mit anderen ästhetischen Mitteln) wird jetzt erkennbar, daß hier eine Frau schreibt, die das Thema Selbstbefreiung der Frau mit anderer emotionaler und intellektueller Energie versprachlicht, als männliche Autoren dazu in der Lage waren. Sarah Kirsch wünscht sich, daß »Hexen, gäbe es sie, diese Gedichte als Fachliteratur nutzen könnten«. Damit schreibt die Autorin der Lyrik zauberische, magische Möglichkeiten zu: sich selbst, den Geliebten, andere Menschen, Naturdinge zu verwandeln, sich anzuverwandeln; über das Gedicht unentfremdete Kommunikation herzustellen, an der es im Alltag und seiner entzauberten Sprache mangelt.

Der wohl gescheiteste, theoretisch und poetisch geschulteste in dieser Gruppe ist *Karl Mickel*. Er »ist gebürtiger Sachse und lebt als Marxist in Preußen« – so hat der ihm am ehesten vergleichbare Rainer Kirsch seine Lebenskoordinaten schlagend umrissen. Er hat Geschichts- und Wirtschaftswissenschaft studiert (bei dem von ihm verehrten, mehrfach bedichteten Hans Mottek) und wissenschaftlich auf diesen Gebieten gearbeitet. Aber nicht nur das. Keiner hat sich wie er die lyrische Überlieferung, die deutsche und die nichtdeutsche, erarbeitet, keiner verfügt so souverän (und bar aller Epigonalität) darüber wie er. Er weiß, warum er reimt, wie er reimt, warum er ein antikes Versmaß oder einen freien Rhythmus wählt, warum er dieses Wort setzt und ein anderes nicht – ohne daß diese Bewußtheit seinen Versen zum Nachteil ausschlägt. Und obendrein ist er noch ein Dramatiker (»Nausikaa«, 1968; das Libretto »Einstein« zu Paul Dessaus Oper, 1974; »Celestina«, 1979) und Essayist (»Gelehrtenrepublik«, 1976) von Graden. – Nach dem ersten Bändchen »Lobpreisungen und Beschimpfungen« (1963) erschien 1966 sein Furore machendes Gedichtebuch *»Vita nova mea«*; 1975 folgte »Eisenzeit«, worin seit 1964 geschriebene Gedichte versammelt sind. Mickels Gedicht speist sich aus zwei, manchen Leuten unvereinbar erscheinenden Quellen: der (marxistischen wie poetischen) Überlieferung und der ungereinigten alltäglichen Erfahrung von heute. Bald hört er »den Leuten auf dem Berliner Hofe zu«, bald winkt er »Gestalten aus der Antike« (Mickel) oder seinem geliebten Klopstock. Das unbekümmerte Eindringen in das, was gegenwärtig ist, hat ihm böse Kritik eingetragen: »Visionen einer kranken, buckligen [...] wunden Welt« warf man ihm vor, und Schlimmeres. Sein großes geschichtsphilosophisches Gedicht »Der See« wurde Gegenstand einer teilweise wütend geführten Debatte, in der die orthodoxen Kritiker ihre Ignoranz und Engstirnigkeit unverhüllt zur Schau stellten. Man müßte Rainer Kirschs ganzen Essay über Mickel zitieren, um solche bornierten Urteile zu widerlegen und zu zeigen, wie auch das Grobe und Deftige, das Schmerzliche und Bittere (Mikkel hat es nicht erfunden) von ihm immer artikuliert, klar, horazisch formbewußt und trotzdem lebendig – eben: schön – ins Gedicht gefaßt ist, wie z.B. in dem kleinen Liebesgedicht »Der November«, in dem kein Wort überflüssig ist:

Der Abdruck deiner Hinterbacken Waldseen
Die Füße schwarz früh streck ich ausm Bett
Wer ernennt die Jahres Zeiten? ich bins
Um uns Laub lag wie auf meinem Tisch die
Gedichte. O Regen November Mai

Der nach Bernd Jentzsch jüngste dieser Gruppe, *Volker Braun*, gilt mit Recht geradezu als Inbegriff des neuen lyrischen Sprechens einer Generation, deren bewußtes Leben durchweg in der DDR sich vollzog. Für ihn hat sich die Frage, ob eine spezifisch politische Poesie notwendig sei, gar nicht mehr gestellt. Ob agonal oder kontemplativ: das war keine Ermessensfrage des Autors mehr. »Das Politische ist der Poesie nicht aufgesetzt – wo das geschieht, ist sie selber nicht mehr anwesend. Das Politische ist als menschliche Haltung Substanz des heutigen Gedichts, mit dieser Haltung steht oder fällt es: eine wirklich ›arbeitende Subjektivität‹ (Dieter Schlenstedt) kommt ohne sie nicht aus. Und diese Haltung gewinnt und hat der Dichter nicht nur als Dichter. [...] Die politische Dichtung wird die jetzige Dichtung überhaupt, man braucht sie nicht mehr so zu nennen, weil die Dichtung insgesamt aus ist auf die Macht der Menschen über ihre Verhältnisse.« Ein Verharren oder erneutes Siedeln im Innenraum des eigenen Ich (wie immer häufiger bei Kunert oder Kunze) ist für Braun nicht denkbar. Dichten hat viel mit dem eigenen Ich zu tun: in ihm »können wir andere sein und doch wir selber, wir können Möglichkeiten durchspielen und mit uns umgehen, Ungewohntes erproben und andere Bedürfnisse ermitteln« – aber es ist ein Ich, das immer probedenkend, probehandelnd auf das Kollektiv, die Gesellschaft orientiert ist: Das Gedicht »löst uns von unsrer alten Existenz«. Das Gegebene wird nicht »dargestellt«, sondern »aufgebrochen«, womit sich Braun erklärtermaßen von der »bürgerlichen [sic!] Ästhetik einer Abbildfunktion von Kunst« abwendet. In all dem ist der Lehrmeister Brecht zu erkennen. Brauns antithetisch-dialektische Sprechweise, seine »Veränderungsbesessenheit«, seine Absicht, »die Widersprüche aus- und nicht abzutragen« sind brechtsches Erbe. Von Brecht unterscheidet ihn hingegen die (eher an Majakowski erinnernde) stürmische Tonlage der Gedichte, die verrät, daß hier einer die »finsteren Zeiten«, Nationalsozialismus und Krieg, hinter sich sieht.

Braun hat seinen ersten Gedichtband *»Provokation für mich«* (1965) selbst als »ein sehr persönliches Mich-Aussprechen zu Vorgängen, in denen ich mich als Jugendlicher sah«, bezeichnet. Sie sind in der Tat provokativ, drastisch, salopp, hemdsärmlig, polemisch. Strenger Bau der Gedichte ist dem Autor noch nicht wichtig. – *»Wir und nicht sie«* (1970) – nach Brauns Vietnambuch »Kriegs-Erklärung« (1967) – markiert eine neue Position, läßt bewußt für das Persönliche und Intime keinen Platz und wendet sich thematisch den gesellschaftlichen Alternativen in den beiden deutschen Staaten auf der Folie der fatalen Vorgeschichte bis 1945 zu. Das Titelgedicht hat eine Schlüsselfunktion. Es ist eine Parodie zu Klopstocks Ode »Sie, und nicht wir« von 1790, mit der dieser die Französische Revolution gefeiert und gleichzeitig betrauert hatte, daß nicht Deutschland »der Freiheit Gipfel« erstieg. Die Inversion in Brauns Titel bezeichnet den neuen, gleichfalls historischen Gegensatz zwischen DDR und Bundesrepublik. Wie Klopstock läßt Braun der in einem (halben) Land erreichte Frieden ungetröstet: hält doch die Existenz des anderen (halben) unbefriedeten Landes die Möglichkeit des Krieges, der Katastrophe offen. – So wie in diesem Gedicht spricht Braun in dem neuen Band durchweg von einer Position des Wir. Aber dieses Wir ist nicht abstrakt der Staat oder die Partei. Der Autor meint damit die werktätigen Massen als wirkliches historisches Subjekt. Dabei machen Gedichte wie »Lob der Massen« (gegenüber Brechts »Lob der Partei«!), »Regierungserlaß«, »Revolutionslied« (bezogen auf Brechts »Keiner oder alle«) oder »Lied vom Kommunismus« deutlich, daß dieser Subjektstatus der Massen nicht als erreichter, sondern als je noch zu erkämpfender apostrophiert wird. So trifft es genau, wenn Anne Hartmann die lyrische Haltung eines Volker Braun (und verwandter Geister) als »kritischen ›DDR-Messianismus‹« bezeichnet.

Selbstverständlich prägt nicht nur die »Sächsische Dichterschule« samt einigen nichtsächsischen Adoptivgeschwistern das Bild der Lyrik in den 60er Jahren. Die veröffentlichten Texte von Vertretern der verschiedenen Generationen schieben sich gleichsam ineinander, wobei beim näheren Hinsehen immer wieder der Kontrast in Weltanschauung und Schreibhaltung zwischen Älteren und Jüngeren auffällt. Jetzt erst – 1961/62 – erscheinen ja *Bobrowskis* bedeutende Gedichtbände, die der DDR-Lyrik auch in der Bundesrepublik Beachtung verschaffen (vgl. zu ihnen S. 169f.). Bobrowski wird binnen weniger Jahre vom namenlosen Schubladenautor zur zeitweiligen Schlüsselfigur von beträchtlicher Integrationskraft im zaghaft wieder beginnenden Dialog zwischen den Autoren in Ost und West, den der Mauerbau abrupt unterbrochen hatte. Und Bobrowski bleibt auch bei dem, was er schon 1959 brieflich geäußert hatte: »Ich werde mich nicht ostdeutsch firmieren lassen, so wenig wie auf ›heimlich westdeutsch‹. Entweder ich mach' deutsche Gedichte, oder ich lern' Polnisch.« – Jetzt, 1962, erscheint *Franz Fühmanns* vierter (und letzter) Lyrikband »Die Richtung der Märchen« – der einzige, den er selbst später noch gelten ließ und der in seinem Rekurs auf die Weisheit der Grimmschen Märchen seine so fruchtbare »Arbeit am Mythos« vorbereitete. Nach *Erich Arendts* vielleicht bestem Einzelband »Ägäis« (1967) erreichte 1968 zum erstenmal eine umfassende Auswahl seiner Gedichte (»Aus fünf Jahrzehnten«) die Leserschaft und führte ihr, den jungen Poeten voran, vor Augen, wie sich in diesem Werk ungebrochene Vitalität, Enthusiasmus für die Natur und zunehmende Geschichtsskepsis mit kühner Metaphorik und inversiver Syntax in einer für DDR-Verhältnisse unerhörten Weise verbanden. Arendt gegenüber mußte *Georg Maurers* Lyrik dieses Jahrzehnts, der immer neu unternommene, wenig aussichtsreiche Versuch des sinnlichen Weltanschauungsgedichts, zweifellos traditionell erscheinen. Das wiederum erklärt den Publikumserfolg Maurers, der vor allem seinem immer wieder nachgedruckten »Dreistrophenkalender« (zuerst 1961) – einem groß angelegten, den Jahreskreis durchlaufenden Zyklus, der im Geist von Barthold Hinrich Brockes die Natur feiert – beschieden war. Schließlich nahm in diesem Jahrzehnt auch die Produktivität und öffentliche Wirkung des Lyrikers *Günter Kunert* weiter zu. Freilich trugen ihm vor allem manche sibyllinischen Gedichte des Bandes »Der ungebetene Gast« (1965) den Vorwurf »politisch-moralischer Falschmünzerei« (H. J. Geerdts) ein, was ihn sich nun tatsächlich mehr und mehr als »ungebetenen Gast« im eigenen Lande fühlen ließ. Schon Mitte der 60er Jahre war dieser Autor, »befleckt von Erfahrung«, endgültig verloren für die amtliche Erwartung an die Poesie, die »sozialistische Menschengemeinschaft« zu preisen. Seine Sache war vielmehr die (notwendige) Denunziation einer heruntergekommenen Parolensprache.

Gleichzeitig mit den jugendlichen Stürmern und Drängern à la Braun und mit den überwiegend skeptischeren Autoren der älteren Generation schrieb damals eine Frau Gedichte, die zu keiner der beiden Gruppen zählte: *Inge Müller* (1925–66). Als Koautorin ihres Mannes Heiner Müller, mit dem sie an den frühen Produktionsstücken gearbeitet hatte, kannte man sie, als Lyrikerin fragmentarisch seit Anthologiebeiträgen 1965/66, später mit ihrem »Poesiealbum« von 1976. Doch erst der 1985 aus dem Nachlaß veröffentlichte Band *»Wenn ich schon sterben muß«* hat den Rang dieser Autorin öffentlich gemacht. Inge

Müller, geborene Meyer, ist eine Angehörige der *lost generation* in einem sehr pointierten Sinn. Zu Kriegsende als Luftwaffenhelferin eingezogen, wurde sie verschüttet und, erinnerungslos, erst drei Tage später ausgegraben. Bald darauf fand sie ihre Eltern tot in den Trümmern und brachte sie eigenhändig auf einem Leiterwagen zur Bestattung. »Unterm Schutt« heißen denn auch gleich drei Gedichte Inge Müllers, die allesamt noch zehn, zwanzig Jahre nach diesen traumatischen Ereignissen eine atemlose, verstörte, distanzlose Sprache sprechen. Die erlittenen Schocks sind ganz unvermittelt, eingegangen in den gestammelten Vers, den unregelmäßigen Rhythmus, die zersprengte Form. Ohne jede didaktische Absicht, ungeschützt, mit dem »Kunstmittel des ›permanenten Stilbruchs‹« (A. Endler), hat Inge Müller von der Wirklichkeit der nazistischen Kriegsvergangenheit und ihren verheerenden Folgen bis in die DDR-Gegenwart hinein geschrieben, als dies – lange vor Fühmanns, H. Müllers, C. Wolfs späteren Selbstanalysen – keiner sonst tat, ja: vielleicht sonst keiner für möglich hielt. Der Freitod Inge Müllers (Heiner Müller hat ihn mehrfach obsessiv beschrieben) war der Preis für ihre verzweifelte Isolation.

Schließlich muß von zwei Lyrikerinnen gesprochen werden, denen man verweigerte, DDR-Autorinnen zu sein oder überhaupt erst zu werden – auf Kosten des Reichtums dieser Literatur, so läßt sich heute klar sagen. Die Rede ist von *Christa Reinig* und Helga M. Novak. Christa Reinig (geb. 1926), gebürtige Berlinerin und während des Krieges Fabrikarbeiterin, war über die Arbeiter-und-Bauern-Fakultät zum Kunstgeschichtsstudium und danach zu einer wissenschaftlichen Tätigkeit am Museum gekommen. Schon seit 1948 hatte sie Gedichte und Erzählungen in Anthologien und der satirischen Zeitschrift »Ulenspiegel« veröffentlicht. 1950 erhielt sie ein nie aufgehobenes Publikationsverbot – die bis Anfang der 60er Jahre entstandenen Gedichte konnten nur in der Bundesrepublik (»Die Steine von Finisterre«, 1960; »gedichte«, 1963) erscheinen. Nachdem sie 1964 den Bremer Literaturpreis entgegengenommen hatte, kehrte sie nicht mehr in die DDR zurück – eine Reaktion, mit der man in der DDR offenbar (billigend) gerechnet hatte. Reinigs frühe (DDR-)Gedichte und Moritaten, am bekanntesten ihre »Ballade vom blutigen Bomme«, zeichnen sich durch eine lakonische, manchmal schnoddrige, dem makabren Wortwitz zugeneigte Sprache aus, die ihre Nähe zum frühen Brecht, auch zu Kunert nicht verleugnen kann. Es ist aufschlußreich, daß für diese nur verhalten widerständige, niemals laute Stimme in der DDR-Literatur der 50er und 60er Jahre kein Platz war. – Auch die frühen Gedichte von *Helga M. Novak* (geb. 1935), sie ist ebenfalls Berlinerin, sind aus DDR-Erfahrung hervorgetrieben – das vergißt man heute gern. Die begeisterte junge Sozialistin hatte nach ihrer Heirat 1961 für vier Jahre auf Island gelebt und war dann in die DDR zurückgekehrt. Ihr Studium am Literaturinstitut »Johannes R. Becher« in Leipzig fand jedoch ein jähes Ende. Helga M. Novak wurde 1966 – zehn Jahre vor Biermann – aus der DDR ausgebürgert. Seit Ende der 50er Jahre hatte sie, gleich ihren Generationsgenossen, aufmüpfige Verse geschrieben, die jedoch in der DDR nie veröffentlicht, sondern nur auf Handzetteln verbreitet wurden. Sie gingen dann in die beiden Bände »Die Ballade von der reisenden Anna« (1965) und »Colloquium mit vier Häuten« (1967) ein. Novaks Gedichte dieser Zeit wenden sich, Biermann ähnlich, ungeschminkt direkt gegen einen autoritären Funktionärssozialismus, der gerade die kleinen Leute, die Schwachen, die Kinder beschädigt. Eine Frage wie »Wem gehört eigentlich das Volkseigentum?« (aus dem Gedicht »Einem Funktionär ins Poesiealbum«, 1958) überschritt deutlich die Grenzen des damals Veröffentlichbaren. – Helga M. Novaks autobiographischer Rückblick »Vogel federlos« (1982) gehört ebenfalls zur DDR-Literatur, insofern er die in diesem Land gelebte Zeit reflektiert und aufschließt.

Zur DDR-Lyrik dieses Jahrzehnts zählt zweifellos auch das Werk eines ihrer Größten, der nun auch kein DDR-Autor mehr sein sollte: *Peter Huchel.* Nach »Gedichte« (1948, also noch in der SBZ) ist nie ein Band dieses Dichters in der DDR verlegt worden; sein zweites Buch *»Chausseen, Chausseen«* konnte 1965 nur in der Bundesrepublik erscheinen.

Vorausgegangen war 1962 Huchels erpreßte Demission als Chefredakteur von »Sinn und Form« (davon war bereits die Rede), die ihn für fast neun Jahre zum unfreiwilligen »inneren Emigranten« machte. Sein Haus in Wilhelmshorst bei Potsdam wurde überwacht, Reisen waren nicht gestattet, Besucher wurden ferngehalten. Erst 1971 ließ man Huchel ausreisen, zunächst nach Rom, von wo er in die Bundesrepublik übersiedelte. – Huchels Gedichte begannen sich schon gegen Ende der 50er Jahre zu verdüstern – eine Tendenz, die dann in den 60er und 70er Jahren ohne Unterbrechung zunimmt. Immer weniger handelt es sich jetzt eigentlich um Naturgedichte. Mythologische und historiographische Motive und Figuren dominieren, die Landschaften werden zunehmend abstrakt und leer: Chiffren einer Erstarrung, Versteinerung, Vereisung, die viel mehr mit den Menschen als mit der Natur zu tun haben. Huchel läßt eine *nature morte* erstehen, die zwar auch jetzt nicht menschenlos ist, aber doch Menschen in einem eisigen Winter oder einer tödlichen Dürre und Ödnis vorführt. Die Aufbruchsbewegung der Nachkriegszeit, die auch die Gedichte ›bewegt‹ machte, ist verflogen, die Gedichte Huchels sind statisch geworden, so, wie er die Geschichte als gestockte und stillgestellte erfährt. Der, mit Augustinus, vergangene und gegenwärtige Erfahrung in »den großen Hof meines Gedächtnisses« rücken wollte, weiß, daß er sich jetzt vergeblich »an taube Ohren der Geschlechter« wendet. Die elegische Haltung manifestiert sich besonders deutlich im adonischen Vers (Daktylus und Trochäus), der Reim verflüchtigt sich mehr und mehr. Schon die sechs eigenen Gedichte, die Huchel Ende 1962 als seine trotzige »Abschiedssignatur« (I. Hilton) in das letzte von ihm verantwortete Heft von »Sinn und Form« einrückte, enthalten den ganzen späten Huchel, vor allem »Traum im Tellereisen«, »Winterpsalm« und »Der Garten des Theophrast«. In dem letztgenannten Gedicht formuliert Huchel, notgedrungen camoufliert, *sein* Manifest »An die Nachgeborenen«, das dem verhaltenen Optimismus eines Bertolt Brecht nicht mehr zu folgen vermag. »Tot ist der Garten« dem, der »einst Gespräche wie Bäume gepflanzt« die Wurzel des Ölbaums gerodet:

Meinem Sohn

Wenn mittags das weiße Feuer
Der Verse über den Urnen tanzt,
Gedenke, mein Sohn. Gedenke derer,
Die einst Gespräche wie Bäume gepflanzt.
Tot ist der Garten, mein Atem wird schwerer,
Bewahre die Stunde, hier ging Theophrast,
Mit Eichenlohe zu düngen den Boden,
Die wunde Rinde zu binden mit Bast.
Ein Ölbaum spaltet das mürbe Gemäuer
Und ist noch Stimme im heißen Staub.
Sie gaben Befehl, die Wurzel zu roden.
Es sinkt dein Licht, schutzloses Laub.

Von Huchel sind in den 60er Jahren immer noch Wirkungen auf einzelne DDR-Lyriker ausgegangen, so auf Heinz Czechowski, Wulf Kirsten und vor allem auf Uwe Grüning (geb. 1942), der ihn unermüdlich besuchte (so wie ihm auch andere Autoren wie Wolf Biermann oder Rolf Schneider die Treue hielten). Für die Jüngeren gilt, was Durs Grünbein 1995 festgestellt hat: »Ich habe Peter Huchel erst spät wahrgenommen, als einen gründlich Verdrängten, den sozusagen offiziell ein Geheimnis umgab. Es war die Leerstelle, die seinen Namen trug, eine jahrzehntelange, erzwungene Abwesenheit. Den Gedichten voraus ging das vergeßliche Gerücht vom großen Verweigerer, das sie zu überschatten drohte. Sie selbst, die wenigen, die ich zu lesen bekam, prägten sich ein, dank ihrer japanischen Ökonomie.«

6
Die wachsende Kluft zwischen Utopie und Geschichte: Literatur als Zivilisationskritik (1971–89)

Für die neuere DDR-Literatur, deren Vorboten schon am Ende der 60er Jahre auszumachen sind, ist charakteristisch, daß sie sich in ziemlicher Breite von der vorbehaltlosen Bejahung des »real existierenden Sozialismus« lossagt und damit die affirmative Eindeutigkeit, den Diskurs der Monosemie, verläßt. Sie richtet ihre Hoffnung zwar weiterhin, von wenigen Ausnahmen abgesehen, auf einen ›anderen‹, ›eigentlichen‹, sprich: utopischen Sozialismus, unterzieht aber gleichzeitig das herrschende System als zivilisatorische Struktur – vor allem in seinem Umgang mit Mensch und Natur – einer zunehmend schärferen, an die Wurzeln gehenden Revision. Kurz, die DDR-Literatur in den letzten zwei Jahrzehnten ihres Bestehens wird eine Literatur der radikalen Zivilisationskritik, die sich jetzt auch immer selbstverständlicher der Formensprache der europäischen Moderne bedient.

Immer häufiger widersprechen literarische Texte den vom Offizialdiskurs verhängten Geboten der »Transitivität«, der »Kohärenz« und der »Repräsentation« (um es mit Michel Foucault zu sagen) und werden – nicht unbedingt in ihrer expliziten politischen Aussage, sondern in ihrer Redeweise – zu subversiven Elementen eines Gegendiskurses. Seit der Wende wird diskutiert, inwieweit die zivilisationskritische Tendenz der neuen Literatur in der zweifelhaften Tradition romantisch-irrationaler Strömungen in Deutschland zu sehen sei, ja, ob sie nicht als Entlastungs- oder gar Rechtfertigungsstrategie gegenüber dem Unrechtsstaat DDR gesehen werden müsse. Dies wird weiter unten zu erörtern sein. Zunächst ist festzuhalten, daß bei den meisten Autoren diese Haltung des Infragestellens der zivilisatorischen Perspektive im sozialistischen Lager bis zum Zusammenbruch der DDR (und über ihn hinaus) auf merkwürdige Weise verhakt bleibt mit einer nicht angefochtenen prinzipiellen Solidarität gegenüber dem sozialistischen Projekt. So wird die DDR-Literatur – anders als die anderer Ostblockländer – nur an ihren Rändern zu einer Literatur der Dissidenz. Immerhin gibt es diese Ränder, und sie wachsen in den letzten zehn, zwölf Jahren der DDR. Die Literatur tritt jetzt permanent an mehreren Orten auf den Plan – in der DDR, in der Bundesrepublik und in vielen Fällen in beiden Staaten. Nachdem die DDR-Literatur seit den mittleren 60er Jahren eine gewisse Unverwechselbarkeit gewonnen hatte, wird es jetzt, aufgrund zunehmender zentrifugaler Kräfte in politischer, ästhetischer und eben auch territorialer Hinsicht, eher wieder schwierig, plausible Zuordnungen vorzunehmen. Zudem ist der kulturelle und künstlerische Aufbruch einer jungen Generation (der in den 50er Jahren Geborenen) zu verzeichnen, die sich vom (ideal-)sozialistischen Telos der bisherigen DDR-Literatur insgesamt zu lösen versucht. Aufgrund der tatsächlich weitgehenden Andersartigkeit wird diese Literatur in einem eigenen Kapitel (7) dargestellt, obwohl es um großenteils gleichzeitige Phänomene geht.

Das immer wieder überraschende, willkürliche Hin und Her der kulturpolitischen Maßgaben und Entscheidungen zeigt an, daß sich die Geschichtsschreibung der literarischen Entwicklung nur sehr zurückhaltend von ihnen leiten lassen darf. Im Mittelpunkt müssen die literarischen Werke und Konzepte selbst stehen. Diese freilich sind nicht vom Himmel gefallen, sondern Ausdruck der lebensgeschichtlichen Erfahrungen von Autoren in einem bestimmten Gesellschaftssystem. Demzufolge gilt es zunächst die wirtschaftliche, soziale und kulturelle Gesamtentwicklung der DDR in den letzten knapp 20 Jahren ihrer Existenz nachzuvollziehen. Dabei wird offenbar, daß vor langer Zeit getroffene Strukturentscheidungen für den autoritären, innovationsfeindlichen »realen Sozialismus« immer neue Dilemmata erzeugten, die sich am Ende nicht mehr aufheben ließen. Davon zeugt auf ihre Weise die Literatur.

Vom Reformversprechen zur Agonie: Die letzte Etappe der »Übergangsgesellschaft« DDR

Volker Braun hat 1982 seine erste Komödie mit dem Titel »Die Übergangsgesellschaft« geschrieben. Spielbar in der DDR wurde sie, nach der westdeutschen Erstaufführung 1987, erst 1988. Warum? Wohl kein anderes Theaterstück aus der DDR hat, in Form der literarischen Parodie, im Gewand der historischen Reminiszenz, die »Übergangsgesellschaft« DDR als in die Sackgasse geratenes Provisorium auf Dauer so scharf ausgeleuchtet wie dieses. 1971 war das Jahr eines – so konnte es scheinen – gleichsam »zweiten Aufbruchs« des Staates DDR und seines sozialistischen Modells gewesen. Mit der Ablösung Walter Ulbrichts durch den eine knappe Generation jüngeren Erich Honecker an der Spitze von Staat und Partei schien sich im Zeichen der »untrennbaren Einheit von Wirtschafts- und Sozialpolitik« ein Weg in Richtung auf mehr Wohlstand und Lebensqualität, aber auch auf mehr Liberalisierung des kulturellen und insbesondere des literarischen Lebens zu öffnen. 1982, als Braun sein Stück schrieb, waren die ohnehin schwachen Hoffnungskeime von 1971 schon wieder von den Hagelschauern der Repression zerschlagen. Auch das Politbüro Honeckers begnügte sich mit einem Sozialismus, der »real existiert« (eine – darauf hat Hans Magnus Enzensberger hingewiesen – so affirmative wie resignative Wendung). Der »zweite Aufbruch« hatte sich als Illusion, als ein bloßes Als ob erwiesen. Diese Situation faßt Brauns verzweifelte Komödie in allegorische Bilder.

Die Komödie spielt mit Anton Tschechows berühmtem Stück »Drei Schwestern«. Ort des Geschehens sind ein »altes Grundstück« und ein ebensolches Haus aus »morschem Holz«, von dem es heißt, es sei »nur geringfügig umgebaut« worden. Die Zeit ist die Jetztzeit der DDR, und bald merkt man auch, daß mit dem alten, kaum umgebauten Haus und »Grund-Stück« (so heißt gleichzeitig der erste Teil des Textes) nichts anderes als die DDR gemeint ist. Hier tummelt sich ein gut Teil des Personals von Tschechow, allen voran die drei Schwestern Olga, Mascha und Irina. Olga, die Lehrerin, vertritt schon von Berufs wegen die autoritäre Ordnung. Sie ist nicht glücklich in ihr, kann sich aber auch nichts anderes vorstellen. Anders Mascha, die Historikerin, und vor allem die junge Telefonistin Irina, die, abweichend von Tschechow, nun nicht mehr von der Arbeit als Quelle menschlichen Glücks schwärmt. Sie sagt: »Was hier geschieht, macht mich nicht an. DIE ENTWICKLUNG. Ja, ›alles ist gut, alles ist vom Staat‹ – aber ich warte auf nichts. Hier ist nichts, das mir gefällt.« Diese Position der Aussteigerin, des »Null Bock auf DDR«, wird heftig konterkariert durch den Bruder Walter Höchst, der, verglichen mit seinem Urbild Andrej bei Tschechow, wohl die gründlichste Metamorphose durchlaufen hat. Walter ist Betriebsleiter des VEB »Stolzes Banner«, ein Mann der Tat, der wahre Praktiker des »realen Sozialismus«. Zwar schwadroniert er von der »Hoffnung«, der »Idee« und dem »Ziel« vor den Augen, aber gemeint ist nichts anderes als »Aufwandssenkung«, »überdurchschnittliche Zuwachsrate« und »Rationalisierung«, um »vorderhand« wenigstens »den Kapitalismus einzuholen«. Denn: »Der Kapitalismus kann alles.« Sein größter Stolz liegt darin, den Betrieb im Notfall »binnen 24 Stunden auf den Kriegszustand« umstellen zu können – »Und wenn alles in Scherben fällt.« Sein Wahlspruch heißt »Vorwärts Preußen«. Walters Kontrahent wiederum ist Onkel Wilhelm, die heimliche Perspektivfigur des Stücks: Spanienkämpfer und mehr Anarchist als orthodoxer Sozialist. Für ihn hatte man nach 1945 keine Verwendung, im Gegensatz zu seinem Bruder Höchst senior, der die autoritäre, stalinistische Variante des Sozialismus vertritt. So präsentiert sich das »Grund-Stück« DDR in Brauns Komödie, trotz Irina und Wilhelm und der Schauspielerin Mette, als System der gestockten, stillgestellten Widersprüche. Man sieht die Tagesschau – »Weiter passiert nichts«, heißt es böse – und lauscht dem quälenden Dauerton des Kriechstroms. Das Hier und Jetzt des »realen Sozialismus«, eine Symbiose aus autoritärem Preußen und der Sehnsucht nach der »Neuen Sachlichkeit« des Kapitalismus, gespickt mit marxistischen Vokabeln, scheint als zukunftslos. »Die toten Fische schwimmen mit dem Strom.« Die rührende Utopie, die Tschechows Figur Werschinin noch zu Gebote stand, ist verschlissen.

An dieser Stelle springt der Autor Volker Braun nahezu unvermittelt heraus aus dem »verkommenen Grund-Stück« in das Experiment eines imaginären »Fluges«. Alle im Haus Versammelten beginnen, angeleitet von der ›Teamerin‹ Mette, zu träumen, manche sogar, ihre Träume nach außen zu wenden. Olga entkleidet sich, Mascha träumt vom sonnigen Süden, Mette und Wilhelm schlafen miteinander. Als Wilhelm dazu ansetzt, seinen Traum – »Mein Leben« – zu erzählen und damit das verdrängte Anarchische wiederkehren zu lassen, reagiert Betriebsleiter Walter massiv. Er hatte vorher schon davon geträumt, unter den Überflußbedingungen des Kapitalismus zu wirtschaften: »Plötzlich rollt das Material, liegt das Ersatzteil auf der Palette, rauscht die verbindliche Mitteilung durch die Rohrpost, plötzlich geht alles leicht.« Jetzt zieht er eine Waffe und spricht »eine andere Sprache«. Es ist die der nackten, totalitären Gewalt. Angesichts der Gefahr einer »Revolte« (»Soll das eine Kommune werden«, fragt er Mette) wird der Betrieb auf die »Bestimmungen des Kriegsrechts« umgestellt. Irina, die Alternative, wird »isoliert«, Dr. Bobanz, Maschas angepaßter Mann (eine »Zweckleuchte«), umgebracht. Der Schriftsteller und Intellektuelle Paul Anton (eine entfernte Variation Werschinins, aber vor allem von Trigorin aus Tschechows »Möwe«, dem überdies Sätze Heiner Müllers in den Mund gelegt werden) übernimmt die Rolle des Exekutors. Doch da es sich um eine Komödie handelt, darf der faschistische Alptraum nicht das Ende sein. Nach Wilhelms Tod (dem letzten »UBER-DIE-GRENZE-GEHEN« eines, der zu leben verstand) zündet Irina das morsche Haus an. Sie hat ihr »Gesicht« sehen wollen, und sie hat es entdeckt. Sie gehört nun nicht mehr zu den »Strichmännchen der Planung«. Was darauf folgt, ist unwichtig. Es kann nur besser werden.

Brauns Stück ist keine Aufforderung zur Zerstörung des ›Hauses‹ DDR. Aber es ist ein radikaler Appell, den Teufelskreis des Status quo zu durchbrechen und alle möglichen Grenzen zu überschreiten. Überdies zeigt Brauns Text, wie schmerzlich bewußt gerade den marxistisch denkenden Autoren die Antagonismen der DDR-Gesellschaft im letzten Jahrzehnt ihres Bestehens waren. Sie behalfen sich, indem sie den aktuellen, »real existierenden Sozialismus« zum »Protosozialismus«, einem Sozialismus im »Larvenzustand« (Braun) erklärten. Damit ermöglichten sie sich die Aufrechterhaltung der Utopie des »wirklichen« Sozialismus. Ein großer Teil der DDR-Literatur der späten 70er und 80er Jahre – es ist der im Westen aufgrund ähnlicher hoffnungsvoller Projektionen am stärksten favorisierte Teil – trägt diese Doppelsignatur: hier die Erkenntnis der »zivilisatorischen Lücke« (W. Engler), der »massenhaften Vernichtung menschlicher Wünsche, menschlicher Phantasie, menschlicher Produktivität« im »Resozismus« (so im gleichen Jahr 1982 wie Brauns Theaterstück Hans Magnus Enzensberger in seinem weitsichtigen Essay »Das höchste Stadium der Unterentwicklung. Eine Hypothese über den real existierenden Sozialismus«) – dort der hartnäckig festgehaltene Glaube an eine mit historischer Notwendigkeit kommende gute sozialistische Zukunft, die am Ende mit schöner Regelmäßigkeit auf den »real existierenden Sozialismus« zurückprojiziert wird, womit dieser wiederum teillegitimiert war.

Die DDR der Honecker-Ära ist von widerstreitenden Tendenzen gekennzeichnet. In den 60er Jahren hatte die DDR ihren wirtschaftlichen Aufbau abgeschlossen und war zu einem wichtigen Industrieland zumindest im Maßstab der Zweiten Welt geworden. Man kann pointiert vom (verspäteten) Ende der Rekonstruktionsperiode sprechen. Erkauft waren diese Erfolge mit gegenüber dem Westen enormen Rückständen in der Konsumgüterindustrie. Das Dilemma war, daß eine nach wie vor dumpfe, innovationsfeindliche Planökonomie nicht die Überschüsse erwirtschaftete, die für die anvisierte Hebung des Lebensstandards nötig gewesen wären. Nach wie vor war die DDR-Wirtschaft von Gleichgültigkeit und Schlendrian, von der Vergeudung von Ressourcen wie einer unfähigen und zugleich allmächtigen Bürokratie geprägt. Versuche der 60er Jahre, das Regulativ des Marktes und andere Formen der wirtschaftlichen Selbstregulierung zu installieren, waren gescheitert, weil das Primat einer zentralistischen Planwirtschaft letztlich eben doch nicht preisgegeben wurde. Diese aporetische Grundsituation der DDR-Ökonomie (wie aller anderen sozialistischen Wirtschaftssysteme) konterkarierte auch die zeitweise forcierten, am Ende aber nur grotesk-verzweifelten Versuche der SED, das Land technologisch durchgreifend zu modernisieren.

Die DDR war, das haben vielfältige sozialwissenschaftliche Untersuchungen gezeigt, schon seit Mitte der 60er Jahre ein Land der *»partiellen Modernisierung«*. Partiell blieb der immer wieder erneuerte Modernisierungsimpuls, weil ihm ein allumfassender Plananspruch sowie damit korrespondierende vormoderne Normen und Einstellungen in der Bevölkerung zumindest im Arbeitsverhalten entgegenstanden. Zwar entfalteten die DDR-Bürger durchaus ›moderne‹ Einstellungen und Haltungen wie Initiative, Flexibilität, Mobilität und Wahrnehmung von Eigeninteresse, aber doch nur im privaten oder familiären Bereich, wo die bescheidenen Früchte solchen Verhaltens, anders als in der zu Tode geplanten Volkswirtschaft, auch geerntet werden konnten. Gleichwohl – also ohne die dazugehörigen ökonomischen und gesellschaftlichen Voraussetzungen – proklamierte die SED jetzt im Gefolge der seinerzeit steckengebliebenen Wissenchaftlich-Technischen Revolution (WTR) eine *umfassende und forcierte Modernisierung* des Landes. Mit der Bejahung des ungebremsten ökonomischen Wachstums wurde eine »unreflektierte Modernität« zum »Fluchtpunkt der Entwicklung« (V. Gransow). Gewiß hatte man dabei seit 1971 mehr als vorher das Wohl der Bevölkerung im Auge. Als »Hauptaufgabe des Fünfjahrplanes 1971–1975« bezeichnete die SED die »weitere Erhöhung des materiellen und kulturellen Lebensniveaus des Volkes auf der Grundlage eines hohen Entwicklungstempos der sozialistischen Produktion«, die »Erhöhung der Effektivität, des wissenschaftlich-technischen Fortschritts und des Wachstums der Arbeitsproduktivität«. Damit wurde, wie bereits erwähnt, die »untrennbare Einheit von Wirtschafts- und Sozialpolitik« zur zentralen Forderung, die 1976 schließlich auch ins neue Parteiprogramm aufgenommen wurde. Der bisher dominante Produktionssozialismus sollte, den Bedürfnissen der Menschen entsprechend, nun gleichzeitig *Konsumsozialismus* werden. Autos, Fernsehapparate, Gefriertruhen, Genußmittel und das Häuschen im Grünen (die Datsche) sollten jetzt endlich für die DDR-Bürger genauso selbstverständlich werden wie für ihre westlichen Nachbarn. Robert Havemann hat diese Anpassungstendenz an den Konsumwahn damals scharf kritisiert: »Die ›Lebensqualitäten‹, die der DDR-Sozialismus anstrebt, sind die, die der Kapitalismus bereits bietet. Aber während der Kapitalismus bereits beginnt, unter den Auswirkungen seiner Konsumexplosion Erstickungsanfälle zu erleiden, quält sich die sozialistische Wirtschaft mit gehörig rückständiger Technologie immer wieder vergebens damit ab, der kapitalistischen Wirtschaft auf immer sinnloser werdenden Wegen zu folgen und sie, wenn irgend möglich, einzuholen.« So treffend diese Kritik war, enthielt sie doch auch ein Moment von Ungerechtigkeit. Denn die Konsumgüterproduktion und vor allem die Wohnraumversorgung waren in der DDR so zurückgeblieben, daß der Bevölkerung Verbesserungen in dieser Hinsicht nur zu wünschen waren. Freilich: Die im Westen wohlbekannte Tendenz zur unreflektierten Modernität mit allen Folgelasten für Natur und Lebenswelt wirkte sich in der DDR wie allen anderen Ostblockländern noch katastrophaler als dort aus. Wo sich in den westlichen Demokratien immerhin Kräfte der Kritik, Innovation und Umsteuerung artikulieren und zum Teil sogar durchsetzen konnten, hatten die Menschen in den realsozialistischen Ländern *nur* die Schattenseiten der Modernisierung zu tragen. Das repressiv-hierarchische System erstickte all jene Kräfte der Selbstregulation, die in Zeiten forcierter industrieller Modernisierung nötiger denn je waren.

Ein Dilemma war und blieb zudem, daß Kapital, Innovationskraft und Arbeitsproduktivität der DDR-Planwirtschaft nicht ausreichten, um der postulierten Notwendigkeit eines deutlich verbesserten Lebensstandards zu entsprechen. Die in den 70er und 80er Jahren gestarteten massiven Bemühungen in Richtung auf eine »sozialistische Rationalisierung« der Produktion in Industrie und Agrarwirtschaft durch (Teil-) Mechanisierung und Automatisierung (Industrieroboter, Mikroprozessoren usw.) waren – im Vergleich der Volkswirtschaften der Zweiten Welt – bemerkenswert, aber im Vergleich mit der westlichen Welt allemal nicht ausreichend. Der Zwang dazu war gewachsen, seit zu Beginn der 70er Jahre (erste Ölkrise von 1973) und danach immer gravierender die Rohstoffpreise am Weltmarkt in die Höhe schnellten und die Preise für industrielle Fertigwaren – die Domäne des Industrielandes DDR – nicht Schritt hielten. In dieser Situation die Exportkraft zu steigern, gelang nicht. Allzu bescheiden blieben die Produktqualität wie auch der Grad an Arbeitsproduktivität, den die DDR-Wirtschaft erreichte (zu Ende der DDR lag sie bei 30–40% der Arbeitsproduktivität in der Bundesrepublik). Milliardenkredite mußten aufgenommen werden und waren rasch wieder verbraucht. Immerhin kurbelte der »vom Weltmarkt geförderte Genosse Sachzwang« (D. Staritz) einen »Modernisierungstrend« an, der sich allen Beharrungstendenzen zum Trotz bis in die vormodernen »Nischen« der DDR-Gesellschaft hinein auszuwirken begann. Die jetzt geforderte Disponibilität, Flexibilität und Mobilität der Arbeitskräfte, westlichen Industriegesellschaften längst vertraut, wurde zu einem in der DDR bisher fast unbekannten alarmierenden Störfaktor der sozialen und zwischenmenschlichen Verhältnisse. Die »Herrschaft der Versachlichung« (W. Thaa) erreichte auch in der DDR schon ein erhebliches Niveau. Freilich haben die Jahre seit der Wende gelehrt, daß das Modernisierungsniveau der DDR auf *allen* Feldern weit unterhalb des westdeutschen lag.

So hat sich im Zuge dieser Entwicklungen das *Kulturgefüge der DDR* im Laufe der letzten zwanzig Jahre ihrer Existenz einschneidend verändert. Die kulturelle Hegemonie wurde jetzt nicht mehr nur von der kommunistischen Zielprojektion einerseits und den autoritären deutschen Traditionen (kulminierend im NS-Regime) andererseits bestimmt, sondern auch von dem, was man die *»industrialistische Kultur* mit ihren Fetischen Wachstum, Sicherheit und Effektivität, aber auch mit Konsumismus und Entfremdung« (V. Gransow) genannt hat. Es ist außer Zweifel, daß der Marxismus spätestens von seiner leninschen Version an eine der großen Strategien militanter Naturunterwerfung darstellt. Deshalb kann es nicht überraschen, daß diese Tendenz nun auch in der DDR – nach einem fragwürdigen Technikkult von Anfang an, dem auch die Literatur Ausdruck gab (vgl. S. 187ff.) – in vollem Umfang durchschlägt. Auf der Basis einer ähnlichen Produktionsweise, der gleichen bevorzugten Technologien und einer verwandten industriegesellschaftlichen Lebensweise bildeten sich so partiell *konvergente resp. symmetrische Strukturen und Prozesse in West und Ost* heraus. Dazu gehört auch, daß die DDR-Führung sich seit Ende der 70er Jahre nicht mehr nur mit einer marxistischen Oppositionskultur der »wahren Sozialisten« (von Havemann und Biermann bis zu Rudolf Bahro und Volker Braun) auseinandersetzen mußte, sondern mehr und mehr auch mit einer *alternativen Subkultur,* die an sozialistischen Modellen kaum noch interessiert war. Vielmehr suchte sie nach radikal anderen Lebensformen in einer renaturalisierten Umwelt. Gemeint sind die neuen sozialen Bewegungen – einander oft überlappend – aus dem letzten Jahrzehnt der DDR: die nicht institutionalisierten Friedensgruppen, die ökologische

Bewegung, die Anti-Atomkraft-Bewegung, die Frauenbewegung und die Minderheitengruppen wie die der Homosexuellen oder Lesben. Ihre »postmaterialistischen Bewußtseinslagen« (H. Knabe) unterschieden sich zutiefst sowohl vom Marxismus als auch von der dem Westen abgeschauten Konsumorientierung in der eigenen Bevölkerung. Der Anspruch, die eigene Lebenswelt zu bewahren oder aus ihren industriegesellschaftlichen Beschädigungen heraus neu zu gewinnen, war mit den auch in der DDR virulenten ›modernen‹ Prinzipien der »formalen Rationalität« (Max Weber) bzw. der »instrumentellen Vernunft« (Horkheimer/Adorno) nicht in Einklang zu bringen. Diese neue kulturelle Bewegung hat zwar die Agonie der DDR nicht erzeugt, aber sie hat ihr Ausdruck gegeben und deren Ende wohl doch ein wenig beschleunigt.

VIII. Parteitag, Biermann-Ausbürgerung und die Folgen

Für eine paar Jahre schien es so, als ob der VIII. Parteitag der SED vom Juni 1971 einen Wendepunkt der DDR-Politik, vielleicht sogar der DDR-Geschichte herbeigeführt habe. Für die Literatur gilt in der Tat, daß dieser Parteitag bzw. das 4. Plenum des ZK der SED ein halbes Jahr später tatsächlich den Künsten eine vage Generallizenz (mit ständigem Vorbehalt) erteilte und daraufhin ein lebendigeres, nicht selten kontroverses literarisches Leben in Gang kam. Der VIII. Parteitag hat diese neue Literatur wohlbemerkt nicht selbst hervorgebracht, er hat sie nur lizenziert. Geschaffen haben sie individuelle Autoren, und dies schon seit Mitte der 60er Jahre. Nur: Plenzdorf hatte seinen neuen Werther »in der Schublade« lassen müssen, Brauns »Kipper« durfte kein Theater spielen, Christa Wolfs »Nachdenken über Christa T.« kein großes Publikum lesen. Aufführungen von Müllers »Macbeth« (1971), »Die Schlacht« (1975) und »Die Bauern« (1976) wären in den 60ern noch nicht denkbar gewesen. Das Jahr 1971 ist insofern eine Zäsur, als es der kritischen DDR-Literatur zeitweise zu mehr Öffentlichkeit verhalf.

Der VIII. Parteitag fand einen Monat nach der Ablösung Walter Ulbrichts als Erster Sekretär des ZK der SED durch Erich Honecker (im Mai) statt. Dieser Personenwechsel war nicht die Garantie einer wirklich neuen Politik, aber doch eine wichtige Vorbedingung für Veränderungen. Die von diesem Parteitag beschlossenen politischen, ökonomischen und ideologischen Kurskorrekturen sind auf dem Hintergrund einer gewandelten weltpolitischen Lage wie auch veränderter DDR-Verhältnisse zu sehen. Die Bundesrepublik der Brandt-Scheel-Regierung hatte den Alleinvertretungsanspruch für ganz Deutschland fallengelassen; die DDR erfuhr durch die in Etappen erfolgende weltweite staatliche Anerkennung beträchtlichen Prestige- und Machtzuwachs. Sie konnte sich demzufolge selbstbewußter und in Grenzen liberal geben.

Speziell für die Literatur gab Honecker mit einer Rede vor dem 4. ZK-Plenum vom Dezember 1971 das Signalwort, das seither unaufhörlich wiederholt, beschworen und interpretiert wurde. Er sagte damals: »Wenn man von der festen Position des Sozialismus ausgeht, kann es meines Erachtens auf dem Gebiet von Kunst und Literatur keine Tabus geben. Das betrifft sowohl die Fragen der inhaltlichen Gestaltung als auch des Stils – kurz gesagt: die Fragen dessen, was man die künstlerische Meisterschaft nennt.« Das schien zu bedeuten, daß wenigstens überzeugte Sozialisten über alles und mit allen künstlerischen Mitteln schreiben durften, die sie vor sich selbst verantworteten – und nicht vor irgendeiner anderen, z.B. parteiamtlichen Instanz. Doch was war mit der »festen Position des Sozialismus« gemeint? Biermann (der »mit Marx- und Engelszungen« sprach und weiterhin in der DDR zum Schweigen verurteilt war) hatte sie offenbar nicht, ebensowenig Reiner Kunze. Auch Volker Braun, Stefan Heym, Rainer Kirsch, Günter Kunert und Heiner Müller mußten sich – lange vor der Biermann-Ausbürgerung – Druck- und Aufführungsverboten beugen in jenen ›liberalen‹ Jahren, von jüngeren Autoren wie Thomas Brasch oder Stefan Schütz ganz zu schweigen. So geht auch Rolf Schneiders Rückblick von 1979 auf die Jahre 1969 bis 1976 in die Irre, in dem es heißt: »Darauf [auf den Fall ›Nachdenken über Christa T.‹, W. E.] begann die längste Zeit ohne Fälle, umfassend insgesamt sieben angenehme, auch höchst produktive Jahre. Sie endete mit dem November 1976 [...].« Eine solche verklärende Perspektive verkennt zudem, daß die von Honecker angebotene Version von Öffentlichkeit eine eminent reduzierte, nicht demokratische war, insofern sie *nur Sozialisten* die Möglichkeit freier Meinungsäußerung im Medium Literatur eröffnete. Ein Autor wie Hans Joachim Schädlich – jedenfalls Demokrat, aber nicht Sozialist – war damit von vornherein ausgeschlossen.

Seit Beginn des Jahres 1972 fand eine erste Debatte – allerdings nur innerhalb der esoterischen Öffentlichkeit der Literaten selbst, nämlich in der Akademiezeitschrift »Sinn und Form« – statt, an der abzulesen war, inwieweit die Partei ihre eigene Losung der Enttabuisierung ernst nahm. Adolf Endler, selbst einer der wichtigsten Lyriker der DDR (er war 1955 aus der Bundesrepublik in die DDR übergesiedelt), konnte im Novemberheft 1971 eine harsche Kritik an dem Buch »Verse, Dichter, Wirklichkeiten« des Jenenser Literaturprofessors Hans Richter veröffentlichen, die zweierlei war: ein Plädoyer für die »ganze Plejade lyrischer Talente« und für die Förderung ihrer »nicht abreißenden Produktivität« (gemeint waren die Lyriker der mittleren Generation von Mickel bis Jentzsch) – und eine Philippika gegen die Germanistik, der Endler eine »abstrakt-normative Betrachtungsweise«, »brutalen Dogmatismus« und »vollkommene Unfähigkeit zum Kunstgenuß« bescheinigte. Der Zusammenhang dieser beiden Aspekte stellte sich für Endler gerade dadurch her, daß er – am Beispiel Hans Richters – die Ignoranz der DDR-Germanistik gegenüber eben diesen fähigen Lyrikern feststellen mußte, die »immer noch als eine dürre Gouvernante einen blühenden Garten beschimpft«. Endler tastete ein weiteres Tabu an, indem er den professionellen Literaturwissenschaftlern vorwarf, die DDR-Poesie aus ihrem internationalen Kontext zu lösen; als Beispiele nannte er u.a. Poe, Neruda und (eine absolute Unperson in der DDR) Ezra Pound. Brecht und Maurer, auch Becher konnte er als Vorbilder einer international belesenen und lernenden Poesie und Dichtungstheorie, die sich trotzdem sozialistisch verstand, zitieren. Die Reaktion auf Endlers Aufsatz war bemerkenswert. Der Literaturkritiker Martin Reso monierte scharf den kommentarlosen Abdruck der Endler-Rezension durch »Sinn und Form« und warf diesem fehlenden »politischen Instinkt« und Standpunktlosigkeit vor (einleuchtende Gegenargumente hatte er nicht), während Wilhelm Girnus, der Chefredakteur der Zeitschrift, die Veröffentlichung der Rezension, sich auf Lenin berufend, verteidigte. Die kurze, aber heftige Kontroverse legte, über ihren Anlaß hinaus, den Finger auf eine nach wie vor offene Wunde der DDR als »Literaturgesellschaft«: die Frage, wie öffentlich und unzensuriert die literarische Auseinandersetzung eigentlich sein dürfe und welche Rolle die bestallte, sich normativ verstehende Literaturkritik und Germanistik in ihr spiele. Neu war immerhin, daß das Problem diskutiert und eine unverhüllt kritische Meinung wie die Endlers veröffentlicht werden konnte.

Eine signifikante Debatte löste auch Heiner Müllers »Macbeth«-Version nach Shakespeare aus, die 1972 in Brandenburg uraufgeführt und später von ihm selbst an der Berliner Volksbühne inszeniert wurde. Wolfgang Harich (von 1956 bis 64 im Zuchthaus; vgl. S.127) erhob 1973 in »Sinn und Form« als »einer, der lange nicht dabei gewesen war«, seine polemische Stimme gegen Müllers subversiven Umgang mit einem humanistischen Klassiker und gab seiner Trauer darüber Ausdruck, daß derzeit so wenig »unbearbeitete, frisch vom Faß gezapfte Klassik« zu haben sei (als ob die sich einfach »frisch zapfen« ließe). Er zieh Müller des Geschichtspessimismus, eines »ordinären Jargons«, ja: der theatralischen Ausstellung von »Leichenschändung auf Pornobasis«. Das Stück sei als Ganzes »reaktionär im Inhalt, schlampig in der Form«. Gleichwohl: »Sinn und Form« druckte in den nächsten Heften drei Stellungnahmen ab (Helmut Holtzhauer, Jürgen Holtz, Friedrich Dieckmann), die allesamt für Müllers Opus plädierten. Das Stück wurde – im Gegensatz zu vergleichbaren Situationen vor 1971 – nicht verboten. Selbst Harich hatte ja (anders als in seiner Nietzsche-Polemik 1986) nicht direkt nach dem Zensor, gar dem Staatsanwalt gerufen. Indem man einen skurrilen Abweichler wie Harich gegen Müller wettern ließ, wurde genuine Öffentlichkeit und Toleranz freilich nur simuliert. Immerhin konnte jetzt, das zeigte der Fall »Macbeth«, mit dem klassischen »Erbe« souveräner, radikal kritisch umgegangen werden.

Zur Nagelprobe der Enttabuisierung wurde die nun tatsächlich öffentliche, »republikweite« Debatte um *Ulrich Plenzdorfs »Die neuen Leiden des jungen W.«* Im März 1972 erschien in »Sinn und Form« die Erzählung, aus der ursprünglich ein Film hatte werden sollen. Seit Sommer 1972 wurde das Stück gleichen Titels an vierzehn (!) Bühnen der DDR mit großem Erfolg gespielt. Der 1934 geborene Autor, der sich selbst als »von Biographie und Tradition her rot bis auf die Knochen« verstand, bekannte später, daß er den Text, angestaut in vielen Jahren, »eigentlich für die Schublade geschrieben« habe. Nun wurde er öffentlich und erzeugte so unterschiedliche Regungen wie »Ekel« (beim DDR-Staranwalt Kaul) und Faszination (bei den meisten DDR-Jugendlichen).

Plenzdorfs Buch/Stück handelt vom Versuch eines jungen Menschen, sich unter realsozialistischen Bedingungen als Individuum zu artikulieren. Das scheint nur durch die Negation des Vorhandenen möglich zu sein. Der Held Edgar, Sohn einer »Leiterin«, »bis dato der beste Lehrling«, schmeißt die Lehre und zieht sich in eine Berliner Gartenlaube zurück. Von hier schreibt er seinem Freund Willi »Tonbandbriefe« nach dem Modell von Goethes jungem Werther (das Reclamheft fand er auf dem Klo) – freilich entsentimentalisiert und eben verfaßt von einem siebzehnjährigen Jungarbeiter aus der DDR. Wie »Old Werther« leidet Edgar an den rigiden Normen und Anpassungszwängen einer Gesellschaft, in der (wie um 1770) die Menschen offenbar nur leben, um zu arbeiten, und im Grunde Angst vor ihrer Freiheit haben. Doch es sind in ihrer konkreten Gestalt andere, neue Leiden: Edgar wendet sich gegen einen autoritären Ausbilder und ähnliche andere Erwachsene; gegen eine durch und durch didaktische, auf dem Vorbildprinzip aufgebaute Erziehung, die den Jugendlichen zu wenig Spielraum läßt, sich – nicht zuletzt in der Arbeit, die Edgar schätzt – frei zu entfalten; und gegen kleinbürgerliche Ordnungsbegriffe und Sicherheitsbedürfnisse (verkörpert in Dieter, dem neuen Albert), die ihm so gar nicht sozialistisch vorkommen. Das Ende der Geschichte war besonders geeignet, Kontroversen – und kontroverse Deutungen – auszulösen. Eben das hatte Plenzdorf beabsichtigt, der in einer Diskussion in der Akademie der Künste darauf hinwies, er habe den Text »auf Auslegbarkeit« hin geschrieben: um zu provozieren und die eigene Meinung/Deutung des Lesers/Zuschauers herauszufordern. Edgar versucht ein nebelfreies Spritzgerät für seine Malerbrigade zu erfinden (um der damit zu imponieren) und wird, als er daran herumprobiert, durch einen Stromstoß getötet. War es ›nur‹ ein Unfall, oder war es Selbstmord wie bei Goethes Werther? Plenzdorf hat hier bewußt eine Leerstelle in den Text eingebaut, an der die Reflexion des Lesers einsetzen muß. Ein Gedanke wird, so Plenzdorf, »zu Ende gedacht«: Ein anspruchsvolles Individuum wie Edgar geht zugrunde, ohne daß es »den Löffel freiwillig abgeben« will; es *muß* zugrunde gehen, weil es unter den gegebenen Bedingungen nicht es selbst sein kann. Also ist sein Tod kein Freitod – und dennoch unausweichlich, ähnlich dem Tod von Christa Wolfs Christa T. oder dem Ende Paulas in Plenzdorfs »Legende vom Glück ohne Ende« (1979; der Film »Die Legende von Paul und Paula« war dem Buch vorausgegangen), die die gleichen unbedingten Ansprüche an das Leben stellt wie Edgar. Indem Plenzdorf den Tod des menschlichen Individuums im Sozialismus zum Thema der Literatur machte, brach er mit einem tiefsitzenden Tabu, das vor ihm nur Uwe Johnson (»Mutmaßungen über Jakob«), Erwin Strittmatter (»Ole Bienkopp«) und, wie gesagt, Christa Wolf gebrochen hatten. Der Tod als *die* Grundsituation menschlicher Ohnmacht, als Antagonismus schlechthin, mußte von einer realsozialistischen Gesellschaft verdrängt werden, die alle antagonistischen Widersprüche für überlebt auf ihrem Territorium erklärte.

Ein Bruch mit der Doktrin des »sozialistischen Realismus« lag weiter darin, daß Plenzdorf (wie vor ihm U. Johnson, C. Wolf und F. R. Fries) radikal auf die geforderte Ausgewogenheit in der Erzählperspektive verzichtete. Kein auktorialer Erzähler ordnet und bewertet die Vorgänge gemäß den Maximen des »realen Sozialismus« – Edgar allein erinnert sein Leben und Sterben (und kommentiert es, wiederum subjektiv, aber durchaus kritisch, »aus dem Jenseits«), ergänzt durch Berichtfetzen der Eltern, Kollegen, der Geliebten Charly usw. Kein Wunder, daß der selbsternannte Kunstrichter Friedrich Karl Kaul »das Repräsentative« vermißte. Stephan Hermlin entgegnete ihm treffend, daß das Buch durchaus repräsentativ für die DDR-Arbeiterjugend sei; tatsächlich ist »Die neuen Leiden des jungen W.« *»Arbeiterliteratur«* neuer, ganz anderer Art als die Produktionsliteratur der 50er Jahre: Es stellt unverstellt und lebendig *wirkliche* Arbeiter mit ihren Bedürfnissen inmitten der entwickelten DDR-Industriegesellschaft dar. Ebenso ist die Sprache des Buches neu, normverletzend. Die verschiedenen Sprachebenen – Werthersprache, die Umgangssprache der Arbeiterjugendlichen, die Hochsprache der Erwachsenen und Zeitungssprache – tragen dazu bei, die scheinbare Eindimensionalität der Wirklichkeit aufzubrechen und die erstarrte Sprache des politischen Alltags in Frage zu stellen. Vor allem ist die so heftig kritisierte »Jeanssprache« eben Edgars Sprache, die nur ihm (und Gleichgesinnten) gehört, nicht aber all den Angepaßten über 25 – und insofern ist sie Protest.

Daß viele offiziöse DDR-Kritiker brüsk und zurechtweisend auf Plenzdorfs Buch reagierten, ist verständlich; ging es doch aus Parteisicht um keine geringen Gefahren: Subjektivismus, Normenfeindlichkeit, Kritik an der Vorbildkultur und nicht zuletzt auch an einer geschönten Rezeption des bürgerlich-klassischen Erbes. Wenn bei einer Umfrage der FDJ-Zeitschrift »Forum« 40% der befragten Jugendlichen erklärten, sie teilten Edgars Kritik, und sogar über 60% sich gut vorstellen konnten, mit Edgar befreundet zu sein, dann bestand in der Tat Anlaß zu der Sorge, daß hier eine ›falsche‹ Identifikationsfigur für die Jugend populär geworden war. Immerhin: Weder der Prosatext noch die Bühnenadaption wurden verboten; die Grenzen dessen, was das Modell »Literaturgesellschaft« verkraften konnte, waren noch nicht überschritten.

Es hatte den Anschein, als ob Honecker selbst bereits auf dem 9. Plenum des ZK der SED im Mai 1973 jeneTendenz der Enttabuisierung zurücknehmen würde, die er zunächst begünstigt hatte. Der 7. Schriftstellerkongreß im November desselben Jahres bekräftigte jedoch noch einmal die relative Freiheit der Literatur gegenüber den gesellschaftlich-politischen Instanzen. Jetzt wurde der bislang zumindest noch formal hochgehaltene Bitterfelder Weg verworfen, die NÖSPL-Doktrin, nach der Planer und Leiter die bevorzugten literarischen Helden zu sein hatten, offiziell verabschiedet, die Vorstellung einer homogenen »sozialistischen Menschengemeinschaft« auch seitens der Literaten aufgegeben, die Vielfalt der ästhetischen Positionen und Schreibweisen begrüßt. Die Dialektik von Individuum und Gesellschaft wurde als zentrales Problem benannt, eine Kollision der beiden Faktoren für durchaus möglich erklärt. Und was in Plenzdorfs »Die neuen Leiden des jungen W.« 1972 zum erstenmal (zumindest zum erstenmal seit Christa Wolfs »Nachdenken über Christa T.«) programmatisch und publikumswirksam, ja fast reißerisch auf den Plan trat, gilt jetzt plötzlich für einen Großteil der Literatur. Zu den Überraschungen dieser Jahre gehört auch, daß 1973 ein Band mit gesammelten Gedichten von Reiner Kunze, betitelt »brief mit blauem siegel«, erscheinen konnte, der viele der vorher nur in der Bundesrepublik veröffentlichten Texte enthielt.

Ein bemerkenswerter Freiheitsraum eröffnete sich auch dadurch, daß die DDR-Behörden (also vor allem die Staatssicherheit) private Zusammenkünfte von Autoren aus Ost und West in Ost-Berliner Wohnungen zuließen, die es seit dem Mauerbau kaum noch gegeben hatte. Auf Initiative von Bernd Jentzsch, Günter Grass und anderen trafen sich zwischen 1974 und 1977 ziemlich regelmäßig – etwa viermal jährlich – Schriftsteller aus beiden deutschen Staaten, um sich gegenseitig ihre neuen Texte vorzulesen und darüber zu reden. So kamen Born, Buch, Grass und Johnson, vereinzelt auch Frisch, Haufs, Jonke, Lettau, Meckel, Piwitt, Peter Schneider, Theobaldy und andere aus dem Westen, mit Arendt, Bartsch, Becker, Brasch, Czechowski, Jentzsch, den beiden Kirsch, Kunert, Poche, Schädlich, Schlesinger und anderen aus der DDR zusammen. Die stimulierende Kraft dieser Zusammenkünfte ist nicht geringzuschätzen. Zwar stand das Handwerkliche des Schreibens im Mittelpunkt der Gespräche, aber sie hatten sicher auch die Funktion, menschliches und literarisches Verständnis, ein nicht mehr sehr entwickeltes Wir-Gefühl unter deutschsprachigen Autoren zu stiften. So hat z.B. Hans Joachim Schädlich (der noch kein öffentlicher Autor war und es in der DDR auch nie werden durfte) betont: »Das war wie eine geistige Zufluchtsstätte für drei Jahre. [...] Dieser Kreis war meine Schule.«

Freilich, Euphorie war schon damals und ist auch nachträglich nicht angebracht. Auch die Jahre 1973 bis 1976 sind Jahre des Verbots, zumindest ängstlicher Einschränkung der literarischen Öffentlichkeit. Das demonstriert am deutlichsten der amtliche Umgang mit zwei wichtigen neuen Texten: Rainer Kirschs »Heinrich Schlaghands Höllenfahrt« und Volker Brauns »Unvollendete Geschichte«. Kirschs 1973 fertiggestellte Komödie, in deren Mittelpunkt wie bei Plenzdorf ein auf sein sinnliches Sichausleben drängendes Individuum steht, wurde bis zum Ende der DDR nicht aufgeführt. Schon der Abdruck in der DDR-Zeitschrift »Theater der Zeit« war Anlaß genug, den Autor heftig zu kritisieren und aus der SED auszuschließen. Damit war einer von den fünfzehn oder zwanzig wirklichen Poeten des Landes weiterhin zur Wirkungslosigkeit auf der Bühne verurteilt. – Ganz ähnlich verfuhr die Kulturbürokratie mit Volker Brauns »Unvollendeter Geschichte« . Sie durfte 1975 in »Sinn und Form« erscheinen, nicht aber als Buch. Als allzu wahr wurde offenbar die nach dem Leben geschriebene, dokumentarische Erzählung taxiert. Dreizehn Jahre – bis 1988 – brauchte es, bis dem Text eine Buchausgabe in der DDR zugebilligt wurde.

Bereits wenig mehr als ein Jahr nach der versteckten Veröffentlichung von Brauns brisanter Erzählung brach das mühsam austarierte Gleichgewicht zwischen Tabulockerung und Aufrechterhaltung der staatlichen Ordnung auf literarischem Terrain in sich zusammen wie ein Kartenhaus. Die DDR bürgerte Wolf Biermann aus und setzte damit eine Kette von Reaktionen der ungeliebten Literaten und staatlichen Sanktionen gegen sie in Gang, die bis zum Ende der DDR nicht mehr abreißen sollte. Allerdings war der Eklat um Biermann nur der Zündpunkt – auch ohne ihn hätte es über kurz oder lang zur offenen Konfrontation der kritischen Autoren mit ihrem Staat kommen müssen.

Die Absicht der Machthaber, sich ihres frechsten und wirkungsvollsten Kritikers zu entledigen, reicht mindestens bis ins Jahr 1973 zurück. Bereits im April dieses Jahres lag dem SED-Politbüro ein vom MfS ausgearbeitetes Szenario »mit dem Ziel der Aberkennung der Staatsbürgerschaft, die gemäß §13 Staatsbürgergesetz voraussetzt, daß Biermann während seines Aufenthaltes im nichtsozialistischen Ausland in grober Weise die staatsbürgerlichen Pflichten verletzt«, vor. Als Alternative, also bei »Nichtdurchführung der angestrebten Reise«, war »die vorläufige Festnahme Biermanns wegen der von ihm begangenen Straftaten gemäß §§106 und 108 StGB« vorgesehen. Freilich wünschte man sich diese Alternative nicht, sah doch die »Stasi« richtig voraus, daß Biermann in diesem Fall tatsächlich die »provokatorische Forderung« stellen könne, in Haft genommen zu werden, statt sich in den Westen abschieben zu lassen. Einstweilen ließ man vorsorglich Gutachten »mit dem Ziel des Nachweises des hetzerischen Charakters« von Biermanns Schriften erstellen, für die M.W. Schulz, Werner Neubert und Armin Zeissler u. a. nominiert wurden. Als Biermann im Mai 1974 eine Reiseerlaubnis nach Köln zwecks Entgegennahme des ihm verliehenen Offenbach-Preises stellte, boten ihm die Behörden den Verzicht auf die DDR-Staatsbürgerschaft und die endgültige Ausreise an – der Autor verzichtete. Aber im November 1976 kam endlich die Gelegenheit, den Erzfeind loszuwerden. Biermann war von der IG Metall eingeladen worden, einige Konzerte zu geben, und das Politbüro hatte ihn – in der Hoffnung, daß er sich unbotmäßig benehmen und so einen Vorwand zum Rauswurf liefern werde – reisen lassen. Nachdem sein Kölner Konzert am 13. November vom bundesdeutschen Fernsehen übernommen und ausgestrahlt wurde (was auch auf fast allen DDR-Mattscheiben zu sehen war), vollzog das Politbüro der SED prompt die längst anvisierte Maßnahme: Am 16. November 1976 wurde Biermann die Staatsbürgerschaft der DDR entzogen. Damit war ihm eine Rückreise in die DDR, das Land seiner Wahl, unmöglich gemacht. Die Begründung für diese Maßnahme lieferte u.a. das »Neue Deutschland«. Es sah darin die »angemessene Antwort« auf sein »feindseliges Auftreten« gegen die DDR: »[...] zur Staatsbürgerschaft gehört ein Treuegefühl gegenüber dem Staat. Das ist nicht nur in der DDR so.« Dieser Begriff der abstrakten Staatstreue, mit dem jedes Regime (auch ein faschistisches) Gehorsam und Unterwerfung einfordern konnte, wurde gegen einen Künstler geltend gemacht, der in seinem Kölner Konzert zwar scharfe Kritik an Mißständen in der DDR geübt, diese aber gleichzeitig als »kostbare Errungenschaft« bezeichnet hatte. Man nannte ihn einen »antikommunistischen Krakeeler«, der über zehn Jahre in der DDR habe leben können, ohne zu arbeiten. – Biermann liebte die DDR, wenn auch mit Ingrimm – die Bundesrepublik liebte er nicht. Wenige Monate nach der Vertreibung des gebürtigen Hamburgers »in die Heimat« (wie Heinrich Böll es nannte) schrieb er, der elf Jahre zwangsweise »das verquer-privilegierte Leben eines staatlich anerkannten Staatsfeindes« (F. J. Raddatz) geführt hatte, die DDR und die Bundesrepublik vergleichend:

Hier fallen sie auf den Rücken
Dort kriechen sie auf dem Bauche
Und ich bin gekommen
Ach, kommen bin ich
Vom Regen in die Jauche.

Die Tage nach der Biermann-Ausbürgerung zeigten – nicht überraschend, aber doch in diesem Umfang unerwartet –, wie viele Künstler der DDR über Zivilcourage und Kollegensolidarität verfügten, vor allem aber: wie viele immer noch emphatisch dem Leitbild eines toleranten, demokratischen Sozialismus im Sinne Rosa Luxemburgs folgten. Auf Initiative von Stephan Hermlin verfaßten und unterzeichneten noch am 17. November zwölf DDR-Autoren den folgenden offenen Brief: »Wolf Biermann war und ist ein unbequemer Dichter – das hat er mit vielen Dichtern der Vergangenheit gemein. – Unser sozialistischer Staat, eingedenk des Wortes aus Marxens ›18. Brumaire‹, dem zufolge die proletarische Revolution sich unablässig selber kritisiert, müßte im Gegensatz zu anachronistischen Gesellschaftsformen eine solche Unbequemlichkeit gelassen nachdenkend ertragen können. – Wir identifizieren uns nicht mit jedem Wort und jeder Handlung Biermanns und distanzieren uns von Versuchen, die Vorgänge um Biermann gegen die DDR zu mißbrauchen. Biermann selbst hat nie, auch nicht in Köln, Zweifel daran gelassen, für welchen der beiden deutschen Staaten er bei aller Kritik eintritt. – Wir protestieren gegen seine Ausbürgerung und bitten darum, die beschlossene Maßnahme zu überdenken.« Der Brief, der eine vollständige Identifikation mit Biermanns Positionen nicht nur aus taktischen Gründen vermeidet, ist ein bemerkenswertes Dokument der auf vertrackte Weise widersprüchlichen politischen Haltung, die die führenden DDR-Autoren im Jahre 1976 und noch weit über dieses Datum hinaus kennzeichnet. Er ist ein Gemisch aus Sozialismuskritik und Sozialismusbekenntnis, aus Verweigerung und Loyalität, aus »Protestieren« und »Bitten«. Dieser aporetische Duktus sollte die Auseinandersetzung der Reformsozialisten mit der SED-Führung bis zum bitteren Ende hin prägen.

Die Erstunterzeichner waren Sarah Kirsch, Christa Wolf, Volker Braun, Franz Fühmann, Stephan Hermlin, Stefan Heym, Günter Kunert, Heiner Müller, Rolf Schneider, Gerhard Wolf, Jurek Becker, Erich Arendt. Ihnen schlossen sich im Laufe weniger Tage über 70 weitere Künstler und andere Angehörige der Intelligenz an, u.a. die Schriftsteller Plenzdorf, Schlesinger, Fries, Bartsch, Tragelehn, Schädlich, Fuchs, Brasch, de Bruyn, Jakobs, Poche, Bunge, Helga Schütz, Erb, Bettina Wegner. Andere, wie Reiner Kunze oder der gerade in der Schweiz befindliche Bernd Jentzsch, protestierten mit eigenen Verlautbarungen. Was vor allem den populären Erstunterzeichnern übel vermerkt wurde, war, daß sie ihren Protest einer westlichen Nachrichtenagentur übergeben hatten, die ihn auch prompt veröffentlichte. Doch wie hätten sie sich anders verhalten sollen, nachdem die zuerst angesprochenen DDR-Adressaten, u.a. die dortige Nachrichtenagentur, sich in Schweigen hüllten? – Festzuhalten ist, daß sich auch einige renommierte DDR-Künstler gegen Biermann und für den Ausbürgerungsbeschluß erklärten, so Anna Seghers (die sich freilich strikt gegen eine Bestrafung der Petenten wandte), Hermann Kant, Erik Neutsch, Paul Wiens, der Regisseur Konrad Wolf und Peter Hacks, der in der DDR-»Weltbühne«, die sich als Nachfolgeorgan der antinazistischen, antirassistischen alten »Weltbühne« Carl von Ossietzkys verstand, schreiben konnte, Biermann habe bei Heinrich Böll, dem »Herbergsvater für dissidierende Wandergesellen« geschlafen, und er, Hacks, hoffe, daß »er [...] nicht noch Solschenizyns Läuse darin gefunden« habe – womit der Marxist Hacks offenbar unterstellte, daß Russen Läuse haben.

Die Biermann-Ausbürgerung war eine einschneidende Maßnahme und hat sich bereits wenige Jahre später als historische Zäsur in der kulturpolitischen Entwicklung erwiesen. Doch gravierender war, was auf sie folgte. Jetzt wendeten die zuständigen Parteigremien und Staatsorgane ein gestaffeltes Instrumentarium von Sanktionen an, das von Verhaftung und Hausarrest über Organisationsausschluß, Parteistrafen und Publikationsverbot bis zur bemerkenswert raschen Bewilligung von Ausreiseanträgen (aber nur für unbequeme Intellektuelle) reichte. Andrerseits wurden noch 1977 einige Bücher mit erheblicher kritischer Potenz gedruckt (z.B. Schlesingers »Berliner Traum« oder Maxie Wanders »Guten Morgen, du Schöne«). Und es wurden Westreisen von Schriftstellern genehmigt, die fast erwartungsgemäß kritische Statements gegenüber der DDR zeitigten – womit die Linie der Liberalisierung punktuell fortgesetzt schien. Doch die Dominante der ›neuen Kulturpolitik‹, die die ersten fünf ›liberalen‹ Honecker-Jahre rasch verblassen ließ, war die Einschüchterung und kalkulierte Abstrafung derer, die sich immer noch nicht unterwerfen wollten. Besonders interessant sind in diesem Zusammenhang die *parteiinternen* Umgangsformen mit Abweichlern und Aufmüpfigen, die selbst (noch) »Genossen« waren – und umgekehrt die Reaktionsweisen und – zum Teil – tiefen Loyalitätskonflikte der Angegriffenen. Während z.B. Volker Braun und Karl-Heinz Jakobs sich vier Tage nach dem Offenen Brief wieder halb von ihm distanzierten, weil inzwischen westliche Medien und Politiker diese »Stellungnahme benutzt[en]«, um »eine Kluft zwischen uns und unserer Partei zu konstruieren«, erklärte Heiner Müller (schon lange kein Parteimitglied mehr) am 25. 11. 1976 auf einer Veranstaltung in der Humboldt-Universität: »Für mich ist Biermann heute kein Diskussionsgegenstand mehr. Es wird von ihm abhängen, wann er es wieder wird.« Also könne man »jetzt zur Tagesordnung übergehen«. Dieser Lakonismus (um nicht zu sagen Zynismus) stand Christa Wolf nicht zu Gebote. Eine nach der Wende möglich gewordene Quellenedition, die die fast vollständigen Protokolle zweier tribunalartiger Parteiversammlungen der »Genossen« im Berliner Bezirksverband der Schriftsteller zur Resolution gegen die Biermann-Ausbürgerung enthält (vom 23. 11. 76 und vom 20. 1. 77), dokumentiert ihre protestantische Standhaftigkeit gegenüber einer Parteileitung, die sie zur Rücknahme ihrer Unterschrift und zur Reue schlechthin zwingen wollte. Sie tat weder das eine noch das andere – und beharrte doch gleichzeitig darauf, daß sie sich »immer als Genossin fühlen« werde »und auch versuchen [werde], so zu handeln.«

Wenn die Partei »nach einer Parteizugehörigkeit von siebenundzwanzig Jahren, die ich niemals formal aufgefaßt habe«, ihre weitere Mitgliedschaft »von dem Eingeständnis eines Fehlers« abhängig mache, »was nicht aufrichtig wäre, dann muß eben auch ich mit dem höchsten Strafmaß rechnen und darauf bestehen«. Der Schritt, die ›Kirche‹ SED von sich aus zu verlassen, ist für Christa Wolf und manche andere ein noch zu großer zu diesem Zeitpunkt. Die Verkehrsformen des Strafens und Bestraftwerdens, von Reue und Buße gelten noch als normal, auch wenn Wolf sich im konkreten Fall strikt verweigert. Der genannte Protokollband dokumentiert die ganze Palette der möglichen Haltungen: die schlimmen Doktrinäre von Gotsche bis Görlich, die immer noch naiv Verbohrten wie Eva Strittmatter und leider auch Irmtraud Morgner, einen standhaften Einzelkämpfer wie Stephan Hermlin – und die endgültig ernüchterten Aufrechten wie Jurek Becker, Sarah Kirsch, Günter Kunert, Gerhard Wolf oder auch Jeanne und Kurt Stern, die keine Konzessionen mehr machten. Am Ende sprach der SED-Apparat – legitimiert durch die überwältigende Zustimmung der Parteiversammlung des Berliner Schriftstellerverbandes – seine Urteile. Karl-Heinz Jakobs und Gerhard Wolf wurden aus der Partei ausgeschlossen, Jurek Becker, Sarah Kirsch und Günter Kunert »aus den Reihen der Partei gestrichen«. Stephan Hermlin und Christa Wolf wurde eine »strenge Rüge« erteilt, Volker Braun kam mit einer einfachen Rüge davon. Parteitreue Autoren von dürftigster literarischer Reputation wie Gisela Steineckert konnten jetzt, als wenige Kollegen gegen die vorgenommene Ausgrenzung einiger der besten Schriftsteller aus der sanktionierten DDR-Literatur Bedenken anmeldeten, trotzig kontern: »Na und? Dann sind wir eben jetzt die Weltliteratur!«

Eine wesentliche Veränderung erfuhr die DDR-»Literaturgesellschaft« dadurch, daß nunmehr eine Reihe von Künstlern aus ihr ausgeschlossen wurde, die sie, laut und leise, mitgeprägt hatten. Und konnte man anfangs noch mutmaßen, daß die Phase der Abwanderung nur von kurzer Dauer sei und nur wenige fähige Schriftsteller erfassen würde, so wurde bald klar, daß der Exodus an die Substanz ging. Das gilt vor allem für die Künstler der jüngeren Generation. Gewiß, der Wechsel von Künstlern aus dem einen Teil Deutschlands in den andern war kein Novum. Bereits in den ersten Jahren nach 1945 wechselten z.B. Ricarda Huch, Hermann Kasack und Theodor Plivier aus der SBZ in die Westzonen. Eduard Claudius, Stephan Hermlin, Hans Mayer, Ernst Bloch, auch der zuerst zögernde Brecht gingen den umgekehrten Weg. Später zogen Peter Hacks, Wolf Biermann, Adolf Endler, Elke Erb, Jens Gerlach, Bernd-Dieter Hüge, Werner Steinberg, Gotthold Gloger, Joachim Seyppel, Fred und Maxie Wander (aus Österreich) in die DDR um, wobei freilich manche zum Zeitpunkt des Staatenwechsels noch keine Schriftsteller waren. Doch es steht außer Frage, daß die Abwanderung von Ost nach West entschieden umfangreicher war als die in umgekehrter Richtung. Bis 1961 verließen u.a. Eva Müthel, Horst Bienek, Walter Kempowski, Alfred Kantorowicz, Jürgen Rühle, Gerhard Zwerenz, Martin Gregor-Dellin, Peter Jokostra, Jochen Ziem, Fritz J. Raddatz, Uwe Johnson, Heinar Kipphardt, Ernst Bloch und Günther Zehm die DDR, außerdem die beiden Brecht-Regisseure Egon Monk und Peter Palitzsch sowie der Graphiker Klaus Staeck. Zwischen 1962 und November 1976 folgten Hans Mayer, Christa Reinig, Hartmut Lange, Manfred Bieler (über die ČSSR 1965–68), Helga M. Novak (ausgebürgert), Peter Huchel, Roger Loewig (aus dem Gefängnis freigekauft), Dieter Borkowski (im Austausch gegen DDR-Spione), Siegfried Heinrichs (ausgebürgert), Gerald Zschorsch (freigekauft), Wolf Deinert (freigekauft), Einar Schleef, Siegmar Faust (ausgebürgert nach mehreren Jahren Gefängnis) und Ulrich Schacht (freigekauft nach drei Jahren Gefängnis).

Doch seit Ende 1976 kam eine Abwanderungswelle von vorher unvorstellbaren Ausmaßen in Gang. Noch 1976 gingen Thomas Brasch und Bernd Jentzsch (der von einer Schweiz-Reise nicht zurückkehrte). 1977 folgten Sarah Kirsch, Reiner Kunze und Hans Joachim Schädlich, Jutta Bartus sowie – nach Haft – Jürgen Fuchs, Christian Kunert, Gerulf Pannach und Michael Sallmann. 1979 siedelte Bernd K. Tragelehn nach einem Ausreiseantrag über, 1981 Frank-Wolf Matthies auf die gleiche Weise. Bis 1982 kamen u.a. Rudolf Bahro, Utz Rachowski, Frank Schöne, Thomas Erwin, Wolfgang Hinkeldey, Bernd Markowski, Karl Winkler und Dieter Eue (alle nach kürzerer oder längerer Haft) hinzu. Zwischen 1978 und 1981 erhielten u.a. Jurek Becker, Erich Loest, Günter Kunert, Klaus Poche, Rolf Schneider, Joachim Seyppel (der erst 1972 *in* die DDR übergesiedelt war), Kurt Bartsch, Klaus Schlesinger, Stefan Schütz, Bettina Wegner und Karl-Heinz Jakobs langfristige (in der Regel Drei-Jahres-)Visa. Entweder ließen diese Autoren ihre Visa vor Ablauf wieder verlängern (wie Becker oder Schlesinger), oder sie pendelten zwischen Ost und West (wie Schneider). Die meisten von ihnen wurden nach mehr oder weniger kurzer Frist Bürger der Bundesrepublik.

Seit 1983 haben u.a. Wolfgang Hegewald, Barbara Honigmann, Katja Lange-Müller, Christa Moog, Martin Ahrends, Hans (heute Chaim) Noll (der Sohn von Dieter Noll), Karl Hermann Roehricht, Jürgen K. Hultenreich, Volker Palma, Michael Rom, Doris Paschiller, Bernd Wagner, Sascha Anderson, Leonhard Lorek, Fritz Hendrik Melle, Thom di Roes, Rüdiger Rosenthal, Dieter Schulze, Andreas Sinakowski, Helfried Schreiter, Freya Klier und Stephan Krawczyk (nach kurzer Haft) die DDR endgültig verlassen. Mit längerfristigen Visa lebten in den letzten DDR-Jahren Wolfgang Hilbig, Uwe Kolbe, Irina Liebmann und Monika Maron in der Bundesrepublik, Gabriele Eckart in den USA. Doch es waren nicht nur Schriftsteller, die der DDR in ihrer letzten Lebensphase verlorengingen. Bedeutende Regisseure wie

Benno Besson, Götz Friedrich, Adolf Dresen, Jürgen Gosch, Bernd K. Tragelehn, Manfred Karge, Matthias Langhoff, Freya Klier, Alexander Lang (teilweise mit Visum), die Dramaturgin Irene Böhme, Schauspieler wie Katharina Thalbach, Angelica Domröse, Hilmar Thate, Eva-Maria Hagen, Armin Müller-Stahl, Manfred Krug und Sylvester Groth, Musiker und Komponisten (Tilo Medek, Klaus Renft, Nina Hagen) und Maler (von Georg Baselitz 1957 über A. R. Penck [d.i. Ralf Winkler] 1980 bis zu Volker Stelzmann 1986) zählten auch zu ihnen. Die meisten dieser Ausbürgerungen und Abwanderungen kamen nicht aus heiterem Himmel, sondern waren der Endpunkt einer langen Kette vorhergehender Behinderungen und Sanktionen. Einige der ›Gegangenen‹ hatten mehr oder weniger lang, durchweg aus politischen Gründen, im Gefängnis gesessen (wie weiter oben vermerkt), ehe sie in die nahegelegte Ausbürgerung einwilligten oder sie selbst wünschten. Von Druck- und Aufführungsverboten waren die meisten von ihnen mehrfach betroffen – was natürlich auch für bis zum Ende Dagebliebene wie Lutz Rathenow, Gert Neumann, Detlev Opitz u.a. gilt. Also war es schiere Polemik, wenn Stephan Hermlin (einst vor den Nazis geflüchtet) 1984 pauschal und verletzend befand: »Diese Herrschaften sind Ausreiser, Ausreiser mit Sack und Pack, bei hellichtem Tage, mit schönen Papieren, auf ihre eigene Veranlassung und oft mit freundlicher Verabschiedung. […] Flüchtlinge sind wir. Nur wir, niemand sonst. Nur wir Antifaschisten.«

Gewiß, wer wollte Sarah Kirschs oder Reiner Kunzes Schicksal, die nicht um Leib und Leben fürchten mußten, mit dem Erich Mühsams oder Walter Benjamins vergleichen – sie selbst taten es nicht. Aber ebensowenig trifft Hermlins militante Selbstgerechtigkeit die harte Realität der Ausbürgerungen und Abwanderungen, zumal damals nicht absehbar war, daß es die DDR ein gutes Jahrzehnt später nicht mehr geben würde. Später wird zu erörtern sein, ob hier von einer neuen Exilliteratur zu sprechen ist (vgl. S. 419f.).

Aus den hier ausgebreiteten Namenslisten wird ersichtlich, daß sich der Dissens zwischen kritischer Intelligenz/Literatur und der Partei schon lange nicht mehr auf die mittlere und ältere Generation beschränkte, sondern mittlerweile auch »unvermischte DDR-Produkte« (Biermann) erfaßte – also junge Leute, die in den 40er und 50er Jahren geboren waren, das sozialistische Erziehungssystem von der Kinderkrippe bis zur Nationalen Volksarmee durchlaufen hatten und westliche Länder aus eigener Anschauung gar nicht kannten. Daraus geht hervor (wenn man nicht alle Schuld dem Westfernsehen und den wenigen persönlichen Kontakten mit Leuten aus der Bundesrepublik geben will), daß der »reale Sozialismus« aus sich selbst jene Widersprüche hervortrieb, die junge Leute zu politischer und ästhetischer Opposition veranlaßten. Freilich übten sie diese zunehmend anders aus als die kritischen Autoren der älteren Generationen, wie noch zu zeigen sein wird.

Wesentliche Mittel der Einschüchterung und Sanktionierung von Schriftstellern, die nach Belieben eingesetzt oder auch – als wirksame Drohung – zurückgehalten werden konnten, waren die neuen bzw. verschärften Strafgesetze, von denen bereits im 2. Kapitel die Rede war. Seit 1979 wurde in einzelnen Fällen vom Gesetz gegen Devisenvergehen auch im Umgang mit Schriftstellern Gebrauch gemacht, und zwar gegebenenfalls dann, wenn sie Werke in einem westlichen Verlag erscheinen ließen, ohne daß ihnen das Büro für Urheberrechte dazu die Erlaubnis gegeben hatte. In den Jahren zuvor hatten DDR-Autoren bereits mehrfach von ihrem in der Verfassung verbrieften Recht auf freie Meinungsäußerung Gebrauch gemacht und Bücher in der Bundesrepublik drucken lassen, wenn sie schon nicht in der DDR erscheinen durften, z.B. Biermann, Heym, Kunert, Kunze und Heiner Müller. Bis ins Jahr 1979 hatten die DDR-Behörden meistens großzügig über diese Gesetzwidrigkeiten hinweggesehen. Jetzt wendeten sie in drei Fällen das Devisengesetz mehr oder weniger scharf an: gegenüber Robert Havemann, der Ende Mai 1979 zu einer Geldstrafe in Höhe von 10 000 Mark verurteilt wurde; gegenüber Stefan Heym, der 9 000 Mark dafür zahlen mußte, daß er seinen Roman »Collin« in der Bundesrepublik ohne Genehmigung hatte veröffentlichen lassen; und gegenüber Wolfgang Hilbig, der für die nichtgenehmigte Publikation von »abwesenheit« im Westen 2 000 Mark bezahlen mußte.

Eine noch gravierendere Drohung stellt das 3. Strafrechtsänderungsgesetz vom August 1979 dar, das »staatsfeindliche Hetze«, »ungesetzliche Verbindungsaufnahme« und »öffentliche Herabwürdigung« mit Freiheitsstrafen in Höhe von acht resp. fünf resp. drei Jahren bedrohte. Besonders der 2. Abschnitt, Absatz 2, des § 219 »Ungesetzliche Verbindungsaufnahme« konnte Autoren hart treffen: »Ebenso wird bestraft, [...] wer Schriften, Manuskripte oder andere Materialien, die geeignet sind, den Interessen der Deutschen Demokratischen Republik zu schaden, unter Umgehung von Rechtsvorschriften an Organisationen, Einrichtungen oder Personen im Ausland übergibt oder übergeben läßt.« Mindestens in den Fällen Matthies, Rathenow und Thomas Erwin wurde dieser Passus als Verhaftungsgrund angegeben. Wenn Hermann Kant sich und andere damit zu beruhigen versuchte, daß mit »den ins Auge gefaßten Tatbeständen keine literarischen Vorgänge« gemeint seien, also nur Agenten und keine ordentlichen Autoren davon betroffen seien, dann leistete er der politischen Strafverfolgung Schützenhilfe, statt Kollegensolidarität zu üben.

Inmitten dieser Eskalation nicht mehr nur der ideologischen Auseinandersetzung, sondern direkter staatlicher Eingriffe und Übergriffe auf die Literatur hat die Interessenvereinigung der Autoren, der Schriftstellerverband, eine unrühmliche, ja sogar der Staatsmacht sekundierende Rolle gespielt. Im Mai 1978 fand, noch unter dem Eindruck der Biermann-Ausbürgerung und ihrer unmittelbaren Folgen, der 8. Schriftstellerkongreß in Berlin statt. Außer Hermlin und Braun nahm keiner der zwölf Erstunterzeichner der Biermann-Erklärung am Kongreß teil. Die anderen zehn Autoren wurden entweder nicht als Delegierte benannt oder hatten freiwillig auf ihre Nominierung verzichtet (Becker und Müller waren schon keine Verbandsmitglieder mehr). Ebensowenig wurden Endler, Plenzdorf und Schlesinger nominiert. Diese Situation führte wiederum dazu, daß de Bruyn und Jakobs auf ihr Mandat verzichteten, weil sie es »sinnlos« fanden, »einen Kongreß zu besuchen, der einem Meinungsstreit durch Ausschluß all derer, die anderer Meinung sind, aus dem Wege geht«. Da auch Braun auf dem Kongreß selbst schwieg, war Hermlin der einzige, der unbotmäßige Töne von sich gab, indem er für die Dichter das Vorrecht in Anspruch nahm, »vernunftlos zu träumen« und Individuen statt einer »Mannschaft« (so empfahlen es Sakowski und Brězan) zu sein. Hermann Kant, der die 78jährige Anna Seghers als Verbandspräsident ablöste, erwies sich einmal mehr als Meister des ›kritischen‹ Zudeckens von Widersprüchen. Den in die Bundesrepublik übergesiedelten Schriftstellern warf er eine »Rückwärtsbewegung« vor: »aus sozialistischem Leserland nach Bestseller-Country«.

Zur neuerlichen Eskalation kam es rund ein Jahr später nach den Verfahren wegen Devisenvergehen gegen Havemann und Heym. Acht Schriftsteller – Bartsch, Becker, Endler, Loest, Poche, Schlesinger, Dieter Schubert und Martin Stade – schrieben einen Brief an Erich Honecker, in dem es u.a. hieß: »Immer häufiger wird versucht, engagierte kritische Schriftsteller zu diffamieren, mundtot zu machen oder, wie unseren Kollegen Stefan Heym, strafrechtlich zu verfolgen. [...] Durch die Kopplung von Zensur und Strafgesetzen soll das Erscheinen kritischer Werke verhindert werden.« Der Berliner Bezirksverband des Schriftstellerverbandes (die mit Abstand größte Untergruppierung) unter seinem Vorsitzenden Günter Görlich nahm diesen Brief zum willkommenen Anlaß, mit den ihm angehörenden Unterzeichnern des Protestbriefs und gleich noch mit einigen anderen mißliebigen Autoren abzurechnen. Dabei arbeitete er im stillen mit drei anderen Institutionen eng zusammen: mit der Abteilung Kultur des ZK der SED (U. Ragwitz), mit der Zensurbehörde namens Hauptverwaltung Verlage und Buchhandel (K. Höpcke) und – *last but not least* – mit der »allmächtigen Staatssicherheit, die mindestens zwei Offiziere eigens zur Betreuung des Schriftstellerverbandes abgestellt hatte«. Am 7. Juni 1979 fand im Ost-Berliner Roten Rathaus eine Mitgliederversammlung statt, die, so hat Joachim Walther in der Dokumentation »Protokoll eines Tribunals« gezeigt, in einer perfekt inszenierten »Mischung aus Parteiverfahren und Schauprozeß [...] ein spektakuläres Urteil« fällte: Sie schloß die Briefautoren Bartsch, Endler, Poche, Schlesinger und Dieter Schubert sowie außerdem Heym, Jakobs, Rolf Schneider und Joachim Seyppel aus dem Schriftstellerverband aus. Becker und

Stade konnten nicht ausgeschlossen werden, weil sie schon länger keine Verbandsmitglieder mehr waren. Und Loest kam in Leipzig seinem Ausschluß zuvor, indem er ›freiwillig‹ den Verband verließ. Für den Ausschluß der Berliner Autoren stimmten ca. 250 Anwesende (ob alles Schriftsteller, ist mehr als fraglich), gegen ihn ca. 50 Autoren. Die einzige öffentliche Gegenrede hielt Stephan Hermlin. Noch nach der Wende hatte der seit 1978 amtierende Verbandsvorsitzende Hermann Kant, einer der Regisseure des Tribunals, die Stirn, den Verband als »legale Plattform der Kritik« und »Ort auf dem Weg zur Freiheit« zu bezeichnen. In Wirklichkeit war er zu einem Instrument von Ausgrenzung und Schikane verkommen. Für die Betroffenen bedeutete der Ausschluß zwar kein vollständiges Berufsverbot, aber doch eine gravierende Einschränkung ihrer Publikationsmöglichkeiten und unter anderm auch den Verlust einer späteren Altersrente von etwa 700 Mark.

Es fanden sich auch ›Kollegen‹, die die Gunst der Stunde nutzten, um den Abweichlern eins auszuwischen; so z.B. Dieter Noll, der Heym, Seyppel und Schneider als »kaputte Typen« klassifizierte, »die da so emsig mit dem Klassenfeind kooperieren, um sich eine billige Geltung zu verschaffen, weil sie offenbar unfähig sind, auf konstruktive Weise Resonanz und Echo bei unseren arbeitenden Menschen zu finden«. Bereits vorher hatte das »Neue Deutschland« Stefan Heym als »ehemaligen US-Bürger« diffamiert. Klaus Poche fand in einem (nicht für die DDR) Offenen Brief an Noll die richtige Antwort, wenn er feststellte: »Sie verwenden die Bezeichnung ›kaputter Typ‹ für einen Mann (u.a.) wie Stefan Heym, der 1933 zur Emigration gezwungen war wie viele Antifaschisten und Bürger jüdischer Herkunft. Heym nahm aktiv am Kampf gegen den Faschismus teil. Mit anderen Worten, er stand auf jener Seite, gegen die auch Sie die Waffe richteten oder zu richten gezwungen waren. Es steht Ihnen nicht an, Herr Noll, so zu tun, als hätten Sie die Demokratie und den Sozialismus in unser Land getragen.« – Die Verstörung über den erneut massiven Zugriff der Kulturbürokratie war weitreichend. Sie ergriff z.B. auch einen westdeutschen Autor wie Günter Herburger, damals Mitglied der DKP, der schrieb: »Dichter sind natürlicherweise Regelverletzer, denn der unterschätzte Antrieb zum Schreiben entsteht meist aus Mangel, nicht aus Glücksgefühl. [...] Sie sind psychotische Spinnen im feierlichen Gewebe des Fortschritts. [...] Ich will mir die Literatur der für mich beinahe heimatlich anmutenden Republik nicht ohne Kurt Bartsch, Karl-Heinz Jakobs, Klaus Poche und Klaus Schlesinger vorstellen.«

Die späten 70er und frühen 80er Jahre wurden für alle Künstler der DDR, die sich nicht der Zensur oder Selbstzensur unterwarfen, zu einer extrem schwierigen Zeit mit immer ungewissem Ausgang. Daß mancher den Mut endgültig verlor und an ein vielleicht doch noch gutes Ende nicht mehr glauben mochte, ist nur zu verständlich. Hieß doch das amtliche Urteil über den bis 1979 erfolgten Künstlerexodus (in einer Metaphorik, die an die Nazizeit erinnerte), der an sich gesunde DDR-Volkskörper habe sich durch die »schmerzlose Amputation erkrankter Glieder« regeneriert. So sahen sich die kritischen Autoren vor die Alternative gestellt, daß entweder, wie Kunert formulierte, der »Schönheitsanspruch [...] oder der Wahrheitsanspruch« aufgegeben werden müsse: »einer muß weichen, und wer vermutlich weichen muß, ist im trüben Licht jüngster Erfahrungen ziemlich klar.« Nicht wenige versuchten trotzdem, verdrossen-unverdrossen bleibend, das »Training des aufrechten Gangs« – so Volker Braun nach Ernst Bloch. Sie lebten, so gut es ging, weiter im Lande nach der Devise: »Anteilnehmen, reden, schreiben« (wie Christa Wolf, die zehn Jahre später kundgetan hat, daß auch sie sich damals, Ende 1976, die Frage »Warum bleiben?« gestellt habe). Tödlich ernüchtert waren die ernstzunehmenden Autoren mittlerweile alle vom »realen Sozialismus« – und mochten doch zumeist von ihrem kommunistischen Traum nicht lassen. Kurt Bartsch, auch einer der unfreiwilligen »Ausreiser«, sprach für fast alle, wenn er die DDR »die versteinerte Hoffnung/Im Rücken« nannte. Wer blieb, wie z.B. Rainer Kirsch, empfand es so:

> [...] Wir
> Üben uns, leisezusprechen
> Gradstehn gradstehn
> Und altern
> Stolz
> Steinernen Gesichts
> Nur das Herz schneller.

So sind die Jahre zwischen 1976/77 und 1984 auch wieder eine Zeit brisanter Zensurfälle. Noch vor der Biermann-Ausbürgerung lag die Westveröffentlichung von Reiner Kunzes »Die wunderbaren Jahre« (September 1976). Um ein Erscheinen des Buches in der DDR hatte der Autor sich gar nicht erst bemüht, wohl wissend, daß dies zwecklos sei. Die Antwort der SED auf die – vorher vom Büro für Urheberrechte genehmigte! – Publikation in der Bundesrepublik war Kunzes Ausschluß aus dem Schriftstellerverband der DDR in seinem Bezirksverband Erfurt/Gera am 29. Oktober 1976 »wegen mehrfachen gröblichen Verstoßes gegen das Statut des Verbandes«. Auch manchen anderen Büchern wurde, nach Heyms »Collin«, Rolf Schneiders »November« (beide 1979) und einigen anderen, in diesen Jahren eine DDR-Ausgabe strikt versagt, so daß sie nur im Westen erscheinen konnten – so Monika Marons Roman »Flugasche« (1981), die Anthologie der nichtetablierten Jungen »Berührung ist nur eine Randerscheinung« (1982) und Gabriele Eckarts »So sehe ick die Sache« (1984; ursprünglicher Titel »Mein Werderbuch«). Mehrere Bücher brauchten Jahre von der Fertigstellung bis zur Veröffentlichung, wobei viele auf dem Weg dahin Federn lassen mußten – so u.a. Erwin Strittmatters dritter Band des Romans »Der Wundertäter« (1980), Hanns Cibulkas »Swantow« (1982), Fühmanns Trakl-Essay »Vor Feuerschlünden« (1982), Christoph Heins »Der fremde Freund« (1982), Christa Wolfs »Kassandra« (1983) und Joachim Walthers »Bewerbung bei Hofe« (1984). Wie diese repressive Praxis selbst einst gläubige Kommunisten zum Doppelleben zwang, belegt eine 1990 veröffentlichte Tagebucheintragung von Erwin Strittmatter vom 13. September 1980: »Meine Reife- und Schreibjahre fallen in die Zeit von zwei Diktaturen, die einander ablösten. Die zweite Diktatur war eine, die ich nach anfänglichem Zögern für einige Jahre bejahte, bis ich erkannte, daß sie nicht die Diktatur einer Klasse, sondern, wie die vorhergehende Diktatur, die Diktatur einer Clique war. Sie zwang mich, nach dem Schema: Eins hin – zwei im Sinn – zu schreiben, und die *Zwei im Sinn* konnte ich noch nicht einmal mit voller Schärfe ins ganz und gar persönliche Tagebuch schreiben. Ich mußte an Haussuchungen und heimliche Schnüffler denken. Auch jetzt natürlich, da ich das hinschreibe.«

»Glasnost« in der DDR? Zur Kulturpolitik der 80er Jahre

Im März 1985 übernahm Michail Gorbatschow das höchste politische Amt der Sowjetunion. Damit kamen zunächst für dieses Land, dann für das ganze sozialistische Lager und am Ende für die halbe Welt Bewegungen großen Ausmaßes in Gang. Auch für das öffentliche Leben in der DDR, und die Künste in ihm, waren die dadurch ausgelösten Erschütterungen beträchtlich.

Die frühen 80er Jahre waren für die Literatur zunächst wenig ermutigend, wie schon Hinweise auf die kaum gebrochene Abwanderung von Autoren gezeigt haben. Die Kulturfunktionäre übten sich weiter in Ignoranz, Aggressivität und der Vorspiegelung gesunden Selbstbewußtseins. So meinte der Generalintendant des Rostocker Volkstheaters, Hanns-Anselm Perten, Anfang 1981, die DDR brauche sich durch den Weggang »einzelne[r] Schriftsteller und Künstler« nicht irritieren zu lassen: »Ein Volk, das gute Politiker hat, braucht keine schlechten Dichter.« Und Kurt Hager, der Verantwortliche für Kultur im Politbüro der SED, stellte im Juni 1981 vor dem Plenum der Akademie der Künste fest, Überwechsler »in das Lager des Gegners« habe es schon immer gegeben, »mögen ihre Motive nun Feindschaft gegen den Sozialismus oder Geltungsdrang sein«. Größer als der Schmerz um den Verlust an guten Künstlern war, das zeigte Hagers Rede, die Sorge, man müsse sich nun immer wieder die »Hetzreden« der mit Visa versehenen »Wanderer zwischen den Welten des Sozialismus und des Imperialismus« über die westlichen Medien anhören.

So suchte man 1981/82 in den meisten Fällen einen klaren Trennungsstrich zu diesen Autoren zu ziehen. Das zeigte besonders die Kulturkonferenz der FDJ im Oktober 1982, die gegen Visainhaber wie Heiner Müller, Karl-Heinz Jakobs, Rolf Schneider und Klaus Poche polemisierte und letztere als »charakterlose Überläufer« diffamierte. Im gleichen Atemzug wurden die noch im Lande befindlichen Schriftsteller davor gewarnt, weiterhin »Kultur und Kunst als ›Trojanisches Pferd‹ für die ideologische Diversion gegen den Sozialismus zu mißbrauchen«. Das waren nun in der Tat Töne von vorgestern.

Freundlicher und auf Ausgleich bedacht ging es auf dem 9. Schriftstellerkongreß zu, der vom 31. Mai bis 2. Juni 1983 in Berlin stattfand. Schon 1978, beim 8. Kongreß, war einzig Stephan Hermlin als unbotmäßiger Kritiker hervorgetreten. Inzwischen waren die aufmüpfigen Kollegen entweder im Westen, oder sie hatten die Lust verloren (wie Fühmann, de Bruyn oder C. Wolf), ihre Gegen-Reden im Rahmen des Verbandes verpuffen zu lassen. So war nun viel von Frieden die Rede – vom äußeren (dazu später) wie vom inneren in der »Literaturgesellschaft« DDR. Daß dieser Frieden teuer erkauft war, gestand der wiedergewählte Verbandsvorsitzende Hermann Kant immerhin ein. Doch was zählte, meinte er, sei »allein die Tatsache, den Verband trotz aller Schmerzen und schmerzlichen Verluste bei seinem Charakter gehalten zu haben – als vertrauensvollen Gefährten der Arbeiterklasse und ihrer Partei«. Die Wahlen zu Präsidium und Vorstand des Verbandes spiegelten solche Gefährtenschaft getreulich wider: Dem fünfzehnköpfigen Präsidium gehörte außer Kant kein einziger nur halbwegs bedeutender Autor an, und auch im 90köpfigen Vorstand tummelte sich, von Volker Braun und wenigen anderen abgesehen, das Mittelmaß.

In den Jahren 1980 bis 1983 wurde das Problem der inneren Auszehrung der DDR-Literatur zeitweise von Ängsten und Sorgen in den Hintergrund gedrängt, die diejenigen der Literatur und ihrer Autoren als zweitrangig erschienen ließen, und das mit einigem Recht. Zunächst die Atomraketen-Hochrüstung der Sowjetunion, dann der Nachrüstungsbeschluß des Westens, speziell des Bundestages, aus dem Jahre 1979 ließen einen dritten Weltkrieg endgültig zu einer realen, wie viele meinten: geradezu wahrscheinlichen, fast unausweichlichen Bedrohung werden. Beide Systeme waren in dieser Zeit unfähig, der immer weiter eskalierenden Rüstung Einhalt zu gebieten. So wurde die mögliche Selbstvernichtung der menschlichen Gattung nicht nur zu einem zentralen Thema der Literatur selbst, sondern auch zu einem solchen der Literaturpolitik. Am 13./14. Dezember 1981 kam es in Ost-Berlin zur (1.) »Berliner Begegnung zur Friedensförderung«, an der knapp 90 Künstler und Wissenschaftler aus Ost und West teilnahmen. Gewiß, Stephan Hermlin war der Initiator des Treffens (der kein Kongreß der üblichen Art sein sollte) und erfüllte sich mit ihm, wie er am Ende sagte, ganz persönlich »einen Traum, [...] aus dem ich nicht mehr aufwachen möchte.« Doch es war und wurde mehr als das. Während in Polen das Kriegsrecht verhängt wurde und eine Intervention der Roten Armee nach dem Modell 1968 nicht auszuschließen war, trafen Künstler und andere »Kulturschaffende« höchst unterschiedlicher Couleur bei voller Presseöffentlichkeit zusammen und brachten über weite Strecken ein wirkliches Gespräch zustande. Hermlin hatte nicht nur einige wichtige Autoren aus der DDR (de Bruyn, Braun, Fühmann, Heym, H. Müller, C. Wolf) und aus dem Westen (es kamen u.a. Grass, Fried, Muschg, Kipphardt, Jandl, Jungk; Uwe Johnson wurde durch lahmliegenden Flugverkehr abgehalten) eingeladen, sondern auch Kunert (er sagte ab), Jurek Becker und Thomas Brasch, dazu Schriftsteller orthodoxer Provenienz wie Baierl, Görlich, Neutsch, Dieter Noll und Sakowski. Autoren aus *beiden* Systemen trafen sich immer wieder in dem Befund, daß nicht ein System allein für den bedrohlichen Zustand verantwortlich sei, sondern beide – als Produkte ein und derselben »todkranken Zivilisation« (C. Wolf) – ihn hergestellt hätten. Heiner Müller nannte den gegenwärtigen »Frieden« einen »Frieden im Krieg, Krieg auf mindestens drei Kontinenten«. Volker Braun meinte das gleiche, wenn er vom »kleinen Frieden« sprach, einem »Monster, das unsere Kräfte verschlingt« und als »Alibi für den schier unänderlichen Sozialismus« gelte. Brasch, Becker und C. Wolf appellierten, sich dieser »Logik« radikal zu entziehen und vielleicht dadurch den Zustand der »Lähmung« (Brasch) zu überwinden. Günter de Bruyn und Stefan Heym erinnerten an die Schizophrenie der DDR-Oberen, die eine alternative Friedensbewegung der Jugend im Westen guthießen, aber die im eigenen Lande, etwa die der »jungen Christen, die einen sozialen Friedensdienst fordern« (de Bruyn), zu verhindern suchten. Das waren Worte, die mitten in Ost-Berlin im Beisein der Presse gesprochen und im ganzen Lande von den Betroffenen als Zeichen der Ermutigung gehört wurden. Freilich konnten sie Aktionen wie die vom 4. November 1983, als ca. 100 Angehörige von DDR-Friedensgruppen »vorbeugend« festgenommen wurden (unter ihnen auch vier Autoren einer Friedensanthologie, nämlich S. Anderson, R. Rosenthal, D. Opitz und L. Rathenow), nicht verhindern.

Ein zweites Treffen von Schriftstellern aus Ost und West, im Gefolge der Berliner Begegnung zur Friedensförderung, fand im Mai 1982 in Den Haag statt. Jetzt zeigte sich freilich deutlich, daß selbst im Angesicht der zugespitzten nuklearen Bedrohung die Konsensfähigkeit beider Seiten begrenzt war. Viele der bedeutenden Autoren kamen gar nicht erst, andere, die wie Grass, de Bruyn oder Heym auch Kritik am Umgang des DDR-Staatsapparats mit der autonomen Friedensbewegung übten, wurden von Kant, Neutsch und anderen abgeblockt. Am Thema Polen schieden sich die Geister vollends. Immerhin stimmten am Ende alle Versammelten darin überein, »daß die beiden Militärblöcke aufgelöst werden sollen, und zwar gleichzeitig und vorbehaltlos«. Weitere Friedensbegegnungen in Köln, Sofia und endlich im April 1983 in West-Berlin (die wiederum u.a. Hermlin und Grass initiiert hatten) schlossen sich an: wichtige und überwiegend auch redliche Versuche, aus dem Verdrängen und Verschweigen der Kriegsgefahr auszubrechen und die stets fragwürdige Rolle von Schriftstellern in der politischen Auseinandersetzung mit Sinn zu erfüllen.

In seiner Rede auf der 1. Berliner Begegnung 1981 hatte Franz Fühmann, damit für viele sprechend, die Friedensbewegung der 80er Jahre als »Ansatz zu dem, was man Weltinnenpolitik von unten nennen könnte«, bezeichnet: »das Aufsprengen eines Teufelskreises, darin Mißtrauen und vermehrte Rüstung vermehrtes Mißtrauen zeugen.« Durch die Wahl Michail Gorbatschows zum Generalsekretär der KPdSU im März 1985 kam ein kaum erwarteter Prozeß ›von oben‹ in Gang, der auf das gleiche hinauslief: Aufsprengen des Teufelskreises, Abbau von Mißtrauen *und* Rüstung, versuchte Weltinnenpolitik. Doch der Reformkurs Gorbatschows beinhaltete ja noch mehr und anderes als Abrüstungspolitik. Er war vor allem für die sozialistischen Nachbarländer faszinierend, weil er den von Breschnew festgeschriebenen »realen Sozialismus« aus seiner Stagnation zu lösen und in lebendige Bewegung zu bringen versuchte. Für Kultur und Literatur in der DDR war natürlich am »Umbau« (Perestroika) der sowjetischen Gesellschaft und ihrem »neuen Denken« am interessantesten, wie sich das Konzept *Glasnost*, verstanden als Transparenz aller gesellschaftlichen Vorgänge und ein Öffentlichmachen aller Willensbildungs- und Entscheidungsprozesse, verbunden mit einer rückhaltlosen Aufarbeitung der eigenen Geschichte, entwickeln würde. Doch die Kulturpolitiker der SED reagierten fast ohne Ausnahme mit Zurückhaltung, ja entschiedener Ablehnung. Plötzlich – zum erstenmal seit vier Jahrzehnten – war von der Sowjetunion nicht mehr als Vorbild und Mentor die Rede. Vielmehr verkleinerte man Gorbatschows »neues Denken« zu einer innersowjetischen Angelegenheit, noch dazu zu einem bloßen »Tapetenwechsel« (Kurt Hager), den man nicht nachmachen müsse. Doch trotz dieser Abwehrhaltung war nicht ganz zu verhindern, daß radikal kritische Bücher, Stücke und Filme das DDR-Publikum erreichten, deren Themen erkennbar viel mit den Problemen des eigenen Landes zu tun hatten: Verdrängung von wichtigen Strängen der eigenen Geschichte, insbesondere des Stalinismus; autoritäre Strukturen und Karrierismus im gesellschaftlichen Leben; Umweltzerstörung. So bewegten Romane von Tschingis Aitmatow, Valentin Rasputin und Juri Trifonow, Filme von Elen Klimow oder Tengis Abuladse (»Die Reue« war freilich nur via Westfernsehen zu empfangen) oder Michail Schatrows Stück »Diktatur des Gewissens« die Menschen heftig. Nachdem schon vorher ›abweichende‹ sowjetische Künstler wie Chlebnikow, Achmatowa, Zwetajewa und Mandelstam in der DDR mit Hilfe kritischer Slawisten wiederentdeckt worden waren, ging jetzt auf allen Ebenen ein »kulturpolitisches Dienstverhältnis« (W. Schlott) gegenüber der Sowjetunion zu Ende zugunsten eines produktiven Neuanfangs zumal im Stoffwechsel der beiden Literaturen. Dabei wurde vieles entdeckt, das die Länder und Völker miteinander verband, auch im Bösen: so eine eng verschlungene opferreiche Vergangenheit und eine vom Wahn der instrumentellen Vernunft okkupierte Gegenwart und Zukunft – man denke nur an Tschernobyl 1986. Daß sich z.B. Christa Wolf im Sommer 1987, nach dem sehr raschen Erscheinen der russischen Übersetzung von »Störfall«, für zehn Tage in der Sowjetunion aufhielt und mit Kollegen sprach, gehört in diesen Zusammenhang.

Seit 1986/87 vermehrten sich deutlich die Stimmen, die eine Übertragung des Konzepts Glasnost auf das Kulturleben der DDR forderten oder doch wenigstens guthießen. Selbst der Zensurminister Klaus Höpcke stellte im Mai 1987 fest, daß man in der DDR »die gegenwärtigen Umgestaltungsmaßnahmen in der sowjetischen Gesellschaft mit vollem Verständnis, mit Sympathie und Solidarität« verfolge. Darüber hinaus ging das Plädoyer von Rudolf Reißig, Direktor des Instituts für wissenschaftlichen Kommunismus beim ZK der SED, der im November 1987 bei einer Podiumsdiskussion in Freudenberg/Siegerland (an der u.a. auch Jürgen Fuchs teilnahm) verlauten ließ, die sozialistische Gesellschaft bedürfe für ihre weitere Entwicklung »der Individualität, der Vielfalt der Diskussion, der Vielfalt der Meinungen, der Förderung der echten Diskussion«. Einige Schriftsteller gingen weiter – gewiß auch in ihren Illusionen. Stephan Hermlin verglich die sowjetische Reformpolitik in ihrer Bedeutung mit der Oktoberrevolution von 1917, und Heiner Müller äußerte beim »Internationalen Gespräch der Schriftsteller« in Ost-Berlin im Mai 1987, Gorbatschows Politik gestatte »die Eroberung der einzigen Position, die Zukunft wirklich möglich macht. [...] Was jetzt in der Sowjetunion versucht wird, ist eine ungeheure Korrektur, die Renaissance einer Hoffnung, die mit den Namen Lenin und Trotzki verbunden war und von Stalin auf Eis gelegt wurde.« Nun werde gesellschaftliches Eingreifen mittels Kunst wieder möglich. Ulrich Plenzdorf redete Klartext: »Die Dinge sind bei uns genauso verkrustet, wie sie es zu Breschnews Zeiten in der Sowjetunion waren. [...] Ich finde jedenfalls, all diese Reformen, die die Russen jetzt auf dem Kunstgebiet machen, die wären bei uns dringend nötig.« Christa Wolf wies, ebenfalls beim Schriftstellergespräch im Mai 1987, mit einer gewissen Genugtuung darauf hin, daß das »neue Denken« die DDR inzwischen tatsächlich erreicht hatte. Der Inhalt der 66 Zeilen, die ihr noch 1983 aus ihren »Kassandra«-Vorlesungen wegzensiert worden waren, war nun schon fast Gemeingut geworden: »Ich habe es erlebt, wie innerhalb eines Jahrfünftes eine Reihe solcher gestrichener Sätze zu Aussagen und Forderungen der großen Politik werden, die in den Zeitungen stehen.

Mir macht es Spaß, aber es regt mich auch an, weiterzudenken, über das hinaus, was heute noch nicht in den Zeitungen steht.« 1984 war noch ein Jahr gehäufter Verbotsfälle gewesen: Theaterstücke von Rainer Kerndl (»Georgsberg«, das zu offen das »Scharfsein auf die Westmarie«, die harte Westmark also, bloßstellte) und Lutz Rathenow (»Keine Tragödie«) sowie de Bruyns »Neue Herrlichkeit« waren verboten worden, Brauns »Hinze-Kunze-Roman« blieb unter Verschluß. 1985 konnten immerhin drei der wichtigsten Bücher des »neuen Denkens« in der DDR erscheinen: die Romane de Bruyns und Brauns (mit dem Versuch einer Nachzensur, der diesmal scheiterte) und Christoph Heins »Horns Ende«.

Am 6. Mai 1986 trat das im Lauf des Jahres 1985 ausgehandelte deutsch-deutsche Kulturabkommen in Kraft, das zwar keine großartigen, aber doch kleine positive Folgen zeitigte: wechselseitige Theatergastspiele, mehr Autorenlesungen, Tage des DDR-Buchs und des DDR-Films in westdeutschen Städten, freundlichere Wissenschaftlerkontakte, eine Kooperation der beiden deutschen Nationalbibliotheken Leipzig und Frankfurt/Main u.a.m. Jetzt gab es – nachdem die entsprechenden Verhandlungen von 1975 bis 1983 ganz geruht hatten – immerhin »ein in Paragraphen gefaßtes Bekenntnis zur Zusammenarbeit« (M. Jäger), das sogar West-Berlin einschloß. Zu den Gesten der Konzilianz – und gleichzeitig der erdrückenden Umarmung – gehörte, daß Christa Wolf, Heiner Müller und Volker Braun in den Jahren 1986 bis 1988 nacheinander den Nationalpreis bekamen (wenige Jahre vorher hatte der Preisträger noch Dieter Noll geheißen). Sie nahmen ihn auch an, was Günter de Bruyn im parallelen Fall 1989 nicht mehr tat. 1986 wurde eine Gedichtauswahl Gottfried Benns, 1987 Grass' »Die Blechtrommel« gedruckt, Becketts »Warten auf Godot« gespielt und über Nietzsche ziemlich ungeschminkt diskutiert, wenn auch nur in der Akademie-Zeitschrift »Sinn und Form«. Dem militanten Nietzsche-Verächter Wolfgang Harich wurde offen und öffentlich gesagt, wer er war: ein gefährlicher Altstalinist. Selbst Kant bezeichnete Harichs Verdikt als »Polpotterie«. Freilich war auch dieser Vorgang zugleich wieder einer der simulierten, Toleranz nur ausstellenden Öffentlichkeit, denn die Repressionsträume eines Harich teilte nicht einmal mehr Kurt Hager. Auch andere konziliante Gesten waren einerseits erfreulich und bedeuteten andererseits doch keine grundsätzliche Bekehrung zur Kunst- und Denkfreiheit – so, wenn Hans Mayer, der »Republikflüchtling« von 1963, in der Ost-Berliner Akademie der Künste über Karl Kraus sprechen durfte oder Heiner Müller nach mehr als zwanzig Jahren Abwesenheit wieder in den Schriftstellerverband aufgenommen wurde.

Im November 1987 richteten sich dann alle Augen auf den 10. Schriftstellerkongreß. Schon Wochen vorher hatte Fritz Rudolf Fries gefordert, dieser Kongreß müsse endlich »eine öffentliche Auseinandersetzung mit den aus der DDR in Richtung Westen ausgewanderten Autoren« führen. Christa Wolf hatte ein Zeichen in diese Richtung gesetzt, als sie Thomas Brasch zum Kleistpreisträger des Jahres 1987 erkor. Zum zweiten Hauptthema des Kongresses wurde – so nicht geplant – das Thema Zensur (im SED-Deutsch »Druckgenehmigungspraxis«). Das war dem mutigen Auftreten zweier Autoren zu verdanken. De Bruyn nannte den willkürlichen, entwürdigenden Charakter der Zensur beim Namen, und Christoph Hein schalt sie nutzlos, paradox, überlebt und verfassungswidrig (vgl. dazu S. 52ff.). Vielleicht zum erstenmal seit 1956 beschäftigte sich ein Schriftstellerkongreß der DDR vorrangig mit den brennenden Problemen seines Berufsstandes. Die Folgen blieben allerdings mager. Hatte man schon Erich Loest als Delegierten des westdeutschen VS ausgeladen (und damit eine Absage des VS als ganzem in Kauf genommen), so verhielt man sich auch sonst gegenüber den abgewanderten bzw. 1979 ausgeschlossenen Kollegen ablehnend. Hermann Kants, des wiedergewählten Vorsitzenden, Versprechen von einer »weit geöffneten Tür« des Verbandes wurde nicht eingelöst. Ein Vorschlag von Helga Schubert, durch eine Änderung des Statuts die Wiederaufnahme ausgeschlossener Mitglieder zu ermöglichen, fand keine Mehrheit. Der Verband war, zumal seit den Ausschlüssen von 1979, zu sehr auf Parteilinie, als daß er den von Volker Braun geforderten »Umbau« hätte vollziehen können. Die von Braun apostrophierte Alternative »Glaube oder Glasnost, Geducktheit oder neues Denken« wurde nicht angenommen.

Auch das Jahr 1988 blieb kulturpolitisch ein Jahr der Ambivalenzen. Einerseits gab es ermutigende Zeichen wie die endliche Aufführung von de Bruyns/Plenzdorfs Stück »Freiheitsberaubung« oder von bisher ungespielten Stücken Braschs, Brauns und Müllers. Der Druck von Büchern Brigitte Burmeisters, Harald Gerlachs, Uwe Saegers oder Bert Papenfuß-Goreks war positiv zu verzeichnen, ebenso der Nachdruck von in der Bundesrepublik bereits erschienenen Texten Kunerts, Sarah Kirschs und Jurek Beckers. Das Druckgenehmigungsverfahren wurde in seiner bisherigen Form aufgehoben, genauer gesagt: dezentralisiert, indem jetzt die Verlage mit eigener Vollmacht entscheiden sollten, ob ein literarischer Text gedruckt würde oder nicht (diese Regelung trat im Februar 1989 in Kraft). Und doch galt Hermann Kants vollmundiges Wort von 1983: »Mir ist bis heute kein gutes Buch bekannt, das nicht veröffentlicht wurde« auch in den letzten DDR-Jahren keineswegs. Immer noch kehrten auch 1987/88 begabte Autoren der DDR auf unbestimmte Zeit den Rücken – so Uwe Kolbe, Gabriele Eckart, Irina Liebmann und Monika Maron – oder sie kehrten nicht, wie eigentlich vorgesehen, zurück – so z.B. Wolfgang Hilbig. Bei den Genannten handelte es sich freilich um im Westen anerkannte oder zumindest wahrgenommene Autoren, die man nicht bedenkenlos abstrafen konnte. Eine solche bevorzugte Behandlung wurde den vielen Namenlosen aus der jungen pazifistischen und ökologischen Alternativbewegung und der ihr nahestehenden Literatur nicht zuteil. Öffentliche Kritik und Protest, zumal wenn sie massenhaft waren, wurden rigoros unterdrückt. So läßt sich eine Kette von Aktionen und Demonstrationen feststellen – von den Pfingstunruhen 1987 über die Verhaftungen an der Berliner Zionskirche und die Durchsuchung der dortigen Umweltbibliothek im November 1987 bis zur Luxemburg-Liebknecht-Demonstration am 17. Januar 1988 –, die allesamt zeigen, daß die Staatsmacht immer dann hart durchgriff, wenn sie sich verunsichert fühlte. Ein Höhepunkt dieser repressiven Zugriffe waren die Verhaftungen nach dem traditionellen Gedenkmarsch anläßlich des Jahrestags der Ermordung von Rosa Luxemburg und Karl Liebknecht, bei dem autonome Menschenrechtsgruppen versucht hatten, sich mit eigenen Losungen zu beteiligen (PEN-Präsident Heinz Kamnitzer sprach von »Gotteslästerung«). Auch der 32jährige Liedermacher Stephan Krawczyk und seine Frau, die Regisseurin Freya Klier, wurden verhaftet. Krawczyk, einst offiziell belobigter Barde, aber seit November 1987 schon mit Auftrittsverbot auch für kirchliche Räume belegt, und Klier willigten Anfang 1988 unter Druck in eine Ausreise in die Bundesrepublik ein. Krawczyk war nicht, wie es im Westen oft gesehen wurde, eine zweite Symbol- und Identifikationsfigur für die DDR-Jugend wie einst Biermann – schon deshalb nicht, weil er nicht im mindesten über dessen künstlerisches Potential verfügte. Überhaupt führen die damals angestellten Vergleiche zwischen 1976 und 1988 eher in die Irre. Interessanterweise gab es diesmal keine auffälligen Solidaritätsbekundungen namhafter Künstler mit den Inhaftierten wie im November 1976 (eine Resolution Lutz Rathenows hatte kaum Resonanz) – der Vorgang war und blieb weitgehend eine Angelegenheit der jungen Alternativen und Bürgerrechtler. Das minderte seine Bedeutung keineswegs, im Gegenteil. Aus dem schmalen Intellektuellenprotest war eine immer weiter anwachsende Massenbewegung der Jungen geworden, die nur an den Rändern ein literarisches Profil hatte. Im wesentlichen handelten jetzt »nicht wortmächtige einzelne, sondern Gruppen: Frauengruppen, Friedensgruppen, Selbsthilfegruppen, Umweltgruppen, Kirchengruppen« (M. Schreiber). *Sie* prägten jetzt Protest und Widerstand in der DDR. Die kritische Literatur war, anders als vor zehn, fünfzehn Jahren, allenfalls ein kleinerer Teil dieser Bewegung.

Im Sommer 1989 begann die allgemeine Agonie des Staates DDR, ausgelöst durch die Massenflucht von DDR-Bürgern über Ungarn, Polen und die Tschechoslowakei einerseits und die anwachsende Demokratiebewegung im Lande andererseits. Nahezu gleichzeitig manifestierte sich der wirtschaftliche Bankrott des Landes. Die »Übergangsgesellschaft« DDR wurde zur »Untergangsgesellschaft«. Ihre Autoren, so hat Manfred Jäger treffend festgestellt, »mochten subjektiv an einen Neubeginn glauben, in ihren besten Werken wußten sie mehr und anderes: Sie lieferten das Notenmaterial für die Abgesänge.« Das gilt für Brauns Komödie »Die Übergangsgesellschaft«, die bereits kommentiert wurde, ebenso wie für Christoph Heins schon 1985/86 entstandenes dramatisches Gleichnis »Die Ritter der Tafelrunde«, das im März 1989 in Dresden uraufgeführt wurde. Zwar beharrte Hein später darauf, es sei »kein Honecker-Mielke-Stück« und der Ort »nicht Wandlitz«, aber es steht außer Zweifel, daß das Drama vom Verlust der sozialistischen Mythen und mit ihnen der Zukunft des »realen Sozialismus« handelt. Hein selbst hielt am 14. September bei einer Zusammenkunft im Berliner Bezirksverband der Schriftsteller eine mutige Rede (später veröffentlicht unter dem Titel »Die fünfte Grundrechenart«), in der er die repressive Kulturpolitik der SED kompromißlos angriff. Die Ereignisse von September bis November 1989 – die Montags-Demonstrationen in Leipzig seit dem 25. September, die Berliner Demonstrationen beim Gorbatschow-Besuch am 7. Oktober mit den nachfolgenden »Zuführungen« und brutalen Übergriffen von Polizei und Staatssicherheit, der Sturz Honeckers am 18. Oktober und endlich die Maueröffnung am 9. November – machten Heins Theaterstück nachträglich zur Untergangsprophetie. Mit dem Fall der Mauer fanden vierzig Jahre DDR ein abruptes Ende, auch wenn der Staat noch ein knappes Jahr weiterexistierte. Freilich wollten gerade die reformsozialistischen Schriftsteller das bevorstehende Ende des sozialistischen Experiments am wenigsten wahrhaben. In den Reden führender Autoren (C. Wolf, Hein, Heym, H. Müller) auf der von Schauspielern und anderen Künstlern organisierten Großdemonstration auf dem Berliner Alexanderplatz am 4. November wie auch in dem am 29. November veröffentlichten Aufruf »Für unser Land« manifestierte sich die Sehnsucht, daß jetzt, mit dem endlichen Ableben des diktatorischen »realen Sozialismus«, der wirkliche, von den Menschen frei gewählte Sozialismus beginnen möge. Doch die überwältigende Mehrheit der DDR-Bevölkerung mißtraute einer wie auch immer erneuerten Fortsetzung des sozialistischen Projekts. Am 18. März 1990 wählte sie die DDR demonstrativ ab.

Literatur zwischen Prinzip Hoffnung und der Drohung der Apokalypse

Wie bereits erwähnt, hatte die DDR in den späten 60er Jahren ihren wirtschaftlichen Wiederaufbau abgeschlossen und war im Maßstab der Zweiten Welt zu einem gewichtigen Industrieland geworden. Dem entsprach, zumal in den ersten Jahren der von Honecker verkündeten »Einheit von Wirtschafts- und Sozialpolitik« mit ihrer verstärkten Konsumorientierung, eine gewisse Konsolidierung der Stimmungslage in der breiten Bevölkerung, die sich mehrheitlich damit arrangiert hatte, daß die DDR war, wie sie eben war: patriarchalisch-fürsorglich und repressiv zugleich. Weite Teile der künstlerischen Intelligenz gingen diesen Weg des Sich-Abfindens und Sich-Einrichtens im Status quo nicht mit. Vielmehr bröckelte die lange ungebrochene, großenteils naive Identifikation und Loyalität mit der realen DDR nach und nach ab und wich massiven Zweifeln. Verunsicherung stellte sich ein: War das der Sozialismus als das ganz Neue, auf das man hingearbeitet hatte? Wo blieb die stete Aufwärtsbewegung in Richtung Emanzipation aller, über die wirtschaftliche Lageverbesserung hinaus? Was unterschied den neuen Staat vom alten (und vom andern, westlich benachbarten), wenn die »Muttermale« der alten Ordnung (dies war K. Marx' Ausdruck) nicht schwanden und die aktuellen Wertorientierungen Wirtschaftswachstum und Zweckrationalität hießen? In Christa Wolfs Erzählung »Kein Ort. Nirgends« läßt die Autorin die Figur Heinrich von Kleist denken: »Er dagegen, der Gedanke kommt ihm zum erstenmal, hat nicht in einem wirklichen Gemeinwesen, sondern in seiner Idee von einem Staat gelebt.« Die aktuelle Konnotation dieses Satzes ist offensichtlich – sie trifft die sich immer mehr verschärfende Sinnkrise zumal der reformsozialistischen Autoren aufs beste. Ein Prozeß des Umdenkens, eine Abwendung vom Glauben zugunsten der Reflexion, der Standortbestimmung ohne ideologisches Geländer setzte ein, in dessen Verlauf die Vorstellung des (quasi automatischen) Geschichtsfortschritts und am Ende sogar die Aufklärung (als historischer Ursprungsort des modernen Rationalismus) fragwürdig wurden. Gleichzeitig hielten die meisten Autoren beharrlich, ja um so stärker ihr Glaube an den »realen Sozialismus« zu erlöschen begann, an der Konzeption eines utopischen Sozialismus als des ganz Anderen fest. Diese säkularisierte Vorstellung heilsgeschichtlicher Erlösung wurde zum Reservat inmitten wachsender Skepsis und nicht selten Verzweiflung. Gewiß haben einzelne Ereignisse wie die gewaltsame Beendigung des Prager Frühlings durch Truppen der Warschauer-Pakt-Staaten (auch NVA-Truppen aus der DDR standen an der Grenze bereit) im August 1968 diese Entwicklung forciert. Später hat vor allem die Biermann-Ausbürgerung samt ihren einschneidenden Folgen für die gesamte künstlerische Intelligenz ihre Ernüchterung gegenüber dem »real existierenden Sozialismus« beschleunigt. Aber der Prozeß ist allgemeiner, umfassender, als daß er sich von einzelnen Punkten her begreifen ließe. Am Ende steht für die Angehörigen der Intelligenz eine späte und deshalb um so schmerzlichere Erkenntnis: die Feststellung des Verlusts ihrer »Übereinstimmung mit der gemeinen Vernunft«. So hat es Christa Wolf genannt, die selbst das deutlichste Beispiel dieser Identitätsverunsicherung ist. Die nächsten Sätze in ihrer Büchner-Preis-Rede vom Oktober 1980 lauten: »Wir, ernüchtert bis auf die Knochen, stehn entgeistert vor den vergegenständlichten Träumen jenes instrumentalen Denkens, das sich immer noch Vernunft nennt, aber dem aufklärerischen Ansatz auf Emanzipation, auf Mündigkeit hin, längst entglitt und als blanker Nützlichkeitswahn in das Industriezeitalter eingetreten ist.«

Diesen Blick auf Geschichte und Gegenwart, dem, wie der Gorgo Medusa, gleichsam alles, worauf sein Auge fällt, versteinert, hat es in der DDR-Literatur vor dem Ende der 70er Jahre nur ganz selten gegeben. Die DDR-Literatur der 50er und großenteils auch noch die der 60er Jahre war eine Literatur der marxistisch pointierten Aufklärung *unter Ausschluß* ihrer immanenten Dialektik. Ganz im Sinne der historischen Aufklärung, etwa eines Condorcet, meinte man, die Fortschritte des Menschengeschlechts (auf dem Boden der DDR zumindest) voraussehen, lenken und beschleunigen zu können, da man in der bisherigen Geschichte aller Fortschritte den rechten Leitfaden gefunden habe, sprich: den wissenschaftlichen Sozialismus. Man glaubte, noch einmal mit dem Marquis de Condorcet zu sprechen, daß die *Natur* unseren Hoffnungen keine Grenzen gesetzt habe und die *Vernunft* des Menschen ihm den Himmel auf Erden schaffen werde. Geschichte erschien als »eine homogene und leere Zeit durchlaufenden Fortgangs« (so Walter Benjamin kritisch), die vom Menschen der sozialistischen Gesellschaft als »Herrn der Geschichte« souverän anzueignen und frei zu füllen war. Was sich jetzt, im Lauf der 70er und in die 80er Jahre hinein, vollzieht, ist nicht weniger ein *geschichtsphilosophischer Paradigmawechsel.* Das vom Marxismus in seiner orthodoxen Version vermittelte Fortschrittsdenken wird von den kritischen Künstlern verworfen, der Glaube an ein gesetzmäßig gesichertes Ankommen im Sozialismus und endlich Kommunismus geht verloren. Die Gründe sind naheliegend. In den Horizont der Künstler und Intellektuellen in der DDR ist unabweisbar jene Kette traumatischer Erfahrungen getreten, die lange Zeit dem Bewußtsein der westlichen Intelligenz vorbehalten gewesen zu sein schienen, weil der unbeirrbare Glaube an den Sozialismus sie verdrängen half. Nicht mehr ignorierbar ist nun der Selbstzerstörungsprozeß der Aufklärung, die Aufgipfelung der rationalistischen Modernisierung in der »industrialistischen Kultur« als ein Prozeß, dessen Grenzen nicht nur erreicht, sondern längst überschritten, dessen Kosten nicht mehr bezahlbar sind. Einige Beispiele zur Verdeutlichung: Die revolutionären Befreiungsbewegungen der Dritten Welt entwickelten sich ganz anders, als man sich das erhofft hatte (man denke nur an Kambodscha); die seit 1971 versprochene Demokratisierung des eigenen Landes stockte erheblich, ja, sie wurde wieder rückläufig; die natürlichen Lebensgrundlagen – Luft, Wasser, Erde, Pflanzen- und Tierwelt – wurden schwer geschädigt – folgerichtig in einem System, das dem Kapitalismus auch noch in die letzten Sackgassen hinein nachlief; Tschernobyl, ein grausiger Triumph der »industrialistischen Kultur«, mußte als (vorläufiger) Endpunkt einer absehbaren Entwicklung erscheinen; schließlich wurde offenkundig, daß, im Falle eines Falles, das eigene sozialistische Lager die atomare Vernichtung der Menschheit nicht aufhalten könne. »Der Alptraum«, formulierte Heiner Müller auf der ersten Berliner Begegnung zur Friedensförderung im Dezember 1981, ist, »daß die Alternative Sozialismus oder Barbarei abgelöst wird durch die Alternative Untergang oder Barbarei. Das Ende der Menschheit als Preis für das Überleben des Planeten.«

Damit hat sich die DDR-Literatur jener schwarzen Zivilisationsanalyse angenähert, die im offiziellen Denken des Landes immer ein Tabu war: der »Dialektik der Aufklärung« von Max Horkheimer und Theodor W. Adorno. Nach dem geschichtsphilosophischen Konzept dieser beiden Denker der Frankfurter Schule ist Aufklärung nicht nur die Gegenkraft zum Mythos, die gegen dessen autoritäre Überlieferung den »zwanglosen Zwang des besseren Arguments« (J. Habermas) setzt. Sie hat auch einen totalitären Grundzug. Indem ihr Anspruch *per definitionem* grenzenlos ist, sich alles und jedes inner- und außerhalb des Menschen unterwirft, wird aufklärerische Rationalität zur nivellierenden »Instanz des kalkulierenden Denkens, das die Welt für die Zwecke der Selbsterhaltung zurichtet und keine anderen Funktionen kennt als die Präparierung des Gegenstandes aus dem bloßen Sinnmaterial zum Material der Unterjochung« (Horkheimer/ Adorno). Gerade die Entdeckung und Handhabung der Vernunft als einer ›reinen‹, souveränen, die keiner religiösen oder sonstigen Pietät mehr gehorcht, gerade die Einsetzung des »Verstandes ohne Leitung eines anderen« (Immanuel Kant) habe es – so Horkheimer/Adorno praktisch möglich gemacht, Vernunft als »Organ der Kalkulation« zu gebrauchen, die »gegen Ziele […] neutral« sei, bis hin zu ihrer »faschistisch rationalisierten Gestalt« in den Vernichtungslagern – wir können fünfzig Jahre später ergänzen: bis hin zur Möglichkeit der Selbstauslöschung der aufgeklärten Subjekte. Damit hat aber auch – und dies ist ein zweiter Grundgedanke von Horkheimer und Adorno, der jetzt das Bewußtsein vieler DDR-Autoren prägt – der Prozeß der menschlichen Identitätsbildung eine fatale Richtung genommen. Er mündet ein in eine fortschreitende Selbst-Beherrschung im Sinne einer Auflösung und Abtötung alles Lebendigen am einzelnen Menschen. Oder in den Worten von Jürgen Habermas: »Der Zwang zur rationalen Bewältigung der von außen eindringenden Naturkräfte hat die Subjekte auf die Bahn eines Bildungsprozesses gesetzt, der die Produktivkräfte um der schieren Selbsterhaltung willen ins Unermeßliche steigert, aber die Kräfte der Versöhnung, die bloße Selbsterhaltung transzendieren, verkümmern lassen. Herrschaft über eine objektivierte äußere und die reprimierte innere Natur ist das bleibende Signum der Aufklärung.«

Jahr für Jahr wuchs nun die ernüchternde Erkenntnis, daß die eigene Zweite Welt, das riesige sozialistische System, diesen Prozeß der Fremd- und Selbstunterjochung ebenfalls betrieb. Auch im Sozialismus war die »Produktivkraft Wissenschaft« nicht nur ein Instrument, das Segen für den Menschen stiftete, sondern zur gleichen Zeit eines, das seine natürliche Lebenswelt vergiftete und zerstörte. Der »Kopf« Wissenschaft, schrieb Armin Stolper (gewiß nicht der ideologischen Subversion verdächtig), »scheint sich von Rumpf und Gliedern getrennt und ein Reich von wahrhaft absolutistischen Ausmaßen errichtet zu haben.« Eine »*Symmetrie*« selbstzerstörerischer Tendenzen hatte sich in West *und* Ost ausgebildet (so behauptete es Günter Kunert 1979 in einer Kontroverse mit Wilhelm Girnus), die die Hoffnung auf den Sozialismus als das ganz andere schwer beschädigte. In dieser Situation verbot es sich für den Schriftsteller – bei Strafe seiner Glaubwürdigkeit –, die Sprache der offiziellen Verlautbarungen mitzusprechen. Literatur mußte Gegensprache werden. Die Sujets der Literatur erweiterten sich damit notwendig über die Probleme des eigenen kleinen Landes hinaus. Literatur zielte jetzt auf die Grundprobleme der Gattungsgeschichte des Menschen und die Frage seines Überlebens. Literatur wurde Zivilisationskritik, ja mehr: Sie konzentrierte sich auf die apokalyptisch erscheinenden Bedrohungen der Epoche.

Dieser Prozeß, der auch die Schreibweisen der DDR-Literatur einschneidend verändert hat, soll hier zunächst ohne Rücksicht auf die einzelnen Gattungen in großen Zügen veranschaulicht werden. Dabei richtet sich der Blick nur auf fünf wichtige Vertreter dieses Diskurses in der DDR.

In den 60er Jahren sind es erst wenige Autoren, deren wachem Blick auf eine Weltzivilisation im Zeichen der instrumentellen Vernunft nicht entgeht, daß diese vor den Grenzen des sozialistischen Systems nicht haltgemacht hat. Günter Kunerts Kritik von 1966 an einer »Naivität«, die »Technik mit gesellschaftlich-humanitärem Fortschreiten« gleichsetzt (er nannte Auschwitz und Hiroshima als Anfänge gesellschaftlich organisiert verwendeter Technik), wurde bereits zitiert. Nur Heiner Müllers Blick hatte sich damals schon ähnlich verdüstert. Sein 1964 abgeschlossenes Stück »Philoktet« stellte mit Odysseus eine Figur auf die Bühne, die geradezu rein die fragwürdigen Tugenden der instrumentellen Vernunft verkörperte. Müller selbst kommentierte seine Figur 1983, aus dem Abstand von fast zwanzig Jahren, pointiert als den »Europäer«, den »Pragmatiker, das Werkzeug«, »der in einer Person der Macher und Liquidator der Tragödie ist«, indem er noch den Leichnam seines toten Gegenspielers Philoktet »verwertet«. »Mit ihm [Odysseus, W.E.] geht die Geschichte der Völker in der Politik der Macher auf, verliert das Schicksal sein Gesicht und wird die Maske der Manipulation.« Müllers Übertragung von Sophokles'/Hölderlins »Ödipus Tyrann«, die Benno Besson 1967 als Vorlage für eine berühmt gewordene Inszenierung diente, reflektierte dann das Problem der ›reinen Vernunft‹ unter einem anderen Aspekt. Müller verstand, wie sein Kommentar ausweist, Ödipus vor allem als Inkarnation des modernen Wissenschaftlers, der von der Machbarkeit dessen, was er denken kann, fasziniert ist. Theorie und Praxis sind für ihn auseinandergefallen. Ödipus' Haltung bei der Selbstblendung – »[...] denn süß ist wohnen / wo der Gedanke wohnt, entfernt von allem« – verglich Müller mit der des Atomphysikers J. Robert Oppenheimer, der – seiner Erfahrung mit der Atombombe zum Trotz – von der Möglichkeit fasziniert war, die Wasserstoffbombe zu bauen, weil er das »technical sweet« fand: Triumph der sich selbst genügenden, im Wortsinn rücksichtslosen, von allem Wirklichen absehenden (»geblendeten«) Vernunft.

Wie gesagt, ein solcher geschärfter Blick auf die abendländische Zivilisation war bis 1976 die Ausnahme. Vielmehr stand die DDR-Literatur, sofern sie nicht von vornherein affirmativ war, deutlich im Zeichen des Prinzips Hoffnung. Sie glaubte, ganz im Sinne Ernst Blochs, an die verändernde Kraft eines Denkens dessen, was noch nicht ist, aber sein soll: ein lebendiger, menschlicher Sozialismus, in dem, so sagen es Blochs letzte Zeilen aus dem »Prinzip Hoffnung«, »der arbeitende, schaffende, die Gegebenheiten umbildende Mensch [...] sich erfaßt und das Seine ohne Entäußerung und Entfremdung in realer Demokratie begründet.« Dann, so Bloch, werde etwas entstehen, »das allen in die Kindheit scheint und worin noch niemand war: Heimat.« – Die Kette der Werke aus der DDR, die im Zeichen dieses utopisch-marxistischen Denkens stehen, ist nicht klein. Sie beginnt im Grunde mit Uwe Johnsons »Mutmaßungen über Jakob« (1959) und seiner Utopie des unentfremdeten, eudämonistischen Arbeitslebens. Zu ihr gehören dann Christa Wolfs »Nachdenken über Christa T.« (1969) und Plenzdorfs »Die neuen Leiden des jungen W.« (1972) ebenso wie Irmtraud Morgners »Leben und Abenteuer der Trobadora Beatriz« (1974) und Volker Brauns »Unvollendete Geschichte« (1975). Es ist auffällig, daß in allen genannten Büchern Menschen zu Tode kommen oder zumindest schweren Schaden nehmen. Die Praxis ist auch hier, in den Worten Heiner Müllers, »Esserin der Utopien« und von *happy-end* keine Rede. Doch jedes dieser Bücher hat die Vision einer besseren Zukunft, die am Ende nicht zurückgenommen oder durchgestrichen wird. Die Utopie lebt, die Geschichte erscheint nicht als beendet, hoffnungslos, sondern als ›unvollendet‹, d.h. vollendbar – wie bei Volker Braun, der noch 1979 einen Gedichtband mit Bloch »Training des aufrechten Gangs« nennt.

Zur Mitte der 80er Jahre hin haben sich die Gewichte deutlich verschoben. Christa Wolf nannte 1981 unsere »Zivilisation, die ihr eigenes Vernichtungsmaterial so systematisch produziert hat, [...] krank, vielleicht geisteskrank, todkrank.« Franz Fühmann vermochte keine sich bewegenden, sondern nur noch »gestockte Widersprüche« auszumachen. Volker Braun reflektierte in seinen Gedichten das »gebremste Leben«, und Heiner Müller konstatierte, daß Utopie und reale

Geschichte in eine immer größere Distanz zueinander geraten seien. Er wußte, »daß die Differenz zwischen der Geschichtszeit und seiner eigenen nicht mehr zu schließen ist; daß sich seine Erwartungen an das Leben nicht mehr erfüllen lassen in seiner subjektiven Zeit, und auch seine utopischen oder historischen Vorstellungen sich nicht mehr realisieren lassen in seiner Lebenszeit«. Müller gab damit zu erkennen, daß er die Utopie nicht aufgegeben hatte, sie aber unermeßlich weit von der eigenen Lebenspraxis entfernt sah. Vermutlich meinte Christa Wolf dasselbe, wenn sie vom verbliebenen »Utopie-Rest, nie ganz aufgezehrt«, sprach.

Die schroffste, unter dem Blickwinkel der Logik konsequenteste Haltung nahm zweifellos *Günter Kunert* ein, wenn er die Utopie vollständig und endgültig für nichtig erklärte. In seinen Gedichtbänden »Unterwegs nach Utopia« (1977) – verstanden als Nirgendland im wörtlichen Sinn –, »Abtötungsverfahren« (1980) und »Stilleben« (1983) fungiert die DDR (die er 1979 verließ) allenfalls noch als Beispielfall einer insgesamt katastrophischen Welt, die das böse Ende nicht mehr vor sich hat, sondern es schon permanent exekutiert. Das Prinzip Hoffnung ist ein für allemal verabschiedet – »Da hoffe du. Du hoffst Dich wund«, heißt es im Gedicht »Programm« aus »Abtötungsverfahren« –, und da das Ende menschlicher Zivilisation nicht mehr nur befürchtet, sondern als besiegelt angenommen wird, erscheint der graue Rest menschlicher Geschichte, der noch abläuft, zurückgenommen in die Naturgeschichte, als »Triumph der Physik«. Das Gesetz der Entropie, des Wärmetodes, regiert. Und so, wie die Zivilisation im Zeichen der Rationalisierung sich totgelaufen hat, so auch der Irrweg des Aberglaubens mit Namen Subjekt. Das Gedicht »Predigt« beginnt, die Diffusion des Subjekts am eigenen Beispiel konstatierend:

Noch nicht Asche
bist du schon zerstreut
und für dich unauffindbar.

Auch *Heiner Müllers* Kritik der abendländischen Zivilisation ist radikal, die Drohung der Apokalypse stets präsent. Ein entscheidender Schritt in diese Richtung war das Stück »Leben Gundlings Friedrich von Preußen Lessings Schlaf Traum Schrei« (1977). In ihm hatte Müller die Geschichte von Aufklärung wie Vernunft (ganz im Sinne Michel Foucaults) als ein »Greuelmärchen« der permanenten Ausbreitung von Macht, Disziplin, Dressur, Zwang, Gewalt und Tod dargestellt. »Hamletmaschine« aus demselben Jahr reflektierte noch einmal die Realgeschichte des Sozialismus als Terrorzusammenhang und die Rolle der Intellektuellen in ihm; auch aus dem Räderwerk dieser »Textmaschine«, in der das Subjekt zu Tode gekommen ist, scheint keine Utopie mehr auf. In der Zeitangabe zu »Quartett« (1982) steht dann, das Stück könne in einem »Salon vor der Französischen Revolution« *oder* in einem »Bunker nach dem Dritten Weltkrieg« spielen. Ähnlich heißt es am Ende des dreiteiligen »Medea«-Textes von Müller (1983), der letzte Stückteil setze »die Katastrophen voraus, an denen die Menschheit arbeitet.« Müller hat selbst in einem Interview erklärt, daß es ihm in diesem Stück um »Kolchis in der DDR« und die Folgen der Kolonisierung gehe: »Die Geschichte von Jason ist der früheste Mythos einer Kolonisierung, jedenfalls bei den Griechen. [...] Mit der Kolonisierung beginnt die europäische Geschichte, so wie sie bisher gelaufen ist. Daß das Vehikel der Kolonisierung den Kolonisator erschlägt, deutet auf ihr Ende voraus. Das ist die Drohung des Endes, vor dem wir stehen. Das ›Ende des Wachstums‹.« – Die erste Szene dieses Stückes »Verkommenes Ufer« – ein verdrecktes Seeufer bei Straußberg in der DDR, angereichert mit Zivilisationsmüll aller Art – präsentiert eine abgestorbene Landschaft, eine *nature morte*, in der die Opfer der Geschichte von Medea bis zu den vom Nationalsozialismus Ermordeten versammelt imaginiert werden. In dieser Landschaft wird die Argo angesiedelt, das Kolonisatorenschiff, von dem der Kolonisator am Ende selbst erschlagen wird – Allegorie einer in die Irre gegangenen Zivilisation. Nachdem die zweite Szene »Medeamaterial« die zivilisatorische Katastrophe am ›Einzelfall‹ der Medea, einem von der Männerwelt gemachten Monstrum, durchspielt, kehrt die dritte Szene »Landschaft mit Argonauten« noch einmal zum Mythos zurück. Es spricht Jason, der – so muß man Müller lesen – zugleich jeder beliebige abendländische Mann sein kann. Sein gepanzertes Ich zerfällt, nachdem seine Strategien der rationalen Kolonisierung – der Natur, der Frauen, seines eigenen Körpers – zusammenbrechen. Um sich herum registriert er die Todesproduktion, die auch seine eigene ist:

> AUS DEM LEBEN EINES MANNES
> Erinnerung an eine Panzerschlacht
> Mein Gang durch die Vorstadt Ich
> Zwischen Trümmern und Bauschutt wächst
> DAS NEUE Fickzellen mit Fernheizung
> Der Bildschirm speit Welt in die Stube
> Verschleiß ist eingeplant Als Friedhof
> Dient der Container Gestalten im Abraum
> Eingeborene des Betons Parade
> Der Zombies perforiert von Werbespots
> [...]
> WAS BLEIBET ABER STIFTEN DIE BOMBEN

Am Ende dieses Stückes wird keine neue Ordnung proklamiert, eine positive Utopie nicht einmal andeutungsweise umrissen. Müller beharrt auf der *inhaltlichen* Ebene auf dem Prinzip der Negation. Er hält den apokalyptisch gesehenen Zustand ›rein‹ fest, klagt aber gerade dadurch ein alles sprengendes utopisches Denken ein. Formulierbar freilich ist die Utopie derzeit, so Müller, *nur* als ein Ästhetisches: »Das utopische Moment liegt in der Form, auch in der Eleganz der Form, der Schönheit der Form und nicht im Inhalt.«

Es fällt auf, daß auch bei anderen Autoren an die Stelle einer Darstellung der *Utopie der Verheißung* nun die *negative Utopie, die Warnutopie* tritt. Aus den realen Ängsten der Autoren in der Gegenwart erwachsen traumatische Zukunftsvisionen, die an diejenigen Kafkas in seiner »Strafkolonie«, Orwells, Huxleys, Samjatins und Stanisław Lems anknüpfen. Sie verlängern Erfahrungen, die aus dem »realen Sozialismus« stammen, in die Zukunft und landen bei der Vorstellung einer endgültig entindividualisierten, durchorganisierten, totalitären Apparategesellschaft vor oder nach einem Atomkrieg. Hierher gehört z.B. *Franz Fühmanns* Erzählungsband »Saiäns Fiktschen« von 1981 (entstanden 1974–80). Das Beispiel Fühmann ist von besonderem Interesse. Einst hatte er in Märchen und Mythen ein noch einzulösendes Versprechen auf Humanität, Produktivität und Poesie erspürt und an die Möglichkeit seiner Erfüllung in der Gegenwart geglaubt. Jetzt sah er als Dominante der Gegenwart »Entwicklung der Entwicklungslosigkeit". Auch Fühmann machte dafür, wie die Vorrede seines Erzählungsbandes ausweist, die Dialektik der Aufklärung verantwortlich: »Der Schlaf der Vernunft, sagt Goya, gebäre Ungeheuer; das Stocken des Widerspruchs treibt Monstren heraus. Ich werde kaum etwas einwenden können, wenn man diese Geschichten als monströs bezeichnet.« Dies sind sie in der Tat. Sie spielen im 4. Jahrtausend, nach zwei Atomkriegen. Zwei im Detail unterschiedliche, in der Struktur nahezu identische, perfekte Apparategesellschaften, Libroterr und Uniterr (Assoziationen an die damals bestehenden Systeme sind unvermeidlich), stehen sich feindlich gegenüber. In ihrem Innern leben die Menschen unter der Aufsicht der »Gefühlspolizei« dahin, ohne auch nur die Spur von Individualität zugestanden zu bekommen, entwicklungslos, in »gestockten Widersprüchen«, ja: zufrieden. Bücher, gar die Poesie brauchen sie nicht mehr. Zur Zeit ihrer Entstehung mußten Fühmanns Prosastücke noch als böse Parodie auf die in der DDR seit langem in Blüte stehende Science-fiction-Literatur gelesen werden, die den »wissenschaftlich-technischen Fortschritt« regelmäßig verharmloste. Das blieb nicht so. Zu Ende der DDR gab es auch Ansätze einer SF-Literatur, die auf das »phantastische Durchspielen der Möglichkeit zivilisatorischer Fehlentwicklungen« (so einer ihrer Autoren, Reinhard Kriese) zielte.

Natürlich steht auch *Christa Wolf* in dieser Reihe mit einer ganzen Kette essayistischer und erzählerischer Kritiken der instrumentellen Vernunft. Sie setzen – nach »Juninachmittag« (entstanden 1965) und »Nachdenken über Christa T.« – explizit in den beiden Science-fiction-

Grotesken »Neue Lebensansichten eines Katers« (1970) und »Selbstversuch« (1974) ein. In der ersten satirischen Erzählung, die auf E.T.A. Hoffmanns »Lebensansichten des Katers Murr« verweist, berichtet ein eingebildeter, des Denkens fähiger Kater Max über die Experimente seines Meisters. Dieser, ein Psychologe, arbeitet an einem Computerprogramm, das darauf zielt, das kreative Denken (also auch die Kunst) zu beseitigen und die »totale Ausbreitung der alles erkennenden, alles erklärenden, alles regelnden Ratio« sicherzustellen. Ein Mensch soll entstehen, der die Seele als »reaktionäre Einbildung« endlich hinter sich läßt. – »Selbstversuch« ist die phantastische Geschichte der Geschlechtsumwandlung einer Frau hin zu männlicher Identität, die am Ende als »barbarischer Unsinn« erkannt und abgebrochen wird. Wie in der Katergeschichte persifliert Wolf einen enthemmten, skrupellosen Wissenschaftsbetrieb und kritisiert als eine der ersten den technokratischen Machbarkeitswahn. »Kein Ort. Nirgends« (1979) und die »Kassandra«-Erzählung (1983) setzten die Reihe fort, nunmehr mit ausnahmslosem Ernst und ohne die satirisch-komischen Elemente der vorhergehenden Erzählungen. Die Vorlesungen zu »Kassandra«, eine Reihe von Essays und das Tschernobyl-Tagebuch »Störfall« (1987) reden schließlich ohne poetisches Gewand über die von der Autorin ins Visier genommene »Megamaschine« (ein Ausdruck, den C. Wolf von Lewis Mumford übernommen hat), die nach ihrer Meinung die Gattung zu verschlingen droht. »Störfall« stellt sogar eine gänzlich in die Irre gegangene Evolution des Menschen anheim.

Schließlich sei auf *Volker Braun* hingewiesen, der vielleicht etwas überraschend in dieser Beispielreihe auftaucht, gehörte er doch als junger Autor zu denen, die eine Unterwerfung der Natur mit den Hilfsmitteln neuer Technologien fast vorbehaltlos begrüßten und sich in der Haltung »Wir und nicht sie« sehr stark mit ihrem Land identifizierten. Brauns über fünfzehn Jahre reichende Beschäftigung mit der Prometheus-Figur zeigt aber exemplarisch, wie aus Identifikation skeptische Distanz, ja: harsche Kritik geworden ist. Von Anfang an schon reflektierte Braun, bei aller Sympathie mit Prometheus' selbstbewußter, aufbegehrender Selbsthelferhaltung, die Anwendung des prometheischen Feuers zu kriegerischen Zwecken, aktuell: im Atomkrieg. Doch hieß es 1978 noch:

> Auf diese Zeit nicht, auf nichts
> Vertrauend als auf uns, nicht
> Mit freudig geschlossenen Augen,

so ist in der Version von 1979 das »als auf uns« verschwunden. Braun sprach jetzt als einer (für sich allein; die Wir-Perspektive war schon vorher fallengelassen worden), der auf *gar nichts* mehr vertraute, nicht einmal auf sich selbst. Die ernüchternden Erfahrungen mit den

›Promethiden‹ im eigenen Land wie sonstwo in der Welt – das schließt auch das Ich des Autors ein – haben zu dieser antiprometheischen Vorsicht, ja Skepsis geführt. Aus dem »vornehmsten Heiligen und Märtyrer im philosophischen Kalender« (Marx), aus seiner Verkörperung des Prinzips Hoffnung, seinem Märtyrertum zum Trotz, ist eine zutiefst fragwürdige Gestalt geworden, die jetzt – nicht nur bei Braun – im Kontext *gescheiterter* Aufklärung und Befreiung gesehen wird. Bertolt Brecht war der erste gewesen, der nach dem Abwurf der Atombomben auf Hiroshima und Nagasaki den Zivilisationsmythos der Promethie mit der Frage verknüpft hatte, ob denn der Besitz des Feuers überhaupt verantwortbar sei. In dem Prosatext »Verfahren Prometheus« von 1982 hat Volker Braun diese Frage noch einmal radikalisiert (wobei das Jahr der Entstehung auf die damals grassierende, zweifellos begründete Angst vor einem Atomkrieg verweist). Sein neuer Prometheus, äußerlich eine Art Einstein, der sich in der Steinzeit zu Tode langweilte, ist eine Verkörperung des absoluten Erfindungsdrangs, der *techné* schlechthin, das »Feuer nur die berühmteste Erfindung, die ihm der Himmel eingab«. Mit seinem Tun hat er, so wird weiter beschrieben, über Jahrtausende in den verschiedensten Kulturen Hochkonjunktur gehabt – als Inspirator der »Macher« und Wegweiser einer Zivilisation, die auf dem Triumph des Machbaren basiert. Seine Erfindung des (atomaren) »Feuers der Feuer« ist dann nur noch die letzte Pointe einer langen Serie von Zerstörungen. Brauns traumatische, apokalyptische Prometheus-Version ist ein später, bitterer Schlußpunkt unter einer langen Tradition der enthusiastischen Identifikation mit dem Titanen in der Geschichte des Aufklärungsdenkens und des Marxismus.

Die bisherige Darstellung des zivilisationskritischen Diskurses in der jüngeren DDR-Literatur hat diese neue Tendenz vorrangig als Ernüchterung und Abkehr von Fortschrittsillusionen und plattem Aufklärungsglauben charakterisiert und damit die ihr immanenten Erkenntnisleistungen gewürdigt. Freilich enthält der neue Diskurs auch fragwürdige Elemente. Das haben insbesondere Richard Herzinger und Heinz-Peter Preußer seit der Wende immer wieder betont. Sie gehen – im Blick auf Texte von Heiner Müller, Volker Braun, Christa Wolf und Christoph Hein – davon aus, »daß die literarische Zivilisationskritik einen Legitimationsdiskurs absichert, der den sozialistischen Utopiekern vor seiner Beschädigung durch den Bankrott des Realsozialismus zu retten versucht und zudem eine Rechtfertigungsargumentation für das Fortbestehen des sozialistischen Staates bereitstellt, die dessen offizielle Ideologie nicht mehr zu leisten vermag«. Dabei knüpfe, so die beiden Autoren weiter, die DDR-Literatur an »traditionelle Denkfiguren deutscher Zivilisationskritik« an, »so etwa an das Dekadenzverdikt gegen die westliche Zivilisation, an die Dichotomie ›Kultur – Zivilisation‹ und an das Ressentiment gegen eine liberale

Gesellschaft als Ort der Verflachung, der Vermassung und der Kommerzialisierung«. In der Tat hat der neue zivilisations- und technikkritische Diskurs der DDR-Literatur romantisch-regressive, irrationale Züge. Nach der einst ersehnten, mittlerweile gescheiterten Symbiose von Technik und Kultur, von Hand- und Kopfarbeit zogen sich viele Autoren ernüchtert oder gekränkt oder beides in eine »Kulturgemeinschaft als Refugium« (Herzinger/Preußer) zurück. Von hier aus nahmen sie »die Industriegesellschaft der Maschinen, der Verträge, der konkurrierenden politischen Parteien, in der die poetische Einbildungskraft keine Macht hat, in der Intellektuelle und Künstler Außenseiter sind« (so der Amerikaner Ian Buruma im Blick auf Christa Wolf u.a.), als Feind wahr. Während Horkheimer/Adorno in der »Dialektik der Aufklärung« immer noch darauf beharrten, daß die »ihrer selbst mächtige, zur Gewalt werdende Aufklärung selbst« es vermöchte, »die Grenzen der Aufklärung zu durchbrechen«, gibt es in der neueren DDR-Literatur Momente einer Verketzerung der Aufklärung als ganzer, ja, eines Liebäugelns mit vitalistischen und irrationalistischen Positionen. Weil die ganze bisherige Geschichte, einst als ihrer Erlösung zustrebende sozialistische Heilsgeschichte geglaubt, jetzt als desavouiert erscheint und zur durchlaufenden Unheilsgeschichte uminterpretiert wird, wächst die Faszination durch geschichtsphilosophische Modelle des absoluten »Bruchs« und des unvermittelten Sprungs aus der totalen Entfremdung ins vermeintliche Reich der Freiheit. Dies gilt insbesondere für Heiner Müllers Vision von der Befreiung des »Lebens« aus dem »Sarg« der Aufklärung, nicht selten auch für Volker Braun und seine Vorstellung (auf den Spuren Jean Pauls und Rimbauds) vom »innersten Afrika«, vom unverfälschten »Leben« nach dem Sprung ans »andere Ufer«, der der zerstörerischen rationalistischen Zivilisation ein Ende macht und die »Frühjahre der Völker« heraufführt. »ZUVIELISATION! MÖRDER!« heißt eine »Sprayschrift in Basel«, die Braun zustimmend zitiert. Von hier ist der Weg zurück zu Oswald Spengler und Theodor Lessing in der Tat nicht weit, selbst Carl Schmitt (im Falle Heiner Müller) und Martin Heidegger lassen grüßen. Nach seiner Enttäuschung durch die Nazis hatte Heidegger von der »Seinsvernutzung« und »Weltvernichtung« im Zeichen der modernen Technik gesprochen und die große »Kehre« angemahnt. Eine so heikle wie erhellende Parallele deutet sich hier an: Auch Heidegger hatte anfangs seine ganze Hoffnung in den Nationalsozialismus als das gegenüber dem herrschenden nihilistischen Paradigma ganz Andere gesetzt – so wie die DDR-Autoren den Sozialismus mit ihren Heilserwartungen als das ganz Andere aufluden. Später erkannte Heidegger das NS-Regime gerade als den konsequenten Fortsetzer einer aus seiner Sicht nihilistischen Modernisierung, was den Impuls zu seinen technikkritischen Arbeiten und seine eigene »Kehre« auslöste. Ähnliches gilt für die vom »realen Sozialismus« als gar nicht so ganz Anderem enttäuschte künstlerische Intelligenz der DDR, die sich vom Paradigma des technischen Fortschritts und der sozialistischen Heimat als seinem Ort löste. Damit ist aber auch gesagt, daß die These von Herzinger/Preußer, der zivilisationskritische Diskurs der jüngeren DDR-Literatur diene als »Rechtfertigungsargumentation des sozialistischen Staates« DDR, in dieser Zuspitzung nicht aufgeht. Allzu tief ging diese Kritik an die Wurzeln dessen, was den »realen Sozialismus« konstituiert hatte. Gewiß sind Vorbehalte gegenüber der »Verwestlichung« und der pragmatischen Auffassung zivilisatorischer Errungenschaften von der Demokratie und ihren Institutionen bis hin zur Technik unübersehbar, ebenso wie ein nostalgisches Festhalten an utopischen Projektionen eines »wahren Sozialismus« mit eschatologischem Ausgang. Und es mag auch sein, daß die eigene Fixierung auf eine generalisierende, Osten und Westen gleichmachende Zivilisationskritik die Mißachtung der Bürger- und Menschenrechte im eigenen Land und an seinen Grenzen nicht in der angemessenen Schärfe wahrnehmen ließ – das wäre fatal genug. Damit wird der zivilisationskritische Diskurs der Literatur aber noch nicht im Kern staatserhaltend und systemstabilisierend. Dagegen spricht nicht zuletzt, daß dieser Impetus von Autoren initiiert und getragen wurde, die sozialistischer Sentimentalitäten nicht – oder doch längst nicht mehr – verdächtigt werden können. Man denke an Günter Kunert, Günter de Bruyn oder Heinz Czechowski. Schon bei Franz Fühmann oder Christoph Hein hat die Argumentation von Herzinger und Preußer nur wenig Überzeugungskraft. Denkt man an sowjetische Autoren wie Alexander Solschenizyn, Dschingis Aitmatow, Valentin Rasputin oder Viktor Astafjew (deren Weltbilder freilich auch bedenklich irrationale, ja reaktionäre Züge tragen), dann läuft die unterstellte Logik von der Legitimation des Sozialismus durch den zivilisationskritischen Diskurs vollends ins Leere. Auch – sehr unterschiedliche – westliche Autoren von Dürrenmatt, Frisch und Bachmann bis zu Born, Handke, Brinkmann, Nadolny und Botho Strauß sind Vertreter dieses Diskurses, und kein einziger von ihnen könnte bezichtigt werden, ein Fürsprecher des Modells DDR (gewesen) zu sein. Vielleicht hat es die Zivilisation, in der wir leben, eben doch verdient, einer radikalen Kritik unterzogen zu werden – auch wenn wir, bei allem »Unbehagen in der Kultur« (mit Sigmund Freud zu sprechen), keine Alternative zu ihrer Fortsetzung und Verbesserung wissen. Und vielleicht ist diese Ambivalenz auch nicht hintergehbar.

Erzählen in der Krise: Fakten oder Fiktionen?

Die Prosaliteratur der DDR ist bis weit in die 60er Jahre hinein noch von einer vor-modernen außengelenkten Ästhetik geprägt: der des »sozialistischen Realismus«. Gegen die Schreibweisen der Moderne

– von Joyce, Proust und Kafka bis zu Musil, Faulkner und Beckett – sperrten sich viele Autoren, meist sogar aus Überzeugung. Ausnahmen wie Uwe Johnson und Fritz Rudolf Fries bestätigen die Regel. Auch als Georg Lukács schon längst keine offizielle Autorität mehr auf dem Gebiet der Ästhetik war, klammerte man sich noch hartnäkkig an den Totalitätsgedanken Hegelscher Provenienz. So warnte Max Walter Schulz 1964 eindringlich davor, »die Totalitätsforderung an den Roman« preiszugeben, und bestimmte als Koordinaten des genuin realistischen Romans die »poetisch-illusionäre (den realen Abbildern treu bleibende) Totalitätsempfindung oder Totalitätsvorstellung« und, zweitens, eine »gesellschaftsbildende rationale Idee«, die allein erst »geordnet ins Bewußtsein hebe, was dem unbewußten Sein an Einzelheiten entrissen wird. Als Marxist schreibt man Romane aus der Überzeugung, daß die Welt erkennbar und veränderbar ist und nicht nur auf verschiedene Weise poetisch interpretiert werden kann.« Eben diese vieldimensionale und damit unverbindliche Nur-Interpretation der Welt warf man den Joyce und Proust, Kafka und Musil sowie ihren zeitgenössischen westdeutschen Schülern Grass und Walser vor. Letzteren attestierte Hermann Kant 1961 ein Weltbild, »in dem sich die heutige Gesellschaft als ein Scherbenhaufen darstellt, als eine Welt voll Disparität« – und die folgerichtig nichts anderes als »Scherbenliteratur« hervorzubringen in der Lage seien. Für sich selbst nahm man dagegen in Anspruch, im Besitz eines intakten Spiegels, ohne Sprünge und Risse, ohne blinde Flecken zu sein – eben der marxistischen Lehre –, der denn auch nach wie vor imstande sei, die ganze Welt als zusammenhängend-stetige abzubilden. Noch die Ankunftsliteratur um 1960 und die Entwicklungsromane der Strittmatter, Noll, Brězan und M. W. Schulz aus der Mitte der 60er Jahre haften im Schematismus der Fabelkonstruktionen, der Heldenwahl und der Personendarstellung an alten Mustern, die in ihrer Konventionalität dem geschlossenen, naiven Weltbild der Autoren entsprechen. Der erzieherische Gestus der Literatur ist ungebrochen.

In der zweiten Hälfte der 60er Jahre findet dann immerhin bei den besten Autoren eine »verhohlene Aneignung« (H. Küntzel) moderner Erzählmittel statt. Rückblende und Zeitenschichtung, innerer Monolog und Bewußtseinsstrom, ironische Brechung und Wechsel der Erzählperspektive halten Einzug in die DDR-Prosa. Reflexive Momente durchdringen die Texte und subjektivieren, differenzieren das Erzählte. Doch noch der 1975 verstorbene Rostocker Literaturkritiker Kurt Batt meinte in seinen zwischen 1960 und seinem Todesjahr entstandenen Essays zur deutschsprachigen Erzählliteratur der Gegenwart, ostdeutsche und westdeutsche Prosa scharf gegeneinander abheben zu müssen. Der westdeutschen Erzählliteratur attestierte er (bei aller Differenzierung im einzelnen) einen gemeinsamen Trend, der sich an Stichworten wie geschrumpfte Tradition, Verinnerlichung der Revolte und Exekution des Erzählers (also: des erzählenden Subjekts) festmacht. Damit war dieser Literatur eine insgesamt »absteigende Linie« unterstellt. Eine dazu gegenläufige Bewegung sichtete Batt in der Prosa der DDR zu den frühen 70er Jahren hin. Sie knüpft sich bei ihm an eine Kette von Autoren, die mehrere Generationen umgreift: Erwin Strittmatter, Bobrowski, Fühmann; Wellm, Kant, C. Wolf, de Bruyn, Jakobs, Kunert; Morgner, Schneider, S. Kirsch, Jendryschik, H. Schütz, Schlesinger, Jentzsch. Batt erkannte als Charakteristika dieser Prosa eine »neugewonnene Lockerheit und spielerische Leichtigkeit«, durch die sie sich »überflüssig gewordener informativer und didaktischer Komponenten entledigt« habe. Hier sei – entscheidender Gewinn – eine »echte Kunstwirklichkeit« geschaffen, die die bisher dominante »schlichte Reproduktion von äußerer Realität« übersteige. Insgesamt sei die literarische Entwicklung gekennzeichnet von einem »Prozeß der Auffächerung, der Individualisierung«, den eine neuerdings »dezidierte Subjektivität« trage. Mit der »denunziatorischen Vokabel Privatisierung« sei das nicht zu fassen; vielmehr würden private oder existentielle Probleme gerade jetzt, in diesem historischen Augenblick der DDR, frei und souverän behandelbar »in dem Maße nämlich, wie der Sozialismus die Muttermale der alten Ordnung abwirft«. Demzufolge präge den Prosaautor der DDR eine Doppelbewegung: »Auf der einen Seite die notwendige Integration in die Gesellschaft, auf der anderen Seite die Selbstbehauptung der eigenen Inkommensurabilität«. Im Ton der Genugtuung (und in Absetzung gegenüber der westlichen Erzählliteratur) heißt es dann: »Hier [in der DDR, W. E.] erscheint Erzählen nicht als stummes Vorsichhinsprechen, sondern als Aussprache, die des Gegenübers bedarf, als eine Gattungseigenschaft des Menschen; die sich freilich nur in einer Gesellschaft entfalten kann, wo die Menschen miteinander und nicht gegeneinander leben, wo sie kommunizieren.«

Batts Charakterisierung der DDR-Erzählliteratur der späten 60er und der 70er Jahre enthält eine Reihe treffender Beobachtungen, andere Behauptungen kann man als verdeckte Forderungen an die Kulturpolitik lesen, nämlich endlich eine souveräne Erzählliteratur zuzulassen, wie Batt sie beschreibt. In anderen wesentlichen Punkten ist seine Darstellung von der (literatur-)geschichtlichen Entwicklung rasch überholt worden. Die DDR als eine Gesellschaft des Miteinanders – und eine dementsprechend mit dem Gegenüber frei kommunizierende, also dialogische Erzählstruktur? Diese Bilanz hat sich zum Ende der 80er Jahre hin immer weniger halten lassen. So wie sich die Krise der realsozialistische Industriegesellschaft DDR immer weiter verschärfte, so auch die des Erzählens in ihr. »Erzählen in der Krise« meint also zweierlei: einmal, daß zum Gegenstand erzählender Literatur eine Sinnkrise von enormem Ausmaß gehört; zum anderen, daß sich die bisher für das Erzählen verwendeten ästhetischen Mittel als nicht länger brauchbar erwiesen. Binnen etwa fünfzehn Jahren durchlief die Erzählliteratur der DDR in modifizierter Form einen Prozeß, den die (west-)europäische Prosaentwicklung zwischen 1910 und 1930 schon einmal vollzogen hat. Die DDR-Prosa ist, mit einem Wort, modern geworden, also ›gleichzeitig‹ mit der der westlichen Welt. Eine wichtige Folge dieses offiziell nicht geplanten Anschlusses ans »Weltniveau« war, daß die neue DDR-Literatur leichter und rascher verstanden wurde als die ältere, folglich auch immer mehr Leser fand.

Robert Musils »Mann ohne Eigenschaften« namens Ulrich hatte einst festgestellt, daß es »die einfache Reihenfolge, die Abbildung der überwältigenden Mannigfaltigkeit des Lebens in einer eindimensionalen« sei, was beruhige: »die Aufreihung alles dessen, was in Raum und Zeit geschehen ist, auf einen Faden, eben jenen berühmten ›Faden der Erzählung‹, aus dem nun also auch der Lebensfaden besteht.« Musils Ulrich mußte bemerken, »daß ihm dieses primitiv Epische abhanden gekommen sei, woran das private Leben noch festhält, obgleich öffentlich schon alles unerzählerisch geworden ist und nicht einem ›Faden‹ mehr folgt, sondern sich in einer unendlich verwobenen Fläche ausbreitet. [...]« Das ist nun eine Erfahrung, die jetzt, ein halbes Jahrhundert später, auch für viele Erzähler der DDR gilt. Die bisher geübte »perspektivische Verkürzung des Verstandes«, mit deren Hilfe sich die »erzählerische Ordnung« (Musil) wie von selbst herstellte, will nicht mehr funktionieren. Die Fabel entwickelt eine Tendenz zur Entorganisierung und Desintegration, kurz: zur »Entfabelung« (J. Wassermann). Die »Erlebniszeit« löst sich radikal von der »Ereigniszeit« (E. von Kahler) ab. Mit dem fragwürdigen, nicht selten scheiternden Helden (wenn man die Hauptfigur noch so nennen kann), dem die Individuation kaum noch gelingen will, wird auch der Erzähler eine zweifelhafte Gestalt, die nicht mehr mit Autorität ausgestattet ist. Die Gemeinsamkeit der Orientierung von Autor und Leser ist nicht mehr vorgegeben, weil der Autor jetzt »selbst unberaten ist und keinen Rat geben kann« (W. Benjamin). Die Unberatenheit der Autoren hat, wie skizziert, ihre Gründe: eine zivilisatorische Entwicklung, die die menschliche Gattung und den ganzen Planeten zu vernichten droht, ob nun plötzlich im Atomkrieg oder schleichend in der ökologischen Katastrophe, und ein im Lauf der Jahrzehnte immer unglaubwürdiger gewordener Sozialismus.

Ein Spezifikum der neueren DDR-Erzählliteratur, das sie auch von der Prosa der klassischen Moderne deutlich abhebt, liegt nun darin, daß sie gegen das Diktat der instrumentellen Vernunft, die behauptet, die einzig wirklichkeitstüchtige, *realistische* Weltanschauung zu sein, Widerstand leistet und sich der »Mimesis ans Verhärtete und Entfremdete« (Adorno) verweigert. Sie entzieht sich dem »Bann der auswendigen Realität« (noch einmal Adorno) nicht auf dem Fluchtweg, sondern indem sie Einbildungen, Phantasmen, Fiktionen als eine zweite, *andere*

Realität gegen die erste, verordnete setzt. Den Vorwurf, unrealistisch zu sein, gibt sie offensiv zurück. So schreibt Christa Wolf in ihren »Kassandra«-Vorlesungen: »Mir fällt auf, daß das Verdikt, unrealistisch, realitätsfern zu sein, gegen Literatur genauso erhoben wird wie gegen die Friedensbewegung, und von den gleichen Leuten. Realist ist heute, wer auf dem Boden der Tatsachen steht – ein Boden, der in den Plänen dieser gleichen Realisten bereits verseucht ist.« Wo, wie schon Ernst Bloch einst schrieb, »Phantasie fast Strafsache« ist, lautet jetzt die Parole der Literatur: »Die Phantasie an die Macht.« Gegen eine Koalition des Schreckens aus Männerherrschaft, Gewalt, Krieg und purer technischer Rationalität wird ein Neugewinn der lebendigen Imagination, des »bildlichen Denkens« gesetzt. So läßt Irmtraud Morgner die Sirene Arke in ihrem Hexenroman »Amanda« sagen: »Nicht die Entwicklung des abstrakten Denkens, sondern dessen Ausschließlichkeitsanspruch, der eine Weiterentwicklung des bildhaften Denkens nicht nur verhinderte, sondern zerstörte, machte mir das Leben schwer. Mich deprimierte, daß die Historie des Denkens nach wie vor ebenso ihren Fortgang nimmt wie die andere: kriegerisch. [...] So ein Rest, der zerstört wurde, ist die bildliche Aneignung der Welt.«

Morgner gehört zu den Autorinnen und Autoren, die das Ergebnis dieses Verdrängungsprozesses rückgängig zu machen und das »bildhafte Denken«, die Kraft der Imagination geradezu methodisch wiederzugewinnen versuchen. Dabei greift sie auf alte Mythen, Märchen, Sagen und Legenden zurück, die sie nie nur nacherzählt, sondern umbildet, ausspinnt und neu pointiert, ihren eigenen Sehnsüchten und Träumen folgend. Mit ihrer Hilfe verfremdet, verzaubert, ja: behext sie das Alltäglich-Gewöhnliche und läßt den Leser ahnen, daß es wunderbare Alternativen zum Leben, wie es nun einmal ist, geben könnte. Ihre phantastischen Texte üben ein ins Überschreiten von Grenzen der empirischen Wirklichkeit, einer durchkalkulierten, erstarrten, gewalttätigen Wirklichkeit, die dem Lösungsmittel des Ver-rückten, Verworfenen, Phantastischen ausgesetzt wird. In einer historischen und gesellschaftlichen Lage, die durch ein Zuviel an System, an Funktionalität, an Ordnung charakterisiert ist, zerstört und entordnet die Kunst Ordnung, wird im Wortsinn an-archisch. So sah es auch Heiner Müller: »Auch die DDR ist ein Industriestaat und hat die Tendenz [...], Phantasie zu unterdrücken, zu instrumentalisieren, auf jeden Fall zu drosseln. Und ich glaube schon, die politische Hauptfunktion ist jetzt, Phantasie zu mobilisieren.«

Irmtraud Morgners spielerisches Experimentieren mit Märchen und Mythen ist nur ein Beispiel für eine umfassende Tendenz modernen Erzählens in der DDR, das die Fiktion, das Phantasma emphatisch ins Recht setzt und sich nicht mehr damit begnügt, die vorhandene Realität, wie amtlich gefordert, »widerzuspiegeln«. Von Christa Wolfs drei »unwahrscheinlichen Geschichten«, die sie 1973 in dem Band »Unter den Linden« veröffentlichte, war schon die Rede. Eine andere beispielhafte Publikation war 1974 die Anthologie »Blitz aus heiterm Himmel«, in der sieben Autoren – vier Männer und drei Frauen – je eine Geschichte zum Thema Geschlechtsumwandlung/Geschlechtertausch vorlegten. Aus Auftragsarbeiten, die als abseitige Spielerei erscheinen mochten, wurden phantastische soziale Experimente von einiger Tragweite. Erstarrtes Geschlechterrollendenken und -verhalten wurde, vergnüglich verfremdet, der Kritik zugänglich – ob nun in der fingierten Alltagsgeschichte bei Sarah Kirsch und Günter de Bruyn, ob im ironisch gebrochenen Entwurf einer matriarchalischen Gesellschaft bei Karl-Heinz Jakobs, ob im grausig-komischen wissenschaftlichen Experiment einer nicht zu fernen Zukunft bei Christa Wolf (eine vergleichbare Science-fiction-Geschichte Irmtraud Morgners wurde nicht aufgenommen; sie wurde Bestandteil der »Trobadora Beatriz«). Ähnliche Wege beschritten die Autoren der Anthologie »Die Rettung des Saragossameeres« (1976), Franz Fühmann mit seinem Prosaband »Saiäns Fiktschen« (1981) und Rainer Kirsch mit den vier Erzählungen des Bandes »Sauna oder Die fernherwirkende Trübung« (1985). Immer häufiger geht es jetzt, wie in den genannten Büchern, um den Widerspruch einer scheinbar perfekt funktionierenden Welt der technischen und politischen Apparate und der unberechenbaren menschlichen Subjektivität, die als ›Fehler im System‹ alles zum Einsturz bringt oder wenigstens zu bringen droht. Die Utopie des besseren Lebens schlägt um in ihr Negativ. Sie wird zur Warnutopie.

Auch *Fritz Rudolf Fries* ist ein Autor, der mit Hilfe erstaunlicher Fiktionen unermüdlich gegen die allzu ordentliche, erstarrte Wirklichkeit anschreibt. Dadurch, daß sein DDR-Debüt mit »Der Weg nach Oobliadooh« (1966) seinerzeit verhindert wurde, ist er den Lesern seines Landes erst verspätet, und zunächst mit Nebenwerken, bekannt geworden. Inzwischen hatte er die Helden seines Erstlingsromans, den Schelmenliteraten Arlecq und den Zahnarzt Paasch, zu Mördern ihrer Ehefrauen werden lassen (und das am 8. März, dem Frauentag) und auch sonst seinem Publikum einiges zugemutet. Der schon 1967 geschriebene Roman »Verlegung eines mittleren Reiches«, erst 1985 veröffentlicht (ursprünglicher, wegen des Chinabezugs anstößiger Titel »Verlegung des Reichs der Mitte«) – eine verschlüsselte Darstellung der Nachkriegszeit unter der sowjetischen Besatzungsmacht, die aber auch ohne weiteres aktuell, als *social fiction*, verstanden werden konnte –, und vor allem »Alexanders neue Welten« (1983) weisen Fries als phantastischen, subversiven Erzähler aus. Seine Nähe zu Jean Paul – neben der zu den lateinamerikanischen Romanciers – ist unübersehbar. Mit dessen »Luftschiffer Gianozzo« folgte er dem Motto: »So weit über das Gewölke des Lebens hinauszudringen, daß man die ganze Welt mit ihren Wolfsgruben, Beinhäusern und Gewitterableitern von weitem unter seinen Füßen nur wie ein eingeschrumpftes

Kindergärtchen liegen sieht.« Anders als z.B. Christa Wolf setzte Fries, der seinen »Alexander«-Roman selbst als »antikassandrisch« versteht, nicht darauf, das dominante Wirklichkeitsmodell samt seiner Moral durch ein Gegenmodell und eine Gegenmoral zu konterkarieren. Seine Geschichten und Figuren verstoßen gegen alle Ordnung, ohne selbst wieder zu einer solchen zu gerinnen. Die beiden Hauptgestalten des Romans »Alexanders neue Welten« belegen das aufs neue: wiederum ein merkwürdiges Freundespaar – der eine eine Don-Juan-Gestalt, im Flugzeug nach Afrika entführt, der andere der daheimgebliebene, überbewußte Registrator dieser verrückten Reise. Ähnliches gilt für Adolf Endlers kauzige Erzählversuche, »Papiere aus dem Seesack eines Hundertjährigen« aus dem Jahre 2033, die er unter dem Titel »Schichtenflotz« 1987 in der Bundesrepublik veröffentlichte. Wolfgang Hilbigs Prosatexte, vor allem »Die Weiber« (1987), sind vollends nicht mehr als Texte ›gegen‹ etwas zu lesen, sondern entfalten fast ausschließlich eine chaotische Subjektivität. Monika Maron schließlich stellte in ihrem zweiten Roman »Die Überläuferin« (1986 nur im Westen erschienen) eine weibliche Figur in den Mittelpunkt, die sich der verkopften Ordnung verweigert und in einem romantisch-skurrilen »Nachtstück« ihren Wunsch- wie ihren Angstträumen freien Lauf läßt. Doch wie auch immer diese Autoren und ihre Schreibweisen untereinander zu differenzieren sind: Gemeinsam ist ihnen, daß sie sich von einer scheinbar festen, unangreifbaren Wirklichkeit abgestoßen haben und zu ihren eigenen, abweichenden Wahrheiten in zumeist »unwahrscheinlichen Gewändern« (I. Morgner) gelangt sind.

Es ist unübersehbar, daß es zur skizzierten *Tendenz auf erweiterte Fiktionalität* in der DDR-Prosa seit ungefähr 1975 eine starke Gegenbewegung gibt: die *faktographische, dokumentarische Literatur*. Beim näheren Hinsehen wird man jedoch gewahr, daß dies nicht nur eine Gegenbewegung ist. Denn auch hier, bei dem Hunger nach echten, wahren, glaubwürdigen Geschichten, geht es um ein Bedürfnis, das weder von der Routine des gelebten Lebens, noch von der offiziellen Berichterstattung in der Zeitung oder im Fernsehen befriedigt wurde. Erlebnisberichte, Reisebücher, Tagebücher, Memoiren, Reportagen, Protokolle, Interviews enthalten das Versprechen auf Authentizität in einem Umfang, der der fiktionalen Literatur gemeinhin nicht zugebilligt wird. Um wieviel höher mußte die Erwartung gegenüber der dokumentarischen Literatur in einem Land sein, in dem die Literatur generell, mangels einer funktionierenden Öffentlichkeit, eine außerliterarische »Ersatzfunktion für Journalismus« (Thomas Brasch) hatte.

Der Anfang der dokumentarischen Literatur in der DDR war beispielhaft. 1973 hatte Sarah Kirsch »5 unfrisierte Erzählungen aus dem Kassetten-Recorder« unter dem Titel »Die Pantherfrau« herausgegeben, in denen fünf DDR-Frauen von unterschiedlichem sozialem Status aus ihrem Leben berichteten. 1975 erschien der von der Österreicherin

Maxie Wander (1933–77) edierte Band »Guten Morgen, du Schöne – Frauen in der DDR. Protokolle«, der die literarische Landschaft mit einem Schlag veränderte. So ungeschminkt und lebendig hatte man Frauen bisher nicht sprechen hören. Souverän und sprachmächtig äußern sie sich in den Gesprächen mit der Herausgeberin über ihre Lebensgeschichte, familiäre Sozialisation (zumeist schon in der DDR-Ära), neue Familie, Arbeit, Sexualität – aber auch über unerfüllte Sehnsüchte und Hoffnungen. Sprechend erforschen sie unerforschtes Gebiet, entwerfen, indem sie das vergangene, gelebte Leben bewußtmachen, neue Möglichkeiten des Zusammen- und Alleinlebens. Kaum ein anderes Buch sagt heute noch so viel aus über die (gewesene) DDR wie Maxie Wanders Protokollband, kaum ein anderes machte damals so viel Mut wie dieses, weil in ihm Frauen, Menschen zu Wort kamen, die Anpassung verweigerten und mit dem Anspruch auf Selbstbestimmung im Alltag Ernst machten.

Mit Maxie Wanders Protokollband schien ein Bann gebrochen zu sein. Die in der Bundesrepublik schon im Zuge einer Politisierung der Literatur seit 1967/68 favorisierte dokumentarische Literatur spielte nun auch in der DDR eine immer größere Rolle. Anfangs waren es vor allem weitere ›Frauenbücher‹ in emanzipatorischer Absicht und in der Form von Erlebnisberichten, Reportagen und Protokollen. Später kamen dann auch ›Männerbücher‹ hinzu, wie Christine Lambrechts »Männerbekanntschaften. Freimütige Protokolle« (1986) und Christine Müllers »Männerprotokolle« (1986; westdeutscher Titel »James Dean lernt kochen. Männer in der DDR. Protokolle«). In den letzten DDR-Jahren hat sich das Spektrum der faktographischen Literatur noch enorm erweitert. Nach allen Richtungen hin wurde die DDR-Gesellschaft auf authentische Nachrichten ausgeforscht. Da gab es Gabriele Eckarts (geb. 1954) Gesprächsprotokolle aus einer havelländischen Obstanbau-Produktionsgenossenschaft, betitelt »So sehe ick die Sache« (1984 nur auszugsweise in »Sinn und Form« und als Buch in der Bundesrepublik erschienen), aus denen man viel – zu viel, wie die Zensurbehörde befand – über Arbeitsalltag, Anpassungszwänge, »sozialistische Lebensweise« und den ökonomisch organisierten Raubbau an der Natur erfuhr. Da hielt Irina Liebmann (geb. 1943), die wie Gabriele Eckart später die DDR verließ, unter dem Titel »Berliner Mietshaus« (1982) hochinteressante »Begegnungen und Gespräche« mit den Mietern fest und montierte »kein nachgefühltes, verinnerlichtes Porträt«, wie sie selbst kommentierte, sondern bewußt »eine Sicht von außen«. Irene Oberthür (geb. 1941) brachte den »Erzählbericht« »Mein fremdes Gesicht« (1984) heraus, der aus ihrer Arbeit mit Schwer- und Schwerstbehinderten als Fürsorgerin für Rehabilitation hervorgegangen war. Zum (großen) Problem des Alkoholismus in der DDR erschienen binnen kurzer Frist drei Erlebnisberichte. Beliebt waren auch dokumentarische Bücher zum Alltag, zum gewöhnlichen

Leben, das alle betraf, so »Partnerschaft. Geschichten vom Zusammenleben« (1987 von Meta Borst herausgegeben) oder »Dünne Haut – Tagebücher von Frauen« (1987 von Erika Rüdenauer ediert). Einen tabuierten Bezirk betrat Ulrich Berkes (geb. 1936), der mit seinem über ein Jahr geführten Tagebuch »Eine schlimme Liebe« (1987) vom alltäglichen Leben eines Homosexuellen in der DDR erzählte. Auch Daniela Dahns (geb. 1949) Reportagensammlung »Prenzlauer Berg-Tour« (1987; westdeutsche Ausgabe unter dem Titel »Kunst und Kohle. Die ›Szene‹ am Prenzlauer Berg«) ist zu nennen. Sie versuchte, die Atmosphäre eines teils altmodischen, teils alternativen Stadtteils einzufangen. Christiane Barckhausen legte 1985 in ihrem Buch »Schwestern« Tonbandprotokolle von Gesprächen mit Frauen aus sechs Ländern vor (aus Spanien, Portugal, Süd- und Mittelamerika sowie Bulgarien), in denen es um die Emanzipationsmöglichkeiten von Frauen in traditionellen, vorindustriellen Kulturen geht. Zwei andere Bände der dokumentarischen Schreibweise beschäftigen sich mit Leben und Arbeit alter Menschen aus der DDR, die in dürftigen, zumeist proletarischen Verhältnissen großgeworden waren: Wolfgang Herzbergs »So war es. Lebensgeschichten zwischen 1900 und 1980« (1985; in der Bundesrepublik 1987 unter dem Titel »Ich bin doch wer. Arbeiter und Arbeiterinnen eines ›Volkseigenen Betriebes‹ in Berlin erzählen ihr Leben« erschienen) und Wolfgang Noas »Leben in Preußen. Sieben Porträts« (1983). Besonders Wolfgang Herzbergs (geb. 1944) Protokollband aus einem Ostberliner Glühlampenwerk ermöglichte interessante Einblicke in die Mentalität von Arbeitern, die in der DDR altgeworden waren, nicht zuletzt durch die Beibehaltung des stark umgangssprachlichen O-Tons der Gesprächspartner.

Zur faktographischen Literatur gehören zwei weitere Genres, die in der DDR in ihren letzten fünfzehn Jahren an Umfang und Bedeutung gewannen: die *Memoiren* und die *Reiseliteratur*, die beide hohe Auflagen erzielten. Seit etwa 1970 meldeten sich vermehrt namhafte »Veteranen« aus den verschiedensten gesellschaftlichen Bereichen mit Lebenserinnerungen zu Wort; Männer und Frauen – zumeist Altkommunisten –, die sich nach 1945 für die DDR entschieden hatten: Wissenschaftler und Ärzte wie Manfred von Ardenne, Theodor Brugsch, Jürgen Kuczynski und Max Steenbeck; Künstler und Schriftsteller wie Hans und Lea Grundig (schon 1957/58 erschienen), Wieland Herzfelde, Ludwig Renn oder Hedda Zinner; Arbeiterveteranen, Widerstandskämpfer, Exilierte und Politiker wie Franz Dahlem, Werner Eggerath, Fritz Selbmann, Max und Ruth Seydewitz, Maximilian Scheer, Trude Richter (der dritte Band ihrer Autobiographie, der ihr Leben im GULAG beschreibt, erschien 1989), Ruth Werner und Greta Kuckhoff. Diese Memoirenbände, die das Versprechen enthalten, zu erzählen, »wie es eigentlich gewesen ist«, erreichten einen großen Leserkreis: Ruth Werners »Sonjas Rapport« (1977), die spannenden Erinnerungen einer weltläufigen kommunistischen Agentin aus der Nazizeit, hatte schon nach zwei Jahren eine Auflage von 300000 erreicht. Aber auch die Memoiren Greta Kuckhoffs, Brugschs oder Ardennes erreichten rasch Hunderttausende von Lesern. Ebensowenig brauchte die Reiseliteratur um Leser zu bangen. Zumal Berichte aus westlichen, dem ›normalen‹ DDR-Bürger verschlossenen Ländern fanden reißenden Absatz. Sie befriedigten das ungestillte Fernweh der Nichtprivilegierten wenigstens kompensatorisch – und hielten gleichzeitig die Sehnsucht lebendig, in die verbotenen Länder zu reisen. Nicht von ungefähr verspricht in Monika Marons Erzählung »Das Mißverständnis« (1981) eine Frau ihrem Mann, bei ihm zu bleiben, »wenn du mit mir in den Nordsüden gehst«. Auffällig viele Reiseberichte gab es aus den USA, dem Feindesland von ehedem: Günter Kunerts »Der andere Planet« (1974) machte den Anfang; es folgten Bücher von Edith Anderson, einer gebürtigen Amerikanerin, Irene Runge (»Himmelhölle Manhattan«, 1986), Klaus Walther und Manfred Jendryschik.

Es fragt sich, inwieweit die vielfältige O-Ton-Literatur einen Beitrag zur künstlerischen DDR-Literatur geleistet hat. Dies ist vielleicht nicht nur eine akademische Frage der richtigen Zuordnung. Daß die »Literatur des Fakts« (Tretjakow) wichtige, teilweise tabubesetzte Bereiche der DDR-Gesellschaft aufschloß und damit eine bedeutsame Öffentlichkeitsfunktion erfüllte, indem sie auf ihre Weise, anstelle der eigentlich zuständigen Medien, »Glasnost« herstellte, ist unbestritten und ihr großes Verdienst. Doch ist es ihr auch gelungen, über die »banausische Nüchternheit« (Adorno), über eine bloße Verdopplung der Wirklichkeit hinauszugelangen? Reicht der Anspruch, das ›eigentliche Leben‹ ungeschminkt wiederzugeben, aus, um die vielbeschworene Authentizität hervorzurufen? Ist die Überwindung der Sprachlosigkeit als solche schon ein ästhetisches Kriterium? Kurt Batt, der schon 1972 gegen die »Exekution des Erzählers« protestierte und die »sogenannte Dokumentarliteratur« tadelte, weil sie »unbekümmert Tonband und Stenoblock an die Stelle literarischer Imagination« setzte, blieb nicht ihr einziger Kritiker.

Die verspätet auch in der DDR geführte Debatte darüber ist nicht durch Verallgemeinerungen zu entscheiden. Einerseits bestanden unter einigen Autoren und Lesern beträchtliche Illusionen über Wert und Wirkung des Originaltons, des Dokuments als solchem. Es wurde – und dies ist ein erkenntnistheoretischer Fauxpas – häufig mit ›dem Leben‹ selbst verwechselt. Man vergaß, daß menschliche Abbilder von Wirklichkeit *immer Konstrukte* sind, und seien sie noch so primitiv und vermeintlich unmittelbar. Hätte in der DDR eine wirkliche Medienöffentlichkeit bestanden, dann wäre die Euphorie gegenüber dem Dokumentarischen gar nicht erst so ins Kraut geschossen, so wie die Dokumentarliteratur in der Bundesrepublik bereits nach kurzer Zeit wieder an Attraktivität verlor. Jede sprachliche Äußerung, und sei sie auf den ersten Blick noch so kunstlos und sprachlich anspruchslos, rationalisiert, selektiert, montiert und verkettet immer bereits Erfahrungspartikel zu einer Sinnkonstruktion. Wenn dieser Befund richtig ist, dann dürften jene Autoren eher Aufmerksamkeit beanspruchen, die sich von vornherein zu ihrer Subjektivität bekennen und sie bewußt, gestaltend einsetzen – so wie es z.B. Maxie Wander getan hat. »Auch das Dokumentarische«, schrieb Irina Liebmann treffend, »muß (wenn es mehr als bloßen Materialwert haben soll) ein Rätsel zum Gegenstand haben«. Dieses Rätsel hat jedenfalls mit Subjektivität – des Autors, seiner Gesprächspartner – zu tun. Immer dort, wo diese zur Geltung kommt, entsteht Authentizität, »subjektive Authentizität« (Christa Wolf). Wohl deshalb sind es am ehesten Tagebücher (wie Brigitte Reimanns postum veröffentlichte Tagebücher und Briefe 1947 bis 1972 »Die geliebte, die verfluchte Hoffnung«, 1983; wie Maxie Wanders 1979 von ihrem Mann Fred Wander nach ihrem Tod herausgegebene »Tagebücher und Briefe« – in der Bundesrepublik unter dem Titel »Leben wär' eine prima Alternative«), die den Leser noch heute nachhaltig beeindrucken. Daß dies kein Naturgesetz ist, zeigt andererseits Ulrich Berkes' Tagebuch eines Homosexuellen »Eine schlimme Liebe« von 1987, das einfach zu wenig (und dies auch noch in dürftiger Sprache) mitzuteilen hat. Die ambitionierte Montage der subjektiven Erlebnisse des Autors mit Isidore Ducasses (Lautreamonts) Leben und Werk – den in der DDR nie veröffentlichten »Gesängen des Maldoror« und »Poesie« – läßt das Buch endgültig scheitern. Auch bei Tagebuchveröffentlichungen renommierter Autoren wie Hanns Cibulka (»Swantow«, 1982; »Seedorn«, 1985) oder Christa Wolf (»Störfall«, 1987) merkt man, daß das Verharren eines Autors beim subjektiv Erlebten und Bedachten enttäuschend sein kann. Dennoch, in ihren besten Beispielen gelangt die Faktenliteratur der späten DDR über Aufklärung, sekundären Journalismus und Therapieersatz hinaus zu einem lebendigen Sprechen, das sie – wie nachhaltiger die Fiktionen – zu einer Gegenwirklichkeit zum (schlechten) Bestehenden machte. Denn, in den Worten von Thomas Brasch: »Nichts trifft sie mehr, als wenn wir beginnen, über unsere Erfahrungen zu sprechen.«

Die neue Herrlichkeit: DDR-Alltag als Sujet (Prosa 1)

Die Dominante der nichtaffirmativen DDR-Literatur am Anfang der 70er Jahre ist die Absage an die Ideologie der »sozalistischen Menschengemeinschaft«. Das Verhältnis zwischen *Individuum und Gesellschaft* war schon im Laufe der 60er Jahre problematisch geworden. Jetzt zeigt die (Prosa-)Literatur, daß die Ansprüche des Individuums für sich und an die Gesellschaft entschieden lauter und gleichzeitig differenzierter geworden sind.

Wurden ausgangs der 60er Jahre, als mehr oder weniger unverhohlene Kritik an der verordneten Planer- und Leiterperspektive, zweifelhafte Karrieren und Anpassungsprozesse von gesellschaftlich Privilegierten beschrieben und moralisch kritisiert (z.B. Alfred Wellms Lehrer Wanzka, de Bruyns Bibliothekar Erb und der Literaturwissenschaftler Overbeck, Karl-Heinz Jakobs' Professor Satie oder der »Planer und Leiter« Radek), so konzentriert sich die Prosa jetzt mehr auf Erfahrungen und Lebensläufe von Individuen, denen durch Einzelne oder Institutionen der Gesellschaft und deren autoritäres Regelwerk übel mitgespielt wurde. Die Konfliktbereitschaft der Autoren und das Konfliktpotential ihrer Werke sind gewachsen. Fehler, Versagen, Schuld werden immer häufiger nicht nur beim Einzelnen, sondern auch beim Kollektiv, beim Staat, bei der Partei gesucht und gefunden. Die literarischen Helden entwickeln sich jetzt noch weniger regelhaft auf ein fest umrissenes »sozialistisches Menschenbild« hin (diese Kategorie ist obsolet geworden), sie sind – wie zuerst Christa T. so deutlich – weder ›typisch‹ noch vorbildhaft. Dafür sind sie um so lebendiger, sinnlicher, interessanter. Das Glücksbedürfnis das Einzelnen, seine Trauer, sein Scheitern, Sterben und Tod sind fast geläufige Themen geworden; ein bruchloses »Ankommen« im »realen Sozialismus« ist schon eher die Ausnahme.

Beispielhaft zeigt das jetzt immer häufiger auftauchende Motiv des *Selbstmords,* wie weit sich die Erzähler vom Modell der gelingenden »Ankunft« entfernt haben. Johnson in seinen »Mutmaßungen«, C. Wolf in »Der geteilte Himmel« und Strittmatter in »Ole Bienkopp« waren die ersten, die zumindest Assoziationen an einen Freitod ihrer Hauptfiguren zuließen. Der erste tatsächliche Selbstmord – in der marxistischen Ideologie ein Tabu – geschieht dann in Günter Kunerts Erzählung »Die Bremse muß nachgestellt werden« (1968). Plenzdorf läßt in seinem neuen Werther die Frage wiederum offen, in Brauns »Unvollendeter Geschichte« kann Frank, der einen Selbstmordversuch unternimmt, gerettet werden. Die Kontroverse um den Selbstmord Heinrich von Kleists, C. Wolfs »Kein Ort. Nirgends« mit der Fiktion des gemeinsamen Freitods von Kleist und Caroline von Günderrode, Prosatexte mit dem Suizidmotiv von Günter Görlich, Reiner Kunze, Thomas Brasch, Klaus Schlesinger, Einar Schleef und Jurek Becker – alle aus den späten 70er Jahren – zeigen, wie stark die Skepsis geworden ist, daß die realsozialistische Gesellschaft dem Individuum zu seinem Glück verhelfen könne. In der radikalen Konsequenz mag dann der Selbstmord als einzig verbliebener Freiheitsrest erscheinen, auch im Sozialismus.

Die neue Erzählliteratur stellt das »bedrängte Individuum« und sein »beschädigtes Leben« (H. Mohr) nicht nur vage anklagend dar, sondern recherchiert sehr genau die Umstände seiner Entstehung und Reproduktion und macht sie literarisch sinnfällig. Das zeigt sich am deutlichsten darin, in welcher Breite und mit welcher Akribie die jüngere Prosa die Situation von *Kindern und Jugendlichen* in der DDR-Gesellschaft thematisiert. Plenzdorf hatte mit seinem siebzehnjährigen Lehrling Edgar Wibeau ein Beispiel gegeben, das Schule machte. Ihm folgten rasch mehrere Texte, die ähnlich problematische, auf ihre individuelle Selbstverwirklichung pochende Jugendliche darstellen; Jugendliche, die aus dem enggeknüpften Netz der Normen ausbrechen und ihr eigenes Leben zu führen versuchen. Hierher gehören Wolfgang Johos Roman »Der Sohn« (1974), Rolf Schneiders »Reise nach Jaroslaw« (1974) und Brauns »Unvollendete Geschichte«.

Volker Brauns »Unvollendete Geschichte« durfte in der DDR nur in der Zeitschrift »Sinn und Form« (1975) erscheinen; erst 13 Jahre später wurde eine Buchausgabe möglich. Als allzu wahr wurde offenbar die nach dem Leben geschriebene, dokumentarische Erzählung taxiert. Sie berichtet von der Liebe zwischen der Funktionärstochter Karin und Frank, einem jungen Fernmeldeelektriker, der fälschlich verdächtigt wird, illegale Westkontakte zu unterhalten. Als sich das Mädchen nach massiven Vorhaltungen ihrer Eltern von Frank trennt, unternimmt er, wie bereits erwähnt, einen Selbstmordversuch. Karin (sie steht im Zentrum der Geschichte) gerät in einen Prozeß des Umdenkens hinein, der den Bruch mit den Eltern und den von ihnen verkörperten Normen zur Folge hat: »Hier begannen, während die eine nicht zu Ende war, andere Geschichten.« Die westdeutschen Rezensenten haben vor allem Brauns scharfe Kritik an Mißständen in seiner Gesellschaft hervorgehoben: an Postüberwachung und schlecht verhülltem Berufsverbot, an ideologischer Gängelung und entfremdeter Arbeit. Entscheidend ist aber, wie es Braun gelingt, die Subalternisierung der Individuen im »realen Sozialismus« literarisch plausibel zu machen. Er verknüpft die sparsame, nüchterne Wiedergabe der Geschichte selbst mit längeren Passagen erlebter Rede Karins, deren allmähliche Bewußtseinsveränderung so nachvollzogen werden kann. Zusätzlich montiert er in beide Ebenen (durch Majuskeln abgehoben) Versatzstücke der verstaateten Sprache ein, wodurch deutlich wird, wie das genormte, gestanzte Denken und Empfinden in alle Alltagsverrichtungen der Individuen hineinragt, sie meist schon erfolgreich okkupiert. Thomas Braschs Befund in dem Gedicht »Selbstkritik 3« ist auch der Befund der »Unvollendeten Geschichte«: »[...] Das ist nicht der Staat / längst schon bist du der Staat«. Zwei junge Leute, beschädigt zwar, aber nicht zerstört, werden sich dieser Lage bewußt und brechen mit ihr – das ist das offene Ende der »unvollendeten Geschichte«. Sie bleibt bemerkenswert durch ihre an Kleist und Büchners »Lenz« geschulte präzise, subtile Erzählsprache.

Brauns jugendliche Protagonisten Frank und Karin bleiben am Leben, in der manifesten wie in der tieferen Bedeutung des Wortes. Aber es ist auch zunehmend von Jugendlichen, von Söhnen die Rede, die »vor den Vätern sterben« d.h., am »realen Sozialismus« auf die eine oder andere Weise kaputtgehen (wie in Thomas Braschs »Vor den Vätern sterben die Söhne«, 1976, in einigen Geschichten aus Hans Joachim Schädlichs »Versuchte Nähe«, 1977, oder in Klaus Schlesingers Ikarus-Version »Neun«, der Geschichte eines alleingelassenen Kindes, das vom Dachbodenfenster über der Stadt in den Tod fliegt). Immer wieder übernehmen Jugendliche die Funktion, durch die Artikulation ihrer individuellen Bedürfnisse die Kluft zwischen Anspruch und Wirklichkeit augenfällig zu machen, und es zeigt sich, daß die DDR den ohne Absicht verfremdend wirkenden Blick von Kindern und Jugendlichen nicht aushält. Das gilt z.B. für den ersten Teil von Reiner Kunzes Prosaminiaturen »Die wunderbaren Jahre« (1976) oder für die Gestalt der Lenka in Christa Wolfs »Kindheitsmuster«, die die angepaßten, verknöcherten Erwachsenen immer wieder durch ihr vorbehaltloses Fragen, ihre Insistenz darauf, worüber ›die Großen‹ lieber schweigen, irritiert.

Wieder andere Texte gehen eindringlich und präzise den Einflüssen nach, die einzelne Sozialisationsinstanzen im »realen Sozialismus«, vor allem Familie, Schule und Militär, auf die jungen Menschen hatten, und es sind kaum förderliche Einflüsse, die da ausgemacht werden. Da ist die *Familie*, die autoritäre Strukturen reproduziert und deren männliches Oberhaupt häufig ein Beispiel der Triebunterdrückung und der Verdrängung der eigenen historisch beschädigten Lebensgeschichte gibt. Das offenbart z.B. in virtuoser Manier *Ulrich Plenzdorfs* Prosamontage (ursprünglich ein nicht gesendetes Hörspiel) *»kein runter kein fern«* (1978; in der DDR nie veröffentlicht). Es handelt sich um den inneren Monolog eines »gestörten« Jungen, des Bettnässers und Hilfsschülers Fleischmann aus Ost-Berlin, aus dem sein stockautoritärer Vater und der um keinen Deut bessere ältere Bruder Manfred, »Bulle« und Boxer dazu, mit allen Mitteln einen »anständigen Menschen« machen wollen, um so mehr, nachdem die Mutter des Kindes in den Westen gegangen ist. Plenzdorf protokolliert (erfindet) den Bewußtseinsstrom dieses von Gott und der Welt verlassenen Jungen (Schlesinger hatte in »Neun« etwas Ähnliches versucht), der am 7. Oktober 1969, dem 20. Jahrestag der Republik, davon träumt, Mick Jagger (dem er geschrieben hat) »und die Schdons« gäben vom Dach des Springerhauses nahe der Mauer ein Konzert ganz allein für ihn – und damit »SETTISFEKSCHIN«; der auch von seiner zärtlich geliebten Mutter träumt (und sie und die Rolling Stones: das fließt dann zu der Sehnsuchtsformel »MICKMAMA« zusammen); der schließlich, da die liebevollen, gewaltlosen Träume nichts fruchten, sich vorstellt, »Panzermann« zu sein, um sich endlich an Bruder und Vater rächen zu können. In den ›restringierten‹ Code des Jungen, mit dem er ihn demütigende Vorgänge erinnert und nie gestillte Wünsche benennt (aber niemand hört ihm zu), ist ein zweiter, ›elaborierter‹ Code einmontiert (so, wie er auch wirklich sein Bewußtsein durchkreuzt): Fetzen aus dem Bericht eines Mediensprechers vom Jubiläumstag der DDR nach »zwanzig guten und kräftigen Jahren unserer Republik«, der in einer Truppenparade der Nationalen Volksarmee kulminiert. – Eine Geschichte ohne Anfang und Ende, ohne Fabel und deren Auflösung, ohne implizit oder explizit didaktische Leseanleitung, Richtung und Moral. Entweder der Leser begibt sich in die vor ihm ausgebreitete »verwobene Fläche« jenes Bewußtseinsstroms, arbeitet sich selbst reflektierend an ihr ab, oder die Lektüre ist sinnlos.

Bis zum Ende der DDR entstand eine Vielzahl von Texten, die sich mit den Verstümmelungen beschäftigen, die die Instanzen der Sozialisation im »realen Sozialismus« dem Individuum zugefügt haben. Es macht stutzig, daß es in der DDR ein Genre geben konnte, das man für gewöhnlich mit dem wilhelminischen Untertanenstaat um 1900 verbindet: die *Schulgeschichte.* Die hierher gehörigen Texte zeigen, wie die Schule mit ihrem Drill Anpassung, Konkurrenzverhalten und Strebertum fördert (z.B. in Erich Loests glänzender Erzählung »Eine Falte, spinnwebfein« oder in Jürgen Fuchs' Erzählgedicht »Die Schule«). Damit wird auch die Rolle des Lehrers zum Problem. Am Anfang stand Alfred Wellms sympathischer alter Schulrat Wanzka, der wieder junge Menschen unterrichten will, das auch tut und sich an den doktrinären Verhältnissen reibt. Immerhin schließt das Buch Wellms mit eher freundlichen Ausblicken in die Zukunft. In Günter Görlichs »Eine Anzeige in der Zeitung« (1978) sind die Konflikte schon weiter zugespitzt – überraschend, wenn man die kulturpolitische Rolle des Autors als Scharfmacher bedenkt. Lehrer Just, der Vertreter einer »antischematischen Pädagogik«, begeht Selbstmord (ein Motiv, das auch in C. Wolfs »Kindheitsmuster« auftaucht). Ein autoritärer Direktor reagiert mit Disziplinarverfahren gegenüber denjenigen Kollegen, die ihren Schülern diesen Freitod nicht verschweigen wollen. Die Sympathien des Lesers zieht der Erzähler auf sich, ein Lehrerkollege Justs, von dem anzunehmen ist, daß er sich künftig der Konformitätserwartung verweigern wird. Noch einen Schritt weiter geht der Lehrer Karl Simrock, die Hauptfigur aus Jurek Beckers Roman »Schlaflose Tage« (1978; in der DDR nie erschienen). Ihm ist die realsozialistische Pädagogik so gründlich suspekt geworden, daß er am Ende, halb unfreiwillig, den Lehrerberuf an den Nagel hängt und einfacher Brotfahrer wird.

Ein noch größeres Tabu als die Institution Schule ist zweifellos das *Militär,* die Nationale Volksarmee. Neben der vergleichbaren kritischen Darstellung des Polizistenbruders Manfred in Plenzdorfs »kein runter kein fern« und der von Edgar Wibeaus Nebenbuhler Dieter aus seinem Werther-Buch gibt es dazu, außer dem 1980 erschienenen Roman »Die Würde« von Doris Paschiller (geb. 1953; 1984 in den Westen ausgereist) und einem erst 1991 gedruckten fragmentarischen Filmszenario von Uwe Saeger (»Die Nacht danach und der Morgen«; vgl.

hier S. 492) nur die Texte eines Autors, der seit 1977 im Westen lebte: von *Jürgen Fuchs* (geb. 1950). Schon seine Sammlung »Gedächtnisprotokolle« (1977) enthielt gestochen scharfe Miniaturen zum Thema. Mit ihnen, wie mit seinen »Vernehmungsprotokollen« (1978), wurde Fuchs zu einem der ersten und wichtigsten Dokumentaristen der DDR, freilich notwendig außer Landes. 1984 erschien der stark autobiographische Roman »Fassonschnitt«, in dem der Autor die ersten dreizehn Tage seiner militärischen Grundausbildung im Erzgebirge zu Ende des Jahres 1969 festhielt. Mit Wahrnehmungsschärfe und Detailgenauigkeit ist hier jenes preußisch-deutsche Kasernenhofmilieu geschildert, das sich seit einem halben Jahrhundert kaum geändert zu haben scheint, auch nicht unterm Sozialismus. Sympathisch ist, daß Fuchs in diesem Buch ohne die gespreizte Perspektive eines Rekruten als heimlichem Widerständler auskommt. Genau das macht seinen zweiten Roman zum gleichen Sujet »Das Ende einer Feigheit« (1988) problematisch, in dem, wiederum autobiographisch, ein Student die letzten Tage einer Wehrübung protokolliert. Wiederum liefert Fuchs präzise Innenansichten einer Kriegsmaschinerie, doch die Entgegensetzung des »Sozialismus der Unteroffiziere« und des standhaften, autonomen Einzelnen, der sich strikt verweigert, mutet als eine etwas zweifelhafte Idealkonstruktion an.

Wie Kinder eine Gesellschaft erfahren, ist ein wichtiges Indiz für die Beschaffenheit dieser Gesellschaft. Das gilt auch für die Erfahrungsperspektive von Frauen und deren literarische Manifestation. Oder in den von Marx übernommenen Worten Charles Fouriers: Der Grad der Emanzipation der Frau ist das natürliche Maß der erreichten allgemeinen Emanzipation. Daß eine *Frauenliteratur* nicht nur in den kapitalistischen Ländern, sondern auch in der DDR entstehen mußte, liegt daran, daß sich das Patriarchat auch in den »realen Sozialismus« hinübergerettet hatte. Zwar waren Frauen und Männer nach DDR-Gesetzen uneingeschränkt gleich, nicht aber in der Wirklichkeit. Obwohl über 80% der Frauen berufstätig waren, taten sie gleichzeitig noch ca. 80% der Hausarbeit. An der politischen Macht partizipierten sie nur sehr bedingt: im ZK der SED waren z.B. nur 10% weibliche Mitglieder, im Politbüro gab es nur eine nicht stimmberechtigte »Kandidatin« (zeitweise zwei) und nicht ein weibliches »Vollmitglied«. Frauen waren nur »Zaungäste der Macht« (I. Morgner). Und ›gestatten‹ die meisten Männer ›ihren‹ Frauen die berufliche Emanzipation, so doch nur ungern die private. In der Familie hatte sie gefälligst zu unterbleiben, vor allem aber: in der Geschlechterbeziehung, in der Erotik. Zusammengefaßt gilt, daß Macht der Gewohnheit und überkommene Geschlechterrollen auch in der DDR stärker blieben als Mut und Phantasie, neue Lebensweisen auszuprobieren und neue Identitäten zu finden. Hier hat die seit dem VIII. Parteitag erschienene Literatur – nach stimulierenden Vorläufern wie Wolfs »Nachdenken über Christa T.«

oder Günter de Bruyns »Buridans Esel« – tatsächlich ein Tabu gebrochen und die Rolle des Entdeckers und Erforschers übernommen. Denn die Werke der Aufbauphase hatten ein Leitbild der emanzipierten Frau gemalt, das voll und ganz an den männlichen Normen, konkret: Bewährung in der Produktionssphäre, orientiert war und die Frau ansonsten im vorgeschichtlichen, scheinbar natürlichen Status festhielt. Die Frauen in der Literatur der späten 50er und 60er Jahre sind dann zwar nicht mehr Maurerinnen, sondern Ärztinnen, Lehrerinnen und Wissenschaftlerinnen, aber es sind Wesen, die sich in einer von Männern dominierten Welt auf männliche Weise durchbeißen, deren Selbstbehauptungsmodus eine Kopie des Männlichen ist. Zumeist sind sie stark vorbildhaft, heroisch und gerade dadurch entmutigend. Selbstbestimmung im privaten Bereich, vor allem in der Geschlechterbeziehung, wurde kaum thematisiert. Jetzt, in den 70er Jahren, forderten Frauen konkret ein, was der neue Staat abstrakt verheißen hatte: die Selbstverwirklichung aller Individuen entsprechend ihren Bedürfnissen. Nach Büchern männlicher Autoren in den Jahren 1972/73 (Eberhard Panitz, »Die sieben Affären der Doña Juanita«; Helfried Schreiter, »Frau am Fenster«; auch Heiner Müllers Theateradaptation von Gladkows »Zement« ist hier zu nennen) erschienen plötzlich 1974 drei wichtige ›Frauenromane‹: Brigitte Reimanns »Franziska Linkerhand«, Gerti Tetzners »Karen W.« und Irmtraud Morgners »Trobadora Beatriz«. Ein Jahr später wurde die Anthologie »Blitz aus heiterm Himmel« publiziert, mit der erstmals im literarischen Leben der DDR ein Verlag bewußt und ausschließlich dem Thema Frauenemanzipation Raum gab. In all diesen Texten geht es, mit Marx zu sprechen, um die »Aneignung der Natur durch den Menschen« – jetzt aber weniger um die Aneignung der äußeren Natur im Arbeitsprozeß, sondern um die Aneignung der eigenen menschlichen Natur, was die eigene Geschlechtlichkeit, die erotischen Beziehungen einschloß. Dieser neue gesellschaftliche und literarische Inhalt – Befreiung der Frau jenseits von männlichen Vorbildern und Normen – treibt neue literarische Formen hervor: märchenhaft-surreale und science-fiktionale Erzählweise, die aber doch dem DDR-Alltag meistens erstaunlich nahebleiben. So ist ein bemerkenswertes Spektrum von Schreibweisen zu konstatieren. Es reicht von Erlebnisberichten und Protokollbüchern wie Maxie Wanders »Guten Morgen, du Schöne« (vgl. dazu das Kapitel »Erzählen in der Krise«) bis zu den quasimythologischen Romanen Irmtraud Morgners (vgl. dazu das Kapitel »Der Rekurs auf Erbe und Mythos«). Hier müssen einige Hinweise auf jene Prosabücher genügen, die sich direkt auf den Frauenalltag in der DDR beziehen.

Am Anfang der Literatur von Frauen über Frauen stehen einige Bücher von umfassendem Emanzipationsanspruch, der hernach so nicht aufrechterhalten wurde. Christa Wolfs Frauengestalten, Irmtraud Morgners Trobadora, Laura und Valeska, Gerti Tetzners Karen W. oder Brigitte Reimanns Franziska Linkerhand: Sie alle zielen auf die große Utopie einer umfassenden Selbstverwirklichung, die Lieben und Arbeiten, schöpferische Berufstätigkeit und mit Kindern zu leben verbindet oder besser: verbinden will. Natürlich kann keine dieser Gestalten diesen Anspruch durchhalten oder gar erfüllen. Zum Beispiel verzichtet die Architektin Franziska Linkerhand nach einer gescheiterten Ehe bewußt auf Kinder und konzentriert sich mit aller Energie auf ihren Beruf. Trotz ihrer Erfahrung, daß sie als »Handlanger in einer Häuserfabrik« (gemeint ist Halle-Neustadt) letztlich an »architektonischen Verbrechen« mitwirkt, gibt sie ihre Hoffnung nicht preis, »in ihrer Arbeit [...] ungeteilt« zu existieren und an der humanen Stadt – als Inbegriff und Metapher des humanen Sozialismus – mitzubauen. Die Frauenbücher der späten 70er und 80er Jahre sind privater, bescheidener in ihrem Anspruch geworden (womit sie am Utopieverlust der DDR-Literatur als ganzer teilhaben). Es sind immer noch Erfahrungsbücher, aber offenbar hat sich der soziale Gehalt der Erfahrungen verändert; manche Hoffnungen sind verschlissen. Die (Emanzipation durch) Berufsarbeit tritt als Sujet deutlich zurück, im Mittelpunkt stehen (scheiternde) Partnerbeziehungen zu Männern und das weibliche Eigenleben, z.B. auch die Mutterrolle (Väter kommen selten vor). Gewiß ist das Spektrum der Autorinnen groß, und die Texte sind nicht über einen Kamm zu scheren. Es umfaßt u.a. »Lauter Leben« (1975) von Helga Schubert, »Stunde zwischen Hund und Katz« (1976) von Angela Stachowa, »Die Unschuldigen« (1976) und »Vieräugig oder blind« (1976) von Charlotte Worgitzky, »Wie ich meine Unschuld verlor« (1976), »Die Hintergrundsperson. Versuche zu lieben« (1979) und »Aeropolis« (1986) von Christine Wolter, »Der rote Ballon« (1977) von Brigitte Martin, »Klopfzeichen« (1979) von Monika Helmecke, »Jenseits der Allee« (1979) von Beate Morgenstern, »Vertreibung aus dem Paradies« (1979) von Christa Müller, »Die Tochter« (1987) von Christiane Grosz, »Schattenriß eines Liebhabers« (1981) von Rosemarie Zeplin, »Meine ungehörigen Träume« (1978) von Helga Königsdorf und »In Annas Namen« (1987) von Helga Schütz – wobei z.B. andere Bücher von H. Schütz (»Julia oder Die Erziehung zum Chorgesang«), Helga Königsdorf (»Respektloser Umgang«), H. Schubert (»Blickwinkel«, 1982/84) und Rosemarie Zeplin (»Alpträume aus der Provinz«, 1984) sowie Monika Marons Romane und Erzählungen – zu einigen von ihnen später – die Kategorie Frauenbücher ohnehin sprengen. Trotzdem läßt sich vielleicht verallgemeinern, daß die Autorinnen in den letzten DDR-Jahren eher Verluste und Leerstellen nüchtern, oft bitter konstatieren, anstatt große Entwürfe zu machen. Einige der genannten Titel indizieren das bereits: Von einem männlichen Liebhaber ist nicht mehr als ein undeutlicher »Schattenriß« zu haben – die junge Frau verzichtet denn noch lieber auf ihn (bei Zeplin);

das (vermeintliche) »Paradies« eines problemlosen Zusammenlebens mit Männern ist verloren (C. Müller), ein neuer Lebensraum für Frauen noch kaum gewonnen. Das festzustellen und in seinen Auswirkungen für Frauen zu beschreiben, ist nur realistisch. Insofern trifft die von Karin Hirdina vorgetragene Kritik an den jüngeren Frauenbüchern kaum, sie seien nur eine Männerbeschimpfung, indem die »patriarchalisch gefärbten Männer- und Frauenbilder« bloß umgekehrt würden.

Es ist diskutiert worden, ob sich die Texte von männlichen Autoren durch das von schreibenden Frauen gegebene Beispiel seit Mitte der 70er Jahre verändert haben. Das ist wohl schwer zu belegen. Auffällig ist immerhin, daß eher Frauen große, gleichsam unbedingte Entwürfe von neuen Strukturen des Selberlebens und Zusammenlebens veröffentlicht haben (wenn auch nur für kurze Zeit), während sich die Männer überwiegend mit der kritischen Beschreibung und Analyse der »vergegenständlichten Träume des instrumentalen Denkens« (C. Wolf) im eigenen Land begnügten. Dabei entstanden freilich einige so genaue wie nützliche Bücher. Sie schildern den »realen Sozialismus« mit seiner Tendenz zur Subalternisierung und Instrumentalisierung der Individuen als Alltagssituation, als das gewöhnliche Leben gerade der Angehörigen der ›herrschenden Klasse‹, wofür Plenzdorf und Braun wichtige Beispiele gegeben hatten. Kurt Bartsch (»Kaderakte«, 1979; »Wadzeck«, 1980), Jurek Becker (»Schlaflose Tage«; »Nach der ersten Zukunft«, 1980; »Aller Welt Freund«, 1982; »Bronsteins Kinder«, 1986; vgl. S. 322f.), Thomas Brasch (»Vor den Vätern sterben die Söhne«; »Kargo«, beide 1977), Hans Joachim Schädlich (»Versuchte Nähe«, 1977), Klaus Poche (»Atemnot«, 1978) oder Klaus Schlesinger (»Alte Filme«, 1975; »Berliner Traum«, 1977; »Leben im Winter«, 1980) gehören hierher – sie alle Autoren, die früher oder später in den Westen übergesiedelt waren und deren Bücher zumeist nur dort publiziert wurden –, aber auch Loest, de Bruyn, Braun, Hein, H. Gerlach und Saeger, von denen noch ausführlicher die Rede sein wird. Sie arbeiteten mit sehr unterschiedlichen Stilmitteln, traditionellen oder modernen, erzählten parabolisch oder dokumentarisch, vereinigten sich aber immer wieder darin, daß sie der DDR-Wirklichkeit und ihren Ritualen der Selbstdarstellung, der Beschönigung, der Anpassung und Unterwerfung kompromißlos zu Leibe rückten.

Das zeigt sich z.B. dort, wo ein für die DDR-Literatur mittlerweile traditionsreicher Gegenstandsbereich abgebildet wird: die *Arbeitswelt.* Diese ist in einem Ausmaß kritisierbar geworden, wie das zu Zeiten des Bitterfelder Weges undenkbar gewesen wäre. Insbesondere die Planer und Leiter müssen sich, ob bei Jakobs oder Loest, ob bei Köhler, Plenzdorf oder Braun, nach der Glaubwürdigkeit ihres gesellschaftlichen Handelns fragen lassen. Selbst ein so DDR-loyaler Autor wie *Dieter Noll* hat sich für seinen Roman »Kippenberg« (1979) einen

Helden gewählt, der sich, aufgestiegen vom einfachen Chemiearbeiter zum promovierten Abteilungsleiter einer biologischen Forschungsanstalt, attestieren muß: »[...] der Wille zum Aufstieg deformierte mein wahres Wesen.« Freilich: In diesem Fall wird die Krise erfolgreich überwunden. Joachim Kippenberg kann glücklicherweise sowohl das Vertrauen seiner Genossen und Mitarbeiter wie auch das seiner Ehefrau wiedergewinnen. Die prästabilierte Harmonie des »realen Sozialismus« ist wiederhergestellt. Andere Autoren verweigern solche Scheinlösungen. *Karl-Heinz Jakobs* hat in seinem Roman aus der Arbeitswelt »Die Interviewer« (1973) keine Antwort auf die Frage gegeben, ob die ökonomisch-technischen ›Notwendigkeiten‹ und die menschlichen Bedürfnisse nach Selbstverwirklichung zur Deckung zu bringen sind. In der Gestalt des Psychologen und Experten für Systemanalyse Hermann Radek (Leiter eines Teams, das Arbeiter interviewt, um statistische Daten für einen Bericht über ökonomische Effizienz zu gewinnen) stellt er einen zweifelnden Mann aus der Intelligenzschicht vor, dem die Grenzen seiner Wissenschaften, der Kybernetik wie der Psychologie, in der Konfrontation mit der Wirklichkeit deutlich werden.

Eine so amüsante wie kritische Version vom problematischen Leiter, dem Zweifel an seinem gesellschaftlichen Nutzen kommen und dem der lebendige Kontakt zur proletarischen Basis abhanden gekommen ist, stammt von *Erich Köhler* (geb. 1928), einem Autor, der unter anderm Bergarbeiter bei der Wismut AG und Genossenschaftsbauer war, bevor er 1958–61 am Literaturinstitut »Johannes R. Becher« in Leipzig studierte. Held seiner Erzählung *»Der Krott«* ist ein Sekretär für Kultur und Bildung bei der Betriebsgewerkschaftsleitung eines Kraftwerks (kürzer ist, charakteristischerweise, seine Profession nicht anzugeben); ein Mann, der nicht unbedingt an die »entwickelte sozialistische Gesellschaft« glaubt, dem der ÖKULEI (der »ökonomisch-kulturelle Leistungsvergleich«) zum Halse heraushängt und dem Zweifel kommen an »unseren Beweggründen, diesen Anreizen, diesen Sofort-, Quartals-, Jahres-, Jubiläums-, Schwerpunkt-, Erfolgs-, Treue-, Wissenschafts-, Qualifizierungs-, Sauberkeits-, Pünktlichkeits-, Anwesenheits-, Ordnungs-, Sonder-und Selbstverständlichkeitsprämien. Wer soll da wen erheben? Die Herzen hebeln wir uns in die Brieftaschen.« Diesem Kulturfunktionär wider Willen, der lieber träumt, als »die Forderung des Tages« zu erfüllen, wächst eines Tages ein merkwürdiger walnußgroßer, gepanzerter Schmarotzer am Kopf: der Krott, »[...] nichts weiter als eine Deformation des ursprünglich zu harmonisch gleichmäßiger Bildung veranlagten Organs«, des Gehirns, das sich unter der verordneten Arbeitsteilung und Spezialisierung mißgebildet hat; ein monströser Auswuchs bei gleichzeitigem Verkümmern aller anderen lebendigen Organe. Köhler hat diesen Krott (etwas, das jeder kriegen kann) in einem Interview als »Symbol für den Skeptizismus« *und* gleichzeitig »ein progressives Ding« gedeutet. Man ist fast versucht, ihn als Verbildlichung von Rudolf Bahros »überschüssigem Bewußtsein« zu deuten, das sowohl leiden als auch schöpferische Veränderung in Gang setzen kann.

Während die Planer und Leiter also immer fragwürdigere Gestalten werden – im besten Fall wie bei Jakobs oder Köhler sich selbst fragwürdig –, hat unterderhand der *einfache Arbeiter* wieder Einzug in die DDR-Prosa gehalten, diesmal aber nicht auf höhere Weisung und auch nicht als heroischer Aktivist oder politischer Kader. Eher sind es ausgepowerte Handarbeiter, die unter die Räder geraten sind oder schon lebenslang keine Chance hatten: Bartschs Putzfrau Johanna, die von sich sagt: »Ich war Trümmerfrau. Jetzt bin ich eine Ruine«; Braschs Dreher Fasnacht, der den befohlenen Aufstieg zum Leiter des Büros für Neuererwesen nicht verkraftet; Hans Joachim Schädlichs Bauarbeiter Dobruska, der sich's auch einmal im Speisewagen wohl sein lassen will und dem das schlecht bekommt. Von Wolfgang Hilbigs Heizer (aus der gleichnamigen Erzählung, 1980) wäre ebenso zu reden wie von Paul Gratziks »Transportpaule« (1977) und »Kohlenkutte« (1982). Auch *Angela Krauß'* (geb. 1950) junge Braunkohlenarbeiterin Felizitas Häntzschel aus ihrem kleinen Roman »Das Vergnügen« (1984), die freilich aus der Sprachlosigkeit zur Sprache findet, gehört hierher. Die begabte Autorin hat sich in ihrem Buchdebüt, nachdem sie in Bitterfeldmanier ein Jahr unter diesen Menschen als Arbeiterin zugebracht hat, gerade denen zugewandt, die »wenig und leise reden«. Unprätentiös und genau, liebevoll und lakonisch erzählt sie einen Tag aus dem Leben von Menschen, die immer noch so arbeiten müssen, als sei das 19. Jahrhundert nie zu Ende gegangen; ein poetisches Loblied *und* ein Schreckbild zugleich, dabei fern allem sozialkritischen Journalismus. Krauß' zweites Buch, der Prosaband »Glashaus« von 1988, hat ihren erzählerischen Rang bestätigt und bewiesen, daß sie nicht auf das Arbeitermilieu als Stoff festgelegt ist. – Übrigens flüchten sich viele der literarischen Figuren der »herrschenden Klasse« aus dem Verschleiß der eintönigen Arbeit in die Privatheit, die Intimität der Kleinfamilie, um die Erfahrung zu machen, daß auch hier das Glück nicht auf sie wartet. Sie erfahren die Partnerbeziehung als eintönige Tretmühle, wo es allenfalls um Farbfernseher oder Schrankwand geht (diese geradezu ein Leitmotiv der kritischen Alltagsprosa, so bei Loest, Becker und Schlesinger), oder das einstige Familienglück zum Kampfplatz wird (wie bei Loest), ja, zum Schlachtfeld (wie in Bartschs »Johanna. Deutscher Spielfilm«). Und es ist fraglich, ob der spürbare Wohlstand, in den viele von ihnen hineingewachsen sind (besser: für den sie sich krummgelegt haben), ihr Wohlbefinden vermehrt hat – man vergleiche dazu Fries' »Beschreibung meiner Freunde« mit der wenige Jahre später erfolgten »Zweite[n] Beschreibung meiner Freunde«.

Die »Neue Herrlichkeit« (de Bruyn) des realsozialistischen Alltagslebens in der DDR hat im letzten Dutzend DDR-Jahren einige äußerst plastische, geradezu klassisch zu nennende Darstellungen erfahren, die im folgenden skizziert werden. Ihre Autoren – Loest, de Bruyn, Hein und Braun, mit Abstrichen auch Saeger, Burmeister und Harald Gerlach – haben eine eigentümliche neue Heimatliteratur (im Sinne einer höchst genauen Abschilderung des eigenen Landes) kreiert, die alles andere als borniert ist. Obwohl sie ihr Objektiv auf die nächste Nähe des DDR-Alltags eingestellt hat, vermag sie gleichzeitig Wesentliches über die gesellschaftliche Verfassung als ganze und über den historischen Prozeß, in dem die jeweiligen Momentaufnahme steht, auszusagen – wie alle gute Provinzliteratur, die auch Weltliteratur sein kann. Aus dem Abstand der Nach-Wende-Zeit gibt diese Literatur über zweierlei beredt Auskunft: über die Wandlungsunfähigkeit einer künstlich stillgestellten Gesellschaft – und über die emotionalen Werte dieser verlangsamten, partiell vormodernen Welt, von der heute, nach jahrzehntelanger Gewöhnung, vielen sich zu trennen schwerfällt.

Loests Roman *»Es geht seinen Gang oder Mühen in unserer Ebene«* (1978) gehört zu diesen wichtigen Prosatexten. Einen solchen Wurf hatte man von dem 1926 geborenen Sachsen, der einst mit »Jungen, die übrig blieben« (1950) debütierte und später – nach sieben Jahren Haft in Bautzen 1957 bis 1964 – hauptsächlich Kriminalromane schrieb, nicht unbedingt erwartet. Die Hauptfigur des Romans ist der nichtdiplomierte Ingenieur Wolfgang Wülff – kein sozialistisches Vorbild, sondern durch und durch ›mittlerer Held‹: freundlich, intelligent und fleißig, aber ohne jeden Ehrgeiz und vor allem nicht der arrivierte Planer und Leiter, den seine karrieresüchtige Ehefrau Jutta gern aus ihm machen will. Indem Loest ein Stück aus dem Leben dieses Mannes nachzeichnet – sein vermeintliches berufliches und politisches Versagen, das die Auflösung seiner Ehe nach sich zieht –, kann er die DDR-Gesellschaft zeigen, wie sie weithin war: spießig und muffig, leistungsorientiert und unsolidarisch, autoritär und selbstgerecht. Dagegen rebelliert Wülff, der selbst ein kleiner (aber sympathischer) Spießer ist: nicht als heroischer Kämpfer, sondern indem er sich der Vereinnahmung in dieses System, der Anpassung und Selbstaufgabe entzieht und nicht ›erfolgreich‹ und ›vernünftig‹ ist, wo er es sein soll. Der »Schlappschwanz« und »Versager«, wie seine Frau ihn tituliert, wird zum (fast) einzigen Widerständigen in einer Gesellschaft, die gerade daran zu scheitern droht, daß sie sich aller Widerstände zu entledigen sucht. Das alles ist von Loest so simpel und unprätentiös erzählt, wie die Geschichte und ihr Held selber sind. Er hat sich damit bewußt in die Tradition von Hans Fallada und seine Art, von kleinen Leuten anspruchslos zu erzählen, gestellt – mit allen Vorzügen, die mit dieser Erzählweise verbunden sind.Nirgends kann man Genaueres, und zwar auf unterhaltsame Weise, über die wirkliche DDR und ihre zentrale Provinz Sachsen lesen als bei Loest. – Den Behörden erschien grade diese getreue Abbildung alltäglicher DDR-Verhältnisse nicht ungefährlich, wie in Loests späterem Büchlein »Der vierte Zensor« (1984) anschaulich dokumentiert ist. Schon vor Erscheinen hatte es ein jahrelanges Tauziehen um das Manuskript mit dem Mitteldeutschen Verlag in Halle gegeben. Nach dem Erscheinen der ersten Auflage von 8500 Exemplaren (bei gleichzeitiger Veröffentlichung in der Bundesrepublik mit sehr positiver Resonanz) gab man dem Autor die Rechte zurück. Eine kleine 2. Auflage im Greifenverlag Rudolstadt hatte kaum Bedeutung fürs Lesepublikum. Die offizielle Kritik beeilte sich festzustellen, daß der Fall des Wolfgang Wülff »ein absoluter Einzelfall und nicht charakteristisch für die gesellschaftliche Entwicklung« sei. Und hatte Loest mit seinem Titel auf das Brecht-Wort angespielt, nach dem auf die Mühen der Gebirge (die eigentliche Revolution) die Mühen der Ebene folgten, so wurde nun Loest und seinen Lesern maßregelnd mitgeteilt, es handle sich hier nicht um »die Mühen *unserer* Ebene«, sondern vielmehr um »Mühen, die als Folge des individuellen Versagens jenes Ich-Erzählers (Wülff) entstehen.«

Die große Leistung Loests, die er selbst in den meisten seither erschienenen Romanen (»Zwiebelmuster«, 1985; »Froschkonzert«, 1987; »Fallhöhe«, 1989) nicht hat halten können, wird besonders deutlich, wenn man sie mit der Prosa seines Altersgenossen *Hermann Kant* vergleicht, der sich ebenfalls Themen des realsozialistischen Alltags zuwandte. Anders als in seinem wichtigen Roman »Der Aufenthalt« (dazu später) bleibt Kants Ausleuchtung der DDR-Gegenwart, bei allen satirischen Späßen und dem rhetorischen Feuerwerk, das er immer noch und wieder abbrennt, unscharf, geradezu kleinmütig. In den drei Erzählungsbänden »Eine Übertretung« (1975), »Der dritte Nagel« (1981) und »Bronzezeit« (1986) nimmt Kant – Loest auf den ersten Blick ähnlich – konkrete Mißstände in der DDR aufs Korn. Es geht um den halblegalen Tauschhandel mit raren Waren, das grassierende Sichbrüsten mit Orden und Ehrenzeichen, den umstandslosen Rückgriff aufs Preußenerbe, die exportorientierten Wahnideen eines Betriebsleiters und andere ärgerliche Dinge mehr, die allesamt DDR-typisch sind. Doch weder die blasse Perspektivfigur der letzten beiden Bände, der Buchhalter Farßmann, noch Kants unentschieden ironische Erzählweise des Einerseits und Andererseits lassen es zu, daß gute Prosa entsteht.

Einen Höhepunkt der dem neuen sozialistischen Alltag gewidmeten Erzählkunst stellt *Günter de Bruyns* Roman *»Neue Herrlichkeit«* dar. Der Autor, wie Loest und Kant vom Jahrgang 1926, hatte mit seinem Buch zunächst kein Glück in der DDR. Die Zensur taxierte die in ihm dargestellten Konflikte als ›nicht typisch‹. So konnte die DDR-Ausgabe, nachdem die Druckgenehmigung 1983 sogar zunächst erteilt worden war und das Buch 1984 in der Bundesrepublik herauskam, erst einmal nicht erscheinen. 20 000 ausgedruckte Exemplare wurden makuliert. 1985 kam dann überraschend doch noch eine Auflage von

15 000 Büchern in die Buchhandlungen der DDR. – »Neue Herrlichkeit« ist die Geschichte eines jungen Mannes, Viktor Kösling, der sich daran gewöhnt hat, »der zu sein, der gewünscht wird«. Der Sohn eines hohen Funktionärs zieht sich mitten im Winter in das staatliche Erholungsheim »Neue Herrlichkeit« zurück (der »allegorische Hintersinn« des Namens fiel dem Kritiker des »Neuen Deutschland« mit Recht auf), um seine Dissertation zu schreiben, denn der Doktortitel ist die Voraussetzung für die vom Vater arrangierte Diplomatenkarriere. Doch daraus wird erst einmal nichts. Viktor bringt nichts zustande, statt dessen verliebt er sich in das Zimmermädchen Thilde, und eine Weile sieht es so aus, als würde er das fremdgeplante Leben preisgeben und durch eine Verbindung mit Thilde einen anderen, zwar nicht privilegierten, aber selbstgewählten Weg einschlagen. Es zeigt sich jedoch, daß er schon allzusehr ein Meister der Anpassung geworden ist (von de Bruyn psychologisch meisterhaft dargestellt): »Seine Fähigkeit, der zu werden, der verlangt wird, ist groß. Um Erwartungen zu entsprechen, braucht er nur deren Kenntnis; wenn er die hat, ist er bald, was er soll.« Am Ende – die von den Schneemassen eingeschlossene »Neue Herrlichkeit« ist nun wieder mit der Außenwelt verbunden – läßt Viktor Thilde sitzen (ihre Mutter war »Republikflüchtling«, was seine Karriere verhindert hätte). Vorher schon war Thildes Großmutter Tita Viktors Plänen zum Opfer gefallen; Viktor überredete die Enkelin, die eigensinnige alte Frau in ein Altersheim zu bringen. Dessen Schilderung durch de Bruyn macht ganz nebenbei deutlich, wie erschreckend gleichgültig die DDR mit ihren ›Alten‹ umging. – De Bruyns ›Kammerroman‹ spielt souverän mit alten Mustern: mit der Geschichte von der sitzengelassenen Braut niederen Standes (die DDR hat also offenbar Züge einer ständischen Gesellschaft), mit Thomas Manns »Zauberberg« (Viktor Köslings ›Genesung‹ kann als eine Parodie auf diejenige Hans Castorps gelesen werden), mit Fontanes »Stechlin«, in dessen Roman es um eine »Gegenüberstellung von Adel, wie er bei uns sein *sollte,* und wie er ist« (Fontane), geht; vor allem aber mit Jean Pauls »Hesperus«, wie Helmtrud Mauser überzeugend nachgewiesen hat. Aus dessen »Maiental« als Ort der Utopie – »dieser Irr- und Blumengarten meiner wärmsten Träume« – ist eine Mülldeponie und ein Ort der Phrasen geworden (nur der Name ist geblieben). Der ›neue Adel‹, der »neue Mensch«, die »neue Herrlichkeit« der DDR: sie sind nicht, wie sie sein sollten. Das Erholungsheim, eingeschneit, im Winkel, etwas baufällig schon, wie es heißt, hat die Züge einer restaurativen, biedermeierlichen Idylle.

Radikaler noch, dabei gleichfalls in leisem Ton, hat *Christoph Hein* (geb. 1944) die Zurichtung des Subjekts unter den Bedingungen seines Landes geschildert. Seine »Novelle« *»Der fremde Freund«* (1982; westdeutsche Ausgabe unter dem Titel *»Drachenblut«*) wurde binnen kurzem zu einem der meistgelesenen, meistdiskutierten Bücher in und aus der DDR, und das zu Recht. Allerdings hat die Faszination, die die Erzählung ausgelöst hat, andere vorzügliche Prosastücke Heins allzusehr in den Hintergrund gedrängt (zu »Einladung zum Lever Bourgeois« und »Horns Ende« im nächsten Kapitel). – Hein führt uns eine erwachsene Frau aus der DDR als ›fertiges‹ Subjekt im Zustand einer (beinahe) perfekten Panzerung vor. Claudia ist eine kinderlose, geschiedene, im Beruf erfolgreiche Ärztin von knapp vierzig Jahren, die sich im Einzimmer-Appartement eines Berliner Hochhauses auf Dauer eingerichtet hat und damit im nüchternen, geregelten Single-Dasein überhaupt. Eine Änderung ist nicht absehbar, erscheint auch nicht als wünschenswert. Ein paar Freunde (sind es welche?), mehr oder weniger erträgliche Kollegen und Arbeitsverhältnisse, ein kleines Auto, Ferien jeden Sommer im gleichen Ostseedorf, dann und wann ein Liebhaber, hin und wieder ein Besuch bei den verständnislos-rührenden Eltern, mit denen sie nichts verbindet, an Wochenenden das Fotografieren menschenleerer Landschaften als Hobby – das ist das ganze, das ist ihr ganzes Leben. In dieses abgezirkelte, erwartungslose Lebensarrangement bricht die Begegnung mit einem Mann ein, der sich – und das macht seine ›Fremdheit‹ aus – halsstarrig solchen und anderen Arrangements entzieht: Henry, der »fremde Freund« mit dem Filzhut im Nacken, der gern schneller Auto fährt, als die Polizei erlaubt, und beruflich als Architekt Atomkraftwerke baut. Ein Jahr dauert die Beziehung, dann wird Henry, der Spieler, eher zufällig, aus Versehen, erschlagen, und damit endet auch der Einbruch der Spontaneität, der Freiheit ins Leben der Ich-Erzählerin. Das eingeübte Arrangement von vorher erobert das verlorene Terrain zurück. Die schmerzliche Irritation, die der fremde Freund ausgelöst hatte, beruhigt sich zum schmerzlosen, leblosen Zustand von vordem. Claudia zieht Bilanz: »Alles, was ich erreichen konnte, habe ich erreicht. Ich wüßte nichts, was mir fehlt. Ich habe es geschafft. Mir geht es gut. – *Ende.*«

Damit ist mehr zu Ende gegangen als nur eine Erzählung oder die Geschichte einer Partnerbeziehung. Die Rede ist vom Zu-Ende-Gehen, vom Absterben einer ganzen Verkehrsform und Lebenshaltung, von einer sinnlosen Kette von Vorkehrungen und Verrichtungen, ein in Kauf genommenes Gestorbensein zu Lebzeiten. Es ist, so könnte man sagen, die Weltanschauung des pragmatischen Nihilismus, die sich hier, im Gehäuse des »realen Sozialismus«, ausgebildet hat. In den Worten der Erzählung, d.h.Claudias: »Wir haben uns auf der Oberfläche eingerichtet. Eine Beschränkung, die uns Vernunft und Zivilisation gebietet.« – Volker Brauns »Unvollendete Geschichte« hatte noch den alles offenlassenden Schlußsatz gehabt: »Hier begannen, während die eine nicht zu Ende war, andere Geschichten.« Heins Novelle, ein Endspiel in Prosa, kommt acht Jahre später brüsk, ohne Hintertür (oder Zukunftstür) zum Ende, einer schlechten Vollendung der Geschichte.

Natürlich ist das nicht ohne weiteres die Geschichtsphilosophie des Autors Christoph Hein, es ist die seiner Ich-Erzählerin, der der Autor als zurückgenommener Chronist ganz bewußt die Erzählperspektive überläßt. Und es ist gerade die scheinbare Widerspruchsfreiheit, die Glätte der kalten Oberflächenschilderung in diesem einsinnigen Erzählen, was den Widerspruch des Lesers herausfordert.

Einen völlig anderen, wie es zunächst scheint altmodischen Ansatz hat *Volker Braun* in seinem *»Hinze-Kunze-Roman«* (1985) gewählt, um die aktuellen Widersprüche seines Landes zu verhandeln. Trotz seines expliziten Rückgriffs aufs progressive »Literaturerbe« gefiel den Kulturoberen und literarischen Beckmessern seines Landes gar nicht, was er tat. *Daß* es weiterhin tiefe Widersprüche in der DDR gab, hatte Braun immer wieder beharrlich formuliert. So heißt es schon in einem Notat von 1966: »Der aufwühlendste Widerspruch zwischen den Leuten, die in die sozialistischen Revolutionen verwickelt sind, ist der neuartige zwischen den politisch *Führenden* (die bewußt die Umgestaltung der Gesellschaft organisieren oder bewußt oder unbewußt hemmen) und den *Geführten* (die bewußt oder unbewußt die Pläne realisieren oder kritisieren). [...] Es unterscheidet sie nicht der Charakter, kaum der Besitz, aber sehr die Mittel ihrer Macht.« Eben darum geht es Braun im »Hinze-Kunze-Roman«. Im Geist von Denis Diderots »Jakob, der Fatalist, und sein Herr« aus den 70er Jahren des 18. Jahrhunderts läßt der Autor den hohen Funktionär Kunze und seinen Chauffeur »durch die preußische Prärie« reiten, sprich: in einer schwarzen Tatra-Limousine fahren. Braun-Lesern ist das unzertrennliche Paar längst bekannt aus dem (ursprünglichen »Faust«-)Stück »Hinze und Kunze« sowie aus den »Berichten von Hinze und Kunze« (1983). Vorbilder hat es über die ganze Weltliteratur verstreut: von Diderot und Cervantes, Don Juan und Hegel bis zu Brechts »Herr Puntila und sein Knecht Matti« und Martin Walsers Roman »Seelenarbeit«. Braun interessiert, wo sich das Herr-Knecht-Verhältnis im »realen Sozialismus« verändert hat, wo es sich gleichgeblieben ist. »Sie ritten brüderlich hintereinander«, heißt es am Anfang hintersinnig, und damit ist die vertrackte Ungleichheit/Gleichheit der DDR-Verhältnisse genau getroffen. Ein gemeinsames »gesellschaftliches Interesse« verbindet sie, schlechte alte Gewohnheiten und neue Verfestigungen nageln sie auf ihre alten Rollen fest. Kunze, aus der Arbeiterklasse aufgestiegen, ist einer, der alles haben und »begreifen« will (so auch Hinzes Ehefrau Lisa), Hinze ist auf merkwürdige Weise selbstlos, zufrieden mit seiner subalternen Lage. Warum? Braun läßt diese Frage offen, gibt sie, selbst beunruhigt, an den Leser weiter. Der verfolgt das ungleiche Paar durch alle Lebenslagen hindurch: beide im Wagen, Hinze in der Kantine, Kunze im Betrieb oder in der Sauna (eine Hommage an Fühmanns Erzählung »Drei nackte Männer«) – ohne daß sich stetig eine Fabel entwickelt. Braun geht es nicht um eine vorgetäuschte

Entwicklung, vielmehr um den je vertrackten Einzelfall, der exemplarisch vorgeführt wird – mit Sprachwitz und grotesker Zuspitzung, mit Parolen und Sentenzen, die beim Wort genommen, gedreht und gewendet werden. »Konspirativer Realismus« – so hat Braun sein Verfahren selbst genannt. Thematisch verwandt ist dem Roman die vierte Geschichte aus dem »Ungezwungenen Leben Kasts« mit dem Titel »Die Tribüne« (1979), die Kast nach dem Abschied von seinem »ungezwungenen Leben« zeigt: als Funktionär, dem die gebliebene Ungleichheit, »die hörige Lebensweise« höchst bewußt ist, der aber nicht imstande ist, sie bei sich und anderen aufzubrechen.

Volker Braun ist der (manchmal lachende) Philosoph unter den DDR-Erzählern. Er hält hartnäckig am dialektischen Denken und einem dementsprechend artifiziellen, räsonierenden Erzählen fest, bei dem er sich immer wieder ins Wort fällt. Der Glaube an die Dialektik ist aber zugleich der Nährboden seiner nie vollständig erlahmenden Hoffnung. Damit stand er zu Ende der DDR ziemlich allein, und auch die DDR-Leser reagierten weithin mit Unverständnis (die in der Bundesrepublik ohnehin). Die anderen, zumal die jüngeren Kollegen schrieben anders. Sie warfen zumeist Schlaglichter auf fest umrissene, kleine Szenerien bzw. Milieus, wobei sie häufig hervorragende Genrebilder und Detailschilderungen zuwege brachten. Sie waren damit eher in der Nachfolge von Loest oder de Bruyn angesiedelt, ohne freilich immer deren Niveau zu erreichen.

Hierher ist unter anderen *Joochen Laabs* (geb. 1937), gelernter Ingenieurökonom, zu rechnen, der nach Gedichten (»Eine Straßenbahn für Nofretete«, 1970) und Romanen (»Das Grashaus oder Die Aufteilung von 35 000 Frauen auf zwei Mann«, 1971; »Der Ausbruch«, 1979) 1983 den interessanten Erzählungsband »Jeder Mensch will König sein« veröffentlichte. Mit Witz, Detailgenauigkeit und einem Sinn für die Widersprüche des sozialistischen Alltags im kleinen nimmt Laabs z.B. in der Titelgeschichte einen Verkehrsplaner aufs Korn, der auch in den 70er Jahren noch, befangen in der Planer- und Leitertradition der 60er Jahre, die Wirklichkeit immer nur »erobern« und »bewältigen« will. Seine Haltung wird kontrastiert mit der einer kritischen jungen Frau, die diese unirritierte Konzeption von wissenschaftlich-technischem Fortschritt in Frage stellt. Nicht immer freilich gelingt es Laabs, Klischees zu vermeiden, und nicht immer ist er so witzig, wie er sein möchte.

Ein scharfer, bisweilen bitterböser Beobachter des Alltags ist auch *Harald Gerlach* (geb. 1940), der seit 1973 eine stattliche Anzahl von Prosa-, Theater- und Lyrikbänden veröffentlicht hat. Auch sein Thema ist die »hörige Lebensweise«, sind die nur an der Oberfläche geordneten Verhältnisse. Seine Menschen spielen Rollen und verbergen sich hinter Masken, hinter die man besser nicht schaut. Nach Pawlow erzogen zu bedingten Reflexen (wie Helga Schubert bemerkt hat), scheitern ihre Lebenskonzepte und mühsam aufgebauten Karrieren. Man hat sie zur (Staats-)Räson gebracht, und nun stehen sie plötzlich mit leeren Händen da. Das demonstriert z.B. Gerlachs kleiner Roman »Gehversuche« (1985), den Anna Chiarloni treffend einen »Verbildungsroman« genannt hat. Es ist die (auf die Dauer einer Premierenparty konzentrierte) Geschichte eines Dramaturgen an einer Provinzbühne, dessen Ideale zerstoben sind und der kleinlaut in sein Heimatdorf zurückkehren wird, um sich der dort traditionellen Brotarbeit des Fräsens von Wäscheklammern zu widmen. Der Selbstmord der Ehefrau, einer Leistungssportlerin, die dem Erwartungsdruck an sie nicht mehr standhält, geschieht zur gleichen Zeit wie die Party, aber der Mann weiß und erfährt nichts davon. Es bleibt dem Leser überlassen, sich auszumalen, wie er ihn verarbeiten wird. – Auch Gerlachs neue Erzählung mit dem reißerischen Titel »Jungfernhaut« (1988) ist die Geschichte einer Desillusionierung. Einige Enddreißiger, die einst als Umsiedlerkinder gemeinsam in einem thüringischen Dorf gelebt haben, treffen 30 Jahre später erstmals wieder zusammen. Ort des Wiedersehens ist ein Bauernhof des Dorfes, den inzwischen einer aus der Gruppe als ›Aussteiger‹ gekauft hat. Aus der »großen Familie« von einst sind »Fremde« geworden, die ihre Lebenslügen nicht voreinander verstecken können. Als einzige ist diejenige von ihnen nicht gekommen, die damals alle am meisten bewunderten und die inzwischen eine Bilderbuchkarriere durchlaufen hat. Der Leser erfährt in einem nachgeschobenen Text, daß aus der Spitzenfunktionärin Karin nun eine lesbische Alkoholikerin geworden ist. Am Ende steckt der neue Besitzer den Hof in Brand und zerstört damit selbst die Erinnerung an die Kindheitsutopie. »Die Unschuld ist verloren. Keiner gibt uns die Jungfernhaut zurück.« – Die mit verteilten Stimmen à la Faulkner (ähnlich C. Hein in »Horns Ende«) erzählte Geschichte überzeugt wenig, weil sie allzu dick aufträgt und die sprachlichen Mittel des Autors begrenzt sind. Als Symptombeschreibung der späten DDR-Gesellschaft und ihres gescheiterten Konzepts vom »neuen Menschen« ist sie aufschlußreich.

In den Prosabüchern des Uckermärkers *Uwe Saeger* (geb. 1948), der auch Theaterstücke geschrieben hat, sucht man den »neuen Menschen« ebenfalls vergebens. Von dem Erzähldebüt »Grüner Fisch mit gelben Augen« (1976) über den Roman »Nöhr« (1980), den Kurzroman »Warten auf Schnee« (1981) – auch dies eine Lehrergeschichte – und die Erzählungssammlung »Einer hat getötet« (1984) bis zu den jüngsten beiden Geschichten sind Saegers Texte entweder von sehr mittelmäßigen, durchsetzungsschwachen Helden bevölkert – oder von abstoßenden Macherfiguren wie dem Betriebsleiter Einer und dem Parteifunktionär Krork. »Nöhr«, in der DDR viel diskutiert, im Westen erst 1990 unter dem Titel »Der Kakerlak« aufgelegt, ist die Geschichte eines »entsetzlich durchschnittlichen« Ingenieurs von Anfang Dreißig, der in Beruf und Ehe versagt hat, jedenfalls nach dem Urteil der Beteiligten. Er täuscht einen Verkehrsunfall am Fluß vor, gilt als tot und taucht plötzlich zu Hause wieder auf, wo er die inzwischen vorliegenden Todesanzeigen und Kondolenzbriefe lesen kann. Johannes Nöhr ist nicht nur im wörtlichen Sinn »abgetaucht«, er hat sich damit im umfassenden Sinn einem Leben entzogen, in dem er allerorten nur vereinnahmt wurde. Ob er als ein anderer wieder »auftauchen« wird, bleibt offen. »Aber ich weiß noch nicht recht«, heißt der letzte Satz. – Saegers nächste beiden Prosatexte zeigten, daß der Autor ein hochbegabter, seiner Mittel sicherer Erzähler geworden war. Vorbild- und Fortschrittsfiguren findet man bei ihm weiterhin nicht. Immer mehr erscheinen seine Protagonisten als Puppen und Schimären, und rascher als gedacht wartet der Tod auf sie. »Das Überschreiten einer Grenze bei Nacht« (1988 – entstanden schon 1980) erzählt von einem mit Schwierigkeiten verknüpften Grenzübergang einer Polizistenfamilie von Polen zurück in die DDR, nachdem man dort ein Einkaufswochenende verbracht hat. Dabei werden, und das wird so beklemmend wie stimmig erzählt, noch ganz andere Grenzen überschritten als nur die Staatsgrenze. In dem Maße wie der Vater, durch und durch Ordnungshüter, entdecken muß, daß seine Lieben geschmuggelt haben, bricht die mühsam aufrechterhaltene Familienordnung zusammen. Das über Jahre Verdrängte und Verschwiegene, vor allem die Homosexualität des einen Sohnes, kommt ans Licht, die Lebenslüge wird offenbar. Wohin man schaut, »Familienbande« in Karl Kraus' bösem Doppelsinn. Am Ende überschreitet der Sohn die letzte Grenze, er ertränkt sich im See. Saegers zweite Erzählung dieser Jahre, »Aus einem Herbst jagdbaren Wildes« (1988), in der DDR ungedruckt geblieben, ist einer der ersten literarischen Texte, der sich mit den Auswirkungen des neuen Kurses von Gorbatschow auf die DDR beschäftigt – nicht räsonierend, sondern ganz in den Erzählvorgang eingebettet. Unter anderem schildert die Geschichte für DDR-Verhältnisse unerhörte Szenen einer Funktionärsehe. Kreisratsmitglied Krork, der um seine Privilegien bangen muß, wird am 7. Oktober 1986, dem 37. Jahrestag der Staatsgründung, mit dem Schrotgewehr mitten ins Gesicht geschossen aufgefunden. »Ein Beispiel dafür«, so heißt der böse Schlußsatz der Geschichte, »wie jagdbares Flugwild laut Vorschrift zu erlegen ist«.

Mit leiseren Tönen und weniger effektvollen Volten kommt eine Erzählerin aus, von der eines der erstaunlichsten Debüts der letzten DDR-Jahre stammt, *Brigitte Burmeister* (geb. 1940). Ihr erster Roman »Anders oder Vom Aufenthalt in der Fremde« (1987) ist von manchen Kritikern umstandslos der Tradition des Nouveau roman zugerechnet worden, nur weil die Autorin gelernte Romanistin ist, die über diesen Gegenstand wissenschaftlich gearbeitet hat. Andere haben das Buch als »Stasi-Roman« definieren wollen, was nur am Rande richtig ist. Wohl ist Anders Angestellter einer Behörde, deren ausschließliche Aufgabe das Beobachten und Überwachen von Vorgängen im Lande ist, um die allgemeine Sicherheit zu gewährleisten. Und als die Inkarnation dieser Behörde wird Anders zunächst vorgestellt: ganz Werkzeug geworden, borniert auf die Wahrnehmungen von Auge und Ohr. In die Hauptstadt gekommen, von wo er 53 Wochenberichte an die »Lieben daheim« schickt, erlebt er nun manches, wovon ihm Hören und Sehen der bisherigen Art vergeht. Inspiriert durch eine Künstlerin, die selbst ihre Phantasie und ihre Sinne souverän gebraucht, entdeckt er sich selbst als einen anderen, der nicht notwendig der selbstlose »Höhlenbewohner« bleiben muß, der er war. Er, der sich daran gewöhnt hat, »selbst unfaßbare Zustände hinzunehmen, wenn sie mir nur eindeutig als Wirklichkeit vorgestellt würden«, erfährt die Vieldeutigkeit und den Reichtum der Welt. Anders' als Briefe fingierte Tagebuchaufzeichnungen über ein Jahr hin dokumentieren ein Schwanken zwischen dem domestizierten Ausgangsstatus, in den er immer wieder zurückfällt, und noch zaghaften Versuchen, ›anders‹ leben zu lernen. Brigitte Burmeister versagt es sich zum Glück, dieses Schwanken am Ende als so oder so entschieden hinzustellen. In ihr hat die Erzählliteratur der DDR, nicht eben reich an vorzüglichen Stilisten, eine bemerkenswerte Autorin hinzugewonnen. Ohne zu moralisieren, ohne didaktische Erdenschwere spricht sie doch von entscheidenden Problemen ihres Landes: der Zurichtung des Individuums zum Instrument und den Möglichkeiten seiner Rückverwandlung.

Die meisten der bisher vorgestellten Texte vereinigen sich darin, daß sie die Vergewaltigung der menschlichen Natur unter realsozialistischen Verhältnissen als Folge des Diktats einer autoritären, instrumentellen Vernunft beschreiben. Zur »neuen Herrlichkeit« DDR gehört aber unübersehbar ein zweites: die Zerstörung der Natur außerhalb des Menschen, seiner lebendigen Umwelt und unersetzlichen Lebensgrundlage. DDR-Literatur der späten 70er und 80er Jahre ist folgerichtig auch eine stetig anwachsende *ökologisch-kritische Literatur.* Die reale Entwicklung der DDR-Wirtschaft und -Gesellschaft hat der Literatur wider Willen ein neues Sujet beschert: die kaputte Natur.

Die DDR-Autoren hatten über lange Zeit ein eher unproblematisches Verhältnis zur Natur und zum Umgang des Menschen mit ihr. Gewiß war das statische, entrückte Verhältnis zur Natur, wie es vor allem für die Lyrik der 30er/40er Jahre typisch war, kein Problem der DDR-Literatur. Von Anfang an thematisierte sie den Stoffwechsel zwischen Mensch und Natur und nahm Landschaft als vom Menschen »durchgearbeitet« (V. Braun) wahr. Aber die immer umfassendere Ausschöpfung der natürlichen Ressourcen schien zunächst Anlaß zum Triumph, nicht zur Trauer. Zumal von neuen Technologien wie der Atomenergie erhoffte man sich eine Beseitigung der Mängelwirtschaft sowie eine Überwindung vor allem der Luftverschmutzung. Weder wurde das eine je erreicht, noch erwies sich die Nuklearenergie als gefahrlos, siehe Harrisburg und Tschernobyl.

Schon vor dem Schock des ukrainischen Reaktorbrandes hat sich in der DDR-Prosa ein sensibles ökologisches Bewußtsein ausgebildet, womit sie sich einmal mehr als Seismograph der von Menschen erzeugten Beben erwies. Das zeigt z.B. die Entwicklung Erwin Strittmatters. Mindestens bis zu »Ole Bienkopp« (1963) hin thematisierte er den Genuß, den das Unterwerfen der Natur dem Menschen erzeugt. In späteren Prosabüchern wie »Ein Dienstag im September« (1969), »¾hundert Kleingeschichten« (1971) und »Die blaue Nachtigall oder Der Anfang von etwas« (1972) geht es dann auch um den folgenschweren nur technisch-rationalen Umgang mit der Natur: »Die grasenden Pferde, auf deren Rücken wir saßen, ließen uns harmlos erscheinen, und wir waren auch harmlos, bis auf unsere Neugier freilich. Sie ist wie ein Messer, mit dem man schnitzen, aber auch töten kann.« Noch deutlicher registrierte Hanns Cibulka schon 1970 in seinen Hiddenseer Reiseblättern »Sanddornzeit« die für immer verschwundene »heile in sich geschlossene Landschaft« und warnte vor der »hypnotisierenden Kraft« der Technik. Auch Jurij Brězan, eigentlich nicht als Oppositionsgeist bekannt, wies bereits zu Beginn der 70er Jahre in poetischen Texten und Reden auf die Umweltzerstörung hin.

Gegen Ende der 70er Jahre kommen in rascher Folge mehrere Texte mit ähnlicher Tendenz dazu: Wolf Spillner, »Gänse überm Reiherberg« (1977), »Die Vogelinsel« (1978) und »Der Bachstelzenorden« (1980); Edith Anderson, »Der Klappwald« (1978, ein Kinderbuch); Claus B. Schröder, »In meines Großvaters Kinderwald« (1978); Dorothea Kleine, »eintreffe heute« (1978), Marianne Bruns, »Der grüne Zweig« (1979), Benno Pludra »Insel der Schwäne« (1980, ein Jugendbuch). 1981 ist das Erscheinungsjahr von Hanns Cibulkas »Swantow« und Monika Marons Roman »Flugasche« (nur im Westen). Sie alle zeigen die zweifelhaften Erfolge, die der *homo faber,* der *homo oeconomicus* in der DDR zuwege gebracht hat: verschmutzte Luft, verdrecktes Wasser, vergiftete Erde, geschrumpfte Wiesen und sterbende Wälder, Leben in der viereckigen Landschaft des Fertigteil-Hochhausbaus, Arbeiten unter Bedingungen, die mit der Würde des Menschen nichts zu tun haben. Immer mehr geriet dabei eine Wissenschaftlerhaltung ins Kreuzfeuer, die »Diktatur des analytischen Denkens« (John Erpenbeck), die unter dem Anspruch des ungebremsten Wirtschaftswachstums alles in die Tat umsetzt, was sie sich ausdenkt. Helga Königsdorf, selbst Mathematikerin, hat in ihrem Buch »Respektloser Umgang« (1986) in einem erfundenen Dialog mit der Atomphysikerin Lise Meitner, einer jüdischen Mitarbeiterin Otto Hahns, mit großem moralischem Ernst der Verantwortung der Naturwissenschaftler für die Menschen am historischen Beispiel nachgefragt. Andere haben den Typus des realsozialistischen Wissenschaftlers von heute aufs

Korn genommen: Noll in »Kippenberg«, Erpenbeck (geb. 1942) in »Der blaue Turm« (1980) oder Irmtraud Morgner in »Amanda« (dazu später). 1987 erschien eine ganze Anthologie unter dem Titel »Windvogelviereck« (herausgegeben von John Erpenbeck, einem Sohn von Hedda Zinner und Fritz Erpenbeck), in der sich Autoren unterschiedlicher Provenienz mit den zweifelhaften Segnungen der Naturwissenschaften auseinandersetzten (besonders eindrucksvoll ist Richard Pietraß' Essay »Vom Vergehen der Arten«).

In den 80er Jahren trafen sich Schriftsteller aller Generationen in immer schärferer ökologischer Kritik. Helmut H. Schulz' Roman »Das Erbe« (1981), Gerti Tetzner und Gabriele Eckart mit ihren dokumentarischen Texten, Wolf Spillners »Wasseramsel« (1984, ein Kinderbuch) und Lia Pirskawetz' Roman »Der stille Grund« (1985) gehören in diesen Kontext ebenso wie Christa Wolfs Tschernobyl-Buch »Störfall. Nachrichten eines Tages« (1987). Selbst ein ehemals technikgläubiger Autor wie Joachim Nowotny schrieb jetzt andere Bücher. Auch auf dem 10. Schriftstellerkongreß 1987 spielte das Thema eine Rolle, z.B. in einer bemerkenswerten Rede des sorbischen Autors Jurij Koch, der fragte: »Wieviel verlieren wir, wenn wir soviel gewinnen?« Die angesprochenen Naturwissenschaftler und Techniker reagierten überwiegend aggressiv und polemisch auf die Kritik der »utopischen Belletristen«. Der Biotechnologe Dietrich Meyer riet zur »Vorsicht mit dem Zweifel«, und der Toxikologe Karlheinz Lohs wetterte gegen »spätkapitalistische Weltuntergangsstimmungen, Technikfeindlichkeit und Chemophobie«, die den DDR-Bürgern »die Freude am tatsächlichen Fortschritt, den uns Wissenschaft und Technik [...] bescheren«, zu nehmen drohe. Immer noch vertrat man eisern den Standpunkt, daß der Sozialismus als eine »höhere Stufe bewußter Natur- und Gesellschaftsbeherrschung« in der Lage sei, die Umweltprobleme langfristig zu lösen (so der Philosoph Rolf Löther).

Daran mochten viele Schriftsteller nun nicht mehr glauben. Es sind vier Bücher, die eine eindringliche Sprache für diese Zweifel fanden. An erster Stelle ist *Monika Marons* schon erwähnter Roman »Flugasche« von 1981 zu nennen. Er war das Debüt der Autorin vom Jahrgang 1941, die den ehemaligen DDR-Innenminister Karl Maron zum Stiefvater hatte und zunächst als Regieassistentin beim Fernsehen und als Journalistin arbeitete. Journalistin ist auch die Hauptfigur ihres ersten Romans, Josefa Nadler. Sie arbeitet an einer Reportage über die Stadt B. (wie Bitterfeld in der Nähe von Halle), »die schmutzigste Stadt Europas«. Sie schreibt über die Unwirtlichkeit dieser Stadt und den unsäglichen Dreck, der Tag für Tag vom Himmel fällt; sie schreibt aber auch über die »Gewalttätigkeit industrieller Arbeit«, die sie als »langsamen, sehr langsamen Selbstmord« wahrnimmt. Eine solche Reportage verträgt sich nicht mit den Ansichten ihrer Vorgesetzten. So bescheidet ein zuständiger Genosse: »Manchmal ist es klüger zu schweigen, wenn man noch viel zu sagen hat.« Monika Maron hat sich an diese Maxime nicht halten wollen und einen Roman vorgelegt, der nicht nur höchst informativ, sondern auch sprachlich anschaulich und präzise ist. Interessant ist ihr eigner Hinweis, daß sie das Buch in »reformerischem« Geist begonnen und erst nach der Biermann-Ausbürgerung kompromißlos zu Ende geführt habe. Bemerkenswert ist überdies, daß »Flugasche« der Autorintention nach ein Buch über die Emanzipation einer jungen Frau ist (deren Gelingen fraglich bleibt). Doch die öffentliche Rezeption wollte es anders: Sie machte daraus einen ›Öko-Roman‹. – Marons zweiter Roman, »Die Überläuferin« (1986 – nur in der Bundesrepublik), markiert literarisch einen wichtigen Schritt. Die Autorin trennt sich in ihm vom eher vordergründigen Realismus der Außen- wie der Innenweltdarstellung, der ihr erstes Buch prägte, und läßt ihre Protagonistin ein Phantasiereich entwerfen, von dem aus sie gegen das grassierende Kontroll- und Ordnungsdenken polemisiert.

Hanns Cibulkas »Swantow. Die Aufzeichnungen des Andreas Flemming« (Vorabdruck in der »Neuen Deutschen Literatur« 1981, als Buch 1982) ist ein Tagebuch, das der Autor sein *alter ego* einen Sommer lang auf der Insel Rügen hat führen lassen. Cibulka, vom Jahrgang 1920, Bibliothekar von Beruf, war vor 1970 vor allem als Lyriker hervorgetreten, hatte aber auch bereits mit Reflexionen durchmischte Reisetagebücher veröffentlicht. »Swantow« beschäftigt sich explizit mit den Vergiftungen der Luft und der Gewässer, mit der Chemisierung der Landwirtschaft, mit aus falscher Lebensweise resultierenden Krankheiten, schließlich mit den Gefahren der Atomenergie. In die Tagebuchaufzeichnungen ist ein lyrischer Zyklus »Lagebericht« eingelassen, der die gleichen Themen hat. Dabei polemisiert Cibulka nicht einfach gegen »die Technik«, »die Wissenschaft« oder »den Staat«, vielmehr münden seine Reflexionen in einen moralischen Appell an sich selbst und andere ein. »Die schwierigste aller Revolutionen steht uns immer noch bevor: die Revolution gegenüber uns selbst, gegen unsere eigene Trägheit, den Egoismus, den Machtinstinkt, eine Revolution, die uns lehrt, ganz anders über den Menschen zu denken als bisher.« In seinem zweiten Hiddensee-Tagebuch »Seedorn« (1985) hat Cibulka das Motiv des »Umdenkens« weiterverfolgt.

Ebenfalls ein Tagebuch ist *Christa Wolfs »Störfall. Nachrichten eines Tages«* (1987). Es ist ihre ganz persönliche Reaktion auf die Nachricht vom Größten Anzunehmenden Unfall im Atomkraftwerk Tschernobyl Ende April 1986. Mit diesem Ereignis war endgültig die DDR-amtliche Meinung widerlegt, in den sozialistischen Ländern liege »die Macht in den Händen von Menschen [...], auf die völliger Verlaß ist« (so Hans Koch 1980). Wolfs Tagebuch ist zunächst ein Dokument von der partiellen Ähnlichkeit der Systeme, die sich in dieser Katastrophe spiegelt. Der westliche Leser erfährt aus ihm, daß sich eine sensible DDR-Bürgerin in diesen Wochen ungefähr die gleichen Sorgen und Gedanken gemacht hat wie er selbst und dabei genauso hilflos war. Doch »Störfall« will ja mehr sein als ein solches Protokoll. Das Buch verbindet das Tschernobyl-Trauma mit der peinlich genauen Schilderung von alltäglichen Vorgängen, den sorgenden Gedanken an den Bruder, der sich gerade einer Hirnoperation unterzogen hat, und Reflexionen über die Welt im Großen, die Gattung Mensch in ihr und die Herkunft des Bösen. Gewiß kann ein Tschernobyl-Tagebuch nicht heiter und vergnüglich sein, aber der schon früh bei Christa Wolf ausgebildete angestrengte Sprachduktus, ihr bohrender Ernst, ihre omnipräsente Moralität mit ständigem Appellcharakter an sich selbst und andere lösten bei manchen Lesern eher Abwehr aus. Verständlicherweise standen bei der Rezeption des Buches jedoch seine brisanten Tagesinhalte im Mittelpunkt (DDR-Wissenschaftler und -Funktionäre wetterten gegen Wolfs »Technikpessimismus«), weniger seine ästhetischen und philosophischen Implikationen. Dabei wäre es wichtig, auch das Fragwürdige an Wolfs zugespitzter Zivilisations-, ja Evolutionskritik ins Auge zu fassen. »An welchem Kreuzweg«, fragt sie in diesem Buch, »ist womöglich die Evolution bei uns Menschen fehlgelaufen, daß wir Lustbefriedigung an Zerstörungsdrang gekoppelt haben.« Die Frage so zu stellen, heißt, für einen früheren Zeitpunkt einen paradiesischen Stand der Unschuld des Menschen vorauszusetzen und dessen Entwicklungsgeschichte einer teleologischen Projektion zu unterstellen, der leider ein »Fehllauf« widerfahren ist. Alles, was wir über die Evolutionsgeschichte des Menschen wissen – über seine vielhunderttausendjährige Geschichte als Jäger –, widerspricht dieser Projektion und macht sie zu romantischem Wunschdenken.

Aus einer ganz anderen, aber gleichfalls sehr persönlichen Perspektive hat Christa Wolf die »neue Herrlichkeit« der späten DDR in dem Prosatext »*Sommerstück*« dargestellt. Es war ihre letzte größere Veröffentlichung vor der Wende. Die Erzählung ist um 1980, teilweise parallel mit »Kein Ort. Nirgends« und sogar schon »Kassandra«, entstanden und erschien, 1987 für den Druck bearbeitet, im Frühjahr 1989 im Osten wie im Westen. Sie schildert die brüchige, prekäre Idylle eines Sommers im Kreis der Familie und naher Freunde in einem Mecklenburger Bauernhaus, aber bereits aus einem Autorbewußtsein heraus, das das letzte ernüchternde Unheil schon kennt, das mit der Biermann-Ausbürgerung und all ihren Folgen über die literarische Intelligenz der DDR hereinbrach. Wolf hat sich selbst (Ellen), ihren Mann Gerhard (Jan) – Namen, die man aus Ilse Aichingers »Die größere Hoffnung« kennt – sowie die Freundinnen Maxie Wander (Steffi), Sarah Kirsch (Bella) und manche andere fremdgemacht, ohne doch die autobiographische Erfahrungsperspektive zu leugnen. Ihr war bewußt, daß man den subtilen Text als Idylle pur mißverstehen konnte. Dem versuchte sie vorzubeugen, indem sie skrupulöse, selbstironische Wendungen über die heikle »Leichtigkeit und Schönheit« des imaginierten Sommers einbaute: »immer diese bukolischen Szenen«, »die Freischaffenden auf ihrem Floß« oder »das Landleben als Modeerscheinung«, heißt es da. Dennoch hält der Text das so gelebte Leben als legitimen, ja notwendigen Entwurf fest: »heute lebten wir, wie man leben soll, und darauf kam es an«. Zugleich manifestiert die Erzählung den kaum noch steigerbaren Kontrast zwischen diesem Leben auf einer Insel der Seligen und einer realen DDR, die als nicht mehr lebbar erscheint. Damit wurde das Buch, so die Autorin selbst, »sogar eine Vorankündigung der späteren Ereignisse [...], denn es schildert, warum es so nicht weitergehen konnte«. – Übrigens existiert mit Sarah Kirschs Prosatext »Allerlei-Rauh« (1988, nur Monate vor Wolfs Buch erschienen) ein Gegenstück zu dem gleichen Erfahrungskomplex, das freilich strikter autobiographisch verfährt und die Namen der handelnden Personen nicht verfremdet hat (vgl. hier S. 427f.).

Auch *Volker Braun* hat noch kurz vor der Wende, im September 1988, einen autobiographisch grundierten Prosatext fertiggestellt, der einen kompromißlosen Abgesang auf die DDR, wie sie war, darstellt und zugleich noch einmal das Naturvernichtungswerk im »realen Sozialismus« zum Thema macht. *»Bodenloser Satz«* (1989 öffentlich gelesen, 1990 erschienen) ist einer der radikalsten und auch sprachlich interessantesten Texte von Braun. Sein erzählendes Ich besichtigt beinahe dreißig Jahre, nachdem es selbst einmal als Maschinist im Braunkohlentagebau arbeitete (davon handelt das Stück »Die Kipper«), die Landschaft seiner hoffnungsvollen Jugend noch einmal: das durchwühlte, boden-lose, restlos kaputte »Abbruchgebiet« des Tagebaus Burghammer bei Leipzig. Immer noch müssen Dörfer geräumt werden, und die Zerstörung eines einzigen Dorfes gibt nur so viel Braunkohle frei, daß ein Kraftwerk gerade mal für einen Tag gefüttert werden kann. Alles ist »VON GRUND AUS ANDERS« geworden, aber ›anders‹ anders, als die sozialistischen Ideale es versprochen hatten. Der Umgang mit der Natur ist nichts anderes als »Krieg«, und was er hinterläßt, »VERBRANNTE ERDE«. Die zerstörte Natur ist in diesem Text unmittelbare Wirklichkeit *und* Allegorie zugleich: Bild eines kriegerischen, selbstzerstörerischen Sozialismus ohne Zukunft.

Die Wiederkehr des Verdrängten (Prosa 2)

Erich Loests Roman »Es geht seinen Gang«, von dem die Rede war, enthält eine für die Handlung entscheidende Episode: Ein Vater (in gesellschaftlich arrivierter Stellung) zwingt seinen noch nicht einmal schulpflichtigen Sohn mit kaum verhaltener Gewalt dazu, schwimmen zu lernen, nein: ein Meisterschwimmer zu werden – und wenn er sich dabei vor lauter Angst erbrechen muß. Dem Romanhelden Wolfgang Wülff, gleichfalls Vater einer kleiner Tochter, die von seiner Frau auf wassersportliche Höchstleistungen getrimmt wird, sind die »unverstellten Gesichter von Männern, die eine Pflicht taten, die Pflicht des Befehlens«, so zuwider, daß er diesen Vater anbrüllt: »Sie gottverdammter Faschist.« Die folgenreiche Verbalinjurie ist nicht zufällig gewählt, austauschbar gegen eine beliebige andere. Loest signalisiert mit ihr, wie ein überlebt geglaubtes Regime, der Nationalsozialismus, in ein neues, dem alten feindliches, hineinragen kann, indem es die Triebstruktur und die Verkehrsformen auch noch einer jüngeren Generation prägt, der die Nazizeit schon ferne Geschichte zu sein scheint. Das Verdrängte kehrt in mehr oder weniger veränderter Gestalt zurück, weil es nicht zureichend analysiert, bearbeitet, therapiert worden ist. Schlimmer: Auch die DDR-Gesellschaft gehorcht noch autoritären Mustern. DDR-Prosa in den 70er und 80er Jahren ist zu einem guten Teil nachholende *Erinnerungsarbeit,* der Versuch, gegen das Verdrängen und Vergessen anzuschreiben und die sedimentierte Geschichte aus ihrer Erstarrung zu lösen. Gerade die Angehörigen der mittleren, in den 20er Jahren geborenen Generation fühlten die Notwendigkeit einer Revision, die ihnen kein fortschrittliches Geschichtsbuch, keine Heroisierung des Widerstandes und keine Institution abnehmen konnte, nämlich »die deutsche Geschichte bis auf die Knochen frei[zu]legen, um zu verhindern, daß in Schuld und Unterdrückung das Verbrechen überlebt« (Heiner Müller). Hier ging es um ein spätes, aber nie zu spätes Trauern, um einen Akt der individuellen und kollektiven Katharsis. Dies mag überraschen, wenn man bedenkt, daß der (verordnete) Antifaschismus seit dreißig Jahren herrschende Weltanschauung war und eine antifaschistische Umerziehungsliteratur gefördert wurde. Doch dominierten, wie dargestellt, heroisierende Darstellungen des Widerstandes, naturalistische Kriegsromane und später Geschichten von Leuten, die – obwohl einst Nazis – den Nazismus erstaunlich rasch hinter sich ließen und im Sozialismus ›ankamen‹. In den späten 50er und in den 60er Jahren waren zwar bemerkenswerte Bücher zur NS-Epoche und ihren Greueln erschienen (das beste Jurek Beckers »Jakob der Lügner«); doch Bücher, in denen die Schuld der Mitträger und Mitläufer der Nazis vorbehaltlos, trauernd bearbeitet wurde, blieben die Ausnahme. Das von oben verordnete Selbstverständnis der DDR-Bürger stand dem im Wege. Stephan Hermlin brachte das Problem 1979 in einem Interview auf den Begriff: »Man ernannte sich selbst zum Sieger der Geschichte. Diese Formel breitete sich sofort aus, wie ein Kreisel in einem Wasser, in das man einen Stein geworfen hat, jeder Bürger der DDR konnte sich nun als Sieger der Geschichte fühlen. Dadurch, daß man dem Volk diese Schmeichelei sagte und es entlastete, war es dann auch leichter zu regieren. Es ist schwer, auf die Dauer Leute zu regieren, die sich irgendwie schuldig fühlen.« Diesem eingebürgerten Sachverhalt der Abkehr von der NS-

Epoche setzte Hermlin die Forderung entgegen, »daß man [...] sich nie zur Ruhe setzen darf. Weil die Vergangenheit ununterbrochen täglich weitergelebt werden muß. Weil die Vergangenheit auch immer eine Gegenwart ist. Ich glaube, daß dieser Fehler, die Vergangenheit für überwunden zu erklären, bei uns sehr deutlich begangen wird. Leider auch von vielen Genossen, die mit einer gewissen Selbstzufriedenheit sagen, wir haben die Vergangenheit bewältigt, die da drüben nicht, die sind sozusagen noch mittendrin. Dazu hat niemand das Recht.« In dem Prosatext »Ein Mord in Salzburg« (1983) hat Hermlin selbst noch einmal der Forderung entsprochen, sich »nie zur Ruhe [zu] setzen.«

Die Äußerungen Hermlins formulierten ein Verhältnis zum historischen Erbe, das im Widerspruch zur offiziellen Auffassung stand. Hermlin ging davon aus – besonders eindrucksvoll in der autobiographischen Erinnerungsrede »Mein Friede« von 1975 – , daß auch die DDR Erbe der deutschen Geschichte einschließlich aller Hypotheken und Schulden sei; daß dieser Staat nicht die Frucht einer jungfräulichen Geburt war, sondern daß auch auf seinem Territorium Menschen lebten, denen zwölf Jahre Naziherrschaft eingeschrieben waren. »Diese Bürde zu tragen«, so erkannte Hermlin, »waren nur wenige imstande. Die meisten retteten sich in unverbindliches Bedauern, in Verkleinerung, in Schweigen.« Damit korrespondieren Worte Heiner Müllers gleichfalls von 1975: »Das Thema Faschismus ist aktuell und wird es, fürchte ich, in unserer Lebenszeit bleiben. [...] Heute ist der gewöhnliche Faschismus interessant: wir leben auch mit Leuten, für die er das Normale war, wenn nicht die Norm, Unschuld ein Glücksfall.« Damit ist genauer bezeichnet, was den Autoren bei ihren Versuchen der literarischen Arbeit am Vergangenheitsstoff jetzt wichtig war. Es ging nicht mehr um das Heroische des antifaschistischen Widerstandes (der schon lange literarisch überrepräsentiert war), sondern um das nazistische Syndrom in den Subjekten, »Faschismus« als Gesinnung und als Bündel von Verhaltensmustern, die mit dem Datum der Niederlage und Befreiung von 1945 nicht ausgelöscht waren, sondern auch die Formierung des »realen Sozialismus« mitprägten. Nach Vorgängern wie Hermlin und Franz Fühmann erkannten jetzt auch zumeist jüngere Prosaautoren wie Christa Wolf, Hermann Kant, Klaus Schlesinger, Rolf Schneider, Karl-Heinz Jakobs, Helga Schütz, Kurt David und Jurek Becker, daß hier ein »Stück noch nicht restlos begriffenen Lebens [...] nach Gestaltung« verlangte, und, solange die nicht geleistet wurde, »nicht nur eine Lücke in unserer Literatur, sondern auch im Bewußtsein der Menschen« klaffte (A. Seghers). Diese Einsicht forderte das heraus, was man die *dritte (und wichtigste) Phase der ›Bewältigungsliteratur‹* nennen kann. Ihre Grenze liegt freilich darin – das ist vorab festzuhalten – , daß sie den Massenmord an den Juden als Zentralereignis der NS-Herrschaft nicht angemessen ins Zentrum der Reflexion rückt. Das gilt bis zum Ende der DDR. Vermutlich liegt diese Selbstbeschränkung darin begründet, daß das realsozialistische »Faschismus«-Bild dem Antisemitismus und damit auch der Shoah nur eine nebengeordnete Rolle zumaß.

Am Beginn dieser neuen Phase liegt ein Versuch wie *Rolf Schneiders* Roman »Der Tod des Nibelungen« (1970), der der Karriere eines in der Nazizeit arrivierten Bildhauers in Westdeutschland nachgeht und gleichzeitig die nachträglichen literarischen Legitimationsversuche der angepaßten Intelligenz im Dritten Reich satirisch aufs Korn nimmt. Wichtiger war *Klaus Schlesingers* Roman »Michael« (1971; im Westen unter dem Titel »Capellos Trommel«), der deutlich machte, daß auch die junge DDR-Generation vom Problem Nazismus betroffen war, ob sie wollte oder nicht. Ein Junge fragt, angestoßen durch das Foto eines Exekutionskommandos in Polen, auf dem er seinen Vater zu erkennen glaubt, dem Schicksal dieses Mannes und damit den Ursachen für die skrupellose Kollaboration der Menschen mit dem NS-Regime nach. Es geht um die Vätergeneration und die Frage der Determinanten ihres weiteren Lebens in der DDR, ein Thema, das auch *Karl-Heinz Jakobs* in seinem Roman »Wilhelmsburg« (1979) behandelt hat. Der fragwürdige Held seines Buches, Walter Blach, ist einer, der nach der Rückkehr aus der Kriegsgefangenschaft »alles hinter sich […] lassen« will und im neuen Staat aufsteigt. Er beginnt zu zweifeln, gelangt aber nie über folgenloses Räsonieren hinaus: Zu tief sitzen die in der Nazizeit, als er Kind und Jugendlicher war, erworbenen Deformationen. – Sehr viel unbefangener und gleichzeitig poetischer, chronikalisch sowohl wie episodisch, erzählt *Helga Schütz* (geb. 1937) in ihren Prosabüchern »Vorgeschichten oder Schöne Gegend Probstein« (1970), »Das Erdbeben bei Sangerhausen« (1972), »Festbeleuchtung« (1974) und »Jette in Dresden« (1977) vom Alltag der kleinen Leute in der Kriegs- und Nachkriegszeit (in West und Ost) aus der Perspektive des heranwachsenden, allmählich zu Bewußtsein kommenden Kindes – auch ihre Bücher ein Stück gelungener literarischer Wiedererinnerungsarbeit. In »Julia oder Die Erziehung zum Chorgesang« (1981) hat sie ihre Recherche nach den Folgen anerzogener Hörigkeit fortgesetzt (dazu später).

Unter den Prosaarbeiten zum Thema Vergangenheitserinnerung hat neben Christa Wolfs »Kindheitsmuster« vor allem *Hermann Kants »Der Aufenthalt« (*1977) Gewicht. Der Roman erzählt den Lebensabschnitt des (seinem Autor ähnlichen) Buchdruckers Mark Niebuhr, den dieser nach kurzem Einsatz an der Ostfront in einem polnischen Kriegsgefangenenlager inmitten von NS-Kriegsverbrechern verbringt. Der junge Mann wird – fälschlich – beschuldigt, eine junge Polin ermordet zu haben. Und hier setzt Kant seinen überzeugenden Kunstgriff an: Niebuhr ist, was die konkrete Anklage anlangt, unschuldig, aber der Prozeß, der ihm im Zusammenhang damit von außen gemacht wird, stößt einen Prozeß der Selbstbefragung, des Selbstverhörs an, der ihn zu der Erkenntnis bringt, letztlich doch mitschuldig zu sein an den Naziverbrechen. Gemessen an den früheren antifaschistischen Entwicklungsromanen und ihrer hochgespannten Teleologie ist es nicht viel, was Mark Niebuhr lernt. Um so glaubwürdiger ist sein Lernprozeß für den Leser. Bemerkenswert ist übrigens, daß der Stoff zu diesem Roman gewissermaßen Kants ältestes literarisches Vorhaben war, aber offenbar den Abstand dreier Jahrzehnte brauchte, ehe es Gestalt annehmen konnte. Hermann Kant war ein Literaturfunktionär der SED, der – wie die Dokumentation seiner IM-Tätigkeit für die »Stasi« durch Karl Corino (1995) und viele andere Quellen beweisen – vielen Kollegen Schaden zugefügt hat. Das ändert nichts daran, daß er – neben vielen fragwürdigen Büchern – mit »Der Aufenthalt« einen sehr beachtlichen Roman geschrieben hat. Vielleicht ist gerade das dieses Buch prägende Schuld- und zugleich Dankbarkeitsgefühl gegenüber der ›anderen‹, der antifaschistischen Macht der Schlüssel, um seine spätere, nie irritierbare Loyalität gegenüber den neuen deutschen Machthabern im Osten Deutschlands und ihrer Partei, der SED, zu begreifen.

Christa Wolfs Roman »*Kindheitsmuster*« (1976) stellt eine Frage, die in der vorherigen Vergangenheitsbewältigung der DDR gerade keine Rolle gespielt hat: »Wie sind wir so geworden, wie wir heute sind?« Anders gesagt: Wie war eigentlich der ganz normale, alltägliche Nazismus beschaffen, der von Massen von Menschen mitexekutiert oder ertragen, nicht aber bekämpft wurde? Es geht also nicht um die Heroen des Widerstandes, auch nicht um die sadistischen Naziverbrecher, sondern um die Millionen von Mitläufern. Die Autorin findet sie, ehrlicherweise, in ihrer eigenen Familie, der des Lebensmittelhändlers und (gar nicht unsympathischen) Kleinbürgers *par excellence* Bruno Jordan. Der Titel »Kindheitsmuster« meint die in der Kindheit, in Familie, Schule und Bund deutscher Mädchen (BdM) erworbenen und geprägten Muster des Verhaltens im Sinne des englischen *pattern*: Angst, Haß, Härte, Verstellung, Scheinheiligkeit, Verleugnung ursprünglicher Empfindungen, Hörigkeit und Treue und Pflicht ohne Ansehen der Person – Eigenschaften, die ein Individuum einem Regime wie dem nationalsozialistischen anheimgeben, es innerlich widerstandslos machen. Davon wird hier erinnernd, wort- und bildkräftig erzählt. – Doch damit ist nur eine Erzählebene gekennzeichnet. Eine kurze Reise an den Ort der Kindheit (Landsberg an der Warthe im heutigen Polen) ist für die Autorin der Hebel, die vergessenen, verdrängten Bilder der Vergangenheit wieder freizusetzen. In einer Art Gerichtsverfahren mit sich selbst, einem Selbstverhör, konfrontiert die Erzählerin ihre eigene kleinbürgerlich beschädigte Kindheit mit ihrer Gegenwart im Jahr der Reise, 1971; schließlich noch einmal – das ist die dritte Erzählebene – mit den alltäglichen Erfahrungen während der Zeit der Niederschrift 1972–75. Auf einer vierten Ebene endlich reflektiert sie die »Schwierigkeiten beim Schreiben der Wahrheit« (Brecht), die aus der Abwehr des tabuierten Themas bei ihr selbst und anderen erwachsen. Keine einlinige Fabel also, keine runde Geschichte, sondern eine komplizierte Schreibtechnik, die es fertigbringen soll, »die fast unauflösbaren Verschränkungen, Verbindungen und Verfestigungen, die verschiedenste Elemente unserer Entwicklung miteinander eingegangen sind, doch noch einmal zu lösen, um Verhaltensweisen, auf die wir festgelegt zu sein scheinen, zu erklären und womöglich (und wo nötig) doch noch zu ändern.« Dieser »Kampf um die Erinnerung« (A. Mitscherlich) ist schwierig: Am Anfang steht ein Ich, das eingeübt ist in Verdrängen, Vergessen, Verschweigen; steht die Sprachlosigkeit, das Nichtwissen-Wollen, die »Unfähigkeit zu trauern« (M. und A. Mitscherlich). Das Buch dokumentiert den Lernprozeß der Erzählerin, die Zensur über das eigene Ich aufzuheben und trauern zu lernen, um in der gegenwärtigen Lebenspraxis mit den dem »gewöhnlichen Faschismus« verhafteten Verhaltensmustern – Anpassung, Verstellung, Angst – umgehen zu können, vielleicht sich von ihnen freizumachen. Damit wird der Roman auch zu einem brisanten Gegenwartsbuch, nämlich einer vehementen Kritik am Untertanenstaat DDR.

1986 (in der DDR 1989) ist ein neuer Roman von *Jurek Becker* erschienen, der aus einer ganz anderen Perspektive als der von Kant oder Wolf vergegenwärtigt, daß das Vergangene nicht tot ist und den Nachgeborenen zu schaffen macht. Die »Gnade der späten Geburt« ist immer eine Illusion, auch für den jungen jüdischen DDR-Bürger Hans Bronstein, den Helden von Beckers Roman *»Bronsteins Kinder«*. Der Oberschüler Hans, kurz vor dem Abitur, entdeckt, daß sein Vater Arno gemeinsam mit zwei ehemaligen Leidensgenossen, die wie er den Todeslagern entronnen sind, im abgelegenen Wochenendhäuschen ein Tribunal abhält: Gerichtstag über einen SS-Schergen von damals aus dem KZ Neuengamme, den sie auf der Straße wiedererkannt haben. Die Rollen sind vertauscht: Die Erniedrigten und Geschlagenen von ehedem erniedrigen und schlagen jetzt selbst. Hans, der sich keinen Rat weiß, auf wessen Seite er stehen soll, entdeckt, daß ihn sein Jude-Sein, das er für eine vernachlässigbare Zufälligkeit hielt, eingeholt hat. Auch er ist Außenseiter. Der Tod des Vaters setzt der Gefangenschaft des SS-Mannes schließlich ein Ende, nicht aber der Erblast der Geschichte, die der junge deutsche Jude weiter mit sich herumtragen muß. Becker hat in einem Interview mitgeteilt, daß sein Roman kräftige autobiographische Wurzeln habe. Zwischen ihm und seinem jüdischen Vater habe bis zu dessen Tod 1972 ein »Zustand tiefer Sprachlosigkeit« geherrscht (Becker hat seine Geschichte ins Jahr 1973/74 gelegt). Der Roman holt gleichsam jene Gespräche nach, die zu Lebzeiten des Vaters nicht geführt wurden. Er ist zugleich eine vorzügliche, zumeist in lakonischer Sprache geschriebene Geschichte über den DDR-Alltag der 70er Jahre.

Was vom Nationalsozialismus an Gewalt und Leid ausgegangen ist, läßt sich nicht auf die zwölf Jahre von 1933 bis 1945 eingrenzen. Das ist eine Binsenweisheit. Einige Autoren trugen ihr Rechnung, indem sie mehrere historische Epochen umspannende, panoramatische Darstellungen entwarfen. Sie verfolgten vor allem das, was man den »gewöhnlichen Faschismus« genannt hat, als gesellschaftlich erlerntes Verhaltensmuster zurück in die Weimarer Republik oder auch bis ins Kaiserreich – und sie spürten seine Weiterwirkung in die Nachkriegszeit, ja, bis in die Gegenwart hinein, auf (wie es auch Christa Wolf in »Kindheitsmuster« tat). DDR-Autoren (oder solche, die einmal aus der DDR kamen), vornehmlich der mittleren Generation, versuchten sich am Genre des *Epochenromans* oder wenigstens der *historischen Chronik.*

Hierher gehört z.B. *Werner Steinbergs* (geb. 1913) Roman »Die Mördergrube« (1986, nur in der Bundesrepublik). Man hatte von dem ehemaligen NS-Widerständler, der 1956 aus der Bundesrepublik in die DDR übergesiedelt war, ein solch kritisches Buch nicht unbedingt erwartet. In ihm verfolgt Steinberg eine deutsche Kleinbürgerfamilie durch drei Generationen und damit durch drei Reiche: Weimarer Republik, Nazizeit und schließlich DDR. Während sich Großvater und Vater mit den Mächten ihrer Zeit arrangierten, scheint der Enkel dazu zunächst nicht gewillt zu sein. Am Ende gibt der junge Mann, ein Schriftsteller, doch nach und wird zum gehätschelten Autor seines sozialistischen Vaterlandes.

Einer der meistgelesenen Erzähler wurde in den letzten Jahren der DDR *Günther Rücker* (geb. 1924), den man schon lange als erfolgreichen Hörspiel- und Drehbuchautor/Filmregisseur (»Der Fall Gleiwitz«, 1961, zusammen mit Wolfgang Kohlhaase; »Der Dritte«, 1972, zusammen mit Egon Günther) kannte. 1984 erschienen die beiden längeren Novellen »Herr von Oe.« und »Hilde, das Dienstmädchen«, 1986 der Erzählungsband »Anton Popper« (Titel in der Bundesrepublik: »Alles Verwandte«, 1987). Vor allem *»Herr von Oe.«* ist ein überraschendes Stück Literatur. In ihm verfolgt Rücker die Odyssee eines estnischen Adligen schwedischen Geblüts, der zu Ende des alten Jahrhunderts geboren ist. Der Erste Weltkrieg, Bürgerkrieg in Rußland, Japan, merkwürdige diplomatische Missionen im Dritten Reich, Stalingrad, Gefangenschaft in der Sowjetunion und endlich unverhoffte Freilassung zurück nach Deutschland sind seine weiteren Lebensstationen. Dabei gibt Herr von Oe., der in die unglaublichsten erotischen Abenteuer und internationalen Geschäfte verstrickt wird, nie den Plan seines Lebens auf. Er will eine sibirische Goldmine erwerben, auf die er seit Bürgerkriegszeiten Anrechte erworben zu haben meint. Kein positiver Held, schon gar kein kommunistischer, wird dem Leser von

Rücker nahegebracht, vielmehr eine Mischung aus interessantem Abenteurer und zynischem Herrenmenschen, der einem jedoch nie so richtig unsympathisch werden will; eine Fatalität, die einige Wirklichkeitsnähe für sich hat. Erzählt wird hier wie in den anderen Geschichten Rückers in einer altertümelnden, jovialen Manier, die sozusagen den ungleichzeitigen Helden des Autors angepaßt ist. Auch wenn Rückers Texte kaum die gehobene Unterhaltungsliteratur übersteigen, zeigen sie doch, was alles im »Ensemble« der DDR-Literatur möglich geworden war.

Ein bei weitem umfangreicheres, auf andere Weise kurioses historisches Panorama hat *Erich Loest* in seinem Roman *»Völkerschlachtdenkmal«* (1984) entworfen, dem gelungensten nach »Es geht seinen Gang«. Wieder ist es ein Heimatroman – Leipzig und Umgebung die Szenerie –, aber es ist eine von Geschichte und Blut durchtränkte Heimat, deren letzte ca. 170 Jahre vor dem Leser Revue passieren. Über die Stationen der Völkerschlacht bei Leipzig 1813, die Einweihung des Denkmals 100 Jahre später und die Schlacht von Verdun 1916, über die letzten Kriegsjahre 1943–45 und bis in die 70er/80er DDR-Jahre hinein verfolgt Loest die deutsche, d.h. hier vor allem: die traurige sächsische Geschichte, und ihr Motto könnten zwei Verse aus Brechts Gedicht »Fragen eines lesenden Arbeiters« sein: »Alle zehn Jahre ein großer Mann. / Wer zahlte die Spesen?« Als höchst originelles Sprachrohr hat Loest sich einen Sprengmeister gesucht, der genauso alt ist wie das Denkmal und sich selbst eine fiktive Ahnenreihe zugelegt hat, über die sich die Geschichte der kleinen Leute inmitten der Schlachten und Gewaltregimes erschließt; unter ihnen ein kleiner Infanterist, der 1813 vor Leipzig fällt, und ein sozialdemokratischer Steinmetz vom Ende des 19. Jahrhunderts. Es ist der »Blickwinkel des Frontschweins, des Kanonenfutters, des Menschenmaterials«, aus dem Loest erzählt. Und er tut es mit einer derart ansteckenden Lust am Fabulieren, daß die spröde Nationalgeschichte zu leben beginnt und begreiflich wird.

Eberhard Hilscher (geb. 1927) hat sein Buch *»Die Weltzeituhr«* (1983) selbst im Untertitel als »Roman einer Epoche« gekennzeichnet. Der gelernte Literaturwissenschaftler, dem Studien zu Gerhart Hauptmann, Arnold Zweig und Thomas Mann zu verdanken sind, hatte 1976 bereits den Walther-von-der-Vogelweide-Roman »Der Morgenstern« vorgelegt, der zum Teil auch Nachkriegsgeschichte thematisiert. Sein neues Projekt ist ausgesprochen ehrgeizig. Es verknüpft die Lebensgeschichte des Tausendsassas Guido Möglich vom Tag seiner Geburt 1928 bis zu seinem rätselhaften Verschwinden 1962, nur kurze Zeit nach dem Mauerbau, mit »Zeitansagen«, die diesen individuellen Lebenslauf mit dem Weltlauf synchronisieren. Mit seinem konjunktivischen Helden hat der Autor eine Vorliebe für Bücher gemeinsam, »in denen die Wirklichkeit gleichsam mit Augen der Relativitätstheorie und von verschiedenen Beobachtern angeschaut und interpretiert«

wurde. Er fertigt eine Collage an, in der Picassos »Guernica« und Otto Hahns Kernspaltung, Goebbels' Reden von 1933 und Chruschtschows Rede von 1956, Einsteins Leben und Stalins Tod vorkommen, und noch vieles andere mehr. Die angestrebte »phantasievolle Universal-Poesie« wird dennoch nicht erreicht. Der Leser verläßt Hilschers »Zeitmaschine« mehr gerädert als inspiriert. Trotzdem zählt sein Roman, von der ›großen Kritik‹ in der Bundesrepublik fast gänzlich übersehen, zu den ästhetisch interessanten Experimenten der DDR-Literatur.

Den entgegengesetzten Weg einer Epochenbeschreibung hat *Einar Schleef* (geb. 1944; seit 1975 in der Bundesrepublik) in seinem zweibändigen Roman »*Gertrud*« (1980/84; nur im Westen erschienen) gewählt. Er läßt seine Mutter Gertrud Hoffmann, Jahrgang 1909, aus dem thüringischen Sangerhausen ihr Leben erzählen: Zeitgeschichte als Familiengeschichte. Vier »Herrschaften« hat Gertrud erlebt, vom Kaiser bis zu Honecker, doch ein »neues Deutschland« und auch den »neuen Menschen« hat sie nicht zu Gesicht bekommen. Der frühe Höhepunkt ihres Lebens war eine Meisterschaft im Laufen (ein Turnwart bezeichnete sie als »typische Einzelkämpferin«), jetzt ist Gertrud, die als Schneiderin, am Fließband und in der Brotfabrik gearbeitet hat, Rentnerin. Der Mann ist tot, beide Söhne sind im Westen, eine Besuchsgenehmigung bekommt sie nicht. Über all das redet sie wie in einem Einpersonen-Theaterstück in ihrem »eigenbrötlerischen Idiom«, ihrer merkwürdigen »Einsamkeitsgrammatik« (S. Wirsing). Was für ihren Sohn Einar Schleef, Bühnenbildner und Regisseur, ein Stück therapeutisches Von-der-Seele-Schreiben war, ist ein bemerkenswerter literarischer Text geworden.

Auch *Uwe Johnsons* vierbändiger Epochenroman »*Jahrestage. Aus dem Leben von Gesine Cresspahl*« (1970/71/73/83) soll in diesem Zusammenhang genannt werden. Gewiß ist er nur sehr bedingt DDR-Literatur; eine solche eindeutige Zuordnung ist hier keineswegs beabsichtigt. Andererseits sollte man die unterirdischen Verbindungen von Johnsons *magnum opus* zur DDR, zu seinen Erfahrungen in diesem Land *und* zu ihrer Literatur nicht übersehen. »Jahrestage«: Das sind die Tage aus dem Leben von Gesine Cresspahl vom 21. August 1967 bis zum 21. August 1968; das sind aber auch die Tage aus der Geschichte einer Sippe, nämlich der Cresspahls und der Papenbrocks vom Jahr 1931 bis zum Jahr 1953; und damit sind es, drittens, auch die Alltage von Leuten aus einer deutschen Landschaft – Mecklenburg – in diesem mit Geschichte geladenen Zeitraum. Gesine Cresspahl, die man aus den »Mutmaßungen über Jakob« kennt, ist im Jahr der Entstehung des Dritten Reiches geboren. Indem sie, inzwischen mit ihrer von Jakob Abs stammenden zehnjährigen Tochter Marie in New York wohnhaft, ihr individuelles Leben Revue passieren läßt, spricht sie auch vom mecklenburgisch-deutschen Leben unter den Nazis, von

Angst und Blindheit, Brutalität und Dummheit. »Jahrestage« ist ein Heimatroman, obwohl er von Entwurzelten handelt und von einem Heimatlosen geschrieben wurde: kein Blut-und-Boden-Roman, wie Marcel Reich-Ranicki geurteilt hat, vielmehr das Buch einer Landschaft, die von blutiger Geschichte gezeichnet ist. ›Heimat‹ ist der Ort, an dem Menschlichkeit vor die Hunde geht. Die Konfrontation der deutschen Gewaltgeschichte einschließlich der Jahre 1945–53 mit dem Terror der Amerikaner im Vietnamkrieg, also aus Gesines aktuell gelebter Berichtszeit, mildert oder entschuldigt den deutschen Terror keineswegs. Johnson ist ohnehin nicht der Autor, der eine handfeste Moral vermitteln will. Ihm ist vielmehr daran gelegen, in den Worten Gesines, »eine Empfindlichkeit gegen den Schmerz zu vermehren«. An diesem Projekt hat Johnson mit unglaublicher Geduld, Präzision und Einbildungskraft gearbeitet. Zu vollenden ist es nie – in dieser Einsicht wie in manchem anderen trifft sich der Autor der »Jahrestage« mit der Autorin von »Kindheitsmuster«: »Das Stück Vergangenheit, Eigentum durch Anwesenheit, bleibt versteckt in einem Geheimnis, verschlossen gegen Ali Babas Parole, abweisend und unnahbar, stumm und verlockend wie eine mächtige graue Katze hinter Fensterscheiben, sehr tief von unten gesehen wie mit Kinderaugen.«

Uwe Johnson hatte seine Schulzeit im Dritten Reich, in der Nachkriegszeit und schließlich in der jungen DDR absolviert sowie in Rostock und Leipzig studiert. Er war als Schüler engagiertes Mitglied der FDJ. In seinen Frankfurter Vorlesungen »Begleitumstände« (1980) hat er eindringlich dargelegt, wie er unter »Zwei Bildern« aufgewachsen ist, die nacheinander an der gleichen Stelle in seinem Klassenzimmer aufgehängt waren: unter den Bildern Hitlers und Stalins. Stand das erste Bild für Diktatur, Krieg und Terror, so schien das zweite zunächst für die Überwindung alles dessen zu bürgen, für einen Neuanfang im Zeichen der Menschlichkeit. Die frühen 50er Jahre brachten Johnson die bittere Erkenntnis, daß es anders war. Dabei ging es noch nicht einmal um den Massenterror der stalinschen Ära, sondern um Erfahrungen mit dem im Zeichen der Stalinisierung immer autoritärer werdenden Staat DDR: »Die Fragen nahmen überhand, und überhand nahm die Erbitterung darüber, daß sie nicht gestellt werden durften. Denn diese gestrenge Erzieherin DDR bestrafte schon leisen Zweifel an ihrer Güte mit Liebesentzug.« Übrigens hat Volker Braun in seinem »Rimbaud«-Essay von 1984 ganz ähnliche Worte für die frühe DDR gefunden. Er nannte sie eine »Gouvernante, die uns ihre Liebe verbarg«. – Uwe Johnson trat 1953 aus der FDJ aus, 1959 verließ er die DDR – ein nicht seltener Ausweg aus dem gegebenen Dilemma. Doch häufiger war ein anderer: Man schwieg und blieb, man verdrängte die Irritationen durch den neuen Autoritarismus, man flüchtete sich in den neuen Glauben des Sozialismus im Zeichen Stalins, hatte er doch immer noch für sich, den Nazismus besiegt zu haben. Nach dem

XX. Parteitag 1956 gab es Verstörungen und einige wenige, die endlich die Sprache wiederfanden. Doch die Mehrheit, auch der Künstler und Intellektuellen, schwieg und verdrängte weiter – die meisten 25, 30 Jahre lang.

Insgeheim waren *Stalin und der Stalinismus* schon früh ein Thema der DDR-Literatur, man denke an kryptische Texte Heiner Müllers wie »Brecht« (1956) und »Der glücklose Engel« oder Erich Arendts Gedicht »Nach den Prozessen« (1961), das, um publiziert werden zu können, den Titel »Nach dem Prozeß Sokrates« erhielt. Auch Irmtraud Morgners »Rumba auf einen Herbst« (1965) und Stefan Heyms Romane der 50er und 60er Jahre wären zu nennen. Müllers Deutschlandstücke und die »Hamletmaschine«, Christa Wolfs »Kindheitsmuster« und Fühmanns »Der Sturz des Engels« (dazu später) bedeuteten den innerliterarischen Durchbruch, der sich aber erst nach Gorbatschows Machtantritt 1985 auch auf die breitere DDR-Öffentlichkeit auszuwirken begann. 1988 erschienen plötzlich in »Sinn und Form« mehrere aufregende Beiträge zum Thema: eine Rückerinnerung Günther Deickes, eines ehemaligen *hardliners*, an die doktrinären Anfänge der Zeitschrift »Neue Deutsche Literatur«; Briefe von und Erinnerungen an Boris Pasternak, damals das »räudige Schaf« schlechthin; seinerzeit, Ende 1956, von Johannes R. Becher selbst unterdrückte Reflexionen über sein eigenes Schweigen zu den stalinschen Verbrechen; Erinnerungen schließlich von Trude Richter an ihre zwanzig Lebensjahre im GULAG.

Diese Enthüllungen gingen bis zum Spätherbst 1989 und danach natürlich erst recht weiter (vgl. dazu S. 479–481). Die Wiederkehr auch dieses Verdrängten erwies sich als unaufhaltsam. Immer deutlicher merken nun auch die Jüngeren, daß Volker Brauns Forderung, »Geschichtsbewußtsein« müsse »Selbstbewußtsein« werden, bestenfalls halbherzig betrieben worden war; in den Worten der jungen Autorin Kerstin Hensel: »Vieles, was in der Geschichte passiert ist, ist uns vorenthalten worden. Die Schulbücher waren voll von Formeln, Geschichte wurde nicht vermittelt, sondern vorgesetzt. Die Schäden, die dabei entstanden, sind enorm.« Seit Mitte der 70er Jahre erschien eine Reihe bemerkenswerter Bücher, in denen die Geschichte von 1945 bis in die 60er Jahre hinein neu, und anders als in den Schulbüchern, geschrieben stand.

Dazu gehört, daß jetzt *das Jahr 1945* plötzlich unter einem anderen Blickwinkel beschrieben wird: nicht mehr nur als Befreiung (diese Dominante wird allerdings nie aufgegeben), sondern auch als Zeit der Vertreibung, der Flucht und einer Gewalt, die auch von den Befreiern ausging. Vor allem *Armin Müllers* (geb. 1928) Roman *»Der Puppenkönig und ich«* (1986) brach ein Tabu, indem er die neue europäische »Völkerwanderung« zum Thema machte, einen, wie der Autor sagte, »sensiblen Abschnitt in unserer Geschichte«. Er läßt einen sechzehnjährigen deutschen Jungen aus dem schlesischen Eulengebirge, der in sowjetische Gefangenschaft geraten ist und in Ostpolen fliehen kann, zurück gen Westen wandern, brüderlich vereint mit einem polnischen Jugendlichen, der aus der sogenannten »Heimatarmee« desertiert ist. Doch die Heimat ist besetzt und verloren, der alte Puppenkönig, des Erzählers Großvater, hat sich erhängt, und die beiden müssen weiter in westlicher Richtung ziehen, nach Rumpfdeutschland. Müller, der in den 50ern gläubige Massenlieder geschrieben hatte, entpuppt sich in diesem Buch, dem Grimmelshausens »Simplicius Simplicissimus« Pate gestanden hat, als bemerkenswerter poetischer Erzähler. – Das gleiche Thema, aber verlängert bis ins Jahr 1950, behandelt Ursula Höntsch-Harendts (geb. 1943) Roman »Wir Flüchtlingskinder« (1985). Es zeigt, daß die Flüchtlinge in der ›neuen Heimat‹ SBZ/DDR meistens das Gefühl haben mußten, lästig zu sein. – Erst in jüngster Zeit hat man sich übrigens bewußtgemacht, wie viele ›Ostflüchtlinge‹ unter den Autoren der DDR sind, z.B. Bobrowski, C. Wolf, Cibulka, Fühmann, E. Köhler, Rücker, Heiduczek, H. Schütz, A. Müller, J. Becker (er freilich als Jude) und Hein.

Auch *Stefan Heym* hat in seinem Roman »*Schwarzenberg*« (1984, nur im Westen erschienen) auf das Jahr 1945 zurückgeschaut, freilich nur auf einen wundersamen Augenblick von sechs Wochen. Die Voraussetzung des Romangeschehens ist historisch verbürgt. Der Landkreis Schwarzenberg im Erzgebirge blieb im Frühjahr 1945 für sechs Wochen unbesetzt; keine der alliierten Armeen hielt sich zunächst für zuständig. Aus diesem Kuriosum hat Heym einen utopischen Roman gemacht. Er läßt die Schwarzenberger eine kleine Musterrepublik des demokratischen Sozialismus gründen (und das ist natürlich eine implizite Kritik am real gewordenen, undemokratischen Sozialismus in der DDR). Doch bald kommen die Russen, der sympathische Spuk ist vorbei. Erzählt ist das, wie meist bei Heym, im Stil süffiger Kolportage, garniert mit Liebe, Mord und Totschlag. Der Landsmann Karl May, so hat Erich Loest in einer Rezension taktvoll angedeutet, läßt grüßen. – Das gilt auch für Heyms Roman »*Collin*« (1978, nur in der Bundesrepublik), der aber doch tiefer schürft. Es ist das erste Buch eines DDR-Autors, das ohne alle Vorsicht und Rücksicht die Geschichte der DDR aufrollt als eine Geschichte des Stalinismus. Der Schriftsteller Collin, mit massiver Herzinsuffizienz im Privilegiertenkrankenhaus liegend, schreibt fieberhaft an seinen Memoiren, in denen er sich endlich der Lüge verweigert und sagt, wie es eigentlich gewesen ist, damals in den 50er Jahren. Ein paar Krankenzimmer weiter liegt Urack, der Chef des Staatssicherheitsdienstes, gleichfalls auf den Tod krank. Wer wird wen überleben, wessen Prinzipien werden den Sieg davontragen? Collin stirbt, ohne seine Memoiren vollendet zu haben (Heym stellte die seinen bald darauf fertig und veröffentlichte sie 1988 unter dem Titel »Nachruf« in der Bundesrepublik), Urack lebt weiter. Doch da sind junge Menschen – eine Ärztin, Uracks Enkel Peter –, die aus der autoritären Räson ausbrechen. – Für Insider ist »Collin« zudem ein aufschlußreicher Schlüsselroman, in dem, leicht identifizierbar, u. a. Johannes R. Becher, Walter Janka, Helene Weigel, Georg Lukács und Stephan Hermlin agieren.

Auch *Erwin Strittmatter* hat mit seinem dritten Band des Romans *»Der Wundertäter«* (1980) eine kritisch-bissige Auseinandersetzung mit der verdrängten Stalinzeit der DDR vorgelegt. Während er sich in den autobiographischen Prosabänden »Der Laden« (1983/87/92) ganz ins Lausitzer Dorfmilieu früherer Zeiten zurückversetzt hat (vgl. dazu S. 488f.), ist der Abschluß des »Wundertäter«-Projekts von aktuellerem Zuschnitt. In ihm läßt er seinen Helden Stanislaus Büdner, einen Einzelkämpfer, wie Strittmatter sie immer geliebt hat, nach einer jahrzehntelangen Wanderschaft durch Deutschland und Europa die Gründungs- und Aufbauphase der DDR erleben. Der Journalist und Schriftsteller Büdner mischt sich ein, eckt an, unterliegt schließlich der Borniertheit der Genossen, die ihn aus der Partei ausschließen. Er geht »in die Produktion«, arbeitet als Bergmann im Schacht. Strittmatters Roman ist in der DDR ein Zensurfall geworden, nicht zuletzt, weil er eine Episode enthält, in der ein Soldat der Roten Armee ein deutsches Mädchen zu Tode vergewaltigt. Auch in diese Epochenbilanz ist viel Autobiographisches eingegangen, z.B. Strittmatters Lehrzeit bei Bertolt Brecht, der hier den Namen Lukian List trägt.

Noch manch anderer Roman wäre aufzuführen, in dem die verdrängten Aufbaujahre im Geiste Stalins einer nüchternen Revision unterzogen werden. *Helga Schütz'* »Julia oder Die Erziehung zum Chorgesang« (1980) gehört hierher, in dem eine Vierzigjährige, deren persönlicher Lebensplan zu Bruch gegangen ist, auf die 50er Jahre zurückblickt – als eine Zeit der Gebote und Verbote, eben: der Erziehung zum Chorgesang. Julia wird sich ihm künftig verweigern. – Auch *Alfred Wellms* Roman »Morisco« (1987) hielt kritische Rückschau. Ein erfolgreicher Architekt, der einst Halle-Neustadt mitgebaut hat (man denkt an Brigitte Reimanns »Franziska Linkerhand«), verliert eines Tages die Lust am Karrieredasein. Als Leiter der Restaurierung eines Schlosses findet er die Ruhe, sich auf eine verdrängte Vergangenheit zu besinnen: seine Erziehung zur Unselbständigkeit und zum instrumentellen Denken. Während er von einer utopischen Stadt träumte, baute er häßliche Wohnsilos – und fand es eines Tages »völlig natürlich, mit zwei Wahrheiten zu leben.«

Wie Wellm gehört auch *Werner Heiduczek* zur sogenannten Flakhelfergeneration, wie Kant, Loest und de Bruyn ist er 1926 geboren. Das ist auch das Geburtsjahr, das er dem Protagonisten seines Romans *»Tod am Meer«* (1977), dem Schriftsteller Jablonski, zuschreibt. Jablonski hat synchron mit dem Staat DDR Karriere gemacht: Flakhelfer, Neulehrer, Parteieintritt, Schulrat, Schriftsteller. Jetzt hält er sich in Burgas am Schwarzen Meer auf und erleidet eine Gefäßblutung. Im Wettlauf mit dem Tod und in einer neuentdeckten »Besessenheit nach Wahrhaftigkeit« schreibt er einen Rechenschaftsbericht über sein Leben nieder, einen Aufstieg, der aus Irrtümern und Versäumnissen, Beschönigungen und Anpassereien zusammengesetzt ist. Und so sieht er auch die Literatur, die er verfaßt hat: eine Literatur der Lüge. Jablonski stirbt am Meer wie Thomas Manns Gustav Aschenbach. Die Assoziation zum »Tod in Venedig« muß sich zwangsläufig einstellen, und sie zeigt, wie weit Heiduczeks Buch von großer Literatur entfernt ist. Doch es war ein mutiges Buch, das auch wegen einiger ungeschminkter Passagen über die Rote Armee als Befreier von 1945 Ärger erregte. Bevor eine 2. Auflage erscheinen konnte, wurde es verboten. 1957 hatte der aus Lettland stammende Boris Djacenko (1917 bis 1975) in seinem Roman »Herz und Asche« (Teil 2) schon einmal über die Vergewaltigung einer deutschen Frau durch Soldaten der Roten Armee geschrieben – mit dem Erfolg, daß der Illustrierten-Vorabdruck gestoppt und das Buch nicht ausgeliefert wurde. Heiduczek erging es zwanzig Jahre später kaum besser. – Die vorherigen Bücher des Autors, »Abschied von den Engeln« (1968) und »Mark Aurel oder Ein Semester Zärtlichkeit« (1971) sowie die neueren »Reise nach Beirut« und »Verfehlung« (1986), die sich beide mit dem Tabuthema von Ausreisenwollen und Staatenwechsel befassen, bleiben hinter »Tod am Meer« zurück.

Der literarisch bei weitem gelungenste Versuch, die verdrängten 50er Jahre in der DDR wiederanzueignen, ist *Christoph Heins* Roman *»Horns Ende«* (1985). Mit ihm hat sich Hein endgültig als einer der besten Erzähler und Stilisten seines Landes erwiesen. Es ist die Geschichte eines Mannes in den Vierzigern, der in Leipzig eine leitende Parteifunktion innehatte, 1953 aus der Partei ausgeschlossen und nach Bad Guldenberg als Kustos ans Heimatmuseum versetzt wurde. Hier wird er 1957 – dies ist die erinnerte Handlungszeit – nach bodenlosen Denunziationen von der Staatssicherheit verhört und der Subversion für schuldig befunden. Wenig später wird er von einem Jungen, Thomas, im Wald erhängt aufgefunden. Die Partei wertet Horns Selbstmord als Schuldbekenntnis; die Akte Horn kann, so scheint es, endgültig geschlossen werden. Doch: »Das Vergangene ist nicht tot. Es ist nicht einmal vergangen«, hatte es bei Faulkner geheißen, und Christa Wolf war diesem Motto in »Kindheitsmuster« gefolgt. Hein modifiziert es virtuos, indem er gleichsam eine Gerichtsverhandlung über den Tod Horns inszeniert, in der mehrere Zeugen aufgerufen und verhört werden. Horns Tod wirkt als eine Verstörung, die das Verdrängen des eigenen bornierten, feigen, gemeinen oder gleichgültigen Handelns nicht mehr zuläßt. Fünf Einwohner einer (ost-)deutschen Kleinstadt, ein Arzt, ein Apotheker, eine Lebensmittelhändlerin, Horns Gegenspieler Kruschkatz, einst sein Freund und in Guldenberg als

Bürgermeister sein Vorgesetzter, schließlich der Schüler Thomas, legen (sich) Rechenschaft ab über ihre Rolle in den damaligen Vorgängen. Es gibt nicht *eine* Geschichte von Horns Ende, sondern, prismatisch gebrochen, eine Vielzahl von Erlebnisperspektiven. Ihnen hat Hein die imaginierten Briefe des schwachsinnigen Mädchens Marlene an ihre Mutter beigefügt, die unter den Nazis anstelle ihrer Tochter in den Tod ging, um diese vor der »Euthanasie« zu bewahren. Über Marlene sind die Syndrome des gewöhnlichen Nazismus und des angepaßten Verhaltens in der DDR der 50er Jahre miteinander verknüpft. In den Worten einer Romanfigur: »Die Denunzianten und Mörder kamen nicht von irgendwo, [...] sie hatten mit uns gelebt, waren Bürger dieses verträumten, sanften Provinzfleckens gewesen, sie sind aus unseren Wohnungen hervorgebrochen, unter unserer Haut.« Allein die Mühe des Erinnerns, die in allen Kapiteln vorangestellten Dialogen zwischen Horn und Thomas dem Jungen aufgetragen wird, kann die verkapselten Versäumnisse und Verbrechen von einst wieder zugänglich machen und sie damit – vielleicht – überwinden.

Kurz vor der Wende konnte ein weiterer Prosatext Heins zur verdrängten politischen und Alltagsgeschichte erscheinen, der zusammen mit »Horns Ende« und »Der fremde Freund« / »Drachenblut« so etwas wie eine Erzähltrilogie über dreißig Jahre DDR-Landesgeschichte bildet, ohne daß der Autor das so deklariert hätte. Es ist der zu Jahresbeginn 1989 erschienene Roman *»Der Tangospieler«,* der in der späten Ulbricht-Zeit, genauer: im Jahr 1968 spielt und auf eine wirkliche Begebenheit zurückgeht. Der wenig heldenhafte Held des Buches, fast eine Art Bruder von Claudia aus »Der fremde Freund«, ist der an der Universität Leipzig angestellte Historiker Hans-Peter Dallow, ein freundlicher, intelligenter, immer ein bißchen müder und einzelgängerischer Mann von Mitte Dreißig. Er hat gerade 21 Monate Gefängnis unschuldig dafür abgesessen, daß er, als Klavierspieler in einem Studentenkabarett aushelfend, die Begleitung zu einem Tango lieferte, der den ersten Mann der SED, Walter Ulbricht, milde verspottete. Nun ist er wieder frei und versucht, sich im veränderten Alltag und Universitätsleben zurechtzufinden. Das gelingt ihm so schlecht und recht – und zum Ende hin, am Tag des Einmarschs der Warschauer-Pakt-Armeen in die Tschechoslowakei, der keine großen Emotionen bei ihm freisetzt, sogar hervorragend. Er darf als Dozent an sein Universitätsinstitut zurückkehren. »Die Zelle, in die der Held zurückfindet«, kommentierte Friedrich Dieckmann, »ist nicht die des Gefängnisses, von dem er nicht loskommt, sondern die seines alten, komfortablen Lebenslaufs.« Die »Armut [s]einer Subjektlosigkeit« ist die, »die in den Verhältnissen nistet«. Ein weiteres Mal hatte Hein in einer schnörkellosen, genauen Prosa, die ihresgleichen in der DDR kaum hatte, seine Rolle eines Chronisten der verdrängten Innenwelt des Landes wahrgenommen.

Ein 1944 geborener Autor wie Christoph Hein konnte weitgehend unbelastet, frei von Ressentiments und inneren Qualen über die problematische Aufbauphase und auch die nachfolgende Zeit schreiben. Das gilt nicht für die Angehörigen der mittleren, der Flakhelfer- und BdM-Mädchen-Generation, wie die einschlägigen autobiographischen Romane Christa Wolfs oder Werner Heiduczeks schon gezeigt haben. Sie, die Gläubigen von einst, hatten nach 1945 mit atemberaubender Geschwindigkeit einen neuen Glauben angenommen. »Wer Glauben schenkt, ist ihn los«, heißt ein Aphorismus von Stanisław Jerzy Lec. Das war die Erfahrung vieler dieser Autoren, die ihr Damaskuserlebnis 1953, 1956, 1961, 1965 oder auch erst 1976 hatten. Zum zweitenmal mußten sie einen Glauben aufgeben, der sich als nicht haltbar erwies. Seit Ende der 70er Jahre ist nun eine Flut von *autobiographischen Büchern* erschienen (natürlich fast ausnahmslos nur im Westen), die allesamt nach der »zweiten Erkenntnis« geschrieben sind, um einen Gedichtbandtitel von Bernd Wagner zu zitieren. Autobiographien von sog. kommunistischen Dissidenten oder Renegaten gab es längst, von Arthur Koestler und Gustav Regler über Wolfgang Leonhard, die GULAG-Berichte Margarete Buber-Neumanns oder Susanne Leonhards, Alfred Kantorowiczs »Deutsches Tagebuch« und Ralph Giordano bis zu Heinz Brandt und Gerhard Zwerenz (um nur die wichtigsten zu nennen). Jetzt aber schrieben DDR-Autoren kurz nach der Lebensmitte, die sich nicht zum ersten-, sondern zum zweitenmal von einer Weltanschauung trennen mußten. Manche dieser Bücher, wie z.B. *Karl-Heinz Jakobs'* »Das endlose Jahr. Begegnungen mit Mäd« (1983) sind höchst problematisch. Jakobs weiß viele interessante Einzelheiten aus den letzten drei DDR-Jahrzehnten mitzuteilen, und die Wiedergabe seiner Gespräche mit Dorothea Garai, genannt Mäd, die neunzehn Jahre im GULAG verbracht hat, ist eindrucksvoll. Aber überzeugend ist es nicht, daß ein Mann wie Jakobs, der über zwanzig Jahre privilegiert im Innern der Macht gelebt hat, erst 1977/78 zu seinen Erkenntnissen gelangt sein will (mit der Folge des Staatenwechsels). Sein Buch steht eher einem ressentimentgeladenen Bericht wie Joachim Seyppels »Ich bin ein kaputter Typ« (1982) oder einem reißerischen Schlüsselroman wie Rolf Schneiders »November« (1979) nahe – beides lesenswerte Zeitzeugen eines einschneidenden kulturpolitischen Vorgangs, der Biermann-Ausbürgerung und ihrer Folgen, aber literarisch fragwürdig.

Allein zwei Autoren ist es vor dem Ende der DDR gelungen, sich der Wiederkehr des Verdrängten authentisch zu stellen und die Brüche in ihrer Lebensgeschichte schonungslos gegen sich selber darzustellen: Erich Loest und Franz Fühmann. *Loests »Durch die Erde ein Riß. Ein Lebenslauf«* ist 1981 nach seinem Umzug in die Bundesrepublik erschienen, aber bereits seit 1972 niedergeschrieben. Es ist zunächst einmal eines der farbigsten, informativsten Bücher, das es überhaupt über die frühe DDR gibt – Ersatz für ganze Regale dickleibiger Geschichtsbücher. Aber es ist auch eine wichtige literarische Autobiographie, die das Genre der bloßen Memoiren hinter sich läßt. Loest sichert in minutiöser Selbst- und Quellenbefragung die Spuren einer Vita, die vom Pimpf und Werwolf noch in den ersten Friedenstagen zur Partei- und Schriftstellerkarriere nach 1945, 1957 aber dann für sieben Jahre ins Zuchthaus Bautzen geführt hat. »Durch die Erde ein Riß«: Das Wort, das Johannes R. Becher auf Stalins Tod 1953 gemünzt hatte, gewinnt für Loest eine ganz andere Bedeutung. Es kommt, in Etappen, zu einem »zweiten Aufwachen«, der Einsicht in den kaum emanzipatorischen Charakter des Sozialismus im Zeichen Stalins. 1953 und 1956 sind entscheidende Stationen, die Utopie schrumpft. Der Versuch, sich in bester Absicht an der Reformbewegung von 1956/57 zu beteiligen, führt zur Verhaftung. Loests Buch ist trotz allem kein Widerruf, ist frei von Haßtiraden und missionarischer Attitüde.

Zwei Jahre vor seinem Tod 1984 hat *Franz Fühmann* sein Buch über Georg Trakl veröffentlicht, das gleichzeitig eine tiefschürfende Selbstbefragung und Autobiographie ist. »*Vor Feuerschlünden. Erfahrungen mit Trakls Gedicht*« hieß die DDR-Ausgabe, »*Der Sturz des Engels. Erfahrungen mit Dichtung*« die westdeutsche. Schon Fühmanns ungarisches Tagebuch »22 Tage oder Die Hälfte des Lebens« (1973) hatte eine Revision des eigenen Lebens in Fragmenten enthalten. In ihm hatte der Autor notiert, daß er »durch Auschwitz zum Sozialismus« gekommen sei. Jetzt überschreitet der böhmische Apothekersohn, der als Sechzehnjähriger voller Begeisterung in den SA-Reitersturm eingetreten war, das Jahr 1945 und fragt nach, wie er vom »ratlosen Hitlersoldaten« zum »gläubigen Kommunisten« (obwohl nie Mitglied der SED, sondern der Nationaldemokratischen Partei) wurde. Doch dabei bleibt er nicht stehen. Fühmann, dem zunehmend bewußt wurde, daß seine Vorstellung von wahrer Poesie und ihrer Rolle in der Öffentlichkeit nicht mit den Maßgaben des »realen Sozialismus« vereinbar war, geriet in einen neuen, immer massiver werdenden Konflikt. »Der Konflikt zwischen Dichtung und Doktrin war unvermeidlich: beide waren in mir verwurzelt, und beide nahm ich existentiell. Es war mir ernst mit der Doktrin, hinter der ich noch durch die verzerrtesten Züge das Gesicht der Befreier von Auschwitz sah, und es war mir ernst mit der Dichtung, in der ich jenes andere ahnte, das den Menschen auch nach Auschwitz nicht aufgab, weil es immer das andere zu Auschwitz ist. – Ein Ernstnehmen wog das andere auf. [...] Mein Konflikt brach von innen aus, nicht von außen, also war er nicht vermeidbar. Sein Ende ist noch nicht abzusehen.« Das Faszinierende an der Darstellung dieses Konflikts liegt darin, daß Fühmann ihn nicht allgemein abgehandelt hat, sondern gespiegelt in seinen Erfahrungen mit Georg Trakl. Dessen Gedichte wurden für ihn zu einem eigenartigen Nothelfer, ob in der Naziwehrmacht, zur Zeit der Formalismuskampagne, nach dem XX. Parteitag oder selbst noch 1968. Die Poesie hielt Fühmann in ihrem »Bannkreis«, sie ließ sich nicht dauerhaft von der Doktrin verdrängen.

Wie gesagt, es waren vor allem Autoren der mittleren, der Kriegsgeneration, deren Selbstverständnis als Künstler und Intellektuelle spätestens seit 1976 aus den Fugen geriet. Daß es sich hier tatsächlich um das Problem einer bestimmten Generation handelt, zeigt ein Buch von völlig anderer Schreibart (obwohl es ebenfalls die Existenz des sozialistischen Künstlers zum Thema hat): *Stephan Hermlins »Abendlicht«* (1979). Der 1915 geborene Hermlin, aus großbürgerlichem Hause stammend, seit 1931 Kommunist und in den Jahren des Dritten Reichs im Widerstand innerhalb und außerhalb Deutschlands, hat eine kleine poetische Autobiographie niedergeschrieben, an deren Ende, allen Irrtümern, Widrigkeiten und Versagungen zum Trotz, die Identität des Ästhetischen und Politischen in einem Menschen als möglich aufscheinen. Daß auch Hermlin diese Ich-Identität nicht einfach *hat,* sondern daß sie mühsam »erschrieben« ist und sich nur über immer wieder imaginierte Kunsterlebnisse neu herstellt, hat Bernhard Greiner gezeigt. Hier war der Sproß der Großbourgeoisie gegenüber den Autoren aus dem Kleinbürgertum (und das waren die meisten DDR-Schriftsteller) zweifellos im Vorteil.

Von gänzlich anderem Zuschnitt sind die Memoiren des zweiten *grand old man* der DDR-Literatur, *Stefan Heyms »Nachruf«* (1988; nur in der Bundesrepublik), die lange erwartet worden waren. Auf über 800 engbedruckten Seiten hat der Autor das Abenteuer seines Lebens ausgebreitet: Kindheit und Jugend im Chemnitzer jüdischen Elternhaus, Verweis vom Gymnasium, Prag und die USA als Stationen des Exils, Beginn der Schriftstellerkarriere (als englischsprachiger Autor), Heimkehr nach Deutschland als amerikanischer Besatzungssoldat, 1952 endgültige Heimkehr – jetzt in die DDR –, als ihn und seine Frau der McCarthyismus bedrängte, schließlich Erfolge und Querelen, Aufbegehren und Arrangements, Huldigungen und Repressionen in 35 Jahren DDR-Leben. Das alles ist spannend und witzig, mit viel Koketterie und Selbstbespiegelung (und einer Menge Klatsch dazu) erzählt. ›Geschichte‹ ist, wo Heym selbst dabei war. Doch das ist allemal genug.

Der Rekurs auf Erbe und Mythos (Prosa 3)

Zur Prosa aus der DDR seit Beginn der 70er Jahre gehört auch eine kräftige Gegenbewegung zum dominanten Trend, sich auf Alltagsgegenwart und Zeitgeschichte zu konzentrieren. Die Erzähler wenden sich nun auch verstärkt Stoffen und Konflikten älterer historischer Epochen sowie (so scheint es zunächst) der vor- und außerhistorischen Welt des Mythos zu. Dabei verwenden sie eine Vielfalt erzählerischer Mittel. Der historische oder mythologische Vorwurf kann bloßer Ansatzpunkt für ein völlig freies Schalten und Walten der poetischen Einbildungskraft sein, er kann aber auch parabolisch auf aktuelle Problemlagen bezogen oder zum Zweck der Camouflage (aus Zensurgründen) eingesetzt werden, wobei das eine das andere nicht ausschließt. Es zeigt sich, daß das Versäumte und Verdrängte nicht auf die letzten 50 oder 100 Jahre eingeschränkt ist, sondern unter Umständen viel weiter zurückreichen kann. Vielen wichtigen DDR-Autoren war das Zivilisationsmodell des Abendlands als ganzes verdächtig geworden, so daß sie sich veranlaßt sahen, auf frühere Phasen, ja, womöglich auf die Ursprünge dieser Zivilisation zu rekurrieren, um die Erblast von Gewalt und Unterdrückung von dorther erfahrbar zu machen. Umgekehrt mögen sich angesichts einer Gegenwart der »gestockten Widersprüche« und des »gebremsten Lebens« aus der Vergangenheit Hoffnungen speisen und Utopien denken lassen, die in der aktuellen Wirklichkeit ortlos sind.

Im Zeichen einer radikaler werdenden Zivilisationskritik und damit eines geschichtsphilosophischen Paradigmawechsels (wie weiter vorn dargestellt) änderte sich auch das Verhältnis der Autoren zum kulturellen und literarischen »Erbe«. Die ehemalige Unterscheidung von »fortschrittlichen« und »reaktionären« Perioden der (Literatur-)Geschichte, die vor allem Georg Lukács ausformuliert hatte (vgl. das Kapitel »Die Wendung zum klassischen Erbe«), wurde hinfällig. Der Geschichtsprozeß als ganzer erschien jetzt als ein Ineinander von Kultur und Barbarei (wie es schon Walter Benjamin sah). Allzu simple Kontinuitätsvorstellungen von bürgerlichem Humanismus und »realem Sozialismus« ließen sich nicht halten. Statt dessen betonten die Poeten wie die Wissenschaftler, letztere häufig durch die Poeten angestoßen, die Brüche, die Diskontinuität, das Nichtvergleichbare zwischen Erbe und Gegenwart – oder umgekehrt: die Nähe, die Vergleichbarkeit von alter und neuer Barbarei. Nun wandte man sich auch endgültig ab von der Vorstellung des Kulturerbes als eines unveräußerlichen Besitzes, das man ›haben‹ könne wie einen Gegenstand. Selbst den Kulturfunktionären blieb nichts anderes übrig, als die »pauschalen Abwertungen wie ›dekadent‹ oder ›formalistisch‹« zurückzunehmen (so selbst Politbüromitglied Kurt Hager in einem Akademievortrag von 1985).

Das gewandelte Verhältnis zum Erbe im Zeichen eines geschichtsphilosophischen Paradigmawechsels zeigt sich am deutlichsten im radikal veränderten Blick auf die deutsche Kunstperiode, also Klassik und Romantik. Peter Hacks stand mit seiner Entrüstung »Über das Revidieren von Klassikern« (dies ein Essay von 1977) und seiner aristokratischen Selbststilisierung als eines sozialistischen Goethe bald ziemlich allein, nur noch sekundiert von Wolfgang Harichs wütenden Verdikten gegen Heiner Müllers »Macbeth«-Adaption (1972) oder gegen das verfassungsfeindliche Verbrechen (so meinte er), Nietzsche lesen zu wollen. Eine Fülle von Essays und erzählenden Prosatexten stellte sich jetzt gegen ein harmonisierendes Bild der Klassik, vor allem Goethes, verwarf ihn als Vorbild und wandte sich den Außenseitern, den Abweichlern von der klassischen Norm zu, d.h. vor allem: den Romantikern. Mittelbarer Ausgangspunkt war ein Briefwechsel, den 1938/39, während des Exils, Anna Seghers und Georg Lukács geführt hatten. In ihm hatte Seghers vehement die nichtklassischen Außenseiter verteidigt und als Traditionslinie auch für eine sozialistische Literatur reklamiert. In den 60er und frühen 70er Jahren schrieb Christa Wolf ihre Seghers-Aufsätze, die diesen Impuls aufnahmen, und Volker Braun wetterte 1968 gegen »Die Goethepächter«, die »aus Goethes Werk einen Werkhof gemacht [haben] für die schwer erziehbare Nation«. Ulrich Plenzdorf brach mit »Die neuen Leiden des jungen W.« den Bann, indem er den anarchischen Stürmer und Dränger Goethe favorisierte zuungunsten des reifen Goethe. Hans Mayer veröffentlichte 1973 in der Bundesrepublik seine Studie »Goethe. Versuch über den Erfolg«, die das Leben des »Götterlieblings« als eine Kette von Versagungen und Mißerfolgen darstellte – ein Buch, das von vielen Autoren der DDR aufmerksam gelesen wurde. Die meisten von ihnen trafen sich jetzt, wie Bernd Leistner gezeigt hat, mit Mayer in dessen kritisch-skeptischer Beurteilung des Dichterfürsten. Umgekehrt fiel ein ganz anderes Licht auf die Romantiker und nichtklassischen Zeitgenossen Goethes und Schillers. Das Interesse wandte sich Künstlern zu, die gerade nicht den ›gesunden Fortschritt‹ verkörperten: Hölderlin (der wahnsinnig wurde), Kleist und die Günderrode (die Selbstmord begingen), Jean Paul und E.T.A. Hoffmann, die einzelgängerisch-kauzig lebten und schrieben. Eine große Anzahl von Texten wäre hier zu nennen, z.B. Anna Seghers' Erzählung »Die Reisebegegnung« (1972), die E.T.A. Hoffmann, Gogol und Kafka zu einem fiktiven Gespräch zusammenführt; de Bruyns »Leben des Jean Paul Friedrich Richter« (1975), das die Lust am Lesen der Bücher eines Autors befördern wollte, der als Mann ohne Doktrin und ohne Pathos, als Humorist selbstbewußt-konträr zu den Weimarern stand. Gerhard Wolfs »Der arme Hölderlin« (1976) und Fühmanns kongeniale Hoffmann-Studien gehören ebenso in den Kontext wie Günter Kunerts »Pamphlet für K.« (1975), das Heinrich von Kleists Verweigerung der gesellschaftlichen Normalität verteidigte (der Herausgeber einer Anthologie zu Kleist, Peter Goldammer, lehnte es dann ab, Kunerts Beitrag aufzunehmen). Trotz solcher vereinzelter Zensurfälle ist doch festzustellen, daß auch die DDR-Literaturwissenschaft inzwischen ein neues, differenziertes Bild der Gegenklassiker und Romantiker erarbeitet hatte. So fand 1977 in Frankfurt/Oder eine Tagung zur literarischen Romantik statt, die sich anläßlich des 100. Geburtstags von Kleist und E.T.A. Hoffmann besonders mit dem Werk dieser beiden Außenseiter beschäftigte. Am Ende der Tagung stand deren Integration in den Erbekanon. Hans-Dietrich Dahnke stellt fest: »Ihr [der Romantiker, W. E.] Dichten und Denken ist in diesem Sinne zugleich ein unverzichtbarer Teil des großen historischen Lernprozesses, den die neue Epoche erzwang. Ihre frühzeitigen Erfahrungen und Schlußfolgerungen haben nicht nur regressiv, sondern auch produktiv gewirkt. Darüber hinaus hat sie in der Auseinandersetzung mit der neuen weltgeschichtlichen Konstellation auch eine Fülle von eigenwertigen, fruchtbaren Entdeckungen und Eroberungen vollzogen. Das bezieht sich auf die Wirklichkeit selbst wie auch auf Mittel und Instrumentarium der Auseinandersetzung mit ihr.«

Einige Bücher aus den letzten DDR-Jahren wandten sich noch deutlicher Verkannten, Randfiguren, Abweichlern – und vor allem: Frauen – aus der Kunstperiode zu. Hierher gehören Jens Sparschuhs (geb. 1955) skurriler Roman »Der große Coup. Aus den geheimen Tage- und Nachtbüchern des Johann Peter Eckermann« (1987), Harald Gerlachs dem Johann Peter Uz gewidmete Novelle »Abschied von Arkadien« (1988) und die beiden 1988 fast gleichzeitig erschienenen Caroline-Schlegel-Schelling-Romane von Volker Ebersbach (»Caroline«) und *Brigitte Struzyk* (geb. 1946). Struzyks Kurzroman »Caroline unterm Freiheitsbaum. Ansichtssachen« vergegenwärtigt originell und lebendig den Lebensweg einer Frau, auf den ein Satz ihres zeitweiligen Schwagers Friedrich Schlegel aufs Wort paßt: »In den Frauen liegt jetzt das Zeitalter, nur unter ihnen gibt's noch interessante Charaktere, jede eine andere Art Disharmonien.« – Auch *Sigrid Damm* (geb. 1940), von Haus aus Literaturwissenschaftlerin, beschäftigte sich mit zwei Außenseitergestalten. 1985 erschien »Vögel, die verkünden Land. Das Leben des Jakob Michael Reinhold Lenz«, eine materialreiche, psychologisch sensible Lebensbeschreibung (auch von Christoph Hein gibt es einen Essay über »Waldbruder Lenz«). 1988 folgte *»Cornelia Goethe«,* ein zweiter ambitionierter Versuch, die Genres der Biographie und des Romans miteinander zu verschmelzen. Goethes Schwester, die kein Werk hinterlassen hat, war eine unglückliche Frau, die nicht nur im Schatten ihres Bruders stand, sondern auf der Schattenseite des Lebens überhaupt. Damm begreift sie als das historische Beispiel eines aktuellen Mangels: wie sich eine Frau in der Männergesellschaft von Kindestagen an zurücknimmt, ihre Wünsche erstickt, um schließlich im gleichgültigen, ereignislosen Leben einer Hausfrau und Mutter, ständig in Erwartung neuen Unglücks, zu enden. Sie stirbt früh im Kindbett. Das Einfühlungsvermögen der Autorin ist zu bewundern. Aus wenigen Briefen, einem eher nichtssagenden Tagebuch Cornelias und anderen Quellen der Zeit hat sie einen anschaulichen Lebenslauf destilliert, der freilich als unentschiedene Mischform aus Historiographie und Fiktion (wie schon Gerhard Wolfs Hölderlinbuch) problematisch ist. Der Leser weiß nie so recht, ob er ein wirklich gelebtes Leben nachvollziehen oder sich der Erzählung eines erfundenen Lebens überlassen soll.

Christa Wolf, deren Arbeit zu Ende der 70er Jahre hauptsächlich drei Gestalten der Romantik gewidmet war, hat Formvermischungen dieser Art vermieden. Von ihr stammen eine Erzählung und zwei Essays, die als die eindringlichsten Zeugnisse der neuen Erbeaneigung gelten können. Die Autorin hat sich ausdrücklich zur aktuellen Motivation ihrer Arbeiten zur deutschen Romantik bekannt, nämlich den Folgen der Biermann-Ausbürgerung: »›Kein Ort. Nirgends‹ hab ich 1977 geschrieben. Das war in einer Zeit, da ich mich selbst veranlaßt sah, die Voraussetzungen von Scheitern zu untersuchen, den Zusammenhang von gesellschaftlicher Verzweiflung und Scheitern in der Literatur. [...] Ich mußte über eine Zeit hinwegkommen, in der es absolut keine Wirkungsmöglichkeit mehr zu geben schien.« Im Verhältnis von Kunst und Gesellschaft in der deutschen Kleinstaaterei um 1800 fand Christa Wolf ein analoges Modell zum besseren Verständnis der gegenwärtigen Lage. In der Zeit um 1800 sah sie den Grund gelegt für heute noch gültige Strukturen der Industriezivilisation: eine gesellschaftliche Arbeitsteilung, die vielfältige Spaltungs- und Entfremdungserscheinungen hervorgerufen hat; eine Abtrennung des wissenschaftlich-technischen Fortschritts und der der staatlichen Institutionen von der Lebenswelt; ein Auseinandertreten von Geist und Macht, von instrumenteller und poetischer Vernunft. Der Humanismus und Egalitarismus der Aufklärung und der Französischen Revolution schienen ihr gescheitert, zumal in Deutschland. Die utopischen Lebensentwürfe und das Experimentieren mit neuen Schreibweisen einer »Avantgarde ohne Hinterland« (C. Wolf) fanden in einem gesellschaftlichen Vakuum statt.

In dieser Krisensituation siedelte Wolf ihre Erzählung *»Kein Ort. Nirgends«* (1979) an. Sie läßt Heinrich von Kleist und Karoline von Günderrode bei einer Teegesellschaft in Winkel am Rhein im Juni 1804 aufeinandertreffen – eine Begegnung, die historisch nicht beglaubigt ist, aber doch möglich gewesen wäre. Es entsteht ein Mosaik aus Gesprächen, Meinungen, Ängsten und Sehnsüchten, an dessen Ende der Satz steht: »Wir wissen, was kommt.« Der Vorrat an Lebensalternativen wird weiter schrumpfen, übrigbleiben kein Ort, nirgends. Der Leser liest den Text in der Regel natürlich mit dem Wissen, daß Günderrode und Kleist ihr Leben später selbst beendet haben. Auch Christa Wolfs Erzählung montiert, wie Sigrid Damm, wörtliche und sinngemäße Zitate in großer Zahl in den Text ein. Aber der Leser weiß doch bei dieser Kombination aus innerem Monolog, erlebter Rede, Dialog und Erzählerkommentar stets, daß es sich hier um eine Fiktion handelt, die auch ohne Assoziationen an die beiden historischen Personen Bestand hat. Anders verfährt Wolf in ihren beiden langen Essays »Der Schatten eines Traumes« (1979, Leben und Werk der Günderrode gewidmet) und »Nun ja! Das nächste Leben geht aber heute an« (1981, einem »Brief« über Bettina von Arnim), die beide das Entwerfen und das Scheitern alternativer Lebens- und Literaturkonzepte am historischen, aber leicht aktualisierbaren Beispiel zum Thema haben. In ihnen ist die Fiktion nicht zugelassen.

Die Revision des Klassik- und Romantikbildes stand zweifellos im Zentrum der Beschäftigung mit früheren historischen Epochen, der Rückgewinnung eines »verweigerten Erbes« (K. R. Mandelkow). Vermutlich liegt die Hauptursache dafür in der Faszination, die die »Individualitätskonzepte in der Klassik und der frühen Romantik« (U. Heukenkamp) auf die DDR-Autoren der mittleren Generationen ausübten. Im Grunde wiederholten die meisten von ihnen modifiziert den romantischen Traum vom souveränen, experimentierenden, ›freien‹ Schriftsteller, der sich eine ästhetische Lebensform entwirft und in ihr sich selbst verwirklicht, ohne doch auf gesellschaftliche Wirkung zu verzichten. Dies war eine verständliche Reaktion auf das vorher gültige (und weithin akzeptierte) Berufsbild vom parteilichen, pädagogisch wirkenden, in die gesellschaftliche Produktion und Reproduktion unmittelbar eingebundenen Autor. Aber auch andere historische Zeiträume gerieten in den Blick, freilich fast immer unter dem Aspekt, wie sich in ihnen das Verhältnis von Geist und Macht, von Intelligenz und Herrschenden darstellt. In einer neuen Ära, in der Erich Honecker Friedrich II. von Preußen ohne Vorbehalt als »den Großen« titulierte und damit exemplarisch die unerschütterliche Staatsautorität als solche guthieß, mußte das Interesse wachsen, sich mit historischen Künstlerfiguren auseinanderzusetzen, die an der Macht des Staates zuschanden wurden.

Dabei werden diese Gestalten der Vergangenheit zu Chiffren aktueller Erfahrung, die Texte zu politischen Parabeln. So machte *Hans Joachim Schädlich* (geb. 1935) den »Todfall« des Renaissancepoeten Nikodemus Frischlin zum Sinnbild zeitgenössischer Drangsalierung aufrechter Intellektueller und der Zensur literarischer Werke. Ähnlich verfuhr *Stefan Heym* in seinem Roman »Ahasver« (1981 im Westen, 1988 in der DDR erschienen), wenn er in der Gestalt des religiösen Eiferers und Lutherschülers Paul von Eitzen den Doktrinarismus in der DDR treffen wollte. In seinem historischen Roman »König David Bericht« (1972), einem seiner besten, hatte Heym sich bereits auf Spurensuche nach dem »tapferfeigen Intellektuellen« (wie Biermann die Spezies treffend genannt hat) begeben. *Martin Stade* (geb. 1931) folgte ihm darin, den ansonsten so fade gewordenen historischen Roman als Gefäß dafür zu nutzen, die aktuellen Probleme der literarischen Intelligenz in der DDR darzustellen. In »Der König und sein Narr« (1975) hat er den traurigen Lebensroman des Jacob Gundling, eines Landeshistorikers, Juristen und Literaten, schließlich Akademiepräsidenten am Hof des preußischen Soldatenkönigs, geschrieben, der diesen nach Belieben terrorisierte und in die Rolle des Narren trieb. Heiner Müller griff ein Jahr später dieses preußisch-deutsche Intellektuellenschicksal wieder auf. Auch *Joachim Walthers* (geb. 1943) Roman »Bewerbung bei Hofe« (1984), der der erfolglosen Bewerbung des Dichters Johann Christian Günther um die Stelle eines Poeten am Hof Augusts des Starken in Dresden im Jahr 1719 nachfragt, will als historischer Roman und politische Parabel zugleich gelesen werden. In der Gestalt des Spitzels Délateur griff der Autor wahnhafte Vorstellungen von totaler Überwachung der Intelligenz an, die brandaktuell waren. Schließlich hat *Christoph Hein* eine konzise Erzählung »Einladung zum Lever Bourgeois« (1980) vorgelegt, die sich mit dem alternden Dichter Jean Racine in seiner Rolle als Hofdichter und Historiograph des Sonnenkönigs Ludwig XIV. beschäftigt. Racine weiß, welche grausamen Opfer die absolutistische Politik in Krieg und Frieden fordert. Er hält still – und bezahlt dafür mit Krankheit und entsetzlichen körperlichen Schmerzen.

Andere Autoren setzten sich mit dem Leben und Werk von Künstlern des 19. Jahrhunderts auseinander, die an der Enge, der Spießigkeit, der Barbarei der deutschen (oder auch nichtdeutschen) Verhältnisse zerbrachen. Bernd Wagner schrieb eine eindrucksvoll imaginierte Grabbe-Erzählung »G. in B.« (1979), Volker Braun zwei seiner wichtigsten Essays über Büchner (»Büchners Briefe«, 1978) und Rimbaud (»Rimbaud. Ein Psalm der Aktualität«, 1984). Auch die Büchnerpreis-Reden Christa Wolfs und Heiner Müllers stehen in diesem Kontext. Ulrich Berkes ließ sich auf Lautréamonts verketzertes Leben und Werk ein (»Eine schlimme Liebe«, 1987). Und, so überraschend es klingen mag, *Erich Loests* Karl-May-Roman »Swallow, mein wackerer Mustang« (1980) ist hier zu nennen, recherchiert er doch in glänzender Manier das Leben eines in finstere sächsische Spießerverhältnisse eingezwängten Mannes, der auf zweierlei Weise zu überstehen versucht: durch die Flucht in die Kriminalität und durch narzißtische Wunscherfüllung im Imaginieren und Schreiben. Zur DDR-»Literaturgesellschaft« der 80er Jahre gehört übrigens auch die Rehabilitierung des Mannes, »der Old Shatterhand war« (so der Titel einer 1988 erschienenen May-Biographie von Christian Heermann).

Daß man auch mittels einer von A bis Z *erfundenen* historischen Figur seine Leser ergötzen und belehren kann, zeigt *Günter de Bruyns* »Erzählung für Freunde der Literaturgeschichte« mit dem schönen Titel *»Märkische Forschungen«* (1978). Es geht um den in Vergessenheit geratenen und endlich wieder entdeckten Historiker und Dichter Max von Schwedenow aus der Mark Brandenburg, der sich – so will es de Bruyns Fabulierlust – aus »fronbürgerlicher Herkunft« zum Demokraten und Jakobiner entwickelt hat. 1813 soll er gestorben sein, doch die Spuren verlieren sich. Professor Menzel, gerade 50 geworden und auf dem Höhepunkt seiner Karriere als so parteilicher wie öffentlich glänzender Erforscher des progressiven deutschen »Erbes«, hat seine Funde in dem Buch »Ein märkischer Jakobiner« veröffentlicht. Da kommt der Dorfschullehrer und Heimatforscher Ernst Pötsch und entdeckt, daß dieser Max von Schwedenow quasi noch ein zweites Leben geführt hat. Nach 1813, als die Restauration in deutschen Landen auf der ganzen Linie siegte, wurde aus ihm ein Erzkonservativer und Mitglied der Obersten Zensurbehörde, nun auch gleich mit einem neuen Namen, Maximilian von Massow, ausgestattet. Als solcher stirbt er dann 1820 (natürlich immer nach dem Willen de Bruyns). Menzel, der Pötschs Forschungen zunächst sehr gewogen war – sie für seine eigenen Zwecke nutzend und auch, um sich als Förderer eines Talents aus dem einfachen Volk aufzuspielen –, tut nun alles, um Pötsch an der Veröffentlichung seiner katastrophalen Entdeckung zu hindern. Schließlich ist Schwedenows Gesinnungswandel nicht nur peinlich, sondern geradezu schädlich für das rechte, sprich: widerspruchsfreie Bild vom Erbe und für die weitere Karriere Professor Menzels. Pötsch gerät ins Abseits, resigniert, Menzel hat sein Leben ruiniert. – De Bruyn hat seinen herrlichen Einfall und die daraus erwachsende kleine Geschichte souverän erzählt und dabei alle Spielarten des Ironischen und Satirischen eingesetzt. Ein weiteres Mal hat er einen Erfolgreichen, einen Karrieristen aufs Korn genommen, und diesmal nicht zufällig einen aus der Abteilung fortschrittliche Wissenschaft und Erbepflege.

Die Erzähler der DDR (mehr noch die Dramatiker und Lyriker, dazu später) wandten sich in den späten 70er und 80er Jahren nicht nur der Geschichte, sondern auch Märchen, Legenden und vor allem: den *alten Mythen* zu. Das ist erst einmal überraschend, hatte doch schon Marx konstatiert, der Mythos, verstanden als »unbewußte künstlerische Verarbeitung der Natur« durch die »Volksphantasie«, verliere sein Daseinsrecht und »verschwinde« mit der »wirklichen Herrschaft« der Menschen über die Naturkräfte mittels Wissenschaft und Technik. Und da die DDR sich erklärtermaßen als eine Gesellschaft im wissenschaftlich-technischen Zeitalter verstand, hätte der Mythos eigentlich keinen Platz in ihr haben dürfen. In der Prosa sind es vor allem drei Autoren, die dem vehement widersprachen: Franz Fühmann, Christa Wolf und Irmtraud Morgner. Ihre vom Mythos inspirierten, ihn weiterdenkenden, weiterspinnenden Romane und Erzählungen gehören zum Wichtigsten der DDR-Literatur aus ihren letzten fünfzehn Jahren überhaupt. So verschiedene Wege die drei Autoren im einzelnen gingen: gemeinsam ist ihnen die Auffassung, daß der Mythos es möglich mache, »die individuelle Erfahrung, mit der man ja wiederum allein wäre, an Modellen von Menschheitserfahrung zu messen«, wie es Fühmann in seinem Essay »Das mythische Element in der Literatur« (1974) formuliert hat. Anders als Marx es wollte, werden die Mythen nicht mehr nur als Zeugnisse von Konflikten der Menschen mit der übermächtigen ›ersten Natur‹ gelesen, sondern vor allem als solche über den Menschen inmitten der Widersprüche seiner ›zweiten‹, gesellschaftlichen Natur. Diese Autoren entziffern die alten Mythen, in erster Linie die altgriechischen, Fühmann auch biblische, geschichtsphilosophisch: als Urbilder einer höchst widersprüchlichen abendländischen Zivilisationsgeschichte, einer fragwürdigen Modellierung der menschlichen Vernunft und »ihres Anderen« (H. Böhme), nämlich der Körper, der Sinne, der Affekte des Menschen. An den Mythen fasziniert sie, in den Worten Heiner Müllers, »die Wiederkehr des Gleichen [...] unter ganz anderen Umständen [...] und dadurch auch die Wiederkehr des Gleichen als eines Anderen.« In der »Arbeit am Mythos«, mit Hans Blumenberg zu sprechen, manifestiert sich die Wiederkehr verdrängter, unbewältigter, nur verschobenerTraumata – oder auch die Wiederkehr von Hoffnungen und utopischen Entwürfen, die in der aktuellen Erfahrungswirklichkeit nicht zu verorten sind.

Unter den Erzählern der älteren Generation hatte sich allein Anna Seghers dem Mythos zugewandt und sowohl seine poetischen wie seine geschichtlichen Erkenntnisqualitäten aufgespürt (»Das Argonautenschiff«, 1948; noch aus dem Exil stammen ihre »Sagen von Artemis«). Brecht, der Rationalist, hatte dagegen in den frühen 30er Jahren mit seinen Texten zur »Berichtigung alter Mythen« den Mythos gezielt entwertet, als vorwissenschaftlichen Humbug abgefertigt. Erst sein »Antigone-Modell« von 1948 revidierte diesen Standpunkt. Es gab also wenig in der Tradition der sozialistischen Literatur, woran man hätte anknüpfen können. Zunächst waren es *Nacherzählungen* der »Sagen des klassischen Altertums« *für Kinder,* die die Mythen überhaupt wieder in den Horizont der Leser und der jüngeren Autoren rückten: Stephan Hermlins »Die Argonauten« (1974, sehr nahe an den Vorlagen bleibend), Franz Fühmanns »Das hölzerne Pferd« (seine »Ilias«-Version von 1968), das auch die »Irrfahrt und Heimkehr des Odysseus« enthielt, sowie »Prometheus. Die Titanenschlacht« (1974) und Rolf Schneiders »Die Abenteuer des Herakles« (1978). Nur Fühmann vertiefte seine Auseinandersetzung mit dem Mythos weiter. 1978 erschien die Erzählungssammlung »Der Geliebte der Morgenröte«, 1985 postum der Band »Das Ohr des Dionysios« (westliche Ausgabe: »Die Schatten«, 1986).

Franz Fühmanns mythologische Erzählungen handeln von den ältesten Themen der Literatur überhaupt: von der übergroßen Macht der Liebe und von der nicht kleineren Macht des Todes – vom Töten, vom Getötetwerden, und der Angst davor. Die biblischen oder griechisch-antiken Mythen sind für Fühmann keine in einer fremden Welt angesiedelten Götter- und Heroengeschichten, sondern zu allererst *Menschen*geschichten, auch dort, wo ein Gott oder Götter im Spiel sind. Hier findet keine Flucht in den Mythos statt, wie in der Literatur im 20. Jahrhundert häufig, vielmehr wird der Mythos zum Schlüssel, der aktuell erfahrene Wirklichkeit aufschließen hilft. So heißt es in Fühmanns Essay über die Bibel (1982): »Ich begann die Geschichte der Bibel zu lesen: Ein Riß, und der Abgrund Mensch klaffte auf.« Fast immer sind es Gestalten des Leids und der Verzweiflung, denen sich der Autor zuwendet: der Satyr Marsyas, dem Apollo die Haut abziehen läßt; Absalom, der schmählich zugrunde geht; Abraham, der bei Fühmann durch den Satan davon abgehalten wird, seinen Sohn zu opfern. Machtbesessenheit und Demütigung, Lust und Folter, Hoffnung und Enttäuschung, Erhebung und Erniedrigung sind Fühmanns Themen. In den Mythen entdeckte er, dem Freuds Psychoanalyse in den letzten Lebensjahren immer wichtiger wurde, das »zutiefst Subversive der Erotik wie das zutiefst Subversive der Dichtung«.

Von *Christa Wolf* stammt derjenige erzählerische Rekurs auf den Mythos, der die mit Abstand größte Popularität erfahren hat – über die DDR, die Bundesrepublik, Italien und Frankreich bis in die USA: ihre Erzählung »*Kassandra*« (1983). Sie ist Wolfs erfolgreichstes Buch überhaupt, was wohl vor allem darauf zurückzuführen ist, daß es den beiden damals besonders aktuellen Themen *Frieden* und *Frauen* gewidmet ist. Die Autorin verstand ihr Buch ja auch explizit als »Friedensforschung«. Wolf war neben Heiner Müller schon die bekannteste Kritikerin ihres Landes am europäischen Zivilisationstyp, an der Unterwerfung unter das Diktat der instrumentellen Vernunft als »Wahndenken« gewesen. Jetzt radikalisierte sie diese Kritik noch einmal, indem sie den Voraussetzungen und Ursprüngen der abendländischen Zivilisation vor Jahrtausenden nachging. Wolfs Ziel ist explizit die »Rückführung« der Kassandra-Figur »aus dem Mythos in die (gedachten) sozialen und historischen Koordinaten«, also: eine pointierte Historisierung des Mythos. Doch weiß sie, daß der Mythos nie in Historie aufgeht, sondern immer auch eine phantastische, imaginative Dimension hat: »Den Mythos lesen lernen ist ein Abenteuer eigner Art; eine allmähliche eigne Verwandlung setzt diese Kunst voraus, eine Bereitschaft, der scheinbar leichten Verknüpfung von phantastischen Tatsachen, von dem Bedürfnis der jeweiligen Gruppe angepaßten Überlieferungen, Wünschen und Hoffnungen, Erfahrungen und Techniken der Magie – kurz, einem anderen Inhalt des Begriffs ›Wirklichkeit‹ sich hinzugeben.«

Die Erzählung »Kassandra« versucht diese Synthese aus einer Historisierung des Mythos und der Erweckung seiner poetischen und utopischen Potenzen, die über den in ihm festgehaltenen historischen *Status quo* hinausweisen. Christa Wolf hatte sich dem Stoff der Sagen um Troja angeregt durch Peter Steins »Orestie«-Inszenierung an der Berliner Schaubühne und vor allem durch eine ausgedehnte Griechenlandreise zugewandt. In ihren Frankfurter Poetikvorlesungen »*Kassandra. Voraussetzungen einer Erzählung*« (ebenfalls 1983) hat sie Aufschluß darüber gegeben, worum es ihr bei der Erzählung selbst ging. Sie begreift das Schicksal der trojanischen Seherin Kassandra als Inkarnation einer Wende von welthistorischem Ausmaß. An deren Ende stand – so Christa Wolf – der vorläufig endgültige Sieg des Patriarchats – und mit ihm des Diktats der instrumentellen Vernunft, des gepanzerten Subjekts, der Gewalt und des Krieges – über das Matriarchat (das von der Autorin etwas leichtsinnig als historisch erwiesene Tatsache behandelt wird). Kassandra deutet sie als »eine der ersten Frauengestalten [...], deren Schicksal vorformt, was dann, dreitausend Jahre lang, den Frauen geschehen soll: daß sie zum Objekt gemacht werden«. Dagegen stellt Kassandra ihr »Ringen um Autonomie«, das am Ende scheitert. Sie geht »Ins Finstere. Ins Schlachthaus«, aber sie hat ein Zeichen gesetzt: den Versuch des selbstbestimmten, unkriegerischen, von Selbst- und Fremdzwängen freien Lebens und einer gewandelten Beziehung zum anderen Geschlecht (in Gestalt des Äneas). Anders als in »Kein Ort. Nirgends« setzt Wolf in »Kassandra« wieder Zeichen der Hoffnung, hält den Fatalismus für überwindbar. Gewiß, ihr erstes Anliegen ist es, eine Entidealisierung und Entheroisierung des »hierarchisch-männlichen Realitätsprinzips« zu betreiben. Sie erkennt es im trojanischen Staatsapparat, der in vielem dem der DDR ähnelt, ebenso wie im »Vieh« Achill (den noch Friedrich Engels den »größten Held[en] der griechischen Sage« nannte). Sie will mit Kassandra herausfinden, wann der »Vor-Krieg« beginnt und wie er zu verhindern wäre (dies war gerade 1982/83 nicht nur für Christa Wolf eine brennende Frage). Aber sie entwirft auch in der Imagination vom Leben der Frauen in den Höhlen am Skamandros eine Utopie des anderen Lebens.

Ob diese hohen Vorsätze literarisch geglückt sind, ist mindestens zweifelhaft. Kassandras innerer Monolog der Erinnerung ist, wie Reinhard Baumgart treffend gesagt hat, »vom Kothurn« gesprochen: »Ein dauernd hoher, hochgespannter und daher bald spannungsloser Ton beherrscht diese Prosa. Das Vokabular schwärmt ins idealisch Allgemeine, scheut alles sinnlich Konkrete. Der Rhythmus gerät stellenweise so regelmäßig, als wolle er jeden Augenblick in Jambenversen hochschweben [...]« Aufgrund dieser nachdrücklichen Stilisierung entrückt Kassandra, die so menschlich gemeint und so erhaben geraten ist, dem Leser wieder: Sie wird neuerlich zur unnahbaren Heldin. Der Autorin war bewußt – das zeigt ein Tagebucheintrag –, daß »die geschlossene Form der Kassandra-Erzählung« im »Widerspruch zu der fragmentarischen Struktur, aus der sie sich für mich eigentlich zusammensetzt«, steht. Eine andere ästhetische Lösung sah sie jedoch nicht. Die Rezeption der beiden Kassandra-Bücher von Christa Wolf war in den ersten Jahren in Ost und West von Ehrfurcht und Bewunderung geprägt. Über den fälligen Respekt hinaus wäre die Frage nach dem literarischen Gelingen oder Mißlingen der Erzählung offen zu stellen.

Ausschließlicher als Christa Wolf oder Fühmann, ja geradezu ausschweifend hat sich *Irmtraud Morgner* dem Projekt des mythologischen Erzählens verschrieben. Das Motto ihrer Romantrilogie, von der zwei Bände fertigwurden (Morgner starb im Mai 1990; ein fragmentarischer dritter Band trägt den Titel »Das heroische Testament«), könnte von Friedrich Schlegel stammen: »Denn das ist der Anfang aller Poesie, den Gang und die Gesetze der vernünftig denkenden Vernunft aufzuheben und uns wieder in die schöne Verwirrung der Phantasie, in das ursprüngliche Chaos der menschlichen Natur zu versetzen, für das ich kein schöneres Symbol bis jetzt kenne, als das bunte Gewimmel der alten Götter.« Ebendas ist Morgners Projekt. In einer Situation, in der aus ihrer Sicht der Planet »vor dem drohenden Untergang steht« – gerade weil allein die »vernünftig denkende Vernunft« maßgeblich ist –, will sie eine »schöne Verwirrung« erzeugen, durch die die Menschen vielleicht wieder lernen, »an das Mögliche von übermorgen [zu] denken und danach [zu] handeln« (so Morgners Vorstellung, geäußert in einem Gespräch 1984). Den ersten Siebenmeilenschritt in diese Richtung, der für die DDR Neuland betrat, tat sie mit ihrem »Montageroman« *»Leben und Abenteuer der Trobadora Beatriz nach Zeugnissen ihrer Spielfrau Laura«* (1974).

Die 1933 geborene Morgner, Tochter eines Lokomotivführers, Germanistikstudentin, Redakteurin der »Neuen deutschen Literatur« und seit 1959 freischaffende Schriftstellerin, einige Jahre mit Paul Wiens verheiratet, hatte mit ihren ersten Prosatexten nicht unbedingt etwas so Bemerkenswertes wie diesen Roman erwarten lassen. »Trobadora Beatriz« ist mit seinen 700 Seiten im Grunde inkommensurabel, was Inhalt und Form angeht. Die Autorin mutet ihren Lesern viel zu (man kann auch sagen: sie traut ihnen viel zu), zaubert und träumt, phantasiert und springt durch die Weltgeschichte, die Gesetze von Zeit, Raum und Wahrscheinlichkeit mißachtend. »Die orthodoxe Romanform verlangt Festhalten an einer Konzeption über mehrere Jahre«, sagt sie. »Das kann angesichts heftiger politischer Bewegungen in der Welt und einer ungeheuerlichen Informationsflut heute nur trägen oder sturen Naturen gelingen. Was ich anbiete, ist die Romanform der Zukunft.«

Es gibt eine Fabel, aber sie ist merkwürdig. Die Minnesängerin Beatriz de Diaz, im 12. Jahrhundert die einzige ihrer Art unter lauter männlichen Kollegen, wird im Jahre 1968 aus 800jährigem Schlaf geweckt wie einst Dornröschen, und sie prüft und besieht die Welt daraufhin, ob sie für Frauen bewohnbar geworden oder immer noch eine »Frauenhaltergesellschaft« ist. In Paris erlebt sie die Mairevolte 1968 mit, wenn auch nur am Rande (immerhin bezieht der Roman von daher ein wesentliches Motto: »Seid Realisten, verlangt das Unmögliche!«), und bricht dann in die DDR auf, von der sie als einem »Ort des Wunderbaren« gehört hat. In dreizehn Büchern und sieben Intermezzi (letztere enthalten aufgesplittert einen ganzen, früher entstandenen und nicht zum Druck zugelassenen Roman, »Rumba auf einen Herbst«) wird nun DDR-Wirklichkeit ausgebreitet, wenn auch trickreich gebrochen und verschlüsselt. Der fremde, historische Blick der Trobadora macht es dem (DDR-)Leser leichter, die vertraute, gegenwärtige Alltäglichkeit gleichfalls mit fremden Augen zu sehen und sich als veränderungswürdige bewußt zu machen. Dieses Bauprinzip der Verfremdung mittels Historisierung, Montage, Konfrontation, Vergleich des scheinbar nicht Vergleichbaren findet sich überall in dem Roman wieder: Erzählungen, Lieder und Gedichte (u.a. von Braun und Wiens), Legenden, Träume, Zeitungsmeldungen, Forschungsberichte, Passagen aus einem Aufklärungsbuch, Realien aus Ernährungswissenschaft, Verhaltensforschung und Zeitgeschichte (Vietnamkrieg), Interviews u.a.m. sind – teils dokumentarisch, teils fiktiv – in die Erzählhandlung einmontiert. Und außer der Trobadora gibt es noch zwei weitere, gegenwärtige und damit diese kontrastierende Heldinnen: eine Germanistin, die Straßenbahn fährt und ihr Kind versorgt (Laura), und eine Ernährungswissenschaftlerin, die zeitweise in einer Kommune nur mit Frauen und Kindern lebt und sich später tagsüber in einen Mann verwandelt (Valeska); dazu lauter patriarchalisch-chauvinistische Männer, aber auch einen nichtchauvinistischen, »utopischen« namens Benno. Morgner schildert teilweise finstere Realität (im heiteren Gewand), aber sie schafft auch utopische Gegenbilder, ist geleitet vom blochschen Prinzip Hoffnung auf die wahrhaft sozialistische Gesellschaft jenseits des Frauenhaltersystems, in der Frauen und Männer »brüderlich, das heißt: schwesterlich« als gleiche und zugleich andere zusammenleben. Die Form des Romans hat auch eine quasi politische Funktion. Sie will Vorschein auf eine von schöpferischer Phantasie geprägte freie Assoziation der Individuen sein. Ob dies ästhetisch gelungen, vor allem ob Morgners Sprachkraft ihrem imponierenden Entwurf gewachsen ist, bleibt fraglich.

Der »Trobadora«-Roman ist ein mythologischer Roman in dem weiten Sinn der frühromantischen Poetik. Überlieferte Mythen und Märchen spielen in ihm nicht die entscheidende Rolle. Freilich: Von Demeter und Persephone und damit der Matriarchats-Utopie ist zwar die Rede, und Beatriz' Schlaf in der Manier Dornröschens belebt ein altes Märchen, das über das Motiv von Schlaf (Tod) und Wiedergeburt mit dem Persephone-Mythos verbunden ist. Aber so richtig mythologisch wird es doch erst in Morgners zweitem Teil der Trilogie *»Amanda. Ein Hexenroman«* (1983). In ihm findet sich mit der Parnaß-Mythologie an wichtiger Stelle eine Alternative zu den männlich dominierten Schöpfungsmythen der griechischen Antike. In ihm spielt vor allem die nördlich-deutsche Brocken- und Walpurgisnacht-Mythologie eine große Rolle. Erzählt wird die verrückte Geschichte von der offenbar neu inkarnierten (eigentlich bei einem Fenstersturz ums Leben gekommenen) Trobadora Beatriz, die jetzt als Sirene mit Menschenkopf und Vogelleib auftritt. Heldinnen muß es auch diesmal wieder mehr als eine geben: die bereits bekannte Triebwagenführerin Laura Salman, deren Menschwerdung in Legendenform erzählt wird, und die Hexe Amanda, die als abgespaltene ›hexische‹, ›unbrauchbare‹ Hälfte von Laura entsteht, nachdem diese vom Oberteufel Kolbuk mit dem

Schwert in zwei Hälften gespalten wurde. Lauras ›brauchbare‹ Hälfte lebt ihr irdisches Leben in der Männergesellschaft weiter, aber ihre ›bessere‹ Hälfte ist nicht tot: Amanda wird die Anführerin eines Hexenaufstandes gegen die Blocksbergteufel. Das ist die skelettierte Fabel von einem erzählerischen Kosmos, der immer wieder im Geiste Jean Pauls über die Ufer tritt, um doch beharrlich zu seinem Kardinalthema, der Erstarrung der beiden Geschlechter in ihren Rollen und wie dem abzuhelfen wäre, zurückzukehren. »Amanda« ist, trotz vieler Schwächen und Schiefheiten in der Sprache, jenes »Evangelium einer Prophetin«, das Irmtraud Morgner sich zu schreiben gewünscht hat: »die gute Botschaft von einer genialen Frau, die die Frauen in die Historie einführt«.

Auch andere Erzähler aus der DDR arbeiteten mit mythologischen Figuren, Episoden und Konstellationen. Klaus Schlesingers Ikarus-Erzählung »Neun« wurde schon genannt. Von Thomas Brasch gibt es eine interessante Ödipus-Version, und vor allem *Stefan Schütz* (geb. 1944) hat zwei ehrgeizige quasimythologische Projekte entworfen: »Medusa« (1986) und »Katt. Ein Volksbuch« (1988). »Medusa« ist eines der nicht seltenen erzählerischen Großprojekte der 80er Jahre aus dem deutschsprachigen Raum. Als Kontrafaktur zu Joyce' »Ulysses« gedacht, läßt es eine Marie Flaam ihren weiblichen Blick auf das irrwitzige Panoptikum patriarchalisch versteinerter Zustände in der DDR werfen. Schütz' Roman kann als der Versuch gelesen werden, über seine Männerphantasien hinaus (die er nicht verdrängt) auch weibliche Phantasien aus ein und demselben Ich zu imaginieren. Davor hatte sich der Autor die dem Mythos immanente Einbildungskraft bereits für mehrere Theaterstücke zunutze gemacht. Davon wird noch die Rede sein.

Geschichte als Gegenwart. Alte Mythen und neue Mühen auf dem Theater

»In der DDR macht kaum jemand nur Theater, um Theater zu machen.« Diese Feststellung von Irene Böhme, die selbst lange Jahre Dramaturgin in der DDR war, bevor sie 1980 in die Bundesrepublik übersiedelte, erlaubt eine erste Annäherung an die Krise, in die Theater und Dramatik in der späten DDR gerieten. Den Theaterautoren, Regisseuren und Schauspielern der DDR, ob sie nun aus der Tradition Brechts oder Friedrich Wolfs, ob vom epischen oder vom Einfühlungstheater her kamen, war der Nur-Kunst-Standpunkt immer verdächtig. Sie machten Theater mit der Absicht, in die schlechten Verhältnisse verändernd einzugreifen, in den meisten Fällen mit dem Fluchtpunkt der Utopie eines besseren Sozialismus. Nimmt man die Gattungseigentümlichkeiten des Mediums Theater, seine »Tendenz zum Drastischen, Plakativen, Spektakulären, ›Brisanten‹« und den »kollektiven Charakter« der Rezeption (U. Profitlich) hinzu, dann wird verständlich, warum Drama und Theater in der DDR immer mehr öffentliches Interesse, aber auch Kontrollen und Sanktionen auf sich gezogen haben als andere literarische Gattungen. Das gilt auch und verstärkt für die 70er und 80er Jahre. Die Geschichte der Dramatik in diesem Zeitraum ist eine Geschichte der Verzögerung und des Verbots von Aufführungen, der Maßregelung von Autoren und Regisseuren. Die Klagen über diesen Zustand in der Presse, vor allem in der Verbandszeitschrift »Theater der Zeit«, rissen nie ab. Viele Theaterstücke blieben für Jahre ›Lesedramen‹, ehe sie endlich zur Aufführung in der DDR gelangten. Die Uraufführung hatte dann häufig längst in einem westlichen Land stattgefunden. So konnte, so durfte das Theater nicht die »öffentliche gesellschaftliche Diskussionsanstalt« (E. Schumacher) sein, die es sein wollte. Die offizielle Parole vom »koproduzierenden Publikum« ging ins Leere. Dabei galt Max Reinhardts Satz von ehedem für die Dramatik der DDR nicht weniger als für andere Gesellschaften: »Jede Kunst kann warten, nur nicht das Theater.«

Auch andere Entwicklungen führten das Theater in der DDR in die Krise. Zwar hatte die DDR mit 68 Bühnen (und ca. 200 Spielstätten) im Verhältnis zu ihrer Größe und Einwohnerzahl mehr subventionierte Theater als jedes andere Land der Welt. Aber zählte man 1955 noch 17,4 Millionen Theaterbesucher, so ging diese Zahl seither drastisch zurück. 1979 war mit 10,4 Millionen ein Tiefpunkt erreicht. 1980 konnten wieder mehr Besucher registriert werden, danach sank die Zuschauerzahl schrittweise unter zehn Millionen. Das waren proportional immer noch bedeutend höhere Zahlen als in der Bundesrepublik, aber auch das Theater in der DDR bekam zunehmend die Konkurrenz der audiovisuellen Medien in einem Ausmaß zu spüren, das seinen Lebensnerv traf. Gerade das Fernsehen, das eine nur private und passive Rezeption des Gesehenen begünstigt, arbeitete einer Entfaltung des kollektiven und aktiven Umgangs mit Kunst, wie ihn sich die Theaterleute wünschten, massiv entgegen. Anstelle des sinnlichen (Vor-) Spiels trat die nur visuelle Simulation von Wirklichkeit. – Schließlich ist nicht zu übersehen, daß sich die Konflikte innerhalb der DDR-Gesellschaft seit den heroischen Nachkriegszeiten beträchtlich verschoben haben. Nationalsozialismus, Weltkrieg, der Wiederaufbau des zerstörten Landes, die verordnete Umwälzung der Produktionsverhältnisse lagen weit zurück, es ging, von Ausnahmen abgesehen, nicht mehr um Tod oder Leben. Statt dessen wurden die Bewohner der DDR von der weniger spektakulären Frage bewegt, wie man als einzelner den Alltag bewältigen und sich einen subjektiven Freiraum erobern könne. Und das war keine Konstellation, die zum Dramatischen, vielmehr eine, die zur Prosa drängte. Darin liegt auch ein Grund, warum nur 2% der Leser Theaterstücke oder Gedichte als bevorzugte Lektüre benannten.

Umgekehrt gilt freilich nach wie vor, daß in einem Land, dessen Öffentlichkeit massiv restringiert war, das Theater diese Öffentlichkeit wenigstens teilweise ersetzen mußte. »Die Wirkung des Theaters beruht auf der Abwesenheit anderer Möglichkeiten, den Leuten etwas mitzuteilen. [...] Das Ergebnis davon ist, daß das Theater Funktionen übernommen hat, die im Westen andere Medien haben. [...] Hier gilt noch das Schlagwort der napoleonischen Ära: Theater ist die Revolution auf dem Marsch.« Freilich, Heiner Müllers Aussage zur Selbstermutigung von 1981 galt nur bedingt. Jeder Schritt in diese Richtung war schwer erkämpft. Die Stücke Müllers sind selbst das beste Beispiel. Da ist keines, das nicht Jahre, und manches, das über ein Jahrzehnt liegen mußte, ehe es gespielt, manchmal überhaupt erst gedruckt werden konnte. Ähnliches gilt für Volker Braun, der mit einer Differenz von siebzehn Jahren zwischen Entstehung und Aufführung eines Stücks (gemeint ist »Lenins Tod«) den Rekord hält. Auch Christoph Heins »Lassalle«-Stück mußte über zehn Jahre auf seine DDR-Aufführung warten, was Peter Hacks 1982 zu der süffisanten Bemerkung veranlaßte: »›Lassalle‹ ist wirklich gut, so gut doch immerhin, daß man ihn schon nicht aufführt.« Ähnliches gilt für Thomas Brasch, Stefan Schütz, Jochen Berg oder Lothar Trolle – mit dem Erfolg, daß die DDR zwei ihrer größten Dramatikerbegabungen, nämlich Brasch und Schütz, verlor. Folgerichtig bestand keine Kongruenz zwischen den bedeutenden Theaterautoren der DDR und denen, die gespielt wurden. An der Spitze der Inszenierungs- und Aufführungszahlen standen über Jahre der Lustspielautor Rudi Strahl (geb. 1928) und der unverwüstlich vielschreibende Peter Hacks, gefolgt von Kinderstückautoren wie Klaus Ensikat oder Dieter Müller. 1980 z.B. kamen Strahl auf 520 und Hacks auf 467 Aufführungen, Heiner Müller dagegen – unter den DDR-Autoren auf Platz 15 – nur auf 126. Allein die Theatralisierung von Maxie Wanders »Guten Morgen, du Schöne« vermochte damals mit 420 Aufführungen in die Phalanx der Strahl und Hacks einzudringen.

»Wer ungedruckt und ungespielt ist, bleibt ewig jung«, befand Lothar Trolle (geb. 1944) 1987 sarkastisch. In der Tat erschienen zu Ende der 80er Jahre Autoren wie Saeger, Seidel, Groß oder Drewniok, als ›die jungen Dramatiker‹ der DDR, obwohl sie inzwischen alle die 40 erreicht oder überschritten hatten. Immer noch behandelte man sie wie Debütanten, wie Anfänger. Peter Reichel, einer der Kenner der Theaterszene aus der DDR, rechtfertigte das Verfahren der »längeren Liegezeit« in irritierender Weise, wenn er feststellte, hier handle es sich um »Reifeprozesse«, um eine »langjährige, qualifizierende Annäherung« an die fraglichen Stücke. Das Gegenteil war der Fall, wie Heiner Müller kritisch angemerkt hat. Vorsicht und Selbstzensur schlichen sich bei den jüngeren Autoren ein, ihre Texte wurden – anders als einst die Erstlinge Müllers, Langes oder Brauns – larmoyant und resignativ. Eine »frühe Zähmung« der Autoren setzte ein, die so manche vielversprechende Begabung zunichte machte. Müllers Vorschlag, in das Genehmigungsverfahren neuer Stücke die Autoren selber einzubeziehen, wurde immerhin spät Rechnung getragen. Dem im März 1988 neugeschaffenen »Beirat für Dramatik« gehörten u.a. die Autoren Baierl, Hammel, Strahl und Müller selbst an.

Die Zensurpraxis der Kulturfunktionäre erstreckte sich nicht nur auf die Autoren und ihre Stücke, sondern auch auf die Theater und insbesondere die Regisseure. Jede Inszenierung mußte von der politischen Macht (in der Regel auf kommunaler Ebene) abgenommen werden, ehe sie öffentlich über die Bühne gehen durfte. Diesem Ritual fiel so manche Produktion zum Opfer, wobei das Verbot oft erst nach der Premiere erlassen wurde. So unterschiedliche Autoren wie Hacks (»Die Sorgen und die Macht«, 1960), Müller (»Die Umsiedlerin«, 1961), Rainer Kerndl (»Der Georgsberg«, 1984), Lutz Rathenow (»Keine Tragödie«, 1984), Erich Köhler (»Der verwunschene Berg« nach seiner Filmerzählung »Hartmut und Joana«, 1986), Ulrich Plenzdorf (»Freiheitsberaubung« nach einer Erzählung Günter de Bruyns, 1987) und Jochen Berg (»Klytämnestra«, 1988) waren als Leidtragende vereint. Manches Theater wurde auf diese Weise aufs Mittelmaß zurückgestutzt, manchem Regisseur die Arbeit verleidet. Ein Nebeneffekt dieser staatlichen Eingriffe war, daß sich in der Provinz neue Subzentren innovativer Theaterkunst bilden konnten – bis hin zu kleinen Städten wie Anklam, Rudolstadt oder Schwedt –, wo dies im ›Oberzentrum‹ Berlin zeitweise nicht (mehr) möglich war. So vermochte sich die Avantgardistin Ruth Berghaus Anfang der 70er Jahre nur kurz als Intendantin des Berliner Ensembles zu halten, bis sie von dem Traditionalisten Manfred Wekwerth abgelöst wurde. So war die Blütezeit der Berliner Volksbühne vorbei, nachdem Benno Besson 1977 die DDR verlassen und Heiner Müller nach 1982 diese Bühne aufgegeben hatte. Auch das Deutsche Theater Berlin steckte seit dem Weggang seines besten Regisseurs Alexander Lang (1987) in einer Krise. Umgekehrt konnten Regisseure an mittleren oder kleineren Theatern Produktionen vorweisen, die so zeitweise in Berlin nicht denkbar waren, z.B. Dresden (Horst Schönemann, Herbert König, Wolfgang Engel), Schwerin (Christoph Schroth), Karl-Marx-Stadt (Frank Castorf) oder Potsdam (Rolf Winkelgrund). Dieser Strukturwandel der Theaterlandschaft hin zur Dezentralisierung, weg von der Theaterhauptstadt Berlin war für sich genommen nicht schlimm, ja, er brachte sogar Vorteile für die Theaterbegeisterten in der Provinz mit sich. Schlimm aber war, daß den besten *Regisseuren* des Landes die Arbeitsmöglichkeiten beschnitten wurden. Da sie im Besitz des Reiseprivilegs waren, machten sie davon erst vereinzelt, später immer häufiger Gebrauch und nahmen zunächst als Gastregisseure, dann zunehmend auf Dauer ihren Wohnsitz im Westen. Benno Besson ging als erster, ihm folgten u.a. Adolf Dresen, Matthias Langhoff und Manfred Karge, Thomas Langhoff (zeitweise), B.K. Tragelehn, Jürgen Gosch, Uta Birnbaum (die Frau von Stefan Schütz), Herbert König, Berndt Renne und Alexander Lang vom Deutschen Theater Berlin. Manche, wie Ruth Berghaus, Fritz Marquardt, Piet Drescher, Klaus Erforth, Alexander Stillmark oder Wolfgang Engel, kamen nur jeweils als Gastregisseure für einzelne Produktionen. Andere wurden sogar (zeitweise) Intendanten oder Spielleiter an Bühnen der Bundesrepublik, so Dresen (Frankfurt/Main), Gosch (Schaubühne West-Berlin), Tragelehn (Düsseldorf) oder Lang (Thalia-Theater Hamburg). Zweifellos waren diese »produktiv-provokanten Regisseure« (H. Rischbieter) aus der DDR ein enormer Gewinn für das westdeutsche Theater, umgekehrt fehlten sie in der DDR. Man gehe mit den landeseigenen Regisseuren, so befand der Theaterkritiker Martin Linzer 1986, »nicht immer gut und haushälterisch um« – umgekehrt verpflichtete die DDR kein einziges Mal einen namhaften westdeutschen Regisseur an eins der eigenen Theater. So blieb das Theater der letzten DDR-Jahre gewiß lebendig und produktiv und war zuweilen sowohl theatralisch als auch politisch aufregend (man denke an Müllers eigene »Lohndrücker«-Inszenierung 1987, Schatrows »Diktatur des Gewissens« in Leipzig und Berlin und Heins »Die Ritter der Tafelrunde«). Aber die Verluste waren immer schwerer zu kompensieren.

Versucht man sich ein Bild von der Konstellation der maßgeblichen Theaterautoren, ihrer Stoffe und ästhetischen Konzepte in den späteren 70er und in den 80er Jahren zu machen, so muß man feststellen, daß ein gravierender Wandel im Verhältnis zu den frühen 60er Jahren eingetreten und die Übersichtlichkeit von damals nicht mehr gegeben ist. Längst ist die unmittelbare Brecht-Nachfolge Geschichte und das Produktionsstück kein wichtiges Genre mehr. Matusche starb 1973, von Strittmatter oder Hauser kamen keine Stücke mehr. Die inzwischen ältere (Flakhelfer- und HJ-)Generation der um *1924 bis 1932 Geborenen* ist die eine Dominante des DDR-Theaters, einerseits durch Heiner Müller, andererseits durch Hacks und Strahl, in zweiter Linie durch Helmut Baierl, Hans Lucke, Rainer Kerndl, Helmut Bez, Horst Salomon, Joachim Knauth, Claus Hammel und Rolf Schneider vertreten. Die *seit ca. 1934 Geborenen,* die als Lyriker so deutlich eine Generation der unbefangenen, anspruchsvollen Stürmer und Dränger bildeten, sind dagegen auf dem Theater nie als auch nur halbwegs homogene Gruppe erschienen: der Lustspielautor Armin Stolper (geb. 1934), der Auch-Dramatiker Ulrich Plenzdorf, der Arbeiterschriftsteller Paul Gratzik, die Gelegenheitstheaterdichter Rainer Kirsch und Karl Mickel oder der erst spät hervorgetretene Harald Gerlach (geb. 1941) – sie alle müssen als individuelle Autoren betrachtet werden, die überdies dem DDR-Theater keine dauerhaften Impulse vermitteln konnten. Nachdem Hartmut Lange, Kurt Bartsch und Einar Schleef die DDR früher oder später verließen, ist es aus dieser Generation einzig und allein Volker Braun, ohne den das DDR-Theater nicht vorstellbar wäre. Erst mit den *1944/45 geborenen* Christoph Hein, Stefan Schütz und Thomas Brasch, vielleicht auch Lothar Trolle ist es zu einem Generationswechsel unter den Stückeschreibern gekommen. Ihr großenteils auch persönlicher Lehrer hieß nun nicht mehr Bertolt Brecht, sondern Heiner Müller, von dem sie sich im günstigsten Fall (wie Christoph Hein) wieder deutlich entfernten. Von ihm lernten sie, daß das Theater den großen stofflichen Vorwurf, eine kühne operative Strategie und vor allem: eine eigne, poetische Theatersprache braucht. Mit ihnen verglichen wirken die Stücke der *sog. Jungen,* also Vierzigjährigen, zumeist eher zaghaft und dramaturgisch wie sprachlich unentschieden, obwohl es gerade diese jüngeren Autoren waren, die sich Themen der DDR-Gegenwart zuwandten.

Stücke über die je *gegenwärtigen Probleme und Konflikte* der Gesellschaft eroberten sich im letzten DDR-Jahrzehnt, wenn auch häufig sehr mühsam, einen Platz auf den Bühnen des Landes. Immer noch gab es Theatertexte in der Tradition des *Produktionsstücks,* die brisante Themen aus der realsozialistischen Arbeitswelt zur Sprache brachten. Hierher gehören Gratziks »Handbetrieb« (1976), »Lisa« (1977) und »Axt im Haus« (1984); ein spätes Agrodrama), Saegers »Außerhalb von Schuld« (1984) oder Katrin Langes »Havarie« (1985; die Autorin war übrigens neben der 1988 weggegangenen Irina Liebmann die einzige Dramatikerin unter lauter männlichen Kollegen). Mehrere Stücke beschäftigen sich mit Problemen auf der »Leitungsebene«, also mit den Widersprüchen der sozialistischen Arbeitsorganisation im Zeichen von neuer Hierarchisierung und Karrierismus, wie z.B. Hacks' »Die Binsen« (1985), Reinhard Kuhnerts »Jäckels Traum« (1981) oder Bearbeitungen der populären Romane »Auf der Suche nach Gatt« (Erik Neutsch) und »Kippenberg« (Dieter Noll) für das Theater. Freilich erreichten sie nicht die dialektische Schärfe früherer Produktionsstücke von Müller, Hacks, Lange oder Braun, dessen »Tinka« und »Schmitten« ja schon am Beginn der 70er Jahre standen. Auch Heins Komödie »Schlötel oder Was solls« (1974) gehört noch in diese bedeutende Tradition. Die verspäteten DDR-Erstaufführungen von Müllers »Die Umsiedlerin«/»Die Bauern« (1976) und »Der Bau« (1980) sowie seine eigene Inszenierung des dreißig Jahre alten »Lohndrücker« von 1987 haben deutlich gemacht, welch avancierter Stand der Reflexion und der Theaterästhetik hier schon einmal erreicht war.

Ein weiteres häufiges Sujet der DDR-Dramatik sind die Schwierigkeiten einer *jungen Generation* der »Hineingeborenen« (Uwe Kolbe) zwischen Anpassung und Selbstbestimmung. In der Nachfolge von Plenzdorfs Erfolgsstück »Die neuen Leiden des jungen W.« präsentierten u.a. Jürgen Groß (»Match«, 1978), Albert Wendt (»Die Kellerfalle«, 1981), Heinz Drewniok (»Die Jungs«, 1981) und Georg Seidel (»Jochen Schanotta«,1985) interessante (dann auch gespielte) Texte.

Sie führten unterschiedliche Haltungen von Jugendlichen vor, die sich in dem Widerspruch aus marxistischen Legitimationsparolen und dem realen Karrierismus und Konsumismus, gepaart mit Gefühlsroheit und Gewalt (wie in »Match«) nicht mehr zurechtfinden. Mehrere Autoren wandten sich den verschiedensten *Alltagsproblemen* im »real existierenden Sozialismus« zu und spürten dabei, als Moralisten, der Frage nach, wie man in dieser Zeit leben solle. Dabei zeigte sich, daß im »entwickelten Sozialismus« die haltgebenden Maßstäbe mehr denn je fragwürdig geworden waren. Die Verkehrsformen der bürgerlichen Gesellschaft galten als überlebt, überzeugende neue waren nicht in Sicht. Krasser Egoismus, männliche Rücksichtslosigkeit, Opportunismus und Kälte prägten den Umgang miteinander, selten konterkariert durch neue Haltungen, die dann auch deutlich utopisch wirkten (wie bei Plenzdorf oder in Groß' »Denkmal«). Hierher gehören Stücke von Helmut Bez (»Jutta oder Die Kinder von Damuz« 1980), Plenzdorf (»Legende vom Glück ohne Ende«, 1983; »Freiheitsberaubung« nach de Bruyn, 1987 – ein Stück u.a. über unzumutbare Wohnverhältnisse), Groß (»Geburtstagsgäste«, 1980; »Denkmal«, 1983), Kerndl (»Der Georgsberg«, 1984 – zum brisanten Thema der doppelten Währung in der DDR, deshalb verboten), Saeger (»Flugversuch«, 1983) oder Drewniok (»Wenn Georgie kommt«, 1983; »Teamwork«, 1985; »Szenen aus dem Thüringer Wald«, 1981ff.). Immerhin ließen die jüngeren Autoren in ihren Gegenwartsstücken den bis Ende der 60er Jahre überwiegenden »affirmativen Alltagsrealismus« (Klaus Siebenhaar) zumeist hinter sich und kreierten realistische bzw. naturalistische Stücke eines für die DDR neuen Zuschnitts, die doppelte Moral und konsumistische Lebensweise, wie sie in der späten DDR grassierten, mittels eines unbeirrten Blicks gerade aufs Banale und Private vorführten. Dabei vermittelte sich die Kritik an den verspießerten Lebensverhältnissen vornehmlich über eine Ausstellung des nicht authentischen Sprachgebarens der Protagonisten. Eine Nähe zu Horváth, aber auch Sperr, Kroetz und Fassbinder ist, beabsichtigt oder nicht, erkennbar. Elemente der Satire und Groteske, bei Albert Wendt und (teilweise) Jürgen Groß auch der märchenhaften Verfremdung kommen hinzu. All das war zweifellos ein Gewinn für die DDR-Dramatik, die solche Töne früher nicht kannte, und doch blieben die meisten dieser Stücke zu eng, zu intim, fixiert auf einen nur gegenwärtigen Wirklichkeitsausschnitt eines kleinen Landes. Wieviel mehr an weiterwirkender Reflexion und Verstörung des Zuschauers möglich war, wenn die aktuellen DDR-Befunde historisch gebrochen und ästhetisch verfremdet werden, zeigt Volker Brauns Komödie »Die Übergangsgesellschaft« (vgl. dazu S. 240ff.).

Es ist auffällig, daß die namhaften Autoren Müller und Hacks, Braun und Hein, Brasch und Schütz Gegenwartsstoffe in der Regel mieden und, häufig über literarische Vorlagen, auf die *Geschichte*, ja: sogar auf den *Mythos* zurückgriffen. Dies als Flucht aus der Aktualität oder gar aus der Politik schlechthin zu deuten, wäre verfehlt. Christoph Heins lapidare Feststellung von 1978 war schon zutreffend: »Stücke, die in der Gegenwart geschrieben werden, sind Gegenwartstücke. Diese Banalität zu behaupten, scheint mir wichtig, da heute ein Gegensatz zwischen sogenannten historischen und gegenwärtigen Stükken konstruiert wird.« Hein, und er ist nicht der einzige, wehrte sich dagegen, »für das Nichtstattfinden von Zeitung/Berichterstattung« das Theater als Ersatz zu instrumentalisieren, denn: »Gegenwart wird ohnehin verhandelt.« Ihm und den anderen Genannten kam es dagegen darauf an, an geschichtlichen Modellen ihr noch Gültiges und Unabgegoltenes vorzuführen. Der Blick aufs vermeintlich Ferne, Fremde, Abgelebte ermöglichte es, die »gestockten Widersprüche« (Fühmann) der Gegenwart in ihrer Gewordenheit (und somit Vergänglichkeit, Veränderbarkeit) wahrzunehmen. Das war natürlich, der auch in der DDR verbreiteten Brecht-Müdigkeit zum Trotz, der genuin brechtsche Ansatz eines letztlich operativen Theaters, das gesellschaftliches, kollektives Lernen ermöglichen soll. Die Dramatiker, wie auch die Regisseure älterer Stücke, näherten sich dem Geschichtserbe beileibe nicht, um sich »aller fortschrittlichen Traditionen [...] als uns gehörig« zu versichern (so Kurt Hager) und »ein großes ›Reinigungswerk‹ an reaktionären Verfälschungen« (Hans Koch) vorzunehmen, vielmehr machten sie an den mythischen und historischen Konstellationen von ehedem gerade Aspekte der Gewalt, der Unvernunft, des Scheiterns sichtbar, die auf den Zuschauer der Jetztzeit als Herausforderung wirken sollten. »Das Überwinden von Geschichte wird [dem Zuschauer, W. E.] zum Erlebnis, da er nicht umhin kommt, sich auch als Erbe der Geschichte zu empfinden. Bei dieser Auseinandersetzung spielt die Provokation eine wichtige Rolle« – so der Regisseur Matthias Langhoff.

Der Bogen dessen, was die DDR-Dramatik an Vergangenheitsstoffen aufgriff, war weit gespannt. Zunächst waren es die Frühgeschichte der DDR, das Jahr 1945 und die voraufgehende Zeit von Nationalsozialismus und Weltkrieg, die – häufig miteinander verknüpft – thematisiert wurden als der fragwürdige Grund, auf dem die Gesellschaft des »entwickelten Sozialismus« gewachsen war. Hierher gehören Müllers Deutschland-Stücke und »Wolokolamsker Chaussee« (dazu später), Brauns »Simplex Deutsch« (1980), Braschs »Rotter« (1977), Manfred Karges »Jacke wie Hose« (1983), Trolles »Weltuntergang Berlin« (1987), Peter Gosses »Leben lassen« (1983) und Harald Gerlachs »Die Schicht« (1983; ein Stück um den Aktivisten Adolf Hennecke), im weiteren Sinne auch die beiden Exilstücke »Passage« von Hein und »Transit Europa – Der Ausflug der Toten« von Braun (beide 1987). Andere Stücke gingen in die Frühgeschichte der Revolution und des Sozialismus zurück, wie Müllers »Zement« (1973) und

»Mauser« (1975), Brauns »Lenins Tod« (1971/88) und Baierls Luxemburg-Stück »Leo und Rosa« (1982), oder sie wandten sich den Problemen der Dritten Welt und einer Revolution unter nichteuropäischem Vorzeichen zu wie Brauns »Guevara oder Der Sonnenstaat« (1977) und »Großer Frieden« (1979), Müllers »Der Auftrag. Erinnerung an eine Revolution« (1980) oder Claus Hammels »Humboldt und Bolívar oder Der neue Continent« (1979). Manche Autoren reflektieren und »erinnerten« (Müller) frühere Phasen gelungener wie gescheiterter europäischer Revolutionen wie Müller in »Der Auftrag«, Braun in »Dmitri« (1982), Hein in »Cromwell« (1980) und »Lassalle fragt Herrn Herbert nach Sonja« (1977/80/87) sowie Rolf Schneider (»Die Mainzer Republik«, 1980), Joachim Knauth (»Die Mainzer Freiheit«, 1988) und Peter Brasch (»Santerre«, 1988) in ihren Stücken aus dem Umkreis der Französischen Revolution. Auch das Erbe Preußens, bis Mitte der 70er Jahre offiziell mit Militarismus, Eroberungskriegen und autoritärem Drill gleichgesetzt und seither Zug um Zug rehabilitiert, wurde Gegenstand mehrerer Theaterstücke. Während Heiner Müller in »Leben Gundlings Friedrich von Preußen Lessings Schlaf Traum Schrei« (1979, vorher schon in »Germania Tod in Berlin«, 1974) und Alexander Lang in seiner Heinrich-Mann-Adaption »Die traurige Geschichte von Friedrich dem Großen« (1982) auf dem kritischen Preußenbild beharrten und es analytisch vertieften, nahm Claus Hammel in seiner Komödie »Die Preußen kommen« (1981) den opportunistischen Umgang mit dem Preußen- und anderem Kulturerbe satirisch aufs Korn, indem er den Zuschauer Einblick nehmen ließ in die Praxis einer »Prüfungsanstalt für Reintegration historischer Persönlichkeiten«. Die Schlußpointe des Stücks ist, daß Otto von Bismarck, der »Sozialistenfresser«, nun auch noch darauf rechnen darf, »reintegriert« zu werden.

Die meisten der erwähnten Stücke wollten, wie bereits skizziert, keine Geschichtsdramen traditioneller Art sein. Sie zielten auf den noch aktuellen Modellfall, ja: auf Grundprobleme der abendländischen Zivilisation. Das gilt für Texte, die auf literarische Vorlagen zurückgreifen, auf Goethe (Hacks) und Schiller (Braun), auf Shakespeare (Müller) und Lenz (Hein), auf Don Giovanni (Mickel) und Tschechow (Braun), auf Seghers (Müller/Braun) und Alexander Bek (Mickel/Müller). Das gilt aber vor allem für jene Stücke, die auf germanische (Müller, Braun) und griechisch-antike Mythen rekurrieren (Hacks, Müller, Schütz, Berg). Der *Rückgriff auf den Mythos* ist zunächst überraschend in einer Gesellschaft, die mit Marx die alten Mythen zur kindlichen »Volksphantasie« erklärt hat, die ausgespielt habe mit der Durchsetzung der modernen Naturwissenschaften. In Marx' bekannten Worten: »Alle Mythologie überwindet und beherrscht und gestaltet die Naturkräfte in der Einbildung und durch die Einbildung, verschwindet also mit der wirklichen Herrschaft über dieselben.« Diese marxsche Verkürzung des Mythos auf überlebte *Natur*mythologie wurde von vielen Autoren der DDR verworfen. Sie erkannten zumal im griechischen Mythos ein Netz traumatischer Erinnerungsfragmente aus der frühen *Gesellschafts*geschichte der Menschheit, die sie als eine Geschichte von Gewalt und Schrecken lasen. So verstand Christa Wolf die griechischen Tragödien »als Zusammenfassungen, vorläufige Endprodukte ungeheuerster jahrhundertelanger Kämpfe«, »in denen die Moral der Sieger formuliert ist«, während doch »hinter der Fabel, die sie diktieren, die Bedrohung durch Älteres, Wildes, Ungezügeltes durchschimmerte«. Ähnlich erkannte Heiner Müller in den Mythen »sehr frühe Formulierungen kollektiver Erfahrungen«, die »schlimmerweise« immer noch stimmten, weil »die *condition humaine* sich in den letzten Jahrhunderten ganz wenig verändert hat«. Damit ist der Rekurs auf den Mythos geschichtsphilosophisch begründet: als notwendige Betonung des ungeheuer zähen Gangs der Gattungsgeschichte, als Hinweis aber auch auf den im Mythos fixierten »historischen Drehpunkt«, nämlich den »Übergang von der clanorientierten Gesellschaft zur Klassengesellschaft, [...] von der Familie zum Staat, zur Polis« (Müller). »Arbeit am Mythos« (Hans Blumenberg) ist also explizit Arbeit an der Geschichte, die verdrängte, nur ›verschobene‹ Traumata der Gattungs- und Zivilisationsentwicklung imaginiert, indem den alten Erfahrungen und Figuren solche von heute substituiert werden. Volker Braun bestätigte das, wenn er von Lemnos – dem Ort, an dem Sophokles'/Müllers »Philoktet«spielt – sagte, es gleiche »dem Jetztort, indem die Jetztzeit noch immer auch die alte Zeit ist.«

Wie stark auch einige Regisseure Geschichte und Mythos als Zeit-Räume begriffen, die in die Jetztzeit hineinragen, zeigen mehrere Inszenierungsprojekte der letzten DDR-Jahre, die auf ein »Theater der Zusammenhänge« (A. Lang) zielten. Zum Beispiel gab es 1981 im kleinen Stendal, der Winckelmann-Stadt, ein »Theaterfest Antike«, bei dem Stücke von Euripides, Aristophanes/Hacks und H. Müller im Zusammenhang aufgeführt wurden. 1983 wurde nach fünfjährigen Vorarbeiten Christoph Schroths Schweriner Antikenprojekt unter dem Titel »Entdeckungen 5« fertig, bei dem an einem Tag vier Tragödien und eine Komödie, allesamt zum Thema (trojanischer) Krieg, auf die Bühne kamen. Alexander Lang ging 1984 mit seinem ersten Doppelprojekt am Deutschen Theater in Berlin von ähnlichen Überlegungen wie Schroth aus. Er spielte Grabbes »Herzog Theodor von Gothland« und Goethes »Iphigenie« im fast gleichen Bühnenbild als innerlich zusammenhängende Dramen. Er verstand sie als »Stücke von Bedrohungs- und Bewährungssituationen aus dem gleichen historischen Prozeß, der ›blutigen Vorgeschichte der Menschheit‹, der bis heute nicht abgeschlossen ist, und der mit seinen Zuspitzungen und Widersprüchen heutige Problematik zutiefst berührt«. Der im Stück erfolgreiche Versuch der Iphigenie zur Verhinderung von Gewalt mittels Überredung, Überzeugung wurde dabei, mit Martin Walser, als im Grunde aberwitzige (utopische) Lösung ausgestellt, insofern sie »Humanität ohne Gesellschaft, Humanität ohne Geschichte, oder noch schlimmer: Humanität gegen die Geschichte« demonstriert. Langs »Iphigenie«-Inszenierung wurde (von Wolfgang Heises Deutung vorbereitet) zu einer polemischen Kontrafaktur zu allen früheren DDR-Inszenierungen des Stücks, einschließlich der berühmten Wolfgang Langhoffs von 1964. In seinem letzten Projekt am Deutschen Theater, einer »Trilogie der Leidenschaft«, bestehend aus Euripides' »Medea«, Goethes »Stella« und Strindbergs »Totentanz« (1986), ging Lang den eingeschlagenen Weg weiter, indem er »die Auswirkung von historischen Entwicklungen und Grenzsituationen auf die zwischenmenschlichen Beziehungen«, angesiedelt zwischen »Tragödie und Utopie«, theatralisch vorstellte. Wiederum geht es um Geschichte als Gegenwart, Konfliktstrukturen der Zivilisationshistorie, die als noch virulent erscheinen. Der Mythos erweist sich, mit Heiner Müller, »als ein Aggregat, eine Maschine, an die immer neue und andre Maschinen angeschlossen werden können«. Daß dies auch für die germanische Mythologie und Vorgeschichte gilt, zeigte Wolfgang Engel mit seiner Dresdner Inszenierung von Friedrich Hebbels »Nibelungen«-Trilogie (1984). Auch sie offenbarte ein Stück Zivilisationsgeschichte im Zeichen eines zerstörerischen, natur- und menschenfeindlichen Kalküls – von der Unterwerfung Brunhildes bis zu Kriemhilds Rache an den Burgunden.

Im folgenden soll die Dramatik der DDR aus den letzten anderthalb Jahrzehnten auch auf der Ebene der wichtigsten Autoren und Stücke kurz umrissen werden. Zu sprechen ist vor allem von Müller, Braun, Hein, Brasch und einigen der jüngeren Autoren.

Um 1970 war es üblich und richtig, von Heiner Müller und Peter Hacks als den beiden bedeutendsten DDR-Dramatikern nach Brecht zu sprechen. Das gilt für die Zeit danach nicht mehr. *Peter Hacks* begab sich, trotz des guten Dutzends seit 1970 entstandener und vielgespielter Stücke, selbst ins Abseits als vermeintlich sicheren Ort. Er wetterte gegen Brechts »Gewerkschaftsstücke« und den »Volkston«, ja, er befand grundsätzlich: »Alle Vertraulichkeiten zwischen der Kunst und dem Leben sind widerlich.« Dagegen setzte er ungerührt sein neues »Königsdrama«, seine »postrevolutionäre Dramaturgie«. Er favorisierte »Theater als Pomp«, verstanden als »Feier der menschlichen Möglichkeiten, Vorzeigen erlangter und erlangbarer Reichtümer, der Stolz des Menschen auf sich selbst«. Wohl griff auch Hacks gerade mythologische und historische Stoffe auf, aber stets im angedeuteten Sinn, der auf Enthistorisierung und falsch-stimmige Poetisierung des gewählten Sujets hinausläuft, ob es nun um »Adam und Eva« (1972), Goethe (1975, 1976), »Senecas Tod« (1980) oder ein Gegenwartsproblem geht. Gemäß seiner absolut gesetzten Maxime »Form ist das Politikum« (so schon 1963) manifestieren Hacks' Stücke in zumeist klassizistischer, manchmal manieristischer Sprache eine Verklärung des Bestehenden – nicht nur in der DDR. Ein Bogen spannt sich vom Herakles-Stück »Omphale« (1970), an dessen Ende aus des Helden Keule ein Ölbaum wächst, bis zu »Pandora« nach Goethe (1982), das – »vom Standpunkt des reifen Sozialismus her« (Hacks) – dem nachdenkenden, dichtenden Titanen Epimetheus recht gibt und dem tätigen Titanen Prometheus unrecht. Gegen Hacks' Verheißung einer befriedeten, gelingenden Kultur wäre nichts einzuwenden, wenn sie sich nicht so unendlich weit von der schnöden Alltagswirklichkeit in der DDR entfernte. Dazu stimmt, daß er beim Aufgreifen älterer Vorlagen, wie z.B. von Goethes »Pandora«-Fragment, auf Ergänzung im Sinne von Ganzheit, Vollendung in Richtung auf eine geschlossene Form drängte.

»Die Pose des Klassikers erfordert homerische Blindheit«, schrieb *Heiner Müller* 1975, zweifellos auf den ungleichen Bruder Hacks gemünzt. Müller ging, in geschichtsphilosophischer wie ästhetischer Hinsicht, den umgekehrten Weg im Vergleich zu Hacks. Er sah den »Fragmentcharakter« der Geschichte, der deutschen zumal, und er postulierte eine theatralische Form, die diesen Befund enthüllen sollte: »die Not von gestern ist die Tugend von heute: Die Fragmentarisierung eines Vorgangs betont seinen Prozeßcharakter, hindert das Verschwinden der Produktion im Produkt, die Vermarktung, macht das Abbild zum Versuchsfeld, auf dem Publikum koproduzieren kann.« Keine künstliche Ganzheit soll mit dem Drama entstehen, sondern ein – natürlich gleichfalls künstliches – *synthetisches Fragment.* So unterschiedlich Müllers Stücke aus den letzten zwanzig Jahren sind: in diesem grundlegenden ästhetischen Charakteristikum stimmen sie überein. Müller war sich dessen bewußt, daß im »Reich der Notwendigkeit«, wozu er auch die DDR zählte, »Realismus und Volkstümlichkeit zwei Dinge sind«, sprich: seine Stücke nicht jederzeit und nicht von allen verstanden, geschweige denn gemocht werden konnten. Er akzeptierte diesen »Riß [...] durch den Autor« und entschied sich im Zweifelsfall für den Realismus, d.h. für schwierige szenische und sprachliche Strukturen, die sich einer Verkürzung der Wahrheit verweigern. – Müllers Produktion der letzten zwanzig DDR-Jahre läßt sich, gewiß vergröbernd, vom Autorinteresse und Sujet her in drei Komplexe einteilen: Es geht, erstens, um den Alp der deutschen Geschichte; zweitens um ›Endspiele‹ über eine in tödliche Sackgassen geratene abendländische Zivilisation; drittens schließlich um den Focus von (Welt-)Revolution und Dritter Welt. In allen drei thematischen Komplexen spielt die (Gewalt-)Beziehung zwischen Mann und Frau eine entscheidende Rolle. Immer deutlicher zeigte sich für Müller, daß sich vermeintlich objektive Geschichte und Subjekterfahrung nicht trennen ließen. Die entscheidenden Kräfte der Historie, vor allem der hier immanente Terror, wurden zugänglich über individuell erlittene Traumata – in

Müllers Fall vor allem wiederholte Erfahrungen von (politischem) Verrat sowie der Selbstmord seiner ersten Frau Inge (zu I. Müller vgl. hier S. 235f.). Die Bearbeitung der ›äußeren‹ Geschichte wurde zunehmend identisch mit der obsessiven Wiedererinnerung der ›inneren‹, der eigenen Geschichte. Am Ende steht Müllers Satz: »Daß es nicht mehr erlaubt ist, nicht über sich selbst zu reden, wenn man schreibt.«

Müller wandte sich dem Geschichtsprozeß in Etappen zu. Bereits aus den frühen 50er Jahren stammen Szenen/Fragmente, die die jüngstvergangene deutsche Geschichte – NS-Regime und Zweiter Weltkrieg – thematisierten und hernach in »Die Schlacht« und »Germania Tod in Berlin« eingingen. Später, in den 60er Jahren, setzte er sich ein erstes Mal in mythischen Modellen wie dem »Herakles«, »Prometheus« oder »Philoktet« mit der abendländischen Zivilisationsgeschichte als einer Geschichte der repressiven Aneignung der Natur durch den Menschen, einschließlich der eigenen Triebnatur, auseinander. Dabei stieß Müller Zug um Zug auch auf die deutsche Geschichte und damit Preußen und den Nationalsozialismus – immer aus dem Interesse an der eigenen, gelebten DDR-Gegenwart heraus. So ließ er in den Stücken der 70er Jahre »die Geschichtsuhr rückwärts laufen« (G. Schulz) – zur gescheiterten Revolution 1918/19, nach Preußen unter Friedrich Wilhelm I. und Friedrich II., schließlich bis zum ›germanischen Erbe‹ bis zu Arminius und Flavius und den Nibelungenhelden im »Germania«-Stück. Müller wandelte ein Wort von Edgar Allen Poe: »Der Terror, von dem ich schreibe, [...] ist ein Terror der Seele« ab in: »Der Terror, von dem ich schreibe, kommt aus Deutschland«.

In *»Die Schlacht«* (1974) begnügt sich der Autor noch damit, in grausigen, verstörenden Bildern vom Krieg als einem lizenzierten Abschlachten die Situation des ›Nullpunkts‹ 1945 ohne seine lange Vorgeschichte nachzuzeichnen. Übriggeblieben sind, so die Sicht des Stücks, im wesentlichen Schlächter, Mörder und andere Menschenverächter als die einzigen Überlebenstüchtigen. Die implizit gestellte Frage lautet natürlich: Was ist und was wird das für ein Sozialismus, der aus solchen Anfangsbedingungen und mit solchen Menschen aufgebaut wird? »Schlacht« vermittelt die für die DDR unbequeme Erkenntnis, daß auch dort der ›gewöhnliche‹, ›alltägliche‹ Nazismus nach 1945 weiterlebte. Einem Kritiker, der nach der »aktuellen Relevanz« des Stücks fragte, antwortete Müller deutlich: »Daß Sie die Frage für notwendig halten, verweist auf die Antwort: die Aushöhlung von Geschichtsbewußtsein durch einen platten Begriff von Aktualität. Das Thema Faschismus ist aktuell und wird es, fürchte ich, in unserer Lebenszeit bleiben.«

Die Stücke »Germania Tod in Berlin« (abgeschlossen 1976) und vor allem das Preußenstück *»Leben Gundlings Friedrich von Preußen Lessings Schlaf Traum Schrei«* (1977) entziffern pointiert – ein für die

DDR sehr neues Vorhaben – die deutsche Geschichte als Triebgeschichte: als Prozeß einer fortschreitenden Deformation der menschlichen Triebstruktur in Richtung auf die Verwandlung von Fremdzwängen in Selbstzwänge (»jeder ist sein eigner Preuße«, heißt ein Kernsatz des Stücks), auf die Herstellung des autoritären (sadomasochistischen) Charakters, auf die Zurichtung der in der Gattung auch angelegten Möglichkeit lebendiger Produktivität in (nazistische) Todesproduktion. Einen ›positiven‹ Zukunftsprospekt kann und mag Heiner Müller nicht mehr angeben: Die von den Klassikern des Marxismus bereits anvisierte Möglichkeit eines Untergangs der menschlichen Gattung in der Barbarei statt des Kommunismus ist ihm zu der Zeit wahrscheinlich geworden. Die einzige verbliebene Chance, sich damit wenigstens auseinanderzusetzen, davor weder den Verstand noch die Gefühle zu verschließen, hieß nach Müller »konstruktiver Defaitismus«.

In *»Hamletmaschine«* (1977) weitet sich Müllers Kritik an der deutschen Geschichte und ihrer spezifischen Variante einer Dialektik der Aufklärung zum Verdikt über die abendländische Zivilisationsgeschichte als ganze. Es handelt sich zweifellos um das schwärzeste Stück des Autors, das nicht zufällig immer wieder als sein »Endspiel« bezeichnet wurde. Die Entfernung zwischen Geschichte und Utopie ist extrem groß geworden. In fünf Akten (auf nur neun Seiten) hat Müller ein synthetisches Fragment, gespickt mit (Shakespeare-)Zitaten und Selbstzitaten vorgelegt, das mit dem Versagen des Intellektuellen, wie Müller ihn sieht, angesichts der mörderischen Geschichte, »im Rücken die Ruinen von Europa«, abrechnet. Die Historie erscheint bis hin zu Stalin und zur »Pest in Buda« (dem ungarischen Oktoberaufstand 1956) als eine ewige Wiederkehr des Gleichen, als eine Kette von Gewalt und Tod, von Verrat und Katastrophen. Der müllersche Intellektuelle mit seiner aufs Prinzip Rationalität gegründeten, gepanzerten Identität – in Hamlet Gestalt geworden – weiß ihr nichts entgegenzusetzen. Es ist »Eiszeit«; sein »Drama findet nicht mehr statt«. Einzig Ophelias Revolte, die nun nicht mehr Selbstmord begeht wie bei Shakespeare, sondern zur rächenden Mörderin wird, stellt sich dem entgegen. Die Befreiung des Körpers, die Aneignung der entfremdeten Sexualität, die Brechung des männlichen Gewaltmonopols durch die Frau erscheinen als einzige wirkliche Alternative. Mit einer vergleichbaren ›Moral‹ endet auch Müllers nächstes Endspiel »Quartett« (1982) nach Choderlos de Laclos' 200 Jahre älterem Roman »Liaisons dangereuses«. Nachdem sich Valmont und Merteuil, zwei libertine Aristokraten aus dem *ancien régime*, wechselseitig aufgeklärt-bestialisch gequält haben, sagt Valmont, der Mann, das tödliche Gift im Bauch: »Es ist gut, eine Frau zu sein, [...] und kein Sieger.«

Auch *»Verkommenes Ufer Medeamaterial Landschaft mit Argonauten«* (1983) von dem schon die Rede war (vgl. S. 278), gehört zur Serie der Endspiele in Gestalt synthetischer Fragmente. Hier geht es um die extrem entfremdete Mann-Frau-Beziehung in der Früh- und gleichzeitig in der Spätestphase des Patriarchats. Jason, der »Sieger«, der Kolonisator, erscheint als Vollstrecker einer instrumentellen Vernunft, deren Werk es ist, daß die Erde noch vor der Zeit in den Zustand der Entropie übergeht. Aus dem kolonisierten Ufer von Kolchis ist ein »verkommenes Ufer« voller Wohlstands- und Industriemüll geworden. Für Medea dagegen ist der »Zahltag« gekommen: Die gedemütigte, enteignete Frau befreit sich rächend durch die Aneignung des männlichen Gewaltprinzips in der extremen Form der Kindstötung. Ein weiteres Mal hat Müller die »Maschine Mythos« in Gang gesetzt und einen europäischen Kernmythos als Sinnbild einer bereits katastrophisch angelegten Zivilisationsgeschichte gelesen. – Auch in seiner *»Bildbeschreibung«* (1985), die den Alkestismythos verwendet, geht es um das wahrscheinliche Ende der Geschichte, ja des Lebens überhaupt. Doch ist hier die dialogisch-dramatische Struktur und mit ihr das Prinzip der linearen Zeit mit kausalen Abläufen endgültig aufgegeben. Es gibt keine faßbaren Identitäten und Personen mehr, nur noch einander durchdringende Stimmen. Die männlich-rationale, personale Identität wird nicht mehr nur kritisiert und verworfen, sondern aufgelöst zugunsten einer freien Textur. Gesucht wird jetzt, scheinbar paradox, »die Lücke im Ablauf, das Andere in der Wiederkehr des Gleichen, das Stottern im sprachlosen Text, das Loch in der Ewigkeit, der vielleicht erlösende Fehler«. – Unverkennbar hat sich Müller an philosophische Modelle des französischen Poststrukturalismus (Foucault, Baudrillard, Lacan, Derrida u.a.) angenähert, die die traditionellen Konzepte von Wirklichkeit, Rationalität und Identität in Frage stellen.

Die ›Endspiele‹ sind paradoxerweise nicht Müllers letztes Wort zu DDR-Zeiten. Er hat sie konterkariert durch Theaterstücke, in denen die Möglichkeit einer Wiedergeburt der Gattung utopisch auflebt – freilich am anderen Ort, weit entfernt von den »Ruinen Europas«. Vor allem das Stück *»Der Auftrag. Erinnerung an eine Revolution«* (1979), das, nach der Erzählung »Das Licht auf dem Galgen« von Anna Seghers, den gescheiterten Export der Französischen Revolution in die Karibik zum Thema hat, handelt davon. Der weiße Intellektuelle Debuisson – eine Fortsetzung der Hamletfigur – verrät die Revolution, der Schwarze Sasportas bleibt ihr treu bis in den Tod. Das europäische Revolutionsmodell auf der Basis der Selbsterhaltung erfährt eine scharfe Absage; ihm stellt Müller die Revolte der Körper, die kollektive Todeserfahrung, die Renaturalisierung des Menschen entgegen, die allein – so seine Sicht – das schlechte Kontinuum der Geschichte aufzusprengen vermag. Auch in der Shakespeare-Adaption »Anatomie Titus Fall of Rome« (1985) geht es um die Oppositionen weiße Rasse/Kolonisatoren versus Kolonisierte, Mann versus Frau, Zivilisation versus Natur, Todesbereitschaft versus Selbsterhaltung. Zu fragen ist, ob Müller mit diesen simplen Stereotypen nicht selber einer neuen Mythologie zum Opfer gefallen ist. Auf die dezisionistischen und vitalistischen Ideologeme, die in diese Konzeption eingegangen sind, wurde bereits hingewiesen. Sein letztes Stück aus DDR-Zeiten »*Wolokolamsker Chaussee*« (1987) ist denn auch wieder differenzierter. Hier hat Müller die Auseinandersetzung mit der Lage an dem Ort, an dem er lebt, Mitteleuropa, wieder aufgenommen. In den ersten beiden Szenen greift er auf eine Erzählung Alexander Beks von 1945 über den »Großen Vaterländischen Krieg« zurück. Wieder einmal geht es um den »Kindertraum/Von einem Sozialismus ohne Panzer«, konterkariert durch die Wirklichkeit von 1941 über 1945 bis 1953, daß es gerade die Panzer waren, »die uns geboren haben«. Die Gründungsgeschichte des Sozialismus ist eine Geschichte von Terror und Tod – über den 17. Juni 1953 (Szene III) bis hin zu dem in der Szene IV beschriebenen unblutigen Triumph der Bürokratie. Die »Utopie als Alptraum« zu beschreiben: das war für Müller die einzige Möglichkeit, sie nicht zu verraten. Er beharrte auch in diesem Text, der sich wieder dem Lehrstück nähert, auf dem Prinzip Negation. Freilich – das haben die Wendejahre gezeigt – war ihm das endgültige Verschwinden der Großen Utopie dann unerträglich.

Müllers Blick auf Geschichte und Mythos als Terrorzusammenhang hat eine enorme Sogwirkung auf einige jüngere Dramatiker ausgeübt, namentlich auf Stefan Schütz, Jochen Berg und Thomas Brasch. Freilich zeigen gerade *Jochen Bergs* (geb. 1948) Antikenstücke »Iphigenie« (DDR-Titel »Im Taurerland«, 1982), »Klytämnestra« und »Niobe« (beide 1983), daß die Rückwendung zum Mythos auch zur Erstarrung, stilistisch zur Manier führen kann. Der Kontext der Neudeutung alter Mythen ist bei Berg der gleiche wie bei Müller, nur diffuser. Das archaische Griechenland erscheint aktuell als aus den Fugen geratene, von Männerterror beherrschte Gegend. Die Frauen, wie Klytämnestra, setzen sich zur Wehr, indem sie Männerhaltungen übernehmen. Bergs Umgang mit Iphigenie, die er zu Beginn des Stücks auf offener Bühne mit Thoas kopulieren läßt (die Ehe verweigert sie ihm dann trotzdem), zeigt besonders deutlich seinen Hang zum Aparten, zum schicken Schock. Dennoch, in Berg trat dramatische Begabung hervor, deren Entfaltung freilich dadurch behindert wurde, daß man in der DDR seine Stücke nicht spielte.

Von *Stefan Schütz* (geb. 1944), der 1980 die DDR verließ, stammt ein gutes Dutzend Stücke. Seit 1969, dem Jahr, in dem er Müller kennenlernte, hat er sie geschrieben. Gleich Müller war ihm »der [sozialistische] Tagtraum […] zum Alptraum« geworden, das Ende der europäischen Zivilisation Gewißheit. Das Scheitern der Subjektwerdung, des Prinzips Individuation wurde eines seiner durchgängigen Themen. Vom »Majakowski«-Stück (1971) bis zu »Die Seidels (Groß und Gross)« (1984) läßt er die entfremdeten Subjekte regelmäßig ihre

Sprache verlieren – zwischen den Extremen des Schreis und des Verstummens; am Ende stehen Wahnsinn oder Tod. Bemerkenswert sind vor allem zwei seiner Antike-Adaptionen. In »Odysseus' Heimkehr« (1972, Heiner Müller gewidmet) kommt Odysseus in ein von einem merkwürdigen Schorf überzogenes Land zurück, in dem ihm sowohl Penelope, die mit ihren Freiern ins Bett geht, als auch sein Sohn Telemach, der unbedingt an die Macht will, als Feinde gegenüberstehen. Sie lassen ihn umbringen, während das Volk dahinvegetiert, ohne seine Lage, seine Unterworfenheit unter die Macht überhaupt noch wahrzunehmen: »die Zukunft im Grind macht alle gleich«. Es ist offensichtlich, daß es Schütz um eine Kritik am »realen Sozialismus« ging, der er die mythische Konstellation camouflierend übergestülpte. Gelungener ist sein zweites Antikenstück »Antiope und Theseus«/ »Die Amazonen« (1974). Es erzählt von der Liebe der Titelhelden, die der Mann Theseus am Ende der Staatsraison opfert. Er heiratet Phädra, Antiope läuft in Theseus' Schwert, die Vernichtung des Amazonenvolks ist absehbar. Gerade weil Schütz auf bedeutungsschwangere Aktualisierungen verzichtet hat, überzeugt das Stück. Sein Thema, die gewalttätige Durchsetzung der patriarchalischen Ordnung, hat Schütz seither immer wieder aufgegriffen bis hin zu den voluminösen Prosaexperimenten »Medusa« (1986) und »Katt. Volksbuch« (1988). Dabei ist er mit der Verherrlichung des Matriarchats bei der »Wunschprojektion einer männlichen Phantasie« angekommen, »die in der Geschichte nicht weiter weiß und nur noch auf die ernährende ›große Mutter‹ hoffen kann« (M. Janz).

Auch *Thomas Brasch* (geb. 1945) kann wie Schütz in mancher Hinsicht als Müller-Schüler und -Schützling verstanden werden, der in mehr als fünfzehn Jahren literarischer Arbeit in allen Gattungen sowie als Filmemacher freilich eigenes Profil gewann. Brasch ist schon durch seinen Lebenslauf interessant. Er war in England als Sohn eines späteren hohen SED-Funktionärs geboren, also wie z.B. auch Monika Maron oder Katja Lange-Müller ganz in der Nähe der Staatsmacht aufgewachsen. Er besuchte später zeitweise eine sozialistische Kadettenanstalt. 1968 wurde er wegen »staatsfeindlicher Hetze« zu mehr als zwei Jahren Gefängnis verurteilt, nachdem er Flugblätter gegen den Einmarsch der Warschauer-Pakt-Staaten in die ČSSR verteilt hatte. Ende 1976 siedelte er nach West-Berlin über, nachdem ihm bedeutet worden war, daß, nach Erscheinen seines Prosabandes »Vor den Vätern sterben die Söhne« im Westen, er nun in der DDR nichts mehr veröffentlichen könne. Brasch bekannte sich, in seinem Leben und in seinen Texten, immer wieder dazu, ein »Individualanarchist« zu sein, der seine Empörung nicht verstecken kann und jegliche (staatliche) Ordnung ablehnt. »Die Ordnung. Und der Riß, der sie zerbricht« – diese Gedichtzeile könnte als Motto über seinen Texten stehen. Dabei wollte er nie ›politisch‹ im engeren Verstande schreiben.

»Für mich ist Joyce politischer als Erich Weinert. Die Revolutionierung von Formen zum Beispiel halte ich für wesentlich politischer als die Mitteilung, daß es den Armen besser gehen sollte.« Brasch wollte »Gegenbilder« entwerfen, die seinen »eigene[n] Maße[n]«, seiner »eigene[n] Geografie« entsprechen. Immer wieder haben ihn, gerade als Dramatiker, »kaputte Typen« angezogen, Figuren, »die am Rand aus Unfähigkeit oder weil's ihnen in der Mitte zu eng ist, sich aufhalten«. Das war schon in Braschs erstem wichtigem Stück (nach fünf, sechs früheren) »Lovely Rita« (1978 uraufgeführt) zu bemerken. In einer wilden, wirren Collage stellte es den Lebenslauf einer jungen deutschen Frau vor, die zu Kriegsende von einem (sowjetischen?) Besatzungsoffizier vergewaltigt wird, sich zum Weiterleben entschließt, selbst einen Mord begeht und am Ende ihr Kind auf einer öffentlichen Toilette abtreibt: »Ich bin mir selbst genug. Ich brauche keine Kopie von mir [...] Ich will allein sein.«

Braschs vielleicht bestes Stück ist *»Rotter«* (1976/77 entstanden und 1977 uraufgeführt), einer Figur gewidmet, die mit Brechts anarchischen Egoisten Baal und Fatzer, aber auch mit Galy Gay, dem Packer, der in eine »Kampfmaschine« verwandelt wird, zu tun hat. Rotter ist, vom Schlachterlehrling und SA-Mann über den Soldatenausbilder und -schleifer bis zum Deserteur in letzter Minute, der sich der neuen Ordnung eifrig zur Verfügung stellt und es bis zu hohen Posten im »realen Sozialismus« bringt, »ein Held, wenn er gebraucht wird«; die Karikatur des »neuen Menschen«, »ständig einsatzbereit, ohne hemmende Individualität im bürgerlichen Sinne«. Daß das Jahr 1945 gerade keinen Bruch in seiner Biographie bedeutet, sondern seine Brauchbarkeit vorher und nachher gleicherweise gegeben ist, macht die Provokation des Stücks aus, das Anstöße von Müllers Deutschland-Texten weiterführt. – Braschs Stücke sind immer neue Versuche, die Rolle der Gewalt in den menschlichen Beziehungen aufzudecken, im Vorkrieg (wie in seinem Georg-Heym-Stück »Lieber Georg«, 1980) und im Krieg (wie in »Lovely Rita« und »Rotter«), den der Autor als die gesellschaftliche Kehrseite aggressiver, instrumentell angelegter Beziehungen der einzelnen, vor allem im Geschlechterverhältnis, begreift (so in seinem Lustspiel »Frauen–Krieg«, 1988). Zu seinen wichtigen Stücken gehört auch »Mercedes« (1983), in dem es, in Form einer rätselhaften Versuchsanordnung auf der Bühne, um die Zerstörung der wirklich erfahrenen »deutlichen Zeit« in einer Ära der Maschinen und des Krieges geht.

Christoph Hein gehört zur gleichen Generation wie Brasch und Schütz, und gewiß hat auch er von Müller gelernt, zumal beide Mitte der 70er Jahre gleichzeitig Hausautoren an Bessons Volksbühne waren. Und doch ist Hein, dessen Stücke sehr viel leiser als die von Brasch und Schütz, rhetorisch zurückhaltender als die Volker Brauns und auf den ersten Blick konventioneller in der Dramaturgie als die Müllers daherkommen, zum wichtigsten, eigenständigsten DDR-Dramatiker seit Müller und Braun geworden. Hein hatte schon seit Anfang der 70er Jahre geschrieben, aber weithin bekannt wurde er erst durch einige Inszenierungen zu Anfang der 80er Jahre, und vor allem 1982 durch das Erfolgsbuch »Der fremde Freund«/»Drachenblut«. Kein Autor der DDR veränderte binnen weniger Jahre die Literatur seines Landes so nachhaltig wie Hein, der schlesische Pfarrerssohn, der von 1958 bis 61 das Gymnasium in West-Berlin besuchte, weil ihm aufgrund seiner Herkunft die Oberschule in der DDR versperrt war. Nach dem Mauerbau entschied er sich, im Osten zu bleiben, wo er 1964 doch noch das Abitur machen konnte. Gewiß hat diese Doppelsozialisation in zwei verschiedenen politischen Welten, dazu sein späteres Logikstudium, seine Texte differenzierter und nachdenklicher gemacht.

Heins erstes Stück »*Schlötel oder Was solls*« steht thematisch noch den Produktionsstücken Müllers, Hacks' und Brauns nahe, reflektiert aber vor allem – wie künftig fast alle seine Stücke – die gesellschaftliche Rolle des Intellektuellen. Schlötel, in der ersten Fassung (Uraufführung 1974) noch ein von der Studentenbewegung inspirierter Intelligenzler in »Messias-Haltung« (M. Linzer) aus dem Westen, wird in der Druckfassung von 1981 zu einem Absolventen der Universität Leipzig, der sich in der Produktion ›bewähren‹ muß. Sein sozialistisches Ethos und sein utopisches Verlangen werden zuschanden an der Enge der realen Arbeitsverhältnisse und der kleingläubigen, spießig-privaten Leute um ihn herum. Schlötel begeht Selbstmord. Freilich, Hein verzichtete darauf, Schlötel als Helden zu zeichnen und konzipierte den Vorgang statt dessen als Komödie. – Vom »Cromwell« (1980) an hat Hein nur noch Geschichtsstoffe bearbeitet – freilich auf der Grundlage eines erklärtermaßen »egozentrischen« Geschichtsbewußtseins: »man will seine Väter kennen, um sich zu erfahren«. In diesem Fall geht es, in der Art der elisabethanischen Historien, um den Aufstieg des Revolutionärs aus kleinen Verhältnissen zum Quasimonarchen, der am Ende die Revolution in Gestalt der Leveller stoppen muß, um ihr nicht zum Opfer zu fallen. – Das Salonstück »*Lassalle fragt Herrn Herbert nach Sonja*« (1980 in der Bundesrepublik uraufgeführt, erst 1987 in der DDR nachgespielt) befaßt sich mit dem Gründervater der deutschen Arbeiterbewegung, der schon deren ganze Problematik in pointierter Form verkörpert. In einer Phase »gestockter Widersprüche« versucht der jüdische Kleinbürger die deutschen Proleten zu organisieren – mit mäßigem Erfolg. Weil Lassalle keine wirklich öffentliche, politische Figur sein kann, wird er zum theatralischen Rollenspieler, der sich in Frauengeschichten, Streitereien mit Verwandten und jüdischem Selbsthaß aufreibt. Sein lächerlicher Tod im Duell (das Genital ist ihm zerschossen) kommt beinahe einem Selbstmord gleich. »Das Lassalle-Stück spielt mit den Kunstformen des 19. Jahrhunderts und mißtraut ihnen«, schreibt Hein. Gerade die dem vermeintlich ›großen‹ Stoff unangemessene Form des Salonstücks, nicht weit von Labiche oder Feydeau angesiedelt, legt die tatsächliche Enge und Lächerlichkeit der verhandelten Vorgänge bloß.

Heins erfolgreiches Stück »*Die wahre Geschichte des Ah Q*« (1983), geschrieben nach einer chinesischen Novelle des Lu Xun, verschärfte die Analyse des von gesellschaftlicher Praxis ausgeschlossenen oder sich ihr selbst verschließenden Intellektuellen. Ah Q und Wang leben und reden in einer Warten-auf-Godot-Situation anarchistisch räsonierend vor sich hin. Als in der entfernten Stadt die Revolution ausbricht, nehmen die beiden sie nur »als ein Geisterschiff« (Hein) am Horizont wahr. Freilich war es auch keine echte Revolution, denn die Revolutionäre lassen sich nun »revolutionäre Herren« nennen. Am Ende holt die Praxis den Ah Q doch noch ein: Man läßt ihm den Kopf abschlagen, ironischerweise nicht für den Mord, den er tatsächlich begangen hat. Hein hat sein Stück, in dem sich realistische Partien, Parabel und Clownsspiel vermischen, als »Szenen aus der Welt der Angestellten« bezeichnet. Intendiert ist damit eine Kritik jener unproduktiven, nur reflexiven Lebensweise aus zweiter Hand, die den Intellektuellen im Zweifelsfall zum Opfer *oder* zum Werkzeug der Mächtigen werden läßt; ein Thema marxistischer Dramatiker von Brechts »Turandot« (und »Tui-Roman«) bis zu Müllers »Hamletmaschine«. Auch Heins nächstes Stück, das Kammerspiel »Passage« (1987), das die an Walter Benjamin angelehnte Gestalt des jüdischen Literaten Dr. Frankfurter auf der Flucht vor den Nazis in den Mittelpunkt stellt, verhandelt ein weiteres Mal den heillosen Status des Intellektuellen in der (hier ganz wörtlichen) Grenzsituation des Warten-Müssens, der Ohnmacht, die sich als Machtverfallenheit erweist. – Heins letztes Stück zu DDR-Zeiten, die dreiaktige, konventionell gebaute Komödie »*Die Ritter der Tafelrunde*«, am 24. März 1989 in Dresden uraufgeführt, hat sich im nachhinein als die treffendste literarische Diagnose des Zustands der agonalen DDR erwiesen, ja, sie offenbart geradezu prophetische Qualitäten, auch wenn der Autor die von Anfang an dominante Lesart des Stücks als politische Parabel auf die DDR hartnäckig zurückgewiesen hat. »Jeder Satz des Textes wirkt wie eine aktuelle politische Anspielung«, kommentierte ein Journalist, und er hatte recht. Hein hat den halb historischen, halb mythischen König Artus und seine edle Ritterschaft in der Phase ihres Verfalls aufgesucht. Die Ideale, die das mächtige Reich einst gründen und befestigen halfen, sind im Niedergang begriffen, ja, sie sind schon tot. »Wir haben unser Leben für eine Zukunft geopfert, die keiner haben will«, sagt der alte Ritter Keie. Die Suche nach dem Gral ist eingestellt. Lancelot, inzwischen alt geworden, ist der letzte, der ihn gesucht und nicht gefunden hat. Und während Artus, Keie und auch Parzival im Gral immer noch das »Menschsein« verkörpert sehen, ist er für die anderen nur noch eine »Schimäre«. Artus' Sohn Mordred (in der alten Sage sein Neffe, der auch dort seinen Untergang herbeiführt) läßt den Tisch, an dem die hehre Runde immer gesessen hat, ins Museum schaffen. »Ich habe Angst, Mordred. Du wirst viel zerstören«, sagt Artus. »Ja, Vater«, ist dessen gelassene Antwort und zugleich das Schlußwort der Komödie. Heins auch sprachlich konventionelles Stück ist kein dramatisches Meisterwerk – als seismographische Wahrnehmung des »Verfalls einer Familie«, des realsozialistischen Clans und seines Staatswesens, bleibt es bemerkenswert.

Volker Braun, der in den 80ern mit Müller und dem neu hinzugekommenen Hein zusammen das Dreigestirn der führenden Dramatiker in der DDR bildete, legte 1987 ein Stück zum Thema des antinazistischen Exils vor, das Heins Stück »Passage« thematisch verwandt, aber ästhetisch und intentional ganz anders angelegt ist. Angelehnt an Seghers' berühmten Roman »Transit« und seine 1940 in Marseille spielende Handlung um »drei Wartende zwischen Krieg und Papierkrieg, hoffend auf Pässe, Visa, Billets« (A. Roßmann) stellte er eine die Fabel aufbrechende Collage zusammen, die Traumsequenzen und surreale Spielelemente einbezog. So öffnete sich der historische Vorgang für die ungelösten Probleme des Heute. »das exil«, so Braun, »kann nur modell sein für die heutige befindlichkeit, für unser aller leben im übergang: die wir den alten kontinent unserer gefährlichen gewohnheit und anmaßenden wünsche verlassen müssen, ohne das neue ufer zu erkennen zwischen uns.« – Der ›Übergang‹, das Anderswerden, die notwendige Transformation des einzelnen und der Gesellschaft: das ist Brauns großes Thema der 70er und 80er Jahre, wovon vor allem seine Komödie »Die Übergangsgesellschaft« (1982) zeugt (vgl. dazu S. 240). Während Braun bis zu »Tinka« (1972/76) und »Schmitten« (1969–78) hin noch gegenwärtige DDR-Probleme in der Tradition des Produktionsstücks aufgriff (vgl. hier S. 223), verhandelte Braun seither die ungelösten Probleme von Gewaltherrschaft, Ungleichheit und ›Übergang‹ an entfernteren welthaltigen Modellen, die an entscheidenden Drehpunkten der Geschichte angesiedelt sind; Umschlagpunkten, an denen sich aus seiner Sicht eine neue Qualität menschlicher Sozietät und Produktivität zeigte oder wenigstens andeutete. Hierher gehört schon der 1970 entstandene, aber erst 1988 uraufgeführte Text »Lenins Tod«, der, auf Dokumente gestützt und allzusehr als Debattierstück angelegt, den Niedergang der Oktoberrevolution und ihre Transformation in die Diktatur Stalins vorführt. Hierher gehört vor allem das 1975 entstandene, in der DDR erst 1984 gespielte Stück »*Guevara oder Der Sonnenstaat*«. Es verfolgt den Weg des argentinischen Revolutionärs Ernesto Che Guevara rückwärts, den tatsächlichen Lebenslauf umkehrend vom Tod des Guerrilleros bis zu seiner Verabschiedung von Fidel Castro auf Kuba, dessen Finanzminister er war. Guevara scheitert tödlich, und Braun bagatellisiert dieses Scheitern nicht. Aber er stellt Guevaras Entschluß und seinen Vorgriff auf den Sonnenstaat Campanellas als trotzdem ermutigendes Beispiel heraus, als Zeichen dafür, daß das Arrangement mit dem, was ist, immer wieder aufgesprengt werden müsse. – Auch das ein Jahr später entstandene Stück »*Großer Frieden*«, Brauns Chinoiserie in der Nachfolge von Brechts »Turandot«, verhandelt eine grandiose soziale Umwälzung. Lange »vor der europäischen Zeitrechnung« gelingt nach Braun im alten China eine Revolution, die den großen Frieden – die Gleichheit aller – bringen soll. Doch das Projekt bleibt auf halbem Wege stecken. Die Arbeit, »als noch geteilte«, produziert »wieder die Strukturen der Unterdrückung [...] Am Ende des Stückes kein Ende der Kämpfe.« Brauns Kritik der stagnierenden asiatischen Produktionsweise, von Karl August Wittfogel und Rudolf Bahros Buch »Die Alternative« inspiriert (im Philosophen Wang ist Bahro zudem zur Theaterfigur geworden), meint natürlich auch die Ungleichheit reproduzierende arbeitsteilig-hierarchische Produktionsweise in der DDR. Auch das Stück »*Dmitri*«, 1980 entstanden in Anlehnung an Schillers »Demetrius«-Fragment, entzaubert seinen hehren historischen Stoff. Der Knecht Dmitri steigt im 16. Jahrhundert zum Zaren von Rußland auf und hat sich damit den Traum erfüllt, den jeder Knecht träumt: frei zu sein und »aus Sklaven freie Menschen [zu] machen«. Doch daraus wird nichts – Dmitri wird ermordet. Ein weiteres Mal konfrontierte Braun seine Zuschauer mit einem Stück Geschichte, das skandalös, »unannehmbar«, »peinigend« war – und somit auf seine Umkehrung in der Gegenwart drängte. – Brauns Beharren auf utopischen Potentialen geriet seit der Wende vollends ins politische Niemandsland und ließ den Autor zum trotzigen Melancholiker werden. Darüber sollte nicht vergessen werden, wie störend, ja gefährlich die Mächtigen der DDR seinerzeit seine utopische Beharrlichkeit in ihrer Verbindung mit scharfer Kritik an Grundübeln des »realen Sozialismus« taxierten.

In zwei anderen Stücken beschäftigte sich Braun, ähnlich Müller, speziell mit dem »Terror, der aus Deutschland kommt«. Es ist zum einen seine »Spielbaukasten für Theater und Schule« genannte didaktische Collage »Simplex Deutsch« (1980), ein eher fragwürdiges synthetisches Fragment aus Brechts »Trommeln in der Nacht«, Becketts »Warten auf Godot«, Müllers »Die Schlacht« und manchem anderen, das von Unmündigkeit und geducktem Gang unter den Deutschen handelt. Es ist zum andern sein 1986 uraufgeführtes dreiteiliges Nibelungenstück »*Siegfried Frauenprotokolle Deutscher Furor*«. Angestoßen von Hebbels »Nibelungen« und Müllers »Germania Tod in Berlin« setzte sich Braun in ihm mit Grundproblemen der Zivilisationsgeschichte in ihrer zum Teil spezifisch germanisch-deutschen Färbung auseinander: mit der Unterjochung der Natur durch den Menschen (in der Gestalt Siegfrieds), mit der Unterwerfung der Frauen durch die Männer, die am Ende – im Streit der Königinnen Kriemhild und Brunhilde – stellvertretend deren Konflikte ausfechten, schließlich mit dem Krieg in Gestalt der Vernichtungsschlacht. Was ein mittlerweile ästhetisch genießbarer Vorgang aus der Kindheit Europas zu sein schien, sah Braun, gleich Müller, als weiterwirkende Grundstruktur eines barbarischen Zivilisationstypus, der im Nationalsozialismus und im Zweiten Weltkrieg als »deutscher Furor« zur exzessiven Vollendung gelangt war.

Hier die großangelegten, auf Geschichte und Mythos rekurrierenden dramatischen Modelle Müllers, Brauns, Heins, Braschs und Schütz' – dort die auf einen spezifischen Gegenwartsausschnitt verengten Stücke einer neuen Dramatikergeneration, die nur wenige Jahre jünger ist (wenn man von Müller einmal absieht). Am Beispiel von Jürgen Groß soll dieser Unterschied wenigstens exemplarisch verdeutlicht werden.

Jürgen Groß (geb. 1946), aus einer kommunistischen Arbeiterfamilie stammend, hatte Dramaturgie und Regie studiert. Seit 1978 war er Hausautor des Maxim Gorki Theaters in Berlin. Im gleichen Jahr schaffte er den Durchbruch bei Publikum und Kritik der DDR mit seinem Stück *»Match«*. Der Titel meint zunächst ein Fußballspiel, nach dem es zu Ausschreitungen unter den Zuschauern kam. Ein Mann wurde erstochen. Fünf junge Leute, zwei Frauen und drei Männer, flüchten sich vor der Volkspolizei in eine Baubude, wo sie die Nacht über bleiben. Sie sind Eingeschlossene und Ausgeschlossene, *outcasts*, zugleich. Aus der Extremsituation wird ein weiteres »Match«: Die jungen Leute, voller Aggressionen und ungestillter Sehnsüchte, begegnen und verfehlen sich. Es wird klar, daß einer von ihnen der Mörder aus dem Stadion ist. Am Ende stellt er sich, ein Täter ohne Motiv, der Polizei. Groß führte – das war zu Ende der 70er Jahre noch neu – auf spannende Weise eine junge Generation vor, die kaum Orientierungen hat, der die öffentliche Moral suspekt ist. – Um die Frage »Wie leben wir – wie wollen wir leben« (Groß) geht es auch im nächsten Stück des Autors, »Geburtstagsgäste« (1980). Eine Funktionärswitwe teilt an ihrem Geburtstag den Familienangehörigen mit, daß sie ihre Villa, die sie nicht mehr braucht, einem Kindergarten schenken will. Dieses »Geburtstagsgeschenk« entspricht durchaus nicht den Erwartungen ihrer Lieben, die alle ihrerseits auf das Haus als Erbschaft spekulieren. Wiederum verhandelte Groß die Probleme einer ins Wanken gekommenen sozialistischen Moral am kleinen Gesellschaftsausschnitt. – In *»Denkmal«* (1979/1983), einem großangelegten szenischen Experiment, das phantastische Sequenzen einmontiert und Brechts Mutter Courage als Figur zitiert, geht es nicht mehr nur um die kleinen Alltagsprobleme im »real existierenden Sozialismus«. Groß stellt mit seiner Heldin Natascha Ruckjuleit die Frage, ob es im Zeichen von Weltkriegsgefahr und Drohung der Apokalypse noch verantwortet werden könne, ein Kind in die Welt zu setzen. Die ungebärdige, vitale Natascha setzt ihren Wunsch durch, am Ende findet auch ihr Partner den ›Mut zum Kind‹. Groß' Stücke sind fragwürdig, aber doch interessant genug, weil in ihnen Lebensfragen gestellt werden, die das DDR-Publikum beschäftigten. Was ihnen fehlt, im Vergleich zu Heiner Müller oder Volker Braun, ist eine eigene poetische Sprache, sind suggestive theatralische Bilder. Dies freilich gilt für fast alle seine Altersgenossen.

Die Weiterentwicklung der DDR-Dramatik hing nicht zuletzt davon ab, welche Förderung durch Verlage und vor allem Theater ihr zuteil wurde. Die Stücke der jungen Autoren mußten inszeniert und diskutiert werden, nur so konnten Dramatiker lernen. Die Werkstatt-Tage des DDR-Schauspiels, die alle zwei Jahre in Leipzig stattfanden, spielten dabei eine wichtige Rolle. Was auf ihnen im Jahr 1988 über die Bühne ging, war bemerkenswert, ebenso wie z.B. die Schweriner »Entdeckungen 7« 1988, die dem neuen DDR-Drama gewidmet waren. Als vielversprechende Begabungen unter den Autoren zeigten sich in diesen letzten DDR-Jahren Sewan Latchinian, Jo Fabian oder Kerstin Hensel (alle drei 1960/61 geboren). Gelegenheit, zu Nachfolgern Brechts und Müllers in der DDR zu werden, blieb nicht mehr.

Lyrik gegen die symmetrische Welt

In den 60er Jahren hatte die Lyrik eine wichtige Vorreiterfunktion für die Literaturentwicklung der DDR insgesamt. Früher als die anderen Gattungen brach sie aus den Normen der Widerspiegelung, der Repräsentanz und des Sozialaktivismus aus. Nicht nur ältere Autoren wie Arendt, Huchel und Bobrowski sperrten sich gegen die politisch-pädagogische Vereinnahmung der Poesie, sondern auch und gerade die Jüngeren, zwischen 1929 und 1940 Geborenen. Ihnen gelang poetisch-praktisch etwas Erstaunliches, das bis dahin kaum möglich schien: Zwischen der Scylla der literaturfremden Instrumentalisierung (der Lyrikdominante der 50er Jahre) und der Charybdis der pur ästhetischen Autonomie (mit Adorno als »konstitutive Absentierung« vom gesellschaftlichen Status quo verstanden) fanden sie einen dritten Weg, nämlich eine Synthese aus Gesellschaftlichkeit und Subjektivität, aus Politik und Poesie, aus Einverständnis und Provokation – eine Vereinigung des Gegensätzlichen, die sich lyrisch als sehr fruchtbar erwies. Durch ihre Gattungseigentümlichkeiten von vornherein souveräner gegenüber dem Gebot des »sozialistischen Realismus«, vorgegebene Wirklichkeit abzuschildern (mit den ›richtigen‹ politischen Bewertungen versehen, versteht sich), dem sich vor allem die Prosa viel schwerer zu entziehen vermochte, konnte die Lyrik der 60er Jahre zur Triebkraft einer selbstbewußten, ästhetisch anspruchsvollen, modernen DDR-Literatur insgesamt werden.

Ein Schlüsselwort zum Verständnis dieses neuen produktiven Amalgams aus Gesellschaftlichkeit und Ichbezogenheit war, wie bereits früher skizziert, das der *»arbeitenden Subjektivität«,* das der Literaturwissenschaftler Dieter Schlenstedt 1968 in einem Gespräch mit Georg Maurer einführte und das später Volker Braun aufgriff. Schon 1966 hatten die Herausgeber der (bis heute) wichtigsten Anthologie der DDR-Lyrik »In diesem besseren Land«, Adolf Endler und Karl Mickel, für das Gedicht den »großen Gegenstand« – also Themen von öffentlichem Interesse – gefordert und das »lange Gedicht« – als eines, das der »Realität in ihrer vielfältigen Verzahnung« gerecht wird – favorisiert. In den Hymnen, Elegien und Oden Klopstocks und Hölderlins fanden sie (und andere) Modelle einer lyrischen Praxis, die Politik und Poesie, Welt und Ich nicht gegeneinander abschotteten, sondern zielstrebig zusammenführten. Verdächtigungen der neuen gesellschaftsbezogenen Subjektivität als einer »entsozialisierten«, »nonkonformen«, sprich: bürgerlich-dekadenten blieben nicht aus (so z.B. bei Hans Koch). 1970 erschien, quasi als Gegenprogramm zu »In diesem besseren Land«, die Anthologie »Lyrik der DDR« (herausgegeben von Uwe Berger und Günther Deicke), die Subjektivität nur zuließ, sofern sie mit dem unterstellten »historisch Notwendigen« kongruent war (und entsprechend reduktiv fiel die Gedichtauswahl aus), doch der produktive Aufbruch der jungen Lyriker war nicht zu bremsen. Noch 1975 konnte Karl Mickel das zuversichtliche Credo einer selbstbewußten, artistisch souveränen DDR-Poesie formulieren: »Kunst ist Kunst und nicht das Leben; ohne Kunst sähen wir nur 1/10 des Wirklichen.« Einer Auffassung von Literatur als reproduktiver Bestätigung politischer Axiome war damit eine Absage erteilt. Die an Hölderlin *und* Brecht, Klopstock *und* Majakowski geschulte junge Lyrik konnte auch der Vorwurf Michael Franz' von 1969 nicht treffen, hier sei die »profane« Heine-Weerth-Brecht-Linie zugunsten der »pontifikalen« Linie der Dichtung geopfert. Die Leistung der Volker-Braun-Generation lag gerade in der Verschmelzung dieser beiden Erbmassen.

Spätestens ab Mitte der 70er Jahre geriet die »arbeitende Subjektivität« der besten Lyriker der DDR in die Krise. In den 60er Jahren bestand ein gewisser Kontrast zwischen der ernüchterten Geschichtssicht eines Peter Huchel oder Erich Arendt und dem Prinzip Hoffnung, das die jungen Lyriker noch fast vorbehaltlos proklamierten. Dem Altkommunisten Arendt vom Jahrgang 1903 z.B. war damals schon der »Traum zerstückt«, der Engel der Geschichte »verleumdet, flüchtend, verschlagen, flügellos starrend, gestrandet«, während für Braun oder Czechowski, Sarah Kirsch oder auch Wolf Biermann noch kein Zweifel daran bestand, »in diesem besseren Land« (Czechowski) zu leben. Günter Kunert, der einzige bedeutende Lyriker der mittleren Generation, war der erste von den Jüngeren, bei dem schon vor 1970 die Fortschrittsgläubigkeit von radikaler Skepsis abgelöst wurde, sichtbar in seinem Gedicht »Lagebericht«:

Alles ist möglich und
gleichzeitig ist alles unmöglich.
Nur noch Natur
ist uns geblieben oder was
von ihr geblieben ist. Um uns
geruhsame Steine von seligen Vorläufern
deren Zukunft
bis zum Jenseits gereicht hat.

Unser ist der Tag
der keinem gehört. Wir sitzen
im schwarzen Licht
essen Gift trinken Säure
wir denken wir leben
und verschieben die Folgen
auf Morgen
wo wieder mehr möglich ist
und noch mehr unmöglich
wo wir alle so sind wie alle sein werden:

fernerhin Stückwerk
trostlos unaufgehoben
endgültig unnütz
der Rest
der verschwiegen wird.

Solche Stimmungen, die schrittweise die Qualität von Erkenntnis gewannen, ergriffen nun auch die meisten der in den 30er Jahren geborenen Lyriker. Die Erfahrung der »gestockten Widersprüche« (Fühmann), einer Zivilisation in der Krise, die auch das eigene Land einschloß, verwandelte den Elan und die Aufbruchsenergie der frühen 60er Jahre stufenweise zu Haltungen der Skepsis, der Trauer, der Melancholie, auch: der Angst. Die Leipziger Germanisten Christel und Walfried Hartinger haben diesen Wandel für fünf wichtige Lyriker dieser Generation überzeugend nachgewiesen. Schon die Titel der »dritten Bände« dieser Autoren seit ca. 1975 (nach den ersten um 1965 und den zweiten um 1970) belegen das. Die Biermann-Ausbürgerung 1976 mit ihren Folgen für kritische Künstler war nur Schlußstein einer Entwicklung, wirkliche Ursache war das Scheitern eines Traums: des Traums von der Realisierbarkeit eines menschlichen, freiheitlichen Sozialismus in der DDR. Volker Brauns Klopstock verkehrendes Credo »Wir und nicht sie« war nicht mehr aufrechtzuerhalten.

Zweifellos erlitt die Lyrik der DDR durch die Übersiedlungen von Autoren im Gefolge der Biermann-Ausbürgerung im Vergleich zu den anderen Gattungen die schwersten Verluste. Durch den Weggang Huchels (schon 1971), Biermanns, Kunzes, Sarah Kirschs, Jentzschs, Bartschs, Braschs, Tragelehns verlor die DDR beinahe auf einen Schlag einen unersetzlichen Teil ihrer gewichtigen Poeten. Andere, zumeist Jüngere, wie Matthies, Wagner, Anderson, Hilbig und Kolbe, folgten nach. Damit zerbrach auch das für die DDR-Lyrik der 60er Jahre so wichtige Gruppenselbstbewußtsein einer ganzen Generation. Zwei Gedichte Volker Brauns markieren diesen Schnitt – und welchen Verlust er bedeutete. 1970 hatte Braun das Gedicht »Im Ilmtal« geschrieben, das, in deutlicher Bezugnahme auf Goethes »An den Mond«, eine Haltung des Subjekts artikuliert, dem es nicht mehr genügt, nur »einen Freund am Busen« zu halten. Statt dessen gewinnt dieses Subjekt sich erst in der tätigen Übereinstimmung mit *den* Freunden (der Plural ist entscheidend), mit den »verstreuten, tätigen Gefährten«:

> Und was ich beginne, mit ihnen
> Bin ich erst ich
> Und kann leben, und fühle wieder
> Mich selber in meiner Brust.

1977, nur wenige Jahre später, sieht sich die »arbeitende Subjektivität«, die den Übergang vom *solitaire* zum *solidaire* auf ihre Fahnen geschrieben hatte, wieder auf die kontemplative, die räsonierende Haltung des vereinzelten Einzelnen zurückgeworfen. Davon spricht elegisch »Der Müggelsee«, ein Gedicht, das erkennbar als Kontrafaktur zu Klopstocks »Der Zürcher See« geschrieben ist. Die Vornamen von Biermann, Jentzsch, Kunze und S. Kirsch nennend, beklagt das Gedicht »Der Zeit Wirre«,

> Die die Freunde verstreut roh
> Vom Herzen mir eins zu sein
> Mit seinem Land [...]

Ähnlich markiert Heinz Czechowski den Verlust des Prinzips Hoffnung und den aufgenötigten Weg in die Isolation:

> Ich hoffe schon nichts mehr. Und alle meine Briefe
> Schreibe ich schließlich und endlich
> An mich.

Verließen die einen die DDR – einst »mein kleines wärmendes Land« (Sarah Kirsch), jetzt »die versteinerte Hoffnung / im Rücken« (Kurt Bartsch) –, so fanden sich die anderen, in der DDR Gebliebenen mit einer Situation konfrontiert, in der ihnen die öffentliche kritische Mitsprache nur noch sehr eingeschränkt möglich war. Das zeitweise machbar scheinende Zusammengehen von Poesie und Politik war gescheitert. Der Lyriker sollte nicht mehr Vorsprecher einer zukünftigen Gesellschaft oder wenigstens »Sandkorn« im allzu glatten Getriebe sein (so Adolf Endlers Programm), allenfalls konnte er noch als Maulwurf, Fledermaus oder Eule (dies einige Bilder der Poeten, mit denen sie ihre eigene Rolle zu fassen versuchten) tätig werden.

Mit der Ernüchterung der Weltsicht der Autoren einerseits und dem staatlich verordneten Funktionswandel der Poesie andererseits veränderten sich seit Mitte der 70er Jahre nicht nur die Themen, sondern auch die Schreibweisen der DDR-Lyrik gravierend. Eines ist so bemerkenswert wie das andere. Zunächst zum Wandel der Themen: Die brechtsche Erkenntnis, daß die »mühen der gebirge« passé seien und man sich auf die »mühen der ebenen« einrichten müsse, erreichte nun auch die Jüngeren. Kunert sprach sarkastisch von der »historischen Niederung«, in der man sich befinde. Doch dabei blieb es nicht. Fortschritts-Ungläubigkeit und Geschichtsskepsis verdüsterten sich im Lauf der 70er Jahre weithin zu einer allgemeinen Zivilisationskritik, ja: zu radikalem Endzeitbewußtsein. Hierin unterscheidet sich die Lyrik in nichts von Prosa oder Dramatik. Nicht nur Günter Kunert vollzog jetzt den »endgültigen Abschied von der Utopie, vom Prinzip Hoffnung«. Beispielhaft zeigt das der Paradigmawechsel in der Auseinandersetzung mit *mythologischen Figuren,* die nun die Lyrik immer zahlreicher bevölkern: Man kehrte sich nicht nur von erhabenen Licht- und Lustgestalten wie Apollon und Aphrodite ab (wie sie z.B. Georg Maurer geliebt hatte), sondern auch von den heroischen Begründern des Zivilisationsprozesses wie Prometheus oder Herakles. An ihrer Statt beherrschen jetzt die zwiespältigen Problemfiguren der abendländischen Zivilisation die lyrische Szene: Sisyphus, Odysseus und immer wieder: Ikarus und Dädalus. Hinzu kommen weibliche Figuren des Leidens – Niobe und Kassandra – sowie leidende Repräsentanten der Kunst, vor allem Marsyas und Orpheus. Wie in den anderen Gattungen auch, erscheinen die mythologischen Gestalten aus der Frühgeschichte der abendländischen Zivilisation als Sinnbilder eines zunehmend perspektivlosen Geschichtsprozesses, der in der Gewaltförmigkeit der Vorgeschichte steckengeblieben ist.

Am deutlichsten zeigt sich der tiefgreifende Wandel der DDR-Lyrik in den 70er Jahren in der *Natur- und Landschaftslyrik,* die ja von Beginn an eine wichtige Rolle spielte. In ihr vollzieht sich fast ausnahmslos ein »Abschied von der schönen Natur« (U. Heukenkamp). Becher, Fürnberg oder Maurer hatten in den 50er Jahren noch die ›schöne Natur‹ als Vorschein wahrer Menschlichkeit feiern können. Allein Brecht hatte schon spätestens im Exil erkannt, daß Natur in der bürgerlich-kapitalistischen Welt nie mehr ›natürlich‹ sei, sondern immer schon vom Menschen für seine Zwecke zugerichtet. Huchel hatte eine vom Krieg gezeichnete Natur vergegenwärtigt, Arendt imaginierte in verstörenden Naturbildern die Geschichte der menschlichen

Gattung als Leidensgeschichte. Jetzt, im Zeichen der von Kunert und anderen unterstellten »Symmetrie« des zerstörerischen zivilisatorischen Prozesses in West *und* Ost, wird die Natur als durchweg unwirtliche, gefährdete, ja: bereits dem Untergang geweihte vorgestellt. Angesichts einer nach Maßgabe industrialistischer Rationalisierung »durchgearbeiteten Landschaft« (Braun) bleibt für ›reine‹ Naturlyrik kein Stoff mehr übrig; sie wird notgedrungen zu einer Landschaftslyrik, deren Sujet jetzt das unauflösliche Ineinander von Natur, Industriekultur und Geschichte ist – mit dem entscheidenden Akzent, daß die zivilisatorische Unterwerfung und Durchdringung der Natur dieselbe endgültig zum Verschwinden zu bringen droht. Schon um 1970 hatte Volker Braun in dem Gedicht »Landwüst« lapidar festgestellt: »Natürlich bleibt nichts. / Nichts bleibt natürlich.« Sein Gedicht »Industrie« aus der gleichen Zeit führt aus, was das konkret im Lande DDR hieß:

> In der mitteldeutschen Ebene verstreut
> Sitzen wir, hissen Rauchfahnen.
> Verdreckte Gegend. Glückauf
> Und ab in die Wohnhülsen. [...]
> Regen pißt auf Beton. Mensch
> Plus Leuna mal drei durch Arbeit
> Gleich
> Leben.

Jürgen Rennerts Satz »Es stirbt das Land an seinen Zwecken« wird ab Anfang/Mitte der 70er Jahre gleichsam zum Motto einer *ökologisch-kritischen Naturlyrik,* die Vertreter aller Generationen umgreift: Hanns Cibulka, Walter Werner, Eva Strittmatter und Günter Kunert, Wulf Kirsten, Heinz Czechowski, Kito Lorenc, Sarah Kirsch, Volker Braun, Harald Gerlach, Ulrich Berkes und Axel Schulze, später auch Jüngere wie Richard Pietraß oder Wilhelm Bartsch. Dabei reicht die Spannweite von den konventionellen Beschwörungen der noch vorhandenen Reste heiler Natur z.B. bei Eva Strittmatter über die sympathischen, aber ästhetisch epigonalen Warngedichte Hanns Cibulkas (eingelagert in »Swantow«, 1982) bis zu den bedeutenden historischen Landschaftsgedichten Volker Brauns oder Wulf Kirstens. Zumal Kirstens Gedichte montieren verschiedenen historischen Phasen entstammende, abgelebte, aber doch noch existente Realitätspartikel so mit Wahrnehmungsbruchstücken der gleichmacherischen Industriegegenwart, daß genau ersichtlich wird, was im »mahlgang der geschichte«, im »reißwolf des fortschritts« verlorengegangen ist, bis am Ende »die heimat verödet zum allerweltsbezirk / und niemandsland«. Ein Gedicht wie »lebensspuren« von Wulf Kirsten leistet mit seiner virtuos gehandhabten Methode des scharfen Umrisses, der lakonischen Verknappung, der Engführung von Altem und Neuem mehr als mancher dickleibige Roman:

weit hinten versinken im dämmerlicht
die niemandsgehöfte heimatlichen dorfs.
das nichts hat gestalt angenommen,
wo keiner mehr die nesseln mäht.
eine greisin zum kirchgang gerüstet,
der predigt zu lauschen mit ertaubten ohren.

die Wirklichkeit ist scharf umrandet,
ein geviert gleich der fußgrube vorm backofen
das hochgelobte leben hier und jetzt.
vollmundig beuteln die sprechblasen,
herzensergießungen aus dem schlagwortschatz
von Hurrajüngelchen: reklame lehrt leben.

die stille tropft wie blut aus einer wunde.
ein engel sieht die dreifaltige Sonne.
der sechsflüglige Seraph *kündet vom tage,*
vom heute gewesenen tage und schlingert
mit Schlagseite über die bruchstellen
deiner und meiner gestutzten biografie.

Gedichte wie das von Kirsten sind nicht unter der engen Kategorie »Ökolyrik« abzulegen. Wenn sie, wie Hunderte andere, von Naturverschandlung und Umweltzerstörung handeln, wenn sie sich auf die Beschreibung von »Abfallandschaften« (U. Heukenkamp) und sonstigen Formen der *nature morte* einlassen, dann stehen solche, zugegeben dominanten, Motive in den besseren Gedichten doch immer für einen weiterreichenden Einspruch gegen eine allzu viereckig, allzu symmetrisch gewordene Welt (mit Hölderlin/ Braun zu sprechen), die neben der äußeren Natur auch immer die Natur des Menschen selbst, seine Lebensfähigkeit beschädigt. So kennzeichnet die Lyrik der 70er und 80er Jahre immer stärker eine radikale, ernüchterte *Selbstreflexion* auf der Basis einer Erfahrung, wie sie Volker Braun in seinem Rimbaud-Essay ausgesprochen hat. Dort heißt es: »[...] Ich stecke im sozialistischen Kies. Provinz, das ist der leere Augenblick. Geschichte auf dem Abstellgleis. Status quo. Was uns ersticken machen kann: aus der bewegten Zeit in eine stehende zu fallen.«

Die große Leistung der jungen – jetzt mittleren – Lyrikergeneration, die liedhafte, eindimensionale Erlebnislyrik durch ein kommunikativ-dynamisches, handlungsorientiertes Sprechen abgelöst, den Stoffwechsel zwischen Subjekt und Gesellschaft neuerlich in Gang gesetzt zu haben, konnte jetzt nicht mehr ohne weiteres fortgesetzt werden. Immer noch und immer wieder versuchten manche Autoren »produktive Erweiterungen« der beengten Subjektivität (Elke Erb), sie bemühten sich, ihre *unsplendid isolation* zu durchbrechen und sich »den

Reifen von der Brust zu schlagen« (Richard Pietraß), doch die Tendenz zum monologischen, zum statischen Gedicht findet sich nicht mehr nur bei Huchel oder Kunert, sondern auch bei Czechowski und sogar Braun. Gewiß, Braun z.B. versuchte nach wie vor, der Stillstellung der Geschichte als Subjekt entgegenzuarbeiten, indem er den Widerstreit von Haltungen in sich selbst vorführte, vornehmlich in Zitaten, die das Gedicht unterwandern, indem er Positionen ausprobierte und wieder verwarf, sich dergestalt rhetorisch-reflektierend hin- und herwerfend, ohne am Ende zur Synthese einer Aussöhnung von Ich und Welt zu gelangen. Er verharrte im Status eines bei sich selbst gefangenen Mehrfachbewußtseins. So wurde z.B. ein Wiedersehen mit dem Tagebau Burghammer in der Niederlausitz im Jahre 1982, nach etwa 20 Jahren, zum Anlaß für Braun, sich selbst in der Geschichte der DDR und der ihrer geschleiften Landschaften zu situieren. Das freilich gelingt nur mittels der Montage disparater Bruchstücke, die gleichzeitig das Fragmentarische eines Subjekts manifestieren, das nun feststellen muß (wie Braun an anderer Stelle sagt), es werde alt, »ohne eine Biographie zu haben«. Nach dem Einsatz des Lang-Gedichts »Burghammer V«:

Mitteldeutsches Loch Ausgekohlte Metapher
Keiner Mutter Boden Loser Satz
Aus dem Zusammen FROHE ZUKUNFT
Hang gerissen

sagt das Subjekt später über sich selbst: »Ich stehe BETRETEN auf der Böschung VERBOTEN / Archaische Landschaft mit Losungen«, und gegen Ende schließlich:

Ich stehe vorgebeugt VOR-
Vor mir nichts Das Restloch STILL
Gelegt das Land Das hat es hinter sich
[...]
Ich schaue die Reiche
Und Herrlichkeit der Welt.

Das Gedicht Brauns zeigt beispielhaft, daß die DDR-Lyrik, die im Jahrzehnt vorher erstaunlich viele Leser zu erreichen vermochte, in den späten 70er und 80er Jahren schwerer verständlich wird und ihre kommunikative Qualität zu verlieren droht. Die Montage disparater Bruchstücke, die Bildsprache des »absoluten Gedichts«, die Tendenz zur radikalen sprachlichen Verknappung (gegen die Sinn und Bedeutung prätendierende Geschwätzigkeit der offiziellen Diskurse) sowie das Experimentieren mit dem sprachlichen Material als solchem halten jetzt in der Breite Einzug in die DDR-Lyrik und ›modernisieren‹

sie endgültig – parallel dem Prozeß, der für die Prosa bereits beschrieben wurde. Was bislang älteren Autoren wie Arendt oder Huchel vorbehalten gewesen schien, gilt jetzt auch für um 1935/40 geborene Autoren wie Mickel, Braun und Wolfgang Hilbig, mehr dann noch für die Jüngeren und Jüngsten wie Kolbe, Papenfuß-Gorek, Döring und Grünbein.

Doch die Jüngeren geben nun auch einen Ansatz wieder preis, der ihre Poesie von der der Braun-Generation deutlich unterscheidet. Wo dem Subjekt nicht mehr zugetraut wird, daß es in den Gang der gesellschaftlichen Entwicklung verändernd eingreifen könne, wird es auf sich selbst und nur sich selbst zurückgeworfen. Es erfährt sich, mit einem Wort Uwe Kolbes, als »radikales Ich«. Der Stoffwechsel mit der Gesellschaft hört auf. Das Ich kann nur noch für sich selbst sprechen. Autor-Ich und »lyrisches Ich« fallen tendenziell zusammen, was zu einer paradoxen Renaissance führt: einer Neuauflage der Erlebnislyrik, die freilich aus einem grundsätzlich anderen Erleben als dem der 50er Jahre heraus entsteht: aus tödlicher Ernüchterung. So werden Ansichten des Subjekts vorgetragen, die mit dessen Anspruch auf Geschichtsmächtigkeit und Selbstmächtigkeit – typisch für die Generation davor – gleicherweise gebrochen haben. Das zeigt exemplarisch Bernd Wagners Gedicht »Dieser«:

Dieser, nicht jener
geht nicht in Lumpen einher
schläft nicht in Laubhütten
schläft im Bett.

Dieser gründet keine neuen Geschlechter
bringt kein Licht ins Dunkel
stößt keine Tore auf.

Dieser (ohne Brennen in den Augen
ohne kugelsichere Weste ohne Bart)

dieser (nicht der Messias
nicht der Erlöser)

dieser, nicht jener
kommt (farblos) und spricht:
Ja. Ja. Nein. Nein.

Freilich ist damit nur der eine Pol der neueren Lyrikentwicklung in der DDR bezeichnet. Einige der begabtesten Autoren erkannten, daß ein pures Sichaussprechen des ernüchterten, entmächtigten Subjekts noch keine Poesie zeitigt. Ausgehend von einer radikalen Skepsis gegenüber der offiziellen Sprache der Parolen und Verordnungen reflektieren sie ihr Werkzeug, das Medium Sprache grundsätzlich. Mißtrauisch gegenüber dem Anspruch traditioneller Dichtung (nicht nur der realsozialistischen), im Gedicht Wirklichkeit abzubilden, zu repräsentieren, machen sie die Sprache selbst zum Gegenstand ihrer poetischen Praxis. Im Rückgriff auf vielfältige Traditionen der Avantgarde-Literatur – unbewußt oder bewußt – wird ein großer Teil der jungen DDR-Lyrik sprachreflexiv und sprachexperimentell. Während ein Volker Braun die vorgegebene Sprache immer noch mit der Intention fragmentiert, der verstellten Wirklichkeit dadurch näherzukommen, um ein eingreifendes Verhältnis zu ihr wiederzugewinnen, sind die meisten jungen Lyriker (von Ausnahmen wie Steffen Mensching oder Hans-Eckart Wenzel abgesehen) von einer solchen operativen Poetik weit entfernt. Ihr Ziel ist allein die Destruktion (man kann auch sagen: die Dekonstruktion) der über die Sprache laufenden Fixierungen – und das Spiel mit den solcherart freigesetzten Elementen der Sprache. Sascha Andersons Satz »ich habe ausser meiner Sprache keine / mittel meine Sprache zu verlassen« wiederholt Ludwig Wittgensteins Satz »Die Grenzen meiner Sprache bedeuten die Grenzen meiner Welt« – doch das erkenntniskritisch-skeptische Diktum Wittgensteins wird auf eine offene, innovative Ästhetik des Gedichts hin gewendet: Jenseits der normierenden Diskurse politischer und anderer Ordnungen läßt sich eine zwanglos handhabbare Sprache der Poesie entdecken, die, unter den gegebenen Umständen, als einziger produktiver Ausweg erscheint, sich selbst als Subjekt freizusetzen.

Der Versuch eines gedrängten Aufrisses der Veränderungen lyrischen Sprechens von den frühen 70er bis zum Ende der 80er Jahre soll im folgenden durch einen Blick auf die verschiedenen *Lyrikergenerationen* variiert und ergänzt werden, wobei wenigstens einige der maßgeblichen Lyriker von Arendt und Huchel bis zu Kolbe, Papenfuß-Gorek und Grünbein skizzenhaft vorgestellt seien.

Die Lyrik in der DDR hatte sich von den späten 40er bis zu den späten 60er Jahren schrittweise thematisch und ästhetisch ausdifferenziert, was nicht zuletzt damit zu tun hatte, daß sich nach der älteren Generation vornehmlich der Exilierten – Brecht, Becher, Arendt, Fürnberg und Hermlin – Zug um Zug auch andere, jüngere Generationen zu Wort meldeten: Zuerst die älteren Kriegsheimkehrer (von Huchel und Maurer über Bobrowski bis zu Fühmann, Wiens, Cibulka u.a.), später dann die sogenannte Flakhelfergeneration der um 1930 Geborenen, die freilich in der Lyrik nicht so profiliert hervortrat wie in der Prosa. Hierher gehörten u.a. Inge Müller, Christa Reinig, Günter Kunert, Heinz Kahlau und Adolf Endler. Auf sie folgten ›die Jungen‹, zwischen ca. 1934 und 1940 geboren, die ab 1962 mit Vehemenz an die Öffentlichkeit traten. Seit Mitte der 70er Jahre begannen die vorher gravierenden Unterschiede zwischen diesen Generationen zurückzutreten, die Gemeinsamkeiten wurden aufgrund einschneidender gemeinsamer Erfahrungen dominant. Nachdem 1971 Georg Maurer gestorben war und Peter Huchel das Land verlassen hatte, blieb von den bedeutenden Mentoren der Jüngeren nur noch Erich Arendt. Er starb 1984. Zu einer tiefgehenden Zerklüftung der DDR-Lyrik kam es, wie bereits skizziert, durch den Weggang von fünf, sechs, sieben bedeutenden Poeten mit und nach der Biermann-Ausbürgerung 1976. Seit Ende der 70er Jahre meldete sich schließlich eine junge Generation der »Hineingeboren[en]« (Uwe Kolbe) zu Wort, die zu fast aller früheren DDR-Lyrik, zumal zu der der Braun-Generation, ein vornehmlich polemisches Verhältnis hatte (vgl. hierzu S.401ff.). Eine Gleichzeitigkeit des Ungleichzeitigen, eine Melange aus vormodernen, modernen und sogar schon postmodernen Tendenzen bildete sich aus – und dies gleichzeitig an mehreren Orten, zunehmend auch außerhalb der DDR –, die es nicht mehr zuließ, ohne weiteres von *der* DDR-Lyrik zu sprechen.

Die letzten Gedichtbände der beiden großen alten Männer der DDR-Lyrik, Arendt und Huchel, liegen wie erratische Blöcke in einem fremden Gelände. Aber es gibt im Blick auf Geschichte und Natur wie in der zunehmend monologischen Sprechweise Verbindendes zwischen diesen Autoren und den Jüngeren. *Peter Huchels* letzter Gedichtband »Die neunte Stunde« (1979) erschien, wie die drei vorhergehenden, nicht in der DDR. Trotzdem ist geboten, ihn in den Kontext der DDR-Lyrik zu rücken, zieht doch Huchel in ihm Linien aus, die seit den frühen 60er Jahren angelegt sind. Das Naturgedicht tritt weiter zugunsten mythologischer und historiographischer Themen zurück; ein Endzeitbewußtsein regiert, das die Texte vollends statisch werden läßt. Doch Huchel hält, im Gegensatz z.B. zu Paul Celan oder auch Arendt, an den Worten der Alltagssprache fest. Eines seiner letzten Gedichte, »Der Fremde geht davon«, das den 1979 erschienenen Band beschließt, kann wie ein beinah heiteres Testament gelesen werden. Keine großen Worte zum Schluß, keine Bedeutungsschwere, sondern drei lapidare Worte, die die Priorität des Gewöhnlichen betonen:

> DER FREMDE geht davon
> und hat den Stempel
> aus Regen und Moos
> noch rasch der Mauer aufgedrückt.
> Eine Haselnuß im Geröll
> blickt ihm mit weißem Auge nach.
>
> Jahreszeiten, Mißgeschicke, Nekrologe –
> unbekümmert geht der Fremde davon.

An *Erich Arendts* Gedichtbänden der 70er Jahre – »Feuerhalm« (1973), »Memento und Bild« (1976), »Zeitsaum« (1978) – und schließlich dem letzten Band »entgrenzen« von 1981 ist eine immer noch fortschreitende Konzentration, eine reduktive Ökonomie im Umgang mit dem Sprachmaterial festzustellen. Landschaftliche und sonstige Sujets wechseln, es bleibt die Beschwörung bestimmter Grundworte und Chiffren, die Methode der lyrischen Evokation, die sinnhafte Erinnerung und sinnlich Geschautes – »Memento und Bild« – in eins bringt. Auch Arendts Geschichtsphilosophie hat sich endgültig vom Prinzip Hoffnung verabschiedet. Die Vergangenheit ist »dicht ausgeträumt«, in der Zukunft »wartet blindweiß«, und die Gegenwart ist nichts als

eine leer-formel
verziffert nun alles
gespeicherte nullen wir
computer-entseelt
gefangen

– so heißt es in dem Albert Einstein zugeeigneten Gedicht »entrindet«. Doch Arendts letztes Wort ist nicht der Geschichtspessimismus, vielmehr enthält gerade der 1979 erschienene Band eine erotische Alterslyrik von außerordentlicher Intensität und Freiheit. Mit dem Tod dieses Dichters 1984 ging in der DDR endgültig eine Lyrik-Epoche zu Ende. Lebensgeschichtlich verbürgte Verbindungen zu den historischen Avantgardebewegungen wie dem Expressionismus gab es nun nicht mehr.

Unversehens wuchs *Günter Kunert,* kaum 60 Jahre alt, die Rolle eines Doyens der DDR-Lyrik zu (die man Stephan Hermlin nicht recht zusprechen kann, weil er seit Jahrzehnten keine Gedichte mehr schrieb). Dieser Dichter lebte freilich seit 1979 nicht mehr in Berlin (Ost), sondern in der Nähe von Itzehoe bei Hamburg. Nach dem Gedichtband »Unterwegs nach Utopia« (1977) erschienen mehrere Prosa- und Lyrikbände (u.a. »Abtötungsverfahren«, 1980; »Stilleben«, 1983; »Berlin beizeiten«, 1987) sowie die Frankfurter Poetikvorlesungen »Vor der Sintflut. Das Gedicht als Arche Noah« (1985), von denen bereits die Rede war (vgl. S. 277). Ihr Tenor ist immer der gleiche: Der Weltuntergang ist schon in vollem Gange, er läßt sich nicht mehr aufhalten, sondern allenfalls noch beschreiben und beklagen. Beides tut Kunert mit kaum nachlassender Virtuosität in einer vom alltäglichen Diskurs nur wenig abgehobenen, stets verständlichen Sprache, was ihn fast zum Außenseiter im Kontext sonstiger DDR-Lyrik machte. Die Kritik, daß seine Gedichte aus den letzten zwanzig Jahren der gesellschaftlichen Wirksamkeit entbehrten, trifft ihn nicht, spricht er doch der Poesie, seine eigene inbegriffen, ohnehin nur einen »Protheseneffekt«, eine »Ersatzfunktion [...] für nicht gelebtes Leben« zu. Eine größere Entfernung als die Kunerts von dem ursprünglichen Programm des »sozialistischen Realismus« und seiner Intention, die gesellschaftlichen Verhältnisse zu verändern, ist nicht vorstellbar. Und doch mag man gerade seine absolute Gegenposition der späten 70er und 80er Jahre als von dieser militanten Doktrin miterzeugt ansehen. Die Lyriker-Generation der um 1935/40 Geborenen konnte einmal mit Fug und Recht als *Gruppe* bezeichnet werden, was sich in zum Teil von den Autoren selbst gewählten Bezeichnungen wie »Sächsische Dichterschule«, »Plejade« (beide von Endler), »unsere Truppe« (S. Kirsch) oder »die Generation Volker Brauns« (H. Hartung) niederschlug. Damit war mehreres zugleich gemeint: ein kollektiver Erfahrungsfundus, eine fast allen gemeinsame Aufbruchsstimmung und Anspruchshaltung, bei vielen ähnliche Traditionsbezüge, vor allem aber ein Netz lyrischer Korrespondenzen und Anspielungen, eine zielstrebig verfolgte Intertextualität als Ausdruck des zumeist freundschaftlich befestigten Wir-Gefühls dieser Autoren. Diese Gruppenstruktur mit ihrer Vielfalt intertextualer Bezüge zerfiel im Lauf der 70er Jahre weitgehend. Gewiß beschleunigte der Staatenwechsel von fünf wichtigen Autoren nach 1976 (Biermann, Kunze, S. Kirsch, Jentzsch, Bartsch) diesen Zerfallsprozeß, aber er wäre wohl auch sonst erfolgt. Die allen noch gemeinsame Erfahrung, »aus einer bewegten Zeit in eine stehende zu fallen« (Braun), beförderte Vereinzelung, nicht Gruppensolidarität. Volker Brauns bereits zitiertes Gedicht »Der Müggelsee« kann gleichsam als Requiem auf die »Truppe« gelesen werden. So kommt es, daß für die Zeit seit ca. 1975 jeder dieser Autoren als Individuum für sich beschrieben werden müßte (was hier nicht möglich ist).

Schon die in die Bundesrepublik übergesiedelten Autoren dieser Gruppe haben eine ganz unterschiedliche Entwicklung genommen. Am Anfang stehen häufig Gedichte, vor allem bei Biermann, Kunze und Jentzsch, die die Situation des Grenzübertritts – im direkten und im übertragenen Sinn – bitter reflektieren und, verzweifelt bis vergeblich, fragen, wo und wie denn nun eine neue Identität zu gewinnen sei. Zumal Gedichte von *Bernd Jentzsch* (in »Quartiermachen«, 1978) spiegeln den Bewußtseinszustand der »inzwischenzeit« (Brecht), in dem sich die »Weggehetzten« befinden. 1973 hatte er noch ein hoffnungsvolles »Maisingen« gedichtet:

> In ihrer eisigen Sprache,
> Mamertus, Pankratius, Servatius,
> Die alten, herzkalten Verderber,
> Sie schrecken mich nicht.
> Ihre Herrschaft drei Tage. Keiner herrscht kürzer.

Doch die Herrschaft der SED-Eisheiligen, der »verdorbenen Greise« (Biermann) dauerte noch weitere fünfzehn Jahre, und Autoren wie Jentzsch mußten sich in der Fremde einrichten. Sein Gedicht »Arioso« bezeugt die damit verbundenen Schwierigkeiten:

Ich bin der Weggehetzte.
Nicht der erste, nicht der letzte.

Von keiner Mine zerrissen.
Vorm Zaun nicht ins Gras gebissen.

Keine blaue Bohne in der Lunge.
Nichtmal Blut auf der Zunge.

Mein Leib und meine sieben Sinne,
Alles frisch und unversehrt.

Das Leben, das ich nun beginne,
Lebt sich grade umgekehrt.

Ich bin der Weggehetzte.
Nicht der erste, nicht der letzte.

Mir ist die Welt ins Herz gesprungen.
Mir, dem großen Lausejungen.

Späterhin hat Jentzsch, der nie ein Verfasser dickleibiger Bücher war, eher noch seltener Gedichte publiziert. – Anders *Reiner Kunze*, der unbeirrt, »auf eigene hoffnung« (so der Titel seines Gedichtbandes von 1981; 1986 folgte »eines jeden einziges leben«), weiterschrieb und die Poesie gegen den »Literaturbetrieb«, wo auch immer, verteidigte.

Am überzeugendsten, eigenständigsten entfaltete sich *Sarah Kirschs* Poesie am neuen Ort. Von ihr erschienen seit ihrer Übersiedlung in regelmäßigen Abständen Gedichtbände (»Drachensteigen«, 1979; »Erdreich«, 1982; »Katzenleben«, 1984; »Schneewärme«, 1989) sowie zwei Bücher mit lyrisch getönten Prosastücken (»La Pagerie«, 1980; »Irrstern«, 1986). Die meisten von ihnen sind in der schleswig-holsteinischen Landschaft angesiedelt, in der die Dichterin seit 1983 wohnt. Man muß sich schon bis zu Erich Arendts Spanien- und Südamerika-Gedichten zurückerinnern, wenn man einen Lyriker nennen will, der mit gleicher Überzeugungskraft eine ihm zunächst völlig fremde Landschaft mit ihren Menschen poetisch zugänglich gemacht hat. Gewiß gibt es bei Kirsch irritierende idyllische Passagen, doch werden sie immer wieder konterkariert von Regungen des Erschrekkens und der Trauer. Anschauliche, ruhige Vergegenwärtigungen des natürlichen und dörflichen Lebens im Wandel der Jahreszeiten sind durchschossen von Erinnerungen und Wahrnehmungen, die von dem Wissen zeugen, daß endgültige Beruhigung, ein friedliches Sicheinrichten zwischen Deich und Moor weder angebracht noch möglich ist. Blühende »Schafgarbe Hundezahn Traubenklee« und das Gedächtnis an die in Auschwitz eingestempelten »vielstelligen« Nummern der Häftlinge gehören zusammen, so wie auch das Unwahrscheinliche‹ in dem Gedicht »Ende des Jahres« zusammengehört:

Mein Kind hat eine Fünf geschrieben
Was soll ich sagen es kostet schon Kraft
Seinen Anblick die Unschuld ertragen
Und wir leben unser unwahrscheinliches
Abenteuerliches Leben korrigieren die Fünf
Das Kind geht zur Schule wir pflanzen Bäume
Hören den Probealarm die ABC-Waffen-Warnung
Kennen die Reden der Militärs aller Länder.

Sarah Kirschs Landschaftslyrik unterscheidet sich, ganz im Sinne der DDR-Tradition, von der statischen Naturlyrik der Inneren Emigration wohltuend dadurch, daß sie den zunehmend zerstörerischen Stoffwechsel zwischen Mensch und Natur in ihre Wahrnehmung einschließt. Das gilt auch für zwei in der DDR gebliebene »Landschafter«, deren Gedichte im Lauf des letzten Jahrzehnts mit Recht immer mehr Aufmerksamkeit auf sich ziehen konnten: Heinz Czechowski und Wulf Kirsten.

Heinz Czechowski, Dresdner vom Jahrgang 1937, war zunächst graphischer Zeichner, Reklamemaler und Vermessungsgehilfe, ehe er von 1958–61 das Literaturinstitut »Johannes R. Becher« in Leipzig besuchte und Georg Maurer sein Mentor wurde. 1962 erschien sein erster Band »Nachmittag eines Liebespaares« – noch weltanschaulich naiv und poetisch konventionell –, dem 1967 und 1974 zwei entschieden überzeugendere Bände folgten: »Wasserfahrt« und »Schafe und Sterne«. 1981 kam »Was mich betrifft« heraus, 1982 der Querschnittsband »Ich, beispielsweise«. Westlichen Lesern hat sich Czechowski erst spät mit den Auswahlbänden »An Freund und Feind« (1983) und »Ich und die Folgen« (1987) vorgestellt. Sind die Gedichte der späten 60er Jahre noch von einem Autorbewußtsein geprägt, das sich im Gleichgewicht zwischen Hoffnung und Skepsis hält, so senkt sich in den 70er Jahren die Waagschale eindeutig zugunsten des Zweifels und der Trauer. Der Autor sieht seine Träume »abgehalftert«, »keine Kontinuität« zeigt sich mehr »Außer der / des Verfalls«. Schon Mitte der 70er Jahre werden Signale der Ernüchterung und des Zweifels dominant. Jetzt heißt es (ähnlich einer Wendung bei Volker Braun):

Versehen
Mit guten Ratschlägen
Geh ich im Kreis.

Der Zugewinn in Czechowskis Gedichten der späten 70er und 80er Jahre liegt aber gerade darin, daß er es nicht beim Räsonnement seines ratlosen Ichs beläßt, sondern immer mehr der »Um und umgewendete[n] Landschaft« seines Lebensraums und der Länder, die er bereist hat, seine Aufmerksamkeit widmet; einer Landschaft, in der die Leidensgeschichte des Menschen sedimentiert ist, von den Kriegen der Militärs bis zu den Schlachten der Industrialisierung. »Man hat beim Lesen die Vorstellung«, schrieb Günter Kunert über Czechowskis neuere Gedichte, »einem umgekehrten archäologischen Prozeß beizuwohnen: Nicht Untergegangenes wird rekonstruiert und dargestellt, sondern etwas, dem der Untergang erst eingeschrieben ist. Die Methode gleicht dem Abnehmen einer Lebendmaske: So wird eines Tages der Verstorbene ausgesehen haben.« – Czechowskis Gedichtsprache entfernte sich im Lauf der 80er Jahre immer weiter von Glätte und Gefälligkeit. Die Verse gewannen eine Tendenz zur Verknappung, ihr Tonfall wurde lakonisch, oft sarkastisch. Freilich versagte es sich Czechowski weiterhin, seine Trauer, seine Bitterkeit, seine Verzweiflung hinauszuschreien und blieb bei der gedämpften Sprachgebärde.

Eberhard Haufe, der Herausgeber des ersten Lyrikbandes von *Wulf Kirsten,* der auch in der Bundesrepublik erschien – »die erde bei Meißen« (1987) –, stellte sein Nachwort zu diesem Band unter ein treffendes Motto von Novalis: »Je persönlicher, lokaler, temporeller, eigentümlicher ein Gedicht ist, desto näher steht es dem Zentro der Poesie.« Wie viele andere Weltliteratur in Versen und Prosa ist Kirstens Lyrik explizit Provinzdichtung. Der 1934 in Klipphausen bei Meißen als Sohn eines Steinmetzen geborene Autor, der seit Jahrzehnten in Weimar lebt, ist dem Lebensraum, aus dem er stammt, bis heute treugeblieben. Als literarische Vorbilder hat er den österreichischen Lyriker Theodor Kramer, O. M. Graf, Huchel und Bobrowski sowie die Lutherbibel genannt. Aber auch die veristische und expressionistische Kunst, z.B. eines Otto Dix, hat ihn geprägt und seine Wahrnehmung geschärft. Kirsten, der bis zu seinem 23. Lebensjahr auf dem Dorf lebte und zunächst eine kaufmännische Lehre absolvierte, dann Bauarbeiter und Buchhalter war, besuchte später die Arbeiter-und-Bauern-Fakultät und unterrichtete als Lehrer, ehe er 1965 Verlagslektor wurde. 1968 erschien als erste Veröffentlichung sein »Poesiealbum 4«, 1970 der Gedichtband »satzanfang« und 1977 »der bleibaum«. Der letzte, bereits genannte Band vereinigt frühere mit in den 80er Jahren entstandenen Gedichten. – Kirsten, der die Tradition der Naturlyrik bestens kennt, hat von Anfang an eine Vorstellung von ›Natur‹ im Gedicht realisiert, die diese als von Menschen geprägte, bearbeitete und auch zerstörte ›Landschaft‹ begreift. Nie präsentiert sich bei ihm Natur ohne ihren historischen und gesellschaftlichen Kontext, also auch nicht ohne Beschädigung und Leid. Schon in dem Gedicht »satzanfang« hieß es:

inständig benennen: die leute vom dorf,
ihre ausdauer, ihre werktagsgeduld.
aus wortfiguren standbilder setzen
einer dynastie von feldbestellern
ohne resonanznamen.

Dieser Intention, einen »unberühmten Landstrich in poetischer Rede« vorzuführen, ist Kirsten, detailbesessen und »wortsüchtig« (so er selbst), sprachbewußt und artistisch scharf kalkulierend, stets nahe geblieben: als ein Landvermesser, der die Geschichte seiner sächsisch-thüringischen (zuweilen auch böhmischen) Landschaften »gegen den Strich« (Czechowski) liest und dabei zunehmend auf die Verdrängung des Abgelebten durch die Industrialisierung des Landes (und der Landwirtschaft) stößt. Er weiß, daß er das Rad der Geschichte nicht zurückdrehen kann, »aber man darf sich vielleicht herausnehmen«, so sagt er, »an frühere Existenzformen zu erinnern, sie sogar zu preisen«.

Die Lyrikproduktion derer, die von der Braun-Generation nach 1976 in der DDR blieben, ging sehr ungleichmäßig vonstatten. Es erschienen wichtige Bände von Adolf Endler (»Verwirrte klare Botschaften«,1979 nur in der Bundesrepublik; »Akte Endler«, 1981) und Elke Erb (»Der Faden der Geduld«, 1978; »Trost«, 1982; »Vexierbild«, 1983; »Kastanienallee«, 1987), die sich immer weiter in Richtung auf einen konstruktiv-experimentellen Umgang mit dem Sprachmaterial bewegte und damit zu einer wichtigen Mentorin der jungen Lyriker wurde. Rainer Kirsch veröffentlichte zwei Gedichtbände in großem Abstand (»Ausflug machen«, 1980; »Kunst in Mark Brandenburg«, 1988), in denen er sich unverändert als Meister des form- und sprachbewußten Kunstgedichts erweist, das gleichzeitig die philosophische und moralische Durchdringung seines Gegenstands leistet. Es erschienen Bände von Kito Lorenc und Bernd K. Tragelehn (»NÖSPL. Gedichte 1956–1981«, 1982 nur in der Bundesrepublik), immer noch kein Buch hingegen von Richard Leising, von dem zu DDR-Zeiten nur sein so schmales wie gewichtiges »Poesiealbum 97« von 1975 vorlag. Auch auf einen neuen Band von *Karl Mickel* hatte man lange warten müssen. Er hatte sich zuletzt 1975 mit dem Band »Eisenzeit« und 1976 mit dem Querschnitt »Odysseus in Ithaka« als hochartifizieller, sprachreflexiver Lyriker vorgestellt, dessen Gedichte neue Formen des operativen Denkens und Sprechens vorführen. Erst kurz vor Ende der DDR erschien sein Band »Palimpsest« (1990) mit Gedichten und Kommentaren aus den Jahren 1975 bis 1989. Mickels Interesse galt ungebrochen der Frage, wie die Welt funktioniert – oder auch, leider, nicht funktioniert. Die Welt: Das meint die Gesellschaft und ihre Geschichte, aber auch Natur(-geschichte) und Individuum, denn Mickels wissenschaftlich-poetische Neugier ist unersättlich. So versucht er, alte, verloschene oder überschriebene Texte (Palimpseste) durch bestimmte poetische Reagenzien wieder lesbar zu machen, ob griechische Mythen oder Nachrichten aus den germanischen Großreichen der Völkerwanderungszeit, Mozarts/da Pontes »Don Giovanni« oder Leibniz' Theodizee. Des Autors Blick seziert, analysiert und fixiert, was uns normalerweise immer wieder vor den Augen verschwimmt. Dabei rücken seine Über-Schreibungen der alten Texte auch Aktuelles ins Blickfeld. »Langeweile / und Lüge und Furcht / Drei graue Weiber / regieren«, heißt es einmal, und damit ist natürlich die DDR, nicht mehr weit vom Datum ihres Untergangs entfernt, gemeint. Anders als seine reformsozialistischen Dichterkollegen war Mickel, obgleich hochgebildeter Marxist, schon zu DDR-Zeiten ein Trennungskünstler. Das Epigramm »Orpheus« markiert die Differenz:

Einst stieg einer hinab. Er sang: Dort nennet sich Christa
Jede; erlösen die Welt will sie, und zwar mit dem Kreuz.

Ebendas will Mickel nicht, vielmehr die Welt »aussaufen« (so schon im Gedicht »Der See« von 1963), sprich: ihre Freuden erkennend genießen. Seine aus Gedankenschärfe und Sinnenfreude, aus erotischer Versenkung und Trennungskunst gewonnenen lyrischen Sprachkunstwerke gehören zum Besten der DDR-Lyrik.

Andere Autoren dieser Generation, die nicht zur »Sächsischen Dichterschule« gehörten, traten im letzten DDR-Jahrzehnt deutlicher nach vorn, so z.B. Peter Gosse (geb. 1938; von ihm erschienen die Gedicht- bzw. Sammelbände »Antiherbstzeitlose«, 1969; »Ortungen«, 1975; und »Erwachsene Mitte«, 1986) oder Harald Gerlach (geb. 1940). Dessen Gedichte, versammelt in den Bänden »Sprung ins Hafermeer« (1973), »Mauerstücke« (1983) und »Nachricht aus Grimmelshausen« (1984), malen, manchmal interessant, zuweilen epigonal, mit an dem zivilisationskritischen Bild einer DDR in der Flaute (»Kein Wind. Mir fliegt / vom spitzen Hut der Kopf«, heißt es einmal in Anlehnung an Jakob van Hoddis), deren Bewohner auf der Stelle treten und sich mit dem *Status quo* abfinden.

Einzig *Volker Braun* erschrieb sich mit seinen beiden wichtigen Bänden »Training des aufrechten Gangs« (1979) und »Langsamer knirschender Morgen« (1987) ein neues Niveau des hochartistischen und zugleich politisch widerständigen Sprechens, von dessen Eigenheiten bereits die Rede war. Auch bei Braun war inzwischen der Vorrat an Utopie aufgebraucht, Verheißungen hatte er längst nicht mehr zu verkünden. Doch Flucht, Resignation, Anpassung verweigerte er hartnäckig. Da aber das Autorsubjekt nunmehr weder den Ort noch die Zeit geschichtlichen Handelns ausmachen kann, sondern sich gleichsam an einer Leerstelle des historischen Prozesses angekommen sieht, muß es sich darauf zurückziehen, diesen Zustand möglichst genau zu beschreiben. So montiert das lyrische Ich die zerstreut liegenden Bruchstücke von dem, was Wirklichkeit ausmacht, und versammelt in sich die Vielzahl der disparaten Stimmen, ohne weiterhin die Existenz eines stetigen, wirklichkeitsmächtigen Subjekts vorzutäuschen. In manchen dieser neuen Gedichte – »Burghammer«, »Die Mummelfälle«, »Der Frieden« – ging Braun diesen Weg der nichts auslassenden Dekonstruktion radikaler als jeder andere DDR-Autor (und konsequenter, als er selbst es in Prosa und Drama tat). Um so frappierender war sein Rückzug auf einen Status trotziger, manchmal auch aggressiver Melancholie in und nach der Wende 1989/90.

Gegenüber den sprachmächtigen Autoren der Braun-Generation hatten es die Angehörigen einer nachfolgenden Zwischengeneration der von ca. 1944 bis 1949 Geborenen schwer, sich angemessen zu Gehör zu bringen. Zu ihr zählen, neben dem in die Bundesrepublik übergesiedelten Thomas Brasch (1980 erschien sein Gedichtband »Der schöne 27. September«, nur in der Bundesrepublik), Andreas Reimann (»Weisheit des Fleischs«, 1975; »Das ganze halbe Leben«, 1979) und Bernd-Dieter Hüge vom Jahrgang 1944 (»Kaderakte eines Zugvogels«, 1984; »Beichte vor dem Hund«, 1986, heißen Hüges Gedichtbücher), Richard Pietraß, Brigitte Struzyk (»Leben auf der Kippe«, 1984) und Klaus Körner (»Augenworte«, 1986) – alle vom Jahrgang 1946 –, Thomas Rosenlöcher (geb. 1947; sein bemerkenswerter Band »Ich lag im Garten bei Kleinzschachwitz« erschien 1981), Klaus Rahn (geb. 1947) und Bernd Wagner (geb. 1948; 1978 kam noch in der DDR »Zweite Erkenntnis« heraus), der bereits zitiert wurde.

Das Beispiel *Richard Pietraß* zeigt die Schwierigkeiten einer präzisen Beschreibung dieser Zwischengeneration, von der man leichter sagen kann, wohin sie *nicht mehr* und wohin sie *noch nicht* gehört, als daß man einen scharfen Umriß von ihr zeichnen könnte. Für Pietraß (und andere aus seiner Generation) gilt, daß er an der Aufbruchsstimmung der Braun-Generation von Beginn keinen Anteil hatte. Andererseits verweigert er noch nicht eine historische und soziale Situierung seines Schreibens, wie es bei den in den 50er Jahren geborenen Autoren häufig der Fall ist. Für ihn trifft bereits zu, daß er sich von einem ideologisch getönten Vokabular völlig freihält und die Erwartung des repräsentativen Sprechens abweist. Doch läßt er sich immer noch ohne den in den 80er Jahren gängigen Gestus der Verweigerung, genau hinschauend und hinhörend, auf die Wirklichkeit seines Landes ein, in einer gleicherweise reflektierenden und sinnlich-imaginären Sprache. Er experimentiert mit der Sprache (wie z.B. in dem Welimir Chlebnikow gewidmeten Gedicht »Generation« aus dem Band »Freiheitsmuseum« von 1982) – und versteht dieses Generieren aus der Sprache heraus doch immer noch als Methode der Wirklichkeitserkenntnis. Der Band »Spielball« (1987) zeigt diese Ambivalenz auf einer neuen Ebene. Immer noch betätigt sich Pietraß als Experimentator, der verschiedene lyrische Sprachspiele (oft allzu) systematisch ausprobiert. Doch hält er gleichzeitig hartnäckig an seinem Gegenstand fest, bleibt in sehr ernster Weise realitätsbezogen: Es geht ihm um unseren Planeten, die Erde, die er zum »Spielball« ihrer Zerstörer geworden sieht. Dagegen erhebt er Einspruch.

Sehr verspätet, im Jahre 1983, ist ein Lyriker in der DDR öffentlich geworden, dessen Gedichte dazu angetan sind, alle Ordnungsversuche der DDR-Lyrik, ob nach Generationen oder anders, über den Haufen zu werfen: *Wolfgang Hilbig.* Franz Fühmann, der ihn entdeckte und sich unermüdlich für die Veröffentlichung seiner Texte einsetzte, hat seinen Lebenslauf in eindringlichen Stichworten skizziert: »Jahrgang 1941, geboren in der Kohle in Sachsen, in Meuselwitz ... Der Vater bei Stalingrad gefallen, das Kind unter Kumpeln aufgewachsen, in der Familie seines Großvaters ... Lehre als Dreher; Wehrpflicht; diverse Berufe: Werkzeugmacher, Monteur, Erdarbeiter, Heizer, LPG-Schlosser, Aufräumer in einer Ausflugsgaststätte; ... Kesselwart in einer Berliner Großwäscherei.« Ein durch und durch proletarischer, und das hieß auch in der DDR immer noch: fremdbestimmter Lebenslauf – eben das unterscheidet Hilbig von vornherein von fast allen dichtenden Altersgenossen. Ihm fehlte das Privileg, von der Umwälzung im Großen zu träumen, seine Sehnsucht war es, aus der als niedrig und elend erkannten Existenz auszubrechen. Auch er begehrte auf »gegen die symmetrische Welt«, aber aus einer ganz konkreten, entwürdigenden Situation heraus. Hilbigs seit 1966 geschriebene Gedichte drükken diese verzweifelte, immer wieder scheiternde Sehnsucht in einer an Rimbaud und den Expressionismus gemahnenden und doch ganz eigenen Sprache aus, die die DDR-Lyrik sonst nicht kennt.

befindung

mein bett ist leer und es regnet
ich liege im leeren bett
es ist kalt und
regnet

nichts liegt
auf mir unter mir
weicht wasser
durch die matratzen zwischen
meinen beinen ist
nichts
ich liege allein abgedeckt
ist das dach zerschlagen
die fenster in mir
schreit es und
es regnet

niemand liegt im leeren
bett laßt mich
aufstehn –

Wolfgang Hilbigs Gedichtbände »abwesenheit« (Bundesrepublik 1979; 1983 teilweise verändert unter dem Titel »stimme stimme« zusammen mit Prosatexten in der DDR erschienen) und »die versprengung« (1986, nur in der Bundesrepublik) haben die DDR-Lyrik nachdrücklich bereichert. In ihrer Entstehungsweise (fern von den Institutionen und dem Reglement der »Literaturgesellschaft«), in ihrer begründeten Fremdheit gegenüber dem Anspruch auf gesellschaftliche Funktionalität, in ihrer Behauptung des »radikalen Ich« (U. Kolbe), schließlich in ihrer expressiven Bildsprache weisen Hilbigs Gedichte voraus auf die Lyrik einer jungen Generation, die keinen Grund mehr sah, sich noch an die Spielregeln der Alten (zu denen schon Volker Braun gezählt wird) zu halten. Es ist kein Zufall, daß gerade Hilbig von vielen der zehn bis zwanzig Jahre Jüngeren hoch geschätzt wurde und wird.

Die DDR-Literatur hat in keiner Gattung in der Breite so bedeutende Leistungen aufzuweisen wie in der Lyrik. Das gilt auch für *die nach 1950 Geborenen.* Binnen eines Jahrzehnts traten so viele Begabungen an die Öffentlichkeit (teilweise nur an die westdeutsche), daß man nur staunen konnte. Hierhin gehören freiwillig oder unfreiwillig in die Bundesrepublik übergesiedelte Lyriker wie Ulrich Schacht (»Traumgefahr«, 1981; »Scherbenspur«, 1983) und Frank-Wolf Matthies – beide vom Jahrgang 1951 – sowie die später gekommenen Rüdiger Rosenthal (geb. 1952), Sascha Anderson (geb. 1953), Gabriele Eckart (geb. 1954) oder Thom di Roes (geb. 1960). Hierher gehört die weitaus größere Zahl derer, die bis zum Ende in der DDR lebten: Wilhelm Bartsch (geb. 1950; sein interessantes Buch »Übungen im Joch« erschien 1986), Lothar Walsdorf, Jan Faktor und Michael Wüstefeld (alle vom Jahrgang 1951),Thomas Günther, Lutz Rathenow (geb. 1952), Stefan Döring, Bernd Igel, Elisabeth Wesuls (geb. 1954), Hans-Eckart Wenzel, Thomas Böhme (geb. 1955), Hans Brinkmann, Kurt Drawert (vgl. zu ihm Kap. 8), Bert Papenfuß-Gorek, Rainer Schedlinski (geb. 1956), Uwe Kolbe, Andreas Koziol (geb. 1957), Leonhard Lorek, Steffen Mensching (geb. 1958), Kerstin Hensel (geb. 1961) und Durs Grünbein (geb. 1962). Noch viele andere ließen sich nennen. Was sie als Generation, von mehreren Ausnahmen abgesehen, einigt, wird in Kapitel 7 beschrieben (vgl. S. 401ff.). Hier sollen nur drei dieser Lyriker skizzenhaft vorgestellt werden, die zu den begabtesten zählen: Uwe Kolbe, Bert Papenfuß-Gorek und als Jüngster, nicht als Geringster Durs Grünbein. – Kolbe und Papenfuß-Gorek stehen für die beiden gegenläufigen Tendenzen lyrischen Sprechens unter den in den 50er Jahren geborenen Autoren: auf der einen Seite eine neue Erlebnislyrik der Unmittelbarkeit mit stark expressiver Tendenz, auf der anderen Seite das artistische, oft manieristische Hantieren mit dem Sprachmaterial, das Sprachexperiment. Diese beiden Tenzenden werden, weil sie aus ein und derselben Szene der Verweigerung, aus der Subkultur am Prenzlauer Berg in Ost-Berlin und anderswo, hervorgegangen sind, oft ineins gesetzt. Ursula Heukenkamp und Anneli Hartmann haben demgegenüber zu Recht auf tiefgehende Unterschiede hingewiesen. *Uwe Kolbe* (geb. 1957) wurde, gerade 19 Jahre alt, von Franz Fühmann mit dem Ausruf »Ecce poeta!« empfangen. Und weiter schrieb Fühmann: »Aus einem Alltag, der Epigonales züchtet und hätschelt, ragen diese Gedichte so heftig, daß man sich ihnen stellen soll.« In der Tat heben sich Kolbes Gedichte deutlich aus dem guten Durchschnitt vieler lyrischer Mitstreiter seiner Generation heraus, und das, obwohl er gar nicht unbedingt zu den »Neutönern« (Braun) gehört. Zumal in den ersten beiden Bänden »Hineingeboren« (1980 in der DDR, 1982 in der Bundesrepublik erschienen; der vielzitierte Titel stammt vom Lektorat) und »Abschiede und andere Liebesgedichte« (1981, im Westen 1983) hat Kolbe durchweg erlebnishaft-verständlich geschrieben, in vieler Hinsicht den Schreibweisen einer »neuen Subjektivität« in der Bundesrepublik verwandt. Doch auffällig war von Anfang an die vehemente Gebärde der Verweigerung gegenüber dem, was er als die grassierende Lebenslüge seines Landes erfuhr. »Wir sind nicht zu brauchen«; »Ich schreibe lieber aus Rissen heraus«; »Wir lachen sie kaputt« mit solchen Sätzen hat Kolbe Signale für sein Verhältnis zur DDR-Wirklichkeit gesetzt. So dominieren empfindsame Schilderungen und halbironische Reflexionen seiner eigenen Befindlichkeit, spielerische Exkursionen aus ihr heraus und in sie zurück, und vor allem: Liebesgedichte. Erst in seinem dritten Band »Bornholm II« (1987; der Titel spricht von einer Ost-Berliner Laubenkolonie, die »II« meint die vom »Druckgenehmigungsverfahren« beschnittene zweite Fassung) geht Kolbe konsequent zu einem poetischen Verfahren über, das er selbst als »Nennen IST Bannen« umreißt. Gedichte sollen nach seinem Verständnis weder »den Dingen Spiegel [...] sein«, noch sich der »Negation« verschreiben: Poesie ist »ein positiver Akt: Position«. Die Metaphern sind komplexer geworden, sie beginnen sich zu verselbständigen. Sie verweisen weniger auf vorstellbare Sachverhalte der Außenrealität, vielmehr evozieren sie Stimmungen, Gefühle, Zustände einer in sich gebrochenen und doch stark emotionalen Autor-Subjektivität. Das verbindet Kolbes lyrische Haltung mit der des Expressionismus und im DDR-Kontext vor allem mit derjenigen Wolfgang Hilbigs. Er gehört, wie er selbst sagt, »nicht zu den Sprach-Mischern und -Beugern«; seine Poesie, verstanden als »Mnemografie« des eigenen, von vielen Kräften durchkreuzten Lebens, braucht also auch den Vorwurf des schalen Neo-Avantgardismus nicht zu scheuen. Kolbe hat sein Credo in einem »Gespräch ohne Ende« mit einem fiktiven Leser formuliert. Dort heißt es u.a.:

Die Fahnen blind, die Zeichen
abgenutzt, die Losung
gleicht sich Tag für Tag.
Soll ich dessen Ende singen? [...]

Glauben ersetz ich nicht durch weiteren Glauben.
Setz Fuß vor Fuß, hör auf, zu loben das Gleiche,
lobe die Wunder, die Orte ohne Namen, die Zeichen
ohne Sinn, lobe den Keim, das Heben erfundener
Schätze – diese Wut.

Seit den frühen 80er Jahren durfte Uwe Kolbe in westliche Länder reisen und dort Stipendien wahrnehmen; seit 1988 lebte er in Hamburg. Seine Reise- und Erlebnisgedichte dieser Phase hat er, ein »Hans Heimatlos« zwischen den Systemen, in dem Bändchen »Vaterlandkanal. Ein Fahrtenbuch« (1990) versammelt: zwiespältige, unentschiedene, ironische und selbstironische Gedichte, die Verlustanzeigen und Heimwehprotokolle, den Phantomschmerz des halb verlorenen Landes der Kindheit notieren. Auch in diesen Texten gibt es überraschende Bildassoziationen und schöne Gedankensprünge, doch den meisten von ihnen fehlt die jugendliche Kraft der ersten Gedichtbände. Und auch ein Gegner, wie das verknöcherte DDR-Regime einer war, fehlt ihnen. Allzu banal war der Staatenwechsel von Ost nach West geworden:

Das Publikum hatte sich mehr versprochen.
Wenn schon kein Blut fließt, dann doch bitte Tränen.

Von Enzensberger stammen die Sätze: »Jede heutige Avantgarde ist Wiederholung, Betrug oder Selbstbetrug. [...] Ihre Bewegung ist Regression. Avantgarde ist zu ihrem Gegenteil, ist Anachronismus geworden.« Die experimentellen Gedichte von *Bert Papenfuß-Gorek* (geb. 1956), gelernter Elektronikfacharbeiter und Theaterbeleuchter, belegen (neben nicht zu vielen anderen von Faktor, Lorek, Schedlinski, Döring, Thom di Roes u.a.), daß dieser Befund falsch sein kann, weil er nicht die konkreten historischen Bedingungen einer Literatur berücksichtigt. Die in der DDR lange verdrängte Erkenntnis, daß sich Wirklichkeit (und zumal psychische und soziale) nicht ohne weiteres abbilden, sprachlich repräsentieren läßt, brach in den 80ern um so mächtiger hervor und führte dazu, daß Sprechweisen bevorzugt wurden, die an der Dekonstruktion der Wirklichkeit *und* der Sprache selbst arbeiten. Am weitesten ging in dieser »Art Alchemie« (Kolbe) des Sprachspiels wohl Papenfuß-Gorek, von dem ein erster Auswahlband »dreizehntanz« 1988 in der DDR und1989 in der Bundesrepublik erschien. In dem Bestreben, »Kommunikationskonventionen« aufzubrechen, veränderte der Autor die Orthographie, verkürzte und montierte vorhandene, erfand neue Wörter und entwarf eine eigene Grammatik, die die Zwangsjacke der geltenden aufsprengen sollte. Karl Mickel, ein Förderer des jungen Lyrikers, hat seine Texte treffend charakterisiert: »Um jedes Wort lauert ein mehr oder weniger großes Rudel anderer Bedeutungen [...] Mit dieser Eigenschaft der Wörter und Sätze spielt Papenfuß ernsthaft. Also ist jedes Wort, das er verändert schreibt, eigentlich ein verkürzter Satz, das Gedicht ist gewissermaßen Stenogramm [...] Ich höre aber fragen, warum Papenfuß stenographiert – da wir doch zum Lesen des Stenogramms womöglich mehr Zeit benötigen als zum Lesen einer Langschrift. Es ist indessen ein Unterschied, ob wir bestimmte Gefühle gleichzeitig haben oder nacheinander.« In der Tat ist es vor allem die von Papenfuß' Gedichten erzeugte Gleichzeitigkeit der Assoziationen und Gefühle, die sie inspirierend macht. Der Dichter hat betont, daß, womit er experimentiere, sein Leben bedeute: »Ich sehe mich nicht als Experimentator an der Sprache, sondern das ist mein Leben.« Das ernsthafte, das eigene Leben betreffende, am Ende auch politische Spiel demonstrieren viele der in Zeitschriften, Anthologien und in dem Bändchen »harm« (1985, nur in der Bundesrepublik) erschienenen Texte, so auch der zweite Teil des Gedichts »rabattblut für die p.l.o.«:

[...] zeigens erheblich erhabener
die arafatnen den sabbat'nen
auf die plätze fertig – tot
der jählings eingerükkte kriegfried
die überlebenden besiegfriedet
& politgeographisch übertölpelt
: non-p.l.o.-ultra nach u.s.a.
& ami-talmi nach palästina
woheraus sich also beflissen
schwarzrote septemberbriganten
in armeen der seminolen
canada zu ent-amerikanisieren
aus dem hinterhalt peschmerga
in eins nun mit der fatah
& der i.n.l.a. doktrinen in'n wanst
der öko-schemenstarre vor'n kopp
stoßweiß' sikkert fettaug' delikat
unser oberschenkelhöriges blut
durch –zig filter in konserven
aufzutanken die lechzenden
erst eines eig'nen staats torheit
? & dann keinen mehr zu wollen?
erkläre ich mich ausverstanden
: sibirien ist weit & herrlich

Papenfuß-Gorek zeigt, was die Sprache kann, indem er ihre vielfältigen ›ver-rückten‹ Generierungsmöglichkeiten ausstellt. Der spielerische, zumeist originelle Umgang mit dem Spannungsverhältnis zwischen Sprachzeichen und Bezeichnetem steht im Zentrum seiner Bemühungen: Lyrik als schöpferische Gratwanderung zwischen den unbefriedigenden Polen einer Nur-Abbild-Literatur und einer Nur-Kunst-Literatur.

1988 erschienen bei Suhrkamp in Frankfurt (nicht in der DDR) die ersten Gedichte eines 26jährigen aus Dresden, die einen ganz neuen Ton vernehmen ließen: *Durs Grünbeins* schmaler Band »*Grauzone morgens*«. In ihm manifestierte sich eine Sehweise und Haltung , die vierzig Jahre DDR(-Lyrik) außer Kraft setzte – und das ohne alles programmatische Getöse. Es ist noch nicht das Sujet allein, das Grünbeins Gedichte aufregend macht, nämlich die »Grauzonenlandschaft am Morgen« in Dresden oder Ost-Berlin, wo er die 80er Jahre verbrachte: der vergiftete graue Fluß Elbe, die grauen toten Städte, die grauen ›neuen‹ Menschen in ihnen mit der diffusen grauen Masse in ihren Schädeln, getaucht in den lichtlos-grauen Dämmer eines Morgens ohne Versprechen. Das ist die Szenerie, in der der Autor seine kleinen Funde, Beobachtungen und Episoden ansiedelt – Nachrichten von Still-Leben und anderen abgestorbenen Dingen, in allegorische Bilder gefaßt, »das übliche / Kino des Status Quo / Minus« in einem Land, das »›3 Jahrzehnte mit einer Hoffnung im Off ...‹« verbracht hat. Doch erst eine bestimmte Sprechweise hebt Grünbeins Verse »auf einer Grauton-Skala« aus dem Gros der jungen Neutöner heraus. Das Entscheidende ist, daß er das Gedicht souverän als ein »kaltes Medium« handhabt,

> eins ohne alle meta-
> physischen Raffinessen oder
>
> was als Ersatz neuerdings
> dafür gilt ... diese Tour
>
> zynisch abzuknien vor dem
> Stelzengang der Geschichte
> oder gebrochenen Blicks im
> harten Ost-West-Marathon
> wie nur je ein verdammter
>
> Schatten Dantes von Seiten-
> stechen zu klagen. [...]

Aus Grünbein spricht kein kompaktes, verläßliches Ich, sondern – dezentriert – »eine Serie von Stimmen ohne festes Zentrum, stückweise und in Fragmenten, graue Wellen aufgeworfen beim Gang durch eine Stadt«. Man erinnert sich an Autoren der 20er Jahre, die »Verhaltenslehren der Kälte« (H. Lethen) praktizierten und poetisch umsetzten: Gottfried Benn, der junge Brecht und, außerhalb der Lyrik, Ernst Jünger. Grünbein tut es in einem fragmentarisch losen, von Leerstellen duchschossenen, kühlen Parlando, das doch ›heiße‹ Emotionen ahnen läßt. Die Kälte schlägt *von draußen* an das wahrnehmende Subjekt an und läßt ihm keine Chance, als sich selbst mit Kälte zu wappnen. Die DDR, der »reale Sozialismus«: Das sind keine Objekte des Zorns, der Trauer, der Anklage mehr. Da läßt sich allenfalls noch kopfschüttelnd-ratlos fragen:

> […] Amigo, was ist bloß schief
> gegangen, daß sie uns derart zu Kindern
> machen mit ihrer *Einsicht in die Notwendigkeit*, ihrer *Wachsenden Rolle des*
> *Staates*? Die paar Verkehrskontrollen,
> sagte er, bringen wir selber auf, aber der
> Rest ist zuviel.

Grünbeins »Grauzone morgens« dokumentiert »wie kaum ein anderer Text DDR-Agonie unmittelbar vor dem Zerfall« (H. Korte). Dazu bedurfte es der hohen Intellektualität, des kalten Blicks und der poetischen Kraft eines schon mit seinem Erstling herausragenden Lyrikers.

7
Eine neue Literatur der 80er Jahre

Das Schwinden der ästhetischen Doktrin

1974 erschien der Sammelband »Eröffnungen. Schriftsteller über ihr Erstlingswerk«, in dem u.a. Christa Wolf und Günter de Bruyn in hohem Maß selbstkritisch über ihre literarischen Debüts reflektierten. De Bruyn bedauerte, für seinen ersten Roman »Der Hohlweg« (1963) nicht einen Don Quijote, einen Josef K. oder Schwejk zum Helden gewählt zu haben, sondern einen vom Schlage Wilhelm Meisters. »Denn«, so schrieb er, »ich hatte mir einreden lassen, daß der Roman Entwicklungsroman sei, positiv enden und Totalität geben müsse.« Schon während der Niederschrift habe er gemerkt, »daß er sein Thema ans Schema verraten« habe. Aus dem »Hohlweg« wurde ein »Holzweg«: »Als das Buch gedruckt war, war es für mich tot.« – Christa Wolf beurteilte ihren Erstling »Moskauer Novelle«, geschrieben 1958/59, mit gleicher Schärfe, freilich vierzehn Jahre später. Sie war nun bestürzt über den »Zug zur Geschlossenheit und Perfektion in der formalen Grundstruktur, in der Verquickung der Charaktere mit einem Handlungsablauf, der an das Abschnurren eines aufgezogenen Uhrwerks erinnert [...]« Irritiert fragte sie sich, wie sie »mit fast dreißig Jahren [...] etwas derart Traktathaftes« habe schreiben können; zwei Jahre später beklagte sie in »Kindheitsmuster«, nun grundsätzlicher, die »verfluchte Verfälschung von Geschichte zum Traktat«. – Ein vergleichbar radikales Verwerfen früherer literarischer – in diesem Fall lyrischer – Arbeiten findet sich bei Franz Fühmann. Seinen 1953 erschienenen Gedichtband »Die Nelke Nikos« hat er später nicht mehr gelten lassen, einem Nachdruck, von wenigen Gedichten abgesehen, nicht mehr zugestimmt. Allzu stark sah er ihn (und andere seiner Texte) von der »Doktrin« durchsetzt. Fühmann hat die »Doktrin«, sprich: die sowjetmarxistische Ideologie, auch späterhin nie als bare Lüge denunziert. Beide, »Dichtung und Doktrin«, so schrieb er 1982 in seinem Trakl-Buch, »waren in mir verwurzelt, und beide nahm ich existentiell«. Doch was er nun theoretisch und poetisch-praktisch endgültig verwarf, war ein »Dichtungsverstehen [...], so stark durch Abbildtheorien geprägt, daß die in unser Poesie-Erleben hineinwirken« – im Sinne eines »Auflösen[s] im Nur-Rationalen durch Zurückführen des als Abbild Gefaßten auf das unterstellte Urbild [...]«.

Die nachfolgende Generation der seit Mitte der 30er Jahre Geborenen empfand, im Lauf der 60er Jahre auf den Plan tretend, die traktathaft-doktrinäre Literatur ihrer Vorgänger schon als »Provokation für mich«, wie Volker Braun 1985 in seinem Rimbaud-Essay festgehalten hat: »eine Papierwelt, angelernt [...]. Kindlich versifiziertes Programm, von sozialer Erfahrung kaum betroffen [...]. Der Zeitungsgeist, aktionistisch tönend. Auf Stelzen über die Tatbestände: ohne den Boden der Poesie zu berühren.« Der »einfache[n] Wahrheit« wurde die komplizierte, der »rabiat stumpfe[n] Gläubigkeit der festen Position« die bewegliche, wiewohl von Hoffnung beflügelte Skepsis, der »bürgerlichen[!] Ästhetik einer Abbildfunktion von Kunst« (Braun) die experimentierende Offenheit einer »arbeitenden Subjektivität« entgegengesetzt. Zweifellos übernimmt die Lyrik der Biermann und Braun, Kirsch und Kirsch, Endler und Mickel eine Vorreiterrolle in der Umwälzung der Wahrnehmungs- und Schreibweisen, nachdem der Erzähler Uwe Johnson nicht hatte wirken können. Damit korrespondieren die beiden Lyrikdebatten von 1966 und 1971/72, in denen insbesondere Adolf Endler Lanzen für die neue Lyrik brach und der realsozialistischen Germanistik als »Leitungswissenschaft« die Leviten las. Aber auch in der Prosa findet ab etwa 1965 eine zumindest »verhohlene Aneignung« (H. Küntzel) moderner Erzählmittel statt, am deutlichsten bei Christa Wolf und Fries. In der Dramatik sind es vor allem Müller, Lange und Braun, die jene Positivität und Totalität verweigern, die de Bruyn 1974 rückblickend verwarf. Ein Übergang von geschlossenen, vormodernen Verfahren ästhetischer Produktion zu offenen, technisch montierenden geht vonstatten (im vorigen Kapitel im einzelnen beschrieben), der keine Fahnenflucht in Richtung vermeintlicher Dekadenz bedeutet, sondern einen emanzipatorischen Impuls behauptet. »Das Selbst-Entdecken steht jetzt gegen das Gezeigt-Bekommen, das Nachdenken vor dem Beweis, Haltung vor Erkenntnis, Praxis vor Abbild« (R. Weimann). Gewiß existierten damals noch (und existieren weiter) vormoderne didaktische Wahrnehmungsweisen, Schreibhaltungen und Wirkungsabsichten, aber die *eine* homogene DDR-Literatur aus dem Ungeist des »sozialistischen Realismus« hörte endgültig auf zu bestehen.

Damit ist die orthodoxe Abbild- und Widerspiegelungstheorie – Richtschnur der 50er und großenteils noch der 60er Jahre – außer Kraft gesetzt. Parallel zu dem vehement in Gang kommenden Prozeß des Umdenkens, der Abwendung vom Glauben zugunsten der Reflexion, der Identitätssicherung ohne ideologisches Geländer werden ästhetische Verfahren entdeckt und ab Anfang der 70er Jahre nun auch in der Breite angewandt, die bislang als bürgerlich, modernistisch, formalistisch, dekadent galten. *Die DDR-Literatur tritt in ihr experimentelles Zeitalter ein.* Sie will keine »Nachtrab-Literatur« (G. Kunert) mehr sein, die den Leser pädagogisch an die Hand nimmt und in einem vorgegebenen gesellschaftlichen Verwendungszusammenhang unmittelbar aufgeht. Sie baut selbst gleichsam Versuchsanordnungen auf, um »neue Sinne für den Sinn einer neuen Sache« (C. Wolf) wecken zu helfen. Dazu braucht sie nichts mehr als frei flottierende Phantasie und Einbildungskraft, das »überschießende / überschüssige« Bewußtsein, das auch Rudolf Bahro als entscheidende Produktivkraft wirklicher Veränderung ausgekundschaftet hat. Literatur beurteilt, noch einmal Christa Wolf, »die Strukturen menschlichen Zusammenlebens unter dem Gesichtspunkt der Produktivität. Sie kann Zeit raffen und Zeit sparen, indem sie die Experimente, vor denen die Menschheit steht, auf dem Papier durchspielt: da trifft sie sich mit den Maßstäben der sozialistischen Gesellschaft.« Der letzte Halbsatz von Wolf markiert die selbstgesetzte Grenze der neuen Denk- und Schreibhaltung: Lebens- und Gesellschaftsentwürfe *jenseits* des immer noch erträumten »wahren« Sozialismus spielen kaum je eine Rolle.

Es sind gerade die auf den ersten Blick ›unrealistischen‹ Schreibweisen, die – wie bei Wolf oder Morgner – am wirkungsvollsten der vermeintlichen ›Normalität‹ des Wirklichen zu Leibe rücken, ihr durch Fremdmachen, Verfremden, Historisieren, die Einbeziehung des Grotesken und Absurden näherkommen, um »das Wundern zu erleichtern« (Morgner). Kunst will jetzt verstören, Sinn destruieren, Un-Sinn freilegen, statt zur Bestätigung vorgegebenen Sinns beizutragen. Dazu bedarf es ›wilder‹ Formen und einer ›wilden‹ Sprache, die ›normale‹ Erwartungen brüskiert. Heiner Müller z.B. findet Impulse dazu (natürlich) nicht in der Tradition des »sozialistischen Realismus«, sondern in der westlichen Gegentradition der als individualistisch, dekadent, anarchistisch und irrational verschrieenen Avantgarden: bei Rimbaud, Lautréamont, Kafka, Joyce, Artaud und Beckett, denen aus der sozialistischen Literatur allein Majakowski und Brecht beigesellt sind. In der »ungewohnten Verbindung von avantgardistischer Textpraxis und marxistischem Denken« (G. Schulz) liegt die andauernde Provokation, die von diesem Autor im Osten wie im Westen ausgeht.

Damit sind Beispiele skizziert, die die Ablösung wichtiger Autoren (-gruppen) von der »außengelenkten Ästhetik« und ihren Übergang zur Emanzipation literarischer Produktion von der Mitte der 60er bis zum Anfang der 70er Jahre markieren. Dem folgte, mit gehöriger Verspätung, ein Wandel der kulturpolitischen Vorgaben für die Literatur, der am Ende einer Preisgabe solcher Vorgaben nahekam. Am finsteren Anfang standen die Formalismuskampagne von 1951 und das 11. Plenum des ZK der SED 1965, fast am Ende die Verlautbarung des »Bücherministers« Klaus Höpcke vom März 1988, es gehöre »zu den Reformen in der Leitung von Kunstangelegenheiten in der DDR, die vom VIII. Parteitag der SED vor mehr als fünfzehn Jahren in die Wege geleitet wurden, daß die Partei sich gewissermaßen ›amtlicher‹ Urteile über einzelne Kunstwerke enthalte«. Doch als die Kulturfunktionäre sich dieser Auffassung endlich angenähert hatten, war es zu spät und die DDR am Ende.

Die zögernd angenommene ›Enthaltsamkeit‹ der Kulturoberen gegenüber den neuen Tendenzen der Literatur und die schrittweise Anerkennung der »relativen Eigengesetzlichkeit der Künste« wurde auch von einigen (nicht allzu vielen) kritischen Literaturwissenschaftlern der DDR befördert, so von Robert Weimann, Wolfgang Heise, Utz Riese, Rita Schober, Dieter Schlenstedt oder Karin Hirdina. Ihre theoretische Neugier, ihr praktisches Engagement für dem Verdikt verfallene Texte der DDR-Literatur wie für die Kunst der Moderne insgesamt zeigen, daß die vielgeschmähte DDR-Literaturwissenschaft nicht nur doktrinär, devot und theorielos war. Gewiß auch angestoßen von literarischen Texten aus der DDR – von Müller, Arendt, Johnson, Wolf, Fries oder Braun –, beschäftigten sich mehrere Literaturwissenschaftler seit Beginn der 70er Jahre intensiv mit der Kunst der Moderne im allgemeinen und der der Avantgardebewegungen im besonderen. 1979 erschien, herausgegeben von Karlheinz Barck und Dieter Schlenstedt, der Band »Künstlerische Avantgarde. Annäherungen an ein unabgeschlossenes[!] Kapitel«, 1984 Gudrun Klatts Buch »Vom Umgang mit der Moderne«. Auch die Berliner Kafka-Konferenz von 1983 gehört in diesen Kontext. Man entdeckte, daß der Avantgardebegriff ursprünglich einen Anspruch auf ästhetische Innovation *und* sozialen Fortschritt umschloß.

Am weitesten gingen in der »Rehabilitierung einer einst verfemten Moderne und Avantgarde« (G. Erbe) die Anglisten Utz Riese, Wolfgang Wicht und *Robert Weimann.* Zumal Weimanns Aufsatz »Realität und Realismus. Über Kunst und Theorie in dieser Zeit« (1984 in »Sinn und Form«) schlug Brücken von der DDR-Gegenwartssituation zurück zu den Avantgardebewegungen – und nach vorn bis hin zum Poststrukturalismus; ein bemerkenswerter Vorgang für die intellektuelle Szene der DDR. Ausgehend von der Feststellung, daß es »um den Realismusbegriff in unserem Diskurs […] still geworden« sei, entwarf Weimann das Projekt eines künstlerischen Realismus, der »die Mimesis (also Widerspiegelung, Abbildung, Nachahmung) selbst schon als Kommunikation, als Tätigkeit, Verkehr, Ereignis« versteht. »Die Theorie wie auch die Praxis dieses Realismus sind nichts Feststehendes, nichts Verordnetes, kein Dogma oder Abstraktum, vielmehr eine Agentur der stets veränderlichen und widerspruchsreichen Verkehrsverhältnisse zwischen dem Gesellschaftsangebot der Kunst und dem Kunstbedürfnis der Gesellschaft.« Gegen die »utilitaristische Kunstauffassung« der 50er und »noch zu Zeiten« der 60er Jahre wie gegen die fraglose Repetition der »klassischen Humanitätsutopie« setzte Weimann den Anspruch eines neuen Realismus, der die Augen öffnet für die wirklichen Gegebenheiten der Welt von heute. Damit meinte er nicht mehr nur das immer noch existierende Produktionsverhältnis des Kapitalismus mit seinen katastrophalen Folgen vor allem für die Dritte Welt, sondern auch und vor allem die Auswirkungen eines vierten, elektronischen Maschinenzeitalters: »die Explosion der Medien und die Verbreitung der sogenannten mass culture« sowie die

»neue[n] Formen der Modellierung, Speicherung und Vermittlung des Wissens«. Weimann stellte fest: »Gegen unterhaltungspolitische Transaktionen hilft keine Nachrichtensperre; gegen die Überreizung der Sinne hilft keine Askese unserer eigenen Sinnlichkeit; gegen die raffinierteste Form der Manipulation hilft nur der überlegene Verzicht auf Manipulation überhaupt.« Weimann wußte, daß selbst eine bloße Übernahme der Strategien der künstlerischen Moderne nicht mehr weiterhalf. Auch die Moderne war gealtert, der »avantgardistische Modernismus [hatte] seine Negationskraft verloren«. Immerhin war damit anerkannt, daß er sie einmal historisch besaß und (wie dann weiter ausgeführt) immer noch Impulse des produktiven Widerspruchs von ihm ausgehen konnten. Damit rückten für Weimann (und andere) *Realismus und Moderne plötzlich in einen Horizont,* ja, sie wurden zu Verbündeten gegen den Status quo der Dehumanisierung. Weimann ging noch einen Schritt weiter: Selbst dem Poststrukturalismus/Dekonstruktionismus bescheinigte er, er »unterhöhle«, *»dekonstruiere«* »die traditionellen Bedeutungen und Inhalte bürgerlicher Ideologie«. Um Mißverständnissen vorzubeugen: Weimann (und andere) hielten letztlich an den (modernen) Bastionen des Subjekts und der zu verändernden Wirklichkeit, also am Projekt Utopie, fest; die Postmoderne konnten und wollten sie nicht einholen. Doch sie öffneten sich der Auseinandersetzung mit ihr von einer Position aus, die sich als Synthese aus Marxismus und künstlerischer Moderne umreißen läßt. Nicht zufällig fungiert Peter Weiss' »Ästhetik des Widerstands« bei Weimann und anderen immer wieder als Bezugstext.

Vergleichsweise harmlos wirken demgegenüber Konzepte zur Kritik überkommener Vorstellungen von »sozialistischem Realismus«, wie sie 1984 *Dieter Schlenstedt* vortrug. Und doch verursachte sein Vorschlag, für die neuere DDR-Literatur den Begriff des *»sozialistischen kritischen Realismus«* einzuführen, einigen Wirbel. Mit diesem Terminus wollte Schlenstedt eine Literatur charakterisieren (und verteidigen), die statt des positiven den »problematischen Helden, an dem man etwas überlegen kann«, wählt; die »ihre Werte nicht positiv ausstellt, sondern sie zu bedenken gibt, indem sie Defizite vorstellt [...]«; eine Literatur, die damit souverän und zugleich solidarisch sozialistische »Selbstkritik« im von Marx vorgestellten Sinn übt. Als Beispiel für diesen Typus Literatur nannte Schlenstedt vor allem Christoph Heins »Der fremde Freund« / »Drachenblut«. Er rief dazu auf, »darauf gefaßt [zu] sein, daß es in der Literatur Überschüsse gibt, die hinausgehen über das, was wir im Augenblick gerade für wichtig halten oder zu brauchen meinen. Ein normaler Vorgang.«

Solche Vorschläge einer nunmehr nicht mehr doktrinären, sondern »diskutierenden Literaturwissenschaft« (Schlenstedt) nahm der kulturpolitische Apparat nur widerstrebend an. Dennoch gilt für die 80er Jahre: Was die Literatur vorbereitete und die undogmatische Literaturwissenschaft aufgriff und theoretisch absicherte, wurde von der Literaturpolitik nachträglich meistens toleriert und am Ende sogar sanktioniert. Gewiß: Noch 1986 widersprach Kurt Hager Schlenstedts Vorschlag eines »sozialistischen kritischen Realismus«, weil er befürchtete, das »kritische Element« werde absolut gesetzt und damit die »Literatur- und Kunstentwicklung unseres Landes auf einen Irrweg« geführt. Aber Hagers Kritik hatte kaum noch praktischen Folgen. Gewiß: Noch 1984 befand »Bücherminister« Klaus Höpcke, »Manuskripte, in denen Zukunftsungewißheit, Skepsis an der Realisierbarkeit sozialistischer Ideale zum Ausdruck kommen oder bestimmte Erscheinungsweisen unzulässig verallgemeinert werden, müssen mit den Autoren und in den Verlagen diskutiert werden«. Aber aus diesen ›Diskussionen‹ folgten nur noch in Einzelfällen Verbote. 1987 konstatierte dann auch Höpcke, der Begriff »sozialistischer Realismus« sei kein »Scheuklappenmodell«; er lasse »Raum für unterschiedliche Schreibhaltungen und -weisen.« Und Jürgen Kuczynski (der freilich schon lange sagen konnte, was er wollte) wetterte 1985 sogar gegen die »blöde Realismus-Interpretation« früherer Jahrzehnte. So ähnelte die kulturelle Szenerie der späten DDR zwar immer noch einer Lithographie Fritz Cremers (die dieser dem Kulturminister Hans Joachim Hoffmann gewidmet hatte): Pegasus, der sich in die Lüfte zu heben versucht, ist umstellt von allegorischen Figuren der Restriktion wie dem »Nationalen Erbe«, dem »Gesellschaftlichen Fortschritt« und dem »Realismus«. Aber der ›reale Pegasus‹ in der DDR war – Cremer korrigierend – schon längst dabei, dieses Joch zu sprengen und die Freiheit zu gewinnen. Die bannende Macht der Doktrin war geschwunden. Freilich hat die Wendephase 1989/90 gezeigt, daß auch der eingeschreinte kommunistische Traum, dem die undogmatischen marxistischen Autoren unbeirrt anhingen, als eine festhaltende, ja bannende Macht wirken konnte.

Hineingeboren und Aussteigen: Lebens- und Schreibweisen junger Autoren

Volker Brauns schon 1970 geschriebenes und 1988 uraufgeführtes Theaterstück »Lenins Tod« wird von dem jüngeren Prosatext »Der Eisenwagen« eröffnet. Dabei handelt es sich um eine allegorische Erzählung, die lesbar ist als die Beschreibung einer Generationserfahrung. Sie lehrt, wie sich der Geschichtsprozeß seit der Oktoberrevolution, speziell dann seit 1945, für zumindest einen größeren Teil jener Deutschen (und späteren DDR-Bürger) darstellt, die vor dem Kriegsende geboren sind. »Es war ein Wagen, auf den ich kletterte, in einem Schuppen in der Vorstadt, ein flaches und unbequemes mit Tarnfarbe bestrichenes Wägelchen, das wir jetzt aus dem Gerümpel zogen. Wir:

wenige davon- und heruntergekommene Männer, die wußten, wo der Weg langgeht.« Es stellt sich heraus, daß das »Wägelchen« die »Lokomotive der Geschichte« ist: »ein Panzerzug. Ihre Waffe der Schrekken. Wir darin: gefangen, verborgen, abgeschirmt. Anonyme eiserne Gestalt.« Am Anfang des auf humane Verhältnisse zielenden Projekts der sozialistischen Umwälzung im Geiste von Marx steht, so läßt sich Brauns Bild entziffern, seine gewalttätige, inhumane, »eiserne« Mißgestalt, eine monströse Verlarvung, die praktisch aufs Gegenteil dessen hinausläuft, was das Projekt einmal meinte. Doch der, der hier spricht, verläßt den »Eisenwagen« des »Protosozialismus« nicht. »Die Maschine hielt mich umklammert. [...] Ich kam hier nicht mehr heraus. [...] Der Wagen würde mein Mausoleum sein, mein Grab. Eine ehrliche, eine eindeutige Lösung, was mich betraf; die anderen mußten die ihre finden.« – Brauns Rimbaud-Essay (1985) greift an mehreren Stellen diese Situation auf: »Wenden wir uns um in unser Unglück. Gehen wir wieder in das alte Land hinein. Keine Ausflüchte; wir müssen ins Innere gehen. Das ist ein schrecklicher Gang: in das Ende der Schrecken. Kommunismus oder Barbarei. Wir werden den Kontinent nicht verlassen.«

Der marxistische Autor Braun, geboren 1939, hat in einem Interview von 1988 diese Lesart des »Eisenwagen« bestätigt, wenn er den Text als »Metapher« bezeichnet für »die Biographie unserer problematischen Macht und die Kaderakte der ganzen politischen Mannschaft«. Er selbst nahm sich von dieser Kollektiverfahrung nicht aus, sondern rechnete sich ihr ausdrücklich zu, offenbar auch für die Zukunft. Das selbstmächtige revolutionäre Subjekt ist ernüchtert und schwer beschädigt, der kollektive Traum durchlöchert, aber dieses Subjekt kann gar nicht aufgeben, selbst wenn es wollte. So verweigert es den Ausstieg ins – aus seiner Sicht – gesellschaftliche Nirgendwo (den es den Jüngeren durchaus zugesteht) ebenso wie das Verlassen des alten Kontinents zugunsten eines Traums vom Gelingen der Revolution auf anderen Kontinenten, sprich: in der Dritten Welt.

1986 gerade in West-Berlin angekommen, hat der 1953 geborene Sascha Anderson, Lyriker, Multimediakünstler und seit 1975 zudem Informeller Mitarbeiter des Staatssicherheitsdienstes, in einem SPIEGEL-Interview eine diametral entgegengesetzte Position für sich und seine Generationsgenossen formuliert: »Die DDR als Gebilde interessiert mich nicht. Das ist doch der Unterschied. Meine Jugendzeit fiel nicht in die Aufbruchphase der DDR. Ich mußte mich nicht identifizieren mit diesem Staatsgebilde. Ich habe mich identifiziert mit einem Freundeskreis, mit einer Landschaft, in der ich aufgewachsen bin. [...] Biermann ist rausgeschmissen worden, ich bin gegangen. [...] Vielleicht besteht meine Generation der Anfang bis Mitte 30jährigen noch aus Aussteigern. Nach uns kommt eine Generation, und die halte ich für wichtiger, die ist gar nicht erst eingestiegen. [...] Die Generation nach uns versteht die Sprache der Macht nicht mehr, versteht ihr Denken nicht mehr und ist noch freier als wir. Wir mußten uns erst befreien.«

Auch wenn einzelne immer nur bedingt als Sprecher für ganze Generationen taugen, zumal wenn einer von ihnen fünfzehn Jahre für die »Stasi« gespitzelt hat: Die Kluft zwischen diesen beiden Sprechern zweier DDR-Generationen, die nur ca. fünfzehn Jahre voneinander getrennt sind, ist eklatant. Beider Erfahrung konvergiert noch in dem Punkt, daß sie den »real existierenden Sozialismus« als »Eisenwagen« qualifizieren, doch sie ziehen entgegengesetzte Konsequenzen aus diesem Befund. Wirbt der eine, Braun, nach wie vor dafür, den Führerstand der wie immer beschädigten Geschichtslokomotive nicht zu verlassen, so proklamiert der andere, Anderson, den Absprung vom desavouierten Gefährt, und für die noch Jüngeren: die Benutzung ganz anderer Vehikel. Er selbst hat diesen Absprung in ganz besonderer Weise vollzogen – dazu später.

Der *Generationenvergleich* kann für die Literaturgeschichtsschreibung nie der einzige Zugang sein, um – am Ende auch ästhetische – Veränderungen und Umschwünge bis hin zum Bruch mit dem Voraufgehenden zu erklären. Aber er ist doch ein wichtiger (in diesem Buch schon mehrfach praktizierter) Ansatz, um solchen Veränderungen auf die Spur zu kommen. Zumal am literarischen Wandel in den späten 70er und 80er Jahren bewahrheitet sich, daß die Generationenabfolge nie nur ein biologisches Faktum ist, sondern auch und vor allem eine Angelegenheit des Umbruchs von historischen und gesellschaftlichen Erfahrungen. Zunächst unverbindliche »Generationslagen« verdichten sich über gemeinsame Schlüsselerfahrungen zu »Generationszusammenhängen« oder sogar zu »Generationseinheiten«, die wesentlich zur »historischen Dynamik« beitragen – so Karl Mannheim schon 1928. Natürlich schließt die Entstehung von Generationseinheiten nicht aus, daß Angehörige älterer Generationen diese neuen Erfahrungen antizipieren oder vorbereiten, und umgekehrt ebensowenig, daß viele der jüngeren Generation sich in älteren Erfahrungsmustern häuslich einrichten.

Die Generationen, die bis Mitte der 70er Jahre die DDR-Literatur repräsentieren, sind in sich unterschiedlich genug. Am Anfang stehen die bis ca. 1915 geborenen Autoren, in der Regel alte Antifaschisten, ob sie nun exiliert waren oder aus den Zuchthäusern und Konzentrationslagern der Nazis in die SBZ/DDR kamen. Auch sie hatten, wie wir von Brecht wissen, »Schwierigkeiten beim Schreiben der Wahrheit«, doch betrafen diese kaum die Wahrheit selber und eine damit eng verknüpfte (sozialistische) Moral. Die aus dem sowjetischen Exil zurückkamen, verdrängten in der Regel die dort erlittenen Schrecken (und die eigene Kollaboration mit dem Apparat Stalins) erfolgreich (vgl. dazu S. 78f.). Neben diese Generation traten dann jene zwischen ca. 1915 und ca. 1930 Geborenen, die das NS-Regime und den Krieg als junge Männer und Frauen, oft noch als Kinder erlebt hatten – in der Regel als naiv Begeisterte oder als Mitläufer. Ihre Bekehrung erfuhren sie, sofern sie Soldaten gewesen waren, häufig in der Kriegsgefangenschaft oder dann zu Hause. Die Regel ist, daß ein alter Glaube durch einen neuen ersetzt wurde. Der antifaschistische Gründungsmythos der DDR wurde, von Ausnahmen abgesehen, umstandslos übernommen und zur eigenen Sache gemacht. Günther Deicke (geb. 1922), einer von ihnen, hat das bestätigt: »Ein westdeutscher Publizist [Lothar von Balluseck, W. E.] nannte uns ›Dichter im Dienst‹, und wir wollten das tatsächlich auch sein.« Eine Ausnahme markiert, schon aufgrund seiner Herkunft, Günter Kunert. – Anders schon die ab Anfang der 30er Jahre Geborenen: Sie waren vom Faschismus unbelastet und kannten vom Krieg gerade noch sein schreckliches Ende. In der Regel waren sie bereit, den Sozialismus als das Neue und Andere mit aufzubauen, formulierten aber auch Ansprüche an ihn und waren nicht bereit, ihn kritiklos hinzunehmen. Man denke nur an Biermann oder Braun. Erst spät haben einzelne aus dieser Generation der großen Enttäuschung Ausdruck gegeben, »nicht mit den Eigenschaften gebraucht zu werden, die uns wichtig waren, unsere Kräfte nicht gefordert zu sehen. Kein Training daher, Verkümmerung. Blaß, farblos. Eine Generation ohne Biographie. Wir wurden einander gleich; Mittelmaß, das sich in Geschäftigkeit verbrauchte.« Sigrid Damms (geb. 1940) bitterer Rückblick aus dem Jahre 1987 ist gewiß authentisch, aber es ist doch deutlich eine Äußerung, die *nachträgliche* Einsichten formuliert und kaum das Lebensgefühl von damals. Trotz gewisser Einschränkungen gilt, daß die drei skizzierten Generationen von Intellektuellen und Schriftstellern der DDR in den folgenden Punkten übereinkommen: Sie verstanden sich als Sozialisten; sie akzeptierten einen moralischen, sozialoperativen Auftrag der Literatur; sie hielten an der gesellschaftlichen Utopie als einer zentralen Kategorie zumindest bis zur Mitte der 70er Jahre fest.

Die junge Literatur der nach 1950 Geborenen sprengte diesen dreifachen Konsens. Ihre Autoren waren allesamt »unvermischte DDR-Produkte« (so schon Wolf Biermann über Jürgen Fuchs), insofern sie den Westen nicht mehr aus sinnlicher Anschauung, sondern nur noch übers Fernsehen kannten (übrigens war zu Ende der DDR ein Drittel aller ihrer Bürger nach 1961 geboren). Sie waren in den Sozialismus »hineingeboren« (mit dem Titel eines Gedichtbandes von Uwe Kolbe zu sprechen) und hatten keine Alternativen zu ihm erfahren können. Als sie erwachsen wurden, war dieser Sozialismus nicht mehr als »Hoffnung« erkennbar, sondern nur noch als »deformierte Realität« (H. Müller). Sie fühlten sich nicht mehr als »Nachgeborene« einer dunklen Zeit von Nazismus und Krieg, denen es vergönnt war, besseren, freundlicheren Zeiten entgegenzuschreiten (das war Brechts Erwartung). Die gutgemeinte Idee, nun seien sie an der Reihe, den

»Stafettenstab« des Projekts Sozialismus aufzunehmen und weiterzugeben, mußte ihnen fremd sein. »Mittlerweile macht sich eher lächerlich, wer die harmonisierende Metapher weiter gebraucht. Die jungen Leute finden sich entweder nicht auf dem Übergabeplatz ein, oder sie versäumen es, im rechten Moment die Hand auszustrecken. Es lohnt sich nicht, das dürr gewordene Stück Holz, das da feierlich angeboten wird, zu ergreifen und in die angeblich vom Geschichtsprozeß vorgegebene Richtung weiterzulaufen« (M. Jäger). Ein Gedicht von Michael Wüstefeld (geb. 1951) mit dem Titel »für Uwe Kolbe« (gewiß kein Meisterwerk, aber symptomatisch) artikuliert exemplarisch das neue Lebensgefühl der Isolation, der Unzugehörigkeit und der Verweigerung gegenüber dem eigenen Land.

Hineingeboren wie hineingeborgt
Eingenommen wie gefangengenommen

Festgehalten nicht fester Halt
Aushalten nicht Anhalt

Ankommen wie wegkommen
Ankunft wie Wegkunft

Hierbleiben nicht dableiben
Ausreisen nicht ausreißen

Lachen wie Masken
Maskieren wie Weinen

Verrecken nicht um Ecken
Umrunden nicht im Kreis

Loseisen wie festrosten
Geborensein wie totleben.

Hier sprach einer, der nicht mehr enttäuscht werden konnte, weil er offenbar auch nicht gläubig war. Das unterschied ihn nicht nur von den alten Antifaschisten der ersten dominanten DDR-Generation mit ihrer rigorosen Moral, nicht nur von den Bekehrten und später oft zutiefst Ernüchterten der zweiten Generation, sondern auch und vor allem von der ihm vorhergehenden dritten Generation, die den »wahren Sozialismus« immer wieder emphatisch beschwor und sich am »realen Sozialismus« wundrieb. Nicht zufällig wurde Volker Braun zur (stilisierten) Kontrastfigur dieses neuen Selbstbewußtseins. Schon 1979 signalisierte Uwe Kolbe: »Meine Generation hat die Hände im Schoß, was engagiertes (!) Handeln betrifft. Kein früher Braun heute. [...] Ich kann noch weitergehen und sagen, daß diese Generation völlig verunsichert ist, weder richtiges Heimischsein hier noch das Vorhandensein von Alternativen anderswo empfindet.« Und bei Fritz-Hendrik Melle (geb. 1960) heißt es salopp und bündig: »Volker Braun? Da kann ich nur sagen, der Junge quält sich. Dazu habe ich keine Beziehung mehr. – Ich bin schon in einer frustrierten Gesellschaft aufgewachsen. Diese Enttäuschung ist für mich kein Erlebnis mehr, sondern eine Voraussetzung.« Kein »Wir und nicht sie« also (so hatte Braun einst Klopstocks bedauerndes »Sie, und nicht wir« von 1790 umgekehrt), sondern möglichst große Distanz zum politischen Zentrum und zu seinen Erwartungen. Die jungen Autoren weigerten sich, »die offiziell vorgesehenen Wege zu gehen«, sie suchten »statt dessen nicht zuletzt mittels der Literatur die Chancen für das, was nicht Aufstieg, sondern *Leben* heißt« (Elke Erb).

Schon Richard Pietraß (geb. 1946) hatte gegen den »Sumpf der Zwecke« gewettert und provokativ formuliert:

> Wir bauen kein Nest, keine Zelle des Staats.
> Am Rande, am Rand ist immer Platz.

Diesen abseitigen Ort bevölkerten die jungen Autoren nun tatsächlich, ihm entsprach ihre konkrete *Lebensweise.* Sie gingen überwiegend irgendwelchen Jobs nach, die an den Rändern der DDR-Gesellschaft angesiedelt waren. Sie trugen als Kleindarsteller und Gärtner, Turnhallenwart und Hausmeister, Pferdepfleger, Würstchenverkäufer und Wirtschaftskraft im Kindergarten, Friedhofsarbeiter und Totengräber wohl etwas zur notwendigen Reproduktion ihrer Gesellschaft bei, kaum jedoch zu ihrer Produktion. Sie waren keineswegs Schmarotzer der Gesellschaft, in der sie lebten, aber sie siedelten sich doch mehr oder weniger bewußt außerhalb der Sphäre des industriellen Fortschritts, des Wahns der immer steigenden Arbeitsproduktivität und des Tanzes ums Goldene Kalb des Konsums an. Sie wohnten in Hinterhöfen und Souterrainwohnungen am Prenzlauer Berg in Ost-Berlin oder in anderen heruntergekommenen Altbauvierteln (mit spottbilligen Mieten) der größeren Städte wie Dresden, Leipzig, Jena, Weimar oder Karl-Marx-Stadt. »Prenzlauer Berg«, so schrieben Ingrid und Klaus-Dieter Hähnel schon 1981 in den »Weimarer Beiträgen«, »ist [...] längst nicht mehr nur eine Wohngegend, sondern eine ›Haltung‹. Die Risse in den Wänden der Hinterhof-Häuser erscheinen nicht selten als die Korrelate für die ›Risse‹ und ›Nöte‹ des Ichs«. Gewiß: Schon Mickel und Sarah Kirsch, Endler und Erb, auch Erich Arendt wohnten zeitweise am Prenzlauer Berg. Doch in den 80ern bildete sich dort eine Kunstszene heraus (300 Maler und Graphiker sowie 35 Schriftsteller waren 1987 laut Daniela Dahn in der Stadtbezirkskartei erfaßt), die wiederum nur als Bestandteil einer größeren Szene von

Nicht-mehr-Einsteigern, die gegen das realsozialistische Spießertum rebellieren, zu begreifen ist. Unter diesem Blickwinkel war die junge, die ›andere‹ Literatur der DDR nur Facette einer neuartigen gegenkulturellen Orientierung unter der Jugend in der späten DDR, die die industrialisierte Umwelt, den neuen Mittelstand und eine staatlich gelenkte Jugendkultur (im wesentlichen über die FDJ und ihre Jugendclubs transportiert) pauschal ablehnte. An ihrem äußersten Rand standen die Punker – auch die gab es inzwischen in den Großstädten des Landes. Diese Gegenkultur war kaum je konfrontativ, aber dennoch, als andere, eindeutig definiert. Ihr »kleinster gemeinsamer Nenner« lautete: »Null Bock auf alles Offizielle« (D. Dahn).

Die Anfänge der neuen Kunst- und Literaturszene reichen bis in die Zeit der Biermann-Ausbürgerung 1976 zurück. Ihre Quellpunkte waren Berlin und vor allem Dresden, die alte Malerstadt, an deren Kunsthochschule avantgardistische Impulse von Malern und Graphikern der älteren (Willy Wolff, Hermann Glöckner) und mittleren Generation (Jürgen Böttcher, ein enger Freund Biermanns) inspirierend wirkten und an der auch Ralf Winkler (der sich später A. R. Penck nannte) studierte. Die Vertreibung Biermanns rief, so stellte Antonia Grunenberg fest, zunächst eine »Trotzreaktion unter den Jungen« hervor »nach dem Motto: ›Jetzt erst recht‹.« 1979 erschien eine Graphik-Lyrik-Mappe unter dem sprechenden Titel »Kein Wind schlägt die Flügeltüren zu«, die immerhin Autoren wie Sascha Anderson, Lutz Rathenow und Bert Papenfuß vereinigte. Der noch in Maßen genialischen ersten Mappe folgten dann Anfang der 80er Jahre die ersten selbstgemachten Maler-Dichter-Bücher – zumeist nicht reproduzierbare Unikate, deren Ort nun schon nicht mehr die Kunsthochschule war. Anderson, die Maler Hans Scheib, Helge Leiberg, Christine Schlegel, Cornelia Schleime und andere begannen jetzt, verschiedene Medien auszuprobieren – Film, Malerei, Tanzchoreographie, Rockmusik – und sie miteinander zu kombinieren. Besonders Anderson, der auch eine Band gründete, wirkte als allgegenwärtiger Anreger und Organisator unter den Jungen, freilich schon seit 1975 gleichzeitig als Informant der Staatssicherheit. Die Dresdner Zeitschrift »und«, herausgegeben von Lothar Fiedler, wurde zu einem ersten Sammelplatz neuer, experimenteller Texte und poetischer Manifeste, die den Abschied der jungen Künstlergeneration vom Regelwerk der realsozialistischen Gesellschaft und ihrer Kunstdoktrin artikulieren. 1984 wurde die Zeitschrift verboten. Michael Brendel führte das Projekt weiter unter dem Titel »u.s.w.«, ab 1987 erschien eine Fortsetzung »usf.« unter Regie von Thomas Haufe. Aber Anderson, Schleime, Schlegel und andere waren inzwischen nach Berlin umgezogen, wo sie auf eine nun auch schon sehr rege alternative Kunstszene stießen. Seit 1981 gaben dort Uwe Kolbe und die um einiges älteren Bernd Wagner und Lothar Trolle die kleine autonome Zeitschrift »Der Kaiser ist nackt« heraus, die sich seit 1983

»Mikado« nannte und immerhin bis 1987 Bestand hatte. In ihr schrieben (›veröffentlichten‹ wäre das falsche Wort) neben den Herausgebern u.a. Endler, Erb, Maron, Hilbig und der Slawist Fritz Mierau sowie die Jüngeren Jürgen K. Hultenreich, Barbara Honigmann, Katja Lange-Müller, Bert Papenfuß-Gorek, Lutz Rathenow, Jan Faktor, Stefan Döring, Detlev Opitz und Thomas Rosenlöcher. Jedes Heft hatte, da mit einfachen Vervielfältigungsverfahren hergestellt, nur eine Auflage von 100 Exemplaren, die aber natürlich nicht nur von den Käufern gelesen, sondern von Hand zu Hand weitergegeben wurden. »Wir wollten«, so schrieben die Herausgeber rückblickend, »nicht das Gesamtkunstwerk, keine Hermetik, keine Sammlung der literarischen Opposition (da es sie außerhalb davon nicht gibt), wir wollten einfach eine *andere* Öffentlichkeit, die die Worte des einzelnen bündelt, gegen- und miteinander sprechen läßt. Vielleicht war entscheidend für uns zu spüren, daß jemand um seine eigene Sprache ringt, ohne eilig jede Realität zu opfern. Mit anderen Worten: Wir suchten die Brisanz der Gegenwart in der Sprache, diesseits und jenseits des Vokabulars der Macht und der Anpassung.« – Andere Zeitschriften traten, nach dem Zuzug einiger Dresdner, neben »Mikado«. Von 1984 bis 1987 erschien »Schaden«, verantwortet von wechselnden Herausgebern, seit 1988 die Zeitschrift »Verwendung«. Erwähnenswert sind auch die in Leipzig erschienenen »Anschlag« und »Zweite Person«, die von Uwe Warnke seit 1982 herausgegebene Zeitschrift »Entwerter/Oder« (die nach 1990 weiterexistierte) und die1988–90 von Michael Thulin (d.i. Klaus Michael) edierte »Liane«. Ein besonders interessantes Projekt war die von Rainer Schedlinski (auch er hatte seit Mitte der 70er Jahre Kontakte zum Staatssicherheitsdienst) herausgegebene »Ariadnefabrik«, in der vor allem kunstphilosophische Essays und poetologische Texte – einige erkennbar inspiriert vom französischen (Post-) Strukturalismus – versammelt waren.

Die von den »Mikado«-Herausgebern vorgetragene Selbsteinschätzung ihrer Zeitschrift benennt den entscheidenden Unterschied zwischen der Lebensform der jungen, neuen Literatur und der sonstigen DDR-Literatur: Sie lebte im wesentlichen in den kleinen Kreisen derer, die sie produzierten. Ihre Autoren trugen ihre Arbeiten bei kleinen Lesungen in privaten Zirkeln und Freundeskreisen, in Kirchen und kirchlichen Gemeinderäumen vor. Sie waren weniger an fertigen Veröffentlichungen zum Vorzeigen als am Arbeitsprozeß orientiert. Die jungen Autoren strebten nicht in die Institutionen, in die Verbände, vielmehr schufen sie sich ihre eigenen Medien – Zeitschriften, Mappen, »Poe-Sie-Al-Ben« und Bücher in kleinen Auflagen, Mitschnitte von Lesungen oder Kassettenproduktionen. Es gab kein Zentrum, keine überregionale Organisation, auf die hin man sich orientierte. Die kleinen Gruppen arbeiteten dezentral, jede für sich, mit nur gelegentlichen Kontakten untereinander. Autonomie hieß das Zauberwort, dessen Klang freilich nachträglich brüchig geworden ist, seitdem man weiß, wie intim sich die Staatssicherheit in dieser Lebens- und Kunstwelt eingenistet hatte.

Der Anspruch auf Selbstbestimmung galt aber nicht nur bezüglich der Herstellung und Verbreitung dieser Literatur für eine »andere Öffentlichkeit«, sondern er zielte auch auf das, *was* gesagt wurde. Nachdem man ›der Macht‹, ihren Institutionen und ihrer Sprache die Gefolgschaft aufgesagt hatte und der Ideologieverdacht ein totaler geworden war, nahm man eine grundsätzlich antiideologische Haltung ein, die sich gegen jegliche verfestigte, zu Lehrsätzen geronnene Weltanschauung sperrte. Ein repräsentatives Sprechen schien nicht mehr möglich. Von Fortschritt, von Optimismus, von Hoffnung auf die ganz andere, die wirklich sozialistische Gesellschaft war nun nirgends mehr die Rede. Die DDR wurde erlebt als Land, in das man eingesperrt war, aus dem man kaum ausreisen, allenfalls (endgültig) ausreißen konnte; ein stehendes Gewässer, ein einziger »gestockter Widerspruch«, mit dem man als Individuum nichts zu tun hatte und von dem man auch nichts mehr erwartete. »Die Fahnen faulen die Zeichen / sind abgenutzt die Losung / bleibt gleich Tag für Tag«, heißt es bei Uwe Kolbe. Dem Projekt Aufklärung, einer auf Rationalität gegründeten Vorstellung von der Verbesserung der Menschheit, wird eine Absage erteilt, und mit ihr dem Geschichtsdenken überhaupt. »Wir lassen uns nicht / von der Vergangenheit ficken«, schreibt Peter Brasch (geb. 1955), und bei Thomas Günther (geb. 1952) heißt es: »Spät im prächtigsten Altweibersommer / verliert die Vernunft / ihren Halt / und will nicht mehr.« Doch Geschichtsfeindschaft und Endzeitstimmung, geboren aus dem Ekel an der avancierten Zivilisation und ihrer menschenfressenden Technologie, äußern sich durchaus nicht immer düster und todernst, gar verbohrt. Häufiger ist eine eher nüchterne Nonchalance und spielerische Entspanntheit. So wie die Geschichte aufgebraucht ist, so ist auch die Zukunft geschrumpft. Sie reicht allenfalls bis morgen. Übrig bleibt die Gegenwart, der gelebte Augenblick. Da die problematische, beschwerte Tiefendimension der Wirklichkeit abhanden gekommen ist oder abgewehrt wird, hält man sich an die Oberfläche – »Berührung ist nur eine Randerscheinung« heißt der treffende Titel der wichtigsten damals erschienenen Anthologie dieser anderen Literatur, in der sich ein solches Lebensgefühl manifestiert.

Was aber bleibt einer Literatur, die keine Botschaft mehr verkünden will, die, so Uwe Kolbe, »Glauben […] nicht mit weiterem Glauben« ersetzen will? Nun, *sie setzt auf die Sprache,* und zwar in einer Radikalität und Ausschließlichkeit, die der DDR-Literatur bislang fremd war. Das geschieht auf dreierlei Weise (wobei diese drei Elemente in der Regel im Zusammenhang auftreten): (1) Die geläufige, die herrschende Sprache wird kritisiert, weitergehend: dekonstruiert. (2) Die Sprache wird als Spiel-Zeug entdeckt, aus dem heraus ein anderes, ein befreites Sprechen ›generiert‹ werden kann. (3) Die poetische Sprache wird, über ihre destruktiven und nur spielerischen Anteile hinaus, zu einer Gegen-Sprache in Opposition zur Herrschaftssprache. Sie will, mit Heiner Müller zu sprechen, einen Diskurs in Gang setzen, der »nichts und niemanden ausschließt«. Dieser Anspruch manifestiert sich auf der Ebene *poetologischer Konzepte,* die, über das im vorigen Kapitel Gesagte hinaus, die Doktrin des »sozialistischen Realismus« nun nicht mehr nur verbessern, erweitern oder radikal verändern wollen, sondern sie endgültig sprengen. Beredte theoretische Sprecher einer emphatisch auf Gegensprache gegründeten Literatur waren schon Elke Erb (geb. 1938), Wolfgang Hilbig (geb. 1941) und Gert Neumann (geb. 1942), denen dann Uwe Kolbe, Bert Papenfuß-Gorek, Jan Faktor, Rainer Schedlinski und andere folgten.

Eine interessante Entwicklung durchlief *Gert Neumann* (geb. 1941), der in den 60er Jahren noch Mitglied der SED geworden war und das Literaturinstitut »Johannes R. Becher« besucht hatte. 1969 wurde er aus der Partei ausgeschlossen und exmatrikuliert. Seine Ausgangserfahrung war es, »im sozialistischen Realismus aufgewachsen« zu sein und dann gesehen zu haben, »in welcher Hinsicht die Texte zynisch waren, die den Menschen *bilden* sollten«. Neumann entfernte sich aus der Teilhabe an der »Macht der Worte« und entdeckte für sich die »Schuld der Worte«, womit er auf die Sprache der Ideologie als den »immer endgültig gemeinten Unsinn« zielte, »eine Sprache, die mit den Erscheinungen paktiert«. Dieser setzte er, in Abwandlung eines Wortes von Gilles Deleuze, die Sprache der »Klandestinität« entgegen, eine Art »Geheimsprache«, die das verborgene, sprachlose Leben authentisch zum Sprechen bringen soll. Hofmannsthal (»Brief des Lord Chandos«), Kafka und Martin Buber (mit dem Satz »Ich habe keine Lehre, sondern ich führe ein Gespräch«) inspirierten ihn bei seiner Suche nach einem herrschaftsfreien, dialogischen Sprechen.

Die in den 50er Jahren Geborenen stellten sich, ohne erst Neumanns Irrglauben an die offizielle Sprache erlegen zu sein, dem gleichen Anspruch. So akzentuierte Stefan Döring das Vorhaben einer anderen, von ›der Macht‹ sich abwendenden Gegensprache, wenn er sagte: »Durch Sprache wird Person erzogen, hat man die Sprache gefressen, dann auch die Ordnung. Stil ist Auflehnung der [sic] Ordnung innerhalb der Ordnung.« Auch Uwe Kolbe polemisierte gegen »die sprache der sprachregelung. die kollektivlüge der herrschenden sprache«. Gegen jegliche Spielart von Abbildtheorie setzte er sein Credo: »Dagegen, den Dingen Spiegel zu sein, sprechen die Gedichte. Andernfalls taugen sie nichts.«

Am pointiertesten artikulierte *Rainer Schedlinski* seine Poetik, erkennbar inspiriert von Foucaults Diskurstheorie: »der totalitäre diskurs der gesellschaft determiniert den einzelnen bis in seine geringsten und intimsten tätigkeiten, indem er für alles, was einer tut, einen gesellschaftlichen sinn formuliert […] außerhalb des ›Sinns‹ herrscht sprachlosigkeit.« Dieser »schlüssigkeit« der »diskursive[n] macht« setzte Schedlinski eine – seine – »poetische sprache« entgegen, die sich »außerhalb der dienst- und fachsprachen« bewegen sollte. »sie entzieht uns ihrer aufsicht. sie schädigt die diskursive Wahrnehmung, die uns schädigt.« »hier entstehen«, so proklamierte er, »textuale formen, die den blick von der sache auf das Zeichen wenden, die nicht ermitteln, sondern vermitteln, die keine Wahrheit nahelegen, sondern mit Wahrheitsgefügen brechen, die den blick verstellen, die nicht die dinge besprechen, sondern mit den dingen sprechen, und wo die kombination der eigentliche stil wird.«

Der Vorgang ist frappierend. Was Robert Weimann für die poststrukturalistische Diskurskritik *außer Landes,* im kapitalistischen System, einräumte, nämlich daß sie (bürgerliche) Ideologie und Sprachmuster »dekonstruiere« (vgl. hier S. 400), wurde von einem jungen Autor der DDR wie Schedlinski aufs eigene Land, aufs System des »realen Sozialismus« übertragen. Auch andere wandten sich gegen die Kolonisierung der Erfahrungswelt, die herrschaftsträchtige Hermetik der offiziellen Sprache, das Pochen auf »soundness (widerspruchsfreiheit) und completeness (vollständigkeit)« (Schedlinski) nun auch und gerade *innerhalb* der Landesgrenzen. Sie rangen nicht mehr mit den ideologischen Vorgaben, sondern sie verachteten und verlachten sie nur noch. Ihr Abschied von der Doktrin war endgültig – damit freilich bei manchen wie Anderson und Schedlinski auch der Abschied von Grundsätzen wie individueller Verantwortung und Moral. Zwar behauptete ein Sascha Anderson 1988 rückblickend: »Die Literatur einer ganzen (nicht geschlossenen) Generation von Literaten in der DDR praktizierte […] ein gesellschaftliches Leben, das, ohne politische oder moralische Ansprüche abzulegen, nicht auf die Verständigung mit der Macht zielte, sondern auf die Kommunikation untereinander.« Das Bekanntwerden seiner alltäglichen Praxis als einigermaßen hemmungsloser Informeller Mitarbeiter der »Stasi« dementierte sein Bekenntnis zur Aufrechterhaltung moralischer Ansprüche im nachhinein – doch dazu weiter unten.

Beim radikalisierten Umgang mit Sprache ließen sich, dies ist ein weiteres Novum, manche der jungen Wilden von Richtungen aus dem »Museum der modernen Poesie« inspirieren, die bisher im Literaturkanon der DDR allenfalls ein Schattendasein gefristet hatten. Der europäische Manierismus, die Avantgardebewegungen der 10er und 20er Jahre (vor allem Dadaismus, Futurismus und Surrealismus), die Internationale der Konkreten Poesie, die Wiener Gruppe, Ernst Jandl und Helmut Heißenbüttel wurden entdeckt und fürs eigene Schreiben fruchtbar gemacht, wohingegen man das ansonsten hochgehaltene klassische Literaturerbe eher ignorierte (von Hölderlin einmal abgesehen). Die Zersetzung des gegebenen ideologischen Sprachmaterials ging über in seine gezielte Chaotisierung und Verballhornung. Ganz im Sinne der generativen Transformationsgrammatik wurde Sprache als ein regelhaftes und zugleich unausschöpfliches, unbegrenzt erweiterbares System begriffen, aus dem heraus permanent »generiert« und das dann Gegebene weiter transformiert werden kann – bis hin zu Neologismen, deren denkbare Anzahl unendlich ist. Mit dem russischen Futuristen Velimir Chlebnikow begriff man das »Wort als selbständige Kraft«, »die das Material der Gefühle und Gedanken organisiert«. Zumal Papenfuß-Gorek, aber auch Stefan Döring (geb. 1954), Jan Faktor (geb. 1951), Leonhard Lorek (geb. 1958) oder Thom di Roes (geb. 1960) übten sich im »Betasten des Materials«, vertieften sich in das »Periodensystem der Wörter« (Chlebnikow), um aus ihm heraus ihre individuelle Gegensprache freizusetzen. Die Sprache wird zerlegt, ihre noch verborgene Leistungsfähigkeit entdeckt. Das festgefügte Syntagma weicht der Gleichzeitigkeit eines mehrdimensionalen Sprechens. Wortpermutationen und Kombinationen, Neologismen, Alogizität bestimmen die Texte; eine »antigrammatische Grammatik« (Heißenbüttel) entstand. Bis zum Ende der DDR wurde eine Vielzahl von Techniken des Wort-Spiels kreiert, die nicht nur doppeldeutige, sondern vieldeutige Texte entstehen ließ, zu denen Adolf Endler nicht zufällig die Bilder M. C. Eschers assoziierte. Ein Beispiel von Stefan Döring für viele:

wortfege

weinsinnig im daseinsfrack
feilt an Windungen seiner selbst
wahrlässig er allzu windig

im gewühl fühlt er herum
und windet sich nochmal heraus
fund, kaum geborgen, bloss wort

wasser, lauernd, von wall zu wall
die spiegel mit fellen überzogen
wetter, uns umschlagend, dunst

die gewährten fegt es hinüber
die bleibenden gefahren erneut
der sich herausfand währt dahin

Hier sind, über die durchgängige Vertauschung von f und w, (mindestens) zwei Gedichte in einem entstanden. Dem Leser öffnen sich (sofern er dazu bereit ist) mittels der »wortfege« Dörings ›Fortwege‹ aus der befestigten Sprache heraus in ein Land der unbegrenzten Sprech-Möglichkeiten.

Nicht alle jungen Szene-Autoren pflegten diesen spielfreudigen Umgang mit der Sprache. Anderson z.B. stellte für sich selbst treffend fest, daß er »durchaus sprachlich keine neuen räume« schaffe, daß er kein »formal unbekanntes territorium« betrete. Weit mehr gilt das noch für (begabte) Autoren wie Lutz Rathenow, Thomas Günther, Peter Brasch (ein Bruder von Thomas Brasch) oder Fritz-Hendrik Melle, die eine weniger avantgardistische, kaum je hermetische Schreibpraxis betrieben und auch auf Botschaften durchaus nicht verzichteten; freilich sind es immer ernüchternde, antiutopische Botschaften, die sich gegen die Verlautbarungssprache richten. Diese Autoren beschrieben, häufig mit dem »Fotolinsenblick« Rolf Dieter Brinkmanns (so P. G. Klussmann), kleine Ausschnitte des DDR-Alltags, entblößt von dem Netz schönfärberischer Floskeln, das tagtäglich über ihn gebreitet wurde. Eine Sonderstellung nahm damals zumal Uwe Kolbe ein, der die herrschende Grammatik kaum je durchbrach und an der »Grundvorstellung vom Wort in der Poesie [...]: Nennen IST Bannen« hartnäckig festhielt (vgl. zu Kolbe S. 391). Und dennoch kamen die sehr verschiedenartigen jungen Autoren in der sprengenden Intention überein, »eine Tür aufzumachen aus der Sprache und den Festlegungen heraus« (R. D. Brinkmann).

Es überrascht nicht, daß die »Prenzlauer-Berg-Connection« (A. Endler) in der schreibenden Zunft der DDR nicht nur auf Gegenliebe stieß. Es gab Verteidiger und Fürsprecher wie Gerhard und Christa Wolf und vor allem Franz Fühmann, der in seinen letzten Lebensjahren Autoren wie Hilbig oder Kolbe durchsetzen half, sich für Frank-Wolf Matthies einsetzte und beharrlich darauf hinwies, daß man sich von der Illusion eines »kontinuierlich-harmonischen Übergehen[s] von einer Generation zur anderen« lösen müsse. Es gab aber auch Verächter der jungen Autoren wie Stephan Hermlin. Er bezeichnete sie als »Autisten, ja Dilettanten«, räumte jedoch immerhin ein, daß »ihr Bewegungsspielraum zu eng« sei. Auch Volker Braun reagierte in seinem Rimbaud-Essay deutlich allergisch auf ›die Jungen‹: »Unsere vermeintlichen Neutöner, Hausbesetzer in den romantischen Quartieren (wo sie sich ordentlich führen), sind wohl gute Anschaffer, die fleißig auf den Putz hauen. Hucker, nicht Maurer.« Doch Braun, der immer wieder Geschmähte, war so solidarisch, den notwendigen Freiraum für seine Kritiker zu fordern: »Aber auch in dem Schüttgut werden Reize, Assoziationen, Anstöße geliefert; in dem bedeutenden Wortmüll sind verschwiegene Gefühle und Gedanken deponiert, die uns, *selbstredend,* mehr zu sagen haben als die gestanzte Festtagskunst.« Am Ende siegte allerdings die harsche Kritik: »Technisch die Wiederholung des geistlosen Handbetriebs der Avantgarde, niedrige Verarbeitungsstufe. Und wenn der Gebrauchswert gegen Null strebt, wird Dichten Beschäftigungstheorie [sic], ›siegreiche Monomanie‹ nannte es Baudelaire.« In der Schreibpraxis »unsere[r] Flip-out-Elke« (Erb) und ihrer Scholaren würde, so Braun, »das Ordnungsmodell und der Harmoniezwang [...] aber nicht zerbrochen.« Es ist zweifelhaft, ob der Verweis auf epigonale Wiederholung den Kritisierten gerecht wird. Immerhin leisteten sie eine neue Synthetisierung der avantgardistischen Sprachspiele von vor 60, 70 Jahren mit ihren aktuellen Erfahrungen.

Solche interne Kollegenschelte ist freilich nicht zu verwechseln mit dem praktizierten Ausschluß der meisten Autoren einer ›anderen‹ Literatur vom offiziellen Buchmarkt der DDR. Einen ersten Anlauf hatten Uwe Kolbe und Sascha Anderson auf Bitten Franz Fühmanns unternommen und eine Anthologie neuer Texte zusammengestellt, die zunächst als »Arbeitsheft« und internes Studienmaterial der Akademie der Künste erscheinen sollte. Doch der Plan scheiterte. Nach einer Sitzung des ZK der SED am 11.11. 1981 wurde die Veröffentlichung untersagt. 1983 wurde, nach längerem Liegen, die Sammlung »Vogelbühne. Gedichte im Dialog« gedruckt, in der immerhin Anderson, Döring, Huldreich (d.i. Jürgen K. Hultenreich), Rathenow und Rüdiger Rosenthal vertreten waren. 1985 kam gegen den Willen und zum großen Ärger der SED-Literaturfunktionäre die umfangreiche Anthologie »Berührung ist nur eine Randerscheinung. Neue Literatur aus der DDR« bei Kiepenheuer & Witsch in Köln heraus, ediert von Elke Erb und Sascha Anderson, durch die viele der jungen Autoren (einige von ihnen mittlerweile selbst im Westen) erstmals einem westlichen Publikum zugänglich wurden. Die Herausgeberin Erb sollte daraufhin aus dem Schriftstellerverband ausgeschlossen werden, was jedoch unterblieb.1988 folgten, ebenfalls nur in der Bundesrepublik, »Sprache & Antwort. Stimmen und Texte einer anderen Literatur aus der DDR« und ein Querschnitt durch die Zeitschrift »Mikado«. – 1988, also kurz vor Toresschluß, versuchten die Kulturoberen einen Wechsel in der Taktik. Sie ließen zwei Reihen in DDR-Verlagen beginnen, die sich den aufmüpfigen Jungen prononciert öffneten: die von Gerhard Wolf herausgegebene Reihe mit dem bezeichnenden Titel »außer der reihe« im Aufbau-Verlag (u.a. mit Papenfuß-Gorek und Schedlinski) und die Reihe »kontakte« im Mitteldeutschen Verlag (u.a. mit Prosa von Thomas Günther und Stephan Ernst).

Doch mittlerweile war die Szene der jungen Wilden schon im fortschreitenden Zerfall begriffen. Viele wichtige Künstler, die seit Ende der 70er Jahre die experimentelle Dichtung initiiert hatten, lebten bereits nicht mehr in der DDR, u.a. Wagner, Anderson, Rom, Palma, Rosenthal, Schulze, Christa Moog, Katja Lange-Müller und Uwe Kolbe (der neben Wagner als einziger drei Bände mit eigenen Arbeiten in der DDR herausbringen konnte). Die Auflösung der für einige Jahre distinkten Gruppenkultur der jungen Kunst mit ihrem Modell einer »anderen Öffentlichkeit« begann also zweifellos schon vor der Wende – zum einen, weil die einzelnen Autorindividuen sich nicht nur geographisch immer weiter voneinander entfernten und der Wille, eine Gruppe zu sein, schwächer wurde; zum zweiten, weil sich die Szene durch das Fehlen der Abgewanderten immer mehr ausdünnte; und zum dritten, weil der Weg ins veröffentlichte Buch einen integrativen Sog erzeugte. Eine entscheidende Schwachstelle der jungen Literatur war auch, daß sie fast nur Lyrik, kürzere Prosa, Essays und kleine experimentelle Texte hervorgebracht hat, nicht aber Romane oder größere Theaterstücke. Die Bevorzugung kleiner, offener Formen wurde zuweilen poetologisch begründet, wenn z.B. Schedlinski die Preisgabe »der form des großen zentralen romans« mit dem »verlust des klassischen intentionalen bogens« rechtfertigte. Doch das galt ja auch schon zu Zeiten des Anbruchs der Moderne bei Joyce oder Proust, ohne daß die damaligen Avantgardisten auf die (offene) große Form verzichtet hätten.

Schließlich sind Einwände gegen das hier vorgetragene Modell einer generationsgebundenen anderen, neuen Literatur zu reflektieren. Zum einen gab es, wie gesagt, Vorreiter von Arendt bis zu Endler, Erb, Hilbig und Neumann, die eine generationsspezifische Erklärung der ganz auf Sprache gebauten neuen Literatur in Frage stellen. Zum zweiten existierte eine interessante Zwischengeneration der um 1945/48 Geborenen (u.a. Bernd-Dieter Hüge, Lothar Trolle, Thomas Brasch, Richard Pietraß, Brigitte Struzyk, Thomas Rosenlöcher und Bernd Wagner), die poetologisch und sprachlich manches vorbereitete, was dann die Jüngeren radikalisierten. Drittens schließlich gab es Altersgenossen der hier beschriebenen Generation, die ganz andere Wege gingen, z.B. Steffen Mensching und Hans-Eckardt Wenzel, Kerstin Hensel, Elisabeth Wesuls und Gabriele Eckart. Bei gravierenden Unterschieden im einzelnen gilt: Diese Autoren zersprengten die überlieferte Sprache nicht, sie hielten an vertrauten Formen des gesellschaftlichen Engagements fest, und sie suchten die große Öffentlichkeit. Doch gerade weil sie kein neues literarisches Paradigma initiierten, sollten sie hier nicht im Vordergrund stehen.

Der entscheidende Einwand gegen die literarische Szene am Prenzlauer Berg konnte erst nach der Wende erhoben werden. Es ist der Vorwurf, sie sei nichts anderes als ein Phantom gewesen, das der Staatssicherheitsdienst der DDR simuliert habe. Grundlage dieses Vorwurfs war die der Öffnung der Archive zu verdankende Entdeckung vom Herbst/Winter 1991, daß, wie schon erwähnt, mit Sascha Anderson und Rainer Schedlinski zwei der führenden Köpfe dieser Szene anderthalb Jahrzehnte – übrigens unabhängig voneinander – als Informelle Mitarbeiter für das MfS gearbeitet hatten – Anderson sogar noch, nachdem er die DDR 1986 verlassen hatte. Beide hatten sich durchaus nicht auf unverbindliche oder gar irreführende Berichte beschränkt, sondern ihre Führungsoffiziere mit Informationen über ihre Dichterkollegen, deren Meinungen, Projekte und Kontakte versorgt, die vom Staatssicherheitsdienst gegen diese verwendet werden konnten und auch wurden. Nachdem Wolf Biermann zum erstenmal am 20. Oktober 1991 in seiner Büchner-Preisrede den »unbegabte[n] Schwätzer Sascha Arschloch« als »Stasispitzel« angegriffen hatte, kanzelte er in einer weiteren Rede vom 13. November 1991 die ganze alternative Literaturszene ab: »Nun erfahren wir«, so sagte er, »daß die bunte Kulturszene am Prenzlauer Berg ein blühender Schrebergarten der Stasi war. Jedes Radieschen numeriert an seinem Platz. Spätdadaistische Gartenzwerge mit Bleistift und Pinsel. Die angestrengt unpolitische Pose am Prenzlberg war eine Flucht vor der Wirklichkeit, sie war eine Stasizüchtung aus den Gewächshäusern der Hauptabteilung HA-XX/9 Und HA-XX/7. Diese Stasigärtner mendelten dort einen manierierten Stil für demoralisierte Genies und eingeschüchterte junge Leute, die vor sich hin blödelnd dadaistisch entschliefen, als der große Streit mit der Obrigkeit drohte, endlich ernst zu werden.« Hier geht es nicht um die anschließende Debatte (vgl. dazu S. 469ff.), sondern nur um die Argumente – wenn es denn welche waren –, mit denen die Szene der jungen Wilden ausgehebelt werden sollte. Bei Biermann waren es vor allem zwei: ein moralisches, das Autoren, die spitzelten, die Glaubwürdigkeit, ja: Literaturfähigkeit absprach; und ein ästhetisches – interessanterweise ähnlich dem von Volker Braun –, mit dem experimentelle Poesie ohne unmittelbaren politischen Inhalt und Zweck als »unpolitisch« abgetan wurde. Das erste Argument ist sehr ernst zu nehmen. Wer, wie Anderson oder Schedlinski, »sein gebrütetes Ei selbst auch zertritt« (Kurt Drawert), muß hinnehmen, daß nicht nur ihm als Person, sondern auch seinen Texten mit Vorbehalt begegnet wird, denn »in dem Denunzianten ist der Schriftsteller erloschen« (Elke Erb). Auch wenn das Autorsubjekt fragwürdig und löcherig geworden ist, kann vom Grundsatz persönlicher Verantwortlichkeit und Moral nicht abgewichen werden. Michel Foucault oder Jacques Derrida, auf die Schedlinski sich so gern berief, sind in ihrem öffentlichen Reden und Handeln das beste Beispiel dafür, daß individuelle Moralität unhintergehbar ist. Insofern, und zumal es sich bei Anderson und Schedlinski nicht um Randfiguren handelt, hat die alternative literarische Szene der DDR in den 80er Jahren tatsächlich im nachhinein Schaden genommen. Viele ihrer Inszenierungen haben retrospektiv ihre Glaubwürdigkeit und ihren Nimbus von Freiheit, Heiterkeit und Souveränität verloren. Doch das ist nur die eine Seite. Auch hier, wie so oft, wäre es verhängnisvoll, in »die Falle des Entweder–Oder« (U. Greiner) zu tappen. Selbst wenn zwei (oder drei oder fünf) von -zig Autoren der jungen Szene, die es ja nicht nur in Berlin gab, dem MfS Informationen geliefert und damit Kollegen geschadet haben, bleiben all die andern, deren Moralität durch den Kontakt mit den Spitzeln ja nicht gleichsam infiziert ist. Die alternative Literaturszene der späten DDR war *keine* »Stasizüchtung«, vielmehr war und bleibt sie ein interessantes Feld künstlerischen Experimentierens, alternativer Lebensentwürfe und damit auch: politischer Subversion. Hier offenbart sich, daß Angriffe wie die Biermanns auch strategische Aktionen in einem literarischen Verteilungskampf sind. Der politisch operative Autor Biermann versucht – und das ist sein gutes Recht – kulturelle Definitionsmacht auszuüben, indem er *seinen* Typus einer *littérature engagée* quasi als einzig legitimen behauptet. Er muß hinnehmen, daß ihm als »Politseelsorger« widersprochen wird und andere – wie z.B. Durs Grünbein – hier nur noch »Geisterkämpfe, [...] Nachhutgefechte einer verflossenen Literatur« wahrnehmen und sich an der »Manipulation literarischer Werturteile« stoßen.

Die besten Argumente für die auch *politische Brisanz* der Prenzlauer-Berg-Szene haben die Machthaber der DDR selbst geliefert. Indem sie es zumal seit der Biermann-Ausbürgerung 1976 für dringend geboten hielten, den literarischen Nachwuchs geheimdienstlich zu unterwandern und auch sonst vielfältig zu bekämpfen, demonstrierten sie, wie ernst sie ihn nahmen. Der Staatssicherheitsdienst sah in Literatur und Kunst der jungen Wilden ein gefährliches Produkt und ideologisches Werkzeug des Westens, womit »Resignation, Zukunftsfurcht, Aussteiger-Ideologie, Pazifismus oder Sexkult« befördert wurden. Deshalb versuchte das MfS – so Klaus Michael weiter – »auf verschiedenen Ebenen Einfluß auf die Literatur zu nehmen: durch den Einsatz von Inoffiziellen Mitarbeitern, durch die schrittweise Entpolitisierung der Alternativliteratur, durch eine deutsch-deutsche ›Personalpolitik‹ (Ausreise und Abschiebung unliebsamer Autoren) und durch Integrationsangebote wie Publikationsmöglichkeiten und Reisen ins westliche Ausland. Die Linie genereller Konfrontation wird Mitte der achtziger Jahre durch eine Vielzahl ›maßgeschneiderter‹ und personenbezogener Fall-zu-Fall-Entscheidungen ersetzt.« Auf einige Maßnahmen der Staatsmacht gegen die jungen Autoren wie das Verbot der Akademie-Anthologie und das »Ansetzen« von Informellen Mitarbeitern wurde bereits hingewiesen. Hier seien noch weitere genannt. So ließ man schon 1979 ein »Gesetz zum Schutz der Berufsbezeichnung Schriftsteller« ausarbeiten, mit dem zwielichtige junge Autoren vom Schriftstellerverband wie vom legalen literarischen Markt ferngehalten werden sollten (das Gesetz wurde allerdings nie erlassen). So initiierte man die Gründung von »Literaturzentren« in den Bezirkshauptstädten als Gegenmaßnahme gegen die suspekten Szeneautoren-Gruppen. So versuchte man, einzelne Autoren loszuwerden, indem man sie ins (sozialistische) Ausland expedierte. Katja Lange-Müller verbrachte so ein Jahr in der Mongolei, und bei Uwe Kolbe verfolgte das MfS zumindest den Plan, ihn »im Rahmen einer FDJ-Freundschaftsbrigade in die VDR Jemen« zu delegieren. So wurden einige der literarischen Samisdat-Zeitschriften als »Feindlich-Ideologische Stützpunkte (FIS)« definiert und gelegentlich auch verboten. Vor allem aber wurden viele Autoren zu permanent kontrollierten Objekten der Staatssicherheit gemacht, indem man sie als »Operative Vorgänge« auswies und entsprechend observierte. In dem informativen Buch »MachtSpiele. Literatur und Staatssicherheit« (1993) sind allein 22 solche Vorgänge aus der Prenzlauer-Berg-Szene belegt. Freilich ist eines nicht bestreitbar: In den letzten DDR-Jahren verlor die Szene der jungen Wilden ihren anfangs zweifellos politisch-subversiven Impetus und entwickelte eine gewisse Tendenz zum »[Sich-]Einrichten im Status quo« (Leonhard Lorek). Gleichzeitig richtete sich das Augenmerk des MfS mehr und mehr auf die Bürgerrechts- und Oppositionsgruppen, in denen die Künstler eher randständig vertreten waren. Die genuin politische Emanzipationsbewegung löste in den letzten DDR-Jahren nicht nur die reformsozialistischen Schriftsteller in ihrer Stellvertreterrolle ab, sondern am Ende auch noch die alternative Literaturszene.

Die Literatur der Ausgebürgerten und Übergesiedelten

Wie in Kapitel 6 (S.256ff.) dargestellt, übersiedelte zwischen 1976 und 1989 eine große Zahl von DDR-Autoren mehr oder weniger gezwungenermaßen in die Bundesrepublik. Im Ausnahmefall waren andere westliche Länder das Ziel. Geht man bis zum Mauerbau 1961 zurück, so kommt man auf eine Übersiedlerzahl von etwa einhundert, so daß der Ausdruck »Exodus« für diese Bewegung durchaus angebracht erscheint. Unter den seit 1976 Übergesiedelten waren zweifellos einige der wichtigsten Autoren der DDR, so unter anderen Jurek Becker, Wolf Biermann, Thomas Brasch, Sarah Kirsch, Uwe Kolbe, Günter Kunert, Reiner Kunze, Erich Loest, Hans Joachim Schädlich und Klaus Schlesinger. Auch manche frühere Weggänge aus der DDR waren herbe Verluste gewesen – von Alfred Kantorowicz, Heinar Kipphardt und Uwe Johnson über Ernst Bloch, Hans Mayer, Christa Reinig und Helga M. Novak bis zu Peter Huchel 1971 (den man nie einen DDR-Autor hatte sein lassen). Doch diese und alle anderen Staatenwechsel waren Einzelfälle gewesen, während nach 1976 die Abwanderung tatsächlich in Scharen vonstatten ging und ein Ende nicht abzusehen war. Dadurch wurde einerseits – wie beschrieben – die »Literaturgesellschaft« DDR regelrecht verstümmelt, zum andern schien am zunächst fremden Ort, in der Bundesrepublik, eine Art Fortsetzung und, möglicherweise, Verwandlung eines wichtigen Teils der DDR-Literatur stattzufinden. Denn schon die meisten der gerade genannten Autorennamen belegen, daß die jetzt Ausgebürgerten und Übergesiedelten nur zum kleineren Teil dezidierte Dissidenten waren – und zum größeren Teil (bislang zumindest) Reformsozialisten, deren politische und kulturelle Identität, wie immer widersprüchlich, an die DDR geheftet gewesen war. Wie aber sollte ein Autor, der sein Land DDR nicht freiwillig aufgegeben hatte (vielleicht, weil er dem kapitalistischen Westen genausowenig wie früher Gutes zutraute; vielleicht aus alter Loyalität zu dem Staat, der die Überreste des Nazismus auf der Ebene der Institutionen, Personen und Ideologeme rigoros bekämpft hatte; vielleicht, weil er sein Lesepublikum nicht verlieren wollte; vielleicht aus ganz privaten, familiären Gründen) – wie sollte dieser Autor, nunmehr in der Bundesrepublik – in den meisten Fällen hieß das: in West-Berlin – jetzt seine Identität finden und weiterarbeiten, weiterschreiben?

Manche Beobachter befanden es für richtig, im Blick auf diesen Exodus von einer *»zweiten deutschen Exilliteratur« zu* sprechen (so Fritz J. Raddatz schon 1977). Einige der Übergesiedelten, vor allem Wolf Biermann, stimmten dem zunächst zu. Er befände sich, so sagte er Ende November 1976, »weniger im Exil [...], wenn ich zum Beispiel mit Gewalt nach Moskau verfrachtet worden wäre. Dort hätte ich zwar das Problem der Sprache, aber ich würde die Gesellschaft besser verstehen.« Und Jürgen Fuchs schrieb 1979: »Vielleicht / Gibt es viele Zuhause«, beschloß aber ebendieses Gedicht mit der Frage: »Aber hier / in einer Fremde / Die meine Sprache spricht / Hier?« Analog schrieben die Herausgeber einer Anthologie »Von Deutschland nach Deutschland. Zur Erfahrung der inneren Übersiedlung« 1983: »Die Übersiedlung von einem Teil Deutschlands in den anderen ist mehr als ein Umzug in eine andere Stadt, es ist ein Schritt von einer Welt in die andere.« Schon Gerhard Zwerenz, der 1957 die DDR verlassen hatte, konstatierte einigermaßen paradox und die Begriffe verwirrend: »Man ist zwar räumlich weg, man ist geographisch exiliert, man ist aber politisch, intellektuell, moralisch nicht exiliert, sondern empfindet sich noch als ein Teil der DDR und der Partei.« Und auch Erich Loest, einst Weggenosse von Zwerenz und seit 1978 in der Bundesrepublik lebend, räsonierte 1984: »Mein Stoff liegt in meiner alten kalten Heimat, und vielleicht bin ich doch im Exil.«

Ein Jahr vorher hatte sich Loest freilich noch im umgekehrten Sinne geäußert: »Exil ist für mich ein zu großes Wort. Es ist ein Wort, besetzt mit den Erinnerungen von 1933. Damals gingen die Leute ins Exil, um ihr Leben, um ihren Kopf zu retten. Niemand von uns war in Gefahr, seinen Kopf zu verlieren. Wir waren alle in Gefahr, in unserem Beruf nicht mehr das sagen zu können, was wir wollten. Das ist eine viel kleinere Geschichte.« Auch andere übergesiedelte Autoren wollten den Terminus Exil nicht auf sich angewendet wissen. So stellte Sarah Kirsch schon 1978, kurz nach ihrem Weggang aus der DDR, fest, sie habe sich »keine Sekunde lang« wie im Exil gefühlt, seitdem sie den Boden der Bundesrepublik betreten habe. Ihr Grenzübertritt sei »viel zu banal«, als daß ihm ein Begriff angemessen sein könne, mit dem 35, 40 Jahre früher Auseinandersetzungen auf Leben und Tod verbunden waren. Und Hans Joachim Schädlich fragte 1984 polemisch zurück: »Fühle ich mich deshalb [wegen des Staatenwechsels, W. E.] als Emigrant? Befinde ich mich im Exil? [...] Welcher Emigrant in welchem Exil-Land ist am Tag seiner Ankunft faktisch Staatsbürger dieses Landes? Die Bundesrepublik Deutschland mit ihrem System der parlamentarischen Demokratie ist für mich kein Exil, sondern ein ›Heim‹. Sie ist es für mich geworden. Ich fühle mich nicht als Emigrant. Ich bin zu Hause.« Auch Hans Mayer urteilte 1988, es könne keine Rede davon sein, daß sich ein Teil der DDR-Literatur »in Form einer Exilliteratur darstellt« – im Gegensatz etwa, so Mayer, zu der vertriebenen kritischen Literatur der ČSSR. Schließlich pointierte auch Wolf Biermann einige Jahre später, daß er »die gemütliche Selbstgerechtigkeit in der Bundesrepublik« habe »beleidigen« wollen, als er »das böse Wort« Exil zur Kennzeichnung seiner Ausbürgerung »mißbraucht« habe (so in einem Brief an den Verfasser vom 16. Dezember 1986). Gewiß hatte Biermann, neben anderen, die aus der Haft in die Bundesrepublik abgeschoben wurden, am ehesten das Recht, sich exiliert zu fühlen, traf ihn doch mit dem Ausbürgerungsbeschluß eine diktatorische Maßnahme, die von Deutschen zuvor das letzte Mal in der Nazizeit verfügt worden war (wenig bekannt ist, daß auch schon Helga M. Novak 1966, Siegfried Heinrichs 1974 und Siegmar Faust 1976 ausgebürgert worden waren).

Die Frage, ob es sich bei der Literatur der aus der DDR zumeist unter Druck übergesiedelten Autoren um eine ›Exilliteratur‹ handle, muß auf zwei Ebenen erörtert werden. Da es den historischen Vorgang der von den Nazis ins Exil getriebenen Autoren nun einmal gibt und damit einen geschichtlich geladenen Begriff von Exilliteratur, ist zunächst zu fragen, ob das neue Exil dem historischen auch nur annähernd gleichkam. Die Antwort ist, wie schon Sarah Kirschs zitierte Äußerung zeigt, eindeutig nein. Die DDR-Behörden bedrohten mißliebige Intellektuelle und Künstler nicht massenhaft mit Mord und Folter wie die Nazis (auch wenn ihre Sanktionen allemal ungerechtfertigt und menschenfeindlich waren); zum andern lebten nicht Hunderte und Tausende von Kulturschaffenden der DDR im ›Exil‹ wie in der Nazizeit – freilich mehr als genug, schon einer war zuviel. – Zweitens ist zu fragen, ob die Übergesiedelten Formen und Institutionen eines separaten literarischen Lebens entwickelten, wie dies für andere Exilliteraturen gilt: eigene ›Kolonien‹ und Organisationen, Kongresse und Plattformen, Manifeste und Zeitschriften. Auch hier ist die Antwort eindeutig nein. Zwar lebten in West-Berlin viele der übergesiedelten Autoren nahe beieinander, aber doch im Austausch mit ›eingeborenen‹ Intellektuellen bzw. mit der dortigen alternativen ›Szene‹. Zwar gab es zwei überregionale Treffen übergesiedelter Schriftsteller, aber diese führten gerade nicht zu einem engeren Zusammenschluß. Weder auf dem Marburger Literaturtag im Oktober 1982, auf dem sich etwa zwanzig ehemalige DDR-Autoren trafen (und mit ihnen etwa »100 Jahre Gefängnis«, wie Helga M. Novak feststellte), noch bei den Westberliner »Flüchtlingsgesprächen« im Februar 1984 kam es zur Bildung einer eigenen Organisation. Im Mittelpunkt der Debatten stand, vor allem in Marburg, die Auseinandersetzung mit dem Verband deutscher Schriftsteller (VS), dessen Vorstand die Übergesiedelten als »kalte Krieger« diffamierte. Man erkannte, daß es nicht ausreiche, »die alten Wunden aus dem Osten zu lecken«. Erich Loest, der für sich hier auch den Vergleich seiner Übersiedlung mit der Exilierung zur Zeit des NS-Regimes ausdrücklich verwarf, zog beispielhaft die Konsequenz aus dieser Erkenntnis: Er bewarb sich als stellvertretender Vorsitzender des neuen VS – und wurde auch gewählt. Zum 5. Jahrestag der Biermann-Ausbürgerung 1981 hatte er noch den »Traum« von der »Gründung der Gruppe 76« geträumt, aber schon damals festgestellt, daß er sich nicht verwirklichen lassen werde. Und damit behielt er recht.

1987 betätigte sich Fritz J. Raddatz ein weiteres Mal als Initiator einer heillosen Begriffsverwirrung, indem er den Terminus einer *»dritten deutschen Literatur«* einführte. Damit zielte er auf die Texte der übergesiedelten ehemaligen DDR-Schriftsteller: »Die wichtige deutsche Literatur, die sich gegenwärtig auf Realität einläßt, statt vor ihr zurückzuschrecken, die noch historisch-politische Fragestellungen einschmilzt, statt pure Subjektivitätsverletzungen zu artikulieren – das ist die dritte deutsche Literatur.« Als Beispiele nannte Raddatz Biermann, J. Becker, T. Brasch, Fuchs, Kunert, Schädlich, Schleef, Schlesinger und Stefan Schütz, schließlich auch Guntram Vesper, der die DDR 1957 als Sechzehnjähriger verlassen hatte. Raddatz' Konstrukt hatte zwei gravierende Schwachstellen. Zum einen schloß es übergesiedelte Autoren wie Wolfgang Hegewald, Wolfgang Hilbig, Barbara Honigmann, Sarah Kirsch, Reiner Kunze, Katja Lange-Müller aus, zum andern unterschlug es, daß sich seine zitierte Charakterisierung allemal auch auf Autoren wie Volker Braun, Günter de Bruyn, Christoph Hein, Angela Krauß, Lutz Rathenow oder Uwe Saeger (um nur einige zu nennen) anwenden ließ, und diese Autoren wie viele andere lebten ja weiter in der DDR. Raddatz' Beschwörung, er wolle »pure Thesenhochstapelei« vermeiden und »kein rigoroses, mechanistisches Schema« konstruieren, kam dann etwas überraschend. Statt die fixe Idee einer weitgehend homogenen Literatur der Übergesiedelten zu reiten, soll im folgenden gerade die *Vielfalt der Übergänge* in der Wahl des Sujets, in den Schreibweisen, in den intellektuellen Haltungen bei den übergesiedelten Autoren angedeutet werden.

Ein Versuch, die umfangreiche Gruppe der seit 1976 übergesiedelten Autoren in sich zu differenzieren, setzt am besten bei den Haltungen an, die diese Autoren vorm und zum Zeitpunkt ihrer Übersiedlung einnahmen. Dann fällt auf, daß es sich bei den *bis 1980/81* umgezogenen Schriftstellern in der Regel um Menschen handelt, die den Zielsetzungen des Staates DDR, meistens auch der SED, jedenfalls aber dem Projekt Sozialismus über einen längeren Zeitraum eng verbunden waren. Tiefgreifende Prozesse der Ernüchterung und Verstörung mündeten in eine (sozialistische) oppositionelle Haltung ein, die sich bei manchen in offenem Protest äußerte, bei fast allen jedenfalls in einer Unterstützung der Petition gegen die Biermann-Ausbürgerung. Auf die *nach 1981* Übergesiedelten trifft das nur noch in einzelnen Fällen zu. Zumeist handelte es sich jetzt um Angehörige einer jüngeren Generation, ca. 30- bis 35jährige, bei denen nur eine schwache oder gar keine Bindung an das politische System der DDR bestand. Weil sie jünger waren beim Staatenwechsel und außerdem ihre persönliche Existenz weniger mit den Identifikationsangeboten dieses Staates verwachsen war, lösten sie sich auch entschieden leichter von ihm. Von ›Exil‹ kann bei ihnen schon gar nicht mehr die Rede sein. – Es besteht Anlaß, das reformsozialistische Engagement der meisten zwischen 1976 und 1981 weggegangenen Autoren zu betonen, unter anderem deshalb, weil manche der damals Übergesiedelten es heute nicht mehr recht wahrhaben wollen und eher herunterspielen. So hatte Reiner Kunze noch 1969 in dem Gedicht »Dreiblick« sein grundsätzliches Festhalten an der DDR und ihrem sozialistischen Projekt – bei aller scharfen Kritik an der Unfreiheit im Lande – artikuliert: »eingesperrt in dieses land / das ich wieder und wieder wählen würde«. Daß Wolf Biermann das schlimmste an seiner Ausbürgerung fand, nun nicht mehr die DDR als doch ›irgendwie‹ sozialistisches Land betreten und bewohnen zu dürfen, ist bekannt. Und auch Jurek Becker sprach noch im Juli 1977 für viele Übergesiedelte, wenn er sagte: »Es ist keine Phrase zu sagen, daß ich mich trotz mancher Querelen immer wohl gefühlt habe in diesem Land [DDR, W. E.]. Dieses Wohlbehagen ist nicht daher gekommen, daß mir die Natur hier so gut gefällt, oder daß die Brötchen hier so gut schmecken und die Autos hier so schnell sind. Meine Zufriedenheit ist daraus entstanden, daß ich stets das Empfinden hatte, mich einmischen zu können, an etwas beteiligt zu sein, das mir wichtig ist.« Diese Gemeinschaftserfahrung eines »Wichtigen« hatte, so darf man unterstellen, vor allem mit dem antifaschistischen Gründungsmythos der DDR zu tun, wie er eingangs beschrieben worden ist (vgl. S.29ff.) und der sich, als »moralische Klammer« (A. Jäger), über die Jahrzehnte fest mit der Sehnsucht nach einem echten Sozialismus als dem ganz Anderen amalgamiert hatte. So versicherte, allen Schikanen und Verboten zum Trotz, selbst Günter Kunert noch im November 1979 – einige Wochen nach seiner Ausreise aus der DDR –, er habe sich gezwungen gesehen, »die DDR für einige Zeit zu verlassen. […] Hätte ich die Kraft gehabt, weiter zu schreiben, wäre ich sicher in der DDR – trotz allem, was sich dort abspielt – geblieben.« Im gleichen Interview bekräftigte er, »daß ich weder ein Antikommunist bin noch daß ich die DDR-Literatur mit meinen Büchern schädige. Vielmehr: DDR-Literatur bin ich. Ich habe ja in der DDR 23 Bücher veröffentlicht, von 1950 an. Was ist denn DDR-Literatur, wenn nicht ich auch?« Damit ist treffend pointiert, was das Dilemma der meisten zwischen 1976 und 1981 übergesiedelten Autoren ausmachte. Sie fühlten sich – zu Recht – als wichtiger Bestandteil einer ernstzunehmenden DDR-Literatur, die sie wiederum als authentischen Ausdruck derjenigen humanen, emanzipatorischen Impulse verstanden, die zumindest nominell dem sozialistischen Projekt DDR einmal eingeschrieben waren. In diesem Sinne empfanden sie sich – darin denn doch den Exilierten während der Nazizeit ähnlich – als Vertreter des ›besseren Deutschland‹, als deutsche Patrioten, die ortlos geworden waren, weil ihnen auch das westliche Deutschland suspekt war.

Trotz dieser Grundtendenz ist die Gruppe der in den ersten Jahren nach der Biermann-Ausbürgerung Übergesiedelten in sich uneinheitlich. Es lassen sich Autoren, die ihre künstlerische Produktion nach wie vor unvermindert eng auf ihr politisches Engagement bezogen, ja, beides emphatisch in eins setzten, von anderen unterscheiden, die sich schon weiter vom Projekt Sozialismus abgenabelt hatten und denen es vor allem um die Freiheit des Denkens und Schreibens im Sinne eines bürgerlichen Grundrechts ging. Stehen am einen Pol Autoren wie Biermann, Fuchs und Bettina Wegner, so am anderen Kunze, Schädlich oder Schacht. Dazwischen gibt es vielfältige Übergänge. Dieses Spektrum sei an einigen wichtigen Autoren veranschaulicht.

Wolf Biermann hatte zwei Wochen vor seiner Ausbürgerung, noch in der DDR, vermutet, »daß ein Leben im Westen für mich das Ende meiner schriftstellerischen Arbeit bedeuten würde«. Er behielt, zum Glück, nicht recht. Keiner hatte so wie er, der einst freiwillig in die DDR übergesiedelt war, an diesem Land und seinem Versprechen, eine befreite, gerechte Gesellschaft zu schaffen, gehangen. Für keinen war der Übergang ins alte kapitalistische Milieu deshalb so schwer – und leicht zugleich. Konnte er doch jetzt vor vollen Häusern singen und jederzeit sagen, was ihm beliebte. Doch Biermann, der »Berufsdissident«, spürte den »verheerenden Druck, beweisen zu müssen, daß ich hier nicht politisch, moralisch und künstlerisch kaputtgehe und daß ich in dieser westlichen Marktgesellschaft nicht untergehe«. Er wußte, daß es nicht reichte, die »alten DDR-Wunden« ewig weiter zu lecken, daß er sich einmischen und seinen »eigenen Stoffwechsel mit dieser Gesellschaft« Bundesrepublik entwickeln mußte. Biermann ging durch schwere Krisen hindurch, an denen er auch sein Publikum kaum verhüllt teilhaben ließ. Sein Narzißmus, sein Selbstmitleid auf der Bühne haben auch denen, die von seinen herausragenden Fähigkeiten als Poet und Sänger fest überzeugt waren, oft ein hohes Maß an Geduld abverlangt. Doch nach dreizehn Jahren Leben, Schreiben und Singen in der Bundesrepublik war Biermann nicht verbogen, gebrochen oder gar untergegangen. Er war und blieb der bedeutendste politische Sänger in deutscher Sprache seit 1945, dem es immer wieder gelang, das Öffentliche und das Privateste, »Familienalbum« und »Geschichtsbuch« poetisch überzeugend zu verknüpfen.

Die Bände »Verdrehte Welt – das seh' ich gern« (1982) und »Affenfels und Barrikade« (1986) zeugen davon. Daß er bei und nach dem Fall der DDR noch einmal eine prominente Rolle mit »Klartexten« im politischen »Getümmel« zu allen großen Themen dieser Jahre spielte, konnte nicht anders sein (vgl. dazu das Schlußkapitel).

Auch *Jürgen Fuchs* (geb. 1950) ist ein Intellektueller, der politische und literarische Existenz nie trennen wollte. Sein Protest gegen einen Sozialismus, der die eigenen Ideale ständig korrumpierte, führte ihn, den gelernten Psychologen und engen Freund Biermanns und Robert Havemanns, im November 1976 ins Gefängnis. Nach einem Dreivierteljahr Haft wurde er in die Bundesrepublik abgeschoben. In rascher Folge erschienen seine noch in der DDR entstandenen »Gedächtnisprotokolle« (1977), der Haftbericht »Vernehmungsprotokolle« (1978) und 1979/80 die beiden Gedichtbände »Tagesnotizen« und »Pappkameraden«. Während der zweite Lyrikband noch einmal zum Stoff der eigenen Kindheit und ihren Deformationen durch eine menschenverachtende, verstaatete Erziehung zurückkehrte, registrierte »Tagesnotizen« präzise die ersten Wahrnehmungen der auch gesellschaftlich und politisch so neuen Landschaft mit dem Ziel, sich gegen die Versprechungen der neuen Umgebung zu wappnen und sich nicht vorschnell auf sie einzulassen. Die Bundesrepublik erfuhr Fuchs als eine »gefährlich nahe Fremde, die die eigene Sprache spricht«. Fuchs fühlte sich vielleicht am längsten von allen überbesiedelten Autoren als »Ehemaliger«, als »Ost-West-Autor« im »Niemandsland«. Stärker als andere kehrt er immer wieder zu autobiographisch verbürgten Stoffen seiner DDR-Vergangenheit zurück (wie in den beiden Romanen über seine Erfahrungen in der Nationalen Volksarmee, vgl. hier S.298). Er blieb bei einem operativ-politischen Literaturkonzept. Er verstand Schreiben weiter als ein »produktives Dagegen« und glaubte weiterhin daran, »daß Literatur erreicht und verändert, dort wo Lüge, Zwang und Druck vorhanden sind«. Damit nahm er in der postmodern entspannten Literaturlandschaft der 80er Jahre deutlich eine abweichende Position ein, ähnlich der der Liedermacher *Bettina Wegner* (die 1980 aus der DDR wegging) und *Stephan Krawczyk* oder auch der Autorin *Freya Klier* (letztere beide verließen die DDR 1988).

Daß abschließende Urteile über den Status und das Selbstverständnis eines übergesiedelten Autors leicht in die Irre gehen konnten, zeigt das Beispiel *Thomas Brasch.* Der Sprößling einer antifaschistischen Funktionärsfamilie, Zögling einer Kadettenschule der NVA, schließlich zweimal exmatrikuliert und in Haft genommen,dabei überzeugter Sozialist und »Individualanarchist« (so er selbst), hatte Ende 1976 als einer der ersten die DDR verlassen. Im Westen äußerte sich der hochbegabte Erzähler, Lyriker und Dramatiker (vgl. hier S. 363) stets so individualistisch und jeder unmittelbar politischen Ästhetik abhold, daß man kaum mehr an eine enge Beziehung an das Projekt Sozialismus und vor allem: die DDR glauben mochte. Die Polemik Marcel Reich-Ranickis gegen Christa Wolf (und mittelbar gegen ihn) lockte ihm Ende des Jahres 1987 ein überraschendes Bekenntnis ab: »Ich bin nach wie vor Bürger der DDR«, stellte er fest, »und alle zurückliegenden Konflikte zwischen mir und verschiedenen Institutionen meines Landes waren immer Konflikte über das Wie des Sozialismus, nie über eine Alternative zu ihm. [...] Daß ich in West-Berlin lebe, heißt nicht, daß ich mich zum Anhänger der Geldgesellschaft zurückpervertiert habe, sondern daß ich wie viele Schriftsteller aus vielen Ländern den Ort meiner Jugend für eine Zeit verlassen habe, um nicht zu stagnieren. [...]« Braschs Stellungnahme zeugt von der tiefen Verwurzelung sozialistischer Ideale bei vielen in der DDR aufgewachsenen Menschen, die im Westen oft unterschätzt wurde. Umgekehrt wandten sich auch die Mächtigen in der DDR ihrem verlorenen Sohn auf diese Bekundung hin gleichsam in letzter Minute wieder zu: Eins seiner Stücke wurde gespielt, ein Band mit Dramen erschien 1988.

Die meisten anderen übergesiedelten Autoren versagten sich in den späten 80er Jahren solche neuerlichen Annäherungen an die DDR. So widersprach z.B. *Günter Kunert* den Äußerungen Braschs zur DDR deutlich und verwarf sie als naiv. Kunert ist das Beispiel eines Autors, für den der Staatenwechsel zwar eine entscheidende biographische Zäsur bedeutete, aber schon nicht mehr eine in der literarischen Produktion. Zwar war er bis 1977 noch Mitglied der SED (die Mitgliedschaft wurde dann – gemeint als Strafmaßnahme – gestrichen) und hing noch, wie demonstriert, erkennbar an seiner Rolle als Autor im Lande DDR, aber von seinem früheren aufklärerischen, operativen Selbstverständnis der Literatur – »mit Witz die Wahrheit sagen« – hatte Kunert sich längst verabschiedet. Schon der noch in der DDR entstandene Gedichtband »Unterwegs nach Utopia« und verschiedene Prosatexte aus den mittleren 70er Jahren zeugen davon. Literatur erkannte Kunert als »Sedativ«, als »Ersatz für gelebtes Leben«, die nur dazu tauge, sich über sich selbst zu verständigen und eigentlich keine soziale Funktion habe. Aus dieser endgültig ernüchterten, melancholisch-stoischen Haltung heraus konnte Kunert die DDR nur noch als einen Ort unter anderen wahrnehmen, an dem sich die Selbstzerstörung der Gattung vollzieht (vgl. dazu S. 277). Nur noch dann und wann begegnen in seinen Texten Ressentiments gegen die DDR. Zwar äußerte Kunert, daß er sich bei einer Verfassungsänderung eine Rückkehr in die DDR vorstellen könne, doch an die ernste Absicht konnte man nicht glauben. Kunert hatte in der Bundesrepublik einen nicht unbequemen Platz gefunden, von dem aus er die Endzeit der Menschheit poetisch-kritisch kommentieren konnte. Daß er diesen einem entschieden weniger behaglichen in der DDR vorzog, war ihm nicht zu verdenken. Auch hier also: kein Exil.

Reiner Kunze hatte ebenfalls schon Jahre vor seinem Ausschluß aus dem Schriftstellerverband 1976 und der Übersiedlung 1977 mit dem »real existierenden Sozialismus« gebrochen. Auch bei ihm läßt sich von den letzten in der DDR geschriebenen Büchern, vor allem »Die wunderbaren Jahre« (1976), bis zu den in der Bundesrepublik entstandenen Gedichtbänden »auf eigene hoffnung« (1981) und »eines jeden einziges leben« (1986) Kontinuität feststellen. Wie Kunert gab er den großen Glauben, jedwede Art von geschichtsphilosophischem Programm auf, anders als Kunert hielt er am Konzept Hoffnung und der Idee des selbstbestimmten Individuums fest. In der Bundesrepublik zog sich Kunze dann nicht nur vollständig aus dem Literaturbetrieb zurück (1982 trat er aus Protest gegen den Kurs des Vorsitzenden Engelmann aus dem VS aus), sondern sperrte sich auch gegen jegliches unmittelbar politische Engagement. Die Titel der neuen Gedichtbände manifestieren treffend den vollständigen Rückzug dieses Autors auf die Grenzen des Subjekts, das nur so sich einer unterstellten totalen Ideologisierung und Manipulation, von welchem Ort aus auch immer, entziehen zu können meint. Gerade Kunzes Entwicklung zeigt, daß das Gemeinschafts- und Aufbruchserlebnis der jungen Lyriker vom Beginn der 60er Jahre zum großen Teil auf Illusionen gegründet war. Exil? Bei Kunze läßt sich eher von einer ›inneren Emigration‹ sprechen, die schon vor seiner Übersiedlung eingesetzt hatte.

Einen besonderen Platz nahm unter den Übergesiedelten von Anfang an *Hans Joachim Schädlich* (geb. 1935) ein. Der promovierte Linguist, der bis 1976 wissenschaftlicher Mitarbeiter an der Akademie der Wissenschaften war und sich dann, nachdem er diese Tätigkeit nicht weiter ausüben durfte, als Übersetzer durchschlug, konnte in der DDR nie einen belletristischen Text veröffentlichen. Versuche bei Hinstorff in Rostock und anderen Verlagen scheiterten an der Zensur, ab November 1976 dann auch an Schädlichs Unterschrift unter der Biermann-Petition. Der Ort seines (späten) Debüts wurde so die Bundesrepublik. Nachdem im August 1977 sein Erzählungsband »*Versuchte Nähe*« erschienen war und, zuerst von Grass hoch gelobt, rasch die Bestenlisten erobert hatte, war Schädlich in der DDR zunächst Belästigungen und Bedrohungen ausgesetzt. Er stellte einen Ausreiseantrag. Vermutlich hatte er es seinem fast über Nacht gekommenen literarischen Ruhm zu verdanken, daß man ihn bald ziehen ließ. Übrigens ist die Verärgerung der DDR-Funktionäre über Schädlich leicht nachvollziehbar: »Versuchte Nähe« ist eines der eindringlichsten, genauesten Bücher über die DDR-Wirklichkeit, dabei von bloßer Faktographie weit entfernt. Schädlichs Blick ist hartnäckig auf die Versteinerungen und Rituale der Gesellschaft seines Herkunftslandes gerichtet, die er mit einer manchmal bewußt manierierten, ja verschrobenen Sprache in höchst kunstvollen, ästhetisch genau kalkulierten Arrangements bloßlegt. Seine »Parabeln vom gezwungenen Leben« (Nicolas Born) verfremden das scheinbar Vertraute, Normale und enthüllen es als unmenschliche Anomalie.

Auch Schädlichs in der Bundesrepublik entstandenen neuen Erzählungen, 1987 in dem Band »Ostwestberlin« gesammelt vorgelegt, handeln von Vereinsamten, Entfremdeten und Ausgeschlossenen. Die Alpträume und Ängste der literarischen Figuren sind oft genug die des Autors selbst, der sich nach seiner Übersiedlung zeitweise in einer krisenhaften, verzweifelten Situation befand , ganz ohne sich, wie bereits zitiert, zum exilierten Märtyrer zu stilisieren. – Mit seinem ersten Roman *»Tallhover«* (1986) schrieb sich Schädlich erkennbar frei von den Traumata, die den Riß in seiner Biographie begleiteten. Der Roman protokolliert, gleichsam als *political fiction*, die 136 Lebensjahre eines deutschen Spitzels und Geheimpolizisten, der von 1819 bis 1955 gelebt und in diesem Zeitraum unter allen möglichen autoritären Regimes von Metternich bis zu Ulbricht gedient hat – »aus Liebe zum reinen, unbedingten Staat«, wie es heißt. Tallhover ist ein Mann, dem es gelingt, »seiner Neigung einen beruflichen Rahmen zu geben«. Als absolute Inkarnation der Staatsräson wird er notwendig nichtig als lebendiges Individuum, eine Un-Person, die sich am Ende folgerichtig mit einer selbstgebauten Maschine umbringt. Übrigens hat Günter Grass Schädlichs Titelfigur später ausgeliehen und als »Hoftaller« in seinem umstrittenen Roman »Das weite Feld« (1995) auftreten lassen. – Schädlichs im Westen entstandene Texte, zumal »Tallhover«, zeigen, daß sich dieser Autor immer noch an Stoffen abarbeitete, die eng mit der deformierten DDR-Wirklichkeit zu tun hatten – aber eben nicht nur. Er blieb im Bann der verletzenden Erfahrungen von damals, vermochte sie aber erzählerisch souverän zu historisieren und zu distanzieren. Darin ähnelte er Uwe Johnson, der, Jahre vor Schädlichs öffentlichem Debüt, einer der ersten war, die seine große Erzählbegabung erkannten.

Eine unverwechselbare Autoridentität, die in keiner der geläufigen Zuordnungen von erster, zweiter oder dritter deutscher Literatur aufgeht, eroberte sich in zwölf Jahren Bundesrepublik auch *Sarah Kirsch.* Das zeigen ihre neueren Gedichtbände (vgl. hier S. 383f.), das zeigt vor allem ihr autobiographisches Fragment *»Allerlei-Rauh«* von 1988, das sie »Eine Chronik« genannt hat. Kirsch, die seit 1983 in Tielenhemme/Schleswig-Holstein lebt, wurde oft vorgeworfen, sie sei in die ländliche Idylle geflüchtet und habe mit der ganzen unerträglichen Industriezivilisation auch gleich ihre DDR-Vergangenheit verdrängt. »Allerlei-Rauh« zeigt, daß dies nicht stimmt. Das Dorf zwischen Marsch und Moor, die neugewonnene Landschaft ist allerdings ein wichtiger Kontrast, um eine vielfältig gebrochene Rückschau auf das eigene Leben, von der Kindheit noch im Krieg bis zu den letzten DDR-Jahren, zu halten. Beobachtung, Erinnerung und Traum sind wie ohne Anstrengung ineinander verwoben. Eine entscheidende Rolle nimmt darin der letzte (glückliche) Sommer 1976 ein, den die Autorin zeitweise in Gerhard und Christa Wolfs später abgebranntem Haus in Mecklenburg verbrachte (vgl. damit das 1989 erschienene Erinnerungsbuch von C. Wolf zum gleichen Zeitraum, »Sommerstück«; hier S. 316f.). Doch Sarah Kirschs Rückblick ist frei von Ressentiment. Davon, daß sie von ihrer DDR-Vergangenheit insgeheim nicht loskäme, kann nicht die Rede sein. Ihr Leben bis 1976 sieht sie als eine für immer vergangene, abgeschlossene Epoche. Weitaus bedrängender sind die Traumata der Gegenwart: »Schlachtfelder Massaker Ölteppiche, die schauerliche Heimat die Erde. Ein Ball des falschen Glücks, ein Irrlicht dieser Zeit. [...] Ich muß mit meinem Gehirn Mord und Totschlag annehmen und die Endlichkeit dieser Erde, über die der Komet wieder hinzieht, der Bethlehem-Stern.« Sarah Kirsch ist mit ihrer »Moorphilosophie« einen ganz eigenen Weg aus der DDR wie aus der DDR-Literatur heraus gegangen; einen Weg, der mit ›Exil‹- oder einer anderen Gruppenliteratur nichts zu tun hat.

Eher als eine Gruppe unter den nach 1976 übergesiedelten Autoren mögen einige der wichtigen Alltags-Realisten erscheinen, nämlich Kurt Bartsch, Jurek Becker, Karl-Heinz Jakobs, Erich Loest, Klaus Poche und Klaus Schlesinger. Wohl nicht zufällig hatten sie sich, außer Jakobs, im Mai 1979 gemeinsam mit anderen in einem Brief gegen die Kulturpolitik der SED und insbesondere gegen die Maßregelungen Stefan Heyms gewandt, denen dieser nach dem ungenehmigten Erscheinen seines Romans »Collin« in der Bundesrepublik ausgesetzt war. Mit Heym zugleich wurden am 9.Juni 1979 die Berliner Autoren Bartsch, Endler, Jakobs, Poche, Schlesinger, R. Schneider, D. Schubert und Seyppel aus dem Schriftstellerverband ausgeschlossen. Erich Loest verließ den Leipziger Bezirksverband im Januar 1980 ›freiwillig‹, Jurek Becker, seit Ende 1977 in West-Berlin, war schon nicht mehr Verbandsmitglied. 1979 verließ Poche die DDR, 1980 folgten Bartsch und Schlesinger, 1981 Karl-Heinz Jakobs und Erich Loest. – Für alle diese Autoren, deren poetischer Stoff der DDR-Alltag gewesen war, entstand mit der Übersiedlung eine schwierige Situation, die nicht nur die Lebensbewältigung an sich betraf, sondern auch die Schreibarbeit im engeren Sinne. Man schreibe, so hat Loest einmal mitgeteilt, über das, was man bis zum 40. Lebensjahr erlebt habe. Es sei schwierig, danach neue Erfahrungen von Belang zu machen. Der ›alte‹ Stoff, die DDR-Wirklichkeit, verändere sich; er laufe einem davon, weil man ihn jetzt, als übergesiedelter Autor, nicht mehr aus erster Hand erfahre. Neue Stoffe – die Wirklichkeit des Westens – seien einem nicht ohne weiteres zugänglich.

In der Tat manifestieren viele seit Beginn der 80er Jahre veröffentlichte Texte der genannten Alltagsrealisten diese Schwierigkeit. Der altvertraute, erfahrungsgesättigte Stoff droht sich zu verdunkeln oder zu verflüchtigen, der neue will sich noch nicht erschließen. Es ist nicht verwunderlich, daß aus dieser Konstellation ein gewisser Qualitätsabfall resultiert und bedeutende Werke selten sind. Die Beispiele Loest, Becker und Schlesinger zeigen freilich auch, daß eine solche Verallgemeinerung an Grenzen stößt.

Erich Loest, spätestens seit seiner siebenjährigen Haftzeit 1957–64 geübt in der Verarbeitung von Störerfahrungen, blieb auch nach seiner Übersiedlung 1981 literarisch ungemein produktiv, wie u.a. die Romane »Völkerschlachtdenkmal« (1984), »Zwiebelmuster« (1985) und »Froschkonzert« (1987) sowie Erzählungen, Reisefeuilletons, Universitätsvorlesungen und Drehbücher belegen. »Leipzig ist unerschöpflich« hatte er noch 1985 eine seiner Paderborner Vorlesungen zuversichtlich genannt. »Völkerschlachtdenkmal« (vgl. hier S. 324) konnte diese Prognose noch bestätigen. »Zwiebelmuster« – die Geschichte eines biederen Leipziger Schriftstellers, der gern nach Südamerika oder Griechenland reisen möchte, aber aufgrund der Reisebeschränkungen nur bis Meißen kommt – schon nicht mehr so ganz. Jedenfalls erreichte Loest die Tiefenschärfe und Wirklichkeitsgenauigkeit seines ersten Leipzig-Romans »Es geht seinen Gang« bei weitem nicht. »Froschkonzert«, das sich der unheimlichen Begegnung von »Bundis« und »Zonis« in einer nordwestdeutschen Kleinstadt widmet, wo Gastarbeiter aus der DDR ein Klärwerk und eine Brücke bauen sollen, schwankt unentschlossen zwischen freundlicher Beschreibung und Satire. Offenbar vermochte Loest es (noch) nicht, das bundesdeutsche Biedermeier so kompromißlos und detailgenau abzuschildern, wie es ihm zukäme. Daß ihm seine eminente Begabung, detailgenau, spannend und mit gesellschaftlicher Tiefenschärfe zu erzählen, nicht abhanden gekommen ist und für ihn Leipzig tatsächlich »unerschöpflich« blieb, zeigte sein Roman »Nikolaikirche« von 1995 (vgl. S. 499f.).

Auch *Jurek Becker* hatte in seinen ersten West-Berliner Jahren offensichtlich Schwierigkeiten, sich stofflich zu orientieren. Auf den Roman »Schlaflose Tage« (1978, schon in der Bundesrepublik) über einen Lehrer in der DDR, der über sein bequem gewordenes Leben erschrickt und auf Änderung sinnt, folgte 1980 der Prosaband »Nach der ersten Zukunft«, der neben zwei Erzählungen über Erfahrungen in den USA und einer Ghettogeschichte über zwanzig Geschichten aus dem Milieu des »real existierenden Sozialismus« versammelt. Ihnen allen ist gemeinsam, was die »Ansprache vor dem Kongreß der unbedingt Zukunftsfrohen« satirisch formuliert: Ihr Autor ist nur noch »bedingt zukunftsfroh«, seine Haltung gegenüber allen Weltgegenden, die DDR inbegriffen, ironisch-skeptisch. Beckers 1982 in der Bundesrepublik, kurz darauf auch in der DDR erschienener Roman »Aller Welt Freund« über einen jungen Journalisten, dessen Selbstmordversuch komisch mißlingt, hat bezeichnenderweise gar keinen konkreten Handlungsort mehr, weder einen ostdeutschen noch einen westdeutschen. Man wird den Nachrichtenredakteur Kilian, der am Ende zur Sportredaktion überwechselt, eher in der Bundesrepublik vermuten, aber ausgemacht ist das nicht. – In den späten 80er Jahren legte Becker Texte vor, die nicht nur erneut demonstrierten, daß er einer der besten deutschen Stilisten und Dialogautoren ist, sondern auch, daß er sich spielend leicht und sicher sowohl im ost- wie im westdeutschen Milieu bewegt: den (DDR-)Roman »Bronsteins Kinder« (vgl. S. 322f.) und das Drehbuch zur West-Berliner TV-Serie »Liebling-Kreuzberg«, der zugleich intelligentesten und unterhaltsamsten Serie, die das deutsche Fernsehen je zu bieten hatte. Kein westdeutscher Autor hätte die »Dutzendgeschichten« (Becker) um den West-Berliner Rechtsanwalt Robert Liebling genauer und besser erfinden können als Jurek Becker. Allerdings war und blieb Becker ein kühler Kritiker von dem, was er für haltlose Deutschlandträumereien hielt. Das zeigte eine Kontroverse mit Martin Walser vom November 1988, auf die nach dem Herbst 1989 ein anderes Licht fiel. Die Möglichkeit einer Wiedervereinigung hielt Becker damals für die bloße Wunschvorstellung von »Geschichtssentimentalisten«. Gleichzeitig war er, von dessen Familie »an die zwanzig Personen vergast oder erschlagen oder verhungert worden« sind (Becker), wie kaum ein anderer in der Lage, Menschen und Zustände aus beiden deutschen Staaten genau und sensibel zu beschreiben. Vielleicht ist seine souveräne Befähigung dazu gerade darin begründet, daß er ein »übersteigerte[s] Bedürfnis nach Verwurzeltsein« (so Becker über Walser) aufgrund seiner Kindheitserfahrungen in Ghetto und Lager gar nicht ausbilden konnte. Um so fremder mußte ihm dann die neue deutsche Einheit sein.

Auch *Klaus Schlesinger,* der seit 1980 mit einem langfristigen Visum in Berlin lebte, war nicht auf einen der beiden deutschen Staaten festzunageln. Er hatte sich, wie er bald nach seiner Übersiedlung bekundete, »den Übergang von Ost nach West leichter vorgestellt. Ich war in der ersten Zeit ziemlich verstört, ratlos, konnte nur winzige Selbstbeobachtungen zu Papier bringen«. 1980 erschien, nur in der Bundesrepublik (1989 in der DDR), die Erzählung »Leben im Winter«, in der Schlesinger, auch er ein Meister der unpathetischen, unbestechlichen Darstellung des DDR-Alltags, sich noch einmal im Medium der Familiengeschichte mit den Lebensverhältnissen in der DDR auseinandersetzte. 1984 kam dann die erste ›Westgeschichte‹ des Autors, seine Erzählung »Matulla und Busch«, heraus, in der es um Grundstücksspekulation, Hausbesetzung und einen alten Rentner, der eine unvermutete Erbschaft antreten will, geht – also eine Story aus dem neuen West-Berliner Milieu des Autors. Schlesingers Erzählung (1985 in der DDR veröffentlicht, später auch verfilmt) zeichnet die gleichen Tugenden aus wie seine früheren Bücher, z.B. »Alte Filme« (1975): anschauliche Schilderungen, lebendige Dialoge, Sprachgenauigkeit. Dennoch waren manche seiner früheren (DDR-)Erzählungen überzeugender. Auch hier also: tiefreichende Irritation, unumgängliche Neuorientierung – nicht aber ›Exilliteratur‹.

Den *nach ca. 1981 übergesiedelten Autoren* fiel eine solche Umorientierung, wie schon gesagt, in der Regel erheblich leichter, einmal, weil sie jünger waren (zumeist nach 1950 geboren), zum zweiten, weil sie in das Projekt Sozialismus entschieden weniger oder gar keine Hoffnung mehr investiert hatten. Symptomatisch für die meisten von ihnen war, was Katja Lange-Müller (geb. 1951) 1985, bald nach ihrer Übersiedlung, dem »Stern« sagte: »Ick hab nischt jejen die da drüben jehabt [...] Ick hatte bloß det Jefühl, ick vejetier am Rand meines Horizonts. Det wir uns trennten, die DDR und ick, det beruhte auf beiderseitigem Interesse.« Ähnlich empfanden es wohl viele aus der Berliner oder Dresdner Szene, u.a. Wolfgang Hegewald, Christa Moog oder Uwe Kolbe. Andere, wie die etwas älteren Bernd Wagner oder Monika Maron, trennten sich schwerer. Auch hier sind also Verallgemeinerungen kaum zulässig – jeder einzelne Autor ist ein Fall für sich. Einige wenige Exempel mögen das demonstrieren.

So fällt z.B. *Barbara Honigmann* (geb. 1949) aus allen Gruppen oder Trends heraus. Die Ost-Berliner Autorin jüdischer Herkunft (ihre Eltern waren in ihrem Geburtsjahr aus dem englischen Exil in die DDR gegangen) hatte 1975, nachdem sie als Dramaturgin und Malerin tätig gewesen war, zu schreiben begonnen. Immer stärker wandte sie, die in einem areligiösen Elternhaus aufgewachsen war, sich der jüdischen Orthodoxie zu, heiratete nach jüdischem Ritual und ging schließlich 1984 mit ihrer Familie nach Straßburg, das »Jerusalem des Westens«. »Hier bin ich gelandet«, so schrieb sie in einer ihrer Geschichten, »vom dreifachen Todessprung ohne Netz: vom Osten in den Westen, von Deutschland nach Frankreich und aus der Assimilation mitten in das Thora-Judentum hinein.« Hintergrund dieser singulären Entscheidung war eine Erkenntnis, die ihr Gerschom Scholem vermittelte: daß man in Deutschland »nichts mehr lernen könne« als Jude – »also hat es keinen Sinn zu bleiben, es ist viel zu schwer«. Honigmanns Erzählungen, 1986 in dem Band »Roman von einem Kinde« erschienen, beschreiben in einer naiv-schlicht anmutenden, aber in Wahrheit artistisch kalkulierten Sprache Etappen der Selbstentdekkung und Selbstvergewisserung einer jungen Jüdin aus der DDR.

Weitaus typischer sind die Probleme des Lebens und Schreibens eines Übergesiedelten, die sich in den Texten von *Frank-Wolf Matthies* (geb. 1951) manifestieren. Matthies hatte wegen »staatsfeindlicher Hetze« in Untersuchungshaft gesessen und anschließend seinen Wehrersatzdienst als Bausoldat abgeleistet. 1979/80/81 erschienen, nur in der Bundesrepublik, seine ersten drei Bücher mit Gedichten und Prosa (»Morgen«; »Unbewohnter Raum mit Möbeln«; »Für Patricia im Winter«), die ihn als einen hochbegabten Autor auswiesen, der sich den (Sprach-) Regelungen seines Landes vehement verweigerte. Man verstand, warum sich Franz Fühmann gerade für ihn eingesetzt hatte. Doch was Matthies nach seiner Ausreise aus der DDR1981 publizierte, konnte die in ihn gesetzten Erwartungen nicht erfüllen (»Tagebuch Fortunes«, 1985; »Gelächter oder die 120 Seiten aus Abprall«, 1987). Matthies blieb fixiert auf die Vaterautorität DDR, die ihn nicht akzeptiert hatte, und verbiß sich in Invektiven gegen Autoren und Weggefährten von ehedem (wie Rathenow oder Kolbe), denen er Verrat vorwarf, weil sie nicht zur gleichen Zeit den gleichen Schritt wie er tun wollten.

Es gilt für mehrere der übergesiedelten jüngeren Autoren (wie schon früher für Johnson oder Zwerenz oder Loest), daß der Riß in ihrer Biographie, der Aufeinanderprall von Erfahrungen aus beiden deutschen Staaten, zum bestimmenden, ja zunächst offenbar unausweichlichen Thema wurde. Daß dies auch ein literarischer Gewinn sein konnte (wie schon bei Johnson oder Loest), zeigen die Veröffentlichungen von Wolfgang Hegewald und Katja Lange-Müller. *Wolfgang Hegewald* (geb. 1952), der u.a. evangelische Theologie in Dresden und Leipzig studiert hatte, debütierte 1984, ein Jahr nach seiner Übersiedlung, mit »Das Gegenteil der Fotografie. Fragmente einer empfindsamen Reise«. In dieser Erzählung geht es um einen Arzt und eine Fotografin aus der DDR, die sich in der ČSSR nahe an die Grenze zwischen Ost und West wagen, in Untersuchungshaft geraten und sich nun erinnernd, entwerfend mit phantastischen Wirklichkeiten in der Vergangenheit und in der Zukunft beschäftigen, die gerade nicht in der Oberflächenwirklichkeit des Sichtbaren, von Haft und Verhör, aufgehen. Eine andere Wahrheit scheint auf jenseits der eingeübten sturen Verhaltensmuster – »das Gegenteil der Fotografie«. Auch Hegewalds zweiter Prosaband »Hoffmann, Ich und Teile der näheren Umgebung« (1985) nimmt noch die Motive von Flucht und Übersiedlung aus der DDR auf. Wiederum fungieren Phantasie und Poesie als Gegenmittel gegen das »Fortschrittsplankton«, die »Kausalitätsfanatiker« und die »Schuld der Namen«, das »propagandistisch Brauchbare«, wo immer es auftritt. In der Tradition von romantischer Ichspaltung und Doppelgängertum (z.B. bei E.T.A. Hoffmann) schreibt Hegewald gegen Ordnungssysteme an, die das Ich festlegen, stabilhalten und schließlich vereinnahmen wollen. Auch Hegewalds dritter Prosaband »Verabredung in Rom« (1988) ist in seinem Erfahrungsfundus noch deutlich in der DDR verwurzelt, wenn er eine Figur ins Zentrum stellt, die, aus der DDR stammend, nun in Rom andere ehemalige DDR-Bürger observieren soll. Doch das Schädlichs »Tallhover« verwandte Thema wird spielerisch und ohne alle ideologische Verbissenheit abgehandelt. Wiederum geht es Hegewald vor allem um den Entwurf phantastischer Gegenwelten, in denen man leben kann.

Auch *Katja Lange-Müllers* (geb. 1951) erste nach der Übersiedlung 1984 entstandene Erzählung »Kasper Mauser – Die Feigheit vorm Freund« ist eine Ost-West-Geschichte. 1986 hatte sie mit dem Prosaband »Wehleid – wie im Leben« eindrucksvoll debütiert: mit starken Geschichten aus dem DDR-Alltag, gespickt mit genauen Beobachtungen, geschrieben mit Sprachwitz, unbekümmert (in der Schreibweise) und bekümmert (über ihren Stoff, das Leben) zugleich. Der 1988 erschienene zweite Prosatext ist entschieden problematischer. In ihm geht es um den besagten Riß in der Biographie, den suchenden Übergang in ein neues gesellschaftliches Milieu. Drei Figuren – eine, die noch im Osten lebt und wohl auch bleibt, eine, die hier schon angekommen ist, und eine dritte, die sich gerade auf und davon macht (aus »Feigheit« vorm so schwierigen »Freund« DDR) – werden miteinander kontrastiert. Am deutlichsten stellt sich dem Leser die zweite Figur Anna Nass dar, die sich selber als »Unabhängige Autonome Republik« bezeichnet, eine rührende, konfuse Anarchistin im Inzwischen-Zustand zwischen Ost und West. »Nach außen hatte sie so gut wie nichts mitgenommen«, heißt es von ihr, »aber innerlich – eine Rumpelkammer: wegen Überfüllung geschlossen.« Mit den Forderungen des Tages im Westen, nämlich erstens: »Teile und beherrsche dich!« und zweitens: »Kauf und stirb!«, kommt sie nicht zurecht. Damit benennt Lange-Müller, die vielleicht begabteste Sprachfeuerwerkerin unter den jungen Prosaautoren, prägnant die Schwierigkeiten, denen sie und ihresgleichen als Übersiedler von einem System ins andere ausgesetzt waren. Das gilt auch für Gabriele Eckart (die ein Germanistik-Studium in den USA aufnahm und später über den Kollegen Wolfgang Hilbig promovierte) oder Christa Moog (in deren Katherine-Mansfield-Roman »Aus tausend grünen Spiegeln«, 1988, auch DDR-Erinnerungen eingearbeitet sind).

Seit dem Sommer 1988 lebte auch *Monika Maron* (geb. 1941) mit einem Dreijahresvisum in der Bundesrepublik. Ihr Fall zeigt noch einmal in aller Deutlichkeit, wie stark eine bestimmte Generationserfahrung die Bereitschaft oder das Zögern prägte, mit der ein Autor den Schritt in das andere System tat. Marons erstes Buch, »Flugasche« (vgl. S. 314f.), hatte 1981 nur in der Bundesrepublik erscheinen können. Trotzdem blieb die Autorin in der DDR, und dies auch, als ihr zweites Buch, »Das Mißverständnis« (1982), und ebenso das dritte, »Die Überläuferin« (1986), wiederum nur im Westen erscheinen konnten. Zu sehr war Monika Maron, eine kritische Sozialistin mit anarchistischem Einschlag, noch in ihrem Herkunftsland verwurzelt. Auch als ihr 1986 mehrfach Reisen in westliche Länder verboten wurden und sie nicht mehr daran zweifeln konnte, daß man sie lossein wollte, blieb sie hartnäckig. 1987/ 88 erschien ihr Briefwechsel mit Joseph von Westphalen im »Zeit-Magazin«, in dem sie sich u.a. kritisch zum staatlichen Vorgehen nach der Liebknecht-Luxemburg-Demonstration vom 17. Januar 1988 in Ost-Berlin äußerte. Die Folge war, daß man ihr die Zusage strich, nun endlich »Flugasche« in der DDR zu veröffentlichen. Der Leiter des Aufbau-Verlags, Elmar Faber, tat kund, ihre einschlägigen Äußerungen seien »unappetitlich« gewesen. Jetzt erst entschloß sich Maron, der »versteinerten Hoffnung« DDR (K. Bartsch) den Rücken zu kehren und bis auf weiteres im Westen zu leben. Die meisten jüngeren Autoren hätten in einer vergleichbaren Lage diesen Schritt vermutlich viel früher getan. Das ersehnte Land der Phantasie, der Un-Brauchbarkeit, in das Maron die Heldin ihres letzten Romans zu DDR-Zeiten »überlaufen« läßt, fand sie auch in der Bundesrepublik nicht. Doch an ihrem Programm hielt sie fest: »[...] in jedem Menschen gibt es etwas, das sie nicht gebrauchen können, das Besondere, das Unberechenbare, Seele, Poesie, Musik, ich weiß keinen passenden Namen dafür, eben das, was niemand wissen konnte, ehe der Mensch geboren war. Dieses scheinbar nutzloseste Stück von dir mußt du finden und bewahren, das ist der Anfang deiner Biographie.« Die Wendezeit zeigte dann, daß sich kaum einer der übergesiedelten Autoren der DDR und ihren Bewohnern so rasch und massiv entfremdet hatte wie gerade Monika Maron.

Wie fragwürdig alle Klassifizierungsversuche der in den Westen übergesiedelten DDR-Autoren sind, zeigt vollends das Beispiel *Wolfgang Hilbig,* der ebenfalls 1941 geboren ist. Von ihm war im letzten Lyrikkapitel schon die Rede (vgl. S. 389f.). Hilbig hatte ca. zwanzig Jahre als waschechter Prolet gelebt. Über die Arbeiter in seinem Land machte er sich keine Illusionen – er kennzeichnete sie als »pseudorevolutionär« und tief fatalistisch. All seine Prosabände, von »Unterm Neomond« (1982) über »Der Brief«(1985) bis zu »Die Weiber« (1987), stellen seine Erfahrungen mit der Arbeitergesellschaft DDR in mikroskopisch genauen Analysen dar. Sie erzählen, u.a. von Kafka inspiriert, in faszinierenden Bildern und eigenwilligen Reflexionen von der Verstörung, der »Entwirklichung« des eigenen Ich in diesem autoritären, desolaten Milieu, das z.B. »den *Sex* für kapitalistisch« hält. Seit 1985 war Hilbig im Besitz eines Visums, das es ihm erlaubte, in der Bundesrepublik zu leben, aber auch an seinen alten Wohnort Leipzig zurückzukehren. Wo gehörte er nun hin, der doppeldeutsche Autor? Hilbig selbst wußte es nicht, wie sein Sonett »Fragwürdige Rückkehr« zeigt: »Es ist als ob ich wiederkommen sollte / und etwas auch als wollt es mich vertreiben / es ist als ob noch keine Zeit vergangen wäre / Säumnis – / als zögerte noch immer in den Wänden / weil ich nicht wegbleib und nicht wiederkehre / ein feuriger Wink von geisterhaften Händen.«

Die hier gegebene Skizze zum Leben, Schreiben und Selbstverständnis der zwischen 1976 und 1989 ausgebürgerten und übergesiedelten DDR-Autoren ist bewußt von der *damals zeitgenössischen Perspektive* aus entworfen. Keiner dieser Autoren konnte wissen, daß die DDR 1989/90 untergehen und die individuelle Entscheidung für die Übersiedlung damit revidierbar werden würde. Mit der Auflösung des Staates DDR und der Wiedervereinigung ist die geschilderte Periode zu Ende, und mit ihr sind auch die Selbstverständigungsversuche der vertriebenen Autoren hinfällig geworden. Die Umwälzung der deutschen Dinge – und nicht nur der deutschen – seit dem Herbst 1989 forderte *allen* aus der DDR stammenden Autoren, ob dageblieben oder weggegangen, eine neue Selbstverständigung über ihre Lebens- und Berufsperspektiven wie über ihre Autorenrolle ab.

8
Wendezeit (1989–95)

Der Zusammenbruch des Systems DDR-Literatur – der schwierige Neubeginn

Der Staat DDR ist bekanntlich durch das Zusammenwirken sehr verschiedenartiger Komponenten zu seinem wohlverdienten Ende gekommen. Der Zusammenbruch erschöpfter, nur noch fassadenhafter ökonomischer und politischer Strukturen traf mit der massenhaften Verweigerung des Modells DDR durch die Ausreisebewegung im Spätsommer 1989 und *last but not least* mit einer kraftvollen, gerade durch ihre Gewaltlosigkeit bemerkenswerten Volkserhebung zusammen, die zuerst auf demokratische Verhältnisse, sehr bald dann auch auf die Wiedervereinigung Deutschlands zielte. Über die Stationen der Maueröffnung am 9. November 1989, die ersten freien Wahlen zur Volkskammer am 18. März 1990, die Währungsunion am 1. Juli und schließlich die staatliche Wiedervereinigung am 3. Oktober 1990 ging die DDR – nach einer letztlich sehr kurzen Phase genuin demokratischer Reformen aus eigener Kraft – als Staatswesen unter. An seine Statt traten auf der Basis des »Vertrags über die Herstellung der Einheit Deutschlands« vom 6. September 1990 die Rechtsordnung und mit dieser die Institutionen und Strukturen der Bundesrepublik. Alternativen zu einem bloßen »Beitritt« der DDR zur Bundesrepublik nach Artikel 23 des Grundgesetzes – so die Ausarbeitung einer möglicherweise gründlich reformierten Verfassung und ein anschließendes Referendum über sie in ganz Deutschland – wurden nur kurz erwogen und erwiesen sich als nicht mehrheitsfähig.

Schon das eine Jahr vom Herbst 1989 bis zum Vereinigungstag 1990 stürzte gerade im Bereich der Kultur – und im besonderen der Literatur – fast alles über den Haufen, was bis dahin galt. Literatur und Kunst waren im »realen Sozialismus«, wie in Kapitel 2 dargestellt, nicht in einer autonomen Wertsphäre angesiedelt, sondern unmittelbar der Lenkung und Kontrolle durch die SED unterworfen, oder doch zumindest ihrem Herrschaftswillen, der sich freilich in den letzten zehn, fünfzehn Jahren DDR nur mühsam und nicht mehr vollständig durchsetzen konnte. Immerhin blieb der Buchmarkt bis zum Ende des Staates durch und durch geplant und kontrolliert – und damit fern aller freien Marktwirtschaft. Die literarische Öffentlichkeit war – trotz partieller Liberalisierungen – zu keiner Zeit in vierzig Jahren DDR demokratisch und freizügig gewesen, sondern immer nur eine gelenkte, halbierte, zensierte und sogar geheimdienstlich überwachte. Die literarischen Institutionen – die Verlage, der Buchhandel, die Bibliotheken, die Theater, Zeitungen und Zeitschriften mit ihrer Literaturkritik, die Literaturwissenschaft an Universitäten und der Akademie der Wissenschaften, schließlich die Autoren- und Künstlervereinigungen, zumal der Schriftstellerverband – befanden sich grundsätzlich in einem Abhängigkeitsstatus gegenüber der staatstragenden Partei. Diesen dominanten Strukturen der umfassenden Fremdbestimmung von Literatur in der DDR standen bemerkenswerte Aspekte ihrer Privilegierung gegenüber. Literatur war, anders als in den meisten westlichen Gesellschaften, immer noch ein *Leitmedium*, dem bedeutende politisch-erzieherische Aufgaben übertragen waren. Dementsprechend wurden Bücherpreise und Theaterkarten billig gehalten, Autoren gut honoriert und auf vielfältige Weise gefördert. Auch mittlere und kleine Begabungen konnten in der DDR von ihrer schriftstellerischen Tätigkeit recht gut leben. Hinzu kam, als sekundäres Hauptprivileg der kritischen Autoren, ihre vielbesprochene Funktion als *Ersatzöffentlichkeit* in einer Diktatur, die Grundrechte wie Meinungs- und Pressefreiheit nur auf dem Papier gewährte. Aus diesen Gründen wurden die Schriftsteller von ihrem großen Publikum in einem Maße ernstgenommen wie, mit Ausnahme der Sowjetunion, sonst nirgends mehr auf der Welt. Die Literaturproduzenten der DDR waren also der staatlichen Fürsorge im Doppelsinn des Wortes anheimgegeben.

Mit dem Zusammenbruch der DDR als Staat zerfiel auch das ihr eigentümliche kulturelle und literarische System. Die »Furie des Verschwindens« ging um, mit Hegel zu sprechen; oder in der Perspektive Heiner Müllers: Eine Konstellation war entstanden, in der »Geld der einzige Wert« zu sein schien, »auf den hin Orientierung realistisch oder sogar möglich« war. »Es gibt nur noch Märkte, und dadurch entsteht eine ungeheure Leere.« Gewiß regten sich vor allem aus der Bürgerbewegung heraus neue Kräfte und Ideen, die auch manches bewirkten; gewiß wurden im Wege des Imports aus dem Westen wichtige kulturelle Strukturen neu implantiert und nicht wenig Geld dafür bereitgestellt – aber das dominierende Gefühl war das von Zusammenbruch, Kahlschlag und »Abwicklung« funktionierender Einrichtungen, von Verlust, Leere, Kommerzialisierung und Überfremdung. »Die eine Struktur schiebt sich über die andere wie Lava«, brachte Volker Braun seine Wahrnehmung der Vorgänge ins Bild. Das war gutenteils zutreffend, zumindest als subjektive Empfindung eines Kulturschocks bei den Betroffenen nachvollziehbar. Den westlichen Beobachter mochte freilich in den Jahren seit Ende 1989 manchmal das Gefühl beschleichen, daß der jetzt eröffnete Freiheitsraum von weiten Teilen der künstlerischen Intelligenz nur unzureichend wahrgenommen und gewürdigt wurde. Offenbar behinderte die jahrzehntelange Entwöhnung eine entsprechende Haltung.

Kultur und Literatur wurden in der DDR von Staats wegen großzügig alimentiert, sofern sie nicht systemkritisch waren. Das galt für

Museen, Theater, Opernhäuser, Orchester, Musikschulen, Bibliotheken, Kinos, gewerkschaftliche und andere Kulturhäuser, den Denkmalschutz, die Akademie der Künste, die Autorenförderung und vieles mehr. Besonders das flache Land hatte davon profitiert. Mit dem Einigungsvertrag wurde vor allem dreierlei in Gang gesetzt: Zum einen ersetzten jetzt (im Zuge der Wiedererrichtung der Länder) föderale und kommunale Träger die vorher strikt hierarchische Kulturförderung und -verwaltung von der staatlichen Spitze her. Zum zweiten wurde, auch im kulturellen Bereich, eine riesige Privatisierungswelle von bislang staatlichem Eigentum in Gang gesetzt. Zum dritten wurde mit dem Artikel 35 ein »Kulturartikel« in den Einigungsvertrag aufgenommen, demzufolge neben den Ländern und Kommunen auch der Bund eine befristete (finanzielle) Verantwortung für den Erhalt der »kulturellen Substanz« in den neuen Ländern übernahm, die, so der Einigungsvertrag, »keinen Schaden nehmen« dürfe. Freilich war unklar, was als »kulturelle Substanz« zu gelten hatte. Konnten das alle ca. 17 000 öffentlichen Bibliotheken (einschließlich der Gewerkschafts- und Betriebsbibliotheken), alle 65 Theater (viele davon mit zwei oder drei Sparten), alle neun Puppentheater, zehn Kabaretts, 87 Orchester, 751 Museen und 861 Kulturhäuser und zahllosen Jugendclubs sein? Die Antwort war ein eindeutiges Nein. Schon zwei Jahre nach der Vereinigung existierten nur noch die reichliche Hälfte aller Bibliotheken (die verbleibenden tauschten binnen weniger Jahre ca. 40 % ihrer Bestände aus), weniger als die Hälfte aller Kulturhäuser und Jugendclubs – beides meistens zu Lasten der ländlichen Gebiete – und etwa die Hälfte der Kinos (hier fand am deutlichsten ein marktwirtschaftlicher ›Bereinigungsprozeß‹ statt). Immerhin konnten im Hochkulturbereich – Museum, Theater, Oper, Orchester – in den ersten beiden Jahren nach der Wende fast alle Institutionen mit Hilfe von Bundesmitteln erhalten werden. Danach bröckelte es auch hier (1994 lief die Förderung mit Bundesmitteln in den meisten Fällen aus). Ein Konzentrationsprozeß setzte ein, bei dem fast alle renommierten Einrichtungen in Berlin, Dresden, Leipzig oder Weimar (hier vor allem die aus den Nationalen Forschungs- und Gedenkstätten hervorgegangene Stiftung Weimarer Klassik) sich konsolidieren konnten, während die kleineren, zumal die ländlichen, schrumpften oder doch noch ganz verschwanden. Gleichwohl sind die neuen Bundesländer auch heute noch die Gegend mit der höchsten Theaterdichte auf der ganzen Welt.

Auch ließ man den Kulturfonds – zu DDR-Zeiten vor allem aus der Abgabe von fünf Pfennigen pro Eintrittskarte finanziert – als Stiftung fortbestehen, die Künstlerheime und -stipendien sowie hunderte von Einzelprojekten für zunächst einmal vier Jahre förderte. Der Schließung oder Schrumpfung alter Kultureinrichtungen stand ein bemerkenswerter Aufschwung freier Kulturträger gegenüber. Allein im Ostteil Berlins entstanden bereits bis zum Frühjahr 1993 an die 500 neu gegründete Kulturvereine und -initiativen, Galerien und Verlage. Das war enorm angesichts einer Zeit von bald einem halben Jahrhundert, in der einschlägige unternehmerische Erfahrungen nicht hatten gesammelt werden können.

Während in den genannten Bereichen der Hochkultur sich die öffentlichen Hände schützend über die gefährdeten Institutionen legten, war die Situation des *literarischen Marktes* – der Verlage, des Buchhandels, der Autoren und ihrer Leser – eine völlig andere. Der neue Staat sollte und wollte nicht länger Eigentümer und Mäzen von Unternehmen sein, die mit der Herstellung und der Verbreitung von Büchern befaßt waren. Also mußten sowohl die Verlage als auch die Grossisten und der Buchhandel privatisiert werden. Doch schon bis zum Datum der Wiedervereinigung war verwirrend viel geschehen. Heute wird leicht vergessen, daß in den ersten zwei, drei Monaten nach der Maueröffnung die Zeichen der Zeit noch nicht auf eine baldige staatliche Einheit Deutschlands deuteten. Also bemühten sich die Verlage, erstmals frei von Zensur und Bevormundung, um neu profilierte, interessante Programme, ohne sich wirtschaftlich ernste Sorgen zu machen. Im Blick auf die Bundesrepublik wurden zunächst Verlagskooperationen oder westdeutsche Beteiligungen an den Ostverlagen ins Auge gefaßt. Doch das beschleunigte Tempo der Geschichte seit Jahresbeginn 1990 korrigierte solche und ähnliche Vorstellungen schnell und gründlich. Im Nu war der ostdeutsche Markt für alle westdeutschen Verlage offen. Der Umsatzrückgang im Buchgeschäft mit landeseigenen Titeln setzte sehr rasch ein und machte die Buchhändler vorsichtig. Ein Beispiel mag für viele sprechen. 1990 wollte der Kiepenheuer Verlag Leipzig einen Sammelband mit Frauenbiographien aus dem Spanischen Bürgerkrieg herausbringen, um den er jahrelang mit der Zensur gerungen hatte. Man konnte bis zum Herbst 1989 fest damit rechnen, eine Gesamtauflage von 8 000 Exemplaren abzusetzen – aber zum Zeitpunkt der Auslieferung im März 1990 hatten die Buchhändler nur 1800 Bücher vorbestellt. Der Buchhandel stürzte sich jetzt statt auf solche Bücher verständlicherweise auf all das bisher Unzugängliche und Verbotene aus dem Westen (das war nur im Ausnahmefall große Belletristik) und ließ sich im Zuge dessen von Ramsch vollschütten. Spätestens seit der Währungsunion im Juli 1990 mußte sich der Buchhandel von zu DDR-Zeiten ca. 6 500 neuen Titeln pro Jahr auf mehr als 60 000 neue Titel jährlich umstellen. Dies alles geschah, während der dominante, in Staatseigentum befindliche Volksbuchhandel privatisiert wurde, wobei viele dieser Buchhandlungen von westdeutschen Ketten übernommen wurden. Die Konkurrenz von wohlorganisierten, kapitalkräftigen Buchclubs kam rasch hinzu. So eröffnete Bertelsmann bereits im Dezember 1989 die ersten Buchclubfilialen und gewann rasch zehntausende von Mitgliedern. Auch der zentral geleitete, monopolartige Buchvertrieb der

DDR, der Leipziger Kommissions- und Großbuchhandel (LKG), wurde jetzt privatisiert (der bisherige Direktor wurde Eigentümer), und die führenden Grossisten der Alt-Bundesrepublik stiegen in den neuen Markt ein. Das bestürzendste Zeugnis vom Niedergang des »Leselands« DDR war die Tatsache, daß der Großhandel auf Halden von Büchern sitzenblieb. Schon im Juli 1990 berichtete die Presse davon, daß »Druckerzeugnisse« im Wert von -zig Millionen Mark auf Kippen im Braunkohlentagebau bei Leipzig verbracht worden waren. Anfang Mai 1991 fanden Jenenser Studenten auf einer Deponie in Hainichen bei Espenhain riesige Alt-Buchbestände unter faulen Kartoffeln, Bauschutt und Autowracks. Zu diesem Zeitpunkt lagerten beim LKG immer noch über 250 000 Tonnen DDR-Bücher. Um die gleiche Zeit wurde der niedersächsische Pfarrer Martin Weskott aktiv. Er sammelte am Lagerort Plottendorf bei Leipzig eigenhändig ausgesonderte Bücher in großen Mengen ein und brachte sie mit Lastwagen an seinen Heimatort Katlenburg, wo die Bücher – und das hieß nicht nur DDR-Literatur, sondern auch Goethe und Schiller, Shakespeare und Tolstoi – gegen eine Spende abgegeben wurden. Der Erlös kam »Brot für die Welt« zugute. »Müll-Literaten« wie Braun, Fries und Heiduczek lasen in Katlenburg. So sehr Weskotts Aktion zu loben ist: Sein Gebrauch des durch die nazistische Mordpraxis für alle Zeiten besetzten Wortes »Endlösung« im Zusammenhang mit den Büchervernichtungen seit 1990 war ein schwerer Mißgriff. Andere rückten die Aussonderungsaktionen des Großhandels in eine Perspektive mit den Bücherverbrennungen der Nazis, und auch das führte in die Irre.

Am meisten gerieten die knapp achtzig *Verlage* der untergehenden und schließlich untergegangenen DDR in Bedrängnis. Sehr bald stellten sie lange geplante, aber jetzt nicht mehr umsatzträchtige Projekte ein und kündigten Autorenverträge. Die Mitarbeiterzahlen, insbesondere die in den Lektoraten, wurden drastisch abgesenkt. Doch all das nützte angesichts eines offenen und tendenziell einheitlichen Buchmarkts bei hochgradig veränderten Lektüreinteressen der ehemaligen DDR-Bürger nur wenig, zumal die Ostverlage über kein funktionierendes Vertriebssystem in den alten Bundesländern und über allenfalls geringe Marketingerfahrungen verfügten. Auch konnte die Leipziger Buchmesse ihren Nimbus nicht halten und mußte hinnehmen, daß sich das internationale Lizenzgeschäft weiter auf Frankfurt am Main konzentrierte. Am Ende überlebte etwa die Hälfte der 78 DDR-Altverlage auf die eine oder andere Weise. Sie lassen sich in dieser Situation, obwohl sie zunächst alle, bis auf ganz wenige kleine Privatverlage, Staatsverlage waren und damit der Treuhand unterstellt wurden, grob in zwei Gruppen aufteilen. Die eine Gruppe wurde von den Verlagen gebildet, die sich im Zuge der Zweistaatlichkeit verdoppelt hatten. D.h., es geht um jene vor allem in Leipzig, in zweiter Linie in Berlin ansässigen renommierten Verlage, deren private Eigentümer in der Regel im Lauf der 50er Jahre die DDR verlassen und ihren Verlag unter dem alten guten Namen in der Bundesrepublik weitergeführt hatten. Hierher gehören die (auch) belletristischen Verlage Insel und Reclam, aber auch andere wichtige (vor allem Wissenschafts-)Verlage wie Bibliographisches Institut, Brockhaus, Hirzel oder Thieme sowie der Musikverlag Peters. Die meisten dieser Verlage fanden in der Nach-Wendezeit wieder zusammen, was freilich nicht ohne Reibungen und Kränkungen, vor allem aber: nicht ohne gravierenden Programm- und Personalabbau vonstatten ging. Der Inselverlag war einer der ersten, der entstaatlicht und, nahezu zeitgleich mit der Währungsunion, unter dem Dach des Suhrkamp Verlags mit der westdeutschen Insel zusammengeführt wurde. Entschieden schwieriger gestaltete sich die Vereinigung bei Reclam. Ab März 1990 kooperierten Reclam Leipzig und Reclam Stuttgart vorsichtig vertriebsseitig mit dem bescheidenen Ziel, sich gegenseitig inhaltlich nicht ins Gehege zu kommen. Gleichzeitig probten die Leipziger Lektoren und Mitarbeiter ein Mitbestimmungsmodell und träumten davon, kein »BRD-Verlag« zu werden. Dieser Traum sollte sich, trotz hervorragender Leipziger Programme in den Jahren 1990 bis 1994, nicht erfüllen. Die »Reclam Bibliothek« wurde Schritt für Schritt eingeschrumpft und verlor so ihr attraktives kulturwissenschaftlich-philosophisches und belletristisches Profil. Der kapitalistische Pragmatismus setzte sich durch.

Die zweite Gruppe bildeten jene Verlage, die in staatlichem oder sehr häufig sogar in direktem Besitz der SED gewesen waren. Sie wurden nach der Währungsunion der Treuhandanstalt mit dem Ziel der Privatisierung unterstellt. Die bislang in SED-Besitz befindlichen Verlage wurden 1990 in erheblichem Umfang aus dem Vermögen der Partei, das sich als riesig herausstellte, alimentiert, was einigen dieser Verlage einen Neuanfang sehr erleichterte. Aber alle standen gemeinsam vor der schwierigen Aufgabe, finanzkräftige und zugleich an guten Büchern interessierte Neueigentümer zu finden. Dies gelang nur zögernd und beileibe nicht in allen Fällen. So mußte z.B. im Juni 1991 der Verlag der Nation schließen. Die zumindest denkbare Alternative, daß sich einige alte DDR-Verlage, ausgestattet mit hoher Sachkompetenz und einem wertvollen Fundus an Autorenrechten, über einen gemeinsamen Taschenbuchverlag zusammenschlossen und so am Leben hielten, kam nicht zustande. »Jeder stirbt für sich allein«, stellte der ehemalige Leiter des Leipziger Reclam-Verlags Hans Marquardt bitter fest. Wenigstens an drei Beispielen sei knapp erläutert, wie sich die ostdeutsche Landschaft der belletristischen Verlage neu formierte. Da gab es den Mitteldeutschen Verlag in Halle/Leipzig, ehedem im Besitz der SED, der fast ausschließlich DDR-Literatur – darunter auch interessante – verlegt hatte. Seine Umsätze fielen nach der Währungsunion auf ein Zwanzigstel. Das Belletristikprogramm vereinte bis 1990 rund 130 Autoren, jetzt blieben nur noch weniger als zehn übrig.

Von ehedem achtzig Mitarbeitern waren 1993 noch zwanzig übrig, und auch das waren, ökonomisch betrachtet, noch zu viele. Immerhin hielt der Verlag hartnäckig an seinen vor der Wende begonnenen wichtigen Werkausgaben von Volker Braun und Karl Mickel fest (die freilich jetzt in kleiner Auflage zu einem dafür umso höheren Preis auf den Markt kamen) und brachte auch darüberhinaus einige Texte ehemaliger DDR-Autoren heraus. Selbst das wäre nicht möglich gewesen, hätte der Verlag sich nicht mit Macht auf Heimatliteratur, Branchenbücher und Behördenverzeichnisse verlegt.

Ein anderes interessantes Beispiel ist der Berliner Verlag Volk & Welt, vor der Wende zuständig für fremdsprachige Belletristik (darunter viel vorzügliche Lyrik) und deutschsprachige Literatur, die nicht aus der DDR stammte. Für diesen großen Verlag (bis zur Wende 130 Mitarbeiter) und seine anspruchsvolle Tradition engagierte sich ein Förderkreis, dem u.a. Adolf Muschg, Günter Grass und Rolf Hochhuth angehörten. Nach einem gescheiterten Versuch der Treuhand, den Verlag an zwei jugendliche Postkartenverleger zu verkaufen, der wegen starker Proteste nach wenigen Wochen annulliert wurde, verkaufte man Volk & Welt Ende 1993 an den bisherigen Geschäftsführer Dietrich Simon, der seinerseits Gesellschafteranteile an eine Mitarbeitergesellschaft und den Förderkreis weitergeben sollte. Im Frühjahr 1995 wurde der Verlag schließlich von dem Münchner Wirtschaftsanwalt Dietrich von Boetticher übernommen, der vorher bereits den Hamburger Luchterhand Verlag gekauft hatte. Der Neubeginn des Verlags, unter anderem mit Hochhuths »Wessis in Weimar« und Thomas Brussigs »Helden wie wir«, war durchaus spektakulär. Verdienstvoll ist die Weiterführung umfangreicher Gesamtausgaben moderner russischer Klassiker wie Michail Bulgakow und Sergej Jessenin.

Der größte und zugleich renommierteste belletristische Verlag der DDR war zweifellos der 1945 gegründete Aufbau-Verlag. Er gehörte dem Kulturbund. Da aber 1990/91 angenommen wurde, daß die SED die wirkliche Eigentümerin gewesen sei, flossen dem Verlag Mittel aus der Kasse der Nachfolgepartei PDS in beträchtlicher Höhe zu, die ihm erst einmal zu überleben halfen. Zu DDR-Zeiten hatten sechzig Lektoren in fünf Lektoraten pro Jahr etwa 300 Titel (incl. Neuauflagen) herausgebracht. Insgesamt wurden 180 Mitarbeiter beschäftigt. Weder die Zahl der Titel noch die der Mitarbeiter war nach der Wende auch nur annähernd haltbar. 1993 wurden schließlich nur noch 100 Titel von insgesamt dreißig Mitarbeitern herausgebracht. Übrigens war damit der westdeutsche Leitwert des Verhältnisses von Mitarbeitern zu jährlicher Buchproduktion von 1:7 noch längst nicht erreicht. Auch mußte der zweite Standort Weimar aufgegeben werden. Der Traum, der Suhrkamp Verlag des Ostens zu werden (umgekehrt war Suhrkamp zeitweilig an einer Übernahme interessiert), ließ sich nicht verwirklichen. Immerhin dauerte es bis ins Jahr 1991, daß sich ein finanzkräftiger Kaufinteressent fand. Es war der Immobilienkaufmann Bernd F. Lunkewitz aus Frankfurt am Main, der den Verlag Rütten & Loening mitkaufte und 1994 noch Kiepenheuer Leipzig und die Sammlung Dieterich dazu erwarb. Heute ist der Aufbau-Verlag zweifellos wieder ein wichtiger belletristischer Verlag, zu dessen Programm neben Klassikerausgaben, Literatur des 19. Jahrhunderts und Exilliteratur so wichtige neuere Autoren wie Arnold Zweig, Anna Seghers, Erwin Strittmatter und Christoph Hein wie auch die Zeitschrift »Sinn und Form« gehören. Die 1995 vorgelegte Edition von Victor Klemperers Tagebüchern aus der Nazizeit ist eine bedeutende verlegerische Leistung. Andererseits hält der Aufbau-Verlag auch an Autoren wie Hermann Kant fest und versucht mit Douglas Couplands Generation X-Prosa Geld zu verdienen. Weder das eine noch das andere ist sonderlich profilbildend. Doch ist ein solches Marktverhalten schon verständlich, wenn man bedenkt, wie schwer es die alten (und neuen) Verlage aus Ostdeutschland haben, sich in ganz Deutschland durchzusetzen. So wurden z.B. Bücher des Aufbau-Verlags 1994 nur von 2 000 der 4 000 deutschen Buchhandlungen angeboten, und Autoren wie Erwin Strittmatter und Hermann Kant, aber auch Christoph Hein rangierten nur in den neuen Bundesländern weit oben auf den Bestsellerlisten. Dem Aufbau Verlag machte zudem noch die Erbschaft der sogenannten Plusauflagen aus DDR-Zeiten zu schaffen. Damals hatten Aufbau und einige andere Verlage, heimlich und auf Anweisung des Ministeriums für Kultur, weit mehr Bücher westdeutscher Lizenzgeber gedruckt und verkauft als vertraglich vereinbart. Die Gewinne gingen in die Kassen der SED, die Lizenzgeber bekamen nichts. Nun war strittig, wer denen die entgangenen Gewinne nachzuzahlen habe: die privaten Nachfolger der Staatsverlage oder die Treuhand. Am Ende mußte die Treuhand zahlen. Ein gravierendes Problem lag für alle belletristischen Altverlage nach der Wende darin, daß sie Autoren- und Buchrechte verloren, die nur für DDR-Verhältnisse definiert waren – offenbar in der Annahme, daß dieser Staat niemals untergehen könne. So verlor der Aufbau Verlag sämtliche Rechte an Heinrich Mann oder Reclam Leipzig die Rechte an Hermlins »Abendlicht«, und damit sogar die Rechte an einem DDR-Autor. Da internationale Literatur den DDR-Verlagen in der Regel nur im Wege der Sublizenz von westdeutschen Verlagen überlassen worden war, war die Lage auf diesem Gebiet besonders düster.

Solche Probleme hatten die neugegründeten Verlage nicht. Doch ihr unternehmerisches Risiko war vergleichsweise eher noch größer, da sie nicht mit dem Pfund eines renommierten Namens oder einer guten Tradition wuchern konnten, sondern bei Null anfingen. Für sie galt der Kommentar des erfahrenen Westlers Klaus Wagenbach: »Man muß sich daran gewöhnen, daß man Meinungen auf eigene Kosten vertritt.« Die neuen Verlage entsprangen, so hat Klaus Michael gezeigt, aus drei Quellen: »Die Neuen kamen teilweise aus bestehenden Verlagen, wie die Mitarbeiter der Verlage LinksDruck, Sachsenbuch-Verlag und der [Unabhängigen] Verlagsbuchhandlung Ackerstraße, und brachten neben wichtigen Arbeitserfahrungen auch Autoren, Kontakte und zum Teil fertige Bücher mit. Eine zweite Gruppe entstammte der urbanen Subkultur der autonomen Literatur- und Kunstszene Dresdens, Leipzigs und Berlins, wie die Berliner Verlage Druckhaus Galrev und Warnke & Maas, die neugegründete Connewitzer Verlagsbuchhandlung und der Dresdener Zeitschriftenverlag ›reiterIn‹. Die dritte Gruppe ging aus der Arbeit der Bürgerbewegungen hervor, wie der Leipziger Forum Verlag und der Berliner Basis-Druck und KONTEXTverlag. Gemeinsames Anliegen aller Gründungen war der Wunsch, so schnell wie möglich in die Umbruchzeit hineinzuwirken und die Defizite aufzuarbeiten, die eine jahrelange kulturelle und politische Zensur hinterlassen hatte.« Damit sind bereits die meisten auch literarisch wichtigen Neugründungen genannt, zu denen noch Janus Press in Berlin, Faber & Faber in Leipzig und der Konrad Reich Verlag in Rostock hinzukamen. Gerade diese drei Verlage gingen auf Initiativen von Leuten zurück, die schon zu DDR-Zeiten auf die eine oder andere Weise Büchermacher gewesen waren. Reich war bis 1977 Verlagsleiter bei Hinstorff – jetzt machte er auf personell schmaler Basis seinen eigenen Verlag auf, der (wie viele andere) seinen Schwerpunkt in Regional- und Heimatliteratur hatte, darunter auch niederdeutsche Literatur.

Janus Press wurde von Gerhard Wolf gegründet, der vor 1989 einer der kundigsten Lyriklektoren und -experten war und Autoren aus der Prenzlauer-Berg-Szene beraten und unterstützt hatte. Kurz vorm Ende der DDR hatte er im Aufbau-Verlag mit der Reihe »außer der reihe« beginnen können, die bald nach der Wende eingestellt wurde. Jetzt nahm Wolf in seinem eigenen Verlag diese Tradition wieder auf, die er unter das Motto stellte: »mehr sprache wagen / experimentell konkret subversiv«. Seine Autoren waren u.a. Erich Arendt, Friederike Mayröcker, Franz Mon, Carlfriedrich Claus, Bert Papenfuß, Gabriele Stötzer (Kachold), flanzendörfer, Jan Faktor und Thomas Günther. So gewann dieser kleine Verlag fürwahr ein klares, mutiges Profil, was ihn freilich prompt in finanzielle Schwierigkeiten stürzte, die nur mühsam aufgefangen werden konnten.

Der Verlag Faber & Faber wurde vom ehemaligen Leiter des Aufbau-Verlags Elmar Faber und seinem Sohn Michael gegründet. Seine Reihen »Die Graphischen Bücher«, »Sisyphos-Presse« und »Die DDR-Bibliothek« sind so anspruchsvoll wie wagemutig. Insbesondere letztere, 1995 begonnene und auf vierzig Bände angelegte Reihe, die zwischen 1949 und 1990 entstandene Texte versammeln und damit »die innere Konfliktlage der ehemaligen DDR« dokumentieren will, läuft ein hohes Risiko. Denn zum einen liegen die Rechte der anerkannten, umsatzstarken Titel der DDR-Literatur bei den großen Verlagen, zum andern könnte das interessierte Publikum zu klein sein. Immerhin ist die erste Serie mit Büchern von Becher, Heiner Müller, Wellm, Morgner, Heiduczek und Jakobs recht interessant. Literarisch bemerkenswert sind auch die Programme des KONTEXTverlags (u.a Elke Erb, Annett Gröschner, Johannes Jansen, Uwe Kolbe und Uwe Johnson) und des Druckhauses Galrev (d. i. Verlag, rückwärts gelesen), in dem u.a. aktuelle Texte von Sascha Anderson, Stefan Döring, Eberhard Häfner, Andreas Koziol, Bert Papenfuß, Rainer Schedlinski und Peter Waterhouse verlegt werden und außerdem die Zeitschrift „Warten", seit 1994 auch eine Reihe mit poetologischen Texten der Moderne sowie zunehmend auch internationale Literatur erscheinen. Daß die beiden Informellen Mitarbeiter des MfS Anderson und Schedlinski, die den Verlag führen, sich so gut in wenigstens einen Teil der alten Szene haben reintegrieren können, ist ein erstaunliches Phänomen. – Nicht wenige der Verlagsneugründungen waren Eintagsfliegen – das konnte nicht anders sein. Daß im Jahr 1995 immerhin die Zahl von 250 Verlagen auf dem Territorium der neuen Bundesländer erreicht war (gegenüber 78 vor 1989), ist eine erfreuliche Tatsache.

Die DDR war nicht reich an *Literaturzeitschriften.* Aber selbst die wenigen, die es gab, gerieten durch die Wende in eine massive Krise. Am leichtesten hatte es noch die renommierte, bis 1962 von Peter Huchel verantwortete Zeitschrift der Akademie der Künste »Sinn und Form«, die über all die Jahrzehnte ästhetisch und intellektuell anspruchsvoller und liberaler gewesen war als die anderen einschlägigen Zeitschriften. Als die Akademie der Künste (Ost) von der Schließung bedroht war und die Akademie in West-Berlin sich außerstande sah, »Sinn und Form« mit seiner komfortablen Personalausstattung zu übernehmen, drohte die Zeitschrift zu sterben. Eine »Gesellschaft für Sinn und Form«, der u.a. Volker Braun, Friedrich Dieckmann und Heiner Müller angehörten, bemühte sich um die Rettung. 1992 übernahm der Aufbau Verlag die Zeitschrift, und seither darf sie, deren Chefredaktion schon 1991 der kompetente, eigenwillige und nostalgieferne Sebastian Kleinschmidt übernommen hatte, als gerettet gelten – eine literarische Institution im besten Sinne des Wortes, ohne die Deutschlands literarische Landschaft ärmer wäre. Schwerer hatte es die »Neue deutsche Literatur«, bis 1990 die Zeitschrift des Schriftstellerverbandes. Obwohl sie vom Kulturfonds unterstützt wurde, blieb sie defizitär. Die Abonnentenzahl sank von 14 000 auf 2500 zu Jahresende 1992. Neuverleger Bernd F. Lunkewitz hielt sie, gestutzt, im Aufbau Verlag. Heute ist die »ndl« eine von einem renommierten Beirat gestützte, an der gesamten Literatur des deutschsprachigen Raums interessierte Zeitschrift, der freilich melancholische Rückblicke nicht unbekannt sind. Die dritte, allerdings in erster Linie wissenschaftlich ausgerichtete Literaturzeitschrift der DDR waren die »Weimarer Beiträge«. Auch sie standen kurz vorm Untergang. Als der

Aufbau-Verlag die Zeitschrift Ende 1991 aufgab, griff der 1973 aus der DDR emigrierte Peter Engelmann in Wien zu und brachte sie in seinem kleinen Passagen Verlag heraus, unter anderm mit dem lobenswerten Ziel einer »ehrliche[n] und sachliche[n] Auseinandersetzung mit der Geschichte der DDR-Germanistik«. Ähnliches strebte auch die 1991 erneuerte »Zeitschrift für Germanistik« an, die – wie die neuen »Weimarer Beiträge« von einem internationalen Herausgebergremium beraten – nunmehr im Peter Lang Verlag weitererschien. Schließlich ist auf die bemerkenswerten Wandlungen der auch literarisch interessierten Wochenzeitung des Kulturbunds »Sonntag« hinzuweisen, die sich Ende 1990 mit Redakteuren der West-Berliner (bis dahin DKP-nahen) »Volkszeitung« zum »Freitag« zusammentat, in dem seither achtbare Literaturkritiken erscheinen. Dabei ist die vereinigungskritisch-nostalgische Tendenz des Blattes erheblich. Zu guter Letzt sei »Theater der Zeit«, das »Organ des Verbandes der Theaterschaffenden« der DDR, erwähnt, dessen Abonnentenzahl auch binnen kurzem von 12 000 auf 3 500 sank (dafür stieg der Preis genau umgekehrt, von 3,50 auf 12 Mark). Man versuchte es unter Chefredakteur Martin Linzer mit neuem buntem Layout bei gleichzeitiger Beibehaltung der überwiegend ostdeutschen Perspektive. Doch die Zeitschrift des Henschel Verlags mußte im März 1992 erst einmal eingestellt werden. Im Mai 1993 war sie, von einem kleinen westdeutschen Verlag übernommen und mit dem Untertitel »Zeitschrift für Politik und Theater« versehen, wieder da, jetzt mit Friedrich Dieckmann und Frank Raddatz als Redakteuren neben Linzer, und mit dem Bemühen, das Theater in den alten Bundesländern nunmehr mit dem gleichen Interesse zu bedenken wie das in den neuen.

Die Krise der DDR-Literaturzeitschriften rührte nicht zuletzt daher, daß die hier gepflegte *Literaturkritik* bis auf wenige Ausnahmen angepaßt und langweilig war. Ihre offizielle Aufgabe war gewesen, realsozialistische »Literaturpropaganda« zu betreiben und die Neuerscheinungen in »nützlich« und »weniger nützlich« für die DDR zu sortieren, was sie denn zumeist auch tat. Insgesamt hatte sie ein wohlwollend-unterstützendes Verhältnis gegenüber der eigenen Gegenwartsliteratur, solange diese sich halbwegs im gesteckten Rahmen bewegte. Genaue ästhetische Analyse und ein darauf gestütztes womöglich pointiertes Urteil waren ihr in der Regel fremd. Die Akademisierung der Literaturkritik in den 70er und 80er Jahren – immer mehr Professoren schrieben Rezensionen – machte dieselbe vielleicht seriöser, aber selten spannender. Ursula Heukenkamp (selbst eine der sachkundigsten Kritikerinnen) sprach rückblickend treffend von der »Selbsttäuschung einer ›vermittelnden‹ Literaturwissenschaft« im Verhältnis zur landeseigenen Literatur, die dazu geneigt habe, die politische Radikalität in den Texten eines Braun oder Mickel herunterzuspielen: »Daß der Vertrag gekündigt werden, das Individuum heraustreten muß aus der Gesellschaft, wenn diese den Plan zu seinem Untergang in sich trägt, war außerhalb ihres Horizontes.« Indem diese Art Literaturkritik den kritischen Autoren mittels einer kunstvollen Entschärfung ihrer Texte den Rücken stärkte, machte sie sich selber impotent. Mit der Wende verlor sie folgerichtig ihren Fluchtpunkt eines zu verbessernden Realsozialismus, ganz zu schweigen von den Dogmatikern, denen alle Felle davonschwammen. In der rauhen Wirklichkeit bedeutete das für viele Arbeitslosigkeit oder Vorruhestand, wie auch auf allen anderen Feldern der Kultur. Vergleichbares galt für die bestallte *Literaturwissenschaft* im Lande – Professoren, Assistenten und wissenschaftliche Mitarbeiter an den Universitäten und in der Akademie der Wissenschaften. Der größere Teil der wissenschaftlichen Elite der DDR war in dem Mammutunternehmen Akademie tätig – insgesamt über 20 000 Menschen, von denen nach Evaluierung und teilweiser »Abwicklung« die knappe Hälfte Stellen behielt, viele freilich nur auf Zeit. Das gilt auch für die Literaturwissenschaft, deren Forschungsmittelpunkt das »Zentralinstitut für Literaturgeschichte« mit ca. 180 Mitarbeitern gewesen war. Hier war überwiegend seriös geforscht worden, so z.B. zur Literaturgeschichte der Renaissancezeit und des 18. Jahrhunderts, aber auch zur Gegenwartsliteratur und Literaturtheorie. Nach langwierigen Umbauten entstanden sechs von der Deutschen Forschungs-Gemeinschaft und den Bundesländern getragene Geisteswissenschaftliche Zentren, darunter eines für Literaturwissenschaft in Berlin mit ca. 25 Forschenden, dem als Kommissarische Leiter Eberhard Lämmert von der Freien Universität Berlin und der renommierte DDR-Anglist Robert Weimann vorstanden. An den Universitäten war das Niveau eher schwächer und die, wie man jetzt sagte, »Systemnähe« vergleichsweise größer, weshalb hier auch mehr Personal entlassen wurde. Zudem wurden ernüchternde Fälle von IM-Tätigkeit für das MfS bekannt. Das im Rahmen einer DDR-Literaturgeschichte interessante Problem liegt in jener nicht kleinen Zahl von engagierten Reformsozialisten unter den Wissenschaftlern an Akademie oder Universität, die Fürsprecher einer kritischen DDR-Literatur gewesen waren wie z.B. Dieter Schlenstedt, Karin Hirdina oder Frank und Therese Hörnigk. Sie, die der SED gerade als Parteimitglieder zeitweise ein scharfer Dorn im Auge gewesen waren und zum Teil auch von der Staatssicherheit observiert wurden, waren jetzt ähnlichen Vorwürfen wie Christa Wolf, Volker Braun oder Heiner Müller ausgesetzt. Das mußte, zumal es auch um Arbeitsplätze ging, zu erheblichen Kränkungen und Verletzungen und bei manchen auch zu einer melancholischen Gemütsverfassung führen, die der vieler Autoren aufs Haar glich (vgl. dazu weiter unten). – Schließlich sei in diesem Zusammenhang auf das Schicksal des Leipziger Literaturinstituts »Johannes R. Becher« hingewiesen, das bis zum Ende der DDR 950 Schriftsteller-Studenten absolviert hatten und das in seinen besseren Zeiten wichtige Anstöße für werdende Autoren gegeben hatte (vgl. S. 45f.). Es wurde nach einigem Hin und Her im Frühjahr 1991 zunächst geschlossen, aber schon im Januar 1992 entschied sich die sächsische Landesregierung für eine Neugründung. Eine hochrangig besetzte Auswahlkommission bestellte Bernd Jentzsch zum Gründungsdirektor. Im Frühjahr 1995 nahm das Deutsche Literaturinstitut Leipzig, locker angebunden an die Philosophische Fakultät der Universität Leipzig, mit einem sechssemestrigen Diplom-Studiengang seinen Lehrbetrieb auf, die offizielle Neueröffnung folgte im November. Der Studiengang soll auf eine Existenz als freier Autor in Belletristik, Publizistik und Literaturkritik vorbereiten. Neben Jentzsch übernahmen Hans-Ulrich Treichel und Werner Creutziger sowie Rainer Kirsch als Gastprofessor die Lehre.

Die beiden lebendigen Säulen eines literarischen Systems, ohne die alle anderen Einrichtungen unsinnig wären, sind die Autoren und ihre Leser. Es wurde bereits darauf hingewiesen, daß diese Säulen durch die Wende miteinander korrespondierenden großen Erschütterungen ausgesetzt waren, die einiges zum Zusammenbruch des bisherigen Literatursystems beitrugen. Zunächst zu den *Lesern*. Wie immer wieder betont, war die DDR ein künstlich erzeugtes »Leseland«. Die Belletristik konnte nur deshalb ein so wichtiges (Über-)Lebensmittel für so viele sein, weil eine freizügige Öffentlichkeit und demokratische Willensbildung nicht zugelassen waren. Beides kam in den ersten Wendemonaten endlich zum Zuge. Also verlor die DDR-Belletristik schlagartig ihre Funktion der Ersatzöffentlichkeit. Kein Druckgenehmigungsverfahren und keine Distributionssteuerung griffen mehr ein. Jetzt las schöne Literatur nur noch, wer an ihr literarisch interessiert war. Doch entgegen einem weitverbreiteten Vorurteil wurde in und seit der Wende durchaus nicht weniger als vorher gelesen in Ostdeutschland, wie eine Hallenser Studie gezeigt hat. Freilich bildeten sich jetzt andere Lektüreschwerpunkte. Die im Umbau nach westlichen Maßstäben begriffene Gesellschaft verlangte ein neues Orientierungswissen auf den Gebieten des Arbeits-, Miet- und Steuerrechts. Wer sein Geld richtig ausgeben wollte, mußte sich mit dem überwältigenden neuen Konsumangebot vertraut machen und entsprechend lesen. Schließlich kam ein nachholendes Lesen in großem Umfang in Gang. Ehemalige DDR-Bürger verschlangen jetzt Mitchell, Konsalik oder Stephen King, die man sie vorher nicht hatte lesen lassen – und wer wollte ihnen das verdenken. Ratgeber-, Hobby-, Reise- und Unterhaltungsbücher waren jetzt vorrangig gefragt und eroberten sich Spitzenplätze im Umsatz. Gewiß erfuhr auch die aktuelle Literatur, die sich vermehrt dem Verdrängten und Verschwiegenen zuwandte – Walter Janka, Stefan Heym oder Tschingis Aitmatow – regen Zuspruch. Und für den Teil der sogenannten habituellen Leser behielten literarische Texte die Funktion, »Anreger zur Selbstreflexion und Sinnvergewisserung in der Gesellschaft zu sein. Bücher und Autoren, die diese Vorstellung bedienen, erhielten während der Wende zusätzliches Gewicht, Ausdruck dafür war Stellung und Bedeutung der gerade auf dem Markt erschienenen sogenannten Wendeliteratur. Dreiviertel der Befragten kannten diese, gelesen wurde sie von einem Viertel, überwiegend von den Höhergebildeten« (T. Fischer). Auffällig ist auch, daß die Mehrzahl der habituellen DDR-Leser nach wie vor Texten mit konventionellen Erzählmustern (durchaus mit kritischer Botschaft) zuneigte und sich weiterhin gegenüber ›moderner‹ (oder gar postmoderner) westlicher Literatur reserviert zeigte. Nicht zufällig wurden von Strittmatters »Der Laden III« 1992 binnen sieben Wochen 50 000 Exemplare, und zwar fast nur in östlichen Buchhandlungen, verkauft. Hier sind Prognosen für die Zukunft schwierig, ebenso wie nur gemutmaßt werden kann, wie rasch die ehemaligen DDR-Bürger das Bücherlesen als ein gleichsam asynchrones Verhaltensmuster im Zeitalter der neuen elektronischen Medien hintanstellen oder gar ganz aufgeben werden. Indizien für die Rückentwicklung der Lesekultur zu einer Expertenkultur (die diese anfangs ohnehin einmal war) sind unübersehbar und werden auch die neuen Bundesländer erfassen. Für die Mitte der 90er Jahre gilt, daß sich das Lektüreverhalten in Ost und West – einmal abgesehen von schon erwähnten traditionalistisch-nostalgischen Neigungen in der ehemaligen DDR – weitgehend angeglichen hat und die Bürger der neuen Bundesländer beinahe (wieder) genauso viel Geld für Bücher ausgeben wie die der alten, nämlich ca. 22 DM monatlich. Auch gab es 1995 mit 1 000 Sortimentsbuchhandlungen und 200 Verkaufsstellen auf dem östlichen Territorium mehr Buchhandlungen als vor der Wende.

In dem Maße, wie die Leser der untergehenden DDR sich von der Belletristik zurückzogen zugunsten anderer jetzt lebenswichtiger Lektüre, wurden Status, soziale Funktion und nicht zuletzt das Einkommen der Autoren empfindlich getroffen. Hinzu kam, daß die alte Infrastruktur der Literaturförderung und -verbreitung nahezu schlagartig zusammenbrach. Bestand das Problem bisher darin, gute Ware gedruckt zu bekommen, so ging es jetzt darum, das Gedruckte an den Leser zu bringen, also zu verkaufen. Die Lager des Großhandels quollen über, und ihre Bestände landeten, wie beschrieben, großenteils auf dem Müll. Bei neuen Büchern waren, nach westlichem Vorbild, die Auflagen niedriger und die Honorare schlechter. Hatte der Schriftstellerverband der DDR früher jährlich ca. 3 Millionen Mark für Autorenstipendien bereitgestellt und der Staat großzügig Literaturpreise verteilt, so mußten die Betroffenen jetzt erst einmal mühsam lernen, wie und wo man sich um Fördermittel bemühen konnte. So galt denn auch sehr bald in den neuen Ländern, daß über 90 % der Autoren nicht (mehr) von ihrer belletristischen Produktion leben konnten und sich um andere Einnahmequellen bemühen mußten. Das führte gerade bei den älteren, vor 1950 geborenen Autoren zu einer erheblichen Beeinträchtigung des Selbstwertgefühls und zu der Neigung, dem vormundschaftlich-fürsorglichen Staat nun doch nachzutrauern, der das gute Buch zu einer so raren wie begehrten Ware gemacht hatte. Exemplarisch kommen die fast notwendig ambivalenten Empfindungen der so verstörten Autoren in einer Rede Eberhard Hilschers zum Ausdruck, die er 1991 anläßlich der Entgegennahme einer Ehrengabe der Deutschen Schillerstiftung in Weimar hielt. Hilscher sagte unter anderm: »Endlich zerstob der böse Fluch und Spuk im Herbst 1989. – Danach: Welch große Hoffnung auf günstigere Schaffensbedingungen und neue Ausdrucksmöglichkeiten durch freien, wahrhaftigen Wortgebrauch! Welch Glück, furchtlos Meinungen kundzutun, ungehindert reisen und auf ein beginnendes Zeitalter der Brüderlichkeit vertrauen zu dürfen! Doch bald mußten wir begreifen, daß uns die herbeigejauchzte freiheitlich-demokratische Grundordnung keineswegs das Heil bescherte, sondern oftmals die Befreiung von sinnvoller Arbeit, von Aufträgen und Honoraren. Verblüffenderweise traf und betraf das nicht oder nur selten die renommierten Parteibarden, hochprivilegierten Kunst-Akademiker und auflagenstarken sozialistisch-realistischen Volkserzieher. Ihnen und ihren öffentlichen Monologen über herzergreifende innere Emigrations-Leiden und Wandlungsprozesse erwiesen die Medien der Marktwirtschaft weiterhin gebührende, lukrative Aufmerksamkeit. Nein, die eigentlichen Verwandlungen vollzogen sich in mittleren und unteren Rängen und beinahe in der Stille. [...] Erschreckende Erkenntnis: Die frühere parteipolitische Zensur wurde ersetzt durch eine marktwirtschaftliche. Ernüchterndes Fazit: ›Freiheit ist nur in dem Reich der Träume.‹« Vor allem der (Trug-)Schluß von Hilschers Bilanz, einer Mischung aus realistischer Lagebeschreibung und ressentimentgeladenen Seitenhieben auf die erfolgreicheren Kollegen, ist interessant, und in ihm trifft er sich mit den meisten der geschmähten sozialistischen Kollegen, wie z.B. das Reclam-Buch »Fragebogen Zensur« zeigt: Der Marktmechanismus als »Zensur«, so wird insinuiert, ist unterm Strich nicht besser als die politische Zensur einer Diktatur. Bei allem Verständnis für die Kränkungen und in vielen Fällen existentiellen Nöte, denen ein Autor in der kapitalistischen Marktwirtschaft ausgesetzt ist: Eine solche strukturelle Gleichsetzung bedeutet eine nachträgliche Verharmlosung der Zensur in der DDR. Gleichwohl, wenn etwas vom Literatursystem der DDR zu lernen ist, dann betrifft es in der Tat diesen einzigen, aber zentralen Aspekt der Autorenförderung. Eine wohlhabende Gesellschaft wie die deutsche müßte sich ihre Autoren mehr kosten lassen, so, wie sie (wenigstens noch) bereit ist, Opernhäuser, Orchester und Theater mit Zigmillionen-Beträgen zu subventionieren. Dies ist eine Lehre aus der in vielem unumgänglichen »Abwicklung« des Literatursystems DDR, die noch in die Tat umzusetzen bleibt.

Die Künstler in der sich wendenden DDR merkten sehr bald, daß ihnen die neuen Verhältnisse nicht nur Vorteile bringen würden. So wurde schon im Januar 1990 ein Schutzverband der verschiedenen Künstlerverbände gegründet, der den Anspruch stellte, »an einer demokratischen Erneuerung unserer Gesellschaft mitzuwirken«, da die Künstler »zu den Wegbereitern und Erzwingern [!] einer politischen Wende in der DDR« gehört hätten. Doch zeigte sich, daß dieses enorme Selbstbewußtsein nicht zu halten war, zumal es von westlichen Kritikern und den vor 1989 übergesiedelten Autoren, aber auch von Kollegen aus den eigenen Reihen, etwa durch Günter de Bruyn oder Joachim Walther, in Zweifel gezogen wurde. An den drei sehr unterschiedlichen Autorenvereinigungen Schriftstellerverband, Akademie der Künste und PEN-Zentrum läßt sich nachvollziehen, welche Konflikte jetzt aufbrachen und wie sie, zumal dann nach der staatlichen Vereinigung, gelöst oder auch nicht gelöst wurden.

Der *Schriftstellerverband* hatte, verstärkt seit 1976, in den kulturpolitischen Auseinandersetzungen keine gute Rolle gespielt. Auf sein Konto gingen unter anderm die Parteistrafen gegen mehrere Biermann-Petenten 1976/77 und die Ausschlüsse von neun Kollegen 1979 (vgl. hier S. 260f.). Am 14. September 1989 hatte zwar der Berliner Bezirksverband umfassende Veränderungen angemahnt, und Christoph Hein hatte eine so scharfe wie mutige Rede gehalten. Doch ein Hort von Zivilcourage und demokratischen Prinzipien wurde der Verband auch jetzt nicht. Wie hätte er es auch sein können, da von 95 Mitgliedern seines Vorstands 82 SED-Genossen waren. Noch am 10. Dezember 1989 bestätigte dieser Vorstand seinen Vorsitzenden Hermann Kant mit 60:2 Stimmen. Erst nachdem 24 Berliner Autoren Kants Rücktritt gefordert hatten, trat er am 21. Dezember zurück. Ein außerordentlicher Kongreß wählte im März 1990 Rainer Kirsch zum neuen Vorsitzenden und setzte eine Kommission zur Untersuchung der eigenen Verbandsgeschichte ein. Doch mit dem Jahresende 1990 war das Ende des DDR-Schriftstellerverbandes (wie auch das des Verbandes der Theaterschaffenden) dann doch gekommen. Er löste sich wegen auslaufender Subventionen selbst auf. Damit war die Perspektive klar: Es gab nur noch den einen, jetzt gesamtdeutschen Verband der Schriftsteller (VS). Doch konnte er für alle schriftstellerisch Tätigen ohne Ansehen der Person offen sein? Der Vorstand des VS meinte, dies könne nicht so sein, und stellte eine Liste mit 21 Namen im Verband nicht erwünschter DDR-Autoren zusammen, die das »Neue Deutschland« im März 1991 öffentlich machte. Unter anderen standen Baierl, Bengsch, Flegel, Görlich, Kant, D. Noll und Steineckert auf dieser Liste. Die (West-)Berliner VS-Gruppierung freilich hielt sich nicht an die Empfehlung seines Vorstands und nahm alle Ost-Berliner Autoren, die wollten, in seine Reihen auf; es waren etwa 250. Zum ersten Mal – noch vor den diversen Enthüllungen zur IM-Tätigkeit von Künstlern – war die Frage ihrer moralischen Legitimierung zur Gretchenfrage geworden, die darüber entscheiden sollte, wer einer Institution angehören dürfe und wer nicht. Diese Debatte und die nachfolgenden um Akademie und PEN haben gezeigt, daß es jedenfalls ratsam ist, bezüglich der verschiedenen Einrichtungen behutsam zu differenzieren. Der VS war und ist ein gewerkschaftsähnlicher, die Interessen seiner Mitglieder vertretender Berufsverband, und als solcher muß er – da ist Stefan Heym zuzustimmen – »alle aufnehmen, die im Beruf arbeiten«. Anders gesagt: Hier muß es hingenommen werden, mit Leuten notfalls sogar an einem Tisch zu sitzen, denen man Integrität und Moralität abspricht. Insofern war die Aufnahme aller Antragsteller in den VS richtig – auch wenn danach zunächst z.B. in Leipzig, wie Heinz Czechowski bitter feststellte, ein Vorstand amtierte, der sich vom alten (SED-)Vorstand zu DDR-Zeiten nur wenig unterschied. Dieser problematische, aber unvermeidbare Integrationsprozeß im Berufsverband löste Gegengründungen von Autorenvereinen, Freien Akademien usw. aus, die ihrerseits moralische und andere Kriterien setzen konnten, und auch das war gut so. Immerhin beschloß der VS im März 1992 die Einsetzung einer Geschichtskommission, die der fragwürdigen Vergangenheit *beider* Verbände bis 1990 ohne Tabus nachgehen sollte.

Zu einem entschieden größeren Problem wurde das Schicksal der *Akademie der Künste* der DDR, zu deren Mitgliederschaft eine große Anzahl von Schriftstellern gehörte. Die Akademie wurde im Lande und auch außerhalb gern als partei- und staatsferne Eliteinstitution verstanden (und »Sinn und Form« als ihr angemessenes Organ), der man nicht einfach beitreten und in die die SED auch nicht ohne weiteres ihre Funktionäre abordnen konnte. Letzteres freilich war zum guten Teil Täuschung. Von Beginn an gehörten der Akademie hartgesottene Doktrinäre wie Abusch, Gotsche und Kurella an und nicht nur Künstler wie Brecht, Eisler, Seghers oder Arnold Zweig. Als die DDR unterging, waren u.a. Günter Görlich, Hermann Kant und Erik Neutsch Mitglieder der Akademie. Es ist auch mehrfach belegt, daß die SED Zugeständnisse bei der Zuwahl kritischer Künstler, z.B. im Fall von Christa Wolf, erfolgreich mit der Forderung verband, gleichzeitig Kunstfunktionäre in die Akademie aufzunehmen. In den ersten Wendemonaten, als die Vereinigung der beiden deutschen Staaten noch nicht absehbar war, bemühte sich der Präsident der Ost-Berliner Akademie, der Theatermann Manfred Wekwerth, erfolgreich um Kooperation mit der West-Berliner Akademie. Im Juli 1990 wurde Heiner Müller statt seiner zum Präsidenten gewählt. Müller, reich an einschlägigen Erfahrungen, plädierte zunächst mehrfach für eine Auflösung der Akademie, weil in der späten DDR »immer stärker der Staat eingegriffen und kontrolliert« habe und ihre Mitgliederschaft entsprechend ›gemischt‹ sei. Andere forderten ihren Erhalt, wobei immer wieder die Sicherung des Akademie-Archivs mit wichtigen Nachlässen wie denen Brechts, Heinrich Manns oder Arnold Zweigs ins Feld geführt wurde. Zweifellos war aber auch der Wunsch wirksam, eine eigene Kunstakademie als Reservat (oder »Biotop«, wie manche böse sagten) von DDR-Identität aufrechtzuerhalten. Umgekehrt schloß der Präsident der Akademie der Künste in West-Berlin, Walter Jens, eine Vereinigung der beiden Einrichtungen zu wiederholten Malen aus und stellte fest, daß es nur eine Berliner Akademie geben könne, und das sei die in West-Berlin. Heiner Müller entwickelte derweil den Plan einer »Europäischen Künstlersozietät«, der sich jedoch nicht recht in die Tat umsetzen ließ. Als im Laufe des Jahres 1991 absehbar wurde, daß der Senat von Berlin die Akademie der Künste (Ost) ab 1992 nicht mehr finanzieren würde, änderte Müller seine Strategie und plädierte jetzt für eine Vereinigung der Akademie West mit einer verkleinerten und »radikal erneuerten« Akademie Ost. Inwieweit für diese Richtungsänderung das Bemühen ausschlaggebend war, im laufenden »Kulturkrieg« (Müller) das wertvolle Akademiearchiv zu erhalten und zu verhindern, daß »Brecht in Yokohama« lande, ist schwer zu sagen. Jedenfalls fanden, nachdem bis dahin schon sechzehn Mitglieder ausgetreten waren (u.a. Peter Hacks und Dieter Noll, aber auch Wieland Förster; außerdem jetzt auch Karl Mickel, der das Wahlverfahren abstrus fand), am 9. Dezember 1991 Neuwahlen in der Ost-Berliner Akademie statt, bei denen von 120 Alt-Mitgliedern 93 nicht wiedergewählt wurden und sich, durch Zuwahlen, eine Mitgliederschaft von 50 Personen herstellte. Unter diesen Gewählten waren freilich mit Hermann Kant und Manfred Wekwerth immer noch zwei ehemalige ZK-Mitglieder wie auch mit Günther Rücker (und Kant dazu) Informanten der Staatssicherheit, was freilich im Fall Rücker zu der Zeit noch nicht bekannt war. Auf diese Neuformierung hin machte Walter Jens eine Kehrtwendung um 180 Grad. Er warb jetzt, Warnungen von Günter Kunert und anderen Dissidenten zum Trotz, für eine Kollektivaufnahme der neugewählten 50 Mitglieder in die West-Akademie – hauptsächlich mit der Begründung, es gelte das großartige Archiv und wenigstens einige Arbeitsplätze von Akademiemitarbeitern aus dem Osten zu retten. Am 2. Februar 1992 war es soweit. 59 von 89 anwesenden Mitgliedern (256 betrug die Gesamtmitgliederzahl) stimmten für die En-bloc-Aufnahme von jetzt nur noch 45 Mitgliedern (Kant, Rücker u.a. waren inzwischen ausgetreten) der Akademie Ost in die Akademie West. Der Wahlvorgang war ein mehrfacher Verstoß gegen die Satzung der Akademie West, die die Einzelaufnahme von Mitgliedern in geheimer Wahl vorsah. Nach Günter Kunert, der in einem Offenen Brief an Walter Jens die Befürchtung äußerte, bei einem solchen »Salto mortale« könne »einem leicht der Charakter aus der Tasche fallen«, verließen u.a. auch Reiner Kunze, Peter Demetz, Michael Hamburger und György Ligeti die Akademie unter Protest, dazu mehrere renommierte Maler wie Georg Baselitz, Gerhard Richter (beide aus der DDR stammend), Horst Antes und Werner Tübke. Am Ende waren es 26 Künstler, die nicht mehr Mitglied sein wollten. Sarah Kirsch, der im Oktober 1992 die Mitgliedschaft angetragen wurde – der Vorschlag einer Zuwahl Wolf Biermanns fand keine Mehrheit –, lehnte sie mit der Begründung ab, sie halte es nicht für eine Ehre, Mitglied einer Institution zu sein, die »in absehbarer Zukunft eine Schlupfbude für ehemalige Staatsdichter und Zuträger der Staatssicherheit sein« werde (andere, so Andrea Breth, Fritz Rudolf Fries, Wulf Kirsten, Ulrich Plenzdorf, Jorge Semprún und Ivan Nagel, nahmen die Wahl an). Vergegenwärtigt man sich, daß es bei der Zuwahl von Schriftstellern im Februar 1992 nur um ganz wenige Neuaufnahmen ging, nämlich Stephan Hermlin, Stefan Heym und Rainer Kirsch (Volker Braun, Heiner Müller und Christa Wolf waren ja bereits Mitglieder auch der West-Akademie), dann mögen solche Reaktionen als unangemessen erscheinen. Im August 1993 verließ mit Wekwerth auch noch die letzte anstößige Person die Akademie – vermutlich, um der Verabschiedung des Gesetzes über den Anschluß der verkleinerten Akademie Ost im Berliner Abgeordnetenhaus nicht im Wege zu stehen. Andererseits war nicht einzusehen, warum der Präsident der Akademie West auf der En-bloc-Zuwahl bestand und die Austritte als den »kleinere[n] Schaden« taxierte. Daß es ihm nur um die »Garnierung einer Besitzstandsübertragung«, nämlich der »heißbegehrten Archive der alten DDR-Akademie« (F. Dieckmann) gegangen sein könnte, möchte man nicht glauben. Jedenfalls mußten sich die, die da austraten, in ihrer Würde getroffen fühlen, nachdem ihnen das SED-Regime einst übel mitgespielt hatte und jetzt Leute wie Kant immer noch Mehrheiten fanden. Zudem waren die Satzungsverstöße durch nichts zu rechtfertigen. Die beste Lösung, die auch das Selbstbewußsein der integren Künstler aus der ehemaligen DDR respektiert hätte, wäre, da ist Friedrich Dieckmann zuzustimmen, »eine symmetrische Auflösung der beiden Akademien und ihre Neugründung auf der Basis des Statuts der Westberliner Akademie« gewesen. Nachdem sie nicht zustande kam, werden der verbliebenen Berliner Akademie der Künste für lange Zeit mehrere bedeutende Künstler fehlen. Jedenfalls waren die Vorgänge um die beiden Akademien kein Beispiel einer geglückten, sondern einer rundum gescheiterten Vereinigung.

Die dritte Schriftstellervereinigung der DDR, die freilich erst nach der Wende von sich reden machte, war das *PEN-Zentrum der DDR*. Zwei Jahre nach der Wiedergründung eines deutschen PEN in Göttingen 1949 kam es zur Spaltung. Bis 1967 hieß die ostdeutsche Gruppierung Deutsches PEN-Zentrum Ost und West, erst danach PEN-Zentrum Deutsche Demokratische Republik. Laut Satzung des 1921 gegründeten internationalen PEN sollten die nationalen Zentren für eine weltweite Verbreitung der Literatur, für ungehinderten Gedankenaustausch allerorten eintreten, Rassen-, Klassen- und Völkerhaß bekämpfen und sich für Pressefreiheit und Meinungsvielfalt einsetzen. Hier hätte sich dem DDR-PEN fürwahr ein enormes Tätigkeitsfeld eröffnet, das freilich kaum genutzt wurde, zumal nicht im Blick auf das eigene Land. Die Satzung wurde den neuen Mitgliedern oft nicht einmal ausgehändigt. Der DDR-PEN war »eine Vorzeigeinstitution«, in der es »keine Widerstandskämpfer und Dissidenten gegeben« hat – diesem Urteil Heinz Czechowskis, das auch ihn selbst, Sarah Kirsch, Kunert, de Bruyn und andere einschließt, ist schwerlich zu widersprechen. Es gab keine Reaktion – jedenfalls keine öffentliche – auf die Biermann-Ausbürgerung oder auf die Schriftsteller-Ausschlüsse 1979. Unter dem seit 1970 amtierenden *hardliner* Heinz Kamnitzer wäre das auch kaum denkbar gewesen. Erst am 1. März 1989 raffte sich der PEN zu einer Resolution auf, in der »für die umgehende Freilassung Václav Havels« votiert wurde – und sogar Klaus Höpcke stimmte zu. Im Oktober desselben Jahres kam immerhin eine Entschließung zustande, in der die Staatsführung zu radikalen Reformen aufgefordert wurde. Nach der Wende begann man über eine Auflösung des DDR-PEN oder seine Vereinigung mit dem Zentrum Bundesrepublik Deutschland nachzudenken, doch es überwog das Bedürfnis, selbständig zu bleiben. Bei den meisten Mitgliedern gab es eine Art Wir-Gefühl, das in die Absicht einmündete, in Gestalt des PEN (Ost), wie er sich seit Februar 1991 nannte, ein Stück ›bessere‹ DDR-Identität zu erhalten. Der im Oktober 1991 zum Präsidenten gewählte Literaturwissenschaftler und Essayist Dieter Schlenstedt (nach dem Übergangspräsidenten Heinz Knobloch) war eine plausible Verkörperung dieser Absicht. Doch die 1990/91 an einer Art Sperrminorität von etwa vierzig Mitgliedern gescheiterte Zuwahl von Friedrich Schorlemmer und Joachim Walther zeigte, daß es vielen auch um die Bewahrung einer fragwürdigen DDR-Identität ging. Ein gemeinsames Treffen der Präsidenten Ost und West im Oktober 1992 ergab keinen Vereinigungsbeschluß. Derweil gingen Mitglieder verloren, so einerseits Günter de Bruyn, Heinz Czechowski, Adolf Endler oder Fritz Mierau, und andererseits Peter Hacks, Hermann Kant, Dieter Noll und schließlich auch Klaus Höpcke. Stolz stellte Generalsekretär Joochen Laabs im Dezember 1993 fest: »Wir sind ein PEN in Bewegung.« Doch nicht alle Mitglieder fanden die Bewegung zureichend. So gab es öffentliche Vorwürfe gegen die Mitglieder Günter Rücker, Hans Marquardt und Erich Köhler, die – so stellte Christoph Hein kritisch fest – nur hinter verschlossenen Türen abgehandelt wurden. Köhler hatte vorher schon kundgetan, daß die Frage nach einer möglichen Spitzeltätigkeit mit der nach den sexuellen Gewohnheiten zu vergleichen sei – beides sei gänzlich irrelevant für die Beurteilung des literarischen Œuvres. Da die Beschuldigten nicht von sich aus den PEN (Ost) verließen und die Kollegenschaft sich nicht dazu durchringen konnte, Verstöße gegen die PEN-Satzung festzustellen, blieben sie Mitglieder. Immerhin, der PEN (Ost) wandelte sich weiter – Ende 1993 waren von seinen 124 Mitgliedern schon 50 nach der Wende neu Hinzugewählte, unter ihnen viele Autoren aus der Alt-Bundesrepublik. Gleichwohl spielte das Festhalten an einer ostdeutschen Identität weiter eine große Rolle. »Unser Schweigen«, befand Steffen Mensching, »hat auch damit zu tun, daß uns die bundesrepublikanische Gesellschaft gar nicht interessiert.« Im Laufe des Jahres 1994 änderte sich die Stimmung dann doch. Dem PEN (Ost) gingen die Gelder aus, und starke Kräfte im West-PEN, an ihrer Spitze der Präsident Gert Heidenreich, bemühten sich darum, die Vereinigung herbeizuführen. Das wiederum löste heftige Proteste einst vertriebener Schriftsteller wie Herta Müller, Richard Wagner, Sarah Kirsch, Günter Kunert und Hans Joachim Schädlich aus, die verständlicherweise nicht mit Heinz Kamnitzer oder Harry Thürk in einer PEN-Gruppe sitzen wollten. Die Frontenbildung um die Frage »Vereinigung oder nicht«, wie man sie aus den Vorgängen um die beiden Akademien der Künste in Berlin schon kannte, wiederholte sich, diesmal freilich mit anderem Ausgang. Der westdeutsche PEN (ihm gehörten inzwischen auch viele ehemalige DDR-Autoren an) beschloß auf seinem Kongreß vom Mai 1995 in Mainz, bis auf weiteres keine neuen Vereinigungsverhandlungen auf Präsidiumsebene zu führen, was den Ost-Generalsekretär Laabs zu den Kommentaren »Rückfall in den kalten Krieg« und »Hallstein-Doktrin auf dem Gebiet der Literatur« veranlaßte. Auf Initiative von Klaus Staeck ließen sich nach dem Mainzer Beschluß mehr als sechzig Mitglieder des West-PEN (bis Ende 1995 waren es knapp neunzig), unter ihnen Günter Grass, Walter Jens, Peter Rühmkorf und Johannes Mario Simmel, gleichzeitig in den Ost-PEN aufnehmen, um deutlich zu machen, daß sie eine Vereinigung für geboten hielten. Einen komplizierten, aber sachlich überzeugenden Vorschlag machte wiederum Friedrich Dieckmann. Aber seine Idee, über die Präsidien beider PEN-Zentren als Wahlmännergremien zu einem rundum ehrenwert zusammengesetzten gesamtdeutschen PEN zu kommen, fand kein Gehör. Das war bedauerlich, ist doch die Existenz zweier getrennter Zentren auf Dauer nicht zu rechtfertigen. Sie trägt allenfalls dazu bei, ostalgische Tendenzen im Ost-PEN à la Mensching zu befördern, und das kann niemand ernstlich wollen. Immerhin wurde im November 1995 eine gemeinsame Kommission beschlossen, die sich um die Aufklärung der Vergangenheit bemühen soll.

In den unterschiedlichen Verläufen, die Abwicklung, Umbau, Integration oder Erhalt der Selbständigkeit bei den drei Institutionen Schriftstellerverband, Akademie der Künste und PEN-Zentrum genommen haben, ist gewiß viel Zufall und Willkür wirksam. Andererseits haben die verschiedenen Wege und Lösungen auch eine gewisse Plausibilität für sich. Der Berufsverband der Schriftsteller als ein

Zweckverband zur Wahrnehmung berufsbedingter Interessen konnte und durfte nur sehr begrenzt moralisch argumentieren und Konsequenzen ziehen. Einer an Elitevorstellungen orientierten Künstler-Akademie kam das schon eher zu – entsprechend dilemmatisch gestaltete sich die Vereinigung. Und ein PEN-Club war schon durch die Satzung verpflichtet, hohe moralische Maßstäbe walten zu lassen, so daß die bis 1996 nicht vollzogene Vereinigung der beiden Zentren gute Gründe hat.

Autoren zwischen Hypertrophie, Utopie und Melancholie

Der Zusammenbruch des Systems DDR-Literatur nötigte, wie beschrieben, die Schriftsteller dazu, sich auf radikal veränderte, ihnen weitgehend unbekannte Verhältnisse einer freien und nur bedingt sozialen Marktwirtschaft einzustellen. Das bedeutete (und bedeutet noch) in vielen Fällen schwerwiegende Existenznot, die auch durch den Hinweis auf die neugewonnene Freiheit nicht zu lindern war. Davon waren besonders die Autoren aus der zweiten Reihe, die bislang kein Publikum außerhalb der DDR hatten, hart getroffen. Doch nicht nur das Geld fehlte vielen plötzlich, sondern manches andere mehr. Das bisherige Selbstverständnis der Autorenrolle wurde fragwürdig, ja, mehr oder weniger hinfällig. Das gilt unter mehreren Aspekten, die sich in der historischen Situation der Wende in einer für die Betroffenen einschneidenden Weise aufsummierten.

Die Literatur hatte in der DDR einen weitgehend *vormodernen Systemstatus*, indem ihr die gleichsam rituelle Funktion praktischer Nützlichkeit, ein politischer Gebrauchswert vor- und zugeschrieben wurde. Nach dem Willen der SED sollten die Autoren, als eine *Avantgarde*, Erzieher der nachhinkenden Volksmassen auf dem Weg zum Endziel Sozialismus sein. Diese elitäre Rollenzuschreibung einer Vormachtstellung der Intelligenz war ein Erbe des Leninismus, das sich in allen Ländern des Ostblocks durchgesetzt hatte und von den verschiedenen Intelligenzschichten (nicht nur den Literaten) gern angenommen wurde. Auch als die bessere DDR-Belletristik sich nach und nach von dem verordneten Nützlichkeitsgebot ablöste und intellektuell wie ästhetisch freier wurde, blieb ihr die Rolle einer Elite und Avantgarde erhalten – wenn auch jetzt mit umgekehrten Vorzeichen. Wiederum spielten die Autoren den Part einer (wie immer geschurigelten) Vorhut – jetzt als kritisches Gewissen der »sozialistischen Nation« – und wurden als solche Präzeptoren von den latent ähnlich eingestellten lesenden Schichten des Landes angenommen und immer wieder bestätigt. So konnte Christa Wolf schon in den späten 60er Jahren schreiben: »Der Autor nämlich ist ein wichtiger Mensch.« Diese Rolle wurde erleichtert durch die Schwäche der audiovisuellen Medien in der

DDR, die dem Buch eine Monopolstellung bewahrte, von der Schriftsteller anderwärts nur noch träumen konnten. Zudem favorisierte die DDR aufgrund ihrer marxistischen Rechtfertigungsideologie eine manchen kirchlichen Konfessionen ähnliche Kultur der »*Textolatrie*«, mit Villem Flusser zu sprechen. Dem »Trägheitsbündnis aus Parteiapparat und Schriftgelehrten« mit dem Ziel, das alte Wissensmonopol der Gutenberg-Galaxis zu verteidigen, korrespondierte die »Verfestigung der ideen- und begriffsorientierten Schriftkultur zur sozialistischen Literaturgesellschaft« (C. Wege). In der Wende 1989/90 löste sich dieses System kultureller und ideologischer Referenzen bis auf einige mühsam aufrechterhaltene reservatähnliche Zonen auf. Der Status der literarischen Intelligenz als Avantgarde und Elite verfiel im Nu – und ohne, daß eine Gruppe finsterer Verschwörer aus dem Westen dazu nötig gewesen wäre. Nachdem, zuzeiten der Literatur als Ersatzöffentlichkeit, Kunst und Volk so nahe beieinander gelagert hatten, galt nun wieder Arno Schmidts ernüchternde Einsicht: »Denn das Volk kennt Kunst nur in Verbindung mit -dünger und -honig.« Umgekehrt zeigten manche Schriftsteller, wie z.B. Stefan Heym kurz nach der Maueröffnung, wenig Verständnis für ein Volk, das jetzt in die Kaufhäuser stürzte, um sich Bananen und Strumpfhosen zu holen, mit denen man es allzu lange kurz gehalten hatte. Aber noch anderes wurde jetzt gelegentlich vermißt – zum Beispiel eine Zensur, an die man sich (so Christa Wolf selbstironisch) »als heimlichen Adressat[en]« gewöhnt hatte; Helga Königsdorf sprach treffend vom »Überwachungsentzugssyndrom«. Eine gestrenge, gelegentlich strafende Bezugsperson war immerhin besser als gar keine, so merkten jetzt viele – und eben das entpuppte sich jetzt als zentrales Problem: als Autor einem Publikum gegenüberzustehen, das täglich mehr seine festen Konturen verlor, indem es sich erst als »*das* Volk«, dann plötzlich als »*ein* Volk« definierte und ganz andere Sorgen zu haben schien, als den maroden Sozialismus mittels Reformation zu retten und sich dabei von Schriftstellern anleiten zu lassen.

Damit ist das vielleicht interessanteste Moment der Krise in der Autorfunktion bisheriger DDR-Schriftsteller angesprochen, und es betrifft vor allem die Gruppe der sogenannten *Reformsozialisten*, also Hermlin, Heym, Wolf, Müller, Braun, Hein, Fries, Königsdorf und manche andere. *Es ist die Erschütterung, schließlich das Ortloswerden der sozialistischen Vision im Prozeß der Wende*. Der Marxismus erlangte im 20. Jahrhundert aus guten Gründen den Status gleichsam einer vierten Weltreligion, und nicht nur für die Proletarier aller Länder, sondern auch für die Intellektuellen wurde er in der modernen Welt als einem einsamen und kalten Ort zu einem großen Versprechen heilsgeschichtlicher Sinngebung. Weder die Sowjetunion noch die DDR hatten dieses Versprechen je eingelöst, aber ihre Schreckens- und Unheilsgeschichte, zumal zuzeiten Stalins, hatten diesen Traum, diese

Hoffnung gleichwohl nicht stillzustellen vermocht. Ja, dieser Traum blieb sogar bei sehr vielen Angehörigen der künstlerischen Intelligenz auf vertrackte Weise, und je später, desto mehr wider besseres Wissen, an diese real existierenden Diktaturen gebunden.

Jetzt, im Oktober/November 1989, als sich der »Mumienschanz« (B. Papenfuß) der SED dem Ende zuneigte, schien der historische Augenblick gekommen zu sein, den erträumten, »wahren« Sozialismus in die Wirklichkeit zu überführen, als das freiwillige Werk eines freien Volkes. Das »magische Datum« (S. Heym), an dem diese Vision sich auf ihrem Höhepunkt befand, war die Kundgebung von mehr als einer halben Million Menschen am 4. November 1989 auf dem Berliner Alexanderplatz, auf der u.a. Christa Wolf, Christoph Hein und Heiner Müller (er redete später nüchtern von »Illusionstheater«), aber auch ein Mitglied des Politbüros zu den Massen sprachen. Wolf gab dem Ausdruck, was sie und die ihr nahestehenden Kollegen – und gewiß auch Zehntausende der Versammelten – damals so heiß ersehnten: »Stell dir vor, es ist Sozialismus, und keiner geht weg.« Auch für einen Bürgerrechtler wie Jens Reich war dieser 4. November »das Beste, was die DDR hervorgebracht hat, ein politisches Schlußfeuerwerk«. Dies mag so sein, und doch geht es an dem vorbei, was die Mehrheit im Lande zu diesem Zeitpunkt wollte und zugleich nicht wollte. Der Graffiti-Sehnsuchtsruf, den Christa Wolf aufnahm, war verankert in den Biographien und Lebensorientierungen von Angehörigen der Intelligenz, nicht aber in der Mehrheit der kleinen Leute in der DDR.

Insofern markierte dieser 4. November und noch mehr dann der Aufruf »Für unser Land« vom 28. November 1989, in dem gegen einen »Ausverkauf unserer materiellen und moralischen Werte« gewettert und eine Besinnung »auf die antifaschistischen und humanistischen Ideale, von denen wir ausgegangen sind«, gefordert wurde, um so eine »sozialistische Alternative zur Bundesrepublik« entwickeln zu können, auch ein Versagen, die Manifestation eines illusionären Weltbildes, oder mit Wolf Lepenies zu sprechen: »das Desaster der interpretierenden Klasse«.

In den Monaten zwischen der Maueröffnung am 9. November 1989 und der Währungsunion am 1. Juli 1990, mit der Zwischenstation der ersten freien Volkskammerwahlen am 18. März, wurde der vorher schon unpassende Ort, an dem die sozialistische Utopie siedelte, endgültig leer. Die Utopie wurde, was ihre wörtliche Bedeutung sagt: ortlos. Es gibt keinen anderen Text der Wendeliteratur, der diesen paradoxen Vorgang in so poetisch gekonnter und zugleich anrührender Weise dokumentiert wie Volker Brauns Gedicht »Nachruf« vom Juli 1990, das später den Titel »Das Eigentum« erhielt:

Da bin ich noch: mein Land geht in den Westen.
KRIEG DEN HÜTTEN FRIEDE DEN PALÄSTEN.
Ich selber habe ihm den Tritt versetzt.
Es wirft sich weg und seine magre Zierde.
Dem Winter folgt der Sommer der Begierde.
Und ich kann *bleiben wo der Pfeffer wächst.*
Und unverständlich wird mein ganzer Text.
Was ich niemals besaß, wird mir entrissen.
Was ich nicht lebte, werd ich ewig missen.
Die Hoffnung lag im Weg wie eine Falle.
Mein Eigentum, jetzt habt ihrs auf der Kralle.
Wann sag ich wieder *mein* und meine alle.

Braun hatte auf Friedrich Hölderlins Gedicht »Mein Eigentum« von 1799 schon früher Bezug genommen. Bereits für Hölderlin war als ›Eigentum‹ nur der »Gesang, mein freundlich Asyl« geblieben, und auch dem DDR-Autor von 1971 hatte sich »das fromme Leben«, dem Hölderlin nachtrauerte, noch nicht erschlossen. Jetzt aber, 1990, ist aus Brauns Sicht das ihm zukommende Eigentum ganz und gar abhanden gekommen. Der erste Teil seines Gedichts zieht eine ernüchternde Bilanz dessen, was auf den Zusammenbruch der DDR folgte: ein – in seinen Augen – Sieg des Konsumkapitalismus auf der ganzen Linie, und nichts als das. Das DDR-Volk erscheint als eine Frau, die »sich wegwirft«, indem sie ausschließlich ihrer »Begierde« folgt. Nach alldem ist der »ganze Text« des Autors »unverständlich« geworden – wobei »Text« offenbar zweierlei meint: die eigenen, selbstverfaßten Texte aus Worten, deren Gewißheiten und Hoffnungen fragwürdig geworden sind, und den Lebenstext, die Identität, wie sie sich über vier Jahrzehnte hergestellt hat. Jetzt geht es nicht mehr nur um einen »roh zerstreuten« Freundesbund wie im nach der Biermann-Ausbürgerung und den Übersiedlungen vieler befreundeter Kollegen 1977 geschriebenen Gedicht »Der Müggelsee« – nein, das ganze Konzept einer Gesellschaft des solidarischen Miteinander ist obsolet geworden. »Die Hoffnung« war, so erkennt der Autor, nicht nur eine bewegende Kraft, sondern auch eine »Falle«, die durch ihre Bindung ans falsche Objekt enorme Lebenskräfte verzehrt hat. Allerdings – und dies ist signifikant – widerruft der Autor den sozialistischen Entwurf denn doch nicht endgültig. Die doppelte Paradoxie »Was ich niemals besaß, wird mir entrissen. / Was ich nicht lebte, werd ich ewig missen« annonciert, daß der »wahre Sozialismus« auch nach der endgültigen Falsifizierung des »realen« nicht preisgegeben werden soll. Die sehnsüchtige Schlußzeile des trotzigen Melancholikers Braun bestätigt das, indem sie noch einmal die Solidargemeinschaft chancengleicher, produktiver Menschen beschwört, die jahrzehntelang die Vision Brauns und seiner Dichterfreunde ausmachte. Insofern ist zumindest hier die Utopie nicht aufgegeben. Das Objekt der Begierde ist noch virulent, aber es ist nach dem Untergang der DDR radikal zeit- und ortlos geworden.

Brauns Gedicht aus der Wendezeit ist der geradezu klassische Ausdruck einer seither zumal unter Angehörigen der künstlerischen Intelligenz verbreiteten Gemütsverfassung, die man als *Furor melancholicus* bezeichnen kann. Der Melancholiebegriff wird hier durchaus im strengen Sinn Sigmund Freuds gebraucht. In seinem Aufsatz »Trauer und Melancholie« hatte dieser die Melancholie zunächst homolog zur Trauer als »Reaktion auf den Verlust einer geliebten Person oder einer an ihre Stelle gerückten Abstraktion wie Vaterland, Freiheit, ein Ideal usw.« aufgefaßt. Von der Trauer unterscheidet die Melancholie als »krankhafte Disposition« aber, daß das verlorengegangene Liebesobjekt »durch eine halluzinatorische Wunschpsychose« festgehalten wird; anders gesagt: daß der Melancholiker den Verlust des Objekts seiner Begierde (in diesem Fall eines ideellen, des utopischen Sozialismus) nicht wahrhaben will. Denn, so Friedrich Dieckmann, »auch die enttäuschte Hoffnung hat Bindekraft«. Die Folge ist nach Freud, möglicherweise, eine »außerordentliche Herabsetzung des Ichgefühls«; eine tiefe Kränkung, die sich im schlechtesten Fall in Ressentiment verwandelt. Dem Melancholiker, so hat Helmut Dubiel erkannt, »will mißlingen, was der Maniker übertreibt, nämlich die Ablösung der libidinösen Energie von dem geliebten Objekt. Statt sich der Realitätsprüfung zu stellen, zieht sich das frustrierte Ich auf sich selbst zurück und sichert seine Bestände.« Gewiß, es gab auch Maniker unter den enttäuschten Künstlern der DDR, die tatsächlich alles von sich warfen und mit fliegenden Fahnen zum Feind überliefen – man sprach von Wendehälsen –, aber die Melancholiker waren entschieden in der Mehrzahl und blieben es lange. Wie auf Dürers berühmtem Stich »Melencolia I« saßen sie inmitten eines Chaos von zerstreuten Dingen, deren Nutzen nicht mehr auszumachen war – enttäuscht, heillos, wissend und blicklos zugleich, nachdem sich die Welt nicht mehr mit den vertrauten Werkzeugen *more geometrico*, sprich: marxistisch, ausmessen ließ. Dabei ist nicht zu übersehen, daß die reformsozialistischen Autoren im Grunde schon *vor* 1989 zu Melancholikern geworden waren. Ihre Selbstbindung an den »real existierenden Sozialismus« war längst löchrig, ambivalent geworden. Aber obwohl sie wußten, daß ihr Gott keiner mehr war, konservierten sie die Epochenillusion vom »wahren Sozialismus«, indem sie sein Bild in den Schrein der Utopie einschlossen – eben die vom solidarischen Gemeinwesen, wo man »alle« meint, wenn man »mein« sagt. Dabei wurde nie ausreichend reflektiert, daß (so Gerd Irrlitz erhellend) viele der marxschen Prinzipien, zumal der kommunistische Gleichheitsbegriff, vormodernen Grundsätzen folgen und »Zusammenhalt und Dynamik der nichtkapitalistischen Gesellschaft von moralischen Impulsen her gedacht sind« – zweifellos ein so sympathischer wie, für sich allein, realitätsuntüchtiger, letztlich apolitischer Ansatz. Diese Abkapselung der Utopie von der schnöden Wirklichkeit ließ sie einerseits als Versprechen immer heller und reiner strahlen, andererseits entfernte sie sich immer weiter von dem, was war. Sie wurde mehr denn je zum *grand recit* im Sinne Jean-François Lyotards mit verdeckt totalitären Zügen. Wie die alltägliche Akzeptanz gewaltförmiger, autoritärer Strukturen in der DDR selbst noch die Utopie deformieren konnte, zeigt jene von Stephan Hermlin mitgeteilte erschreckende Erfahrung einer jahrzehntelangen Fehllektüre des »Kommunistischen Manifests«, nach der er – gegen Marx – »die freie Entwicklung aller«, also der Gesellschaft, *vor* »die freie Entwicklung eines jeden«, also der Individuen, gestellt hatte (vgl. S. 34f.). In der Wende trat nun eine Situation ein, in der die Bevölkerungsmehrheit der DDR weder von der genuinen noch von der pervertierten Version der sozialistischen Utopie etwas wissen wollte, sondern »die freie Entwicklung eines jeden« lieber gleich ganz westlich verstand. War die reformsozialistische, also gut protestantisch auf »Erneuerung« des Bestehenden (nicht seine Abschaffung) zielende DDR-Literatur bis Ende der 70er Jahre noch die Speerspitze der Opposition, und manchmal die einzige Opposition überhaupt, so fand sie sich spätestens seit dem Frühjahr 1990 in einer Nachtrabsituation wieder. »Die Besten von uns arbeiteten an korrigierten Entwürfen«, schrieb Helga Königsdorf treffend, »als es längst dafür zu spät war. Sie wähnten sich avantgardistisch und waren in Wirklichkeit die neuen Dogmatiker.«

Schon unter den ostdeutschen Schriftstellern und Intellektuellen für sich, also noch ohne die westlichen Verdikte, entbrannte eine scharfe Kontroverse über den Sinn und Unsinn des utopischen Denkens, und manchmal findet man gegenläufige Äußerungen dazu bei ein und demselben Autor. So stellte Heiner Müller fest, daß »im Namen von Utopien schlimmste Terrorstrukturen« errichtet worden seien – und schloß doch seinen kleinen Gedichtzyklus »Fernsehen« mit folgendem Passus: »HAMLETMASCHINE [...] Wegmarken durch den Sumpf, der sich schon damals zu schließen begann über dem vorläufigen Grab der Utopie, die vielleicht wieder aufscheinen wird, wenn das Phantom der Marktwirtschaft, die das Gespenst des Kommunismus ablöst, den neuen Kunden seine kalte Schulter zeigt, den Befreiten das eiserne Gesicht seiner Freiheit.« Durs Grünbein (freilich vom jugendlichen Jahrgang 1962) konzedierte, daß »Utopien mit der Seele gesucht werden«, aber er beharrte darauf, daß sie »auf den Knochen zerschundener Körper« ausgetragen werden, »bezahlt mit den Biographien derer, die mitgeschleift werden ins jeweils nächste häßliche Paradies«. Stephan Hermlin monierte, wie so viele, den »hysterischen Kampfruf gegen die Utopie«, und auch Fritz Rudolf Fries hielt 1991 dafür, daß das »Wort Utopie [...] behutsam auch in die Literatur wieder eingeführt werden« müsse, wolle man sich »nicht auf die Dokumentation von Weh und Ach beschränken« und »nicht eine mechanische Lösung anbieten wie im Kriminalroman. Von utopischen Lösungen und Ideen erwarte ich Modelle, wie wir aus dem Schlamassel der im Niedergang und Müll erstickenden Welt herauskommen.« Doch vielleicht wurden in dieser Debatte – wie von Fries selbst in diesem Passus – allzu häufig zwei Aspekte utopischen Denkens in einer Weise vermengt, die heillose Verwirrung stiftete: Den Kritikern ›der‹ Utopie ging es im wesentlichen um »die fatalsten Momente des utopischen Denkens: de[n] projektive[n] Größenwahn, de[n] Anspruch auf Totalität, Endgültigkeit und Neuheit« (so H. M. Enzensberger), den »autoritären Universalismus« und die Abwehr des »genuin modernen Problem[s] einer unaufhebbaren Pluralität« (H. Dubiel) – also um die gesellschaftliche *Systemutopie*. Daß diese als Vehikel politischen Denkens und Handelns scharf kritisiert wurde, war aufgrund aller historischen Erfahrungen nur gut; mit dieser Kritik ein Loblied des westlichen *Status quo* zu verbinden, gewiß weniger. Daß aber das »vernunftlose Träumen« (Hermlin), das Schweifen der Dichter in das »land of Oobliadooh« (Fries) auch verboten werden sollte – also ein Aufenthalt an ersehnten, erfundenen Orten –, das war gewiß nicht recht. Mit dem Bad der fatalen politischen Irrtümer wurde das Kind namens *poetische Phantasie* häufig auch gleich ausgeschüttet. »Man denkt sich« aber, so hatte Jean Paul im Blick auf die Beschaffenheit des Menschen gesagt (und Fries hatte das zum Motto seines »Oobliadooh«-Romans erwählt), »nur immer die eigne Stadt als das Filial und das Wirtschaftsgebäude zu einer entfernten Sonnenstadt.« Daß manche DDR-Autoren immer wieder dazu neigten, »Sonnenstadt« und »Wirtschaftsgebäude« miteinander zu verwechseln, wird man ihnen freilich vorhalten können.

Ein deutscher Literaturstreit in drei Etappen

Die tiefe Verunsicherung der Autorenrolle der DDR-Schriftsteller in den Jahren seit 1990 wurde – so läßt es sich aus einigem Abstand wahrnehmen – wie durch eine (nicht koordinierte) Zangenbewegung von zwei Seiten herbeigeführt. Da vollzog sich einerseits die skizzierte mehr oder weniger radikale Selbstinfragestellung gerade der reformsozialistischen Autoren, und andrerseits kam seit dem Juni 1990 eine vehemente, vielstimmige Anzweiflung dieser Autoren durch westliche Kritiker, ergänzt durch die Verdikte aus dem Munde mehrerer übergesiedelter Autoren, in Gang, die in ihrer Summe den Charakter einer Demontage gewann. Was als »deutscher« oder auch *»deutsch-deutscher Literaturstreit«* bereits in die Literaturgeschichte eingegangen ist, war – das ist zum Verständnis wichtig – kaum je ein Streit um ästhetische Fragen, sondern einer *um die kulturelle Definitionsmacht im Lande*. Es ging »um Weltbilder, um Deutungsmonopole und um ständische Privilegien« (T. Schmid). Das war den Beteiligten im

Grunde auch klar. Die »Deutung der literarischen Vergangenheit«, die »Durchsetzung einer Lesart« war, so formulierte einer der Hauptbeteiligten, Ulrich Greiner von der »Zeit«, erfreulich offen, »keine akademische Frage. Wer bestimmt, was gewesen ist, der bestimmt auch, was sein wird. Der Streit um die Vergangenheit ist ein Streit um die Zukunft.« Die Metaphern, mit denen mehrere der Kritisierten diese Vorgänge belegten, waren freilich sträflich falsch. Immer wieder sprachen sie von »Hetze«, »Lynchjustiz« »Vernichtungsfeldzug«, »Hinrichtung«, »Liquidierung«, ja von »Pogrom« oder gar »Endlösung« (der DDR-Literatur). Damit wurden – wie schon in der gängigen Metapher vom »Anschluß« der DDR (der an die so genannte Einverleibung Österreichs durch Nazi-Deutschland denken lassen sollte) – wohlfeile, aber unsinnige Assoziationen an das nationalsozialistische Terrorregime geweckt und die Kritiker zu »Blutrichtern« (so einmal Lew Kopelew über Wolf Biermann) erhoben – ein untauglicher Versuch, sich die vielleicht doch nicht nur bösartige Kritik vom Leibe zu halten. Auch Christa Wolf übertrieb, wenn sie den »Literaturbetrieb zuzeiten mörderisch« nannte und »solche Wut, solche Aggression, solchen Haß und solche Häme« gegen sie selbst konstatierte. ›Häme‹ – ja, aber ›Wut‹ und ›Haß‹ griffen zu hoch. Überdies war, was hier vonstatten ging, auch zu keinem Zeitpunkt eine »fremdgesteuerte Kampagne«, im Wege einer Verschwörung oder doch wenigstens eines abgekarteten Spiels zustande gekommen, wie vor allem ostdeutsche Kommentatoren gern behaupteten. Und doch ist es gut verständlich, daß die Betroffenen die Vorgänge als »Gesinnungskritik« (F. R. Fries), moralische Delegitimierung und Entwertung ihres Schreibens wahrnahmen, und das zog tiefe Verletzungen nach sich. Was der Althistoriker Christian Meier im Blick auf den Zusammenstoß der west- und ostdeutschen Gesellschaft im Ganzen bemerkt hat, gilt speziell für die Gegensätze in Kultur und Literatur: »Zu der Überlegenheit durch Reichtum, Macht, Wissen, Gewandtheit kommt die Unbelastetheit, ja das aufreizend gute Gewissen einer moralisch ausgeruhten Gesellschaft.« Ob sich die westdeutsche Gesellschaft, und mit ihr die Literaturkritik, diesen Habitus zu Recht zulegte, darf bezweifelt werden. Zudem war es vielleicht nicht nur das tatsächlich oft gegebene Besserwissen der »Wessis«, das den verletzenden, weil leicht überheblichen Ton der Kritiker-Musik setzte, sondern auch die eigene Verunsicherung, die sich als Abwehr äußerte; eine Verunsicherung, so schrieb Friedrich Dieckmann im Juni 1990, »die daraus wächst, daß das sichernde Antisystem auf einmal verschwunden ist. Antisysteme sichern das eigene System; sie wirken als Klammer, die die Widersprüche der eigenen Sphäre bändigen hilft. Insofern war die große Mauer der DDR-Grenze ein Eisenband auch um die westliche Ordnung; sie wirkte stabilisierend nach zwei Seiten.« So verstanden, war der deutsche Literaturstreit die Manifestation eines Großversuchs, von höchst unterschiedlichen biographischen Vergangenheiten her in einem durch und durch destabilisierten politischen Koordinatensystem neue Positionen zu beziehen und zu befestigen.

Der deutsch-deutsche Literaturstreit vollzog sich in drei Etappen, die hier knapp dargestellt seien. Die *erste* (und wichtigste) Etappe war die Kontroverse um Christa Wolfs Erzählung »Was bleibt«, die im Juni 1990 begann und sich, durch den Titel von Wolfs Text erleichtert, zu einer Debatte um die Frage, was denn von der DDR-Literatur überhaupt bleibe und wodurch sie moralisch legitimiert sei, ausweitete. Den *zweiten* Schritt markiert die Enthüllung von Sascha Andersons Spitzeldiensten für das Staatssicherheitsministerium durch Wolf Biermann im Oktober 1991 – und der Streit um die moralische Glaubwürdigkeit der Prenzlauer-Berg-Szene, also der jungen Autorengeneration, der daraus erwuchs. Die *dritte* Etappe, ein reichliches Jahr später, knüpfte an beide voraufgegangenen Kontroversen an, insofern es einerseits um zwei reformsozialistische Autoren der älteren Generation, nämlich Christa Wolf und Heiner Müller, zum andern um die »Stasi«-Problematik ging. Ein weiteres Mal, und diesmal noch pointierter, wurde die Autormoral auf den Prüfstand gestellt.

Der *Streit um Christa Wolfs »Was bleibt«* und was daraus folgte (Juni 1990 bis Frühjahr 1991) ereignete sich durchaus nicht wie ein Gewitter aus heiterem Himmel. Die Autorin wurde, von publizistisch weniger wirksamen Vorspielen abgesehen, erstmals im Sommer 1987 scharf angegriffen. Damals schrieb Hans (später Chaim) Noll in einer »Welt«-Rezension: »Die große Lebenslüge der Christa Wolf besteht darin, daß sie sich einem politischen System zur Verfügung stellte, dessen Amoralität ihr bewußt ist.« 1991 verwendeten Noll und Manfred Wilke in einer wissenschaftlichen Studie den Terminus »Anerkennungsliteratur«, um die der Autorin wie auch Anna Seghers, Stephan Hermlin und Hermann Kant unterstellte Haltung zu markieren (wobei Wolf die Gleichstellung mit Kant besonders kränken mußte). Marcel Reich-Ranicki hieb im November 1987 mit seinem FAZ-Artikel »Macht Verfolgung kreativ?« in die gleiche Kerbe, wozu ihn eine Rede Wolfs auf Thomas Brasch, den von ihr ausgewählten Kleist-Preisträger, provoziert hatte. Er beschrieb sie als ästhetisch wie intellektuell weit überschätzt und durch ihre nie in Frage gestellte Bindung an die DDR politisch unglaubwürdig. Eine Rolle spielte immer wieder der Vorwurf, Wolf habe ihre Unterschrift unter die Biermann-Petition zurückgezogen (was nicht stimmt; vgl. S.256) und sich damit salviert, aber andere weniger Prominente ins offene Messer laufen lassen. In dieser Situation wurde Christa Wolf noch vielstimmig verteidigt, so von Brasch (vehement), Wolfram Schütte, Volker Hage und Martin Ahrends.

Der Streit um Christa Wolf, der mit den Rezensionen von Frank Schirrmacher in der FAZ und Ulrich Greiner contra Volker Hage in der »Zeit« am 1./2. Juni 1990 – also einige Tage vor Erscheinen der Erzählung »Was bleibt« am 5. Juni – losbrach, hatte dann freilich eine ganz andere Dimension und Symbolkraft. Wolf hatte den Text im Sommer 1979 geschrieben und im November 1989 überarbeitet. In ihm geht es um einen Tag im Leben einer Frau, die Schriftstellerin ist und von Beamten der Staatssicherheit überwacht wird. Daß es sich um einen kaum verfremdet autobiographischen Text handelt, wurde zwar später häufig, aber ohne Überzeugungskraft bestritten. Warum sich die Veröffentlichung gerade dieses Buches zu gerade diesem Zeitpunkt gut als Objekt der Polemik eignete, hat Thomas Anz treffend beschrieben: »In einer Situation, in der die Macht des alten SED-Staates zerbrochen, die Wende zur westlichen Demokratie schon fast vollzogen war und es, wie nach dem Zusammenbruch des Nationalsozialismus, für jeden nur vorteilhaft sein konnte, Gegner oder Opfer des totalitären Systems gewesen zu sein, in dieser Situation lag es nahe, die Erzählung als verspäteten Versuch einer Autorin zu lesen, sich den plötzlich veränderten Umständen anzupassen und die eigene Vergangenheit ins rechte Licht zu rücken.« Auf diesen Punkt hob vor allem Ulrich Greiner ab, der Wolf »Mangel an Feingefühl« vorwarf, indem sie sich jetzt, nachdem sie damit keine Gefahr mehr laufe, als »Opfer« geriere. *Vor* dem 9. November 1989 wäre, so Greiner, »die Publikation dieses Textes eine Sensation gewesen, die sicherlich das Ende der Staatsdichterin Christa Wolf und vermutlich ihre Emigration zur Folge gehabt hätte. *Danach* ist die Veröffentlichung nur noch peinlich. Peinlich wie ihr Parteiaustritt zu einem Zeitpunkt, der keine Risiken mehr barg.« Auch Frank Schirrmachers Kritik hob auf den falschen Zeitpunkt ab, zu dem dieses Buch erschien, wenn er von »apokrypher Widerstandshandlung« und »nachgeholtem Widerstandsethos« sprach, wodurch das Buch »bedeutungslos« und »anachronistisch« geworden sei. Doch seine Kritik zielte tiefer, wenn er der Autorin schon im Untertitel einen »autoritären Charakter« zumaß (was zumindest jeden westdeutschen Leser an die Studien der Frankfurter Schule zu diesem ›faschistischen‹ Phänomen denken ließ). Christa Wolf, so befand Schirrmacher, habe »wie viele Intellektuelle ihrer Generation ein familiäres, fast intimes Verhältnis zu ihrem Staat und seinen Institutionen aufgebaut«. Dies sei aus den gewährten Privilegien allein nicht zu erklären. Vielmehr habe sie, »unfähig [...], die moderne Gesellschaft als kompliziertes System konkurrierender Gruppen zu verstehen [...] die Gesellschaft, in der sie lebte, allem Anschein nach immer nur als größere Variante der kleinbürgerlichen, autoritär aufgebauten Familie verstanden«. Mit dem Hinweis auf ein solches Loyalitätsdilemmma der älteren sozialistischen Autoren in der DDR war zweifellos ein richtiger Punkt getroffen. Wolf Biermann bestätigte die Aporie der in der gemeinsamen antifaschistischen Loyalität verankerten sozialistischen »Familienbande« im hinterhältigen Doppelsinn von Karl Kraus, wenn er im August 1990 schrieb: »Wir waren verfitzt, verfilzt und hochverschwägert mit unseren Widersachern. [...] Die tiefen familiären Kontakte zu unseren Todfeinden nahmen nie ab, weil wir den Widerspruch alle in uns selber trugen [...] Und aller Haß, das Gift, die Galle kamen aus dieser familiären Verklammerung mit unseren Unterdrückern.« Indem der Literaturstreit solche schwerwiegenden Deformationen der (künstlerischen) Intelligenz im Realsozialismus weithin bekannt machte, tat er ein gutes Werk. Für die betroffene Autorin mußte es freilich tief kränkend sein, wenn Schirrmacher so tat, als mache er als erster auf diese psychologischen Dispositionen aufmerksam. Niemand in der DDR hatte die hartnäckigen, lebenslang wirkenden »Kindheitsmuster« als Erblast des Nazismus, an die der »reale Sozialismus« gern angeknüpft hatte, literarisch so subtil erforscht wie gerade Christa Wolf – in dem gleichnamigen Roman von vor fünfzehn Jahren, in dem inkriminierten Text »Was bleibt« und in mehreren Reden, Essays und Gesprächen. So sprach sie z.B. in ihrer Rede bei der Entgegennahme des Geschwister-Scholl-Preises im November 1987 in München explizit über ihr »eigenes Verhältnis zum deutschen Faschismus«. Von dorther habe sie mit ihrer ganzen Generation den »Hang zur Ein- und Unterordnung, die Gewohnheit zu funktionieren, Autoritätsgläubigkeit, Übereinstimmungssucht, vor allem aber die Angst vor Widerspruch und Widerstand, vor Konflikten mit der Mehrheit und vor dem Ausgeschlossenwerden aus der Gruppe« – und ebendies zu beschreiben, sei ihre »noch uneingelöste Schreib-Schuld«. Gerade in dem jetzt disqualifizierten Text »Was bleibt« gerierte die Ich-Erzählerin sich nicht als souveräne Heldin im Angesicht ihrer Observanten, sondern als unsichere, ängstliche, selbst noch diesen Unterdrückungsgehilfen gegenüber von »Übereinstimmungssucht« geleitete Frau, die die Jüngeren nur um ihre unbefangene Widerständigkeit beneiden kann. Christa Wolf bedurfte also in dieser Problematik keines Nachhilfeunterrichts durch westliche Literaturkritiker, »moralisch ausgeruht« und »mit aufreizend gutem Gewissen« ausgestattet, um es noch einmal mit Christian Meier zu sagen.

Daß auf diese Weise ein bestimmter Typus engagierter, ernsthafter, der im Westen überwiegend als obsolet geltenden Sinnsuche gewidmeter Literatur als ästhetisch minderwertig und anachronistisch abgestempelt werden sollte, war gewiß Teil der Attacke. Im zitierten Sinne Ulrich Greiners sollte eine Vergangenheit für verfehlt und damit überflüssig deklariert werden, um die Zukunft für eine nun gänzlich andere Art von Denken und Schreiben, jenseits der moralischen Prägungen, Hoffnungen *und* Deformationen der utopisch-sozialistischen Autoren, offenzuhalten. Das war legitim, und gleichzeitig war es eminent verletzend und ungerecht gegenüber Künstlern, die für ihre gescheiterten Träume wahrhaftig nicht nur mit Privilegien belohnt worden waren.

Mit dieser Skizze der ersten Halbetappe des Literaturstreits ist schon angedeutet, wie recht Wolf Biermann mit seinem paradoxen Doppelsatz hatte: »Es geht um Christa Wolf, genauer: Es geht nicht um Christa Wolf«. In der Tat war die Autorin, als Repräsentantin wie Märtyrerin der untergehenden DDR, nur ein so passender wie willkommener Anlaß, um mit der dort praktizierten zu engen und illusionären Verquickung von Geist und Macht sowie mit der ganzen mißratenen Lebensform DDR abzurechnen. Das heißt zugleich, daß hier nur bestimmte – ältere – Generationen von DDR-Bürgern betroffen waren, nicht aber die jungen Aussteiger oder Nicht-mehr-Einsteiger. Umgekehrt wurden aber auch politisch engagierte Schriftsteller und Intellektuelle aus der Alt-Bundesrepublik wie G. Grass, W. Jens und P. Rühmkorf involviert, die in mancher Hinsicht vergleichbaren Vorstellungen vom aufklärerischen Autor als moralische Instanz, ja als politischer Präzeptor angehangen hatten und noch anhingen. Nicht zufällig verteidigten die meisten von ihnen Christa Wolf und andere mit ihr Angegriffene vehement. Für sie galt mit, was Uwe Wittstock als ein Fazit der Debatte herausstellte: »Es geht *nicht* um die Literatur, sondern um eine exemplarische Abrechnung mit exemplarischen Lebensläufen. Die Schriftsteller sind Stellvertreter.« Das wurde besonders deutlich, als Frank Schirrmacher am Vorabend der staatlichen Vereinigung, also am 2. Oktober 1990, in der Frankfurter Allgemeinen Zeitung den Artikel »Abschied von der Literatur der Bundesrepublik« veröffentlichte, mit dem er »einige Mythen des westdeutschen Bewußtseins« kündigte, sprich: die nonkonformistische, politische Verantwortung und öffentliche Moral einfordernde Literatur von Böll und Weiss bis Grass und Lenz für überlebt erklärte. Ein paar Tage später richtete er gegen das ganze »kulturelle Milieu« den Vorwurf, »ästhetische und rationale Kriterien durch solche der Gesinnung« zu ersetzen.

Karl Heinz Bohrers Glosse »Kulturschutzgebiet DDR?« vom Oktober 1990 machte dann jedoch mit ernstzunehmenden Argumenten deutlich, daß es in der Debatte immerhin *auch* um Ästhetik ging. Nachdem er Wolfs »Was bleibt« höchst unfreundlich als »Gesinnungskitsch« abgefertigt und für die »dem linken Juste-milieu« schon immer verdächtige »Verteidigung von künstlerischen Kriterien vor dem Anspruch der Gesinnung« votiert hatte, wandte er sich, ähnlich Schirrmacher, gegen »die alte Garde der für ›Sinn‹ Zuständigen« – jenen »deutschen Intellektuellentyp, dessen historische Epoche nun offenbar zu Ende geht«, denn – so Bohrer – : »Eine aufgeklärte Gesellschaft kennt keine Priester-Schriftsteller. Christa Wolf hat, wie Günter Grass, auch von der angedeuteten quasireligiösen Mentalität west- und ostdeutscher Besucher von Dichterlesungen gelebt. Das ist hoffentlich vorbei. Auch sie wird sich daran gewöhnen müssen, was Literatur in einer säkularisierten Gesellschaft darstellt: keine Droge für Unterdrückte, kein quietistisches Labsal. Vielmehr verschärfter Anspruch an die imaginative Potenz.« Bohrers Ton war hochfahrend und unangenehm für die Betroffenen, aber in der Sache hatte er recht. Seine Argumentation unterschied sich in nichts von der, die einst der Marxist Hanns Eisler gegen den quasireligiösen, rituellen Gebrauch von Kunst im DDR-Sozialismus geltend gemacht hatte (vgl. S. 42). Zu Ulrich Greiners später überwiegend zitiertem »Zeit«-Artikel »Die deutsche Gesinnungsästhetik« vom 2. November 1990, der eine solche als das »gemeinsame Dritte der glücklicherweise zu Ende gegangenen Literaturen von BRD und DDR« herausstellte, war es nur noch ein kleiner Schritt. Greiner gab seiner Genugtuung Ausdruck, daß »die Schriftsteller in beiden deutschen Hälften« nun nicht mehr »mit außerliterarischen Themen beauftragt« seien, »mit dem Kampf gegen Restauration, Faschismus, Klerikalismus, Stalinismus et cetera.« Zugleich plädierte er für die bewußte Trennung »von Werk und Person und Moral« und damit gegen den Text als »moralische[n] Selbstentwurf des Autors«. Ein Jahr später, als die Kontroverse um die Verstrickungen einiger Autoren mit dem Staatssicherheitsdienst zum ersten Mal aufbrach, war die Öffentlichkeit mit genau dieser Frage konfrontiert – und fand es überwiegend doch sehr schwierig, die Zusammenhänge zwischen »Werk und Person und Moral« einfach zu ignorieren; doch dazu gleich. An dieser Stelle ist festzuhalten, daß die sogenannten Gesinnungsliteraten durchaus Verteidiger fanden, z.B. Wolfram Schütte, Gert Heidenreich und Jürgen Busche. Letzterer kommentierte: »Mit der Moral einer von Auschwitz erschütterten Kunst soll es ein Ende haben« – und wies damit darauf hin, daß nicht jede *littérature engagée* mit Gesinnungskunst und politischer Propaganda in eins zu setzen war.

Betrachtet man diese Etappe des Literaturstreits mit einigen Jahren Abstand, dann fällt einem zuerst die unhistorische Perspektive der Debatte auf. Der Begriff »Gesinnnungsästhetik« und ähnliche waren anwendbar auf die DDR-Literatur der 50er und frühen 60er Jahre, und natürlich auf die affirmative Parteiliteratur aus vier Jahrzehnten. Die Texte der reformsozialistischen Autoren seit den mittleren 60er Jahren, um die es ja im Literaturstreit im wesentlichen ging, sind hingegen mit Termini wie »Literatur der Sinngebung und Sinnkrise« (wie hier eingangs vorgeschlagen) entschieden besser charakterisiert. Daß man ihnen mit Skepsis begegnet, sie als von einer Diktatur mit einer quasireligiösen Ideologie mitgeneriert ansieht und ihre Ästhetik mißbilligt, ist selbstverständlich legitim. Es ist bemerkenswert, daß z.B. auch ein ehemaliger DDR-Autor wie Jurek Becker 1994, mit dem Abstand von Jahren, zu einer sehr nüchternen Retrospektive auf die DDR-Literatur gelangte (wobei er wohl eher die Prosa als andere Gattungen meinte): »Vieles davon, was mir früher aufregend vorkam, interessiert mich heute kaum mehr. Die Erwartungen an diese Literatur waren eher politische als ästhetische. Es ist ein Unterschied zwischen der Arbeit eines Autors und der eines Widerstandskämpfers, aber im Kampfgetümmel DDR neigte man wohl dazu, beides miteinander zu verwechseln. Das ist mir auch passiert, nicht nur einmal.«

Eine weniger beachtete, aber literaturhistorisch interessante Nebenlinie des Literaturstreits eröffnete der Heidelberger Germanist Helmuth Kiesel, wenn er – zuerst im Herbst 1993 – zum »literaturgeschichtlichen Vergleichen« zwischen Christa Wolf und Ernst Jünger unter der Klammer des Lebens und Schreibens in der ›inneren Emigration‹ unter Diktaturverhältnissen aufforderte. Seine vergleichende Analyse der beiden mythologisch verschlüsselten Romane »Auf den Marmorklippen« von Jünger und »Kassandra« von Wolf (die um eine solche der autobiographisch grundierten Texte »Strahlungen« und »Was bleibt« zu ergänzen wäre) führte zur Erkenntnis frappierender struktureller Gemeinsamkeiten – bei gewiß auch großen Unterschieden dieser Bücher. In beiden Fällen handelt es sich um zugleich elegische und prophetische Untergangserzählungen, die, verdeckt, massive Kritik an den bestehenden politischen Verhältnissen artikulieren, ohne doch eine Brücke von dieser Art des Protests zum aktiven Widerstand zu bauen. Beide Texte sind zugleich »Warnliteratur« *und* »Aushalteliteratur«, Subversion *und* »Kalligraphie«, »Klage« *und* »Tröstung«, Literatur des »verlorenen Postens« (Jünger) *und* der Verweigerung. Doch noch war es wohl zu früh (und der Vergleich mit Jünger für Linke wie für die Autorin selbst schlicht empörend), das literaturgeschichtlich Fruchtbare dieses – wohlbemerkt: vergleichenden, nicht gleichsetzenden – Ansatzes zu erkennen, demzufolge sich in der (späten) DDR ein neuer Typus einer Literatur der Inneren Emigration entwikkelt hat.

Auch der zweite Akt des Literaturstreits, in dem es um die *Rolle des Staatssicherheitsdienstes in der Szene der jungen Wilden am Prenzlauer Berg* ging (Oktober 1991 bis Juni 1992), hatte in gewisser Hinsicht eine Stellvertreterfunktion, handelte es sich doch nicht nur um die Verstrickung von ein paar DDR-Literaten der jungen Generation in das Geschäft des Observierens und Ausspionierens, sondern – beispielhaft – um die Durchsetzung der ganzen DDR als Lebenswelt mit haupt- und nebenberuflichen Spitzeln. Die nach dem 15. Januar 1990 – dem Sturm auf die MfS-Zentrale in der Berliner Normannenstraße – bekanntgewordenen Tatsachen übertrafen alle Erwartungen – und quantitativ alles bisher über Geheimdiensttätigkeit Geläufige von Metternich bis ins Dritte Reich. Etwa 100 000 Festangestellte und noch einmal etwa 300 000 Informelle Mitarbeiter (IM) von 16 Millionen DDR-Bürgern hatten gespitzelt und im Lauf der Jahrzehnte ca. 200 km Akten erzeugt. Ein Drittel der Bevölkerung war vom MfS erfaßt worden (dazu Zehntausende Bundesbürger), wobei es freilich nicht wenige Täter-Opfer-Überschneidungen gab, so daß irgendein Spaßvogel bald spotten konnte: »16 Millionen Opfer suchen 16 Millionen Täter«. Künstler und Literaten waren unter den Spitzeln wie unter den Bespitzelten überproportional vertreten, wobei genaue Zahlen zu diesem Komplex immer noch rar sind. Jürgen Fuchs schätzte 1991, daß es zum Zeitpunkt des Untergangs der DDR allein in Berlin ca. 350 Informelle Mitarbeiter unter Künstlern und Literaten gegeben habe, und hochgerechnet auf die ganze DDR ca. 3000. Die prinzipielle Frage, was mit den Aktenbergen geschehen solle, die das MfS hinterließ, wurde mit dem sogenannten Stasi-Unterlagengesetz und der Einrichtung der Gauck-Behörde in dem Sinne entschieden, daß sehr weitgehende Zugangsmöglichkeiten geschaffen wurden, die nicht nur den Opfern, sondern auch den Tätern (bei Vorliegen eines »rechtlichen Interesses«) sowie Wissenschaftlern, ja sogar Journalisten eingeräumt wurden. Die Frage, inwieweit die MfS-Akten, als Niederschriften und Dokumente aus der Perspektive und dem Interesse von Regimeanhängern oder zumindest -dienern entstanden, glaubwürdig seien, wurde dabei hintangestellt. Jedenfalls haben Veröffentlichungen von Stasi-Akten, gerade auch zum Leben und Schreiben von DDR-Schriftstellern wie Reiner Kunzes »Deckname Lyrik« oder Erich Loests »Der Zorn des Schafes« (beide 1990), solche Skepsis genährt. Zumindest wurde deutlich, daß die MfS-Akten *auch* eine ungeheuerliche Ansammlung von Banalitäten darstellen (aß Lutz Rathenow sein Würstchen mit oder ohne Senf?) und nicht zuletzt die Zerstörung der Intimsphäre vieler Bespitzelter dokumentieren (»Ruhe im Objekt«, hieß dann oft der letzte Satz zu einem Observationstag). Die entscheidende Frage war jedoch – und vor allem sie wurde mit dem Blickpunkt literarische Szene ausgetragen –, ob die Spitzeltätigkeit für die Staatssicherheit als das einzige »moralische Tabu« (Uwe Kolbe) in der DDR anzusehen sei. Und weil viele das so sahen, wurde die Verstrickung von DDR-Literaten in das Treiben des MfS zur moralischen Gretchenfrage, der gegenüber »alle Formen der Feigheit, alle Arten, sich im Allttag und darüber hinaus einfach einzurichten, ja wegzuschauen, das Inakzeptable zu akzeptieren« als »nicht wirklich verwerflich« erschienen (U. Kolbe). Westliche Beobachter konnte ein solcher an einer einzigen Systemstelle absolut gesetzter Ehrenkodex schon irritieren. Immerhin war die Staatssicherheit nichts anderes als »Schild und Schwert« der allmächtigen Partei SED. Und in deren Namen wurden, zumal an Mauer und Staatsgrenze, Untaten begangen, die diejenigen des Staatssicherheitsdienstes oft genug übertrafen. Schon aus solchen Erwägungen heraus muß es als fragwürdig, ja mehr: als abstrus erscheinen, wenn Jürgen Fuchs im Blick auf die »Krake« Staatssicherheit und ihre gewiß gravierenden Verbrechen von einem »Auschwitz in den Seelen« sprach. Ebensowenig wie »Endlösung« ist »Auschwitz« ein Wort, das einen metaphorischen Gebrauch verträgt.

Als Wolf Biermann am 20. Oktober 1991 in seiner Büchnerpreis-Rede »Der Lichtblick im gräßlichen Fatalismus der Geschichte« unvermutet den »unbegabte[n] Schwätzer Sascha Arschloch« als »Stasispitzel« angriff, »der immer noch cool den Musensohn spielt und hofft, daß seine Akten nie auftauchen«, hatte er zunächst einen großen Teil der Öffentlichkeit gegen sich, weil er gegen den Grundsatz verstieß, seine Vorwürfe gleichzeitig zu belegen. Doch bald stellte sich heraus, daß Biermann sich zurecht auf die Recherchen seines Freundes Jürgen Fuchs verlassen hatte. *Sascha Anderson* leugnete zunächst, bewußt für das MfS gespitzelt zu haben. Seine Eingeständnisse richteten sich jeweils nach der aktuellen Informationslage. Schließlich mußte er zugeben, der Staatssicherheit seit 1975 unter den Decknamen »David Menzer« und »Fritz Müller« Informationen aus der Künstlerszene geliefert zu haben. Auch nachdem Anderson im August 1986 von Ost- nach West-Berlin übersiedelte, blieb er IM, jetzt unter dem Decknamen »Peters«, und versorgte das MfS weiter mit Informationen über übergesiedelte Künstler. Ohne Frage bedeutete die Enttarnung Andersons, des Hauptanimateurs und -arrangeurs der Prenzlauer Berg-Szene, einen Angriff auf die Autonomie und Souveränität dieser Subkultur, der sie heftig erschütterte und zugleich deutlich machte, wie groß der mythische Anteil an dieser Szenekultur war. Tatsächlich hat die Staatssicherheit »bewußt Schriftsteller und Künstler aufgebaut, die in vorher genau verabredeten Konstellationen, in Gruppen aufeinandertreffen« und »›Gefühlsmuster‹ und ›Denkschemata‹ erzeugen« sollten (F. Schirrmacher). Viele Kritiker, zuallererst Biermann, sahen eine getürkte kulturelle Utopie des authentischen Lebens inmitten der Schrecken des »realen Sozialismus« zusammenbrechen – und verbargen ihre Schadenfreude nicht. Dabei konnte keiner der Kritiker je belegen, daß die *gesamte* alternative Kunstszene von der Staatssicherheit nicht nur unterwandert, sondern regelrecht ›gemacht‹ worden sei. Immerhin ging es um -zig Künstler und Schriftsteller, von denen weniger als eine Handvoll Informelle Mitarbeiter gewesen waren. Warum sollten die Texte und Bilder, Videos und Filme, Installationen und Kompositionen all der Unbelasteten plötzlich wertlos geworden sein? Nein, hier ging es – in Variation von Teil eins des Literaturstreits – wiederum *auch* um einen kulturellen Verteilungskampf, um die »Manipulation literarischer Werturteile« (Durs Grünbein) zugunsten einer abweichenden Ästhetik, die man selbst vertrat (vgl. dazu auch S. 416f.). Und wenn westliche Kritiker sich an der Schleifung des Prenzlbergs beteiligten, dann geschah es nicht nur aus moralischer Besorgtheit, sondern auch aus solchen Gründen.

Intellektuell interessanter als der Fall Anderson ist derjenige des Essayisten, Lyrikers und ›Vordenkers‹ der Berliner Alternativszene *Rainer Schedlinski.* Während Anderson seine fünfzehn Jahre währende IM-Tätigkeit immer kleingemacht und letztlich auch nicht zu rechtfertigen versucht hat, reagierte Schedlinski auf seine Enttarnung als IM »Gerhard« im Dezember 1991 auf zweierlei Art. Zunächst schrieb er, auch um sich Freunden wie Detlev Opitz, Kurt Drawert und anderen gegenüber zu erklären, einen autobiographisch angelegten Artikel, den die FAZ unter dem Titel »Dem Druck, immer mehr sagen zu sollen, hielt ich nicht stand« am 14. Januar 1992 veröffentlichte. In anrührender Weise veranschaulicht Schedlinski hier, wie ihn das MfS seit 1974, als er 17 Jahre alt war, ins Visier nahm und wie seitdem Nötigung und Erpressung einerseits und die eigene Schwäche andererseits so ineinandergriffen, so daß er, nach mehreren Versuchen, sich dem Staatssicherheitsdienst zu entziehen oder zu dekonspirieren, seit 1984/85 zu einem der Hauptinformanten aus der Prenzlauer-Berg-Szene wurde. Man staunte nicht schlecht, als Schedlinski im Juni 1992 einen langen Essay, betitelt »Die Unzuständigkeit der Macht«, nachreichte, der nicht weniger als eine Legitimationstheorie seiner Spitzeltätigkeit darstellte. Hatte er ein knappes halbes Jahr vorher selbst noch »Erklärungsmuster« wie »Schizophrenie, Korruption, Erpressung« ins Spiel gebracht, so verwarf er diese jetzt explizit als Erfindungen der »Feuilletonisten«. Er charakterisierte die Staatssicherheit des letzten DDR-Jahrzehnts (diese zeitliche Limitierung war ihm wichtig) als eine »alles erfassende Dechiffriermaschine«, als eine »zweite, geheime Öffentlichkeit«, die sich – *parallel* zur Opposition – all dessen angenommen habe, »was keine öffentliche Sprache hatte«. So sei sie »das einzige pragmatische Instrument in dieser an ihren eigenen Idealen verblödeten und mit Blindheit geschlagenen Gesellschaft« gewesen, »das Medium, das die notorische und die geheime Wirklichkeit verband«. »Sie entschied«, so Schedlinski weiter, »ja nicht nur über Verbot, Zensur und Verfolgung, sie entschied genauso über Erlaubnis, Nicht-Zensur und Tolerierung. [...] ohne sie hätte dieses System gar nicht erst funktioniert.« Der Autor sprach deutlich vom »Unheil«, das das MfS »über die Menschen gebracht« habe – und verwarf doch explizit das von Uwe Kolbe eingeklagte einzige »Tabu: sich mit der Stasi nicht einzulassen«, als »kleingeistige« und »kleinbürgerliche Haltung«. Nach seinem Verständnis von Zivilcourage war es gerade abzulehnen, sich direkt, konfrontativ mit den Herrschenden auseinanderzusetzen, weil man so die gegebenen Hierarchien, Amtswege und »legalitären Wertvorstellungen« anerkannt habe. Sein Ziel war es dagegen, »Gesetzeslücken und rechtsfreie Räume zu erschließen, die dieses System in seiner doppelten Moral herausbilden mußte«. Und ebendas habe er bei seiner Kollaboration mit dem MfS zu seinem und seiner Künstlerfreunde Nutzen getan. In einem »postmodernen Zeitalter der austauschbaren Zeichen« könne es nicht mehr um »Positionen« (sie schreibt er, als erstarrt idealistische, nicht nur C. Wolf, Biermann und Bahro, sondern auch noch Uwe Kolbe und seinen Freunden zu), sondern nur noch um »Haltungen« gehen. Denn, so Schedlinski verächtlich gegenüber aller politischen Dissidenz, »tatsächlich war die Wahrheit dieses Systems so wenig wert wie jene, die man ihm entgegenhielt, und alle aus der Opposition gewonnene politische Identität konnte nicht beständiger sein als die der Macht.« Hatte Schedlinski eingangs seines Essays noch den »postmodernen Verlust der Wahrheitskategorie« als Erklärungsmuster für sein Verhalten zurückgewiesen, so fällt es am Ende doch schwer, es nicht für plausibel zu halten. Gewiß hatten des Autors intellektuelle Vorbilder Foucault und Derrida die klassischen Vorstellungen von Subjekt, Vernunft, Wahrheit und Sinn erschüttert und als Diskurseffekte ausgewiesen – gleichwohl hatten sie nie in Frage gestellt, daß jedes Individuum sich in je gegebenen Situationen moralisch verhalten müsse. Worin aber Schedlinski, der wie ein konventioneller Geheimagent seine Freunde über Jahre hin getäuscht, ihnen und ihren literarischen Projekten geschadet und sich niemandem gegenüber dekonspiriert hat, »Haltung« erwiesen habe, bleibt am Ende unerfindlich.

Schedlinski hielt die späte DDR, partiell zu Recht, nicht für eine »grausame Diktatur«, sondern für einen »Schildbürgerstaat«. Wenn man, wie er, am »realen Sozialismus« schlechterdings nichts mehr ernst nehmen konnte und demzufolge auch nichts mehr einzuklagen hatte, war – nach seiner Logik – keinerlei Berührung mit der Macht Tabu, auch nicht die mit dem Geheimdienst. Ältere Autoren, mit einem anderen Wahrheitsbegriff ausgestattet und biographisch tief mit dem Projekt Sozialismus verhakt, befanden sich da in entschieden größeren Konflikten. Als in den Nach-Wendejahren Fälle von Verstrickungen einzelner Autoren in IM-Tätigkeit für das MfS bekannt wurden – so bei Paul Wiens, Heinz Kahlau, Hermann Kant (von 1958 bis 1976), Helga M. Novak (die sich selbst offenbarte) oder Gabriele Eckart –, gab es in der öffentlichen Debatte kaum Zweifel, daß es sich hier um ein moralisches Versagen ersten Ranges handle. Um wieviel stärker mußte dieses Gefühl sein, als Anfang des Jahres 1993 bekannt wurde, daß auch *Heiner Müller* und *Christa Wolf* nicht nur Opfer der Staatssicherheit gewesen waren, sondern offensichtlich zeitweise mit ihr kollaboriert hatten. Doch gerade diese beiden Fälle, deren kontroverse Diskussion die dritte Etappe des deutschen Literaturstreits ausmacht, zeigten, daß alle Verallgemeinerungen bei der Beurteilung des Verhältnisses von DDR-Autoren und Staatssicherheit nichts als falsch sein konnten. So dokumentierten die von der Gauck-Behörde freigegebenen Akten im Fall Heiner Müller, daß das MfS seit September 1978 einen »Operativplan« verfolgte, den Autor zum IM (Vorlauf unter dem Decknamen eines Stücktitels »Zement«; später dann unter dem Decknamen »Heiner«) zu machen. Über die tatsächliche Ausführung dieses Planes verraten die Quellen freilich nichts. Müller selbst hatte am 11. Januar 1993 regelmäßige Kontakte mit dem MfS eingeräumt. Durch sie habe er »versucht zu beraten und Einfluß zu nehmen« und wichtige Nachrichten »nach oben« weiterzugeben, nachdem es von einem gewissen Zeitpunkt an nicht mehr machbar gewesen sei, »mit Parteifunktionären vernünftig zu reden [...] Und da war es möglich, mit Stasi-Offizieren vernünftig zu reden.« Müller vertrat völlig glaubwürdig, daß er nie eine Verpflichtungserklärung unterschrieben, keinerlei finanzielle Zuwendungen erhalten und nie jemandem mit seiner Gesprächsbereitschaft geschadet habe. Im Gegenteil sei es bei diesen Gesprächen »um Schadensbegrenzung gegen die wachsende Hysterie der Macht« gegangen. Zudem hatte er sich nachweislich vor der Wende gegenüber Freunden dekonspiriert, freilich in seiner Interview-Autobiographie »Krieg ohne Schlacht. Leben in zwei Diktaturen«, die 1992 erschienen war, das Thema Staatssicherheit ausgespart. So kann man Müllers Naivität kritisieren, zu glauben, Gespräche mit MfS-Offizieren immer in der Hand behalten zu können und grundsätzlich nicht benutzbar zu sein – mehr aber auch nicht. Es war ein Versuch am untauglichen Objekt, Heiner Müller, der wie kein anderer gerade junge Autoren intellektuell inspiriert und finanziell selbstlos unterstützt hat, aufgrund seiner MfS-Kontakte zu einem amoralischen Subjekt zu erklären. – Auch im zweiten Fall, dem von Christa Wolf, der nur zehn Tage nach dem Heiner Müllers öffentlich wurde, sind solche Versuche abwegig. Als die deutsche Öffentlichkeit am 21. Januar 1993 erfuhr, daß die Autorin in den Jahren 1959 bis 1962 »Gesellschaftlicher Informant« des MfS unter dem selbstgewählten Decknamen »Margarete« (das ist ihr zweiter Vorname) gewesen war, ernüchterte das gewiß viele ihrer Leser und stimmte sie traurig. Die Offenlegung der »Täterakte« zeigte, daß Wolf nur in einem Fall, dem des Prosaautors Walter Kaufmann (geb. 1924), überhaupt zu einer Person berichtet hatte, und dies zudem sehr zurückhaltend. »GI Margarete«, so befand ihr Führungsoffizier im Oktober 1960 bedauernd, »berichtet aufgeschlossen, umfassend, doch noch nicht mit der erforderlichen ›Liebe‹ für unsere Aufgaben. Sie diskutiert sehr gern über ideologische Fragen unserer Literatur.« So wurde der IM-Vorgang »Margarete« denn auch eingestellt, als die Familie Wolf 1962 von Halle/Saale nach Kleinmachnow verzog. Nach dem Eklat auf dem 11. Plenum des ZK der SED 1965 (vgl. S. 181f.) und der Zensur von »Nachdenken über Christa T.« (vgl. S. 56f.) sahen die Mächtigen im Lande die Autorin schließlich auf der gegnerischen Seite angekommen: Am 12. Februar 1969 wurde von der MfS-Bezirksverwaltung Potsdam eine Operativer Vorgang mit dem Decknamen »Doppelzüngler« über sie und ihren Mann angelegt. Diese »Opferakte« umfaßte zwanzig Jahre später, als das Ende der DDR gekommen war, 41 Bände. Jeder um Unvoreingenommenheit Bemühte wird die drei Jahre IM-Tätigkeit einer etwa Dreißigjährigen, die naiv und gläubig dem »realen Sozialismus« anhing, zumal angesichts des späteren Verlaufs dieser Biographie als unwesentlich, ja mehr als abbezahlt ansehen. Für sich genommen, wären sie keine Kontroverse wert gewesen. Was Bestürzung verursachte, war Christa Wolfs Umgang mit dieser

Vergangenheit. Zum einen hatte sie seit April 1992 von ihrer »Täterakte« Kenntnis, zum andern behauptete sie, den dreißig Jahre alten »verjährten Vorgang« ihrer IM-Tätigkeit komplett vergessen zu haben. Dies mochte wohl so sein, wie ihr z.B. der befreundete Psychoanalytiker Paul Parin bestätigte. Aber eine seit dem Juni 1990 auf Christa Wolfs moralische Unglaubwürdigkeit eingeschossene Öffentlichkeit ließ sich nicht überzeugen. Am massivsten reagierte – eingestandenermaßen aus Enttäuschung über jemanden, mit dem er sich identifiziert hatte – Fritz J. Raddatz, der befand, Heiner Müller und Christa Wolf hätten »nicht nur ihrer Biographie geschadet; sie haben ihr Werk beschädigt. Sie haben uns verraten [...].« Das Bedenklichste an dem ganzen Vorgang war vielleicht eine historische Reminiszenz, die Wolf, die sich zu der Zeit in Kalifornien befand, ins Spiel brachte. Sie verglich die nazistische Verfolgung von Juden und Kommunisten zwischen 1933 und 1945 mit den aktuellen Vorgängen, indem sie sagte: »Die Deutschen haben damals geglaubt, sie könnten darauf [auf die kulturelle Hinterlassenschaft der Emigranten, W.E.] verzichten. Jetzt glaubt man in Deutschland, man könnte auf die Kultur verzichten, die es in der DDR gegeben hat. Damals hat sich Deutschland der linken, der jüdischen Kultur entledigt, dieser ungeheuren, großen, menschlichen Kultur, die da war. Wir wissen, wohin das geführt hat. Wessen sich Deutschland jetzt entledigen zu können glaubt und daß es unter anderem Heiner Müller und mich in ein solches Licht rückt, daß wir nur noch kriminalisiert werden. Das scheint mir nicht dazu beizutragen, den Widerstand gegen den Rechtsradikalismus, der meiner Ansicht nach die ganze Kultur beherrschen müßte, wirklich aufbauen zu können [...].« Da war sie wieder, die schon leitmotivische Insinuation, daß die Bundesrepublik bzw. das neue einheitliche Deutschland kaum besser sei als die Nazidiktatur vor fünfzig Jahren, was in diesem Fall dazu führte, die erfahrene persönliche Kränkung durch eine in vielen Fällen hämische, scheinheilige Feuilletonkritik in die Nähe der Verfolgung, Vertreibung und Ermordung der Juden und Linken durch die Nazis zu rücken. Christa Wolf hat später dementiert, den Vergleich in diesem Sinne gemeint zu haben. Und doch konnte er kaum anders verstanden werden.

So demonstriert auch die dritte Etappe des Literaturstreits die Erfahrungen der voraufgehenden beiden: Auf allen Seiten ging es um kulturelle Selbstbehauptung und Besitzstandswahrung – im Zweifelsfall auf Kosten der anderen Seite. Aber es ging doch auch um Probleme einer historischen Vergangenheit, aus denen hätte gelernt werden können. So manifestiert gerade das Beispiel Christa Wolf in anrührender Weise das Dilemma der »zu frühen Bindungen und zu späten Abschiede«, wie Joachim Walther es genannt hat. Wer wie sie noch nach der Wende der Meinung war, daß »Ärzte, Pfarrer, Schriftsteller« in der DDR hätten ausharren müssen, und damit kundtat, daß sie den Schriftstellerberuf unverändert als einen therapeutischen und seelsorgerischen in der alten sozialpädagogischen Tradition der DDR verstand, der mußte in einer spätmodernen Gesellschaft wie der der Bundesrepublik, die die Wertsphäre Kunst tatsächlich weitgehend autonom sein ließ und sie nur noch selten ernst nahm, unter Beschuß geraten. Der uneingestandene Widerspruch, der viele westdeutsche Kritiker so unglaubwürdig machte, lag darin, daß sie im Fall der DDR-Poeten und ihrer Biographien eine moralische Widerspruchsfreiheit einklagten, die ihnen ansonsten herzlich gleichgültig war und die sie selbst nicht verkörperten. Da wäre es schon klüger gewesen, sie hätten die fehlbaren Autoren strikt von ihren Werken getrennt. Schließlich praktizierte man eine solche Trennung seit langem erfolgreich, ob es sich um Villon, Rimbaud, Céline, Genet, Pound oder Benn handelte, und selbst bei Thomas Mann, Robert Musil oder Ödon von Horváth hatte man akzeptieren gelernt, daß sie in ihrem Verhältnis zu den Nazis nicht immer Helden waren. Jetzt aber erprobte man aufs neue jene »Geistesniedertracht [...], Person und Arbeit eines Schriftstellers [zu] vermischen«, die Thomas Bernhard als »eine ungeheuerliche Mißbildung unserer ganzen Kultur« gebrandmarkt hat. Es ist zu vermuten, daß sich in Zukunft mehr von den »beschädigten« Werken als haltbar erweisen werden, als es zur Zeit des Literaturstreits den Anschein hatte. Überdies wird aus einigem zeitlichen Abstand erkennbar, daß – so Brigitte Burmeister treffend – »›Aufarbeitung‹ [...] – was immer sie konkret bedeutet – [...] kein Schnellverfahren sein [kann], ein vorgegebenes Resultat zu erzielen. Wer sie wirklich leisten will, oder von anderen erwartet, sollte für sich beanspruchen, oder dem anderen zugestehen, daß er es in dem Zeitmaß und in den Schritten tut, die er für diese Arbeit braucht. Anders geht es nicht.«

Daß die Kontroverse über die Verstrickungen der Schriftsteller in die Machenschaften des MfS grundsätzlich als unabschließbar gelten muß, zeigte sich im August 1995, als bekannt wurde, daß *Monika Maron*, eine Dissidentin der 80er Jahre und mittlerweile vom Gefühl pointierter »Zonophobie« (so ihr schönes Wort) geprägt, vom Oktober 1976 bis zum Juni 1977 mit der Staatssicherheit Kontakte hatte und, geführt als IM »Mitsu«, auch Berichte verfaßt hatte. Ihr Bericht von einem Empfang der »BRD-Vertretung« in Ost-Berlin am 21.12. 1976 dokumentiert deutlich, daß Maron schon damals, als sie eingestandenermaßen noch eine »bessere DDR« wollte, »eine Bespitzelung von Menschen, die nicht Feinde der DDR sind, grundsätzlich« ablehnte, »da sie meinen Auffassungen von offenem politischem Meinungsstreit und auch meiner Vorstellung von einem kommunistischen Menschenbild zutiefst widersprechen«. Das MfS bemühte sich ab Sommer 1977 nicht mehr darum, Maron als IM einzusetzen – im Gegenteil, jetzt legte sie einen Operativen Vorgang über die aufmüpfige Autorin unter dem Decknamen »Wildsau« an, der bis 1989 auf acht dicke Bände anschwoll. Jetzt aber, fünf Jahre nach dem Ende der DDR, mußte sich Monika Maron, »Tochter aus höherem SED-Hause«, unter anderm von Jürgen Fuchs und Hans Joachim Schädlich Kritik in scharfem Ton gefallen lassen, die sie als »Heuchelei und Niedertracht« abwehrte. Beide Seiten hatten subjektiv gute Gründe für ihre Haltung: die Dissidenten, die sich von Maron getäuscht fühlten und enttäuscht waren, und die Betroffene, die überzeugend auf ihre längst vollzogene Wandlung verweisen konnte (wobei sie ihre zwölfjährige Parteimitgliedschaft selbst belastender fand als die MfS-Kontakte) und den ihr wie allen anderen in vergleichbarer Lage abgeforderten »Waschzwang« (C. Hein) ablehnte.

Literatur der Wende: Fortschreibung – Ablösung – Anders schreiben

Im April 1990 notierte der Ost-Berliner Essayist Friedrich Dieckmann: »Was die Sinnreichen, die Kämpferischen immer erstrebt hatten: nun ist es da, und keiner zieht es in Betracht, da es so anders eintrat, als alle vermeinten, nicht als Auf-, sondern als Abbau, als Übergang, nicht als Bleibendes – ein Gelingen im Vorübergehen.« Daß es sich um ein »Gelingen« handle, wurde beleibe nicht von allen so gesehen. Aber einig konnten sich alle DDR-Bürger ohne Ausnahme darin sein, daß sie durch die Wende in eine Situation des Übergangs, des Vorübergehens, ja auch des Abbaus geraten waren. Eine solche Situation des stets schon wieder flüchtigen Augenblicks war nicht dazu angetan, bedeutende Literatur hervorzubringen, jedenfalls nicht unmittelbar, nicht in diesem selben Augenblick. Auch die früheren großen Krisen und Katastrophen der Neuzeit hatten sich nicht im Zeitpunkt ihres Geschehens in große Literatur verwandelt, vielmehr waren jeweils Jahre oder gar Jahrzehnte ins Land gegangen, ehe diese ans Licht trat. Insofern war (und ist) es eine falsche Erwartung, der Zeit der welthistorischen Wende im Osten auch gleich noch eine ebenso weltbewegende Literatur abzuverlangen. Die Grunderfahrung war, mit dem Titel einer Dokumentation ostdeutscher Lebensläufe »im Umbruch« von Olaf Georg Klein zu sprechen: »Plötzlich war alles ganz anders.« Solche einschneidenden Umbruchserfahrungen in Lebenswelt und Weltorientierung, die noch dazu in einem enormen Tempo abliefen, drängten nicht in die hochverdichtete ästhetische Form (Ausnahmen wie Brauns Gedicht »DAS EIGENTUM« oder Müllers »Mommsens Block« – beides Texte mit der Tendenz zur Allegorese – bestätigen die Regel), vielmehr suchten und fanden sie ihren angemessenen Ausdruck in Pamphleten und Aufrufen, in Gesprächen und Interviews, in Notaten und Skizzen, in Reportagen und Essays. Es kam hinzu, daß viele Schriftsteller gerade im ersten Wendehalbjahr aktiv in Untersuchungskommissionen und an Runden Tischen mitarbeiteten oder sogar in einer der neuen Gruppierungen der demokratischen Bürgerbewegung engagiert waren. So lautete auch die mittlerweile bestätigte Prognose des Weimarer Lyrikers Wulf Kirsten: Jetzt werde es erst einmal »dokumentarische Literatur geben, Augenzeugenberichte, Protokolle. Aber die eigentliche literarische Verarbeitung in Romanen, Theaterstücken und Gedichten, das wird ein Weilchen auf sich warten lassen.« Viele im engeren Sinne literarische Texte, die seit Ende 1989 erschienen, waren vor der Wende konzipiert oder auch niedergeschrieben. Verarbeitungen der Wendeerfahrung mit ästhetischem Anspruch begannen, von wenigen Ausnahmen abgesehen, erst 1993, 1994, 1995 zu erscheinen. Was dominierte, war *Dokumentarliteratur* im weitesten Sinne. Doch gab es auch Autoren, die sehr bald erkannten, daß die Entlassung der Literatur aus ihrer Dauerüberforderung zu DDR-Zeiten, Ersatzöffentlichkeit und Seelsorge zugleich zu sein, ihr ganz neue Chancen eröffnete, nämlich solche, wie sie der autonomen Wertsphäre Kunst und Literatur modern westlicher Prägung längst eingeschrieben waren. So formulierte Christoph Hein 1991 (selbst aktiv in der Bürgerbewegung, also des Quietismus unverdächtig), es sei seine »Wunschvorstellung«, seinen »Elfenbeinturm zu renovieren«, sprich: in Einsamkeit und ohne die störenden Nebengeräusche des Zeitgeschehens seine Bücher zu schreiben. Damit plädierte er, im Gegensatz zu vielen anderen, für eine strikte Trennung von Kunst und Leben, die der Realsozialismus seinen Künstlern nie hatte zubilligen wollen.

Die fünf, sechs Jahre Literaturgeschichte von 1989/90 bis 1995 der zunächst noch und dann nicht mehr existierenden DDR bilden keine literaturgeschichtliche Epoche, und auch die Zäsur, die hier entsteht, ist keine strikte und aufs Jahr eindeutige. Was die literarischen Hervorbringungen dieser Jahre bis zu einem gewissen Grad vereint, ist, daß sie Ausdruck der Not(-wendigkeit) sind, einen Überhang an Alt-Erfahrungen abarbeiten und sich gleichzeitig, ohne Ruhepause unter einem unabweisbaren Druck aktueller Erfahrungen neu orientieren zu müssen. In diesem Prozeß konnte die Literatur von Autoren aus der ehemaligen DDR kaum je, wie zuweilen von ihr gefordert, die Funktion übernehmen, Gräben zu überbrücken und die ›innere Einheit‹ voranzubringen. In den besten Fällen artikuliert sie, wie schon vorher, eine Sinnkrise statt neuerlich und vorschnell Sinn zu stiften. Überdies gibt es literarische Texte, in denen die zeitgeschichtliche Situation im engeren Sinne und zumal das Projekt deutsche Einheit gar nicht ›vorkommen‹, und das sind oft nicht die schlechtesten. Im folgenden wird versucht, die Literatur ostdeutscher Autoren der Wende- und Nachwendezeit an Tendenzen und Beispielen – und ohne Anspruch auf Vollständigkeit wie auch ohne eine strikte Ordnung nach Gattungen – darzustellen. Mehr als eine Skizze kann das nicht sein.

Wiederaneignung des Verschwiegenen in Autobiographie und Dokument

Eine wichtige Intention vor allem der Prosaliteratur der 80er Jahre war es gewesen, nicht nur die verdrängte oder heroisierte nazistische Vorgeschichte der DDR wiederanzueignen, sondern auch die vom SED-Regime unterdrückte *eigene Vorgeschichte des Stalinismus* wieder auszugraben und ins öffentliche Bewußtsein zu rücken. Gorbatschows Glasnost-Politik hatte solche Vorhaben in der Sowjetunion möglich gemacht und auch in der DDR, trotz aller Blockadeversuche durch die Mächtigen, begünstigt. So waren schon bis 1989 wichtige literarische und autobiographische Texte sowie einige Quellendokumentationen erschienen, die diese totgeschwiegene Vorgeschichte von Verfolgung und Terror wenigstens stückweise zugänglich machten (vgl. S. 327ff.). In dieser Tendenz, gegen das Verschweigen und Verdrängen anzuschreiben, bildet der Herbst 1989 schon keine wirkliche Zäsur mehr. Freilich ist es so, daß jetzt, wo auch geheimste Archive sich öffnen, eine Art Dammbruch stattfindet. Binnen Monaten werden machtgeschützte Tabus gebrochen und Informationen zugänglich, die man, ob in Ost oder in West, für immer verschlossen glaubte. Das betrifft natürlich an erster Stelle die seit Januar 1990 mehr oder weniger zugänglichen Archive des Ministeriums für Staatssicherheit. Am Anfang, noch vor dem 9. November 1989, stehen heute eher harmlos wirkende autobiographische Texte. So erschien im März 1989 das Erinnerungsbuch »Die Troika« von Markus Wolf (geb. 1923), der bis 1987 Leiter der Hauptverwaltung Aufklärung im MfS gewesen war. Es rekapituliert, mittels der »Geschichte eines nichtgedrehten Films« seines Bruders Konrad Wolf, die Lebensgeschichten dreier ungleicher Freunde, die in den Jahren von 1933 bis um 1941 ihre Kindheit und Jugend gemeinsam in Moskau verbrachten und später getrennte Wege gingen: der eine wurde Sowjetexperte an der Harvard University, der zweite Bauunternehmer in West-Berlin, der dritte – Konrad Wolf – Filmregisseur in der DDR. Er allein blieb, unter Schmerzen, Kommunist. Markus Wolfs Buch samt den beigefügten Dokumenten transportiert viel an Insider-Kenntnis über die Sowjetunion unter Stalin und übt vorsichtig Kritik daran, wie die stalinsche Praxis die kommunistische Idee verhunzt und ihre Anhänger getäuscht habe. Heute sieht man es in einer Reihe mit anderen mehr oder weniger kritischen Autobiographien altgewordener deutscher Kommunisten aus den Jahren um 1989, die immerhin einigen Aufschluß über die Sowjetunion der 30er Jahre geben, so Trude Richters GULAG-Bericht »Totgesagt«, Hedda Zinners »Selbstbefragung« und Elfriede Brünings »Lästige Zeugen«. Eine durch und durch ungeschminkte Darstellung der Sowjetunion unter Stalins Willkürherrschaft ist freilich keines dieser Bücher.

Für literarisch interessierte DDR-Bürger hatte der im Oktober 1989 zunächst in der Bundesrepublik und bald darauf in der DDR veröffentlichte autobiographische Text »Schwierigkeiten mit der Wahrheit« von *Walter Janka* (1914–94) eine besondere Signalwirkung, was sich auch darin äußerte, daß Janka selbst schon Ende Oktober im Deutschen Theater Berlin daraus las und damit rege Aufmerksamkeit auslöste. Der aus einer Chemnitzer Arbeiterfamilie gebürtige Janka war früh Kommunist geworden. 1936, bei Ausbruch des Bürgerkriegs, ging er nach Spanien und wurde dort zum jüngsten Kommandeur der Internationalen Brigaden. Später emigrierte er nach Mexiko, wo er den Exilverlag »El Libro Libre« leitete. 1945 in die Ostzone zurückgekehrt, wurde er zunächst Chef der DEFA, dann Leiter des Aufbau-Verlags und damit zum wichtigsten Verleger der frühen DDR. Der Herbst 1956 brachte, wie früher dargestellt (vgl. S. 126f.), das Ende seiner Karriere. Nach monatelangen Verhören und einem Schauprozeß verschwand Janka für fünf Jahre im Zuchthaus Bautzen. Von diesem Prozeß und was ihm voraufging berichtet Jankas Buch »Schwierigkeiten beim Schreiben der Wahrheit«. Irritation löste vor allem Jankas Anklage gegen die während seines Prozesses schweigenden Autoren, ihm allesamt durch den Aufbau-Verlag verbunden, aus. Besonders mußte ihn enttäuschen, daß selbst Anna Seghers, mit der er seit gemeinsamen Exilzeiten in Mexiko befreundet war, stumm blieb. Einige Monate nach Jankas »Schwierigkeiten ...« wurde Seghers' in dieser Zeit entstandene Erzählung »Der gerechte Richter« aus dem Nachlaß veröffentlicht, die die Verurteilung eines Richters, der sich weigert, Schauprozesse zu führen, zum Thema hat. Dies war als Entlastung der großen Autorin gemeint, konnte aber nicht überzeugen, insofern Seghers sich selbst nie um eine Publikation der Novelle bemüht hatte. 1991 erschien Jankas umfassende Autobiographie »Spuren eines Lebens«, an der er fünfzehn Jahre geschrieben hatte – das eindrucksvolle Dokument eines moralisch integren, standhaften, freilich politisch eher naiven Sozialisten, der sich seinen Glauben an den »wahren Sozialismus« bis zu seinem Tode zu bewahren vermochte. 1994 erschien mit »Die Unterwerfung. Eine Kriminalgeschichte aus der Nachkriegszeit« eine Art Nachtrag zu Jankas erstem autobiographischen Text, in dem er, begleitet von neuen Archivdokumenten, neuerlich die Zeit seiner Bespitzelung und Verfolgung darstellte.

Gleichfalls schon zu Anfang des Jahres 1990 erschien ein weiteres Erinnerungs- und Bekenntnisbuch eines anderen kulturpolitischen Zeitzeugen der 50er Jahre: Gustav Justs (geb. 1921) Tagebuchcollage aus den Jahren 1957 und 1989 »Zeuge in eigener Sache. Die fünfziger Jahre in der DDR«. Just war stellvertretender Chefredakteur des »Sonntag« gewesen und gehörte wie Janka zu jener sozialistischen Reformergruppe um Wolfgang Harich, der der ungarische Aufstand im Oktober 1956 zum Verhängnis wurde. Zunächst Zeuge im Prozeß gegen Janka und andere, wurde Just im Gerichtssaal verhaftet, mitangeklagt und zu dreieinhalb Jahren Zuchthaus verurteilt. Justs Buch ist ein lesenswertes Dokument über die Wirkungsweise der »Maschinerie des gewöhnlichen Stalinismus« (C. Hein) in der frühen DDR. Die Hochachtung vor dem Autor, mittlerweile SPD-Abgeordneter, Vorsitzender des Verfassungsausschusses und Alterspräsident des Brandenburgischen Landtages, wurde allerdings erheblich getrübt, als bekannt wurde, daß Just im Juli 1941 als Soldat in Rußland an der Erschießung von sechs Juden beteiligt gewesen war. Der Vorgang kann als Beispiel dafür gelten, wie durch die Wende die Wahrheit nicht nur über die zweite, sondern auch gleich noch über die schlimmere erste deutsche Diktatur ans Tageslicht gelangen konnte – eine Wahrheit, mit der das sich antifaschistisch legitimierende SED-Regime im Zweifelsfall opportunistisch umgegangen war.

Aber nicht nur Kulturpolitiker, sondern auch die Literaten selbst nutzten die gewendeten Verhältnisse dazu, die verdrängte und beschwiegene DDR-Vergangenheit ans Tageslicht zu holen und in autobiographischen Texten unterschiedlichster Art ihre eigene Rolle darin sichtbar zu machen. Es gab bereits eine hinter die DDR zurückreichende bedeutende Tradition von Autobiographien ehemaliger Kommunisten und Sozialisten, deren Zentrum die Entscheidung für den Bruch mit der alten Weltanschauung und ihrer politischen Praxis bildete, so die Bücher von Arthur Koestler, Margarete Buber-Neumann, Susanne Leonhard, Wolfgang Leonhard, Alfred Kantorowicz oder Ralph Giordano; später fortgeführt von Gerhard Zwerenz, Heinz Brandt und Carl-Jakob Danziger, schließlich seit den späten 70er Jahren von Helga M. Novak, Jürgen Fuchs, Erich Loest und Franz Fühmann. Noch vor der Wende waren Stephan Hermlins und Stefan Heyms sehr verschiedenartige Autobiographien erschienen – beides Bücher kritischer Kommunisten, die allerdings den Bruch nie vollzogen hatten (vgl. S. 334). Jetzt erschienen autobiographische Bücher von Autoren – alle in den mittleren und späten 20er Jahren geboren –, die für diese Generation gleichsam das ganze Feld möglichen Verhaltens in der DDR und dessen nachträgliche Verarbeitung abstecken. Da gab der Maler und Schriftsteller Karl Hermann Roehricht (geb. 1928), der 1984 die DDR verlassen hatte, seine eher unerheblichen »Lebensverläufe. Innenansichten aus der DDR« (1991) heraus, und Werner Heiduczek veröffentlichte »Meine unerlaubten Texte. Tagebücher – Briefe – Essays« unter dem Obertitel »Im gewöhnlichen Stalinismus« (1991) – Zeugnisse dessen, wie ein einst gutwilliger junger Sozialist im Lauf der Jahrzehnte zum Kritiker und halben Dissidenten wurde, spätestens seit 1977, als es um seinen Roman »Der Tod am Meer« ging, ständig im Visier von Zensurbehörde und Staatssicherheitsdienst. Aber auch *Hermann Kant* sah sich offensichtlich von der Wende herausgefordert, sein Leben und Treiben ins rechte Licht zu stellen, sprich: sich zu rechtfertigen. Er tat es in seiner Autobiographie »Abspann« (1991) in der bekannt beredten, um nicht zu sagen redseligen Weise. Nach der Schilderung von Kindheit und Jugend in Hamburg und Parchim sowie der kurzen Soldatenzeit stehen die DDR-Jahre an der Greifswalder Arbeiter- und-Bauern-Fakultät und natürlich die Erfahrungen als Autor und Literaturfunktionär im Mittelpunkt der Darstellung. Kant hält sich viel darauf zugute, gerade als Vorsitzender des Schriftstellerverbandes immer souverän gehandelt und das Rechte getan zu haben, so z.B. den Druck von Strittmatters »Der Wundertäter III«, Loests »Es geht seinen Gang« und Heins »Horns Ende« ermöglicht zu haben. Selbst wenn das so ist, bleibt auf Kants Konto ein viel zu großer Gegenposten der Beihilfe zu Zensur und Schikanierung. Unter dem Strich entsteht der Eindruck, daß der Autor sein Tun nachträglich schönredet oder auch, so treffend Günter de Bruyn, »zerredet« und sich damit »der Selbstauseinandersetzung entzieht.«

Auch *Günter de Bruyn*, vom gleichen Jahrgang 1926 wie Heiduczek und Kant, hat in der Wendezeit seine Autobiographie vorgelegt, freilich nur den ersten Teil, der unter dem Titel *»Zwischenbilanz. Eine Jugend in Berlin«* (1992) die Jahre bis 1949, also bis an die Schwelle der DDR, beschreibt und in den Jahren seit 1986 entstanden ist. Sie hat ein ganz anderes Kaliber als Kants Buch und ragt aus der Prosaliteratur der frühen 90er Jahre deutlich heraus. Man wird lange suchen müssen, bis man eine Autobiographie von solch skrupulösem, bescheidenem Blick auf das eigene Ich wie die de Bruyns findet. Er erzählt anschaulich, episodenreich und ohne je der Versuchung zu großartigen, suggestiven Verallgemeinerungen zu erliegen von seinem Leben als Kind, Jugendlicher und junger Mann in seiner Zeit, also in der späten Weimarer Republik, unter dem Naziregime und in den ersten Nachkriegsjahren, bis er, der ehemalige Luftwaffenhelfer und Soldat, zunächst Landarbeiter und Neulehrer ist und schließlich ein Bibliotheksstudium aufnimmt. Vielleicht am anrührendsten sind die Erzählungen aus de Bruyns (katholischer) Familie, einem Ort der Zuflucht und Geborgenheit, an dem freilich das bedrängende Politische keinen Ort hat, sondern beredt beschwiegen wird. Gleichwohl nimmt der Autor aus seiner Erfahrung der Nazizeit ein hohes Maß an Sensibilität gegen alles Zwanghafte, Autoritäre oder gar Militärische mit hinüber in die ›neue Ordnung‹, wodurch er, anders als viele schuldbewußte Altersgenossen, gefeit ist gegen die oft blinde Gläubigkeit gegenüber dem neuen System. »Ich war unter den Zurückbleibenden«, schreibt er gegen Ende seines Rückblicks. »Das Warum wird den nächsten Band meiner Lebensbilanz ausfüllen. Dort werde ich auch die Frage zu beantworten versuchen, weshalb ich mir die geistige und moralische Mühsal der kommunistischen Utopie hatte ersparen können. Vielleicht spielte dabei der Katholizismus eine Rolle, weil er das nötige Glaubenspotential schon abgedeckt hatte, vielleicht wirkte eine auf Autonomie zielende Kindheitsprägung; [...] ganz sicher aber schützten mich meine Erfahrungen mit dem Dritten Reich.« Letztere freilich hatten andere Altersgenossen – man denke an Loest, Heiduczek, Kant oder Christa Wolf – gerade nicht geschützt, sondern prädisponiert für die zeitweilige Akzeptanz eines kollektivistischen, autoritären und heilsorientierten politischen Systems.

Günter de Bruyn, der antitotalitäre Aufklärer und fortschrittsskeptische Menschenfreund, ist in seiner Generation ein Einzelgänger. Gleichfalls ein Fremder in seiner Zeit, aber von ganz anderer Art, war *Heiner Müller*, der in den Wendejahren und bis zu seinem Tod am Ende des Jahres 1995 eigentlich nur noch autobiographische Texte geschrieben hat. Das begann zunächst mit unverschlüsselt persönlichen, lakonischen Gedichten, die so etwas wie einen fortlaufenden Kommentar zu den Ereignissen seit dem Sommer 1989 bilden (sie erschienen 1992 zusammen mit allem Früheren unter dem Titel »Gedichte«). Da heißt es z.B. in dem Teilgedicht »SELBSTKRITIK«:

> Meine Herausgeber wühlen in alten Texten
> Manchmal wenn ich sie lese überläuft es mich kalt. Das
> Habe ich geschrieben IM BESITZ DER WAHRHEIT
> Sechzig Jahre vor meinem mutmaßlichen Tod
> Auf dem Bildschirm sehe ich meine Landsleute
> Mit Händen und Füßen abstimmen gegen die Wahrheit
> Die vor vierzig Jahren mein Besitz war
> Welches Grab schützt mich vor meiner Jugend

Müllers Gedichte geben auf eindrucksvolle Weise Auskunft von dem Dilemma eines Autors, der seine ›Wahrheit‹ widerlegt sieht und dem die dazugehörige Terrorgeschichte wie keinem anderen vertraut ist – und der sich gleichwohl hartnäckig dagegen wehrt, zu etwas überzulaufen, das er nicht für eine Alternative halten kann: dem Kapitalismus. Schon in den 80ern hatte er selbstironisch bekannt: »MANCHMAL [...] / überfällt mich was die Idioten vom SPIEGEL meine / Wütende Liebe zu meinem Land nennen«. In einem Gespräch mit Hans Magnus Enzensberger im Juni 1988 hatte Müller den auch ästhetischen Punkt benannt, der ihn an die DDR und das sozialistische Projekt band: In der DDR sei »alles schiefgegangen«, und das sei »die beste Voraussetzung für Kunst und Literatur«. Enzensberger hatte ihm zugestimmt und zu erkennen gegeben, wie gut er den Altersgenossen verstand: Der andere Teil Deutschlands habe im Gegensatz zum Westen »Substanz – und sei sie negativ«; das wiederum ermögliche die der Kunst günstige »ästhetische Fallhöhe«. Genau darin bestand für Müller die Ironie der Wendeereignisse: Jetzt ging alles ›gut‹ statt »schief«, will sagen: die Integration der DDR ins westlich-kapitalistische System stellte in seiner Sicht alle Größe im Handeln, im Leiden, vor allem aber jegliche große Zukunftsvision still. Das aber machte den Dichter Müller stumm: »Tierlaute Wer wollte das aufschreiben / Mit Leidenschaft Haß lohnt nicht Verachtung läuft leer«, schrieb er in seinem monologischen Langgedicht *»Mommsens Block«* (veröffentlicht 1993), in dem er seine vom »Ekel am Heute und Hier« des grassierenden Kapitalismus ausgelöste Schreibhemmung mit derjenigen Theodor Mommsens vergleicht, der rund hundert Jahre zuvor den lang erwarteten vierten Band seiner »Römischen Geschichte« nicht schreiben konnte, weil er – so Müllers Vermutung – die für das Volk von Rom vermutlich glücklichste Zeit unter Nero – »es hatte sein Brot seine Spiele« – bar jeder Größe und entmutigend langweilig fand. Ironischer Anknüpfungspunkt für Müllers autobiographisches Poem war die Tatsache, daß in der Eingangshalle der Berliner Humboldt-Universität Karl Marx im wörtlichen Sinn vom Sockel geholt und wieder durch Mommsen ersetzt wurde. – Immerhin hat sich Müller in den ersten, vom *writer's block* gekennzeichneten Wendejahren gesprächsweise (durch Katja Lange-Müller und andere) eine Autobiographie abringen lassen, die zwar als ganze kein durchkomponiertes sprachliches Kunstwerk geworden ist, aber eine kaum ausschöpfbare Auskunftsquelle über seine Person, sein Schreiben und seine Erfahrungen »in zwei Diktaturen« darstellt: *»Krieg ohne Schlacht«* (1992). Sehr interessant ist das versteckte Psychogramm, das Müller, der Antipsychologe, in diesem Buch von sich selbst entwirft. Er bestätigt scheinbar die in Umlauf befindlichen Vorstellungen von einem zynischen Subjekt, das nur aus Masken besteht und keinen anderen Identitätskern als den des Schreibbegehrens hat. Vom »politischen Engagement« für den Sozialismus sagt Müller, es habe ihn »natürlich [...] beschäftigt, aber es gibt da einen Kern, der von allem unberührt war bei mir. Der war von der Nazizeit unberührt und von der Zeit danach auch. [...] Was dieser Kern war, weiß ich nicht. Wahrscheinlich das Schreiben, ein Bereich von Freiheit und Blindheit gleichzeitig, völlig unberührt von allem Politischen, von allem, was draußen vorging. Meine Sache war die Beschreibung.« Doch den »Kern« dieses merkwürdigsten und vielleicht bedeutendsten aller DDR-Autoren trifft wohl doch eher eine andere Aussage aus diesem Text: »Das war auch in meinem Denken: eine Diktatur um den Preis des Aufbaus einer neuen Ordnung, die vielleicht noch entwickelbar ist, eine Diktatur gegen die Leute, die meine Kindheit beschädigt hatten.« Auch Müller, so sagen diese Sätze, blickte, schaudernd vor den gerade überwundenen Verbrechen des Nazismus, mit großer Hoffnung auf die junge, schreckliche DDR – »der Schrecken: die erste Erscheinung des Neuen«.

Einer, der stets unfähig gewesen war, wechselnde Masken zu tragen, war *Franz Fühmann*. Er hatte bereits 1982 mit seinem Trakl-Buch »Vor Feuerschlünden« (»Der Sturz des Engels«; vgl. S. 333f.) seinen eigenen lebenslangen »Konflikt zwischen Doktrin und Dichtung« dargestellt. Ein weiteres autobiographisches Projekt war in Arbeit, da starb Fühmann im Juli 1984 nach mehreren Krebsoperationen, und das Vorhaben blieb Fragment. 1991 erschien es, durchaus passend auch zu diesem späten Zeitpunkt. *»Im Berg. Bericht eines Scheiterns«* war der Titel des zentralen Textkonvoluts, das jetzt mit anderen Texten und Dokumenten aus dem Nachlaß zusammen ediert wurde. In einem beigefügten Auszug aus Fühmanns Testament finden sich die Sätze: »Ich habe grausame Schmerzen. Der bitterste ist der, gescheitert zu sein: In der Literatur und in der Hoffnung auf eine Gesellschaft, wie wir sie alle einmal erträumten.« Fühmanns fragmentarischer Text »Im Berg« ist die letzte Manifestation dieses gescheiterten Traums – berührend, aber literarisch kaum überzeugend. Seit 1974 hatte er sich immer wieder für Tage und Wochen in das Mansfeldische Kupfer- und Kalibergbaugebiet begeben, war eingefahren und sogar Mitglied einer Brigade geworden, vergleichbar seiner ›teilnehmenden Beobachtung‹ auf einer Rostocker Werft, die in dem Buch »Kabelkran und Blauer Peter« (1961) ihren literarischen Niederschlag gefunden hatte. Noch einmal träumte Fühmann in diesem letzten Jahrzehnt seines Lebens den romantischen Traum des Intellektuellen von der Erfüllung der schalgewordenen Existenz in schwerer körperlicher Arbeit – ›echter‹ Arbeit im Vergleich zu der immer wieder angezweifelten und von »jähem Schuldgefühl« begleiteten geistigen Arbeit des Schreibenden. Aus seinem »Verlangen, in diesen Rhythmus einzugehen, vielleicht sogar darin aufzugehen«, mythisierte er den Bergmann als einen im lebendigen Stoffwechsel mit der Natur Befindlichen, der gleichsam die (vormoderne, ja regressive) Utopie der ungetrennten Einheit von geistiger und körperlicher Arbeit im Verbund mit echter Gemeinschaft verkörperte. Natürlich hatte das – und das war auch dem Autor völlig klar – herzlich wenig mit dem »real existierenden Sozialismus« zu tun. Das Sich-Vergraben in diesen Mythos mußte Fühmanns Gefühl des Scheiterns nur immer weiter verstärken. Wenn es tragische Dichter in diesem System gegeben hat (und nicht wenig spricht dafür), dann war Fühmann gewiß der allererste unter ihnen.

Auch zwei Briefbände Fühmanns, die 1994 und 1995 veröffentlicht wurden, gehören in diesen Kontext eines (Wieder-)Zugänglichmachens des Verschwiegenen in der Wendezeit: der Band »Briefe 1950–1984«, der den Weg vom bekennenden Kommunisten und Funktionär der NDPD bis zum »feindlich-negativen« Autor nachvollziehbar macht, über den der Staatssicherheitsdienst zwanzig Bände eines Operativen Vorgangs unter dem Decknamen »Filou« anlegte, und der Band »Monsieur – wir finden uns wieder«, der Fühmanns Briefwechsel mit Christa Wolf in den angespannten Jahren zwischen 1968 und 1984 dokumentiert – und deutlich macht, daß die heute immer wieder ins Feld geführten Privilegien dieser und vergleichbarer Autoren gemischt waren mit nicht geringen Schikanen und Gewissensqualen. – In diesem Kontext sei auch der 1993 erschienene Briefwechsel zwischen Christa Wolf und Brigitte Reimann »Sei gegrüßt und lebe. Eine Freundschaft in Briefen 1964–1973« (auch er endet mit dem Tod des einen Briefpartners) genannt – kein großer Dichterbriefwechsel, aber doch ein bemerkenswertes *document humain* und obendrein eine Quelle über das Verhältnis der beiden Autorinnen zur Kulturpolitik dieses Jahrzehnts. Man darf erwarten, daß in den nächsten Jahren weitere Brief- und auch Tagebucheditionen zu den genannten hinzutreten, die das Wissen über vierzig Jahre DDR(-Literatur) vertiefen und differenzieren werden. Der Aufbau-Verlag hat mit der Herausgabe von drei Bänden Briefwechsel zwischen dem Verlag und seinen Autoren bereits einen Beitrag geleistet.

Noch direkter als Autobiographien (deren sinnstiftender Konstruktcharakter oft unterschätzt wird), Tagebücher und Briefe transportierten *Dokumentationen historischer Quellen* aus vierzig Jahren DDR das für von Verdrängungen freie Geschichtserkenntnis so unersetzbare »Kräutlein Faktum« (so einst Ernst Bloch im Blick auf die Schrecken der Nazizeit). Das gilt natürlich für alle Aspekte der DDR-Geschichte, aber nicht zuletzt auch für die Bereiche Kultur und Literatur. Ein besonders wichtiger Quellenband zur Vorgeschichte der realsozialistischen DDR-Literatur war der von dem Hamburger Historiker Reinhard Müller herausgegebene Band »Die Säuberung. Moskau 1936: Stenogramm einer geschlossenen Parteiversammlung« (1991), die deprimierende Dokumentation eines regelrechten Inquisitionstribunals unter den kommunistischen deutschen Exilschriftstellern vom 4. bis 8. September 1936 – wenige Tage nach dem ersten Moskauer Schauprozeß –, an dem u.a. Johannes R. Becher, Willi Bredel, Alfred Kurella, Georg Lukács, Gustav Regler und Friedrich Wolf teilnahmen (vgl. S. 78f.). Hierher gehören des weiteren die Bände »Kahlschlag. Das 11. Plenum des ZK der SED 1965. Studien und Dokumente« (1991; in dieser Zeit wurde auch der niederschmetternde O-Ton-Mitschnitt dieses repressiven Kunst-Plenums zugänglich) und »In Sachen Biermann. Protokolle, Berichte und Briefe zu den Folgen einer Ausbürgerung« (1994), durch die zwei entscheidende Stationen der SED-Literaturpolitik veranschaulicht wurden. Wichtig waren auch Ausstellung und Ausstellungsbuch zum Thema »Zensur in der DDR. Geschichte, Praxis und ›Ästhetik‹ der Behinderung von Literatur« (1991), die dem Literaturhaus Berlin zu verdanken waren und die Zensurpolitik der SED eindrucksvoll belegten. Das gilt auch für die »Dokumentation zu Christa Wolf, ›Nachdenken über Christa T.‹« (1991), die einen der wichtigsten und kompliziertesten Zensurfälle darstellte. Zum brisantesten und demzufolge am reichsten belegten Thema wurde sehr bald das Verhältnis zwischen Staatssicherheitsdienst und Literatur. Als erste dokumentierten Reiner Kunze (»Deckname ›Lyrik‹«, 1990) und Erich Loest (»Der Zorn des Schafes. Aus meinem Tagewerk«, 1990) ihre Überwachung durch das MfS. 1992 folgte der von Hans Joachim Schädlich herausgegebene Sammelband »Aktenkundig« (mit Beiträgen u.a. von Biermann, Fuchs, Rathenow und Schädlich selbst) und 1993 – direkte Folge der Angriffe auf Christa Wolf – die Dokumentation »Akteneinsicht Christa Wolf. Zerrspiegel und Dialog«, die sowohl Wolfs »Täterakte« von 1959 bis 62 wie auch ihre »Opferakte« von 1969 bis 89 in Auswahl darbietet. Schließlich ist der Band »MachtSpiele. Literatur und Staatssicherheit im Fokus Prenzlauer Berg« (1993) zu nennen, der Sascha Andersons und Rainer Schedlinskis IM-Tätigkeit exemplarisch dokumentiert und die Debatte dazu versammelt. Kein Zweifel, von wenigen Ausnahmen abgesehen waren solche faktographischen Bücher der spannendste Beitrag zum Thema DDR-Literatur – und doch gab es einige bemerkenswerte literarische Texte im engeren Sinne, in denen sich Glanz und Elend dieser Literatur noch einmal pointiert offenbarte. Von ihnen soll im folgenden die Rede sein.

Auf der Suche nach dem verlorenen Leben. Die Provinz als Universum

Von allen möglichen Themen war die DDR selbst immer der DDR-Literatur liebstes Kind. Das ist erst einmal nicht verwerflich, und dafür gaben durchaus nicht nur ideologische Gründe den Ausschlag. Zum einen war die DDR der natürliche Erfahrungsraum ihrer Autoren, zum anderen galt ihnen das »Ländchen« (S. Kirsch) lange als »dieses bessere Land« (H. Czechowski), das sie »wieder und wieder wählen« würden (R. Kunze). Irgendwann sahen die meisten es zwar nicht mehr als ein gutes, aber immer noch als das verbesserbare an. Für sehr viele blieb es, in den Worten Richard Leisings, das Land »in dem ich leben will, / Aber muß«. Als sich die DDR dann Zug um Zug auflöste und gleichsam ohne Vorwarnung in einen sehr fremdartigen anderen Zustand überging, war das Anlaß größter Irritationen, ja von Trauer und Melancholie – jedenfalls in der künstlerischen Intelligenz, aber nicht nur in ihr. »Mein Land ist mir zerfallen. / Sein' Macht ist abgetan. / Ich hebe, gegen allen / Verstand, zu klagen an«, dichtete Jürgen Rennert, und er sprach für viele, die einen »Unbekannten Verlust« (Marion Titze) verspürten. Jetzt, in den Wendejahren, so läßt sich mittlerweile überblikken, wurde die DDR erst recht zum Thema der Schriftsteller, die ihr entstammten. Freilich konnte das sehr Verschiedenes bedeuten. Es gibt, nicht selten und präzise, den Blick zurück im Zorn – und es gibt Rückblicke ohne jeden Zorn, ja voller Trauer und Verklärung (Werner Heiduczek sprach heftig übertreibend von »Gulagwehmut«). »Wie in der Weimarer Republik während der Inflation oder während der Weltwirtschaftskrise das untergegangene Kaiserreich als verlorenes Paradies erschien«, schrieb Günter Kunert 1992, »so kommt heute schon vielen bundesrepublikanischen Neubürgern die DDR als entschwundene, gar gestohlene Heimat vor. Wie immer arbeitet unterhalb des Erinnerungsvermögens ein Kobold daran, das Gestern zu verschönen, und so ist – ich garantiere dafür – damit zu rechnen, daß wir Biographien und Memoiren zu lesen kriegen werden, die dieses geschönte Bild enthalten.« Kunert behielt recht, und nicht nur für die Gattungen, die er nannte. Unverkennbar entsprach – und entspricht wohl noch – dieser Autorenhaltung eine Leseerwartung auf Seiten vieler Bürger der neuen Bundesländer, die den gleichen psychologischen Mechanismen gehorcht und mit PDS-Mentalität unzureichend beschrieben ist. Christoph Dieckmann hat sie, beim Nachdenken über die Frage, warum ehemalige DDR-Bürger Günter Grass' Roman »Das weite Feld« (1995) so gern lesen, überzeugend beschrieben: »Wir kommen drin vor. Die Wessis verstehen es nicht. Grass hat es für uns geschrieben. Wir lieben den Roman als letztes Westpaket. [...] HEIMAT wabert, regional umrissenes Gewissen, das Universum der Provinz, heimstark und auswärtsschwach, unzuständig für die Schlechtigkeit des Auslands hinter den sieben Bergen. [...] Der introvertierte Osten wünscht den Blick auf sich selber. Man will *vorkommen* – warm beschrieben, stimmig im Detail.«

Kein in den Wendejahren erschienener Roman eines DDR-Autors entsprach, von Grass' Buch abgesehen, dieser verständlichen populären Leseerwartung im Osten so stark wie *Erwin Strittmatters »Der Laden 3«,* der seine Leser 1992 erreichte und schnell mehr als hunderttausendmal gekauft wurde – aber fast nur in den neuen Bundesländern. Die ersten beiden Bände von Strittmatters Dreiteiler, Summe seines Lebens und Schreibens zugleich, waren schon 1983 und 1987 erschienen. Der Roman spielt in einem halbsorbischen Heidedorf in der Nähe von Spremberg, genannt Bossdom, zunächst in den späten 10er und dann 20er Jahren. Es geht also um des Autors Kindheits- und Jugenderfahrungen in seiner angestammten bäuerlichen Landschaft und in der ihr eigenen ungleichzeitigen poetischen Mischsprache, des zu Teilen sorbischen *Ponaschemu* – »eine Unter-Uns-Sprache, eine Zwischensprache«. Mit dem Bäckerladen von Esau Matts Eltern – der Vater »Deitscher«, die Mutter Sorbin – wird eine halbversunkene dörfliche Welt der Landarbeiter und Kutscher, der Mägde und Ladendiener zugänglich, in die dann nach 1945 der Sozialismus einzieht. Ebendiese Nachkriegsjahre sind die Handlungszeit des dritten Bandes von Strittmatters Heimatroman, der nun unvermutet in die Hektik der Wende hereintritt und den gestreßten, aber noch lesenden Neubürgern einen Platz anbietet, an dem sie sich wiedererkennen, niederlassen und ausruhen können. Das Buch verschweigt keineswegs, wie die stalinistischen Prägungen in diesen Jahren gerade auf dem Lande Platz griffen. Dennoch läßt es sich nostalgisch-identifikatorisch lesen. »Sein Erfolg auf dem Boden der ehemaligen DDR«, schreibt Gabriele Eckart, »hat psychologisch ähnliche Gründe wie jener der Heimatfilme im zerstörten Nachkriegsdeutschland. Der Raum der Geborgenheit, den wir mit dem Wort Heimat assoziieren, funktioniert dabei als ein imaginärer Ort der Versöhnung.« Als Erwin Strittmatter am 31. Januar 1994 starb, war das für die Bewohner der neuen Bundesländer der Tod eines Volksschriftstellers – ein Phänomen, für das es in der Alt-Bundesrepublik wohl kein Pendant gibt.

Ein anderer Roman, der die Suche nach dem versunkenen Leben in der DDR manifestiert, aber doch von gänzlich anderer Art, ist *Karl Mickels »Lachmunds Freunde«* (1991) – zwischen 1968 und 1983 entstanden und ganz und gar nicht von der Wende eingefärbt. Das einzige, was ihn mit Strittmatters Romanprojekt verbindet, ist seine Abstinenz gegenüber allem bekenntnishaft Politischen – und, daß es einmal eine Trilogie werden soll. Mickel erzählt in seinem »philosophisch-pornographischen Roman« (das zweite Element hält sich in Grenzen) aus dem Studentenleben die Lebenswege dreier ungleicher Freunde – Bär, Günter Hammer und Eckart Immanuel Lachmund –, beginnend nach dem 17. Juni 1953 in Dresden und endend Jahre später in Berlin. Auch wenn diese und andere erzählte Beziehungen zuweilen spannungsreich sind (vor allem wegen »der Weiber«), ist das Buch ein Loblied auf Männerfreundschaften – und gleich an zweiter Stelle eines auf den gelebten und genossenen Sexus. Mickels zum Teil kauzig räsonierender, skurriler, gegen die Regeln der Kunst erzählter und collagierter Roman, in dem die DDR als politisches System nur ganz am Rande vorkommt, ist etwas ausgesprochen Seltenes: materialistisch in seiner Lebensphilosophie, aber alles andere als realsozialistisch. Der Autor findet wichtig festzuhalten: »Ähnlichkeiten mit real existierenden [!] Personen wären Zufälle.«

Andere seit 1989 erschienene Prosatexte zur untergegangenen DDR können und wollen sich nicht so gelassen geben wie Mickel, von Strittmatter ganz zu schweigen. Aus ihnen sprechen Ingrimm und Zorn gegen die als mißraten erfahrene Lebensform DDR, zu der es seit 1961 keine Alternative gab und die, gleichsam eingewachsen, als andauernde Kränkung wahrgenommen wird. »Auf der Suche nach dem verlorenen Leben« meint hier weniger den Versuch, aus dem Gedächtnis entschwundene gelebte Vergangenheit wiederzuerinnern, sondern die literarische Recherche nach den Gründen eines verlorenen im Sinne von *geraubten Lebens*, geraubt von der Führungsschicht eines durch und durch ideologisierten, autoritären Machtstaats. Hierher gehört, trotz seiner behutsamen Erzählweise, Christa Wolfs schon genannte kontrovers diskutierte Erzählung »Was bleibt«. Aber vor allem sind hier mehrere *Väterbücher* zu nennen, die sich wie ein Pendant zu den west- und ostdeutschen Naziväter-Büchern der 70er und frühen 80er Jahre ausnehmen. Autoritäre kommunistische Väter als in der Tat bedeutsame Prägefiguren der DDR sind in der Literatur schon früher begegnet, so in Brauns »Unvollendete Geschichte«, in Braschs »Vor den Vätern sterben die Söhne«, in Saegers »Das Überschreiten einer Grenze bei Nacht« oder auch in Müllers Szene »Der Findling« aus »Wolokolamsker Chaussee«. Jetzt wird die zumeist biographischer Traumatisierung entstammende Analyse der Väterwelt fortgesetzt, und sie gestaltet sich nicht selten als so grimmige wie verzweifelte Abrechnung. Beispielhaft steht dafür *Monika Marons* Roman *»Stille Zeile sechs«* (1991). Die Ich-Erzählerin Rosalind Polkowski, eine jüngere Historikerin, kennt der Leser bereits aus dem Roman »Die Überläuferin«. Jetzt hat sie sich von dem einst hohen, nun pensionierten SED-Funktionär Herbert Beerenbaum dafür engagieren lassen, seine Memoiren niederzuschreiben. Das Buch setzt am Tag von Beerenbaums Begräbnis im »Ehrenhain« des Pankower Friedhofs ein, also mit dem Datum, durch das der unerbittlich geführte Streit der jungen Frau mit dem selbstgerechten, verstockten Altfunktionär, ja ihr Todeswunsch ihm gegenüber gegenstandslos geworden sein müßte. Aber er ist es nicht. Rosalind Polkowski spürt, wie die von Beerenbaum exekutierte »gigantische Erziehungsaufgabe« namens DDR verhängnisvoll weiterwirkt – in ihr wie in der ganzen Bevölkerung. Sie merkt, daß sie diesen Grandiositätsanspruch haßt, »Generationen von Menschen« würden geradezu dafür geboren, »damit Kommunisten ihre Ideale an ihnen erproben dürfen.« Und zugleich weiß sie, daß junge Kommunisten durch die Erfahrung der Nazizeit mit einer gewissen Automatik auf die Bahn gesetzt wurden, die sie dann rigoros zu Ende gingen, Opfer und Täter zugleich. Zweifellos arbeitet sich Monika Maron mit diesem Buch, die quälenden, aggressionsgeladenen Erinnerungen verfremdend, auch an ihrem eigenen Stiefvater Karl Maron ab, der von 1934 bis 1945 im sowjetischen Exil lebte und später Chef der DDR-Volkspolizei, ZK-Mitglied und Innenminister des Landes wurde. In ihrer Deutschland-Rede »Ich war ein antifaschistisches Kind« hatte sie diese tief prägende familiäre Erfahrung bereits im Dezember 1989 unverhüllt, und gleichfalls eindrucksvoll, beschrieben.

Noch deutlicher schließt *Kurt Drawerts* (geb. 1956) Prosatext *»Spiegelland. Ein deutscher Monolog«* (1992) an die vorhergehende Väterliteratur an. Drawert hatte sich schon mit dem Gedichtband »Zweite Inventur« (1987; 1989 erweitert als »Privateigentum«), auf den Spuren von Günter Eich und Karl Krolow wandelnd, aber doch schon mit ganz eigenem Ton, bekannt gemacht. Jetzt stellte er hartnäckig bohrend, ja geradezu verbohrt, aber zweifellos einprägsam die altvertraute Frage nach den eigenen Kindheitsmustern: Wie bin ich so geworden, wie ich heute bin? Er unternimmt den Versuch, mittels »einer Sammlung fotografischen Empfindens« eine »Hinterlassenschaft« zu sichern – nicht zuletzt, um einmal vor den eigenen Kindern (denen das Buch »im Sinne einer Erklärung« gewidmet ist) bestehen zu können. Im Mittelpunkt von Drawerts Blick zurück im Zorn, geboren aus dem

Wunsch nach einer zweiten, endgültigen Abnabelung, steht der Vater, ein Polizeioffizier von der Kripo, dessen Blick »nicht auf die Menschen [...], sondern [...] auf den Abgrund im Menschen gerichtet« war; für den ›die Wahrheit des Menschen‹ erkannt zu haben hieß: sie »*überführt* zu haben«. Ebendas ist die kindheitslange Erfahrung des Sohnes: ein Delinquent, ein ›zu Überführender‹ zu sein. Drawerts Durcharbeitung der familiären wie staatlichen DDR-Vergangenheit endet nicht mit dem Gestus des »Alles verstehen heißt alles verzeihen«. Er verharrt bei der unerbittlichen Beschreibung des Gewesenen. Nahe kommt ihm der verlorene Vater am ehesten dann einmal, wenn er vor den Trümmern seines eigenen Lebens steht. Am faszinierendsten ist der immer wieder neu ansetzende und doch in sich kreisende Text dort, wo er traumatische Kindheitsgeschehnisse gleichsam aus der wiedererrungenen Innenperspektive des Kindes von damals erzählt und dabei große Anschaulichkeit und Eindringlichkeit erreicht – z.B. wo es um den »Augenblick der Beschädigung der Stimme« geht: die Geschichte des Kindes, das nicht wie sein Vater oder Großvater sprechen will und folglich das Sprechen ganz verweigert. Drawerts Verfahren der assoziativen, parataktischen Reihung, des ständigen Umkreisens und Wiederholens quälender Erinnerungsfragmente, durchsetzt zudem von Assoziationen aus der Zeit der Niederschrift 1990/91, beschert dem Leser eine so anstrengende wie lohnende Lektüre von beträchtlicher Sogwirkung. – Drawerts Buch vergleichbar und doch ganz anders – scheu, leise, subtil – ist *Angela Krauß'* schmale autobiographische Erzählung »*Der Dienst*« (1990). Krauß, seit dem 1984 erschienenen »Vergnügen« als hochbegabte Prosaschriftstellerin bekannt, geht in die Landschaft ihrer Kindheit, das Erzgebirge im Wismut-Berbaugebiet, zurück. Aber der Blick ist ausschließlich und unverwandt auf den eigenen Vater gerichtet – einen liebevollen, begabten, starken und von der sich erinnernden Tochter zweifellos geliebten Vater. »In meiner ausgehenden Kindheit war er der vollkommene Entwurf der Welt, die mich erwartete.« Dieser Vater war, nach Soldatenjahren an der Ostfront, Polizist geworden, zunächst ganz harmlos bei der Bergpolizei, später ist vom Chauffiertwerden in der EMW-Limousine, von raschem und steilem Aufstieg die Rede – und davon, daß dieser Mann es »ernst« meinte. Im Jahre 1968 ist dann der »Ernstfall« eingetreten, irgend etwas geht schief (natürlich sind die Ereignisse in der Tschechoslowakei gemeint, als die Nationale Volksarmee einmarschbereit am Erzgebirgskamm stand): »Im Oktober erschoß sich mein Vater im Dienst.« Weiteres, gar Gründe, teilt uns die Erzählerin nicht mit. Gerade dadurch wird dem Leser das Dilemmatische dieser Situation bewußt, das sich als Erbe auch noch auf die nächste Generation, die der 1950 geborenen Autorin, übertrug. »Der Dienst« vergegenwärtigt eine DDR-Kindheit als eine von Liebe und unbeschwerten Alltagsfreuden erfüllte Zeit, die zur gleichen Zeit von schrecklichen

Zwängen und Selbstzwängen umstellt war. Gelungene DDR-Literatur kann helfen, sich dieses paradoxale Zugleich vorzustellen.

Auch *Uwe Saeger* ist ein Autor, der solches leistet. Er hatte sich bereits seit etwa 1980 einen Namen als Verfasser spannender, zuweilen veristisch krasser Erzählungen gemacht, und seine letzten beiden – »Das Überschreiten einer Grenze bei Nacht« und »Aus einem Herbst jagdbaren Wildes« – waren geradezu prophetische Diagnosen des agonalen Zustands der späten DDR. Mit zwei Prosaveröffentlichungen hat Saeger auf die Wende reagiert, aber in ihnen vor allem noch einmal die gescheiterte Lebensform DDR beschrieben. Das erste, 1991 erschienene Buch *»Die Nacht danach und der Morgen«* ist eine Merkwürdigkeit ersten Ranges. Zunächst erzählt es – und dieser erste Teil ist ein starker autobiographischer Text – vom Wehrdienst bei der Nationalen Volksarmee zu Anfang der 70er Jahre, den der Erzähler als Wachsoldat bei den Grenztruppen verbracht hat. Zum Glück hat er nie einen Schuß auf einen Flüchtenden abgeben müssen, und doch quält ihn das Schuldgefühl, sich dieser Diensteinteilung nicht entzogen zu haben (was, wie wir wissen, nicht unmöglich war).Das Aufschreiben dieser Erfahrungen wird zum einzig gangbaren Ausweg, die Schmach, so sagt er, auf ein erträgliches Maß zu bringen. Saegers gelungener Kunstgriff ist es, nicht von den 548 Tagen »hundehafter Haltung« im ganzen zu erzählen, sondern nur von der »Nacht danach und dem Morgen«, also von der Heimkehr einer Handvoll Kameraden in ihre mecklenburgisch-pommersche Provinz nach den heil und doch nicht heil überstandenen anderthalb Jahren; eine Heimkehr, die keine mehr ist: die privaten Beziehungen kaputt, die Familien fremd geworden, der Suff als einziger Ausweg. Natürlich wollte einen solchen Prosatext in der DDR keiner drucken, und auch einem Filmskript für die DEFA vom Ende der 70er Jahre (jetzt der erste Teil des Buches) ging es nicht besser. Saegers Buch wird nun dadurch, wie gesagt, merkwürdig, daß er diesen Text mit einem zweiten konfrontiert, der wie ein Doppelgänger ist. Der Sohn eines Kumpels schickt ihm eine Erzählung über seine eigene Militärzeit an der Mauer, fünfzehn Jahre später, zu, die gerade im Wendemonat Oktober 1989 zu Ende geht. Der (vermeintliche) Schreiber dieses Textes entpuppt sich als der langjährige Stasi-Bewacher des Autors Uwe Saeger. Ironischerweise stellt er die Gewissensprobleme eines heimlichen Oppositionellen an sich überzeugender dar als sein Vorgänger: die DDR als durch und durch verkehrte Welt, und Saegers Roman als Vorwegnahme dessen, was die Öffentlichkeit einige Monate später von der Prenzlauer-Berg-Szene als »Stasi-Plantage« erfahren sollte. – Saegers 1993 erschienener Band *»Landschaft mit Dornen«* – Erzählung zum gleichnamigen Fernsehfilm – springt mitten hinein in die kulturellen und sozialen Verwerfungen im »Beitrittsgebiet«. Saeger schildert, wiederum spannend und hart, die Geschichte von vier orientierungslosen, haßerfüllten, verzweifelten Jugendlichen aus der ehemaligen DDR, die zuerst einen jungen Hund erschlagen und später dann einen Menschen. Ein unausweichlicher Prozeß fortzeugender Verbrechen kommt in Gang, an dessen Ende alle vier tot sind. Saegers Buch nimmt die neue kapitalistische Gesellschaft als eine, die mit den von der Mehrheit gelebten Werten nicht zur Identifikation einlädt, kritisch aufs Korn, aber es zeigt auch, daß die DDR ihre jungen Leute nicht zu selbstbestimmter Moralität erzogen hat.

Kein anderer Autor hat so ausdauernd und sprachmächtig, phantastisch und realistisch zugleich und wie unter dem Zwang, dieses Thema wieder und wieder erzählen zu müssen, die DDR als mißratene Lebensform dargestellt wie *Wolfgang Hilbig*, der bedeutendste Arbeiterschriftsteller eines Staates, der zeitweise verlangte, daß alle »Kumpel« zur Feder greifen sollten. Vielleicht kommt der unkorrumpierte, erfahrungsgesättigte, spekulativen Verallgemeinerungen abgewandte Blick Hilbigs wirklich daher, daß er Dreher gelernt hat und in verschiedensten Handarbeiterberufen tätig war statt zu studieren und ein ›Intelligenzler‹ zu werden. Sein Roman *»Eine Übertragung«* (1989) handelt dann gerade davon, wie ein Prolet, der als Heizer arbeitet, immer mehr in das Doppelleben eines zugleich, das heißt nächtens, Schreibenden hineinwächst und nicht mehr anders kann als sein Leben in sich ständig wiederholenden Akten der »Übertragung« des Lebens auf die Literatur und umgekehrt der Literatur zurück auf das Leben zu vollziehen. In Hilbigs nächstem, vielleicht dichtestem und überzeugendstem Prosatext *»Alte Abdeckerei«* (1991) ist diese wechselseitige Übertragung bis zur vollständigen Ununterscheidbarkeit der beiden Sphären Phantasie und Wirklichkeit gediehen. Es erzählt von einem stillgelegten Kohleschacht namens »Germania II«, der inmitten einer Landschaft kaputter Industrieanlagen und toter Bergwerke liegt, auf schwankendem, unterhöhltem, ›bodenlosem‹ Grund (Parallelen zu Volker Brauns Text »Bodenloser Satz« lassen sich finden). Schon als Kind hatte der Erzähler, nichtsahnend und verständnislos, diesen rätselhaften Ort entdeckt und dort einen Unfall erlitten. Später verdingt er sich dort als Arbeiter, etwas, was ›man‹ eigentlich nicht tut. Schon auf den ersten Seiten tauchen Wörter wie Rampe und Gleisanschluß, später dann Kadaver, Massengräber, Rauchschwaden und Seifenproduktion auf. Die Alte Abdeckerei, in der Tierkadaver entsorgt werden, entpuppt sich als Zentralmetapher für alle Massen-Entsorgungsanstalten von Toten in den totalitären Diktaturen dieses Jahrhunderts, als nicht mit Sinn aufzuladendes Schreckenszeichen einer in die Irre gegangenen Geschichte. Sie ist das namenlose, stinkende Grab der Opfer von Auschwitz, und zugleich ist sie der Ort, an dem »der Kadaver der Republik angestochen« wurde. All das berichtet der Erzähler nicht als einer, der völlig unbeteiligt und über diese Dinge erhaben wäre. »Ich war einer der Männer von Germania II«, heißt es. Hilbigs Prosastück ist durch eine immer anschauliche, zuweilen wild wuchernde und visionäre Sprache gekennzeichnet, wodurch es der naheliegenden Gefahr purer Allegorese entgeht. – Der Roman »*›Ich‹*« (1993) unterscheidet sich von »Alte Abdeckerei« schon dadurch, daß er große Mengen von Nach-Wende-Wissen verarbeitet (vor allem über die Praxis des Staatssicherheitsdienstes) und von daher die DDR-Vergangenheit in eine neue Perspektive rückt. Vor allem aber ist der Erzähler ein Mensch, der noch stärker ein Beteiligter, ja in die Machenschaften des Systems Verstrickter ist als sein Vorgänger, dessen Arbeitsplatz »Germania II« war. Er heißt C. oder W. oder M.W., am häufigsten aber mit seinem Stasi-Decknamen »Cambert«, schließlich auch »Ich« oder eben »›Ich‹«. Irritierend ist, daß die biographisch feststellbaren Eigenheiten dieses Mannes denen des Autors Hilbig eminent ähneln – abgesehen freilich von dem entscheidenden Unterschied, daß Hilbig kein Stasi-Spitzel war. Doch ihm geht es offenkundig um etwas anderes: um die strukturelle Nähe dessen, was Schriftsteller und Spitzel auszeichnet, nämlich die beiden gemeinsamen konstitutionellen Eigenschaften Neugier, Wahrnehmungstrieb, Forscherdrang und Aufschreibesucht. Hatte Hilbig in »Eine Übertragung« Literatur und Leben wechselseitig ineinander aufgehen lassen, so verwischt er in »›Ich‹« konsequent alle Unterschiede zwischen Literatur und Geheimdiensttätigkeit – womit er denn doch Wasser auf die Mühlen derer leitete, die die Prenzlauer-Berg-Szene als reine MfS-Inszenierung sehen wollten. Doch abgesehen von dieser problematischen Suggestion ist der Roman, wiederum ständig auf dem Grat zwischen Realistik und Phantastik balancierend, ein eindrucksvolles Panorama der untergegangenen DDR im Banne der Dauerobservation. Daß sein fragwürdiger, nie mit sich identischer Held sich die meiste Zeit wortwörtlich im Untergrund, nämlich in den labyrinthischen Kellergängen unter dem Stasi-Zentrum Normannenstraße in Berlin aufhält, knüpft an Hilbigs Vorliebe für ein Erzählen aus der Unten-Perspektive an – ein Erzählen, das viel drastische Wirklichkeit fern der Ideologie befördert. Hierher gehören auch die Szenen aus dem Lebens- und Liebesalltag des IM Cambert (z.B. seine merkwürdige Beziehung zur Zimmerwirtin Frau Falbe), die manche Langatmigkeit und Weitschweifigkeit des interessanten, aber literarisch vielleicht doch zu sehr gelobten Buches wettmachen. – Von einer größeren Öffentlichkeit kaum wahrgenommen erschien im Herbst 1995 ein erstaunlicher Roman des 1961 in Döbeln geborenen Ulrich Zieger, der zuvor schon mehrere Bücher mit Gedichten, Prosa und Stücken vorgelegt hatte. In „Der Kasten" läßt Zieger, in Sujet und einzelnen tragenden Motiven Hilbig vergleichbar, die Verwahrlosung und den Untergang des Landes von einem Ich-Erzähler präzis beobachten.

Als die Mauer fiel und bald darauf das ganze Staatswesen DDR, hofften viele, daß sich nun lange verschlossene Schubladen öffnen würden und die ›eigentliche‹ DDR-Literatur ans Licht käme. Diese

Erwartung hat sich generell als verfehlt erwiesen – die Schubladen waren leer. Schließlich stand, neben einem im Lauf der 80er Jahre wohlfunktionierenden Samisdat, der westdeutsche Markt fast jedermann, der unbedingt publizieren wollte, weit offen. Doch wenigstens eine Ausnahme von bemerkenswerter Schubladenliteratur ist zu verzeichnen. Es ist das schon bis 1989 voluminöse Prosawerk von *Reinhard Jirgl* (geb. 1953). Jirgl, gelernter Elektrotechniker und zuletzt als solcher an der Volksbühne tätig, war zu DDR-Zeiten ein Einzelgänger ohne Verbandsmitgliedschaft und Veröffentlichung. Freilich war sein *»Mutter Vater Roman«* schon für Gerhard Wolfs »außer der reihe« im Aufbau-Verlag angenommen und erschien dann auch 1990. Weitere vier Bücher (von, so Jirgl, neun fertigen) folgten bis 1995. Jirgls Denken hat viele Väter, und es sind ausschließlich solche, die in der DDR kein Heimatrecht hatten: Friedrich Nietzsche, Oswald Spengler, Ernst Jünger und Michel Foucault zum Beispiel. Seine Schreibweise ist ähnlich wild inspiriert, nämlich von vielen Avantgardedichtern vom Dada bis zu Arno Schmidt. Auf solcher der DDR fremder Basis hat sich Jirgl eine Theorie der ›richtigen‹ Wortgestalt und Orthographie zurechtgelegt, die freilich in westlichen Breiten eher epigonal anmutet und bei der Lektüre rasch ermüdet. Jedes »ein« und »zwei« in normalen Wörtern durch die Ziffern »1« und »2« ersetzt zu finden (um ein Beispiel von Jirgls Privatrechtschreibung zu geben), ist auf die Dauer nicht witzig und ohne Erkenntnisgewinn. Vergleichbaren Zumutungen ist der Leser bei der uferlosen Ausbreitung von Jirgls Lesefrüchten ausgesetzt, die einem in seinem ersten Roman obendrein noch säuberlich in einem »Quellenverzeichnis« aufgelistet werden. Und doch ist dieser Autor eine erzählerische Begabung von zumindest manchmal suggestiver expressionistischer Sprachmächtigkeit, dessen Romane, häufig unter dicken Geröllschichten, aus einer konsequenten Sicht von ganz unten viel Eindrückliches über das verkorkste Leben in der DDR (und deren nazistischer Vorgeschichte) transportieren. Das gilt zumal für Jirgls 1995 veröffentlichten Roman *»Abschied von den Feinden«*. Wiederum ist der Leser, was die Schreibweise angeht, einer oft unerträglichen Mixtur aus Buchhaltermanier und wüstem Chaotismus ausgesetzt, aber die Geschichte zweier feindlicher Brüder – der eine geht in den Westen, der andere verdingt sich bei der Staatssicherheit – ist bewegend und kraftvoll in Szene gesetzt. Jirgls Blick auf den Weltlauf ähnelt dem Heiner Müllers. Was sich beschreiben läßt, sind sich wiederholende Szenen eines »blutig=obszönen=banalen 3-Groschen-Romans namens Geschichte«.

Jirgls Rückblicke auf das Leben in der DDR sind stets radikal subjektiv und gelten zugleich dem Ganzen der Schreckensgeschichte. Andere waren bescheidener in ihrer Darstellung der Provinz als Universum, so zum Beispiel Kerstin Hensel, die in den beiden Erzählungen »Im Schlauch« (1993) und »Tanz am Kanal« (1994) verfremdet –

im zweiten Fall im Gewande eines weiblichen Schelmenromans – ihre eigene DDR-Sozialisation dargestellt hat, oder Renate Feyl (geb. 1944), die in »Ausharren im Paradies« (1992) das vertraute Gewand des Familienromans benutzt, um, autobiographisch fundiert, die kleinliche, schikanöse Enge des DDR-Alltags zu schildern. Ihr erster Roman »Idylle mit Professor« (1989) war dem schwierigen Emanzipationsweg der Luise Adelgunde Victorie Gottsched(in), der Frau Johann Christoph Gottscheds, gewidmet gewesen. Auch die vier Jahre ältere Sigrid Damm kam jetzt, von bemerkenswerten Romanen zu Gestalten der Literaturgeschichte (Lenz, Cornelia Goethe), zu ihrem eigenen DDR-Milieu als Romanvorwurf. »Ich bin nicht Ottilie« (1992) ist eine differenzierte, genaue Darstellung des Bildungs- und Lebensweges einer Literaturwissenschaftlerin, die in ein Spiel mit der Personenkonstellation von Goethes »Wahlverwandtschaften« versetzt ist. Damm hatte einst von ihrer Generation als einer »Generation ohne Biographie« gesprochen, »Mittelmaß, das sich in Geschäftigkeit verbrauchte«. Davon erzählt dieser Roman, und das so gezeichnete Bild der Institution DDR-Literaturwissenschaft gereicht derselben nicht zum Ruhm. – Rückblicke ganz anderer Art, nämlich »Expedition[en] ins sozialistische deutsche Altertum«, hat der 1955 geborene Tilo Köhler vorgelegt, nämlich eine ausgewachsene Trilogie zu allem, was, zumindest zeitweise, in der DDR unter dem Namen Stalins lief. Es sind die Bücher »Die Stalinallee. Unser die Straße – Unser der Sieg« (1993), »Die Stalinstadt. Kohle zu Eisen – Eisen zu Brot« (1994) und »Die Stalinwerke. Lust am Schaffen – Freude am Leben« (1995); keine bedeutenden belletristischen Werke, aber doch gut lesbare Reportagen aus dem wilden Osten, wozu die objektive Komik des Verhandelten nicht wenig beiträgt.

Rückblicke ganz besonderer Art und auf ein ganz eigenes Milieu stammen von *Adolf Endler*. Wo immer in Zukunft von der umstrittenen Prenzlauer-Berg-Szene gehandelt werden wird, müssen seine zahlreichen Bücher zu diesem Thema als Quellenmaterial genutzt werden – ein Material, dessen Echtheit freilich nicht unbedingt den Erwartungen der Historiker gehorcht, dafür aber um so vergnüglicher ist und die Glaubwürdigkeit des Poetischen für sich hat. Endler, vom Jahrgang 1930, hatte einst als etwas Älterer die Sächsische Dichterschule inspiriert und mitbegründet und selbst beachtliche Gedichtbände vorgelegt (ein Querschnitt erschien 1981 unter dem schon damals anrüchigen Titel »Akte Endler«). Glaubte er, einst Überläufer aus dem Westen, Mitte der 60er Jahre noch daran, »In diesem besseren Land« zu leben (so der Titel der von ihm mitherausgegebenen Lyrikanthologie), so schrumpfte dieser Glaube alsbald erheblich. So wurde er ein zweites Mal zum Überläufer: von der ordentlichen reformsozialistischen Kollegenschaft zur unordentlichen kleinen Boheme-Welt der »Prenzlauer-Berg-Connection«, wie er selbst sie gern nannte. Er selbst wurde zum »*Tarzan am Prenzlauer Berg*« – so der Titel seiner bunt gemixten »Sudelblätter 1981–1983« von 1994, zum »City-Affen [...] von Liane zu Liane, von Lokal zu Lokal, von Trottoir zu Trottoir sich schwingend«. Dieser Band war nicht der erste zu diesem mittlerweile zwielichtig gewordenen Sujet, vielmehr so etwas wie ein bilanzierendes Kompendium nach mehreren Anläufen. Es begann 1979/80 mit dem Bändchen »Nadelkissen«, in dem Endler zum ersten Mal sein *Alter ego* Bobbi Bergermann unter wechselnden Namen seine Notizzettel ausbreiten ließ (1985 in »Ohne Nennung von Gründen«; 1987 in »Schichtenflotz«). 1990 erschienen »Notizen, Zitate, Fragmente« unter dem Titel »CITATTERIA & Zackendulst«, so schrullige wie liebenswürdige Fundstücke und Phantastereien aus der Realgroteske DDR. Sie wurden wiederum ergänzt durch die im gleichen Jahr veröffentlichten DDR-Satiren »Vorbildlich schleimlösend. Nachrichten aus einer Hauptstadt 1972–2008«, die durch den als Trinker zu Tode gekommenen Bubi Blazezak – ein weiteres *Alter ego* Endlers – weniger als lose zusammengehalten werden. Doch »Tarzan am Prenzlauer Berg« ist Endlers schönstes Sudelbuch, in dem er sich als intimer Kenner der Szene und ihr kongenialer Schilderer, aber auch als immer einfallsreicher, höchst vergnüglicher Sprachspieler erweist, dem man sogar seine Kalauer gern verzeiht. Freilich wäre der Eindruck falsch, Endlers Buch (wie die anderen genannten) wäre nur lustig. Endlers Witz und Heiterkeit sind einer ebensogroßen Trauer und einem nicht geringen Zorn darüber abgewonnen, daß das System DDR den erträumten Lebensentwurf aus seiner Offizialität ins gesellschaftliche Off vertrieben hat. Insofern ist es für Endler keine akademische Frage, ob ›der Prenzlauer Berg‹ nichts als eine fremdgesteuerte »Stasi-Plantage« oder eben doch, oder auch, eine authentische »Haltung« gegen die Zumutungen der Ämter war. Diese Frage beschäftigt auch Uwe Kolbe in seinem kleinen Essay »Die Situation. Eine Geschichte vom Prenzlauer Berg« (1994), der freilich stärker aus der Sicht eines inzwischen Abgenabelten geschrieben ist. Andere, überwiegend amüsante Innenansichten der Szene liefert Peter Wawerzinek, ein eher geduldeter halber Außenseiter, dessen Mentor kein anderer als Adolf Endler war, in seinen autobiographischen Romanen »Moppel Schappiks Tätowierungen« (1991) und »Mein Babylon« (1995). Mit dem Roman »Nix« und mit witzigen Kollegen-Parodien, unter anderm auf Christa Wolfs hohen Ton, in dem Bändchen »Es war einmal ...« hatte sich Wawerzinek 1990 als Autor eingeführt.

Am Rande der Prenzlberg-Szene hatte einst auch *Katja Lange-Müller* gesiedelt, bis sie 1984 die DDR verließ. Ihre beiden ersten Erzählungsbände gehörten schon zum Überzeugendsten, was aus dieser jungen Generation an Prosatexten kam (vgl. S. 432f.). 1995 erschien nach längerer Pause mit »*Verfrühte Tierliebe*« wieder ein Erzählungsband, in dem sich die Autorin als literarische Verhaltensforscherin der alten »Rostzone« zuwandte, ohne doch in deren Enge und Stickigkeit hängenzubleiben. Hier erscheint die DDR noch einmal als Gruselkabinett weniger der großen, sondern eher der kleinen Scheußlichkeiten, von denen die meisten doch auch an anderen Enden der Welt passieren könnten. Die Provinz als Universum: Bei Katja Lange-Müller erweist sich, daß dieser ästhetische Ansatz bedeutende Literatur hervorbringen kann.

Die Wende, konkret. Ostalgie und Literatur

Wie schon gesagt, konnten die schnellebigen Wendejahre nicht die Zeit großer Literatur sein. Wichtiger war erst einmal, daß die Zeitungen und das Fernsehen besser wurden und ihre ganz normalen Informationspflichten erfüllten, und das taten sie denn auch. In diesen Kontext der unmittelbaren Information gehören einige *Dokumentationen* zu den brandaktuellen Ereignissen, die keine Belletristik sind, aber dieser vielleicht einmal als Basis dienen (oder es mittlerweile schon getan haben). Einige wenige seien exemplarisch genannt. Da wurden schon 1990 unter dem Titel des berühmten Mielke-Zitats »Ich liebe euch doch alle!« die »Befehle und Lageberichte des MfS Januar-November 1989« veröffentlicht. Ein anderer Band stellte 1991 unter der Überschrift »und diese verdammte ohnmacht« den Report der Untersuchungskommission zu den Ereignissen vom 7. und 8. Oktober 1989 vor. Sodann erschienen verschiedene Anthologien zum Wirken der Bürgerbewegung und dem von ihr beschleunigten Zusammenbruch des DDR-Regimes. Der Band »Wir sind das Volk!« versammelte 1990 »Flugschriften, Aufrufe und Texte einer deutschen Revolution«, und gleichfalls noch in diesem Jahr erschien der Sammelband »Die sanfte Revolution. Prosa, Lyrik, Protokolle, Erlebnisberichte, Reden«, den Stefan Heym und Werner Heiduczek herausgaben. Mehrere Bücher waren speziell der »Heldenstadt« Leipzig gewidmet, z.B. der vom Neuen Forum Leipzig noch 1989 herausgegebene Band »Jetzt oder nie – Demokratie! Leipziger Herbst '89« oder Reiner Tetzners »Aufzeichnungen eines Montagsdemonstranten Oktober 1989 bis 1. Mai 1990« unter dem Titel »Leipziger Ring«. Wichtig waren natürlich auch die bald einsetzenden Quellenveröffentlichungen zur Tätigkeit des Staatssicherheitsdienstes. So kam, außer den schon genannten die Literatur direkt betreffenden Dokumentationen, z.B. 1990 der Band »Geschützte Quelle« heraus, der nach der Wende geführte Gespräche mit einer Informellen Mitarbeiterin wiedergibt, die Friedens- und Menschenrechtsgruppen bespitzelt hat – und gleichzeitig wirklich an der Sache hing, die sie für das MfS observierte. Überhaupt begannen jetzt viele autobiographische Texte mit oder ohne literarische Ambitionen zu erscheinen. Olaf Georg Kleins bereits erwähnte Sammlung »Plötzlich war alles ganz anders. Deutsche Lebenswege im Umbruch« (1994) war eine der besten auf diesem Terrain.

Zum zweiten läßt sich feststellen, daß in Deutschland kaum je so viele Gespräche geführt, Reden gehalten und *Essays* – für den Tag und manchmal auch über ihn hinaus – geschrieben wurden wie in diesen Jahren. Einige, die sich hier hervortaten, seien wenigstens erwähnt: Wolf Biermann (»Über das Geld und andere Herzensdinge«; »Klartexte im Getümmel«), Günter de Bruyn (»Jubelschreie, Trauergesänge«), Christoph Dieckmann (»Die Zeit stand still, die Lebensuhren liefen«; »Time is on my side«), Friedrich Dieckmann (»Hilfsmittel wider die alternde Zeit«; »Glockenläuten und offene Fragen«; »Temperatursprung«; »Der Irrtum des Verschwindens«), Kurt Drawert (»Haus ohne Menschen. Zeitmitschriften«; »Revolten des Körpers«), Christoph Hein (»Die fünfte Grundrechenart«), Helga Königsdorf (»Aus dem Dilemma eine Chance machen«), Günter Kunert (»Die letzten Indianer Europas«; »Der Sturz vom Sockel«), Monika Maron (»Nach Maßgabe meiner Begreifungskraft«), Heiner Müller (»Gesammelte Irrtümer II«; »Zur Lage der Nation«), Rolf Schneider (»Frühling im Herbst. Notizen vom Untergang der DDR«; »Volk ohne Trauer. Notizen nach dem Untergang der DDR«; »Die Sprache des Geldes. Reisen durch die Marktgesellschaft«), Hans Joachim Schädlich (»Über Dreck, Politik und Literatur«), Klaus Schlesinger (»Fliegender Wechsel«) und Christa Wolf (»Reden im Herbst«; »Auf dem Weg nach Tabou«). Hier finden sich alle Positionen, Haltungen und Schreibweisen, die sich nur denken lassen, und es ist kaum ein Text dabei, der nicht der Behauptung, Rechtfertigung oder auch Infragestellung bisheriger politischer Standpunkte im aktuellen »Wendestress« gewidmet wäre. Es war wichtig, daß alle diese Texte geschrieben, die Kontroversen ausgetragen und die Debatten geführt wurden. Und siehe da, in einigen Fällen entstand sogar haltbare Literatur im essayistischen Genre.

Und dennoch, obwohl fast alle Autoren mit dem eigenen Leben und Überleben zu tun hatten, gibt es die immer wieder beschworene genuine Wendeliteratur. Ja, sogar für den hartnäckig geforderten großen ›*Wenderoman*‹ lassen sich wenigstens drei – höchst unterschiedliche – Kandidaten nennen. Ein solcher ist im guten traditionellen Sinne *Erich Loests »Nikolaikirche«* (1995). Er wird schon deshalb in die Literaturgeschichte eingehen, weil gleichzeitig mit dem Buch bereits seine von Frank Beyer verantwortete Verfilmung, zunächst fürs Fernsehen, an die Öffentlichkeit trat. Loest, Leipziger auf Lebenszeit, auch wenn er die Stadt seiner Wahl 1981 verlassen hatte, wählte natürlich diesen Ort als Schauplatz des Geschehens. Noch im Dezember des Jahres 1989 hatte er an den Montagsdemonstrationen teilgenommen und wieder einen Wohnsitz in Leipzig genommen. Fünf Jahre später, nach gründlichen Recherchen in Stasi- und anderen Akten, war das Buch schon weit gediehen. Loests Kunstgriff war es, das politische Umbruchsgeschehen an den Schicksalen einer einzigen Familie auseinanderzufalten. Das klappt erstaunlich gut, obwohl diese Familie zunächst alles andere als oppositionell ist: der übermächtige Vater Albert Bacher ein Polizeigeneral mit antifaschistisch-kommunistischer Vita (er stirbt zu Beginn), der Sohn Alexander in seinen Fußstapfen als Hauptmann der Staatssicherheit. Die Tochter Astrid jedoch, auch sie zunächst gläubiges Parteimitglied und angepaßte Architektin, wird irre an der DDR und findet zur Bürgerbewegung, die ihren Versammlungs- und Fluchtort, wie in der Wirklichkeit, in der Nikolaikirche hat. So kann Loest das Familiendrama psychologisch plausibel weiter entfalten – gewiß nicht frei von Kolportage – und gleichzeitig seinen Roman in Richtung auf eine spannende historische Dokumentation hinlenken, anders gesagt: Fiktion und Fakten ineinander aufgehen lassen. Teilnehmende Beobachter des Leipziger Umbruchs haben Kritik an der historischen Stimmigkeit von Loests Darstellung geübt. Solchen Einwänden zum Trotz wird der Roman für die nächste Zeit einen der besten Zugänge zum Verständnis und Ablauf der ersten Wendephase bis zum Montag, dem 9. Oktober 1989, bieten.

Wie anders der zweite veritable Wenderoman: *Thomas Brussigs »Helden wie wir«* (1995). Auch diesem Buch ist sehr rasch eine enorme Popularität zuteil geworden. Doch die Gründe dafür sind andere als im Falle Loest, wie sich wohl auch das jeweilige Lesepublikum stark unterscheidet. Das liegt schon an der krassen Differenz zwischen den beiden Autoren nach Generation und Weltbild. Brussig, 1965 in Berlin geboren und nach dem Abitur Möbelträger, Museumspförtner und Hotelportier (1991 erschien sein erster Roman »Wasserfarben« unter dem Pseudonym Cordt Berneburger), hat nie teilgehabt an den sehnsüchtigen Projektionen der Loest-Wolf-Biermann-Braun-Generationen. Was er seinen komischen Helden Klaus Uhltzscht sagen läßt, gilt auch für ihn selbst: »Aber ich habe nie in aller Unschuld mitgemacht, mit ihrer naiven Begeisterung der Aufbaujahre. Ich kann nicht für mich reklamieren, mich für die Menschen aufgeopfert zu haben! Ich kann auch nicht vom Sozialismus träumen [...]«. Karl Marx: das war für ihn »der vom Hundertmarkschein« und Friedrich Engels »der vom Fünfzigmarkschein«. Wer so gänzlich unbelastet ist, kann die Geschichte der letzten zwanzig Jahre DDR als reine Farce erzählen und auch mit der »sanften Revolution« respektlos umgehen. Medium dafür ist Brussig jener Klaus Uhltzscht, am 20. August 1968 auf einem Wohnzimmertisch im Erzgebirge geboren, als die NVA-Truppen gen Prag rollten und der Mutter vor Schreck die Fruchtblase platzte – passender Auftritt für einen an Grass' Oskar Matzerath, zuweilen aber auch an Rabelais' Gargantua und Pantagruel erinnernden Romanhelden. Brussig läßt den Jungen, der sich lange der Winzigkeit seines Gliedes schämt und vom Stasi-Vater wie von der Hygieneinspektorin-

Mutter einimpfen läßt, daß dasselbe nur zum Wasserlassen da sei, als tumben Toren durch eine durch und durch autoritäre, dabei immer grotesker werdende Spät-DDR stolpern und schließlich bei der Staatssicherheit landen. Deren Mitarbeiter freilich erscheinen bei Brussig als derart ignorant, spießig und stumpfsinnig, daß einem der Untergang der DDR nach dieser Lektüre endgültig als plausibel erscheint. Springender Punkt und stetes, unheimliches Zentrum des ganzen Schelmenromans aber ist der Penis seines Helden, an dem sich gewissermaßen seine ganze Bildungsgeschichte vollzieht. Zum Ende hin, an jenem legendären 4. November 1989, erleidet der Held einen Treppensturz, der sein Glied zu beträchtlicher Größe anschwellen läßt – was am 9. November, so erfährt der Leser, die Grenzer an der Mauer so beeindruckt, daß sie dieselbe öffnen. Statt der Suche nach historischer Authentizität also komische Verdrehung und groteske Überhöhung, um dem mythisierten Wendegeschehen sein falsches Pathos auszutreiben. Auch die etwas ausgewalzte Christa-Wolf-Satire zu Ende des Buches – Brussig läßt seinen Helden die Autorin mit der mütterlichen Eislauftrainerin Jutta Müller verwechseln und setzt gegen ihren »Geteilten Himmel« seinen »geheilten Pimmel« – dient dem gleichen Zweck: ihm unerträgliche Sozialismusschwärmereien und Betroffenheitsreden dem Gelächter auszusetzen. Vor allem aber schreibt Brussig mit seinen vielen *four letter words* und der pointierten Sexbesessenheit seines Helden gegen die außerordentliche Prüderie, ja Asexualität von vierzig Jahren DDR-Literatur an und versucht, sie mit einem Schlag wettzumachen. Damit ist natürlich die Grenze zwischen DDR-Literatur und Anti-DDR-Literatur endgültig überschritten. Die auch für den Leser befreiende Wirkung eines solchen Grenzübertritts ist nicht zu leugnen.

Ein solcher Schritt war einer Autorin wie *Brigitte Burmeister* vom Jahrgang 1940 völlig unmöglich, und er kann Autoren wie ihr auch nicht abgefordert werden. Von ihr stammt der dritte, leiseste und differenzierteste Wenderoman *»Unter dem Namen Norma«* (1994). 1991 hatte Burmeister ein ausführliches Gespräch mit der westdeutschen Psychoanalytikerin Margarete Mitscherlich geführt und unter dem Titel »Wir haben ein Berührungstabu. Zwei deutsche Seelen – einander fremd geworden« erscheinen lassen. Damit ist das Thema umrissen, das auch der Roman erzählend erörtert: die notwendige Verwirrung der Lebenswelten und Identitäten, in die der Untergang der DDR und die nachfolgende Vereinigung die Bürger dieses Landes gestürzt hat. Burmeister berichtet von einem Ost-Berliner Ehepaar um die vierzig, das nach der Wende auseinandergeht. Die Frau, Übersetzerin, bleibt mit der Tochter am angestammten Platz, der Mann will Karriere machen und zieht nach Mannheim. Als Marianne ihren Mann auf einer Hauseinweihungsparty ebenda wiedersieht, steigert sich ihre Verstörung durch das Reden und Treiben der erfolgreichen Wessis. Sie wehrt sich auf befremdliche Weise gegen die Fremdheit, die sie umgibt: Einem Partygast erzählt sie eine erfundene Lebensgeschichte, zu der auch gehört, daß sie als IM »Norma« für die Staatssicherheit gearbeitet habe; freilich habe sie niemandem geschadet. Ihr Mann, zu dem die Story rasch durchdringt, ist aufs höchste irritiert und schenkt der Geschichte Glauben. So geht die Beziehung endgültig auseinander. Der Leser versteht die IM-Selbstbezichtigung als Trotzreaktion, als ein Sich-Wehren gegen fremde Identitätszuschreibungen. Die Folgen sind zwar nicht so gravierend wie bei Luciles Ausruf »Es lebe der König« am Ende von Büchners »Dantons Tod«, doch der Vorgang ist strukturell ähnlich. Allein der Schritt in die vollendete Absurdität rettet das Eigene.

Burmeisters »Norma«-Roman ist, wie schon ihr Erstling »Anders« von 1988, ein subtil gearbeiteter und gut erzählter Text, der auch den Alltag der Wendejahre anschaulich einfängt. Allerdings siedelt er in einer heiklen Zone: im Grenzgebiet jener DDR-Melancholie und -Nostalgie, für die das schöne Wort *Ostalgie* gefunden wurde. Nun wird ein jeder den Anfang und das Ende dieser Gemütsverfassung anders verorten, weil ein jeder sich in einem je anderen lebensgeschichtlichen Verhältnis dazu befindet. Auch zeigt schon Burmeisters Roman zu Recht, daß es hier nicht um einen bloßen Ost-West-Gegensatz geht – auch Ostler konnten rasch und gern zu Westlern werden, und nicht wenige Wessis pflegen heute noch ihre Ost-Nostalgie. Aber es gibt einige literarische Texte der Wendezeit, die diese Stimmung gleichsam rein verkörpern. Hier interessieren nicht die ressentimentgeladenen Bücher der strammen Realsozialisten wie Neutsch oder auch Kant (so dessen beide Romane »Kormoran« und »Escape. Ein Wordspiel«), sondern die zerrissenen Texte der Reformsozialisten. Ihr deutlichstes Beispiel ist *Volker Brauns* Kurzdrama *»Iphigenie in Freiheit«* (Uraufführung und Druck 1992). Der Text ist durch und durch allegorisch, das heißt, brandaktuelle Vorgänge und Figuren werden in das vertraute Beziehungsgeflecht griechisch-antiker Mythologie übersetzt, und zwar so, daß man in der Zuordnung gar nicht fehlgehen kann. Die taurische Iphigenie in der Gefangenschaft des Barbaren Thoas: das ist die DDR unter dem Joch der Sowjetunion. Und Thoas, der vermeintliche Barbar, das ist, frei nach Goethe, nun nicht mehr das repressive Sowjetsystem, sondern kein anderer als Michail Gorbatschow, der »verteufelt humane« Generalsekretär, der die Gefangene Iphigenie/DDR großmütig in die Freiheit der Einheit und des Westens entläßt. Also müssen – das dämmert sogleich – Orest und Pylades zwei Griechen vom »Geschlecht der Händler«, deftiger noch: »zwei fette Makler, Gangster auf dem Markt« sein. Die beiden abgefeimten Vertreter des DM-Nationalismus rufen zynisch: »Komm an die Kasse, Schwester. An mein Herz« und, noch eins draufsetzend, »Heim ins Reich«. »Iphigenie in Freiheit«, im Westen, das ist – so belehrt uns der Autor –

»Iphigenie im Supermarkt [...] entwaffnet von der Werbung«. So wird unter der Hand, dies die polemische Struktur des kleinen Theaterstücks, aus der taurischen eine aulische Iphigenie. Die vermeintliche Befreiung, Rettung, Heimführung ist in Wahrheit eine Opferung, eine Auslöschung. Die Heldin wird zwar nicht mehr leibhaftig den Göttern geopfert, aber sie wird – zeitgenössische Form des Menschenopfers – vereinnahmt, kolonisiert, abgewickelt. Das ist die Message des Volker Braun von 1992. Mit Hilfe der antiken Fabel gelingt es ihm, leider, nahezu alle mit dem Einigungsprozeß verbundenen Klischees an einem Punkt zu versammeln; was den Autor angeht, zweifellos kein Zuwachs, sondern ein Verlust an analytischem Differenzierungsvermögen und ästhetischer Plausibilität, verglichen mit seinen Vor-Wende-Texten. Der 1995 erschienene satirisch eingefärbte Prosatext »Der Wendehals. Eine Unterhaltung« hat die Sache leider nicht besser gemacht. Der Dialog zwischen dem ICH – »arbeitslos, wie alle Weltanschauer und Veränderer hier« – und dem ER, einem »abgewickelten Chef«, aber schon klar zur Wende, erschöpft sich zumeist in Stereotypen und Kalauern. Der verzweifelte Trotz des so begabten Volker Braun: noch ist er nicht wieder ästhetisch produktiv geworden.

Kaum ein anderer Text eines ernstzunehmenden Autors aus der ehemaligen DDR taucht so tief in Ostalgie ein wie diese beiden von Braun. Und doch gibt es eine stattliche Anzahl von Büchern, die an dieser Gemütsverfassung wenigstens teilhaben und damit auch einem Publikum entsprechen, das sich in einer ähnlichen Verfassung befindet. Im Blick auf Strittmatters »Der Laden« und die Sympathie für Grass' »Das weite Feld« ist bereits von diesem Phänomen die Rede gewesen. Dieser neue Typus von Heimatliteratur hat einen hohen Identifikationswert, ist wie ein wärmender Ofen für die in die Kälte des Westens Entlassenen. Ja, man konnte sogar pointieren: Jetzt erst, nach dem Untergang der DDR, entstehe die wirkliche, die reine DDR-Literatur – ganz und gar freiwillig, ohne Parteiauftrag und Zensur. Das ist natürlich stark übertrieben, und doch muß man wohl zur Kenntnis nehmen, daß aufgrund mentaler Kontinuitäten in den Autor- wie den Lesergemütern – und aufgrund der Kränkungen, denen diese gemeinsam ausgesetzt waren oder noch sind – eine literarische Tendenz weitergehen wird, die gänzlich unwestlich ist.

Einer der interessantesten, ästhetisch gelungensten Texte auf diesem Feld, schwankend »zwischen ironischer Kritik an der avancierten Zivilisation des westlichen Gesellschaftstypus und nostalgischem Festhalten an vormodernen Elementen« (W. Grauert), ist *Thomas Rosenlöchers »Die Wiederentdeckung des Gehens beim Wandern. Harzreise«* von 1991. Der Autor hatte sich längst als vorzüglicher Lyriker vorgestellt (1988 war sein zweiter Band »Schneebier« erschienen); jetzt, 1990, kam zunächst sein »Dresdener Tagebuch« unter dem Titel »Die verkauften Pflastersteine« heraus, in dem er die ihm wie allen anderen kaum glaublichen Ereignisse zwischen Anfang September 1989 und dem Nach-Wahltag, dem 19. März 1990, staunend und zuweilen nach den angemessenen Worten ringend kommentierte. Nun also präsentierte Rosenlöcher einen bei weitem anspruchsvolleren erzählend-essayistischen Text voller literarischer Anspielungen, zuerst natürlich auf Goethes Harzreise von 1777 (auf Goethe als Politiker, zum Teil wider Willen, nimmt der Autor direkt Bezug) und an zweiter Stelle – ohne Namensnennung – auf Heinrich Heines Harzreise von 1824, der damals ebenfalls in einer schwierigen Entscheidungssituation war (vor allem ging es um den Übertritt zum Christentum). So durchwandert der Autor unmittelbar nach Vollzug der Währungsunion den östlichen wie den westlichen Harz und übt sich in ein angemessenes Gehen ein, das ihn gegen die neue Beschleunigung schützen soll. Die ironische Schlußpointe besteht im Kauf neuer Westschuhe (Marke »Mephisto«), mit denen er sich nun den kapitalistischen Westen mühelos erwandern wird. So ist ein intelligent, sensibel und munter erzählter Text entstanden, dessen leicht ostalgische Tendenz charmant und gar nicht störend ist.

Mehrere andere Bücher sind in vergleichbarer Weise in dieser Kippsituation von Noch-gerade- und Nicht-mehr-DDR angesiedelt, z.B. Marion Titzes (geb. 1953) Erzählung »Unbekannter Verlust«, die quasi schon im Titel Freuds Melancholie-Definition enthält. Daniel, der an einem Novalis-Film arbeitet, trinkt »auf den Abschied vom Erziehungslager Ost«, doch die Ich-Erzählerin vermag ihm nicht ganz zu folgen. Sie weiß, daß die Vergangenheit noch vor ihr liegt und die Unschuld nicht mehr zurückzugewinnen ist. Auch *Angela Krauß'* Prosastück *»Die Überfliegerin«* (1995) ist melancholiedurchtränkt. »Vor fünf Jahren«, heißt es dort, »zerfiel ich in meine Einzelteile. Aber langsam, ohne daß ich es merkte. Zwei Jahre hat es gedauert, bis ich merkte, daß sich die Einzelteile nicht mehr zu einer Tat aufrufen ließen, die von mir stammt.« Und an anderer Stelle: »Alle um mich herum handeln längst. Sie überholen mich alle. [...] Die Zeitungen sind voll von Taten handelnder Menschen.« Im zweiten und dritten Teil reist die Ich-Erzählerin zuerst in die USA und dann nach Rußland, doch was bleibt, ist die im ersten Teil eingetretene Fixierung des Blicks auf die neue Geldgesellschaft. Zeichneten sich frühere Texte von Angela Krauß, zumal »Glashaus« und auch noch »Der Dienst«, vorteilhaft durch das Schweben der Bedeutungen fern aller Allegorese aus, so ist in dem neuen Buch, zumindest in seinem ersten Teil, immer klar, was gemeint ist. – Viel entschiedener nostalgisch, wenn auch durchweg reflektiert, sind die seit der Wende entstandenen erzählerischen wie essayistischen Texte von Helga Königsdorf. »Ohne den Ort zu wechseln, gehen wir in die Fremde«, hatte sie 1990 konstatiert, und an diesem Motto entlang sind nun auch die Erzähltexte konstruiert, die sie seither vorgelegt hat: »Gleich neben Afrika« (1992) und »Im Schatten des Regenbogens« (1993). Der letztgenannte Roman geht den Schicksalen von vier Menschen nach, die nach der Wende abgewikkelt wurden und nun auch noch vom Verlust der Wohnung bedroht sind. Auch Jens Sparschuh kümmert sich in seinem jüngsten Roman um einen Abgewickelten. Sein ehemaliger Angestellter bei der Kommunalen Wohnungsverwaltung avanciert zum Handelsvertreter für von ihm selbst entworfene »Zimmerspringbrunnen« (das ist auch der Titel dieses »Heimatromans«), genau die Art von Kitsch, die das Produkt im Osten zu einem Verkaufsschlager macht. Doch eigentlich richtet sich die Kritik des bemüht witzig und penetrant anspielungsreich erzählenden Autors nicht gegen *die* Ossis, sondern gegen die kapitalistische Bluffgesellschaft und ihre leicht hinters Licht zu führenden Kunden. Und selbst Fritz Rudolf Fries bringt es in seinem ersten Roman nach der Wende »Die Nonnen von Bratislava« (1994) fertig, eine mehr als verworrene und durch und durch skurrile Handlung, in der vor allem altbekannte Figuren aus seinen früheren Romanen vorkommen (so z.B. Alexander Retard, natürlich inzwischen abgewikkelt), mit Invektiven gegen den bösen Kapitalismus und Sympathieerklärungen für die guten Absichten hinter der gescheiterten DDR zu verbinden. Daß *Jurek Beckers* Blick auf die DDR, die er bereits 1978 verließ, danach eher milder wurde, wußte man schon. Sein mittlerweile siebenter Roman »*Amanda herzlos*« (1992), der in den Jahren vor dem Mauerfall im Berliner Osten spielt, bestätigt das. Er erzählt in drei Partien mit den Stimmen der drei Liebhaber aus dem Leben der Amanda, die so herzlos gar nicht ist. Alle drei verdienen sich ihren Lebensunterhalt mit Schreiben, oder sie versuchen es zumindest. Zwei der Männer sind Ostdeutsche, der dritte stammt aus dem Westen. Ihn, den Rundfunkjournalisten, heiratet Amanda schließlich, und man lebt in Ost-Berlin zusammen. Ironie der Geschichte: Als die Ausreisegenehmigung für die junge Familie da ist, steht die Öffnung der Mauer schon kurz bevor. Man ahnt, daß das weitere Leben der emanzipierten Amanda einen ziemlich anderen Verlauf nehmen wird als das vermeintliche *happy end* es verspricht. Dem Vorwurf, er habe die späte DDR allzu freundlich geschildert, antwortete Becker mit dem Satz: »Hätte ich mehr Grimm, Verve oder Empörung in ›Amanda‹ einfließen lassen, hätte das leicht etwas mit Leichenfledderei zu tun gehabt.« Also selbst im Buch eines im Streit aus der DDR Ausgereisten: ein Hauch von Nostalgie.

Zu den Nach-89er-Verwandlungen der DDR-Literatur in Richtung auf ihre Auflösung gehört, daß sie sich – der immer noch überwiegenden Fixierung des Blicks auf die DDR zum Trotz – an neuen Orten heimisch macht, und das heißt natürlich vor allem im deutschen Westen. Ein wenig überraschend war *Christoph Hein* einer der ersten, der den neuen Ort der Handlung wählte. 1990 erschien zunächst die kleine Erzählung »Kein Seeweg nach Indien« – eine Kontrafaktur zu

Fries' »Der Seeweg nach Indien« von 1975 und ein Seitenstück zu »Die Ritter der Tafelrunde« –, die die Botschaft enthält, daß der Traum vom Paradies auf dem neuen Kontinent ausgeträumt ist. Die Schiffe sind wohl ausgelaufen, aber nie angekommen. 1993 kam der Roman »*Das Napoleonspiel*« heraus, lange vor der Wende konzipiert, aber erst nach 1989 geschrieben. Es ist die irritierende Geschichte eines aus der DDR stammenden West-Berliner Rechtsanwalts, der das Leben rein als Spiel zu leben versucht – kühl, intelligent und perfekt inszeniert, ohne Skrupel, mit dem Nervenkitzel als höchstem Wert. Seine Krönung ist ein Mord, den Anwalt Manfred Wörle denn auch an einem völlig Unschuldigen begeht. Der Leser erfährt die ganze Geschichte aus einem langen Brief, den der in Untersuchungshaft sitzende Wörle seinem Verteidiger schreibt. Die Kritik hat Hein zum Teil vorgehalten, eine durchsichtige Polemik wider die Westlermentalität verfaßt zu haben. Der Autor entgegnete, daß ihm der »Typus auch schon früher in der DDR begegnet« sei. Gleichwohl verstört der Roman auch den westlichen Leser entschieden weniger als die vorangegangenen. Heins Erzählungsband »Exekution eines Kalbes« (1994) – die Texte sind im wesentlichen vor 1990 geschrieben – geht dann noch einmal in die mißratene Lebenswelt DDR zurück, freilich ohne die Konzentration und Dichte einiger früherer Erzählungen zu erreichen. – An einen westlichen Ort, in die Hafenstadt B., führt den Leser auch Wolfgang Hegewald in seiner kunstvoll und genau erzählten Novelle »Der Saalkandidat«, in der er den einst aus der DDR ausgereisten Lehrer Roland Hector nach der Wende eine unheimliche Begegnung der dritten Art mit seinem einstigen Stasi-Observanten Sigmund Wenz erleben läßt, nämlich bei der Spielshow »Nonsens nonstop«. Die Vergangenheit ist nicht vergangen, auch und erst recht nicht nach dem Untergang der DDR.

Noch weiter weg aus der DDR und in Ostlern doch vertrautes Gelände führt Ingo Schulze (geb. 1962) seine Leser in »33 Augenblicke des Glücks« (1995). Es sind dies 33 Geschichten aus dem St. Petersburg von heute, genannt Piter, in dem ein buntes, poetisches und manchmal auch chaotisches, schreckliches ost-westliches Leben pulsiert. Schulze spielt einfallsreich und geschickt mit den im Fundus der Literaturgeschichte versammelten Erzählformen seit Boccaccios »Dekamerone« wie auch mit russischen Vorbildern und bereitet ein so kultiviertes wie leichtes Lesevergnügen. Dem immer noch das Etikett ›DDR-Literatur‹ anzuheften, wäre nur schwer zu begründen. Hier hat ein Autor einen Text jenseits aller DDR-typischen Lebens- und Schreibmuster vorgelegt (und seien es die des Prenzlauer Berges) – und damit signalisiert, daß DDR-Literatur natürlich nach und nach aufhört.

Theater ohne Publikum und keine Zeit für Lyrik

Das DDR-Theater war vor der Wende nicht nur, aber oft Ersatzöffentlichkeit und moralische Anstalt, die ernsteste Angelegenheiten verhandelte. Häufig wurden solche theatralischen Ereignisse auch überschätzt, und das Theater spielte in Wirklichkeit nur die Rolle eines bei Hofe gelittenen Narren. Gleichwohl, viele Stücke von Hacks, Müller, Braun, Hein, Brasch, Schütz und manchen anderen mußten in der Schublade bleiben oder wurden kurz vor der Premiere wieder in sie versenkt, weil sie als politisch zu brisant galten. Aus solchen Gründen, aber auch aufgrund eines generell hohen künstlerischen Niveaus wie auch mithilfe ›gesellschaftlich organisierten‹ Theaterbesuchs vor allem über die Betriebe waren die DDR-Theater vor der Wende zu ca. 90 % ausgelastet. In der Wende 1989/90 wurde die Straße der Verhandlungsort des wirklichen Dramas, das für die Mehrheit der Bevölkerung ein gutes Ende fand mit der Öffnung der Mauer und dem Abtreten der alten Funktionärskaste. In den Untersuchungskommisionen zu der voraufgegangenen Repression, an den Runden Tischen und zumal dann bei der Stürmung der MfS-Zentrale in Ost-Berlin und weiteren vergleichbaren Ereignissen wurden fortgesetzt Stücke gespielt, die das Leben schrieb und in denen die Akteure in einer vorher unvorstellbaren Art und Weise ihr eigenes Schicksal bestimmten.

Mit all dem konnte das gute alte Theater-Theater, das Leben immer nur simulierte, nicht mithalten. Das Publikum lief ihm einfach weg. Versuche, es mit bisher verbotenen Stücken von Václav Havel, Daniel Granin oder Heiner Müller zu halten, hielten nicht lange vor. Wo in der Wirklichkeit soviel Verbotenes umgeworfen wurde, war dessen Überschreitung auf der Bühne nur eine zweitrangige Affäre. Gesellschaft wie Theater des Westens, so stellte Heiner Müller treffend fest, kannten eigentlich nur zwei Tabus: Antisemitismus und Terrorismus. Das müsse, so der Dramatiker weiter, automatisch zu einer Niveausenkung führen. So war denn auch die einzige jedermann im Osten aufregende Theaterinszenierung die eines Stücks aus dem Westen, das sich freilich mit den ehemaligen DDR-Bürgern beschäftigte und zudem noch das Thema Terrorismus berührte: Rolf Hochhuths »Wessis in Weimar« (Uraufführung am Berliner Ensemble im Februar 1993). Ansonsten hatten die sechzig ostdeutschen Theater, zumal die vielen in der Provinz, mit gähnend leeren Auditorien bei drastisch sinkenden Etats und Gehältern zu kämpfen. Nach erfolgreichen Anstrengungen der ersten Wendejahre, Theaterschließungen zu vermeiden, kam es ab 1992 doch zu einem kleinen Theatersterben oder zumindest zu dem Wegbrechen von einzelnen Sparten und Zusammenlegungen. Einzig Berlin konnte seinen Standard behaupten, ja sogar – gegen West-Berlin, wo das renommmierte Schiller-Theater geschlossen wurde – verbessern. Das Deutsche Theater setzte, jetzt unter der Intendanz von Thomas Langhoff, erfolgreich auf Kontinuität, indem es vorzüglich gearbeitete, aber nur begrenzt risikofreudige Inszenierungen alter und neuer Dramatik vorstellte. Der neue Intendant der Ost-Berliner Volksbühne, Frank Castorf (geb. 1951), der das »nicht sinnlich[e], sondern beamtet[e]« Theater des alten und neuen Deutschland »sehr trostlos« fand, versuchte etwas ganz anderes. Inspiriert von der amerikanischen Popkultur, aber auch von Heiner Müllers Schockästhetik, versuchte er mit den von ihm verantworteten Inszenierungen, Gastspielen und -lesungen ein junges Publikum vom Prenzlauer Berg oder aus Kreuzberg zu gewinnen, was ihm auch gelang. Die Volksbühne am Luxemburgplatz wurde zum Lieblingsort der Szene, selbst wenn sich dort Gregor Gysi und seine Genossen im Hungerstreik übten. Castorf, der gleichzeitig jede DDR-Nostalgie weit von sich wies und an anderer Stelle sogar über die schöpferischen Impulse faschistischen Denkens räsonierte, war nicht zu fassen.

Als das schwierigste Vorhaben erwies sich der Versuch, das *Berliner Ensemble* zu retten, und das hieß erst einmal: es vom Hautgout eines sterilen Brecht-Museums zu befreien. Zu diesem Zweck wurde 1991 ein Fünferdirektorium, bestehend aus Matthias Langhoff, Fritz Marquardt, Heiner Müller, Peter Palitzsch und Peter Zadek eingesetzt (zeitweise gehörte auch Eva Mattes dazu), von dem Anfang des Jahres 1995 – nach dem Weggang Zadeks – nur noch Müller als künstlerischer Direktor übrigblieb (mit Marquardt und Palitzsch als Mit-Gesellschaftern im Hintergrund). Zadek hatte »faschistische Tendenzen« am BE ausgemacht und dabei Müller selbst und den von diesem als Regisseur gewünschten Einar Schleef, der schon »Wessis in Weimar« inszeniert hatte, im Visier. Der Versuch ost-westdeutscher künstlerischer Zusammenarbeit auf hoher Ebene war gescheitert. *Heiner Müller* kündigte für seine erste Spielzeit eine Aufarbeitung der DDR-Geschichte und des DDR-Theaters an, wobei seine eigenen Texte eine besondere Rolle spielen sollten. Müller hatte 1993 am Berliner Ensemble seine Fassung von Brechts »Fatzer«-Fragment zusammen mit den beiden Vater-Sohn-Szenen »Das Duell« und »Der Findling« aus »Wolokolamsker Chaussee« sowie seinem frühen Stück »Traktor« inszeniert – wissend, »daß unsere Sache aus ist. Und / zu dieser Stunde wo dieses Siegesgeläut / einläutet unseres Todfeinds große Zeit / vertagend seinen Untergang für unbestimmte Frist / von der nun feststeht daß sie lang nach unsrem Tode fällt«. Er selbst inszenierte 1995 noch Brechts »Arturo Ui« und bereitete die Uraufführung seines neuen um Hitler und Stalin zentrierten Stückes »Germania III. Gespenst vom toten Mann« vor, dann siegte die Krebskrankheit. Am 30. Dezember 1995 starb Heiner Müller, der mit Abstand sprachmächtigste und verstörendste Autor der gesamten DDR-Literatur. Die Terrorgeschichte des Sozialismus in der DDR-Provinz und an anderen Orten war sein Universum gewesen, auf das zu hoffen er nie aufhörte. Aber dieses merkwürdig-schreckliche Universum war ihm literarisch nie provinziell geraten. Der letzte große Text, den das Publikum zu seinen Lebzeiten kennenlernen konnte, war »Mommsens Block« (vgl. dazu S. 484), der in der Theaterpause von »Duell Traktor Fatzer« über den Lautsprecher ertönte.

Wenn vom Theater der Wendezeit die Rede ist, können kaum herausragende theatralische Texte genannt werden. Müllers »Mommsens Block« und Brauns »Iphigenie in Freiheit« (vgl. S. 502f.) sind vielleicht die interessantesten, aber doch keine gut spielbaren Dramentexte. Peter Hacks bemühte sich, die – aus seiner Sicht – aktuelle Misere zu kommentieren, ohne ihr doch stofflich zu verfallen (was unter seiner Würde gewesen wäre). So schrieb er einen »Geldgott« nach Aristophanes, eine »Rückübereignungskomödie« (F. Dieckmann), betitelt »Fafner die Bisam-Maus«, schließlich eine »Genovefa« (1995) nach der mittelalterlichen Legende, die auch Anspielungen auf den dicken Kanzler aus Oggersheim enthält. Auch Christoph Heins »Randow« (1994) handelt von strittigem Grund und Boden in der Wendezeit in der schönen Gegend nahe der Oder. Der Autor führt vor, wie sich nazistisch infizierte Wessis im Osten bedienen und ein gewendeter Stasi-Offizier, der gleich noch seine rechte Schlägertruppe einbringt, mit ihnen gemeinsame Sache macht. Auch Jürgen Groß' szenisches Programm »Schnauze Deutschland«, in das Szenen aus seinem Stück »Asche im Mund« (über eine Massenmordaktion der Deutschen Wehrmacht in einem weißrussischen Dorf 1943) einmontiert sind, wendet sich gegen den jugendlichen Rechtsradikalismus im vereinigten Deutschland. Ebenso handelt Manuel Schöbels Stück »Smog« von neofaschistischen Banden, Jugendkriminalität und Rassismus. Und Lothar Trolle schrieb, nach der bemerkenswerten Szenenfolge »Hermes in der Stadt« (1992), in der er Stories von wirklichen (alltäglichen) Verbrechen aus dem letzten DDR-Jahr aneinanderreihte, einen Monolog fürs Theater, »Ein Vormittag in der Freiheit oder Sie gestatten, Lehmann vorn mit l wie Lenin«, der die innere Leere und Einsamkeit eines abgewickelten Funktionärs und Kombinatsdirektors offenbart. Ein Hochbegabter hinterließ noch einen herausragenden Theatertext, ehe er 1990 im Alter von 45 Jahren starb: *Georg Seidel*. Sein 1991 am Berliner Ensemble uraufgeführtes Stück »*Villa Jugend*« zeigt am Beispiel einer zerfallenden Familie, wie die großen Lebensentwürfe der Figuren, von der schnöden Wirklichkeit eingeholt, zur Farce werden. So wird das Stück auch zum Wendekommentar. »Was hier scheppert«, sagt eine der Stückfiguren, »das sind nur die Ketten, in denen wir hängen. Wenn wir sie los sind, dann wirds wahrscheinlich noch lauter schreien: So frei, so frei, es fehlt uns das Maß für unsere Würde, gebt uns die Ketten zurück!«

Es mag sein, daß sich noch weitere theatralische Talente in der Stille bilden, doch derzeit sieht es so aus, als ob die Wendezeit einen einzigen vielversprechenden Dramatiker hervorgebracht habe, den 1961 in Cottbus geborenen *Oliver Bukowski*. Bis 1994 lagen acht Stücke von ihm vor, allesamt nach dem Herbst 1989 entstanden und die meisten inzwischen auch aufgeführt. Sie tragen merkwürdige lange Titel und ebenso merkwürdige, aber sprechende Untertitel: »Ein Klischee«, »Farce«, »Groteske«, »Hardcoreschwank«, »Trivialkomödie« oder »zeitgenössische Hanswurstiade«. All diese »postsozialistischen Salonstücke« stellen Menschen der Wendezeit, die ohnehin schon in Schieflagen geraten sind, kleine Leute aus der Provinz oder auch Städter aus besseren Kreisen, in absurde und groteske Situationen, aus denen sie kaum wieder heil herauskommen. Die Vorbilder von Stücken wie »Inszenierung eines Kusses« oder »Burnout, die Verweigerung des hohen Cehs« sind eher angelsächsischer Provenienz. Manches erinnert jedoch auch an Franz Xaver Kroetz oder – der böse Blick auf alles Kleinbürgerliche, kombiniert mit vulgärer Sprache – an Werner Schwab. Jedenfalls ist die Entfernung zu allem, was das Markenzeichen DDR-Dramatik bis 1989 ausmachte, beträchtlich.

Die *Lyrik* ist eine Gattung, in der DDR-Autoren über vierzig Jahre hin Bedeutendes geleistet haben. Zwar gab es auch hier, vor allem in den 50er Jahren, militante Versuche, das Gedicht operativ, ja propagandistisch zu vereinnahmen, aber die Lyriker haben sich dem insgesamt erfolgreich entzogen. Das ist wohl am meisten der Besonderheit des Lyrischen zu verdanken, sich für pragmatische Zwecke der Information und Aufklärung weniger zu eignen. In der beschleunigten, informationsbedürftigen wie -süchtigen Wendezeit brachte diese Eigenart die Lyrik eher ins Hintertreffen. Die Jahre seit 1989 waren zwar keine »schlechte Zeit für Lyrik« im Sinne Brechts, der damit der Trauer Ausdruck gegeben hatte, mit Gedichten nichts gegen Naziterror und Krieg ausrichten zu können. Aber es gab, viel banaler, in der Regel *keine* Zeit für Lyrik, einfach weil man Wichtigeres zu schreiben und überhaupt zu tun hatte. Gleichwohl konnten Gedichte passende Gefäße sein, um der Freude, dem Erstaunen, der Ratlosigkeit oder der Trauer über die erfahrenen Umbrüche Ausdruck zu geben – gleichsam Erlebnisgedichte der besonderen Art. Das zeigen einige Lyrikanthologien, die den Wendeereignissen gewidmet sind oder zumindest aktuelle Stimmen aus den Jahren 1989/90 aufnehmen. So erschien noch 1990 die Sammlung »DEUTSCH in einem anderen LAND. Die DDR (1949–1990) in Gedichten« und ein Jahr später (und eindrucksvoller) »Grenzfallgedichte. Eine deutsche Anthologie«, worin Deutschland- und Mauergedichte von Kahlau bis Kunze und Schedlinski bis Grünbein versammelt waren, dazu auch Gedichte westdeutscher Autoren. Taten die einen vorbehaltlos ihre Freude kund (so schrieb Harald Gerlach: »Im warmen Herbst blüht die Phantasie, / beginnt das lang Vertagte, der / Ausgang aus Unmündigkeit«), so artikulierten andere die Ahnung, daß das Vergangene noch längst nicht vergangen sein würde:

So schustern wir (ohne merklich
Gestiegene Temperatur) einen Plan
Zur Entziehung
Und ziehen uns hinter die spanischen Wände zurück

– schrieb Kerstin Hensel, und Volker Braun ließ – nicht sehr originell, aber für viele passend – sein Gedicht »Glasnost« enden: »Als die Mauer fällt / Seh ich die Mauern in mir.« Die meisten DDR-Lyriker ließ die Erwartung eines staatlich vereinigten Deutschland eher kalt. »›Deutschland‹? ... O Heimat, zynischer Euphon«, dichtete zum Beispiel Durs Grünbein.

Eine Eigenheit der Wendejahre ist, daß sich das lyrische Sprechen weiter individualisiert und von Schulen oder Gruppen nun kaum noch die Rede sein kann. Die »Sächsische Dichterschule«, immer nur lose zusammenhängend, war bereits mit dem Weggang von Biermann, Kunze, Sarah Kirsch und Jentzsch zersprengt worden. Aber auch der Prenzlauer Berg war durch Übersiedlungen seit Mitte der 80er Jahre ausgedünnt und zerstreut. Jetzt kamen die Erkenntnisse über die IM-Tätigkeit einzelner Autoren hinzu, die die Poeten noch weiter auseinanderdriften ließen. So kann im folgenden nur beispielhaft von einzelnen wichtigen Lyrikern und ihren neuen Büchern die Rede sein.

Ein Lyriker der inzwischen schon älter zu nennenden Generation unternahm etwas ganz Besonderes: *Wolf Biermann*. Keiner hatte so wie er in allen drei Phasen des Literaturstreits heftig mitgestritten und seine verletzenden, aber auch stimulierenden »Klartexte« ins »Getümmel« geworfen – er konnte wohl nicht anders. Andererseits war er klug genug zu merken, daß er sich dabei verschliß und sich dem kreativen Schreiben entzog. Also rettete er sich wenigstens zeitweise vor der Tages(literatur)politik und übersetzte *Jizchak Katzenelsons »Großen Gesang vom ausgerotteten jüdischen Volk«* aus dem Jiddischen ins Deutsche. Katzenelson war ein polnischer Jude, der nach dem Einmarsch der Deutschen von Łodz nach Warschau floh, dort ins Ghetto geriet und beim Aufstand im April 1943 auf seiten der Kämpfer stand. Er konnte fliehen und landete im Sonder-KZ in Vittel am Fuße der Vogesen. Hier schrieb er seine fünfzehn großen Gesänge vom Leben und Leiden, vom Kämpfen und Sterben der osteuropäischen Juden – 225 kreuzweise gereimte Vierzeiler. Am Ende wurde er, der schon die meisten Familienmitglieder verloren hatte, doch noch nach Auschwitz deportiert und starb dort im Mai 1944 an der Rampe. Es ist ein großes Verdienst Biermanns, dieses einmalige Poem, von dem es vorher nur eine schwächere Übertragung von Hermann Adler gab, in eine so sprachmächtige wie anrührende deutsche Fassung gebracht zu haben.

Es wurde schon mehrfach hervorgehoben, daß wohl kein zweiter DDR-Autor durch die Wende eine so tiefe Verunsicherung erfuhr wie *Volker Braun*. Von ihm erschien 1990 ein bemerkenswerter Gedichtzyklus »*Der Stoff zum Leben*« – einer der Höhepunkte der DDR-Lyrik überhaupt. In ihm sind vierzehn großräumige, inhaltsschwere »Material«-Gedichte, angestoßen von dem tödlich gelähmten Zustand des eigenen Landes, der kaputten »durchgearbeiteten Landschaft« und dem hochgefährdeten Weltfrieden, versammelt, durchschossen von kürzeren Gedichten (das letzte heißt »Tiananmen«) und kleinen Denkstükken in Prosa, allesamt komplex intertextuell gearbeitet. Die Gedichte manifestieren die seit langem anhaltende, noch einmal radikalisierte Sinnkrise des sozialistischen Autors, die hier zum »Diskursabbruch« (W. Grauert), aber auch zur Hinlenkung der utopischen Sehnsucht auf ein antizivilisatorisches, romantizistisches »innerstes Afrika« führt. Fünf Jahre später sieht sich der Autor am »Weststrand« mehr gestrandet als gelandet, wie ein gleichnamiges Gedicht ausweist:

Ein Riß
In der Existenz (...) Das Minenfeld
Deiner Kompromisse
Geht langsam hoch. Passé
Politisches Tier
Vergiß die Witterung des Ziels.
Abgewickelt
ausgeschieden
verrutscht
Ohne Zentralperspektive
Fällt dein leichter Leib durch den Rost;
PARTEI UND STAAT, der Kurze Abgang
Der Seilschaft
Von der Eifer-Nordwand
Ins Nichts –
[...]

Heinz Czechowski war nie so hoch gestiegen in der »Eifer-Nordwand« der sozialistischen Utopie wie Volker Braun – und auch schon früher wieder in Etappen abgestiegen, weil ihm der Preis des »Fortschritts« eher zweifelhaft geworden war. In der schönen Sammlung »Mein Venedig. Gedichte und andere Prosa« vom Sommer 1989 hatte er ein Gedicht »An meinen Freund V. B.« adressiert, in dem er sein Unbehagen daran ausdrückte, daß immer noch nur »Die halbe Wahrheit steht / Auf dem Papier«. »Ja, es ist Zeit zu reden!«, schloß das Gedicht. Czechowski hatte schon geredet, aber doch nie als ein militanter Dissident, sondern in leisen, zuweilen sarkastischen und schon damals melancholischen Tönen. Als die Wende kam, freute er sich, der lange uneins mit seinem Staat war. Und doch lassen seine neuen Texte bald die Ambivalenz erkennen, zwar die Befreiung zu wünschen, aber doch vom Alten, Vertrauten nicht lassen zu können. Der 1993 erschienene Sammelband »*Nachtspur«,* komponiert aus zwischen 1987 und 1992 entstandenen Gedichten und Prosatexten, dokumentiert Czechowskis zwiespältige, ja unglückliche Gemütsverfassung: »Selbsthass [...] / Anfälle von Melancholie und schließlich / Die Einsicht, zu alt zu sein, / Um etwas Neues beginnen zu können.« Da ist viel von Unwissenheit, Trauer, Irrtum und den Wahrheiten von gestern, die nichts mehr gelten, und der Notwendigkeit zu bereuen die Rede. Ein ums andere Mal und an unterschiedlichen Reise- und Stipendienorten nimmt Czechowski seine Lagebestimmungen und Zeitmessungen vor, und auch die Geldgesellschaft als die »wirkliche Wirklichkeit« kommt dabei nicht gut weg. Trotzdem, Czechowskis *furor melancholicus* wirkt, weil eher beiläufig, lapidar und leise, nie aufgesetzt, nie wehleidig. Auch in und nach der Wende ist er die wichtige lyrische Stimme geblieben, die er vorher schon war.

Das gilt gleicherweise für den Czechowski wahlverwandten, allerdings seiner Subjektivität weniger ausgelieferten *Wulf Kirsten.* Sein Gedichtband »*Stimmenschotter«* (1993) versammelt Texte aus sechs Jahren und steht ohne Zweifel in der Kontinuität des bisherigen Werks, vor allem von »die erde bei Meißen« (1986). Kirsten, der Wende und Einheit in seinen Äußerungen zum Tage begrüßt hat, zeigt mit seinen Gedichten, daß die politischen Veränderungen nicht das einzige sind, was zählt. Er ist weiterhin der Landschafter und »flurgänger«, der er war. Und da der »brandfleck im teppich der natur« größer geworden ist, spricht auch Kirsten noch mehr als bisher von einer unheilen, verfinsterten Natur. Der sind keine heilen, wohltönenden Stimmen angemessen, sondern nur noch der »stimmenschotter / im versiegenden flußbett«. Durch ihn hindurch werden »die umgeschuldeten mißerfolge / in den gebetsmühlen aufrecht / zersungen, zermalmt« hörbar – das sind Verse, die, überraschend bei Kirsten, geradezu an Paul Celan erinnern.

Einem DDR-Lyriker vom gleichen Jahrgang 1934 wie Kirsten brachte die Wende den ersten wirklichen Gedichtband, nämlich *Richard Leising*, den man vorher, von einem schmalen Poesiealbum-Heft abgesehen, nur als Beiträger zu Anthologien wahrnehmen konnte. 1990 erschien »*Gebrochen deutsch«,* ein immer noch schmales, gleichwohl gewichtiges Bändchen klarer, schöner und immer wieder erstaunlich individueller, neuartiger Gedichte. Es sind nur 35, aber keins ist wie das andere, keines könnte sich ersetzen lassen. Leising, von Beruf Dramaturg und, nahezu selbstverständlich, auch einmal Marxist, aber von den Kulturbürokraten nur an inferiorer Stelle zugelassen, hat vor allem bei dem Lyriker Brecht gelernt. Er liebt das Gestische, das Vorgangshafte im Gedicht. Am schönsten sind seine fallenden Rhythmen, vor allem die schweren Trochäen – die metrische Korrespondenz zu seinem »schwarzen Sinn«, den er seinen »wachen Doppelgänger« nennt. So schrieb und schreibt er – selten – mit »einem Herzen voll / fröhlicher Kälte«, »entglitten jeder Macht«, und nach dem Motto »Ich weiß keinen Weg, und den gehe ich«. Seine Gegenstände entstammen dem DDR-Alltag, der doch nicht nur diesem Land eigen ist: Kohlenträger, ein keifendes Weib, Vögel, die den Morgen einsingen, ein (wirklicher) sterbender Schwan. Leising ist ein skeptischer Dichter, ohne Illusionen, mutlos manchmal, aber nicht ohne Selbstbewußtsein. Zum Westen paßt er schlecht, obwohl er doch alles andere als ein DDR-Barde war: »gebrochen deutsch« eben.

Viele andere noch aus dieser Generation wären hier zu nennen, vor allem Karl Mickel (von seinem 1990 erschienen Band »Palimpsest«, der bis 1989 enstandenen Gedichte versammelt, war die Rede; vgl. S. 386f.), Elke Erb (»Unschuld, du Licht meiner Augen«, 1994) und Wolfgang Hilbig (dessen Schwerpunkt jetzt in der Prosa lag; einige neue Gedichte enthält der Band »zwischen den paradiesen«, 1992). Und auch die Jüngeren produzierten weiter viel Lyrik (einen Querschnitt bietet u.a. Peter Geists vorzügliche Anthologie »Ein Molotow-Cocktail auf fremder Bettkante«, 1991) und bestätigten damit das Urteil von der hohen ›Breitenqualität‹ in diesem Genre, die freilich zu der Auflagenhöhe empfindlich im Widerspruch stand. Pointiert gesagt: Die Samisdat-Literatur der Vor-Wende-Zeit lebte fort, obwohl es keine Zensur mehr gab. Neue Verlage wie das Druckhaus Galrev, Gerhard Wolfs Janus Press und andere kleine Pressen, die weiter Künstlerbücher und andere bibliophile Ausgaben herstellten, mühten sich enorm – und hatten doch nur bescheidene Erfolge bei der Verbreitung der von ihnen favorisierten experimentellen Lyrik. Denn im wesentlichen schrieben die jungen Lyriker ihren subversiven Diskurs fort, den sie einst gegen die und dann außerhalb der DDR-Herrschaftssprache entworfen hatten – eine je verschiedene (und unterschiedlich gelungene) Mixtur aus Dekonstruktion der überkommenen Offizialsprache und phantasievoller Neukonstruktion einer ›anderen‹ Sprache. Daß es hier Verschleißerscheinungen gab, war absehbar. Schon 1988 hatte Bert Papenfuß-Gorek, einer der Begabtesten und Aktivsten auf diesem Gebiet, konstatiert: »unumstößlich klingt sie aus, die ära des aktiven wortspiels, es wurde zu ernst«. Ein neues Problem erwuchs aus der Tatsache, daß zwei Mittelpunktsfiguren des neuen subversiven Sprechens auch noch anders subversiv gewesen waren: die beiden Informellen Mitarbeiter des MfS Sascha Anderson und Rainer Schedlinski. Ihre alten Texte wurden jetzt auf überraschende Weise neu lesbar, z.B. Andersons Verse »die monologe gehen fremd« und »jeder satellit hat seinen killersatelliten« (dies sogar ein Bandtitel von 1982), oder Schedlinskis Wendung »der käfig ging / & fing sich einen vogel«. Überraschend war dann eher, daß die übriggebliebene Prenzlbergszene nach Bekanntwerden dieser Verstrickungen mehrheitlich zur Tagesordnung überging.

Viele Lyriker der jüngeren Generation wurden bereits vorgestellt oder wenigstens genannt (vgl. S. 390). Hier seien einige seit 1989 bekanntgewordene Namen hinzugefügt: Frank Lanzendörfer (Pseudonym flanzendörfer, geb. 1962; er nahm sich 1988 das Leben), Thomas Kunst (geb. 1965), Johannes Jansen (geb. 1966) und *Barbara Köhler*. Von letzterer soll als einer besonderen Begabung im folgenden die Rede sein.

Die 1959 geborene Chemnitzerin hatte in verschiedenen Berufen gearbeitet und von 1985 bis 88 am Leipziger Literaturinstitut studiert. Zwar lebte sie nie am Prenzlauer Berg, aber in einigen Bezirksstädten wie Leipzig, Dresden und (damals) Karl-Marx-Stadt gab es eine Berlin durchaus vergleichbare Szenekultur vor allem der bildenden Kunst. Hier verbrachte sie ihre gestohlenen Jahre, die verlorene Zeit der späten 70er und 80er. Als Motto könnte, wie für so viele im Lande, die vierte Zeile des folgenden Gedichts aus ihrem ersten Band *»Deutsches Roulette«* (1991) dienen:

RONDEAU ALLEMAGNE

Ich harre aus im Land und geh, ihm fremd
Mit einer Liebe, die mich über Grenzen treibt,
Zwischen den Himmeln. Sehe jeder, wo er bleibt;
Ich harre aus im Land und geh ihm fremd.

Mit einer Liebe, die mich über Grenzen treibt,
Will ich die Übereinkünfte verletzen
Und lachen, reiß ich mir das Herz in Fetzen
Mit jener Liebe, die mich über Grenzen treibt.

Zwischen den Himmeln sehe jeder, wo er bleibt:
Ein blutig Lappen wird gehißt, das Luftschiff fällt.
Kein Land in Sicht; vielleicht ein Seil, das hält
Zwischen den Himmeln. Sehe jeder, wo er bleibt.

Barbara Köhler hat, wie man sieht, (noch) keinen Bedarf an Sprachexperimenten. Wohl aber spielt sie gekonnt mit überkommenen Formen, ohne epigonal zu sein. Wo das Land ihr keine Heimat bot, blieb allein die »Sprache Ohneland« als Reservat – ein aus der neueren Geschichte der deutschen Lyrik gut bekannter Sachverhalt. Ihre Gedichte sprechen lakonisch und zugleich bildkräftig von »verjährten Hoffnungen« und neuen Enttäuschungen; manche Gedichte offenbaren ein geradezu barockes Lebensgefühl. – Wollte Köhler schon in ihrem ersten Gedichtband »Bilder ohne Rahmen« geben, so forciert der zweite Band »Blue Box« (1995) diese Tendenz. »Ich übe das Alleinsein, und ich denke, ich habe es darin schon ziemlich weit gebracht. Ich rede mit der Sprache, manchmal antwortet sie.« So heißen die ersten Sätze des schmalen Bandes. Die Autorin zielt jetzt, angesichts der Konkurrenz der Medienbilder, auf eine »entbilderte Sprache«, bemüht sich gleichsam, die Sprache selbst dort, wo sie noch zu vermitteln scheint, unkommunizierbar zu machen – aus der Verzweiflung am Versagen, am Fehlgehen der Wörter. Dies kann auch gelesen werden als eine Folge ihres Ortswechsels von Ost nach West (die Autorin lebt seit einigen Jahren in Duisburg). Vergleichbare Ortsveränderungen verarbeiten auch die neueren Gedichte von Uwe Kolbe (»Nicht wirklich platonisch«, 1994) und Kurt Drawert (bisher nur in dem Auswahlband »Fraktur« von 1994 zugänglich).

Einer, der von den deutschen Umbrüchen und Verwerfungen seit 1989 wenig erschüttert zu sein scheint, ist *Durs Grünbein* (vgl. S. 394f.). Er ist gleichsam der Außenseiter unter den Außenseitern. Er tüftelte nicht à la Schedlinski und Papenfuß an einem theoretisch abgesicherten neoavantgardistischen Gegendiskurs, und er enthielt sich auch aller Leiden an Deutschland, die für die neuere Lyrik von Braun und Czechowski noch bis zu Köhler und Kolbe so charakteristisch sind. Vielmehr übt er sich mit Nietzsche im produktiven Vergessen dieser jüngeren Geschichte eines Scheiterns und macht sich, neugierig und wissensdurstig wie kein anderer, in die Archive einer erweiterten Menschheits- und Naturgeschichte auf, die so viel reicher sind als die der untergegangenen DDR. Als die Mauer fiel, kommentierte Grünbein:

> Komm zu dir Gedicht, Berlins Mauer ist offen jetzt.
> Wehleid des Wartens, Langeweile in Hegels Schmalland
> Vorbei wie das stählerne Schweigen ... Heil Stalin.
> Letzter Monstranzen Glanz, hinter Panzern verschanzt.
> Langsam kommen die Uhren auf Touren, jede geht anders.
> Pech für Kopffüßler, im Brackwasser abgesackt.
> Revolutionsschrott *en masse*, die Massen genasführt.
> Im Trott von bankrotten Rotten, was bleibt ein Gebet:
> Heiliger Kim Il Sung, Phönix Pjönjangs, bitt für uns.

Das Gedicht, abgedruckt im Band »*Schädelbasislektion*« (1991), zeigt, wie wenig Grünbein sowohl die reale DDR als auch der Traum von einer ›anderen‹ DDR bedeutete. En passant zeigt er, daß er auch mit der Sprache à la Papenfuß spielen kann, dies ihm aber nicht die Welt bedeutet. Seine Poetik dieses und auch noch des nächsten Bandes »*Falten und Fallen*« (1994) lautet: »Rund-um-Offensein, triebhafte Wachsamkeit inmitten einer Dingwelt, in der das Ich millionenfach zerlegt und aufgelöst wird in ein Vielerlei von Reizen. [...] Der neue Künstler hat kein Programm mehr, sondern nur noch Nerven und einen feinen Spürsinn für Koordinaten. [...] Alles, was einst die Exklusivität verbürgte – Stil, Thema, große Geste, Ausdruck – ist in den Augen dieser Streunenden verpönt, ein nekrophiles, ältliches Vergnügen.« Als Gustav Seibt im März 1994 Grünbein zum »hinreißenden Götterliebling« in der Nachfolge »des jungen Enzensberger, ja, vielleicht seit dem ersten Auftreten Hugo von Hofmannsthals« ausrief und ihn zum »ersten Dichter, der die Spaltung der deutschen Literatur überwindet«, erklärte, traf das das Außerordentliche der Erscheinung Grünbein tatsächlich – nur mit einer Verspätung von sechs Jahren. Denn schon damals lag der erste fulminante Band dieses Autors in der Bundesrepublik gedruckt vor. Grünbeins Stoff der frühen Jahre war natürlich die todkranke DDR gewesen. Daß sie es nicht blieb und er gegen jegliche ostalgische Anwandlung gefeit war, ist ein Zeichen seiner außergewöhnlichen intellektuellen Souveränität, der die ästhetische entspricht.

Zwischenbilanz 1995: Einheit und Vielfalt der deutschsprachigen Literatur

Mit dem Inkrafttreten des Einigungsvertrages wurde am 3. Oktober 1990 die staatliche Einheit hergestellt, die »äußere Einheit«, wie man oft sagen hört, womit auch gesagt ist, daß eine »innere Einheit« noch aussteht. Letzteres meint eine Annäherung, gar Anverwandlung nicht nur der Lebensverhältnisse und des Wohlstandsniveaus, sondern auch der Wertvorstellungen, kulturellen Orientierungen, ›Sitten und Bräuche‹, kurz: der Mentalitäten der Ostler und der Westler. Willy Brandt hatte vermutlich nicht zuletzt das im Sinn, als er sein vielzitiertes Wort sprach. »Jetzt wächst zusammen, was zusammengehört.« Mittlerweile hört man diesen Satz kaum je anders als mit ironischer Pointierung, will sagen: Mit dem prognostizierten Zusammenwachsen hat es nicht so recht geklappt. Das gilt auch für die beiden Literaturen Ost und West – zumindest dann, wenn man unter Zusammenwachsen ein immer stärkeres Homogenwerden der beiden Teilliteraturen versteht. Vielleicht aber ist das schon eine so schiefe wie unfruchtbare Sichtweise, die unter anderem – fälschlich – voraussetzt, die Literatur der Bundesrepublik und der DDR seien vor 1989 jeweils in sich homogen gewesen. Schon vor 1989 galt, daß unsere Gegenwart, als eine Permanenz der Ungleichzeitigkeit, der Vielheit und des Widerspruchs, nur sehr begrenzt nationalstaatlich, nationalsprachlich und nationalliterarisch zu fassen war. Dennoch lohnt es sich, wenigstens kursorisch der Frage nachzugehen, wie es vor der Wende 1989/90 um die Einheit und Vielheit der deutschsprachigen Literatur bestellt war.

Es entstand ja nicht nur in der Bundesrepublik und in der DDR auf deutsch geschriebene Literatur, sondern auch in Österreich und der Schweiz – und überdies, wenig wahrgenommen, im Elsaß, in Luxemburg, Rußland, Kasachstan, in Ungarn und in Rumänien (hier vor allem in den Regionen Banat und Siebenbürgen, nachdem die deutsche Literatur der Bukowina im Zweiten Weltkrieg untergegangen war oder –

man denke an Paul Celan und Rose Ausländer – ins Exil verschlagen wurde). Aber nicht nur die Vielstaatlichkeit der deutschen Literatur verwirrt. Schwierig ist und bleibt, nach welchen Kriterien – thematischen? politischen? soziokulturellen? ästhetischen? – Literatur der gleichen Sprache unterschieden werden soll. Daß dies nicht nur eine Scheinfrage ist, zeigt das Universum der spanischsprachigen Literatur, das sich auf mehrere Kontinente verteilt und das intern aufzufächern niemand anstößig findet. Nur: auf Vereinnahmung oder Ausgrenzung dürfen solche Versuche nicht hinauslaufen.

Ein Blick zurück auf die unterschiedlichen ost- und westdeutschen Positionen ist aufschlußreich. Auf dem 1. (noch gesamtdeutschen) Schriftstellerkongreß 1947 in Berlin hatte sich Johannes R. Becher gegen alle die Kritiker gewandt, die deutsch geschriebene Literatur nach Parteizugehörigkeit oder Wohnsitz der Autoren (in der Ostzone oder in den Westzonen) unterscheiden und ehemalige Exilschriftsteller und »innere Emigranten« auseinanderdividieren wollten. Er nannte es »verwerflich, Osten und Westen einander gegenüberzustellen oder die Deutschen der verschiedenen Zonen gegeneinander auszuspielen, während es das Interesse aller Deutschen sein müßte, unter keinen Umständen zuzulassen, daß wir uns, aufgrund der Zonenteilung, auseinanderleben, und somit gibt es in diesem Sinne auch keine westdeutsche oder ostdeutsche Literatur, keine süddeutsche und norddeutsche, sondern nur eine, eine deutsche, die sich nicht in Zonengrenzen bannen läßt, sondern der, wie wir hoffen, auch alsbald über die Grenzen Deutschlands hinaus das Tor zur Welt wieder geöffnet wird.«

Diese Auffassung von der Einheit der deutschen Literatur auch über die Grenzen der Zonen, Staaten und Gesellschaftssysteme hinweg blieb in der DDR noch lange in Geltung. Erst 1956 wurde von Walter Ulbricht in einer Botschaft an den 4. Schriftstellerkongreß (der nunmehr schon der dritte nicht gesamtdeutsche war) die These von den zwei deutschen Literaturen formuliert. Sie entsprach der Zweistaatentheorie, die ja schon seit dem Jahre 1949 von der politischen Praxis gefordert wurde. Von da an wurde es üblich in der DDR, die Existenz einer eigenen, sich stürmisch entfaltenden »sozialistischen Nationalliteratur« zu behaupten oder doch zumindest zu fordern, die man von der bürgerlich-kapitalistischen Verfallsliteratur des westdeutschen Staates durch eine tiefe Kluft getrennt sah. Seit 1961, dem Jahr des Mauerbaus in Berlin, galt diese Interpretation deutscher Kultur und Literatur, wie eine den 5. Schriftstellerkongreß vorbereitende Rede des damaligen Kulturministers Alexander Abusch belegt: Gegensätzliche Gesellschaftssysteme, so Abusch, wiesen den Schriftstellern gegensätzliche Aufgaben zu und führten notwendig zu einer Auseinanderentwicklung der beiden Literaturen. Seither ist diese Positionsbestimmung nicht mehr wesentlich verrückt worden. Die elfbändige »Geschichte der deutschen Literatur« aus der DDR hat diesen Standpunkt dann offizialisiert, indem sie der »Literatur der DDR« einen eigenen (über 900 Seiten starken) Band einräumte, der die Literaturentwicklung im andern deutschen Staat als eine durchweg eigenständige und eigenwertige konzipiert.

Dieser offizielle DDR-Standpunkt, aber auch die eigene Irritation über einen verwirrenden Zustand hat in der Bundesrepublik anhaltende, streckenweise polemisch geführte Debatten ausgelöst, ob es eine, zwei oder vielleicht noch mehr deutsche Literaturen gebe. Der Tenor der konservativen Literaturkritik in der Adenauer-Ära war, es gäbe nach wie vor eine Einheit der deutschen Literatur. Zu ihr gehörten die freie Literatur des Westens, der man einige kritische und niveauvolle Schriftsteller aus der DDR zugesellen könne. Die sonstige DDR-Literatur sei eigentlich gar keine Literatur, weil politisch doktrinär und ästhetisch ohne Belang. Es war Hans Mayer, der zunächst noch in der DDR, ab 1963 in der Bundesrepublik diese Vorstellung anzweifelte. 1967 stellt er »zwei grundverschiedene Strukturen des literarischen Lebens [...] auf deutschem Boden« fest, entdeckte allerdings auch »Grenzüberschreitungen [...]: drüben entstehende Literatur, deren geistige Heimat im Westen liegt. Es wäre sogar westdeutsche Belletristik möglich, für die das Umgekehrte gilt.« Damit war angedeutet, daß unterschiedliche gesellschaftliche Strukturen tatsächlich entsprechend unterschiedliche Literatur stimulieren; gleichzeitig aber auch, daß der selbstgewählte ideologische Standort eines Autors zu seinem geographischen konträr sein und zu Überkreuzzuständen führen konnte.

Den Gedanken, daß die Entstehung zweier deutscher Sprachen und Literaturen gesellschaftlich vermittelt sein könnte, hat (in einem Gespräch mit Kollegen aus Ost und West) Uwe Johnson 1964 treffend artikuliert. Er sagte damals: »Ich halte den Satz für zweifelhaft, daß wir alle in einer gemeinsamen Sprache schrieben oder uns ausdrückten. Zwischen den Schriftstellern der beiden Währungsgebiete in Deutschland herrscht durchaus eine Meinungsverschiedenheit über den einfachen deutschen Satz. Sie sind sich nicht einig, welcher Satz auf eine literarische Weise gut ist. Ein anderes Beispiel: die Wortwahl, die verschiedenen Parteiungen, die in den Worten enthalten sind. Ist das noch eine Sprache, wenn man über so gründliche Dinge nicht einer Meinung ist? [...] Ich glaube, es ist nicht nur die Wahl des Gegenstandes. Die muß unterschiedlich ausfallen wegen der verschiedenen Organisationen der beiden Länder, der verschiedenen Situationen, von denen ein Schriftsteller ausgeht. Sehr wichtig scheint mir zu sein, daß diesen Situationen, es handelt sich jeweils um einen Industriestaat, eine verschiedene Interpretation gegeben wird und also der Literatur in dem einen Fall bestimmte Aufgaben zugewiesen werden und im anderen Fall keine. Die Literatur in der DDR hat z.B. die Aufgabe, das Bewußtsein ihrer Leser von der Lage zu verändern. Eine ganz ausgesprochen sozialaktivistische Aufgabe. Eine solche hat die westdeutsche, westlich deutsch sprechende Literatur nicht. Das wirkt sich auf die Ästhetik aus. Dieser uralte Widerspruch zwischen dem Fortschritt der künstlerischen Form und dem Zurückbleiben der Aufnahmefähigkeit beim Publikum, diesen Widerspruch hat die ostdeutsche Literatur im allgemeinen und persönlichen Fall ganz radikal zerschlagen, indem dort eine gewisse Grenze der Verständlichkeit vorgeschrieben ist, man hat vereinbart: Das ist der Begriff der Volkstümlichkeit. Während die westliche Literatur versucht, ihren neuen Inhalten Beschreibungsformen zu gewinnen, die den Inhalten adäquat sind und die die Aufnahmefähigkeit – oder sagen wir eine gewisse Trägheit des Aufnahmebewußtseins – nicht immer berücksichtigen. So kommt es dazu, daß ein westdeutscher Schriftsteller einen Satz, den sein ostdeutscher Kollege geschrieben hat, im schlimmsten Fall nicht versteht oder im besseren Fall sagt: Diese Schreibweise ist vergangen, hinter der Zeit.«

Man merkt Johnsons Analyse der beiden deutschen Literaturen und ihrer öffentlichen Funktion deutlich an, daß sie über dreißig Jahre alt ist. Was er beschreibt, trifft zu auf jene historische Phase, die ungefähr die Jahre *1948 bis 1967* umfaßt; einen Entwicklungsabschnitt der DDR, in der sie nicht nur eine eigene Staatlichkeit entwickelte, sondern vor allem eine eigene »kulturelle Identität« und mit Bezug auf die damalige Bundesrepublik *»Diskulturalität«* (so Jürgen Link 1980). Das heißt, in den beiden deutschen Staaten entstand ein je unterschiedliches *set* gesellschaftlicher Erfahrungen und mit ihnen auch: abweichender kultureller und ästhetischer Normen. Dieser Befund ist in den letzten fünfzehn Jahren mehrfach und von sehr unterschiedlichen Standorten aus bestätigt worden. So sprach Hans Mayer 1984 im zweiten Band seiner Lebenserinnerungen »Ein Deutscher auf Widerruf«, übrigens mit positiver Akzentuierung, von einem neuartigen *»plebejischen Bewußtsein«,* das sich im Laufe der 50er Jahre in der DDR herausgebildet habe. Denn: »Die Leute aus dem Volk hatten etwas lernen dürfen oder müssen«, und das habe sie den Parteifunktionären gegenüber selbstbewußt gemacht. Umgekehrt, in diesem Fall negativ akzentuiert, verwies Mayer schon 1979 auf die der jungen DDR-Literatur »oktroyierte Kontinuität« didaktisch-realistischen Schreibens, wodurch dieselbe, flankiert von der Kampagne gegen den Formalismus, hinter die Erkenntnisse und Techniken der künstlerischen Moderne habe zurückgehen müssen und provinziell geblieben (oder geworden) sei. Ein DDR-treuer Zeuge, Günther Deicke, hat den Befund des *Provinzialismus* für die DDR-Literatur der 50er Jahre bestätigt. Gewiß, es gab, wie beschrieben, nicht nur Agitationsreime und Traktorenlyrik, Bejahungsstücke und schematische Entwicklungsromane (eine im Westen nur noch parodierte Form) in der DDR-Literatur der 50er und frühen 60er Jahre. Es gab auch Brecht, Müller und Hacks, Arendt, Huchel und Bobrowski, schließlich Johnson, aber die ästhetische Dominante war eine *literarische Vormoderne,* welche die Ästhetik zugunsten des politischen Inhalts aufgab, während die Schriftsteller der Bundesrepublik im Zweifelsfall den umgekehrten Weg gingen.

Der Befund einer beträchtlichen Entfernung von deutscher Literatur Ost und deutscher Literatur West war allerdings schon um 1970 herum überholt. Ein Prozeß war in Gang gekommen, den man, mit Habermas' Wort, als *»nachholende Modernisierung«* bezeichnen kann. Auf dem Höhepunkt dieser Entwicklung in den 80er Jahren ließ sich eine – zunächst überraschende – Konvergenz zumindest von wichtigen Anteilen der beiden deutschen Literaturen feststellen, thematisch wie ästhetisch. Dieser partielle »Prozeß der Angleichung«, der die Literatur der DDR zu einer für bundesdeutsche Leser »zugänglichen Fremde« machte, weil sie vom »beschädigten Leben«, vom »bedrängten Individuum« handelte (so Heinrich Mohr treffend), ist in diesem Buch beschrieben worden. Lothar Jegensdorf stellte 1985 fest, die neuere DDR-Literatur transzendiere »eine spezifische DDR-Thematik«, indem sie »grundlegende anthropologische Sachverhalte« wie z.B. »das Verhältnis von Selbstbestimmung und kollektivem Anspruch, von Anpassung und Widerstand, von Ideal und Wirklichkeit, [...] das Problem des Zusammenpralls der Generationen« thematisiere, und zwar mittels einer Schreibweise des »offenen Realismus«. Diese Feststellungen sind richtig. Sie werden bestätigt durch die bemerkenswerte Popularität dieser neueren DDR-Literatur bei den Lesern der Bundesrepublik. Gewiß konnten schon Stefan Heym oder Hermann Kant mit einzelnen Büchern Auflagen von über 100000 Exemplaren erzielen. Doch neuere Titel von Christa Wolf, Maxie Wander oder Christoph Hein übertrafen frühere Erfolge von DDR-Büchern erheblich. An der Spitze lagen Ende der 80er Jahre Wolfs »Kassandra« mit über 415000 verkauften Exemplaren und »Störfall« mit 300000, gefolgt von Maxie Wanders Frauenprotokollen »Guten Morgen, du Schöne« mit einer Auflage von knapp 300 000. Heins »Drachenblut« lag damals bei knapp 120000 verkauften Exemplaren, die hohen Raubdruckauflagen nicht mitgerechnet. Auch Irmtraud Morgner, Reiner Kunze, Erich Loest, Monika Maron, Ulrich Plenzdorf oder Helga Königsdorf erreichten ein großes Publikum. Im einen oder andern Fall spielten dabei von den Medien beförderte Stimmungen eine Rolle, zumal bei manchen der übergesiedelten Autoren. Doch das Interesse an der neueren DDR-Literatur war vor allem ein thematisches, die eigene Existenz betreffendes. Man – das meint auch Frauen – las sie zumeist weniger, um etwas über den östlichen deutschen Nachbarn zu erfahren, sondern um sich mit Problemen auseinanderzusetzen, die einem in der westlichen Bundesrepublik gleichfalls auf den Nägeln brannten: die Zerstörung der natürlichen Lebensgrundlagen, die Gefahr des atomaren Selbstmords, die Vereinsamung des Individuums in einer durchrationalisierten Gesellschaft, die Versuche von Frauen, in einer Männergesellschaft ihr eigenes Leben zu leben, kurz: die Widersprüche einer von vielen als pathologisch beurteilten Industriezivilisation. Viele Leser merkten gar nicht mehr ohne weiteres, daß Christa Wolf oder Christoph Hein DDR-Autoren waren. Daß bei dieser Rezeption gravierende politische Unterschiede zwischen den beiden Systemen unter den Tisch fielen und die staatliche Repression in der DDR zu wenig, wenn überhaupt, Beachtung fand, ist ein Problem, in das sowohl die DDR-Autoren als auch ihre Leser in Ost und West und nicht zuletzt eine mit dieser Literatur oft unkritisch sympathisierende Literaturkritik und -wissenschaft in den westlichen Ländern verhakt waren. Zudem trug diese zivilisationskritische neue »Warnliteratur« (H. Mayer) aus der DDR zumindest teilweise irrational-regressive, romantizistische Züge, bot sich damit als problematischer Fluchtort an. Doch darum geht es an dieser Stelle nicht, sondern allein um die Tatsache, daß sich deutsche Literatur Ost und West in vielem bereits vor 1989 stark angenähert hatten. Für die Literatur aus der DDR hieß das, daß es dort jetzt gleichzeitig *zwei normative Zentren* gab – nicht mehr nur das eine der ästhetischen Vormoderne im Bannkreis des modifizierten »sozialistischen Realismus« mit Autoren wie Neutsch, Noll, Thürk und Görlich in der Prosa, Uwe Berger oder Eva Strittmatter in der Lyrik, Baierl, Kerndl oder Strahl auf dem Theater, sondern auch dasjenige der modern und innovativ schreibenden Autoren der älteren und mittleren Generation, also Fühmann, Müller, Kunert, Wolf, Mickel, Fries, Becker, Braun, Hein oder auch schon Hilbig, Brasch und S. Schütz (um nur einige wichtige zu nennen). Diese Autoren handhabten jetzt in voller Souveränität die Schreibmöglichkeiten der modernen Literatur, in denen sich die Krise des Geschichtssinns, der gesellschaftlichen Entwürfe, des Subjekts und damit auch traditioneller Literaturauffassung manifestierten: Autoreflexivität, Perspektivenvielfalt, Polyphonie, Intertextualität, Verfahren der Montage und Collage, Sprachdestruktion und -fragmentierung, Phantastik, Schreiben ›aus dem Traum‹ usw. Die Jüngeren aus der alternativen Kulturszene forcierten den Gebrauch solcher und noch weitergehender experimenteller Kunstmittel noch, ja, sie versuchten teilweise, sich gänzlich vom staatlichen Literaturbetrieb wie vom offiziellen Diskurs abzukoppeln. Gleichwohl wäre es verfehlt, hier von einem dritten normativen Zentrum zu sprechen.

Zwischen den deutschen Literaturen Ost und West gab es schließlich noch eine weitere bedeutsame Gemeinsamkeit – oder doch wenigstens Ähnlichkeit, die lange nicht genügend wahrgenommen wurde (unter anderm hat Frank Schirrmacher in seinem Aufsatz »Abschied von der Literatur der Bundesrepublik« vom 2. Oktober 1990 auf sie hingewiesen). Sowohl die frühe westdeutsche wie die gleichzeitige ostdeutsche Literatur ist das Werk ein und derselben Generation, nämlich jener in den 10er und 20er Jahren geborenen Männer und Frauen, die 1945 mit Schuld und schlechtem Gewissen beladen aus Krieg und

Gefangenschaft nach Hause zurückkehrten oder die Blusen der Hitlerjugend und des Bunds Deutscher Mädchen auszogen. Doch während sich die jungen Autoren und Intellektuellen in der frühen Bundesrepublik als nonkonformistische Kontrahenten eines konservativen Wirtschaftswunderlandes definierten und gegen die nicht kleinen Restbestände des Nazismus anschrieben, wurden sie in der DDR, wie beschrieben, zu »Siegern der Geschichte« erklärt. Sie setzten den antifaschistischen Gründungsmythos des Staates DDR literarisch um und praktizierten Literatur als verspätete Widerstandshandlung – wohlbemerkt: in bester Absicht. Das wiederum verband sie mit vielen ihrer Altersgenossen in Westdeutschland. Und ebenso verband sie, daß nun in beiden deutschen Ländern, mangels anderer wirksamer Institutionen (oder, in der DDR, aufgrund ihres Verbots) ein Goldenes Zeitalter der Literatur anbrach, in dem die Autoren zeitweise als einzige kritische Instanz fungierten. In der DDR dauerte dieses Goldene Zeitalter freilich entschieden länger als in der Bundesrepublik, nämlich bis in die späten 70er Jahre und partiell sogar noch bis ans Jahr 1989 heran.

Trotz dieser und anderer gravierender (literatur-)historischer Wandlungen in den letzten zwanzig Jahren DDR, die von beträchtlicher Nähe zeugten, kam es mit und seit der Wende dann doch zu einem regelrechten Zusammenstoß der beiden Literaturen, faßbar in den verschiedenen Phasen des »deutschen Literaturstreits« (vgl. hier S. 462ff.). Jenseits der focussierten Kontroversen um Dichtermut vor SED-Fürstenthronen, IM-Verstrickungen und Ähnliches wurde auch zuweilen explizit gesagt (und häufiger noch still gedacht), was man von der Literatur des je anderen Landesteils hielt: nämlich wenig. So orakelte Eckhard Henscheid finster, »daß der nun gesamtdeutsche Literaturstandard sich durch das vermutlich massierte Eindringen des gesammelten DDR-Literaturgequatsches von Christa Wolf bis Wolf Biermann noch einmal verschlechtern und verfinstern wird«; umgekehrt seien die ostdeutschen Literaturfreunde »für unsere halbwegs lesbare West-Literatur von Wolf Wondratschek bis Ror Wolf bei allem guten Lesewillen einfach zu blöde; vorerst jedenfalls«. Umgekehrt fand Jurek Becker den »Zustand der bundesdeutschen Literatur [...] deprimierend [...]. Die dominierenden Merkmale sind Anbiederung, Gefallsucht, Marktschreierei und Schlichtheit der Gedanken. Die Bücher sind [...] einander auf fatale Weise ähnlich geworden.« Eine Vielzahl sich wiederholender Zitate wäre zu geben, in denen stets aufs neue die ›Mauer in den Köpfen‹ gerügt und die Vermutung geäußert wurde, das Ganze werde »eine Generationsgeschichte werden« (C. Hein). Das war (und ist) wohl richtig so und hat einige nachvollziehbare Gründe. Wichtig ist, wie mehrfach betont, daß der privilegierte, hypertrophe Status des DDR-Autors als (wie immer kritischer) Fürsprecher und Gewissen der realsozialistischen Nation mit dem Untergang seines Staates quasi von heute auf morgen hinfällig wurde. Nur wenige nahmen die konsequente Dissidenz gegenüber dem System als Alternative für sich an. Dies ist weniger dem mangelnden Mut des einzelnen zuzurechnen (und ohnehin nicht von außen als moralischer Vorwurf zu formulieren), sondern mehr dem systembedingten verinnerlichten Selbstverständnis der Schriftsteller in dem genannten präzeptorischen Sinn. Außerdem hatten die DDR-Autoren, die aus einer literaturdominierten Gesellschaft kamen, die ihnen fremde fortgeschrittene Medienkonkurrenz binnen Monaten zu verdauen; eine Adaption, die ihre westlichen Kollegen Schritt für Schritt, in aller Ruhe über die Jahrzehnte hin hatten vollziehen können. – Hinzu kam anderes Trennendes, das nicht nur die Autoren betraf. Brigitte Burmeister hat davon gesprochen, daß den ehemaligen DDR-Bürgern auch nach der Wende das »Eigene blieb, wie problematisch auch immer, der prägende Erfahrungshorizont, eine Art soziokultureller Biotop, in dem sich Wesensgemeinsamkeiten – Identitäten – herausbildeten, selbst bei verweigerter Identifikation mit dem herrschenden System und seinen Geltungsansprüchen«. Das ist wohl wahr, und es wirkt noch fort. Unter dem bestehenden Erfahrungsdruck bisher unbekannter Zumutungen hat sich die mythische DDR-Identität mancherorts sogar wieder verfestigt statt sich zu verwandeln. Das hat nicht nur mit Arbeitslosigkeit und Existenzangst zu tun, sondern auch mit dem ausgeprägten Desinteresse der Westler am Ergehen der Ostler. »Je weniger sich die Leute aus dem Westen für die Geschichten interessieren, die die einstigen DDR-Bewohner zu erzählen haben, desto mehr erzählen sie sich nun gegenseitig« (M. Siemons). Neuere Erhebungen der empirischen Sozialforschung im Ost-West-Vergleich zeigen, daß sich unter den Ostdeutschen ein Wertewandel vollzieht, aber doch nur langsam. 1995 betrachteten z.B. schon entschieden weniger Ostdeutsche das »Leben als Aufgabe« und wollen es statt dessen »genießen«, aber sie hinkten den Westdeutschen immer noch deutlich hinterher in der entspannten Akzeptanz des *Laissez-faire*. Und die Zweifel, ob die westliche Gesellschaftsordnung mit ihren rechtlichen Institutionen verteidigenswert sei, sind in fünf Jahren sogar massiv gewachsen. Auch für die junge Generation gilt, daß sie das »neue kulturelle Modell« (R. Zoll) des Westens – Kommunikation vor Arbeit, entspannte, hedonistische Gegenwartsbetontheit, Selbstinszenierung, Ästhetisierung – nur zögernd annimmt und z.B. auch noch entschieden stärker in familiären Bindungen verwurzelt ist.

So zeigt Deutschland Mitte der 90er Jahre ein Bild gemischt aus kulturellen Konvergenzen und Divergenzen zugleich, die auch, wie sollte es anders sein, die neu entstehende Literatur prägen. War schon die Literatur der alten Bundesrepublik kein homogenes Feld, so ist es die neue gesamtdeutsche Literaturszenerie erst recht nicht, vielmehr ist sie vielsträngig ausgespannt zwischen den Polen (immer noch) ›Gewissen der Nation‹ und ›postmoderner Boulevard‹. Für die kritische DDR-Literatur gab es kaum eine andere Wahl als gegen die

Machtverhältnisse in ihrem Staat anzuschreiben; daß sie es nicht strikt genug getan habe, war der Hauptvorwurf im Literaturstreit. Auch die kritische Literatur der alten Bundesrepublik hatte eine Funktion zu erfüllen, für die sich damals kein anderer zuständig fühlte. Es war die »sanitäre Aufgabe der Intellektuellen, nach dem Ende des Faschismus, die ganze ideologische Müllabfuhr, eine recht langwierige und mühsame Arbeit« (H.M. Enzensberger), zu übernehmen. Im Lauf der Jahrzehnte war, vor allem durch halbwegs funktionierende freie Medien, eine Vergesellschaftung der alten Intellektuellenrolle zustande gekommen. »Wir haben Heinrich Böll verloren«, so noch einmal Enzensberger, »aber dafür haben wir Amnesty und Greenpeace.« So ist es – nach dem Untergang der DDR einerseits und diesem Umbau der kritischen Instanzen in der Bundesrepublik, alt wie neu – der Literatur heute freigestellt, sich in verschiedenen, möglicherweise gegenläufigen Selbstverständnissen zu artikulieren. »Die kritisch-moralistische Funktion der Literatur« ist, wie Jochen Vogt festgestellt hat, »eine literarische Möglichkeit neben und unter anderen«, aber eben nicht die einzige. Es zeichnet die heutige Situation aus, daß sich in Deutschland kein kulturelles oder literarisches Modell absolut setzen kann, ja, man kann nicht einmal von einer eindeutigen Hierarchie der verschiedenen literarischen Konzepte sprechen. Vielfältige Lebensformen, Sujets und Schreibstrategien koexistieren unter den Literaten und in ihren Texten miteinander, ohne sich zu dauerhaften Schulen, Gruppen oder gar Institutionen zu verfestigen. Am besten wäre, man trennte sich von der Vorstellung kompakter, klar definierbarer, gar institutionalisierter Richtungen und Gruppen der deutschen Gegenwartsliteratur, ganz zu schweigen von dem Wunschbild der *einen* deutschen Literatur. Gewiß gibt es übergreifende Gemeinsamkeiten wie die zivilisationskritische Grundhaltung, die Skepsis gegenüber simplistischen Sinnkonstruktionen und die Verweigerung des einst so geläufigen Fortschrittsglaubens angesichts einer Geschichte, die sich als unberechenbar, sprunghaft und vieldimensional erwiesen hat – im Guten wie im Bösen. Aber diesem Gemeinsamen steht eine Vielfalt der ästhetischen Konzepte und Schreibpraxen, der literarischen Regionen und gesellschaftlichen Funktionen, der Autorengenerationen und ihrer politischen Standorte gegenüber, die zu erkennen und anzuerkennen Gewinn bedeutet, nicht Verlust. Der internationale Stoffwechsel dieser divergierenden Literaturen ist so vielfältig (zunehmend auch mit kleineren Literaturen), daß sich das Beschreibungsmodell ›Nationalliteratur‹ nur als bedingt tauglich erweist. Die deutschsprachige Gegenwartsliteratur existiert in einer Vielzahl zueinander offener Szenen. Eine davon wird noch für längere Zeit die sich verändernde regionale ostdeutsche Szene auf den Spuren der einstigen DDR-Literatur sein.

Zeittafeln

Die genannten literarischen Werke sind in der Regel jeweils dem Jahr zugeordnet, in dem sie dem ostdeutschen bzw. DDR-Publikum zuerst zugänglich wurden. Wenn ein Werk nur bzw. zuerst in einem westlichen Land erschien, ist das vermerkt (BRD für Bundesrepublik Deutschland oder andere Länder- bzw. Städteangabe). In wenigen wichtigen Fällen ist auch das Datum der Entstehung eines Werks oder seiner Erstausgabe vor 1945 angegeben. Theaterstücke sind i. d. R. dem Jahr zugeordnet, in dem sie in der DDR ihre (Ur-)Aufführung erlebten. Fand die Uraufführung in einem westlichen Land statt, so ist das angegeben. In relevanten Fällen sind zudem die Erst-

	Literarische und kulturpolitische Ereignisse	*Romane und Erzählungen*
1945	J. R. Becher, F. Wolf u.a. kehren zurück Gründung des Kulturbundes (Juli) Gründung des Aufbau-Verlags (August) Erscheinen des Aufbau (Zeitschrift) Entnazifizierung aller kulturellen Bereiche	J. R. Becher, Abschied. Einer deutschen Tragödie erster Teil (EA 1940 Moskau) T. Plivier, Stalingrad A. Scharrer, Maulwürfe (EA 1933 Prag)
1946	Gründung der SED (April) Befehl Nr. 4 des Kontrollrats über die Einziehung nazistischer und militaristischer Literatur (Mai) Wiedererscheinen der Weltbühne (Juni) Erscheinen der Wochenzeitung Sonntag (Juli) Gründung der Zeitschrift Theater der Zeit (Juli) Aufhebung der Vorzensur in der SBZ (Nov.) Zu Jahresende sind in der SBZ 63 Verlage lizensiert E. Weinert kehrt zurück G. Hauptmann gest. (6.6.)	W. Bredel, Die Prüfung (EA 1935 Prag) W. Bredel, Verwandte und Bekannte (=1948: Die Väter) W. Gorrish, Um Spaniens Freiheit S. Hermlin, Der Leutnant York von Wartenburg (Westzonen) A. Scharrer, In jungen Jahren A. Seghers, Das siebte Kreuz (EA 1942 Mexiko) E. Wiechert, Der Totenwald
1947	Kultureller Beirat für das Verlagswesen wird Zensurorgan (Januar) I. Schriftstellerkongreß (Okt.) Verbot des Kulturbundes in den Westzonen (Nov.) Gründung von Ost und West (Zeitschrift) Gründung des PEN-Zentrums durch J. R. Becher E. Wendt wird Leiter, M. Schroeder Cheflektor des Aufbau-Verlags	E. Claudius, Grüne Oliven und nackte Berge (EA 1945 Zürich) H. Fallada, Der Alpdruck H. Fallada, Jeder stirbt für sich allein H. Hauser, Wo Deutschland lag … C. Hubalek, Unsere jungen Jahre W. Langhoff, Die Moorsoldaten (Bericht) (EA 1935 Zürich) H. Marchwitza, Die Kumiaks (EA 1934 Zürich u. a.) H. Marchwitza, Meine Jugend

drucke von Theaterstücken vermerkt. – Unter »Sonstiges« werden u. a. Anthologien, Essays, Autobiographien, Biographien, Filmszenarien, Parodien und dokumentarische Texte aufgeführt.
Abkürzungen: E Entstehung / EA Erstausgabe / D Druck / UA Uraufführung / A Aufführung / AB Autobiographie / Anth Anthologie / Ess Essays / NDL Neue Deutsche Literatur (Zeitschrift des Schriftstellerverbandes) / SuF Sinn und Form (Zeitschrift der Akademie der Künste der DDR) / AdK Akademie der Künste der DDR

Drama	*Lyrik*	*Sonstiges*
J. R. Becher, Winterschlacht (D) F. Wolf, Professor Mamlock (UA 1934 Zürich) F. Wolf, Beaumarchais (D)	J. R. Becher, Ausgewählte Dichtung aus der Zeit der Verbannung 1933–1945 S. Hermlin, Wir verstummen nicht. Gedichte in der Fremde (Schweiz) S. Hermlin, Zwölf Balladen von den Großen Städten (Schweiz)	J. R. Becher, Deutsches Bekenntnis G. Lukács, Deutsche Literatur im Zeitalter des Imperialismus
B. Brecht, Die Gewehre der Frau Carrar (E 1937) F. Denger, Wir heißen euch hoffen R. Leonhard, Geiseln (D) G. Weisenborn, Die Illegalen F. Wolf, Dramen. 4 Bde. (u. a. Mamlock, Beaumarchais, Dr. Wanner)	J. R. Becher, Heimkehr J. R. Becher, Die hohe Warte A. Bostroem, Terzinen des Herzens A. Haushofer, Moabiter Sonette (West-Berlin) S. Hermlin, Die Straßen der Furcht (Westzonen) W. Weyrauch, Von des Glücks Barmherzigkeit	J. R. Becher, Der Aufstand im Menschen (E; D 1983) E. Niekisch, Deutsche Daseinsverfehlung
G. Weisenborn, Historien der Zeit (3 Stücke, D) F. Wolf, Beaumarchais	J. R. Becher, Wiedergeburt. Buch der Sonette L. Fürnberg, Hölle, Haß und Liebe S. Hermlin, Zweiundzwanzig Balladen N. Sachs, In den Wohnungen des Todes R. Schwachhofer (Hrsg.), Vom Schweigen befreit (Lyrik-Anth)	S. Hermlin/H. Mayer, Ansichten (Ess) A. Kantorowicz, Porträts. Deutsche Schicksale A. Kantorowicz (Hrsg., mit R. Drews), Verboten und verbrannt. Dt. Literatur 12 Jahre unterdrückt

	Literarische und kultur-politische Ereignisse	*Romane und Erzählungen*
1947	Rückkehr von A. Seghers R. Huch verläßt SBZ T. Plivier verläßt SBZ H. Fallada gest.	J. Petersen, Unsere Straße (EA 1936 Moskau) H. Rein, Finale Berlin L. Renn, Adel im Untergang (EA 1944 Mexiko) A. Seghers, Die Rettung (EA 1937 Amsterdam) B. Uhse, Leutnant Bertram (EA 1943 Mexiko) A. Zweig, Das Beil von Wandsbek (EA hebräisch 1943 Tel Aviv)
1948	Aufgabenzuweisung an die Literatur, den Zweijahresplan zu propagieren (A. Abusch) Währungsreform trifft Bücherabsatz empfindlich Rückkehr von B. Brecht (Okt.) Rückkehr von A. Zweig H. Mayer geht nach Leipzig A. Scharrer gest.	G. Holmsten, Der Brückenkopf W. Joho, Die Hirtenflöte B. Kellermann, Totentanz E. E. Kisch, Landung in Australien (EA 1937 Amsterdam) W. Krauss, PLN. Passionen der halykonischen Seele (EA 1946 Frankfurt/M.) A. Seghers, Der Ausflug der toten Mädchen (EA 1946 New York) B. Uhse, Wir Söhne G. Weisenborn, Memorial. Erinnerungen F. C. Weiskopf, Himmelfahrtskommando (EA 1944 New York) F. Wolf, Zwei an der Grenze (EA 1938 Zürich u. a.)
1949	Gründung der DDR (7. 10.) Goethe-Jahr. Rede T. Manns in Weimar (und Frankfurt/M.) Gründung des Berliner Ensembles Erscheinen von Sinn und Form (ab 1950 Zeitschrift der AdK) Lizenzierung des Ulenspiegel in Ost-Berlin Bodo Uhse wird Chefredakteur des Aufbau Einstellung von Ost und West (Dez.) E. Bloch geht nach Leipzig H. Kasack übersiedelt von Berlin (Ost) nach Stuttgart (Febr.) P. Wiegler gest.	B. Brecht, Kalendergeschichten B. Brecht, Die Geschäfte des Herrn Julius Cäsar (Teil 2) W. Bredel, Die Söhne E. Brüning, … damit du weiterlebst O. Gotsche, Tiefe Furchen S. Hermlin, Die Zeit der Gemeinsamkeit P. Körner-Schrader, Die Hungerbauern J. Petersen, Sache Baumann u. a. A. Seghers, Die Hochzeit von Haiti A. Seghers, Die Toten bleiben jung

Drama	*Lyrik*	*Sonstiges*
	E. Weinert, Rufe in die Nacht. Gedichte aus der Fremde	V. Klemperer, LTI. Notizbuch eines Philologen E. Niekisch, Ost und West. Unsystematische Betrachtungen
B. Brecht, Furcht und Elend des Dritten Reiches (E 1937/38) F. Bruckner, Die Rassen (UA 1933 Zürich) F. Wolf, Wie Tiere des Waldes	J. R. Becher, Volk im Dunkel wandelnd P. Huchel, Gedichte Kuba, Gedicht vom Menschen G. Maurer, Gesänge der Zeit	B. Kaiser (Hrsg.), Das Wort der Verfolgten (Anth) (EA 1945 Basel) A. Kantorowicz, Spanisches Tagebuch F. C. Weiskopf, Unter fremden Himmeln (über Exilliteratur) W. Weyrauch (Hrsg.), Die Pflugschar (Anth)
B. Brecht, Mutter Courage (UA 1941 Zürich) B. Brecht, Herr Puntila und sein Knecht Matti (E 1940) B. Brecht, Der kaukasische Kreidekreis (D; E 1944; A DDR 1954) B. Brecht, Die Tage der Kommune (E)		B. Brecht, Kleines Organon für das Theater Kuba, Kantate auf Stalin

	Literarische und kulturpolitische Ereignisse	*Romane und Erzählungen*
1950	Gründung der AdK (März); Präsident A. Zweig II. Schriftstellerkongreß (März). Gründung des (DDR-)Schriftstellerverbandes zunächst innerhalb des Kulturbundes (Juli) Einstellung des Ulenspiegel Rückkehr E. Arendts H. Mann gest. (12. 3. in Kalifornien)	B. Brecht, Dreigroschenroman (EA 1934 Amsterdam) W. Bredel, Fünfzig Tage E. Claudius, Vom schweren Anfang H. Fallada, Der Trinker S. Heym, Kreuzfahrer von heute (EA 1948 USA) E. Loest, Jungen, die übrig blieben A. Seghers, Die Linie F. C. Weiskopf, Abschied vom Frieden
1951	Gründung des Amts für Literatur und Verlagswesen und der Kunstkommission 5. Plenum des ZK der SED (März) ruft Kampagne gegen den Formalismus aus Spaltung des PEN-Zentrums M. Andersen Nexö siedelt in die DDR über H. Manns Werke erscheinen Verhaftung von H. Bienek (Nov.); 1952-55 Zwangsarbeit in Workuta (Sowjetunion) B. Kellermann gest.	E. Claudius, Menschen an unserer Seite T. Harych, Hinter den schwarzen Wäldern S. Hermlin, Die erste Reihe A. Seghers, Transit (EA 1944 Mexiko) Erwin Strittmatter, Ochsenkutscher F. Weinert, Memento Stalingrad
1952	III. Schriftstellerkongreß. A. Seghers Präsidentin. Ablösung B. Uhses als Sekretär durch Kuba. Deutscher (= DDR-) Schriftstellerverband wird selbständige Organisation und Monopolverband (Mai) 2. Parteikonferenz der SED beschließt »Aufbau des Sozialismus« (Juli) Absetzung von Brechts Urfaust-Inszenierung M. Vallentin übernimmt Maxim-Gorki-Theater W. Janka wird Leiter des Aufbau-Verlags Rückkehr S. Heyms	T. Harych, Im Geiseltal A. Hild, Die aus dem Schatten treten M. Langner, Stahl E. Loest, Die Westmark fällt weiter H. Lorbeer, Die Sieben ist eine gute Zahl H. Marchwitza, Die Heimkehr der Kumiaks K. Mundstock, Helle Nächte W. Reinowski, Der kleine Kopf W. Reinowski, Vom Weizen fällt die Spreu L. Turek, Anna Lubitzke

Drama	*Lyrik*	*Sonstiges*
B. Brecht, Der Hofmeister (nach Lenz) H. W. Kubsch, Die ersten Schritte F. Wolf, Bürgermeister Anna	J. R. Becher, Neue deutsche Volkslieder B. Brecht, Neue Kinderlieder P. Huchel, Das Gesetz (Poem-Fragment; D in SuF) G. Kunert, Wegschilder und Mauerinschriften A. Müller, Hallo, Bruder in Krakau	S. Hermlin, Mansfelder Oratorium H. Rein, Die neue Literatur. Versuch eines Querschnitts (Ess)
B. Brecht, Antigone-Modell (UA 1948 Chur) B. Brecht, Das Verhör des Lukullus (D) B. Brecht, Die Verurteilung des Lukullus	E. Arendt, Trug doch die Nacht den Albatros J. R. Becher, Glück der Ferne – leuchtend nah B. Brecht, Hundert Gedichte M. Tschesno-Hell (Hrsg.), Neue deutsche Lyrik. Gedichte aus unserer Zeit (Anth)	J. R. Becher, Auf andere Art so große Hoffnung B. Brecht, Herrnburger Bericht B. Brecht, Die Erziehung der Hirse V. Korn (Hrsg.), Offen steht das Tor des Lebens (Prosa-Anth)
B. Brecht, Don Juan (nach Molière) B. Brecht u. a., Theaterarbeit. 6 Aufführungen des Berliner Ensembles H. Eisler, Johann Faustus (Libretto, E; A DDR 1982)	E. Arendt, Bergwindballade J. R. Becher, Deutsche Sonette S. Hermlin, Der Flug der Taube	J. R. Becher, Verteidigung der Poesie (Ess) G. Lukács, Deutsche Realisten des 19. Jahrhunderts K. Rülicke (Hrsg.), Hans Garbe erzählt

	Literarische und kulturpolitische Ereignisse	*Romane und Erzählungen*
1953	NDL erscheint (Januar) Tod Stalins (5. 3.) Stanislawski-Konferenz in der AdK (April) Verdikte gegen B. Brechts Lukullus (März) und H. Eislers Johann Faustus (Mai) Rücknahme der Formalismuskampagne nach dem 17. Juni J. R. Becher wird Präsident der AdK W. Biermann geht in die DDR R. Leonhard gest. E. Weinert gest. F. Wolf gest.	W. Bredel, Die Enkel A. Seghers, Der Bienenstock (darin u.a. Das Argonautenschiff, Die Rückkehr, Friedensgeschichten)
1954	Auflösung der Kunstkommission J. R. Becher erster Kulturminister (bis 1958); Stellvertreter A. Abusch Gründung der Deutschen Volksbibliothek im Aufbau-Verlag	M. Bruns, Glück fällt nicht vom Himmel S. Hermlin, Die Kommandeuse (in: NDL) S. Heym, Goldsborough (EA 1953 USA) B. Uhse, Die Patrioten A. Zweig, Die Feuerpause
1955	Schiller-Jahr. Rede T. Manns in Weimar (und Stuttgart) Gesammelte Werke T. Manns erscheinen Gründung des Literatur-Instituts in Leipzig. A. Kurella Direktor Gründung der Weimarer Beiträge (Zeitschrift) Nachterstedter Brief H. Mayer erhält Nationalpreis P. Hacks geht in die DDR A. Endler geht in die DDR T. Plivier gest. (Avegno/Schweiz) F. C. Weiskopf gest.	R. Fischer, Martin Hoop IV F. Fühmann, Kameraden O. Gotsche, Zwischen Nacht und Morgen S. Heym, Die Augen der Vernunft (EA 1951 USA) H. Marchwitza, Roheisen L. Renn, Der spanische Krieg

Drama	*Lyrik*	*Sonstiges*
B. Brecht, Turandot (E; UA 1969 Zürich; A DDR 1973) H. Kipphardt, Shakespeare dringend gesucht Erwin Strittmatter, Katzgraben F. Wolf, Thomas Müntzer, der Mann mit der Regenbogenfahne H. Zinner, Der Teufelskreis	F. Fühmann, Die Nelke Nikos F. Fühmann, Die Fahrt nach Stalingrad G. Maurer, Zweiundvierzig Sonette P. Wiens, Beredte Welt	B. Brecht, Katzgraben-Notate
J. R. Becher, Die Winterschlacht (UA; D 1945) B. Brecht, Büsching-Fragmente (ab 1951)		E. Bloch, Das Prinzip Hoffnung 1 (Vorstufe: Freiheit und Ordnung. Abriß der Sozialutopien 1949; EA 1946 New York) S. Heym, Im Kopf – sauber (Aufsätze) G. Lukács, Die Zerstörung der Vernunft I. v. Wangenheim, Auf weitem Feld. Erinnerungen einer jungen Frau
B. Brecht, Stücke. 4 Bde. (D) H. Hauser, Am Ende der Nacht A. Matusche, Die Dorfstraße	B. Brecht, Buckower Elegien B. Brecht, Kriegsfibel G. Kunert, Unter diesem Himmel G. Maurer, Die Elemente	E. Bloch, Das Prinzip Hoffnung 2

	Literarische und kulturpolitische Ereignisse	*Romane und Erzählungen*
1956	IV. Schriftstellerkongreß (Jan.) XX. Parteitag der KPdSU leitet »Tauwetter«-Periode ein (Febr.) 2. Kongreß junger Künstler in Karl-Marx-Stadt (Juni) Nach Ungarn-Aufstand (Okt./Nov.) scharfe Kritik an G. Lukács und Verhaftung von W. Harich, W. Janka, E. Loest u.a. B. Brecht gest. (14. 8.)	A. Döblin, Hamlet oder die lange Nacht nimmt kein Ende (EA, vor der westdeutschen Ausg.) U. Johnson, Ingrid Babendererde. Reifeprüfung 1953 (E 1953-56; D BRD 1985) K. Mundstock, Bis zum letzten Mann (in: NDL) H. Nachbar, Der Mond hat einen Hof B. Reimann, Die Frau am Pranger W. Reinowski, Die Versuchung H. Thürk, Herren des Salzes
1957	30. Plenum des ZK der SED (Jan.) beendet die »Tauwetter«-Phase Hohe Zuchthausstrafen für W. Harich, W. Janka, G. Just, E. Loest u.a. K. Gysi wird Leiter des Aufbau-Verlags Zwangsemeritierung E. Blochs A. Kantorowicz, G. Zwerenz verlassen die DDR L. Fürnberg gest.	B. Brecht, Die Geschäfte des Herrn Julius Cäsar (vollständig) E. Claudius, Von der Liebe soll man nicht nur sprechen A. Seghers, Der gerechte Richter (E; D 1990) Erwin Strittmatter, Der Wundertäter 1 H. Thürk, Die Stunde der toten Augen (Teilauflage eingestampft) B. Voelkner, Die Liebe der Gerda Hellstedt A. Zweig, Die Zeit ist reif
1958	V. Parteitag der SED: Proklamation der »sozialistischen Kulturrevolution« (Juli) A. Abusch neuer Kulturminister (bis 1961) J. R. Becher gest. (11. 10.) L. Feuchtwanger gest. (Kalifornien)	B. Apitz, Nackt unter Wölfen J. Brězan, Der Gymnasiast (= Felix-Hanusch-Trilogie 1) S. Heym, Der Fall Glasenapp (EA 1942 USA)

Drama	*Lyrik*	*Sonstiges*
B. Brecht, Die Tage der Kommune (E 1949) P. Hacks, Die Schlacht bei Lobositz P. Hacks, Das Volksbuch vom Herzog Ernst (D) H. Kipphardt, Der staunenswerte Aufstieg des Alois Piontek	E. Arendt, Tolú L. Fürnberg, Das wunderbare Gesetz S. Hermlin, Dichtungen H. Kahlau, Probe	J. Gerlach (Hrsg.), Anthologie 56. Gedichte aus Ost und West
B. Brecht, Der gute Mensch von Sezuan (E bis 1941; UA 1943 Zürich; D DDR 1953) B. Brecht, Leben des Galilei (=3. Fassung) (E 1945/46; UA 1947 USA; D 1955) H. Müller, Die Korrektur (A als Hörspiel)	E. Arendt, Gesang der sieben Inseln H. Bienek, Traumbuch eines Gefangenen (BRD) F. Fühmann, Aber die Schöpfung soll dauern G. Maurer, Selbstbildnis P. Wiens, Nachrichten aus der dritten Welt	J. R. Becher, Das poetische Prinzip S. Hermlin, Nachdichtungen (Eluard, Neruda, Hikmet u.a.) E. Müthel, Für dich blüht kein Baum (BRD) (AB/Roman)
H. Baierl, Die Feststellung P. Hacks, Der Müller von Sanssouci H. Kipphardt, Die Stühle des Herrn Szmil (UA abgesetzt) H. Müller, Der Lohndrücker A. Matusche, Nacktes Gras H. Sakowski, Die Entscheidung der Lene Mattke	J. R. Becher, Schritt der Jahrhundertmitte G. Maurer, Lob der Venus W. Tkaczyk, Wir baun uns eigne Himmelswiesen	M. Bieler, Der Schuß auf die Kanzel oder Eigentum ist Diebstahl. Parodien A. Kantorowicz, Deutsches Tagebuch I (nur BRD) E. Niekisch, Gewagtes Leben (AB) R. Schneider, Aus zweiter Hand. Literarische Parodien

	Literarische und kulturpolitische Ereignisse	*Romane und Erzählungen*
1959	1. Bitterfelder Konferenz (Apr.) H. Kipphardt verläßt die DDR U. Johnson verläßt die DDR A. Bronnen gest.	W. Bredel, Ein neues Kapitel F. Fühmann, Stürzende Schatten R. Hastedt, Die Tage mit Sepp Zach U. Johnson, Mutmaßungen über Jakob (BRD) H. Marchwitza, Die Kumiaks und ihre Kinder I. Morgner, Das Signal steht auf Fahrt A. Seghers, Die Entscheidung
1960	SED-Kulturkonferenz propagiert Bitterfelder Weg I. Bachmann, H.M. Enzensberger, W. Jens lesen bei H. Mayer an der Univ. Leipzig V. Klemperer gest.	J. R. Becher, Wiederanders (= Fortsetzung von Abschied, 1945; a.d. Nachlaß) W. Bräunig, In diesem Sommer J. Brězan, Semester der verlorenen Zeit (= Felix-Hanusch-Trilogie 2) A. Endler, Weg in die Wische H. Nachbar, Die Hochzeit von Länneken D. Noll, Die Abenteuer des Werner Holt 1 B. Reimann, Das Geständnis
1961	V. Schriftstellerkongreß (Mai) Nach dem Bau der Mauer am 13. 8.: Programm der Schaffung einer »sozialistischen Nationalliteratur« F. Fühmann, S. Hermlin, Erwin Strittmatter u.a. Autoren begrüßen den Bau der Mauer H. Müller aus dem Schriftstellerverband ausgeschlossen H. Bentzien Kulturminister (bis 1966) E. Bloch verläßt die DDR	F. Fühmann, Kabelkran und Blauer Peter K.-H. Jakobs, Beschreibung eines Sommers U. Johnson. Das dritte Buch über Achim (BRD) E. Neutsch, Bitterfelder Geschichten B. Reimann, Ankunft im Alltag C. Wolf, Moskauer Novelle

Drama	*Lyrik*	*Sonstiges*
B. Brecht, Arturo Ui (E bis 1941; UA BRD 1958) G. Kunert, Fetzers Flucht (Funkoper) F. Reichwald, Das Wagnis der Maria Diehl	E. Arendt, Flug-Oden H. Cibulka, Zwei Silben R. Kunze, Vögel über dem Tau	E. Bloch, Das Prinzip Hoffnung 3 Greif zur Feder, Kumpel! Gedichte von Laienautoren
P. Hacks, Die Sorgen und die Macht (3. Fassung 1962) Erwin Strittmatter, Die Holländerbraut	J. Bobrowski, Sarmatische Zeit (BRD; DDR 1961) G. Kunert, Tagwerke	E. v. Hornstein, Die deutsche Not. Flüchtlinge berichten Ich schreibe. Arbeiter greifen zur Feder (Anth)
H. Baierl, Frau Flinz P. Hacks, Moritz Tassow (D; UA 1965) H. Lange, Senftenberger Erzählungen (Teil D; 1967 D BRD) H. Müller, Die Umsiedlerin (UA abgesetzt; Neufassung: Die Bauern, UA 1976)	B. Jentzsch, Alphabet des Morgens G. Kunert, Das kreuzbrave Liederbuch G. Maurer, Dreistrophenkalender	Bekanntschaft mit uns selbst. Gedichte junger Menschen. Hrsg. v. G. Wolf Deubener Blätter (Texte scheibender Arbeiter) Enteignete Jahre. Junge Leute berichten von drüben. Hrsg. v. F. Hetman (BRD) R. Giordano, Die Partei hat immer recht (AB) (BRD) A. Kantorowicz, Deutsches Tagebuch II (BRD)

	Literarische und kulturpolitische Ereignisse	*Romane und Erzählungen*
1962	E. Fischers Aufsatz: Entfremdung, Dekadenz, Realismus W. Bredel wird Präsident der AdK Lyriklesung in der AdK (Dez.) Ablösung P. Huchels als Chefredakteur von SuF (Jahresende) H. Eisler gest.	F. Fühmann, Das Judenauto H. Kant, Ein bißchen Südsee I. Morgner, Ein Haus am Rand der Stadt M. W. Schulz, Wir sind nicht Staub im Wind A. Seghers, Karibische Geschichten A. Zweig, Traum ist teuer
1963	VI. Parteitag der SED: Einführung des NÖSPL Rücktritt von S. Hermlin als Sekretär der Sektion Dichtung und Sprachpflege bei der AdK Kafka-Konferenz in Liblice/ČSSR Anti-»Tauwetter«-Reden K. Hagers und Ulbrichts Kontroverse um Der geteilte Himmel und Ole Bienkopp H. Mayer verläßt die DDR B. Uhse gest.	M. Bieler, Bonifaz oder Der Matrose in der Flasche G. de Bruyn, Der Hohlweg S. Heym, Die Papiere des Andreas Lenz (= 1965: Lenz oder die Freiheit) D. Noll, Die Abenteuer des Werner Holt 2 B. Reimann, Die Geschwister Erwin Strittmatter, Ole Bienkopp C. Wolf, Der geteilte Himmel
1964	2. Bitterfelder Konferenz (Apr.) W. Girnus wird Chefredakteur von SuF Auftrittsverbot für W. Biermann C. Reinig verläßt die DDR W. Bredel gest.	J. Bobrowski, Levins Mühle J. Brězan, Mannesjahre (= Felix-Hanusch-Trilogie 3) F. Fühmann, Reineke Fuchs G. Kunert, Tagträume (BRD) I. Morgner, Rumba auf einen Herbst (E; EA 1965 eingestampft; Teil-D 1974 in Trobadora Beatriz; D 1992) E. Neutsch, Spur der Steine
1965	Nichteinberufung des anstehenden (VI.) Schriftstellerkongresses 11. Plenum des ZK der SED (Dez.). Scharfe Kritik an Bieler, Biermann, Bräunig, Braun, Hacks, Heym, Kunert, H. Müller sowie an Filmemachern Endgültiges Auftrittsverbot für W. Biermann M. Bieler (geht nach Prag), H. Lange verlassen die DDR K. Wolf wird Präsident der AdK J. Bobrowski gest. H. Marchwitza gest.	J. Bobrowski, Böhlendorff und Mäusefest W. Bräunig, Rummelplatz (Fragment) U. Johnson, Zwei Ansichten (BRD) H. Kant, Die Aula J. Knappe, Mein namenloses Land A. Seghers, Die Kraft der Schwachen

Drama	*Lyrik*	*Sonstiges*
P. Hacks, Der Frieden H. Sakowski, Steine im Weg B.K. Tragelehn, Der Bau (Fragment; D 1994)	J. Bobrowski, Schattenland Ströme H. Cibulka, Arioso H. Czechowski, Nachmittag eines Liebespaares F. Fühmann, Die Richtung der Märchen R. Kunze, Aber die Nachtigall jubelt	
J. Knauth, Die Kampagne	P. Huchel, Chausseen, Chausseen (BRD) R. Kunze, Widmungen (BRD) G. Maurer, Gestalten der Liebe K. Mickel, Lobverse und Beschimpfungen C. Reinig, gedichte (BRD)	Das Ende einer Utopie. Hingabe und Selbstbefreiung früherer Kommunisten (Anth, hrsg. v. H. Krüger) (BRD)
P. Hacks, Die schöne Helena C. Hammel, Um neun an der Achterbahn	A. Endler, Die Kinder der Nibelungen H. Kahlau, Der Fluß der Dinge R. Kirsch, Marktgang R. Schwachhofer, Über Asche und Feuer. Gedd. 1923–63	Sonnenpferde und Astronauten (Lyrik-Anth). Hrsg. v. G. Wolf
P. Hacks, Moritz Tassow H. Lange, Marski (D; A BRD 1966) H. Müller, Der Bau (D SuF; UA 1980) H. Müller, Philoktet (D SuF; UA BRD 1968; A DDR 1977)	W. Biermann, Die Drahtharfe (BRD) V. Braun, Provokation für mich R. und S. Kirsch, Gespräch mit dem Saurier G. Kunert, Der ungebetene Gast H. M. Novak, Die Ballade von der reisenden Anna (BRD)	

	Literarische und kulturpolitische Ereignisse	*Romane und Erzählungen*
1966	Jahreskonferenz der Schriftsteller (Nov.) Gründung des Verbands der Theaterschaffenden Lyrikdebatte in der Zeitschrift Forum K. Gysi Kulturminister (bis 1973) F.-G. Voigt Leiter des Aufbau-Verlags H. M. Novak (ausgebürgert) verläßt die DDR W. Langhoff gest I. Müller gest. (Selbstmord) A. Wedding gest. E. Welk gest.	M. Bieler, Märchen und Zeitungen J. Bobrowski, Litauische Claviere F. R. Fries, Der Weg nach Oobliadooh (BRD; DDR 1989) F. Fühmann, König Ödipus W. Naß (d.i.E. Loest), Ich war Dr. Ley A. Seghers, Sagen von Artemis Erwin Strittmatter, Schulzenhofer Kramkalender
1967	VII. Parteitag der SED bekräftigt restriktive Kulturpolitik Kuba gest.	J. Bobrowski, Der Mahner M. Jendryschik, Glas und Ahorn G. Kunert, Im Namen der Hüte (BRD; DDR 1976) R. Schneider, Die Tage in W. A. Seghers, Das wirkliche Blau C. Wolf, Juninachmittag (in: Neue Texte 67)
1968	Niederschlagung des Prager Frühlings (Aug.) 9. Plenum des ZK der SED (Okt.) verdammt »kapitalistische Unkultur« Auslieferungsstop für C. Wolfs Nachdenken über Christa T. M. Bieler siedelt in die Bundesrepublik über A. Zweig gest.	J. Becker, Jakob der Lügner G. de Bruyn, Buridans Esel W. Heiduczek, Abschied von den Engeln G. Kunert, Kramen in Fächern I. Morgner, Hochzeit in Konstantinopel A. Seghers, Das Vertrauen J. Stave, Wo liegt der tote Mann M. Viertel, Sankt Urban A. Wellm, Pause für Wanzka oder Die Reise nach Descansar

Drama	*Lyrik*	*Sonstiges*
V. Braun, Kipper Paul Bauch (D) H. Müller, Herakles 5 (D BRD; A DDR 1974) H. Müller, Das Laken (D SuF; = Szene von Die Schlacht, 1975)	J. Bobrowski, Wetterzeichen U. Greßmann, Der Vogel Frühling G. Kunert, Unschuld der Natur G. Kunert, Verkündigung des Wetters (BRD) K. Mickel, Vita nova mea	Erlebtes Hier (Lyrik-Anth) In diesem besseren Land (Lyrik-Anth). Hrsg. v. A. Endler/K. Mickel G. de Bruyn, Maskeraden (Parodien)
C. Hammel, Morgen kommt der Schornsteinfeger H. Lange, Senftenberger Erzählungen oder Die Enteignung (D BRD; E 1960) H. Müller, Ödipus Tyrann (nach Sophokles/Hölderlin) H. Salomon, Ein Lorbaß R. Schneider, Prozeß in Nürnberg A. Stolper, Amphitryon	E. Arendt, Agäis V. Braun, Kriegserklärung H. Czechowski, Wasserfahrt S. Kirsch, Landaufenthalt K. Lorenc, Struga G. Maurer, Gespräche H. M. Novak, Colloquium mit vier Häuten (BRD)	J. Bobrowski, Selbstzeugnisse u.a. P. Jokostra, bobrowski & andere. die chronik des P.J. (AB; BRD) Neue Texte 67 (Prosa-Anth)
V. Braun, Hans Faust P. Gratzik, Malwa P. Hacks, Amphitryon (UA BRD; 1972 A DDR) H. Lange, Der Hundsprozeß; Herakles (UA BRD; E 1964) A. Matusche, Der Regenwettermann K. Mickel, Nausikaa H. Sakowski, Wege übers Land	E. Arendt, Aus fünf Jahrzehnten K. Bartsch, Zugluft K. Bartsch, Poesiealbum 13 W. Biermann, Mit Marx- und Engelszungen (BRD) H. Cibulka, Windrose G. Kunert, Poesiealbum 8 R. Kunze, Poesiealbum 11 P. Wiens, Dienstgeheimnis	Saison für Lyrik. Neue Gedd. von 17 Autoren. Hrsg. v. J. Schreck Vietnam in dieser Stunde. Hrsg. v. W. Bräunig E. Claudius, Ruhelose Jahre (AB) F. Fühmann, Das hölzerne Pferd (Nacherz. v. Ilias u. Odyssee) G. Maurer, Essay 1 C. Wolf, Lesen und Schreiben (Ess)

	Literarische und kulturpolitische Ereignisse	*Romane und Erzählungen*
1969	VI. Schriftstellerkongreß (Mai) Kritik an Nachdenken über Christa T. und an R. Kunze U. Greßmann gest. J. Petersen gest. G. Weisenborn gest. (West-Berlin)	M. Bieler, Maria Morzeck oder Das Kaninchen bin ich (BRD; E 1963; D und Film verboten) F. R. Fries, Der Fernsehkrieg S. Heym, Lassalle (BRD; 1974 DDR) G. Kunert, Kramen in Fächern Erwin Strittmatter, Ein Dienstag im September C. Wolf, Nachdenken über Christa T.
1970	Abschluß des Kurswechsels in der »nationalen Frage« bei gleichzeitiger neuer Ostpolitik Bonns R. Schwachhofer gest. H. Kamnitzer wird Präsident des PEN-Zentrums der DDR	F. Fühmann, Der Jongleur im Kino U. Johnson, Jahrestage I (BRD) W. Kohlhaase, Erfindung einer Sprache I. Morgner, Gauklerlegende R. Schneider, Der Tod des Nibelungen H. Schütz, Vorgeschichten oder Schöne Gegend Probstein
1971	Rücktritt von W. Ulbricht (Mai) VIII. Parteitag der SED (Juni): partielle Liberalisierung eingeleitet 4. Plenum des ZK der SED (Dez.): Honecker wünscht Literatur »ohne Tabus« Edition »Neue Texte« gegründet P. Huchel verläßt die DDR G. Lukács gest. (Budapest) G. Maurer gest. H. Weigel gest.	W. Bräunig, Gewöhnliche Leute W. Heiduczek, Mark Aurel oder ein Semester Zärtlichkeit K.-H. Jakobs, Eine Pyramide für mich U. Johnson, Jahrestage 2 (BRD) G. Kunert, Ortsangaben H. M. Novak, Aufenthalt in einem irren Haus (erweitert 1995) K. Schlesinger, Michael (1972 Schweiz: Capellos Trommel) Erwin Strittmatter, ¾hundert Kleingeschichten F. Wander, Der siebente Brunnen

Drama	*Lyrik*	*Sonstiges*
H. Baierl, Johanna von Döbeln P. Hacks, Margarete in Aix (UA Schweiz; A DDR 1973) H. Lange, Die Gräfin von Rathenow (D BRD) A. Matusche, Das Lied meines Weges H. Müller, Prometheus (UA Zürich; A DDR 1974) A. Stolper, Zeitgenossen	P. Gosse, Antiherbstzeitlose R. Kunze, Sensible Wege (BRD) W. Tkaczyk, Regenbogenbaldachin	G. Bengsch, Krupp und Krause (Fernsehspiel) A. Seghers, Glauben an Irdisches (Ess)
W. Biermann, Der Dra-Dra (UA BRD) V. Braun, Lenins Tod (E; D, UA 1988) P. Gratzik, Umwege P. Hacks, Omphale (UA BRD; A DDR 1972) S. Hermlin, Scardanelli (Hörspiel) A. Matusche, Kap der Unruhe H. Müller, Mauser (E; UA 1975 USA)	J. Bobrowski, Im Windgesträuch. Gedd. aus dem Nachlaß V. Braun, Wir und nicht sie W. Kirsten, satzanfang G. Kunert, Notizen in Kreide G. Kunert, Warnung vor Spiegeln (BRD) W. Werner, Das unstete Holz	Lyrik der DDR. Hrsg. v. U. Berger/ G. Deicke
H. Baierl, Schlag dreizehn K. Mickel, Wolokolamsker Chaussee (D SuF) H. Müller, Germania Tod in Berlin (E; UA BRD 1978; D DDR 1988; A DDR 1989) H. Müller, Macbeth E. Neutsch, Haut oder Hemd	H. Kahlau, Balladen H. Kahlau, Du	Ich nenn euch mein Problem. Gedichte der Nachgeborenen. Hrsg. v. B. Jentzsch F. Fühmann, Das Nibelungenlied (Nacherzählung) G. Zwerenz, Kopf und Bauch. Geschichte eins Arbeiters, der unter die Intellektuellen gefallen ist (AB; BRD)

	Literarische und kulturpolitische Ereignisse	*Romane und Erzählungen*
1972	Grundlagenvertrag mit der BRD 6. Plenum des ZK der SED: K. Hager fordert Festhalten am »sozialistischen Realismus« nach vorheriger Verabschiedung des Bitterfelder Weges Diskussion mit U. Plenzdorf in der AdK Lyrikdebatte in SuF nach kritischem Aufsatz von A. Endler 1971 Nachauflage von C. Wolfs Nachdenken über Christa T., rückdatiert auf 1968 R. Loewig (freigekauft) verläßt die DDR	V. Braun, Das ungezwungene Leben Kasts G. de Bruyn, Preisverleihung S. Heym, Der König David Bericht (BRD; 1973 DDR) M. Jendryschik, Johanna oder die Wege des Dr. Kanuga H. Kant, Das Impressum I. Morgner, Die wundersamen Reisen Gustavs des Weltfahrers E. Panitz, Die 7 Affären der Doña Juanita U. Plenzdorf, Die neuen Leiden des jungen W. (SuF) H. Schütz, Das Erdbeben bei Sangershausen B. Seeger, Vater Batti singt wieder Erwin Strittmatter, Die blaue Nachtigall
1973	VII. Schriftstellerkongreß (Nov.): Bestätigung der Liberalisierung. Abschied vom Bitterfelder Weg (Rede Kants) Fortgesetze Kontroversen um Die neuen Leiden des jungen W. Scharfe Kritik an R. Kirsch H.-J. Hoffmann Kulturminister, K. Höpcke Stellvertreter Verschärfung des Devisengesetzes A. Matusche gest. B. Reimann gest. M. Zimmering gest.	J. Becker, Irreführung der Behörden F. R. Fries, See-Stücke K.-H. Jakobs, Die Interviewer M. Jendryschik, Frost und Feuer (BRD) U. Johnson, Jahrestage 3 (BRD) S. Kirsch, Die ungeheuren bergehohen Wellen auf See E. Loest, Schattenboxen F. Neutsch, Auf der Suche nach Gatt Erwin Strittmatter, Der Wundertäter 2
1974	W. Sitte zum Vorsitzenden des Verbandes bildender Künstler gewählt S. Heinrichs (ausgebürgert) und G. K. Zschorsch (freigekauft) verlassen die DDR	F. R. Fries, Das Luftschiff S. Heym, Fünf Tage im Juni (BRD; 1989 DDR) G. Kunert, Der andere Planet (Reisebericht) I. Morgner, Leben und Abenteuer der Trobadora Beatriz F. Neutsch, Der Friede im Osten 1 B. Reimann, Franziska Linkerhand R. Schneider, Die Reise nach Jaroslaw H. Schütz, Festbeleuchtung M. W. Schulz, Triptychon mit sieben Brücken G. Tetzner, Karen W. C. Wolf, Unter den Linden

Drama	*Lyrik*	*Sonstiges*
V. Braun, Die Kipper E. Köhler, Der Geist von Cranitz U. Plenzdorf, Die neuen Leiden des jungen W.	W. Biermann, Für meine Genossen (BRD) W. Biermann, Deutschland. Ein Wintermärchen (BRD) J. Gerlach, Dorotheenstädtische Monologe U. Greßmann, Das Sonnenauto P. Huchel, Gezählte Tage (BRD) G. Kunert, Offener Ausgang R. Kunze, Zimmerlautstärke (BRD) G. Maurer, Erfahrene Welt	C./G. Wolf, Till Eulenspiegel (Filmerz.) G. Wolf, Der arme Hölderlin
V. Braun, Hinze und Kunze B. Brecht, Turandot (A) P. Hacks, Adam und Eva R. Kirsch, Heinrich Schlaghands Höllenfahrt (D; A untersagt) H. Lange, Trotzki in Coyoacan (UA BRD) H. Müller, Zement (nach Gladkow)	E. Arendt, Feuerhalm F. Berger, OrtsZeichen H. Cibulka, Lichtschwalben H. Gerlach, Sprung ins Hafermeer S. Kirsch, Zaubersprüche R. Kunze, Brief mit blauem Siegel K. Lorenc, Flurbereinigung Eva Strittmatter, Ich mach ein Lied aus Stille	F. Fühmann, 22 Tage oder die Hälfte des Lebens (Tagebuch) S. Hermlin, Lektüre 1960–71 S. Kirsch, Die Pantherfrau (Dokumentation) G. Kunert, Die geheime Bibliothek (essayist. Prosa) G. Maurer, Essay 2
K. Bartsch, Der Bauch C. Hein, Vom hungrigen Hennecke C. Hein, Schlötel oder Was solls (D der 2. Fassung 1981) A. Matusche, An beiden Ufern K. Mickel, Einstein (Opernlibretto) K. Mickel, Celestina	V. Braun, Gegen die symmetrische Welt H. Czechowski, Schafe und Sterne A. Endler, Das Sandkorn P. Hacks, Lieder, Briefe, Gedichte G. Kunert, Im weiteren Fortgang (BRD) R. Pietraß, Poesiealbum 82 W. Werner, Worte für Holunder	Blitz aus heiterm Himmel. Hrsg. v. E. Anderson (Prosa-Anth) H. Czechowski, Spruch und Widerspruch (Ess) F. Fühmann, Prometheus. Die Titanenschlacht S. Hermlin, Die Argonauten E. Niekisch, Gegen den Strom. 1945–1967 (AB; BRD)

	Literarische und kulturpolitische Ereignisse	*Romane und Erzählungen*
1975	W. Deinert verläßt die DDR F. Erpenbeck gest. A. Kurella gest. F. Selbmann gest. L. Turek gest.	V. Braun, Unvollendete Geschichte (nur in SuF; Buch 1988) H. Kant, Eine Übertretung G. Kunert, Der Mittelpunkt der Erde E. Loest, Etappe Rom K.-H. Roehricht, Vorstadtkindheit K. Schlesinger, Alte Filme H. Schubert, Lauter Leben M. Stade, Der König und sein Narr F. Wander, Ein Zimmer in Paris A. Wellm, Pugowitza oder Die silberne Schlüsseluhr C. Worgitzky, Die Unschuldigen
1976	Temperamente. Blätter für junge Literatur, erscheinen Ausschluß R. Kunzes aus dem Schriftstellerverband (Okt.) E. Schleef verläßt die DDR S. Faust, U. Schacht verlassen die DDR nach Haft Ausbürgerung W. Biermanns (Nov.). Kritische Erklärung von zuerst 12, später ca. 150 Autoren und Künstlern; nachfolgend deren abgestufte Maßregelung T. Brasch verläßt die DDR B. Jentzsch bleibt in der Schweiz W. Bräunig gest. E. Claudius gest.	J. Becker, Der Boxer J. Brězan, Krabat H. Gerlach, Das Graupenhaus E. Köhler, Der Krott (E 1969) E. Köhler, Hinter den Bergen W. Kohlhaase, Nagel zum Sarg R. Kunze, Die wunderbaren Jahre (BRD) J. Nowotny, Ein gewisser Robel U. Saeger, Grüner Fisch mit gelben Augen R. Schneider, Das Glück B. Wagner, Das Treffen C. Wolf, Kindheitsmuster C. Wolter, Wie ich meine Unschuld verlor
1977	Debatte über C. Wolf, Kindheitsmuster, in SuF B. Besson (Regisseur) geht nach Genf J. Becker tritt aus dem Schriftstellerverband aus R. Bahro, Die Alternative, erscheint in der BRD. Verhaftung Bahros S. Kirsch, R. Kunze, H. J. Schädlich, J. Bartus verlassen die DDR J. Fuchs, C. Kunert, G. Pannach, M. Sallmann verlassen die DDR nach Haft J. Becker verläßt DDR mit Zweijahres-, ab 1979 Zehnjahresvisum E. Bloch gest. (Tübingen) M. Wander gest.	T. Brasch, Vor den Vätern sterben die Söhne (BRD) T. Brasch, Kargo (BRD) J. Fuchs, Gedächtnisprotokolle (BRD) F. Fühmann, Frzählungen 1955–1975 P. Gratzik, Transportpaule W. Heiduczek, Tod am Meer (2. Aufl. verboten) H. Kant, Der Aufenthalt W. Kohlhaase, Silvester mit Balzac H. J. Schädlich, Versuchte Nähe (BRD) K. Schlesinger, Berliner Traum H. Schütz, Jette in Dresden

Drama	*Lyrik*	*Sonstiges*
P. Hacks, DasJahrmarktsfest zu Plundersweilern C. Hammel, Rom oder Die zweite Erschaffung der Welt H. Müller, Die Schlacht H. Müller, Traktor (E beide 50er Jahre) S. Schütz, Die Fabrik im Walde R. Strahl, Ein irrer Duft von frischem Heu	E. Arendt, Memento und Bild T. Brasch, Poesiealbum 89 E. Erb, Gutachten P. Gosse, Ortungen G. Kunert, Das kleine Aber R. Leising, Poesiealbum 97 K. Mickel, Eisenzeit A. Reimann, Weisheit des Fleischs	K. Bartsch, Kalte Küche (Parodien) G. de Bruyn, Das Leben des Jean Paul Friedrich Richter F. Fühmann, Erfahrungen und Widersprüche (Ess) K. Schlesinger, Ikarus (Filmszenarium)
T. Brasch, Der Papiertiger (UA USA) V. Braun, Tinka P. Gratzik, Handbetrieb P. Hacks, Ein Gespräch im Hause Stein über den abwesenden Herrn von Goethe P. Hacks, Rosie träumt	S. Kirsch, Rückenwind K. Mickel, Odysseus in Ithaka. Gedd. 1957–74 I. Müller, Poesiealbum 105 P. Wiens, Poesiealbum 103	V. Braun, Notate (Ess) C.-J. Danziger (d. i. J. C. Schwarz), Die Partei hat immer recht (AB; BRD) R. Kirsch, Das Wort und seine Strahlung (Ess) G. Kunert, Warum schreiben (Ess) K. Mickel, Gelehrtenrepublik (Ess)
T. Brasch, Die argentinische Nacht (UA BRD) T. Brasch, Rotter (UA BRD) V. Braun, Guevara oder Der Sonnenstaat (UA BRD; 1984 A DDR) P. Gratzik, Lisa H. Müller, Leben Gundlings … (D; UA BRD 1979; A DDR1988) H. Müller, Hamletmaschine (D BRD; UA Paris 1979) S. Schütz, Die Amazonen (=Antiope und Theseus) (UA Basel) S. Schütz, Stücke (D)	H. Cibulka, Lebensbaum C. Claus, Aurora (Sprachblätter und Texte) W. Kirsten, der bleibaum G. Kunert, Unterwegs nach Utopia (BRD; 1980 DDR) Eva Strittmatter, Die eine Rose überwältigt alles	Exil. Die Ausbürgerung W. Biermanns. Eine Dokumentation (BRD) G. Kunert, Ein anderer K. (Hörspiele) M. Wander, Guten Morgen, du Schöne! (Dokumentation)

	Literarische und kulturpolitische Ereignisse	*Romane und Erzählungen*
1978	VIII. Schriftstellerkongreß (Mai): Wahl H. Kants zum neuen Vorsitzenden. Formierung der Schriftsteller zur »Mannschaft«. Abwesenheit von etwa 10 der renommiertesten Mitglieder W. Krauss gest.	J. Becker, Schlaflose Tage (BRD) G. de Bruyn, Märkische Forschungen E. Erb, Der Faden der Geduld F. Fühmann, Der Geliebte der Morgenröte H. Gerlach, Vermutungen um einen Landstreicher G. Görlich, Eine Anzeige in der Zeitung H. Königsdorf, Meine ungehörigen Träume G. Kunert, Camera obscura (BRD) F. Loest, Es geht seinen Gang B. Martin, Der rote Ballon U. Plenzdorf, kein runter kein fern (BRD) K. Poche, Atemnot (BRD)
1979	3. Strafrechtsänderungsgesetz mit Folgen für kritische Literatur (Aug.) Sanktionen gegen R. Havemann, S. Heym und W. Hilbig Ausschluß von K. Bartsch, A. Endler, S. Heym, K.-H. Jakobs, K. Poche, K. Schlesinger, R. Schneider, D. Schubert, J. Seyppel aus dem Schriftstellerverband (Berlin) G. Kunert, K. Poche, R. Schneider, J. Seyppel erhalten langfristige Visa und bleiben (bis auf Schneider) nach deren Auslaufen in der BRD R. Bahro nach Haft in die BRD entlassen S. Anderson gibt die Reihe Poe sie all bum heraus (bis 1984 10 Hefte, ca. 30 Exemplare) T. Böhme und T. Rosenlöcher geben Der Laternenmann heraus L. Feix u.a. geben Die Papiertaube heraus B. K. Tragelehn verläßt die DDR B. Apitz gest. A. Kantorowicz gest. (Hamburg) L. Renn gest.	V. Braun, Die Tribüne (= Kast-Geschichten 4) A. Endler, Nadelkissen (BRD) S. Hermlin, Abendlicht S. Heym, Collin (BRD) E. Köhler, Reise um die Erde in acht Tagen (E 1962) G. Kunert, Drei Berliner Geschichten J. Laabs, Der Ausbruch E. Loest, Pistole mit sechzehn (BRD) G. Neumann, Die Schuld der Worte (BRD; DDR 1989) E. Neutsch, Der Friede im Osten 2 D. Noll, Kippenberg U. Plenzdorf, Legende vom Glück ohne Ende R. Schneider, November (BRD) H. Thürk, Der Gaukler B. Wagner, G. in B. C. Wolf, Kein Ort. Nirgends C. Wolter, Die Hintergrundsperson (= Stückweise leben, BRD 1980) C. Worgitzky, Vieräugig oder blind

Drama	*Lyrik*	*Sonstiges*
H. Bez, Jutta oder Die Kinder von Damutz T. Brasch, Lovely Rita (UA BRD; D DDR 1988) J. Groß, Match U. Saeger, Das Vorkommnis S. Schütz, Stasch u.a. Stücke (D BRD) R. Strahl, Flüsterparty (vor UA abgesetzt; UA 1988) R. Strahl, Stücke (D)	E. Arendt, Zeitsaum W. Biermann, Preußischer Ikarus (BRD) E. Erb, Der Faden der Geduld (auch Prosa) U. Greßmann, Sagenhafte Geschöpfe U. Greßmann, Poesiealbum 126 B. Jentzsch, Quartiermachen (BRD) R. Kirsch, Auszog das Fürchten zu lernen (BRD) G. Kunert, Verlangen nach Bomarzo B. Struzyk, Poesiealbum 134 B. Wagner, Zweite Erkenntnis	V. Braun, Büchners Briefe (Ess; EA Paris) J. Fuchs, Vernehmungsprotokolle (Dokumentation) (BRD) F. Fühmann, Die dampfenden Hälse der Pferde im Turm von Babel (Sprachspielbuch) P. Hacks, Die Maßgaben der Kunst (Ess) S. Kirsch, Erklärung einiger Dinge (BRD) B. Klump, Das rote Kloster. Eine deutsche Erziehung (AB; BRD)
T. Brasch, Lieber Georg (UA BRD, D DDR 1988) V. Braun, Großer Frieden C. Hammel, Humboldt und Bolivar C. Hein, Die Geschäfte des Herrn John D. A. Matusche, Welche, von den Frauen? Stücke (D) H. Müller, Der Auftrag S. Schütz, Majakowski (UA London) S. Schütz, Heloisa … u.a. Stücke (D BRD) A. Wendt, Die Dachdecker	K. Bartsch, Kaderakte (BRD) V. Braun, Training des aufrechten Gangs A. Endler, Verwirrte klare Botschaften (BRD) J. Fuchs, Tagesnotizen (BRD) H. Gerlach, Mauerstücke W. Hilbig, abwesenheit (BRD) P. Huchel, Die neunte Stunde (BRD) R. Kirsch, Reglindis. Lieder S. Kirsch, Drachensteigen (BRD) H. Löffler, Wege (auch Prosa) K. Lorenc, Poesiealbum 143 F.-W. Matthies, Morgen (BRD) S. Mensching, Poesiealbum 146 A. Reimann, Das ganze halbe Leben B. Wegner, Wenn meine Lieder nicht mehr stimmen (BRD)	Gespräche mit jungen Künstlern (= Weimarer Beiträge 7/1979) Veränderte Landschaft. Hrsg. v. W. Kirsten (Lyrik-Anth) F. Fühmann, Frl. Veronika Paulmann …(E.T.A. Hoffmann-Ess) R. Kirsch, Amt des Dichters (Ess) M. Wander, Tagebücher und Briefe C. Wolf, Fortgesetzter Versuch (Ess)

	Literarische und kulturpolitische Ereignisse	*Romane und Erzählungen*
1980	E. Loest tritt aus dem Schriftstellerverband (Leipzig) aus Kurzzeitige Verhaftung von F.-W. Matthies, L. Rathenow und T. Erwin K. Bartsch, K. Schlesinger, S. Schütz und B. Wegner erhalten langfristige Visa und bleiben später ganz in der BRD H. Müller, Der Bau (E 1965), uraufgeführt (Volksbühne) E. Busch gest. H. Nachbar gest.	K. Bartsch, Wadzeck (BRD) J. Becker, Nach der ersten Zukunft (BRD) G. de Bruyn, Babylon C. Hein, Einladung zum Lever Bourgeois S. Kirsch, La Pagerie (BRD) E. Köhler, Kiplag-Geschichten (E 1964) G. Kunert, Kurze Beschreibung eines Moments der Ewigkeit E. Loest, Swallow, mein wackerer Mustang F.-W. Matthies, Unbewohnter Raum mit Möbeln (BRD) D. Paschiller, Die Würde L. Rathenow, Mit dem Schlimmsten wurde schon gerechnet (BRD) U. Saeger, Nöhr (1990 u.d.T. Der Kakerlak) E. Schleef, Gertrud 1 (BRD) K. Schlesinger, Leben im Winter (BRD; DDR 1989) H. Schütz, Julia oder Erziehung zum Chorgesang Erwin Strittmatter, Der Wundertäter 3
1981	1. Berliner Begegnung zur Friedensförderung (Dez.) K.-H. Jakobs, E. Loest erhalten Dreijahresvisum; kehren 1984 nicht zurück U. Kolbe, B. Wagner, L. Trolle geben Zeitschr. Der Kaiser ist nackt heraus F.-W. Matthies verläßt die DDR P. Huchel gest. (30.4. Staufen/Baden)	F. Fühmann, Saiäns-Fiktschen S. Heym, Ahasver (BRD) K.-H. Jakobs, Wüste kehr wieder. El Had (BRD) M. Jendryschik, Der feurige Gaukler auf dem Eis H. Kant, Der dritte Nagel G. Kunert, Verspätete Monologe (BRD) M. Maron, Flugasche (BRD) C. Müller, Vertreibung aus dem Paradies G. Neumann, Elf Uhr (BRD) E. Neutsch, Forster in Paris U. Saeger, Warten auf Schnee H. H. Schulz, Das Erbe M. Stade, Der närrische Krieg R. Zeplin, Schattenriß eines Liebhabers

Drama	*Lyrik*	*Sonstiges*
V. Braun, Simplex Deutsch J. Groß, Geburtstagsgäste P. Hacks, Senecas Tod C. Hein, Cromwell C. Hein, Lassalle fragt Herrn Herbert nach Sonja (UA BRD; E 1974/77; 1987 A DDR) R. Schneider, Die Mainzer Republik (UA BRD; 1981 D DDR) S. Schütz, Der Hahn (UA BRD) G. Seidel, Kondensmilch-panorama (UA)	T. Brasch, Der schöne 27. September (BRD) H. Cibulka, Der Rebstock J. Fuchs, Pappkameraden (BRD) M. Jendryschik, Die Ebene R. Kirsch, Ausflug machen U. Kolbe, Hineingeboren U. Kolbe, Kern meines Romans G. Kunert, Abtötungs-verfahren (BRD) R. Pietraß, Notausgang U. Schacht, Traumgefahr (BRD) Eva Strittmatter, Poesie-album 149	S. Heym, Wege und Umwege. Streit-bare Schriften aus 5 Jahrzehnten (BRD) U. Johnson, Begleit-umstände. Frank-furter Vorlesun-gen (AB; BRD) E. Köhler, Hartmut und Joana (Film-erzählung) W. Kohlhaase, Solo Sunny (Film-szenarium)
H. Drewniok, Stücke und Hörspiele (D) H. Drewniok, Szenen aus dem Thüringer Wald I (Forts. 1983/85) C. Hein, Cromwell u. a. Stücke (D) S. Schütz, Odysseus' Heim-kehr (UA BRD) A. Wendt, Die Kellerfalle	E. Arendt, entgrenzen (BRD; 1983 erweitert DDR) H. Czechowski, Was mich betrifft A. Endler, Akte Endler U. Kolbe, Abschiede u.a. Liebesgedichte R. Kunze, auf eigene hoffnung (BRD) F.-W. Matthies, Für Patricia im Winter (BRD) K. Mickel, Poesiealbum 161 T. Rosenlöcher, Ich lag im Garten bei Kleinzschach-witz L. Walsdorf, Der Wind ist auch ein Haus W. Werner, Der Baum wächst durchs Gebirge G. Zschorsch, Glaubt bloß nicht, daß ich traurig bin (BRD)	E. Loest, Durch die Erde ein Riß. Ein Lebenslauf (AB; BRD)

	Literarische und kulturpolitische Ereignisse	*Romane und Erzählungen*
1982	Den Haager Schriftstellertreffen (Mai) FDJ-Kulturkonferenz in Leipzig (Okt.) Marburger Literaturtag ehemaliger DDR-Autoren (Okt.) P. Wiens wird Chefredakteur von SuF anstelle von W. Girnus M. Wekwerth wird Präsident der AdK nach K. Wolfs Tod Selbstverlegte Zeitschriften erscheinen in Berlin (Entwerter/Oder, Dresden (Und) D. Eue verläßt die DDR A. Abusch gest. R. Havemann gest. H. Kipphardt gest. (Angelsbruck/Bayern) P. Weiss gest. (11. 5. Stockholm) P. Wiens gest. K. Wolf gest.	J. Becker, Aller Welt Freund (BRD; 1983 DDR) J. Brězan, Bild des Vaters H. Cibulka, Swantow G. Eckart, Per Anhalter D. Eue, Ketzers Jugend (BRD) F. R. Fries, Alexanders neue Welten F. R. Fries, Der Seeweg nach Indien P. Gratzik, Kohlenkutte (BRD; DDR 1989) C. Hein, Der fremde Freund (= Drachenblut, 1983 BRD) S. Heym, Die Papiere des Andreas Lenz (1. dt. Ausg.) W. Hilbig, Unterm Neomond (BRD) K.-H. Jakobs, Die Frau im Strom (BRD) H. Königsdorf, Der Lauf der Dinge C. Lambrecht, Dezemberbriefe H. M. Novak, Vogel federlos (BRD) H. Schubert, Das verbotene Zimmer (BRD; = Blickwinkel, 1984 DDR) Erwin Strittmatter, Wahre Geschichten aller Ard(t) C. Wolter, Die Alleinseglerin
1983	2. Berliner Begegnung zur Friedensförderung (April) IX. Schriftstellerkongreß (Juni) E. Faber wird Leiter des Aufbau-Verlags Polemik von W. Girnus gegen C. Wolf, Kassandra, in SuF Festnahme von ca. 300 »Friedensfreunden«, darunter S. Anderson, D. Opitz, L. Rathenow (Okt./Nov.) Mikado (Zeitschr. in Berlin, bis 1987). Hrsg. v. U. Kolbe u.a. A3 erscheint in K.-M.-Stadt M. W. Schulz wird Chefredakteur von SuF nach Wiens' Tod W. Hegewald, D. Schulze verlassen die DDR A. Seghers gest. (1. 6.)	V. Braun, Berichte von Hinze und Kunze H. Czechowski, Herr Neithardt geht durch die Stadt. Landschaften und Porträts F. Dieckmann, Orpheus, eingeweiht D. Eue, Ein Mann namens Kohlhaas (BRD) S. Hermlin, Ein Mord in Salzburg E. Hilscher, Die Weltzeituhr U. Johnson, Jahrestage 4 (BRD) J. Laabs, Jeder Mensch will König sein I. Morgner, Amanda. Ein Hexenroman Erwin Strittmatter, Der Laden 1 C. Wolf, Kassandra. Vier Vorlesungen. Eine Erzählung

Drama	*Lyrik*	*Sonstiges*
J. Berg, Iphigenie (UA BRD) V. Braun, Schmitten (E 1969–78) V. Braun, Dmitri (UA BRD, A DDR 1984) P. Hacks, Pandora (UA BRD) C. Hammel, Die Preußen kommen C. Hein, Der neue Menoza H. Müller, Quartett (UA BRD; A DDR 1989) S. Schütz, Stasch (UA BRD) S. Schütz, Sappa (UA BRD)	S. Anderson, Jeder Satellit hat einen Killersatelliten (BRD) W. Biermann, Verdrehte Welt – das seh' ich gerne (BRD) E. Erb, Trost (BRD; auch Prosa) P. Gosse, Ausfahrt aus Byzanz U. Greßmann, Lebenskünstler S. Kirsch, Erdreich (BRD) R. Pietraß, Freiheitsmuseum L. Rathenow, Zangengeburt (BRD) B. K. Tragelehn, NÖSPL. Gedichte 1956–81 (BRD) B. Wegner, Traurig bin ich sowieso (BRD) P. Wiens, Innenweltbilderhandschrift G. Zschorsch, Der Duft der anderen Haut (BRD)	Vogelbühne. Gedichte im Dialog. Hrsg. v. D. v. Törne F. Fühmann, Vor Feuerschlünden. Erfahrungen mit G. Trakls Gedicht (AB; = Der Sturz des Engels, BRD) H. Kant, Zu den Unterlagen. Zur Literatur und Politik (Ess) H. Mayer, Ein Deutscher auf Widerruf. Erinnerungen I (BRD) H. Müller, Rotwelsch. Interviews und Essays (BRD) J. Seyppel, Ich bin ein kaputter Typ. Bericht über Autoren in der DDR (BRD)
J. Berg, Klytämnestra (A DDR 1988 abgesetzt) T. Brasch, Mercedes (UA und D BRD; A und D DDR 1988) H. Gerlach, Spiele (D) J. Groß, Denkmal C. Hein, Die wahre Geschichte des Ah Q M. Karge, Jacke wie Hose (UA BRD) H. Müller, Verkommenes Ufer Medeamaterial Landschaft mit Argonauten (UA und D BRD; D DDR 1988) U. Plenzdorf, Die Legende vom Glück ohne Ende U. Saeger, Flugversuch E. Schleef, Berlin – ein Meer des Friedens (UA BRD) S. Schütz, Laokoon (UA BRD) R. Strahl/P. Hacks, Barby	S. Anderson, Totenreklame. Eine Reise (BRD) T. Böhme, Mit der Sanduhr am Gürtel E. Erb, Vexierbild (auch Prosa) W. Hilbig, stimme, stimme (auch Prosa) G. Kunert, Stilleben (BRD) H. M. Novak, Grünheide, Grünheide. Gedichte 1955–80 (BRD) U. Schacht, Scherbenspur (Schweiz) Eva Strittmatter, Heliotrop L. Walsdorf, Im gläsernen Licht der Frühe G. Zschorsch, Klappmesser (BRD)	K. Bartsch. Die Hölderlinie (Parodien; BRD) F. Fühmann, Essays, Gespräche, Aufsätze 1964–81 P. Gosse, Mundwerk (Ess) S. Hermlin, Äußerungen 1944–82 (Ess) K.-H. Jakobs, Das endlose Jahr (AB/Bericht; BRD) B. Reimann, Die geliebte, die verfluchte Hoffnung. Tagebücher und Briefe 1947–72

	Literarische und kulturpolitische Ereignisse	*Romane und Erzählungen*
1984	»Flüchtlingsgespräche« ausgereister Autoren in West-Berlin (Febr.) Rede H. Kants für eine »mutigere Literaturpolitik« (Sept.) G. Holtz-Baumert wird amtierender Präsident des Schriftstellerverbandes (Dez.) G. de Bruyn, Neue Herrlichkeit, vom Verlag zurückgezogen L. Rathenow, Keine Tragödie, abgesetzt (Leipzig) L. Lorek und flanzendörfer begründen den »Schaden« (Berlin; bis 1987 17 Hefte in 15–40 Exemplaren) G. Grass, Katz und Maus, wird gedruckt Der Anschlag (Zeitschr.) erscheint in Leipzig M. Ahrends, B. Honigmann, K. Lange-Müller, C. Moog, H. Noll, V. Palma, D. Paschiller, K.H. Roehricht, M. Rom verlassen die DDR E. Arendt gest. (25. 9.) F. Fühmann gest. (8. 7.) U. Johnson gest. (Ende Februar, Sheerness/England)	G. de Bruyn, Neue Herrlichkeit (BRD; 1985 DDR) F. R. Fries, Verlegung eines mittleren Reiches (E 1967) J. Fuchs, Fassonschnitt (BRD) W. Hegewald, Das Gegenteil der Fotografie (BRD) S. Heym, Schwarzenberg (BRD) M. Jendryschik, Anna, das zweite Leben W. Kirsten, Die Schlacht bei Kesselsdorf/Kleewunsch A. Krauß, Das Vergnügen E. Krumbholz, Beim Weltmann in der Provinz G. Kunert, Zurück ins Paradies (BRD) H. Löffler, Die scheinbaren Verwandlungen eines Bürgers F. Loest, Völkerschlachtdenkmal (BRD) L. Rathenow, Boden 411 (BRD) G. Rücker, Herr von Oe. Hilde, das Dienstmädchen U. Saeger, Einer hat getötet E. Schleef, Gertrud 2 (BRD) K. Schlesinger, Matulla und Busch (BRD; 1985 DDR) R. Schneider, Unsterblichkeit B. Wagner, Reise im Kopf J. Walther, Bewerbung bei Hofe R. Zeplin, Alpträume aus der Provinz

Drama	*Lyrik*	*Sonstiges*
H. Gerlach, Die Schicht	S. Anderson u. a., Waldmaschine. Übung, vierhändig (BRD)	G. Eckart, So sehe ick die Sache. Protokolle aus der DDR (BRD; teilw. SuF)
P. Hacks, Fredegunde (D; 1988 UA BRD)	H. Gerlach, Nachricht aus Grimmelshausen	einst war ich fänger im schnee. Texte und Bilder aus der DDR. Hrsg. v. L. Rathenow (BRD)
R. Kerndl, Der Georgsberg (abgesetzt)	B.-D. Hüge, Kaderakte eines Zugvogels	J. Fuchs, Einmischung in eigene Angelegenheiten (Ess; BRD)
H. Müller, Die Bauern (D DDR)	H. Kahlau, Fundsachen	F. Fühmann, Kirke und Odysseus. Ein Ballett
U. Saeger, Außerhalb von Schuld	S. Kirsch, Katzenleben (BRD)	E. Loest, Der vierte Zensor (BRD)
	S. Mensching, Erinnerung an eine Milchglasscheibe	H. Mayer, Ein Deutscher auf Widerruf. Erinnerungen II (BRD)
	K. Rahn, Unter dem schönen Dachfirst	
	C. Reinig, Gesammelte Gedichte 1960–79 (BRD)	
	R. Rosenthal, Polnische Reise (BRD)	
	B. Struzyk, Leben auf der Kippe	
	H.-E. Wenzel, Lied vom wilden Mohn	

	Literarische und kulturpolitische Ereignisse	*Romane und Erzählungen*
1985	M. Gorbatschow wird Generalsekretär der KPdSU (März) KSZE-Kulturforum in Budapest (Okt./Nov.) Kontroverse um V. Braun, Hinze-Kunze-Roman Auftrittsverbot für S. Krawczyk W. Hilbig erhält Einjahres-Visum (kehrt nicht in die DDR zurück; Visumsverlängerung) J. K. Hultenreich, F.H. Melle, T. di Roes, A. Sinakowski, B. Wagner verlassen die DDR W. Girnus gest. O. Gotsche gest.	V. Braun, Hinze-Kunze-Roman H. Cibulka, Seedorn S. Damm, Vögel, die verkünden Land (Lenz-Roman) A. Endler, Ohne Nennung von Gründen (BRD) F. Fühmann, Das Ohr des Dionysios. Nachgelassene Erzz. H. Gerlach, Gehversuche W. Hegewald, Hoffmann, Ich und Teile der näheren Umgebung (BRD) C. Hein, Horns Ende S. Hermlin, Mein Friede; Rückkehr W. Hilbig, Der Brief (BRD) U. Johnson, Ingrid Babendererde – Reifeprüfung 1953 (BRD; E 1953–56) R. Kirsch, Sauna oder Die fernherwirkende Trübung E. Loest, Zwiebelmuster (BRD) F.-W. Matthies, Tagebuch Fortunes (BRD) C. Moog, Die Fans von Union (BRD) E. Neutsch, Der Friede im Osten 3 L. Pirskawetz, Der stille Grund G. Rücker, Anton Popper u. a. Erzz. (= Alles Verwandte, BRD 1987) J. Sparschuh, Waldwärts Erwin Strittmatter, Grüner Juni

Drama	*Lyrik*	*Sonstiges*
H. Drewniok, Teamwork P. Hacks, Die Binsen H. Müller, Anatomie Titus Fall of Rome (UA BRD; A DDR 1987) H. Müller, Bildbeschreibung (UA BRD; D in SuF) H. Müller, Wolokolamsker Chaussee I (UA); … I u. II (D in SuF u. Theater der Zeit) G. Seidel, Jochen Schanotta R. Strahl, Der Stein des Anstoßes A. Wendt, Der Vogelkopp	K. Bartsch, Weihnacht ist und Wotan reitet (BRD) T. Böhme, Die schamlose Vergeudung des Dunkels H. Brinkmann, Wasserstände und Tauchtiefen G. Eckart, Sturzacker I. Müller, Wenn ich schon sterben muß (E 1954–66) B. Papenfuß-Gorek, Harm (BRD) A. Schulze, Vogelbilder E. Wesuls, Poesiealbum 216	ariadnefabrik (Zeitschr.). Hrsg. v. A. Koziol / R. Schedlinski Berührung ist nur eine Randerscheinung. Neue Literatur aus der DDR. Hrsg. v. S. Anderson / E. Erb (BRD) V. Braun, Rimbaud. (Ess; SuF) F. R. Fries, Bemerkungen anhand eines Fundes (Ess) B. Jentzsch, Schreiben als strafbare Handlung. Fälle (BRD) R. Kirsch, Ordnung im Spiegel (Ess) G. Kunert, Vor der Sintflut. Das Gedicht als Arche Noah (BRD) H. Noll, Der Abschied. Journal meiner Ausreise aus der DDR (BRD) C./G. Wolf, Ins Ungebundene gehet eine Sehnsucht. Gesprächsraum Romantik (Ess)

	Literarische und kulturpolitische Ereignisse	*Romane und Erzählungen*
1986	Kulturabkommen Bundesrepublik–DDR (Mai) H. Kant amtiert wieder als Präsident des Schriftstellerverbandes Nationalpreis für C. Wolf Wahl von W. Jens, P. Rühmkorf u.a. in die AdK Beginn der Nietzsche-Debatte in SuF Gedichtauswahl von G. Benn erscheint S. Anderson, H. Schreiter verlassen die DDR V. Stelzmann (Maler) verläßt die DDR H. Koch gest. (Selbstmord)	J. Becker, Bronsteins Kinder (BRD; DDR 1989) G. de Bruyn, Frauendienst. Erzz. und Aufsätze G. Eckart, Der Seidelstein P. Gosse, Erwachsene Mitte (auch Gedichte, Stücke, Essays) W. Heiduczek, Reise nach Beirut. Verfehlung B. Honigmann, Roman von einem Kinde (BRD) H. Kant, Bronzezeit S. Kirsch, Irrstern (BRD) H. Königsdorf, Respektloser Umgang K. Lange-Müller, Wehleid – wie im Leben (BRD) M. Maron, Die Überläuferin (BRD) A. Müller, Der Puppenkönig und ich H. J. Schädlich, Tallhover (BRD) H. Schütz, In Annas Namen S. Schütz, Medusa (BRD) W. Steinberg, Die Mördergrube (BRD) C. Wolter, Aeropolis C. Worgitzky, Heute sterben immer die anderen
1987	Schriftstellergespräch in Berlin (Mai) S. Beckett, Warten auf Godot, aufgeführt (Dresden) Nationalpreis für H. Müller Plenzdorf, Freiheitsberaubung, abgesetzt (Volksbühne) H. Mayer spricht in der AdK X. Schriftstellerkongreß (Dez.); Wiederwahl H. Kants; Reden C. Heins und G. de Bruyns gegen die Zensur G. Grass, Die Blechtrommel, erscheint. Lesungen von Grass in Leipzig und Berlin G. Eckart, A. Lang (Regisseur) erhalten langfristige Visa R. Rosenthal verläßt die DDR	U. Berkes, Eine schlimme Liebe B. Burmeister, Anders oder Vom Aufenthalt in der Fremde S. Damm, Cornelia Goethe A. Endler, Schichtenflotz (BRD) E. Erb, Kastanienallee H. Gerlach, Jungfernhaut W. Hegewald, Jakob Oberlin oder Die Kunst der Heimat (BRD) W. Hilbig, Die Weiber (BRD) E. Loest, Froschkonzert (BRD) F. Neutsch, Der Friede im Osten 4 H. Noll, Berliner Scharade (BRD) H. J. Schädlich, Ostwestberlin (BRD) J. Sparschuh. Der große Coup Erwin Strittmatter, Der Laden 2 B. Wagner, Ich will nicht nach Österreich (BRD) A. Wellm, Morisco C. Wolf, Störfall. Nachrichten eines Tages

Drama	*Lyrik*	*Sonstiges*
V. Braun, Siegfried Frauenprotokolle Deutscher Furor H. Czechowski, Der Meister und Margarita (nach Bulgakow) H. Drewniok, Szenen aus dem Thüringer Wald II S. Schütz, Die Seidels (Groß & Gross) (UA BRD) R. Strahl, Das Blaue vom Himmel	W. Bartsch, Übungen im Joch W. Biermann, Affenfels und Barrikade (BRD) K. Hensel, Poesiealbum 222 W. Hilbig, die versprengung (BRD) B.-D. Hüge, Beichte vor dem Hund W. Kirsten, die erde bei Meißen K. Körner, Augenworte R. Kunze, eines jeden einziges leben (BRD) St. Mensching, Tuchfühlung B. Wegner, Von Deutschland nach Deutschland nur ein Katzensprung (BRD) H.-E. Wenzel, Antrag auf Verlängerung des Monats August G. Zschorsch, Stadthunde (BRD)	S. Heym, Reden an den Feind (Ess) E. Köhler, Nichts gegen Homer (Ess) C. Lambrecht, Männerbekanntschaften. Freimütige Protokolle E. Loest, Bruder Franz [Fühmann]. 3 Reden (BRD) H. Müller, Gesammelte Irrtümer. Interviews und Gespräche (BRD) U. Plenzdorf, Filme 1 C. Stern, In den Netzen der Erinnerung (AB; BRD) C. Wolf, Die Dimension des Autors. Essays und Aufsätze, Reden und Gespräche 1959–85
V. Braun, Die Übergangsgesellschaft (UA BRD; E 1982; A DDR 1988) P. Hacks, Maries Baby. Kindermärchen C. Hein, Passage E. Köhler, In Amöbien oder Der große Laligei (D SuF) K. Mickel, Volks Entscheid. 7 Stücke (D) G. Seidel, Carmen Kittel L. Trolle, Weltuntergang Berlin L. Walsdorf, Monologe I	F. Berger, Einfache Sätze V. Braun, Langsamer knirschender Morgen H. Czechowski, Kein näheres Zeichen H. Czechowski, Ich und die Folgen (BRD) K. Drawert, Zweite Inventur G. Eckart, Wie mag ich alles, was beginnt (BRD) U. Kolbe, Bornholm II G. Kunert, Berlin beizeiten (BRD) R. Pietraß, Spielball L. Walsdorf, Über Berge kam ich M. Wüstefeld, Heimsuchung G. Zschorsch, Sturmtruppen (BRD)	Windvogelviereck. Schriftsteller über Wissenschaften … Hrsg. v. J. Erpenbeck D. Dahn, Prenzlauer Berg-Tour (= Kunst und Kohle, BRD 1987) F. Fühmann, Simplicius Simplicissimus u.a. Arbeiten für den Film C. Hein, Öffentlich arbeiten (Ess) L. Rathenow/H. Hauswald, Ostberlin: die andere Seite einer Stadt in Texten und Bildern (BRD)

	Literarische und kulturpolitische Ereignisse	*Romane und Erzählungen*
1988	Wiederaufnahme H. Müllers in den Schriftstellerverband Nietzsche-Debatte in SuF nach W. Harichs Verdikt Druck von J. R. Bechers Text [Selbstzensur] von 1957 in SuF Nationalpreis für V. Braun Aufhebung des Druckgenehmigungsverfahrens angekündigt (Okt.) Veröffentlichung aller Reden des X. Schriftstellerkongresses Prosa von U. Johnson für 1989 angekündigt G. Wolf gibt bei Aufbau die Reihe »außer der reihe« heraus S. Krawczyk und F. Klier verlassen die DDR nach Haft L. Lorek verläßt die DDR U. Kolbe, I. Liebmann, M. Maron erhalten langfristige Visa W. Herzfelde gest. F. Lanzendörfer (gen. flanzendörfer) gest. (Selbstmord)	S. Anderson, brunnen randvoll (auch Gedd.) (BRD) J. Erpenbeck, Gruppentherapie J. Fuchs, Das Ende einer Feigheit (BRD) F. Fühmann, Unter den Paranyas W. Hegewald, Verabredung in Rom B.-D. Hüge, Das Steinkind H. Kant, Die Summe. Eine Begebenheit S. Kirsch, Allerlei-Rauh (BRD) J. Koch, Augenoperation H. Königsdorf, Lichtverhältnisse A. Krauß, Das Glashaus (= Kleine Landschaft, BRD 1989) K. Lange-Müller, Kasper Mauser – Die Feigheit vorm Freund (BRD) U. Saeger, Das Überschreiten einer Grenze bei Nacht; – Dass. u. Aus einem Herbst jagdbaren Wildes (BRD) R. Schneider, Jede Seele auf Erden S. Schütz, Katt. Volksbuch (BRD) B. Struzyk, Caroline unterm Freiheitsbaum W. Völlger, Partitur eines verlorenen Sieges J. Walther, Heldenleben

Drama

T. Brasch, Frauen – Krieg (UA BRD)
T. Brasch, Lovely Rita. Lieber Georg. Mercedes (D)
V. Braun, Transit Europa. Der Ausflug der Toten (UA DDR auf Wunsch des Autors abgesetzt; A BRD u. Schweiz)
W. Buhss, Nina, Nina, tam kartina …
P. Hacks, Jona (D SuF)
I. Liebmann, Berliner Kindl
K. Mickel, Halsgericht (E 1980/81)
H. Müller, Wolokolamsker Chaussee I–V (UA DDR u. Paris)
U. Plenzdorf, Freiheitsberaubung (nach G. de Bruyn)
U. Saeger, Flugversuch u. a. Stücke (D)
U. Saeger, Jeder gegen jeden
E. Schleef, Die Schauspieler (UA BRD)

Lyrik

T. Böhme, Stoff der Piloten
H. Brinkmann, Federn und Federn lassen
F. R. Fries, Herbsttage in Niederbarnim
P. Gosse, Poesiealbum 252
D. Grünbein, Grauzone morgens (BRD)
P. Hacks, Die Gedichte
K. Hensel, Stilleben mit Zukunft
R. Kirsch, Kunst in Mark Brandenburg
G. Kunert, Gedichte (= Auswahl seit 1979)
B. Papenfuß-Gorek, dreizehntanz
T. Rosenlöcher, Schneebier
R. Schedlinski, die rationen des ja und des nein
Eva Strittmatter, Atem
B. Wagner, Mein zu großes Auge (BRD)

Sonstiges

X. Schriftstellerkongreß. Vollst. Protokoll
Die eigene Stimme. Lyrik der DDR. Hrsg. v. U. Heukenkamp u.a.
Die Wärme die Kälte des Körpers des Andern. Liebesgedichte. Hrsg. v. K. Drawert
Sprache & Antwort. Stimmen und Texte einer anderen Lit. aus der DDR. Hrsg. v. E. Hesse (BRD)
Mikado oder Der Kaiser ist nackt. Hrsg. v. U. Kolbe u.a. (Anth; BRD)
V. Braun, Verheerende Folgen … (Ess)
P. Hacks, Schöne Wirtschaft. Ästhetisch-ökonomische Fragmente (Ess)
S. Heym, Nachruf (AB; BRD)
U. Plenzdorf, Filme 2
G. Rücker, Die Verlobte (7 Spielfilme)
L. Scherzer, Der Erste. Eine Reportage aus der DDR
C. Wolf, Ansprachen (BRD)
G. Wolf, Wortlaut-Wortbruch-Wortlust (Ess)

	Literarische und kulturpolitische Ereignisse	*Romane und Erzählungen*
1989	Aufhebung des Druckgenehmigungsverfahrens (wirksam ab Februar) PEN-Zentrum protestiert einstimmig gegen die Verhaftung V. Havels (1.3.) C. Heins Die Ritter der Tafelrunde in Dresden uraufgeführt (März) G. de Bruyn lehnt Nationalpreis ab Demonstrationen am 7.10. (Gorbatschow-Besuch) Montagsdemonstrationen in Leipzig (25.9. ff.) Rücktritt Honeckers (18.10.) Protestveranstaltung in der Berliner Erlöserkirche (28.10.) C. Hein, C. Wolf u.a. beteiligen sich an den Runden Tischen und Untersuchungskommissionen zum 7.10. Minister Höpcke kündigt Veröffentlichung einiger zensurierter Bücher an (28.10.) W. Janka liest im Deutschen Theater (28.10. und 5.11.) Demonstration auf dem Berliner Alexanderplatz (4.11.). S. Heym, H. Müller, C. Wolf u.a. reden Öffnung der Berliner Mauer (9.11.) Berliner Schriftstellerverband widerruft die Mitgliederausschlüsse von 1979 (23.11.) D. Keller neuer Kulturminister (29.11.) W. Biermanns erster öffentlicher Auftritt seit 25 Jahren (2.12.) Aufruf Für unser Land, u.a. von V. Braun, S. Heym, C. Wolf getragen, dann auch vom neuen 1. Sekretär der SED, E. Krenz (Anfang Dez.) Vertrauensvotum des Verbandsvorstands für H. Kant (9.12.), danach Proteste von Mitgliedern H. Kant tritt als Verbandsvorsitzender zurück (22.12.), Bertelsmann eröffnet die ersten Buchclubfilialen Trude Richter gest.	V. Braun, Bodenloser Satz (BRD) F. R. Fries, Die Väter im Kino C. Hein, Der Tangospieler K. Hensel, Hallimasch (BRD) W. Hilbig, Eine Übertragung (BRD) U. Johnson, Eine Reise wegwohin (erste DDR-Veröff.) J. Laabs, Der Schattenfänger. Roman eines Irrtums I. Liebmann, Mitten im Krieg (BRD) E. Loest, Fallhöhe (BRD) G. Neumann, Die Klandestinität der Kesselreiniger (BRD) J. Walther, Risse im Eis H.-E. Wenzel, Reisebilder C. Wolf, Sommerstück

Drama

P. Hacks, Fredegunde (UA BRD)
C. Hein, Die Ritter der Tafelrunde
M. Koerbl, Die Kommunisten
U. Saeger, Empedokles (UA BRD)
Die Übergangsgesellschaft. Stücke der achtziger Jahre aus der DDR (Anth)
Theatertexte (Anth)
Werkausgaben V. Braun und K. Mickel beginnen

Lyrik

H. Czechowski, Mein Venedig (auch Prosa) (BRD)
S. Döring, Heutmorgestern
K. Drawert, Privateigentum (BRD)
J. Faktor, Georgs Versuche an einem Gedicht
H. Gerlach, Wüstungen
E. Häfner, Syndrom D.
B. Igel, Das Geschlecht der Häuser gebar mir fremde Orte (BRD)
G. Kachold, zügel los
S. Kirsch, Schneewärme (BRD)
H.M. Novak, Märkische Feemorgana (BRD)
R. Pietraß, Was mir zum Glück fehlt
L. Rathenow, Zärtlich kreist die Faust (BRD)

Sonstiges

H. Drescher, Malerbilder
Ganz normal anders. Auskünfte schwuler Männer. Hrsg. v. J. Lemke
W. Janka, Schwierigkeiten mit der Wahrheit (BRD)
R. Kunze, Das weiße Gedicht (Ess; BRD)
M. Wolf, Die Troika. Geschichte eines nicht gedrehten Films
H. Zinner, Selbstbefragung (AB)

	Literarische und kulturpolitische Ereignisse	*Romane und Erzählungen*
1990	H. Knobloch wird DDR-PEN-Präsident (Jan.; Rücktritt Aug.) Deutsch-deutsche Autorengespräche in Hannover und Stuttgart (Februar) Außerordentlicher DDR-Schriftsteller-Kongreß. R. Kirsch wird Vorsitzender (März) Urteile gegen W. Janka, G. Just u.a. von 1956 aufgehoben (März) A. Seghers, Der gerechte Richter, erscheint Angekündigt werden Bücher von V. Havel, W. Leonhard u.a. Erste freie Volkskammer-Wahlen. Hoher CDU-Sieg (18.3.) PEN-Tagung in Kiel mit DDR-Gästen zur ›Vergangenheitsbewältigung‹. H. Knobloch verteidigt K. Höpcke (Mai) Beginn des Literaturstreits mit scharfen Kritiken an C. Wolfs Was bleibt (Anfang Juni) Währungsunion mit der BRD (1.7.) H. Müller löst M. Wekwerth als AdK-Präsidenten ab; strikte Ablehnung der Vereinigung (Juli) Vorschläge aus dem West-PEN zur Vereinigung mit dem DDR-PEN; entschiedene Proteste ehemaliger DDR-Autoren (Juli) F. Schirrmacher (FAZ) verkündet »Abschied von der Literatur der Bundesrepublik« (2.10.) Staatliche Vereinigung von BRD und DDR (3.10.) U. Greiner (Die Zeit) spricht Verdikt über »Gesinnungsästhetik« (November) S. Kleinschmidt löst M.W. Schulz als Chefredakteur von SuF ab Selbstauflösung des DDR-Schriftstellerverbandes nach Ende der Subventionierung (31.12.) Zahlreiche Verlagsneugründungen im Lauf des Jahres H. Bienek gest. (München) I. Morgner gest. G. Seidel gest.	N. Bleisch, Lord Müll T. Böhme, Die Einübung der Innenspur A. Endler, Vorbildlich schleimlösend. Nachrichten aus einer Hauptstadt 1972–2008 S. Heym, Auf Sand gebaut R. Jirgl, Mutter Vater Roman E. Köhler, Sture und das deutsche Herz A. Krauß, Der Dienst (BRD) H. Schubert, Judasfrauen Erwin Strittmatter, Die Lage in den Lüften (Tagebücher) P. Wawerzinek, NIX C. Wolf, Was bleibt

Drama	*Lyrik*	*Sonstiges*
T. Brasch, Drei Wünsche, sagte der Golem. Gedichte, Stücke, Prosa DDR-Theater des Umbruchs (Anth) R. Jirgl, Überich. Protokollkomödie in den Tod M. Karge, Mauerstücke M. Koerbl, Gorbatschow-Fragment S. Latchinian, Berlin	V. Braun, Der Stoff zum Leben 1–3 P. Gosse, Standwaage J. Jansen, prost neuland U. Kolbe, Vaterlandkanal. Ein Fahrtenbuch G. Kunert, Fremd daheim R. Leising, Gebrochen deutsch K. Lorenc, Gegen den großen Popanz K. Mickel, Palimpsest B. Papenfuß-Gorek, vorwärts im zorn usw.	Abriß der Ariadnefabrik (Anth) J. Becker, Warnung vor dem Schriftsteller (Ess) W. Biermann, Klartexte im Getümmel (Ess) F. Dieckmann, Hilfsmittel wider die alternde Zeit (Ess) Die Geschichte ist offen. Schriftsteller aus der DDR über die Zukunftschancen ihres Landes C. Hein, Die fünfte Grundrechenart. Aufsätze u. Reden G. Just, Zeuge in eigener Sache (AB) H. Königsdorf, 1989 oder Ein Moment Schönheit R. Kunze, Deckname Lyrik. Dokumentation E. Loest, Der Zorn des Schafes. Aus meinem Tagewerk H. Müller, Gesammelte Irrtümer 2 T. Rosenlöcher, Die verkauften Pflastersteine. Tagebuch Die sanfte Revolution (Anth) Hrsg. v. S. Heym/ W. Heiduczek Schöne Aussichten. (Prosa-Anth) K. Schlesinger, Fliegender Wechsel (Ess) Wir sind das Volk. Flugschriften C. Wolf, Reden im Herbst

	Literarische und kulturpolitische Ereignisse	*Romane und Erzählungen*
1991	Golfkrieg entzweit die literarische Intelligenz (Januar ff.) DDR-PEN nennt sich Deutsches PEN-Zentrum (Ost). G. de Bruyn, H. Czechowski, P. Hacks treten aus. J. Walthers Zuwahl scheitert (Februar) H. Kant leugnet gegenüber E. Loest Stasi-Kollaboration (Februar) W. Jens, AdK-Präsident (West), lehnt »zusammengewürfelte Akademie« ab VS veröff. Liste mit 23 DDR-Autoren, die nicht im Verband erwünscht sind, u. a. G. Görlich, H. Kant, D. Noll (März) Ausstellung zur Zensur in der DDR im Literaturhaus Berlin (März) VS-Tagung in Travemünde (Mai) Pfarrer Weskott (Katlenburg) ›rettet‹ DDR-Bücher (Juni) J. Fuchs u.a. fordern freie Zugänglichkeit der Stasi-Akten für die Opfer (August ff.) J. Fuchs entdeckt langjährige Spitzeltätigkeit von S. Anderson (Sept.) W. Biermann macht sie in Büchnerpreis-Rede öffentlich (20.10.). Anderson leugnet. AdK (Ost) dokumentiert das 11. Plenum des ZK der SED 1965 (Oktober) H.M. Novak bekennt zeitweilige IM-Tätigkeit (Oktober) H. Kant verläßt PEN (Ost), nachdem er maßgeblich Zuwahl F. Schorlemmers mitverhindert hatte D. Schlenstedt wird PEN (Ost)-Präsident (Okt.) W. Biermann erklärt Prenzlauer-Berg-Szene zum »blühenden Schrebergarten der Stasi«. D. Grünbein, L. Rathenow u.a. widersprechen (Nov.) IM-Tätigkeit v. H. Kahlau (1957-64) und R. Schedlinski werden bekannt (Nov./Dez.) M. W. Schulz gest. H. Sandberg gest.	J. Faktor, Henry's Jupitergestik in der Blutlache Nr. 3 F. Fühmann, Im Berg. Texte aus dem Nachlaß K. Hensel, Auditorium Panopticum W. Hilbig, Alte Abdeckerei B. Honigmann, Eine Liebe aus nichts R. Jirgl, Im offenen Meer. Schichtungsroman S. Kirsch, Schwingrasen M. Maron, Stille Zeile Sechs S. Mensching, Pygmalion K. Mickel, Lachmunds Freunde I. Morgner, Der Schöne und das Tier (aus: Das heroische Testament) G. Neumann, Übungen jenseits der Möglichkeit T. Rosenlöcher, Die Wiederentdeckung des Gehens beim Wandern. Harzreise U. Saeger, Die Nacht danach und der Morgen P. Wawerzinek, Moppel Schappik H.-E. Wenzel, Malinche. Legenden von Liebe und Verrat

Drama

O. Bukowski, Die Halbwertzeit der Kanarienvögel
J. Groß, Asche im Mund
I. Liebmann, Quatschfresser. Theaterstücke
S. Mensching/H.-E. Wenzel, Allerletztes aus der DaDaeR. Hundekomödie
U. Plenzdorf, Ein Tag, länger als ein Leben. Zeit der Wölfe (nach T. Aitmatow)
M. Schöbel, Smog
S. Schütz, Orestobsession
G. Seidel, Villa Jugend
R. Strahl, 2099 oder Die Chance, von vorn anzufangen
L. Trolle, Das Dreivierteljahr des David Rubinowicz
L. Trolle, Ein Vormittag in der Freiheit

Lyrik

S. Anderson, Jewish Jetset
H. Bereska, Berliner Spätlese
S. Döring, Zehn
Ein Molotowcocktail auf fremder Bettkante (Anth)
Grenzfallgedichte. Eine deutsche Anthologie
D. Grünbein, Schädelbasislektion
K. Hensel, Ab tritt Fräulein Jungfer!
K. Hensel, Gewitterfront
B. Jentzsch, Poesiealbum 276
R. Kirsch, Anna Katarina oder Die Nacht am Moorbusch
A. Koziol, Über Rauten und Türme
B. Köhler, Deutsches Roulette
G. Kunert, Mondlichtlandschaft
T. Kunst, besorg noch für das segel die chaussee
B. Papenfuß-Gorek, LED SAUDAUS. notdichtung, kassendichtung
B. Papenfuß-Gorek, SoJa
R. Schedlinski, die männer der frauen
H. Teschke, Jasmunder Felder Windschlucht New York

Sonstiges

W. Biermann, Über das Geld u.a. Herzensdinge
G. de Bruyn, Jubelschreie, Trauergesänge (Ess)
F. Dieckmann, Glockenläuten und offene Fragen (Ess)
W. Heiduczek, Im gewöhnlichen Stalinismus
S. Heym, Stalin verläßt den Raum
B.-D. Hüge, Mein Knastbuch
W. Janka, Spuren eines Lebens
H. Kant, Abspann (AB)
S. Kirsch, Spreu
H. Königsdorf, Aus dem Dilemma eine Chance machen (Ess)
G. Kunert, Die letzten Indianer Europas (Ess)
E. Loest, Die Stasi war mein Eckermann
H. Mayer, Der Turm von Babel. Erinnerungen an eine Deutsche Demokratische Republik
H. Müller, Jenseits der Nation (Interviews)
K. H. Roehricht, Lebensverläufe
Vogel oder Käfig sein (Anth)
J. Walther (Hrsg.), Protokoll eines Tribunals
P. Wawerzinek, Es war einmal (Parodien)

	Literarische und kulturpolitische Ereignisse	*Romane und Erzählungen*
1992	G. Kunert tritt aus der AdK (West) aus, weil er die en bloc-Übernahme der Mitglieder der AdK (Ost) ablehnt (Januar) H. Kant tritt aus der AdK (Ost) aus, um kein Vereinigungshindernis zu sein (Januar) B. Jentzsch wird zum Gründungsdirektor des neuen Leipziger Instituts für Literatur bestellt (Januar) R. Kunze tritt aus der AdK (West) aus (Februar) Wiederwahl von W. Jens als Präsident der AdK (West) (April). Dieser betreibt nun gezielt die Vereinigung mit der AdK (Ost). Deren Mitglieder lehnen eine Überprüfung durch die Gauck-Behörde ab. Bis Mai 1993 treten 26 Mitglieder der AdK (West) aus Spiegel-Dossier über H. Kants IM-Tätigkeit. Kant leugnet weiter (Oktober) Sicherung der Zeitschrift NDL durch Zuschüsse (Oktober) Gemeinsame Tagung der PEN-Zentren in Berlin; kein Vereinigungsbeschluß (Oktober) S. Kirsch lehnt Zuwahl in die AdK (West), in der sie eine zukünftige »Schlupfbude für ehemalige Staatsdichter und Zuträger der Staatssicherheit« sieht, ab (November) W. Biermann, J. Fuchs, B. Jentzsch, S. Kirsch, G. Kunert, R. Kunze, M. Maron, H. J. Schädlich u.a. lesen in Asylbewerberheimen (Nov./Dez.) M. Streubel gest. (Selbstmord)	M. Ahrends, Der märkische Radfahrer J. Becker, Amanda Herzlos N. Bleisch, Viertes Deutschland V. Braun, Die Zickzackbrücke. Ein Abrißkalender S. Damm, Ich bin nicht Ottilie K. Drawert, Spiegelland. Ein deutscher Monolog R. Feyl, Ausharren im Paradies B. Heimberger, Sterbe-Stunden J.-A. Igel, Fahrwasser. eine innere biographie in ansätzen R. Jirgl, Das obszöne Gebet. Totenbuch H. Königsdorf, Gleich neben Afrika G. Kunert, Im toten Winkel. Ein Hausbuch E. Loest, Heute kommt Westbesuch E. Loest, Katerfrühstück I. Morgner, Rumba auf einen Herbst (E 1964; Teil-D 1974 in Trobadora Beatriz) L. Rathenow, Die lautere Bosheit. Satiren, Faststücke, Prosa H. J. Schädlich, Schott G. Seidel, In seiner Freizeit las der Angeklagte Märchen Erwin Strittmatter, Der Laden 3

Drama	*Lyrik*	*Sonstiges*
V. Braun, Böhmen am Meer V. Braun, Iphigenie in Freiheit O. Bukowski, Burnout, die Verweigerung des Hohen Cehs O. Bukowski, Inszenierung eines Kusses O. Bukowski, Das Lachen und Das Streicheln des Kopfes P. Hacks, Fafner, die Bisam-Maus M. Karge, Killerfische C. Martin, bunker C. Martin, Erster Mai H. Müller, Mommsens Block (Monolog) G. Seidel, Friedensfeier L. Trolle, Hermes in der Stadt	flanzendörfer (d.i. F. Lanzendörfer), unmöglich es leben W. Hilbig, zwischen den paradiesen. Prosa, Lyrik H. Kahlau, Kaspers Waage S. Kirsch, Erlkönigs Tochter H. Müller, Gedichte [1949–89] B. Papenfuß-Gorek, NUNFT. FKK/IM endart novemberklub	W. Biermann, Der Sturz des Dädalus (Ess) G. de Bruyn, Zwischenbilanz. Eine Jugend in Berlin (AB) F. Dieckmann, Vom Einbringen (Ess) S. Heym, Filz. Gedanken über das neueste Deutschland (Ess) G. Kunert, Der Sturz vom Sockel (Ess) H. Müller, Krieg ohne Schlacht. Leben in zwei Diktaturen (AB) U. Schacht, Gewissen ist Macht (Ess) H. J. Schädlich, Über Dreck, Politik und Literatur (Ess) R. Schneider, Volk ohne Trauer. Notizen nach dem Untergang der DDR G. Stötzer (Kachold), grenzen los fremd gehen. Aufzeichnungen 1988 bis 1991 Tendenz Freisprache. Texte zu einer Poetik der achtziger Jahre G. Wolf, Sprachblätter Wortwechsel. Dialoge mit Dichtern

	Literarische und kulturpolitische Ereignisse	*Romane und Erzählungen*
1993	H. Müllers regelmäßige Kontakte mit dem MfS werden bekannt (Januar) C. Wolf offenbart sich als »IM Margarete« von 1959–62 (21. Januar) und löst damit heftige Kontroversen aus; u.a. wird sie von der CSU aufgefordert, den Geschwister-Scholl-Preis zurückzugeben R. Hochhuth, Wessis in Weimar, wird am Berliner Ensemble uraufgeführt (Februar) G. de Bruyn macht ihm aufgezwungene Gespräche mit der Stasi öffentlich (Februar) C. Wolf erklärt ihren Austritt aus beiden AdK, Ost und West (März) Schließung des Leipziger Instituts für Literatur »Johannes R. Becher« (Juli) K. Höpcke verzichtet auf Mitgliedschaft im PEN (Ost) (Dezember) J. Stave gest.	E. Häfner, Vergoldung der Innenhaut W. Hegewald, Die Zeit der Tagediebe C. Hein, Das Napoleon-Spiel K. Hensel, Im Schlauch S. Heym, Auf Sand gebaut W. Hilbig, Grünes, grünes Grab W. Hilbig, »Ich« T. Köhler, Unser die Straße – unser der Sieg. Die Stalinallee H. Königsdorf, Im Schatten des Regenbogens H. Löffler, Die Stille unter dem Meer U. Saeger, Landschaft mit Dornen H. Sakowski, Die Schwäne von Klevenow. Ein Mecklenburgroman S. Schütz, Galaxas Hochzeit J. Sparschuh, Der Schneemensch

Drama	*Lyrik*	*Sonstiges*
O. Bukowski, Intercity. Eine zeitgenössische Hanswurstiade O. Bukowski, Londn – L.Ä. – Lübbenau J. Fabian, Lostills. Verlorene Stilleben H. Gerlach, Vergewaltigung C. Martin, Lulle und Pulle H. Müller, Duell Traktor Fatzer (incl. Der Findling; Mommsens Block) L. Rathenow, Autorenschlachten S. Schütz, Wer von Euch G. Seidel, Villa Jugend. Das dramatische Werk in einem Band L. Trolle, Wstawate, Lizzy, Wstawate oder Manege frei für eine ältere Dame	H. Czechowski, Nachtspur. Gedichte und Prosa 1987–1992 A. Gröschner, Herzdame Knochensammler G. Hahnemann, Exogene Zerrinnerung J. Jansen, Text Weg Bild Spiel W. Kirsten, Stimmenschotter F.-M. Matthies, Adressen aus den Heften für Patricia. Gedichte 1981–1989 B. Papenfuß-Gorek, naif till harm (Ges. Texte. 3 Bde.)	J. R. Becher, Briefe 1909–1958 / Briefe an J. R. B. 1910–1958 G. de Bruyn, Mein Brandenburg C. Dieckmann, Die Zeit stand still, die Lebensuhren liefen K. Drawert, Haus ohne Menschen. Zeitmitschriften W. Harich, Keine Schwierigkeiten mit der Wahrheit K. Hensel, Angestaut. Aus meinem Sudelbuch (Gedd. und Ess) W. Janka, »... bis zur Verhaftung«. Erinnerungen eines deutschen Verlegers B. Jentzsch, Flöze. Schriften und Archive 1954–1992 R. Kunze, Am Sonnenhang. Tagebuch eines Jahres MachtSpiele. Literatur und Staatssicherheit. Hrsg. v. P. Böthig / K. Michael M. Maron, Nach Maßgabe meiner Begreifungskraft (Ess) H. Mayer, Wendezeiten. Über Deutschland und die Deutschen B. Reimann / C. Wolf, Sei gegrüßt und lebe. Eine Freundschaft in Briefen 1964–1973

	Literarische und kulturpolitische Ereignisse	*Romane und Erzählungen*
1994	S. Heym, später auch G. Zwerenz als Parteilose PDS-Kandidaten für den Bundestag (Februar/Juli) A. Endler verteidigt vehement die Prenzlauer Berg-Szene (August) Berliner Appell behauptet »Hexenjagd auf Konservative und demokratische Rechte« (Sept.). S. Kirsch und K. Drawert protestieren gegen mißbräuchlichen Abdruck ihrer Namen S. Heym eröffnet als Alterspräsident den neuen Bundestag (November) Polemik A. Hrdlickas gegen W. Biermann (November) W. Janka gest. E. Krumbholz gest. Erwin Strittmatter gest. J. Ziem gest. H. Zinner gest.	B. Burmeister, Unter dem Namen Norma H. Cibulka, Am Brückenwehr. Zwischen Kindheit und Wende A. Endler, Tarzan am Prenzlauer Berg F.R. Fries, Die Nonnen von Bratislava P. Hacks, Die Erzählungen C. Hein, Exekution eines Kalbes K. Hensel, Tanz am Kanal W. Hilbig, Die Arbeit an den Öfen W. Hilbig, Die Kunde von den Bäumen H. Kant, Kormoran S. Kirsch, Das simple Leben. Poesie und Prosa T. Köhler, Kohle zu Eisen – Eisen zu Brot. Die Stalinstadt I. Liebmann, In Berlin E. Loest, Zwiebeln für den Landesvater E. Neutsch, Totschlag U. Rachowski, Namenlose S. Schütz, Schnitters Mall J. Seyppel, Die Wohnmaschine (E 1979) B. Struzyk, In vollen Zügen. Rück-Sichten L. Tilger, Fritzleben. Roman einer Wende M. Titze, Unbekannter Verlust J. Walther, Verlassenes Ufer P. Wawerzinek, Das Kind, das ich war

Drama

O. Bukowski, Ob so oder so. Eine Konversations-Farce
C. Hein, Randow
S. Mensching, Das Ballhaus
K. Mickel, Das Beil von Wandsbek. Historie. Nach A. Zweig
U. Plenzdorf, Vater, Mutter, Mörderkind (Filmdrehbuch)
G. Seidel, Zettels Traum (UA)

Lyrik

S. Anderson, rosa indica vulgaris
W. Bartsch, Gen Ginnungapap
W. Biermann/ J. Katzenelson, Großer Gesang vom ausgerotteten jüdischen Volk
H. Czechowski, Über die dunkle Fläche
E. Erb, Unschuld, du Licht meiner Augen
J. Faktor, Körpertexte
D. Grünbein, Falten und Fallen
D. Grünbein, Den teuren Toten
T. Günther, Kopfstand auf Beton
J. Jansen, Reißwolf
U. Kolbe, Nicht wirklich platonisch
B. Papenfuß-Gorek, mors ex nihilo
L. Rathenow, Verirrte Sterne oder Wenn alles wieder einmal ganz anders kommt

Sonstiges

J. Becker, Wir sind auch nur ein Volk. Drehbücher 1–9
D. Dahn, Wir bleiben hier oder Wem gehört der Osten
F. Fühmann, Briefe 1950–1984
W. Janka, Die Unterwerfung: Eine Kriminalgeschichte aus der Nachkriegszeit
O. G. Klein, Plötzlich war alles ganz anders. Deutsche Lebenswege im Umbruch
H. Königsdorf, Über die unverzügliche Rettung der Welt
U. Kolbe, Die Situation. Eine Geschichte vom Prenzlauer Berg
G. Kunert, Baum. Stein. Beton. Reisen zwischen Ober- und Unterwelt
R. Kunze, Wo Freiheit ist. Gespräche 1977–1993
H. Müller, Gesammelte Irrtümer 3. Texte – Gespräche
H. Schubert, Die Andersdenkende
C. Wolf, Auf dem Weg nach Tabou. Texte 1990–1994
Ein Text für C. W. (d.i. Wolf; =Geburtstagsfestschrift)

	Literarische und kulturpolitische Ereignisse	*Romane und Erzählungen*
1995	Beschluß des PEN (West), Gespräche über Vereinigung mit PEN (Ost) zunächst auszusetzen (Mai) nach Rücktritt von G. Heidenreich wird Ingrid Bacher als Präsidentin des PEN (West) gewählt Beitritt von mehr als 90 PEN-Mitgliedern (West) in den PEN (Ost) auf Initiative von K. Staeck (Doppelmitgliedschaften) Begründung der DDR-Bibliothek (Verlag Faber & Faber) Aufbau Verlag feiert 50. Geburtstag Neueröffnung des Deutschen Literaturinstituts Leipzig unter Leitung von B. Jentzsch (Herbst) W. Harich gest. H. Müller gest. (30. 12.)	T. Böhme, Vom Fleisch verwilderte Flecken. Ein latenter Roman V. Braun, Das Nichtgelebte V. Braun, Der Wendehals. Eine Unterhaltung J. Brĕzan, Krabat oder Die Bewahrung der Welt T. Brussig, Helden wie wir B. Burmeister, Herbstfeste H. Drescher, Regenbogenpapiermacher A. Endler, Die Exzesse Bubi Blazezaks im Fokus des Kalten Krieges. Satirische Collagen und Capriccios 1976–1995 E. Erb, Der wilde Forst, der tiefe Wald W. Hegewald, Der Saalkandidat S. Hermlin, Entscheidungen. Sämtliche Erzz. S. Hermlin, In den Kämpfen dieser Zeit (Erz./Ess) S. Heym, Radek R. Jirgl, Abschied von den Feinden H. Kant, Escape. Ein Word-Spiel T. Köhler, Lust am Schaffen – Freude am Leben. Die Stalinwerke A. Krauß, Die Überfliegerin K. Lange-Müller, Verfrühte Tierliebe E. Loest, Nikolaikirche H. Müller, conTEXTS and HISTORY. Prosatexte der achtziger Jahre L. Rathenow, Sisyphos H. Sakowski, Wendenburg H. J. Schädlich, Mal hören, was noch kommt H. Schütz, Vom Glanz der Elbe I. Schulze, 33 Augenblicke des Glücks J. Sparschuh, Der Zimmerspringbrunnen P. Wawerzinek, Mein Babylon

Drama	*Lyrik*	*Sonstiges*
T. Brasch, Mädchenmörder Brunke	S.. Kirsch, Ich Crusoe	G. de Bruyn, Das erzählte Ich. Über Wahrheit und Dichtung in der Autobiographie
O. Bukowski, Die Elche, die Antilopen	B. Köhler, Blue Box	S. Damm, Diese Einsamkeit ohne Überfluß
K. Drawert, Alles ist einfach	S. Mensching, Berliner Elegien	C. Dieckmann, Time is on my side. Ein deutsches Heimatbuch
P. Hacks, Genovefa	B. Papenfuß/H. Leiberg, Routine in der Romantik des Alltags	F. Dieckmann, Temperatursprung (Ess)
U. Saeger, Ende Anfang Ende	J. Schieke, Die Rosen zitieren die Adern	K. Drawert, Revolten des Körpers (Ess)
S. Schütz, Werwölfe	K. Schmidt, Flußbild mit Engel	W. Hilbig, Abriß der Kritik. Frankfurter Poetikvorlesungen
	L. Seiler, berührt/geführt	W. Krauss, Vor gefallenem Vorhang. Aufzeichnungen eines Kronzeugen des Jahrhunderts (AB)
	B.K. Tragelehn, NÖSPL. Erweiterte Ausgabe	C. Noll, Leben ohne Deutschland
		R. Schneider, Die Sprache des Geldes
		H. Schubert, Das gesprungene Herz. Leben im Gegensatz
		Eva Strittmatter, Briefe aus Schulzenhof 3
		Erwin Strittmatter, Vor der Verwandlung Aufzeichnungen
		C. Wolf/F. Fühmann, »Monsieur, wir finden uns wieder«. Briefe 1968–1984

Literaturverzeichnis

Die wissenschaftlichen Veröffentlichungen zur DDR-Literatur sind mittlerweile kaum noch zu überblicken. So kann das nachstehende Literaturverzeichnis gar nicht auf Vollständigkeit zielen; vielmehr will es in übersichtlicher Weise zu weiterführender Lektüre auf einzelnen Sachgebieten anregen. Aufsätze und Einzelstudien zu Autoren oder Werken sind grundsätzlich nicht aufgenommen worden, von hilfreichen Einführungen oder Monographien zu den wichtigsten Autoren abgesehen.

1 Bibliographien, Nachschlagewerke, Handbücher, Lexika

Aufbau-Verlag 1945–1984. Eine Bibliographie. Von K.-D. Hoeft und C. Streller. 2 Bde. Berlin/Weimar 1986

Bestandsaufnahmen. Literarische Steckbriefe. Hrsg. v. B. Böttcher. Halle/S. 1976 (Fortsetzungen 1981 und 1987)

Bibliographischer Informationsdienst der Deutschen Bücherei Leipzig. Bibliographie zur Literatur und Literaturwissenschaft der DDR. Von wechselnden Bearbeitern. Leipzig 1980–1990

Bock, Stephan: Bibliographie zur DDR-Literatur (1945–1978) unter besonderer Berücksichtigung der frühen DDR-Prosa (1949–1956) sowie der Traditionslinien, der Produktions- und Rezeptionsbedingungen. München 1980 (ca. 5500 Titel)

Buch, Günther: Namen und Daten wichtiger Personen der DDR. 3.Aufl. Berlin/ Bonn 1982

DDR: Wer war Wer? Hrsg. v. B.-R. Barth u. a. Elektron. Lexikon (Originalausg. f. Buchpublikation, s. unter Wer war Wer). Berlin 1994

DDR-Handbuch. Wissenschaftl. Leitung: H. Zimmermann. Hrsg. v. Bundesministerium für innerdeutsche Beziehungen. 2 Bde. 3. überarbeitete und erweiterte Aufl. Köln 1985

Deutschlandforschung in der Bundesrepublik Deutschland und Berlin (West). Hrsg. v. Gesamtdeutschen Institut. 2. ergänzte Aufl. Bonn 1981

Die Literatur der DDR seit dem VIII. Parteitag der SED. Eine bibliographische Information [...]. Deutsche Bücherei Leipzig 1973

Die Literatur der DDR. Bibliographie ihrer Entwicklung [1975–1979]. Deutsche Bücherei Leipzig 1980

Dissertationen und Habilitationen auf dem Gebiet der Deutschlandforschung 1969–1978. Hrsg. v. Gesamtdeutschen Institut. Bonn 1980

East Germany. Hrsg. v. I. Wallace. Oxford 1987 (= World Bibliographical Series Nr. 77)

Eckart, Frank/Grunenberg, Antonia: Eigenart und Eigensinn. Alternative Kulturszenen in der DDR 1980–1990. Mit einem Bestandskatalog der Forschungsstelle Osteuropa an der Universität Bremen. Bremen 1993

Frederiksen, Elke (Hrsg.): Women Writers of Germany, Austria, and Switzerland. An Annotated Bio-Bibliographical Guide. New York u.a. 1989

Giefert, Ingrid (Hrsg.): Dichtung unserer Zeit. Deutschsprachige Literatur nach 1945. Ein bio-bibliographisches Verzeichnis der Sekundärliteratur. 5 Bde. Stadt Neuss 1989 und 1990

Grimm, Gunter E./Max, Frank R. (Hrsg.): Deutsche Dichter. Leben und Werk deutschsprachiger Autoren. Bd. 8: Gegenwart. Stuttgart 1990

Handbuch zur deutsch-deutschen Wirklichkeit. Bundesrepublik Deutschland/ Deutsche Demokratische Republik im Vergleich. (Originalausg. 1983 u. d. Titel: Kulturpolitisches Wörterbuch. Bundesrepublik Deutschland/Deutsche Demokratische Republik im Kulturvergleich). Hrsg. v. W. R. Langenbucher u. a., 2.Aufl. Stuttgart 1988

Henkel, Jens/Russ, Sabine (Hrsg.): D 1980 D 1989 R. Künstlerbücher und originalgrafische Zeitschriften im Eigenverlag. Bibliographie. Gifkendorf 1991

Herbst, Andreas u.a. (Hrsg.): So funktionierte die DDR. Lexikon der Organisationen und Institutionen. Reinbek 1994

Hersch, Gisela: A Bibliography of German Studies 1945–1971. Germany under Allied Occupation. Federal Republic of Germany. German Democratic Republic. Bloomington/Indiana 1972

Jäger, Andrea: Schriftsteller aus der DDR. Ausbürgerungen und Übersiedlungen von 1961 bis 1989. Autorenlexikon. Frankfurt u.a. 1995

Jens, Walter (Hrsg.): Kindlers Neues Literaturlexikon. 20 Bde. München 1988 bis 1992 (Weltliteratur)

Killy, Walther (Hrsg.): Literaturlexikon. Autoren und Werke deutscher Sprache. 14 Bde. München 1988–1992 (Bd.13/14: Sachlexikon – Hauptbegriffe der deutschen Literaturgeschichte)

Kosch, Wilhelm (Begr.)/Rupp, Heinz/Lang, Carl Ludwig (Hrsg.): Deutsches Literatur-Lexikon. Biographisches und bibliographisches Handbuch. 14 Bde. 3. Aufl. Bern u.a. 1968–1991

Kritisches Lexikon zur deutschsprachigen Gegenwartsliteratur. Hrsg. v. H.L. Arnold. 9 Bde. München 1978ff. (wird fortgesetzt)

Kulturpolitisches Wörterbuch. Von M. Berger u.a. 2. erw. Aufl. Berlin (DDR) 1978

Kunisch, Hermann/Wiesner, Herbert/Cramer, Sybille (Hrsg.): Lexikon der deutschsprachigen Gegenwartsliteratur. 2. erweiterte und aktualisierte Aufl. München 1987

Lexikon deutschsprachiger Schriftsteller. 2 Bde. Leipzig 1972 (Nachdruck in 4 Bdn. Kronberg 1974)

Lexikon sozialistischer Literatur. Ihre Geschichte in Deutschland bis 1945. Hrsg. v. S. Barck u.a. Stuttgart 1994

Literatur in der DDR. Bibliographische Annalen 1945–1962. Bd.1: 1945–1954. Berlin (DDR) 1986

Literatur in der DDR. Bibliographische Annalen. Von H. Jacob u.a. Bd.1: 1945–1954. Bd.2: 1955–1962. Bd.3: Register. Berlin (DDR) 1986

Metzler–Autoren–Lexikon. Deutschsprachige Dichter und Schriftsteller vom Mittelalter bis zur Gegenwart. Hrsg. v. B. Lutz. 2. überarbeitete und erweiterte Aufl. Stuttgart 1994

Mitteldeutsches Kulturamt (Hrsg.): Autoren aus Ost- und Mitteldeutschland – 20. Jahrhundert. Bonn 1982

Moser, Dietz-Rüdiger (Hrsg.): Neues Handbuch der deutschen Gegenwartsliteratur seit 1945. München 1990 (begr.v. H. Kunisch, 1. Aufl. u.d. Titel: Handbuch der deutschen Gegenwartsliteratur, München 1965)

Munzinger, Ludwig (Hrsg.): Literaten. 250 deutschsprachige Schriftsteller der Gegenwart. Lebensläufe aus dem Internationalen Biographischen Institut. Ravensburg 1983

Munzinger-Archiv. Teil 1: Internationales Biographisches Archiv. Ravensburg 1966ff.

Romanführer A–Z. Hrsg. v. Kollektiv Literaturgeschichte. Leitung K. Böttcher. Band II/1 und II/2: Der deutsche Roman bis 1949. Romane der DDR. V. e. Autorenkollektiv. Leitung W. Spiewok. Berlin (DDR) 1974

Rytlewski, Ralf/Opp de Hipt, Manfred: Die DDR in Zahlen 1945/49–1980. Ein sozialgeschichtliches Arbeitsbuch. München 1987

SBZ von A–Z. Hrsg. v. Bundesministerium für Gesamtdeutsche Fragen. Bonn 1963

Schauspielführer A–Z. Von K.H. Berger u.a. 2 Bde. Berlin (DDR) 1986

Scheibe, Siegfried (Bearb.): Neue Deutsche Literatur. Berlin 1953–1962 (Jahrgang 1–10). Bibliographie einer Zeitschrift. Titelverzeichnis und Register. 2 Bde. München 1989

Schlosser, Horst Dieter: dtv-Atlas zur deutschen Literatur. Tafeln und Texte. 5. Aufl. München 1992
Schriftsteller der DDR. 2 Bde. Autorenkollektiv u.d. Leitung v. G. Albrecht. 2. Aufl. Leipzig 1975
Schriftsteller der DDR. Hrsg. v. K. Böttcher u.a. Leipzig 1974
Sperling, Walter: Landeskunde DDR. Eine annotierte Auswahlbibliographie. München 1978
Steinecke, Hartmut (Hrsg.): Deutsche Dichter des 20. Jahrhunderts. Berlin u.a. 1994
Theaterlexikon. Von C. Trilse, K. Hammer und R. Kabel. Berlin (DDR) 1977
Theater in der Deutschen Demokratischen Republik. 7 Bde. Dresden 1965–1974
Unsere Kultur. DDR-Zeittafel 1945–1987. Berlin (DDR) 1988
Vinz, Curt/Olzog, Günter (Hrsg.): Dokumentation deutschsprachiger Verlage. 11. Ausgabe München/Wien 1992
Wer war Wer in der DDR. Ein biographisches Handbuch. Hrsg. v. B.-R. Barth/Ch. Links/H. Müller-Enbergs/J. Wielgohs. Frankfurt/M. 1995
Wilpert, Gero von/Gühring, Adolf/Kieser, Harro: Erstausgaben deutscher Dichtung. Eine Bibliographie zur deutschen Literatur 1600–1990. 2. Aufl. Stuttgart 1992
Zentralinstitut für Bibliothekswesen (Hrsg.): Schriftsteller der DDR und ihre Werke. Biographisch-bibliographischer Nachweis. Leipzig 1955

2 Dokumentationen

a) zur Zeit bis 1989

Ahrends, Martin (Hrsg.): Mein Leben, Teil zwei. Ehemalige DDR-Bürger in der Bundesrepublik. Köln 1989
Apel, Hans: Ohne Begleiter. 287 Gespräche jenseits der Zonengrenze. Köln 1965
Arnold, Heinz Ludwig (Hrsg.): Die deutsche Literatur 1945–1960. 4 Bde. München 1995
Aufarbeitung von Geschichte und Folgen der SED-Diktatur in Deutschland. Materialien der Enquête-Kommission des Deutschen Bundestages. 18 Bde. Frankfurt 1995 [Kunst und Kultur in der DDR = 35./36. Sitzung]
Auskünfte. Werkstattgespräche mit DDR-Autoren. Hrsg. v. A. Löffler. Berlin/Weimar 1974
Auskünfte 2. Werkstattgespräche mit DDR-Autoren. Hrsg. v. I. Hähnel/S. Rönisch. Berlin/Weimar 1984
Barthélemy, Françoise/Winckler, Lutz (Hrsg.): Mein Deutschland findet sich auf keinem Atlas. Schriftsteller aus beiden deutschen Staaten über ihr nationales Selbstverständnis. Frankfurt 1990
Begrenzt glücklich. Kindheit in der DDR. Hrsg. v. W. Solms. Marburg/L. 1992
Berliner Begegnung zur Friedensförderung. Protokolle des Schriftstellertreffens am 13./14. Dezember 1981. Der vollständige Text aller Beiträge aus Ost und West. Darmstadt/Neuwied 1982
Biermann und kein Ende. Eine Dokumentation zur DDR-Kulturpolitik. Hrsg. v. D. Keller/M. Kirchner. Berlin 1991
Bloch, Peter André (Hrsg.): Gegenwartsliteratur. Mittel und Bedingungen ihrer Produktion. Eine Dokumentation. Bern/München 1975
Brokerhoff, Karl Heinz (Hrsg.): Wie sie uns sehen. Schriftsteller der DDR über die Bundesrepublik. Bonn/Bad Godesberg 1970
Burgmüller, Herbert (Hrsg.): Deutsches Wort in dieser Zeit. Ein Almanach des Deutschen PEN-Zentrums Ost und West. Berlin 1954

Deutscher Schriftstellerverband (Hrsg.): Menschen und Werke. Vom Wachsen und Werden des neuen Lebens in der DDR. Berlin (DDR) 1952

Deutsches PEN-Zentrum Ost und West (Hrsg.): ...aber die Welt ist verändert. Ein Almanach. Berlin 1959

Dokumente zur Deutschlandpolitik. Hrsg. v. Bundesministerium für innerdeutsche Beziehungen. Frankfurt 1966ff. (19 Bände)

Dokumente zur Kunst-, Literatur- und Kulturpolitik der SED, Bd.1: 1949–70. Hrsg. v. E. Schubbe. Stuttgart 1972. Bd.2.: 1971– 74. Hrsg. v. G. Rüß. Stuttgart 1976. Bd.3: 1975– 80. Hrsg. v. P. Lübbe. Stuttgart 1984

Ebeling, Susanne (Hrsg.): Literarische Ausstellungen 1949 bis 1985. Bundesrepublik Deutschland, Deutsche Demokratische Republik. Diskussion, Dokumentation, Bibliographie. München u.a. 1991

... einer neuen Zeit Beginn. Erinnerungen an die Anfänge der Kulturrevolution 1945–1949. Hrsg. v. Institut für Marxismus-Leninismus beim ZK der SED. Berlin (DDR) 1980

Eckart, Gabriele: So sehe ick die Sache. Protokolle aus der DDR. Leben im Havelländischen Obstanbaugebiet. Köln 1984

Eröffnungen. Schriftsteller über ihre Erstlingswerke. Hrsg. v. G. Schneider. Berlin/Weimar 1974

Faber, Elmar / Wurm, Carsten (Hrsg.): »Allein mit Lebensmittelkarten ist es nicht auszuhalten«. Autoren- und Verlegerbriefe 1945–1949 [des Aufbau-Verlags]. Berlin 1991

Faber, E. / Wurm, C. (Hrsg.): »...und leiser Jubel zöge ein«. Autoren- und Verlegerbriefe 1950–1959 [des Aufbau-Verlags]. Berlin 1992

Faber, E. / Wurm, C. (Hrsg.): »Das letzte Wort hat der Minister«. Autoren- und Verlegerbriefe 1960–1969 [des Aufbau-Verlags]. Berlin 1994

Fahndungen. 22 Autoren über sich selbst. Berlin (DDR) 1975

Gaus, Günter: Texte zur deutschen Frage. Mit den wichtigsten Dokumenten zum Verhältnis der beiden deutschen Staaten. Darmstadt/Neuwied 1981

Greif zur Feder, Kumpel. Protokoll der Autorenkonferenz des Mitteldeutschen Verlages Halle am 24. April 1959. Halle/S. 1959

Handbuch für schreibende Arbeiter. Hrsg. v. U. Steinhaußen u.a. Berlin (DDR) 1967

Herzberg, Wolfgang: So war es. Lebensgeschichten zwischen 1900 und 1980. Nach Tonbandprotokollen. Halle/Leipzig 1985

Hetman, Frederik: Enteignete Jahre. Junge Leute berichten von drüben. München 1961

Hoeft, Brigitte (Hrsg.): Der Prozeß gegen Walter Janka. Eine Dokumentation. Berlin 1990

Hoerning, Erika M.: Zwischen den Fronten. Berliner Grenzgänger und Grenzhändler 1948–1961. Köln u.a. 1992

Hornstein, Erika von: Die deutsche Not. Flüchtlinge berichten. Köln/Berlin 1960

Jetzt wohin? Deutsche Literatur im deutschen Exil. Gespräche und Texte. Hrsg. v. F. Goyke / A. Sinakowski. Berlin 1990

Junge Kunst – junge Künstler. Gespräche mit jungen Autoren u.a.m. = Weimarer Beiträge 25 (1979), H.7

Kahlschlag. Das 11. Plenum des ZK der SED 1965. Studien und Dokumente. Hrsg. v. G. Agde. Berlin 1991

Ketman, Per (Hrsg.): Geh doch rüber! Begegnungen von Menschen aus Ost und West. Darmstadt/Neuwied 1986

Kirsch, Sarah: Die Pantherfrau. Fünf unfrisierte Erzählungen aus dem Kassetten-Recorder. Berlin/Weimar 1973

Kleßmann, Christoph / Wagner, Georg (Hrsg.): Das gespaltene Land. Leben in Deutschland 1945 bis 1990. Texte und Dokumente zur Sozialgeschichte. München 1993

Kohn, Erwin (Hrsg.): In eigener Sache. Briefe von Künstlern und Schriftstellern. Halle/S. 1964

Kretzschmar, Ingeburg (Hrsg.): Literatur im Zeitalter der Wissenschaft [= Öffentliche Diskussion des Deutschen PEN-Zentrums Ost und West am 28.11.1959]. Berlin (DDR) 1960
Kritik in der Zeit. Literaturkritik der DDR 1945–1975. Hrsg. v. K. Jarmatz. 2. erweiterte Aufl. 2 Bde. Halle/Leipzig 1978
Kulturbund zur demokratischen Erneuerung (Hrsg.): Der Kampf gegen den Formalismus in Kunst und Literatur, für eine fortschrittliche deutsche Kultur. Materialien des 5. Plenums des ZK der SED. Berlin (DDR) 1951
Lange, I.M. [d.i. Hans Friedrich Lange]/Schreck, Joachim (Hrsg.): Des Sieges Gewißheit. Ein Volksbuch vom Aufbau der Deutschen Demokratischen Republik. Berlin (DDR) 1959
Lange, Marianne (Hrsg.): Zur sozialistischen Kulturrevolution 1957–1959. Dokumente. 2 Bde. Berlin (DDR) 1960
Literaturpolitik und Literaturkritik in der DDR. Eine Dokumentation. Hrsg. v. H. Fischbeck. Frankfurt u.a. 1976
Lukács, Georg/Becher, Johannes R./Wolf, Friedrich u.a.: Die Säuberung. Moskau 1936: Stenogramm einer geschlossenen Privatversammlung. Hrsg. v. R. Müller. Reinbek 1991
Marxismus und Literatur. Eine Dokumentation in 3 Bdn. Hrsg. v. F.J. Raddatz. Bd.3. Reinbek 1969
Meinetwegen Schmetterlinge. Gespräche mit Schriftstellern. Hrsg. v. J. Walther. Berlin (DDR) 1973
Menschen in diesem Land. Porträts. Hrsg. v. S. Albrecht u.a. Halle/S. 1974
Müller-Marein, Josef/Sommer, Theo (Hrsg.): Schriftsteller: Ja-Sager oder Nein-Sager? Das Hamburger Streitgespräch deutscher Autoren aus Ost und West. Hamburg 1961
Opposition in the GDR under Honecker, 1971–85. An Introduction and Documentation. Hrsg. v. R. Woods. Houndmills/Great Britain 1987
Ostow, Robin: Jüdisches Leben in der DDR. Frankfurt 1988
Paulick, Wolfgang (Hrsg.): Junge Schriftsteller der DDR in Selbstvorstellungen. Leipzig 1965
Plat, Wolfgang: Begegnung mit den anderen Deutschen. Gespräche in der Deutschen Demokratischen Republik. Reinbek 1969
Plato, Alexander von/Meinicke, Wolfgang: Alte Heimat – neue Zeit. Flüchtlinge, Umgesiedelte, Vertriebene in der Sowjetischen Besatzungszone und in der DDR. Berlin 1991
Protokoll eines Tribunals. Die Ausschlüsse aus dem DDR-Schriftstellerverband 1979. Hrsg. v. J. Walther u.a. Reinbek 1991
Reiher, Ruth (Hrsg.): Mit sozialistischen und anderen Grüßen. Porträt einer untergegangenen Republik in Alltagstexten. Berlin 1995
Reso, Martin (Hrsg.): Der geteilte Himmel und seine Kritiker. Halle/S. 1965
Richter, Hans Werner (Hrsg.): Bestandaufnahme. Eine deutsche Bilanz 1962. Sechsunddreißig Beiträge deutscher Wissenschaftler, Schriftsteller und Publizisten. München u.a. 1962
Röhl, Hannelore (Hrsg.): Ansichtssache. Schriftsteller und Künstler im Gespräch. Halle/Leipzig 1988
Sauzay, Brigitte u.a. (Hrsg.): Vom Vergessen, vom Gedenken. Erinnerungen und Erwartungen in Europa zum 8. Mai 1945. Göttingen 1995
Schriftsteller DDR/BRD geben zu Protokoll. Alternative. Zeitschrift für Literatur und Diskussion 20 (1977), H.113
Schriftstellerkongresse:
– 1. (gesamtdeutscher) Schriftstellerkongreß 1947. Vgl. W. Wende-Hohenberger. Frankfurt 1988 (s. unter 9.a)
– 2. Schriftstellerkongreß 1950: nicht dokumentiert

– 3./4./5./6. Deutscher Schriftstellerkongreß (Referate und Diskussionsbeiträge). Hrsg. v. Deutschen Schriftstellerverband. Berlin (DDR) 1952/1956/1961/1969
– 7./8./9./10. Schriftstellerkongreß der DDR (Referate und Diskussionsbeiträge). Hrsg. v. Schriftstellerverband der DDR. Berlin/Weimar 1974/1979/1984/1988
Schröder, Jürgen (Hrsg.): Die Stunde Null in der deutschen Literatur. Stuttgart 1995
Spittmann, Ilse/Helwig,Gisela (Hrsg.): DDR-Lesebuch 1. Von der SBZ zur DDR 1945–1949. Köln 1989
Spittmann, Ilse/Helwig, Gisela (Hrsg.): DDR-Lesebuch 2. Stalinisierung 1949 bis 1955. Köln 1990
Stalins DDR. Berichte politisch Verfolgter. Hrsg. v. R. Knechtel/J. Fiedler. Leipzig 1991
Um die Erneuerung der deutschen Kultur. Dokumente zur Kulturpolitik 1945 bis 1949. Hrsg. vom Institut für Marxismus-Leninismus beim ZK der SED. Berlin (DDR) 1983
Vaterland, Muttersprache. Deutsche Schriftsteller und ihr Staat von 1945 bis heute. Ein Nachlesebuch für die Oberstufe. Zusammengestellt von K. Wagenbach u.a. Berlin (West) 1979. Erweiterte Ausgabe mit dem Untertitel Deutsche Schriftsteller und ihr Staat seit 1945. Offene Briefe, Reden, Aufsätze, Gedichte, Manifeste, Polemiken. Berlin 1994
Wander, Maxie: Guten Morgen, du Schöne. Protokolle nach Tonband. Berlin (DDR) 1977
Weber, Hermann (Hrsg.): DDR. Dokumente zur Geschichte der DDR 1945–1985. München 1986
Weidenfeld, Werner (Hrsg.): Deutschland. Eine Nation – doppelte Geschichte. Materialien zum deutschen Selbstverständnis. Köln 1992
Weidenfeld, Werner (Hrsg.): Geschichtsbewußtsein der Deutschen. Materialien zur Spurensuche einer Nation. 2. Aufl. Köln 1989
Wilke, Manfred/Hertle, Hans-Hermann: Das Genossen-Kartell. Die SED und die IG Druck und Papier/IG Medien. Dokumente. Frankfurt 1992
Ziermann, Horst (Hrsg.): Die Polemik um die deutsche Gegenwartsliteratur. Eine Dokumentation. Frankfurt/M. 1966
Zipser, Richard A.: DDR-Literatur im Tauwetter. Bd.I/II: Wandel–Wunsch–Wirklichkeit. Bd. III: Stellungnahmen. New York/Frankfurt 1985
Zur Tradition der deutschen sozialistischen Literatur. Eine Auswahl von Dokumenten. Bd.3 (1941–1949). Bd.4 (Kommentare). Hrsg. v.d. Akademie der Künste der DDR. Sektion Literatur und Sprachpflege. Abtlg. Geschichte der sozialistischen Literatur. Berlin/Weimar 1979
Zweite Bitterfelder Konferenz: Protokoll der [...] am 24. und 25. April in Bitterfeld abgehaltenen Konferenz. Berlin (DDR) 1964

b) zu den Wendejahren

Angepaßt oder mündig? Briefe an Christa Wolf im Herbst 1989. Hrsg. v. P. Gruner. Berlin 1990
Aufarbeitung von Geschichte und Folgen der SED-Diktatur (s. unter 2.a)
Aufbruch in eine andere DDR. Reformer und Oppositionelle zur Zukunft ihres Landes. Hrsg. v. H. Knabe. Reinbek 1989
Biermann und kein Ende. Eine Dokumentation zur DDR-Kulturpolitik. Hrsg. v. D. Keller/M. Kirchner. Berlin 1991
Deutsche Lebensläufe. Gespräche. Hrsg. v. M. Engelhardt. Berlin 1991
Die deutsche Vereinigung. Dokumente zu Bürgerbewegung, Annäherung und Beitritt. Hrsg. v. V. Gransow/K.H. Jarausch. Köln 1991
Die Geschichte ist offen. DDR 1990: Hoffnung auf eine neue Republik. Schriftsteller aus der DDR über die Zukunft ihres Landes. Hrsg. v. M. Naumann. Reinbek 1990

Gespräche zur Selbstaufklärung '92. Dokumentation [...]. Hrsg. v. Deutschen PEN-Zentrum (Ost). Berlin 1993
Gute Nacht, du Schöne. Autorinnen [der DDR] blicken zurück. Hrsg. v. A. Mudry. Frankfurt 1991
Helwig, Gisela (Hrsg.): Die letzten Jahre der DDR. Texte zum Alltagsleben. Köln 1990
Klein, Olaf Georg: Plötzlich war alles ganz anders. Deutsche Lebenswege im Umbruch. Köln 1994
Krause, Markus/Speicher, Stephan (Hrsg.): Absichten und Einsichten. Texte zum Selbstverständnis zeitgenössischer Autoren. Stuttgart 1990
Labroisse, Gerd/Wallace, Ian (Hrsg.): DDR-Schriftsteller sprechen in der Zeit. Eine Dokumentation. Amsterdam/Atlanta 1991
Lindner, Bernd (Hrsg.): Zum Herbst '89. Demokratische Bewegung in der DDR. Begleitbuch zur Ausstellung. Leipzig 1994
Menge, Marlies: »Ohne uns läuft nichts mehr«. Die Revolution in der DDR. Stuttgart 1990
Nichts wird mehr so sein, wie es war. Zur Zukunft der beiden deutschen Republiken. Hrsg. v. F. Blohm/W. Herzberg. Frankfurt 1990
Oktober 1989. Texte. = Temperamente 1990, H.1
Der springende Spiegel. Begegnungen mit Frauen zwischen Oder und Elbe. Hrsg. v. K. Margolis. Frankfurt 1991
Über Deutschland. Schriftsteller geben Auskunft. Hrsg. v. T. Rietzschel. Leipzig 1993
Umweltreport DDR. Bilanz der Zerstörung – Kosten der Sanierung – Strategien für den ökologischen Umbau. Von U. Petschow u.a. Frankfurt 1990
»Wir sind das Volk!« Flugschriften, Aufrufe und Texte einer deutschen Revolution. Hrsg. v. C. Schüddekopf. Reinbek 1990
Wir treten aus unseren Rollen heraus. Dokumente des Aufbruchs Herbst '89. Zusammengestellt v. Angela Kuberski. Hrsg. v. Zentrum für Theaterdokumentation und -information beim Verband der Theaterschaffenden und dem Brecht-Zentrum der DDR. Berlin (DDR) 1990
Zusammen-wachsen. Gespräche aus einer Wende 1990–1992. Hrsg. v. U. Herold/F. Schorlemmer. Berlin 1992

3 Zeitschriften und Reihen

a) aus der DDR

Aufbau. Kulturpolitische Monatsschrift mit literarischen Beiträgen. Hrsg. v. Kulturbund zur demokratischen Erneuerung Deutschlands. Berlin 1 (1945) – 14 (1958)
Auswahl '82 [ff.]. Neue Lyrik. Neue Namen. Berlin 1982 [ff.]
DDR-Literatur im Gespräch. 6 Jahrgangsbände 1984 bis 1989. Hrsg. v. S. Rönisch. Berlin/Weimar 1985–1990
Die Weltbühne. Wochenschrift für Politik – Kunst – Wissenschaft. Berlin 1 (1946) ff.
Forum. Organ des Zentralrats der FDJ. Zeitung für geistige Probleme der Jugend. Berlin 1966–83.
Kopfbahnhof. Reclam Almanach. Leipzig 1 (1990) bis 5 (1992)
Kritik. Rezensionen zur DDR-Literatur. Hrsg. v. E. Günther/W. Liersch. Halle/Leipzig 1976–1989
Neue Deutsche Literatur. Hrsg. v. [Deutschen] Schriftstellerverband [der DDR] – Berlin 1 (1953) ff.
Neue Texte. Ein Almanach des Aufbau-Verlages. Berlin 1962–1968

Ost-West. Beiträge zu politischen und kulturellen Fragen der Zeit. Hrsg. v. A. Kantorowicz. Berlin 1 (ab Juli 1947) – 3 (bis Dezember 1949). Nachdruck Königstein/Ts. 1980

Poesiealbum. Hrsg. v. B. Jentzsch (1967–1976) und R. Pietraß (1977–1990).

Positionen. Wortmeldungen zur DDR-Literatur. Hrsg. v. E. Günther/H. Einhorn. Halle/Leipzig 1 (1984) – 5 (1989)

Sinn und Form. Beiträge zur Literatur. Hrsg. v. der [Deutschen] Akademie der Künste [der DDR]. Potsdam (ab 1951 Berlin) 1 (1949) ff.

Sonntag. Die kulturpolitische Wochenzeitung. Hrsg. v. Kulturbund zur demokratischen Erneuerung Deutschlands. Berlin 1 (1946) – 45 (1990)

Temperamente. Blätter für junge Literatur. Berlin 1 (1976) – 14 (1989)

Theater der Zeit. Blätter für Bühne, Film und Musik (ab 1968: Organ des Verbandes der Theaterschaffenden der DDR). Berlin 1 (1946) ff.

Weimarer Beiträge. Zeitschrift für Literaturwissenschaft (ab 1970: Zeitschrift für Literaturwissenschaft, Ästhetik und Kulturtheorie). Berlin/Weimar (ab 1992 Wien) 1 (1955) ff.

Zeitschrift für Germanistik. Hrsg. v. der Humboldt-Universität zu Berlin. Berlin 1 (1979) – 16 (1994). Neue Folge 1 (1995) ff.

Genauere Angaben zu den älteren Zeitschriften bei Janet K. King: Literarische Zeitschriften 1945–1970. Stuttgart 1974, S.77–88

b) aus westlichen Ländern

Alternative. Zeitschrift für Literatur und Diskussion. Hrsg. v. H. Brenner. 1 (1958) – 25 (1982) (vgl. vor allem die Hefte 33/34, 35, 38/39, 100, 110/111, 113, 145/146)

Argonautenschiff. Jahrbuch der Anna-Seghers-Gesellschaft. Berlin/Mainz 1 (1992) ff.

Aus Politik und Zeitgeschichte. Beilage zur Wochenzeitung Das Parlament. Bonn 1 (1951) ff.

Basis. Jahrbuch für deutsche Gegenwartsliteratur. Hrsg. v. R. Grimm/J. Hermand. 1 (1971) – 10 (1980)

Connaissance de la RDA. Hrsg. v. der Universität Paris VIII (Vincennes). Paris. 1 (1976) – 15 (1990)

DDR Report. Referatezeitschrift zur politischen Bildung in der Bundesrepublik Deutschland (Zeitschriften und Bücher der DDR). Bonn. 1 (1968) – 21 (1988)

Deutsche Bücher. Referatorgan deutschsprachiger Neuerscheinungen [mit Gesprächen mit DDR-Autoren seit H.2/1976]. Hrsg. v. F. van Ingen u.a. Amsterdam 1971 ff.

Deutsche Literatur. Ein Jahresüberblick. Hrsg. v. V. Hage u.a. wechselnden Herausgebern. Stuttgart 1981 ff.

Deutsche Studien. Vierteljahreshefte für vergleichende Gegenwartskunde. Hamburg 1 (1963) ff.

Deutschland Archiv. Zeitschrift für Fragen der DDR und der Deutschlandpolitik. Köln 1 (1968) ff.

GDR Bulletin. Newsletter for Literature and Culture in the German Democratic Republic. Dept. of Germanic Languages and Literatures. Washington University. St. Louis/Missouri 1 (1975)ff.

GDR Monitor. Hrsg. v. I. Wallace. Dundee, ab 1984 Loughborough/Great Britain. 1 (1979) ff. (ab 1991 German Monitor)

Jahrbuch der Lyrik. Hrsg. v. C. Buchwald u.a. Darmstadt/Neuwied 1984–1989; Frankfurt 1990–1992. Fortsetzung im C.H. Beck Verlag. München 1995ff.

Jahrbuch für Lyrik. Hrsg. v. K.O. Conrady. Königstein/Ts. 1 (1979) – 3 (1981)

Jahrbuch zur Literatur in der DDR. Hrsg. v. P. G. Klussmann/H. Mohr. Bonn 1 (1980) – 8 (1992)

Jahrbuch für Literatur und Politik in Deutschland. Hrsg. v. F. Meyer-Gosau/W. Emmerich. Leipzig 1 (1994); Göttingen 2 (1995)ff.

New German Critique. An Interdisciplinary Journal of German Studies. Hrsg. v. D. Bathrick u.a. Milwaukee/Wisconsin, ab 1985 New York/N.Y. 1 (1973)ff. (vgl. u.a. Nr. 2/1974: Special Issue on the German Democratic Republic, und Nr. 52/1991: Special Issue on German Unification)

Studies in GDR Culture and Society. Selected Papers from the New Hampshire Symposiums on the German Democratic Republic. Hrsg. v. M. Gerber u.a. Lanham/New York/London 1 (1981) ff.

Tagungen zum Stand der DDR-Forschung in der Bundesrepublik Deutschland. Hrsg. v.d. Edition Deutschland Archiv. Köln 1981–90

Text + Kritik. Zeitschrift für Literatur. Hrsg. v. H.L. Arnold. 1964 ff. (Hefte zu einzelnen Autoren und Problemen)

Tintenfisch. Jahrbuch für Literatur. Hrsg. v. M. Krüger/K. Wagenbach. Berlin (West) 1 (1968) – 26 (1987)

4 Anthologien

a) zur Zeit bis 1989

Albrecht, Sylvia/Jendryschik, Manfred (Hrsg.): Menschen in diesem Land. Porträts. Halle/S. 1974

Alfons auf dem Dach u. a. Geschichten. Hrsg. v. M. Jendryschik. Halle/Leipzig 1982

Anderle, Hans Peter: Mitteldeutsche Erzähler. Eine Studie mit Proben und Porträts. Köln 1965

Angst vor der Liebe und andere Geschichten über Frauen. Hrsg. v. M. Borst. Halle/Leipzig 1984

Anthologie 56. Gedichte aus Ost und West. Hrsg. v. J. Gerlach. Berlin (DDR)

Antworten. Eine Sammlung: Lyrik, Prosa, Texte. Hrsg. v. G. K. Zschorsch. Berlin (West) 1979

Arnold, Heinz Ludwig (Hrsg.): Die deutsche Literatur 1945–1960. 4 Bde. München 1995

Arnold, Heinz Ludwig (Hrsg.): Deutsche über die Deutschen. Auch ein deutsches Lesebuch. München 1972

Auf du und du. Neuigkeiten vom Alltag. Hrsg. v. U. Braeter und M. Reso. Halle/Leipzig 1986

Auskunft. Neue Prosa aus der DDR. Hrsg. v. S. Heym. München/Gütersloh Wien 1974 (Nachdruck Reinbek 1977)

Auskunft 2. Neueste Prosa aus der DDR. Hrsg. v. S. Heym. München 1978

Aussichten. Junge Lyriker des deutschen Sprachraums. Vorgestellt von P. Hamm. München 1966

Auswahl 63 (ff.). Neue Lyrik – Neue Namen. Berlin 1963ff. Von 1966–1976 Hrsg. v. B. Jentzsch

Bauernmarkt. Dorfgeschichten einmal anders. Halle/Leipzig 1987

Begegnung. Anthologie neuer Erzähler. Hrsg. v. J. Schmidt. Rostock 1969

Bekanntschaft mit uns selbst. Gedichte junger Menschen. Halle/S. 1961

Bekanntschaften. Eine Anthologie. Hrsg. v. A. Uszkoreit. Berlin/Weimar

Berlin, du deutsche deutsche Frau. Eine literarische Chronik der geteilten Stadt mit Texten und Bildern von Autoren aus Ost und West. Hrsg. v.I. Krüger/E. Schmitz. Darmstadt/Neuwied 1985

Berührung ist nur eine Randerscheinung. Neue Literatur aus der DDR. Hrsg. v. S. Anderson/E. Erb. Köln 1985

Bitterfisch. Jugend in der DDR. Hrsg. v. H. Heidtmann. Baden-Baden 1982
Blitz aus heiterm Himmel. Hrsg. v. E. Anderson. Rostock 1975
Brennesselsuppe und Hiatiti. Erzählte Kindheit. Hrsg. v. J. Walther. Berlin (DDR) 1983
Brücken des Lebens. Hrsg. v. H. Czechowski. Halle/S. 1969 [Gedichte]
Das letzte Mahl mit der Geliebten. Gedichte. Hrsg. v. R. Kirsch/M. Wolter. Berlin (DDR) 1975
DDR-konkret. Geschichten und Berichte aus einem real existierenden Land. Hrsg. v. T. Auerbach. Berlin (West) 1978
Der Holzwurm und der König. Märchenhaftes und Wundersames für Erwachsene. Hrsg. v. M. Borst. Halle/Leipzig 1984
Der neue Zwiebelmarkt. [Satirische] Gedichte. Hrsg. v. W. Sellin/M. Wolter. Berlin (DDR) 1988
Deubener Blätter. Arbeitsmaterialien des Zirkels schreibender Arbeiter BKW »Erich Weinert« Deuben. Halle/S. 1961 (Fortsetzungen 1964 und 1966)
Deutsch in einem anderen Land. Die DDR (1949–1990) in Gedichten. Hrsg. v. R. Mangel u.a. Berlin 1990
Deutsche Dichtung in Epochen. Ein literaturgeschichtliches Lesebuch für den Deutschunterricht auf der Oberstufe. Hrsg. v. W. Kißling. Stuttgart 1988 (S. 687 bis 750: DDR)
Deutsche Stimmen 1956. Neue Lyrik und Prosa aus Ost und West. Hrsg. v. M. Brunns. Stuttgart u.a. 1956
Deutschland, Deutschland. 47 Schriftsteller aus der BRD und der DDR schreiben über ihr Land. Hrsg. v. J. Jung. Salzburg/Wien 1979
Die eigene Stimme. Lyrik der DDR. Hrsg. v. U. Heukenkamp/H. Kahlau/W. Kirsten. Berlin/Weimar 1988
Die ersten Schritte. Frühe DDR-Dramatik. Hrsg. v. H. Kahn. Halle/Leipzig 1985
Die Heiratsschwindlerin. Erzählerinnen der DDR. Hrsg. v. I. Krüger. Darmstadt/Neuwied 1983
Die Rettung des Saragossa-Meeres. Hrsg. v. J. Walther/M. Wolter. Berlin (DDR) 1976
Die Schublade. Texte aus erster Hand. Almanach. Hrsg. v. M. Duty u.a. Halle/Leipzig 1983
Die Tarnkappe. Hrsg. v. S. Schnitzler/M. Walter. Berlin (DDR) 1978
Die Übergangsgesellschaft. Stücke der achtziger Jahre aus der DDR. Hrsg. v. P. Reichel. Leipzig 1989
Die Verbesserung der Menschen. Märchen von [...] Autoren aus der DDR. Hrsg. v. H. Heidtmann. Darmstadt/Neuwied 1982
Die Wärme die Kälte des Körpers des anderen. Liebesgedichte. Hrsg. v. K. Drawert. Berlin/Weimar 1988
Die Wunde namens Deutschland. Ein Lesebuch zur deutschen Teilung. Hrsg. v. H. Walwei-Wiegelmann. Heidelberg 1981
Die zweite Beschreibung meiner Freunde. DDR-Prosa der 70er und 80er Jahre. Hrsg. v. H. Bartusch/U. Scheffler. Halle/Leipzig 1989
Dimension. Spesial Issue on the GDR. Hrsg. v. G. Kunert. Austin/Texas 1973
Don Juan überm Sund. Liebesgedichte. Hrsg. v. W. Trampe/W. Kirsten. Berlin/Weimar 1975
dünne haut. Tagebücher von Frauen aus der DDR. Hrsg. v. E. Rüdenauer. Halle/Leipzig 1987
Ein Molotow-Cocktail auf fremder Bettkante. Lyrik der siebziger/achtziger Jahre von Dichtern aus der DDR. Hrsg. v. P. Geist. Leipzig 1991
einst war ich fänger im schnee. Neue Texte und Bilder aus der DDR. Hrsg. v. L. Rathenow. Berlin (West) 1984
Entdeckungen. Eine Anthologie mit Werken schreibender Arbeiter. Hrsg. v. J. Bonk/H. Thomas. Leipzig 1968

Erste Ernte. Gedichte, Kurzgeschichten und Erzählungen junger Autoren unserer Republik. Berlin (DDR) 1953
Erzähler der DDR. Erfahrungen. Hrsg. v. H. Korall/W. Liersch. Halle/S. 1969
Erzähler aus der DDR. Hrsg. v. K. Franke/W. R. Langenbucher. Tübingen/Basel 1973
Fahrt mit der S-Bahn. Erzähler der DDR. Hrsg. v. L.-W. Wolff. München 1971
Fluchtfreuden Bierdurst. Letzte Gedichte aus der DDR. Hrsg. v. D. Oehme. Berlin 1990
Frauen in der DDR. 20 Erzählungen. Hrsg. v.L.-W. Wolff. München 1976
Fünfzig Erzähler der DDR. Hrsg. v. R. Christ/M. Wolter. Berlin/Weimar 1974
Fünfundsiebzig Erzähler der DDR. Berlin/Weimar 1981 (= erweiterte Ausgabe von Fünfzig Erzähler [...] unter Auslassung von B. Jentzsch und S. Kirsch)
Geschichten aus der DDR. Hrsg. v. H.-J. Schmitt. Hamburg 1979
Geschichten aus der Geschichte der DDR. Hrsg. v. M. Behn, Darmstadt/ Neuwied 1981
Geschichten ohne Ende. Reportagen – Porträts – Interviews. Von J. Arnold u.a. Halle/S. 1971
Gespräch hinterm Haus. Neue Prosa aus der DDR. Hrsg. v. K. Franke. Berlin (West) 1981
Goethe eines Nachmittags. Porträtgedichte. Eine Anthologie. Hrsg. v. U. Berkes/ W. Trampe. Berlin/Weimar 1979
Greif zur Feder, Kumpel! Gedichte von Laienautoren. Leipzig 1959
Ich bin doch wer. Arbeiter und Arbeiterinnen des VEB Berliner Glühlampenwerk erzählen ihr Leben 1900–1980. Protokolle aus der DDR. Hrsg. v. W. Herzberg. Darmstadt/Neuwied 1987
Ich komm von weit. Jugend und Geschichte in der DDR-Lyrik. Hrsg. v. M. Dau. Berlin (DDR)1987
Ich nenn euch mein Problem. Gedichte der Nachgeborenen. 46 junge, in der DDR lebende Poeten der Jahrgänge 1945–1954. Hrsg. v. B. Jentzsch. Berlin (DDR) 1971
Ich sah aus Deutschlands Asche keinen Phönix steigen. Rückkehr und Hoffnung in poetischen Zeugnissen. Hrsg. v. B. Jentzsch. München 1979
Ich schreibe ... Arbeiter greifen zur Feder. 2 Bde. Berlin/Halle 1960/61
Im Kreislauf der Windeln. Frauenprosa aus der DDR. Hrsg. v. H. Heidtmann. Weinheim 1982
In Deutschland unterwegs. Reportagen, Skizzen, Berichte 1945–1948. Hrsg. v. K.R. Scherpe. Stuttgart 1982
In diesem besseren Land. Gedichte der DDR seit 1945. Hrsg. v. A. Endler und K. Mickel. Halle/S. 1966
James Dean lernt kochen. Männer in der DDR (Protokolle). Hrsg. v. C. Müller. Darmstadt/Neuwied 1986
Jetzt. Geschichten vom Alltag. Hrsg. v. G. Rothbauer. Leipzig 1986
Kein Wort von Einsamkeit. Hörspiele. Hrsg. v. C. Vetter, Berlin (DDR) 1986
Kleines Hörspielbuch. Hrsg. v. G. Rentzsch. Berlin (DDR) 1960
komm lies geh sprich. gedichte im dialog. Hrsg. v. D. von Törne. Berlin (DDR) 1989
Kommen wir zur Tagesordnung. Literarische Reportagen aus der DDR. Hrsg. v. I. Krüger. Darmstadt/Neuwied 1985
Körnchen Gold. Eine Anthologie schreibender Arbeiter. Berlin (DDR) 1969
Landschaft unserer Liebe. Gedichte aus der DDR. Hrsg. v. H. J. Schubert. Halle/S. 1974
Landsleute. DDR-Schriftsteller erzählen. Hrsg. v. Schriftstellerverband der DDR. Berlin (DDR) 1989
Lebensmitte. Geschichten von 31 Autoren. Hrsg. v. J. Laabs/M. Wolter. Halle/ Leipzig 1987 (Darmstadt 1988)

Lesebuch. Deutsche Literatur der sechziger Jahre. Hrsg. v. K. Wagenbach. Berlin (West) 1968. Veränderte und erweiterte Ausgabe 1972
Lesebuch. Deutsche Literatur zwischen 1945 und 1959. Hrsg. v. K. Wagenbach. Berlin (West) 1980;
Liebesgedichte. Hrsg. v. G. Steineckert. Berlin (DDR) 1962
Literatur im Widerspruch. Gedichte und Prosa aus 40 Jahren DDR. Hrsg. v. J.-R. Groth. Köln 1993
Lyrik aus der DDR. Hrsg. v. G. Laschen. Zürich/Köln 1973
Lyrik der DDR. Zusammengestellt von U. Berger/G. Deicke. Berlin/Weimar. 5. überarbeitete und erweiterte Aufl. 1979
Männerprotokolle. Hrsg. v. C. Müller. Berlin (DDR) 1985
Manuskripte. Almanach neuer Prosa und Lyrik. Hrsg. v. J. Ret u.a. Halle/S. 1969
Mauersprünge. Besondere Berliner Verkehrsformen. Hrsg. v. U. Jaeggi. Reinbek 1988
Mein ganzes schönes Sanssouci. Geschichten von uns. Eine Anthologie. Berlin/Weimar 1986
Mein Ort. Erinnerungen – Entdeckungen – Sehnsüchte. Hrsg. v. W. Nowojski. Berlin (DDR) 1989
Mikado oder der Kaiser ist nackt. Selbstverlegte Literatur in der DDR. Hrsg. v. U. Kolbe u.a. Frankfurt 1988
Mut zur Angst. Schriftsteller für den Frieden. Hrsg. v. I. Krüger. Darmstadt/Neuwied 1982
Nachrichten aus Deutschland. Lyrik, Prosa, Dramatik. Eine Anthologie der neuen DDR-Literatur. Hrsg. v. H. Brenner. Reinbek 1967
Neue DDR-Dramatik [J. Groß, A. Wendt, J.-M. Koerbl. G. Seidel]. Berlin (DDR) 1981
Neue Erzähler der DDR. Hrsg. v. D. u. H.-J. Schmitt. Frankfurt 1975
Neue Stücke. Autoren der DDR. Berlin (DDR) 1971
Neunzehn Erzähler der DDR. Hrsg. v. H.-J. Schmitt. Frankfurt 1971
Ohne Visum. Lyrik, Prosa, Essays aus dem Osten geflohener Autoren. Hrsg. v. P. Jokostra. Gütersloh 1964
Olympische Spiele. Gedichte. Hrsg. v. R. Kirsch/M. Wolter. Berlin (DDR) 1972
Partnerschaften. Wandel in der Liebe. [Erzz.] Hrsg. v. M. Borst. Halle/Leipzig 1988
Plädoyer für die Verantwortung. Technologie und Humanismus heute. Protokoll einer Diskussion. Hrsg. v. d. Akademie der Künste der DDR. Halle/Leipzig 1988
Reise durch die Gegenwart. Ein Lesebuch der Collection S. Fischer. Hrsg. v. T. Beckermann. Frankfurt 1987
Sagen wird man über unsere Tage. Hrsg. v. G. Wolf/K. Marschke. Halle/S. 1959
Saison für Lyrik. Neue Gedichte von 17 Autoren. Berlin/ Weimar 1968
Schneider, Rolf (Hrsg.): Literatur, die nach der Seghers kam. Neue Lyrik und Prosa aus der DDR. Wien u.a. 1980
Selbmann, Fritz (Hrsg.): DDR-Porträts. Eine Anthologie. Frankfurt 1974
Sonnenpferde und Astronauten. Hrsg. v. G. Wolf. Halle/S. 1964
Sozialistische Dramatik. Autoren der DDR. Berlin (DDR) 1968
Sprache & Antwort. Stimmen und Texte einer anderen Literatur aus der DDR. Hrsg. v. E. Hesse. Frankfurt 1988
Städte und Stationen in der DDR. Hrsg. v. E. Schmidt. Frankfurt 1970
Theatertexte. Almanach der neuen DDR-Dramatik. Hrsg. v. P. Reichel. 2 Bde. Berlin (DDR) 1989/90
Veränderte Landschaft. Hrsg. v. W. Kirsten. Leipzig 1979
Vietnam in dieser Stunde. Künstlerische Dokumentation. Hrsg. v. W. Bräunig. Halle/S. 1968
Visuelle Prosa in/aus der DDR. Eine Anthologie. Hrsg. v. U. Warnke. Siegen 1990
Vogelbühne. Gedichte im Dialog. Hrsg. v. D. von Törne. Berlin (DDR) 1982

Voigtländer, Annie (Hrsg.): Liebes- und andere Erzählungen. Schriftsteller über Schriftsteller. Berlin (DDR) 1972
Voranmeldung. Hrsg. v. G. Noglik. Halle/S. 1968
Was zählt, ist die Wahrheit. Briefe von Schriftstellern der DDR. Hrsg. v. W. Liersch. Halle/S. 1975
Wenn wir den Königen schreiben. Lyrikerinnen aus der DDR. Hrsg. v. J. Rosenkranz. Darmstadt 1988
Windvogelviereck. Schriftsteller über Wissenschaften und Wissenschaftler. Hrsg. v. J. Erpenbeck. Berlin (DDR) 1987
Wir lieben das Leben. Anthologie neuer deutscher Lyrik. Weimar 1953
Wir, unsere Zeit. Gedichte aus zehn Jahren. Hrsg. v. G. und C. Wolf. Berlin (DDR) 1959
Wochentage. 13 Geschichten. Berlin/Weimar 1973
Zeitgenossen. DDR-Schriftsteller erzählen. Hrsg. v. W. Nowojski. Berlin (DDR) 1986
Zeitreisen. Utopische Erzählungen. Hrsg. v. G. Zschocke. Halle/Leipzig 1986

b) zu den Wendejahren

Abriß der Ariadnefabrik. Hrsg. v. A. Koziol/R. Schedlinski. Berlin 1990
Alles für das Volk – das Beste für uns! Witze aus der DDR. Hrsg. v. C. Mahn/L. Otto. Leipzig 1994
Anderssein. Von Jesus bis Janka. Hrsg. v. G. Stoerk/M. Wolter. Berlin (DDR) 1990
Atlas der neuen Poesie. Hrsg. v. J. Sartorius. Reinbek 1995
Das bleibt. Deutsche Gedichte 1945–1995. Hrsg. v. J. Drews. Leipzig 1995
Deutsch in einem anderen Land. Die DDR (1949–1990) in Gedichten. Hrsg. v. R. Mangel u.a. Berlin 1990
Deutschdeutsch. Materialien gegen ein Volk. Das Anschluß-Lesebuch. Hrsg. v. H. Jacobi. München 1990
Die alte Lust sich aufzubäumen. Lesebuch. Hrsg. v. B. Jentzsch. Leipzig 1992
Die sanfte Revolution. Prosa, Lyrik, Protokolle, Erlebnisberichte, Reden. Hrsg. v. S. Heym / W. Heiduczek Leipzig 1990
Die Sonntagsgeschichte oder Alles fängt doch erst an. Eine Dokumentation [von 1990 bis 1994 im Neuen Deutschland erschienenen Geschichten ost- und westdeutscher Schriftsteller]. Hrsg. v. K.-H. Jakobs/J.P. Tammen. = die horen 174 (1994)
Die Zeit danach. Neue deutsche Literatur. Hrsg. v. H. Malchow/H. Winkels. Köln 1991
Doppeldecker. Texte und Grafik aus ganz Berlin. Hrsg. v. H. Schwenger. Berlin 1990
Feindschaft. Neue deutsche Literatur. Hrsg. v. H. Malchow/H. Winkels. Köln 1990
Flechtwerk. Berliner Literatur nach 1989. Texte Rezensionen Essays. Redaktion M. Gienke u.a. Berlin 1995
Grenzfallgedichte. Hrsg. v. A. Chiarloni/H. Pankoke. Berlin 1991
Grenzgeschichten. Berichte aus dem deutschen Niemandsland. Hrsg. v. S. Conradt u.a. Frankfurt 1990
Kristallisationen. Deutsche Gedichte der achtziger Jahre. Stuttgart 1992
Neue Generation – Neues Erzählen. Deutsche Prosa-Literatur der achtziger Jahre. Hrsg. v. W. Delabar u.a. Opladen 1993
Schöne Aussichten. Neue Prosa aus der DDR. Hrsg. v. C. Döring/H. Steinert. Frankfurt 1989
Spiegelbilder. Was Ost- und Westdeutsche übereinander erzählen. Hrsg. v.d. Tübinger Vereinigung für Volkskunde. Tübingen 1995
Tendenz Freisprache. Texte zu einer Poetik der achtziger Jahre. Hrsg. v. U. Janetzki/W. Rath. Frankfurt 1992

Vogel oder Käfig sein. Kunst und Literatur aus unabhängigen Zeitschriften in der DDR 1979–1989. Hrsg. v. K. Michael/T. Wohlfahrt. Berlin 1992

Von Abraham bis Zwerenz. Eine Anthologie des Bundesministeriums für Bildung, Wissenschaft, Forschung und Technologie [...] als Beitrag zur geistig-kulturellen Einheit in Deutschland. 3 Bde. Bonn 1995 (nicht im Buchhandel)

Von einem Land und vom anderen. Gedichte zur deutschen Wende 1989/1990. Hrsg. Mit einem Essay »Deutsche Wendezeit« von K.O. Conrady. Leipzig 1993

Wahnsinn!Geschichten vom Umbruch in der DDR. Hrsg. v. P. Abraham/M. Gorschenek. Ravensburg 1990

Zeit läuft. Dokumentarliteratur vor und nach der Wende. Hrsg. v. L. Scherzer. Berlin 1990

5 Autobiographien, Memoiren, Tagebücher

Bentzien, Hans: Meine Sekretäre und ich. Eine »Geschlossene Gesellschaft«? Berlin 1995

de Bruyn, Günter: Zwischenbilanz. Eine Jugend in Berlin. Frankfurt 1992

Claudius, Eduard: Ruhelose Jahre. Erinnerungen. Halle/S. 1968

Danziger, Carl-Jakob [d.i. Joachim Chaim Schwarz]:»Die Partei hat immer recht«. Autobiographischer Roman. Stuttgart 1976

Erinnerungen deutsch-jüdischer Frauen 1900–1990. Hrsg. v. A. Lixl-Purcell, 2. Aufl. Leipzig 1993

Faust, Siegmar: Die Knast- und Wunderjahre des Faustus Simplicissimus. Berlin (West) 1979

Fuchs, Jürgen: Gedächtnisprotokolle. Reinbek 1977

Fuchs, J.: Vernehmungsprotokolle. Reinbek 1978

Fuchs, J./Hieke, Gerhard: Dummgeschult? Ein Schüler und sein Lehrer. Berlin 1992

Fühmann, Franz: Der Sturz des Engels. Erfahrungen mit Dichtung. Hamburg 1982 (= Vor Feuerschlünden. Erfahrungen mit Trakls Gedicht. Rostock 1982)

Giordano, Ralph: Die Partei hat immer recht. Köln/Berlin 1961

Giordano, R.: Die zweite Schuld oder Von der Last, ein Deutscher zu sein. Hamburg 1988

Gross, Martin: Das letzte Jahr. Begegnungen. Berlin 1992

Harich, Wolfgang: Keine Schwierigkeiten mit der Wahrheit. Zur nationalkommunistischen Opposition in der DDR 1956. Berlin 1993

Heym, Stefan: Nachruf. München 1988

Jakobs, Karl-Heinz: Das endlose Jahr. Begegnungen mit Mäd. Düsseldorf 1983

Janka, Walter: ...bis zur Verhaftung: Erinnerungen eines deutschen Verlegers. Berlin/Weimar 1993

Janka, W.: Die Unterwerfung. Eine Kriminalgeschichte aus der Nachkriegszeit. München 1994

Janka, W.: Schwierigkeiten mit der Wahrheit. Reinbek 1989 (Berlin/DDR 1990)

Janka, W.: Spuren eines Lebens. Berlin 1991

Jokostra, Peter: bobrowski & andere. die chronik des peter jokostra. München/Wien 1967

Johnson, Uwe: Begleitumstände. Frankfurter Vorlesungen. Frankfurt 1980

Just, Gustav: Zeuge in eigener Sache. Die fünfziger Jahre in der DDR. Berlin (DDR) 1990

Kant, Hermann: Abspann. Erinnerungen an meine Gegenwart. Berlin/Weimar 1991

Kantorowicz, Alfred: Deutsches Tagebuch I und II. München 1959/1961

Klump, Brigitte: Das rote Kloster. Eine deutsche Erziehung. Hamburg 1978

Krauss, Werner: Vor gefallenem Vorhang. Aufzeichnungen eines Kronzeugen des Jahrhunderts. Frankfurt 1995

Krüger, Horst (Hrsg.): Das Ende einer Utopie. Hingabe und Selbstbefreiung früherer Kommunisten. Eine Dokumentation im zweigeteilten Deutschland. Olten/Freiburg i.Br. 1963
Loest, Erich: Durch die Erde ein Riß. Ein Lebenslauf. Hamburg 1981
Mayer, Hans: Der Turm von Babel. Erinnerungen an eine Deutsche Demokratische Republik. Frankfurt 1991
Mayer, H.: Der Widerruf. Über Deusche und Juden. Frankfurt 1994
Mayer, H.: Ein Deutscher auf Widerruf. Erinnerungen. 2 Bde. Frankfurt 1982/1984
Mayer, H.: Wendezeiten. Über Deutsche und Deutschland. Frankfurt 1993
Müller, Heiner: Krieg ohne Schlacht. Leben in zwei Diktaturen. Köln 1992
Müthel, Eva: Für dich blüht kein Baum. Frankfurt 1957
Niekisch, Ernst: Gewagtes Leben. Begegnungen und Begebnisse [= zu 1889 bis 1945]. Köln/Berlin 1958
Niekisch, E.: Erinnerungen eines deutschen Revolutionärs. Bd. 2: Gegen den Strom. 1945–1967. Köln 1974
Noll, Chaim [d.i. Hans]: Der Abschied. Journal meiner Ausreise aus der DDR. Hamburg 1985
Novak, Helga M.: Vogel federlos. Darmstadt/Neuwied 1982
Seyppel, Joachim: Ich bin ein kaputter Typ. Bericht über Autoren in der DDR. Wiesbaden/München 1982
Seyppel, J.: Trottoir & Asphalt. Erinnerungen an Literatur in Berlin 1945–1990. Berlin 1994
Spira, Steffi: Rote Fahne mit Trauerflor. Aufzeichnungen einer unwürdigen Greisin. Berlin 1990
Stern, Carola: In den Netzen der Erinnerung. Lebensgeschichte zweier Menschen. Reinbek 1986
Wolf, Christa: Auf dem Weg nach Tabou. Texte 1990–1994. Köln 1994
Wolf, Markus: Die Troika. Berlin/Weimar 1989 (Reinbek 1991)
Wolf, M.: In eigenem Auftrag. Berlin/Weimar 1991
Zinner, Hedda: Selbstbefragung. Berlin (DDR) 1989
Zschorsch, Gerald: Glaubt bloß nicht, daß ich traurig bin. Berlin (West) 1977. Erweiterte Ausgabe Frankfurt 1981
Zwerenz, Gerhard: Kopf und Bauch. Die Geschichte eines Arbeiters, der unter die Intellektuellen gefallen ist. Frankfurt 1971
Zwerenz, G.: Der Widerspruch. Autobiographischer Bericht. Frankfurt 1974

6 Grundlegendes zur allgemeinen Geschichte, zur Gesellschafts- und Kulturpolitik der DDR

a) zur Zeit bis 1989

Abusch, Alexander: Kulturelle Probleme des sozialistischen Humanismus. Beiträge zur Kulturpolitik 1946–1961. Berlin/Weimar 1967
Auferstanden aus Ruinen ... Von der SBZ zur DDR (1945–1949) – ein Weg zu Einheit und Sozialismus? Hrsg. v. A.v. Plato. Köln 1979
Bahro, Rudolf: Eine Dokumentation. Köln/Frankfurt 1977
Bahro, R.: Die Alternative. Zur Kritik des real existierenden Sozialismus. Köln/Frankfurt 1977
Bathrick, David: The Powers of Speech. The Politics of Culture in the GDR. Lincoln (Nebraska)/London 1995

Bussiek, Hendrik: Notizen aus der DDR. Erlebnisse, Erfahrungen, Erkenntnisse in der unbekannten deutschen Republik. Frankfurt 1979

Damus, Renate: Entscheidungsstrukturen und Funktionsprobleme in der DDR-Wirtschaft. Frankfurt 1973

DDR-Geschichte und Bestandsaufnahme. Hrsg. v. E. Deuerlein. München 1964

Doernberg, Stefan: Kurze Geschichte der DDR. Berlin (DDR) 1968

Eppelmann, Rainer (Hrsg.): Die DDR. Ergebnisse der Enquête-Kommission des Deutschen Bundestages. Aufarbeitung von Geschichte und Folgen der SED-Diktatur in Deutschland. Köln 1994

Ernst, Helga: Die deutsche Nation in der Sicht der DDR. Masch.-schriftl. Diss. FU Berlin 1977

Fiedler, Jürgen/Knechtel, Rüdiger (Hrsg.): Stalins DDR. 2. Aufl. Leipzig 1992

Gransow, Volker: Kulturpolitik in der DDR. Berlin (West) 1975

Groth, Joachim-Rüdiger und Karin: Materialien zu Literatur im Widerspruch – Gedichte und Prosa aus 40 Jahren DDR. Kulturpolitischer Überblick und Interpretationen. Köln 1993

Hager, Kurt: Beiträge zur Kulturpolitik. Reden und Aufsätze 1972 bis 1981. Berlin (DDR) 1981

Hager, K.: Beiträge zur Kulturpolitik. Bd. II: 1982 bis 1986. Berlin (DDR) 1987

Hanke, Irma: Alltag und Politik. Zur politischen Kultur einer unpolitischen Gesellschaft. Opladen 1987

Helwig, Gisela (Hrsg.): Rückblicke auf die DDR. Festschrift für I. Spittmann-Rühle. Köln 1995

Herbst, Andreas u.a.: So funktionierte die DDR. 3 Bde. Reinbek 1994

Jäger, Manfred: Kultur und Politik in der DDR 1945–1990. 2. erweiterte Aufl. 1994

Kaelble, Hartmut/Kocka, Jürgen/Zwahr, Hartmut (Hrsg.): Sozialgeschichte der DDR. Stuttgart 1994

Kenntemich, Wolfgang u.a. (Hrsg.): Das war die DDR. Eine Geschichte des anderen Deutschland. Berlin 1993

Klaus, Georg: Kybernetik und Gesellschaft. Berlin (DDR) 1964

Kocka, Jürgen/Sabrow, Martin (Hrsg.): Die DDR als Geschichte. Fragen – Hypothesen – Perspektiven. Berlin 1994

Kosing, Alfred: Nation in Geschichte und Gegenwart. Studie zur historisch-materialistischen Theorie der Nation. Berlin (DDR) 1976

Kosing, A.: Theoretische Probleme der Entwicklung der sozialistischen Nation in der DDR. Berlin (DDR) 1975

Kuczynski, Jürgen: Gesellschaftliche Widersprüche. In: Deutsche Zeitschrift für Philosophie 20 (1972), S. 1269–1279

Lange, Marianne: Kulturrevolution und Nation. Berlin (DDR) 1966

Ludz, Peter Christian: Die DDR zwischen Ost und West. Politische Analysen 1961–1976. München 1977

Ludz, P. C.: Mechanismen der Herrschaftssicherung. Eine sprachpolitische Analyse gesellschaftlivhen Wandels in der DDR. München/Wien 1980

Menschik, Jutta/Leopold, Evelyn: Gretchens rote Schwestern – Frauen in der DDR. Frankfurt 1974

Mitter, Arnim/Wolle, Stefan (Hrsg.): Untergang auf Raten. Unbekannte Kapitel der DDR-Geschichte. München 1993

Niethammer, Lutz u.a.: Die volkseigene Erfahrung. Eine Archäologie des Lebens in der Industrieprovinz der DDR. Berlin 1991

Probleme sozialistischer Kulturpolitik am Beispiel DDR. Von einem Autorenkollektiv Frankfurt. Frankfurt 1974

Schmidt, Ulrich: Zwischen Aufbruch und Wende. Lebensgeschichten der sechziger und siebziger Jahre. Tübingen 1993

Staritz, Dietrich: Geschichte der DDR 1949–1985. Frankfurt 1985
Staritz, D.: Sozialismus in einem halben Land. Zur Programmatik und Politik der KPD/SED in der Phase der antifaschistisch-demokratischen Umwälzung der DDR. Berlin (West) 1976
Stationen eines Weges. Daten und Zitate zur Kunst und Kunstpolitik der DDR 1945–1988. Zusammengestellt v. G. Feist unter Mitarbeit von E. Gillen. Berlin (West) 1988
Texte zur Deutschlandpolitik. Hrsg. v. Bundesministerium für innerdeutsche Beziehungen. Bonn 1966ff. (24 Bde. in 5 Reihen)
Thomas, Rüdiger: Modell DDR. Die kalkulierte Emanzipation. München 4. Aufl. 1972
Ullrich, Otto: Weltniveau. In der Sackgasse des Industriesystems. Berlin (West) 1979
Unsere Kultur. DDR – Zeittafel 1945–1987. Autorenkollektiv u. d. Leitung v. E. Schernig. Berlin (DDR) 1989
Verfassung der DDR vom 6. April 1968 (mit Ergänzungen und Änderungen vom 7. Oktober 1974). Berlin (DDR) 4. Aufl. 1976
Vogt, Dieter u.a.: Sozialstruktur der DDR. Eine Einführung. Darmstadt 1987
Weber, Hermann: DDR. Grundriß der Geschichte 1945–1990. Völlig überarbeitete Aufl. Hannover 1991
Weber, H. / Staritz, Dietrich (Hrsg.): Kommunisten verfolgen Kommunisten. Stalinistischer Terror und »Säuberungen« in den kommunistischen Parteien Europas seit den dreißiger Jahren. Berlin 1993
Woods, Roger: Opposition in the GDR under Honecker, 1971–1985. An Introduction and Documentation. New York 1986
Wyniger, Willy: Demokratie und Plan in der DDR. Probleme der Bewältigung der wissenschaftlich-technischen Revolution. Köln 1971
Zur Kultur- und Kunstpolitik der SED. Hrsg. von einem Autorenkollektiv unter Ltg. von C. Ziermann aus der Akademie für Gesellschaftswissenschaften beim ZK der SED. Berlin (DDR) 1988

b) zu den Wendejahren

Abriß der DDR. Berlin (West) 1990 (= Kursbuch 101)
Altenhof, Ralf/Jesse, Eckhard (Hrsg.): Das wiedervereinigte Deutschland. Zwischenbilanz und Perspektiven. Düsseldorf 1995
Bahr, Eckhard: Sieben Tage im Oktober. Aufbruch in Dresden. 2. Aufl. Leipzig 1991
Bahrmann, Hannes/Links, Christoph: Chronik der Wende. Die DDR zwischen 7. Oktober und 18. Dezember 1989. Berlin 1994
Bahrmann, H./Links, C.: Chronik der Wende 2. Die DDR zwischen letzter Montags-Demonstration und erster freier Volkskammer-Wahl 19.12. 1989 bis 18.3. 1990. Berlin 1995
Benz, Wolfgang/Neiss, Marion (Hrsg.): Deutsche Erfahrungen – deutsche Zustände. Beobachtungen aus dem Alltag nach der Wende. Berlin 1995
Dahn, Daniela: Westwärts und nicht vergessen. Vom Unbehagen in der Einheit. Berlin 1995
Darnton, Robert: Der letzte Tanz auf der Mauer. Berliner Journal 1989–1990. München 1991
Das Ende eines Experiments. Hrsg. v. R. Reißig/G.-J. Glaeßner. Berlin 1991
Deutschland, Deutschland. Berlin 1992 (= Kursbuch 109)
Die DDR auf dem Wege zur deutschen Einheit. Probleme – Perspektiven – Offene Fragen. Köln 1990
Eppelmann, Rainer (Hrsg.): Die DDR (s. unter 6.a)

Faulenbach, Bernd/Meckel, Markus/Weber, Hermann (Hrsg.): »Die Partei hatte immer recht«. Aufarbeitung von Geschichte und Folgen der SED -Diktatur. Essen 1994
Für ein offenes Land mit freien Menschen. Hrsg. v. B. Lindner u.a. Leipzig 1994
Giesen, Bernhard/Leggewie, Claus (Hrsg.): Experiment Vereinigung. Ein sozialer Großversuch. Berlin 1991
Glaeßner, Gert-Joachim: Der schwierige Weg zur Demokratie. Vom Ende der DDR zur deutschen Einheit. 2. durchgesehene Aufl. Wiesbaden 1992
Goettle, Gabriele: Deutsche Sitten. Erkundungen in Ost und West. Frankfurt 1991
Goettle, G.: Deutsche Bräuche. Ermittlungen in Ost und West. Frankfurt 1994
Habermas, Jürgen: Die nachholende Revolution. Frankfurt/M. 1990
Hettlage, Robert (Hrsg.): Deutschland nach der Wende. Eine Bilanz. München 1995
Jäger, Manfred: Kultur und Politik in der DDR 1945–1990 (s. unter 6.a)
Lindner, Bernd (Hrsg.): Zum Herbst '89 (s. unter 2.b)
Maaz, Hans-Joachim: Der Gefühlsstau. Ein Psychogramm der DDR. Berlin 1990
Neubert, Ehrhard: Eine protestantische Revolution. Berlin 1993
Neues Deutschland. Berlin (West) 1990 (= Freibeuter 43)
Neues Forum Leipzig (Hrsg): Jetzt oder nie – Demokratie! Leipziger Herbst '89. 2. Aufl. Leipzig 1990
Parteien und politische Bewegungen im letzten Jahr der DDR. Oktober 1989 bis April 1990. Hrsg. v. B. Musiolek/C.Wuttke. Berlin 1992
Probst, Lothar: Ostdeutsche Bürgerbewegungen und Perspektiven der Demokratie. Entstehung, Bedeutung und Zukunft. Köln 1993
Reich, Jens: Rückkehr nach Europa. Bericht zur neuen Lage der deutschen Nation. München 1991
Rüddenklau, Wolfgang: Störenfried. DDR-Opposition 1986–1989. 2. überarbeitete Aufl. Berlin 1992
Scherzer, Landolf (Hrsg.): Zeit läuft. Dokumentation. Literatur vor und nach der Wende. Berlin 1990
Schirrmacher, Frank (Hrsg.): Im Osten erwacht die Geschichte. Essays zur Revolution in Mittel- und Osteuropa. Stuttgart 1990
Thaa, Winfried u.a.: Gesellschaftliche Differenzierung und Legitimitätsverfall des DDR-Sozialismus. Tübingen 1992
Und diese verdammte Ohnmacht. Report der unabhängigen Untersuchungskommission zu den Ereignissen vom 7./8. Oktober 1989 in Berlin. Berlin 1992
Zwahr, Hartmut: Ende einer Selbstzerstörung. Leipzig und die Revolution in der DDR. Göttingen/Zürich 1993

7 Gesamtdarstellungen der DDR-Literatur

Arnold, Heinz Ludwig/Meyer-Gosau, Frauke (Hrsg.): Literatur in der DDR. Rückblicke. München 1991 (= Sonderband Text+Kritik)
Arnold, H.L. (Hrsg.): Ansichten und Auskünfte zur deutschen Literatur nach 1945. München 1995 (= Sonderband Text+Kritik)
Barner, Wilfried (Hrsg.): Geschichte der deutschen Literatur von 1945 bis zur Gegenwart. München 1994 [ausführliche Kapitel zur DDR-Literatur von W. Barner, A. Hartmann, L. Köhn und J. Schröder]
Bathrick, David: Geschichtsbewußtsein als Selbstbewußtsein. Die Literatur der DDR. In: Neues Handbuch der Literaturwissenschaft. Bd.21. Hrsg. v. J. Hermand. Wiesbaden 1979, S. 273–314
Best, Otto F.: Die Literatur der DDR. In: Geschichte der deutschen Literatur. Hrsg. v. E. Bahr. Bd. 3. Tübingen 1988 ,S. 499–549

Brettschneider, Werner: Zwischen literarischer Autonomie und Staatsdienst. Die Literatur der DDR. Berlin (West) 1972

Deiritz, Karl/Kraus, Hannes (Hrsg.): Verrat an der Kunst? Rückblicke auf die DDR-Literatur. Berlin 1993

Demetz, Peter: Die süße Anarchie. Skizzen zur deutschen Literatur seit 1945. Frankfurt u.a. 1973

Emmerich, Wolfgang: Die andere deutsche Literatur. Aufsätze zur Literatur aus der DDR. Opladen 1994

Emmerich, W.: Die Literatur der DDR. In: Deutsche Literaturgeschichte von den Anfängen bis zur Gegenwart. Von W. Beutin u.a. 5. überarbeitete und erweiterte Aufl. Stuttgart 1994, S. 428–430, 448–525 und 606–612

Emmerich, W.: Kleine Literaturgeschichte der DDR 1945–1988. Erweiterte Ausgabe (= 5. überarbeitete und erweiterte Aufl.). Frankfurt 1989

Erbe, Günter: Schriftsteller in der DDR. Eine soziologische Untersuchung der Herkunft der Karrierewege und der Selbsteinschätzung der literarischen Intelligenz im Generationenvergleich. In: Deutschland Archiv 20 (1987), H.11, S. 1162–1179

Franke, Konrad: Die Literatur der DDR. München 1971 (= Kindlers Literaturgeschichte der Gegenwart, Bd.2). 2. neubearbeitete Ausgabe 1974. 3. erweiterte Ausg. Frankfurt 1980

Geschichte der Literatur der DDR. Von einem Autorenkollektiv unter Leitung von H. Haase u.a. Berlin (DDR) 1976 (= Geschichte der deutschen Literatur von den Anfängen bis zur Gegenwart, Bd.11)

Hintze,Joachim/Schulze, Peter: Literatur der DDR. In: Sozialgeschichte der deutschen Literatur von 1918 bis zur Gegenwart. Von J. Berg u.a. Frankfurt 1981, S. 469–562

Huebener, Theodore: The Literature of East Germany. New York 1970

Knapp, Gerhard P./Labroisse, Gerd (Hrsg.): 1945–1995. 50 Jahre deutschsprachige Literatur in Aspekten. Amsterdam/Atlanta 1995

Literatur der DDR. Einzeldarstellungen. Von einem Autorenkollektiv unter Leitung von H. J. Geerdts. Bd.1. Stuttgart 1972/ Berlin (DDR) 1974. Bd.2. Berlin (DDR) 1979. Bd.3. Berlin (DDR) 1987

Literatur und Literaturtheorie in der DDR. Hrsg. v. P.U. Hohendahl/P. Herminghouse. Frankfurt 1976

Mayer, Hans: Die umerzogene Literatur. Deutsche Schriftsteller und Bücher 1945–1967. Berlin (West) 1988

Mayer, Hans: Die unerwünschte Literatur. Deutsche Schriftsteller und Bücher 1968–1985. Frankfurt 1985

Milfull, John: Die Literatur der DDR. In: Geschichte der deutschen Literatur vom 18. Jahrhundert bis zur Gegenwart. Hrsg. v. V. Zmegac. Bd.III.2 (1945–1990). 2. Aufl. Weinheim 1994, S. 591–686

Mohr, Heinrich: Entwicklungslinien der Literatur im geteilten Deutschland. In: Jahrbuch zur Literatur in der DDR 1 (1980), S. 1–58

Raddatz, Fritz J.: Traditionen und Tendenzen. Materialien zur Literatur der DDR. Erweiterte Ausgabe. Frankfurt 1976

Raddatz, F. J.: Zur Entwicklung der Literatur in der DDR. In: Die deutsche Literatur der Gegenwart. Aspekte und Tendenzen. Hrsg. v. M. Durzak. Stuttgart 1971, S. 337–365

Reich-Ranicki, Marcel: Zur Literatur der DDR. München 1974 (erweiterte Neuausgabe u.d.T. Ohne Rabatt. Über Literatur aus der DDR. Stuttgart 1991)

Sander, Hans Dietrich: Geschichte der schönen Literatur der DDR. Ein Grundriß. Freiburg/Br. 1972

Scharfschwerdt, Jürgen: Literatur und Literaturwissenschaft in der DDR. Eine historisch-kritische Einführung. Stuttgart/Berlin/Köln/Mainz 1982

Schmitt, Hans-Jürgen (Hrsg.): Die Literatur der DDR. München/Wien 1983 (= Hansers Sozialgeschichte der deutschen Literatur, Bd.11)

Schmitt, H.-J. (Hrsg.): Einführung in Theorie, Geschichte und Funktion der DDR-Literatur. Stuttgart 1975

Schnell, Ralf: Geschichte der deutschsprachigen Literatur seit 1945. Stuttgart 1993

Schütz, Erhard/Vogt, Jochen (u.a.): Einführung in die deutsche Literatur des 20. Jahrhunderts. Bd.3: Bundesrepublik und DDR. Opladen 1980

Trommler, Frank: Sozialistische Literatur in Deutschland. Ein historischer Überblick. Stuttgart 1976

Werke und Wirkungen. DDR-Literatur in der Diskussion. Hrsg. v. I. Münz-Koenen. Leipzig 1987

Wittstock, Uwe: Von der Stalinallee zum Prenzlauer Berg. Wege der DDR-Literatur 1949–1989. München 1989

8 Geschichtsschreibung der DDR-Literatur als theoretisches und methodisches Problem

Bormann, Alexander von: Kulturelle Affinität oder Diskulturalität? Wechselwirkungen in der Literaturentwicklung beider deutscher Staaten. In: Aus Politik und Zeitgeschichte. Beilage zu Das Parlament vom 3.10. 1987, S. 15–26

Braun, Michael: Jenseits der »Gesinnungsästhetik«. Was bleibt von der Literatur aus der DDR? In: Aus Politik und Zeitgeschichte. Beilage zu Das Parlament vom 4.10. 1991, S. 25–32

Dahlke, Birgit/Hörnigk, Frank/Langermann, Martina/Taterka, Thomas: Kanon und Norm. Zur literarischen/kulturellen Kommunikation in der SBZ/DDR. In: Zeitschrift für Germanistik. NF 1 (1995), H.1, S. 74–81;

Emmerich, Wolfgang: Für eine andere Wahrnehmung der DDR-Literatur. Neue Kontexte, neue Paradigmen, ein neuer Kanon. In: Ders.: Die andere deutsche Literatur. Opladen 1994, S. 190–207

Fohrmann, Jürgen: Das Projekt der deutschen Literaturgeschichte. Stuttgart 1989

Fohrmann, J.: Über das Schreiben von Literaturgeschichte. In: P.J. Brenner (Hrsg.): Geld, Geist und Wissenschaft. Arbeits- und Darstellungsformen von Literaturwissenschaft. Frankfurt 1993, S. 175–202

Greiner, Bernhard: Literatur der DDR in neuer Sicht. Studien und Interpretationen. Frankfurt u.a. 1986

Herrmann, Hans Peter: Sozialgeschichte oder Kunstautonomie? Zur Problematik neuerer Geschichten der deutschen Literatur. In: R. Scholz (Hrsg.): Kritik der Sozialgeschichtsschreibung. Zur Diskussion gegenwärtiger Konzepte. Hamburg 1990, S. 173–214

Heukenkamp, Ursula: *Eine* Geschichte oder *viele* Geschichten der deutschen Literatur seit 1945? Gründe und Gegengründe. In: Zeitschrift für Germanistik. NF 1 (1995), H.1, S. 22–37

Heukenkamp, Ursula: Soll das Vergessen verabredet werden? Eigenständigkeit und Eigenart der DDR-Literatur. In: Aus Politik und Zeitgeschichte. Beilage zu Das Parlament vom 4.10. 1991, S. 3–12

Hillich, Reinhard u.a. (Hrsg.): DDR-Literatur in der nationalen und internationalen Literaturgeschichtsschreibung. In: Zeitschrift für Germanistik 10 (1989), H.1, S. 45–70

Hoogeveen, Jos: Prolegomena zu einer funktionsgerechten Betrachtung von DDR-Literatur. In: Amsterdamer Beiträge zur neueren Germanistik. Bd.7 (1978), S. 7 bis 66

Japp, Uwe: Beziehungssinn. Ein Konzept der Literaturgeschichte. Frankfurt 1980
Labroisse, Gerd: Das Forschungsprojekt DDR-Literatur an der Freien Universität Amsterdam in niederländisch-deutschen Kontexten. In: Weimarer Beiträge 41 (1995), H.2, S. 188–217
Labroisse, G.: DDR-Literatur als literaturwissenschaftliches Problem. In: Amsterdamer Beiträge zur Neueren Germanistik. Bd. 7 (1978), S. 7–26
Labroisse, G.: Dringend nötige Korrekturen [zu R. Hillich u.a., s. oben]. In: Zeitschrift für Germanistik 11 (1990), H.6, S. 698–702
Plumpe, Gerhard: Epochen moderner Literatur. Ein systemtheoretischer Entwurf. Opladen 1995
Rosenberg, Rainer: Was war DDR-Literatur? Die Diskussion um den Gegenstand in der Literaturwissenschaft in der Bundesrepublik Deutschland. In: Zeitschrift für Germanistik. NF 1 (1995), H.1, S. 9–21
Scherer, Stefan: Gegenwartsliteratur und Sozialgeschichte der Literatur. In: Internationales Archiv für Sozialgeschichte der deutschen Literatur 20 (1995), H.1, S. 179–202
Schönert, Jörg: ›Der letzte Band‹ – Gegenwartsliteratur als Problem für die Literaturgeschichtsschreibung. In: Mitteilungen des Deutschen Germanistenverbandes 31 (1984), S. 4–14
Thierse, Wolfgang / Kliche, Dieter: DDR-Literaturwissenschaft in den siebziger Jahren. In: Weimarer Beiträge 31 (1985), H.2, S. 267–308

9 Darstellungen einzelner Zeitabschnitte

a) 1945–1949

Baumgarten, Jürgen: Volksfrontpolitik auf dem Theater. Zur kulturpolitischen Strategie in der »antifaschistisch-demokratischen Ordnung« in Berlin 1945 – 1949. Gaiganz 1975
Blaum, Verena: Kunst und Politik im »Sonntag« 1946–1958. Eine historische Inhaltsanalyse zum deutschen Journalismus der Nachkriegsjahre. Köln 1992
Dietrich, Gerd: Politik und Kultur in der SBZ 1945–1949. Bern u.a. 1993
Foitzik, Jan: Sowjetische Militäradministration in Deutschland (SMAD). Struktur und Funktion. Berlin 1995
Frühe DDR-Literatur. Hrsg. v. K. Scherpe / L. Winckler. Berlin 1987 (= Argument-Sonderband AS 149)
Gansel, Carsten: Parlament des Geistes? Literatur zwischen Hoffnung und Repression 1945–1961. Berlin 1994
Hartmann, Anneli: Sowjetische Kulturpolitik und Literaturpropaganda im Berlin der Nachkriegszeit. In: Germanistik und Deutschunterricht im Zeitalter der Technologie. Tübingen 1988, S. 63–76
Hartmann, A. / Eggeling, Wolfram: Kontroverse Ost/West. Der I. Deutsche Schriftstellerkongreß – *ein* Beginn des kalten Krieges. In: Internationales Archiv für Sozialgeschichte der deutschen Literatur 17 (1992), H.1, S. 69–92
Hartmann, A. / Eggeling, W.: Zum »Verbot« des Kulturbunds in West-Berlin 1947. In: Deutschland Archiv 28 (1995), H.11, S. 1161–1170
Hay, Gerhard (Hrsg.): Zur literarischen Situation 1945 –1949. Kronberg/Ts. 1977
Heider, Magdalena: Politik – Kultur – Kulturbund. Zur Gründungs- und Frühgeschichte des Kulturbundes zur demokratischen Erneuerung Deutschlands 1945–1954 in der SBZ/DDR. Köln 1993

Heukenkamp, Ursula: »Der Gegenwart verpflichtet und für die Zukunft bauend...« Junge Literatur in der Sowjetischen Besatzungszone. In: Literatur in der DDR. Rückblicke (=Text+Kritik Sonderband). München 1991, S. 23–33

Heukenkamp, U. (Hrsg.): Unerwünschte Erfahrung. Kriegsliteratur und Zensur in der DDR 1945–1959. Berlin (DDR) 1990

Hüppauf, Bernd (Hrsg.): Die Mühen der Ebenen. Kontinuität und Wandel in der deutschen Literatur und Gesellschaft 1945–1949. Heidelberg 1981

Jäger, Manfred: Kultureller Neubeginn im Zeichen des Antifaschismus. In: Studien zur Geschichte der SBZ/DDR. Hrsg. v. A. Fischer. Berlin 1993, S. 117–135

Jäger, M.: Literatur und Kulturpolitik in der Entstehungsphase der DDR (1945–1952). In: Aus Politik und Zeitgeschichte (Beilage zu Das Parlament) vom 5.10.1985, S. 32–47

Kantorowicz, Alfred: Etwas ist ausgeblieben. Zur geistigen Einheit der deutschen Literatur nach 1945. Hamburg 1985

Kügler, Hans: Deutschlandbilder. Die Frage nach der nationalen Identität im Spiegel der deutschen Nachkriegsliteratur. In: Diskussion Deutsch 21 (1990), H.114, S. 392–411

Mayer, Hans: Die umerzogene Literatur. Deutsche Schriftsteller und Bücher 1945–1967. Berlin (West) 1988

Neuanfänge. Studien zur frühen DDR-Literatur. Hrsg. v. W. Pallau/G. Müller-Waldeck. Berlin/Weimar 1986

Olschner, Leonard: Verhinderte Heimkehr. Das Heimkehrmotiv in der deutschen Nachkriegslyrik. In: Zeitschrift für deutsche Philologie 108 (1989), H. 2, S. 221–244

Pike, David: The Politics of Culture in Soviet-Occupied Germany, 1945–1949. Stanford/Calif. 1992

Scherpe, Klaus R./Winckler, Lutz (Hrsg.): Frühe DDR-Literatur. Traditionen, Institutionen, Tendenzen. Berlin (West) 1989

Schulmeister, Karl-Heinz: Auf dem Weg zu einer neuen Kultur. Der Kulturbund in den Jahren 1945–1949. Berlin (DDR) 1977

Wehdeking, Volker/Blamberger, Günter: Erzählliteratur der frühen Nachkriegszeit (1945–1952). München 1990

Wehner, Jens: Kulturpolitik und Volksfront. Ein Beitrag zur Geschichte der Sowjetischen Besatzungszone Deutschlands 1945–1949. Frankfurt 1992

Wende-Hohenberger, Waltraud (Hrsg.): Der erste gesamtdeutsche Schriftstellerkongreß nach dem Zweiten Weltkrieg im Ostsektor Berlins vom 4. bis 8. Oktober 1947. Frankfurt 1988

Winckler, Lutz: Kulturelle Erneuerung und gesellschaftlicher Auftrag. Zur Geschichte des Bibliothekswesens in der SBZ und der DDR 1945 bis 1951. Tübingen 1987

b) 1949–1961

Balluseck, Lothar von: Dichter im Dienst. Der sozialistische Realismus in der deutschen Literatur. 2. ergänzte Aufl. Wiesbaden 1963

Biburger, Tom: Sprengsätze. »Der Lohndrücker« von Heiner Müller und der 17. Juni 1953. Berlin 1995

Blaum, Verena: Kunst und Politik im »Sonntag« (s. unter 9.a)

Braun, Matthias: Drama um eine Komödie. Das Ensemble von SED und Staatssicherheit, FDJ und Ministerium für Kultur gegen Heiner Müllers »Die Umsiedlerin oder Das Leben auf dem Lande« im Oktober 1961. Berlin 1995

Demetz, Peter: Literature in Ulbricht's Germany. In: Problems of Communism 77 (1962), S. 15–21

Gansel, Carsten: Parlament des Geistes (s. unter 9.a)

Hannemann, Joachim/Zschuckelt, Lothar: Schriftsteller in der Diskussion. Zur Literaturentwicklung der fünfziger Jahre. Berlin (DDR) 1979
Heukenkamp, Ursula (Hrsg.): Unerwünschte Erfahrung (s. unter 9.a)
Klein, Alfred: In diesem besseren Land ... [Zur Literatur der DDR in den 40er und 50erJahren]. In: Sinn und Form 36 (1984), H.5, S. 987–1002
Mayer, Hans (s. unter 9.a)
Münz-Koenen, Ingeborg (Hrsg.): Literarisches Leben in der DDR 1945–1960. Literaturkonzepte und Leseprogramme. Berlin (DDR) 1979
Reich-Ranicki, Marcel: Deutsche Literatur in Ost und West. München 1963
Rohner, Eberhard: Abschied, Ankunft und Bewährung. Entwicklungsprobleme unserer sozialistischen Literatur. Berlin (DDR) 1969
Schonauer, Franz: DDR auf Bitterfelder Weg. In: Neue Dt. Hefte 13 (1966), S. 91–117
Winter, Helmut: East German Literature. In: Essays on Contemporary German Literature. Hrsg. v. B. Keith-Smith. London 1956, S. 261–280

c) 1961–1971

Ansichten. Aufsätze zur Literatur der DDR. Hrsg. v. K. Walther. Halle/S. 1976
Bilke, Jörg B.: Auf den Spuren der Wirklichkeit. In: Der Deutschunterricht 21 (1969), S. 24–60
Drewitz, Ingeborg: Metamorphosen der DDR-Literatur. In: Deutsche Studien 5 (1969), S. 147–158
Erworbene Tradition. Studien zu Werken der sozialistischen deutschen Literatur. Hrsg. v. G. Hartung u.a. Berlin/Weimar 1977
Literatur und Geschichtsbewußtsein. Entwicklungstendenzen der DDR-Literatur in den sechziger und siebziger Jahren. Berlin/Weimar 1976
Mehner, Hans-Ulrich: Von Bitterfeld bis Oobliadooh. Die andere deutsche Literatur. Berlin (West) 1967
Paulsen, Wolfgang (Hrsg.): Revolte und Experiment. Die Literatur der sechziger Jahre in Ost und West. Heidelberg 1972
Wege, Carl: Schreiben in den Zeiten der wissenschaftlich-technischen Revolution. Zur DDR-Literatur der sechziger Jahre. Mskr. Universität Bremen 1994

d) 1971–1980

DDR-Literatur im Tauwetter. Bd. 1/2: Wandel– Wunsch– Wirklichkeit. Bd.3: Stellungnahmen [von 37 Autoren]. Hrsg. v. R. A. Zipser. Bern/New York 1985
Demetz, Peter: Fette Jahre, magere Jahre. Deutschsprachige Literatur von 1965 bis 1985. München/Zürich 1986
Grunenberg, Antonia: Aufbruch der inneren Mauer. Politik und Kultur in der DDR 1971–1990. Bremen 1990
Hähnel, Ingrid und Klaus-Dieter: Junge Lyrik am Ende der siebziger Jahre. In: Weimarer Beiträge 27 (1981), H.9, S. 127–154
Hanke, Irma: Lebensläufe und Berufskarrieren in der erzählenden Gegenwartsliteratur der DDR seit 1970. In: Deutschland Archiv 14 (1981), H.6, 5.608–620
Hohendahl, Peter U./Herminghouse, Patricia (Hrsg.): Literatur der DDR in den siebziger Jahren. Frankfurt 1983
Kaufmann, Hans u.a. (Hrsg.): Tendenzen und Beispiele. Zur DDR-Literatur in den siebziger Jahren. Leipzig 1981
Kaufmann, Hans: Veränderte Literaturlandschaft. In: Weimarer Beiträge 27 (1981), H.3, S. 27–53
Müller, Wolfgang: Dichter-Helden in der DDR-Literatur der siebziger Jahre. New York 1989

Nalewski, Hans/Schuhmann, Klaus (Hrsg.): Selbsterfahrung als Welterfahrung. DDR-Literatur in den siebziger Jahren. Berlin/Weimar 1981

Reich-Ranicki, Marcel: Entgegnung. Zur deutschen Literatur der siebziger Jahre. 2. erweiterte Aufl. München 1982

Schlenstedt, Dieter: Entwicklungslinien der neueren Literatur in der DDR. In: Die Literatur der DDR 1976–1986 (s. unter 9.e), S. 29–54

Schrage, Bruno (Red.): Entwicklungstendenzen in der Literatur der DDR am Beginn der siebziger Jahre. Rostock 1975

Stahl, Sigrid: Der Ausbruch des Subjekts aus gesellschaftlicher Konformität. Ansätze literarischer Verweigerung am Beispiel der DDR-Prosa der zweiten Hälfte der siebziger Jahre. Frankfurt/Bern 1983

Watson, Martin M.: The Literary Presentation of »Youth« in GDR Fiction. 1971–1980. Stuttgart 1986

e) 1980–1989

Brady, Philip/Wallace, Ian (Hrsg.): Prenzlauer Berg. Bohemia in East Berlin? Amsterdam/Atlanta 1995

Chiarloni, Anna: Anpassung II: Zur Kritik des neuen Menschen in der jüngsten DDR-Literatur. In: Die Literatur der DDR 1976–1986 (s. unter 9.e), S. 313–406

Cosentino, Christine: Gedanken zur jüngsten DDR-Lyrik: Uwe Kolbe, Sascha Anderson, Lutz Rathenow. In: The Germanic Review LX (1985), H. 3, S. 82–90

Cosentino, Christine/Müller, Wolfgang (Hrsg.): »im widerstand/in mißverstand«? Zur Literatur und Kunst des Prenzlauer Bergs. New York u.a. 1995

Die andere Sprache. Neue DDR-Literatur der 80er Jahre. Hrsg. v. H. L. Arnold/G. Wolf. München 1990 (= Text+Kritik Sonderband)

Die Literatur der DDR 1976–1986. Akten der Internationalen Konferenz Pisa, Mai 1987. Hrsg. v. A. Chiarloni u.a. Pisa 1988

Emmerich, Wolfgang: Gleichzeitigkeit. Vormoderne, Moderne und Postmoderne in der Literatur der DDR. In: Bestandsaufnahme Gegenwartsliteratur (= Text + Kritik Sonderband). München 1988, S. 193–211

Grunenberg, Antonia: Aufbruch der inneren Mauer (s. unter 9.d)

Grunenberg, Antonia: Entgrenzung und Selbstbeschränkung. Zur Literatur der DDR in den achtziger Jahren. In: Aus Politik und Zeitgeschichte. Beilage zu Das Parlament vom 3.10. 1987, S. 3–14

Hähnel, Ingrid/Kaufmann, Hans: Eine Literatur der achtziger Jahre? Prosawerke der DDR am Beginn des Jahrzehnts. In: Zeitschrift für Germanistik 6 (1985), H.1, S. 18–34

Hage, Volker: Schriftproben. Zur deutschen Literatur der achtziger Jahre. Reinbek 1990

Im Blick: Junge Autoren. Lesarten zu neuen Büchern. Hrsg. v. W. Hartinger/K. Schuhmann. Halle/Leipzig 1987/1989

Jäger, Manfred: Zur Situation junger Autoren in der DDR. In: DDR Report 19 (1986), H.11, S. 625–628

Literatur für Leser: Themenheft »Literatur in der DDR«. [über V.Braun, W.Kirsten, U. Saeger, C.Wolf u.a.]. 1990. H.2

Michael, Klaus: Papierboote. Selbstverlegte Literaturzeitschriften in der DDR. In: G. Muschter/R. Thomas (Hrsg.): Jenseits der Staatskultur. Traditionen autonomer Kunst in der DDR. München 1992, S. 62–82

Neue Generation – Neues Erzählen (s. unter 4.b)

Püschel, Ursula: Dreizehn arbeitende Menschen oder Betrachtungen die neuere dokumentarische Literatur betreffend. In: Neue Deutsche Literatur 35 (1987), H.1, S. 72–91

Reichel, Peter: Anmerkungen zur DDR-Dramatik seit 1980. In: Weimarer Beiträge 29 (1983), H.8, S. 1403–1426, und H.10, S. 1709–1728

Reichel, Peter: DDR-Dramatik Mitte der achtziger Jahre. Beobachtungen und Überlegungen. In: Weimarer Beiträge 33 (1987), H.9, S. 1524–1551
Reid, James H.: Writing Without Taboos. The New East German Literature. Oxford u.a. 1990
Schlenstedt, Dieter: Entwicklungslinien der neueren Literatur in der DDR. In: Die Literatur der DDR 1976–1986 (s. unter 9.e), S. 29–54
Tendenz Freisprache. Texte zu einer Poetik der achtziger Jahre. Hrsg. v. U. Janetzki. Frankfurt 1992 (s. unter 4.b)
Williams, Arthur u.a.(Hrsg.): Literature on the Threshold: The German Novel in the 1980s. New York 1990

f) 1989–1995

Arnold, Heinz Ludwig (Hrsg.): Vom gegenwärtigen Zustand der deutschen Literatur. München 1992 (=Text+Kritik. H.113)
Arnold, H. L./Meyer-Gosau, Frauke (Hrsg.): Die Abwicklung der DDR. Göttingen 1992
Böttiger, Helmut: Rausch im Niemandsland. Es gibt ein Leben nach der DDR. Berlin 1994
Bullivant, Keith: The Future of German Literature. Oxford 1994
Corino, Karl: Vor und nach der Wende. Die Rezeption der DDR-Literatur in der Bundesrepublik und das Problem einer einheitlichen deutschen Literatur. In: Neue deutsche Literatur 39 (1991), H.8, S. 146–164
Die sanfte Revolution (s. unter 4.b)
Eckart, Frank/Grunenberg, Antonia: Eigenart und Eigensinn. Alternative Kulturszenen in der DDR (1980–1990). Mit einem Bestandskatalog der Forschungsstelle Osteuropa an der Universität Bremen. Bremen 1993
Eigler, Friederike/Pfeiffer, Peter (Hrsg.): Cultural Transformations in the New Germany. American and German Perspectives. Columbia/South Carolina 1993
Glaser, Hermann (Hrsg.): Was bleibt – was wird. Der kulturelle Umbruch in den neuen Bundesländern. Bonn 1994
Hage, Volker: Da war was, da bleibt was. Abschied von der DDR und ihrer Literatur – Ohne Wehmut, nicht ohne Erwartung. In: Die Zeit vom 5.10.1990
Koch, Thomas: Deutsch-deutsche Einigung als Kulturproblem. In: DeutschlandArchiv 24 (1991). H.1, S. 16–25
Literatur am Ende der Politik. Podium mit Peter Böthig, Klaus Scherpe, Jürgen Wertheimer u.a. In: Konzepte. Magazin für eine junge Literatur 9 (1993), S. 41 bis 86
Löffler, Dietrich/Fischer, Toralf: Kultur im Übergang – wohin? Entwicklungstendenzen der kulturellen Infrastruktur in den fünf neuen Bundesländern von 1991 bis 1992. Hrsg. v. der Stiftung Lesen und dem Deutschen Kulturrat. Mainz 1993
Michael, Klaus: Neue Verlage und Zeitschriften in Ostdeutschland. In: Aus Politik und Zeitgeschichte. Beilage zu Das Parlament vom 4.10. 1991, S. 33–45
Pape, Walter (Hrsg.): 1870/71 – 1989/1990. German Unifications and the Change of Literary Discourse. Bd.1. Berlin 1993
Prittwitz, Gesine von: Die jungen Deutschen und die DDR-Literatur. Ein etwas anderer Nachtrag zur sog. Christa-Wolf-Debatte. In: Weimarer Beiträge 39 (1993), H.2, S. 299–307
Schalk, Axel: Coitus germaniae interruptus. Die deutsche Wiedervereinigung im Spiegel von Prosa und Dramatik. In: Weimarer Beiträge 39 (1993), H.4, S. 552–566
Schemme, Wolfgang: Chancen für eine menschliche Gesellschaft. Schriftsteller der DDR nach der Vereinigung. Bilanz einer Tagung [Prora 1992]. O.O. 1994
Schemme, W. (Hrsg.): Literatur und Umwelt. Ein Beitrag zur geistig-kulturellen Vereinigung Deutschlands [Tagung Klingenthal/Elsaß 1993]. Hamburg 1994

Schmidt, Claudia: Rückzüge und Aufbrüche. Zur DDR-Literatur in der Gorbatschow-Ära. Frankfurt u.a. 1995

Schwilk, Heimo: Wendezeit – Zeitenwende: Beiträge zur deutschen Literatur der achtziger Jahre. Bonn 1991

Stephan, Alexander: Ein deutscher Forschungsbericht 1990/91. Zur Debatte um das Ende der DDR-Literatur und den Anfang der gesamtdeutschen Literatur. In: Germanic Review 67 (1992), H.3, S. 126–134

Stiftung Lesen/Deutscher Kulturrat (Hrsg.): Kultur im Übergang – wohin? Entwicklungstendenzen der kulturellen Infrastruktur in den fünf neuen Bundesländern von 1991 bis 1992. Mainz 1993

Von Leipzig nach Deutschland. Oktober '89/Oktober '90. Nachwort v. H. Czechowski. Leipzig 1991

Wehdeking, Volker: Die deutsche Einheit und die Schriftsteller. Literarische Verarbeitung der Wende seit 1989. Stuttgart 1995

Weskott, Martin (Hrsg.): Eine Kultur verläßt den Raum. Gehören Bücher auf den Müll? Katlenburg 1994

Wilke, Sabine: Was kommt? Eine erste exemplarische Annäherung an die Literatur der Wende. In: German Studies Review 16 (1993), H.3, S. 483–514

Williams, Arthur u.a. (Hrsg.): German Literature at a Time of Change 1989–1990. Bern u.a. 1991

Williams, A./Parkes, Stuart (Hrsg.): The Individual, Identity and Innovation. Signals from Contemporary Literature and the New Germany. Bern u.a. 1994

Zur Lage der Literatur und der Autoren in den neuen Bundesländern [Dokumentation]. In: Neue deutsche Literatur 39 (1991), H.8, S. 141 – 241

10 Monographien und Aufsätze zu einzelnen Gattungen und Problemen

a) Prosa

Batt, Kurt: Widerspruch und Übereinkunft. Aufsätze zur Literatur. Hrsg. v. F. Fühmann/K. Reich. Leipzig 1978 (S. 9–24 und 321–380)

Brandes, Ute: Zitat und Montage in der neueren DDR-Prosa. Frankfurt u.a. 1984

Die deutsche Teilung im Spiegel der Literatur. Beiträge zur Literatur und Germanistik der DDR. Hrsg. v. K. Lamers. Stuttgart 1978

Eifler, Margret: Dialektische Dynamik. Kulturpolitik und Ästhetik im Gegenwartsroman der DDR. Bonn 1976

Einhorn, Barbara: Der Roman in der DDR 1949–1969. Die Gestaltung des Verhältnisses von Individuum und Gesellschaft. Eine Analyse der Erzählstrukturen. Kronberg/Ts. 1978

Emmerich, Wolfgang: Der verlorene Faden. Probleme des Erzählens in den siebziger Jahren. In: Literatur der DDR in den siebziger Jahren. Hrsg. v. P. U. Hohendahl/P. Herminghouse. Frankfurt 1983, S. 153–192

Feitknecht, Thomas: Die sozialistische Heimat. Zum Selbstverständnis neuerer DDR-Romane. Berlin/Frankfurt 1971

Flaker, Aleksandar: Modelle der Jeans Prosa. Zur literarischen Opposition bei Plenzdorf und im östlichen Romankontext. Kronberg/Ts. 1975

Fox, Thomas C.: Border Crossings. An Introduction to East German Prose. Ann Arbor/Michigan 1993

Gerlach, Ingeborg: Der schwierige Fortschritt. Gegenwartsdeutung und Zukunftserwartung im DDR-Roman. Königstein/Ts. 1979

Grundmann, Vera-Kristin: Das geteilte Deutschland. Eine literarische Thematik im Wandel der politischen Verhältnisse dargestellt an ausgewählten Beispielen der Prosa der DDR 1949–1984. Diss. (masch.-schr.) Buffalo/N.Y. 1987

Hanke, Irma: Alltag und Politik. Zur politischen Kultur einer unpolitischen Gesellschaft. Eine Untersuchung zur erzählenden Gegenwartsliteratur in der DDR in den siebziger Jahren. Wiesbaden 1986

Herting, Helga: Geschichte für die Gegenwart. Historische Belletristik in der Literatur der DDR. Berlin (DDR) 1979

Hickethier, Knut: Bekenntnis, Kritik und Identifikation. Prosa der DDR zu Beginn der 60er Jahre. In: G. Bollenbeck u. a.: Deutsche Literaturgeschichte zwanzigstes Jahrhundert. Düsseldorf 1981, S. 105–130

Hoogeveen, Jos/Labroisse, Gerd (Hrsg.): DDR-Roman und Literaturgesellschaft. Amsterdam 1981

Jäger, Manfred: Die Gegenwartsreportage in der DDR als literarisch-publizistische Gebrauchsform. In: R. Hübner/E. Schütz (Hrsg.): Literatur als Praxis? Aktualität und Tradition operativen Schreibens. Opladen 1976, S. 96–122

Jaforte, Alessandra: Die Mauer in der literarischen Prosa der DDR. Frankfurt/New York/Bern 1992

Küntzel, Heinrich: Von Abschied bis Atemnot. Über die Poetik des Romans, insbesondere des Bildungs- u. Entwicklungsromans in der DDR. In: J. Hoogeveen/G. Labroisse (Hrsg.), S. 1–32

Mannack, Eberhard: Zwei deutsche Literaturen? Zu G. Grass, U. Johnson, H. Kant, U. Plenzdorf und C. Wolf. Kronberg/Ts. 1977

Mayer, Hans: Deutsche Literatur seit Thomas Mann. Reinbek 1968

Meyer, Barbara: Satire und politische Bedeutung. Die literarische Satire in der DDR. Eine Untersuchung zum Prosaschaffen der siebziger Jahre. Bonn 1985

Meyer-Gosau, Frauke: Bildlose Zukunft – verlorene Geschichte. Die Ankunftsliteratur zwischen 1961 und 1964 in exemplarischen Studien. Diss. (masch.-schr.) Bremen 1980

Opitz-Wiesner, Carola/Opitz, Michael: Zur Prosaliteratur der DDR in den achtziger Jahren. Einblicke und Auskünfte. Berlin u.a. 1989

Peters, Peter: »Ich Wer ist das«. Aspekte der Subjektdiskussion in Prosa und Drama der DDR (1976–1989). Frankfurt 1993

Reich-Ranicki, Marcel: Deutsche Literatur in West und Ost: Prosa seit 1945. München 1963

Risch-Kohl, Heidemarie: Das historische Subjekt und die gesellschaftliche Perspektive in der Literatur der DDR nach dem VI. Parteitag der SED. Diss. (masch.-schr.) FU Berlin 1979

Röhner, Eberhard: Abschied, Ankunft und Bewährung. Entwicklungsprobleme unserer sozialistischen Literatur. Berlin (DDR) 1969

Rossade, Werner: Literatur im Systemwandel. Zur ideologiekritischen Analyse künstlerischer Literatur aus der DDR. 2 Bde. Bern/Frankfurt 1982

Schenkel, Michael: Fortschritts- und Modernitätskritik in der DDR-Literatur. Prosatexte der achtziger Jahre. Tübingen 1994

Schlenstedt, Dieter: Die neuere DDR-Literatur und ihre Leser. Wirkungsästhetische Analysen. München 1980 (Berlin [DDR] 1979)

Schregel, Friedrich-H.: Die Romanliteratur der DDR. Erzähltechniken, Leserlenkung, Kulturpolitik. Opladen 1991

Schröder, Hans Joachim: Interviewliteratur zum Leben in der DDR. Das narrative Interview als biographisch-soziales Zeugnis zwischen Wissenschaft und Literatur. In: Internationales Archiv für Sozialgeschichte der deutschen Literatur 20 (1995), H.1, S. 67–115

Staadt, Jochen: Konfliktbewußtsein und sozialistischer Anspruch in der DDR-Literatur. Zur Darstellung gesellschaftlicher Widersprüche in Romanen nach dem VIII. Parteitag der SED 1971. Berlin (West) 1977

Taschner, Winfried: Tradition und Experiment. Erzählstrukturen und -funktionen des Bildungsromans in der DDR-Aufbauliteratur. Stuttgart 1981

Tate, Dennis: The East German Novel. Identity, Community, Continuity. Bath/ Great Britain 1984

Töpelmann, Sigrid: Autoren – Figuren – Entwicklungen. Zur erzählenden Literatur in der DDR. Berlin Weimar 1975

Weisbrod, Peter: Literarischer Wandel in der DDR. Untersuchungen zur Entwicklung der Erzählliteratur in den 70er Jahren. Heidelberg 1980

Wienroeder-Skinner, Dagmar: Aspekte der Zweistaatlichkeit in deutscher Prosa der achtziger Jahre. Heidelberg 1993

Williams, Arthur u.a. (Hrsg.): Literature on the Threshold (s. unter 9.e)

b) Theater, Kabarett

Baumgarten, Jürgen: Volksfrontpolitik auf dem Theater (s. unter 9.a)

Braun, Matthias: Drama um eine Komödie [Heiner Müllers »Die Umsiedlerin«] (s. unter 9.b)

Buddecke, Wolfram/Fuhrmann, Helmut: Das deutschsprachige Drama seit 1945. München 1981 (zur DDR S. 243–325)

Daiber, Hans: Deutsches Theater seit 1945. Stuttgart 1976

Fiebach, Joachim u.a.: Theater in der DDR. Chronik und Positionen. Berlin 1994

Flood, John L. (Hrsg.): Kurz bevor der Vorhang fiel. Zum Theater der DDR. Amsterdam u.a. 1990

Hösch, Rudolf: Kabarett von gestern und heute. 19331970. Berlin (DDR) 1972 (zur DDR S. 207–429)

Kähler, Hermann: Gegenwart auf der Bühne. Die sozialistische Wirklichkeit in den Bühnenstücken der DDR von 1956 bis 1963/64. Berlin (DDR) 1966

Klatt, Gudrun: Arbeiterklasse und Theater. Agitprop-Tradition – Theater im Exil – Sozialistisches Theater. Berlin (DDR) 1975

Klunker, Heinz: Zeitstücke und Zeitgenossen. Gegenwartstheater in der DDR. Hannover 1972. Überarb. Fassung München 1975

Lederer, Herbert: Handbook of East German Drama 1945–1985. DDR Drama Handbuch. New York u.a 1987

Lennartz, Knut: Vom Aufbruch zur Wende. Theater in der DDR. Köln 1992

Link, Jürgen: Von der Spaltung zur Wiedervereinigung der deutschen Literatur? (Überlegungen am Beispiel des Produktionsstücks). In: Jahrbuch zur Literatur in der DDR 1 (1980), S. 59–78

Maczewski, Johannes: Der adaptierte Held. Untersuchungen zur Dramatik in der DDR. Bern u.a. 1978

Mennemaier, Franz Norbert: Modernes deutsches Drama – Kritiken und Charakteristiken. Bd. 2: 1933 bis zur Gegenwart. München 1975

»mir ist in den 80er Jahren kein DDR-Theater bekannt ...«. Dokumentationsgespräche, Materialien, Anmerkungen. Hrsg. v. H. Arlt/U. Bischof. Frankfurt u.a. 1993

Peters, Peter: »Ich Wer ist das« (s. unter 10 a)

Pietzsch, Ingeborg: Werkstatt Theater. Gespräche mit Regisseuren. Berlin (DDR) 1975

Pikulik, Lothar u.a. (Hrsg.): Deutsche Gegenwartsdramatik. 2 Bde. Göttingen 1987

Poulsen, Steen Klitgård: Teater i DDR. Aalborg 1985

Profitlich, Ulrich (Hrsg.): Dramatik der DDR. Frankfurt 1987

Reichel, Peter: Auskünfte. Beiträge zur neueren DDR-Dramatik. Prozesse-Probleme-Positionen. Berlin (DDR) 1989

Reichel, Peter: Signaturen und Lesarten. Zur Dramatik der jungen Autorengeneration. Halle/Leipzig 1989

Schivelbusch, Wolfgang: Sozialistisches Drama nach Brecht. Drei Modelle: Peter Hacks – Heiner Müller – Hartmut Lange. Darmstadt/ Neuwied 1974

Schröder, Jürgen: Geschichtsdramen. Die »deutsche Misere« – von Goethes Götz bis Heiner Müllers Germania? Tübingen 1994
Theater heute. Jahrbuch 1988. Velbert 1988. Teil II: Glasnost im DDR-Theater? (S. 10–59)
Theater in der Zeitenwende. Zur Geschichte des Dramas und des Schauspieltheaters in der DDR 1945–1968. Hrsg. v. W. Mittenzwei. 2 Bde. Berlin (DDR) 1972
Theaterbilanz. Hrsg. v. C. Funke u.a. Berlin (DDR) 1971
Weber, Jochen: Das Theater in der sowjetischen Besatzungszone. Hrsg. v. Bundesministerium für gesamtdeutsche Fragen. Bonn 1955
Weber, Ralf (Hrsg.): Deutsches Drama der 80er Jahre. Frankfurt 1992
Werkstatt Theater. Gespräche mit Regisseuren. Berlin (DDR) 1975
Zeitgenössische sozialistische Dramatik auf dem Theater der DDR- Positionen und Entwicklungen. Versuch einer Bestandsaufnahme. Berlin (DDR) 1975

c) Lyrik

Berendse, Gerrit-Jan: Die »Sächsische Dichterschule«. Lyrik in der DDR der sechziger und siebziger Jahre. Frankfurt u.a. 1990
Breuer, Dieter (Hrsg.): Deutsche Lyrik nach 1945. Frankfurt 1987
Cosentino, Christine u.a. (Hrsg.): DDR-Lyrik im Kontext. Amsterdam 1988
Deisler, Guillermo/Kowalski, Jörg (Hsrg.): wortBILD. Visuelle Poesie in der DDR. Halle/Leipzig 1990
Emmerich, Wolfgang: [Die Lyrik der] Deutsche[n] Demokratische[n] Republik. In: Geschichte der deutschen Lyrik vom Mittelalter bis zur Gegenwart. Hrsg. v. W. Hinderer. Stuttgart 1983, S. 576–604
Endler, Adolf: DDR-Lyrik Mitte der Siebziger. Fragment einer Rezension. In: Amsterdamer Beiträge zur Neueren Germanistik 7 (1978), S. 67–96
Endler, Adolf: Den Tiger reiten: Aufsätze, Polemiken und Notizen zur Lyrik der DDR. Frankfurt 1990
Flood, James L. (Hrsg.): Ein Moment des erfahrenen Lebens. Zur Lyrik der DDR. Amsterdam 1987
Flores, John: Poetry in East Germany. New Haven/Connecticut 1971
Franz, Michael: Zur Geschichte der DDR-Lyrik. In: Weimarer Beiträge 15 (1969), S. 561–619, 763–810 und 1166–1228
Hähnel, Ingrid/Klaus-Dieter: Junge Lyrik am Ende der siebziger Jahre. In: Weimarer Beiträge 27 (1981), H.9, S. 127–153
Hartmann, Anneli: Der Generationenwechsel – ein ästhetischer Wechsel? Schreibweisen und Traditionsbezüge in der jüngsten DDR-Lyrik. In: Jahrbuch zur Literatur in der DDR 4 (1985), S. 104–135
Hartmann, A.i: Lyrik-Anthologien als Indikatoren des literaturgesellschaftlichen Prozesses in der DDR (1949–1971). Frankfurt/Bern 1983
Hartmann, A.: Schreiben in der Tradition der Avantgarde. Neue Lyrik in der DDR. In: DDR-Lyrik im Kontext. Hrsg. v. C. Cosentino u.a. Amsterdam 1988, S. 1–38
Hartung, Harald: Deutsche Lyrik seit 1965. Tendenzen, Beispiele, Porträts. München 1985
Heukenkamp, Ursula: Kunstbewußtsein und geistige Strenge. Zur Entwicklung der Lyrik in der DDR der siebziger Jahre. In: Literatur der DDR in den siebziger Jahren. Hrsg. v. P.U. Hohendahl/P. Herminghouse. Frankfurt 1983, S. 82–113
Jendryschik, Manfred: Lokaltermine – Notate zur zeitgenössischen Lyrik. Halle/S. 1974
Knörrich, Otto: Die deutsche Lyrik der Gegenwart 1945–1970. Stuttgart 1971
Korte, Hermann: Geschichte der deutschen Lyrik seit 1945. Stuttgart 1989
Labroisse, Gerd/Visser, Anthonya: Im Blick behalten: Lyrik der DDR. Amsterdam/Atlanta 1994

Labroisse, Gerd: Neue Positionen in der DDR-Lyrik der 80er Jahre? In: The GDR in the 1980s. Hrsg. v. I. Wallace. Dundee 1984, S. 101–120

Laschen, Gregor: Lyrik in der DDR. Literatur und Reflexion. Frankfurt 1971

Lermen, Birgit H./Loewen, Matthias: Lyrik aus der DDR. Exemplarische Analysen. Paderborn 1987

Lyrik – Blick über die Grenzen. Gedichte und Aufsätze des 2. Lyrikertreffens in Münster. Hrsg. v. L. Jordan u.a. Frankfurt 1984

Lyrik – Erlebnis und Kritik. Gedichte und Aufsätze des 3. und 4. Lyrikertreffens in Münster. Hrsg. v. L. Jordan u. a. Frankfurt 1988

Lyrik – von allen Seiten. Gedichte und Aufsätze des 1. Lyrikertreffens in Münster. Hrsg. v. L. Jordan u.a. Frankfurt 1981

Lyriker im Zwiegespräch. Traditionsbeziehungen im Gedicht. Hrsg. v. I. Hähnel. Berlin/Weimar 1981

Olschner, Leonard: Verhinderte Heimkehr (s. unter 9.a)

Richter, Hans: Verse, Dichter, Wirklichkeiten. Aufsätze zur Lyrik. Berlin/Weimar 1970

Schwarz-Scherer, Marianne: Subjektivität in der Naturlyrik der DDR (1950–1970). Frankfurt 1992

Visser, Anthonya: Blumen ins Eis. Lyrische und literaturkritische Innovationen in der DDR. Zum kommunikativen Spannungsfeld ab Mitte der 60er Jahre. Amsterdam/Atlanta 1994

Weisbach, Reinhard: Menschenbild, Dichter und Gedicht. Aufsätze zur deutschen sozialistischen Lyrik. Berlin/Weimar 1972

Wolf, Gerhard: Deutsche Lyrik nach 1945. Berlin (DDR) 1965

Wolf, Gerhard: im deutschen Dichtergarten. Lyrik zwischen Mutter Natur und Vater Staat. Ansichten und Porträts. Darmstadt/Neuwied 1985

Wolf, Gerhard: Wortlaut Wortbruch Wortlust. Dialog mit Dichtung. Aufsätze und Vorträge. Leipzig 1988

d) Hörspiel, Fernsehspiel, Literatur und Film

Bolik, Sibylle: Das Hörspiel in der DDR. Themen und Tendenzen. Frankfurt u.a. 1994

Film in der DDR. München 1977

Gersch, Wolfgang: Film in der DDR. In: W. Jacobsen u.a. (Hrsg.): Geschichte des deutschen Films. Stuttgart/Weimar 1993, S. 323–364

Hametner, Michael: Geschichten für das Hörspiel. Zur Entwicklung des Genres in der Mitte der achtziger Jahre. In: DDR-Literatur '87 im Gespräch. Hrsg. v. S. Rönisch. Berlin/Weimar 1988, S. 108–127

Hickethier, Knut: Das DDR-Fernsehspiel der sechziger Jahre. Das DDR-Fernsehspiel in den siebziger Jahren. In: Tendenzen der deutschen Gegenwartsliteratur. Hrsg. v. T. Koebner. 2. neuverf. Aufl. Stuttgart 1984, S. 405–412 und S. 430 bis 433

Jacobsen, Wolfgang u.a. (Hrsg.): Geschichte des deutschen Films. Stuttgart/Weimar 1993 (darin: Gersch, Wolfgang: Film in der DDR, S.323–364)

Lingenberg, Jörg: Das Fernsehspiel in der DDR. Ein Beitrag zur Erforschung künstlerischer Formen marxistisch-leninistischer Publizistik. München-Pullach 1968

Münz-Koenen, Ingeborg: Fernsehdramatik. Experimente – Methoden – Tendenzen. Ihre Entwicklung in den sechziger Jahren. Berlin (DDR) 1974

e) Unterhaltungsliteratur

Albrecht, Richard: »Leseland« DDR – Einblicke in eine deutsche »Literaturgesellschaft«. Leseverhalten – Lektüreinteressen – Leseerfahrungen. In: Bertelsmann Briefe, H.115 (Juli 1984), S. 15–24

Albrecht, R.: Das Bedürfnis nach echten Geschichten. Zur zeitgenössischen Unterhaltungsliteratur in der DDR. Frankfurt u.a. 1987

Bouvier, Arwed: Zur Theorie der sozialistischen Unterhaltungsliteratur. Diss. (masch.-schr.) Greifswald 1971

Die Science-fiction der DDR. Autoren und Werke. Ein Lexikon. Hrsg. v. E. Simon/O.R. Spittel. Berlin (DDR) 1988

Doderer, Klaus (Hrsg.): Zwischen Trümmern und Wohlstand. Literatur der Jugend 1945–1960. Weinheim/Basel 1988 (Zur Kinder- und Jugendliteratur der DDR, S. 190–207, 465–477 und 580–585)

Dworak, Anselm: Der Kriminalroman der DDR. Marburg 1974

Friedrich, Hans-Edwin: Science Fiction in der deutschsprachigen Literatur. Ein Referat zur Forschung bis 1993. Tübingen 1995

Gaida, Edith: Studien zur belletristischen Heftreihenliteratur der DDR von 1949–1968. Diss. (masch.-schr.) PH Potsdam 1973

Gerber, Margy: Old Shatterhand Rides Again? The Rehabilitation of Karl May in the GDR. In: Studies in GDR Culture and Society 5. Hrsg. v. M. Gerber u.a. Lanham u.a. 1985, S. 237–250

Handloik, Volker (Hrsg.): Leichtmetall. Comics in der DDR. Eine Dokumentation. Berlin 1990

Heidtmann, Horst: Utopisch-phantastische Literatur in der DDR. Untersuchungen zur Entwicklung eines unterhaltungsliterarischen Genres von 1945–1979. München 1982

Höhle, Thomas/Sommer, Dietrich (Hrsg.): Hallesche Studien zur Wirkung von Sprache und Literatur. Halle/S. 1980

Labroisse, Gerd: Neuanfang und neue Tradition. Heftreihenliteratur in der DDR. In: Akten des VII. Internationalen Germanistenkongresses 1985. Bd. 10. Tübingen 1986, S. 147–154

Löffler, Dietrich: Literatursoziologische Forschung in der DDR. In: Connaissance de la RDA Nr. 12 (Mai 1981), S. 87–112

Mager, Hasso: Krimi und crimen. Zur Moral der Unmoral. 2. überarbeitete Aufl. Halle/S. 1979

Mallinckroth, Anita M.: Das kleine Massenmedium. Soziale Funktion und politische Rolle der Heftreihenliteratur in der DDR. Köln 1984

Sommer, Dietrich u.a.: Funktion und Wirkung. Soziologische Untersuchungen zur Literatur und Kunst. Berlin/Weimar 1978

Sozialistische Kinder- und Jugendliteratur der DDR. Ein Abriß zur Entwicklung von 1945 bis 1975. Von F. Wallesch u.a. Berlin (DDR) 1977

Tatbestand. Ansichten zur Kriminalliteratur der DDR 1947–1986. Bearbeitet v. R. Hillich. Berlin (DDR) 1989

Walter, Achim und Isolde: Sozial bedingte literarisch-ästhetische Bedürfnisse als Dispositionen des Leseverhaltens. Diss. (masch..-schr.) Halle/S. 1977

Weimann, Robert: Funktion und Niveau der Unterhaltung in den Künsten. In: Sinn und Form 38 (1986), H.2, S. 230–242

f) Literarische Öffentlichkeit und Zensur

Albrecht, Richard: »Literaturgesellschaft« DDR. Leseverhalten, Lektüreinteressen und Leseerfahrung. In: Aus Politik und Zeitgeschichte. Beilage zu Das Parlament vom 7.7.1984, S.17–26

Apitzsch, Ursula: Das Verhältnis von künstlerischer Autonomie und Parteilichkeit in der DDR. In: Autonomie der Kunst, Genese und Kritik einer bürgerlichen Kategorie. Von M. Müller u.a. Frankfurt 1972, S. 254–294

Berbig, Roland u.a. (Hrsg.): In Sachen Biermann. Protokolle, Berichte und Briefe zu den Folgen einer Ausbürgerung. Berlin 1994

Bilke, Jörg Bernhard: Planziel Literaturgesellschaft oder Gibt es zwei Literaturen? In: Aus Politik und Zeitgeschichte. Beilage zu Das Parlament vom 18.12. 1971, S. 2–37

Bloch, Peter Andre (Hrsg.): Gegenwartsliteratur (s. unter 2.a)

Bock, Stephan: Literatur Gesellschaft Nation. Materielle und ideelle Rahmenbedingungen der frühen DDR-Literatur (1949–1956). Stuttgart 1980

Braun, Matthias (Hrsg.): Drama um eine Komödie [Heiner Müller, »Die Umsiedlerin«] (s. unter 9.c)

Bunge, Hans: Die Debatte um Hanns Eislers »Johann Faustus«. Eine Dokumentation. Berlin 1994;

Darnton, Robert: Die Sicht des Zensors. In: Ders.: Der letzte Tanz auf der Mauer (s. unter 6.b), S. 138–149

Deppe, Jürgen: Literaturinstitut Johannes R. Becher. In: Literatur in der DDR. Rückblicke (= Text+Kritik Sonderband). München 1991, S. 63–71

Erbe, Günter: Schriftsteller in der DDR. Eine soziologische Untersuchung (s. u. 6.a)

Fischer, Toralf: Lesen im gesellschaftlichen Umbruch. Untersuchungen zum Kauf- und Leseverhalten in der DDR vor und nach der Wiedervereinigung (=Archiv für Soziologie und Wirtschaftsfragen des Buchhandels), 1993, H. 1

Geschichtskommission des Verbandes deutscher Schriftsteller (Hrsg.): Die Biermann-Ausbürgerung und die Schriftsteller. Ein deutsch-deutscher Fall. Köln 1994

Göhler, Helmut u.a.: Leseland DDR: Ein Mythos und was davon bleiben wird. In: Media Perspektiven 1990, H.7, S. 438–454

Göhler, H./Lindner, Bernd/Löffler, Dietrich (Hrsg.): Buch – Lektüre – Leser. Erkundungen zum Lesen. Berlin/Weimar 1989

Hannemann, Joachim u.a.: Literatur im Selbstverständnis. Zur Verständigungsdebatte der Schriftsteller über die Funktion und die Aufgaben der Literatur in der DDR (1949–1969). In: Weimarer Beiträge 23 (1977), H.10, S. 161–182

Das Haus in der Französischen Straße. Vierzig Jahre Aufbau-Verlag. Ein Almanach. Berlin und Weimar 1985

Heukenkamp, Ursula (Hrsg.): Unerwünschte Erfahrung (s. unter 9.a)

Höpcke, Klaus: Chancen der Literatur. Werte des Lebens und unserer Bücher. Halle/Leipzig 1986

Höpcke, Klaus: Probe für das Leben. Literatur in einem Lese-Land. Halle/Leipzig 1982

Jäger, Andrea: Schriftsteller-Identität und Zensur. Über die Bedingungen des Schreibens im »realen Sozialismus«. In: Literatur in der DDR. Rückblicke (= Text+Kritik Sonderband). München 1991. S. 137–148

Jäger, Manfred: Sozialliteraten. Funktion und Selbstverständnis der Schriftsteller in der DDR. Düsseldorf 1973

Jarmatz, Klaus: Kritik in der Zeit. Vorwort zu: Kritik in der Zeit. Hrsg. v. K.J. Halle/S. 1970, S. 13–84

Jegensdorf, Lothar: Kulturpolitik und literarische Zensur in der DDR. In: Aus Politik und Zeitgeschichte. Beilage zu Das Parlament vom 15.11. 1980, S. 21–36

Johnson, Uwe: Begleitumstände. Frankfurter Vorlesungen [= 20 Jahre Erfahrungen im Schriftstellerberuf]. Frankfurt 1980

Kahlschlag (s. unter 2.a)

Kaufmann, Eva und Hans: Erwartung und Angebot. Studien zum gegenwärtigen Verhältnis von Literatur und Gesellschaft in der DDR. Berlin (DDR) 1976

Klein, Alfred: Werkstatt-Charakter oder ideologische Repression? In: Sinn und Form 42 (1990), H.3, S. 467–478

Koch, Hans: Unsere Literaturgesellschaft. Kritik und Polemik. Berlin (DDR) 1965

Köhler-Hausmann, Reinhild: Literaturbetrieb in der DDR. Schriftsteller und Literaturinstanzen. Stuttgart 1984

Kultur und Kunst in der DDR seit 1970. Hrsg. v. H. Gassner/E. Gillen. Gießen 1977

Lehmann, Joachim: Vom ›gesunden Volksempfinden‹ zur Utopie. Literaturkritik der DDR im Spannungsfeld von Zensur und Literatur. In: Literatur in der DDR. Rückblicke (= Text + Kritik Sonderband). München 1991, S. 117–126

Leseerfahrung – Lebenserfahrung. Literatursoziologische Untersuchungen. Hrsg. v. D. Sommer u.a. 2. Aufl. Berlin/Weimar 1986

Lindner, Bernd: Funktionswandel von Literatur und Lesen. Umbrüche im Leseverhalten Jugendlicher in den neuen Bundesländern. In: Internationales Archiv für Sozialgeschichte der deutschen Literatur 18 (1993), H.2, S. 145–160

Loest, Erich: Der vierte Zensor. Vom Entstehen und Sterben eines Romans in der DDR. Köln 1984

Loest, Erich: Der Zorn des Schafes. Aus meinem Tagewerk. Künzelsau/Leipzig 1990

Lucchesi, Joachim: Das Verhör in der Oper. Die Debatte um Brecht/Dessaus »Lukullus«. Berlin 1992

Mayer-Burger, Reinhard: Entwicklung und Funktion der Literaturpolitik der DDR. 2. Aufl. München 1986

Mix, York-Gothart (Hrsg.): »Ein Oberkunze darf nicht vorkommen«. Materialien zur Publikationsgeschichte und Zensur des Hinze-Kunze-Romans von Volker Braun. Wiesbaden 1993

Naumann, Manfred u.a.: Gesellschaft – Literatur – Lesen. Literaturrezeption in theoretischer Sicht. Berlin/Weimar 1973

Oswald, Horst: Literatur, Kritik und Leser. Eine literatursoziologische Untersuchung. Berlin (DDR) 1969

Protokoll eines Tribunals (s. unter 2.a)

Roos, Peter (Hrsg.): Exil. Die Ausbürgerung Wolf Biermanns aus der DDR. Köln 1977

Ruiss, Gerhard/Vyoral, Johannes A.: Der Zeit ihre Kunst – der Kunst ihre Freiheit: Der Freiheit ihre Grenzen? Zensurversuche und -modelle der Gegenwart. Wien 1990

Rüther, Günther (Hrsg.): Kulturbetrieb und Literatur in der DDR. Köln 1987

Rüther, G.: »Greif zur Feder, Kumpel«. Schriftsteller, Literatur und Politik in der DDR 1949–1990. Düsseldorf 1991

Rüther, G.: Zwischen Anpassung und Kritik. Literatur im real existierenden Sozialismus der DDR. Melle 1989

Sauermann, Eberhard: Fühmanns Trakl-Essay – das Schicksal eines Buches. Zur Autorisation der Ausgabe in der DDR und der BRD. Frankfurt 1992

Schlenstedt, Dieter: Die neuere DDR-Literatur und ihre Leser (s. unter 10.a)

Schmidt, Ulrich: Abschied von der »Literaturgesellschaft«? Anmerkungen zu einem Begriff. In: Literatur in der DDR. Rückblicke (= Text + Kritik Sonderband). München 1991, S. 45– 52

Schröder, Jürgen: Literatur als Ersatzöffentlichkeit? Gesellschaftliche Probleme im Spiegel der Literatur. In: G. Meyer/J. Schröder (Hrsg.): DDR heute. Wandlungstendenzen und Widersprüche einer sozialistischen Industriegesellschaft. Tübingen 1988, S. 109–129

Sommer, Dietrich u. a.: Funktion und Wirkung (s. unter 10.e)

Sozialistischer Realismus. Positionen, Probleme, Perspektiven. Eine Einführung. Hrsg. v. E. Pracht/W. Neubert. Berlin (DDR) 1970

Weimann, Robert: Kunst und Öffentlichkeit in der sozialistischen Gesellschaft. Zum Stand der Vergesellschaftung künstlerischer Verkehrsformen. In: Sinn und Form 31 (1979), H.2, S. 214– 243

Wurm, Carsten: 150 Jahre Rütten & Loening. ...mehr als eine Verlagsgeschichte. 1844–1994. Berlin 1994

Wurm, C.: Jeden Tag ein Buch. 50 Jahre Aufbau-Verlag 1945–1995. Berlin 1995

Zensur in der DDR. Geschichte, Praxis und ›Ästhetik‹ der Behinderung von Literatur. Ausstellungsbuch. Hrsg. v. E. Wichner/H. Wiesner. Berlin 1991
Zensur und Kultur. Zwischen Weimarer Klassik und Weimarer Republik mit einem Ausblick bis heute. Hrsg. v. J. A. McCarthy/W. von der Ohe. Tübingen 1995
Zipser, Richard (Hrsg.): Fragebogen: Zensur. Zur Literatur vor und nach dem Ende der DDR. Leipzig 1995

g) Literatur und Staatssicherheit

Behnke, Klaus/Fuchs, Jürgen (Hrsg.): Zersetzung der Seele. Psychologie und Psychiatrie im Dienste der Stasi. Hamburg 1995
Bürgerkomitee Leipzig (Hrsg.): Stasi intern. Macht und Banalität. Leipzig 1990
Corino, Karl (Hrsg.): Die Akte Kant – IM »Martin«. Die Stasi und die Literatur in Ost und West. Reinbek 1995
Feinderklärung. Literatur und Staatssicherheit. Hrsg. v. H. L. Arnold (= Text +Kritik, H.120) München 1993
Fricke, Karl Wilhelm: MfS intern. Macht, Strukturen, Auflösung der DDR-Staatssicherheit. Köln 1991
Fuchs, Jürgen: »...und wann kommt der Hammer?« Psychologie, Opposition und Staatssicherheit. Berlin 1990
Fuchs, J.: Landschaften der Lüge. In: Der Spiegel, Nr. 47–51. 1991
Gill, David/Schröter, Ulrich: Das Ministerium für Staatssicherheit. Anatomie des Mielke-Imperiums. Berlin 1991
Krone, Tina u.a.: Wenn wir unsere Akten lesen. Handbuch zum Umgang mit den Stasi-Unterlagen. Berlin 1992
Kukutz, Irena/Havemann, Katja: Geschützte Quelle. Gespräche mit Monika H. alias Karin Lenz. Berlin 1994
Kunze, Reiner: Deckname »Lyrik«. Eine Dokumentation. Frankfurt 1990
Loest, Erich: Die Stasi war mein Eckermann oder: Mein Leben mit der Wanze. Göttingen 1991
MachtSpiele. Literatur und Staatssicherheit im Fokus Prenzlauer Berg. Hrsg. v. P. Böthig/K. Michael. Leipzig 1993
Michael, Klaus: Feindbild Literatur. Die Biermann-Affäre, Staatssicherheit und die Herausbildung einer literalen Alternativkultur in der DDR. In: Aus Politik und Zeitgeschichte. Beilage zu Das Parlament vom 28.5.1993, S. 23–31
Mitter, Armin/Wolle, Stefan (Hrsg.): »Ich liebe euch doch alle!« Befehle und Lageberichte des MfS. Januar bis November 1989. Berlin 1990
Mitter, A./Wolle, S. (Hrsg.): Die Ohnmacht der Allmächtigen. Geheimdienste und politische Polizei in der modernen Gesellschaft. Berlin 1992
Radisch, Iris: Die Krankheit Lüge. Die Stasi als sicherer Ort: Sascha Anderson und die Staatssicherheit. In: Die Zeit vom 24.7.1992
Schädlich, Hans Joachim (Hrsg.): »Aktenkundig«. Mit Beiträgen von Wolf Biermann, Jürgen Fuchs u.a. Berlin 1992
Schedlinski, Rainer: Die Unzuständigkeit der Macht. In: Neue deutsche Literatur 40 (1992), H.6, S. 75–105
Schlesinger, Klaus: Macht, Literatur, Staatssicherheit. In: H.L. Arnold (Hrsg.): Feinderklärung. Literatur und Staatssicherheitsdienst. München 1993, S. 29–35
Sinakowski, Andreas: Das Verhör. Berlin 1991
Stasi, KGB und Literatur. Beiträge und Erfahrungen aus Rußland und Deutschland. Hrsg. v. der Heinrich-Böll-Stiftung. Köln 1994
Stasi-Sachen 1–6. = Reihe europäische ideen. Hrsg. v. A.W. Mytze. Berlin Nr. 76 (1991), 77 (1991), 81 (1992), 84 (1993), 91 (1994), 96 (1995)
Vinke, Hermann (Hrsg.): Akteneinsicht Christa Wolf. Zerrspiegel und Dialog. Eine Dokumentation. Hamburg 1993

Walther, Joachim/Prittwitz, Gesine von: Staatssicherheit und Schriftsteller. Bericht zum Forschungsprojekt. BF informiert 2/1993 (= Reihe der Abtlg. Bildung und Forschung der Gauck-Behörde Berlin)

Walther, J.: Mielke und die Musen. DDR-Literatur und Staatssicherheit. Bericht vor der Enquete-Kommission des Deutschen Bundestages am 4. Mai 1993 in Berlin; in: Aufarbeitung von Geschichte und Folgen der SED-Diktatur; vgl. 2.a)

h) Literarische Intelligenz/»deutscher Literaturstreit«

Anz, Thomas (Hrsg.): »Es geht nicht um Christa Wolf«. Der Literaturstreit im vereinten Deutschland. München 1991

Baumgart, Reinhard: Der neudeutsche Literaturstreit. Anlaß, Verlauf, Vorgeschichte, Folgen. In: Vom gegenwärtigen Zustand der deutschen Literatur (= Text + Kritik, H.113). München 1992, S. 72–85

Bergsdorf, Wolfgang: Literatur und Politik in Deutschland. Zur Traditionalität und Aktualität eines Dauerkonflikts. Bonn 1992

Bialas, Wolfgang: Vom unfreien Schweben zum freien Fall. Ostdeutsche Intellektuelle im gesellschaftlichen Umbruch. Frankfurt 1995

Bohrer, Karl Heinz: Kulturschutzgebiet DDR? In: Merkur 45 (1991), H.500, S. 1015–1018

Deiritz, Karl/Krauss, Hannes (Hrsg.): Der deutsch-deutsche Literaturstreit oder »Freunde, es spricht sich schlecht mit gebundener Zunge«. Analysen und Materialien. Hamburg/Zürich 1991

Dichter und ihre Nation. Hrsg. v. H. Scheuer. Frankfurt 1993

Domdey, Horst: DDR-Literatur als Literatur der Epochenillusion. In: Die DDR im vierzigsten Jahr (= 22. Tagung zum Stand der DDR-Forschung in der Bundesrepublik. 16. bis 19. Mai 1989). Köln 1989, S. 137–148

Domdey, H.: Die DDR als Droge. Wie kritisch war DDR-Literatur? In: DeutschlandArchiv 26 (1993). H.2, S.161–169

Dubiel, Helmut: Linke Trauerarbeit. In: Merkur Nr. 496 (= H.6/1990), S. 482–491

Emmerich, Wolfgang: Zwischen Hypertrophie und Melancholie. Die literarische Intelligenz der DDR im historischen Kontext. In: Universitas 48 (1993). H.8, S. 778–792

Enzensberger, Hans Magnus: Gangarten. Nachtrag zur Utopie. In: Frankfurter Allgemeine Zeitung vom 19.5. 1990

Furet, François: Le passé d'une illusion. Essai sur l'idée communiste au XXième siècle. Paris 1995

Gann, Lewis H.: German Unification and the Left-Wing-Intelligentsia; A Response. In: German Studies Review 15 (1992), H.1, S. 99–110

Giesen, Bernhard: Die Intellektuellen und die Nation. Eine deutsche Achsenzeit. Frankfurt 1993

Goodbody, Axel/Tate, Dennis (Hrsg.): Geist und Macht. Writers and the State in the GDR. Amsterdam/Atlanta 1992

Grimm, Reinhold: The Travails of the Plains: On some Consequences of German Unification. In: German Studies Review 25 (1992). H. 1, S.87–98

Grunenberg, Antonia: Das Ende der Macht ist der Anfang der Literatur. Zum Streit um die SchriftstellerInnen in der DDR. In: Aus Politik und Zeitgeschichte. Beilage zu Das Parlament vom 26.10.1990, S. 17–26

Hahn, H. J. (Hrsg.): Germany in the 1990s. Amsterdam/Atlanta 1995

Heider, Magdalena/Thöns, Kerstin (Hrsg.): SED und Intellektuelle in der DDR der fünfziger Jahre. Kulturbundprotokolle. Köln 1990

Henrich, Dieter: Nach dem Ende der Teilung. Über Identität und Intellektualität in Deutschland. Frankfurt 1993

Irrlitz, Gerd: Ankuft der Utopie. In: Sinn und Form 42 (1990), H.5, S. 930–955
Kersten, Heinz: Aufstand der Intellektuellen. Wandlungen in der kommunistischen Welt. Ein dokumentarischer Bericht. Stuttgart 1957
Kiesel, Helmuth: Die Intellektuellen und die deutsche Einheit. In: Die Politische Meinung 36 (1991), H.264, S.49–62
Korte, Karl-Rudolf: Über Deutschland schreiben. Schriftsteller sehen ihren Staat. München 1992
Kultur und Macht. Deutsche Literatur 1949–1989 (Katalog). Bielefeld 1992
Land, Rainer/Possekel, Ralf (Hrsg.): Namenlose Stimmen waren uns voraus. Politische Diskurse von Intellektuellen aus der DDR
Langguth, Gerd (Hrsg.): Autor, Macht, Staat. Literatur und Politik in Deutschland. Ein notwendiger Dialog. Düsseldorf 1994
Lepenies, Wolf: Aufstieg und Fall der Intellektuellen in Europa. Frankfurt/New York 1992
MachtApparatLiteratur. Literatur und »Stalinismus«. Hrsg. v. H.L. Arnold/ F. Meyer-Gosau (= Text + Kritik, H.108). München 1990
Meyer, Martin (Hrsg.): Intellektuellendämmerung? Beiträge zur neuesten Zeit des Geistes. München 1992
Mohr, Heinrich: Mein Blick auf die Literatur in der DDR. In: Aus Politik und Zeitgeschichte. Beilage zu Das Parlament vom 11.3. 1994, S. 12–22
Naumann, Michael (Hrsg.): Die Geschichte ist offen. DDR 1990: Hoffnung auf eine neue Republik. Schriftsteller aus der DDR über die Zukunftschancen ihres Landes. Reinbek 1990
Noack, Paul: Deutschland, deine Intellektuellen. Die Kunst, sich ins Abseits zu stellen. Stuttgart/München 1991
Rühle, Jürgen: Literatur und Revolution. Die Schriftsteller und der Kommunismus in der Epoche Lenins und Stalins. Köln 1988 (1. Aufl. 1960)
Schneider, Peter: Extreme Mittellage. Eine Reise durch das deutsche Nationalgefühl. Reinbek 1990
The Christa Wolf Controversy [Beiträge von C. Zehl Romero, T. Hörnigk, P. Ronman, A. Kuhn, M. Fries, D. Sevin]. In: GDR Bulletin 17 (1991), H. 1, S. 1–18
Vogt, Jochen: »Erinnerung ist unsere Aufgabe«. Über Literatur, Moral und Politik 1945–1990. Opladen 1991
Wilke, Manfred/Noll, Chaim: Anerkennungsliteratur. Der Beitrag von Stephan Hermlin, Hermann Kant, Anna Seghers und Christa Wolf zur SED-Deutschlandpolitik 1969–1982. Berlin 1991 (Mskr.-Druck)
Winckler, Lutz: Der Geist an die Macht? ›Kulturnation‹ und intellektueller Hegemonieanspruch. In: M. Gangl/H. Roussel (Hrsg.): Les intellectuels et l'état sous la Republique de Weimar. Rennes 1993, S. 219.232
Woods, Roger: Public Judgement versus Private Reflection: Critical East German Intellectuals as Interpreters of the Past. In: Re-assessing the GDR. Hrsg. v. J.H. Reid. Amsterdam/Atlanta 1994, S. 101–114
Zimmermann, Hans Dieter: Der Wahnsinn des Jahrhunderts. Die Verantwortung der Schriftsteller in der Politik. Stuttgart u.a. 1992

i) Ästhetik, Literaturtheorie, Literaturwissenschaft, Literaturkritik

Ästhetik heute. Von einem Autorenkollektiv. Ltg. Erwin Pracht. Berlin (DDR) 1978
Damus, Martin: Sozialistischer Realismus und Kunst im Nationalsozialismus. Frankfurt 1981
Einführung in den sozialistischen Realismus. Von einem Autorenkollektiv. Ltg. E. Pracht. Berlin(DDR) 1975
Die Germanistik in der einstigen DDR – Leistung und Kritik. Erste Folge. Hrsg. v. H.– G. Roloff. In: Jahrbuch für Internationale Germanistik 23 (1991), H.2, S. 8–48

Die Germanistik in der einstigen DDR – Leistung und Kritik. Zweite Folge. Hrsg. v. Hans-Gert Roloff. In: Jahrbuch für Internationale Germanistik 24 (1992), H.2, S. 8–31

Groys, Boris: Gesamtkunstwerk Stalin. Die gespaltene Kultur in der Sowjetunion. München 1988

Günther, Hans: Die Verstaatlichung der Literatur. Entstehung und Funktionsweise des sozialistisch-realistischen Kanons in der sowjetischen Literatur der 30er Jahre. Stuttgart 1983

Hartinger, Walfried: DDR-Literaturwissenschaft und DDR-Literatur: Untersuchungen zur Eigenart und Problematik ihrer Beziehungen in den siebziger Jahren. Leipzig (Diss.)1983

Hohendahl, Peter Uwe: Ästhetik und Sozialismus. Zur neueren Literaturtheorie der DDR. In: Literatur und Literaturtheorie in der DDR. Hrsg. v. P.U. Hohendahl/P. Herminghouse. Frankfurt 1976, S. 100–162

Jäger, Manfred: Kurzer Abschied von einem Rezensionswesen. Ein Rückblick auf die Literaturkritik in der DDR. In: G. Helwig (Hrsg.): Rückblicke auf die DDR. Köln 1995, S. 85–96

Jarmatz, Klaus: Forschungsfeld Realismus. Theorie, Geschichte, Gegenwart. Berlin/Weimar 1975

John, Erhard: Einführung in die Ästhetik. 5. bearbeitete Aufl. Leipzig 1978

Künstlerisches Erbe und sozialistische Gegenwartskunst. Von einem Autorenkollektiv unter Ltg.v. H. Haase. Berlin (DDR) 1977

Kurella, Alfred: Das Eigene und das Fremde. Neue Beiträge zum sozialistischen Humanismus. Berlin/Weimar 1968

Labroisse, Gerd (Hrsg.): Zur Literatur und Literaturwissenschaft in der DDR. Amsterdam 1978

Lehmann, Günther K.: Phantasie und künstlerische Arbeit. Betrachtung zur poetischen Phantasie. 2. ergänzte Aufl. Berlin/Weimar 1976

Lehmann, Joachim: Die blinde Wissenschaft. Realismus und Realität in der Literaturtheorie der DDR. Würzburg 1995

Literarische Widerspiegelung. Geschichte und theoretische Dimension eines Problems. Hrsg. v. Autorenkollektiv, Ltg. D. Schlenstedt. Berlin/Weimar 1981

Positionen. Beiträge zur marxistischen Literaturtheorie in der DDR. Hrsg. v. W. Mittenzwei. 2. Aufl. Leipzig 1971

Pracht, Erwin: Abbild und Methode. Exkurs über den sozialistischen Realismus. Halle/S. 1974

Redeker, Horst: Abbildung und Aktion. Versuch über die Dialektik des Realismus. Halle/S. 1967

Sozialistische Realismuskonzeption. Dokumente zum I. Allunionskongreß der Sowjetschriftsteller. Hrsg. v. H.-J. Schmitt/G. Schramm. Frankfurt 1974

Rosenberg, Rainer: Zur Geschichte der Literaturwissenschaft in der DDR. In: Zeitschrift für Germanistik. NF 1 (1991), H.2, S. 247–256

Thierse, Wolfgang/Kliche, Dieter: DDR-Literaturwissenschaft in den siebziger Jahren. In: Weimarer Beiträge 31 (1985), H.2, S. 267–308

Trommler, Frank: Der sozialistische Realismus im historischen Kontext. In: Realismustheorien in Literatur, Malerei, Musik und Politik. Hrsg. v. R. Grimm/J. Hermand. Stuttgart 1975. S. 68–86

Zur Theorie des sozialistischen Realismus. Hrsg. v. Institut für Gesellschaftswissenschaften beim ZK der SED. Gesamtltg.: H. Koch. Berlin (DDR) 1974

j) Wirkungen des Exils – Nullpunkt 1945?

Emmerich, Wolfgang: Nullpunkt. In: Kulturpolitisches Wörterbuch Bundesrepublik/DDR im Systemvergleich. Hrsg. v. W. R. Langenbucher u.a. Stuttgart 1983, S. 538–542

Nachkriegsliteratur. Hrsg. v. N. Born/J. Manthey. = Literaturmagazin 7 (1977)

Pike, David: Deutsche Schriftsteller im sowjetischen Exil 1933–1945. Frankfurt 1981

Stephan, Alexander: Pläne für ein neues Deutschland. Die Kulturpolitik der Exil-KPD vor 1945. In: Basis 7 (1977), S. 54–74

Stephan, A.: Im Visier des FBI. Deutsche Exilschriftsteller in den Akten amerikanischer Geheimdienste. Stuttgart/Weimar 1995

Trommler, Frank: Der Nullpunkt 1945 und seine Verbindlichkeit für die Literaturgeschichte. In: Basis 1 (1970), S. 9–25

Trommler, F.: Der zögernde Nachwuchs. Entwicklungsprobleme der Nachkriegsliteratur in Ost und West. In: Tendenzen der deutschen Literatur seit 1945. Hrsg. v. T. Koebner. Stuttgart 1971, S. 1–116

Vormweg, Heinrich: Deutsche Literatur 1945–1960: Keine Stunde Null. In: Die deutsche Literatur der Gegenwart. Aspekte und Tendenzen. Hrsg. v. M. Durzak. Stuttgart 1971, S. 13–30

k) Kulturelles Erbe

Bartel, Horst: Erbe und Tradition in Geschichtsbild und Geschichtsforschung der DDR. In: Zeitschrift für Geschichtswissenschaft (1981), H.5, S. 387–394

Dahnke, Hans Dietrich: Erbe und Tradition in der Literatur. Leipzig 1977

Das Schauspieltheater der DDR und das Erbe (1970–1974). Positionen–Debatten – Kritiken. Hrsg. v. M. Nössig. Berlin (DDR) 1976

Dautel, Klaus: Zur Theorie des literarischen Erbes in der »entwickelten sozialistischen Gesellschaft« der DDR: Rezeptionsvorgabe und Identitätsangebot. Stuttgart 1980

Dialog über Tradition und Erbe. Ein interdisziplinäres Kolloquium. Hrsg. v. D. Schiller/H. Bock. Berlin (DDR) 1976

Die SED und das kulturelle Erbe. Orientierungen, Errungenschaften, Probleme. Hrsg. v. einem Autorenkollektiv (Ltg. H. Haase) der Akademie für Gesellschaftswissenschaften beim ZK der SED. Berlin (DDR) 1986

Gaskill, Howard u.a. (Hrsg.): Neue Ansichten. The Reception of Romanticism in the Literature of the GDR. Amsterdam/Atlanta 1990

Hansen, Gisela: Christliches Erbe in der DDR-Literatur. Bibelrezeption und Verwendung religiöser Sprache im Werk Erwin Strittmatters und in ausgewählten Texten Christa Wolfs. Frankfurt u.a. 1995

Honnef, Theo: Heinrich von Kleist in der Literatur der DDR. Bern u.a. 1988

Jäger, Manfred: Die langsame Wiederkehr eines Verfemten. Zur Rezeption Ernst Blochs in der DDR seit Ende der siebziger Jahre. In: Deutschland Archiv 18 (1985), H.10, S. 1084–1098

Kaufmann, Hans: Versuch über das Erbe. Leipzig 1981

Künstlerische Avantgarde. Annäherungen an ein unabgeschlossenes Kapitel. Hrsg. v. K. Barck, D. Schlenstedt und W. Thierse. Berlin (DDR) 1979

Küntzel, Heinrich: Der andere Kleist. Wirkungsgeschichte und Wiederkehr Kleists in der DDR. In: Jahrbuch zur Literatur in der DDR 1 (1980), S. 105–139

Leistner, Bernd: Unruhe um einen Klassiker. Zum Goethe-Bezug in der neueren DDR-Literatur. Halle/Leipzig 1978

Neue Ansichten. The Reception of Romanticism in the Literature of the GDR. Hrsg. v. H. Gaskill u.a. Amsterdam/Atlanta 1990

[Nietzsche-Debatte]. Beiträge von Heinz Pepperle, Wolfgang Harich, Stephan Hermlin, Manfred Buhr u. a. In: Sinn und Form 38 (1986), H.5, 39 (1987), H.5, und 40 (1988), H.1

Oesterle, Günter: Zur Historisierung des Erbebegriffs. In: Gegenwart als kulturelles Erbe. Hrsg. v. B. Thum. München 1985, S. 411–451

Revolution und Literatur. Zum Verhältnis von Erbe, Revolution und Literatur. Hrsg. v. W. Mittenzwei/R. Weisbach. Leipzig 1971

Schlenker, Wolfram: Das »Kulturelle Erbe« in der DDR. Gesellschaftliche Entwicklung und Kulturpolitik 1945–1965. Stuttgart 1977

Schmidt, Ricarda: Religiöse Metaphorik im Werk Christa Wolfs. In Christa Wolf in Perspective. Hrsg. v. I. Wallace. Amsterdam/Atlanta 1994, S. 73–106

Schriftsteller über Kleist. Eine Dokumentation. Hrsg. v. P. Goldammer. Berlin/Weimar 1976

Schriftsteller und literarisches Erbe. Zum Traditionsverhältnis sozialistischer Autoren. Hrsg. v. H. Richter. Berlin/Weimar 1976

Vietor-Engländer, Deborah: Faust in der DDR. Frankfurt u. a. 1987

Weimann, Robert: Literaturgeschichte und Mythologie. Methodologische und historische Studien. Berlin/Weimar 1971

Weimann, R.: Realität und Realismus. Über Kunst und Theorie in dieser Zeit. In: Sinn und Form 36 (1984), H.5, S. 924–951

l) Nationalsozialismus/Faschismus – Antifaschismus

Berger, Christel: Gewissensfrage Antifaschismus. Traditionen der DDR-Literatur. Berlin (DDR) 1990

Boden, Petra: Ornamente und Tabus. Antifaschismus als Herrschaftsdiskurs. In: Weimarer Beiträge 41 (1995), H.1, S. 104–119

Buruma, Ian: Erbschaft der Schuld. Vergangenheitsbewältigung in Deutschland und Japan. München 1994

Danyel, Jürgen (Hrsg.): Die geteilte Vergangenheit. Zum Umgang mit Nationalsozialismus und Widerstand in beiden deutschen Staaten. Berlin 1994

Diner, Dan: Antifaschistische Weltanschauung. Ein Nachruf. In: Ders.: Kreisläufe. Nationalsozalismus und Gedächtnis. Berlin 1995, S.77–94

Dinter, Ingrid: Unvollendete Trauerarbeit in der DDR-Literatur. Ein Studium der Vergangenheitsbewältigung. New York u.a. 1994

Emmerich, Wolfgang: Der ganz gewöhnliche Faschismus: Die Auseinandersetzung mit der nationalsozialistischen Vergangenheit in der neueren DDR-Literatur. In: DDR Report 13 (1980), H.6, S. 361–365

Geerdts, Hans Jürgen: Zur Thematik des Antifaschismus in der Geschichte der DDR-Prosa. In: Zeitschrift für Germanistik 1 (1980), H. 1, S. 71–81

Grunenberg, Antonia: Antifaschismus – ein deutscher Mythos. Reinbek 1993

Hartmann, Karl-Heinz: Das Dritte Reich in der DDR-Literatur. Stationen erzählter Vergangenheit. In: Gegenwartsliteratur und Drittes Reich. Deutsche Autoren in der Auseinandersetzung mit der Vergangenheit. Hrsg. v. H. Wagener. Stuttgart 1977, S. 307–328

Herlemann, Beatrix (Hrsg.): Akte Buchenwald. Leipzig 1995

Hörnigk, Therese: Das Thema Krieg und Faschismus in der Geschichte der DDR-Literatur. In: Weimarer Beiträge 24 (1978), H.5, S. 73–105

Jäger, Manfred: Kultureller Neubeginn im Zeichen des Antifaschismus. In: Studien zur Geschichte der SBZ/DDR. Hrsg. v. A. Fischer. Berlin 1993, S. 117–135

Niethammer, Lutz (Hrsg.): Der »gesäuberte« Antifaschismus. Die SED und die roten Kapos von Buchenwald. Berlin 1994

Scherpe, Klaus: »Dieses Gefühl einer Lücke«. Neue Romane von Christa Wolf, Alfred Andersch und Peter Weiss als Muster antifaschistischer Literatur für die Gegenwart. In: Antifaschistische Literatur. Bd. 3. Hrsg. v. L. Winckler. Königstein/Ts. 1979, S. 227–253

Stephan, Alexander: Von Aufenthalten, Hosenknöpfen und Kindheitsmustern. Das Dritte Reich in der jüngsten Prosa der DDR. In: Akten des 6. Internationalen Germanistenkongresses Basel 1980. Bern 1981. Teil 4, S. 552–558

Wagener, Hans (Hrsg.): Gegenwartsliteratur und Drittes Reich. Deutsche Autoren in der Auseinandersetzung mit der Vergangenheit. Stuttgart 1977

Winckler, Lutz: Mythen der Exilforschung? [Über den Mythos Antifaschismus] In: Exilforschung. Ein internationales Jahrbuch 13 (1995), S. 68–81

Wittstock, Uwe: Über die Fähigkeit zu trauern. Das Bild der Wandlung im Prosawerk von Christa Wolf und Franz Fühmann. Frankfurt 1987

Wolf, Konrad: Kein Sozialismus ohne Antifaschismus. Kunst im Kampf gegen Faschismus – heute und gestern. In: Sinn und Form 31 (1979), H.4, S. 730–742

m) Bitterfelder Weg

Eversberg, Gerd: Die Bewegung schreibender Arbeiter in der DDR. In: Ästhetik & Kommunikation. H.13 (1973), S. 36–54

Gerlach, Ingeborg: Arbeiterliteratur und Literatur der Arbeitswelt in der DDR. Kronberg/Ts. 1974

Greiner, Bernhard: Von der Allegorie zur Idylle. Die Literatur der Arbeitswelt in der DDR. Heidelberg 1974

Ich schreibe... Arbeiter greifen zur Feder. Hrsg. v. der Zentralen Arbeitsgemeinschaft der Zirkel schreibender Arbeiter. Berlin/Halle 1962

Orlow, Peter: Die Bitterfelder Sackgasse. Pfaffenhofen 1970

Pareigis, Gottfried: Kritische Analyse der Realitätsdarstellung in ausgewählten Werken des Bitterfelder Weges. Kronberg/Ts. 1974

Röhner, Eberhard: Arbeiterin der Gegenwartsliteratur. Berlin (DDR) 1967

Silberman, Marc D.: Literature of the Working World. A Study of the Industrial Novel in East Germany. Bern/Frankfurt 1976

Stieg, Gerald/Witte, Bernd: Abriß einer Geschichte der deutschen Arbeiterliteratur. Stuttgart 1973 (S. 161–179)

Zimmermann, Peter: Industrieliteratur der DDR. Vom Helden der Arbeit zum Planer und Leiter. Stuttgart 1984

n) (Selbst-)Darstellung der Frau; feministische Studien

Bammer, Angelika: The American Feminist Reception of GDR Literature. In: GDR Bulletin 16 (1990), Nr. 2, S. 18–24

Boa, Elizabeth/Wharton, Janet (Hrsg.): Women and The Wende. Social Effects and Cultural Reflections of the German Unification Process. Amsterdam/Atlanta 1994

Braatz, Ilse: Allein zu zweit – oder mehr? Liebe und Gesellschaft in der modernen Literatur. Münster 1980

Brandes, Ute (Hrsg.): Zwischen gestern und morgen. Schriftstellerinnen der DDR aus amerikanischer Sicht. Frankfurt 1992

Clason, Synnöve: Der andere Blick. Studien zur deutschsprachigen Literatur der 70er Jahre. Stockholm 1988

Clausen, Jeanette/Friedrichsmeyer, Sara (Hrsg.): Feminist Studies in German Literature and Culture (= Women in German 9). Lincoln/Nebraska 1994

Cox, Judith H.: The Female Adolescent in East German Literature. Diss. Austin/Texas 1986

Emmerich, Wolfgang: Identität und Geschlechtertausch. Notizen zur Selbstdarstellung der Frau in der neueren DDR-Literatur. In: Basis 8 (1978), S. 127–154

Fehervary, Helen: Die erzählerische Kolonisierung des weiblichen Schweigens. Frau und Arbeit in der DDR-Literatur. In: Arbeit als Thema in der deutschen Literatur. Hrsg. v. R. Grimm/J. Hermand. Königstein/Ts. 1979, S. 171–195
Frederiksen, Elke (Hrsg.): Women Writers of Germany (s. unter 1)
Grubitzsch, Helga u.a. (Hrsg.): »Ich will meine Trauer nicht leugnen und nicht meine Hoffnung«. Veränderungen kultureller Selbstwahrnehmungen von ostdeutschen und osteuropäischen Frauen nach 1989. Bochum 1994
Hauser, Kornelia: Patriarchat als Sozialismus. Soziologische Studien zur DDR-Literatur von Frauen. Hamburg 1994
Hell, Julia / Melchad, Monika: Women Rewriting History [A.Seghers; autobiographische Romane]. In: GDR Bulletin 19 (1993), H.2, S. 1–15
Herminghouse, Patricia: Wunschbild, Vorbild oder Porträt? Zur Darstellung der Frau im Roman der DDR. In: Literatur und Literaturtheorie in der DDR. Hrsg. v. P.U. Hohendahl/P. Herminghouse. Frankfurt 1976, S. 281–334
Hildebrandt, Christel: Zwölf schreibende Frauen in der DDR. Zu den Schreibbedingungen von Schriftstellerinnen in der DDR in den siebziger Jahren. Hamburg 1984
Hilzinger, Sonia: »Als ganzer Mensch zu leben ...« Emanzipatorische Tendenzen in der neueren Frauen-Literatur der DDR. Frankfurt u.a. 1985
Knapp, Monika/Labroisse, Gerd (Hrsg.): Frauen-Fragen in der deutschsprachigen Literatur seit 1945. Amsterdam 1989
Kroll, Renate/Wehmer, Silke: Bibliographie der deutschsprachigen Frauenliteratur. Berlin 1995
Lennox, Sara: »Nun ja, das nächste Leben geht aber heute an«. Prosa von Frauen und Frauenbefreiung in der DDR. In: Literatur der DDR in den siebziger Jahren. Hrsg. v. P.U. Hohendahl/P. Herminghouse. Frankfurt 1983, S. 224–258
Püschel, Ursula: Mit allen Sinnen. Frauen in der Literatur. Halle/S. 1980
Reuffer, Petra: Die unwahrscheinlichen Gewänder der anderen Wahrheit. Zur Wiederentdeckung des Wunderbaren bei G. Grass und I. Morgner. Essen 1988
Richter-Schutte, Karin: Frauenliteratur und weibliche Identität. Theoretische Ansätze zu einer weiblichen Ästhetik und zur Entwicklung der neuen deutschen Frauenliteratur. Frankfurt 1986
Rosenberg, Dorothy: GDR Women Writers of the Post-War-Generation. In: Woman in German. Yearbook 1988, H.4, S. 233–240
Schmitz, Dorothee: Weibliche Selbstentwürfe und männliche Bilder. Zur Darstellung der Frau in DDR-Romanen der siebziger Jahre. Frankfurt u.a. 1983
Schmitz-Köstner, Dorothee: Trobadora und Kassandra und ... Weibliches Schreiben in der DDR. Köln 1989
Schulz, Genia: Kein Chorgesang. Neue Schreibweisen bei Autorinnen (aus) der DDR. In: Bestandsaufnahme Gegenwartsliteratur (= Text + Kritik Sonderband). München 1988, S. 212–225
Serke, Jürgen: Frauen schreiben. Ein neues Kapitel deutschsprachiger Literatur. Hamburg 1979
Shafi, Monika M. H.: Utopian Visions in the Literature of German Women Authors. Diss. Univ. of Maryland College Park 1986
Szepansky, Gerda: Die stille Emanzipation. Frauen in der DDR. Frankfurt 1994
Weedon, Chris (Hrsg.): Die Frau in der DDR. An Anthology of Women's Writing from the German Democratic Republic. Oxford 1988
Winckler, Lutz: Alltag und Utopie. Zur Frauenprosa in der DDR. In: Horizonte. Festschrift für H. Lehnert. Hrsg. v. H. Mundt u.a. Tübingen 1990, S. 328–341
Zehl Romero, Christiane: Vertreibung aus dem Paradies: Zur neuen Frauenliteratur in der DDR. In: Studies in GDR Culture and Society. Bd.3. Hrsg. v. M. Gerber u.a. Lanham u.a. 1983, S. 71–85

o) Literatur als Zivilisations- und ökologische Kritik

Beton ist Beton. Texte zur Zivilisationskritik aus der DDR. Hrsg. v. P. Wensierski/W. Büscher. Hattingen 1982

Breuer, Stefan: Die Gesellschaft des Verschwindens. Von der Selbstzerstörung der technischen Zivilisation. Hamburg 1995

Emmerich, Wolfgang/Wege, Carl (Hrsg.): Der Technikdiskurs in der Hitler-Stalin-Ära. Stuttgart/Weimar 1995

Ertl, Wolfgang: Natur und Landschaft in der Lyrik der DDR: Walter Werner, Wulf Kirsten und Uwe Greßmann. Stuttgart 1982

Herzinger, Richard/Preußer, Heinz-Peter: Vom Äußersten zum Ersten. DDR-Literatur in der Tradition deutscher Zivilisationskritik. In: Literatur in der DDR. Rückblicke (= Text + Kritik Sonderband). München 1991, S. 195–209

Heukenkamp, Ursula: »Nichts bleibt natürlich ...«: Wandel der Landschaften in der DDR-Lyrik. In: Neue Deutsche Literatur 27 (1979), H.8, S. 60–76

Knabe, Hubertus: »Der Mensch mordet sich selbst«. Ökologiekritik in der erzählenden DDR-Literatur. In: Deutschland Archiv (1983), H.9, S. 954–973

Knabe, H.: Umweltkonflikte im Sozialismus. Möglichkeiten und Grenzen gesellschaftlicher Problemartikulation in sozialistischen Systemen. Eine vergleichende Analyse der Umweltdiskussion in der DDR und Ungarn. Köln 1993

Köhn, Lothar: Vom Lohndrücker zur unnahbaren Metapher. Kritik der Entfremdung in der Literatur der DDR. In: Jahrbuch für Internationale Germanistik 29 (1990), S. 153–185

Mühlenberg, Heidi/Kurt, Michael: Panikblüte. Bitterfeld-Report. Leipzig 1991

Preußer, Heinz-Peter: Zivilisationskritik und literarische Öffentlichkeit. Strukturale und wertungstheoretische Untersuchung zu erzählenden Texten Christoph Heins. Frankfurt u.a. 1991

Umweltprobleme und Umweltbewußtsein in der DDR. Hrsg. v. der Redaktion Deutschland Archiv. Köln 1985

Wensierski, Peter: Ökologische Probleme und Kritik an der Industriegesellschaft in der DDR heute. Köln 1988

Würth, Gerhard: Umweltschutz und Umweltzerstörung in der DDR. Diss. (masch.-schr.) Bremen 1984

p) Mythos-Rezeption

Bernhardt, Rüdiger: Odysseus' Tod – Prometheus' Leben. Antike Mythen in der Literatur der DDR. Halle/S. 1983

Emmerich, Wolfgang: Antike Mythen auf dem Theater der DDR. Geschichte und Poesie, Vernunft und Terror. In: Dramatik der DDR. Hrsg. v. U. Profitlich. Frankfurt 1987, S. 223–265

Engelhardt, Michael von/Rohrwasser, Michael: Kassandra – Odysseus – Prometheus. Modelle der Mythosrezeption in der DDR-Literatur. In: L' 80. 34 (1985), S. 46–76

Fühmann, Franz: Marsyas. Texte zum Mythos. Leipzig 1992

Literatur in der DDR. Hrsg. v. B. Greiner. Ann Arbor/Michigan 1985 (= Michigan Germanic Studies 8/1–2 [1982], S. 13–168 (= Teil 1: Arbeit am Mythos)

Lüdde, Marie-Elisabeth: Die Rezeption, Interpretation und Transformation biblischer Motive und Mythen in der DDR-Literatur und ihre Bedeutung für die Theologie. Berlin 1993

Mechtenberg, Theo: Von Odysseus bis Sisyphos. Zur Rezeption und Brechung mythischer Gestalten in der DDR-Lyrik. In: Deutschland Archiv 18 (1985), H.4, S. 497–506

Riedel,Volker: Antikerezeption in der Literatur der DDR. Berlin (DDR) 1984
Trilse, Christoph: Antike und Theater heute. Berlin (DDR) 1975
Waschescio, Petra: Vernunftkritik und Patriarchatskritik. Mythische Modelle in der deutschen Gegenwartsliteratur. Heiner Müller, Irmtraud Morgner, Botho Strauß, Gisela von Wysocki. Bielefeld 1993

q) Zwei Literaturen? Wie viele Literaturen?

Barthélemy, Françoise/Winckler, Lutz (Hrsg.): Mein Deutschland findet sich in keinem Atlas (s. unter 2.a)
Becker, Jurek: Die Wiedervereinigung der deutschen Literatur. In: German Quarterly 63 (1990). H.3/4, S. 359–366
Bilke, Jörg Bernhard: Heimatlosigkeit als Schicksal. Der SED-Staat verliert seine Dichter. In: Mitteilungen des Deutschen Germanistenverbandes. Juni 1979, S. 3–16
Bilke, J. B.: Planziel Literaturgesellschaft oder Gibt es zwei Literaturen? (s. unter 10.f)
Bormann, Alexander von: Kulturelle Affinität oder Diskulturalität? Wechselwirkung in der Literaturentwicklung beider deutscher Staaten. In: Aus Politik und Zeitgeschichte. Beilage zu Das Parlament vom 3.10. 1987, S. 15–26
Bormann, Alexander von: Kulturelle Konzepte und Szenen im Vergleich. Ihr literarischer Niederschlag in BRD und DDR. In: Aus Politik und Zeitgeschichte. Beilage zu Das Parlament vom 8.5.1992, S.13–26
Buck, Theo: Deutsche Literatur, deutsche Literaturen? Zur Frage der Einheit der deutschen Literatur seit 1945. In: Bestandsaufnahme Gegenwartsliteratur (=Text + Kritik Sonderband). München 1988, S. 183–192
Bullivant, Keith: The Future of German Literature. Oxford 1994
Deutsch – Gefrorene Sprache in einem gefrorenen Land? Polemik, Analysen, Aufsätze. Hrsg. v. F. Handt. Berlin (West) 1964
Haase, Horst: Zur Spezifik der Literatur der DDR. In: Akten des VII. Internationalen Germanistenkongresses 1985. Bd. 10. Tübingen 1986, S. 72–76
Hartmann, Anneli: Was heißt heute überhaupt noch »DDR-Literatur«? In: Studies in GDR Culture and Society 5. Hrsg. v. M. Gerber u.a. Lanham u.a. 1985, S. 265–280
Heukenkamp, Ursula: *Eine* Geschichte oder *viele* Geschichten der deutschen Literatur seit 1945? (s. unter 8)
Hexelschneider, Erhard/John, Erhard: Kultur als einigendes Band? Eine Auseinandersetzung mit der These von der »einheitlichen deutschen Kulturnation«. Berlin (DDR) 1984 (insb. Kap. 44)
Hinck, Walter: Haben wir heute vier deutsche Literaturen oder eine? Plädoyer in einer Streitfrage. Opladen 1981
Irro, Werner: Hier drüben – Literatur ehemaliger DDR-Autoren. In: Gegenwartsliteratur seit 1968. Hrsg. v. K. Briegleb/S. Weigel. München 1992, S. 230–244
Jachimczak, Krzyztof: Gespräch mit Christoph Hein. In: Sinn und Form 40 (1988), H.2, S. 342–359; hier: S. 358f.
Jegensdorf, Lothar: Zwei deutsche Staaten – zwei deutsche Literaturen? Aspekte der literarischen Kommunikation im geteilten Deutschland. In: Deutschland Studien 1985, H.91, S. 213–237
Kantorowicz, Alfred: Etwas ist ausgeblieben (s. unter 9.a)
Leistner, Bernd: DDR-Literatur – die »deutschere« Literatur? In: Neue deutsche Literatur 38 (1990), H.12, S. 93–101
Lerchner, Gotthard: Sprachgebrauch im Wandel. Anmerkungen zur Kommunikationskultur in der DDR vor und nach der Wende. Frankfurt 1992
Link, Jürgen (s. unter 9.b)
Literatur in der DDR. Hrsg. v. A.W. Mytze (= europäische ideen 4, 1974)

Longerich, Peter (Hrsg.): »Was ist des Deutschen Vaterland?« Dokumente zur Frage der deutschen Einheit 1800–1990. München 1990

Mannack, Eberhard: Konvergenzen in der jüngeren Literatur der Bundesrepublik und der DDR. In: Akten des VII. Internationalen Germanistenkongresses 1985. Bd.10. Tübingen 1986, S. 77–83

Mayer, Hans: Stationen der deutschen Literatur. Die Schriftsteller und die Restauration, die zwei Deutschlands und die Konvergenz. In: FAZ vom 16. 6. 1979

Mayer, H.: Über die Einheit der deutschen Literatur. In: Ders.: Gelebte Literatur. Frankfurter Vorlesungen. Frankfurt 1987, S. 101–119

Raddatz, Fritz J.: Eine dritte deutsche Literatur. Stichworte zu Texten der Gegenwart. Zur deutschen Literatur 3. Reinbek 1987

Ross, Werner: Zur Sonderstellung der DDR-Literatur im deutschen Sprach- und Kulturraum. In: Die politische Meinung 204 (1982), S. 64–75

Schiller, Dieter: Zur Herausbildung der sozialistischen Nationalliteratur der DDR. In: Weimarer Beiträge 24 (1978), H.5, S. 152–162

Schlosser, Horst Dieter: Die deutsche Sprache in der DDR zwischen Stalinismus und Demokratie. Köln 1991

Schönert, Jörg: Identität und Alterität zweier literarischer Kulturen in der Bundesrepublik und DDR als Problem einer interkulturellen Germanistik. In: Das Fremde und das Eigene. Prolegomena zu einer interkulturellen Germanistik. Hrsg. v. A. Wierlacher. München 1985, S. 212–233

Schroeter, Sabina: Die Sprache der DDR im Spiegel der Literatur. Studien zum DDR-typischen Wortschatz. Berlin 1994

Suhr, Heidrun: Die Wiederkehr des Nationalen: Zur Diskussion um das deutschlandpolitische Engagement in der Gegenwartsliteratur. In: The German Quarterly 62 (1989), S. 345–356

Wienroeder-Skinner, Dagmar: Aspekte der Zweistaatlichkeit ... (s. unter 10.a)

Wie viele Literaturen gibt es? Hrsg. v. A.W. Mytze (= europäische ideen 2, 1973)

Williams, Arthur u.a. (Hrsg.): German Literature at a Time of Change: 1989–1990. (s. unter 9.f)

Wortschatz der deutschen Sprache in der DDR. Fragen seines Aufbaus und seiner Verwendungsweise. Von W. Fleischer u.a. Leipzig 1987

Zweimal Deutschland? Zur Literatur und Politik nach 1945. Hrsg. v. F. Stroh/G. Löfdahl. Stockholm 1966

r) Autoren als Dissidenten; Staatenwechsel DDR/Bundesrepublik

Ahrends, Martin (Hrsg.): Mein Leben, Teil zwei (s. unter 2.a)

Ausgebürgert. Künstler aus der DDR 1949–1989. Hrsg. v. W. Schmidt/Staatliche Kunstsammlung Dresden. Berlin 1990

Biermann und die Folgen. Berlin (West) 1977 (= europäische ideen, Sonderheft)

Boris, Peter: Die sich lossagten. Stichworte zu Leben und Werk von 461 Exkommunisten und Dissidenten. Köln 1983

Die zerbrochene Feder – Schriftsteller im Exil. Hrsg. v. O. Filip/E. Larsen. Stuttgart 1984

Dissidenten? [Beiträge von] Jutta Bartus u.a. Hrsg. v. S. Heinrichs. Berlin (West) 1982 (= europäische ideen 54/55)

Dissidenten? Texte und Dokumente zur DDR-»Exil«-Literatur. Wolf Biermann, Jürgen Fuchs, Günter Kunert, Reiner Kunze, Hans Joachim Schädlich u.a., Berlin 1991

Exil. Die Ausbürgerung Wolf Biermanns aus der DDR. Eine Dokumentation. Hrsg. v. P. Roos. Köln 1977

Finn, Gerhard/Julius, Liselotte (Hrsg.): Von Deutschland nach Deutschland. Zur Erfahrung der inneren Übersiedlung. Bonn 1983

Irro, Werner: Hier drüben – Literatur ehemaliger DDR-Autoren (s. unter 10.q)
Ketman, Per (Hrsg.): Geh doch rüber! Begegnungen von Menschen aus Ost und West (s. unter 2.a)
Goyke, Frank/Sinakowski, Andreas (Hrsg.): Jetzt wohin? Deutsche Literatur im deutschen Exil. Gespräche und Texte. Berlin 1991
Jäger, Andrea: Schriftsteller aus der DDR. Ausbürgerungen und Übersiedlungen von 1961 bis 1989. Studie. Frankfurt u.a. 1995 (vgl. auch das gleichnamige Autorenlexikon von A. Jäger unter 1)
Johnson, Uwe: Begleitumstände. Frankfurter Vorlesungen. Frankfurt 1980
Kuhn, Hermann: Bruch mit dem Kommunismus. Über autobiographische Schriften von Ex-Kommunisten im geteilten Deutschland. Münster/W. 1990
Matthies, Frank-Wolf/Lansburgh, Werner N.: Exil. Ein Briefwechsel mit Essays, Gedichten und Dokumenten. Köln 1983
Mayer, Hans: Ein Deutscher auf Widerruf. Erinnerungen II [1948ff.]. Frankfurt 1984
McCormick, Dennis: Wolf Biermann und »die zweite deutsche Exilliteratur«: An Appraisal after Nine Years. In: Studies in GDR Culture and Society 6. Hrsg. v. M. Gerber u. a. Lanham u.a. 1986, S. 187–203
Mettke, Jörg-R.: »Gleicher Abstand zu beiden Seiten«. DDR-Emigranten in der Bundesrepublik. In: Der Spiegel 32 (1978), Nr. 29, S. 141–145
Noll, Hans: Der Abschied. Journal meiner Ausreise aus der DDR. Hamburg 1985
Rohrwasser, Michael: Der Stalinismus und die Renegaten. Die Literatur der Exkommunisten. Stuttgart 1991
Ronge, Volker: Von drüben nach hüben. DDR-Bürger im Westen. Wuppertal 1985
Schädlich, Hans Joachim: Ich bin nicht im Exil. In: Die Zeit vom 30. März 1984, S. 45f.
Schriftsteller DDR/BRD geben zu Protokoll [Bienek, Brasch, Lange, Reinig, Ziem, Zwerenz]. Alternative 20 (1977), H.113
Serke, Jürgen: Das neue Exil. Die verbannten Dichter. Frankfurt 1985
Seyppel, Joachim: Ich bin ein kaputter Typ. Bericht über Autoren in der DDR. Wiesbaden/München 1982
Sie kommen aus Deutschland. DDR-Schriftsteller in der Bundesrepublik (Ausstellungskatalog). Hrsg. v. D. Johannes. Worms 1989
Sonnenberg, Maria/Ende, Christel (Hrsg.): Dissidenten? Texte und Dokumente zur DDR-»Exil«-Literatur. Berlin 1991
Wagner, Bernd: Tod der Intelligenz. Das Jahrzehnt nach der Biermann-Ausbürgerung. In: Frankfurter Rundschau vom 20. Dezember 1986
Winkler, Karl: Made in GDR. Jugendszenen aus Ost-Berlin. Berlin (West) 1983
Zwerenz, Gerhard: Der Widerspruch (s. unter 5)

s) Kultur(en) und Kultur(en)theorie der DDR

Alltag im anderen Deutschland. Hrsg. v. W. Filmer/H. Schwan. Düsseldorf 1985
Böhme, Irene: Die da drüben. Sieben Kapitel DDR. Berlin (West) 1983
Büscher, Wolfgang/Wensierski, Peter: Null Bock auf DDR. Aussteigerjugend im anderen Deutschland. Hamburg 1984
Büscher, W.: Ökologische Probleme und Kritik an der Industriegesellschaft in der DDR heute. Teil 2: Forschungsbericht 1984–86. Studie zur neuen Jugendbewegung in der DDR. O.O. o.J. [1987]
Cosentino, Christine/Müller, Wolfgang (Hrsg.): »im widerstand/in mißverstand«? (s. unter 9.e)
Dahn, Daniela: Prenzlauer Berg-Tour. Halle/Leipzig 1987 (= Kunst und Kohle. Die ›Szene‹ am Prenzlauer Berg. Berlin, DDR. Darmstadt/Neuwied 1987)
DDR: Danzig brennt – Leipzig pennt! Hannover 1981 (= Osteuropa-Info Nr. 44, 2/1981)

Ehring, Klaus/Dallwitz, Martin: Schwerter zu Pflugscharen. Friedensbewegung in der DDR. Reinbek 1982

Eigenart und Eigensinn. Alternative Kulturszenen in der DDR (1980–1990). Bearbeitet von F. Eckart. Bremen 1993

Filner, Werner/Schwan, Heribert (Hrsg.): Alltag im anderen Deutschland. Düsseldorf/Wien 1985

Friedrich, Walter/Gerth, Werner (Hrsg.): Jugend konkret. Berlin (DDR) 1984

Gransow, Volker: Fünf Kulturen und ein Trilemma. Notizen zur DDR-Kulturpolitik. In: DDR Report 17 (1984), H.8, S. 430–433

Grunenberg, Antonia: Jugend in der DDR: Zwischen Resignation und Aussteigertum. In: Aus Politik und Zeitgeschichte. Beilage zu Das Parlament vom 5. 7. 1986, S. 3–19

Hanke, Helmut/Rossow, Gerd: Sozialistische Kulturrevolution. Berlin (DDR) 1977

Jensen, Klaus/Rogge, Jan Uwe (Hrsg.): Lernen, Helfen, Fleißigsein. Kindermedien und Kinderkultur in der DDR. Köln 1987

Jugendwerk der Deutschen Shell: Jugend '92. Lebenslagen, Orientierungen und Entwicklungsperspektiven im vereinigten Deutschland. Bd.1: Gesamtdarstellung und biographische Porträts. Bd.2: Im Spiegel der Wissenschaft. Bd.3: Die neuen Länder. Bd.4: Methodenberichte. Leverkusen 1992

Koch, Hans/Hanke, Helmut: Zur Theorie der sozialistischen Kultur. Berlin (DDR) 1982

Kolbe, Uwe: Die Situation. Eine Geschichte vom Prenzlauer Berg. Göttingen 1994

Kultureller Wandel bei den Deutschen. Hrsg. v. Institut für Kulturwissenschaft an der Humboldt-Universität Berlin (=Mitteilungen aus der kulturwissenschaftlichen Forschung 14 (1991), H.29)

Michael, Klaus: Feindbild Literatur (s. unter 10.g)

Mühlberg, Dietrich: Kulturelle Ursachen für das Scheitern des Staatssozialismus in der DDR. In: Mitteilungen aus der kulturwissenschaftlichen Forschung 14 (1991), H.29, S. 19–35

Muschter, Gabriele/Thomas, Rüdiger (Hrsg.): Jenseits der Staatskultur. Traditionen autonomer Kunst in der DDR. München/Wien 1992

Rathenow, Lutz/Hauswald, Harald: Ost-Berlin – Die andere Seite einer Stadt in Texten und Bildern. München/Zürich 1987

Rossade, Werner: Gesellschaft und Kultur in der DDR. Politik, Kulturtheorie und Kulturmuster im Realsozialismus. In: Aus Politik und Zeitgeschichte. Beilage zu »Das Parlament« vom 3.10. 1987, S. 27–43

Rudolph, Hermann: Die Gesellschaft der DDR – eine deutsche Möglichkeit? Anmerkungen zum Leben im anderen Deutschland. München 1972

Schedlinski, Rainer: Die Arroganz der Ohnmacht (s. unter 10.g)

Thaa, Winfried: Herrschaft als Versachlichung. Wertabstraktion, Arbeitsteilung und Bürokratie in den nachkapitalistischen Gesellschaften sowjetischen Typs. Frankfurt 1983

Thomas, Rüdiger: Jugend in der DDR – zwischen Systemintegration und Alternativbewußtsein. In: DDR Report 18 (1985), H.12, S. 718—721

Zur Theorie der sozialistischen Kultur. Autorenkollektiv unter Ltg. v. H. Koch. Hrsg v. der Akademie für Gesellschaftswissenschaften beim ZK der SED. Berlin (DDR) 1982

t) Rezeption der DDR-Literatur in der Bundesrepublik u.a. Ländern

Annäherung und Distanz. DDR-Literatur in der polnischen Literaturkritik. Hrsg. v. M. Diersch/H. Orlowski. Halle/Leipzig 1983

Bammer, Angelika u.a.: On the Reception of GDR Literature [in the USA]. In: GDR Bulletin 16 (1990), Nr.2, S. 1–24

Behn, Manfred: DDR-Literatur in der Bundesrepublik Deutschland. Die Rezeption der epischen DDR-Literatur in der BRD 1961–1975. Meisenheim 1977

Brandes, Ute (Hrsg.): Zwischen gestern und morgen. Schriftstellerinnen der DDR aus amerikanischer Sicht. Berlin u.a. 1992

Kähler, Hermann: Der kalte Krieg der Kritiker. Zur antikommunistischen Kritik an der DDR-Literatur. Berlin (DDR) 1974

Labroisse, Gerd: DDR-Literatur – ein westdeutsches Syndrom? In: Literaturszene Bundesrepublik – ein Blick von draußen. Hrsg. v. F. v. Ingen/G. Labroisse. Amsterdam 1988, S. 143–162

Mandelkow, Karl Robert: DDR-Literatur und ihre bürgerliche Rezeption. In: Ders.: Orpheus und Maschine. Heidelberg 1976, S. 136–162

Rönisch, Siegfried: Literaturwissenschaft der BRD und DDR-Literatur. In: Weimarer Beiträge 23 (1977), H.5, S. 121–156

Zimmermann, Bernhard: Der Blick nach »drüben«. Zur literaturkritischen Rezeption von DDR-Literatur in der Bundesrepublik. In: GDR Bulletin 17 (1991), H.1, S. 18–22

u) DDR-Literatur, Moderne und Postmoderne

Emmerich, Wolfgang: Gleichzeitigkeit (s. unter 9.e)

Erbe, Günter: Die verfemte Moderne. Die Auseinandersetzung mit dem »Modernismus« in Kulturpolitik, Literaturwissenschaft und Literatur der DDR. Opladen 1993

Gumbrecht, Hans Ulrich: Moderne, Modernität, Moderne. In: Geschichtliche Grundbegriffe. Historisches Lexikon zur politisch-sozialen Sprache in Deutschland. Hrsg. v. O. Brunner u.a. Bd. 4. Stuttgart 1978

Hermand, Jost: Das Gute-Neue und das Schlechte-Neue: Wandlungen der Modernismus-Debatte in der DDR seit 1956. In: Literatur und Literaturtheorie in der DDR. Hrsg. v. P.U. Hohendahl/P. Herminghouse. Frankfurt 1976, S. 73–99

Hüppauf, Bernd: Moral oder Sprache. DDR-Literatur vor der Moderne. In: Literatur in der DDR. Rückblicke (= Text+Kritik Sonderband). München 1991, S. 220 bis 231

Klatt, Gudrun: Vom Umgang mit der Moderne. Ästhetische Konzepte der dreißiger Jahre. Berlin (DDR) 1984

Krauss, Hannes: DDR-Prosa und Moderne. In: H. Piechotta u.a. (Hrsg.): Die literarische Moderne in Europa. Bd.3. Opladen 1994, S. 220–237

Riese, Utz: Zwischen Realismus und Postmodernismus. In: Weimarer Beiträge, 31 (1985), H.3, S. 517–523

Schuhmann, Klaus: Avantgardismus. In: Wörterbuch der Literaturwissenschaft. Hrsg. v. C. Träger. Leipzig 1986

Träger, Claus: Modern, modernistisch. In: Wörterbuch der Literaturwissenschaft. Hrsg. v. C. Träger. Leipzig 1986

Weimann, Robert: Literaturgeschichte im »Zeichen« der Postmoderne. In: Sinn und Form 40 (1988), H.2, S.289–314

Zapf, Wolfgang: Der Untergang der DDR und die soziologische Theorie der Modernisierung. In: B. Giesen/C. Leggewie (Hrsg.): Experiment Vereinigung. Ein sozialer Großversuch. Berlin 1991, S. 38–51

v) DDR-Literatur und Schule

Blumensath, Christel und Heinz: Einführung in die DDR-Literatur. 2. überarbeitete und erweiterte Aufl. Stuttgart 1983

DDR-Literatur. = Der Deutschunterricht 30 (1978), H. 2

Dingeldey, Helga: Versuch zum Dialog – über die Mauern von gestern hin. In: Diskussion Deutsch 24 (1991), H. 122, S. 545–564
Jugend Sozialismus Deutsche Frage. Texte und Materialien für den Deutschunterricht. Hrsg. v. H. Walwei-Wiegelmann. Paderborn 1979
Literaturpolitik und Literaturkritik in der DDR (s. unter 2.a)
Motzkau-Valeton, Wolfgang: Literaturunterricht in der DDR. Theoretische Grundlagen und didaktische Prinzipien. Paderborn 1979
Neuere DDR-Literatur. Texte und Materialien für den Deutschunterricht. Hrsg. v. H. Walwei-Wiegelmann. Paderborn 1973
Powroslo, Wolfgang: Literatur der DDR im Unterricht. Düsseldorf 1977
Texte Ost Texte West. Hrsg. v. M. Kinne. Frankfurt 1977
Zur schöpferischen Arbeit im Literaturunterricht. Hrsg. v. W. Bütow. Berlin (DDR) 1974

w) Sonstiges

»... an seinem Platz geprüft«. Gelebtes und Erzähltes bei DDR-Autoren. Hrsg. v. A. Löffler, Halle/Leipzig 1979
Bilke, Jörg Bernhard (Hrsg.): Verlorenes Leben, verdrängte Geschichte. Ostdeutsche Autoren in Mitteldeutschland (1945–1995). = Kulturpolitische Korrespondenz [des Ostdeutschen Kulturrats Bonn] 63 (August 1995)
Demetz, Peter: Fette Jahre, magere Jahre. Deutschsprachige Literatur der Gegenwart von 1965–1985. München 1988
Deutsche Demokratische Reise. Ein literarischer Reiseführer durch die DDR. Hrsg. v. H.v. Berenberg / K. Wagenbach. Berlin 1989
Durzak, Manfred (Hrsg.): Deutsche Gegenwartsliteratur. Ausgangspositionen und aktuelle Entwicklungen. Erweiterte Ausgabe. Stuttgart 1981
Generationen, Temperamente, Schreibweisen: DDR-Literatur in neuer Sicht. Hrsg. v. H. Richter. Halle/Leipzig 1986
Helwig, Gisela (Hrsg.): Die DDR-Gesellschaft im Spiegel ihrer Literatur. Köln 1987
Kane, Martin (Hrsg.): Socialism and the Literary Imagination. Essays on East German Writers. Oxford u.a. 1991
Kaufmann, Hans: Über DDR-Literatur. Beiträge aus 25 Jahren. Berlin/Weimar 1986
Kaufmann, Ulrich u.a. (Hrsg.): Verbannt und verkannt. Studien und Porträts. Jena 1992
Koebner, Thomas (Hrsg.): Tendenzen der deutschen Gegenwartsliteratur. 2. neuverfaßte Auflage. Stuttgart 1984
Kurzke, Hermann: Hymnen und Lieder der Deutschen. Mainz 1990
Literatur im Wandel. Entwicklungen in europäischen sozialistischen Ländern 1944/45–1980. Hrsg. v. L. Richter u.a. Berlin/Weimar 1986
Literatur und Kunst in der DDR, Polen und Bulgarien. = die horen 26 (1981) H.124
Literatur und politische Aktualität. Hrsg. v. E. Ibsch u.a. Amsterdam/Atlanta 1993
Münz-Koenen, Ingeborg: Werke und Wirkungen. DDR-Literatur in der Diskussion. Leipzig 1987
Positionen. Beiträge zur marxistischen Literaturtheorie in der DDR. Hrsg. v. W. Mittenzwei. Leipzig 1971
Scherpe, Klaus R. / Winckler, Lutz (Hrsg.): DDR-Literatur. Hamburg 1988
Schroeter, Sabina: Die Sprache der DDR im Spiegel ihrer Literatur. Studien zum DDR-typischen Wortschatz. Berlin/New York 1994
Streul, Irene C.: Westdeutsche Literatur in der DDR. Böll, Grass, Walser und andere in der offiziellen Rezeption 1949–1985. Stuttgart 1988
Vogt, Jochen: »Erinnerung ist unsere Aufgabe«. Über Literatur, Moral und Politik 1945–1990. Opladen 1991

Weggenossen. 15 Schriftsteller der DDR. Hrsg. v. Institut für Gesellschaftswissenschaften beim ZK der SED. Leipzig 1975
Witschel, Günter: Antagonismen in der DDR-Literatur. Bonn 1976

11 Autorenbücher

Erich Arendt
- Der zerstückte Traum. Für E. A. Hrsg. v. G. Laschen/M. Schlösser, Berlin/Darmstadt 1978
- E. A. Text + Kritik, H. 82/83 (1984)

Johannes R. Becher
- Der gespaltene Dichter. J. R. B. Gedichte, Briefe, Dokumente 1945–1958. Hrsg. v. C. Gansel. Berlin 1991
- Haase, Horst: J. R. B. Sein Leben und Werk. Berlin (DDR) 1981
- J. R. B. Briefe. 1909–1958. Briefe an J. R. B. 1910–1958. Hrsg. v. R. Harder. 2 Bde. Berlin 1995

Jurek Becker
- J.B. Text + Kritik, H. 116 (1992)
- Johnson, Susan M.: The Works of J. B. A Thematic Analysis. New York 1988

Wolf Biermann
- W. B. Liedermacher und Sozialist. Hrsg. v. T. Rothschild. Reinbek 1976 (= rororo 4017)
- Rosellini, Jay: W. B. München 1992 (= Beck'sche Reihe 626)

Johannes Bobrowski
- J. B. Selbstzeugnisse und Beiträge über sein Werk. Berlin (DDR) 1967
- Wolf, Gerhard: J. B. Leben und Werk. Berlin (DDR) 1976

Thomas Brasch
- Arbeitsbuch T. B. Hrsg. v. M. Häßel/R. Weber. Frankfurt 1987 (=suhrkamp taschenbuch materialien 2076)

Volker Braun
- V. B. Text + Kritik, H. 55 (1977)
- Rosellini, Jay: V. B. München 1983 (= Beck's Autorenbücher 31)
- Profitlich, Ulrich: V. B. Studien zu seinem erzählerischen und dramatischen Werk. München 1985 (= UTB 1346)

Bertolt Brecht
- Knopf, Jan: B.-Handbuch. 2 Bde. Stuttgart 1980/1984
- Mittenzwei, Werner: Das Leben des B. B. oder Der Umgang mit den Welträtseln, 2 Bde. Berlin (DDR)/Frankfurt 1987

de Bruyn, Günter
- Hirdina, Karin: G. de B. Sein Leben und Werk. Berlin (DDR) 1983
- G. de B. Materialien zu Leben und Werk. Hrsg. v. U. Wittstock. Frankfurt 1991

Franz Fühmann
- Richter, Hans: F. F. Ein deutsches Dichterleben. Berlin 1992
- Zwischen Erzählen und Schweigen. F. F. zum 65. Geburtstag. Ein Buch des Erinnerns und Gedenkens. Hrsg. v. H. Simon. Rostock 1987
- Wittstock, Uwe: F. F. München 1988 (= Beck's Autorenbücher. BsR 610)

Peter Hacks
- Jäger, Andrea: Der Dramatiker P.H. Vom Produktionsstück zur Klassizität. Marburg/L. 1986

Christoph Hein
- C.H. Hrsg. v. F. Meyer-Gosau. = Text + Kritik, H.111 (1991)
- C.H. Texte, Daten, Bilder. Hrsg. v. L. Baier. Darmstadt 1990 (= Sammlung Luchterhand 943)

– Chronist ohne Botschaft. C.H. Ein Arbeitsbuch. Materialien, Auskünfte, Bibliographie. Hrsg. v. K. Hammer. Berlin 1992
Stephan Hermlin
– Ertl, Wolfgang: S.H. und die Tradition. Ann Arbor/London 1975
– Schlenstedt, Silvia: S.H. Berlin (DDR) 1985
Stefan Heym
– Zachau, Reinhard: S.H. München 1982 (= Beck's Autorenbücher 28)
Wolfgang Hilbig
– W.H. Materialien zu Leben und Werk. Hrsg. v. U.Wittstock. Frankfurt 1994
– W.H. Text + Kritik, H. 123 (1994)
Peter Huchel
– Nijssen, Hub: Der heimliche König. Leben und Werk von P.H.. Nijmegen 1995
– Über P.H. Hrsg. v. H. Mayer. Frankfurt 1973 (= edition suhrkamp 647)
– P.H. Hrsg. v. A. Vieregg. Frankfurt 1986 (= suhrkamp taschenbuch materialien 2048)
Uwe Johnson
– Internationales U.J.-Forum. Hrsg. v. C. Gansel u. a.
– Neumann, Bernd: U.J. Hamburg 1995
– Wo ich her bin. U. J. in der DDR. Hrsg. v. R. Berbig/E. Wizisla Berlin 1993
– Über U.J. Hrsg. v. R. Baumgart. Frankfurt 1970 (= edition suhrkamp 405)
– U.J. Text + Kritik, H. 65/66 (1980)
– Schmitz, Walter: U.J. München 1984 (= Beck's Autorenbücher 43)
– U.J. Hrsg. v. R. Gerlach/M. Richter. Frankfurt 1984
Hermann Kant
– Krenzlin, Leonore: H.K. Leben und Werk. Berlin (DDR) 1980
Sarah Kirsch
– S.K. Text + Kritik, H. 101 (1989)
Günter Kunert
– Kasper, Elke: Zwischen Utopie und Apokalypse. Das lyrische Werk von G.K. von 1950 bis 1987. Tübingen 1995
– G.K. Beiträge zu seinem Werk. Hrsg. v. M. Durzak/H. Steinecke. München 1992
– K. Lesen. Hrsg. v. M. Krüger. München 1979
– Riedel, Nikolai: Internationale G.-K.-Bibliographie. Bd.1: Das poetische und essayistische Werk. Hildesheim 1987
Reiner Kunze
– R.K. Materialien und Dokumente. Hrsg. v. J.P. Wallmann. Frankfurt 1977
– R.K. Werk und Wirkung. Hrsg. v. R. Wolff. Bonn 1983
– R.K. Materialien zu Leben und Werk. Hrsg. v. H. Feldkamp. Frankfurt 1987 (= Fischer 6877)
Georg Maurer
– Dichtung ist deine Welt. Selbstaussagen und Versuche zum Werk G. M.s. Hrsg. v. G. Wolf. Halle/S. 1973
Karl Mickel
– Heukenkamp, Ursula und Rudolf: K.M. Berlin (DDR) 1985
Irmtraud Morgner
– I.M. Texte, Daten, Bilder. Hrsg. v. M. Gerhardt. Frankfurt/M. 1990
– Scherer, Gabriela: Zwischen »Bitterfeld« und »Orplid«. Zum literarischen Werk I.M.s. Frankfurt 1992
Heiner Müller
– Schulz, Genia: H.M. Stuttgart 1980 (= Sammlung Metzler 197)
– Silberman, Marc: H.M. (Forschungsbericht). Amsterdam 1980
– Wieghaus, Georg: H.M. München 1981 (= Beck's Autorenbücher 25)
– Explosion of a Memory. H.M. DDR. Ein Arbeitsbuch. Hrsg. v. W. Storch. Berlin (West) 1988

– H.M. Text + Kritik, H. 73 (1982)
– Schmidt, Ingo/Vaßen, Florian: Bibliographie H.M. 1948–1992. Bielefeld 1993
Inge Müller
– Hilzinger, Sonja: »Wann wird was wir wolln gewollt?« Zur Lyrik Inge Müllers. In: Deutsche Vierteljahresschrift für Literaturwissenschaft und Geistesgeschichte 67 (1993), H.1, S. 173–188
Ulrich Plenzdorf
– Mews, Siegfried: U.P. München 1984 (= Beck's Autorenbücher 41)
Anna Seghers
– Batt, Kurt: A.S. Versuch über Entwicklung und Werke. Frankfurt 1973
– A.S. Materialienbuch. Hrsg. v. P. Roos/F. Hassauer. Darmstadt/Neuwied 1977 (= Sammlung Luchterhand 242)
– Sauer, Klaus: A.S. München 1978 (= Beck's Autorenbücher 9)
– Schrade, Andreas: A.S. Stuttgart 1993 (= Sammlung Metzler 275)
– A.S. Eine Biographie in Bildern. Hrsg. v. F. Wagner u.a. Berlin 1994
Erwin Strittmatter
– E.S. Analysen, Erörterungen, Gespräche. Berlin (DDR) 1980
Christa Wolf
– C.W. Materialienbuch. Hrsg. v. K. Sauer. Darmstadt/Neuwied 1979. 2. erweiterte Aufl. 1983 (= Sammlung Luchterhand 265)
– Stephan, Alexander: C.W. 4. erweiterte Aufl. München 1991
– C.W. Ein Arbeitsbuch. Studien – Dokumente – Bibliographie. Hrsg. v. A. Drescher. Berlin/Weimar 1989
– C.W. Text + Kritik, H.46 (1985). 4. Aufl. (Neufassung) 1994
– Hilzinger, Sonja: C.W. Stuttgart 1986 (= Sammlung Metzler 224)
– Hörnigk, Therese: C.W. Berlin (DDR)/Göttingen 1989
– de Wild, Henk: Bibliographie der Sekundärliteratur zu C.W. Frankfurt u.a. 1995

Personenregister

Kursive Seitenzahlen verweisen auf eine ausführliche Behandlung.